LECCIONES
de Terapia de Conducta

MIGUEL ÁNGEL
VALLEJO PAREJA

MARÍA ISABEL
COMECHE MORENO

(Coordinadores)

Lecciones de Terapia de Conducta

Miguel Ángel Vallejo Pareja

María Isabel Comeche Moreno

(Coordinadores)

Arturo Bados López
Elisardo Becoña Iglesias
Vicente E. Caballo
Mª Isabel Comeche Moreno
Marta Isabel Díaz García
José Ramón Fernández Hermida
Olaya García Rodríguez
Laura Garrido
Mª Jesús Irurtia
Francisco J. Labrador
Marino Pérez Álvarez
Alfonso Roa
Isabel C. Salazar
Carmina Saldaña
Roberto Secades Villa
Miguel A. Vallejo Pareja

2ª edición

Dykinson, S.L.

Este libro ha sido sometido a evaluación por parte de nuestro Consejo Editorial
Para mayor información, véase *www.dykinson.com/quienes_somos*

Editorial DYKINSON, S.L. Meléndez Valdés, 61 - 28015 Madrid
Teléfono (+34) 91 544 28 46 - (+34) 91 544 28 69
e-mail: info@dykinson.com
http://www.dykinson.es
http://www.dykinson.com

ISBN: 978-84-9085-759-5
D.L.: M-28365-2016

ÍNDICE

1

CARACTERIZACIÓN DE LA INTERVENCIÓN CLÍNICA EN TERAPIA DE CONDUCTA

Marino PÉREZ ÁLVAREZ
Universidad de Oviedo

Este capítulo se despliega en cuatro apartados. Se empieza por señalar la crisis de los sistemas diagnósticos tradicionales y cómo da lugar a dos alternativas aparentemente contradictorias: transdiagnóstica y categorial. A continuación se introduce el esquema ABC en su doble versión cognitiva y conductual como análisis característico por el que se distingue la terapia de conducta. Después, se hace una caracterización según las clases de operaciones terapéuticas que son igualmente características de la terapia de conducta. Finalmente, se caracteriza la terapia de conducta en relación con otras terapias psicológicas.

1. LA TERAPIA DE CONDUCTA EN TIEMPOS DEL DSM-5

El DSM-5, en su estreno en 2013, lejos de ser recibido como una flamante renovación, puso de relieve la crisis de los sistemas diagnósticos tradicionales, al extremo de ponerse a buscar alternativas. Se ofrecen dos grandes alternativas. Una es la búsqueda de dimensiones transdiagnósticas: procesos psicológicos subyacentes comunes a distintas topografías clínicas. La otra es el uso de únicamente unas cuantas categorías diagnósticas clásicas, como problemas neuróticos, psicóticos, del desarrollo y de la personalidad. Ambas propuestas son coherentes como salida a la crisis diagnóstica y, sin embrago, son contradictorias entre ellas. Habría que ver si ambas son necesarias y si fuera el caso de qué manera serían compatibles.

La pregunta sería aquí cómo afecta la crisis diagnóstica a la terapia de conducta y de qué manera la propia terapia de conducta podría contribuir a su superación. En principio, la crisis diagnóstica no debiera afectar a la terapia de conducta, en la medida en que ésta basa sus conocimientos y procedimientos en principios generales del funcionamiento psicológico, empezando por la psicología del aprendizaje y la regulación de la conducta. Por otra parte, la terapia de conducta tampoco se basa necesariamente en categorías diagnósticas, sino en la evaluación de los problemas psicológicos en términos funcionales de exceso, deficiencia o inadecuación.

De todos modos, la terapia cognitivo-conductual utiliza categorías diagnósticas. La terapia cognitivo-conductual constituye la corriente dominante de la terapia de conducta desde finales de la década de 1970 hasta la llegada de las llamadas terapias de tercera generación a finales de la década de 1990 (Hayes, Strosahl y Wilson, 1999). Las terapias de tercera generación se refieren a un conjunto de nuevas terapias de conducta como la terapia de aceptación y compromiso, la psicoterapia analítica funcional, la terapia de conducta dialéctica y la activación conductual. Estas nuevas terapias se caracterizan por su énfasis en el ambiente o situación, así como en el contexto social verbal del yo y en la relación clínica como contexto del cambio terapéutico, en vez del énfasis en la cognición característico de la terapia cognitivo-conductual. Con esta autoproclamación como terapias de tercera generación la terapia cognitivo-conductual queda como terapia de conducta de segunda generación (Pérez Álvarez, 2014). Importa destacar que las terapias de tercera generación o terapias contextuales son transdiagnósticas, como lo era la terapia de conducta original fundada en la década de 1950 (primera generación).

Como se decía, la terapia cognitivo-conductual utiliza categorías diagnósticas. Así, dispone de modelos y tratamientos específicos para cada trastorno (depresión, ansiedad general, agorafobia, pánico, etc.). De modo que la crisis diagnóstica afectaría en este caso a la terapia cognitivo-conductual, cuya adopción de los sistemas diagnósticos y desarrollo de terapias específicas estarían ahora en crisis. De hecho, se observa una evolución de la terapia cognitivo-conductual *tradicional* en la dirección de buscar dimensiones transdiagnósticas, así como también tratamientos transdiagnósticos, más que específicos (Craske, 2012). En este sentido, la terapia cognitivo-conductual se está moviendo en la dirección de las terapias de tercera generación o terapias contextuales.

Con todo, las terapias de tercera generación no dejan de usar también categorías diagnósticas, como lo muestra la existencia de terapias contextuales específicas para la depresión (activación conductual) o para el trastorno límite de personalidad (terapia de conducta dialéctica), así como aplicaciones de la terapia de aceptación y compromiso para la ansiedad, la depresión, etc. Las terapias de tercera generación son transdiagnósticas ofreciendo a este respecto el concepto de evitación experiencial como dimensión común a una variedad de topografías clínicas y a la vez se valen de categorías diagnósticas como ansiedad y depresión. Esta aparente contradicción significa o bien que el enfoque de los dimensiones transdiagnósticas es insuficiente (puesto que necesita de las categorías) o bien que las categorías clínicas son imprescindibles por más que sean insatisfactorias a la manera tradicional.

El enfoque transdiagnóstico y el categorial pueden ser ambos válidos, en el sentido de ser fenómenos existentes y ser conveniente su distinción y uso. Otra cosa es cómo se conjuguen. Puede existir una dimensión patógena común a los diversos problemas psicológicos y estos pueden tomar diferentes formas reconocibles. Así, pensando en la evitación experiencial como dimensión común cabe concebir que ésta se pueda dar arremolinada de diversas maneras que terminan por configurar figuras reconocibles como ansiedad, miedo, depresión, obsesión, etcétera. Estas figuras o categorías clínicas no serían *tantas* como define el DSM, pero la cuestión no está en el número, sino en la *figura.* El hecho de que siempre aparezcan como figuras o categorías clínicas la ansiedad y la depresión pone de relieve maneras humanas muy humanas de mal-estar en-el-mundo cuando los asuntos de la vida no le van bien a uno.

Es hora de reconocer que la ansiedad y la depresión son, antes que nada, experiencias, condiciones o categorías existenciales, antes que categorías clínicas, que ponen de relieve nuestro modo de estar en el mundo, dadas las circunstancias. Las circunstancias que la ansiedad pone de relieve tienen que ver con alguna ruptura o resquebrajamiento en nuestra seguridad y amarres de la vida que hasta ahora se mantenía segura. Cuando una relación, el ajuste familiar, los proyectos de la vida dejan de ser razonablemente seguros y, por el contrario, devienen inseguros o se rompen, nos dejan *ahí* (*Dassein*), al descubierto, a la intemperie, en la incertidumbre, en el mundo familiar ahora extrañado, preocupados, teniendo que hacer algo sin estar claro qué ni cómo, expuestos al "vértigo de la libertad": es la ansiedad. Las circunstancias que la depresión pone de relieve tienen que ver, muy parecidas a la ansiedad, con la pérdida o alejamiento de algo valioso que realmente nos importa. Cuando aquello que daba sentido a nuestra vida se pierde o pierde valor, "en los nidos de antaño, no hay pájaros hogaño", diría Cervantes, la vida no parece tener sentido (dirección y significado) y, por lo demás uno se encuentra desganado, desvitalizado y hasta el propio cuerpo parece un obstáculo: es la depresión. No en vano la ansiedad o angustia y la depresión o desesperación fueron puestas de relieve por la filosofía existencial, antes que por la psiquiatría.

Hasta aquí, estas experiencias y condiciones no son problemas psicológicos clínicos, sino modos de mal-estar inquietos, desasosegados, preocupados, reflexivos, que revelan las circunstancias por las que estamos pasando o en las que estamos atascados. En tanto sirven para darse cuenta y rehacer la situación, gracias al malestar implicado, constituyen experiencias de la vida misma. La pregunta sería cuándo estas experiencias empiezan o terminan por ser problemas psicológicos. Sin que haya un momento puntual ni un criterio preciso, se podría decir que los problemas psicológicos empiezan a darse y consolidarse cuando esas experiencias ya no sirven para la clarificación de la situación y la realización de algo resolutivo. Y, por el contrario, uno entra en un proceso de rumia (más que de reflexión), de preocupación reiterada (más que de resolución) y de evitación (más que de afrontamiento) que sumerge en un bucle o "círculo neurótico". Al final, el problema no está ni dentro de uno (cerebro o mente), ni fuera (mundo o ambiente). Es uno el que termina por estar *dentro* de una situación en buena medida debida a lo que hace y deja de hacer.

Este proceso de rumia, preocupación y en definitiva de evitación es una dimensión transdiagnóstica patógena común que se arremolina más bien como ansiedad o depresión según el centro de gravitación esté en el futuro (ansiedad) o en el pasado (depresión), dependiendo también del estilo de personalidad preocupado o pensativo de cada uno. De esta manera, podemos conjugar la dimensión transdiagnóstica con figuras diagnósticas imprescindibles más que inevitables, dada su naturaleza existencial (no neuronal). Algo similar se podría y debería hacer en relación con otras formas clínicas clásicas como el trastorno obsesivo-compulsivo y los trastornos de la alimentación, donde reaparecerían de nuevo dimensiones transdiagnósticas como las señaladas. Las psicosis empezando por la esquizofrenia no serían ajenas a este doble aspecto dimensional transdiagnóstico y a la vez categorial con figuras diagnósticas conspicuas. El aspecto dimensional transdiagnóstico de la esquizofrenia se podría encontrar en un tipo de hiper-reflexividad o autoconciencia intensificada sin que falte tampoco la evitación (Pérez Álvarez, 2012).

De acuerdo entonces con el presente planteamiento, las categorías diagnósticas siguen en pie, pero sobre otra base y hechura. Ya no se trata de puñados de síntomas que no hay por dónde cogerlos, sino de figuras con estructura, cuyo patrón organizativo, o desorganizador, sería un patrón patógeno de evitación o de hiper-reflexividad que se arremolina y configura de diversas maneras reconocibles. La imagen de la cordillera como cadena de montañas sobresalientes (categorías diagnósticas) desplegadas sobre un mismo repliegue tectónico (dimensiones transdiagnósticas) podría servir para hacer ver si es que no valer esta doble salida natural y coherente dentro de su aparente contradicción a la crisis diagnóstica a la que ha abocado el DSM-5.

En el contexto de la crisis diagnóstica protagonizada por el DSM-5 y de las alternativas que se ofrecen transdiagnóstica y categorial en un nuevo sentido como formas particulares de darse el proceso dimensional patógeno, la terapia de conducta no sólo está en esa línea, sino que contribuye a su consolidación. El enfoque eminentemente funcional de la terapia de conducta salvaguarda de recaídas en la reificación de las dimensiones y de las categorías clínicas que terminaran por desligarse del contexto, convertidas otra vez en supuestas "cosas" dentro de los individuos. El esquema de análisis funcional de los problemas junto con las operaciones terapéuticas que caracterizan a la terapia de conducta son garantía de este enfoque dimensional transdiagnóstico y a la vez de un uso que no cosifica ni descontextualiza las categorías clínicas. Como se ha dicho a menudo, el análisis funcional de la conducta es el secreto mejor guardado en psicología, que siempre reaparece cuando pasan las modas de turno.

2. INTRODUCCIÓN DEL ESQUEMA A-B-C

El esquema A-B-C es utilizado tanto por parte del enfoque cognitivo como del enfoque contextual. (Pérez Álvarez, 2014). Aun cuando su uso es distinto en uno y otro enfoque, el que figure en ambos lo convierte en pertinente para una caracterización conjunta. En todo caso, se tiene un A-B-C del enfoque cognitivo y un A-B-C del enfoque contextual de la terapia de conducta.

El A-B-C del enfoque cognitivo de la terapia de conducta. El A-B-C del enfoque cognitivo presenta la siguiente caracterización del análisis psicológico y, por tanto, de la intervención clínica. *A* son los *a*contecimientos de la vida que están relacionados con determinadas consecuencias emocionales y conductuales que definen un problema o trastorno psicológico, aquí representado por *C.* Ahora bien, la relación entre A y C está mediada por *B,* que son las creencias (*beliefs*), las imágenes y los pensamientos que se tiene sobre los acontecimientos y demás circunstancias de la vida (A). Si estas mediaciones cognitivas (B) tienen un signo negativo (irracional, catastrófico, autoderrotista), entonces traen probablemente consecuencias problemáticas como ansiedad, pánico, depresión y, en general, toda suerte de trastornos psicológicos (C). La Tabla 1 reexpone este esquema.

El esquema A-B-C del enfoque cognitivo fue propuesto por Albert Ellis a principios de la década de 1960 como modelo de la *terapia racional-emoti-*

va. La terapia racional-emotiva, actualmente redenominada *terapia racional emotivo-conductual*, ha seguido desarrollando el esquema hasta convertirlo en todo un modelo terapéutico (Lega, Caballo y Ellis, 1997). Así mismo, es adoptado formalmente como modelo por la *terapia cognitiva* de Beck en su extensión a trastornos psicóticos (Beck, Rector, Stolar y Grant, 2010).

A	B	C
Acontecimiento	Creencias	Consecuencias
Situación	Ideas	Emociones y
Circunstancia	Pensamientos	Conductas
Evento activador	Interpretaciones	
	Evaluaciones	
	Imágenes	

Tabla 1. Esquema A-B-C del enfoque cognitivo

De acuerdo con este esquema, el análisis psicológico o evaluación conductual empieza por determinar el problema en términos conductuales (lo que se hace o deja de hacer) y de las reacciones emocionales. El clínico trata de relacionar estos problemas con acontecimientos y circunstancias actuales y pasadas de la vida del cliente (situación ansiógena, pérdida de algo significativo, fracaso, rechazo, síntomas psicóticos). Sin embargo, el principal interés, y la mayor dificultad, están en identificar las creencias y pensamientos derivados de estos posibles antecedentes y, en definitiva, resultantes en las consecuencias problemáticas en cuestión. A este respecto, además de la entrevista, el clínico puede disponer de cuestionarios, escalas, y auto-registros que averiguan posibles relaciones entre situaciones, pensamientos, emociones, y acciones. El contenido de esta mediación cognitiva depende de la modalidad cognitivo-conductual en uso. Así, por ejemplo, la *terapia racional emotivo-conductual* de Ellis se empeña en descubrir creencias irracionales, la *terapia cognitiva* de Beck se interesa en esquemas cognitivos y distorsiones en el procesamiento de información, el *entrenamiento auto-instruccional* de Meichembaun repara sobre todo en lo que uno se dice a sí mismo y, en fin, la *terapia cognitivo-conductual del pánico* de Clark pone el acento en la interpretación de sensaciones corporales.

El proceder de acuerdo con este esquema supone una relación colaboradora entre el terapeuta y el cliente. Esta colaboración tiene un cierto aspecto educativo, semejante de alguna manera a la formación de la investigación científica. El terapeuta propone al cliente una nueva concepción de su problema (la determinación de C por B, que no siempre es fácil de asumir), y le compromete a ponerla en práctica. En este sentido, se ha de advertir una labor de teorización convincente por parte del terapeuta, a menudo quizá en forma de discusión o debate entre ambos, y la correspondiente disposición de confianza por parte del cliente como para experimentar la vida a través del nuevo cristal cognitivo. De hecho, el esquema A-B-C empleado por la *terapia racional emotivo-conductual* incluye la *D* de *d*iscusión y la *E* de *e*xperimentación y también de *e*fectos de la discusión (cognitivos, emocionales y conductuales). La D y la E más que etapas añadidas, son momentos inscritos en el propio esquema A-B-C.

En general, la D sugiere «discusión» como palabra que resume toda una labor retórica (si se prefiere, el aspecto cognitivo) y la E sugiere «experimentación» como referencia a la puesta en práctica de la nueva visión de las cosas (si se prefiere, el aspecto conductual). Todo ello, discusión y experimentación, supondrían nuevas consecuencias y, en definitiva, un «mejor esquema» de vida. El aspecto cognitivo puede consistir en el análisis de la evidencia empírica que sostiene una creencia, la revisión de las palabras con que se describen las situaciones, la reatribución causal, la exploración de respuestas alternativas, la anticipación imaginada de las consecuencias, el uso auto-regulatorio del lenguaje y, en fin, la adopción de otra interpretación o valoración de las cosas. Por su parte, el aspecto conductual se resuelve frecuentemente en el ensayo de conducta, la exposición en vivo, la realización de tareas-para-casa, la programación de actividades, el entrenamiento de habilidades y, en fin, la realización de experimentos conductuales.

El A-B-C del enfoque contextual de la terapia de conducta. El A-B-C del enfoque contextual presenta otra lógica y otro proceder. En este esquema, *B* es la conducta (*behavior*), *C* son las *c*onsecuencias producidas por tal conducta en calidad de reforzadores de la misma, y *A* son los *a*ntecedentes en cuyas condiciones ocurre la conducta. Se ha de advertir que la conducta puede tener más de una consecuencia, es decir, que puede tener varios reforzadores que la mantienen. Técnicamente, se hablaría de *programas de reforzamiento concurrentes,* como suele ser el caso en las conductas de interés clínico. Por su lado, los antecedentes se especifican de varias maneras, según su función. En concreto, el análisis de la conducta distingue cuatro condiciones antecedentes principales.

Una: situaciones definidas por su aspecto evocador de respuestas emocionales cuya función se denomina *estímulo condicionado.* Aunque se suele presentar en términos del condicionamiento clásico (cuyo esquema sería E-R), permítase decir sin aportar la argumentación, que en la perspectiva de este trabajo se conceptualizaría desde el punto de vista de la conducta operante.

Dos: situaciones definidas por el control de estímulo cuya función se denomina *estímulo discriminativo* (Ed). Se ha de añadir que el Ed puede depender de otro estímulo de segundo orden (denominado técnicamente *discriminación condicional*) y aún éste puede depender, a su vez, de otro denominado *control contextual*. Tres: situaciones definidas por su papel en alterar las funciones discriminativas y reforzantes de los estímulos presentes, lo que se llama técnicamente *operaciones de establecimiento*. Cuatro: situaciones definidas por el control del lenguaje sobre la conducta. Se ha de reparar en que la conducta en cuestión puede ser tanto la «conducta motora» (no-verbal) como la conducta verbal, de manera que en este caso se trataría del control verbal sobre la propia conducta verbal. En general, este control verbal, se identifica en términos de *conducta gobernada por reglas*, una distinción que es pareja de la *conducta moldeada por contingencias*. La Tabla 2 reexpone este esquema.

A	B	C
Estímulo condicionado Estímulo discriminativo (discriminación condicional; control contextual) Operaciones de establecimiento Control verbal	Conducta verbal y no-verbal	Reforzador ...1 Reforzador ...2 Reforzador ...n Extinción

Tabla 2. Esquema A-B-C del enfoque contextual

El esquema A-B-C del enfoque contextual está más ejercitado en la práctica que representado como tal modelo. Sin embargo, y a pesar de su simplicidad esquemática, puede verse su vigencia en el análisis de la conducta en el contexto de la vida cotidiana donde, por ejemplo, una clase de conducta, se relaciona con cuatro reforzadores y seis condiciones antecedentes (Mattaini, 1996). De todos modos, su forma esquemática mínima se encuentra más usualmente en la fórmula *Ed: C→ R*, a partir de la que se registran las diversas relaciones contingenciales (Pearce y Epling, 1995). Esta fórmula se leería así: en presencia de cierto estímulo discriminativo (Ed), determinada conducta (C) probablemente venga seguida de tal reforzador (R). Lo importante es apreciar que estos tres términos constituyen una unidad funcional, de manera que tanto las condiciones antecedentes como las consecuentes forman parte de la estructura de la conducta. Esta unidad se denomina *contingencia de tres términos*.

La conceptualización de los problemas psicológicos se atiene al análisis funcional señalado. Este análisis funcional describe los problemas psicológicos en términos conductuales y especifica sus condiciones. De esta manera, los problemas tienen que ver con alguno de estos dos grandes aspectos de la función operatoria de la conducta: o bien los problemas consisten en las clases de conducta disponibles o bien consisten en su regulación inapropiada. Respecto a los problemas relativos a la clase de conductas disponibles, pueden tratarse de repertorios conductuales que resulten inadecuados para uno mismo, por deficientes o excesivos o que sean perturbadores para otros. Respecto a los problemas relativos a la regulación inapropiada de la conducta, puede tratarse de un control débil, demasiado fuerte o inadecuado por parte de las condiciones discriminativas, de las consecuencias o de las reglas. De acuerdo con esta conceptualización, Hayes, Follette y Follette (1995) definen una amplia variedad de disfunciones conductuales (en concreto, dieciocho), que cubren prácticamente todos los problemas psicológicos, por lo demás, sin incurrir en las clasificaciones psicopatológicas.

La evaluación conductual es propiamente el análisis funcional de la conducta. Se lleva a cabo mediante la entrevista clínica dirigida a especificar relaciones funcionales, la observación directa, a través de auto-registros dispuestos a propósito, la exposición a o presentación de situaciones, así como se vale también de escalas, cuestionarios y diarios. Se añadiría que la evaluación conductual del lenguaje dado en la relación terapéutica se ha de llevar en el propio proceso interactivo, donde el clínico es entonces un observador-participante. Por ello se hace imprescindible el manejo continuo de criterios funcionales.

Una vez definido el problema en términos funcionales, queda planteado el cambio como intervención en las condiciones (A y C) de las que depende la conducta (B). Este cambio de las condiciones antecedentes y consecuentes puede venir practicado tanto por terceros, que controlan el contexto en el que se da la conducta de la persona en consideración, como por la persona misma que auto-controla las condiciones de su propia conducta. Cabe también contemplar situaciones intermedias en las que el cambio esté negociado por los participantes de una relación sea, por ejemplo, la misma relación clínica o una relación del contexto extra-clínico.

En general, dicho también en modo esquemático, se diferencian *tres formas de intervención*, a saber: intervenciones con base en la exposición, intervenciones con base en el manejo directo de contingencias, e intervenciones con base en el control verbal o manejo indirecto de contingencias (Hayes, Follette y Follette, 1995; Pérez Álvarez, 1996a).

Las *intervenciones con base en la exposición* consisten en la exposición del sujeto ante ciertas situaciones evitadas o en la presentación de determinados estímulos, cuyas técnicas clásicas son la exposición prolongada y la desensibilización sistemática. Aunque en esta forma de intervención sigue siendo muy importante el lenguaje (explicaciones, reglas, persuasión) y no falta el reforzamiento contingente, lo que se pondera es la relación A-B, definida como control excesivo por parte de los estímulos condicionados antecedentes (el E-R, de sabor pavloviano). Las *intervenciones con base en el manejo directo de contingencias* consisten en la disposición de alguna condición discriminativa y reforzante (valiéndose de varias técnicas como el control de estímulo, el moldeamiento o sistemas de organización de contingencias). Aunque se define por el manejo directo de condiciones antecedentes y consecuentes, el «control verbal» no deja de estar funcionando así como, incluso, cierta forma de «exposición».

Por su parte, las *intervenciones con base en el control verbal* consisten en el uso del lenguaje como principal instrumento terapéutico. En este sentido, se pondera el «manejo indirecto» que está implicado, sobre todo, cuando se trata de reglas que definen contingencias y/o instruyen acerca de cómo comportarse. Pero el lenguaje puede constituir él mismo un contexto *en* el que se da la conducta-problema, de manera que el propio lenguaje (como instrumento terapéutico) modifique entonces el lenguaje dado como *contexto social verbal* (Hayes, Strosahl y Wilson, 1999; véase también Pérez Álvarez, 1996b). Por lo demás, cuando el clínico convierte la relación terapéutica en un contexto natural (representativo de la vida cotidiana), en el que se presente el problema (y no meramente se hable de él), la conducta verbal establece equivalencias funcionales con las situaciones extra-clínicas. En estas condiciones terapéuticas, como hace la *psicoterapia analítica funcional* (Valero y Ferro, 2015), la conducta verbal tanto supone un «manejo indirecto» de contingencias (relativas a la vida cotidiana), como está sometida al «manejo directo» de las contingencias que funcionan en la sesión de terapia.

Es interesante añadir ahora que esta modalidad de intervención con base en el lenguaje ha estado tradicionalmente mal entendida si es que no descuidada, por parte de la TC, lo que resulta curioso, pues se trata de la conducta más frecuente en la terapia. Lo que se requiere al respecto es su consideración como tal conducta, esto es, su análisis funcional. En este sentido, el analista de la conducta precisa de criterios y, en definitiva, de una taxonomía que le permita establecer unidades significativas de la conducta verbal. A este respecto, se cuenta desde 1957 con la obra básica de Skinner titulada justamente Conducta Verbal, tan importante como ignorada hasta ahora, incluso, por los mismos terapeutas de conducta. No obstante, el análisis de la conducta verbal está cobrando su vigor en textos de aprendizaje

(Catania, 1992; Pierce y Epling, 1995), así como en textos clínicos (Luciano, 1996; Pérez Álvarez, 1996a; 1996b; 2014).

3. OPERACIONES TERAPÉUTICAS QUE DEFINEN LA INTERVENCIÓN CLÍNICA EN LA TC

Una vez presentada la TC en su esquema básico, se puede considerar ahora la intervención clínica según las operaciones que realiza el terapeuta. Naturalmente, se trata de una definición genérica de clases de operaciones que se resuelven en un sinfín de actos. La cuestión es reconocer las figuras que se dan de hecho en la práctica. Las operaciones no se refieren, por tanto, a las representaciones teóricas que tiene el terapeuta de los presuntos procesos del cambio que intenta, sino a las prácticas efectivas que realiza. Pero tampoco se refieren a las técnicas, sino a una categorización lógica del proceder técnico. En este sentido, se van a distinguir seis tipos de operaciones terapéuticas que, en todo caso, se dan en la práctica de un modo intrincado y sin que necesariamente estén formuladas así.

1. Observación de la conducta. Aunque en principio no supone una intervención, la observación no deja de ser una operación del terapeuta. Forma parte de la evaluación y en este sentido es una tarea inicial, especialmente, cuando se trata de establecer una línea-base o punto de partida del funcionamiento de la persona en una situación determinada. Sin embargo, la observación es igualmente una tarea continuada en el curso de la terapia, en cuyo caso se podría hablar de observación-participante. Se excusa decir que el mayor interés de la observación es el establecimiento de relaciones funcionales y no meramente el registro de tasas de conducta. Como es conocido, la observación puede tener su incidencia sobre la conducta observada, suponiendo entonces una cierta intervención.

2. *Presentación de estímulos.* La presentación de estímulos es, igualmente, una tarea de evaluación. Alude aquí, en concreto, a la exposición de algún reactivo para determinar la respuesta. La presentación puede ir desde los ítems propios de un test, hasta las confrontaciones con ciertos asuntos indagados en una entrevista y situaciones sociales que comprometen una actuación. Dicho esto, nada quita para que tales presentaciones supongan también una suerte de intervención con incidencia terapéutica.

3. Disposición de condiciones antecedentes. Se incluyen aquí operaciones que intervienen en alguna circunstancia en cuya presencia se da la conducta. Considerando el esquema A-B-C del enfoque contextual, son operaciones relativas a condiciones antecedentes (A). La disposición de las condiciones antecedentes tiene a su vez varias formas según la función modificada. La forma de referencia es la disposición de alguna función discriminativa denominada *control de estímulo.* De todos modos, el control discriminativo está inserto en la disposición de condiciones consecuentes, por lo que se inscribiría también en tal categoría de operaciones. Por lo demás, el control discriminativo puede consistir en un control verbal, con lo que se remitiría a la disposición de funciones verbales.

Otra forma de disposición de condiciones antecedentes tiene que ver con la función de *estímulo condicionado.* Concierne particularmente a las formas de intervención con base en la exposición, fuera en vivo o en imagen. De este modo, el terapeuta dispone una situación ante la que se expone el sujeto o un arreglo estimular que le presenta. En cualquier caso, no les faltan a estas formas de intervención en las condiciones antecedentes sus efectos consecuentes, sea reforzadores dispensados por el terapeuta, o sea, el efecto reforzante intrínseco a la realización conductual, con lo que, en todo caso, se cierra la triple relación contingencial.

4. Disposición de condiciones consecuentes. Se refieren a las operaciones que suponen un arreglo de las consecuencias de la conducta. Es decir, consisten propiamente en el manejo de contingencias, el cual incluye (como se dijo) el control antecedente. La disposición de condiciones consecuentes tiene sus peculiaridades según los contextos de aplicación. A este respecto, se distinguen tres contextos: el de la sesión clínica, el de un ámbito institucional, y el de la vida cotidiana.

El *contexto de la sesión clínica* viene dado por la propia relación terapéutica. En este sentido, las contingencias manejables están provistas por el terapeuta. Pueden ser tan artificiosas como un «sistema de puntos» y tan naturales que coincidan con la relación interpersonal. Se ha de añadir que la sesión clínica puede contener ensayos de conducta y otros ejercicios prácticos (incluyendo la exposición en vivo «fuera de la clínica»). En todo caso, el terapeuta forma parte de las contingencias de reforzamiento. Dicho esto, merece resaltar que la relación terapéutica puede convertirse en un contexto natural, representativo de la «vida real», en el que se presenten los problemas (y no sólo se hable de ellos) y se dé el proceso terapéutico o «experiencia correctora» (que, a menudo, tiene un carácter interpersonal). Es de señalar que, entre las mayores innovaciones de la terapia de conducta de "tercera generación", figura la consideración de la relación terapéutica como un contexto social representativo de la vida. Así, se citarían el *proceso interpersonal en la terapia cognitiva* promovido por Safran y Segal (1991/1994), la *terapia de conducta dialéctica* (Linehan, 2001) y la *psicoterapia analítica funcional* (Valero y Ferro, 2015). En concreto, la psicoterapia analítica funcional destaca la importancia del reforzamiento *natural* de las conductas de mejoría del cliente en la terapia por parte del terapeuta. A este respecto, proporciona una serie de reglas para un reforzamiento natural y eficaz, que todo terapeuta cognitivo-conductual debiera observar (Valero y Ferro, 2015).

El *contexto institucional* se refiere aquí a los ámbitos educativos y psiquiátricos en los que se ha desarrollado tradicionalmente el análisis aplicado de la conducta. Se trata de un contexto diseñado conforme a un sistema de contingencias (en orden a determinados objetivos conductuales). Se incluyen las comunidades terapéuticas. Es de destacar el uso actual de disposición de condiciones consecuentes en la forma de vales de incentivos para el tratamiento de las adicciones (García-Rodríguez, Secades-Villa, García-Fernández, 2009; Secades-Villa, García-Rodríguez, Álvarez-Rodríguez y cols., 2007).

El *contexto cotidiano* se refiere a las circunstancias diarias del cliente, que también pueden ser dispuestas en orden a determinados cambios de su conducta. Aquí, la disposición de estos cambios del ambiente cotidiano puede estar mediada por el propio cliente (asumiendo el auto-control) o por otras personas que participen en la terapia (como, por ejemplo, algún familiar). Estos cambios pueden consistir tanto en arreglos en la estructura espacial o temporal de la vida cotidiana, como en el trato interpersonal. En esta línea, se ha de hacer referencia a las intervenciones comunitarias, donde se trata de reorganizar un conjunto de condiciones, desde medioambientales hasta políticas, que cubren toda una comunidad (Biglan, 1996; Mattaini, 1996).

Ni que decir tiene que la disposición de condiciones consecuentes es solidaria de la disposición de funciones verbales, así como de las condiciones motivacionales.

5. *Disposición de funciones motivacionales.* Se refiere, dicho técnicamente, a las *operaciones de establecimiento.* Se trata de operaciones que alteran la función de los reforzadores y de los estímulos discriminativos y, en definitiva, de todas las relaciones de la contingencia de tres términos. Entre los ejemplos de estas operaciones figuran la saciedad, la privación, las variaciones de los programas de reforzamiento en curso, así como otras de carácter verbal, que se retomarán después por razones expositivas (aunque quizá fuera más propio presentarlas aquí). Se consideran también «operaciones de establecimiento» ciertos acontecimientos de la vida como el éxito, el fracaso, la pérdida, la emergencia y todas aquellas circunstancias que alteran la

relación habitual con las cosas. En particular, cabría concebir la depresión como una circunstancia de este tipo (Daugher y Hackbert, 1994; Kanter, Busch, y Rusch, 2011).

6. *Disposición de funciones verbales.* El lenguaje en la terapia no es sólo un instrumento por medio del cual se habla del mundo, de uno mismo e, incluso, de la presunta estructura cognitiva o «mundo interior». El lenguaje es también un objetivo de la terapia. En definitiva, el lenguaje es tanto un medio como un objetivo del cambio psicológico. En este sentido, se van a distinguir cuatro tipos principales de operaciones verbales dadas en la terapia.

El primer tipo se puede denominar *operaciones verbales consistentes en reglas que gobiernan la conducta no-verbal.* Se trata aquí de las funciones verbales por las que se especifican las contingencias y/o las conductas. Lo característico de la especificación de contingencias es la *descripción* de las circunstancias de una manera que facilita el *contacto* con la realidad. Se aclaran las situaciones y se define el funcionamiento de las cosas, de modo que uno sabe mejor a *qué* atenerse. Por su parte, lo característico de la especificación de la conducta es la *prescripción* de la conducta requerida o conveniente para una situación. Se instruye acerca de la conducta, de modo que uno sabe mejor *cómo* hacer. Serían ejemplos de reglas relativas a la conducta no-verbal el propio análisis funcional de la conducta (en la medida en que especifica relaciones entre eventos), los contratos conductuales, las instrucciones que acompañan a cualquier otra técnica, el entrenamiento auto-instruccional y, en general, el consejo, la información y demás contacto indirecto con las contingencias.

El segundo tipo serían *operaciones verbales que establecen funciones motivacionales.* Vienen a ser una versión verbal de las operaciones de establecimiento, ya señaladas. Lo característico es que mediante el lenguaje se puede alterar la función motivante tanto del reforzador como del discriminativo. En realidad, estas operaciones verbales vienen a ser una variante de las operaciones anteriormente presentadas como reglas (descriptivas y prescriptivas) que gobiernan la conducta no-verbal, cuyo matiz es la alteración motivacional que suponen y, de ahí, que se proponga su denominación como *reglas motivacionales.* Serían ejemplos la advertencia y la promesa, en la medida en que aumentan la fuerza del reforzador y del discriminativo de contingencias vigentes. Así, la advertencia «hielo-en-la-carretera» puede hacer al conductor más sensible a las señales de tráfico y al resultado de la conducción. Estas reglas vendrían a establecer funciones motivadoras incrementadas, del modo que la privación o una emergencia potencian determinados reforzadores (de otra manera desapercibidos o menos apreciados). Por supuesto, caben también reglas de este tipo que rebajan la fuerza del reforzador y de los discriminativos correlacionados como, valga por caso, la prescripción de no pretender el coito en los ejercicios iniciales de la terapia sexual, cuyo rebajamiento de la «motivación» permite precisamente un mejor funcionamiento.

El tercer tipo serían *operaciones verbales que reparan en la propia conducta verbal.* En efecto, el lenguaje es a menudo objeto de reparo y de reparación por parte del propio hablante (y ya no se diga cuando se escribe). En terapia, no se trata únicamente de aclarar lo que se quiere decir o de subrayar algo, sino también de especificar las implicaciones de lo que se dice y, en su caso, de modificar o ajustar el significado. Por ello, prácticamente, todas las psicoterapias tienen sus «operaciones lingüísticas». Las operaciones verbales, en este sentido de la terapia de conducta, se pueden identificar como *reglas autoclíticas,* por reutilizar la noción de «autoclítica» introducida por Skinner para sugerir la conducta verbal que repara en otra clase de conducta verbal del propio hablante. Serían ejemplos la revisión de los «tendría que» o «deberías» llevados por la *terapia racional emotivo-conductual,* la «exploración de significados idiosincrásicos» tendentes a determinar el sentido de expresiones usuales (qué quiere decir «no tengo salida») practicados por la *terapia cognitiva* de Beck, y, en fin, el cuidado puesto en el propio decir con vistas a matizar su sentido o a especificar un efecto particular y como auto-control.

El cuarto tipo serían *operaciones verbales consistentes en la alteración de reglas.* Si las anteriores operaciones son distintas clases de reglas, se trata ahora de reglas que alteran el funcionamiento de reglas establecidas. Vienen a ser una variante de las reglas *autoclíticas,* pero merecen su distinción. El caso aquí es que estas «reglas establecidas» constituyen el sentido común y, por tanto, son el trasfondo con que se cuenta. La cuestión está en que el lenguaje no es meramente algo que se usa, sino que nos habita y conforma, es decir, que nos habitúa y da la forma a las creencias en las que estamos.

Cuando la terapia requiere remover creencias en que se arraigan ciertos problemas, lo primero que se encuentra es la dificultad en percibir esa estructura (pre)lingüística, precisamente, por ser el contexto *en* el que se da el problema, por demás, proveniente de una práctica social culturalmente establecida. Si la dificultad está ya en reconocer este trasfondo de esquemas, creencias, contexto, reglas o contingencias (como quiera que se formule), tanto más difícil será su reestructuración. Desde luego, no ha de pensarse que bastará la información o la prescripción. En todo caso, cabe destacar ciertas intervenciones en este sentido.

Un proceder se podría identificar como *diálogo socrático*, aunque cada terapeuta lo llevaría a su manera. El punto sería una discusión que fuera moldeando una nueva concepción de las cosas valiéndose de los materiales generados por el propio interlocutor y, en su caso, pro-puestos por el terapeuta. Ciertamente, el diálogo socrático puede ser visto en este contexto como una forma de moldeamiento (Pérez Álvarez, 1993). Por su lado, el debate llevado en la *terapia racional emotivo-conductual* puede adoptar el estilo socrático (Lega, Caballo y Ellis, 1997), así como también se reconoce el método socrático en la *terapia cognitiva* de Beck (Beck, Rush, Shaw y Emery, 1979/1983). En general, el diálogo socrático parece terapéuticamente tan correcto que apenas hay terapia que no se reconozca en él, desde el psicoanálisis hasta la psicoterapia constructivista, pasando por la terapia cognitiva. Permítase decir, sin entrar ahora en los argumentos debidos, que quizá sea precisamente la *terapia de conducta* la *psicagogía* que más correctamente se aviene con el *diálogo socrático*. A este respecto, se vería el *diálogo socrático* como la construcción del conocimiento mediante aproximaciones sucesivas sabiamente moldeadas, esto es, disponiendo condiciones antecedentes y consecuentes en forma sistemática.

Otro proceder se encontraría en el uso de la *paradoja*, cuya característica es precisamente descolocar y reestructurar el sentido común o contexto en el que se inscribe un problema. La paradoja tiene un amplio uso en terapia de conducta, como se aprecia en el texto editado por Ascher (1989), pero aún se destacaría a este respecto la *terapia de aceptación y compromiso* desarrollada por Hayes (Hayes, Strosahl y Wilson, 1999; Wilson y Luciano, 2002), así como la *intención paradójica* de la *logoterapia* que, por lo demás, admite una explicación cabal desde el punto de vista del aprendizaje (Pérez Álvarez, 1996a).

Finalmente, otro proceder vendría dado por el uso de la *metáfora*. La metáfora hace ver una cosa que pudiera ser difícil de captar, a través de su semejanza con otra que se ofrece con toda su nitidez en el aspecto relevante y que funciona, por tanto, como vehículo que permite establecer una similitud. Así, por ejemplo, una metáfora puede ayudar a ver de otra manera un problema y de este modo recontextualizar su sentido. Esto sugiere que una metáfora tanto puede clarificar una situación (facilitando el contacto con las contingencias vigentes), como recontextualizarla (alterando las reglas establecidas). El uso de metáforas en TC está especialmente reconocido en la *terapia de conducta dialéctica* y en la *terapia de aceptación y compromiso* (Hayes, Strosahl y Wilson, 1999; Stoddard y Afari, 2014; Wilson y Luciano, 2002) y, con seguridad, ejercido en la práctica, formando parte del saber terapéutico.

La Tabla 3 reexpone las operaciones terapéuticas anteriormente presentadas.

Esta presentación de las operaciones terapéuticas que se ha hecho desde el enfoque contextual (tomando la lógica del análisis de la conducta), tiene un alcance crítico y, a la vez, reconstructivo del enfoque cognitivo. En efecto, aparte de que el enfoque cognitivo se nutre en la práctica de técnicas de por sí conductuales, lo que se diría ahora es que las técnicas propiamente cognitivas son, en rigor, «operaciones que disponen funciones verbales», las cuales dan cuenta de lo que de hecho se hace cuando se hace «terapia cognitiva» (Hayes y Hayes, 1992; Zettle y Hayes, 1982;). Así, por ejemplo, puede verse cómo la terapia cognitiva de Beck es eficaz por lo que tiene en realidad de activación conductual (Pérez Álvarez, 2007).

1. *Observación de la conducta*
2. *Presentación de estímulos*
3. *Disposición de condiciones antecedentes*
   - Técnicas de exposición
   - Control de estímulo
4. *Disposición de condiciones consecuentes*
   - Contexto de la sesión clínica
   - Contexto institucional
   - Contexto cotidiano
5. *Disposición de funciones motivacionales*
   - Operaciones de establecimiento
6. *Disposición de funciones verbales*
   - Reglas que gobiernan la conducta no-verbal
   - Reglas motivacionales
   - Reglas *autoclíticas*
   - Reglas que alteran otras reglas
   - Diálogo socrático
   - Paradoja
   - Metáfora

Tabla 3. Operaciones terapéuticas que caracterizan la intervención clínica en la TC

4. CARACTERIZACIÓN DE LA TERAPIA DE CONDUCTA EN RELACIÓN CON OTRAS TERAPIAS

La terapia de conducta se puede caracterizar como una terapia breve, directiva, activa, centrada en el problema, orientada al presente, que supone una relación colaboradora y en la que el cliente puede ser un individuo, una pareja, una familia, un grupo o una comunidad. Ahora bien, estas características son dimensionales de modo que su posición en ellas es más gradual que discreta y, en todo caso, relativa con respecto a las otras terapias. Se revisan a continuación estas dimensiones, donde se apreciará la cantidad de matices que todavía sería preciso incorporar.

Breve-Larga. En general, se consideran terapias breves las que llevan menos de treinta sesiones, siendo en torno a quince el punto de referencia. Las terapias de larga duración remiten a más de cien sesiones, contándose a veces por centenares y años. Esta referencia de larga duración viene dada por la terapia psicoanalítica (el psicoanálisis de corte clásico). Dicho esto, se ha de añadir que de cuarenta a noventa sesiones no se consideraría una terapia de larga duración (lo que apenas llevaría un año a razón de dos sesiones por semana), si bien puede ser una duración larga de una terapia de suyo breve. El ejemplo de terapia breve en este sentido viene dado por la TC (considerando tanto el enfoque cognitivo como el contextual), al ser prácticamente la primera alternativa al psicoanálisis (cuando éste era dominante hasta la década de 1950), lo que ha servido como referencia para las nuevas terapias que se han ido desarrollando. Así, son terapias breves, además de la TC, la terapia estratégica (terapia familiar sistémica y comunicacional, con su versión, además de «terapia breve»), la terapia existencial (incluyendo la logoterapia, la psicoterapia existencial de Yalom y el análisis transaccional) y la terapia experiencial (siguiendo la tradición de la terapia centrada en la persona).

Sin embargo, se ha de matizar ahora que hay ciertas terapias dentro de la propia TC que pueden resultar de larga duración, como la terapia cognitiva de los trastornos de personalidad, la psicoterapia analítica funcional y la terapia de conducta dialéctica (cuyas aplicaciones suponen «relaciones terapéuticas intensas»). Igualmente, se ha de matizar que el psicoanálisis, en su adaptación al «mercado terapéutico» y, en particular, al sistema americano de seguros, ha desarrollado psicoterapias que sin perder su inspiración psicoanalítica pueden ser, sin embargo, breves, cuyo nombre general es psicoterapia psicoanalítica (que no se ha de confundir con la terapia psicoanalítica antes citada), dentro de la cual figura incluso una versión autodenominada «psicoterapia (psicoanalítica) breve». Es más, esta psicoterapia breve de inspiración psicoanalítica ha quedado como el nombre genérico de «psicoterapia breve», según una suerte de «marca comercial» (psicoanálisis) que da nombre al género de las psicoterapias breves (prácticamente, todas las otras), lo que además de afortunado no deja de ser irónico.

En cuanto a la duración y frecuencia de las sesiones de la TC, se puede decir lo siguiente. La sesión suele durar entre una y dos horas. Las primeras quizá son más largas, para después estabilizarse en torno a una hora.

Nada quita, sin embargo, para que las sesiones puedan ser aún más largas (por ejemplo, cuando se dispone una exposición en vivo o se incluye algún nuevo participante) o más cortas (por ejemplo, una sesión informativa o centrada en un punto particular). La frecuencia suele ser de una vez por semana, si bien al comienzo pudieran ser dos y posteriormente hacerse más espaciadas. En general, la terapia tiene un curso abierto dentro de su horizonte, en el sentido de que no se sabe exactamente cuánto puede durar y cómo va a fluir la ayuda prestada. Así mismo, dentro de cada sesión, el terapeuta puede seguir una agenda (planeada por él o incluso negociada con el cliente) o proceder según un orden abierto. Sin embargo, hay programas terapéuticos que tienen prácticamente estandarizada la aplicación en cuanto al número, duración y pauta de las sesiones como, por ejemplo, la terapia sexual o la terapia cognitiva de la depresión. En todo caso, conviene que el terapeuta y el cliente establezcan los objetivos de la terapia por anticipado, sin perjuicio de su renegociación. Cabría, incluso, que la terapia en su conjunto fuera objeto de un «contrato» en el que se fijan tanto los objetivos a «tratar» como los aspectos formales relativos a las sesiones, los honorarios y la colaboración del cliente. [Por cierto, el contrato de la terapia (y no meramente el uso de contratos conductuales dentro de ella) es una modalidad establecida en la psicoterapia psicoanalítica breve.]

Directiva-Permisiva. En general, son terapias directivas aquéllas en las que el terapeuta adopta un papel activo en la dirección de la terapia. El contrapunto permisivo lo daría una actitud no-directiva figurada cual espejo que refleja lo que pone el cliente (sin intervenir en su espontaneidad). El modelo de terapia permisiva lo daría precisamente la terapia no-directiva de Rogers. Por su lado, el papel directivo del terapeuta toma diversas formas.

Un papel directivo toma la forma de la *interpretación* del «material» presentado por el cliente. La interpretación es la técnica analítica por excelencia, si bien el psicoanálisis se vale igualmente de otras actividades terapéuticas como la aclaración y la confrontación. (Por supuesto, otras terapias no dejan de hacer interpretaciones a su manera.) Otra pauta directiva se identifica en un cierto *papel educativo* consistente en dotar al cliente con una nueva explicación y terminología (en definitiva, interpretación). Aquí, el terapeuta puede proceder de un modo explícito (como hace el análisis transaccional) o implícito pero, en todo caso, las distintas terapias terminan por adoctrinar según su propia sofisticación psicológica. Finalmente, otro papel directivo tiene la forma de una *intervención práctica* de varias maneras, tales como «observador-participante» (por ejemplo, la «experiencia emocional correctora» de la psicoterapia psicoanalítica o la «provocación de crisis» de la *terapia familiar estructural*), como «director teatral» (por ejemplo, la representación de papeles de la terapia gestáltica o la experiencial) y como «entrenador» en el aprendizaje de repertorios conductuales más adecuados (por ejemplo, la exposición, el modelado o el ensayo de conducta de la TC).

Activa-Pasiva. Esta dimensión está correlacionada con la anterior, puesto que una terapia directiva parece suponer una implicación activa del cliente, mientras que una permisiva sugiere más bien un sujeto pasivo. Sin embargo, hay terapias en las que el terapeuta puede ser activo (por ejemplo, la interpretación psicoanalítica) y el cliente pasivo, al fiar la «curación» al *insight.* En general, las terapias que confían el cambio al *insight,* al «reencuadre» del sistema comunicacional o a la información, están contando con un sujeto pasivo, por más que invoquen la actividad de procesos mentales. Por su parte, efectivamente, las terapias permisivas sugieren un sujeto pasivo al modo botánico (crecimiento personal, espontaneidad creadora, autocongruencia). De todos modos, puesto que cierta actividad es ineludible aun en el supuesto del proceso terapéutico pasivo, la cuestión es diferenciar terapias activas en el sentido de que implican al cliente en hacer algo, respecto de aquéllas que suponen que algo ocurre en ellos.

Orientada al problema-Orientada a la personalidad. En general, las terapias orientadas al problema toman como objetivo resolver el problema presentado, sin suponer que fueran necesarios otros cambios «estructurales». En principio, la TC junto con buena parte de la terapia estratégica, serían ejemplos de este tipo. Por su lado, las terapias orientadas a la personalidad, no consideran resuelto el problema si no se dan otros cambios que consideran más básicos como puedan ser el autoconocimiento psicoanalítico, el crecimiento personal, la toma de responsabilidad o la reestructuración cognitiva. En efecto, habría que reconocer en las terapias de reestructuración cognitiva una orientación a «problemas generalizados» más que a «problemas circunscritos», según la distinción de Brewin (1996), lo que también se podría decir de la *terapia contextual* y de la *terapia de conducta dialéctica,* aun cuando no tienen inspiraciones en la personalidad. Por su parte, la terapia estratégica tiene también su orientación al cambio estructural, en este caso, de la familia. Así que, si bien los enfoques dinámicos (psicoanalíticos, experienciales y existenciales) tienen una clara orientación a la personalidad (en el sentido de pretender un cambio estructural general), la TC y la terapia estratégica serían ejemplos mixtos, aunque quizá más orientados al problema.

Presente-Pasado. Las terapias difieren también según su focalización temporal. Así, la terapia psicoanalítica como en general todas las psicoterapias de inspiración psicoanalítica siguen el hilo de los «síntomas» presentados aquí-ahora hasta dar con el ovillo situado allí-entonces, cuyo descubrimiento desenredaría el problema actual. Por su parte, la terapia gestáltica sería un ejemplo de concentración en el presente, así como en general las experienciales. La terapia estratégica sitúa también su intervención en el presente. La TC está igualmente orientada al presente, si bien su lógica con base en el aprendizaje supone más un cambio diacrónico paso a paso (cara al futuro) que sincrónico espontáneo (gestáltico, experiencial o comunicacional).

Relación colaboradora-Relación autoritaria. Probablemente, todas las terapias se declaren en favor de una relación colaboradora. Sin embargo, esta colaboración en algunas terapias quizá se diluya en sus extremos, bien como relación autoritaria (impositiva), bien como relación de igualdad (fingida). Aquí, se entiende por relación colaboradora la participación activa del cliente en una labor terapéutica dirigida por el clínico, como profesional experto en el que confía. El prototipo de relación colaboradora en este sentido se encuentra en la terapia cognitiva de Beck que, de alguna manera, viene a definir la relación requerida en la TC. De todos modos, habría que introducir matices como, por ejemplo, el estilo autoritario de la terapia racional emotivo-conductual (al menos, según la lleva Ellis).

La relación autoritaria en un sentido impositivo se encuentra en la *terapia psicoanalítica* establecida por Freud, por más que llevada con todo el poder de la persuasión. La *terapia estratégica* tiene también formas autoritarias como, por ejemplo, sus prescripciones, los «engaños benevolentes», las paradojas contra la resistencia y los «trucos» para impresionar al cliente. Curiosamente, la *terapia estratégica familiar* en su matrimonio con el constructivismo, ofrece por el contrario el mayor ejemplo de relación de igualdad, en la que el terapeuta se hace el ignorante y se declara al cliente como experto, (lo que sin duda es un fingimiento si es que no una pérdida de los papeles). Una relación al modo de Rogers sería otro ejemplo de relación colaboradora diluida en un «encuentro personal» (ni autoritario ni tampoco colaborador).

Todas las unidades problemáticas-No todas. El cliente de una terapia psicológica puede ser un individuo, una pareja, una familia, un grupo o toda una comunidad, denominados aquí «unidades problemáticas». Puede que también la terapia aborde el problema valiéndose de varias unidades. Las personas de estas unidades pueden ser «internos» de una institución o externos.

En general, todas las terapias se muestran aptas para entender y atender cualquier unidad problemática. Más en particular, probablemente, no haya terapia que no tenga una versión de aplicación individual, familiar y de grupo. Sin embargo, si se repara en la lógica de la terapia y en su trayectoria, se vería que muchas de ellas son aptas más bien para una unidad problemática, por no decir ineptas para las otras. Así, las psicoterapias de la tradición psicoanalítica son de suyo individuales y por lo mismo (por su mirada intra-psíquica) lo son también las terapias experienciales y las cognitivas, aunque trabajen con varias personas a la vez. (Por el hecho de tomar una aspirina en grupo, no por ello es una terapia grupal). En cambio, la terapia estratégica toma como unidad la familia, en cuanto que sistema, y no en vano se denomina también terapia familiar o sistémica. La terapia familiar sistémica tiene también una afinidad contextual, por la que transita del individuo a la comunidad más coherentemente que los enfoques psicodinámicos y cognitivos. Por su parte, la terapia existencial de Yalom sería uno de los ejemplos más coherentes de terapia individual y de grupo (Pérez Álvarez, 1996a).

Pues bien, la TC puede proponerse como una terapia coherente con las diversas unidades problemáticas señaladas. En particular, sería el enfoque contextual lo que vertebraría una intervención cabal en cualquiera de las unidades consideradas.

La Tabla 4 reexpone las características de la TC en relación con otras terapias. Se excusa decir que esta caracterización tiene muchos matices, algunos de los cuales se han apuntado anteriormente. La consideración de todos ellos terminaría por ofrecer un cuadro demasiado complejo como para que tuviera interés expositivo. Así que, tómese la Tabla 4 más como una cortesía que como una tesis.

	Breve	Directiva	Activa	Orientada al problema	Situada en el presente	Relación colaboradora	Todas las unidades problemáticas
Terapia Psicoanalítica		√					
Psicoterapia Psicoanalítica	(√)	√	(√)			√	
Terapia Gestáltica	√	√	√		√	√	
Análisis Transaccional	√	√	√		√	√	
Terapia Existencial	√	√	√		√	√	(√)
Terapia Estratégica	√	√	√	(√)	√		(√)
Terapia Centrada en la Persona	√				√		
Terapia Experiencial	(√)	(√)	(√)		√	√	
Modificación de Conducta	√	√	√	(√)	√	√	√

Tabla 4. *Características de la Terapia de conducta en relación con otras Terapias*

5. REFERENCIAS BIBLIOGRÁFICAS

Ascher, L. M. (1989) *Therapeutic paradox.* Nueva York: Guilford Press.

Beck, A. T., Rector, N. A., Stolar, N. y Grant, P. (2010). *Esquizofrenia. Teoría cognitiva, investigación y terapia.* Barcelona: Paidós.

Beck, A. T., Rush, A. J., Shaw, B. F. y Emery, G. (1979/1983) *Terapia cognitiva de la depresión.* Bilbao: DDB.

Biglan, A. (1996) *Changing cultural practices: a contextual framework for intervention research.* Reno, NV: Context Press.

Brewin, C. R. (1996) Theoretical foundations of cognitive-behavior therapy for anxiety and depression. *Annual Review of Psychology, 47:* 33-57.

Catania, A. C. (1992) *Learning (3ª edición).* Englewood Cliffs, NJ: Prentice-Hall.

Craske, M. G. (2012). Transdiagnostic treatment for anxiety and depression. *Depression and Anxiety, 29,* 749-753.

Dougher, M. H. y Hackberg, L. (1994) A behavior-analytic account of depression and a case report using acceptance-based procedures. *The Behavior Analyst, 17,* 321-334.

García-Rodríguez, O., Secades-Villa, R., García-Fernández, G., Sánchez-Hervás, E. y Zacarés Romaguera, F. (2009). El Programa de Reforzamiento Comunitario (CRA) más terapia de incentivos para el tratamiento de la adicción a la cocaína en España. *Norte de Salud Mental, 34,* 7-14.

Hayes, S. C. y Hayes, L. J. (1992) Some clinical implications of contextualistic behaviorism: the example of cognition. *Behavior Therapy, 23,* 225-249.

Hayes, S. C., Follette, W. C. y Follette, V. M. (1995) Behavior therapy: a contextual approach. En A.S. Gurman y S.B. Messer (eds.): *Essential psychotherapies. Theory and practice.* Nueva York: Guilford Press.

Hayes, S. C., Strosahl, K. D., & Wilson, K. G. (1999). *Acceptance and commitment therapy.* New Cork: Guilford.

Kanter, J. W., Busch, A. M. y Rusch, L. A. (2011). *Activación conductual. Refuerzos positivos ante la depresión.* Madrid: Alianza Editorial.

Lega, L. I., Caballo, V. E. y Ellis, A. (1997) *Teoría y práctica de la terapia racional emotivo-conductual.* Madrid: Siglo XXI.

Linehan, M. M. (2001). *Manual del tratamiento de los trastornos de personalidad límite.* Barcelona: Paidós.

Luciano, M. C. (1996) *Manual de psicología clínica. Infancia y adolescencia.* Valencia: Promolibro.

Mattaini, M. A. (1996) Public issues, human behavior, and cultural design. En M.A. Mattaini y B.A. Thyer (eds.): *Finding solutions to social problems. Behavioral strategies for change.* Washington, DF: APA.

Pérez Álvarez, M. (1993) Técnicas operantes para el desarrollo de conductas. En F.J. Labrador, J.A. Cruzado y M. Muñoz (eds.): *Manual de técnicas de modificación y terapia de conducta.* Madrid: Pirámide.

Pérez Álvarez, M. (1996a) *Tratamientos psicológicos.* Madrid: Universitas.

Pérez Álvarez, M. (1996b) *La psicoterapia desde el punto de vista conductista.* Madrid: Biblioteca Nueva.

Pérez Álvarez, M. (2007). La activación conductual y la desmedicalización de la depresión. *Papeles del Psicólogo, 28,* 97-110.

Pérez Álvarez, M. (2012). *Las raíces de la psicopatología moderna. La melancolía y la esquizofrenia.* Madrid: Pirámide.

Pérez Álvarez, M. (2014). *Las terapias de tercera generación como terapias contextuales.* Madrid: Síntesis.

Pierce, W. D. y Epling, W. F. (1995) *Behavior analysis and learning.* Englewood, NJ: Prentice-Hall.

Safran, J. y Segal, Z. (1991/1994) *El proceso interpersonal en la terapia cognitiva.* Barcelona: Paidós.

Secades Villa, R., García Rodríguez, O., Álvarez Rodríguez, H., Río Rodríguez, A., Fernández Hermida, J. R. y Carballo Crespo, J. L. (2007). El Programa de Reforzamiento Comunitario más Terapia de Incentivo para el Tratamiento de la Adicción a la Cocaína. *Adicciones, 19,* 51-57.

Stoddard, J. A y Afari, N. (2014). *The big book of ACT metaphors. A Practitioner's Guide to Experiential Exercises & Metaphors in Acceptance & Commitment Therapy.* Oakland, CA: New Harbinger Publications.

Valero, L. y Ferro, R. (2015). *Psicoterapia analítica funcional. El análisis funcional en la sesión clínica.* Madrid: Síntesis.

Wilson, B. E. y Luciano, M. C. (2002). *Terapia de aceptación y compromiso (ACT). Un tratamiento conductual orientado a valores.* Pirámide.

Zettle, R. D. y Hayes, S. C. (1982) Rule-governed behavior: a potential theoretical framework for cognitive behavior therapy. En P.C. Kendall (ed.): *Advances in cognitive behavioral research and therapy (Vol 1).* Nueva York: Academic Press.

6. LECTURAS RECOMENDADAS

Beck, A. T., Rector, N. A., Stolar, N. y Grant, P. (2010). *Esquizofrenia. Teoría cognitiva, investigación y terapia.* Barcelona: Paidós.
Se trata de una extensión de la terapia cognitiva de la depresión aplicada la esquizofrenia. Ofrece una actualización de sus fundamentos, teoría y ejemplos clínicos. Sirve tanto para conocer la lógica de la terapia cognitiva como para una perspectiva psicológica de la esquizofrenia.

Caro, I. (2011). *Hacia una práctica eficaz de las psicoterapias cognitivas. Modelos y técnicas principales.* Bilbao: DDB.
Excelente actualización de la evolución y panorama actual de las terapias cognitivas, con especial énfasis en el procedimiento práctico y evaluación de resultados.

Kanter, J. W., Busch, A. M. y Rusch, L. A. (2011). *Activación conductual. Refuerzos positivos ante la depresión.* Madrid: Alianza Editorial.

Expone la nueva terapia de activación conductual para la depresión. Utiliza el esquema A-B-C en su doble versión cognitiva y conductual. Contrasta con el modelo de Beck y cols. antes comentado.

Labrador, F. J., ed. (2008). *Técnicas de terapia de conducta.* Madrid: Pirámide.

Excelente exposición de las técnicas de la terapia de conducta, señalando sus fundamentos y aplicaciones.

Pérez Álvarez, M. (2014). *Las terapias de tercera generación como terapias contextuales.* Madrid: Síntesis.

Exposición panorámica y a la vez detallada de las terapias de conducta de tercera generación, señalando su carácter contextual.

Wilson, B. E. y Luciano, M. C. (2002). *Terapia de aceptación y compromiso (ACT). Un tratamiento conductual orientado a valores.* Pirámide.

Excelente exposición de los fundamentos, teoría y aplicaciones de la ACT, en una perspectiva eminentemente clínica práctica.

7. PREGUNTAS DE AUTO-COMPROBACIÓN

1) El enfoque cognitivo se caracteriza por la consideración de la conducta en función de las representaciones mentales.
2) El enfoque contextual se caracteriza por la consideración de la conducta en función de las circunstancias ambientales.
3) El A-B-C del enfoque cognitivo supone una cierta causación de las cogniciones sobre las emociones y las conductas.
4) En el A-B-C del enfoque cognitivo, C son las cogniciones.
5) El A-B-C del enfoque contextual supone que la conducta depende de condiciones antecedentes y consecuentes.
6) En el A-B-C del enfoque contextual, C son las consecuencias problemáticas.
7) La técnica de exposición es un ejemplo de operación consistente en la disposición de condiciones consecuentes.
8) Las operaciones de establecimiento son un ejemplo de reglas que alteran otras reglas establecidas.
9) La terapia de conducta se puede considerar una terapia breve, directiva y activa.
10) La terapia de conducta es apta como terapia individual pero impropia como terapia grupal y comunitaria.

Las respuestas (verdadero, o falso) a las preguntas se encuentran en el anexo final del texto.

2

LA SITUACIÓN ACTUAL DE LA TERAPIA DE CONDUCTA

Miguel A. Vallejo Pareja
U.N.E.D.

1. INTRODUCCIÓN

La terapia de conducta, más conocida en los últimos años como terapia cognitivo conductual, es el resultado del desarrollo del conocimiento científico desde sus orígenes: tiempo que va desde los comienzos del siglo XX de la mano de John B. Watson, padre del conductismo, al momento actual, la segunda década del siglo XXI. Desde las aplicaciones pioneras de la modificación de conducta hasta el momento actual en el que se habla de las denominadas terapias de conducta de 3ª generación, la terapia de conducta se ha visto enriquecida en sus fundamentos teóricos y empíricos. Cabe señalar que, en mi opinión, dicho enriquecimiento no tiene un carácter revolucionario. No ha habido en este tiempo aportaciones teóricas y/o empíricas que hayan cuestionado de forma radical los fundamentos de la terapia de conducta. Sí ha habido, por el contrario, aportaciones que han destacado algunos aspectos como más relevantes, bien en razón de puntos de vista singulares -por ejemplo, la importancia de lo cognitivo que Beck se encargó de hacer valer, aunque lo cognitivo, por así llamarlo, ya formaba parte de la terapia de conducta- o el modo en que con el tiempo el análisis funcional de la conducta y la referencia al individuo y su contexto particular, fue dejándose perder en favor de la normalización y del grupo, volviendo en los momentos presentes a ser rescatado por acercamientos como la terapia de conducta dialéctica, por citar otro ejemplo.

El paso del tiempo que nos trae a la situación actual de la terapia de conducta es un ejemplo de diversas inconsistencias, propias de la condición humana a la que no es ajeno el psicólogo y el científico. Sólo destacaré dos. La primera es la que confunde el descubrimiento individual con el científico. Algunos autores y personas consideraron un gran hallazgo el que la terapia de conducta se fijara en lo cognitivo, como elemento fundamental del ser humano. La terapia de conducta nunca dejó de fijarse en lo cognitivo. Forma parte del comportamiento como elemento de respuesta y del medio ambiente, como antecedente y/o consecuencia, de la conducta, incluso desde el conductismo mediacional como constructo que media (esquemas) la relación concreta entre un determinado contexto (medio ambiente) y la respuesta. Eysenck (1993) ya se encargó de reseñar que denominar a la terapia de conducta, como cognitivo conductual era superfluo, pues lo cognitivo forma parte de la conducta, ¿qué decir de formulaciones como terapia cognitivo conductual biológico social, a la que sólo le falta añadir, en tono de broma, de la rama humanista de los santos de los últimos días? Por tanto, reclamar como revolucionario lo que forma parte de la propia naturaleza de la disciplina en cuestión, sólo debe explicarse por desconocimiento de sus fundamentos. Si lo que viene a decirse es que lo cognitivo es tan importante como para constituir la causa del comportamiento, esto es aceptable sólo cuando haya datos que señalen que lo que precede a determinado comportamiento es un determinado pensamiento o actividad cognitiva concreta. El genérico de que el pensamiento causa la acción sólo es cierto, la misma formulación lo señala, cuando se da esa condición antecedente. Confundir contenido: cognitivo, con forma de respuesta, o elemento antecedente o consecuente, es salirse del marco y relacionar peras con balones.

El segundo aspecto que quiero traer aquí es el que confunde la teoría con la práctica o mejor el decir y el hacer. También pueden ponerse muchos ejemplos al respecto. Me referiré sólo a uno. Ningún terapeuta de conducta que se precie dirá que el miedo, la ansiedad o el estrés no tengan un valor adaptativo, sin embargo y siendo así, los mensajes que se envían a los pacientes y a la sociedad son: técnicas de control del estrés, reducción del malestar, combatir la ansiedad, etc. Lo que decimos es que el estrés es malo, también la ansiedad, la angustia el malestar y cualquier otra condición desagradable. Esto plantea una incongruencia obvia entre los fundamentos y la práctica de la terapia de conducta y altera de forma nada despreciable la intervención terapéutica, pues no es lo mismo decirle al paciente que debe adaptarse a una condición adversa y buscar medios para que afecte lo menos posible a su vida, que decirle, si quiera implícitamente, que es posible controlarla y hacerla desaparecer. No es lo mismo prometerle que él puede ser capaz de sobrellevar el malestar que prometerle la felicidad.

2. LA FORTALEZA DE LA TERAPIA COGNITIVO CONDUCTUAL (TCC)

Las siglas TCC (terapia cognitivo conductual), o CBT (cognitive behavior therapy), en inglés, son un referente de eficacia en ámbitos muy diversos de la salud. Así es reconocido no sólo por los psicólogos, sino por toda la comunidad científica: médicos de diversas especialidades y psiquiatras singularmente. Esto es debido al cúmulo de resultados que se sustentan en trabajos controlados con las convenientes garantías científicas. Por ello es habitual señalar que es el abordaje de elección en trastornos de gran relevancia e incidencia como trastornos de ansiedad o depresión, así como en otros más indefinidos y complejos, como la fibromialgia. Además, la TCC no sólo se ha mostrado eficaz en el abordaje de los principales trastornos sino que frecuentemente es más eficiente que los tratamientos alternativos farmacológicos, en razón de las limitaciones de éstos, así como de sus efectos secundarios agravados en ocasiones por la interacciones entre diversos fármacos.

Uno de los elementos que sustentan esta positiva condición de la TCC está en sus orígenes: el interés por el uso de una metodología experimental, por demostrar lo que se dice, por evaluar de forma rigurosa los efectos de la terapia, por establecer de forma clara y reproducible los programas de tratamiento, etc., etc. En consecuencia, se cuenta con programas que establecen unos criterios de eficacia mensurables y que pueden ser aplicados de forma protocolizada. Es natural que dadas esas condiciones el progreso científico permita mejorar de modo progresivo y acumulativo las intervenciones haciéndolas más eficientes.

Un ejemplo de la eficacia y eficiencia de la TCC ha sido puesto de manifiesto en el Reino Unido[1] en el que se ha establecido un programa que pretende ofrecer en 2013, tratamiento psicológico a los pacientes con ansiedad y depresión en el Sistema Nacional de Salud, debido a las ventajas que el tratamiento psicológico aporta frente al tratamiento psicofarmacológico.

3. ÁREAS SUSCEPTIBLES DE MEJORA

Es evidente que toda actividad científica es susceptible de mejora. También la TCC tiene, a pesar de lo señalado más arriba, motivos para mejorar sus recursos terapéuticos. Es conocido que no todas las personas se benefician del mismo modo de las terapias bien establecidas. Adaptar los tratamientos a esos casos: problemas graves o crónicos, trastornos complejos como los trastornos de personalidad, problemas con diverso grado de comorbilidad, etc., es imprescindible y requiere de un esfuerzo especial.

Otro aspecto clave es el fundamento teórico de los tratamientos y la justificación de estos analizando el proceso terapéutico. Dicho de forma más sencilla, conocer cómo trabajan los tratamientos. Para ello es preciso

1 http://cep.lse.ac.uk/research/mentalhealth/default.asp#members

partir de modelos psicopatológicos que vengan ligados a tratamientos concretos y a cambios susceptibles de comprobar que efectivamente ejercen su acción sobre lo que proponen. Veamos el caso de la terapia cognitiva de la depresión. Si el modelo de depresión parte de que los pensamientos distorsionados y los errores cognitivos son fundamentales en la génesis y mantenimiento de dicho trastorno, resultaría preciso constatar que dichos pensamientos deben cambiar durante el proceso terapéutico y su cambio debe correlacionar con la mejora clínica e ítem más que sólo mediante terapia cognitiva se den esos cambios. Los datos que tenemos al respecto no son favorables a que la terapia cognitiva opere como se postula. Es más, parece que las distorsiones cognitivas son un síntoma más de la depresión que el elemento central que prometía ser.

Hay un interés evidente por sustentar y fundamentar teóricamente los tratamientos, pero es esta una tarea un tanto descuidada. No obstante, hay ámbitos en los que, por ejemplo, sí parece haber una relación entre cambios cognitivos y mejoras clínicas en la fobia social, aunque también se alcancen esos cambios sin terapia cognitiva, mediante técnicas de exposición. Estos resultados muestran un desconocimiento sobre cómo operan los tratamientos, a pesar de que funcionen bien. Es necesario conocer qué variables del proceso terapéutico y del paciente median de forma efectiva la eficacia de la terapia. Un ejemplo en este sentido son las investigaciones que ligan la interpretación errónea de las sensaciones corporales con el trastorno de pánico (Clark, 1999) y cómo esto se relaciona directamente con los resultados del uso de la exposición.

La obtención de datos que sustenten la eficacia de un tratamiento no es suficiente para que éste se integre de forma efectiva en el cuerpo de conocimiento científico, en nuestro caso de la TCC. Un ejemplo de tratamiento psicológico efectivo y sin fundamentación conocida es el EMDR. Puede decirse, del mismo modo, que una parte nada desdeñable de los psicofármacos tampoco se hayan justificados teóricamente, sino por los efectos que tienen y que pueden ser beneficiosos, a tenor de los síntomas del trastorno (González y Pérez, 2007). La experimentación y el pragmatismo pueden llevar a lugares insospechados, según reza el adagio del farmacólogo y que bien puede extenderse a cualquier otro clínico o científico: *buscando una aguja en el pajar encontré a la hija del granjero.*

3.1. Cómo mejorar la TCC

Desde finales del siglo pasado a la actualidad se han producido notables aportaciones que pueden contribuir a mejorar la TCC. Aunque dichas aportaciones no han surgido de forma organizada, sí tienen elementos en común que ha hecho que, *a posteriori,* se las caracterice con la etiqueta de terapias de conducta de 3ª generación (Hayes y cols., 2006). Con independencia de lo acertado o no del término sí es cierto que se da una coincidencia entre ellas en su planteamiento, fundamentación, técnicas terapéuticas e, incluso, el tipo de trastornos o problemas para el que son aplicadas. Dichos acercamientos forman parte de la TCC, se sustentan en los fundamentos teóricos y empíricos de la TCC y, como es natural, tienen más afinidad con ciertos planteamientos teóricos y modos de hacer que con otros. Por ejemplo, se encuentran más cercanos al uso de técnicas conductuales, por ejemplo la exposición, que al de técnicas cognitivas, sin que esto suponga un rechazo a ellas, como se verá más adelante. Los elementos característicos de estas terapias son:

1. Dar más importancia a la experimentación, a la práctica de la conducta, que a su interpretación y al uso de instrucciones. Un predominio del aprendizaje por contingencias, frente al aprendizaje por reglas.
2. Considerar las funciones de las conductas por encima de las conductas en sí. Esto, como el resto de las características, no es nuevo en TCC, pero sí ha sido desatendido, por mor de establecer protocolos más basados en aspectos descriptivos (topográficos) que funcionales. Naturalmente las conductas en concreto son accidentales, no, sin embargo, sus funciones que permanecen y pueden ser logradas por una amplia variedad de ellas.
3. Importancia del contexto y en consecuencia del análisis funcional e individual. Aquí, de nuevo, se trata de incidir en algo que está en los fundamentos de la TCC pero que es parcialmente desatendido. Esto tiene su importancia a la hora de explicar por qué los tratamientos fracasan con determinadas personas o cómo los problemas crónicos o graves presentan más dificultades.
4. Buscar un sustento teórico general a los trastornos y a la intervención. Este es el caso de la formación del trastorno experiencial por evitación, con independencia de nosologías y consensos.
5. Destacar el papel de las emociones y de su experimentación. Reconociendo la importancia de que la persona sienta de forma natural y normal sus sensaciones y emociones, con independencia de su valencia, y no sea sustituida o hurtada esa experiencia por su reconceptualización o racionalización.
6. Poniendo al lenguaje y a la racionalización en un segundo lugar, de modo que no se convierta en el punto de referencia principal, al menos en lo que tiene que ver con los procesos emocionales. Ser

capaz de separar el lenguaje de su función simbólica para que no suponga una interferencia adicional.

7. Destacar la importancia de la relación terapéutica y considerar ésta como un elemento clave de la terapia, partiendo de que la interacción con el paciente es un contexto más que está al servicio del tratamiento.
8. Adoptar una postura más educativa que correctiva en la terapia, un enfoque más permisivo que autoritario. No se trata de decirle al paciente qué tiene que hacer o pensar sino entender el contexto en que se producen los problemas y procurar un cambio contextual.

Como queda señalado los puntos que se recogen más arriba no tienen un sentido revolucionario, si por ello se considera el que sean ajenos a la tradición y fundamento de la TC, sin embargo sí ocurre que han sido menos tenidos en cuenta y, ocasionalmente ignorados, por lo que su reconsideración sí es un hecho novedoso. Una reflexión más amplia sobre estos aspectos pueden consultarse en Pérez Álvarez (2014).

Entre las diversas iniciativas que han retomado estas consideraciones y que pueden incluirse dentro de este grupo de las llamadas terapias de 3ª generación, están: la terapia de aceptación y compromiso (Hayes, Strosahl y Wilson, 1999; y Wilson y Luciano, 2002), la activación conductual (Jacobson, 1994), la terapia cognitiva de la depresión basada en el *mindfulness* (Segal, Williams y Teasdale, 2001), la terapia de conducta dialéctica (Linehan, 1993), la psicoterapia analítica funcional (Kohlenberg y Tsai, 1991), la terapia metacognitiva (Wells, 2000), el sistema de análisis cognitivo conductual de psicoterapia (McCullogh, 2000), la terapia conductual integrada de pareja (Chistensen y Jacobson, 2000), y la terapia breve relacional (Safran y Muran, 2000). Aún cuando el criterio para incluir unas u otras terapias dentro de este grupo es variable (ver Hayes y cols. 2006) compartirían en diversa medida los puntos señalados más arriba. Cabe señalar que alguna de ellas, ACT, por ejemplo, se considera distinta de la terapia cognitivo conductual, reclamando un lugar propio fundamentado en la investigación básica: la teoría del marco relacional y el análisis funcional de la conducta gobernada por reglas (Hayes y cols. 1986). Sin embargo, este papel singular es cuestionado por quienes piensan que se trata de modificaciones sobre la terapia cognitivo conductual (Hofmann y Asmundson, 2008). Posiblemente se trate de un aspecto más terminológico y que pretende una cierta notoriedad y diferenciación. Algo similar ya ocurrió con la terapia cognitiva en relación con la terapia de conducta. Algunos autores prefieren hablar de técnicas cognitivas, técnicas de restructuración cognitiva, frente a terapia cognitiva. Naturalmente Beck, prefiere utilizar el término terapia cognitiva, si bien su planteamiento encaja correctamente en la terapia de conducta, tanto desde la perspectiva teórica como desde la evaluación y el tratamiento.

3.2. Principales nuevos desarrollos terapéuticos

A continuación se repasarán brevemente los principales tipos de terapia, destacando aquellos que tienen mayor sustento empírico.

3.2.1. Terapia de Aceptación y Compromiso (ACT)

Fundamentos

La terapia de aceptación y compromiso entronca con la tradición skinneriana que prima un acercamiento descriptivo del comportamiento en su entorno, en lugar de la búsqueda, a menudo hipotética, de las causas de la conducta. Interesa identificar patrones de covariación, esto es, relaciones funcionales que ligan probabilísticamente cambios ambientales y comportamentales. Se asume que el comportamiento no puede ser explicado fuera de contexto, y son precisamente, como se ha señalado, los patrones de covariación con el contexto, lo que permite predecir y modificar la conducta. Se trata más de un acercamiento correlacional que experimental, al menos en lo que se refiere a las relaciones entre medio ambiente (antecedente o consecuente) y conducta. Se trata de un acercamiento que puede ser definido como contextualismo funcional.

Toma como punto de partida una referencia psicopatológica concreta. En efecto, considera que muchos de los trastornos y problemas psicológicos provienen del esfuerzo que las personas realizan por reducir la intensidad, frecuencia, duración o el modo en que se ven afectados por sucesos privados desagradables (emociones, pensamientos). Este intento por minorar o escapar de estas experiencias desagradables no sólo suele ser ineficaz, sino que se convierte en una fuente de problemas por sí mismo. Este fenómeno es considerado como una clase de conducta denominada evitación experiencial (Hayes y cols., 1996). De este modo si hablar con mi jefe me produce malestar, haré lo posible por tratar de controlar (reducir) el malestar. Trabajaré de forma activa para eliminarlo. Resulta preciso aclarar, para que sea entendido el sentido del control, que no es posible acabar con el malestar. Cierto grado de malestar está presente en la vida y no por ello se dejan de hacer las cosas que uno se propone, por ejemplo hablar con el jefe, luego ese esfuerzo activo (evitación experiencial) es un problema, entre otras cosas, porque se convierte en un eje de actuación importante, a menudo exclusivo, del paciente.

La evitación experiencial suele ser persistente por dos razones principales (Boulanger, Hayes y Pistorello, 2010). La primera porque al tratarse de una conducta reforzada negativamente, el más mínimo efecto de la persona para reducir el malestar refuerza la evitación. Así si procuro distraerme, en lugar de ver cómo resuelvo el problema con mi pareja (porque me siento mal), la conducta de evitación se ve reforzada por la disminución transitoria el malestar. La segunda razón es de carácter sociocultural y en gran medida trasmitida por el lenguaje. Sentirse bien, ser feliz, ser optimista, etc., se convierte prácticamente en una obligación, animada comercialmente. En efecto, debe eliminarse el malestar, el sufrimiento, la ansiedad, el pesimismo, etc. En consonancia con ello deben buscarse los pensamientos positivos, las emociones positivas, de modo que desplacen a los pensamientos y afectos negativos. El lenguaje se hace cargo de estos valores socioculturales, de modo que *tienes que cambiar esos pensamientos por otros positivos,* o *te encuentras tirado en el sofá porque estás deprimido.* Lo que las personas se dicen, en consonancia en gran medida con los valores socioculturales señalados, contribuye a que la evitación experiencial persista.

El lenguaje, como se ha visto más arriba, tiene un notable papel como regulador de la conducta. El tomar el mundo simbólico del lenguaje como real, de tal modo que se convierta en el principal regulador del comportamiento, agrava notablemente los problemas psicológicos. La persona se hace más insensible al contexto real, al ambiente en que vive, y vive, por el contrario, en sus pensamientos en su mundo. Las relaciones funcionales que implican al lenguaje son estudiadas dentro de la teoría del marco relacional (Relational Frame Theory-RFT; Blackledge, 2003 y Hayes, Barnes-Holmes y Roche, 2001). Una buena introducción a la RFT puede consultarse en Törneke (2010).

Componentes

Los componentes básicos de ACT son: la aceptación, la defusión cognitiva, el yo en perspectiva, el contacto con el momento presente, identificación de valores y compromiso de acción.

La aceptación supone reconocer como normales y propios del ser humano el malestar, las emociones negativas y cualesquiera otros pensamientos o emociones desagradables. Si bien sentirse triste por un fracaso no es agradable, es una experiencia tan natural y humana como sentirse contento. Se anima al paciente a que sienta esas emociones negativas como algo natural y que no huya de ellas o pretenda enmascararlas, ya sea psicológica o farmacológicamente. El huir de ellas sólo contribuye a fortalecer el malestar. Por el contrario, la experimentación natural de dichas emociones permite su autorregulación. La aceptación, como se ve, se refiere a las emociones y pensamientos asociados, y no supone conformidad o resignación con la situación. La aceptación de un fracaso supone no huir del malestar para que éste no se fortalezca e impida a la persona retomar su vida, analizar qué factores han propiciado el fracaso e implicarse en actividades que busquen un resultado valioso para la persona. Como queda claro en la forma natural de abordar los problemas, debe, en primer lugar, aceptarse la existencia de estos, también en términos emocionales, para una vez tocado fondo y valorados los recursos e intereses, volver a la vida de forma efectiva.

La defusión cognitiva supone desactivar el poder del lenguaje. Éste puede atrapar a la persona en la propia literalidad. Así el pensamiento *el trabajo es difícil,* supone que el trabajo real quede *atrapado* por todo aquello que significa dificultad. El eliminar esa asociación, fusión, entre el lenguaje y la realidad es esencial y un requisito imprescindible para que la persona recupere una flexibilidad necesaria para responder de forma adecuada en el medio ambiente natural. Hay formas diversas de abordar esta tarea. Una de ellas es hacer ver al paciente que las palabras (pensamientos) no son hechos. Esto supone una liberación y una forma de distanciamiento. Pienso que el trabajo es difícil, es distinto del trabajo es difícil. El jugar con las palabras, como sonidos, como elementos de un puzzle, contribuye a no tomárselas en serio, o cuando menos a que no ocupen un espacio preferente sin pedir permiso.

Poner al yo en perspectiva es otro de los componentes clave de ACT, es un caso particular de fusión cognitiva en esta ocasión referida a la persona en sí. Cuando una persona se dice *soy un inútil* está identificándose de forma generalizada como ser inútil. El lenguaje tiene el poder de fijarle y definirle de modo literal con la frase. Algo similar cabe decir de frases como *yo ya no puedo soportarlo más.* En estos casos, no sólo es necesario hacer ver a la persona que los pensamientos no son hechos, esto es, que no es lo mismo pensar *soy un inútil,* que decir *tengo el pensamiento de que soy inútil,* además es preciso contextualizar el pensamiento, o sea contextualizar el yo. De este modo pueden separarse contenidos fundidos en el yo, frente a relaciones precisas entre uno mismo y contextos concretos. *Soy un inútil,* frente a *soy incapaz de resolver el problema de mi hijo.* Identificación vs. contextualización. *Me queda grande el papel de jefe,* frente a *soy un jefe lamentable.* De este modo, además, se evita la identificación con el contenido de la conciencia. De modo que pueda decirse *tengo el cuerpo fuerte,* en lugar de *soy fuerte.* Esta reorientación del yo es bien aceptada por las personas pues queda claro que es más asumible para nosotros considerar que *se tiene una torpeza,* a que *se es torpe.* De este modo, promoviendo una distinción del yo como contexto, hace posible una aceptación más genuina de la persona (Wilson y Luciano, 2002).

El contacto con el momento presente implica un esfuerzo por la experimentación de lo que acontece, frente a las limitaciones que el lenguaje establece (este componente es también denominado como *mindfulness*). Los pensamientos, la literalidad del lenguaje, la atención a pensamientos concretos, valoraciones, etc., se comportan como barreras que impiden percibir e interaccionar en contextos concretos. Se pierden oportunidades para conseguir los objetivos y la persona se hace más rígida al cambio, menos sensible a las contingencias que regulan el intercambio con el medio ambiente, lugar en el que uno desarrolla sus proyectos. Ensimismado en sus pensamientos, reflexiones y rumiaciones, no atiende a la vida (personas, situaciones, etc.), que pasan por delante de él. De este modo, se propone que la persona experimente y viva el momento presente como una condición necesaria para ser más efectivo en la consecución de los objetivos que pretende. Cabe señalar aquí que el momento presente puede ser también pensar o reflexionar si así se ha decidido. Sobre lo que se alerta aquí es sobre una difusa actividad cognitiva, automática, desligada de la realidad, que dificulta el contacto con ella. Dicha experimentación del presente refiere también a la terapia en sí. Strosahl, Robinson y Gustavsson (2015) distinguen 4 fases al respecto. La primera es notar la presencia de un terminado malestar, la segunda identificarle con una etiqueta verbal (nombrarle), la tercera es "dejarlo estar", significa observarlo con cierta distancia, no permitiendo que se fusione o se asocie a uno mismo, la cuarta fase supone entrar en contacto con el malestar presente alejado de rumiaciones y dispuesto a experimentar lo que siente tal cual, y aceptándose uno mismo con sus fallos e imperfecciones. Finalmente el último paso es dar sentido a esta nueva forma de sentir y relacionarse con el presente, integrándolo en los objetivos terapéuticos y en los intereses de cada cliente.

La identificación y clarificación de valores llama la atención sobre un aspecto esencial de ACT. Nada de lo señalado hasta aquí tiene sentido en sí mismo, sólo lo tiene en tanto que permita a la persona dirigir su actividad, esfuerzo y determinación, a lograr aquello que considere que merece la pena. Es preciso que el paciente identifique esos valores pues serán los ejes de su actividad. Se trata de elementos abstractos, no ligados, que permiten cierta amplitud en su logro. Por ejemplo, *ser un buen padre*. Esto significa trabajar por un amplio número de conductas y situaciones: escuchar a los hijos, ayudarles en sus estudios, jugar con ellos, etc..., de modo que estas u otras actividades vienen a conformar y a dar sentido a la vida. Esta actividad, tanto de identificación o definición de valores, como su materialización en actividades concretas debe hacerse con cautela, evitando la deseabilidad social y cultural e inquiriendo al paciente sobre el verdadero valor personal de cada una de ellas. La identificación y clarificación de valores es algo que se beneficia de los componentes previos descritos: conviene que la persona haya practicado la aceptación, como punto de partida y realidad y como prevención de la evitación experiencial, haya reducido las barreras del lenguaje a la experimentación y haya potenciado el contacto con el momento presente.

El compromiso de acción figura de forma simbólica en el mismo acrónimo de ACT (actúa) y es el que da sentido a toda la intervención. Se entiende que la persona que busca atención terapéutica lo hace porque ha perdido su capacidad para gobernar su vida, para lograr sus objetivos. El sentido de la terapia es que pueda volver a tomar las riendas de su vida y llevarla a donde desee según sus objetivos y valores. Esto además, se llevará a cabo de forma realista, esto es, contando con las dificultades, malestares y demás emociones y sensaciones desagradables, que acontecen de forma natural, y que aunque afectan al propósito y actividad definida no la comprometen (*yo respondo a la llamada de mi amigo aunque tenga que ir arrastrándome*). Este compromiso de acción no sólo debe verse como el elemento final de la terapia sino que está presente desde el comienzo. En efecto, la aceptación, la desliteralización del lenguaje, la experimentación del momento presente, etc., requieren de un compromiso de acción efectivo del paciente. Es preciso hacer notar que el único medio con que cuenta una persona para procurarse una vida mejor y más satisfactoria, de acuerdo con sus valores, es a través de su comportamiento, en interacción con el medio en que se encuentra inmerso. Sólo se tiene la propia conducta, que no puede dejarse de ejercerla, y que para que ese ejercicio sea efectivo debe ser lo más flexible posible y abierto a las contingencias reales.

Características de la terapia

La terapia de aceptación y compromiso se aplica en un formato psicoeducativo, en él se va instruyendo a la persona en los componentes antes indicados. Incluye, además, explicaciones basadas en el uso de metáforas que permiten explicar, y sentir, de forma más adecuada lo que se pretende enseñar. También se realizan diversos ejercicios y actividades que van comprometiendo al paciente en la solución de su problema.

Los programas de tratamiento pueden tener un formato grupal o individual. Existen diversos protocolos de tratamiento. En español es de destacar el publicado por Wilson y Luciano en 2002 (Wilson y Luciano, 2002), que tiene una orientación general. Existen protocolos específicos que se ajustan a trastornos concretos, como el publicado para el tratamiento del dolor crónico (Dahl y cols., 2005). Una referencia de protocolos y recursos puede encontrarse en www.contextualpsychology.org.

Evidencia empírica

En el tratamiento de los trastornos de ansiedad ACT se ha mostrado eficaz cuando ha sido comparada con una aplicación convencional de TCC (Wetherell y cols., 2011, Forman y cols., 2007, Lappalainen y cols., 2007). Ciertas ventajas frente a la TCC aparecen en algunos estudios. Por ejemplo, es mejor aceptada por los pacientes (Wetherell y cols., 2011), obtiene mejores resultados (Lappalainen y cols., 2007), o consigue que la mejoría sea mayor tras un seguimiento de un año (Páez, Luciano y Gutiérrez, 2007). También ha sido comparada con la desensibilización sistemática, encontrado que obtiene un resultado similar, sin embargo en aquellos pacientes que puntúan alto como evitadores experienciales, ACT obtiene mejores resultados (Zettle, 2003). Se ha comparado también con procedimientos de supresión y de control emocional, siendo superior ACT (Campbell-Sills y cols., 2006 y Levite y cols., 2004). Finalmente, comparada con un grupo de control de lista de espera, ACT obtiene resultados positivos frente al grupo control, y además se constata que dichos resultados positivos se dan en mayor magnitud en los pacientes que mejoran en evitación experiencial y en *midfulness* (Roemer, Orsillo y Salters-Pedneault, 2008).

La depresión también ha sido tratada con ACT e investigada su eficacia. Los resultados son similares a los obtenidos en el caso de la ansiedad. La comparación con formas convencionales de TCC o con terapia cognitiva, obtiene unos resultados similares (Forman y cols., 2007) o cierta ventaja para ACT (Zettle y Hayes, 1986 y Lappalainen y cols., 2007). Esta ventaja parece también observarse más en el periodo de seguimiento (Zettle y Raines, 1989 y Páez, Luciano y Gutiérrez, 2007). La comparación del efecto de ACT con el tratamiento médico habitual de la depresión, obtiene datos más positivos para ACT (Petersen y Zettle, 2009). Por último, también hay estudios de mediadores que señalan que mejoran más con ACT aquellos pacientes que puntúan más alto en aceptación tras la terapia (Bohlmeijer y cols., 2011).

Un caso de especial interés en la aplicación de ACT es el dolor crónico. Al tratarse de un trastorno crónico posiblemente la aceptación de una condición crónica e intratable permitiría reducir el impacto del trastorno en la vida del paciente. Diversos estudios han constatado su eficacia, obteniendo mejores resultados que la TCC convencional (Vowles, McCracken y Eccleston, 2007) y que el tratamiento médico convencional (McCracken, MacKichan y Eccleston, 2007, Dahl, Wilson y Nilsson, 2004, Wicksell y cols., 2008 y Luciano y cols., 2001).

Por último cabe reseñar que ACT ha sido aplicado también a otros trastornos obteniendo unos resultados positivos, este es el caso del tratamiento de la sintomatología psicótica (Gaudiano y Herbert, 2006, Bach y Hayes, 2002, y García y Pérez, 2001), adicciones (Gifford y cols., 2004, Brown y cols., 2008 y Twohig, Shoenberger y Hayes, 2007), y en diversos trastornos de conducta (Woods, Wetterneck y Flessner, 2006, Flessner y cols., 2008 y Twohig y Crosby, 2010).

Los estudios empíricos, como se ha visto, tratan de demostrar que ACT obtiene buenos resultados cuando es comparado con otros tratamientos que han demostrado su eficacia en estos trastornos. Este es el caso de la aplicación llamémosle convencional de la TCC. Sin embargo, habida cuenta de que ACT comparte raíces y componentes con la TCC resulta difícil averiguar qué elementos de la terapia son responsables del cambio. Por este motivo las investigaciones de ACT se han ocupado especialmente de averiguar qué variables son responsables del cambio terapéutico. Ya se han comentado algunos datos al respecto de esta cuestión. Sin embargo merece la pena hacer un repaso más detenido de alguno de estos aspectos.

Proceso terapéutico

ACT compromete la credibilidad de los pensamientos disfuncionales o depresogénicos, en lugar de afectar a la frecuencia de éstos. Esto supone un efecto de desactivación de la literalidad del lenguaje, frente a su ocurrencia y es congruente con los procesos de cambio propuestos por ACT (Zettle y Hayes, 1986 y Zettle y Rains, 1989). También en el caso de las alucinaciones en la psicosis, el éxito clínico es mediado por la pérdida de credibilidad de éstas (Gaudiano y Herbert, 2006). Otro ejemplo del modo de acción diferencial puede verse en el uso del entrenamiento en inoculación de estrés. En un trabajo sobre el estrés laboral (Flaxman y Bond, 2010) tanto ACT como el entrenamiento en inoculación de estrés fueron eficaces. No obstante, el éxito terapéutico de ACT fue mediado por las puntuaciones en flexibilidad psicológica, y no por cambios en el contenido de los pensamientos disfuncionales. Sorprendentemente, los resultados positivos del entrenamiento en inoculación de estrés no fueron mediados tampoco por cambios en los pensamientos disfuncionales. La flexibilidad psicológica, definida como la habilidad para estar abierto a las experiencias en el momento presente y adaptar la conducta a las circunstancias presentes y a los objetivos y valores personales (Bond, Flaxman y Bunce, 2008 y Hayes y cols., 2006) se ha mostrado también como mediador del éxito terapéutico de ACT en el dolor crónico (Vowles y McCracken, 2010). Este efecto también se ha observado en el tratamiento del tabaquismo (Gifford y cols., 2004).

Finalmente, hay un amplio número de trabajos que muestran cómo la eficacia de ACT viene mediada por cambios en sus componentes principales, como son medidos por el AAQ (Aceptance and Action Questionnaire, Hayes y cols., 2004), caso del tratamiento de la diabetes tipo 2 (Gregg y cols., 2007), la ansiedad y depresión (Forman y cols., 2007), la epilepsia (Lundgreen, Dahl y Hayes, 2008 y Lundgren y cols., 2006) y la obesidad (Lillis y cols., 2009).

En consecuencia hay un sustancial conjunto de datos que indican que la eficacia de ACT es debida a una mejora en la capacidad de adaptación de la persona en términos de flexibilidad psicológica y de mejora de aquellos factores responsables de la evitación experiencial.

3.2.2. Activación conductual

Fundamentos

La activación conductual o terapia de activación conductual, está orientada principalmente al tratamiento de la depresión. Entronca con la tradición propia de la terapia de conducta, más concretamente con el condicionamiento operante. Efectivamente, tal y como Skinner (1974) resaltó la falta de reforzamiento implica una reducción radical del comportamiento (extinción), suponiendo para la persona no sólo la reducción de su actividad sino además la pérdida de la confianza, de sensación de poder y de interés, lo que le aboca previsiblemente a una profunda depresión. Son los cambios en las contingencias de las conductas los responsables de los sentimientos y emociones. Este planteamiento lleva a Ferster (1973) y a Lewinshon, Weinstein y Shaw (1969) a optar por procedimientos de activación conductual como forma de tratamiento de la depresión. Se opta, por tanto, por un enfoque centrado en el contexto: contingencias de la conducta, en lugar de centrarse en explicaciones internas del individuo.

El aumento de la actividad y la oportunidad de obtener mediante ella refuerzo, es un elemento que ha quedado incrustado en la terapia cognitiva, más específicamente en la terapia cognitiva de Beck cuya notoriedad e influencia es de sobra conocida. De este modo, se ha señalado que dicha terapia es efectiva tanto más por la activación conductual que incluye que por sus componentes cognitivos. Esto ha quedado acreditado en algunos trabajos, en los que se ha comparado la activación conductual con la terapia cognitiva y el tratamiento farmacológico (Dimidjian y cols. 2006).

La terapia de activación conductual fue re-impulsada al comienzo de los años 90 por los trabajos de Jacobson (Jacobson, 1994), cuyo trabajo provino del desarrollo de la terapia comportamental marital (Jacobson y Margolin, 1979) que le permitió establecer un claro paralelismo entre problemas de interacción marital y depresión (Follette y Jacobson, 1988).

Componentes

Para la activación conductual es esencial el análisis funcional de la conducta, la aceptación y la puesta en marcha de planes de acción definidos de acuerdo con los intereses y valores del paciente, todo ello con cierta independencia del estado de ánimo y de otras condiciones emocionales presentes. El análisis funcional de la conducta es determinante porque se trata de identificar qué actividades pueden ser conductas de evitación. Este tipo de conductas (actividades) deben ser reducidas o eliminadas, con la aceptación y afrontamiento de la condición aversiva que las refuerza. Una persona que realiza una amplia y reforzante actividad laboral, puede tal conducta, más allá del posible refuerzo positivo, ser una conducta de evitación de problemas familiares, así este tipo de actividad no debe ser considerada adecuada. Por el contrario, debe ser reducida a favor de actividades programadas en el contexto familiar. En suma, el aumento de la actividad por sí sola no es suficiente, es preciso saber qué funciones tiene esa actividad.

Se insta al paciente a estar activo según un plan previamente establecido, con independencia de su estado de ánimo. Las cosas deben hacerse porque nos hemos propuesto hacerlas, aunque no nos apetezca y sin esperar a tener el estado de ánimo *apropiado* para acometerlas. Se actúa, si es preciso, en contra de las emociones. Un plan de acción ajustado a los valores e intereses del paciente y construido acorde con el principio de aproximaciones sucesivas permite que el paciente recupere su actividad y, secundariamente, se encuentre satisfecho de sus logros. El compromiso con el paciente es que recupere las riendas de su vida, no que alcance la felicidad. El problema se encuentra en la interacción con el contexto, esto es fuera y no dentro de la persona, por ello la intervención debe estar orientada hacia afuera.

Características de la terapia

La terapia de activación conductual es considerada como un tratamiento individualizado, así es recogido en los manuales publicados (Martell, Addis y Jacobson, 2001). De acuerdo con ellos el primer paso es restablecer una buena relación terapéutica con el paciente, presentándole y haciéndole partícipe de los fundamentos del tratamiento. Es esencial crear un ambiente terapéutico en el que el paciente sienta que sus problemas son comprendidos y sus puntos de vista y valores son reconocidos y respetados. En segundo lugar se aborda un análisis detallado de las actividades diarias realizadas por el paciente y la relación con su estado de ánimo. En tercer lugar se buscan y aplican nuevas estrategias de afrontamiento y finalmente se hace un repaso de las fases anteriores y se aborda la prevención de recaídas.

Se trata de un tratamiento individualizado, colaborativo con una duración en torno a 15 sesiones. Utiliza varios acrónimos para orientar el proceso terapéutico. De ellos cabe destacar el denominado ACTION. Según él el primer elemento es analizar los comportamientos en su contexto, en su función, de modo que puede ser determinada su utilidad (Assess, que utilidad tiene tal conducta para ti), el segundo es elegir qué conducta eliminar o activar (Choose), el tercero es poner en práctica (Try) la conducta elegida, cualquiera que sea, el cuarto integrar (Integrate) dicha conducta en las actividades habituales, para, en quinto lugar, observar (Observe) los resultados, efectos o funciones de esa conducta y finalmente nunca rendirse (Never give up), volviendo una y otra vez sobre los pasos anteriores.

Se han desarrollado también programas de intervención breves manualizados que permiten una aplicación más simplificada de la activación conductual, este es el caso del presentado por Lejuez, Hopko y Hopko (2001). En español puede consultarse el manual de Barraca y Pérez (2015).

Evidencia empírica

La división 12 de la American Psychological Association considera que la activación conductual para el tratamiento de la depresión es un tratamiento bien establecido, esto es que tiene el máximo grado de evidencia o sustento empírico, de acuerdo con los criterios de evaluación de la eficacia de los tratamientos (Chambless y Hollon, 1998)[2].

En efecto, diversos trabajos han demostrado la utilidad de la activación conductual (Jacobson y cols., 1996) en comparación con la terapia cognitiva. En un estudio llevado a cabo por Dimidjian y cols. (2006) quedó así mismo demostrado que la activación conductual es más eficaz que la terapia cognitiva cuando se trata de pacientes con depresión grave, siendo para estos pacientes tan eficaz como los fármacos antidepresivos (paroxetina). La activación conductual se ha mostrado más eficaz que los tratamientos convencionales de la depresión y esta eficacia es independiente del estado cognitivo del paciente (Snarski y cols., 2011), lo que confirma la predominancia de los aspectos comportamentales implicados. También se ha mostrado eficaz cuando es comparada con otros tratamientos psicológicos como la psicoterapia de apoyo (Hopko y cols., 2003), o cuando se han llevado a cabo estudios de caso (Hopko y cols., 2008 y Bottonari y cols., 2008).

---

2 http://www.div12.org/PsychologicalTreatments/treatments/depression_behavior.html

3.2.3. *Terapia cognitiva basada en el mindfulness*

Fundamentos

El *mindfulness* o atención plena, el implicarse de forma efectiva en lo que la persona está realizando en el momento presente es un componente común a los nuevos desarrollos terapéuticos de la terapia de conducta. Los componentes esenciales del *mindfulness* han sido recogidos en otro lugar (Vallejo, 2008) y quedan resumidos a continuación:

El *mindfulness* puede entenderse como una forma de implicarse en las distintas actividades habituales, sean estas problemáticas o no. Se puede considerar, por tanto, como una habilidad que permite no sólo un punto de vista distinto sino que implica también conductas concretas. Siendo precisos no se puede decir estrictamente que su planteamiento sea novedoso. Veamos, no obstante, sus elementos esenciales y su grado de innovación.

Centrarse en el momento presente.- Esta es una característica que ha sido definitoria del análisis funcional de la conducta y en consecuencia de la terapia de conducta. Sin embargo, el centrarse en el momento presente tiene en el *mindfulness* un sentido distinto. Se trata de centrarse y sentir las cosas tal y como suceden, sin buscar su control. No se centra en un pensamiento para cambiarlo por uno positivo. ¿Qué utilidad puede tener esto? La de aceptar las experiencias y sensaciones tal y como se dan. Podría decirse que, de modo similar a como operan las técnicas de exposición, se le pide a la persona que permanezca en una determinada situación sintiendo lo que allí suceda. Esta actitud permite que lo que ha de suceder o sentir acontezca de un modo completo. El vivir lo que está sucediendo en el momento supone dejar que cada experiencia sea vivida en su momento. Se trata de no perder la experiencia presente en su sustitución por lo que tendría que suceder o lo que sucedió y se vivió.

Apertura a la experiencia y los hechos.- El centrarse en lo que sucede y se siente en el momento presente permite poner por delante los aspectos emocionales y estimulares frente a la interpretación de ellos. La fuerza del lenguaje, del pensamiento, para tamizar y vestir lo que se ve y lo que se siente, es evidente. Esta influencia es tal que frecuentemente lo verbal sustituye a lo real, homogenizando, uniformando y conformando la experiencia abierta a marcos predefinidos y estereotipados. Esto supone, ante todo, una falsificación de la experiencia y la pérdida de la riqueza que supone la variabilidad de los fenómenos perceptivos y emocionales. La persona que contempla un cuadro sólo es capaz de percibir (sentir) en la medida en que es capaz de mantenerse abierto a las cosas que le sugiere dicho cuadro. Esta observación debe guiarse, en lo principal, por ella misma. Dejando que unas sensaciones lleven a otras de modo natural. Las interferencias verbales (prejuicios), o el *estar en otro sitio,* solo contribuyen a adulterar la experiencia.

Aceptación radical.-. El elemento esencial del *mindfulness* consiste en la aceptación radical, no valorativa, de la experiencia. Se trata de centrarse en el momento actual sin hacer ningún tipo de valoración y aceptando la experiencia como tal. Esto tiene un elemento de originalidad frente al proceder habitual en psicología. Lo positivo y negativo, lo perfecto e imperfecto en su diversos grados son aceptados como experiencias naturales, normales. Obviamente resulta más grato experimentar algo positivo pero se acepta como igualmente natural la vivencia de lo desagradable. Se trata, como se ha comentado anteriormente, de aceptar las experiencias, y las reacciones a ellas, como naturales, normales. El esfuerzo por no valorarlas y aceptarlas permite no rechazarlas: el malestar, el enfado, la contrariedad no es algo de lo que se haya de huir, sino que forman parte una experiencia humana que es preciso vivir. Esto contradice en gran medida ciertos tipos de mensajes que se transmiten socialmente, e incluso desde el ejercicio profesional de la psicología: el malestar es negativo, debe reducirse la ansiedad, controlar el estrés, reducir los pensamientos negativos, etc.

Elección de las experiencias.- Puede pensarse que el *mindfulness* consiste en vivir con atención plena, reflexiva, no valorativa y aceptando lo que acontece de forma un tanto determinista. Esto no es así. Las personas elijen de forma activa en qué implicarse, sobre qué actuar, mirar o centrarse. Los objetivos, proyectos y valores de cada cual determinan sobre qué atender o prestar su tiempo e interés. En suma, el que una situación sea vivida y caracterizada como *mindfulness* no quiere decir que no sea elegida. Sí quiere decir que una vez que una situación es elegida debe vivirse y experimentarse tal y como es, de forma activa, aceptando todo lo que se dé.

Control.-. La aceptación supone una renuncia al control directo. No se busca que la persona controle sus reacciones, sentimientos o emociones sino que los experimente tal y como se producen. Esto no supone, naturalmente, que los elementos de regulación emocional, fisiológica y comportamental no se produzcan, pero sí que no se buscan de forma directa. No se trata de reducir (controlar) el malestar, el miedo, la ira o la tristeza, sino de experimentarlos como tal; en todo caso el efecto que pudiera producirse sobre esas emociones será de naturaleza indirecta. Este aspecto contrasta notablemente con los procedimientos psicológicos al uso y que buscan la reducción de la activación, el control de la ansiedad, la eliminación de los pensamientos negativos, etc.

Para recapitular se recogerán algunos de los elementos clave del *mindfulness*, según Germer (2005), estos son: (1) *no conceptual*, esto es prestar atención y conciencia sin centrarse en los procesos de pensamiento implicados; (2) *centrado en el presente*: el *mindfulness* siempre se da en y sobre el momento presente; (3) *no valorativo*, no puede experimentarse plenamente algo que se desea que sea otro; (4) *intencional*, siempre hay una intención directa de centrarse en algo, y de volver a ello si por algún motivo se ha alejado; (5) *observación participativa*, no es una observación distanciada o ajena, debe implicar lo más profundamente la mente y el cuerpo; (6) *no verbal*, la experiencia *mindfulness* no tiene un referente verbal sino emocional y sensorial; (7) *exploratorio*, abierto a la experimentación sensorial y perceptiva; y (8) *liberador*, cada momento de experiencia vivida plenamente es una experiencia de libertad.

Componentes

Como se ha señalado el *mindfulness* es un componente de diversas terapias: ACT, activación conductual, terapia de conducta dialéctica, etc. Sus efectos terapéuticos son debidos a la puesta en marcha de diversos procesos psicológicos relevantes a varios mecanismos de cambio (Vallejo, 2008), entre ellos cabe destacar los siguientes (Kocovski, Segal y Battista, 2009): (a) ver los pensamientos como sucesos mentales y no como reflexiones verdaderas de la realidad, de este modo los hechos y los pensamientos son vistos de forma más objetiva. Esto corresponde con diversos principios como la conciencia metacognitiva (Teasdale y cols, 2002), el descentramiento y la re-percepción (Shapiro y cols., 2006) o la defusión (Hayes, Strosahl y Wilson, 1999) señalada en ACT y recogida al comienzo de este capítulo; (b) la disminución de la rumiación bloqueada por el *mindfulness* parece ser el factor clave que produce una reducción del *distres*, la ansiedad y el estado de ánimo, frente a otros procedimientos terapéuticos que aun reduciendo la ansiedad y el malestar no afectan a las rumiaciones (Kocoski y Rector, 2007); (c) el control atencional que supone centrarse en el momento presente parece producir una mejora en diversas funciones cognitivas, dicha mejora proviene de la mejor capacidad para centrar la atención, reducir el tiempo de reacción y afectar al procesamiento emocional (Jha, Krompinger y Baime, 2007); (d) promover la aceptación, puesto que propone que la persona se centre en lo que siente, con independencia de que sea o no agradable, esto previene el que se evite experimentar los síntomas relativos al problema, la tolerancia del malestar frente a la supresión o distracción constituye un elemento clave en el cambio terapéutico (Gutiérrez, Luciano y Fink, 2004 y Levitt y cols., 2004); (e) adicionalmente otro conjunto de factores implicados en el *mindfulness* son la exposición (Baer, 2003), efecto que produce la reducción o eliminación del miedo y la ansiedad, la clarificación de los objetivos y valores de la persona (Shapiro y cols., 2006), el aumento de su estabilidad emocional y de su flexibilidad para abordar las demandas del medio ambiente (Hayes, Strosahl y Wilson, 1999).

Características de la terapia

Como se ha señalado el *mindfulness* constituye un componente de diversas terapias, aquí se reseñará uno de sus programas más característicos, el denominado terapia cognitiva basada en el *mindfulness* para la depresión. Se trata de un programa de prevención de recaídas para pacientes que han sido tratados de depresión. El elemento esencial del programa estriba en que las personas se impliquen de forma real (*mindfulness*) en las actividades que realizan, de este modo se evita que actúen de forma automática, la falta de implicación efectiva en las actividades facilita que reaparezcan contenidos verbales y emocionales que reactiven la depresión (Teasdale, 1988). Segal, Williams y Teasdale desarrollaron el programa señalado: terapia cognitiva basada en el *mindfulness* para la depresión (Segal, Williams y Teasdale, 2002, traducción española en 2006), siguiendo en cierta medida el programa desarrollado por Kabat-Zinn (1990) en la clínica de reducción de estrés de la Universidad de Massachusetts, y conocido como *Mindfulness-based stress reduction* (MBSR). Se trata de un programa con una orientación psicoeducativa, en grupo pequeño (12 pacientes como máximo) y con una duración de 8 semanas, a razón de sesión semanal. El objetivo principal del programa es eliminar la continua huida del malestar y la infelicidad. El objetivo es la libertad, no la felicidad.

Dentro de los programas que hacen uso del *mindfulness* cabe destacar la terapia cognitiva basada en la persona para la psicosis perturbadora (Chadwick, 2006). La práctica de la conciencia plena es utilizada para que el paciente psicótico cambie su relación con los síntomas perturbadores, en especial con las voces que le incomodan. Los ejercicios *mindfulness* le permiten tomar distancia de las voces, lo que permite reducir su impacto emocional, e ir adoptando una perspectiva metacognitiva sobre ellas. Así puede centrarse en lo que son: palabras y no en su significado y en la necesidad de actuar en consonancia con ellas (responder).

Evidencia empírica

El programa de Segal, Williams y Teasdale ha recibido cierto apoyo empírico aun cuando el número de trabajos publicados es menor que en otras terapias. Su comparación con el tratamiento convencional (usual) de prevención de la depresión es favorable al programa basado en *mindfulness* (Teasdale y cols., 2000; Ma y Teasdale, 2004; Barnhofer y cols., 2009). Incluso esa eficacia ha sido mayor cuando los pacientes tienen más gravedad (Kenny y Williams, 2007). También se ha constatado que el programa de forma específica reduce la reactividad cognitiva asociada a la sintomatología depresiva (Raes y cols., 2009). También se ha mostrado eficaz en reducir la recurrencia de conductas suicidas (Williams y cols., 2006).

La aplicación del *mindfulness,* como se ha señalado, es más amplia de lo que puede ser circunscrito a la terapia señalada en el párrafo anterior. Didonna (2009) ha recogido en un bien documentado texto, diversas aplicaciones clínicas del *mindfulness* que incluyen desde trastornos de ansiedad, de personalidad, del comportamiento alimentario, adicciones, psicosis, dolor crónico o intervenciones en oncología.

En la actualidad son diversas las terapias, como se ha comentado, que incluyen el *mindfulness* como componente esencial. La asociación, por otro lado, entre él mismo y la aceptación, hace que sea extensiva a prácticamente todos los acercamientos considerados en este capítulo. Se ha acuñado el término de Intervenciones Basadas en *Mindfulness* para referirse a ellas. La evidencia sobre su eficacia es notable, así como su potencialidad (ver Dimijian y Segal, 2015).

3.2.4. Terapia de conducta dialéctica

Fundamentos

La terapia de conducta dialéctica fue desarrollada por Marsha Linehan en los años 70 del pasado siglo. Surge como una respuesta desde la terapia de conducta a los problemas derivados del tratamiento de personas con riesgo de suicidio. Destaca sobre todo los aspectos emocionales del problema, considerando que es el malestar emocional el foco de toda psicopatología. La incapacidad de la persona para manejar las emociones que siente es lo que, en último término, puede llevarle a poner fin a su vida. Debe atenderse, por tanto, de modo preferente a lo que la persona siente, más allá de las razones e interpretaciones sobre lo que siente. Linehan integró los conocimientos provenientes de la terapia de conducta con la aceptación emocional no valorativa propia del *mindfulness,* a la que llegó tanto desde el conocimiento de la práctica Zen como de la meditación contemplativa del cristianismo. La terapia de conducta dialéctica parte de una aceptación radical y genuina del paciente, que fue expuesta en parte por Carl Rogers.

Los trabajos iniciales de Linehan sobre el suicidio le llevaron al desarrollo de un programa de tratamiento para los trastornos de la personalidad y más en concreto para el trastorno límite de la personalidad.

Componentes

Como se ha señalado el elemento central de la TCD son las emociones. De modo que sólo si se abordan específicamente puede resolverse el problema. No se trata de cambiar el malestar por el bienestar, o razonar sobre el malestar, sino de actuar de forma efectiva sobre ese malestar emocional. Desde un punto de vista terapéutico lo primero que debe hacerse es reconocer el valor de ese malestar y su función adaptativa. No se trata de negarlo, o dejarlo de lado (huir de él) dado su carácter desagradable y molesto. No resulta fácil estar con una persona (paciente) que experimenta emociones intensas desagradables e inmanejables.

La validación del sufrimiento del paciente es fundamental para normalizar (reconocer) el sentido de las emociones. El terapeuta debe hacerle ver que las emociones (malestar) que experimenta están justificadas por las condiciones concretas que lo desencadenan. ¿Cómo no va a ser razonable que la persona se sienta hundida y sin ánimo para continuar su vida si ha tenido un grave fracaso personal? Pues bien, debe hacerse llegar al paciente ese sentido de normalidad y justificación. Ello permitirá no huir del malestar y sí buscar otras formas más adaptativas de regulación emocional.

El que el paciente tome contacto con sus emociones negativas, con su malestar, lo reconozca como normal, en el sentido más humano del término, esto es, que acepte el malestar, no tiene un fin en sí mismo. Es una condición que favorecerá que no huya (contribuyendo a reforzar el malestar y a cronificar y agravar el problema) y que la exposición a esas emociones las desactiven en la medida precisa para que se reduzca el miedo, su evitación y sean posibles otros comportamientos más útiles para la persona.

La predominancia de la emoción sobre la razón se hace evidente. No se trata de señalar que es un razonamiento inadecuado del paciente el que le lleva a sentirse mal. Pidiéndole al paciente que razone de otro modo no se va a desactivar la emoción, especialmente porque contribuye a huir de ella. Sólo mediante la exposición a ella, ésta puede desactivarse. Los motivos que han llevado a la situación actual quedan desentrañados a través del análisis funcional de la conducta y queda, por tanto, la puerta abierta a la intervención que resulte adecuada con respecto a él.

Señalar que no hay soluciones perfectas es otro de los componentes esenciales de la TCD. No hay una forma perfecta (que los psicólogos pueden enseñar) de pensar, sentir o hacer que permita hallarse a salvo de problemas y gozar de una vida dichosa y feliz, al menos fuera de los cuentos de hadas. Esto se materializa en el término *dialéctico* incluido en la terapia.

Véase el siguiente ejemplo, una persona señala que ha tenido una gran decepción con su pareja, y también en el trabajo, que le hace desconfiar de los demás y estar dispuesta a no abrirse a nadie. Piensa, incluso en *retirarse del mundo* aislarse y no dar ocasión para que nadie pueda herirle. La respuesta a esta situación, por parte del terapeuta, es comprender y validar la experiencia del paciente. Así se le ha de decir que lo que siente es normal y natural que cualquier persona, el terapeuta mismo, sentiría lo mismo y que nadie podría reprocharle que se aísle y se retire del mundo. No obstante hay que añadir que si se retira del mundo se encontrará protegido de las agresiones externas pero que también se verá privado de las satisfacciones que a veces dan las personas. Que considerando dos extremos en uno, el aislamiento, tendrá máxima protección y mínima posibilidad de recibir aspectos positivos de los demás y en el otro, apertura total, tendrá máxima posibilidad de recibir cosas positivas pero también máxima labilidad al encontrarse plenamente expuesta al exterior. La cuestión es elegir en ese continuo entre los dos polos (aislamiento vs. apertura) dónde se quiere ubicar, sabiendo que en cualquier lugar que lo haga tendrá riesgos. Sólo tiene la posibilidad de elegir aquél lugar que maximice la probabilidad de los riesgos que desee asumir.

Características de la terapia

El tratamiento tiene un componente psicoeducativo que permite que los pacientes adquieran las habilidades relativas a los componentes de la terapia. Éste puede ser abordado en grupo. Incluye, además, terapia individual que permite ajustarse al análisis funcional específico del paciente.

Como características principales de la terapia, de acuerdo con sus componentes básicos, hay que destacar:

(a) la aceptación y validación del comportamiento actual del paciente, esto supone que hay que hacerle patente que dicho comportamiento está justificado funcionalmente. Cualquier comportamiento, también los que podemos denominar anormales, es resultado de un contexto y contingencias concretas (análisis funcional) que lo explican y justifican. Una agresión, por ejemplo, es explicada en términos funcionales y tiene a su vez funciones concretas, queda por tanto justificada en términos funcionales, lo que no quiere decir que pueda ser aprobada y considerada como un comportamiento adecuado. No lo es, aunque las condiciones en que se dio la hicieran posible. Esto tiene importancia porque el paciente debe entender que lo que siente o hace tiene sentido en un determinado contexto y es normal en relación con ese contexto, y puede también ser cambiado en busca de modos de respuesta más adaptativos;

(b) los comportamientos que interfieren en el tratamiento, tanto por parte del terapeuta como del paciente, en especial aquellos que impiden reconocer las emociones y exponerse a ellas;

(c) el papel fundamental de la relación terapéutica. El paciente debe percibir que el terapeuta está plenamente de su parte, entiende sus emociones, las justifica y está dispuesto a ayudarle en el manejo de éstas, sin una buena relación terapéutica no es posible la terapia. No se trata de decir al paciente qué tiene que hacer, reprenderle y señalarle el camino adecuado, sino que sea él quien lo encuentre;

(d) hacer uso del planteamiento dialéctico como forma de que sea la persona la que tome sus decisiones considerando explícitamente el grado de riesgo que asume.

El tratamiento facilita al paciente la adquisición de diversas habilidades, a saber: (a) una regulación emocional adecuada para resolver la desregulación y labilidad emocional; (b) interpersonales que le permitan mejorar la interacción social y el intercambio de refuerzos; (c) comportamentales que permitan reducir el riesgo de lesiones, suicidio, etc.; (d) del sentido del yo, que permitan distinguir entre problemas y contextos específicos y la percepción de uno mismo y de sus capacidades.

Evidencia empírica

La división 12 de la American Psychological Association considera que la terapia de conducta dialéctica para el tratamiento del trastorno de personalidad límite es un tratamiento bien establecido, esto es que tiene el máximo grado de evidencia o sustento empírico, de acuerdo con los criterios de evaluación de la eficacia de los tratamientos (Chambless y cols, 1998)[3].

Hay un amplio número de estudios que constatan la eficacia de la TDC frente al tratamiento convencional (usual) del trastorno de personalidad límite (Linehan y cols., 1991, 1999, 2002, 2006, Verheul y cols., 2003 y Koons y cols., 2001). También se ha aplicado a otros trastornos, demostrando que es superior a la lista de espera en el tratamiento de la bulimia (Safer, Telch y Agras, 2001), o de la depresión obteniendo mejor resultado que el tratamiento farmacológico por sí solo (Lynch y cols., 2003 y 2007). Se ha observado, además, que produce un aumento del procesamiento emocional comparado con un grupo de lista de espera en el tratamiento de la depresión y que dicha depresión es reducida en función de este aumento

3 http://www.div12.org/PsychologicalTreatments/treatments/bpd_dbt.html

del procesamiento emocional (Feldman y cols., 2009). Finalmente, se ha comprobado que la adquisición de estrategias que produce la TCD es la variable responsable de que se reduzca el suicido, la depresión y se produzca el control de la ira (Neacsiu, Rizvi y Linehan, 2010).

3.2.5. *Psicoterapia analítica funcional (PAF)*

Fundamentos

La psicoterapia analítica funcional (Functional Analytic Psychotherapy) fue desarrollada a finales de los años 80 por Kohlenberg y Tsai (1987, 1991), tiene como finalidad principal el que la situación terapéutica en sí, esto es la interacción del paciente y el terapeuta en las sesiones de tratamiento, se constituyan en sí mismas elementos de primera magnitud para la terapia. A diferencia de lo que ocurre habitualmente en la terapia cognitivo conductual, en la que la mayor parte del trabajo terapéutico la realiza el paciente fuera de la consulta, en su medio habitual, la PAF considera la sesión de terapia como elemento principal del tratamiento. Por ello propone y busca que se cree una relación terapéutica intensa y curativa en sí.

La PAF tiene su fundamento en el conductismo radical y se basa en el análisis funcional de la conducta. Es el contexto en el que acontecen las conductas las que dan razón de su función. Las conductas problema lo son en razón de su función, de este modo si una persona evita en sus relaciones ordinarias opinar sobre temas en que no se encuentre seguro, lo hará sobre diversos contenidos y contexto, presumiblemente también en la sesión de terapia. La PAF buscará de forma activa que este tipo de conductas se presenten en las sesiones y actuará de forma específica sobre ellas.

Componentes

El terapeuta debe estar entrenado en detectar las conductas clínicamente relevantes que aparecen durante la sesión. Para ello debe ser un buen observador capaz de detectar tanto conductas problema, como no problema. Se establece la categoría denominada conductas clínicas relevantes (CCR) con tres elementos: CCR1 que corresponde con los problemas del cliente que ocurren en la sesión y que están controlados por estímulos aversivos que originan respuestas de evitación. Así una persona que tiene dificultades interpersonales, evitará, en la sesión, el contacto visual, abordar asuntos que suponga tener que hablar de ellos, etc.; CCR2 que refieren a conductas positivas (mejoría) del cliente que ocurren en la sesión. Esto sucede conforme avanza el tratamiento, por ejemplo hacer preguntas en personas retraídas; y CCR3 son las interpretaciones del cliente acerca de su conducta y supone relacionar los sucesos observados con los pasos previos ocurridos durante el tratamiento, por ejemplo, he sido capaz de no responder impulsivamente a mi vecino porque el otro día vi en la terapia que podía hacerlo.

Características de la terapia

La práctica de la PAF descansa en una potenciación de las habilidades terapéuticas y en una mejora de la relación con el paciente. No excluye otras técnicas de la terapia cognitivo conductual. Se trata de estar al tanto de lo que sucede en la terapia y aprovecharlo para mejorar el tratamiento. Se establecen cinco reglas que han de guiar la actividad terapéutica:

Regla 1. Buscar las CCR, pues produce una mejora en los resultados terapéuticos. Esto depende, naturalmente, de la capacidad de observación del terapeuta y también del interés de éste por el paciente y por el seguimiento del tratamiento.

Regla 2. Provocar la ocurrencia de CCR1 para, de este modo, poder hacer de la situación terapéutica una ocasión para que el cliente no dé una respuesta de evitación. Así pueden introducirse intencionadamente situaciones como el planteamiento de tareas no estructuradas, que supongan una cierta pérdida de control (hipnosis, uso de la imaginación, etc.)

Regla 3. Reforzar las CCR2, siempre que no sea un reforzamiento artificioso o arbitrario, esto es reforzando una amplia clase de respuestas. Esto supone un entrenamiento específico del terapeuta para estar al tanto de los cambios positivos que ocurran durante las sesiones.

Regla 4. Observar los efectos potencialmente reforzantes de la conducta del terapeuta en relación con las CCR del cliente.

Regla 5. Ofrecer interpretaciones sobre las variables que afectan a la conducta del cliente, por ejemplo se comporta usted con su compañero del mismo modo que como me dice que lo hacía con su primo.

La PAF se debe integrar, como se ha señalado, en la forma convencional en que se realiza la terapia cognitivo conductual, supone un entrenamiento específico del paciente y un notable esfuerzo dirigido a la mejora de la relación terapéutica. El utilizar la terapia e incluso provocar situaciones de difícil manejo requiere destreza y una adecuada valoración de posibles beneficios y perjuicios.

El formato habitual de aplicación es individual aunque algunos autores han propuesto aplicaciones grupales (Vandenberghe, 2009). El lector puede consultar el excelente manual en español elaborado por Valero y Ferro (2015).

Evidencia empírica

Los estudios publicados de la aplicación de la PAF son principalmente descripción de casos. La identificación de los elementos de la terapia así como del proceso de la terapia requiere de descripciones cualitativas. Para una adecuada valoración de la terapia debe consultarse el manual de tratamiento de Kohlenberg y Tsai (1991), del que existe una traducción española de L. Valero (Kohlenberg y Tsai, 2007). La situación sobre la práctica de la terapia está recogida por Kanter, Tsai y Kohlenberg (2010) y puede consultarse diversa bibliografía sobre aplicaciones de casos: celos (Carrascoso, 2002), depresión (Ferro, Valero y Vives, 2000), ansiedad (López Bermúdez, Ferro y Calvillo, 2002), entre otros, además de consideraciones sobre la formulación de casos (Ferro, Valero y López Bermúdez, 2007 y 2009).

3.2.6. Conclusiones y perspectivas

Los nuevos desarrollos terapéuticos que han surgido con el objetivo de mejorar la terapia cognitivo conductual no se agotan en los reseñados en este capítulo, si bien recogen los principales y los que mayor apoyo empírico tienen, excepción hecha de la Psicoterapia Analítica Funcional. No son, como se ha visto, nuevos ni en el sentido cronológico del tiempo, pues algunos se inician en los años 70 del pasado siglo, ni en sus fundamentos teóricos, tanto los provenientes de la terapia de conducta, como de otras psicoterapias. Ha sido reconocido el papel de autores como Rogers en lo que respecta a la relación con el paciente, o cabría señalar a Perls, puesto que muchos de los aspectos característicos del *mindfulness* recuerdan los fundamentos y planteamientos de la Gestalt, amén de la fundamentación en el conductismo radical de Skinner. Sin embargo, es justo reconocer que suponen un cambio en el enfoque de los problemas, haciendo hincapié en aspectos frecuentemente olvidados, o tratados inadecuadamente.

Entre los puntos fuertes que se pueden señalar de estos nuevos enfoques, considerándolos conjuntamente, están los siguientes:

1. Se dirigen, preferentemente, a problemas graves y crónicos. Esto supone un cierto reconocimiento de que la terapia cognitivo conductual no está bien pertrechada para el abordaje de problemas graves y que estos recursos terapéuticos pueden contribuir a resolver estos posibles déficit. El que la terapia de conducta dialéctica fuera desarrollada para el tratamiento del suicidio y sea el tratamiento de elección para el trastorno de personalidad límite es un buen ejemplo de ello, como lo es también que la activación conductual se muestre

especialmente eficaz cuando la depresión es grave, como se ha comentado en el apartado correspondiente. Ello puede deberse a que cuando un problema es grave o prácticamente irresoluble (crónico), aceptar esa condición y potenciar una postura de flexibilidad psicológica basada en la realidad, puede ser el modo más apropiado para abordarlo.

2. La insistencia en los aspectos emocionales (sensoriales) frente a los racionales es también característico de estos enfoques. Esto plantea de forma clara dónde se ubica la principal fuente de psicopatología y que corresponde con los trastornos de ansiedad y del estado de ánimo. Supone un adecuado contrapunto del exceso de referencias al procesamiento controlado, el lenguaje, la predominancia de lo simbólico y del razonamiento.
3. La potenciación de la importancia en la comunicación con el paciente y el establecimiento de una buena relación terapéutica sostenida en unas competentes habilidades terapéuticas. Las claves de la comunicación humana son de corte emocional y contextual, sólo si se entiende así la terapia ésta puede tener ocasión para celebrarse. No es suficiente con seguir el guion estándar, a no ser que dicho guion incluya en primer lugar el establecimiento de esa relación.
4. Tomar una postura más colaborativa, educativa que correctiva. Estas terapias no buscan decirle al paciente lo que tiene que hacer sino que sea él quien descubra y decida a dónde desear ir. La imagen del psicólogo señalando al cliente sus pensamientos irracionales y diciéndole cómo tiene que pensar, decir o actuar, aun cuando fuera cierta en sus contenidos no es aceptable y no es extraño que sea el paciente el primero en no aceptarla.
5. Hay un interés destacado en la fundamentación teórica de las terapias, así como en conocer los motivos por los que son eficaces. La formulación del trastorno experiencial por evitación es un ejemplo de ello, aportando una referencia psicopatológica específica que puede ser además base de un amplio número de trastornos. El papel central de las emociones en todo este proceso supone un punto de partida y tronco común, tanto desde el punto de vista teórico como aplicado. Este acercamiento es además complementario con el desarrollo de teorías que dan valor a las interacción entre las emociones, el lenguaje y la conducta, caso de la teoría de marcos relacionales (Hayes, Barnes-Holmes y Roche, 2001) que forma parte de ACT.
6. El interés por el análisis individual, ideográfico, es rescatado también por estos nuevos desarrollos terapéuticos. Las funciones de las

conductas son únicas pues dependen de contextos específicos. Es una vieja tradición de la terapia de conducta la referencia al análisis funcional y el estudio de casos. Ciertamente el predominio de los estudios de grupo, con grupo de control mediante asignación aleatoria, es el estándar para obtener la necesaria calificación como tratamiento empíricamente validado, sin embargo deben ser compatibles con un abordaje plenamente justificado por los fundamentos de la terapia.

Entre los puntos débiles de estos acercamientos cabe señalar los siguientes:

1. La poca evidencia empírica de algunos de ellos. En efecto, el hecho de que sea relativamente recientes no ha permitido completar estudios que confirme su eficacia. Este no es el caso de la activación conductual para el tratamiento de la depresión, ni el de la terapia de conducta dialéctica para el tratamiento del trastorno de personalidad límite, sin embargo sí faltan estudios para confirmar o refutar la utilidad de otras terapias.

2. El que están formados por tratamientos multicomponente en los que resulta difícil aislar y estudiar de forma diferenciada dichos componentes. Incluyen, además, diversas técnicas de terapia de conducta, con lo que se dificulta conocer qué elementos resultan más eficaces. Este aspecto es resuelto en parte mediante los estudios de proceso, que se ha señalado en las terapias correspondientes, que identifican variables mediadoras que orientan sobre los factores responsables del éxito terapéutico.

3. La difusión. Ciertamente y aún cuando de la puesta en marcha de alguna de ellas han pasado más de 40 años, tienen una difusión limitada. Ello puede ser fruto de la resistencia al cambio de los propios terapeutas, junto con ciertos comportamientos irracionales, fruto de posturas extremas. Así hay autores y profesionales que sostienen que no hay nada de nuevo en estas terapias (ver la discusión planteada por Ost, 2008 y sus réplicas: Gaudiano, 2009 y Ost, 2009) y por tanto que no tiene sentido considerarlas, hay otros, por el contrario, que piensan que sólo con estas terapias pueden abordarse los problemas y sólo también si se siguen las indicaciones y la formación que se da por determinadas personas y lugares. En suma, de la negación al gueto o la secta. Estas posturas extremas no están fundamentadas, aunque configuran actitudes que requieren un abordaje más emocional que racional.

4. UNA PROPUESTA DE INTEGRACIÓN

Entre los elementos característicos de la terapia de conducta en el momento actual está, como se ha señalado, la importancia de los aspectos emocionales. De modo que si se consideran dichos factores en el marco del análisis funcional de la conducta cabría hacer un planteamiento que orientara la formulación teórica y la intervención. El interés por tomar un punto de partida psicopatológico común se ha reconocido también como especialmente relevante.

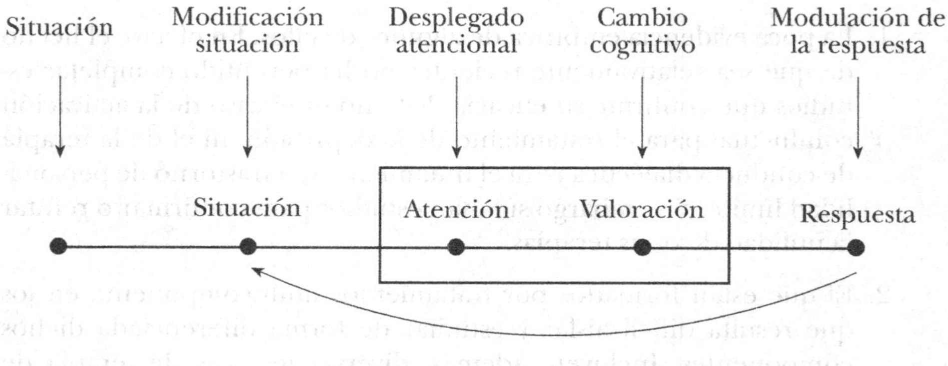

***Figura 1.** Modelo de regulación emocional de Gross y Thompson (2008)*

Gross y Thompson (2007) han propuesto un modelo de regulación emocional que señala el proceso a través del cual se produce una adecuada regulación de la emoción o, por el contrario, pueden tener lugar disfunciones que den lugar a trastornos o problemas concretos que requieran de una intervención terapéutica. Los elementos del proceso pueden verse en la Figura 1 y se señalan a continuación. El primer elemento es previo a la situación que originará la emoción. En efecto lo primero que ha de hacerse es *seleccionar la situación* en cuestión, del conjunto más amplio de elementos estimulares presentes, esto es elegir cuando entrar o cuando no a una situación que potencialmente puede desencadenar una emoción. Una vez que una situación es seleccionada, la *modificación de la situación* es algo que la persona hace para modificar su impacto emocional. La situación sin embargo tiene diferentes elementos y fuentes de estimulación, por ello la persona *despliega su atención* de modo que elije atender a unos aspectos y no a otros. Una vez que el foco de atención se centra en lo que considera relevante, la persona pone en marcha el proceso de *valoración* que supone un cambio cognitivo al asignarle un significado. Todos estos elementos son previos al momento en que sobreviene la emoción, entonces y una vez que aparece ésta, considera como *respuesta* a los elementos antecedentes, se produce la modulación de la respuesta que supone incidir directamente sobre la emoción.

Barlow (Barlow y cols., 2008) ha propuesto un modelo unificado de tratamiento que se entronca en el modelo de regulación emocional señalado más arriba. Este protocolo de tratamiento es aplicable a los trastornos emocionales: trastornos de ansiedad y del estado de ánimo y posiblemente a otros trastornos con un componente emocional destacado (Fairholme y cols., 2010). Este programa que fue inicialmente desarrollado en 2004 (Barlow, Allen y Choate, 2004), encaja perfectamente en el modelo de regulación emocional de Gross y Thompson (2007). Se trata de un protocolo que tiene un carácter modular y que puede verse en la Figura 2. En la parte superior del modelo pueden verse los problemas derivados de una inadecuada regulación emocional y en la parte inferior las orientaciones terapéuticas en cada una de las fases. Se comentan a continuación cada una de esas fases:

1. En la fase de selección de la situación el problema más común es la evitación conductual, el paciente elude entrar en contacto (elegir) la situación estimular, ignorándola. La alternativa terapéutica es la exposición emocional, incluso sensorial, de observar y atender a dicha estimulación.
2. Una vez en la situación, la alternativa inadaptativa más común es la evitación emocional, para ello se busca modificar la situación, por ejemplo usando claves de seguridad que contribuyen a reducir el malestar (teléfono a mano para pedir ayuda, fármacos, juegos, etc.), este tipo de manipulaciones dificultan la regulación emocional, posibilitando un aumento del afecto negativo, reduciendo la habituación, entre otros efectos negativos para la solución del problema (Kim, 2005; Powers, Smits y Tech, 2004). El modo de solventar este problema es previniendo la evitación emocional, para ello pueden utilizarse pequeños experimentos o ensayos en los que el paciente puede comprobar que esas claves de seguridad que buscan suprimir la respuesta emocional tienen un efecto pasajero y que, por el contrario, contribuyen a mantener el problema a largo plazo.
3. En la fase de desplegado de la atención hay diversas estrategias que suponen un problema para la regulación emocional. Entre ellas cabe señalar la distracción, la rumiación y la preocupación. Los pacientes creen que las preocupaciones son una forma de re-

ducir el malestar, sin embargo tienen una función de evitación (Borkovec, Alcaine y Behar, 2004) que contribuyen a mantener el problema. La alternativa terapéutica es la aceptación emocional y la experimentación de lo que acontece desde una perspectiva no valorativa, tal y como se propone desde la perspectiva *mindfulness.*

4. La valoración abre el paso a dotar de significado a los elementos antecedentes al momento actual. La forma inadecuada de proceder a este nivel es actuar de forma cognitiva sobre lo que se siente en ese momento descontextualizándolo. Así la persona puede pretender actuar directamente diciéndose a sí mismo *la cosa no es tan grave, no tengo que verme afectado,* etc., esta forma de proceder no es adecuada: no es realista y no considera el contexto, esto es, los elementos antecedentes. Una actuación adecuada es una revaloración situacional que tiene en cuenta los elementos antecedentes así como el sentido de acción. Por ejemplo: la situación es difícil pero merece la pena el esfuerzo. Hay, por tanto, una referencia a la realidad que da significado a la emoción, al tiempo que integra el proceso en un compromiso de acción.
5. La respuesta en sí también es objeto de regulación. La forma inadecuada de hacerlo es mediante su supresión, esto es impidiendo o dificultando la expresión emocional, esto puede ejercer una regulación momentánea de la emoción pero contribuye a que el problema persista. El modo adecuado de regulación es actuando de forma opuesta a ésta, esto es, actuando como si la emoción fuera distinta. Así la persona sin ánimo para levantarse de la cama y asearse, lo hace a pesar de esa desgana, de este modo se produce una regulación adecuada de la emoción en cierto modo incapacitante. Esta forma de actuar de forma incompatible con las emociones es propio de las terapias que se han analizado en este capítulo.

Como se ve, este modelo del proceso de regulación emocional de Gross y Thompson (2007) es un ejemplo, junto con el protocolo de intervención unificado de Barlow (Barlow y cols., 2008) de cómo integrar los conocimientos que se han recogido en este capítulo. Todo ello supone, sin duda, un excelente punto de referencia para el desarrollo de la terapia cognitivo conductual en los próximos años, que ya ha tenido la oportunidad de demostrar su eficacia (Craske y cols., 2011 y Dear y cols., 2011).

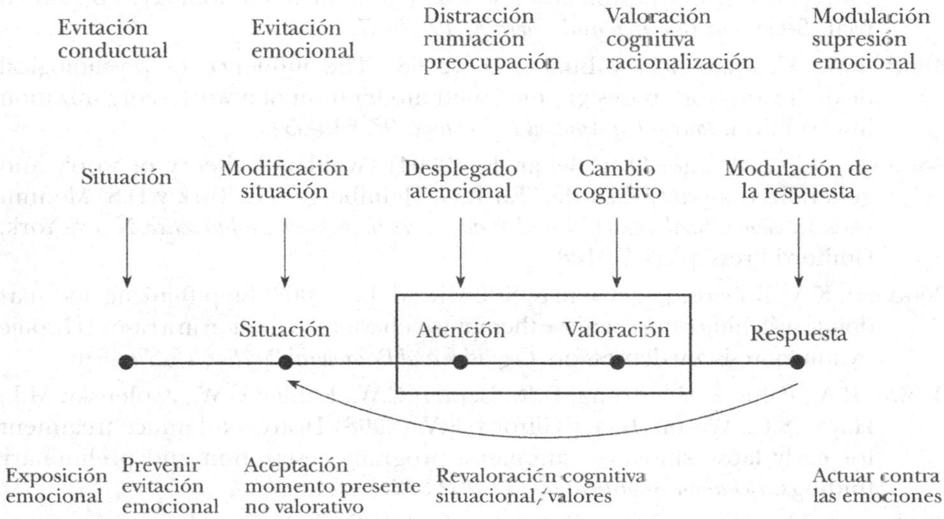

Figura 2. Indicaciones terapéuticas sobre el modelo de regulación emocional de Gross y Thompson (2008), según el protocolo único de intervención de Barlow y cols. (2008).

5. REFERENCIAS

Bach, P. y Hayes, S.C. (2002) The use of acceptance and commitment therapy to prevent the rehospitalization of psychotic patients: a randomized controlled trial. *Journal of Consulting and Clinical Psychology, 70,* 1129-1139.

Baer, R.A. (2003) Mindfulness training as a clinical intervention: a conceptual and empirical review. *Clinical Psychology: Science and Practice, 10,* 125-143.

Barlow, D.H., Allen, L.B. y Choate, M. (2004) Toward a unified treatment for emotional disorders. *Behavior Therapy, 35,* 205-230.

Barlow, D.H., Allen, L.B., Boisseau, C.L. Ehrenreich, J.T., Ellard, K.K., Farchione, T. (2008) *Unified protocol of treatment of emotional disorders: modular version 2.0.* Manuscrito no publicado, Universidad de Boston.

Barnhofer, T., Crane, C., Hargus, E., Amarasinghe, M. y Winder, R. (2009) Mindfulness-based cognitive therapy as a treatment for chronic depression: a preliminary study. *Behaviour Research and Therapy, 47,* 366-373.

Barraca, J. y Pérez, M. (2015) *Activación conductual. Para el tratamiento de la depresión.* Madrid: Síntesis.

Blackledge, J.T. (2003) An introduction to relational frame theory: Basics and applications. *The Behavior Analyst Today, 3,* 421-433.

Bohlmeijer, E.T., Fledderus, M., Rokx, T.A.J.J. y Pieterse, M.E. (2011) Efficacy on an early intervention based on acceptance and commitment therapy for adults with depressive symptomatology: evaluation in a randomized controlled trial. *Behaviour Research and Therapy, 49,* 62-67.

Bond, F.W., Flaxman, P.E. y Bunce, D. (2008) The influence of psychological flexibility on work redesign: mediated moderation of a work reorganization intervention. *Journal of Applied Psychology, 93,* 645-654.

Borkovec, T.D., Alcaine, O. y Behar, E. (2004) Avoidance theory of worry and generalized anxiety disorder. En R.G. Heimberg, C.L. Turk y D.S. Mennin (eds.).: *Generalized anxiety disorder: advances in research and practice.* Nueva York: Guilford Press, págs. 77-108

Bottonari, K.A.; Roberts, J.E.; Thomas, S.N. y Read, J.P. (2008) Stop thinking and start doing: switching from cognitive therapy to behavioral activation in a case of chronic treatment-resistant depression. *Cognitive and Behavioral Practice, 15,* 376–386.

Brown, R.A., Palm, K.M., Strong, D.R., Lejuez, C.W., Kahler, C.W., Zvolensky, M.J., Hayes, S.C., Wilson, K.G. y Gifford, E.V. (2008) Distress tolerance treatment for early lapse smokers: rationales, program description and preliminary findings. *Behavior Modification, 32,* 302-332.

Buolanger, J.L., Hayes, S.C. y Pistorello, J. (2010) Experiential avoidance as a functional contextual concept. En A.M. Kring y D.M. Sloan (eds.). *Emotion regulation and psychopathology.* Nueva York: Guilford Press, pág.: 107-136.

Campbell-Sills, L., Barlow, D.H., Brown, T.A. y Hofmann, S.G. (2006) Effects of suppression and acceptance on emotional responses of individuals with anxiety and mood disorders. *Behaviour Research and Therapy, 44,* 1251-1263.

Carrascoso, F.J. (2002) Celos: un caso de aplicación de la Psicoterapia Analítica Funcional. *Apuntes de Psicología, 20,* 347-368.

Chadwick, P. (2006) *Person-Based Cognitive Therapy for Distressing Psychosis.* Sussex, Inglaterra: Wiley. (Versión Española: *Terapia Cognitiva basada en la Persona para la psicosis perturbadora.* Madrid: Fundación para la Investigación y el tratamiento de la esquizofrenia y otras psicosis, 2009).

Chambless, D.L. y Hollon, S.D. (1998) Defining empirically supported therapies. *Journal of Consulting and Clinical Psychology, 66,* 7-18.

Christensen, A. y Jacobson, N.S. (2000) *Reconcilable differences.* Nueva York: Guilford Press.

Clark, D.M. (1999) Anxiety disorders: Why they persist and how to treat them. *Behaviour Research and Therapy, 37,* S5-S27.

Craske, M.G., Stein, M.B., Sullivan, G., Shebourne, C., Bystritsky, A., Rose, R.D, Lang, A.J., Welch, S., Campbell-Sills, L., Golinelli, D. y Roy-Byrne, P. (2011) Disorder-specific impact of coordinated anxiety learning and management treatment for anxiety disorders in primary care. *Archives of General Psychiatry, 68,* 378-388

Dahl, J., Wilson, K.G. y Nilsson, A. (2004) Acceptance and commitment therapy and the treatment of persons at risk for long-term disability resulting from stress and pain symptoms: a preliminary randomized trial. *Behavior Therapy, 35,* 785-801.

Dahl, J.C., Wilson, K.G., Luciano, C. y Hayes, S.C. (2005) *Acceptance and commitment therapy for chronic pain.* Reno, Nevada: Context Press.

Dear, B.F., Titov, N., Schwencke, G., Andrews, G., Johnston, L., Craske, M.G. y McEvoy, P. (2011) An open trial of a brief transdiagnostic internet treatment for anxiety and depression. *Behaviour Research and Therapy, 49,* 830-837.

Didonna, F. (2009) *Clinical handbook of mindfulness.* Nueva York: Springer.

Dimidjian, S., Hollon, S.D., Dobson, K.S., Schmaling, K.B., Kohlenberg, R.J., Addis, M.E., Gallop, R., McGlinchey, J.B., Marklye, D.K., Gollan, J.K., Atkins, D.C., Dunner, D.L. y Jacobson, N.S. (2006) Randomized trial of behavioral activation, cognitive therapy, and antidepressant medication in the acute treatment of adults with major depression. *Journal of Consulting and Clinical Psychology, 74,* 658-670.

Dimidjian, S. y Segal, Z.V. (2015) Prospects for a clinical science of Mindfulness-Based Intervention. *American Psychologist, 70,* 593-620.

Eysenck, H.J. (1993) Forty years on. The outcome problem in psychotherapy revisited. En T.R. Giles (ed.). *Handbook of effective psychotherapy.* Nueva York: Plenum.

Fairholme, C.P., Boisseasu, C.L., Ellard, K.K., Ehrenreich, J.T. y Barlow, D.H. (2009) Emotions, emotion regulation, and psychological treatment. En A.M. Kring y D.M. Sloan (eds.): *Emotion regulation and psychopathology.* Nueva York: Guilford Press, págs. 283-309.

Feldman, G., Harley, R., Kerrigan, M., Jacobo, M. y Fava, M. (2009) Change in emotional processing during a dialectical behavior therapy-based skills group for major depressive disorder. *Behaviour Research and Therapy, 47,* 316-321.

Ferro, R., Valero, L. y López Bermúdez, M.A. (2007) Novedades y aportaciones desde la Psicoterapia Analítica Funcional. *Psicothema, 19,* 452-458.

Ferro, R., Valero, L. y López Bermúdez, M.A. (2009) La conceptualización de casos clínicos desde la Psicoterapia Analítica Funcional. *Papeles del Psicólogo, 30, 3*-10.

Ferro, R., Valero, L. y Vives, M.C. (2000) Aplicación de la Psicoterapia Analítica Funcional. Un análisis clínico de un trastorno depresivo. *Análisis y Modificación de Conducta, 26,* 291-317.

Ferster, C.B. (1973) A functional analysis of depression. *American Psychologist, 28,* 857-870.

Flaxman, P.E. y Bond, F.W. (2010) A randomized worksite comparison of acceptance and commitment therapy and stress inoculation training. *Behaviour Research and Therapy, 48,* 816-820.

Flessner, C.A., Busch, A., Heidemann, P. y Woods, D.W. (2008) Acceptance-enhanced behavior therapy (AEBT) for trichotillomania and chronic skin picking: exploring the effects of component sequencing. *Behavior Modification, 32,* 579-594.

Follette, W.C. y Jacobson, N.S. (1988) Behavioral marital therapy in the treatment of depressive disorders. En I.H.R. Fallon (ed.): *Handbook of behavioral family therapy.* Nueva York: Guilford Press, págs. 257-284.

Forman, E.M., Herbert, J.D., Moitra, E., Yeomans, P.D. y Geller, P.A. (2007) A randomized controlled effectiveness trial of acceptance and commitment therapy and cognitive therapy for anxiety and depression. *Behavior Modification, 31,* 772-799.

García Montes, J.M. y Pérez Álvarez, M. (2001) ACT como tratamiento de los síntomas psicóticos: el caso de las alucinaciones auditivas. *Análisis y Modificación de Conducta, 27,* 455-472.

Gaudiano, B.A. (2009) Öst (2008) methodological comparison of clinical trials of acceptance and commitment therapy versus cognitive behavior therapy: matching apples with oranges? *Behaviour Research and Therapy, 47,* 1066-1070.

Gaudiano, B.A. y Herbert, J.D. (2006) Acute treatment of inpatients with psychotic symptoms using acceptance and commitment therapy. *Behaviour Research and Therapy, 44,* 415-427.

Germer, C.K. (2005) Mindfulness. What is it? What does it matter? En C.K. Germer, R.D. Siegel y P.R. Fulton (eds.): *Mindfulness and Psychotherapy.* Nueva York: Guilford Press, págs.: 3-27.

Gifford, E.V., Kohlenberg, B.S., Hayes, S.C., Antonuccio, D.O., Piasecki, M.M., Rasmussen-Hall, M.L., Palm, K.M. (2004) Acceptance-based treatment for smoking cessation. *Behavior Therapy, 35,* 689-705.

González Pardo, H. y Pérez Álvarez, M. (2007) *La invención de los trastornos mentales.* Madrid: Alianza.

Gregg, J.A., Callaghan, G.M., Hayes, S.C. y Glenn-Lawson, J.L. (2007) Improving diabetes self-management through acceptance, mindfulness, and values: a randomized controlled trial. *Journal of Consulting and Clinical Psychology, 75,* 336-343.

Gross, J.J. y Thompson, R.A. (2007) Emotion regulation: conceptual foundations. En J.J. Gross (ed.).: *Handbook of emotion regulation.* Nueva York: Guilford Press, págs., 3-24.

Gutiérrez, O., Luciano, C. y Flink, B.C. (2004) Comparison between an acceptance-based and a cognitive-control-based protocol for coping with pain. *Behavior Therapy, 35,* 767-784.

Hayes, S.C., Barnes-Holmes, D. y Roche, B. (2001) *Relational frame theory: A post-Skinnerian account of human language and cognition.* Nueva York: Kluwer Academic/Plenum Press.

Hayes, S.C., Brownstein, A.J., Haas, J.R. y Greenway, D.E. (1986) Instructions, multiple schedules, and extinction: Distinguishing rule-governed from schedule-controlled behavior. *Journal of the Experimental Analysis of Behavior, 46,* 137-147.

Hayes, S.C., Luoma, J.B., Bond, F.W., Masuda, A. y Lillis, J. (2006) Acceptance and commitment therapy: Model, process and outcomes. *Behaviour Research and Therapy, 44,* 1-25.

Hayes, S.C., Strosahl, K., Wilson, K.G., Bisset, R., Pistorello, J., Toarmino, D., Polusny, M.A., Dykstra, T.A., Batten, S.V., Bergan, J., Stewart, S.H., Zvolensky, M.J., Eifer, G.H., Bond, F.W., Forsyth, J.P. y Karekla, M. (2004) Measuring experiential avoidance: a preliminary test of a working model. *Pyschological Record, 54,* 553-578.

Hayes, S.C., Strosahl, K.D. y Wilson, K.G. (1999) *Acceptance and commitment therapy: An experiential approach to behavior change.* Nueva York: Guilford Press.

Hayes, S.C., Wilson, K.G., Gifford, E.V. y Follette, V.M. (1996) Experiential avoidance and behavioral disorders: A functional dimensional approach to diagnosis and treatment. *Journal of Consulting and Clinical Psychology, 64,* 1152-1168.

Hofmann, S.G. y Asmundson, G.J.G. (2008) Acceptance and mindfulness-based therapy: New wave or old hat. *Clinical Psychology Review, 28,* 1-16.

Hopko, D.R., Bell, J.L., Arento, M., Robertson, S., Mullane, C., Wolf, N. y Lejuez, C.W. (2008) Cognitive-behavior therapy for depressed cancer patients in a medical care setting. *Behavior Therapy, 39,* 126-136.

Hopko, D.R., Lejuez, C.W., LePage, J.P., Hopko, S.D. y McNeil, D.W. (2003) A brief behavioral activation treatment for depression: a randomized pilot trial within an inpatient psychiatric hospital. *Behavior Modification, 27,* 458-469.

Jacobson, N.S. (1994) Contextualism is dead: Long live contextualism. *Family Process, 33,* 97-100.

Jacobson, N.S. y Margolin, G. (1979) Marital therapy and spouse involvement in the treatment of depression, agoraphobia, and alcoholism. *Journal of Consulting and Clinical Psychology, 57,* 5-10.

Jha, A.P., Krompinger, J. y Baime, M.J. (2007) Mindfulness training modifies subsystems of attention. *Cognitive, Affective, and Behavioral Neuroscience, 7,* 109-119.

Kabat-Zinn, J. (1990) *Full catastrophe living: using the wisdom of your body and mind to face stress, pain, and illness.* Nueva York: Dell.

Kanter, J.W., Tsai, M. y Kohlenberg, R.L. (2010) *The practice of functional analytic psychotherapy.* Nueva York: Springer.

Kenny, M.A. y Williams, J.M.G. (2007) Treatment-resistant depressed patients show a good response to mindfulness-based cognitive therapy. *Behaviour Research and Therapy, 45,* 617-625.

Kim, E.J. (2005) The effect of decreased safety and negative thoughts in social phobics. *Journal of Anxiety Disorders, 19,* 69-86.

Kocovski, N.L. y Rector, N.A. (2007) Predictors of post-event rumination related to social anxiety. *Cognitive Behavior Therapy, 36,* 112-122.

Kocovski, N.L., Segal, Z.V. y Battista, S.R. (2009) Mindfulness and psychopathology: problem formulation. En F. Didonna (ed.).: *Clinical handbook of mindfulness.* Nueva York: Springer, págs. 85-98.

Kohlenberg, R.J. y Tsai, M. (1987) Functional analytic psychotherapy. En N. Jacobson (ed.).: *Psychotherapy in clinical practice: cognitive and behavioral perspectives.* Nueva York: Guilford, págs. 388-443.

Kohlenberg, R.J. y Tsai, M. (1991) *Functional analytic psychotherapy: Creating intense and curative therapeutic relationships.* Nueva York: Plenum Press. Traducción española en el servicio de publicaciones de la Universidad de Málaga, 2007.

Koons, C.R., Robins, C.J., Tweed, J.L., Lynch, T.R., González, A.M., Morse, J.Q., Bishop, G.K., Butterfield, M.I. y Bastian, L.A. (2001) Efficacy of dialectical behavior therapy in women veterans with borderline personality disorder. *Behavior Therapy, 32,* 371-390.

Lappalainen, R., Lehtonen, T., Skarp, E., Taubert, E., Ojanen, M. y Hayes, S.C. (2007) The impact of CBT and ACT models using psychology trainee therapist: a preliminary controlled effectiveness trial. *Behavior Modification, 31,* 488-511.

Lejuez, C.W., Hopko, D.R. y Hopko, S.D. (2001) A Brief Behavioral Activation Treatment for Depression. Treatment Manual. *Behavior Modification, 25,* 255-286.

Levitt, J.T., Brown, T.A., Orsillo, S.M. y Barlow, D.H. (2004) The effects of acceptance versus suppression of emotion on subjective and psychophysiological response to carbon dioxide challenge in patients with panic disorder. *Behavior Therapy, 35,* 747-766.

Lewinsohn, P.M., Weinstein, M. y Shaw, D. (1969) Depression: a clinical research approach. En R.D. Rubin y C.M. Franks (eds.).: *Advances in behavior therapy.* Nueva York: Academic Press, págs. 231-240.

Lillis, J., Hayes, S.C., Bunting, K. y Masuda, A.I. (2009) Teaching acceptance and mindfulness to improve the lives of the obese: a preliminary test of a theoretical model. *Annals of Behavioral Medicine, 37,* 58-69.

Linehan, M.M. (1993) *Cognitive-behavioral treatment of bordeline personality disorder.* Nueva York: Guilford Press.

Linehan, M.M., Armstrong, H.E., Suarez, A., Allmon, D. y Heard, H.L. (1991) Cognitive-behavioral treatment of chronically parasuicidial borderline patients. *Archives of General Psychiatry, 48,* 1060-1064.

Linehan, M.M., Comtois, K.A., Murray, A.M., Brown, M.Z., Gallop, R.J., Heard, H.L., Heard, H.L., Korslund, K.E., Tutek, D.A., Reynolds, S.K. y Lindenboim, N. (2006) Two year randomized controlled trial and follow-up of dialectical behaviour therapy vs. therapy by experts for suicidal behaviors and borderline personality disorders. *Archives of General Psychiatry, 63,* 757-766.

Linehan, M.M., Dimeff, L.A., Reynolds, S.K., Comtois, K.A., Shaw-Welch, S., Heagerty, P. y Kivlahan, D.R. (2002) Dialectical behaviour therapy versus comprehensive validation plus 12-step for the treatment of opioid dependent women meeting criteria for borderline personality disorder. *Drug and Alcohol Dependence, 67,* 13-26.

Linehan, M.M., Schmidt, H., Dimeff, L.A., Craft, J.C., Kanter, J. y Comtois, K.A. (1999) Dialectical behaviour therapy for patients with borderline personality disorder and drug-dependence. *American Journal on Addictions, 8,* 279-292.

López Bermúdez, M.A., Ferro, R. y Calvillo, M. (2002) Una aplicación de la Psicoterapia Analítica Funcional en un trastorno de angustia sin agorafobia. *Análisis y Modificación de Conducta, 28,* 553-583.

Luciano, M.C., Visdomine, J.C., Gutiérrez, O.M. y Montesinos, F.M. (2001) ACT y dolor crónico. *Análisis y Modificación de Conducta, 27,* 473-501.

Lundgren, T. Dahl, J., Melin, L. y Kies, B. (2006) Evaluation of acceptance and commitment therapy for drug refractory epilepsy: a randomized controlled trail in South Africa – A pilot study. *Epilepsia, 47,* 2173-2179.

Lundgren, T., Dahl, J. y Hayes, S.C. (2008) Evaluation of mediators of change in the treatment of epilepsy with acceptance and commitment therapy. *Journal of Behavioral Medicine, 31,* 225-235.

Lynch, T.R., Morse, J.Q., Mendelson, T. y Robins, C.J. (2003) Dialectical behavior therapy for depressed older adults: a randomized pilot study. *American Journal of Geriatric Psychiatry, 11,* 33-45.

Lynch, T.R., Trost, W.T., Salsman, N. y Linehan, M.M. (2007) Dialectical behavior therapy for borderline personality disorder. *Annual Review of Clinical Psychology, 3,* 181-205.

Ma, S.H. y Teasdale, J.D. (2004) Mindfulness-based cognitive therapy for depression: replication and exploration of differential relapse prevention effects. *Journal of Consulting and Clinical Psychology, 72,* 31-40.

Martell, C.R., Addis, M.E. y Jacobson, N.S. (2001) *Depression in context: strategies for guided action.* Nueva York: Norton.

McCracken, L.M., MacKichan, F. y Eccleston, C. (2007) Contextual cognitive-behavioral therapy for severely disabled chronic pain sufferers: effectiveness and clinically meaningful change. *European Journal of Pain, 11,* 314-322.

McCullough, J.P. (2000) *Treatment of chronic depression: Cognitive behavioral analysis system of psychotherapy.* New York: Guilford Press.

Mccurry, S.M. (2004) Measuring experiential avoidance: a preliminary test of a working model. *Psychological Record, 54,* 553-578.

Neacsiu, A.D., Rizvi, S.L. y Linehan, M.M. (2010) Dialectical behavior therapy skills use a mediator and outcome of treatment for borderline personality disorder. *Behaviour Research and Therapy, 48,* 832-839.

Öst, L.-G. (2008) Efficacy of the third wave of behavioral therapies: a systematic review and meta-analysis. *Behaviour Research and Therapy, 46,* 296-321.

Öst, L.-G. (2009) Inventing the wheel once more or learning from the history of psychotherapy research methodology: reply to Gaudiano's comments on Öst's (2008) review. *Behaviour Research and Therapy, 47,* 1071-1073.

Paez, M.B., Luciano, M.C. y Gutiérrez, O.M. (2007) Tratamiento psicológico para el afrontamiento del cáncer de mama: estudio comparativo entre estrategias de aceptación y compromiso y de control cognitivo. *Psicooncología, 4,* 75-95.

Pérez Álvarez, M. (2014) *Las terapias de tercera generación como terapias contextuales.* Madrid: Síntesis.

Petersen, C.L. y Zettle, R.D. (2009) Treating inpatients with comorbid depression and alcohol use disorders: a comparison of acceptance and commitment therapy versus treatment as usual. *The Psychological Records, 59,* 521-536.

Powers, M.B., Smits, J.A.J., Tech, M.J. (2004) Disentangling the effects of safety-behavior and safety-behavior availability during exposure-based treatment:

a placebo-controlled trial. *Journal of Consulting and Clinical Psychology, 72,* 448-454.

Raes, F., Dewulf, D., Van Heeringen, C. y Williams, J.M.G. (2009) Mindfulness and reduced cognitive reactivity to sad mood: evidence from a correlational study and a non-randomized waiting list controlled study. *Behaviour Research and Therapy, 47,* 623-627.

Roemer, L., Orsillo, S.M. y Salters-Pedneault, K. (2008) Efficacy of an acceptance-based behavior therapy for generalized anxiety disorder: evaluation in a randomized controlled trial. *Journal of Consulting and Clinical Psychology, 76,* 1083-1089.

Safer, D.L., Telch, C.F. y Agras, W.S. (2001) Dialectical behavior therapy for bulimia nervosa. *American Journal of Psychiatry, 158,* 632-634.

Safran, J.D. y Muran, J.C. (2000) *Negotiating the therapeutic alliance: A relational treatment guide.* Nueva York: Guilford Press.

Segal, Z.V., Williams, D. y Teasdale, J.D. (2001) *Mindfulness-based cognitive therapy for depression: A new approach to preventing relapse.* Nueva York: Guilford Press. Traducción española en Descleé de Brouwer, 2006.

Shapiro, S.L., Carlson, L.E., Astin, J.A. y Freedman, B. (2006) Mechanisms of mindfulness. *Journal of Consulting and Clinical Psychology, 62,* 373-386.

Skinner, B.F. (1974) *About behaviorism.* Nueva York: Random House. (traducción española: Sobre el conductismo, Martínez Roca, 1987).

Snarski, M., Scogin, F., DiNapoli, E., Presnell, A., McAlpine, J. y Marcinak, J. (2011) The effect of behavioral activation therapy with inpatient geriatric psychiatry patients. *Behavior Therapy, 42,* 100-108.

Strosahl, K.D., Robinson, P.J. y Gustavsson, T. (2015) *Inside this moment. A clinician's guide to promoting radical change using acceptance and commitment therapy.* Oakland, CA: New Harbinger Publications.

Teasdale, J.D. (1988) Cognitive vulnerability to persistent depression. *Cognition and Emotion, 2,* 247-274.

Teasdale, J.D., Moore, R.G., Hyhurst, H., Pope, M., Williams, S. y Segal, Z.V. (2002) Metacognitive awareness and prevention of relapse in depression: empirical evidence. *Journal of Consulting and Clinical Psychology, 70,* 275-287.

Teasdale, J.D., Segal, Z.V., Williams, J.M.G., Ridgeway, V., Soulsby, J. y Lau, M. (2000) Prevention of relapse/recurrence in mayor depression by mindfulness-based cognitive therapy. *Journal of Consulting and Clinical Psychology, 68,* 615-623.

Törneke, N. (2010) *Learning RFT. An introduction to Relational Frame Theory and its clinical application.* Oakland, CA: New Harbinger Publications.

Twohig, M.P. y Crosby, J.M. (2010) Acceptance and commitment therapy as a treatment for problematic internet pornography viewing. *Behavior Therapy, 41,* 285-295.

Twohig, M.P., Shoenberger, D. y Hayes, S.C. (2007) A preliminary investigation of acceptance and commitment therapy as a treatment for marijuana dependence in adults. *Journal of Applied Behavior Analysis, 40,* 619-632.

Valero, L. y Ferro, R. (2015) *Psicoterapia analítica funcional*. Madrid: Síntesis.

Vallejo, M.A. (2008) Mindfulness o atención plena: de la meditación y la relajación a la terapia. En F.J. Labrador (Coor.).: *Técnicas de modificación de conducta*. Madrid: Pirámide, págs., 225-242.

Vandenberghe, L. (2009) A functional analytic approach to group psychotherapy. *The Behavior Analyst Today, 10,* 71-82.

Verheul, R., van den Bosch, L.M.C., Koeter, M.W.J., de Ridder, M.A.J., Stijnen, T. y van den Brink, W. (2003) Dialectical behaviour therapy for women with bordeline personality disorder: 12-month, randomized clinical trial in The Netherlands. *British Journal of Psychiatry, 182,* 135-140.

Vowles, K.E. y McCracken, L.M. (2010) Comparing the role of psychological flexibility and traditional pain management coping strategies in chronic pain treatment outcomes. *Behavior Research and Therapy, 48,* 141-146.

Vowles, K.E., McCracken, L.M. y Eccleston, C. (2007) Processes of change in treatment of chronic pain: the contributions of pain, acceptance, and catastrophizing. *European Journal of Pain, 11,* 779-787.

Wells, A. (2000) *Emotional disorders and metacognition: Innovative cognitive therapy*. Chichester, Reino Unido: Wiley.

Wetherell, J.L., Afari, N., Ayers, C., Stoddard, J.A., Ruberg, J., Sorrell, J.T., Liu, L., Petkus, A.J., Thorp, S.R., Kraft, A. y Patterson, T.L. (2011) Acceptance and commitment therapy for generalized anxiety disorder in older adults: a preliminary report. *Behavior Therapy, 42,* 127-134.

Wicksell, R.K., Ahlqvist, J., Bring, A., Melin, L. y Olsson, G.L. (2008) Can exposure and acceptance strategies improve functioning and life satisfaction in people with chronic pain and whiplash-associated disrders (WAD)?: a randomized controlled trial. *Cognitive Behavior Therapy, 37,* 1-14.

Williams, J.M.G., Duggan, D., Taylor, S., Crane, C. y Fennel, M.J. (2006) Mindfulness-based cognitive therapy for prevention of recurrence of suicidal behaviour. *Journal of Clinical Psychology, 62,* 201-210.

Wilson, K.G. y Luciano, M.C. (2002) *Terapia de aceptación y compromiso (ACT). Un tratamiento conductual orientado a los valores*. Madrid: Pirámide.

Woods, D.W., Wetterneck, C.T. y Flessner, C.A. (2006) A controlled evaluation of acceptance and commitment therapy plus habit reversal for trichotillomania. *Behaviour Research and Therapy, 44,* 639-656.

Zettle, R.D. (2003) Acceptance and commitment therapy (ACT) vs. systematic desensitization in the treatment of mathematics anxiety. *Psychological Records, 543,* 197-215.

Zettle, R.D. y Hayes, S.C. (1986) Dysfunctional control by client verbal behavior: the context of reason giving. *The Analysis of Verbal Behavior, 4,* 30-38.

Zettle, R.D. y Rains, J.C. (1989) Group cognitive and contextual therapies in treatment of depression. *Journal of Clinical Psychology, 43,* 436-445.

6. LECTURAS RECOMENDADAS

Pérez Álvarez, M. (2014) *Las terapias de tercera generación como terapias contextuales.* Madrid: Síntesis.

Se abordan de modo conjunto y crítico las denominadas terapias contextuales, en el contexto general de su evolución, respecto a la terapia de conducta y al modelo médico, y en sus aportaciones específicas. Así se repasan la Psicoterapia Analítica Funcional, la Activación Conductual y la Terapia de Aceptación y Compromiso. Se consideran, además, algunos problemas conceptuales relativos a las propias terapias y sus componentes y a los sistemas diagnósticos médicos, el DSM-5.

Wilson, K.G. y Luciano, M.C. (2002) *Terapia de aceptación y compromiso (ACT). Un tratamiento conductual orientado a los valores.* Madrid: Pirámide.

En este libro se abordan los fundamentos de la terapia de aceptación y compromiso. Ello incluye destacar el papel que las emociones y el lenguaje juegan en la génesis de los trastornos, frecuentemente en el marco del denominado trastorno de evitación experiencial. Se repasa también los componentes de esta terapia, con múltiples ejemplos sobre cómo opera. Se incluye además diverso material de utilidad práctica: cuestionarios de evaluación, ejercicios y metáforas.

Monográfico de la Revista eduPsykhé, vol. 5, nº 2, 2006, sobre el tema: Últimos desarrollos de la Terapia de Conducta (ante la tercera generación).

En dicho monográfico abordan diversos autores las principales características de los nuevos desarrollos de la terapia de conducta (J. Barraca), la propia caracterización o definición como tercera generación (M. Pérez), los avances desde la terapia de aceptación y compromiso (M.C. Luciano y cols.), el *mindfulness* (M.A. Vallejo), la terapia de conducta dialéctica (A. García) y la terapia integral de pareja (R. Morón).

Kohlenberg, R.J. y Tsai, M. (2007) *FAP Psicoterapia Analítica Funcional. Creación de relaciones terapéuticas intensas y curativas.* (Original, 1991). Servicio de publicaciones de la Universidad de Málaga.

Manual de referencia de esta terapia. En el texto se repasan los principios y fundamentos teóricos de la terapia haciendo especial mención al reforzamiento en el contexto de la terapia. Se aborda de un modo práctico cómo llevar a cabo la terapia, incidiendo en especial en la relación terapéutica, esencial en este tipo de terapia, así como en el modo de mejorar la competencia en la comunicación con el paciente.

7. PREGUNTAS DE AUTO-COMPROBACIÓN

1) El objetivo de eliminar la ansiedad es congruente con los fundamentos teóricos de la terapia cognitivo conductual.
2) La obtención de datos que sustente la eficacia de un tratamiento no es suficiente para que este se integre de forma efectiva en la terapia cognitivo conductual.
3) Entre los elementos característicos de las nuevas terapias que buscan mejorar la terapia cognitivo conductual está el dar más importancia a la experimentación, a la práctica de la conducta.
4) Los nuevos desarrollos terapéuticos de la terapia de conducta adoptan una postura más correctiva que educativa.
5) La aceptación supone conformidad y resignación con la situación.
6) Puede decirse que la eficacia de la terapia de aceptación y compromiso parece residir en los principios que propone, caso de la evitación experiencial.
7) La activación conductual cuenta con el máximo reconocimiento empírico de su eficacia.
8) Entre los efectos del *mindfulness* está ver los pensamientos como sucesos mentales y no como reflexiones verdaderas de la realidad.
9) Para la terapia de conducta dialéctica el que el paciente tome contacto con sus emociones negativas y que acepte el malestar es un fin en sí mismo.
10) El anclaje principal del modelo unificado de tratamiento propuesto por Barlow y colaboradores estriba en las emociones y su regulación.

Las respuestas (verdadero, o falso) a las preguntas se encuentran en el anexo final del texto.

3

FOBIAS ESPECÍFICAS

Arturo BADOS LÓPEZ

Universidad de Barcelona

1. INTRODUCCIÓN

Sara era una chica de 31 años que vino a consulta por un miedo extremo a todo aquello que estuviese relacionado con médicos y hospitales. En concreto tenía miedo a cualquier tipo de inyecciones, sangre relacionada con intervenciones médicas, instrumentos médicos invasores (bisturí, espéculo, taladro dental), curas, suturas, intervenciones quirúrgicas, personal sanitario y olor a hospital. La sangre y las inyecciones le daban también asco. Sara no era capaz de identificar muy claramente a qué le tenía miedo, aunque temía poder desmayarse y la vergüenza que ello supondría. Sin embargo, a pesar de informar que se había desmayado unas 20 veces en contextos médicos, un interrogatorio cuidadoso puso de manifiesto que un desmayo con pérdida de conocimiento sólo había ocurrido una vez.

Sara evitaba prácticamente al 100% los estímulos temidos. Si se encontraba inesperadamente en una situación temida o no había podido evitarla, experimentaba mareo, inestabilidad, náuseas, sensación de desmayo, palpitaciones, temblores, sudoración y entumecimiento de los dedos. La respuesta típica era escapar; tan sólo podía permanecer en la situación si era una urgencia, si estaba absolutamente segura e informada de lo que le iban a hacer y si sabía que la visita no incluiría nada de lo que le daba más miedo. En estos casos, intentaba tranquilizarse poniendo la cabeza entre las piernas, haciendo respiraciones profundas, diciéndose cosas tranquilizadoras, intentando distraerse y saliendo un rato fuera para respirar aire fresco. Si se le denegaba el escape, podían darse situaciones extremas, llegando en una ocasión a agredir a un médico.

Los miedos de Sara interferían de un modo notable en su vida, ya que (a) evitaba ir al dentista a pesar de sufrir fuertes dolores dentales durante la noche, (b) deseaba quedarse embarazada, pero no quería por no atreverse a ir al ginecólogo, (c) no podía tratarse un problema dermatológico importante por no atreverse a hacer un análisis de sangre, y (d) se sentía mal por no ser capaz de ir a visitar o acompañar a alguien a un hospital o a un médico.

El caso de Sara, presentado en Bados y Coronas (2005), es un ejemplo de un tipo de fobia específica, aquella que se da ante la sangre, inyecciones y procedimientos médicos. En este capítulo se abordan los siguientes aspectos de las fobias específicas (FE): definición, clasificación, edad de comienzo y curso, epidemiología, problemas asociados, modelo explicativo, métodos e instrumentos de evaluación, eficacia y utilidad clínica de los tratamientos con apoyo empírico, propuesta de tratamiento, con sus correspondientes guías, y perspectivas de tratamiento.

2. DEFINICIÓN, CLASIFICACIÓN Y EPIDEMIOLOGÍA

2.1. Definición y clasificación

De acuerdo con la quinta edición del Manual diagnóstico y estadístico de los trastornos mentales (DSM-5) de la American Psychiatric Association (2013) en las FE se da un miedo intenso desencadenado por la presencia o anticipación de objetos o situaciones específicos: animales, lugares cerrados, alturas, oscuridad, tormentas, vuelos, ver sangre, recibir inyecciones, intervenciones médicas, tragar alimentos sólidos, conducir un coche, aguas profundas, etc. En la fobia a la sangre suelen aparecer náuseas y desvanecimiento y no siempre se da el miedo. Como consecuencia de la exposición al estímulo fóbico, se produce una respuesta inmediata de miedo o ansiedad que puede llegar incluso a ataques de pánico; si se producen estos, deben ponerse como especificador del diagnóstico, algo que no se pedía en el DSM-IV-TR (American Psychiatric Association, 2000). En los niños la ansiedad puede manifestarse mediante lloros, rabietas, inmovilidad o aferrarse a otra persona. El miedo o ansiedad es desproporcionada para el peligro o amenaza implicado en la situación y para el contexto sociocultural (en el DSM-IV-TR se exigía que las personas mayores de 18 años reconociesen que su ansiedad era excesiva o irracional).

Las situaciones fóbicas son evitadas o se soportan con ansiedad o malestar intensos. Si la evitación no es posible, aparecen conductas de búsqueda de seguridad o conductas defensivas, las cuales persiguen prevenir o minimizar las supuestas amenazas y la ansiedad. Ejemplos de conductas defensivas serían agarrar fuertemente el volante al conducir, no mirar hacia abajo en sitios altos, distraerse y escapar. Para poder realizar el diagnóstico de fobia específica según el DSM-5, el miedo, ansiedad o evitación deben durar al menos 6 meses (en el DSM-IV-TR esto sólo se pedía para los menores de 18 años) y deben causar un malestar clínicamente significativo o interferir marcadamente en áreas importantes del funcionamiento de una persona, tal como la social, laboral o académica. Finalmente, la ansiedad/pánico o evitación asociados a las situaciones temidas no deben poder ser explicados mejor por otros trastornos (p.ej., agorafobia, fobia social, trastorno obsesivo-compulsivo o trastorno por estrés postraumático). El DSM-5 distingue varios tipos de FE, las cuales se presentan en la Tabla 1, junto con ejemplos de situaciones y consecuencias temidas.

Tipo de fobia específica y situaciones temidas	Consecuencias temidas
Animal Animales diversos: perros, serpientes, arañas, insectos, gatos, ratas, ratones y pájaros.	- Daño causado por el animal, perder el control, hacer el ridículo, hacerse daño al intentar escapar, tener un ataque cardíaco o, incluso, morir de miedo.
Ambiente natural Tormentas, viento, alturas, agua, oscuridad	- Sufrir un daño o morir, perder el control. Las personas con fobia a las alturas pueden temer también el mareo.
Sangre/inyecciones/daño corporal (SID) Visión de sangre, recibir inyecciones, transfusiones u otras intervenciones médicas invasoras, análisis de sangre, ver o hablar de intervenciones quirúrgicas, hospitales, ambientes médicos y dentales, instrumental médico y olores de medicinas.	- Desmayo, perder el control, ataque de pánico, azoramiento o ridículo y posible daño debido al pinchazo, a que la aguja se parta y quede dentro o a la intervención dental. Es también común la aprensión sobre las sensaciones físicas experimentadas (mareo, náuseas).
Situacional Transportes públicos, túneles, puentes, ascensores, volar en avión, coches (conducir o viajar), lugares cerrados.	- *Claustrofobia*: asfixiarse, no poder moverse, no poder salir de un sitio, volverse loco, perder el control, ataque de pánico. - *Conducir:* accidente, quedar herido, quedar atrapado en un atasco, atropellar a alguien, ser objeto del enfado de otros conductores, ataque de pánico, infarto, desmayarse. - *Avión:* accidente, estar encerrado, sensaciones molestas, gritar, volverse loco, desmayarse, infarto, ataque de pánico, *montar un número*.
Otro tipo Situaciones que pueden llevar a atragantarse, o vomitar y los miedos de los niños a los ruidos fuertes y a las personas disfrazadas.	- Morir, vomitar, hacer el ridículo.

Tabla 1. Tipos de fobias específicas y situaciones y consecuencias temidas

No está clara ni la utilidad ni la validez de la clasificación del DSM-5, especialmente por lo que se refiere a las categorías de ambiente natural, situacional y otro tipo. Además, no siempre es fácil asignar una fobia a uno u otro tipo (¿es la fobia a los puentes una fobia situacional o una fobia a las alturas?, ¿es la fobia a los dentistas un ejemplo de fobia a la SID o una fobia del tipo residual?). Por otra parte, es posible que dentro de cada tipo el DSM-5 presente como similares fobias (p.ej., alturas y tormentas, arañas y perros, espacios cerrados y conducir) que son distintas una de otra. Finalmente, podría ser más informativo decir simplemente a qué se tiene fobia que referirse al tipo general a que pertenece.

Por otra parte, la Tabla 1 deja claro que las personas con FE pueden temer un posible daño (accidente aéreo, mordedura, choque de automóviles, ahogarse, precipitarse al vacío, dolor intenso), pero también pueden estar preocupadas por perder el control, hacer el ridículo, desmayarse, tener un ataque de pánico o experimentar ciertas sensaciones (p.ej., dificultades para respirar en la claustrofobia; mareo, sensación de desmayo y temblor de piernas en la fobia a las alturas; mareo y sensación de desmayo en la fobia a la SID; sensación de irrealidad y temblor de brazos en la fobia a conducir). En contraste con el trastorno de pánico, el miedo a las sensaciones físicas sólo aparece cuando se está en las situaciones temidas.

Conviene señalar que en el caso de animales pequeños (roedores, insectos, arañas, serpientes) y de la fobia a la sangre o heridas puede darse una reacción de miedo, pero también de asco o repugnancia. En el miedo, las expectativas se centran en el peligro o daño, mientras que en el asco lo hacen en la contaminación.

La emoción de miedo está asociada a una activación del sistema nervioso simpático: taquicardia, palpitaciones, aumento de la presión sanguínea, respiración acelerada, opresión en el pecho, temblor, tensión muscular, sudoración, malestar estomacal o intestinal. En contraste, la emoción de asco está asociada a activación parasimpática: desaceleración cardiovascular, disminución de la temperatura de la piel, boca seca, náuseas, dolor o malestar en el estómago e incluso mareo.

En la fobia a la SID son frecuentes el mareo, el sudor, la palidez, las náuseas (sin vómitos) y el desvanecimiento. A diferencia de las otras fobias, el patrón fisiológico de respuesta que se da en la fobia a la SID es muy distinto. En concreto, en las otras fobias se produce un incremento de la presión sanguínea y del ritmo cardíaco ante el estímulo temido. En cambio en la fobia a la SID puede producirse una respuesta difásica en la que el citado incremento es seguido en breve (de segundos a cuatro minutos) por una rápida caída de la presión sanguínea y del ritmo cardíaco (30-45 pulsaciones por minuto), lo cual puede conducir al desmayo, caso de no hacer nada al respecto. Sin embargo, es muy probable que la respuesta difásica esté limitada a aquellas personas con fobia a la SID con una historia de desmayo y que éste pueda producirse con patrones de respuesta no necesariamente difásicos. Por otra parte, las personas con fobia a la SID con respuesta difásica sólo presentan esta ante los estímulos de sangre, pero no ante otros estímulos fóbicos o estresantes

2.2. Edad de comienzo y curso

En estudios epidemiológicos con adultos, la edad de inicio de las FE ha sido de 7 a 11 años de mediana (Kessler, Berglund y cols., 2005; Stinson y cols., 2007) y 9,7 años de media (Stinson y cols., 2007). La edad media de inicio es de 8-9 años para la fobia a los animales, 9 años para la fobia a la SID, 14 años para las fobias de ambiente natural y 13-22 años para las fobias situacionales (LeBeau y cols., 2010). El inicio más tardío se da en las fobias a las alturas, espacios cerrados y conducir.

En los adultos, el trastorno tiende a ser crónico, a no ser que se reciba tratamiento; la remisión espontánea en la adultez se calcula en alrededor del 20%. Cuanto mayor es el número de FE o miedos específicos acompañando a éstas, menor es la probabilidad de recuperación. De todos modos, es posible que las personas con FE que buscan tratamiento sean un subgrupo más grave de la población comunitaria con FE y que la remisión total o parcial sea más probable en esta población.

2.3. Epidemiología

Los datos de prevalencia varían en función de diversos factores: instrumento utilizado, uso del DSM-IV o de la CIE-10, operacionalización de los criterios diagnósticos, metodología de entrevista, país estudiado y datos sociodemográficos (sexo, edad, nivel socioeconómico, estado civil). Por otra parte, los datos de prevalencia-vida (tener el trastorno en algún momento de la vida) obtenidos retrospectivamente, como los que se presentan más abajo, pueden ser una subestimación debido a problemas de recuerdo. Cuando los datos se obtienen prospectivamente, las cifras de prevalencia-vida se multiplican por 1,5 (Moffitt y cols., 2009).

En diversos estudios epidemiológicos estadounidenses y europeos (Becker y cols., 2007; ESEMeD/MHEDEA 2000 Investigators, 2004; Haro y cols.,

2006; Kessler, Berglund y cols., 2005; Kessler, Chiu y cols., 2005; Stinson y cols., 2007) realizados con población adulta, las cifras de prevalencia-vida de las FE han oscilado, en general, entre 7,75 y 12,5%; las de prevalencia anual, entre 3,5% y 8,7%; y las de prevalencia actual pueden estimarse en 7,4% a partir del estudio de Becker y cols. (2007). Las cifras de prevalencia son claramente más bajas en Asia y África (Lewis-Fernández y cols., 2010) y también en niños y adolescentes.

Las prevalencias más bajas han sido halladas en un estudio realizado en seis países europeos (entre ellos España) con 21.425 adultos (ESEMeD/MHEDEA 2000 Investigators, 2004; Haro y cols., 2006). La prevalencia anual fue 3,5% y la prevalencia-vida, 7,7% (3,6% y 4,5% en España). Sin embargo, por cuestiones metodológicas, los datos del ESEMeD representan probablemente el límite inferior de la verdadera prevalencia.

Considerando los diversos tipos de FE, los datos de prevalencia-vida obtenidos en el *National Epidemiologic Survey on Alcohol and Related Conditions* (Stinson y cols., 2007) fueron: ambiente natural (5,9%), situacional (5,2%), animal (4,7%) y SID (4,0%). Más detalladamente: alturas (4,5%), lugares cerrados (3,2%), volar en avión (2,9%), estar dentro o sobre el agua (2,4%), ir al dentista (2,4%), ver sangre o recibir una inyección (2,1%), visitar un hospital o estar en el mismo (1,4%), tormentas, rayos o relámpagos (2,0%), estar en una muchedumbre (1,6%), viajar en autobús, coche o tren (0,7%). LeBeau y cols. (2010) hablan de una prevalencia-vida del 0,7% para la fobia a conducir.

El 65-75% de las personas con FE son mujeres (Haro y cols., 2006; Stinson y cols., 2007). Por fobias concretas, el 75-90% en los tipos animal, situacional y ambiente natural (un 55-70% en la fobia a las alturas) y el 55-70% en el tipo SID.

2.4. Problemas asociados

A diferencia de otras fobias y trastornos de ansiedad, los trastornos asociados con las FE, consideradas como diagnóstico principal, son menos frecuentes. Brown y cols. (2001) hallaron que de 110 clientes con FE (principalmente de tipo situacional), sólo el 34% presentaron algún trastorno comórbido actual del Eje I del DSM-IV. El 33%, 27% y 10% recibieron respectivamente al menos un diagnóstico adicional actual de trastornos de ansiedad o depresivos, trastornos de ansiedad y trastornos depresivos. Los porcentajes fueron 56%, 45% y 36% para diagnósticos actuales o pasados.

Es probable que la comorbilidad sea más elevada en las personas que presentan fobias situacionales o fobia a la SID que en las que presentan otro tipo de fobias (animal, ambiente natural) (Brown y cols., 2001; LeBeau y cols., 2010). Por otra parte, cuanto mayor es el número de miedos específicos que una persona con FE tiene, mayor es la probabilidad de que presente uno o más del resto de trastornos de ansiedad (Curtis y cols., 1998).

3. MODELO EXPLICATIVO

Armfield (2006) ha revisado los diversos modelos etiológicos del miedo fóbico y ofrece su propio modelo de vulnerabilidad cognitiva. La percepción de impredecibilidad, incontrolabilidad, peligrosidad y asco de ciertos tipos de estímulos sería el núcleo del esquema de vulnerabilidad cognitiva. Este esquema sería activado de forma automática y no consciente por la presencia de un estímulo fóbico. A continuación, basándonos en este autor y en otros que han abordado el tema (Barlow, 2002; Beck y Clark, 1997; Merckelbach y cols., 1996; Rachman, 1991), abordaremos la etiología y mantenimiento de las FE.

3.1. Etiología de las fobias

Según Barlow (2002), la génesis de las FE en particular, y de los trastornos de ansiedad en general, requiere considerar tres tipos de factores: vulnerabilidad biológica, vulnerabilidad psicológica generalizada y vulnerabilidad psicológica específica.

3.1.1. Vulnerabilidad biológica

La *vulnerabilidad biológica* consiste en una hipersensibilidad neurobiológica al estrés genéticamente determinada e incluye rasgos temperamentales que tienen un fuerte componente genético. Entre los principales se encuentran el neuroticismo, la introversión, la afectividad negativa (tendencia estable y heredable a experimentar una amplia gama de sentimientos negativos) y la inhibición conductual ante lo desconocido. Ciertas personas pueden tener un sistema nervioso autónomo lábil o inestable y esta podría ser la principal carga genética o congénita de las FE. Sin embargo, hay una vulnerabilidad familiar a padecer el mismo tipo de fobia, lo que sugeriría la influencia de una heredabilidad más específica y/o de factores ambientales (LeBeau y cols., 2010).

Los grandes porcentajes de gemelos monocigóticos no concordantes en el tipo de FE estudiada (78-84%) y de familiares de primer grado no afectados (70% en muestras clínicas y 90% en muestras comunitarias) encontrados en estudios con personas con FE muestran la fuerte influencia de los factores no genéticos. En un metaanálisis de estudios con gemelos, se ha obtenido una heredabilidad media del 33% para la fobia a la SID, 32% para las fobias a los animales y 25% para las fobias situacionales (los datos son del 41% para el miedo a la SID y del 45% para el miedo a los animales) (Van Houten y cols., 2013). Sin embargo, el número de estudios fue muy pequeño y las estimaciones de heredabilidad variaron mucho. Aparte de los factores genéticos, el resto de la influencia vendría explicado por factores ambientales específicos para cada individuo; los factores ambientales familiares (compartidos) tendrían poco peso. De todos modos, el peso de los factores ambientales compartidos parece ser algo mayor cuando se estudian poblaciones infantiles. Así, según el metaanálisis de McLeod, Word y Weisz (2007), puede estimarse que contribuyen a la ansiedad en la infancia los factores genéticos en un 50%, los factores ambientales no compartidos en un 33% y los factores ambientales compartidos (estilos educativos de los padres) en un 17%.

3.1.2. Vulnerabilidad psicológica generalizada

Aunque la vulnerabilidad biológica es importante, la aparición o no de una fobia requerirá de la existencia de una vulnerabilidad psicológica, a la cual contribuyen diversos factores. Así, un niño muy emocional y reactivo al estrés puede superar su vulnerabilidad biológica si es criado por una madre tranquila y cariñosa, pero no por una madre con su mismo temperamento. Esto ha sido demostrado experimentalmente con monos y se ha hallado además que las experiencias de aprendizaje tempranas alteran la expresión de los genes (Suárez y cols., 2009).

La *vulnerabilidad psicológica generalizada*, puede definirse como la percepción, basada en experiencias tempranas, de que las situaciones estresantes y/o las reacciones a las mismas son impredecibles y/o incontrolables. Entre estas experiencias se encuentran el estilo educativo sobreprotector (hipercontrolador) y falto de cariño por parte de los padres, los vínculos inseguros de apego entre el niño y sus cuidadores, y la ocurrencia de eventos estresantes o traumáticos (muerte de un familiar querido, enfermedad grave, maltrato físico, abuso sexual) –especialmente si son muy adversos, repetidos o prolongados– en conjunción con estrategias ineficaces para afrontar el estrés y poco apoyo social. El estilo educativo mencionado puede verse facilitado por la psicopatología de los padres e interactuar con factores temperamentales del niño. Así pues, por una parte, dicho estilo educativo puede contribuir a la ansiedad al reducir las experiencias de control y dominio por parte del niño y la autonomía de éste, mientras que por otra puede ser una respuesta de los padres a la ansiedad del niño. En cuanto a la psicopatología ansiosa o depresiva en los padres, es un factor de riesgo significativo para los trastornos de ansiedad y depresión en los niños.

La respuesta a los eventos estresantes depende de la vulnerabilidad genética, del apoyo social y de la presencia de ciertas características de personalidad (p.ej., habilidades de afrontamiento, susceptibilidad a la ansiedad y al asco, actitudes negativas) que son, en parte, fruto del estilo educativo de las figuras de apego. Otras variables que pueden facilitar la vulnerabilidad psicológica generalizada son el abuso/dependencia de alcohol y la historia de trastornos psiquiátricos. En cuanto a la susceptibilidad a la ansiedad (miedo a los síntomas de la ansiedad basado en creencias de que estos síntomas tienen consecuencias nocivas tales como enfermedad física o mental, pérdida de control, azoramiento o desmayo), los datos son contradictorios sobre que sea mayor en las personas con FE que en sujetos controles no ansiosos. También hay resultados discordantes sobre si la susceptibilidad a la ansiedad es mayor en ciertas FE (situacionales, alturas, SID, atragantarse, vomitar) que en las otras FE, aunque cuando se han hallado diferencias, han ido en esta dirección (Antony y Barlow, 2002).

En el caso de las personas con fobia a la sangre, a vomitar y, en menor extensión, a los animales *repugnantes*, otro factor de vulnerabilidad sería la susceptibilidad al asco: tendencia a preocuparse por sentir asco y por las consecuencias de este (p.ej., vomitar). La susceptibilidad al asco puede ser específica (centrada en los estímulos fóbicos), pero también generalizada (centrada en otros estímulos no relacionados con la fobia); las dos parecen darse en las fobias a la SID y a las arañas (Olatunji, Cisler y cols., 2010). Estos autores afirman que los niveles elevados de asco contribuyen a aumentar o mantener la ansiedad a través del miedo al contagio, de la dificultad de retirar la atención de los estímulos repugnantes y/o de la interpretación de la información potencialmente ansiógena de forma más amenazante.

3.1.3. Vulnerabilidad psicológica específica

Finalmente, hay que considerar la *vulnerabilidad psicológica específica.* La ocurrencia de ciertas experiencias de aprendizaje hace que la ansiedad facilitada por la vulnerabilidad biológica y psicológica generalizada se focalice en determinadas situaciones o eventos, los cuales pasan a ser considerados como amenazantes o peligrosos. Un primer tipo de experiencia de aprendizaje, es haber tenido una o más experiencias negativas directas con los futuros estímulos fóbicos. Este tipo de condicionamiento directo parece más frecuente en algunas fobias (dentales, perros, conducir, atragantarse) que en otras (altura, agua, serpientes, arañas). La gravedad y frecuencia de estas experiencias negativas (accidente de coche, mordedura de animal, atragantamiento con un hueso, largo encierro en un ascensor, desmayo o casi desmayo ante la sangre, etc.), el menor número de experiencias seguras previas con los estímulos potencialmente fóbicos (menor inhibición latente) y una exposición poco frecuente a la situación tras la experiencia negativa son variables importantes en el desarrollo de la FE.

No todos los estímulos tienen la misma probabilidad de adquirir propiedades fóbicas. Esto podría explicarse por preparación biológica: se adquiere más fácilmente el miedo a los estímulos que han representado filogenéticamente una amenaza a la supervivencia de la especie, ya sea por ataque o por contagio de enfermedad. Ahora bien, si no se especifica claramente cuál es la base biológica de la preparación, este concepto resulta circular, ya que se infiere de aquello que pretende explicar (selectividad de las situaciones temidas). Una explicación alternativa es considerar que la selectividad de las situaciones fóbicas puede explicarse, al menos en parte, mediante variables socioculturales (connotaciones negativas que tienen ciertos estímulos), experiencias pasadas de las personas con las situaciones fóbicas y expectativas y creencias sobre covariaciones entre acontecimientos.

La teoría de la preparación biológica requiere que el estímulo potencialmente fóbico se asocie al menos una vez con una experiencia aversiva, directa o indirecta. En cambio, la explicación no asociativa de Menzies y Clarke (1995) mantiene que, dados ciertos procesos madurativos y experiencias normales de desarrollo, existen muchos estímulos evolutivamente prepotentes que generan miedo en la mayoría de las personas al primer encuentro sin necesidad de ningún aprendizaje asociativo, ya sea directo o indirecto (por observación o transmisión de información). La respuesta de miedo se debilita cuando hay exposiciones repetidas y no traumáticas a las situaciones temidas (habituación). Por otra parte, las fobias pueden volver a surgir (deshabituación) tras la ocurrencia de acontecimientos estresantes intensos no específicos o ciertos trastornos fisiológicos. La explicación no asociativa no descarta que haya miedos que puedan ser adquiridos asociativamente. Un debate sobre esta explicación puede verse en la revista *Behaviour Research and Therapy*, 2002, 40(2).

Otro tipo de experiencia de aprendizaje es observar a otros, en vivo o filmados, tener experiencias negativas o mostrar miedo en las situaciones potencialmente fóbicas. Cuanto mayores son el miedo y/o las consecuencias aversivas observadas y más significativos son los otros, mayor es la probabilidad de adquirir el miedo. Un tercer tipo de experiencia es la transmisión de información amenazante, tal como los avisos de los padres sobre lo peligrosos que son ciertos animales o la información en los medios de accidentes aéreos o enfermedades; este es el modo menos potente de cara a la adquisición de una fobia. Por otra parte, si otras personas refuerzan las primeras conductas ansiosas o de evitación que surgen de estas experiencias de aprendizaje, hay mayor probabilidad de que la fobia surja o se agrave.

Los tres tipos de experiencias de aprendizaje interactúan entre sí y es más probable que se genere un miedo intenso o una fobia cuando se combinan dos o más de ellas; por ejemplo, una experiencia negativa directa puede tener más impacto si existen experiencias significativas previas de aprendizaje observacional y/o de transmisión de información amenazante. Un fenómeno relacionado con esto es lo que ha sido llamado inflación o reevaluación del estímulo incondicional. Así, tras un accidente leve de coche, puede generarse un miedo ligero a conducir; pero si posteriormente un amigo muere en un accidente grave (o incluso si se sufre una experiencia aversiva no relacionada, tal como ser atracado), esto aumentará la aversividad del valor del estímulo incondicional almacenado en la memoria e incrementará el miedo a conducir. Finalmente, los niveles altos de estrés pueden aumentar la reacción de la persona a las experiencias negativas directas, al aprendizaje observacional y a la transmisión de información amenazante.

Ahora bien, las experiencias aversivas directas en las situaciones potencialmente fóbicas y el aprendizaje observacional o por transmisión de información no son informadas por un porcentaje significativo de personas con trastornos de ansiedad. Barlow (2002) ha propuesto una vía de adquisición que implica un proceso de atribución errónea o condicionamiento supersticioso a partir de la experiencia de falsas alarmas (sin peligro real). Debido a acontecimientos estresantes –tales como conflictos familiares, maritales o laborales– que no se han sabido o podido manejar o a otros factores (problemas médicos, cambios hormonales, fármacos/drogas), la persona experimenta pánico, miedo intenso o sensaciones somáticas similares a las del miedo que ocurren en ciertas situaciones no peligrosas. Como consecuencia de un proceso de atribución errónea o asociación accidental, estas situaciones, muy especialmente si están predispuestas biológica o socialmente a ser temidas o dificultan la posibilidad de escape, pasan a suscitar ansiedad o alarma aprendida.

Las FE podrían aparecer en personas sin condiciones predisponentes si las experiencias negativas (ya sean directamente experimentadas, observadas y/o transmitidas) o las reacciones de alarma son particularmente extremas. Sin embargo, se cree que, por lo general, se requiere además la interacción de dichas experiencias con otras condiciones (vulnerabilidad biológica, vulnerabilidad psicológica generalizada), de modo que la persona aprende a responder con miedo y ansiedad desproporcionados ante ciertos estímulos y desarrolla una aprensión o expectativa ansiosa a encontrarse con la situación fóbica y a experimentar las respuestas condicionadas de miedo y/o asco y las consecuencias temidas. Esta aprensión ansiosa implica un procesamiento defectuoso de la información (p.ej., sobrestimación de las consecuencias aversivas, inferencia de peligro a partir de síntomas de miedo y/o asco) junto con un gran afecto negativo e incluso distorsiones perceptivas (p.ej., sobrestimación del grado de movimiento de un animal) (Antony y Barlow, 2002).

3.2. Mantenimiento de las fobias

La anticipación de las situaciones fóbicas da lugar a expectativas de miedo/pánico (y, según los casos, asco) y de peligro (accidente, mordedura, ahogarse, caerse, desmayarse, contaminarse, perder el control, hacer el ridículo) asociado con dichas emociones y/o con la situación fóbica. Esto ocurre en mayor o menor grado en función de diversas variables tales como las características del estímulo fóbico (p.ej., animal suelto o atado, tipo de avión), el grado de control percibido sobre la situación, la posibilidad percibida de escape, la presencia de señales de seguridad (personas de confianza, p.ej.), el estado de ánimo (el humor deprimido suele agravar las fobias) y la existencia de circunstancias estresantes.

Las expectativas elevadas de miedo/pánico/asco y peligro, junto con la percepción de carencia de recursos para afrontar la emoción y/o el estímulo fóbico, facilitan la evitación de las situaciones temidas. La conducta de evitación es reforzada negativamente, ya que previene el aumento de la ansiedad y, según la percepción del cliente, impide la ocurrencia de consecuencias aversivas. Ahora bien, la evitación contribuye a mantener las expectativas de peligro, ya que no permite comprobar hasta qué punto las expectativas de amenaza son realistas o no, e impide realizar determinadas actividades deseadas. Por otra parte, la fobia puede ser también reforzada positivamente por parte de otras personas (ayuda para prevenir las situaciones temidas, atención, cuidados, satisfacción de la necesidad de dependencia) y esto contribuir al mantenimiento de la misma. El miedo y la evitación de las situaciones temidas son socialmente mucho más admitidos en las mujeres que en los hombres, lo que podría explicar, junto a factores biológicos (p.ej., hormonales), la mayor proporción de aquellas entre las personas con FE.

Si las situaciones temidas no se pueden evitar, es posible que aparezca un sesgo atencional o hipervigilancia hacia los estímulos temidos, que puede facilitar el escape de la situación temida; sin embargo, los datos son contradictorios respecto a la existencia de este sesgo (Antony y Barlow, 2002) y la hipervigilancia parece no darse en ciertas FE como la fobia a la SID. Es posible que la atención inicial ante los estímulos amenazantes se vea contrarrestada en una segunda fase por un intento consciente de evitar cognitivamente dichos estímulos, especialmente cuando estos son físicamente inevitables. Por otra parte, el encuentro con la situación temida incrementa las expectativas de peligro/miedo/asco, la activación autónoma (simpática en el miedo, parasimpática en el asco) y las interpretaciones de peligro, con lo que se produce un aumento del miedo (pueden llegar a darse ataques de pánico y, en algunos casos, inmovilidad tónica) y/o del asco. Esto facilita la aparición de conductas defensivas dentro de la situación, tales como agarrar fuertemente el volante al conducir, no mirar hacia abajo en sitios altos, ir acompañado de una persona de confianza, usar medicación ansiolítica, distraerse y escapar. Las conductas defensivas producen un alivio temporal del miedo, pero contribuyen a mantener la fobia.

Conviene tener en cuenta que las expectativas de peligro pueden ser conscientes o no. Las personas pueden responder a sus estímulos fóbicos incluso si estos no son percibidos conscientemente. Cuando a las personas se les presentan sus estímulos fóbicos de forma enmascarada o durante un tiempo tan corto que no pueden llegar a captarlos conscientemente, reaccionan con mayor sudoración o taquicardia que cuando se les presentan estímulos neutros.

Al igual que las conductas de evitación, las conductas defensivas ayudan a mantener las expectativas de peligro. Ambos tipos de conductas impiden la invalidación de las interpretaciones de amenaza ya que por una parte previenen el procesamiento emocional de las amenazas percibidas y por otra la persona cree que ha evitado las consecuencias temidas gracias a las conductas pertinentes (*no tengo un accidente porque agarro fuertemente el volante*). También ayudan a mantener las expectativas de peligro ciertos errores cognitivos: sobrestimar el riesgo, subestimar los propios recursos, percibir distorsionadamente el estímulo fóbico (p.ej., un perro más grande de lo que es o un puente que se inclina), atribuir erróneamente a la suerte que no haya ocurrido nada o fijarse sólo en la información que confirma las propias creencias y pasar por alto la información contraria a las mismas.

Nuevos episodios de ocurrencia de consecuencias aversivas o reacciones de alarma en la situación temida o la observación o conocimiento de las mismas en otros ayudan a mantener las expectativas de peligro y miedo/pánico. También puede contribuir a esto la ocurrencia de eventos estresantes. Finalmente, la fobia tiene una serie de consecuencias negativas, tales como la interferencia en el funcionamiento laboral, académico, familiar, social o de ocio de la persona, o en la salud física de ésta en el caso de la fobia a la SID (se evitan análisis o cuidados médicos necesarios), de la fobia dental o de la fobia a atragantarse (se ingieren sólo ciertos alimentos o se evita tomar medicación oral). Estas consecuencias negativas pueden conducir a la búsqueda de ayuda para solucionar el problema. La Figura 1 proporciona un esquema de un modelo explicativo del mantenimiento de las FE.

4. EVALUACIÓN

La finalidad de este apartado es la de ofrecer algunos ejemplos de instrumentos útiles de evaluación clasificados en cuatro métodos básicos: entrevista, cuestionarios/autoinformes, autorregistros y observación. Para las entrevistas diagnósticas, cuestionarios y sistemas de observación presentados, existen, en general, datos que avalan su fiabilidad y validez (Antony, Orsillo y Roemer; 2001; McCabe, Antony y Ollendick, 2005).

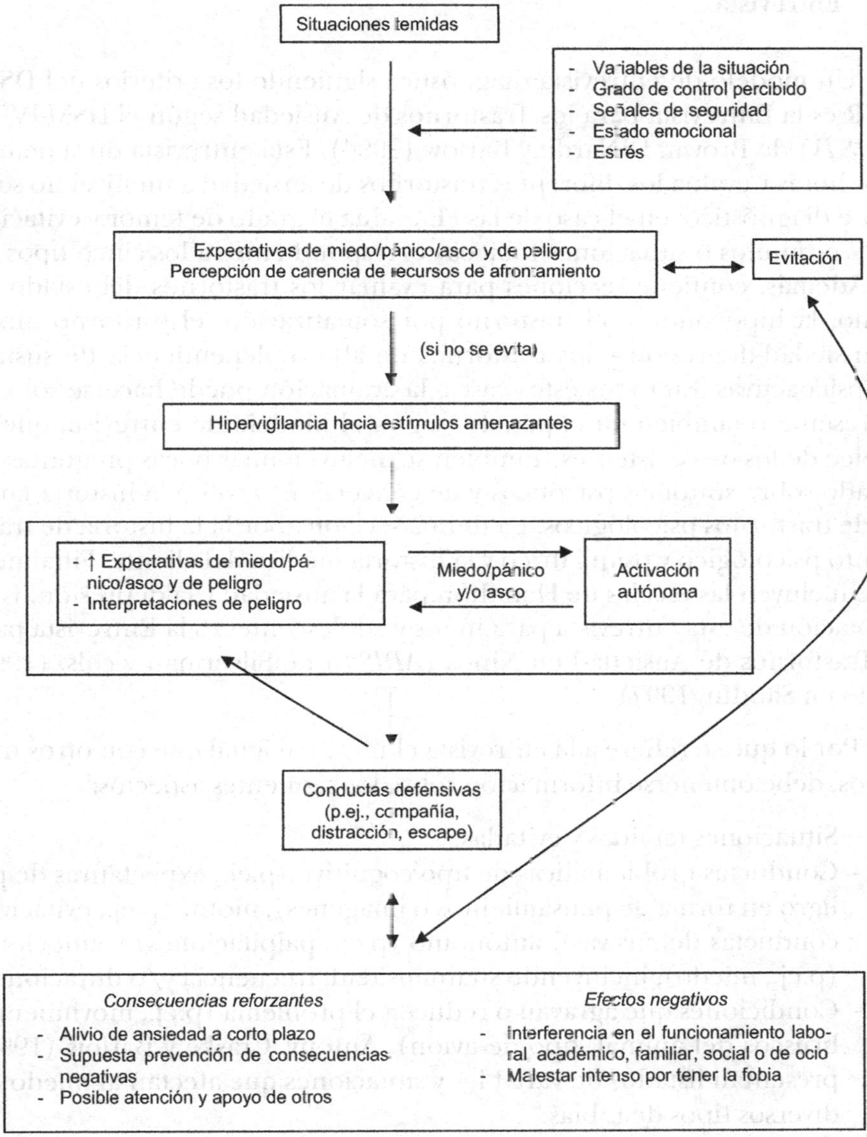

Figura 1. Modelo explicativo del manteni-miento de las fobias específicas. Modificado de Bados y Coronas (2005).

4.1. Entrevista

Un modelo de entrevista diagnóstica siguiendo los criterios del DSM-IV-TR es la Entrevista para los Trastornos de Ansiedad según el DSM-IV-TR (*ADIS-IV*) de Brown, DiNardo y Barlow (1994). Esta entrevista dura de una a dos horas y evalúa los diferentes trastornos de ansiedad a un nivel no solamente diagnóstico; en el caso de las FE evalúa el grado de temor y evitación de 17 estímulos o situaciones fóbicos correspondientes a los cinco tipos de FE. Además, contiene secciones para evaluar los trastornos del estado de ánimo, la hipocondría, el trastorno por somatización, el trastorno mixto de ansiedad-depresión y los trastornos de abuso/dependencia de sustancias psicoactivas. En todos estos casos, la evaluación puede hacerse sólo en el presente o también en el pasado, según el modelo de entrevista que se emplee de los dos existentes. También se incluyen unas pocas preguntas de cribado sobre síntomas psicóticos y de conversión, y sobre la historia familiar de trastornos psicológicos. La última sección aborda la historia de tratamiento psicológico y psiquiátrico y la historia médica del cliente. Finalmente, se incluyen las escalas de Hamilton para la ansiedad y la depresión. Una adaptación de esta entrevista para niños y adolescentes es la Entrevista para los Trastornos de Ansiedad en Niños (*ADIS-C*) de Silverman y cols. (1996; citado en Sandín, 1997).

Por lo que se refiere a la entrevista clínica, y al igual que con otros trastornos, debe obtenerse información sobre los siguientes aspectos:

- Situaciones temidas y evitadas.
- Conductas problemáticas de tipo cognitivo (p.ej., expectativas de peligro en forma de pensamientos o imágenes), motor (p.ej., evitación, conductas defensivas), autónomo (p.ej., palpitaciones) y emocional (p.ej., miedo), incluyendo su intensidad, frecuencia y/o duración.
- Condiciones que agravan o reducen el problema (p.ej., movimientos bruscos del animal, tipo de avión). Antony, Craske y Barlow (1995) presentan listados de variables y situaciones que afectan al miedo en diversos tipos de fobias.
- Variables situacionales (p.ej., acomodación de la familia a los síntomas) y personales (p.ej., susceptibilidad al asco, problemas de oído interno en una persona con fobia a las alturas) que mantienen las conductas problemáticas e interrelación entre estas últimas.
- Interferencia del problema en la vida, trabajo, estudios, familia y actividades sociales de la persona.
- Historia y fluctuaciones del problema.
- Intentos realizados para superar el problema y resultados logrados.

- Motivación, expectativas de tratamiento y resultados, y objetivos del cliente.
- Recursos y limitaciones del cliente.
- Otros problemas que pueda presentar el cliente.

Una vez obtenido el correspondiente permiso, es importante entrevistar también a personas significativas, ya que puede obtenerse así información relevante no proporcionada por el cliente. Esto es especialmente importante en el caso de los niños.

4.2. Cuestionarios

Es frecuente emplear un inventario general de miedos, un cuestionario dirigido a la fobia o fobias específicas del cliente y un cuestionario de interferencia. Otros cuestionarios particularmente útiles son aquellos individualizados para cada cliente, tales como el Inventario de Conductas-Objetivo y la Jerarquía Individualizada de Situaciones Temidas. Finalmente, en aquellos casos en que se desee evaluar la susceptibilidad a la ansiedad y al asco, se dispone en castellano del Índice de Sensibilidad a la Ansiedad – 3 (Sandín y cols., 2007) y de la Escala de Propensión y Sensibilidad al Asco Revisada (Sandín y cols., 2008).

4.2.1. Cuestionarios generales de miedos

- Inventario de Reconocimiento de Miedos III (*Fear Survey Schedule III, FSS-III*; Wolpe y Lang, 1977). Consiste de una lista de 108 estímulos (objetos, animales o situaciones) potencialmente ansiógenos; existen diversas versiones que oscilan entre los 52 y los 122 ítems. El cliente debe valorar el grado de perturbación que le produce cada uno de ellos empleando una escala de 1 (en absoluto) a 5 (muchísimo). Este cuestionario no evalúa sólo miedos presentes en personas con FE, sino también otros. Se han identificado cinco factores en diversos países del mundo: miedos sociales, miedos agorafóbicos, miedo a la muerte/heridas/enfermedad/sangre/procedimientos quirúrgicos, miedo a animales inofensivos y miedo a escenas sexuales/agresivas; otro factor menos frecuente ha sido eventos naturales (agua, ruido, oscuridad). La versión de 72 ítems de este cuestionario puede verse en Comeche, Díaz y Vallejo (1995), la de 89 en Wolpe (1973/1977) y una de 122 en Méndez y Macià (1994).
- Inventario de Exploración de Miedos para Niños - II (*Fear Survey Schedule for Children – II, FSSC-II*; Burnham y Gullone, 1997). Consta de

75 elementos que el niño (7-18 años) debe valorar de 1 (no infunde miedo) a 3 (infunde mucho miedo). Se han identificado cinco factores: miedo al peligro y a la muerte, miedo al fracaso y a la crítica, miedo a lo desconocido, miedo a animales y miedos médicos y escolares. Puede consultarse en Valiente, Sandín y Chorot (2003).

- Cuestionario para Trastornos Emocionales Infantiles Relacionados con la Ansiedad – Revisado (*Screen for Child Anxiety Related Emotional Disorders – Revised, SCARED-R*; Muris y cols., 1999). Consta de 66 ítems en los que se valora de 0 a 2 la frecuencia de diversos síntomas de ansiedad. Aparte de una puntuación total, se obtienen puntuaciones en 7 subescalas: trastorno de ansiedad generalizada, trastorno de ansiedad por fobia social, trastorno de pánico, trastorno obsesivo-compulsivo, fobia específica (tipo animal), fobia específica (tipo sangre-inyección-daño) y fobia específica (tipo situacional-ambiental).

4.2.2. *Cuestionarios específicos de miedos y fobias*

- Cuestionario de Claustrofobia (*Claustrophobia Questionnaire, CLQ*; Radomsky y cols., 2001). Es un cuestionario de 26 ítems valorados de 0 (nada ansioso) a 4 (extremadamente ansioso). Evalúa dos tipos de miedos claustrofóbicos: miedo a la restricción de movimientos y miedo a ahogarse. Puede ser útil en diversas áreas: claustrofobia, miedo a volar, accidentes de coche, procedimientos médicos que impliquen inmovilización (p.ej., resonancia magnética). El instrumento puede consultarse en McCabe, Antony y Ollendick (2005) y Martínez, García y Botella (2003).
- Escala de Miedo a Volar (*EMV*; Sosa y cols., 1995). Se aconseja pasarla junto con la Escala de Expectativas de Peligro y Ansiedad para el Miedo a Volar. Consta de 20 ítems sobre situaciones relacionadas con volar en avión y que la persona valora de 0 a 4 según la ansiedad que le producen. Presenta tres subescalas: miedo antes de volar, miedo durante el vuelo y miedo a volar sin autoimplicación (referido a situaciones relacionas con volar, pero sin que la persona participe como viajero; p.ej., ver un avión en vuelo). Los ítems pueden consultarse en la fuente original.
- Escala de Expectativas de Peligro y Ansiedad para el Miedo a Volar (*EPAV*; Sosa y cols., 1995). Consta de 19 ítems distribuidos en dos subescalas. La primera (expectativas de peligro) evalúa la posibilidad de sufrir un daño físico al volar. Tiene 9 ítems referidos a posibles percances que pueden pasarle al avión y la persona valora de 0 a 3 con qué frecuencia tiene estos pensamientos de peligro cuando está

dentro del aparato. La segunda (expectativas de ansiedad) evalúa las expectativas que se tienen de experimentar síntomas físicos relacionados con la ansiedad. Tiene 10 ítems que la persona valora de 0 a 4 según la probabilidad que cree tener de experimentar los síntomas. Los ítems pueden consultarse en la fuente original.

- Escala de Evitación de Conducir y Viajar en Coche (*Driving and Riding Avoidance Scale, DRAS*; Stewart y St. Peter, 2004). Consta de 20 ítems valorados de 0 a 3 según la frecuencia con que se evitan determinadas situaciones relativas a conducir y viajar en coche. Se han identificado cuatro factores: evitación del tráfico y de las carreteras concurridas, evitación del mal tiempo y la oscuridad, evitación de viajar en coche y evitación general; algunos ítems cargan en más de un factor. El instrumento puede consultarse en la fuente original.
- Cuestionario de Miedo a los Accidentes (*Accident Fear Questionnaire, AFQ*; Kuch, Cox y Direnfeld, 1995). Sus 10 primeros ítems, con un formato SÍ-NO, exploran la experiencia del accidente (p.ej., si se perdió el conocimiento) y las reacciones de ansiedad que han permanecido tras el mismo (p.ej., miedo antes de viajar, expectativa de accidente). Los 10 últimos ítems evalúan en qué grado se evitan (0-8) ciertas situaciones (conducir, coger un autobús, etc.). El instrumento puede consultarse en la fuente original y en Antony, Orsillo y Roemer (2001).
- Cuestionario de Acrofobia (*Acrophobia Questionnaire, AQ*; Cohen, 1977, citado en Antony, Orsillo y Roemer, 2001). Consta de 40 ítems dirigidos a evaluar la ansiedad y la evitación referidas a 20 situaciones diferentes relacionadas con las alturas. Cada una de estas situaciones es valorada primero de 0 a 6 según la ansiedad que produce y después de 0 a 3 según el grado en que se evita. El instrumento puede consultarse en McCabe, Antony y Ollendick (2005).
- Cuestionario de Miedos Médicos – Versión Breve (*Medical Fear Survey–Short Version, MFS-SV*; Olatunji y cols., 2012). Consta de 25 ítems del Cuestionario de Miedos Médicos de Kleinknecht y cols. (1999) valorados de 0 a 3 según el grado en que se experimenta miedo a situaciones de tipo médico tales como dar sangre, ver heridas, agujas hipodérmicas, ver operaciones o mutilaciones, etc. Tiene cinco factores de 5 ítems cada uno: miedo a los cuerpos mutilados, miedo a la sangre, miedo a las inyecciones hipodérmicas y extracciones de sangre, miedo a los objetos cortantes y miedo a los exámenes médicos y síntomas físicos. El instrumento puede consultarse en la fuente original.

- Inventario Multidimensional de la Fobia a la Sangre/Heridas (*Multidimensional Blood/Injury Phobia Inventory, MBPI*; Wenzel y Holt, 2003). Evalúa cinco tipos de respuestas (miedo, evitación, preocupación, asco, desmayo) en cuatro contextos diferentes (inyecciones, sangre, heridas, hospitales) y con dos focos diferentes (sí mismo y otros; p.ej., ver la propia sangre o la de otros). Consta de 40 ítems valorados de 0 a 4 según el grado en que la persona los considera típicos de ella. Se han identificado seis factores: inyecciones, hospitales, desmayo, sangre-sí mismo, heridas, sangre/heridas-otros. Los ítems pueden consultarse en la fuente original.
- Inventario de fobia a la Sangre e Inyecciones (BIPI; Borda, López y Pérez, 2010). Para cada una de 18 situaciones, la persona señala con qué frecuencia (0-3) presenta cada una de 10 respuestas cognitivas (p.ej., "creo que algo serio me va a pasar"), 12 respuestas fisiológicas (p.ej., "se acelera el ritmo de mi corazón") y 5 respuestas conductuales (p.ej., "evito ir, lo evito"). El inventario es unifactorial y puede consultarse en la fuente original.
- Inventario de Miedo Dental (*Dental Fear Survey, DFS*; Kleinknecht, Klepac y Alexander, 1973, citado en Antony, Orsillo y Roemer, 2001). Consta de 20 ítems relacionados con la evitación de citas con el dentista, reacciones físicas tenidas durante el trabajo dental y miedo suscitado por diversos aspectos de la situación dental (p.ej., estar en la sala de espera, ver la aguja anestésica, oír el taladro). Los dos ítems de cita y los cinco de reacciones somáticas se valoran de 1 a 5 según la frecuencia con que ocurren; el resto, también de 1 a 5 según el miedo que producen. Se han identificado tres factores: (a) estímulos dentales específicos (vista y sonido del taladro); (b) respuesta fisiológica al tratamiento dental (taquicardia, náusea); y (c) anticipación ansiosa del tratamiento dental (concertar una cita). El instrumento puede consultarse en McCabe, Antony y Ollendick (2005).
- Inventario de Ansiedad Dental (*Dental Anxiety Inventory, DAI*; Stouhard, Mellenberg y Hoogstraten, 1993). Evalúa la gravedad de la ansiedad dental. La persona debe valorar de 1 a 5 en qué medida es aplicable a ella cada una de 36 afirmaciones relacionadas con ir al dentista. Existe una versión breve de nueve ítems (S-DAI) que puede consultarse en la fuente original y en Antony, Orsillo y Roemer (2001). El DAI puede consultarse en esta última referencia.
- Cuestionario de Miedo a las Tormentas (*Storm Fear Questionnaire, SFQ*; Nelson, Vorstenbosch y Antony, 2014). Evalúa los aspectos cognitivos, afectivos y conductuales asociados con el miedo a las tormentas. Consta de 15 ítems que la persona valora de 0 a 4 según el grado en

que son ciertos en su caso. El cuestionario es unifactorial y puede consultarse en la fuente original.

Por lo que se refiere a la fobia a los animales, McCabe, Antony y Ollendick (2005) presentan en castellano el Cuestionario sobre Serpientes (*Snake Questionnaire; SNAQ*; Klorman y cols., 1974) y el Cuestionario de Miedo a las Arañas (*Fear of Spiders Questionnaire, FSQ*; Szymansky y O'Donohue, 1995). Comentaremos ahora algunos cuestionarios individualizados.

- Inventario de Conductas-Objetivo. Se trata de un cuestionario individualizado en el que el cliente especifica cinco conductas que le gustaría realizar normalmente y que supondrían una mejora significativa en su vida cotidiana. Para cada conducta se califica su grado de dificultad (1-10), la medida en que se evita (1-6) y el miedo que produce (1-6). Puede consultarse en Echeburúa y de Corral (1995) y también en Botella y Ballester (1997), los cuales sólo emplean las calificaciones de evitación y temor (de 0 a 10) y añaden una nueva de la incapacidad global producida por el miedo en la vida cotidiana.
- Jerarquía Individualizada de Situaciones Temidas. Se trata de otra medida individualizada y se han utilizado jerarquías de 5 a 15 ítems y escalas de puntuación de 0-8, 0-10 o 0-100 para valorar la ansiedad producida por cada situación y/o el grado en que se evita la misma. Un ejemplo puede verse en Antony, Craske y Barlow (1995, pág. 55). Es importante que los ítems elaborados estén específicamente definidos, sean representativos de las diferentes situaciones temidas por la persona, sean pertinentes para ésta y cubran los diferentes niveles de ansiedad. Al igual que el Cuestionario de Conductas-Objetivo, la Jerarquía Individualizada es útil de cara a la planificación del tratamiento. Asimismo, Antony, Craske y Barlow (1995) presentan cuestionarios no validados para evaluar los pensamientos negativos asociados con diversos tipos de fobias: sangre, inyecciones, médicos, intervenciones dentales, lugares cerrados, animales, alturas, conducir y volar en avión. También presentan un cuestionario de competencia percibida a la hora de conducir.

Un último cuestionario que puede ser útil, especialmente cuando no se dispone de cuestionarios más específicos, es el Índice de Evaluación de la Fobia Específica de Bados (Tabla 2). Se administra periódicamente y el cliente evalúa en qué medida experimenta actualmente cinco aspectos relativos a la FE. Cada ítem es valorado en una escala de intensidad de 1 a 7. Es una medida breve, fácil de administrar y corregir, que permite evaluar los posibles cambios que se van produciendo y, por tanto, adoptar las medidas oportunas en caso necesario.

Usando la escala que aparece aquí debajo, conteste, por favor, las siguientes preguntas relativas a cómo se encuentra actualmente en relación con el problema que estamos trabajando. Escriba el número que corresponda a la derecha de cada pregunta.

1	2	3	4	5	6	7
Nada	Poco	Algo	Moderadamente	Bastante	Mucho	Muchísimo

1. ¿Cuán ansioso se pone actualmente al anticipar las situaciones fóbicas o encontrarse en ellas: (____________________________)?
2. ¿Cuánto evita actualmente las situaciones anteriores?
3. ¿Cuánto le preocupa actualmente sufrir un daño en dichas situaciones o experimentar otro tipo de consecuencias (perder el control, hacer el ridículo, desmayarse, tener un ataque de pánico, etc.)?
4. Actualmente, ¿cuánto le interfieren su ansiedad, conductas de evitación y preocupaciones anteriores en su vida cotidiana o en su trabajo, estudios o vida social?
5. Actualmente, ¿cuánto malestar le produce el hecho de tener la fobia?

Tabla 2. Índice de Evaluación de la Fobia Específica

4.2.3. Cuestionarios de interferencia y discapacidad

- Cuestionario de Discapacidad de Sheehan (*Sheehan Disability Inventory, SDI*; Sheehan, Harnett-Sheehan y Raj, 1996, citado en García-Portilla y cols., 2008). Consta de 5 ítems valorados de 0 a 10, excepto el último que lo es de 0 a 100. Los tres primeros evalúan respectivamente la disfunción producida por los síntomas en el trabajo, vida social y vida familiar/responsabilidades domésticas. El cuarto valora el estrés percibido (las dificultades en la vida producidas por eventos estresantes y problemas personales), y el quinto, el apoyo social percibido o el grado de apoyo recibido de personas allegadas con relación al apoyo necesitado. Puede consultarse en García-Portilla y cols. (2008).
- Cuestionario de Interferencia. Pueden emplearse escalas de 0-5, 0-8 o 0-10 puntos para que la persona valore la interferencia producida por sus problemas en su vida en general y/o la interferencia en áreas más específicas tales como trabajo/estudios, amistades, relación de pareja, vida familiar, manejo de la casa, tiempo libre pasado con otros, tiempo libre pasado solo, economía y salud. Bados (2000), Botella y Ballester (1997) y Echeburúa (1995) presentan versiones del cuestionario.

4.3. Autorregistro

El autorregistro permite recoger información en el medio natural sobre las situaciones fóbicas y lo que la persona siente, piensa y hace en las mismas. Esta información es útil para planificar el tratamiento, ya que permite identificar situaciones o sensaciones físicas para la exposición y pensamientos para el cambio cognitivo. Un ejemplo se presenta en la Tabla 3, aunque puede simplificarse cuando convenga (p.ej., con niños).

Fecha y situación desencadenante	*¿Qué emoción/es he tenido? (0-10)*	*¿Qué sensaciones he tenido?*	*¿Qué me ha pasado por la cabeza (pensamientos, imágenes? ¿Qué he temido que pudiera pasar?*	*¿Qué he hecho para tranquilizarme?*
25-06 Extracción de sangre	Asco (7) Miedo (7)	Náuseas Mareo	Es repugnante. No sé si seré capaz. Voy a desmayarme	Tumbarme, cerrar los ojos, pensar en otras cosas

Tabla 3. Ejemplo de autorregistro para fobias específicas

4.4. Observación

Aunque la observación en situaciones naturales es teóricamente posible, suele ser poco o nada factible en la práctica clínica debido a motivos económicos. Aparte de estos, no hay ningún inconveniente en que el terapeuta acompañe al cliente a alguna de las situaciones temidas y observe a distancia. Una alternativa es que un familiar o amigo hagan de observador; por ejemplo, los padres de un niño con fobia a la oscuridad podrían registrar el número de noches que duerme solo y sin luz.

Los tests de evitación o aproximación conductual a la situación o estímulo temido implican una observación que, por lo general, se realiza en situaciones artificiales. Se puede medir la distancia (al animal temido, al sitio más alto que se es capaz de subir o al lugar más lejos que se llega en coche), el tiempo que se permanece en la situación temida (lugar cerrado, oscuridad, sitio alto, visión de una película de operaciones), la intensidad tolerada del estímulo temido (nivel de ruido, velocidad de un ventilador en la fobia al viento) o el número de actividades gradualmente más difíciles que se es capaz de hacer totalmente (se dan dos puntos) o parcialmente (se da un punto). Esta última opción permite combinar diversas variables tales como la intensidad de la luz, el tiempo de exposición y el lugar en el caso de la fobia a la oscuridad; la distancia, el tipo de carretera y las condiciones meteorológicas en la fobia a conducir; o el tipo de instrumento y el tipo y grado de estimulación en la fobia dental.

A un persona con fobia a las alturas se le puede pedir que suba por una escalera exterior y que se detenga un cierto tiempo en cada peldaño. A alguien con fobia a la oscuridad, que esté dos minutos bajo condiciones de iluminación cada vez más débiles. A una persona con fobia a los perros, que, durante un tiempo especificado, permanezca cerca de uno o más perros, los mire, los acaricie, los pasee de la correa, les rasque la barriga, les dé de comer, se encierre con ellos, etc. (puede haber tranquilamente 10-15 ítems). A alguien con fobia a los ruidos, que escuche ruidos cada vez más intensos, cada uno de ellos a distancias progresivamente más cortas.

Además de para obtener datos objetivos, los tests de aproximación conductual suelen aprovecharse para pedir a los clientes que valoren la ansiedad experimentada en cada paso (p.ej. mediante escalas de 0 a 10 o un termómetro de colores) y para ayudarles a identificar las consecuencias que temen. Finalmente, en el caso de los niños, tras completar el test de aproximación conductual, se puede pedir al niño que lo repita en presencia de sus padres, a los cuales se les dice que puede ayudarle de la forma que deseen. Esto proporciona información muy valiosa sobre el comportamiento de los padres, comportamiento que en ocasiones contribuye a mantener la fobia (p.ej., hacen muecas, se apartan, aconsejan tener cuidado, etc.).

5. REVISIÓN DE LOS TRATAMIENTOS

5.1. Eficacia del tratamiento psicológico

Este tema ha sido revisado por Antony y Barlow (1997, 2002), Choy, Fyer y Lipsitz (2007), Méndez y cols. (2003), Orgilés y cols. (2002) y Sosa y Capafons (2003). Además, se cuenta con los metaanálisis de Kvale, Berggren y Milgrom (2004), Orgilés y cols. (2002), Powers y Emmelkamp (2008), Ruhmland y Margraf (2001) y Wolitzky-Taylor y cols. (2008). La Tabla 4 presenta los tratamientos que han demostrado ser eficaces para diversos tipos de FE.

Tratamiento	*Fobias para las que es eficaz*
- Exposición en vivo (EV)	- Animales, alturas, lugares cerrados, volar en avión, sangre, inyecciones, intervenciones dentales, agua, tormentas y relámpagos, globos, atragantamiento
- Modelado participante	- Como la EV
- Tratamiento en una sola sesión (incluye modelado y EV planteada como experimentos conductuales)	- Animales, sangre, inyecciones, intervenciones dentales, volar, claustrofobia
- Exposición mediante realidad virtual	- Alturas, volar, arañas, claustrofobia
- EV más respiración y/o relajación	- Volar, dental
- EV más reestructuración cognitiva	- Volar, alturas, claustrofobia (resultados parecen mejores que con sólo EV)
- Terapia cognitiva	- Claustrofobia, fobia dental
- Tensión con o sin aplicación	- Sangre/inyecciones/daño
- Relajación aplicada	- Fobia dental
- Exposición interoceptiva	- Claustrofobia (1 estudio)

Tabla 4. Tratamientos eficaces para diversos tipos de fobias específicas.

La EV es el tratamiento que cuenta con más datos sobre eficacia. Ha sido más eficaz que el no tratamiento y el placebo y que otras intervenciones como la relajación, la reestructuración cognitiva, la exposición interoceptiva (exposición a las sensaciones temidas), el modelado en vivo y, al menos a corto plazo, a diversas técnicas de exposición en la imaginación. Sin embargo, como se verá luego, puede tener que ser complementada con otros procedimientos.

La EV reduce el miedo, la conducta de evitación, las cogniciones amenazantes, la valencia afectiva negativa del estímulo fóbico y, al menos en personas con fobia a las arañas o a la SID, la emoción de asco. En estas personas, el asco producido por el estímulo temido disminuye menos rápidamente que el miedo, mientras que la susceptibilidad generalizada al asco no se ve afectada. En la fobia a las arañas, los efectos de la EV (combinada con modelado) sobre el miedo, el asco y la valencia afectiva del estímulo no se han visto potenciados ni a corto ni a medio plazo (1 año) por la adición de un componente dirigido explícitamente al asco. En cambio con una población subclínica con miedo a la SID, la EV al miedo y al asco ha dado lugar a una mayor reducción de los síntomas que la EV dirigida al miedo.

El modelado participante, una combinación de modelado y EV, es también un tratamiento eficaz, aunque el modelado no parece potenciar a la EV. Sin embargo, el modelado es conveniente cuando hay que enseñar habilidades y, al menos en niños, puede contribuir a que se mantengan mejor los resultados conseguidos. El modelado simbólico o filmado puede ser beneficioso en la preparación para las intervenciones médicas, junto con información y, quizá, relajación y distracción. Sin embargo, el modelado simbólico resulta ineficaz con clientes veteranos e incluso puede tener un efecto de sensibilización en estos, tal como se ha observado en niños. En la fobia a las arañas, el modelado simbólico parece menos eficaz que la EV.

Con diversas fobias específicas, el tratamiento en una sola sesión de tres horas (TUS) de Öst (1989b) ha sido superior al no tratamiento en adultos; además ha sido más eficaz que la autoexposición en vivo (AEV) e igual de eficaz que una sesión intensiva de EV o cinco sesiones espaciadas de 1 hora de EV (Zlomke y Davis, 2008). En el metaanálisis de Wolitzky-Taylor y cols. (2008) no hubo diferencias entre recibir 5 y 1 sesiones, salvo una tendencia favorable al primer caso en el seguimiento; además, en un análisis de regresión un mayor número de sesiones predijo un mejor resultado. Con niños y adolescentes de 7 a 17 años que presentaban diversas FE, el TUS ha sido también más eficaz que el no tratamiento, aunque hay datos contradictorios acerca de su superioridad sobre un programa psicoeducativo (Ollendick y cols., 2009; Flatt y King, 2010). En su revisión de 8 estudios, Ollendick y Davis (2013) concluyeron que el TUS es eficaz en niños y adolescentes para diversas fobias específicas.

La exposición imaginal, la desensibilización sistemática y la desensibilización y reprocesamiento mediante movimientos oculares (DRMO) también han resultado eficaces para las FE, aunque menos que la EV o el modelado participante; sin embargo, es posible que estas diferencias se desvanezcan en el seguimiento debido a: (a) una mejora adicional en los tratamientos que no tuvieron EV (aunque no se sabe si AEV) y (b) a un efecto techo en los que recibieron EV (Wolitzky-Taylor y cols., 2008). Si esto se confirma, la EV conseguiría efectos más rápidos, pero no sería más eficaz a medio plazo. Por otra parte, en la ansiedad/fobia dental, la hipnosis es igual de eficaz que la desensibilización sistemática para reducir la ansiedad dental, pero parece dar lugar a más abandonos del tratamiento y a una menor asistencia regular al dentista (Moore, Brodsgaard y Abrahamsem, 2002).

Los procedimientos imaginales pueden ser útiles cuando: (a) se quiere trabajar con cualquier tipo de situación, incluidos eventos internos como pensar que uno va a perder el control o desmayarse; (b) el miedo a las consecuencias temidas no es activado suficientemente por la EV o no se reduce como consecuencia de la misma, aunque sea activado; (c) el cliente tiene una ansiedad muy alta y no se atreve, de entrada, con la EV; y (d) las fobias implican situaciones en que es difícil, impracticable o antieconómico trabajar en vivo (tormentas, vuelos en avión, viajes frecuentes lejos de casa, trabajos dentales con un odontólogo que no tiene mucho tiempo, monstruos).

Una alternativa a la exposición imaginal es la exposición mediante ayudas audiovisuales o mediante realidad virtual (ERV) (Krijn y cols., 2004). Estos autores describen las dos principales técnicas para sumergir a los clientes en el entorno virtual: casco montado en la cabeza (un solo usuario) y ambiente virtual automático computarizado (multiusuario). La ERV ha sido superior al no tratamiento (fobia a las alturas, a volar y a las arañas, claustrofobia) o a la exposición imaginal (fobia a volar) e igual de eficaz que la EV (fobia a las alturas y a volar). La ERV combinada con terapia cognitivo-conductual (TCC) ha sido igual de eficaz que la EV más TCC según el metaanálisis de Opriş y cols. (2012). En España, la empresa Virtualware dispone de la plataforma VirtualRET (www.virtualret.es/) que permite exponerse a diversas situaciones fóbicas mediante realidad virtual.

Botella y cols. (2010) han aplicado con éxito la realidad aumentada al tratamiento de la fobia a las cucarachas. Consiste en superponer imágenes virtuales (p.ej., de arañas) a imágenes reales. La realidad aumentada es menos cara que la ERV, ya que no se necesita modelar el mundo real y puede facilitar la sensación de presencia y de que la experiencia es real. Siguiendo con las aplicaciones tecnológicas, la exposición asistida por ordenador ha resultado más eficaz que el no tratamiento en la fobia a volar (Bornas y cols., 2001, citado en Bornas y cols., 2002).

La combinación de exposición con respiración controlada, relajación y/o reestructuración cognitiva ha sido poco estudiada, aunque parece eficaz en personas con fobia o ansiedad dental. Por el momento, los datos son contradictorios sobre que la EV sea potenciada por la relajación (Antony y Barlow, 2002). Asimismo, las técnicas cognitivas no parecen potenciar la EV en las FE (Wolitzky-Taylor y cols., 2008), aunque se han señalado las posibles excepciones de la claustrofobia, la fobia a las alturas y la fobia a volar. Hacen falta más estudios para determinar si el entrenamiento en estrategias de afrontamiento aumenta o no la eficacia de la EV. De todos modos, su empleo puede reducir el número de rechazos y abandonos del tratamiento, y disminuir el tiempo necesario de exposición.

La terapia cognitiva se ha mostrado eficaz en el tratamiento de la claustrofobia (e igual de eficaz que la EV en este caso), la fobia dental y el miedo a volar. En varios estudios con personas con ansiedad o fobia dental, la relajación aplicada ha sido más eficaz o igual de eficaz que la terapia cognitiva. Las técnicas psicológicas que no incluyen exposición al estímulo temido (p.ej., relajación progresiva, terapia cognitiva pura) han sido más eficaces que la lista de espera según el metaanálisis de Wolitzky-Taylor y cols. (2008). Sin embargo, son menos eficaces que la exposición y probablemente no mejores que el placebo.

La tensión aplicada de Öst y Sterner (1987) incluye la tensión de grandes grupos musculares y la aplicación de esta tensión durante la exposición a los estímulos fóbicos. La técnica es eficaz para el tratamiento de la fobia a la SID, aunque no se ha diferenciado de la tensión sin aplicación. Esta última no incluye exposición a los estímulos de sangre/heridas, sino que implica provocar una caída ortostática de la presión sanguínea (poniéndose súbitamente de pie) y aplicar la tensión para compensar esta disminución de la presión.

Ayala, Meuret y Ritz (2009) señalan que ninguna de las técnicas estudiadas para el tratamiento de la fobia a la SID se ha mostrado claramente superior. La tensión (aplicada o no) parece ser más eficaz en reducir la ansiedad y el desmayo durante la sesión, mientras que la exposición obtiene mejores resultados en cambios pre-post en cuestionarios de SID. Las intervenciones no se han diferenciado en los cambios en tensión arterial y los clientes mejoraron similarmente con los distintos tratamientos independientemente de que tuvieran o no una historia de desmayo. Esto va en contra del supuesto mecanismo de acción de la tensión aplicada.

5.2. Tamaño del efecto

Con el tratamiento conductual se consiguen mejoras notables en medidas de ansiedad, evitación, cogniciones negativas, valencia afectiva del estímulo fóbico, emoción de asco (cuando está presente), autoeficacia y uso de medicación o alcohol, aunque cuando existen varias fobias, se da poca generalización a aquellas que no han sido tratadas. El tamaño del efecto, calculado mediante la diferencia de medias tipificada (DMT), nos permite saber la magnitud del cambio logrado, ya sea del pretratamiento al postratamiento o entre dos condiciones. Suele interpretarse que valores de 0,20, 0,50 y 0,80 constituyen los límites inferiores de lo que se considera respectivamente una magnitud baja, media y alta de una DMT. Según el metaanálisis de Ruhmland y Margraf (2001), DMT pre-post del tratamiento conductual en las medidas fóbicas específicas han oscilado entre 1,42 y 2,06 para las distintas intervenciones aplicadas, lo que implica un tamaño del efecto muy grande.

Powers y Emmelkamp (2008) hallaron para la EV un tamaño del efecto de 1,65 en comparación a los grupos de lista de espera. Wolitzky-Taylor y cols. (2008) informan de un tamaño del efecto de 1,05 para las técnicas de exposición (EV, exposición imaginal, ERV, DRMO) en comparación a la lista de espera; este tamaño fue de 0,98 y 0,57 para los tratamientos sin exposición y placebo respectivamente. Sin embargo, en estudios que compararon directamente exposición con no exposición (relajación progresiva, terapia cognitiva pura), la primera tuvo un mayor tamaño del efecto tanto en el post (0,44) como en el seguimiento (0,35). El tamaño del efecto de la exposición respecto al placebo fue 0,48. La EV tuvo un mayor tamaño del efecto que otros modos de exposición en el post (0,44), pero en el seguimiento (0,20) sólo hubo una tendencia significativa.

Respecto a la ERV, en el metaanálisis de Powers y Emmelkamp (2008) ha sido claramente superior a condiciones control (0,95), aunque el metaanálisis de Parsons y Rizzo (2008) sugiere que el tamaño del efecto pre-post es mayor para la fobia a volar (1,59) que para la fobia a las arañas (0,92) o a las alturas (0,93).

El tamaño del efecto pre-post del tratamiento en una única sesión (TUS) ha oscilado, en función de las medidas, entre 1,98 y 2,20 para los adultos y entre 1,40 y 1,91 en el caso de los niños (Zlomke y Davis, 2008), aunque Öst (2008) da un tamaño pre-post de 2,54 y un tamaño de 1,39 en comparación a un grupo control.

Con relación a la ansiedad y fobia dental, el tamaño del efecto del tratamiento conductual respecto a grupos control en autoinformes de ansiedad dental ha sido de 1,79 y el tamaño del efecto pre-post, 2,25; los efectos de la terapia cognitiva han sido similares. En cuanto a la asistencia al dentista, el tamaño del efecto (combinando ambos tipos de tamaño) ha sido 1,4. Por término medio, el 80% y el 77% de los clientes han hecho al menos una vista al dentista dentro de los 6 meses y 4 años, respectivamente, tras el tratamiento (Kvale, Berggren y Milgrom, 2004).

En el caso de niños y adolescentes (Orgilés y cols., 2002), y para los distintos tratamientos aplicados con diversas FE, los tamaños del efecto pre-post han sido de 0'97, 0'60 y 0'47 en medidas de FE, ansiedad y depresión respectivamente. En comparación a grupos control (lista de espera o placebo), estos tamaños de efecto se reducen a algo menos de la mitad.

5.3. Significación clínica

Considerando ahora las medidas de significación clínica, el 80% (amplitud: 70-90%) de las personas con FE tratadas mejoran de un modo clínicamente significativo, lo cual concuerda con los datos pasados de Öst (1989a) (75-85%). En el caso del TUS el porcentaje de clientes mejorados ha ido del 84% al 90% (Öst, 2008; Zlomke y Davis, 2008). Todos estos porcentajes se basan en los criterios de mejora establecidos en cada publicación, los cuales varían según los autores.

De acuerdo también con los criterios propuestos en cada publicación, el porcentaje de clientes tratados que pueden considerarse moderadamente o muy recuperados (es decir, que alcanzan valores normativos o criterios arbitrarios de recuperación en una variable importante o en al menos el 50% de dos o más variables) es del 68% (amplitud: 50-86%, por lo general) para las fobias a animales, inyecciones, sangre, intervenciones dentales, alturas, sitios cerrados y volar en avión. El porcentaje de clientes muy recuperados es del 63% si se consideran sólo los estudios que han empleado criterios más estrictos (mejora fiable y alcanzar un valor normativo en el 100% de tres variables). Y dicho porcentaje se incrementa hasta el 76% si se tienen en cuenta únicamente los estudios realizados en una sola sesión.

5.4. Mantenimiento de los resultados

Las ganancias logradas con el tratamiento conductual (EV, ERV, TUS), suelen mantenerse con el paso del tiempo en seguimientos de hasta 4 años, aunque lo usual es que estos hayan durado unos 12 meses. Los clientes no suelen recibir tratamiento adicional durante el periodo de seguimiento. Sin embargo, en el caso de que los clientes no sigan exponiéndose a las situaciones que temían (p.ej., volar), el mantenimiento de los resultados no es tan bueno. Los resultados conseguidos con la tensión aplicada se han mantenido muy bien al año en un estudio y menos bien en otro. En el caso de la terapia cognitiva, los resultados se mantienen bien al año en el caso de la claustrofobia; para la fobia dental, se mantienen las mejoras en ansiedad subjetiva, pero la evitación parece notable.

El porcentaje de recaídas es bajo (4%), si bien esto último ha sido calculado con muy pocos estudios, el porcentaje de recaídas temporales puede ser más alto y Antony y Barlow (2002) han señalado que es frecuente que ocurra un cierto retorno del miedo. Craske, Antony y Barlow (2006) indican que las siguientes variables pueden predecir el retorno del miedo y, por lo tanto, deben tenerse en cuenta durante el tratamiento: (a) largo intervalo de tiempo desde el último contacto con el estímulo fóbico, (b) encontrarse con una situación fóbica más difícil que las practicadas durante el tratamiento, (c) encontrarse con el estímulo fóbico en un contexto particularmente sobresaliente, tal como uno similar a aquel en que se originó la fobia o se tuvo una reacción fóbica especialmente intensa, (d) sufrir una experiencia traumática en la situación temida (p.ej., un accidente en alguien con fobia a conducir), y (e) experimentar elevados niveles de estrés (p.ej., dificultades en el trabajo, conflictos maritales).

5.5. Utilidad clínica

Unos pocos estudios realizados en FE y bastantes más llevados a cabo en otros trastornos de ansiedad indican que los resultados obtenidos en investigaciones controladas pueden ser generalizables a la práctica clínica habitual. De todos modos, hay que tener en cuenta que la duración del tratamiento y el porcentaje de abandonos (15-27% en los trastornos de ansiedad) son mayores en el último caso (Hans y Hiller, 2013; Turner y cols., 1995; van Ingen, Freiheit y Vye, 2009). Turner y cols. llevaron a cabo un estudio sobre la duración de la terapia conductual y cognitivo-conductual en la práctica clínica habitual. El tratamiento de las FE requirió 13 horas de media (11 horas para la fobia a la sangre) a lo largo de unos 3 meses.

Por lo que se refiere a hacer el tratamiento más fácilmente disponible para los clientes y basándonos en estudios realizados con diversos trastornos de ansiedad (incluidas FE como la fobia a volar, a las arañas y a las alturas), puede afirmarse que los programas de autoayuda que se basan en manuales y/u otro material de apoyo (vídeos, CDs, programas de ordenador, Internet) y un contacto mínimo con el terapeuta –ya sea directo o no presencial (unas 1-4 horas mediante teléfono o correo postal o electrónico)– se han mostrado moderadamente o bastante más eficaces que los grupos control y sus resultados se mantienen a medio plazo (Cuijpers y cols., 2009; Hirai y Clum, 2006); son especialmente útiles si el trastorno no es muy grave, no hay una depresión grave y los clientes están muy motivados y no pueden acceder a un tratamiento presencial con un terapeuta por razones geográficas, económicas o personales. Sin embargo, su eficacia puede ser menor que la de las intervenciones presenciales según algunos metaanálisis (Haug y cols., 2012; Hirai y Clum, 2006), pero no otros (Cuijpers y cols., 2010). Por otra parte, con los programas de autoayuda puede aumentar el número de los que no aceptan o abandonan el tratamiento, aunque esto no ha sido confirmado en el metaanálisis de Hirai y Clum (2006) por lo que a los abandonos se refiere. Finalmente, los programas de autoayuda puros funcionan peor o no funcionan en comparación a aquellos con un contacto mínimo con el terapeuta (Hirai y Clum, 2006).

En otro metaanálisis (Adelman y cols., 2014), la TCC computarizada (aplicada vía Internet o software de ordenador) para las FE fue más eficaz que la lista de espera (DMT = 0,95). Considerando además otros trastornos de ansiedad, las mejoras se mantuvieron a los 3-12 meses y el tamaño del efecto fue mayor cuando la TCC computarizada se aplicó por teléfono o en persona (1,03) o por correo electrónico (0,89) que cuando no hubo contacto con el terapeuta (0,66). Por otra parte, en el caso de la FE la TCC computarizada fue menos eficaz que la TCC presencial en estudios que las compararon directamente. Hubo una tendencia significativa a que los abandonos fuesen más frecuentes en la TCC computarizada; dentro de esto, hubo más abandonos en ausencia de contacto con un terapeuta.

Por lo que respecta a la preferencia del tratamiento, el metaanálisis de McHugh y cols. (2013) puso de manifiesto que el 75% de los clientes con trastornos de ansiedad o depresión prefieren el tratamiento psicológico al farmacológico. La combinación de ambos tratamientos es la opción más preferida en algunos estudios, pero no en otros.

6. PROGRAMA DE TRATAMIENTO

Ya que la EV es el tratamiento con más apoyo empírico y forma parte de otros tratamientos eficaces, expondremos en primer lugar unas guías para aplicarla que se basan en los resultados de los estudios que han investigado las variables que afectan a la EV y en la experiencia clínica. En segundo lugar, describiremos el tratamiento en una sola sesión y por último ofreceremos algunas ideas útiles para el tratamiento de diversas FE.

6.1. Exposición en vivo: guías para su aplicación

- *Motivación.* Muchos clientes son ambivalentes respecto al tratamiento, ya que afrontar los miedos supone un coste emocional importante. Así pues, para favorecer la aceptación y cumplimiento del tratamiento, es útil emplear las estrategias de la entrevista motivacional de Miller y Rollnick (1991/1999, 2002), ya sea previamente a la terapia o integrada en la misma. Además, es importante reforzar las conductas de exposición (p.ej., mediante actividades agradables o, en el caso de los niños, una economía de fichas) y utilizar un contexto lúdico en la aplicación de la exposición con niños pequeños (véase, p.ej., la técnica de escenificaciones emotivas de Méndez y Macià, 1988).

- *Entrenamiento en estrategias de afrontamiento.* El empleo de la respiración controlada, relajación y, especialmente, reestructuración cognitiva puede aumentar la eficacia de la EV en algunas fobias. Además, disminuye la probabilidad de rechazo y abandono del tratamiento y facilita la EV. El entrenamiento en respiración controlada o relajación parece importante cuando las reacciones somáticas interfieren con el manejo de la situación temida (p.ej., temblor de piernas en sitios altos, náusea o tensión en la garganta al comer, temblor al conducir, tensión muscular excesiva en el dentista). Guías para aplicar estas técnicas pueden hallarse en Bados (2000, apéndices 4 y 5.4) y Sosa y Capafons (2008). Asimismo, la reestructuración cognitiva es útil cuando los pensamientos negativos interfieren con la EV. Bados y García-Grau (2010) ofrecen una explicación detallada de esta técnica. Otros ejemplos de estrategias son las autoinstrucciones y, en el caso de la fobia a la sangre, la tensión aplicada, la cual es descrita en Bados (2009).

- *Justificación del tratamiento.* Hay que llegar a un acuerdo con el cliente sobre la conceptualización del problema (p.ej., naturaleza de la ansiedad, papel de las conductas de evitación y defensivas) y el tratamiento a aplicar, el cual debe ser justificado y descrito. La exposición permite (a) romper o reducir la asociación entre los estímulos internos/situaciones temidos y la ansiedad, (b) comprobar que las consecuencias negativas anticipadas no ocurren, (c) aprender a manejar o tolerar la ansiedad y el pánico y (d) aprender a aceptar las experiencias internas (sensaciones, pensamientos, emociones) y a responder de un modo más libre y flexible en su presencia, en aras a vivir la vida que se desea. Se presenta la exposición como un programa sistemático y estructurado que requiere un esfuerzo continuado y que implica tolerar cierta cantidad de ansiedad y malestar. Además, debe decirse al cliente que: (a) la exposición será gradual (es decir, procederá de lo más fácil a lo más difícil), (b) la velocidad con que se progresa se decidirá conjuntamente en función de sus circunstancias y progresos, (c) no se verá obligado a hacer cosas que no desee y (d) las situaciones que ahora le parecen más difíciles no lo serán tanto una vez que vaya dominando otras situaciones menos difíciles. Asimismo, si se va a enseñar alguna estrategia de afrontamiento, conviene señalar al cliente que esto le permitirá manejar más fácilmente las situaciones a las que se exponga.

- *Información sobre la naturaleza de la ansiedad.* Se trata de comunicar que algún grado de ansiedad es normal y aunque puede ser perturbadora, no es peligrosa, como tampoco lo son los ataques de pánico; y es altamente improbable que ocurran las consecuencias catastróficas temidas. Información para el cliente acerca de la fisiología y psicología de la ansiedad y de las ideas erróneas sobre las consecuencias de ésta puede verse en Bados (2000) y Roca (2005). Toda esta información proporciona tranquilización al cliente y es importante en la primera fase del tratamiento. Posteriormente, los miedos sobre lo que le puede suceder se abordan a través de discusiones informales (o reestructuración cognitiva) y EV (o experimentos conductuales). Si un cliente sigue pidiendo tranquilización, se le hace reflexionar sobre lo que su propia experiencia le dice.

- *Graduación de la exposición.* La exposición puede ser más o menos graduada; puede comenzar por situaciones poco, relativamente o muy temidas y puede proceder con menores o mayores saltos en el nivel de ansiedad de una situación a otra. El nivel de graduación elegido depende de lo que el cliente esté dispuesto a tolerar, de sus condiciones médicas y psicológicas, del tiempo disponible y de la velocidad de habituación. Un enfoque poco graduado conduce a una menor aceptación y a un mayor número de abandonos, y parece menos indicado con niños y con aquellas personas que presentan problemas médicos importantes o se encuentran embarazadas. Por otra parte, si la exposición es demasiado graduada, el progreso será muy lento y el cliente se puede desanimar. Una buena pauta es proceder en la graduación tan rápidamente como el cliente pueda tolerar.

- *Jerarquía de exposición.* Utilizar un enfoque gradual de exposición implica elaborar una o más jerarquías, ordenando de mayor a menor ansiedad las situaciones problemáticas para el cliente. Es posible construir una sola jerarquía (p.ej., en el caso de una persona con claustrofobia podría elaborarse una jerarquía con diversas situaciones que implicaran sitios cerrados) o diversas jerarquías, una para cada tipo o categoría de situación temida (p.ej., en el caso de una persona con fobia a varios animales podría construirse una jerarquía para cada animal temido).

Las situaciones a incluir en la jerarquía deben ser descritas con la suficiente especificidad para poder ordenarlas y, por tanto, para tener control sobre el nivel de ansiedad que generan al cliente. Esta especificidad requiere tener claros los factores que influyen en el miedo/evitación del cliente. Por ejemplo, la velocidad, oscuridad, densidad del tráfico, climatología y tipo de carretera en la fobia a conducir. La exposición deberá llevarse a cabo en una diversidad de lugares y contextos y con diversos estímulos temidos (p.ej., distintos perros o lugares cerrados, diferentes enfermeras que extraen sangre, diversas carreteras). Esto facilita la generalización y previene el retorno del miedo.

La jerarquía debe incluir las situaciones reales que el cliente ha de afrontar en su vida o que es probable que encuentre o tema encontrar (siempre que no sean realmente peligrosas). De todos modos, Antony y Barlow (1997) aconsejan que los clientes lleguen a hacer en la situación temida más de lo que la mayoría de la gente estaría dispuesta a hacer (sobreaprendizaje), a condición de que no sea peligroso; por ejemplo, permanecer largo tiempo encerrado en un armario pequeño, subir al edificio más alto que se pueda encontrar o dejar que una araña camine por el antebrazo. Se supone que de este modo se experimentará menos miedo en situaciones menos extremas de la vida diaria, aumenta la confianza para manejarlas y se reduce la probabilidad de recaída. Finalmente, parece importante incluir situaciones en las que han ocurrido reacciones fóbicas intensas o ataques de pánico previos; de este modo, se aprende a manejarlos y se reduce la probabilidad de recaída.

Por otra parte, cuando el miedo a los estímulos fóbicos esté acompañado por el miedo a las sensaciones corporales experimentadas (p.ej., miedo a la dificultad para respirar en un ascensor porque se piensa que uno puede ahogarse), la jerarquía puede incluir la inducción de las sensaciones temidas (p.ej., reteniendo la respiración en el ascensor) para que el cliente se habitúe a las mismas y/o aprenda que puede manejar la ansiedad y que lo que teme no ocurre.

El número de situaciones o pasos a incluir en una jerarquía es muy variable, aunque suele oscilar entre 10 y 20. La jerarquía o jerarquías pueden elaborarse enteras ya desde el principio, aunque serán probablemente provisionales. Una alternativa es elaborar la jerarquía o jerarquías por partes, conforme avanza la intervención. Esto último puede ser preferible por varias razones: (a) es probable que una jerarquía completa tenga que ser modificada más adelante, (b) puede ser muy difícil para un cliente elaborar los ítems de la jerarquía que le provocan más ansiedad, y (c) el hecho de que el terapeuta mencione al principio los pasos finales de la jerarquía puede conducir al cliente a rechazar la intervención o a pensar en las *cosas terribles* que vendrán en vez de concentrarse en el tratamiento.

- *Duración de la exposición.* Existen al menos tres perspectivas a este respecto. Desde la perspectiva de la habituación de la ansiedad, se pide al cliente que intente permanecer en la situación hasta que experimente una reducción sustancial de la ansiedad y desaparezca el posible deseo de escapar. Una reducción sustancial o significativa de la ansiedad puede definirse como: (a) la disminución de al menos el 50% de la ansiedad máxima experimentada durante la situación, o (b) la reducción de la ansiedad hasta que sea nula o leve (25 o menos sobre 100). Aunque a primera vista este segundo criterio puede parecer mejor, el primero puede ser suficiente, ya que diversos estudios indican que es la habituación entre sesiones y no la habituación intra-sesiones la que predice resultados positivos. Cuando las situaciones que debe afrontar el cliente tienen una duración corta (p.ej., subir en ascensor) debe repetir la exposición (preferiblemente a continuación o, si no, lo más pronto posible) el número de veces necesario para que la ansiedad disminuya significativamente. Se aconseja que el cliente practique al menos 1 hora diaria, siempre que sea posible.

Cuando no pueden utilizarse sesiones largas o frecuentemente repetidas de EV –ya sea porque la situación no lo permite (p.ej., extraerse sangre) o por motivos atribuibles al cliente–, se establece una jerarquía de situaciones temidas en función de logros progresivos en la ejecución e independientemente de la mayor o menor reducción del nivel de ansiedad. Por ejemplo, alguien con fobia a la sangre se extrae cada vez más cantidad o una persona con fobia a conducir recorre distancias progresivamente más largas. El criterio para finalizar la exposición en este caso no es la reducción de la ansiedad, sino lograr el objetivo propuesto. A medida que se van consiguiendo estos objetivos, se incrementan gradualmente las exigencias.

Pasando ahora a la perspectiva del aprendizaje correctivo, se pide al cliente que permanezca en la situación el tiempo suficiente o la repita no hasta que la ansiedad disminuya, sino hasta que aprenda que las consecuencias que teme no ocurren o lo hacen muy raramente o que puede afrontar el estímulo temido y tolerar la ansiedad (Craske, Antony y Barlow, 2006). De este modo, aunque la ansiedad puede mantenerse en mayor o menor grado durante una sesión, terminará por disminuir en sesiones posteriores. Siguiendo el criterio propuesto por esta perspectiva, una sesión de exposición suele durar 60 minutos o más durante los cuales se lleva a cabo una exposición prolongada o repetida a la situación temida. Antes de cada exposición, el cliente debe identificar lo más específicamente que pueda aquello que le preocupa que pueda suceder y, tras la misma, debe anotar si ha ocurrido realmente lo que le preocupaba (y, en caso afirmativo, en qué grado).

Finalmente, desde la perspectiva de la autoeficacia, el criterio de duración de la EV es que el cliente permanezca en la situación o la repita hasta que sienta que tiene suficiente control. No hay datos, por el momento, que permitan decantarse por una de las tres perspectivas.

Es posible que una exposición repetida y prolongada no sea necesaria en todos los casos. La exposición puede plantearse como un modo de someter a prueba las predicciones sobre las consecuencias temidas (experimentos conductuales). Así, antes de cada exposición, el cliente predice las consecuencias negativas que ocurrirán y su gravedad; tras la exposición, anota las consecuencias realmente ocurridas y su gravedad, compara estos resultados con los predichos y extrae una conclusión. Ejemplos de experimentos conductuales pueden verse en Kirk y Rouf (2004).

- *Velocidad de la exposición (criterio para dar por superado un paso).* Existen varias opciones para decidir cuándo se puede proceder con el siguiente paso de la jerarquía: (a) Desde la perspectiva de habituación de la ansiedad, el cliente repite cada paso de la jerarquía, hasta lograr que en dos exposiciones consecutivas la ansiedad sea nula o leve o hasta conseguir reducir la ansiedad rápidamente. (b) Desde la perspectiva del aprendizaje correctivo, se repite un paso de la jerarquía hasta que el cliente aprende verdaderamente que las consecuencias que teme no ocurren nunca o lo hacen raramente y su nivel de ansiedad es leve (2 o menos sobre 10). (c) Desde la perspectiva de la autoeficacia, el cliente repite un paso hasta que siente suficiente confianza para afrontar el siguiente paso.

- *Periodicidad de la exposición.* En la práctica clínica suele ser normal la asignación de actividades diarias de AEV ya sea por sí solas o combinadas con sesiones espaciadas o concentradas de EV en las que el terapeuta acompaña al cliente. Sin embargo, no está claro que esta exposición tan frecuente sea necesaria. En la práctica clínica habitual, independientemente de la frecuencia con que el terapeuta acompañe al cliente durante la EV, se aconseja al cliente que haga exposiciones 5-6 días a la semana, aunque el promedio de práctica suele ser 3-4 días.

- *Implicación en la exposición.* Se piensa que los clientes mejoran más cuando se implican y comprometen en la exposición atendiendo y procesando emocionalmente las señales de miedo (externas e internas) que cuando las desatienden consistentemente por medio de distracción o conductas defensivas (p.ej., agarrar fuertemente el volante al conducir, no mirar hacia abajo en sitios altos, dejar la puerta entreabierta en un sitio cerrado). Aunque los resultados de los estudios sobre los efectos de la distracción y de las conductas defensivas han sido contradictorios (Parrish, Radomsky y Dugas, 2008), puede concluirse que el empleo de estrategias defensivas puede no ser perjudicial siempre que se haga de forma ocasional o en las primeras fases del tratamiento para manejar la ansiedad o el pánico y afrontar las situaciones temidas. Existen estudios que indican que el empleo temporal de conductas defensivas no interfiere en la exposición cuando facilitan una sensación de control, la conducta de aproximación y la invalidación de las creencias erróneas. El uso sensato de estas conductas (empleo temporal de las mismas) puede aumentar la sensación de control, hacer que el tratamiento sea más tolerable (reduce los rechazos y abandonos), ayudar a superar obstáculos durante el mismo y facilitar las actividades entre sesiones (Rachman, Radomsky y Shafran, 2008; véase además el metaanálisis de PodinX y cols. [2013] sobre los efectos de la distracción durante la exposición en el tratamiento de las FE).

Así pues, durante la EV, el cliente debe concentrarse en la actividad que está realizando, reconocer los síntomas de ansiedad (lo que no significa estar continuamente pendiente de ellos) y aceptarlos o bien aplicar sus estrategias de afrontamiento, en lugar de centrase en los pensamientos catastróficos. Si en algún momento, el cliente se siente desbordado por la ansiedad, puede emplear estrategias distractoras o defensivas (incluido el escape temporal de la situación), pero hay que vigilar que su uso sea ocasional. Las conductas defensivas deben ir eliminándose más o menos gradualmente, porque si no se abandonan, los resultados son peores y aumenta la probabilidad de recaída.

Cuando sea oportuno, conviene señalar que si bien las estrategias de afrontamiento pueden resultar útiles cuando se emplean para manejar la ansiedad y favorecer las actividades de exposición, también pueden convertirse en conductas defensivas cuando se utilizan para prevenir o minimizar las supuestas consecuencias temidas. En este caso, los clientes deben llegar lo más pronto que puedan a realizar la EV sin emplear las estrategias para comprobar que no se cumplen sus expectativas negativas.

El abandono de las conductas defensivas puede no ser fácil. Se puede intentar persuadir al cliente de la necesidad de abstenerse de las mismas explicándole las razones para ello. O bien, de forma menos directiva, se puede analizar con él las ventajas y desventajas de eliminar dichas conductas; en este proceso conviene cuestionar las primeras y enfatizar las segundas.

- *Nivel de ansiedad durante la exposición.* Debe decirse al cliente que es normal que experimente ansiedad durante la exposición y que además esto es útil ya que le permitirá aprender a manejar y tolerar la ansiedad y las situaciones temidas en lugar de evitarlas. Sin embargo, la ansiedad no debe alcanzar un nivel tal que interfiera con el procesamiento emocional de las señales de miedo o con las actividades a realizar, lo cual puede ocurrir especialmente si la persona se concentra en sus pensamientos atemorizantes o intenta eliminar la ansiedad a toda costa. Si la ansiedad comienza a ser excesiva, el cliente puede emplear las estrategias de afrontamiento para manejarla, pero no para intentar eliminarla.

El cliente puede recordarse también que los episodios de ansiedad tienen una duración limitada, incluso aunque no haga nada para controlarla. Por otra parte, si el cliente experimenta ansiedad anticipatoria en un grado suficiente como para evitar la práctica, puede utilizar las estrategias de afrontamiento para manejar la ansiedad y poder iniciar la exposición. O bien, puede empezar por una actividad más fácil.

- *Ataques de pánico durante la exposición.* Los episodios intensos de ansiedad o ataques de pánico son poco probables cuando se aplica la exposición gradual. Pero por si llegasen a ocurrir, hay que haber hablado varias cosas importantes con el cliente y este puede llevarlas apuntadas en una tarjeta para leerlas, ya que resulta difícil recordarlas en los momentos de mayor ansiedad.

En primer lugar, no hay que alimentar las sensaciones desagradables con pensamientos atemorizantes. Las sensaciones no son más que una exageración de las reacciones corporales normales al estrés; no son, en absoluto, perjudiciales ni peligrosas, solamente desagradables. Hay que aceptarlas o, si son muy molestas, se puede intentar manejarlas mediante estrategias de afrontamiento. En cambio, intentar controlar las sensaciones a toda costa incrementa la tensión y ayuda a que las sensaciones se mantengan o incluso aumenten. Uno debe recordarse que las sensaciones y el miedo irán disminuyendo si no se centra en los síntomas ni en los pensamientos atemorizantes, que los episodios o ataques tienen una duración limitada y que se sentirá muy satisfecho al conseguir manejar la situación. Es muy útil que el cliente elabore su propia lista de reglas personales para afrontar el pánico en la línea de las presentadas en este párrafo.

Segundo, si se experimenta una gran ansiedad o se tiene un ataque de pánico, hay que procurar, si es posible, permanecer en la situación hasta que disminuya. Pueden utilizarse las estrategias de afrontamiento con la finalidad de manejar la ansiedad, no de eliminarla. Una vez que la ansiedad/pánico se haya reducido, conviene seguir practicando un rato, lo cual hará que aumente la confianza en sí mismo.

Si resulta imposible permanecer en la situación hasta que el ataque de pánico desaparezca, es aconsejable: (a) abandonar la situación, pero intentar quedarse lo más cerca posible, (b) tranquilizarse (con los propios recursos o con las estrategias de afrontamiento entrenadas), (c) pensar en los factores que han generado el problema y en las soluciones que se pueden utilizar, y (d) volver a afrontar la situación, preferiblemente a continuación o, si no, lo más pronto que se pueda (p.ej., en el mismo día o al día siguiente). Si la situación abandonada era más difícil de lo esperado, se puede comenzar por una algo más fácil. Finalmente, una vez terminada la experiencia, debe pensarse en lo que se ha aprendido de la misma.

- *La participación del terapeuta.* Existe la posibilidad de que el cliente se aplique el tratamiento solo (autoexposición) con la guía del terapeuta, ya sea en las sesiones o de forma no presencial (internet, teléfono). Ahora bien, conviene que el terapeuta acompañe ocasionalmente al cliente durante la EV cuando: (a) presente ciertas fobias (p.ej., a animales, a las alturas), (b) no se atreva a comenzar la AEV, (c) se quede bloqueado en un momento dado del tratamiento, (d) cumpla regularmente con la AEV, pero su ansiedad no se reduzca, o (e) sea un niño. La observación del cliente durante la exposición permite evaluar en directo sus principales miedos, comprobar si utiliza conductas defensivas y/o valorar cómo y cuándo utiliza las estrategias de afrontamiento. Además, el terapeuta puede modelar conductas de afrontamiento, dar información para eliminar conductas defensivas y servir como conducta temporal de seguridad. Tanto por cuestiones de coste/beneficio como para evitar la dependencia, se aconseja que el terapeuta acompañe pocas veces al cliente y que éste practique por su cuenta hasta la próxima sesión.

- *La relación terapéutica.* El terapeuta debe ser cordial y empático y proporcionar un clima de confianza para que el cliente pueda hablar libremente de los problemas que le preocupan. El terapeuta debe ser firme, pero no autoritario, en la conducción del tratamiento acordado. Por otra parte, suele dar malos resultados una excesiva permisividad (ceder demasiado a los deseos del cliente a la hora de la EV) y recordarle demasiado al cliente las consecuencias negativas de su problema. Por último, el terapeuta debe alentar la independencia del cliente a partir de un cierto momento para que éste sea capaz por sí mismo de mantener la mejora conseguida.

- *La colaboración de personas allegadas.* Aparte del terapeuta, puede contarse con la colaboración de otras personas allegadas en la aplicación del tratamiento global, lo cual es especialmente importante en el caso de los niños. Estas personas pueden, además de proporcionar información, ayudar en la exposición, servir de modelos, reforzar los progresos y evitar comportamientos que contribuyen a mantener el problema (p.ej., la sobreatención a las conductas fóbicas, la sobreprotección). Naturalmente, no deben presentar la misma fobia que el cliente y han de ser capaces de tolerar el malestar que el cliente mostrará durante la exposición. Para que la persona allegada desarrolle bien su labor necesita comprender y compartir la justificación del tratamiento y ser entrenada; esto último incluye, entre otras cosas, observar alguna exposición asistida por el terapeuta y/o que éste acompañe a la persona y al cliente durante una exposición, para ofrecer el apoyo y realimentación necesarios. Finalmente, el cliente debe ser capaz de practicar solo.

- *La importancia de la autoexposición.* Los clientes que más y mejor cumplen con las actividades diarias de AEV tienden a mejorar más. Las actividades de AEV son una parte fundamental de la EV, pero resultan más ansiógenas que aquellas realizadas con compañía. Para incrementar las probabilidades de que el cliente realice las tareas resulta esencial que (a) entienda los beneficios que le van a reportar y por qué, y (b) que las exposiciones se acuerden conjuntamente, en vez de ser simplemente asignadas.

Es importante acordar en detalle en qué consistirán las actividades (lugar, personas implicadas, conductas a realizar, cuándo se llevarán a cabo) y preguntar por posibles dificultades previstas en la ejecución de las mismas de cara a buscar posibles soluciones. Para aumentar la probabilidad de que el cliente lleve a cabo las actividades, conviene preguntarle por el grado en que se considera capaz de realizarlas y acordar aquellas con valores de 80% o más. Especialmente al comienzo del tratamiento puede ser conveniente pedir a los clientes que anoten lo que tienen que hacer y que lo describan para comprobar que no haya malentendidos. Por otra parte, y especialmente conforme avanza el tratamiento, hay que favorecer la máxima iniciativa por parte del cliente en la elección de las situaciones a practicar.

- *El empleo de medicación.* No parece que la medicación sea eficaz en el tratamiento de las FE. Cuando los clientes están tomando medicación para su problema (p.ej., benzodiacepinas), conviene plantearles el abandono gradual de la misma, bajo supervisión médica, una vez que hayan aprendido a manejar la ansiedad y las situaciones temidas y tengan más confianza en sí mismos. Por ejemplo, pueden reducir la dosis en las próximas exposiciones, luego llevar el fármaco encima sin tomarlo y, finalmente, exponerse sin medicación. Si un cliente toma un fármaco no de forma regular, sino en aquellas situaciones temidas en que cree que le necesita, se le aconseja que deje de hacerlo, ya que es una conducta defensiva. Es útil en este caso, preguntarle cuánto tiempo tarda en reducirse la ansiedad tras tomar la medicación. Muchos clientes dicen que unos minutos, pero desde luego la medicación tarda más en hacer efecto. Por lo tanto, puede decirse al cliente que es él y no el fármaco quien controla la ansiedad.

- *Otros aspectos a tener en cuenta antes de comenzar la exposición.* La EV puede tener ciertos efectos independientemente de las expectativas terapéuticas de mejora, pero su efectividad se ve aumentada por las instrucciones tendentes a inducir dichas expectativas. Por otra parte, antes de comenzar cada exposición, el cliente debe pensar en los beneficios que le supondrá poder realizarla. Asimismo, debe fijarse en los avances que va consiguiendo, por pequeños que sean y elogiarse por ellos; lo importante es recompensarse, por ejemplo, por haber conseguido conducir 5 km en la autopista en vez de criticarse por no haber conducido más kilómetros o por haber sentido miedo. Conviene insistir en que, al menos inicialmente, una exposición exitosa es aquella en que se afronta la situación temida *a pesar* del miedo, ya que las conductas cambian antes que las emociones.

Hay que avisar al cliente de que el progreso no será lineal. Aunque irá avanzando, es normal que haya altibajos y contratiempos. Cuando estos ocurren, hay que identificar y analizar los factores que los han provocado, buscar soluciones y seguir con la exposición. Posibles razones que pueden generar altibajos y contratiempos son elegir una actividad de exposición demasiado difícil, periodos de estrés (laboral, familiar, conyugal), acontecimientos vitales negativos (p.ej., muerte de un ser querido, enfermedad grave, cese de una relación, accidentes), ataques de pánico inesperados, dejar de exponerse a las situaciones temidas o hacerlo con poca frecuencia, volver a sentir dudas a la hora de entrar en las situaciones temidas, sentirse *aliviado* cuando se cancelan o posponen las situaciones temidas, desarreglos hormonales, consumo de drogas, reacciones producidas por fármacos, etc.

- *Autorregistro y revisión de las autoexposiciones.* Para poder revisar las actividades de AEV, conviene que el cliente complete, al menos para algunas situaciones, un autorregistro en el que consten, por ejemplo: (a) fecha y actividad de exposición, (b) ansiedad máxima experimentada (0-100) (y ansiedad al final de la exposición si se sigue la perspectiva de la habituación), (c) acciones realizadas para manejar la ansiedad (incluyendo posibles conductas defensivas) y (d) satisfacción con la propia actuación (0-100), conclusiones extraídas y, si es el caso, acciones a emprender. Si se sigue la perspectiva del aprendizaje correctivo, el cliente apunta también lo que más le preocupa que suceda y si ha ocurrido o no. Las experiencias de AEV son discutidas al comienzo de la siguiente sesión, y el cliente recibe la retroalimentación y reforzamiento correspondientes.

- *Programa de mantenimiento.* Es conveniente al final del tratamiento poner en marcha durante unos pocos meses un programa de mantenimiento supervisado que aliente la exposición continuada a las situaciones temidas para conseguir reducir aún más la ansiedad y/o perfeccionar las habilidades correspondientes. El programa de mantenimiento incluye revisión de lo hecho y conseguido durante el tratamiento, importancia de mantener y mejorar las habilidades adquiridas, recordatorio de que la ansiedad es una reacción normal, distinción entre contratiempo y recaída (total o parcial), identificación de las situaciones de alto riesgo para los contratiempos y de los signos de estos, pautas a seguir en caso de contratiempo, compromiso con el terapeuta y otras personas para seguir practicando, AEV, autorregistro de la misma y contactos no presenciales con el terapeuta durante 6 meses. Un ejemplo detallado de programa de mantenimiento puede verse en Bados (2000, 2009), el cual se basa en el propuesto por Öst (1989a).

Aunque las guías presentadas pueden ser suficientes para el tratamiento de muchas FE, requerirán ser complementadas por otros procedimientos que serán explicados en el punto 6.3 al abordar el tratamiento de diversas FE. Por otra parte, pueden surgir diversas dificultades en la aplicación de la exposición en vivo; posible soluciones para las mismas pueden verse en Bados (2006). Finalmente, conviene tener en cuenta que, tal como demuestra el siguiente caso de Emmelkamp, Bouman y Scholing (1992), los casos de FE pueden ser más complejos de lo que parece y requerir intervenciones adicionales.

Una mujer de 42 años, casada hace 15 y sin niños, presenta desde hace años una fobia a tragar. Desde hace 6 meses sólo come alimentos fluidos, principalmente gachas de cereales y yogur, lo que le ha provocado una pérdida sustancial de peso; además, debido a su problema, no puede comer con otra gente, salvo su marido, ni fuera de casa. También presenta problemas de hiperventilación que mantienen una influencia recíproca con el miedo a tragar: bajo estrés, la cliente hiperventila y coge bocanadas de aire, lo que le conduce a una inmovilidad total de los músculos pectorales; intenta relajarse tragando saliva, pero al hacer esto toma cantidades extra de aire, lo cual resulta en ataques de tos y sensaciones de opresión intensa. La mujer también informa de problemas de baja asertividad en su trabajo de secretaria/coordinadora y de problemas maritales. Aunque la falta de asertividad parece ser el problema principal, la fobia a tragar ha llegado a ser funcionalmente autónoma. De acuerdo con la cliente, se decide comenzar por este último problema. El tratamiento consiste en EV (comer alimentos problemáticos en orden de dificultad), prevención de respuesta (no toser, escupir o beber agua durante las comidas) y terapia cognitiva centrada en el miedo a atragantarse.

La cliente comienza haciendo autoexposición, pero tras unas pocas sesiones la exposición se lleva a cabo en presencia del terapeuta en casa de la cliente por dos motivos: para introducir el comer delante de otros y para poder aplicar la prevención de respuesta más efectivamente. Tras ocho sesiones, puede comer todo tipo de panes, simples o rellenos, y comidas calientes si las toma lentamente; las espinacas y otros alimentos de la parte alta de la jerarquía siguen siendo problemáticos. A partir de la duodécima sesión, come sin el terapeuta, pero delante de otras personas. Al discutir las tareas para casa, queda claro que hay una relación entre el nivel general de estrés ocasionado por sus problemas laborales y maritales y los problemas para tragar. Así que el tratamiento empieza a dirigirse gradualmente hacia las fuentes de estrés y se centra totalmente en estas tras cuatro sesiones más. Los problemas de falta de asertividad y maritales son tratados a lo largo de quince sesiones mediante terapia cognitiva y entrenamiento en habilidades sociales. Al final, se constata la desaparición del miedo a tragar y una mejora sustancial de la asertividad.

Manuales de tratamiento para las FE pueden verse en Craske, Antony y Barlow (1997, 2006), el cual se complementa con el manual para el cliente (Antony, Craske y Barlow, 1995, 2006), y en Sosa y Capafons (2008).

6.2. Tratamiento en una sola sesión

Öst (1989b) propuso un tratamiento para la mayoría de las FE que puede llevarse a cabo en una sola sesión de hasta 3 horas. Para el tratamiento en una sola sesión (TUS), los clientes deben cumplir las siguientes características: presentar una fobia monosintomática no conectada con otros problemas (aunque también funciona si hay más de una fobia específica), estar lo suficientemente motivados como para tolerar un posible alto grado de ansiedad, no obtener ninguna consecuencia positiva de su fobia y que no haya ninguna consecuencia negativa predecible si la fobia es superada. A continuación se describe el procedimiento general a seguir, aunque en el caso de la fobia a volar hay variantes que pueden consultarse en Öst, Brandberg y Alm (1997).

Una descripción del TUS puede verse en Öst (1989b) y en Zlomke y Davis (2008). El tratamiento incluye en su fase inicial la evaluación del problema, la construcción de una jerarquía de miedo y la justificación del tratamiento. Se informa que el tratamiento en una sesión debe verse como un comienzo y que posteriormente el cliente debe seguir exponiéndose por su cuenta a las situaciones temidas para mantener o aumentar los efectos de la terapia.

Se informa a los clientes que si los objetivos no se consiguen en una única sesión, pueden dedicarse más sesiones. La meta del tratamiento, que se comparte con el cliente, es llegar a manejar las situaciones temidas de un modo normal, sin ansiedad excesiva. Sin embargo, debido a lo breve e intensivo del tratamiento, el terapeuta persigue un sobreaprendizaje, un ir más allá de la meta anterior y de lo que mucha gente haría normalmente. Por ejemplo, conseguir que una persona con fobia a las inyecciones reciba un gran número de estas y varios pinchazos en vena o que alguien con fobia a las arañas tenga a un par de éstas en sus manos durante un rato. Esta segunda meta no se comparte con el cliente al principio del tratamiento, ya que esto conduce al rechazo del mismo o a pensar en las *cosas horribles* que están por venir en vez de concentrarse en los pasos graduales del tratamiento.

El componente básico del tratamiento es la EV. La exposición es prolongada, sin escape y procede gradualmente a través de ayudas y mayores aproximaciones al estímulo fóbico. La finalidad de la EV es reducir el miedo, eliminar la conducta de evitación y permitir obtener, discutir y someter a prueba las cogniciones negativas. Así pues, la EV se plantea como una serie de experimentos conductuales y se anima al cliente a extraer conclusiones más realistas y a utilizarlas durante la EV. Cada paso de la jerarquía dura hasta que la ansiedad se reduce al menos un 50% de su valor más alto o desaparece y hasta que se reducen las cogniciones negativas.

La EV se combina frecuentemente con el modelado. El terapeuta demuestra cómo se interactúa con el objeto fóbico y luego lo hace el cliente con el terapeuta cerca; si es el caso (p.ej., en fobias a animales), el cliente toca al terapeuta mientras ambos tocan el objeto fóbico, de modo que el contacto con este último es cada vez mayor. Posteriormente, el cliente practica con la simple ayuda de las instrucciones del terapeuta y menor proximidad de éste, hasta que finalmente es capaz de practicar por sí mismo sin el terapeuta. Se refuerzan socialmente los avances del cliente.

La duración del tratamiento suele llevar como máximo unas 3 horas. El tiempo medio es de unas 2 horas (amplitud habitual: de 45 minutos a 3 horas). Sin embargo, según Emmelkamp, Bouman y Scholing (1992), lo habitual es necesitar más de una sesión, especialmente en las fobias a las tormentas, ruidos, SID y tragar. La sesión termina cuando se ha alcanzado la meta prefijada (incluyendo el sobreaprendizaje) y la ansiedad y el grado de creencia en las cogniciones negativas se han reducido considerablemente (el cliente se da cuenta de que las consecuencias temidas no ocurren).

Debido a que durante la sesión los clientes hacen muchas cosas que nunca antes habían realizado, algunos de ellos llegan a experimentar posteriormente el tratamiento como algo irreal, como un sueño. Para luchar contra esto, suelen grabarse las sesiones (esto no se hace en la fobia a volar) y se ofrece a los clientes la oportunidad de volver a la consulta 1-2 semanas más tarde y ver ellos solos las partes que quieran de la grabación.

Terminada la sesión, se discute la necesidad no sólo de no escapar o evitar las situaciones fóbicas, sino de aprovechar todas aquellas oportunidades de que se disponga o se puedan crear de cara a seguir practicando y aumentar la confianza en uno mismo para manejar los estímulos fóbicos. Para ello, se acuerdan con los clientes tareas de buscar y afrontar las situaciones fóbicas. Por ejemplo, una persona con fobia a las inyecciones tendría que recibir 2-3 inyecciones placebo por semana y alguien con fobia a la sangre hacerse donante regular de sangre. El mantenimiento de los resultados es mejor en aquellos que siguen practicando.

6.3. Ideas de tratamiento para diversas fobias específicas

Se presentarán aquí alguna información y pautas útiles para el tratamiento de determinadas fobias. Para más información, puede consultarse Antony, Craske y Barlow (2006) y Craske, Antony y Barlow (1997, 2006).

6.3.1. Fobia a volar en avión

La exposición sistemática en vivo es poco factible en la fobia a volar, tanto por aspectos económicos como por la dificultad en graduar bien las situaciones, algunas de las cuales dependen de factores no controlables por el terapeuta (inclemencias del tiempo, turbulencias, tipo de pilotaje). Por eso se recurre inicialmente a otros tipos de exposición (imaginal, asistida por ordenador, virtual), con o sin estrategias de afrontamiento (relajación, respiración), seguida de cierta EV y complementada con información básica sobre el funcionamiento de los aviones. Antony, Craske y Barlow (2006) recomiendan además añadir reestructuración cognitiva y exposición interoceptiva. De todos estos componentes, la exposición es el más importante.

- Información. Se busca aumentar el conocimiento de los aviones y de la mecánica de vuelo para corregir ciertas malinterpretaciones. Por ejemplo, se explica por qué un avión se aguanta en el aire, el mantenimiento que se hace del mismo, el sistema de control del tráfico aéreo, el diseño del avión para soportar las turbulencias y la identificación de los distintos ruidos que se producen; saber que ciertos ruidos, movimientos y balanceos son normales ayuda a controlar la ansiedad. Igualmente, se proporcionan datos estadísticos que demuestran que volar en aviones comerciales es uno de los medios de transporte más seguros.
- Reestructuración cognitiva. Se trata de analizar con el cliente los datos a favor y en contra de lo que teme. Si tiene miedo a que el avión se estrelle, mencionará los datos de los accidentes aéreos que salen en los medios. Entonces se le puede pedir que calcule el número de vuelos que se hacen cada año (número de aviones que despegan cada hora de 6 a 22 horas en su aeropuerto multiplicado por el número de aeropuertos y 365 días) y el número de accidentes de que ha tenido noticia. Se calcula que la probabilidad de morir en un accidente de aviación es de 1 en 10 millones, mucho más baja que la de morir en un accidente de tráfico. Similarmente, si alguien nota su corazón muy acelerado y teme tener un infarto, se le puede preguntar cuántas veces le ha pasado esto último a él o a gente que conozca y qué otra interpretación alternativa existe (la taquicardia es una respuesta normal del sistema nervioso simpático ante una situación percibida como peligrosa). Finalmente, también pueden desdramatizarse ciertos pensamientos. Así, si alguien teme la reacción de otros pasajeros si llegara a vomitar, se le puede preguntar por un lado qué pasaría realmente, qué pruebas tiene de esto y cuál sería una reacción alternativa más probable. Y si alguien piensa que los de al lado le mirarán

fijamente si se pone muy nervioso, se le puede preguntar por la probabilidad de esto y por lo que puede hacer caso de que ocurra: no hacerles caso, explicar que se tiene miedo, etc.

- Respiración controlada y/o relajación. En ocasiones se entrena a los clientes en respiración controlada y/o relajación para que las empleen, junto con las autoinstrucciones derivadas de la reestructuración cognitiva, como estrategias de afrontamiento durante la exposición imaginal y en vivo.
- Exposición en la imaginación. Se trata de imaginar diversas situaciones (camino del aeropuerto, despegando, volando con buen y mal tiempo, aterrizando, etc.) a veces con ayuda de efectos sonoros y/o visuales; también puede emplearse la exposición mediante ordenador y la ERV. En la Tabla 5 puede verse una jerarquía para una fobia a volar, la descripción detallada de una de las escenas y ejemplos de autoinstrucciones de afrontamiento elaboradas por el cliente.
- Exposición en vivo. Los clientes realizan al menos un viaje largo y más si es posible. Pueden aprovecharse los vuelos de bajo coste y los vuelos cortos que se hacen para sobrevolar ciudades o parajes naturales.
- Exposición interoceptiva. El cliente se induce deliberadamente durante el vuelo las sensaciones temidas (p.ej., taquicardia, falta de aliento, mareo, sudor) para comprobar que no ocurre lo que se teme (perder el control, desmayarse, vomitar, quedar en ridículo, sufrir un infarto) y que puede tolerarlo.

6.3.2. *Claustrofobia*

Para tratar la claustrofobia, puede ser útil emplear, además de la EV, la reestructuración cognitiva y la información para corregir ideas erróneas (p.ej., que el aire en un ascensor no durará más allá de 15 minutos). La exposición interoceptiva ha sido también beneficiosa en un estudio; por ejemplo, en situaciones claustrofóbicas los clientes pueden sobrerrespirar o respirar muy lentamente para crear la sensación de falta de aliento.

Aunque no es frecuente, ocasionalmente la gente queda atrapada dentro de los ascensores. Conviene discutir esta posibilidad con los clientes por adelantado para explorar lo que ellos creen que pasaría, reestructurarlo en caso necesario y discutir cómo se podría actuar en dicha situación. Además, puede practicarse la exposición a quedarse atrapado entrando en un ascensor en horarios en que no suele utilizarse y no pulsando ningún botón. Otros clientes temen que pudiera producirse un incendio o un terremoto mientras se encuentran en un espacio cerrado. En estos casos es útil tanto la EV como ayudar al cliente a considerar cuál es la probabilidad real de que se produzcan dichos fenómenos.

---

1. Estás en casa escuchando la música del parte meteorológico del Telediario.
2. Igual que la "1", pero escuchando realmente la música grabada en cinta.
3. Conduces un coche y ves despegar un avión.
4. Dentro de 15 días harás un viaje en avión a Madrid.
5. Ves un avión a punto de despegar.
6. Estás haciendo cola para entregar la tarjeta de embarque.
7. Faltan unos momentos para que despegue el avión.
8. El avión se dirige a la cabecera de la pista.
9. Te imaginas viendo despegar un avión y que tú vas dentro.
10. Vuelves de Madrid a Barcelona en un DC-10. El vuelo es tranquilo y sin incidencias.
11. Te avisan que tienes que volar a Canarias dentro de unas horas.
12. Miras el informe meteorológico (tiempo inestable) y piensas que mañana tendrás que hacer un viaje a Madrid.
13. Te encuentras en el avión en el momento que éste despega.
14. Haces el vuelo Madrid-Barcelona. El avión se mueve un poco.
15. Te avisan para que vayas inmediatamente a Madrid. Hace muy mal tiempo.
16. Momentos antes de subir al avión, un compañero que vuelve de Madrid te comenta que ha tenido un vuelo malísimo.
17. Viajas a Madrid con mal tiempo.
18. Haces un vuelo a Madrid muy parecido al que hiciste aquella primera vez en que pasaste tanto miedo.
19. Viajas a Ibiza, vuelo que realmente tendrás que hacer dentro de pocos días acompañado de una amiga.
20. Viajas a Montevideo.
21. Haces un vuelo a Madrid. (Al mismo tiempo que imagina la escena, el cliente escucha la grabación real de los ruidos de un vuelo.)
22. Viajas a Ibiza, vuelo que realmente harás dentro de pocos días (El cliente escucha la misma cinta que en la escena "21").

Descripción completa de la escena 17. Te encuentras en el 727 de Iberia con destino a Madrid. Hace 5 minutos que habéis despegado y aún no se ha apagado la señal para desabrocharse los cinturones. (Pausa.) Tú vas sentado en la fila 12 y ves los movimientos del ala derecha. (Pausa.) En ese momento el comandante se presenta por el sistema de megafonía y previene que durante casi todo el vuelo tendréis que permanecer con los cinturones abrochados debido al mal tiempo que existe en ruta. (Pausa.) Tú sabes que realmente no hay peligro real, pero notas como empiezas a sentirte algo inquieto. Sientes una opresión en el estómago y observas cómo la tensión se va apoderando de tu cuerpo. Te agarras con fuerza al asiento y notas cómo tus manos se han humedecido.

Ejemplos de autoinstrucciones de afrontamiento. Preparándose para volar en avión: Siempre he sentido un poco de tensión antes de viajar. A pesar de estar algo inquieto, sé que puedo hacerlo. *Afrontando el volar en avión*: Piensa en todos los vuelos que has hecho antes sin problemas. Relaja los músculos y concéntrate en la respiración. *Afrontando momentos críticos de intenso miedo*: No te preocupes, es sólo cuestión de tiempo. Piensa en todos los vuelos movidos que has hecho antes y en ninguno has tenido problemas. *Reflexión posterior*: Aunque no haya conseguido estar completamente tranquilo, sé que me quedan otras oportunidades para quitarme por completo el miedo. La próxima vez ya tengo un punto de partida.

Tabla 5. Jerarquía de 22 escenas para una fobia a volar, descripción de una de las escenas y ejemplos de autoinstrucciones de afrontamiento. Nota: Tomado de Bados y Genís (1988, págs. 47-49).

6.3.3. *Fobia a conducir*

La EV es un tratamiento eficaz para la fobia a conducir. Es importante asegurarse de que el cliente posee las habilidades necesarias para conducir. Tener el carné no es suficiente, ya que muchos no han practicado después de obtenerlo o llevan años sin conducir. Si es preciso, el cliente debe volver a la autoescuela o practicar en lugares seguros con una persona de confianza. Se ha comprobado que las mujeres con fobias a conducir cometen los mismos tipos de errores que las que no tienen miedo, aunque los cometen con más frecuencia.

Algunas personas con fobia a conducir informan de problemas de oído o visión (p.ej., pobre visión nocturna) que deterioran su capacidad de conducción. Estas personas deben hacerse un reconocimiento médico para valorar la extensión e implicaciones del problema. Asimismo, otros clientes presentan una discapacidad motora que les impide reaccionar con la rapidez necesaria en ciertas situaciones, por lo que debe valorarse en qué medida esto limita su capacidad de conducción.

Craske, Antony y Barlow (2006) recomiendan que los clientes no conduzcan el coche del terapeuta durante la EV. Igualmente, aconsejan que si el terapeuta conduce el coche del cliente, le pida a éste que firme un descargo de responsabilidad y que consulte con su abogado y/o compañía de seguros para asegurarse una protección adecuada en caso de accidente (un descargo de responsabilidad no siempre es suficiente).

Muchos clientes temen que las sensaciones que experimentan (dificultad para respirar, mareo, temblor, etc.) perturben su capacidad para conducir con seguridad; sin embargo, esto no suele ser así y hay que aconsejar a los clientes que continúen con la EV a pesar de las sensaciones. Posteriormente, puede añadirse la exposición interoceptiva. Ahora bien, cuando se sospeche que las sensaciones experimentadas puedan afectar negativamente la capacidad de conducción, conviene empezar a practicar a una velocidad baja o por calles vacías hasta que la ansiedad se reduzca. De todos modos, incluso en momentos de gran ansiedad los clientes suelen conservar el control necesario para detenerse en un lugar seguro. Los accidentes son raros y los golpes, cuando los hay, no suelen revestir importancia, aunque en un estudio, los niveles altos de ansiedad estuvieron asociados con una conducción más peligrosa (más choques y más episodios de conducción bajo la influencia de sustancias).

Finalmente, no es raro que las personas con fobia a conducir teman ser objeto del enfado o crítica de otros conductores (comentarios, toques de bocina) y se azoren. En estos casos conviene utilizar la reestructuración cognitiva y que la EV incluya la comisión de pequeños *errores* a propósito, sin llegar a hacer nada peligroso. Por ejemplo, conducir muy despacio, aparcar mal y no arrancar enseguida al ponerse el semáforo en verde.

6.3.4. Fobia a la sangre/inyecciones/daño

Es conveniente consultar con un médico antes de comenzar la EV para asegurarse de que la ocurrencia de algún posible desmayo no sea perjudicial para el cliente; por ejemplo, la enfermedad cardiovascular puede aumentar los riesgos asociados con el desmayo. Contar con un médico también es útil para facilitar la realización de tareas de exposición, ya que puede ordenar análisis de sangre, poner inyecciones y hacer otro tipo de intervenciones. Por otra parte, algunos clientes tienen venas pequeñas o difíciles de localizar por lo que es más probable que sufran dolor y moretones durante las extracciones. En estos casos, conviene que informen a la enfermera de sus experiencias dolorosas previas y que de ser posible, les pinche el técnico más cualificado. Otra opción, cuando es muy difícil localizar una vena en el brazo, es probar en otra parte del cuerpo.

Para prevenir el desmayo, se han utilizado técnicas como tumbarse, bajar la cabeza hasta las rodillas estando sentado, inducción de tensión muscular y producción de respuestas de enfado a través de la imaginación. Estas técnicas pueden combinarse con la EV a los estímulos fóbicos, aunque esta última por sí sola también se ha mostrado relativamente eficaz. Si se emplea sólo la exposición, se aconseja que en las primeras fases el cliente esté tumbado para que la sangre pueda llegar al cerebro y se evite el desmayo. Si, a pesar de todo, un cliente se desmaya durante la exposición, se le reanima y se sigue con la exposición lo más pronto posible. La tendencia a desmayarse va disminuyendo gradualmente.

La tensión aplicada de Öst y Sterner (1987) puede enseñarse a aquellas personas que se han desmayado ante la SID. La tensión aplicada suele durar unas cinco sesiones y consiste en aprender a tensar los grandes grupos musculares (brazos, torso y piernas) y a identificar los primeros signos de la caída de presión arterial con el fin de emplearlos como una señal para aplicar la tensión; esto último se consigue gracias a la exposición a diversos estímulos de sangre/heridas. Una descripción de esta técnica puede verse en Bados (2009). Una vez que la persona es capaz de exponerse con una ansiedad mínima, puede descontinuar la aplicación de la tensión, pero si vuelve a sentir sensación de desmayo, la retoma de nuevo. Por otra parte, Ritz y cols. (2009) han constatado que las personas con fobia a la sangre hiperventilan mediante respiraciones profundas e irregulares, por lo que sugieren entrenar a los clientes para que respiren más lenta y superficialmente durante la EV.

No se aconseja la relajación, ya que ésta puede facilitar la disminución de la presión sanguínea y el desmayo. Tampoco se aconseja la exposición deliberada a las sensaciones temidas, ya que la fobia a la SID implica desvanecimiento (manejado mediante la tensión aplicada) y dolor.

6.3.5. *Fobia dental*

La EV es un tratamiento eficaz para la fobia dental. Durante la exposición, puede ser de ayuda que el cliente tenga la posibilidad de controlar el estímulo temido (p.ej., detener el taladro) mediante señales previamente acordadas o apretando un interruptor. Al principio, el cliente suele detener el taladro algunas veces, pero después es raro que lo haga. También parece útil que haya un alto nivel de predictibilidad. Es conveniente que el odontólogo explique bien los procedimientos a seguir, logre una anestesia adecuada desde el punto de vista del cliente y aliente a éste a participar cuando lo considere necesario.

Otras técnicas útiles son la reestructuración cognitiva y la relajación aplicada. Estas pueden aplicarse primero en situaciones imaginadas o viendo vídeos de situaciones dentales y después en vivo.

6.3.6. *Fobia a animales*

Antes de comenzar la EV, es conveniente dar información sobre el animal temido y corregir posibles creencias erróneas sobre el mismo. También, puede ser necesario enseñar habilidades para manejar el animal en cuestión (cómo acariciar a un gato, cómo coger un pájaro o una rata de laboratorio, etc.).

Los animales para hacer la EV pueden conseguirse en distintos sitios: su hábitat natural (campo, jardines, sótanos. etc.), tiendas de animales, departamentos universitarios de biología, zoo, criadores y amigos o colegas. Animales disecados o réplicas de los mismos pueden conseguirse en tiendas de taxidermistas, museos, tiendas de naturaleza y tiendas de juguetes. Con algunos animales (p.ej., arañas) se ha utilizado la exposición mediante realidad virtual o realidad aumentada.

Durante la EV hay que restringir los movimientos de los animales, al menos en los primeros pasos. Pueden usarse tarros o botes con pequeños orificios para insectos y arañas (con un papel húmedo dentro); terrarios para serpientes; jaulas, correas y arneses para perros y gatos; y jaulas para los pájaros; además, siempre que sea posible conviene emplear pájaros o aves con las alas recortadas.

La EV puede emplearse sola o ser combinada con el modelado, dando lugar así al modelado participante, el cual se ha mostrado especialmente útil en las fobias de tipo animal. En cada paso de la jerarquía el terapeuta u otro/s modelo/s ejemplifican repetida o prolongadamente la actividad pertinente, explican, si es necesario, cómo realizar la actividad y dan información sobre los objetos o situaciones temidas. Después de modelar una tarea, el terapeuta pide al cliente que la ejecute y le proporciona reforzamiento social por sus progresos y retroalimentación correctiva. Si el cliente tiene dificultades o no se atreve a realizar la tarea, se le proporcionan diversas ayudas. Por ejemplo, aliento verbal, actuación conjunta con el terapeuta, apoyo físico de éste, limitación de los movimientos del animal, medios de protección (guantes), disminución del tiempo requerido en la tarea, aumento de la distancia al objeto temido, etc. Estas ayudas se retiran hasta que el cliente es capaz de realizar la tarea con relativa tranquilidad y por sí solo.

6.3.7. Fobia a las alturas

Muchos clientes con fobia a las alturas temen las sensaciones que experimentan en las situaciones temidas, tales como una sensación de equilibrio inestable, sentir las piernas como si fueran de goma y mareo. Hay que asegurarse de que estos problemas no tienen una causa médica, tal como problemas del oído interno; en este caso, los problemas de equilibrio aparecerían también en situaciones que no implicaran altura. Si no hay causa médica, hay que acordar con el cliente que continúe practicando la EV a pesar de las sensaciones y asegurarle que se irán reduciendo. Para manejar el miedo a las sensaciones, pueden utilizarse la reestructuración cognitiva y la exposición interoceptiva tal como se explicó en el caso de la claustrofobia. La ERV puede ser una alternativa o un complemento a la EV. Por otra parte, con personas que presenten dificultades de coordinación o equilibrio (p.ej., algunas personas mayores), hay que ir con cuidado al diseñar las actividades de exposición y no deben inducirse deliberadamente las sensaciones temidas.

Muchos clientes sienten el impulso de saltar desde un sitio alto. Hay que asegurarles que este es un fenómeno normal en las personas con fobia a las alturas (e incluso en gente sin dicha fobia) y que es extremadamente improbable que dicho impulso se lleve a cabo (a no ser que haya una intención seria de suicidio). Otros clientes temen ser empujados desde lo alto por otra persona. Este miedo es también frecuente y puede trabajarse con reestructuración cognitiva (¿cuál es la probabilidad real de ser empujado por otra persona?) y con EV teniendo gente detrás.

6.3.8. Fobia a las tormentas

En el tratamiento de la fobia a las tormentas, es conveniente corregir posibles creencias erróneas sobre estas últimas (p.ej., que es peligroso estar cerca de las ventanas). Por otra parte, la EV es difícil de programar; las tormentas no pueden crearse a voluntad, por lo que debe aprovecharse su ocurrencia. Para ello, terapeuta y cliente deben contactar telefónicamente cuando la tormenta ocurre y, si esto no es posible, el cliente debe tener instrucciones detalladas de cómo conducir la EV (p.ej., acercarse a las ventanas, abrir la puerta, salir fuera con un paraguas, conducir bajo la tormenta). Hay que vigilar para no llevar a cabo actividades peligrosas tales como permanecer debajo de un árbol en campo abierto o conducir cuando la visibilidad o el estado de la carretera no son los adecuados.

Un problema con la EV es que las tormentas son infrecuentes, por lo que es difícil practicar; esto reduce la eficacia del procedimiento y facilita el retorno del miedo. Por ello, conviene complementar la EV con otros medios tales como la exposición imaginal, la ERV o la exposición mediante audio, vídeo y flashes, siempre que el cliente responda a estos modos de presentación del estímulo temido.

6.3.9. Fobia al agua

La EV es un tratamiento eficaz para la fobia al agua. Es importante asegurarse de que el cliente sabe nadar si va a hacer EV en sitios que cubran; de hecho es racional tener miedo a aguas profundas si uno no sabe nadar. Ahora bien, aún sin saber nadar parece excesivo tener miedo a situaciones como tomar un baño, viajar en un barco grande o estar cerca del agua (p.ej., en una piscina, playa o muelle). De todos modos, aprender a nadar puede ser útil a la hora de tratar esta fobia.

6.3.10. Fobia a atragantarse y/o vomitar

Para manejar esta fobia, puede emplearse la EV junto con la exposición interoceptiva y la reestructuración cognitiva. Debe alentarse al cliente a comer los alimentos evitados empezando por los menos temidos; esta EV se lleva a cabo dentro y fuera de las sesiones y, al igual que en otras fobias, hay que ir eliminando las conductas defensivas. Ejercicios útiles para inducir náuseas y/o sensación de atragantamiento en la exposición interoceptiva son emplear un depresor de la lengua (o el mango de un cepillo de dientes), girar sobre sí mismo, ponerse collarines, llevar prendas de vestir que *opriman* el cuello (p.ej., corbata, bufanda, ropa de cuello alto, abrochar el último botón de la camisa) y ver vídeos de gente vomitando; otras posibilidades son ver a gente que simula vomitar (haciendo los sonidos correspondientes) o ver vómitos simulados (p.ej., mezclando cuatro partes de harina de avena, dos partes de zanahorias y guisantes y una parte de vinagre).

La reestructuración cognitiva se emplea en caso necesario para modificar creencias erróneas como que la tensión en la garganta indica que uno va a atragantarse (en realidad es un sensación normal cuando uno tiene mucho miedo o está muy enfadado o a punto de llorar) o que uno no puede tragar (de hecho es difícil tragar no porque la garganta esté cerrada, sino porque se intenta evitar tragar debido al miedo).

Finalmente, puede ser útil dar cierta información. Por ejemplo, el atragantamiento es raro y se ve facilitado por comer rápidamente, moverse demasiado al comer o tomar aire al tragar. Si alguna vez ocurre un atragantamiento, la persona puede toser para expulsar el alimento atascado; si esto no funciona, otra persona puede darle fuertes palmadas en la espalda o utilizar alguna maniobra más compleja (abrazarle por detrás mientras está un poco inclinado hacia delante y presionar con los dos brazos por encima del ombligo al tiempo que se le levanta ligeramente del suelo). Por otra parte, la mayoría de las personas con fobia a vomitar, raramente lo hacen; además, vomitar no es peligroso a no ser que sea muy frecuente. El vómito puede ser facilitado por ciertas condiciones tales como estrés, gripe, beber mucho alcohol, tomar ciertas medicaciones o suplementos vitamínicos con el estómago vacío, comer alimentos en mal estado y ver vomitar a alguien.

7. PERSPECTIVAS DE TRATAMIENTO

Antes de hablar de nuevas vías de tratamiento, conviene señalar que todavía hay muchas preguntas sin una respuesta clara respecto a cómo debe aplicarse el tratamiento de las FE. Por citar sólo unas pocas, ¿es necesario llevar a cabo la autoexposición casi cada día?, ¿es preciso practicar 1 hora cada vez?, ¿hace falta que el cliente llegue a hacer en la situación temida más de lo que la mayoría de la gente estaría dispuesta a hacer (sobreaprendizaje)? Si no fuera así, el tratamiento de EV sería más aceptable para los clientes.

Otro punto importante respecto a la aplicación de la EV es qué perspectiva resulta más útil para determinar la duración de una sesión de exposición y cuándo puede darse por superado un paso de la jerarquía. ¿Es mejor la perspectiva de la habituación de la ansiedad, la del aprendizaje correctivo o la de autoeficacia? Es posible que las tres estén muy relacionadas y que tengan una eficacia similar, aunque existen algunos datos de que la eficacia de la EV aumenta cuando se utiliza para someter a prueba las cogniciones de los clientes (McMillan y Lee, 2010).

Considerando lo aversiva que resulta la exposición prolongada para muchos pacientes, algunos autores han propuesto emplear la exposición intermitente (también llamada interrumpida o dosificada). En esta también se presentan situaciones temidas de intensidad moderada a máxima, pero la duración no es muy larga. La persona se expone a la situación temida durante un breve periodo, tras el cual viene un breve descanso. A continuación, vuelve a exponerse y este ciclo continúa hasta que se produce la extinción. Será necesario investigar la eficacia de este tipo de exposición.

Un tema más espinoso es el del empleo de distracción y conductas defensivas durante la EV. Existe un debate hoy en día sobre el impacto que tienen en el tratamiento y sobre si deben ser eliminadas con mayor o menor rapidez. Los resultados de los estudios existentes son contradictorios (véase Helbig-Lang y Petermann, 2010), aunque hay un acuerdo en que las estrategias defensivas deben terminar por abandonarse para reducir la probabilidad de recaída. Relacionado con este tema, algunos han propugnado el empleo de la distracción parcial: conversar sobre temas no relacionados con el estímulo temido mientras se mantiene la atención visual en este (Oliver y Page, 2008). Al menos en estudiantes con miedo a la SID o fobia a las arañas, la EV con distracción parcial ha sido más eficaz que la EV sin distracción, probablemente porque facilita una mayor autoeficacia y control percibido.

Otra cuestión importante es la del empleo de las estrategias de afrontamiento. Su uso puede hacer más aceptable la EV y reducir los abandonos, pero hace más complejo el tratamiento, lo cual también puede ser contraproducente. Así, a igualdad de eficacia, sería más eficiente enseñar respiración controlada que relajación, aunque la eficacia puede variar según el cliente y/o la fobia. Por lo tanto, sería bueno saber con qué clientes o bajo qué condiciones es útil entrenar dichas estrategias. La experiencia clínica sugiere que podría utilizarse la respiración controlada y/o la reestructuración cognitiva respectivamente cuando la activación somática y/o los pensamientos negativos interfieren con la EV. Hasta el momento, los resultados de los estudios de grupo son contradictorios sobre que la respiración controlada, la relajación y la reestructuración cognitiva aumentan la eficacia de la EV, aunque unos pocos trabajos sugieren que la reestructuración podría ser útil en la claustrofobia, la fobia a las alturas y la fobia a volar. Ahora bien, ¿podrían modificarse las expectativas e interpretaciones negativas sólo con una discusión informal?, ¿bastaría con utilizar entrenamiento autoinstruccional? Otras posibles preguntas serían:

- ¿Son las técnicas cognitivas principalmente útiles para prevenir las recaídas y prolongar las ganancias terapéuticas una vez terminado el tratamiento?
- ¿Son las técnicas cognitivas más eficaces cuando se identifican y modifican las creencias disfuncionales que subyacen a los pensamientos negativos, en vez de centrarse únicamente en estos últimos? Shafran, Booth y Rachman (1993) hallaron que dejar de creer en ciertas cogniciones (*quedaré atrapado, me ahogaré* y/o *perderé el control*), pero no en otras (*estoy en peligro, me desmayaré*), estuvo asociado con un dejar de creer en el resto de cogniciones y con una reducción dramática de la claustrofobia.
- ¿Varían las técnicas cognitivas en eficacia según el momento en que son introducidas en la secuencia de intervención? Por ejemplo, no es lo mismo que los clientes empleen autoinstrucciones de afrontamiento cuando aún están altamente ansiosos que después de haber conseguido una clara reducción de ansiedad a través de la exposición; en el primer caso las autoinstrucciones pueden resultar menos creíbles, más distractoras e interferir más con la reducción de la ansiedad.

Por otra parte, aunque hoy en día tiende a recomendarse la tensión aplicada como tratamiento de la fobia a la SID, no está claro que sea superior a la EV (a la cual incluye) y los datos sobre su eficacia han sido obtenidos por el mismo grupo de investigación, por lo que deberían ser replicados por otros investigadores.

Antony, Craske y Barlow (2006) y Craske, Antony y Barlow (2006) han recomendado la exposición interoceptiva como complemento en el tratamiento de diversas fobias (volar, conducir, atragantarse, claustrofobia). Sin embargo, esto no ha sido investigado aún, salvo en el caso de la claustrofobia. Con esta fobia, la exposición interoceptiva ha sido más eficaz que el no tratamiento, pero no ha aumentado la eficacia de la EV.

Aunque el tratamiento farmacológico, por sí solo, tiene poco que ofrecer en el campo de las FE, se ha investigado en unos pocos estudios si podría potenciar los efectos de la EV o de la terapia cognitivo-conductual. Los resultados han sido negativos hasta el momento, tanto con las benzodiacepinas como con la imipramina.

Resultados más prometedores han sido obtenidos con otro tipo de fármacos que no se consideran ansiolíticos, sino facilitadores del aprendizaje, en concreto de la extinción del miedo; un ejemplo es la D-cicloserina, un agonista parcial del receptor glutamatérgico del N-metil-D-aspartato. En un par de estudios y en comparación al placebo, la toma de D-cicloserina antes de la EV produjo mejores resultados o más rápidos. En otro trabajo, la toma del fármaco tras la ERV tuvo un efecto positivo cuando el miedo al final de la sesión fue bajo, pero negativo cuando fue alto.

Según los metaanálisis de Norberg, Krystal y Tolin (2008) y Rodrigues y cols. (2014), realizados con diversos trastornos de ansiedad, la D-cicloserina aumenta la eficacia de la exposición, aunque el tamaño del efecto es bajo. El fármaco es más eficaz cuando se administra poco antes (1-2 horas) de las sesiones, pero su eficacia se reduce con la administración repetida y en el seguimiento; estas dos últimas cosas sugieren que su principal papel puede ser aumentar la velocidad o eficiencia de la exposición y facilitar la aceptación de esta. Por otra parte, según la revisión de Hofmann, Wu y Boettcher (2013) y los datos de estudios posteriores, la D-cicloserina administrada antes o tras la exposición no es beneficiosa o sólo lo es cuando el miedo se ha reducido bastante; además, puede resultar perjudicial cuando el miedo es todavía alto tras la sesión. Esto sugeriría administrar o no el fármaco en función del grado de reducción del miedo tras la exposición.

Harán falta más investigaciones con diversas FE y en condiciones más habituales, y no de laboratorio, para confirmar o no el efecto potenciador de los fármacos fortalecedores del aprendizaje (D-cicloserina, glucocorticoides, yohimbina) y ver si los resultados se mantienen. Por el momento, el componente principal del tratamiento de las FE es la exposición combinada, cuando sea necesario, con estrategias de afrontamiento.

8. REFERENCIAS BIBLIOGRÁFICAS

Adelman, C.B., Panza, K.E., Bartley, C.A., Bontempo, A. y Bloch, M.H. (2014). A meta-analysis of computerized cognitive-behavioral therapy for the treatment of DSM-5 anxiety disorders. *The Journal of Clinical Psychiatry, 75*, e695-e704.

American Psychiatric Association (2000). *Diagnostic and statistical manual of mental disorders* (4ª ed., texto revisado). Washington: Autor.

American Psychiatric Association (2013). *Diagnostic and statistical manual of mental disorders* (5ª ed.). Washington: Author.

Antony, M.A. y Barlow, D.H. (1997). Fobia específica. En V.E. Caballo (Dir.), *Manual para el tratamiento cognitivo-conductual de los trastornos psicológicos* (Vol. 1, pp. 3-24). Madrid: Siglo XXI.

Antony, M.A. y Barlow, D.H. (2002). Specific phobias. En D.H. Barlow (Ed.), *Anxiety and its disorders* (2ª ed., pp. 380-417). Nueva York: Guilford.

Antony, M.M., Craske, M.G. y Barlow, D.H. (1995). *Mastery of your specific phobia.* Albany, NY: Graywind.

Antony, M.M., Craske, M.G. y Barlow, D.H. (2006). *Mastering your fears and phobias: Client workbook* (2ª ed.). Londres: Oxford University Press.

Antony, M.M., Orsillo, S.M. y Roemer, L. (Eds.). (2001). *Practitioner's guide to empirically based measures of anxiety.* Nueva York: Kluver/Plenum.

Armfield, J.M. (2006). Cognitive vulnerability: A model of the etiology of fear. *Clinical Psychology Review, 26,* 746-768.

Ayala, E.S., Meuret, A.E. y Ritz, T. (2009). Treatments for blood-injury-injection phobia: A critical review of current evidence. *Journal of Psychiatric Research, 43,* 1235-1242.

Bados, A. (2000). *Agorafobia y ataques de pánico: Un programa psicológico de intervención paso a paso.* Madrid: Pirámide.

Bados, A. (2006). *Tratando... pánico y agorafobia.* Madrid: Pirámide.

Bados, A. (2009). *Fobias específicas: Naturaleza, evaluación y tratamiento* (2009). Publicación electrónica. http://hdl.handle.net/2445/6282

Bados, A. y Coronas, M. (2005). Intervención en un caso de fobia a la sangre/inyecciones/heridas (pp. 47-65). En J.P. Espada, J. Olivares y F.X. Méndez (Coords.), *Terapia psicológica: Casos prácticos.* Madrid: Pirámide.

Bados, A. y García Grau, E. (2010). *La técnica de la reestructuración cognitiva.* Universidad de Barcelona, publicación electrónica. http://hdl.handle.net/2445/12302

Bados, A. y Genís, F. (1988). Tratamiento de una fobia a volar. En D. Maciá y F.X. Méndez (Eds.), *Aplicaciones clínicas de la evaluación y modificación de conducta: Estudio de casos* (pp. 40-55). Madrid: Pirámide.

Barlow, D.H. (2002). *Anxiety and its disorders: The nature and treatment of anxiety and panic* (2ª ed.). Nueva York: Guilford.

Beck, A.T. y Clark, D.A. (1997). An information processing model of anxiety: Automatic and strategic processes. *Behaviour Research and Therapy, 35,* 49-58.

Becker, E. S., Rinck, M., Turke, V., Kause, P., Goodwin, R., Neumer, S. y cols. (2007). Epidemiology of specific phobia subtypes: Findings from the Dresden Mental Health Study. *European Psychiatry, 22,* 69-74.

Borda, M., López, A.M. y Pérez, M.A. (2010). Inventario de fobia a la sangre (BIPI): Desarrollo, fiabilidad y validez. *Anales de Psicología, 26,* 58-71.

Bornas, X., Tortella-Feliu, M., Llabrés, J., Mühlberger, A., Pauli, P. y Barceló, F. (2002). Clinical usefulness of a simulated exposure treatment for fear of flying. *Revista Internacional de Psicología Clínica y de la Salud, 2,* 247-262.

Botella, C. y Ballester, R. (1997). *Trastorno de pánico: Evaluación y tratamiento.* Barcelona: Martínez Roca.

Botella, C., Bretón-López, J., Quero, S., Baños, R. y García-Palacios, A. (2010). Treating cockroach phobia with augmented reality. *Behavior Therapy, 41*, 401-413.

Brown, T.A., Campbell, L.A., Lehman, C.L., Grisham, J.R. y Mancill, R.B. (2001). Current and lifetime comorbidity of the DSM-IV anxiety and mood disorders in a large clinical sample. *Journal of Abnormal Psychology, 110*, 585-599.

Brown, T.A., Di Nardo, P.A. y Barlow, D.H. (1994). *Anxiety Disorders Interview Schedule for DSM-IV: Lifetime version (ADIS-IV-L).* San Antonio, TX: Psychological Corporation.

Burnham, J.J. y Gullone, E. (1997). The Fear Survey Schedule for Children-II: A psychometric investigation with American data. *Behaviour Research and Therapy, 35*, 165-173.

Choy, Y., Fyer, A. y Lipsitz, J. (2007). Treatment of specific phobia in adults. *Clinical Psychology Review, 27*, 266-286.

Comeche, M.I., Díaz, M.I. y Vallejo, M.A. (1995). *Cuestionarios, inventarios y escalas: Ansiedad, depresión, habilidades sociales.* Madrid: Fundación Universidad-Empresa.

Craske, M.G., Antony, M.A. y Barlow, D.H. (1997). *Mastery of your specific phobia; Therapist guide.* Albany, NY: Graywind.

Craske, M.G., Antony, M.M. y Barlow, D.H. (2006). *Mastering your fears and phobias: Therapist guide* (2ª ed.). Londres: Oxford University Press.

Cuijpers, P. P., Donker, T. T., van Straten, A. A., Li, J. J. y Andersson, G. G. (2010). Is guided self-help as effective as face-to-face psychotherapy for depression and anxiety disorders? A systematic review and meta-analysis of comparative outcome studies. *Psychological Medicine: A Journal of Research in Psychiatry and the Allied Sciences, 40*, 1943-1957.

Cuijpers, P., Marks, I., van Straten, A., Cavanagh, K., Gega, L. y Andersson, G. (2009). Computer-aided psychotherapy for anxiety disorders: A Meta-Analytic Review. *Cognitive Behaviour Therapy, 38*, 66-82.

Curtis, G.C., Magee, W.J., Eaton, W.W., Wittchen, H.-U. y Kessler, R.C. (1998). Specific fears and phobias: Epidemiology and classification. *British Journal of Psychiatry, 173*, 212-217.

Echeburúa, E. (1995). *Evaluación y tratamiento de la fobia social.* Barcelona: Martínez Roca.

Echeburúa, E. y de Corral, P. (1995). Técnicas de exposición: Variantes y aplicaciones. En F.J. Labrador, J.A. Cruzado y M. Muñoz (Eds.), *Manual de técnicas de modificación y terapia de conducta* (pp. 422-456). Madrid: Pirámide.

Emmelkamp. P.M.G., Bouman, T.K. y Scholing, A. (1992). *Anxiety disorders: A practitioner's guide.* Chichester: Wiley.

ESEMeD/MHEDEA 2000 Investigators (2004). Prevalence of mental disorders in Europe: Results from the ESEMeD European Study of Epidemiology of Mental Disorders (ESEMeD) project. *Acta Psychiatrica Scandinavica, 109* (suppl. 420), 21–27.

Flatt, N. y King, N. (2010). Brief psycho-social interventions in the treatment of specific childhood phobias: A controlled trial and a 1-year follow-up. *Behaviour Change, 27,* 130-153.

García-Portilla, M.P., Bascarán, M.T., Sáiz, P.A., Parellada, M. Bousoño, M. y Bobes, J. (2008). *Banco de instrumentos básicos para la práctica de la psiquiatría clínica (5ª ed.).* Barcelona: Ars Médica.

Hans, E. y Hiller, W. (2013). A meta-analysis of nonrandomized effectiveness studies on outpatient cognitive behavioral therapy for adult anxiety disorders. *Clinical Psychology Review, 33,* 954-964.

Haro, J., Palacín, C., Vilagut, G., Martínez, M., Bernal, M., Luque, I. y cols. (2006). Prevalencia de los trastornos mentales y factores asociados: resultados del estudio ESEMeD-España. *Medicina Clínica, 126,* 445-451.

Haug, T., Nordgreen, T., Öst, L. G. y Havik, O. E. (2012). Self-help treatment of anxiety disorders: A meta-analysis and meta-regression of effects and potential moderators. *Clinical Psychology Review, 32,* 425-445.

Helbig-Lang, S. y Petermann, F. (2010). Tolerate or eliminate? A systematic review on the effects of safety behavior across anxiety disorders. *Clinical Psychology: Science and Practice, 17,* 218-233.

Hirai, M. y Clum, G.A. (2006). A meta-analytic study of self-help interventions for anxiety problems. *Behavior Therapy, 37,* 99-111.

Hofmann, S.G., Wu, J.Q. y Boettcher, H. (2013). D-cycloserine as an augmentation strategy for cognitive behavioral therapy of anxiety disorders. *Biology of Mood & Anxiety Disorders, 3,* 11. doi:10.1186/2045-5380-3-11

Kessler, R.C., Berglund, P., Demler, O., Jin, R., Merikangas, K.R. y Walters, E.E. (2005). Lifetime prevalence and age-of-onset distributions of *DSM-IV* disorders in the National Comorbidity Survey Replication. *Archives of General Psychiatry, 62,* 593-602.

Kessler, R.C., Chiu, W.T., Demler, O. y Ellen, E.W. (2005). Prevalence, severity, and comorbidity of 12-month DSM-IV disorders in the National Comorbidity Survey Replication. *Archives of General Psychiatry, 62,* 617-627.

Kirk, J. y Rouf, K. (2004). Specific phobias. En J. Bennett-Levy, G. Butler, M. Fennell, A. Hackmann y M. Mueller (Eds.) *Oxford guide to behavioural experiments in cognitive therapy* (pp. 161-180). Oxford: Oxford University Press.

Kleinknecht, R.A., Kleinknecht, E.E., Sawchuk, C.N., Lee, T.C. y Lohr, J. (1999). The Medical Fear Survey: Psychometric properties. *The Behavior Therapist, 22,* 109-112, 119.

Klorman, R., Hastings, J., Weerts, T., Melamed, B. y Lang, P. (1974). Psychometric description of some specific fear questionnaires. *Behavior Therapy, 5,* 401-409.

Krijn, M., Emmelkamp, P.M.G., Olafsson, R.P. y Biemond, R. (2004). Virtual reality exposure therapy of anxiety disorders: A review. *Clinical Psychology Review, 24,* 259-281.

Krijn, M., Emmelkamp, P. M. G., Olafsson, R. P., Schuemie, M. J. i Van der Mast, C. (2007). Do self-statements enhance the effectiveness of virtual reality exposure therapy? A comparative evaluation in acrophobia. *Cyberpsychology & Behavior, 10,* 362-370.

Kuch, K., Cox, B.J. y Direnfeld, D.M. (1995). A brief self-rating scale for PTSD after road vehicle accident. *Journal of Anxiety Disorders, 9,* 503-514.

Kvale, G., Berggren, U. y Milgrom, P. (2004). Dental fear in adults: A meta-analysis of behavioral interventions. *Community Dentistry and Oral Epidemiology, 32,* 250-264.

Lang, A.J. y Craske, M.G. (2000). Manipulations of exposure-based therapy to reduce return of fear: A replication. *Behaviour Research and Therapy, 38,* 1-12.

LeBeau, R., Glenn, D., Liao, B., Wittchen, H., Beesdo-Baum, K., Ollendick, T., y cols. (2010). Specific phobia: A review of DSM-IV specific phobia and preliminary recommendations for DSM-V. *Depression and Anxiety, 27,* 148-167.

Lewis-Fernández, R., Hinton, D., Laria, A., Patterson, E., Hofmann, S., Craske, M., y cols. (2010). Culture and the anxiety disorders: Recommendations for DSM-V. *Depression and Anxiety, 27,* 212-229.

Martínez, M.A., García, A. y Botella, C. (2003). Psychometric properties of the Claustrophobia Questionnaire in Spanish population. *Psicothema, 15,* 673-678.

McCabe, R.E., Antony, M.M. y Ollendick, T.H. (2005). Evaluación de las fobias específicas. En V.E. Caballo (Dir.), *Manual para la evaluación clínica de los trastornos psicológicos: estrategias de evaluación, problemas infantiles y trastornos de ansiedad.* (pp. 427-445). Madrid: Pirámide.

McHugh, R.K., Whitton, S.W., Peckham, A.D., Welgem J.A, y Otto, M.W. (2013) Patient preference for psychological vs pharmacologic treatment of psychiatric disorders: a meta-analytic review. *Journal of Clinical Psychiatry, 74,* 595-602.

McLeod, B.D., Wood, J.J. y Weisz, J.R. (2007). Examining the association between parenting and childhood anxiety: A meta-analysis. *Clinical Psychology Review, 27,* 155-172.

McMillan, D. y Lee, R. (2010). A systematic review of behavioral experiments vs. exposure alone in the treatment of anxiety disorders: A case of exposure while wearing the emperor's new clothes? *Clinical Psychology Review, 30,* 467-478.

Méndez, F.X. y Maciá, D. (1988). Escenificaciones emotivas: Una técnica para las fobias infantiles. *Análisis y Modificación de Conducta, 14,* 323-351.

Méndez, F.X. y Macià, D. (1994). Evaluación de los problemas de ansiedad. En R. Fernández-Ballesteros (Ed.), *Evaluación conductual hoy* (pp. 426-483). Madrid: Pirámide.

Méndez, F.X., Rosa, A.I., Orgilés, M., Santacruz, I. y Olivares, J. (2003). Guía de tratamientos psicológicos eficaces para miedos y fobias en la infancia y adolescencia. En M. Pérez, J.R. Fernández, C. Fernández e I. Amigo (Coords.), *Guía de tratamientos psicológicos eficaces III: Infancia y adolescencia* (pp. 111-136). Madrid: Pirámide.

Menzies, R.G. y Clarke, J.C. (1995). The etiology of phobias: A nonassociative account. *Clinical Psychology Review, 15*, 23-48.

Merckelbach, H., de Jong, P.J., Muris, P. y van den Hout, M.A. (1996). The etiology of specific phobias: A review. *Clinical Psychology Review, 16*, 337-361.

Miller, W.R. y Rollnick, S. (1999). *La entrevista motivacional.* Barcelona: Paidós. (Original de 1991.)

Miller, W. R. y Rollnick, S. (2002). *Motivational interviewing (2ª ed.).* New York: Guilford.

Moffitt, T., Caspi, A., Taylor, A., Kokaua, J., Milne, B., Polanczyk, G. y cols. (2010). How common are common mental disorders? Evidence that lifetime prevalence rates are doubled by prospective versus retrospective ascertainment. *Psychological Medicine, 40*, 899-909.

Moore, R. Brodsgaard, I. y Abrahamsem, R. (2002). A 3-year comparison of dental anxiety treatment outcomes: Hypnosis, group therapy and individual desensitization vs. no specialist treatment. *European Journal of Oral Sciences, 110*, 287-295.

Muris, P., Merckelbach, H., Schmidt, H. y Mayer, B. (1999). The revised version of the Screen for Child Anxiety Related Emotional Disorders (SCARED-R): Factor structure in normal children. *Personality and Individual Differences, 26*, 99-112.

Nelson, A. L., Vorstenbosch, V. y Antony, M. M. (2014). Assessing fear of storms and severe weather: Validation of the Storm Fear Questionnaire (SFQ). *Journal of Psychopathology and Behavioral Assessment, 36*, 105-114.

Norberg, M., Krystal, J. y Tolin, D. (2008). A meta-analysis of D-cycloserine and the facilitation of fear extinction and exposure therapy. *Biological Psychiatry, 63*, 1118-1126.

Olatunji, B., Cisler, J., McKay, D. y Phillips, M. (2010). Is disgust associated with psychopathology? Emerging research in the anxiety disorders. *Psychiatry Research, 175*, 1-10.

Olatunji, B. O., Ebesutani, C., Sawchuk, C. N., McKay, D., Lohr, J. M. y Kleinknecht, R. A. (2012). Development and initial validation of the Medical Fear Survey-Short Version. *Assessment, 19*, 318-336.

Oliver, N.S. y Page, A.C. (2008). Effects of internal and external distraction and focus during exposure to blood-injury-injection stimuli. *Journal of Anxiety Disorders, 22*, 283-291.

Ollendick, T.H. y Davis, T.E. (2013). One-session treatment for specific phobias: A review of Öst's single-session exposure with children and adolescents. *Cognitive Behaviour Therapy, 42*, 275-283.

Ollendick, T., Öst, L., Reuterskiöld, L., Costa, N., Cederlund, R., Sirbu, C., y cols. (2009). One-session treatment of specific phobias in youth: A randomized clinical trial in the United States and Sweden. *Journal of Consulting and Clinical Psychology, 77*, 504-516.

Opriş, D., Pintea, S., García-Palacios, A., Botella, C., Szamosközi, Ş. y David, D. (2012). Virtual reality exposure therapy in anxiety disorders: a quantitative meta-analysis. *Depression and Anxiety, 29*, 85-93.

Orgilés, M., Rosa, A.I., Santacruz, I., Méndez, X., Olivares, J. y Sánchez Meca, J. (2002). Tratamientos psicológicos bien establecidos y de elevada eficacia: Terapia de conducta para las fobias específicas. *Psicología Conductual., 10*, 481- 502.

Öst, L-G. (1989a). A maintenance program for behavioral treatment of anxiety disorders. *Behaviour Research and Therapy, 27*, 123-130.

Öst, L-G. (1989b). One-session treatment for specific phobias. *Behaviour Research and Therapy, 27*, 1-7.

Öst, L. (2008). Cognitive behavior therapy for anxiety disorders: 40 years of progress. *Nordic Journal of Psychiatry, 62*, 5-10.

Öst, L-G., Brandberg, M. y Alm, T. (1997). One versus five sessions of exposure in the treatment of flying phobia. *Behaviour Research and Therapy, 35*, 987-996.

Öst, L-G. y Sterner, U. (1987). Applied tension: A specific behavioral method for treatment of blood phobia. *Behaviour Research and Therapy, 25*, 25-29.

Parrish, C., Radomsky, A. y Dugas, M. (2008). Anxiety-control strategies: Is there room for neutralization in successful exposure treatment? *Clinical Psychology Review, 28*, 1400-1412.

Parsons, T. y Rizzo, A. (2008). Affective outcomes of virtual reality exposure therapy for anxiety and specific phobias: A meta-analysis. *Journal of Behavior Therapy and Experimental Psychiatry, 39*, 250-261.

Podină, I. R., Koster, E. H. W., Philippot, P., Dethier, V. y David, D. O. (2013). Optimal attentional focus during exposure in specific phobia: A meta-analysis. *Clinical Psychology Review, 33*, 1172-1183.

Powers, M. y Emmelkamp, P. (2008). Virtual reality exposure therapy for anxiety disorders: A meta-analysis. *Journal of Anxiety Disorders, 22*, 561-569.

Rachman, S. (1990). The determinants and treatment of simple phobias. *Advances in Behaviour Research and Therapy, 12*, 1-30.

Rachman, S., Radomsky, A.S. y Shafran, R. (2008). Safety behaviour: A reconsideration. *Behaviour Research and Therapy, 46*, 163-173.

Radomsky, A.S., Rachman, S., Thordarson, D.S., McIsaac, H.K. y Teachman, B.A. (2001). The Claustrophobia Questionnaire. *Journal of Anxiety Disorders, 15*, 287-297.

Ritz, T., Wilhelm, F., Meuret, A., Gerlach, A. y Roth, W. (2009). Do blood phobia patients hyperventilate during exposure by breathing faster, deeper, or both? *Depression and Anxiety, 26*, E60-E67.

Roca, E. (2005). *Cómo superar el pánico (con o sin* agorafobia) (4ª ed. revisada). Valencia: Ediciones ACDE.

Rodrigues, H., Figueira, I., Lopes, A., Gonçalves, R., Mendlowicz, M. V., Coutinho, E. S. F. y Ventura, P. (2014). Does D-cycloserine enhance exposure therapy for anxiety disorders in humans? A meta-analysis. PloS One, 9(7), 1. doi:http://dx.doi.org/10.1371/journal.pone.0093519e

Rowe, M.K. y Craske, M.G. (1998). Effects of an expanding-spaced vs massed exposure schedule on fear reduction and return of fear. *Behaviour Research and Therapy, 36,* 701-717.

Ruhmland, M. y Margraf, J. (2001). Effektivitaet psychologischer Therapien von spezifischer Phobie und Zwangsstoerung: Meta Analysen auf Stoerungsebene (Efficacy of psychological treatments for specific phobia and obsessive compulsive disorder). *Verhaltenstherapie, 11,* 14-26. Resumen recuperado el 17 de octubre de 2005 de la base de datos PsycINFO.

Sandín, B. (1997). *Ansiedad, miedos y fobias en niños y adolescentes.* Madrid: Dykinson.

Sandín, B., Chorot, P., Olmedo, M. y Valiente, R.M. (2008). Escala de propensión y sensibilidad al asco revisada (DPSS-R): Propiedades psicométricas y relación del asco con los miedos y los síntomas obsesivo-compulsivos. *Análisis y Modificación de Conducta, 34,* 93-136.

Sandín, B., Valiente, R.M., Chorot, P. y Santed, M.A. (2007). ASI-3: Nueva escala para la evaluación de la sensibilidad a la ansiedad. *Revista de Psicopatología y Psicología Clínica, 12,* 91-104.

Shafran, R., Booth, R. y Rachman, S. (1993). The reduction of claustrophobia: II: Cognitive analyses. *Behaviour Research and Therapy, 31,* 78-85.

Sosa, C. y Capafons, J.I. (2008). *Tratando... fobias específicas* (2ª ed.). Madrid: Pirámide.

Sosa, C. y Capafons, J.I., Viña, C.M. y Herrero, M. (1995). La evaluación del miedo a viajar en avión: Estudio psicométrico de dos instrumentos de tipo autoinforme. *Psicología Conductual, 3,* 133-158.

Stewart, A.E. y St. Peter, C.C. (2004). Driving and riding avoidance following motor vehicle crashes in a non-clinical sample: psychometric properties of a new measure. *Behaviour Research and Therapy, 42,* 859-879.

Stinson, F. S., Dawson, D. A., Chou, S. P., Smith, S., Goldstein, R. B., Ruan, W. J. y cols. (2007). The epidemiology of DSM-IV specific phobia in the USA: results from the National Epidemiologic Survey on Alcohol and Related Conditions. *Psychological Medicine, 37,* 1047-1059.

Stouhard, M.E.A., Mellenberg, J. y Hoogstraten, G.J (1993). Assessment of dental anxiety: A facet approach. *Anxiety, Stress, and Coping, 6,* 89-105.

Suárez, L.M., Bennett, S.M., Goldstein, C.R. y Barlow, D.H. (2009). Understandinf anxiety disorders from a "triple vulnerability" framework. En M.M. Antony, y M.B. Stein, (Eds.), *Oxford handbook of anxiety and related disorders* (pp. 153-172). Nueva York: Oxford University Press.

Szymansky, J. y O'Donohue, W. (1995). Fear of Spiders Questionnaire. *Journal of Behavior Therapy and Experimental Psychiatry, 26,* 31-34.

Turner, S,M., Beidel, D.C., Spaulding, S.A. y Brown, J.M. (1995). The practice of behavior therapy: A national survey of cost and methods. *The Behavior Therapist, 18,* 1-4.

Valiente, R.M., Sandín, B. y Chorot, P. (2003). *Miedos en la infancia y la adolescencia.* Madrid: UNED.

Van Houten, C.M.H.H., Laine, M.L., Boomsma, D.I., Ligthart, L., van Wijk, A.J. y De Jongh, A. (2013). A review and meta-analysis of the heritability of specific phobia subtypes and corresponding fears. *Journal of Anxiety Disorders, 27*, 379-388.

van Ingen, D.J., Freiheit, S.R. y Vye, C.S. (2009). From the lab to the clinic: Effectiveness of cognitive–behavioral treatments for anxiety disorders. *Professional Psychology: Research and Practice, 40*, 69–74.

Wenzel, A. y Holt, C.S. (2003). Validation of the Multidimensional Blood/Injury Phobia Inventory: Evidence for a unitary construct. *Journal of Psychopathology and Behavioral Assessment, 25*, 203-211.

Wolitzky-Taylor, K., Horowitz, J., Powers, M. y Telch, M. (2008). Psychological approaches in the treatment of specific phobias: A meta-analysis. *Clinical Psychology Review, 28*, 1021-1037.

Wolpe, J. (1977). *Práctica de la terapia de conducta.* México: Trillas. (Original publicado en 1973.)

Wolpe, J. y Lang, P. (1977). *Manual for the Fear Survey Schedule.* San Diego, CA: Educational and Industrial Testing Services.

Zlomke, K. y Davis, T. (2008). One-session treatment of specific phobias: A detailed description and review of treatment efficacy. *Behavior Therapy, 39*, 207-223.

9. LECTURAS RECOMENDADAS

Antony, M.M., Craske, M.G. y Barlow, D.H. (2006). *Mastering your fears and phobias: Client workbook* (2ª ed.). Londres: Oxford University Press.

Craske, M.G., Antony, M.M. y Barlow, D.H. (2006). *Mastering your fears and phobias: Therapist guide* (2ª ed.). Londres: Oxford University Press.

Son dos manuales muy completos de tratamiento de las fobias específicas, con una versión para el cliente y otra para el terapeuta. Se aborda el desarrollo de las fobias, su evaluación a través de instrumentos sencillos y su tratamiento a través de restructuación cognitiva y exposición. Una vez presentadas las guías generales, estas son desarrolladas detalladamente para doce fobias específicas diferentes.

Méndez, F.X. (1999). *Miedos y temores en la infancia: Cómo ayudar a los niños a superarlos.* Madrid: Pirámide.

Se trata de un libro muy útil para el abordaje de los miedos infantiles y muchas de las ideas ofrecidas son aplicables a las fobias específicas. Está escrito en un lenguaje claro y sencillo para que personas que conviven y trabajan con niños puedan ayudarles. El autor presenta los miedos infantiles, explica cómo se adquieren y mantienen, describe de modo muy práctico cómo evaluarlos (e incluso presenta instrumentos concretos) y detalla el tratamiento basado en exposición, modelado, reforzamiento y estrategias de afrontamiento.

Rubio, V.J., Cabezuelo, F.J. y Castellano, M.A. (1996) El miedo a volar en avión. Un problema frecuente con una solución al alcance. Madrid: Biblioteca Nueva.

Los autores describen y explican el miedo a volar y revisan los estudios de eficacia al respecto. A partir de aquí presentan y describen sesión por sesión un programa de tratamiento que incluye información, relajación, reestructuración cognitiva, desensibilización sistemática y exposición en vivo. Toda esta información es complementada por unos apéndices muy útiles. Los resultados conseguidos con el programa de los autores en un estudio no controlado con universitarios voluntarios han sido satisfactorios.

Sosa, C. y Capafons, J.I. (2008). *Tratando... fobias específicas* (2ª ed.). Madrid: Pirámide. El libro se centra totalmente en presentar de forma práctica un programa de tratamiento para las fobias específicas. La intervención se basa en la exposición, pero los autores enfatizan que ésta debe conducirse de modo que el cliente se sienta seguro tanto respecto a la situación como a sus reacciones. Para ello proponen el empleo de estrategias de respiración, relajación y detención del pensamiento. Un punto fuerte del libro es las pautas para el terapeuta cuando los clientes presentan determinadas dificultades.

10. PREGUNTAS DE AUTO-COMPROBACIÓN

1) Una persona con fobia a los perros puede temer tener un ataque cardíaco o, incluso, morir de miedo.
2) Las fobias específicas pueden surgir a partir de la ocurrencia en situaciones potencialmente fóbicas de falsas alarmas provocadas por diversos factores estresantes.
3) La exposición en vivo reduce la emoción de miedo, pero no la de asco.
4) La reestructuración cognitiva parece potenciar la exposición en vivo en algunas fobias específicas (p.ej. fobia a volar).
5) La tensión aplicada es más eficaz que la exposición en vivo para la fobia a la sangre.
6) Parece importante incluir en la jerarquía de exposición en vivo situaciones en las que han ocurrido reacciones fóbicas intensas o ataques de pánico previos.
7) No debe permitirse el escape temporal de la situación temida durante la exposición en vivo.
8) En el tratamiento en una sola sesión de Öst, la exposición en vivo se plantea como una serie de experimentos conductuales.
9) La exposición en vivo no debe ser aplicada con clientes con fobia a las alturas que sienten el impulso de saltar desde un sitio alto.
10) Las benzodiacepinas potencian los efectos de la exposición en vivo.

Las respuestas (verdadero, o falso) a las preguntas
se encuentran en el anexo final del texto.

4

TRASTORNO DE ANSIEDAD GENERALIZADA

Arturo Bados López

Universidad de Barcelona

1. INTRODUCCIÓN

Carla era una chica de 30 años que vino a consulta por un estado elevado de ansiedad y preocupaciones que se agravó hace tres años como consecuencia de un cambio de ciudad y de trabajo. Decía angustiarse por un sinfín de situaciones y consideraba que era una persona que se preocupaba con facilidad, mucho más que el resto de las personas. Las áreas que le preocupaban más eran el trabajo (no poder desempeñarlo adecuadamente, quedarse sin trabajo), la economía (no tener dinero suficiente para sobrevivir), los amigos (no quedar bien con ellos, parecer tonta), la pareja (quedarse sola) y la salud (poder tener problemas físicos o desarrollar una enfermedad). Para Carla, sus preocupaciones eran excesivas (p.ej., era bien valorada en el trabajo y por sus amigos y ganaba un sueldo suficiente), le ocupaban una buena parte del tiempo todos los días y le resultaban bastante difíciles de controlar. Para combatirlas, utilizaba estrategias como buscar tranquilización por parte de otros, aplazar decisiones, no expresar sus opiniones y, ocasionalmente, beber alcohol. No creía que sus preocupaciones tuvieran ninguna utilidad, pero sí que podían llegar a implicar una serie de consecuencias negativas tales como dejar de funcionar, enfermar y volverse loca.

Como consecuencia de sus preocupaciones y ansiedad, Carla padecía tensión muscular, fatiga y dificultad para concentrarse en un grado bastante alto y, en mayor medida aún, inquietud, irritabilidad y dificultades para mantener el sueño. Además, tenía dolores de cabeza y, en los momentos de mayor tensión, taquicardia y dificultades para respirar. Todos estos síntomas interferían claramente en su vida. Así, posponía actividades laborales, había bajado su rendimiento laboral, había reducido sus contactos sociales y, a partir de una cierta época, establecía relaciones rápidas de pareja que no le eran emocionalmente satisfactorias y no terminaban de funcionar. Además presentaba un estado de ánimo deprimido.

El caso de Carla es un ejemplo de trastorno de ansiedad generalizada (TAG). En este capítulo se abordan los siguientes aspectos del trastorno: definición, clasificación, edad de comienzo y curso, epidemiología, problemas asociados, modelo explicativo, métodos e instrumentos de evaluación, eficacia y utilidad clínica de los tratamientos con apoyo empírico, propuesta de tratamiento, con sus correspondientes guías, y perspectivas de tratamiento.

2. DEFINICIÓN, CLASIFICACIÓN Y EPIDEMIOLOGÍA

2.1. Definición y clasificación

La ansiedad y preocupación excesivas son dos de los componentes nucleares del TAG. La ansiedad es la respuesta emocional (sentimiento de inquietud/malestar o síntomas somáticos de tensión) que acompaña a la anticipación aprensiva de un peligro o desgracia futuros, ya sean internos o externos. La preocupación es una cadena de pensamientos sobre un peligro o desgracia futuros, donde hay incertidumbre sobre los resultados (la amenaza futura es vista como impredecible y/o incontrolable) y un sentimiento acompañante de ansiedad. Se ha dicho que el ciclo de la preocupación comienza con una frase del tipo: *¿Y si... (sucede algo malo)?*, lo cual es seguido por una cadena de pensamientos sobre posibles consecuencias negativas (Dugas y Robichaud, 2007).

Las áreas más comunes de preocupación incluyen la salud (propia y de otros), la familia, los amigos, las relaciones sociales en general, el trabajo, los estudios, la economía y cuestiones menores tales como tareas domésticas, reparación del coche o llegar tarde. En general, se piensa que no hay diferencias en el contenido de las preocupaciones de las personas *normales* y de las personas con TAG. Por otra parte, en el TAG las preocupaciones son más frecuentes, duraderas, intensas y difíciles de controlar que en personas normales. En comparación a personas *normales*, las personas con TAG se pasan más tiempo preocupados diariamente (55 ± 63 contra 310 ± 195 minutos en el estudio de Dupuy y cols., 2001), informan de más preocupaciones no precipitadas por algo, se preocupan más por cuestiones menores y tienen preocupaciones menos realistas, percepciones de menor controlabilidad y más áreas de preocupación. Por otra parte, la observación clínica revela que el foco de las preocupaciones de los clientes con TAG cambia repetidamente, aunque hay una gran variabilidad individual en la velocidad con que se producen estos cambios.

No hay que confundir preocupaciones y obsesiones. Estas últimas no son simplemente preocupaciones excesivas sobre problemas de la vida real, sino cogniciones experimentadas como intrusas e inaceptables (egodistónicas) que adoptan frecuentemente la forma de impulsos e imágenes añadidos a los pensamientos. En cambio, las preocupaciones suelen experimentarse más como pensamientos verbales, son egosintónicas y su contenido no suele ser visto como inapropiado. Las preocupaciones también deben ser distinguidas de las rumiaciones depresivas. Las preocupaciones tienden a centrarse en posibles eventos negativos en el futuro, mientras las rumiaciones se focalizan en eventos negativos que ya han sucedido. Aunque una preocupación puede referirse a un acontecimiento pasado, el centro de atención principal radica en las posibles repercusiones futuras.

Las personas con TAG se preocupan por cosas que es improbable que sucedan o que si ocurren son mucho más manejables y menos dramáticas de lo que aquellas piensan. Los clientes con TAG presentan preocupaciones relativamente constantes y, por lo general, únicamente suelen ser capaces de dejar de lado un tema de preocupación ante la aparición de un nuevo tema de preocupación.

Según un estudio (Hirsch y cols., 2013), las dos variables que diferenciaron a las personas con TAG y las personas que se preocupan en exceso fueron un rasgo elevado de ansiedad y una mayor frecuencia de pensamientos intrusos, que fueron también más negativos. Estas dos variables podrían contribuir a explicar la transición entre preocuparse excesivamente y el TAG.

La ansiedad elevada y las preocupaciones excesivas, persistentes y difíciles de controlar forman parte de los criterios diagnósticos del TAG según la quinta edición del Manual diagnóstico y estadístico de los trastornos mentales (DSM-5) de la American Psychiatric Association (2013), los cuales son expuestos en la Tabla 1.

Las diferencias entre el DSM-5 y la versión anterior (DSM-IV-TR; American Psychiatric Association, 2000) son mínimas. Los criterios A, B, C y D del DSM-5 corresponden exactamente a los criterios A, B, C y E del DSM-IV-TR. El criterio F del DSM-5 corresponde al D del DSM-IV-TR, aunque con ligeros cambios de redacción y más ejemplos sobre los trastornos que no deben poder explicar el TAG. El criterio E de la última versión coincide con la primera parte del criterio F de la anterior, pero elimina el criterio de exclusión de que el TAG no puede ocurrir exclusivamente durante un trastorno del estado de ánimo, un trastorno psicótico o un trastorno generalizado del desarrollo. Sin embargo, al hablar del diagnóstico diferencial, el DSM-5 afirma que el TAG no debe ser diagnosticado si la preocupación excesiva ha ocurrido únicamente durante el curso de un trastorno depresivo, un trastorno bipolar o un trastorno psicótico. Finalmente, cuando hay ataques de pánico, el DSM-5 requiere que se ponga el siguiente especificador: TAG con ataques de pánico.

Algunos de los criterios del DSM-5, ya presentes en el DSM-IV-TR, han sido cuestionados. En concreto:

- La utilidad del criterio de duración de 6 meses. Varios estudios epidemiológicos no han hallado diferencias significativas en disfunción y comorbilidad entre las personas con TAG de 6 o más meses de duración y personas con TAG de 1-5 meses de duración (Kessler y cols., 2009).
- El requerimiento de que las preocupaciones sean excesivas, ya que en comparación a personas sin TAG, aquellas con TAG cuyas preocupaciones no son excesivas presentan más deterioro, cronicidad, comorbilidad y búsqueda de tratamiento (Ruscio y cols., 2005).
- La validez de la relación jerárquica entre el trastorno depresivo mayor y el TAG. Los clientes que presentan TAG únicamente durante el curso de su depresión no se diferencian de los clientes con TAG y depresión comórbida en características clínicas y psicosociales o en su historia familiar de trastornos psiquiátricos; y ambos grupos están más perturbados que los que presentan depresión mayor sin TAG (Andrews y cols., 2010).
- Los seis síntomas asociados, ya que muchos de ellos se dan también en el trastorno depresivo mayor. La inquietud o nerviosismo y la tensión muscular son los síntomas específicos del TAG (Andrews y cols., 2010).
- La preponderancia dada a la preocupación patológica en detrimento de las reacciones somáticas y autónomas. Se ha propuesto considerar diversos subtipos del TAG: con predominio de preocupación, con predomino somático y combinado (Portman, Starcevic y Beck, 2011).
- La consideración del TAG como un trastorno categorial, en contra de los datos sugieren que es realmente un trastorno dimensional (Marcus, Sawaqdeh y Kwon, 2014).

A. Debe haber una ansiedad y preocupación excesivas –esto es, desproporcionadas para las circunstancias actuales o anticipadas– y persistentes (presentes más de la mitad de los días durante al menos 6 meses) sobre diversas áreas o circunstancias de la vida.

B. A la persona le resulta difícil controlar la preocupación y que esta no interfiera con las tareas que hace.

C. La ansiedad y la preocupación están asociadas con tres o más de los siguientes síntomas (basta con uno en niños): inquietud o tener los nervios de punta, cansarse con facilidad, dificultades de concentración o quedarse en blanco, irritabilidad, tensión muscular y perturbaciones del sueño. Algunos de estos síntomas deben haber sido persistentes (presentes más de la mitad de los días durante los últimos 6 meses).

D. La ansiedad, la preocupación o los síntomas anteriores producen un malestar significativo o un deterioro del funcionamiento de la persona en áreas importantes.

E. El trastorno no es debido a los efectos directos de una droga, fármaco o enfermedad.

F. El trastorno no se explica mejor por la ocurrencia de otro trastorno mental. Este sería el caso, por ejemplo, si la ansiedad y preocupación estuvieran focalizadas en ser negativamente evaluado por otros, lo cual correspondería a un diagnóstico de fobia social.

Tabla 1. Criterios diagnósticos resumidos para el TAG siguiendo el DSM-5. Reproducido de Bados (2015) con permiso de Editorial Síntesis.

A pesar de que la náusea, la diarrea y otras molestias abdominales son frecuentemente informadas por algunos clientes, los síntomas autónomos no parecen ser tan frecuentes en el TAG como en otros trastornos de ansiedad. En cambio, los clientes con TAG informan de más activación del sistema nervioso central. La tensión muscular es el síntoma somático más característico del TAG, mientras que hay un déficit del tono parasimpático en estados de descanso y relajación, por lo que el principal correlato fisiológico del TAG parece ser la inflexibilidad o falta de variabilidad autónoma (cardiovascular y electrodermal) (Hazlett-Stevens, Pruitt y Collins, 2009). Este sustrato fisiológico tiene sentido si se piensa que los estímulos temidos en el TAG tienen menos que ver con una amenaza presente que requiere lucha o huida y más con pensamientos sobre una amenaza futura sin sitio donde correr y nada con qué luchar.

De todos modos, la activación fisiológica es mayor en el TAG que en grupos control y el rasgo de preocupación está asociado con una mayor actividad del sistema nervioso simpático (p.ej., actividad cardiovascular aumentada). Además, en sociedades no occidentales las presentaciones somáticas de la ansiedad generalizada son más prominentes que las psicológicas y son frecuentes síntomas como palpitaciones, dificultades para respirar, sudoración, malestar abdominal, sensación de mareo, dolor o malestar en el pecho y náuseas (Lewis-Fernandez y cols., 2010).

2.2. Edad de comienzo y curso

Al menos la mitad de los clientes con TAG informan que su trastorno comenzó en la infancia y adolescencia, aunque un inicio después de los 20 años no es raro. En muestras clínicas, le edad media de comienzo ha oscilado entre 20 y 25 años (Brown y cols., 2001; Gosselin y Laberge, 2003). En cambio, según estudios epidemiológicos, el TAG no parece comenzar a una edad temprana; así, en el estudio de Kessler y cols. (2005), la edad media fue 31 años. El trastorno es menos frecuente a partir de los 60 años. Con niños y adolescentes, la edad media de comienzo ha oscilado entre los 11 y 13,5 años. Es plausible que las preocupaciones excesivas aparezcan ya en la infancia o adolescencia, pero que no alcancen la categoría de trastorno hasta el comienzo de la vida adulta, coincidiendo con acontecimientos vitales tales como la acumulación de responsabilidades, nacimiento de niños, dificultades laborales y problemas de salud.

El curso del trastorno es crónico, aunque con fluctuaciones dependientes de la presencia o ausencia de periodos de estrés. El TAG puede remitir totalmente, especialmente con tratamiento adecuado, pero lo más frecuente es que continúe a un nivel subumbral (con importantes síntomas residuales) o que sea reemplazado por otro trastorno. En comparación a otras personas con trastornos de ansiedad, es menos frecuente que aquellas con TAG busquen tratamiento psicológico, quizá porque acepten el trastorno como una forma de ser o porque son tratadas por médicos generales que prescriben ansiolíticos.

2.3. Epidemiología

Como ya se explica en el tema de las fobias específicas, los datos de prevalencia varían en función de diversos factores, entre ellos el país estudiado. Teniendo en cuenta esto, diversos estudios epidemiológicos realizados con muestras adultas numerosas y siguiendo criterios del DSM-IV-TR (p.ej., Grant y cols., 2005; Kessler y cols., 2005; ESEMeD/MHEDEA 2000 Investigators, 2004) sugieren los siguientes datos:

- Prevalencia-vida: 2,3- 2,8% en Europa y 4,1- 6,1% en EE.UU. y Australia.
- Prevalencia anual: 1-1,7% en Europa y 2,1-3,6% en EE.UU. y Australia.
- Prevalencia actual: 2,8% en Australia.

En España, la prevalencia-vida ha sido 1,9% y la prevalencia anual, 0,5%, más bajas que el 2,8% y 1% halladas en seis países europeos (entre ellos España) con 21.425 adultos (ESEMeD/MHEDEA 2000 Investigators, 2004; Haro y cols., 2006). Por orden, la prevalencia del TAG es menor en Asia y África, luego en Europa y finalmente en EE.UU y Australia (Lewis-Fernández y cols., 2010). La prevalencia del TAG también es menor en niños/adolescentes que en población adulta (Merikangas, Nakamura y Kessler, 2009).

Alrededor del 60-70% de las personas con TAG son mujeres. El TAG es también más frecuente en aquellos mayores de 24 años y menores de 55, en los separados/viudos/divorciados, en aquellos con menores ingresos, en los desempleados y en las amas de casa. En cambio, el nivel educativo, la religión y el entorno rural/urbano no son predictores.

2.4. Problemas asociados

La comorbilidad es frecuente en clientes que presentan TAG como diagnóstico principal. Brown y cols. (2001) hallaron que de 120 clientes con TAG, el 65%, 52% y 36% recibieron respectivamente al menos un diagnóstico adicional actual de trastornos de ansiedad o depresivos, trastornos de ansiedad y trastornos depresivos (los porcentajes fueron 88%, 71% y 73% para diagnósticos actuales o pasados). Los dos diagnósticos comórbidos más frecuentes, tanto en la actualidad como a lo largo de la vida, fueron la fobia social (36% y 39%) y el trastorno depresivo mayor (26% y 64%). El TAG tendió a preceder a otros trastornos de ansiedad y afectivos con las excepciones de la fobia social (que tendió a aparecer antes) y de las fobias específicas (con igual probabilidad de precederlo y seguirlo).

Aparte de los trastornos de ansiedad y afectivos, otro trastorno comórbido frecuente es el abuso o dependencia de alcohol o de sustancias sedantes, hipnóticas o ansiolíticas. Asimismo, la ideación suicida y los intentos de suicidio son más frecuentes en clientes con TAG que en personas sin problemas de ansiedad. Otros problemas que aparecen también frecuentemente son los asociados al estrés (p.ej., síndrome del colon irritable, síndrome de fatiga crónica, úlceras, diarrea, gases, dolores de cabeza, hipertensión esencial, trastorno cardiovascular, diabetes, insomnio, síndrome temporomandibular e incluso cáncer) (Craske y Barlow, 2006). Esto puede explicarse parcialmente por la asociación de las preocupaciones con cambios en la activación cardiovascular, inmunológica y endocrina. Estos efectos fisiológicos parecen debidos, al menos en parte, a la carga mental (no sólo emocional) que suponen las preocupaciones, especialmente cuando son frecuentes y, sobre todo, duraderas (Verkhuil y cols., 2009).

Finalmente, cabe mencionar que, según algunos estudios, las personas con mayores niveles de ansiedad o preocupación tienen más probabilidades de morir prematuramente, especialmente por causas cardíacas. Esta mayor mortalidad se da incluso después de controlar otros factores de riesgo (Denollet y cols., 2009), aunque la probabilidad de muerte prematura es baja. Además, algunos factores de riesgo utilizados como covariantes (tabaco, alcohol, colesterol, hipertensión, peso, sedentarismo) pueden mediar la relación entre ansiedad y mortalidad. Por otra parte, hay estudios que no han encontrado asociación entre nivel de ansiedad y mortalidad (Mykletun y cols., 2009).

3. MODELO EXPLICATIVO

Bados (2015), Behar y cols. (2009) y Fisher y Wells (2009) revisan críticamente diversos modelos contemporáneos del TAG: modelo de evitación de Borkovek, modelo de intolerancia a la incertidumbre de Dugas, modelo metacognitivo de Wells, modelo de desregulación emocional de Mennin y modelo basado en la aceptación de Roemer y Orsillo. Prados (2008) revisa también algunos de estos modelos y otros. Un ejemplo de modelo explicativo integrador, derivado de los principales datos existentes, puede verse en la Figura 1 y será explicado a continuación.

3.1. Etiología del TAG

En el surgimiento del TAG intervienen una vulnerabilidad biológica y una vulnerabilidad psicológica. Respecto a la primera, no parece haber una carga genética específica para el TAG como tal o, como mucho, ésta no es muy grande (véase Hettema, Neale y Kendler, 2001). Se habla de una heredabilidad del 22-37%; la varianza restante vendría explicada por factores ambientales no compartidos. De todos modos, es posible que haya una hipersensibilidad neurobiológica al estrés genéticamente determinada. Esta vulnerabilidad biológica puede interactuar con una vulnerabilidad psicológica (percepción de que los eventos negativos o amenazantes son impredecibles y/o incontrolables, basada en experiencias evolutivas tempranas), de modo que ante la ocurrencia de eventos estresantes o problemáticos, la persona puede responder con preocupación y ansiedad; esta respuesta estará moderada por factores como las habilidades de afrontamiento y el apoyo social (Barlow, 2002).

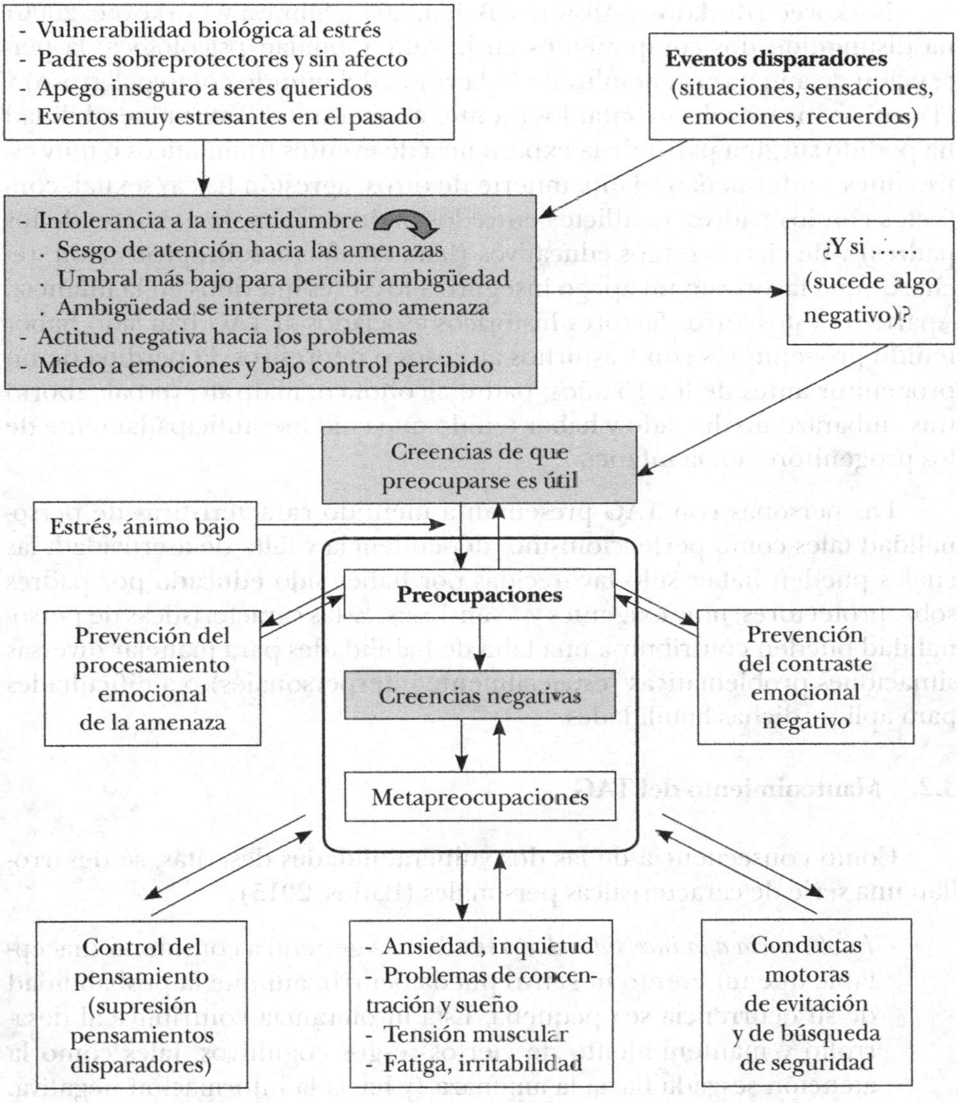

Figura 1. Modelo explicativo del trastorno de ansiedad generalizada. Reproducido de Bados (2015) con permiso de la Editorial Síntesis.

Borkovec (Borkovec, Alcaine y Behar, 2004; Sibrava y Borkovec, 2006) ha distinguido dos componentes en la vulnerabilidad psicológica: la percepción de amenaza generalizada (o la visión del mundo como peligroso) y el sentirse incapaz de afrontar los eventos amenazantes. Esta vulnerabilidad ha podido surgir a partir de la experiencia de eventos traumáticos o muy estresantes (enfermedad/daño, muerte de otros, agresión física/sexual, conflictos con los padres, conflictos entre los padres y falta de atención de los padres) y de ciertos estilos educativos (falta de afecto, sobreprotección, rechazo) que favorecen un apego inseguro a los seres queridos en la infancia. Aparte de estos, otros factores históricos asociados al TAG han sido haber tenido progenitores con trastornos ansiosos o depresivos, la pérdida de un progenitor antes de los 16 años, padre alcohólico, maltrato verbal, aborto tras embarazo no deseado y haber tenido que cuidarse anticipadamente de los progenitores en la infancia.

Las personas con TAG presentan a menudo características de personalidad tales como perfeccionismo, dependencia y falta de asertividad, las cuales pueden haber sido favorecidas por haber sido educado por padres sobreprotectores, muy exigentes y/o ansiosos. Estas características de personalidad pueden contribuir a una falta de habilidades para manejar diversas situaciones problemáticas (especialmente interpersonales) o a dificultades para aplicar dichas habilidades.

3.2. Mantenimiento del TAG

Como consecuencia de las dos vulnerabilidades descritas, se desarrollan una serie de características personales (Bados, 2015):

- *Intolerancia a la incertidumbre* o tendencia general a considerar inaceptable que un evento negativo pueda ocurrir, aunque la probabilidad de su ocurrencia sea pequeña. Esta intolerancia contribuye al desarrollo y mantenimiento de ciertos sesgos cognitivos, tales como la atención sesgada hacia la amenaza (y hacia la información negativa, en general), un umbral más bajo para percibir ambigüedad, la interpretación de la información ambigua como amenazante, la exageración de la probabilidad de la amenaza y la necesidad de mayor información a la hora de tomar decisiones.
- *Actitud negativas hacia los problemas*: no saber reconocer los problemas, hacer atribuciones inadecuadas sobre los mismos, valorarlos como amenazas y sentirse frustrado y perturbado al encontrarse con problemas, no creer en la propia capacidad para resolverlos y mantener un punto de vista pesimista sobre los resultados.

- *Miedo a las emociones negativas* –las cuales son vistas como peligrosas, inmanejables, incontrolables o inaceptables– y dificultad para regularlas o aceptarlas, lo que da lugar a un bajo control percibido sobre las reacciones emocionales.

Estas características personales se ven activadas por la ocurrencia de eventos disparadores tales como situaciones externas (p.ej., un hijo que se retrasa), sensaciones (p.ej., una punzada en el corazón), emociones y recuerdos negativos que son significativos para la persona. De este modo, surgen pensamientos del tipo "¿y si... (sucede algo negativo)?". Este tipo de pensamientos –o, en ocasiones, imágenes negativas–, junto con su correspondiente percepción de amenaza, favorecen el surgimiento de las preocupaciones, las cuales implican una sobrestimación de la probabilidad y coste de las amenazas. ¿Por qué surgen las preocupaciones y no otros métodos de afrontamiento de la amenaza? Una respuesta es que lo que se teme en el TAG no es una amenaza presente, sino una amenaza futura de muy baja probabilidad de ocurrencia para la cual no existe ninguna solución tipo acción; de este modo, los únicos recursos que quedan son los de tipo mental y entre estos, ante la carencia de otros más adecuados (p.ej., reestructuración cognitiva, resolución de problemas), la preocupación constante en un intento de prevenir la amenaza. Una vez que una preocupación se pone en marcha, perdura hasta que la situación origen de la misma cambia (p.ej., desaparece una mancha que preocupaba), hasta que surge otra fuente de preocupación más potente o hasta que la persona pasa a considerarla poco útil e incluso aversiva.

Los pensamientos "¿y si...?" (pensamientos disparadores de preocupaciones) suelen iniciar la cadena de preocupaciones mediante la activación de creencias de que preocuparse es útil. Estas creencias contribuyen al mantenimiento de las preocupaciones y se han desarrollado posiblemente a partir del modelado o información por parte de personas allegadas y de los efectos percibidos de las preocupaciones: como la inmensa mayoría de las consecuencias temidas en el TAG tienen una baja probabilidad de ocurrencia, la preocupación es supersticiosamente reforzada de modo negativo por la no ocurrencia de lo que se teme.

Los clientes con TAG, los cuales tienden a sobrestimar la utilidad de sus preocupaciones, informan básicamente de siete tipos de creencias positivas. Estas creencias son informadas más frecuentemente por clientes con TAG que por personas sin TAG (Sibrava y Borkovec, 2006; Dugas y Robichaud, 2007), aunque no todos los clientes las presentan y además, parecen ser propias de diversos trastornos de ansiedad más que específicas del TAG (Andrews y cols., 2010).

- Preocuparse ayuda a descubrir medios de evitar lo que se teme. Sin embargo, más que descubrir estos medios, lo que se teme no ocurre debido a que es muy improbable.
- Preocuparse es un medio eficaz de resolver problemas. Sin embargo, la preocupación más que un medio eficaz para generar soluciones eficaces, entorpece el proceso de solución de problemas.
- Preocuparse motiva a llevar a cabo lo que hay que hacer. La realización de la acción refuerza el papel de la preocupación como una estrategia motivacional; a su vez, lo que se ha realizado queda reforzado negativamente por la desaparición del malestar emocional asociado al estado de preocupación. Sin embargo, hay métodos motivacionales más adecuados.
- Preocuparse prepara para lo peor, protege de las emociones negativas. Esto es, preocuparse por un evento negativo ayuda a prepararse para su ocurrencia; de este modo, se mitiga la reacción emocional ante el acontecimiento, dado que ocurra. Sin embargo, el precio son largos períodos de malestar y otras consecuencias negativas.
- Preocuparse puede por sí mismo evitar la ocurrencia de consecuencias negativas o hace menos probable que ocurran. Este es un pensamiento mágico que es reforzado por una coincidencia supersticiosa entre preocuparse y la ausencia de resultados negativos.
- Preocuparse ayuda a no pensar en otras cosas más perturbadoras emocionalmente. Por ejemplo, traumas pasados (enfermedad, daño, muerte, agresión física o sexual), experiencias negativas de la infancia (p.ej., rechazo por parte de los padres) o problemas en las relaciones interpersonales actuales. Esta creencia se vería reforzada negativamente por la evitación de temas emocionales más profundos.
- Preocuparse es un rasgo positivo de personalidad. Preocuparse indica que la persona es responsable, bondadosa y bien intencionada. Esto puede ser reforzado cuando otros le dicen que posee estas cualidades.

Las personas con preocupaciones no clínicas son capaces de poner fin a las mismas reevaluando la amenaza de modo más realista o formulando un plan de acción para afrontar un peligro realista o resolver un problema. En contraste, los clientes con TAG son incapaces de terminar con las mismas. El flujo incontrolado de preocupación tiene varios efectos, los cuales contribuyen a mantener las preocupaciones. Además, estas se ven agravadas por los eventos estresantes y el humor deprimido. Los efectos de las preocupaciones incontroladas son:

- Prevención o reducción del procesamiento emocional de la información amenazante. El procesamiento emocional se refiere a la activación de las estructuras de miedo y a la incorporación de información incongruente con el miedo dentro de las mismas. La reducción del procesamiento emocional puede ser debida a la evitación de las consecuencias temidas nucleares que subyacen a las preocupaciones. En efecto, estas consisten básicamente en pensamientos verbales poco concretos o elaborados respecto a la amenaza percibida (de hecho, se evita, en general, pensar en los peores resultados posibles), de modo que no se activa la estructura de miedo ni se llevan a cabo acciones para reevaluar y/o afrontar la amenaza, con lo que no se incorpora información correctiva. En consecuencia, las preocupaciones contribuyen a mantener las interpretaciones de amenaza y disminuyen el control percibido sobre las amenazas futuras (Stapinski, Abbott y Rapee, 2010).
  Según Borkovec (Borkovec, Alcaine y Behar, 2004; Sibrava y Borkovec, 2006), otro posible mecanismo de evitación del procesamiento emocional es que las preocupaciones reducen la activación somática ante al estímulo temido al consistir básicamente en pensamientos verbales en vez de imágenes. Sin embargo las preocupaciones pueden implicar un componente imaginal mayor de lo pensado y hay abundantes datos de que producen una clara activación fisiológica y emocional y de que –en comparación a tareas previas de relajación, de imaginación de consecuencias temidas o tareas neutrales–, no reducen dicha activación al imaginar o afrontar posteriormente las situaciones temidas.
- Prevención del contraste emocional negativo. La preocupación prolonga la representación cognitiva del evento amenazante junto con su repercusión emocional concomitante. Esta activación producida por la preocupación evita el contraste emocional negativo (pasar de un estado emocional neutral o positivo a uno negativo o experimentar un incremento intenso en afecto negativo) en los pocos casos en que las consecuencias temidas suceden. Esta evitación refuerza negativamente la ocurrencia de las preocupaciones como preparación para lo peor e impide el procesamiento emocional. Así pues, las personas con TAG usarían la preocupación como una estrategia de afrontamiento porque prefieren mantener un estado emocional negativo con el fin de prepararse para lo peor en vez de experimentar

un cambio desde un estado neutral o positivo a una emoción negativa (Newman y Llera, 2011). Asimismo, las preocupaciones son reforzadas negativamente mediante el alivio que se produce cuando no ocurren las consecuencias temidas (lo que es lo más habitual) o cuando, incluso, ocurren resultados positivos; también, cuando la función de la preocupación es no pensar en otro tipo de experiencias más perturbadoras emocionalmente.

- Ansiedad o inquietud, deterioro de la ejecución de tareas (especialmente de tareas cognitivas complejas), problemas de concentración, perturbaciones del sueño, tensión muscular, fatigabilidad e irritabilidad. Las consecuencias negativas de las preocupaciones pueden contribuir al mantenimiento de estas, al igual que el humor deprimido. Asimismo, favorecen el empleo de estrategias cognitivas y conductuales dirigidas a reducirlas y a prevenir las supuestas amenazas.
- Control del pensamiento a través de medios como la supresión de los pensamientos disparadores de las preocupaciones o su sustitución por otros agradables o neutrales. El fin es prevenir la amenaza y reducir la ansiedad, pero la estrategia es ineficaz o contribuye a mantener el problema.
- Conductas motoras de evitación y de búsqueda de seguridad. Consisten en no hacer (evitación pasiva) o hacer (evitación activa) ciertas actividades motoras con el fin de prevenir o minimizar los supuestos peligros anticipados y la ansiedad. Ejemplos serían llamar frecuentemente a los seres queridos para comprobar que están bien, consultar frecuentemente al médico por síntomas propios o de familiares cuya importancia se magnifica, pedir tranquilización a los amigos sobre estos síntomas, tomar medicación tranquilizante, asegurarse con exceso de que un trabajo está bien hecho, negarse a escuchar noticias desagradables, rehuir conversaciones incómodas, posponer actividades y posponer decisiones. Estas conductas de seguridad contribuyen a mantener las preocupaciones y las interpretaciones de amenaza

Por otra parte, Wells (1995, 1997, 2009) ha señalado que con el paso del tiempo los clientes desarrollan creencias negativas sobre las preocupaciones, lo cual termina de complicar el problema. A partir de experiencias propias (preocupaciones que son cada vez más incontrolables y perturbadoras) y/o de otros (persona allegada que presenta un problema mental asociado con las preocupaciones), los clientes tienden a creer que preocuparse es incontrolable y peligroso. Estas creencias negativas estimulan lo que Wells ha denominado preocupaciones Tipo 2 o preocupaciones sobre la ocurrencia de preocuparse (metapreocupaciones); por ejemplo, me estoy volviendo loco con preocuparme, no voy a poder seguir funcionando, me voy a poner enfermo, no puedo hacer nada para controlar las preocupaciones. Estas metapreocupaciones, o valoraciones negativas sobre preocuparse, son más frecuentes en clientes con TAG que en personas no ansiosas y deben ser distinguidas de las preocupaciones Tipo 1 o preocupaciones sobre eventos externos y eventos internos no cognitivos (síntomas físicos). Las creencias negativas y preocuparse sobre preocuparse tienen una serie de efectos, algunos de los cuales ya han sido comentados:

- Mayor atención a los pensamientos no deseados y mejor detección de los mismos.
- Intentos de controlar los pensamientos no deseados mediante la supresión o sustitución de los pensamientos disparadores.
- Conductas motoras de seguridad dirigidas a buscar tranquilización y prevenir los peligros asociados con las preocupaciones tipo 1 y 2.
- Respuestas emocionales (p.ej. ansiedad) y otras reacciones (p.ej., problemas de concentración, perturbaciones del sueño). Estas reacciones pueden ser interpretadas como prueba favorable a las creencias negativas que subyacen a las metapreocupaciones.

Todos estos efectos exacerban los pensamientos intrusos, mantienen las interpretaciones de amenaza y contribuyen al mantenimiento de las metapreocupaciones.

Finalmente, el TAG interfiere de modo notable en la vida personal, laboral, social y familiar de las personas afectadas en comparación con controles sanos e incluso con personas con otros trastornos. Entre sus efectos negativos pueden citarse los siguientes: estado de ánimo más deprimido, mayor probabilidad de ideación suicida e intentos suicidas, más problemas interpersonales y familiares, baja satisfacción marital, mayor riesgo de separación o divorcio, falta de amigos íntimos, peor rendimiento laboral, mayor probabilidad de problemas médicos (p.ej., problemas cardíacos, hipertensión, dolor de cabeza, colon irritable) y mayor empleo de servicios médicos y medicación (benzodiacepinas, antidepresivos, hipnóticos) para controlar sus síntomas.

4. EVALUACIÓN

La finalidad de este apartado es la de ofrecer algunos ejemplos de instrumentos útiles de evaluación para el TAG. Para las entrevistas diagnósticas y la mayoría de cuestionarios presentados, existen datos que avalan su fiabilidad y validez. Antony, Orsillo y Roemer (2001), García-Portilla y cols. (2011) y Muñoz y cols. (2002) describen diversos instrumentos junto con sus propiedades psicométricas. Bados (2015), Fuentes y cols. (2005) y Prados (2008) también presentan información útil de cara a la evaluación del TAG. A continuación se presentan los métodos e instrumentos más importantes.

4.1. Entrevista

La entrevista clínica es un medio muy útil para explorar diversos aspectos importantes para entender al cliente y conceptualizar el caso. Deben examinarse diversos aspectos del TAG (p.ej., preocupaciones y características de las mismas, disparadores de las preocupaciones, ansiedad y otros síntomas asociados, acciones para reducir la ansiedad y qué se cree que pasaría si no se llevaran a cabo, utilidad de las preocupaciones, consecuencias negativas de las mismas) y otros aspectos tales como: (a) condiciones que agravan o reducen el problema, (b) variables situacionales y personales que lo mantienen, (c) interferencia del problema en la vida, trabajo, estudios, familia y vida social, (d) historia y fluctuaciones del problema, (e) intentos realizados para superar el problema y resultados logrados, (f) motivación, expectativas (de tratamiento y de resultados) y objetivos del cliente, (g) recursos y limitaciones del cliente, y (h) otros problemas que pueda presentar el cliente. En Bados (2015) puede consultarse una amplia serie de preguntas que pueden ser útiles a la hora de definir y analizar el TAG.

Por lo que respecta a entrevistas estructuradas, se cuenta con la Entrevista para los Trastornos de Ansiedad según el DSM-IV-TR (*ADIS-IV*; Brown, DiNardo y Barlow, 1994), una entrevista diagnóstica que es descrita en el capítulo de Fobias específicas. También pude mencionarse la Escala de Gravedad del Trastorno de Ansiedad Generalizada (*Generalized Anxiety Disorder Severity Scale, GADSS*; Shear y cols., 2006), una entrevista breve centrada en los síntomas del TAG. Comienza con una lista de posibles áreas de preocupación (p.ej., futuro, salud, familia, economía, trabajo). El resto de la escala incluye seis ítems: frecuencia de la preocupación, malestar debido a la misma, frecuencia de los síntomas asociados, intensidad de los síntomas asociados y malestar debido a los mismos, deterioro laboral y deterioro social. Cada ítem es valorado por el entrevistador en una escala de gravedad de 0 a 4. El instrumento puede consultarse en la fuente original.

4.2. Cuestionarios

Se comentarán a continuación los cuestionarios y escalas de valoración dirigidos a evaluar la posible existencia de TAG (cuestionarios de tipo diagnóstico), la ansiedad general, la preocupación y los factores que se piensa contribuyen a mantener el TAG. Una buena batería de cuestionarios para valorar los resultados podría incluir uno de ansiedad (p.ej. la p.ej. las Escalas de Depresión, Ansiedad y Estrés [versión de 21 ítems] o el Inventario de Estado-Rasgo para la Ansiedad Cognitiva y Somática), el Inventario de Preocupación del Estado de Pensilvania, la Escala de Intolerancia hacia la Incertidumbre, el *¿Por Qué Me Preocupo - II?* y el Cuestionario de Meta-Preocupación (o el Cuestionario de Meta-Cogniciones, versión breve, en sustitución de los dos últimos). Otros instrumentos que pueden ser útiles para el tratamiento son el Cuestionario de Orientación Negativa hacia los Problemas y el Cuestionario de Evitación Cognitiva.

También es aconsejable pasar un cuestionario de depresión, dada la importancia del bajo estado de ánimo en el TAG, aunque la DASS-21 ya proporciona una medida al respecto. Finalmente, existen instrumentos no normalizados que son útiles como medida semanal para ir valorando el progreso del cliente y que incluso pueden ser individualizados para cada caso. Uno de estos instrumentos es la Escala Revisada sobre el Trastorno de Ansiedad Generalizada (Wells, 2009) o la adaptación individualizada de la misma (Bados, 2015, cap. 8). El clínico con poco tiempo para pasar cuestionarios, puede limitarse a esta última escala, junto con la DASS-21 y el Inventario de Preocupación de Pensilvania administrados, al menos, en el pretratamiento y postratamiento

4.2.1. Cuestionarios de tipo diagnóstico

Son cuestionarios que permiten evaluar la posible existencia de TAG, aunque la confirmación del diagnóstico requiere la realización de una entrevista debido a la existencia de muchos falsos positivos.

Cuestionario de Preocupación y Ansiedad (*Questionnaire sur le Inquiétude et l'Anxiété*; *Worry and Anxiety Questionnaire, WAQ*; Dugas y cols., 2001). Consta de 11 ítems agrupados en 6 preguntas que evalúan los criterios diagnósticos del TAG según el DSM-IV. La primera pregunta indaga hasta un máximo de seis temas de preocupación frecuente. Las tres siguientes preguntas abordan si las preocupaciones parecen excesivas, los días que ocupan y la dificultad para controlarlas. La quinta pregunta enumera los seis síntomas del DSM-IV asociados a la ansiedad y preocupación, y la última explora el grado de interferencia en la vida. Salvo el primero, todos los ítems se valoran en escalas 0-8 (se requiere un 4 o más para satisfacer un criterio). El cuestionario puede consultarse en Caballo (2005) y Prados (2008).

Escala de Detección del Trastorno de Ansiedad Generalizada según el DSM-IV (*Screening Scale for DSM-IV GAD*; Carroll y Davidson, 2000, citado en Bobes y cols., 2006). A partir de 12 ítems de respuesta sí/no, busca identificar a los clientes con TAG según los criterios del DSM-IV. Los síntomas deben haberse experimentado la mayoría de los días en los últimos 6 meses y además se valora la interferencia producida por los mismos. La escala, adaptada al español, puede consultarse en Bobes y cols. (2006). Una puntuación de 4 o más indica probable TAG.

4.2.2. Cuestionarios de ansiedad

Keedwell y Snaith (1996) han destacado que el término ansiedad no es un constructo unitario, sino que hace referencia a un número diferente de dimensiones: emoción (p.ej., miedo no situacional), cognición (p.ej., preocupación sobre la ocurrencia de un evento adverso), conducta (p.ej., incapacidad de estar quieto y relajado, movimientos repetitivos sin objeto), reacciones corporales (p.ej., taquicardia, sudoración), hiperactivación (p.ej., hipervigilancia, dificultad para dormir) y otras (p.ej., despersonalización, problemas para concentrarse). Los distintos instrumentos de ansiedad varían considerablemente en la medida en que reflejan estas dimensiones. Presentaremos unos pocos cuestionarios que tienen la ventaja de no correlacionar tan alto como otros con medidas de depresión.

Escalas de Depresión, Ansiedad y Estrés, versión de 21 ítems (*Depression Anxiety, Stress Scales, DASS-21*, Lovibond y Lovibond, 1995). El cliente valora de 0 a 3 con qué intensidad/frecuencia ha experimentado durante la semana anterior cada uno de 21 síntomas emocionales negativos. Existen tres escalas (depresión, ansiedad y estrés) de 7 ítems cada una. La escala de depresión evalúa disforia, desesperanza, desvalorización de la vida, autodesaprobación, falta de interés/implicación, anhedonia e inacción. La escala de ansiedad enfatiza los síntomas somáticos y subjetivos de miedo. La escala de estrés parece medir activación y tensión persistentes no específicas con un bajo umbral para llegar a estar perturbado o frustrado. El cuestionario puede consultarse en Bados (2015).

Inventario de Estado-Rasgo para la Ansiedad Cognitiva y Somática (*State-Trait Inventory for Cognitive and Somatic Anxiety, STICSA*; Ree y cols., 2000, citado en Grös y cols., 2007; Ree y cols., 2008). Este inventario considera la ansiedad cognitiva y somática, tanto en su versión rasgo como estado. Tanto la forma estado como la forma rasgo constan de 21 ítems (10 para la ansiedad cognitiva y 11 para la somática) que se valoran en una escala de 1 a 4 según el grado en que caracterizan cómo se siente la persona, ya sea en el momento presente (forma estado) o en general (forma rasgo). El inventario puede consultarse en inglés en Grös y cols. (2007).

Inventario de Ansiedad de Beck (*Beck Anxiety Inventory, BAI,* Beck y cols., 1988; Beck y Steer, 1990). Es un cuestionario que evalúa el estado prolongado de ansiedad. Consta de 21 ítems o síntomas que el cliente valora de 0 a 3 según el grado de molestia que le han producido durante los últimos 7 días. Puede consultarse en Botella y Ballester (1997) y Comeche, Díaz y Vallejo (1995).

Inventario de Ansiedad de Beck – Versión Rasgo (*Beck Anxiety Inventory-Trait, BAIT,* Kohn y cols., 2008). Evalúa el rasgo de ansiedad y no simplemente un estado prolongado de ansiedad. Los ítems son los mismos que los del BAI, pero las instrucciones se refieren a cómo se siente uno en general y la escala de 0 a 3 refleja la frecuencia con que los síntomas resultan molestos. Se han hallado dos factores (subjetivo y somático), aunque por el momento sólo ha sido estudiado en universitarios.

4.2.3. Cuestionarios de preocupaciones

Inventario de Preocupación del Estado de Pensilvania (*Penn State Worry Questionnaire, PSWQ;* Meyer y cols., 1990). Consta de 16 ítems que miden la tendencia a preocuparse en general (rasgo de preocupabilidad). El cliente valora de 1 a 5 en qué medida el contenido de cada ítem es característico de él. Once de los ítems están redactados de forma que indican preocupación y cinco, falta de problemas de preocupación. Puesto que el primer bloque de ítems correlaciona en mayor grado con medidas de ansiedad y depresión, mientras que el segundo no parece tener un significado sustantivo, sino obedecer a un factor de método (incluye los ítems redactados inversamente), se aconseja emplear la puntuación de la escala total o la correspondiente a los ítems directos. La validación española ha sido realizada por Sandín y cols. (2009), los cuales presentan también una versión reducida de 11 ítems en la cual se han eliminado los cinco ítems formulados inversamente. El inventario puede consultarse en Bados (2015). Nuevo, Montorio y Ruiz (2002) han publicado una adaptación del PSWQ en la que han invertido la redacción de los cinco ítems redactados en negativo para facilitar su comprensión.

Inventario de Preocupación del Estado de Pensilvania para Niños (*Penn State Worry Questionnaire for Children, PSWQC;* Chorpita y cols., 1997). Es una adaptación del PSWQ para población infantil mayor de 6 años. De los 16 ítems originales, 14 han sido retenidos, ya sea en su forma original o escritos con otras palabras; la escala de respuesta se ha reducido de 5 a 4 puntos (va de 0 a 3). Los ítems pueden consultarse en Prados (2008).

Cuestionario de Áreas de Preocupación (*Worry Domains Questionnaire, WDQ*; Tallis, Eysenck y Mathews, 1992). Consta de 25 ítems que reflejan cinco áreas de preocupación moderadamente relacionadas entre sí: relaciones interpersonales, falta de confianza en sí mismo, futuro sin objeto, incompetencia en el trabajo y cuestiones económicas. Se echa en falta el área de salud. Para cada ítem el cliente debe valorar en qué medida le preocupa según una escala de 0 (nada en absoluto) a 4 (extremadamente). La puntuación total refleja la intensidad de preocupación y las de las cinco áreas dan información sobre el contenido de las preocupaciones. Su empleo en clínica debe hacerse con cuidado, ya que puntuaciones elevadas pueden reflejar, al menos en parte, afrontamiento centrado en los problemas. Por ello, conviene que vaya acompañado del Inventario de Preocupación. Los ítems pueden consultarse en Prados (2008). Existe una versión revisada de 29 ítems que incluye además un área de salud (van Rijsoort, Emmelkamp y Vervaeke, 1999).

4.2.4. Cuestionarios sobre factores que se piensa contribuyen a mantener el TAG

Escala de Intolerancia hacia la Incertidumbre (*Intolerance of Uncertainty Scale, IUS*; Buhr y Dugas, 2002). Consta de 27 ítems, valorados de 1 a 5 según el grado en que el cliente los considera característicos de sí mismo. Versan sobre reacciones emocionales y conductuales de no estar seguro, cómo ser inseguro refleja el carácter de una persona, expectativas de que el futuro es predecible, frustración cuando no lo es, intentos de control del futuro y respuestas todo o nada en situaciones inciertas. La IUS parece presentar dos subescalas: (a) la incertidumbre tiene implicaciones negativas conductuales y personales, y (b) la incertidumbre es injusta y lo arruina todo. El instrumento ha sido adaptado al español por González y cols. (2006b) y puede consultarse en este artículo y en Bados (2015).

Cuestionario de Orientación Negativa hacia los Problemas (*Negative Problem Orientation Questionnaire, NPOQ*; Rochibaud y Dugas, 2005). Evalúa las actitudes negativas hacia la resolución de problemas. Consta de 12 ítems valorados de 1 a 5 según el grado en que se consideran característicos de uno al afrontar problemas. Hay tres ítems para cada uno de los cuatro siguientes aspectos: tendencia a ver los problemas como amenazas, ser pesimista respecto a los problemas a resolver, dudar de las soluciones posibles y dudar de la propia capacidad para resolver problemas. El instrumento es unifactorial y los ítems pueden consultarse en la fuente original y en Dugas y Robichaud (2007).

¿Por Qué Preocuparse - II? (*Why Worry II, WWS-II*; Gosselin y cols., 2003). Evalúa las creencias que se tienen sobre la utilidad de las preocupaciones. Tiene 25 ítems valorados de 1 a 5 según el grado en que se cree que son ciertos. Este cuestionario presenta cinco subescalas con cinco ítems cada una: preocuparse ayuda a resolver problemas, preocuparse motiva a actuar, preocuparse protege de las emociones negativas caso de que se dé un resultado negativo, preocuparse previene los resultados negativos (pensamiento mágico) y preocuparse es un rasgo positivo de personalidad. El WWS-II puede consultarse en la fuente original y en Dugas y Robichaud (2007). Una versión previa, con sólo dos subescalas, ha sido adaptada al español por González y cols. (2006a).

Cuestionario de Meta-Cogniciones – 30 (*Meta-Cognitions Questionnaire – 30, MCQ-30*; Wells y Cartwright-Hatton, 2004). Sus 30 ítems, valorados de 1 a 4 según el grado en que se está de acuerdo con ellos, tratan de medir creencias sobre las preocupaciones y actitudes y procesos asociados con la cognición. Consta de cinco subescalas: creencias positivas sobre las preocupaciones; creencias sobre la incontrolabilidad y peligro de las preocupaciones; falta de confianza cognitiva (en las propias capacidades de memoria y atención); necesidad de controlar los pensamientos; y autoconciencia cognitiva (grado en que uno se centra en sus procesos cognitivos). Las tres primeras son las que aparecen asociadas con la predisposición a preocuparse en general. El instrumento puede consultarse en la fuente original y en Wells (2009) y ha sido adaptada al español por Ramos-Cejudo, Salguero y Cano-Vindel (2013).

Cuestionario de Meta-Preocupación (*Meta-Worry Questionnaire, MWQ*; Wells, 2005). Evalúa pensamientos sobre los peligros asociados con el hecho de preocuparse (metacogniciones de peligro): por ejemplo, volverse loco, ponerse enfermo, dejar de funcionar o ser anormal. Cada uno de los siete pensamientos es evaluado en primer lugar según la frecuencia con la que ocurre (de 1 a 4) y en segundo lugar según el grado en que se cree en él (de 0 a 100). El instrumento puede consultarse en la fuente original y en Wells (2009).

Escala de las Consecuencias de Preocuparse (*Consequences of Worryig Scale, CWS*; Davey, Tallis y Capuzzo, 1996). Sus 29 ítems evalúan las consecuencias negativas y positivas de preocuparse y son valorados por el cliente de 1 a 5 de acuerdo con el grado en que piensa que le describen cuando se preocupa. Las consecuencias negativas vienen representadas por tres factores: (a) preocuparse perturba la actuación eficaz, (b) preocuparse exagera el problema y (c) preocuparse causa malestar emocional. Las consecuencias positivas vienen representadas por dos factores: (a) preocuparse motiva y (b) preocuparse ayuda al pensamiento analítico. Los ítems pueden consultarse en Prados (2008).

Cuestionario de Evitación Cognitiva (*Questionnaire d'Évitement Cognitif; Cognitive Avoidance Questionnaire, CAQ*; Gosselin y cols. 2002). Evalúa la tendencia a emplear estrategias de evitación, principalmente cognitivas, es decir, estrategias dirigidas a evitar o expulsar las intrusiones cognitivas (p.ej., preocupaciones, obsesiones). Consta de 25 ítems que la persona valora de 1 a 5 según el grado en que los considera característicos de ella y que se distribuyen en cinco subescalas de cinco ítems cada una: la sustitución de pensamientos, la transformación de imágenes en pensamientos verbales, la distracción, la evitación de estímulos que disparan los pensamientos desagradables y la supresión de pensamientos. El instrumento puede consultarse en la fuente original y en Dugas y Robichaud (2007).

Hasta el momento no se ha elaborado ningún cuestionario para evaluar las conductas motoras defensivas y de evitación en el TAG, aunque algunos ítems generales vienen incluidos en las subescalas de evitación del Cuestionario de Evitación Cognitiva. Una opción es elaborar un cuestionario individualizado a partir de la información obtenida en la entrevista sobre las conductas defensivas y de evitación del cliente; o bien incluir algunas de estas conductas entre las estrategias de evitación consideradas en la Escala Revisada sobre el Trastorno de Ansiedad Generalizada antes mencionada.

4.2.5. Cuestionarios de interferencia y discapacidad

Son explicados en el capítulo de Fobias específicas.

4.3. Autorregistro

Un modelo de autorregistro que puede utilizarse antes del tratamiento y durante el mismo puede verse en la Tabla 2 (las 10 columnas aparecerían seguidas en una hoja apaisada). Naturalmente, los aspectos a registrar deben decidirse en función de las características de cada cliente. Wells (1997) ha propuesto otro modelo durante el tratamiento en el que se apunta fecha, situación, disparador de la preocupación, descripción de la preocupación, pensamientos negativos sobre la preocupación (preocupación acerca de la preocupación), tipo e intensidad de la reacción emocional, respuesta a la preocupación acerca de la preocupación y recalificación de la emoción. Finalmente, el Diario de los Resultados de las Preocupaciones, es descrito al hablar de la terapia cognitivo-conductual y se utiliza para que el cliente compruebe si sus predicciones son o no ciertas y cuestione la utilidad de preocuparse.

5. REVISIÓN DE LOS TRATAMIENTOS

5.1. Eficacia del tratamiento psicológico

Los dos focos principales del tratamiento del TAG son las preocupaciones excesivas e incontrolables y la sobreactivación acompañante (ansiedad y tensión). Para ello, se han empleado diversas intervenciones, que han sido revisadas por Barlow, Raffa y Cohen (2002) y Huppert y Sanderson (2010). Además, existen metaanálisis como los de Cuijpers y cols. (2014) y National Institute for Health and Clinical Excellence (2011). Los tratamientos más investigados en adultos han sido la relajación aplicada, la terapia cognitiva, la terapia cognitivo-conductual y, más recientemente, la terapia metacognitiva.

1ª Col. SITUACIÓN QUE DISPARA LA PREOCUPACIÓN ¿qué ha pasado?, ¿qué estoy haciendo, sintiendo y/o pensando? DÍA Y HORA *Ejemplo: Escucho la noticia de un accidente 23-04/ 18 horas*	**2ª Col.** ¿QUÉ EMOCIÓN SIENTO? (de 0 = nada a 10 = máxima) *Ejemplo: Inquietud (7), nervios (8)*	**3ª Col.** ¿QUÉ ME PASA POR LA CABEZA? ¿QUÉ TEMO QUE PUEDA PASAR? (pensamientos e imágenes) *Ejemplo: Me preocupa que mi hijo tenga un accidente y quede paralítico.*	**4ª Col.** Duración de la preocupación (en minutos u horas)	**5ª Col.** ¿QUÉ HAGO PARA REDUCIR LA PREOCUPACIÓN? *Ejemplo: Intento suprimir la preocupación, pienso en otras cosas, me distraigo, llamo por teléfono a mi hijo para comprobar si está bien*
6ª Col. ¿Ha sido útil preocuparme? (0= nada 10= muchísimo)	**7ª Col.** Ansiedad media a lo largo del día (0= nada, 10= máxima)	**8ª Col.** Estado de ánimo medio a lo largo del día (0= muy bajo 10= muy alto)	**9ª Col.** % del día preocupado *Ejemplo: 40%*	**10ª Col.** Grado de interferencia en mis actividades (0= ninguna 10= muy alta)

Tabla 2. ***Modelo de autorregistro. Encabezado de las 10 columnas que lo forman en modo apaisado. Col.: columna***

El procedimiento de relajación aplicada ha sido llevado a cabo mediante la relajación muscular progresiva aplicada en situaciones inductoras de ansiedad, imaginadas y reales, o mediante la relajación aplicada de Öst (p.ej., Öst y Breitholtz, 2000). La relajación aplicada incluye el aprendizaje de diversas técnicas de relajación (entrenamiento en respiración, relajación diferencial, relajación inducida por señal y, en ocasiones, relajación mediante imágenes) que se aplican posteriormente en una variedad de circunstancias: imaginando una jerarquía de situaciones ansiógenas externas e internas y en respuesta a situaciones de la vida diaria que generan preocupación y ansiedad. La relajación aplicada ha sido superior al grupo de lista de espera en varios estudios y a la terapia no directiva en otro. Por otra parte, ha sido igual de eficaz que otros tratamientos, tales como la terapia cognitiva (TC) de Beck, la TCC (combinación de la TC con relajación aplicada) y la exposición a la preocupación, aunque en el metaanálisis de Cuijpers y cols. (2014), obtuvo peores resultados al año, pero no a los 2 años. Asimismo, ha resultado más o menos similar a la (TCC) de Dugas. En cambio ha sido inferior a la terapia metacognitiva de Wells en un estudio.

La TC de Beck (reestructuración cognitiva verbal y conductual aplicada en situaciones inductoras de ansiedad) ha sido superior a la lista de espera en varios estudios, pero no más eficaz que la relajación aplicada. Clark y Beck (2010) presentan la TC para los trastornos de ansiedad (con un capítulo específico de TAG) basada en la reformulación del modelo cognitivo de la ansiedad. En un estudio, la eficacia de la TC ha sido aumentada por una terapia de bienestar que emplea técnicas cognitivo-conductuales para potenciar la autonomía, dominio del ambiente, crecimiento personal, metas en la vida, relaciones positivas y autoaceptación.

La TCC combina la TC de Beck con el entrenamiento en relajación aplicada e incluye los componentes que pueden verse en la Tabla 3. La TCC del grupo de Borkovec (Behar y Borkovec, 2010; Borkovec, 2006) comprende todos estos componentes junto con la reestructuración de la utilidad de las preocupaciones y los dos siguientes elementos, los cuales se aplican una vez dominados los anteriores:

- Minimizar las expectativas y predicciones negativas, dejarlas pasar cuando aparezcan y focalizar, en cambio, la atención en el momento presente. La idea es vivir más el presente y no tener que intentar corregir continuamente las expectativas erróneas sobre los eventos futuros. Lo malo de hacer predicciones es que se tiende a atender y a interpretar la información de un modo que confirma las expectativas previas, lo que hace difícil percibir y procesar lo que realmente ocurre. Ante una predicción negativa, el cliente puede recordarse que simplemente es un pensamiento y pasar a centrarse en el presente.

- *Entrenamiento para darse cuenta* de los estímulos internos (cogniciones, emociones, sensaciones) y eventos externos que producen ansiedad y de las reacciones a los mismos. Esto se hace mediante autorregistros, imaginación en la consulta de los estímulos provocadores de ansiedad y petición al cliente de que comience a preocuparse en sesión sobre algo y que note las sensaciones, pensamientos e imágenes asociados. Todo esto permite que el cliente sea consciente de los factores que mantienen su ansiedad y que aprenda a identificar tempranamente los cambios que hacen que se ponga ansioso.
- *Estrategia de control de estímulos.* Se trata de posponer las preocupaciones para un momento y lugar específicos del día. Se dice al cliente que: (a) Identifique preocupaciones. (b) Elija un periodo de preocupación de 15-30 minutos en el mismo lugar y a la misma hora. No es conveniente elegir como momento el final del día, ya que lo más probable es que las preocupaciones que queden sin resolver interfieran en el sueño. (c) Cuando note que se está preocupando, posponga la preocupación al periodo prefijado y se concentre hasta entonces en la experiencia del momento presente. (d) Utilice el periodo de preocupación para preocuparse y aplicar sus estrategias, una vez que las haya aprendido. Se incluye aquí la búsqueda de soluciones cuando sea posible. La finalidad de la estrategia de control de estímulos es que el cliente adquiera inicialmente un cierto control sobre las preocupaciones, en vez de sentirse desbordado por ellas, pero se trata de una estrategia temporal, la cual se emplea hasta que se aprenden las habilidades de relajación y reestructuración para manejar la preocupación.
- *Relajación.* Se han empleado diversas técnicas: relajación progresiva, respiración lenta y regular, relajación imaginal y técnicas de meditación. Borkovec (2006) recomienda enseñar varias de estas técnicas, ya que su eficacia varía según los clientes. Diferentes métodos pueden ser más o menos útiles según los síntomas o circunstancias y el problema de la ansiedad inducida por la relajación es menos probable cuando se dispone de diversos métodos. Las técnicas enseñadas se aplican en situaciones de ansiedad durante la sesión y en la vida real.
- *Reestructuración cognitiva.* Se identifican los pensamientos, imágenes y creencias asociados con la respuesta ansiosa y se utiliza el método socrático para examinar los datos a favor y en contra de los mismos, generar interpretaciones alternativas y descatastrofizar (suponer que es cierto lo que se piensa y luego: identificar qué pasaría y examinar las pruebas de esta nueva cognición; y buscar qué se podría hacer para afrontarlo). Pueden verse ejemplos en Bados (2009). Además, se realizan experimentos conductuales para someter a prueba las viejas y nuevas perspectivas. El Diario de los Resultados de las Preocupaciones es una técnica muy útil para que un cliente compruebe si sus predicciones son o no ciertas y cuestione la utilidad de preocuparse. El cliente apunta cada preocupación, lo que teme que suceda y su habilidad percibida para afrontarlo. Al final del día considera las preocupaciones con resultados para ese día y valora si los resultados y su habilidad de afrontamiento fueron mejores, iguales o peores que los predichos (lo primero es lo habitual). Además, el cliente debe imaginar vívidamente los resultados ocurridos para procesar en su totalidad la información que la realidad proporciona. Butler y Rouf (2004) ofrecen ejemplos de experimentos conductuales.
- *Exposición graduada,* imaginal y en vivo, a situaciones y estímulos internos suscitadores de ansiedad con la finalidad de aprender a manejar ésta mediante la aplicación de las estrategias aprendidas. Por ejemplo, los clientes imaginan situaciones externas y eventos internos (incluidas las preocupaciones) y cuando notan ansiedad, aplican relajación e imaginan los resultados más realistas y probables. Una descripción de los pasos a seguir puede verse en Borkovec (2006). El procedimiento se practica en la sesión y luego en casa. Posteriormente, se pide a los clientes que apliquen sus estrategias de afrontamiento en la vida real cuando noten que empiezan a preocuparse o ponerse ansiosos y antes, durante y después de eventos estresantes. Una parte importante del procedimiento es que, una vez que se sabe afrontar una imagen, se termine ésta con la imaginación del resultado más probable, tanto en la consulta como en la vida real al detectar el surgimiento de una preocupación.

Tabla 3. Componentes de la terapia cognitivo-conductual

- Vivir de acuerdo con los propios valores. Una vez que la persona está viviendo más tiempo en el presente, se busca no sólo reducir la ansiedad y la preocupación, sino fomentar estados afectivos positivos. Para ello, se identifican los valores del cliente (familia, pareja, hijos, amigos, trabajo, formación, ocio, espiritualidad, cuidado físico) y se le ayuda a llevar a cabo actividades en el momento presente que le permitan alcanzarlos. Esto es reforzante por sí mismo y contribuye aún más a la reducción de los síntomas.

La TCC ha sido más eficaz que la lista de espera en varios estudios y más que el placebo farmacológico o las benzodiacepinas en dos trabajos realizados por el mismo grupo de investigación. También ha resultado superior a la psicoterapia analítica y a la terapia psicodinámica breve, en este último caso en un estudio realizado conjuntamente por investigadores de ambas orientaciones. No es posible decir si la TCC es o no superior a la terapia no directiva porque sólo hay dos estudios con poblaciones diferentes y con datos contradictorios. No se ha demostrado hasta el momento que la TCC sea superior a la TC o a la relajación aplicada, aunque en este último caso la TCC ha sido más eficaz en el seguimiento o en medidas de significación clínica en algunos estudios. Ahora bien, los estudios que han encontrado cierta ventaja para la TCC han dedicado menos tiempo a los componentes con los que ha sido comparada (relajación aplicada, reestructuración) que los estudios que no han hallado diferencias. Si se dedica suficiente tiempo a la relajación aplicada o a la reestructuración cognitiva (p.ej., 16 horas), estos tratamientos son tan eficaces como la TCC.

El grupo de Barlow (Craske y Barlow, 2006; Zinbarg, Craske y Barlow, 2006) ha elaborado una TCC algo más compleja para el TAG que incluye conceptualización del problema y justificación del tratamiento, entrenamiento en relajación, reestructuración cognitiva, exposición imaginal a los miedos que subyacen a la preocupación, prevención de las conductas de seguridad, organización del tiempo/resolución de problemas y descontinuación de la medicación. Tanto esta TCC (sin organización del tiempo/resolución de problemas) como una adaptación de la misma se han mostrado superiores a la lista de espera en un par de estudios. Una descripción en castellano de esta TCC puede consultarse en Bados (2015).

El grupo de Dugas (Dugas y Robichaud, 2007) ha propuesto otro tipo de TCC para el TAG, la cual será descrita más adelante e incluye seis módulos: (1) psicoeducación y entrenamiento en darse cuenta de las preocupaciones, (2) reconocimiento de la incertidumbre y exposición conductual, (3) reevaluación de la utilidad de la preocupación, (4) entrenamiento en solución de problemas, (5) exposición imaginal y (6) prevención de recaídas. Este tratamiento ha sido superior a la lista de espera, ya sea aplicado individualmente o en grupo, y las mejoras se han mantenido en seguimientos de hasta 2 años. En un estudio con diseño de línea base múltiple, la TCC de Dugas se ha mostrado eficaz en personas mayores (60-70 años). En otro estudio la TCC de Dugas no se diferenció de la relajación aplicada a corto y medio plazo, aunque sólo la primera produjo una mejora continuada durante el seguimiento a 2 años. En un último trabajo con clientes con TAG que deseaban dejar las benzodiacepinas y con los que se descontinuó gradualmente la medicación, la TCC de Dugas fue superior a la escucha activa (de las experiencias de la vida del cliente) en ayudar a dejar las benzodiacepinas (74% contra 37%), en mejora sintomática y en remisión diagnóstica. Estas diferencias se mantuvieron al año.

Wells (2009) ha sugerido, acorde con su modelo metacognitivo, que el tratamiento del TAG debe centrarse en el cuestionamiento de las metapreocupaciones en vez de en las preocupaciones tipo 1. En línea con esto, el cliente debe ser alentado a abandonar los intentos de controlar sus pensamientos y dejar, en cambio, que estos últimos pasen; para motivarle a hacer esto, se emplea un experimento sobre los resultados de intentar suprimir un pensamiento (p.ej., intentar no pensar en un conejo azul). El tratamiento incluye los componentes enumerados en la Tabla 4 y se aplica a lo largo de unas 10 sesiones de 45-60 minutos.

La terapia metacognitiva ha sido superior a la lista de espera y a una versión modificada de la TCC de Dugas en un estudio. En otro trabajo, ha sido más eficaz que la relajación aplicada en el postratamiento y a los 12 meses, aunque en esta última condición hubo casos más graves y sus resultados fueron peores que en otros estudios.

Aparte de la población adulta, la TCC se ha aplicado también con personas mayores y niños. El tratamiento del TAG en adultos mayores (sobre 60 años o más) ha sido revisado por Stanley y cols. (2009). La TCC grupal ha sido más eficaz que el no tratamiento, pero no se ha diferenciado de la terapia no directiva de apoyo y sólo ha sido ligeramente superior a la discusión de temas preocupantes. La TCC individual con adultos mayores ha sido superior a la lista de espera y al tratamiento usualmente aplicado (apoyo telefónico mínimo).

- *Formulación individualizada del caso*, la cual implica la identificación de los siguientes aspectos: preocupaciones, creencias negativas sobre las mismas, creencias disfuncionales sobre la utilidad de preocuparse, estrategias de control de pensamientos y conductas motoras de evitación y defensivas.
- *Educación sobre el tratamiento*, esto es compartir el modelo explicativo con el cliente y orientarle hacia el tratamiento que se seguirá.
- *Modificación de la creencia de que las preocupaciones son incontrolables.* Para ello se utiliza el cuestionamiento verbal (¿qué sucede con la preocupación si uno tiene que contestar al teléfono?), la conciencia plena objetiva (practicar el ver los pensamientos como simples eventos que pasan por la mente, tras el experimento del conejo azul) y experimentos conductuales. En uno de ellos se pide al cliente que identifique un disparador para una preocupación y que posponga el preocuparse hasta más tarde en el día, durante un periodo de unos 10 minutos; cuando llega el momento, decide si quiere preocuparse o no. Un segundo tipo de experimento es pedir al cliente que utilice el tiempo limitado de preocupación para intentar preocuparse sobre algo todo lo que pueda e intentar perder el control del proceso de preocupación. En una segunda fase, el experimento se repite cuando surge un disparador de la preocupación.
- *Eliminación de las conductas de búsqueda de seguridad y de evitación.* Una vez reducida suficientemente la creencia en la incontrolabilidad de las preocupaciones, se inicia la intervención para ir eliminando dichas conductas, ya que contribuyen a mantener la ansiedad y las preocupaciones. Se discuten las ventajas y desventajas de estas conductas y una vez que quedan patentes sus desventajas, se pide al cliente que vaya dejando de hacerlas.
- *Desafío de las creencias de que las preocupaciones son peligrosas.* Se utilizan estrategias verbales y experimentos conductuales. Entre las primeras, acentuar la disonancia entre pensar que preocuparse es dañino y a la vez útil, preguntar por las pruebas de que preocuparse provoca daños a uno mismo o a los otros, hacer pensar si los humanos –tan sometidos a preocupaciones y estrés– hubieran sobrevivido evolutivamente si aquellos fueran tan perjudiciales y dar información sobre el valor adaptativo de la ansiedad y el estrés. También se usan experimentos en los que se pide al cliente que intente producir los resultados negativos intensificando periódicamente durante un cierto tiempo el proceso de preocuparse.
- *Modificación de las creencias positivas sobre las preocupaciones.* Primero se revisan las pruebas a favor y en contra de que preocuparse ayuda a afrontar las cosas. Segundo, se desafía el supuesto mecanismo por el que la preocupación mejora los resultados. Tercero, se emplea la estrategia de la discrepancia: se pide al cliente que escriba en detalle una preocupación reciente y luego una descripción de lo que realmente sucedió; luego se comparan las dos descripciones para resaltar la discrepancia y cuestionar la utilidad de preocuparse. Finalmente, se emplean experimentos en los que se pide al cliente que aumente su preocupación unos días y la reduzca otros y observe los efectos sobre los resultados que consigue.
- *Revisión* de estrategias alternativas para abordar las preocupaciones (p.ej., dejar pasar los pensamientos disparadores en vez de intentar manejarlos o controlarlos) y los factores estresantes que disparan las preocupaciones, y empleo de exposición con prevención de respuesta para eliminar las conductas defensivas y de evitación residuales.
- *Prevención de recaídas.* Se trata de explorar la posible permanencia de variables que pueden hacer resurgir el TAG, tales como creencias negativas y positivas sobre las preocupaciones, preocupaciones constantes y conductas de evitación. Caso de identificarlas, hay que seguir trabajando para modificarlas. Finalmente, se escribe un proyecto con el cliente en el que se especifica lo hecho durante la terapia, los resultados de los experimentos y el plan a seguir para manejar el estrés y las intrusiones. Pueden programarse sesiones de apoyo 3 y 6 meses más tarde.

Tabla 4. Componentes de la terapia metacognitiva de Wells

En cuanto a los niños, hay unos pocos estudios no controlados sobre la TCC para el TAG y una única investigación controlada según la cual un tipo de TCC ha sido superior a la lista de espera (Holmes y cols., 2014). Por otro lado, están los programas dirigidos a los trastornos de ansiedad en general, incluido el TAG, entre los que destaca la TCC de Kendall (programa *Coping Cat*) . Este tratamiento puede consultarse en Kendall y Hedtke (2006a, 2006b) para niños de 8 a 13 años (hay traducción al español en Kendall, 2010). Kendall y cols. (2002a, 2002b) ofrecen también manuales para adolescentes de 14 a 17 años.

El tratamiento incluye la enseñanza de ciertas habilidades: (a) distinguir varios tipos de emociones, (b) identificar las propias respuestas somáticas de ansiedad, (c) respiración profunda y relajación muscular progresiva, (d) identificar los pensamientos en situaciones ansiógenas, desafiar los pensamientos negativos y elaborar pensamientos de afrontamiento, (e) resolución de problemas para seleccionar estrategias que permitan afrontar la ansiedad, y (f) autoevaluación y autorrecompensa. Una vez aprendidas estas habilidades, el niño las aplica por medio de experiencias imaginales, simuladas y en vivo (en la consulta, casa y escuela) de situaciones individualizadas y graduadas en cuanto al estrés y ansiedad que provocan. También hay un par de encuentros con los padres.

En niños que presentaban distintos trastornos de ansiedad (generalizada, por separación o social), el programa *Coping Cat* se ha mostrado superior a la lista de espera y a un programa de educación y apoyo basado en la familia. Adaptaciones de este programa han sido también más eficaces que un placebo farmacológico y que un placebo psicológico. Una cuestión importante es si los resultados del tratamiento mejorarían si los padres se implicaran en el mismo como co-clientes en una terapia familiar en vez de como simples colaboradores en la terapia individual del niño. Los resultados sobre la utilidad de incluir a los padres como co-clientes han sido discordantes y es prematuro extraer conclusiones definitivas, aunque hay datos sugerentes de que la TCC con padres como co-clientes puede ser más eficaz con niños menores de 11 años o que tienen padres ansiosos.

5.2. Tamaño del efecto del tratamiento psicológico

El 11-16% de los clientes adultos con TAG que participan en investigaciones clínicas abandonan la intervención (Hanrahan y cols., 2013), aunque el porcentaje de abandonos es aún mayor en la práctica clínica habitual.

La relajación aplicada y las intervenciones cognitivo-conductuales –que incluyen la TC tipo Beck, la TCC tradicional, la TCC de Dugas y la terapia metacognitiva– se han mostrado más eficaces que los grupos de lista de espera en medidas de ansiedad, preocupación y depresión. En estudios aislados estas terapias también han producido mejoras en calidad de vida, insomnio, pesadillas, consumo de ansiolíticos, pensamientos intrusos no deseados y asociaciones implícitas de miedo. Por otra parte, según varios estudios la mejora en el TAG lleva consigo una mejora o desaparición de otros trastornos comórbidos ansiosos y depresivos, tanto en el postratamiento como en seguimientos a corto plazo; en cambio, esto no ocurre en los grupos de lista de espera. El tamaño del efecto, calculado mediante la diferencia de medias tipificada (DMT), nos permite saber la magnitud del cambio logrado, ya sea del pretratamiento al postratamiento o entre dos condiciones. Suele interpretarse que valores de 0,20, 0,50 y 0,80 constituyen los límites inferiores de lo que se considera respectivamente una magnitud baja, media y alta de una DMT. Cuijpers y cols. (2014) estudiaron en su metaanálisis con adultos y en comparación con grupos control (lista de espera, placebo o tratamiento habitual), la eficacia del tratamiento psicológico para el TAG, el cual fue cognitivo-conductual o conductual en la inmensa mayoría de los casos. Según puede verse en la Figura 2, las DMT fueron de magnitud alta en preocupación, ansiedad según el clínico, depresión autoinformada y depresión según el clínico, aunque fue sólo moderada para la ansiedad autoinformada.

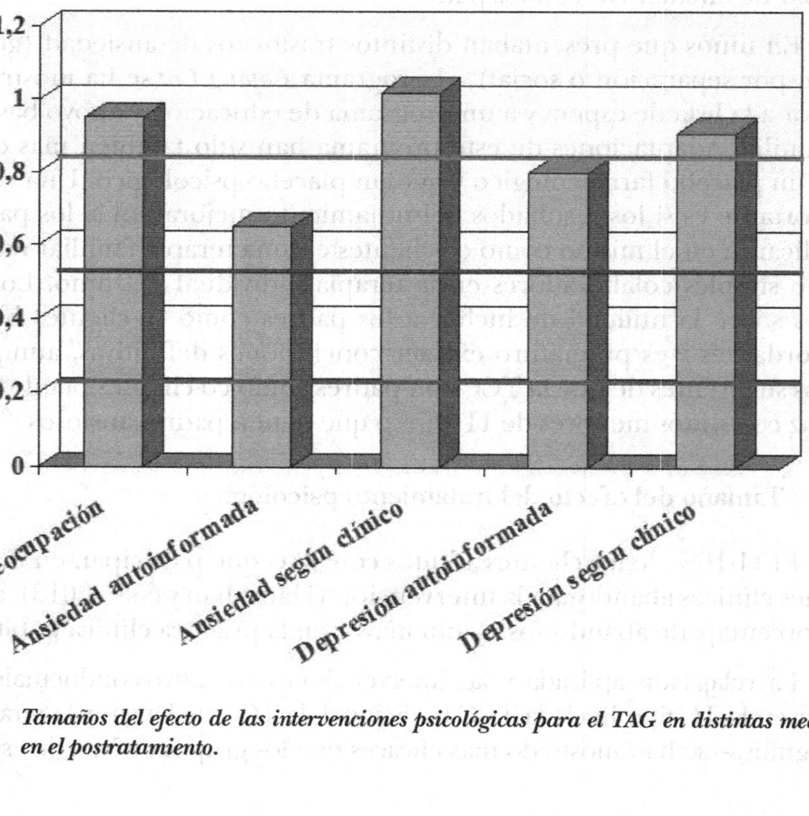

Figura 2. ***Tamaños del efecto de las intervenciones psicológicas para el TAG en distintas medidas en el postratamiento.***

En Bados (2015) puede consultarse una información más detallada del tamaño del efecto de cada tipo de intervención cognitivo-conductual o conductual en comparación con un grupo de lista de espera a partir de datos elaborados por el National Institute for Health and Clinical Excellence (2011) y el propio autor. Estos resultados indican que tanto la relajación aplicada como diversas modalidades de intervenciones cognitivo-conductuales son tratamientos eficaces y recomendables para el TAG en adultos, aunque la TCC ha sido la más ampliamente estudiada y la que se aplica con más frecuencia.

Respecto a niños y adolescentes con diversos trastornos de ansiedad (incluido el TAG) y según el metaanálisis de James (2013), el tamaño del efecto en el postratamiento de la TCC respecto a la lista de espera en medidas de ansiedad, generalmente contestadas por los niños, fue alto (DMT = 0,98). En comparación con controles activos (placebo psicológico: psicoeducación, biblioterapia, etc.), el tamaño del efecto de la TCC fue moderado (DMT = 0,50), pero no significativo. La TCC tampoco se diferenció (DMT = 0,19) del tratamiento habitual (terapia familiar, de apoyo, psicodinámica, ecléctica), aunque sólo hubo tres estudios.

5.3. Significación clínica del tratamiento psicológico

Considerando conjuntamente los diversos tipos de TCC (TC, TCC tradicional, TCC de Dugas, terapia metacognitiva) y de acuerdo con el criterio de lograr un cambio estadísticamente fiable, el 71% y el 85% de los clientes mejoran en el postratamiento en el Inventario de Rasgo de Ansiedad de Spielberger (STAI-T) y en el Inventario de Preocupación del Estado de Pensilvania (PSWQ), respectivamente. Estos resultados, que se mantienen a los 6 meses, son parecidos, en general, a los de la relajación aplicada. Un análisis más detallado, con datos para cada tipo de intervención, puede verse en Bados (2015); estos datos parecen sugerir una similar eficacia de todas las terapias, aunque es posible que la relajación aplicada sea algo menos eficaz en preocupación.

También es importante saber los clientes que se recuperan. Para ello, pueden seguirse los criterios de lograr un cambio estadísticamente fiable y una mayor probabilidad de pertenecer a la población funcional que a la disfuncional en el STAI-T y el PSWQ. Los porcentajes de clientes recuperados para distintos tipos de intervención aparecen en la Tabla 5. Considerando conjuntamente los diversos tipos de TCC, alrededor del 50% de los clientes se recuperan en el postratamiento y en los seguimientos en el STAI-T y el PSWQ. Los porcentajes son algo más altos que los de la relajación aplicada.

Los datos sugieren también una posible superioridad de la terapia metacognitiva y de la TCC de Dugas, al menos en algunos momentos. Sin embargo, los resultados no se basan en comparaciones directas y las diferencias podrían ser debidas a otras variables distintas del tipo de tratamiento que han podido diferir entre los estudios: gravedad del trastorno, tipo de clientes, experiencia de los terapeutas, etc.

	Relajación aplicada	**Terapia cognitiva**	**TCC tradicional**	**TCC de Dugas**	**Terapia metacognitiva**	**Cualquier tipo de TCC**
STAI-T (ansiedad)	(k=6)	(k=5)	(k=5)	(k=1)	(k=4)	(k=15)
Post	34%	33%	46%	60%	65%	48%
6 meses	49%	43%	49%	62%	72%	55%
12 meses	43%	37%	63%	–	67%	49%
PSWQ (preocupación)	(k = 4)	(k = 2)	(k = 2)	(k = 2)	(k = 3)	(k = 3)
Post	37%	37%	48%	48%	68%	52%
6 meses	35%	33%	47%	63%	74%	57%

Nota. TCC = terapia cognitivo-conductual. STAI-T = Inventario de Estado Rasgo de Ansiedad, versión rasgo; PSWQ = Inventario de Preocupación del Estado de Pensilvania. k = número de estudios (puede ser menor en el seguimiento). Reproducido de Bados (2015) con permiso de la Editorial Síntesis.

Tabla 5. Clientes recuperados con distintas terapias y en diferentes momentos.

En un metaanálisis con los mismos criterios de recuperación anteriores, Hanrahan y cols. (2013) calcularon los porcentajes de clientes recuperados en el PSWQ en tres momentos diferentes (postratamiento, 6 y 12 meses) para diferentes tipos de TCC, otras terapias diferentes a la TCC (relajación aplicada, terapia psicodinámica breve, terapia no directiva) y la ausencia de terapia. La TCC fue significativamente superior a las otras dos condiciones tanto en el postratamiento (46%, 22% y 0% de clientes recuperados, respectivamente) como al año (57%, 26% y 15% de clientes recuperados, respectivamente).

Por otra parte, el porcentaje de clientes adultos que dejan de presentar TAG ronda el 70% en el postratamiento y el 80% en el seguimiento al año, tanto para diversos tipos de TCC considerados conjuntamente como para la relajación aplicada (véase Bados, 2015). Sin embargo, este es un criterio laxo de recuperación, ya que una persona puede dejar de cumplir el mínimo de criterios necesarios para el TAG, pero seguir presentando síntomas importantes.

Considerando ahora a los niños con diversos trastornos de ansiedad (incluido el TAG), el metaanálisis de James (2013) indica que el 62% de los que completan el tratamiento con TCC dejan de cumplir criterios diagnósticos de su trastorno principal en el postratamiento, porcentaje más o menos similar al del tratamiento habitual (47%) y significativamente más alto que el observado en las condiciones de controles activos o placebo (26%) y lista de espera (15%).

En conclusión, los datos de significación clínica vienen a confirmar que la relajación aplicada y diversas modalidades de TCC son relativamente eficaces para el tratamiento del TAG. Sin embargo, el porcentaje de clientes mejorados y, especialmente, el de recuperados no son tan altos como sería de desear.

5.4. Mantenimiento de los resultados del tratamiento psicológico

Por lo que respecta a la persistencia de las mejoras conseguidas, estas suelen mantenerse en adultos en seguimientos de hasta 2 años de duración, aunque no han solido pasar del año (Hanrahan y cols., 2013). Además, los porcentajes de clientes mejorados y recuperados también se mantienen o incluso mejoran en los seguimientos. Sin embargo, el 20-40% de los clientes tratados con terapia conductual o cognitivo-conductual reciben tratamiento adicional (psicológico o farmacológico) para el TAG durante el seguimiento. Además, cabe la posibilidad de que los clientes localizados para la evaluación en el seguimiento sean los que habían obtenido mejores resultados. Por otra parte, Fisher y Durham (1999) hallaron en su revisión que en la TCC y la relajación aplicada hubo un 8-11% de recaídas y un 8-10% de clientes que se recuperaron durante el seguimiento a los 6 meses.

Los resultados de la TCC grupal en personas mayores se mantienen a medio plazo (6-12 meses), pero los porcentajes de clientes recuperados o que dejan de cumplir TAG parecen más bajos que los observados en adultos más jóvenes; los abandonos son también más frecuentes. Considerando conjuntamente la TCC individual y grupal, los resultados en la tendencia a preocuparse son menores en personas mayores que en adultos jóvenes (Covin y cols., 2008). Es posible que la eficacia de la TCC pueda ser incrementada con técnicas para mejorar la atención, el aprendizaje y la memoria y con tratamientos algo más largos, ya que las personas mayores necesitan más tiempo para aprender.

En niños y adolescentes, las mejoras conseguidas se mantienen o aumentan en seguimientos de hasta 7 años, aunque la duración habitual ha sido de un año. El porcentaje que dejan de presentar su trastorno principal aumenta en seguimientos de hasta 2 años e incluso a los 3-7 años, en cuyo caso ha oscilado generalmente entre el 70% y el 90% (Nevo y Manassis,

2009). Sin embargo, esta mejora puede ser debida en parte a efectos de maduración o a la administración de tratamiento adicional, presente entre el 30% y el 63% de los casos.

5.5. Utilidad clínica del tratamiento psicológico

En el metaanálisis de Stewart y Chambless (2009) con 11 estudios sobre el TAG en la adultez, el tamaño del efecto del pretratamiento al postratamiento de la TCC y de la relajación aplicada consideradas conjuntamente fue alto en la práctica clínica habitual, aunque estuvo algo por debajo del observado en investigaciones controladas. Así pues, la eficacia de la intervención psicológica puede ser algo menor en la práctica clínica habitual. Esto puede ser debido, entre otros factores, a un menor entrenamiento de los terapeutas en TCC, a una mayor sobrecarga de trabajo de estos y a una mayor gravedad del trastorno o a una mayor comorbilidad en los clientes vistos en la práctica habitual. Además, el porcentaje de abandonos (15-27% versus 11-16%) y la duración del tratamiento (23 vs.15 horas) pueden ser algo mayores en el último caso. Por otra parte, según un estudio, los resultados de la TCC en la práctica habitual tienden a mantenerse al año y el tamaño del efecto del pretratamiento al seguimiento está dentro del rango observado en los estudios de eficacia.

Para facilitar la disponibilidad del tratamiento y mejorar la razón coste/eficacia del mismo, se han comenzado a investigar la aplicación de la TCC por Internet con un mínimo contacto con el terapeuta (menos de 2,5 horas de media) vía correo electrónico y/o teléfono. En cuatro estudios se ha hallado que esta TCC por Internet ha sido más eficaz que la lista de espera, con un tamaño del efecto alto en preocupación, ansiedad y depresión. El porcentaje de clientes mejorados y recuperados también ha sido más alto en la TCC por Internet que en la lista de espera. Los resultados se han mantenido en seguimientos de hasta 3 años de duración y el porcentaje de abandonos ha sido del 20% (Bados, 2015). Puede accederse a programas españoles de TCC de pago por Internet en www.amindterapia.com y en https://www.venciendolaansiedad.com/

Por otra parte, hay un estudio que indica que la TCC aplicada por psicólogos públicos tiene una mejor relación coste-beneficio en comparación a la terapia farmacológica. Asimismo, los datos sugieren que los clientes con TAG prefieren la TCC porque no presenta los efectos adversos de la farmacoterapia.

Con niños y adolescentes, unos pocos estudios han mostrado que la TCC dirigida a diversos trastornos de ansiedad es eficaz cuando se aplica en la clínica habitual y claramente superior a la lista de espera, aunque no se ha diferenciado del tratamiento habitual. Los resultados se han mantenido e incluso mejorado en seguimientos de hasta 12 meses. Sin embargo, el porcentaje de niños tratados que dejan de presentar su principal trastorno de ansiedad (52%) es algo más bajo que el observado en el marco de investigación (62%), aunque claramente superior al 5% observado en la lista de espera (Bados, 2015).

Por otra parte, mientras que la biblioterapia pura para padres (sin intervención del terapeuta) es de una eficacia muy limitada, la biblioterapia o la TCC por Internet apoyadas por contactos telefónicos o correos electrónicos han sido más eficaces que la lista de espera en unos pocos estudios. Por último, diversos estudios han evaluado la satisfacción con la TCC, la cual ha sido alta.

5.6. Tratamiento farmacológico

Los fármacos más investigados han sido los inhibidores selectivos de la recaptación de la serotonina (ISRS), los inhibidores de la recaptación de la serotonina y de la noradrenalina (IRSN), las benzodiacepinas, la pregabalina, la buspirona y la hidroxicina. En Bados (2015) y en National Institute for Health and Clinical Excellence (2011) se presentan los tamaños del efecto de estos fármacos con relación al placebo y el porcentaje de clientes mejorados y recuperados en la Escala de Ansiedad de Hamilton.

Las DMT en la Escala de Ansiedad de Hamilton de los distintos fármacos respecto al placebo son significativas, pero de magnitud entre baja y moderada (0,23 a 0,53); sin embargo, no pueden compararse con las vistas previamente para la TCC porque el grupo de comparación es más potente: placebo en vez de lista de espera. Tampoco pueden compararse los porcentajes de clientes mejorados y recuperados, ya que los criterios empleados son diferentes de los utilizados en la TCC. El porcentaje de clientes mejorados ha oscilado entre el 41% y el 58%, algo más alto que con el placebo (28-46%). Por lo que se refiere al porcentaje de clientes recuperados, ha ido del 25% al 34%, algo más alto que el placebo (16-26%). Las diferencias son significativas en ambos casos, aunque el tamaño del efecto es bajo.

Considerando los antidepresivos (ISRS, IRSN) y la pregabalina, la duloxetina es el fármaco más eficaz, pero también el que produce más abandonos. La sertralina es el segundo más eficaz, el mejor tolerado y el que tiene una mejor relación coste/eficacia, aunque esto se basa sólo en dos estudios. La pregabalina es relativamente eficaz y tiene pocos efectos adversos. Los efectos de las diversas benzodiacepinas han sido inconsistentes y su uso prolongado está asociado a un elevado riesgo de dependencia. La buspirona y la hidroxicina no cuentan aún con suficientes datos sobre su eficacia. Hay muy pocos estudios que hayan comparado distintos fármacos entre sí y, en general, no hay diferencias entre ellos.

En clientes con TAG que no han respondido al tratamiento farmacológico, los resultados de los antipsicóticos atípicos olanzapina, risperidona y zipraxidona no han sido consistentes. En cambio, la quetiapina de liberación sostenida ha sido más eficaz que el placebo, aunque ha dado lugar a más abandonos y a notables efectos adversos.

Con personas mayores, los ISRS, los ISRN, las benzodiacepinas y la buspirona se han mostrado más eficaces que el placebo y han sido, en general, bien tolerados. En el caso de los niños y adolescentes con TAG, los escasos estudios existentes indican que la duloxetina, la sertralina y la venlafaxina son superiores al placebo, aunque también producen más abandonos por efectos adversos.

Respecto a la eficacia relativa de la terapia farmacológica y la TCC, en el metaanálisis de Cuijpers y cols. (2014) no se hallaron diferencias entre ambas en medidas de ansiedad, según cuatro estudios que las compararon directamente. Es posible que la combinación de TCC y serotonérgicos pueda ser más eficaz a corto plazo en el caso de niños/adolescentes y personas mayores, pero esto se basa sólo en un estudio en cada caso.

En resumen, el tratamiento farmacológico del TAG supone, a corto plazo, un beneficio de bajo a moderado para reducir la ansiedad y aumenta hasta cierto punto la probabilidad de mejorar o recuperarse tras el mismo. Sin embargo, presenta importantes limitaciones: (a) no parece tener un efecto significativo en las preocupaciones, (b) no hay estudios sistemáticos sobre el mantenimiento de los resultados a corto y largo plazo una vez acabado el tratamiento, aunque hay datos de que una gran mayoría de clientes (60-80%) recaen en el año siguiente tras un tratamiento breve, (c) la mayoría de fármacos tienen importantes o molestos efectos adversos que son más frecuentes que en el caso del placebo, y (d) como consecuencia de lo anterior, el porcentaje de clientes que abandonan la farmacoterapia es significativamente mayor que con el placebo o la TCC (Bados, 2015). Acorde con estos datos, el National Institute for Health and Clinical Excellence (2011) recomienda que el tratamiento farmacológico sea reservado para las personas que no han respondido a la terapia psicológica, a no ser que estas elijan lo contrario.

6. PROGRAMA DE TRATAMIENTO

Dado el estado de la cuestión y basándonos en los datos empíricos, es muy difícil recomendar un tratamiento concreto para el TAG. Diversas intervenciones (relajación aplicada, TC, TCC, terapia metacognitiva) parecen similarmente eficaces y pueden usarse indistintamente, aunque, como se dijo antes, la TCC ha sido la más ampliamente estudiada y la que se aplica con más frecuencia. Por otra parte, conviene no perder de vista la adaptación del tratamiento a las características de cada persona y de sus problemas. Esta importante cuestión no ha sido prácticamente investigada en el TAG, aunque Eisen y Silverman (1998) presentaron datos que sugieren que la intervención es más eficaz si es adaptada al tipo de respuesta del cliente (niños en su caso). En clientes en los que predominan claramente las preocupaciones la terapia cognitiva sería preferible a la relajación, en los que predomina el componente somático sería más eficaz la relajación y en los que predominan ambos tipos de respuesta, habría que aplicar ambos componentes.

En este apartado, describiremos el tratamiento del grupo de Dugas, por ser la TCC más reciente que ha sido bien investigada y ha obtenido buenos resultados, aunque se requieren replicaciones por parte de otros investigadores. Asimismo, en el punto 6.7 presentaremos un tratamiento modular integrador que incluye componentes no contemplados en la TCC de Dugas y que se aplicarán o no en función del análisis funcional realizado en cada caso. Finalmente, en otro apartado, expondremos algunos tratamientos más novedosos que se han diseñado con el objetivo de intentar mejorar los resultados existentes.

Conviene señalar algunas cuestiones antes de exponer la TCC del grupo de Dugas. Primero, cuando el TAG sea comórbido con otros trastornos, hay que tratar en primer lugar el trastorno principal. Si hay dependencia o abuso nocivo de sustancias, debe abordarse primero, ya que esto puede llevar a una mejora significativa del TAG. Segundo, los clientes no suelen distinguir muchas veces entre la preocupación productiva e improductiva (preocupación excesiva). Por ello, suele ser conveniente hablar de preocupaciones excesivas al referirse a las preocupaciones disfuncionales. Finalmente, para contrarrestar los frecuentes problemas de concentración durante las sesiones, es útil revisar y repetir el material importante, emplear resúmenes y notas escritas, pedir al cliente que apunte cosas y dejarle grabaciones de la sesión para que las escuche en casa.

La intervención para el TAG propuesta por el grupo de Dugas ha ido sufriendo algunas modificaciones a lo largo del tiempo e incluye seis módulos: (1) psicoeducación y entrenamiento en darse cuenta de las preocupaciones, (2) reconocimiento de la incertidumbre y exposición conductual, (3) reevaluación de la utilidad de preocuparse, (4) entrenamiento en solución de problemas, (5) exposición imaginal a los miedos que subyacen a las preocupaciones sobre situaciones no resolubles y (6) prevención de recaídas. El mayor o menor énfasis en cada componente depende de las necesidades de cada cliente. El tratamiento se centra directamente en las preocupaciones patológicas y no en los síntomas somáticos; su fin último es desarrollar una mayor tolerancia a la incertidumbre, la cual es vista como el principal factor en el mantenimiento del TAG. Una descripción detallada del tratamiento puede verse en Dugas y Robichaud (2007), un manual para el cliente en Ladouceur, Bélanger y Léger (2003/2009) y un estudio de caso en Robichaud (2013).

El tratamiento propuesto dura 14-16 sesiones de una hora (o más de 1 hora en las sesiones con prácticas de exposición). Con 16 sesiones, la frecuencia de las sesiones es de dos veces por semana para las ocho primeras y de una vez por semana para las ocho segundas, aunque las dos últimas pueden programarse dos y cuatro semanas más tarde. Además, hay tres sesiones de seguimiento a los 3, 6 y 12 meses. A continuación se describen los seis módulos del tratamiento.

6.1. Psicoeducación y entrenamiento en darse cuenta de las preocupaciones

El primer objetivo es presentar, mediante ejemplos y preguntas, los principios básicos de la TCC: relación recíproca entre pensamientos, emociones y conductas, necesidad de participar en las sesiones y de practicar fuera de estas para conseguir cambiar, enseñanza de habilidades para que el cliente se maneje independientemente, terapia breve, terapia estructurada y directiva, foco en el presente, etc. En segundo lugar, se ofrece una descripción detallada del TAG y se presenta este desde una perspectiva dimensional: es una manifestación excesiva de un conjunto de reacciones que todo el mundo experimenta en diverso grado de cuando en cuando.

A continuación, se presenta al cliente de modo gráfico un modelo simple explicativo del TAG, al cual se irán añadiendo nuevos componentes conforme se vayan trabajando en la terapia. El modelo inicial incluye situaciones disparadoras (externas e internas), ¿y si…?, preocupación, ansiedad y desmoralización y agotamiento; el modelo final puede verse en la Figura 3.

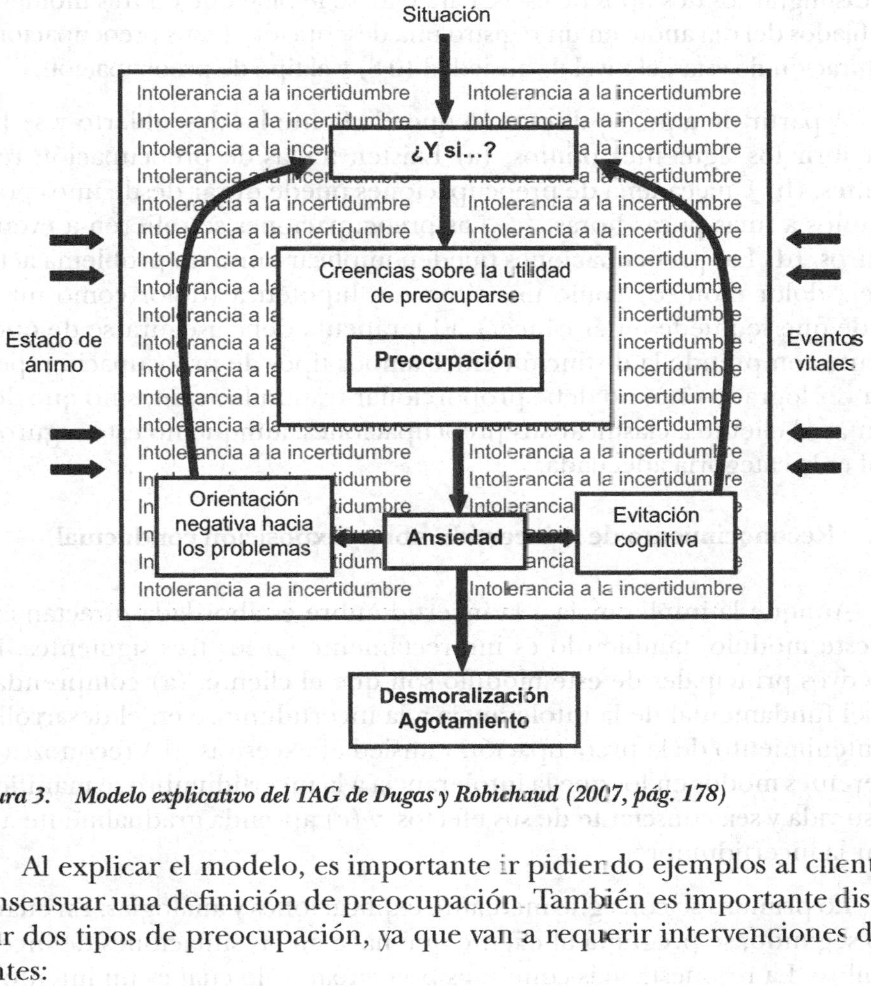

Figura 3. Modelo explicativo del TAG de Dugas y Robichaud (2007, pág. 178)

Al explicar el modelo, es importante ir pidiendo ejemplos al cliente y consensuar una definición de preocupación. También es importante distinguir dos tipos de preocupación, ya que van a requerir intervenciones diferentes:

a) Preocupaciones que atañen a problemas actuales (el problema ya existe); p.ej., preocuparse por las consecuencias de haber discutido con un amigo, por la sobrecarga laboral que se padece, por lo que costará hacer una reparación, por el retraso escolar de un hijo.
b) Preocupaciones que tienen que ver con situaciones hipotéticas (el problema no existe todavía y en muchos casos no existirá) o inmodificables; p.ej., preocuparse porque el marido pueda tener un accidente de coche, por poder desarrollar cáncer o por perder el puesto de trabajo sin que haya nada que lo indique.

En cuanto al entrenamiento en darse cuenta de las preocupaciones y del tipo de éstas, se trata de que el cliente aprenda a identificar sus preocupaciones y a distinguir los dos tipos de éstas. Para ello, se le pide que en tres momentos prefijados del día anote en un registro una descripción de sus preocupaciones, la duración de éstas, el nivel de ansiedad (0-8) y el tipo de preocupación.

A partir de aquí, se discute lo que el cliente ha descubierto y se busca cubrir los siguientes puntos: (a) Existen temas de preocupación recurrentes. (b) Una cadena de preocupaciones puede durar desde unos pocos minutos a unas pocas horas. (c) Las preocupaciones se refieren a eventos futuros. (d) Las preocupaciones pueden implicar tanto un problema actual (p.ej., dolor crónico) como una situación hipotética (dolor como un signo de que se puede tener cáncer). El terapeuta debe asegurarse de que el cliente comprende la distinción entre ambos tipos de preocupación, pero, una vez logrado esto, no debe proporcionar tranquilización, sino que debe alentar al cliente a clasificar sus preocupaciones, aunque no esté seguro de cuál es la categoría adecuada.

6.2. Reconocimiento de la incertidumbre y exposición conductual

Aunque la intolerancia a la incertidumbre es abordada directamente en este módulo, también lo es indirectamente en los tres siguientes. Los objetivos principales de este módulo son que el cliente: (a) comprenda el papel fundamental de la intolerancia a la incertidumbre en el desarrollo y mantenimiento de la preocupación y ansiedad excesivas, (b) reconozca los diferentes modos en los que la intolerancia a la incertidumbre se manifiesta en su vida y sea consciente de sus efectos, y (c) aprenda gradualmente a tolerar la incertidumbre.

Lo primero se consigue mediante explicaciones y analogías. En cuanto a lo segundo, se pregunta al cliente qué hace en las situaciones de incertidumbre. La respuesta más común es preocuparse, lo cual es un intento de reducir la incertidumbre pensando en los posibles resultados de una situación. Entonces se le pregunta qué otras cosas hace para reducir la incertidumbre. Si el cliente dice que no se le ocurre nada, se le puede proporcionar algún ejemplo de cosas que suelen hacerse: pedir la opinión de amigos o familiares antes de tomar una decisión, incluso pequeña, retrasar la terminación de un proyecto o evitar situaciones ambiguas como leer cosas relacionadas con las áreas de preocupación. A continuación puede presentarse una lista de manifestaciones de intolerancia a la incertidumbre (véase la Tabla 6; otros ejemplos fueron mencionados al hablar previamente de las conductas de seguridad), pedir al cliente que piense sobre ellas y que señale aquellas que hace. También se le puede pedir que proporcione ejemplos personales. Una vez identificadas las manifestaciones de intolerancia a la incertidumbre, conviene discutir su posible utilidad, de modo que queden patentes sus desventajas; asimismo, se discuten las posibles ventajas de comportarse de otra manera.

Estrategias de "aproximación" [de búsqueda de seguridad]

1. Querer hacerlo todo usted mismo y no delegar tareas en nadie más.
   Ejemplo: Hacer todas las tareas de casa usted solo porque si no, no puede estar seguro de que estén bien hechas.
2. Buscar una gran cantidad de información antes de proceder con algo.
   Ejemplo: Leer un montón de documentación sobre un tema; pedir la misma información a un cierto número de personas; mirar muchas tiendas antes de elegir un regalo para alguien.
3. Poner en duda una decisión que ya había tomado porque ya no está seguro de que sea la mejor decisión.
   [Ejemplo: Replantease un cambio de lugar de trabajo o de domicilio; volver a pensar si se ha elegido bien el sitio de vacaciones.]
4. Buscar seguridad o tranquilización preguntando a otros.
   [Ejemplos: Consultar frecuentemente al médico por síntomas cuya importancia se magnifica; recabar con frecuencia opinión de colegas sobre si un trabajo está bien hecho.]
5. Volver a comprobar y hacer las cosas otra vez por no estar seguro de haberlas hecho correctamente.
   [Ejemplo: Volver a leer varias veces lo correos electrónicos antes de enviarlos para asegurarse de que no hay errores.]
6. Sobreproteger a otros (p.ej., familiares, niños) haciendo cosas por ellos.
   [Ejemplo: Ayudar más de la cuenta a los hijos a hacer los deberes; hacerle cosas a un progenitor mayor que este es capaz de hacer.]

Estrategias de "evitación" [de situaciones de incertidumbre]

1. Evitar comprometerse totalmente con ciertas cosas.
   Ejemplo: No comprometerse en una relación de amistad o romántica porque el resultado es incierto; no implicarse totalmente en la terapia porque no hay garantías de que funcionará.
2. Encontrar razones "imaginarias" para no hacer ciertas cosas.
   Ejemplo: Hallar excusas para no irse de la casa familiar; no hacer el ejercicio físico que sabe que es bueno para usted diciéndose que puede no ser capaz de soportar la incomodidad que conlleva.
3. Posposición o aplazamiento (dejar para más tarde lo que puede hacer ahora).
   Ejemplo: Posponer una llamada porque no está seguro de cómo reaccionará el otro; aplazar una decisión porque no está seguro de que sea la correcta.
4. [Evitar situaciones que generan incertidumbre o hacen pensar en peligros.
   Ejemplo: Rehuir conversaciones incómodas; no aceptar invitaciones a reuniones.]

Tabla 6. Ejemplos de manifestaciones de intolerancia a la incertidumbre. Nota. Adaptado y ampliado de Dugas y Robichaud (2007, pág. 120). Las expresiones entre corchetes no aparecen en el original.

El siguiente paso es discutir lo que se puede hacer para abordar la intolerancia a la incertidumbre. Si la preocupación y la ansiedad son impulsadas por la intolerancia a la incertidumbre, hay dos posibles soluciones: aumentar la certeza o aumentar la tolerancia. La primera no funciona porque la incertidumbre es inevitable, su presencia en la vida es generalizada. Por lo tanto, la solución radica en aumentar la tolerancia. La manera de conseguir esto es exponerse gradualmente a la incertidumbre eliminando las manifestaciones de intolerancia a la misma, esto es dejando de hacer las conductas que se realizan para eliminar la incertidumbre (estrategias de búsqueda de seguridad) y haciendo lo que se evita para salvar la incertidumbre. Esta exposición gradual toma la forma de experimentos conductuales (mínimo de uno a la semana) en los que el cliente registra lo que va a hacer (o lo que ha hecho, si el experimento no estaba planeado), lo que teme que ocurra (o temía que ocurriera), lo que ocurrió realmente, lo que hizo para afrontar un posible resultado negativo y las conclusiones extraídas. Ejemplos de experimentos pueden verse en Bados (2015) y Robichaud (2013).

Al realizar los experimentos es importante dar las siguientes guías al cliente: (a) registrar el experimento según lo explicado antes, (b) empezar por cosas pequeñas y realistas, (c) esperar sentirse ansioso o nervioso, y (d) comenzar a abordar la incertidumbre aún sin sentirse motivado del todo, puesto que la motivación seguirá a la acción. Los experimentos deben seguir a lo largo de todo el tratamiento e ir aumentando en dificultad; por ejemplo, realizar informes en el trabajo sin buscar seguridad por parte de otros, proponer un plan alternativo a unos amigos cuando se teme su reacción, llamar al cónyuge al trabajo sólo una vez en vez de varias, hacer una revisión semanal de la contabilidad en vez de diariamente.

Es importante señalar que no se trabaja previamente con el cliente para ayudarle a ver que lo que teme es altamente improbable, ya que esto no permitiría abordar la intolerancia a la incertidumbre. En cambio, en el programa del grupo de Barlow, en el que también se emplean experimentos conductuales para cambiar las conductas de seguridad y evitación, se permite que antes, durante y después de cada práctica el cliente puede manejar la ansiedad mediante reestructuración cognitiva y/o relajación. Además, se ha enseñado previamente la primera de estas técnicas para contrarrestar la sobrestimación de la probabilidad de peligro y los pensamientos catastróficos.

6.3. Reevaluación de la utilidad de la preocupación

Los clientes con TAG tienden a sobrestimar las ventajas de preocuparse y a subestimar sus desventajas. Por ello conviene reevaluar la utilidad de preocuparse para facilitar que estén más dispuestos a reducir sus preocupaciones. En efecto, un cliente puede desear reducir sus preocupaciones y ansiedad mientras cree al mismo tiempo que es muy importante continuar preocupándose por sus hijos. Esto puede llevar a una ambivalencia sobre el cambio si no se abordan las creencias sobre la utilidad de las preocupaciones.

Lo primero es identificar las creencias sobre la utilidad de preocuparse. Para evitar resistencias (el cliente puede ser reacio a reconocer que la conducta que quiere reducir tiene un lado positivo), es importante adoptar una actitud no crítica y normalizar la experiencia. Así, puede decirse que muchas personas con TAG quieren reducir sus preocupaciones, pero al mismo tiempo creen que preocuparse es útil; luego, se pregunta al cliente qué piensa al respecto y si cree que algunas de sus preocupaciones pueden ser útiles. Tras este primer paso, el terapeuta puede presentar los distintos tipos de creencias sobre la utilidad de preocuparse y pedir al cliente que piense en sus propias preocupaciones y vea si tiene algunas de dichas creencias. Se le puede dar al cliente el formulario que Dugas y Robichaud (2007) presentan en las páginas 171-172 para que escriba en casa ejemplos personales de las creencias pertinentes en su caso y de cualesquiera otras que pueda tener.

Otro método para identificar este tipo de creencias es preguntarle al cliente qué pasaría si no se preocupara o se preocupara menos sobre algo en particular. Así, alguien puede creer que una determinada preocupación le sirve para evitar ciertas consecuencias negativas, disminuir su sentimiento de culpa, estar preparado por si ocurre lo que teme, evitar la frustración, distraerle de pensar en cosas peores, ayudarle a encontrar una solución y/o motivarle para llevar a cabo alguna acción. Es primordial identificar las creencias sobre la utilidad de cada preocupación específica, no de preocuparse en general. Esta vinculación a creencias específicas es importante porque a dos preocupaciones sobre la misma temática pueden subyacer diferentes creencias sobre su utilidad. Así, un cliente creía que preocuparse por su propia salud era útil porque ello le ayudaría a descubrir los primeros síntomas de la enfermedad y tratarla a tiempo. Al mismo tiempo, también valoraba como muy útiles sus preocupaciones sobre que un miembro de su familia cayese enfermo, pero la razón era que así se sentiría menos culpable cuando un familiar enfermase.

Una vez identificadas las creencias oportunas, se explica al cliente que sería bueno examinar si el preocuparse es realmente útil en su caso y si preocuparse menos tendría o no un efecto negativo. Se hace una distinción entre preocuparse ocasionalmente y preocuparse excesivamente y se remarca que se está hablando sobre la utilidad de la preocupación excesiva y de las conductas de evitación y búsqueda de seguridad que la acompañan.

Así pues, el siguiente paso es cuestionar las creencias específicas que sustentan cada preocupación. No se trata de desafiar una creencia general (p.ej., preocuparse es un rasgo positivo de personalidad), sino las creencias sobre una preocupación específica (p.ej., *preocuparme por la salud de mis hijos muestra que soy una buena madre*). En el cuestionamiento pueden utilizarse diversos medios: representación de abogado-fiscal, método socrático y experimentos conductuales, aunque estos últimos son poco explicitados.

En la representación de abogado-fiscal, el cliente identifica una preocupación específica (p.ej., *preocuparme por la salud de mis hijos muestra que soy una buena madre*) y luego adopta el papel de abogado para convencer a los miembros de un jurado de que su preocupación es útil. Una vez que ha expuesto todos los argumentos a favor, pasa a representar el papel de fiscal para convencer al jurado de que su preocupación no es útil. El terapeuta utiliza el método socrático para ayudar al cliente a reconsiderar la utilidad de su preocupación cuando hace de fiscal; para ello, puede utilizar preguntas como las enumeradas en la Tabla 7. Mediante el método socrático, pueden cuestionarse o reinterpretarse las pruebas favorables a la utilidad de las preocupaciones y puede pedirse al cliente que considere las desventajas de preocuparse (es una causa de malestar, consume mucho tiempo, hace muy difícil concentrarse, no es realista y no ayuda por tanto realmente a resolver problemas, etc.). También pueden buscarse ejemplos de experiencias pasadas del cliente para ver cómo lo que realmente ocurrió no se ajustó a las predicciones tenidas.

Borkovec, Hazlett-Stevens y Diaz (1999) proporcionan más ideas para abordar las creencias que pueden sustentar las preocupaciones. Entre ellas, la creencia de que preocuparse ayuda a no pensar en cosas más perturbadoras emocionalmente, creencia que no es considerada explícitamente en la TCC de Dugas. Estas cosas más perturbadoras pueden ser los miedos últimos subyacentes a cada preocupación, los cuales son tratados mediante exposición a los mismos en la TCC de Dugas. O bien puede ser que las cosas perturbadoras que se intentan evitar no estén conectadas con el contenido de las preocupaciones, sino con eventos traumáticos interpersonales en el pasado, experiencias negativas de la infancia, problemas en las relaciones interpersonales actuales y un apego más inseguro a su principal ser querido en la infancia. Esto sugiere que los clientes con TAG han aprendido a anticipar amenazas para ellos y otras personas allegadas y que buscan el cariño y aceptación de los demás preocupándose por ellos. Si hay temas interpersonales no resueltos, la terapia debería ayudar al cliente a identificar sus necesidades y miedos respecto a las relaciones interpersonales, acceder y procesar emocionalmente los sentimientos negativos provenientes de relaciones actuales y pasadas relacionadas con dichos miedos y necesidades, y facilitar nuevos modos de comportarse que permitan lograr la satisfacción de las necesidades interpersonales (véase más adelante la terapia integradora de Newman).

En cuanto a los experimentos conductuales, pueden usarse dos tipos: (a) Los *experimentos de discrepancia* van dirigidos a comprobar si el contenido de una preocupación (lo que se piensa que pasará) se ajusta a lo que realmente ocurre. Aunque esto implica un cuestionamiento del contenido de la preocupación, el fin principal en este caso es desafiar la validez de la creencia de que preocuparse es útil. (b) Los *experimentos de modulación de la preocupación* se basan en la idea de que si la preocupación es útil, los aumentos y disminuciones de la misma deben afectar a los resultados. Así, se puede pedir al cliente que se preocupe sobre las consecuencias de ciertos eventos y que no se preocupe por las consecuencias de otros. Al registrar los resultados de todos los eventos, el cliente puede poner a prueba su hipótesis de que preocuparse es útil. Igualmente, para someter a prueba la creencia de que preocuparse mejora el rendimiento laboral, se puede pedir al cliente que se preocupe más en un día laboral, que no lo haga al día siguiente, que registre los resultados y que compruebe si hay alguna diferencia en su desempeño.

Una vez que el cliente deja de ver el preocuparse excesivamente como algo útil, se le plantea que existen alternativas a la preocupación: entrenamiento en resolución de problemas para los problemas actuales y exposición imaginal para los miedos que subyacen a las preocupaciones sobre situaciones no resolubles. Estas alternativas serán consideradas en los dos módulos siguientes. Por otra parte, para ocupar el tiempo dedicado a las excesivas preocupaciones, puede ir pensándose a partir de este momento, y en especial cerca del final del tratamiento, en modos de ocupar dicho tiempo: más actividades con la familia y amigos, recuperar una afición, etc.

1. *Preocuparse ayuda a resolver problemas.* Ejemplo: Si me preocupo sobre los problemas que surgen en el trabajo, seré capaz de encontrar mejores soluciones para los mismos.
   - ¿Resuelve usted realmente sus problemas preocupándose o le da vueltas una y otra vez al problema en su cabeza?
   - ¿Preocuparse le lleva realmente a resolver sus problemas o se pone tan ansioso que retrasa la solución de sus problemas o los evita por completo?
   - ¿Está confundiendo un pensamiento (preocupación) con una acción (resolución de problemas)?
   - [¿Obtiene mejores resultados preocupándose en comparación a gente que se preocupa menos?]
2. *Preocuparse como fuerza motivacional.* Ejemplo: Si me preocupo por mi rendimiento en el trabajo, entonces estaré motivado para que las cosas me salgan bien.
   - ¿Conoce a alguien que haga bien su trabajo y que no sea una persona que se preocupe?
   - ¿Está confundiendo preocuparse con tener atención y cuidado? Es decir, ¿es posible querer hacer las cosas bien en el trabajo y no preocuparse por ello todo el tiempo?
   - ¿Mejora su preocupación realmente su rendimiento? ¿Existen repercusiones negativas como consecuencia de su excesiva preocupación por el trabajo? (P.ej., dificultades para concentrarse, problemas de memoria, ansiedad intensa.)
3. *Preocuparse protege de las emociones negativas.* Ejemplo: Si me preocupo sobre que mi hijo pueda desarrollar una enfermedad grave, estaré mejor preparado emocionalmente si sucede.
   - ¿Le ha sucedido alguna vez algo malo sobre lo que se haya preocupado antes? ¿Cómo se sintió? ¿Se amortiguó el dolor o la tristeza que causó?
   - ¿Preocuparse por cosas que pueden no suceder nunca aumenta sus emociones negativas en el momento presente?
4. *Preocuparse puede por sí mismo prevenir los resultados negativos.* Ejemplo: Cuando me preocupo por un examen próximo, lo hago bien; cuando no me preocupo, no lo hago bien.
   - ¿Alguna vez le ha ido mal en un examen aunque se hubiera preocupado?
   - [¿Alguna vez se ha preocupado menos por un examen y los resultados han sido buenos?]
   - ¿Su creencia sobre la preocupación (esto es, preocupación = buen resultado, no preocupación = mal resultado) está basada en datos reales o es una suposición? Por ejemplo, ¿es posible que sólo recuerde los exámenes que hizo bien cuando se preocupó y que olvidara los que no hizo bien cuando se preocupó?
   - ¿Realmente no se preocupó cuando las cosas no fueron bien en algunos exámenes o justo está recordándolo de este modo para apoyar su creencia?
   - ¿Puede poner a prueba su creencia? Por ejemplo, ¿puede registrar su preocupación antes de todos los exámenes y luego mirar el resultado de cada examen?

     [Otro posible experimento sería dejar de preocuparse excesivamente por un examen y observar el resultado. Cuando las preocupaciones vienen a la cabeza, se las deja pasar como si fueran en nubes empujadas por el viento o en hojas arrastradas por el agua de un río.]
5. *Preocuparse es un rasgo positivo de personalidad.* Ejemplo: El hecho de preocuparme por mis hijos prueba que soy una madre buena y cariñosa.
   - ¿Hay algo más que usted hace que muestre que es una madre buena y cariñosa? ¿Es preocuparse por sus hijos la única forma de mostrar cariño y amor?
   - ¿Conoce a otros padres que usted consideraría buenos y cariñosos, pero que no se preocupan excesivamente?
   - ¿Ha sufrido consecuencias negativas por parte de amigos y familiares a causa de su preocupación excesiva? ¿Alguno ha considerado su preocupación excesiva como un rasgo *negativo* de personalidad? Por ejemplo, ¿le han dicho alguna vez sus hijos que usted les regaña o da la lata demasiado, o tiene amigos que no le toman en serio porque se preocupa demasiado?
6. *El coste de preocuparse:* Preguntas potenciales para todas las creencias sobre la preocupación.
   - ¿Su preocupación excesiva sobre este tema ha influido negativamente en las relaciones con su familia y amigos?

- ¿Su preocupación excesiva ha influido negativamente en su rendimiento laboral? ¿Completar las tareas le lleva más tiempo que a otra gente que se preocupa menos?
- ¿Su preocupación excesiva le ha llevado a altos niveles de estrés y fatiga?
- [¿Qué sucede con su concentración cuando se preocupa? ¿Cómo concuerda esto con que preocuparse es útil?]
- [¿Qué pasa con su estado de ánimo cuando se preocupa? Así pues, ¿en qué medida le resulta útil preocuparse?]
- ¿Cuánto tiempo y esfuerzo le supone preocuparse por este tema? ¿Obtiene mejores resultados preocupándose (p.ej., una mejor relación con sus hijos, un mejor trabajo o rendimiento escolar) en comparación con la gente que se preocupa menos?

Tabla 7. ***Preguntas para desafiar las creencias de que las preocupaciones son útiles. Nota. Adaptado y ampliado de Dugas y Robichaud (2007, págs. 131-132). Las afirmaciones entre corchetes no aparecen en el original.***

6.4. Entrenamiento en resolución de problemas

Para las preocupaciones sobre problemas actuales, se propone el entrenamiento en resolución de problemas. Este tiene dos componentes básicos: orientación o actitud hacia los problemas y habilidades de solución de problemas.

6.4.1. Orientación hacia los problemas

El énfasis se pone en este componente que se refiere a las reacciones iniciales afectivas, cognitivas y conductuales del cliente a los problemas. Dentro de la orientación negativa se incluye no saber reconocer los problemas, hacer atribuciones inadecuadas sobre los mismos, valorarlos como amenazas y sentirse frustrado y perturbado al encontrarse con problemas, no creer en la propia capacidad para resolverlos y mantener un punto de vista pesimista sobre los resultados.

Se presenta el entrenamiento en resolución de problemas como una alternativa a las preocupaciones sobre problemas actuales. Luego, se explica al cliente que las personas con TAG tienen una actitud más negativa hacia los problemas que las personas que se preocupan menos y que esta actitud negativa se manifiesta en pensar: *No me gustan los problemas, no soy bueno resolviéndolos y, si lo intento, no funciona.* Si el cliente se ve reflejado, se le pregunta por las consecuencias emocionales (frustración, irritación, ansiedad), cognitivas (preocupaciones, nuevos problemas) y conductuales (evitación, posposición, pedir a otros que resuelvan los problemas) que cree que tiene dicha actitud. Finalmente, se explica al cliente que la actitud negativa hacia los problemas es una consecuencia de la intolerancia a la incertidumbre; al fin y al cabo, los problemas son situaciones que no tienen soluciones obvias y de resultados inciertos.

Existen diversas estrategias para mejorar la actitud hacia los problemas: Así, puede utilizarse el autorregistro para facilitar el reconocimiento de los problemas y de las reacciones a los mismos, la reestructuración cognitiva para modificar creencias, valoraciones o expectativas disfuncionales, y técnicas operantes y apoyo social para reforzar la dedicación a la resolución de los problemas (véase D'Zurilla, 1986/1993; D'Zurilla y Nezu, 2007). Dugas y colaboradores se centran en las tres estrategias siguientes:

- Reconocer los problemas antes de que sea demasiado tarde. Para mejorar la habilidad de reconocer problemas cuando surgen, se recomienda: (a) Emplear las emociones negativas como señales; éstas no son el problema, sino una consecuencia del mismo. (b) Elaborar una lista de los problemas que tienden a repetirse y tenerla visible. Esto no sólo ayuda a reconocer los problemas, sino que reduce los sentimientos de enfado y decepción, ya que el problema es esperado. Otras posibles estrategias no mencionadas por Dugas son emplear la conducta ineficaz como señal para reconocer los problemas y preguntar a otros.
- Ver los problemas como una parte normal de la vida. Se habla con el cliente de que tener problemas es algo normal e inescapable en la vida. Se le puede preguntar si conoce a alguien que no tenga problemas; la respuesta suele ser *no.* (Aunque puede haber algunas personas que parecen no tener problemas, esto se debe muy probablemente a que los resuelven de forma rápida y eficaz.) Si es necesario, puede hacer una encuesta a personas conocidas. La idea es que todo el mundo tiene problemas con mayor o menor frecuencia, no importa cuán inteligente, sociable o hábil sea.
- Ver los problemas como retos y no sólo como amenazas. Se trata de alentar al cliente a ver qué retos u oportunidades existen en resolver los problemas en vez de centrarse únicamente en los aspectos negativos. Se explica que en vez de ver el problema como algo completamente negativo (amenaza) o positivo (oportunidad), puede contemplarse en un continuo de amenaza-reto; esto permite valorar los problemas de forma menos amenazante. Para ver esto de modo más claro, se utilizan ejemplos que permitan apreciar cómo una valoración inicial de amenaza puede transformarse a un punto de vista más dimensional en el que también se reconozca el reto u oportunidad existente. Así, en un ejemplo referido a una entrevista de trabajo, una persona puede pensar que no se le dan bien

este tipo de situaciones, que hará el ridículo y que pensarán que es un incompetente. Un enfoque alternativo sería: (a) reconocer, por una parte, la amenaza: puede no hacerlo bien durante la entrevista y puede no conseguir el trabajo, y (b) darse cuenta, por otra, de la oportunidad existente: aunque las entrevistas no son fáciles, aprender a valerse en ellas es una habilidad importante en la vida; por lo tanto, puede aprovechar la entrevista para obtener experiencia e ir aprendiendo.

A partir de los ejemplos utilizados se busca ayudar al cliente a identificar las oportunidades o retos. También pueden emplearse ejemplos incompletos y que sea el cliente el que deba apreciar la oportunidad existente. Otro medio útil, como actividad entre sesiones, es pedir al cliente que revise su autorregistro de preocupaciones, que identifique problemas actuales no resueltos que llevan a preocuparse y que piense y registre los retos u oportunidades presentes en al menos un problema.

Debido a que la orientación negativa hacia los problemas puede interferir con la puesta en marcha de cada habilidad de resolución de problemas, es fundamental que la orientación hacia los problemas sea abordada en general, tal como se ha visto en este apartado, y también en el contexto de cada habilidad de solución de problemas cuando sea necesario. Estas habilidades se exponen a continuación.

6.4.2. *Habilidades de solución de problemas*

Los objetivos de esta fase son refinar las habilidades de resolución de problemas y alentar a los clientes a tolerar la incertidumbre siguiendo adelante con el proceso a pesar de la incertidumbre inherente en cada uno de sus pasos: (a) definición y formulación del problema de forma específica, y establecimiento de metas claras, concretas y realistas, (b) generación de soluciones alternativas a través de la lluvia de ideas, (c) toma de decisión, sin buscar una solución perfecta, y elaboración de un plan de acción, y (d) aplicación de la solución y comprobación de su utilidad. Estas habilidades se repasan brevemente con el empleo de un ejemplo ilustrativo y luego se trabajan en sesión aplicadas a los problemas del cliente. Finalmente, el cliente debe seguir solo los cuatro pasos en casa y escribir los resultados de cada paso en un autorregistro.

La resolución de problemas no se presenta como el aprendizaje de nuevas habilidades (las cuales ya suelen tenerse en mayor o menor grado), sino que el énfasis se sitúa en cómo utilizar dichas habilidades de un modo eficaz. Por otra parte, es importante que los clientes aprendan a centrarse en los elementos claves de la situación problemática (sin evitarla) y, al mismo tiempo, a pasar por alto detalles menores (los cuales pueden ser atendidos para reducir la incertidumbre); después, deben seguir con el proceso de resolución de problemas aunque no estén seguros de los resultados del mismo.

Un punto importante señalado por Butler (1994) es que la persona no sólo debe ser capaz de identificar y definir los problemas y determinar si puede hacer algo al respecto, sino que, una vez decidida la solución, debe decidir cuándo la aplicará. Si hasta que llegue ese momento surgen más preocupaciones relativas al problema, entonces el cliente debe dejarlas pasar, recordarse que no es el momento y dedicarse a algún tipo de actividad atrayente o que ocupe la atención (p.ej., alguna afición, música, ejercicio, conversación, imaginación positiva).

Finalmente, es importante tener en cuenta que cuando se empieza a tratar una preocupación, la intervención debe seguir hasta el final antes de pasar a otra preocupación, aunque esta última parezca más importante. Si no se hace así, la persona no aprende a manejar sus preocupaciones, sino a hablar en sesión de lo que le preocupa. Esto reduce su ansiedad temporalmente, pero no soluciona el problema.

6.5. Exposición imaginal

Para las preocupaciones sobre situaciones hipotéticas (el problema no existe todavía y en muchos casos no existirá) o inmodificables, no es posible emplear la resolución de problemas. En cambio, la exposición imaginal a los miedos subyacentes a las mismas es una técnica útil, ya que ataca la evitación de las imágenes amenazantes y de la activación emocional desagradable que contribuye a mantener las preocupaciones. Este módulo puede ser muy difícil para los clientes porque implica centrarse en los pensamientos e imágenes que han intentado evitar durante largo tiempo. Por lo tanto, es fundamental proporcionar una justificación de lo que se va a hacer.

El primer paso es mostrar al cliente que intentar evitar los pensamientos puede ser contraproducente. Para ello, puede utilizarse el experimento del oso blanco. Se pide al cliente que cierre sus ojos durante 60 segundos y que imagine cualquier cosa que quiera, excepto un oso blanco o la palabra *oso blanco.* Se le dice también que levante la mano cada vez que, si es el caso, el pensamiento de un oso blanco pasa por su mente (el terapeuta lleva la cuenta). Tras los 60 segundos, se pregunta por el número de veces que se ha pensado en el oso blanco durante ese periodo y, como comparación, mientras se venía a consulta y en el día de ayer; supuestamente, se ha pensado más veces durante el periodo de imaginación. A partir de aquí puede explicarse que intentar **no** pensar en algo no funciona, sino que pueden producirse dos efectos paradójicos: (a) efecto de aumento: intentar suprimir un pensamiento puede hacer que sea más frecuente mientras se intenta evitarlo; y (b) efecto de rebote: tras intentar suprimir un pensamiento, puede aparecer posteriormente de forma inesperada en la cabeza. Así pues, intentar bloquear las preocupaciones puede, de hecho, facilitar su persistencia.

Llegados aquí, se discuten los conceptos de evitación, neutralización y exposición empleando un ejemplo de fobia a los perros. Se destaca que la evitación de los perros reduce la ansiedad a corto plazo, pero mantiene el miedo a los perros. Los mismos efectos tiene la neutralización en presencia de los perros (p.ej., mirar hacia otro lado y pensar en otra cosa). La solución está en exponerse a lo que uno teme de un modo prolongado y sin neutralizar hasta que la ansiedad se reduzca, como ocurre también en otras fobias. Será necesario repetir esto varias veces hasta que la exposición produzca poca o ninguna ansiedad inicial. Una vez que el cliente tiene claro todo esto, se aplica a las preocupaciones: la evitación en este caso es de tipo cognitivo (p.ej., evitar pensar que el cónyuge puede caer gravemente enfermo), la neutralización adopta otras formas (pensar que no sucederá o que no será tan malo) y la exposición es en la imaginación en vez de en vivo. Como consecuencia de la exposición, disminuyen las preocupaciones (en frecuencia, duración e intensidad) y la ansiedad que producen. Además, la exposición con prevención de respuesta permite comprobar que la ocurrencia de las consecuencias temidas no depende ni de preocuparse ni de emplear conductas defensivas.

La exposición imaginal requiere identificar los miedos nucleares que subyacen a las preocupaciones sobre distintas situaciones. Para identificar un miedo nuclear se emplea la técnica de la flecha descendente: Se identifica la preocupación y luego se pregunta *si esto fuera cierto, ¿qué pasaría?* (o *¿qué significaría para usted?*). Respuesta X. *Y si X fuera cierto, ¿qué pasaría?* El proceso se sigue hasta que el cliente es incapaz de dar una nueva respuesta. Un mismo miedo nuclear puede subyacer a distintas preocupaciones sobre muchas situaciones hipotéticas, por lo que el número de miedos nucleares e imágenes a elaborar es limitado. De hecho, según Dugas y Robichaud (2007) la mayoría de los clientes requieren sólo el abordaje de uno o dos miedos nucleares. En caso de haber varios, estos pueden ser jerarquizados a la hora de abordarlos. Una vez identificado un miedo nuclear, los siguientes pasos son:

a) Se pide al cliente que escriba en casa un borrador de la primera imagen a utilizar. Para ello se le proporciona por escrito guías sobre el contenido y la forma de la imagen. En cuanto al contenido, la imagen debe incluir la situación temida, las reacciones cognitivas, emocionales y físicas a la situación y el significado que da el cliente a la situación y a sus reacciones (consecuencias temidas). La imagen debe producir mucha ansiedad, pero ser creíble. Respecto a la forma, la imagen debe ser descrita en primera persona, en tiempo presente, con gran detalle (incluyendo información sobre los distintos sentidos) y sin incluir elementos de neutralización (p.ej., palabras como *quizá* o *no tan malo* pueden ser contraproducentes). La descripción de la imagen puede ocupar desde un tercio a una página entera a un espacio.
b) El terapeuta ayuda al cliente a revisar el borrador anterior y a mejorarlo siguiendo las pautas anteriores. Es fundamental que la descripción no incluya conductas de neutralización y que contenga las consecuencias específicas temidas por el cliente, aunque sin exagerar estas. El terapeuta debe buscar un equilibrio entre el abordaje de los resultados temidos y la inclusión de elementos de incertidumbre en la escena (véase el ejemplo un poco más adelante). La exposición imaginal no debe ir demasiado lejos, ya que un **claro** resultado negativo puede ser menos amenazante que un resultado **incierto** (lo peor ya ha ocurrido, con lo que puede quedar poco lugar para el miedo). En este sentido, la exposición imaginal de Dugas se aparta de cómo se aplica la exposición imaginal prolongada en la TCC de Barlow para el TAG o en la TCC para otros trastornos (fobia social, trastorno obsesivo-compulsivo).
c) El cliente graba la imagen en audio mientras lee el texto lentamente, con las pausas pertinentes y con emoción. De no ser así, la grabación debe repetirse hasta conseguir la velocidad y emoción adecuadas. Aunque el empleo de una grabación no es necesario, especialmente conforme el cliente va dominando la exposición, se piensa que las sesiones son más fáciles con la ayuda de dichas grabaciones que pidiendo simplemente al cliente que imagine la escena o la relate en voz alta antes de imaginarla.

A continuación se presenta una escena elaborada primero por el cliente y corregida después con ayuda del terapeuta (Dugas y Robichaud, 2007, pág. 159):

> Mi hija ha sufrido un terrible accidente de coche. Voy a toda velocidad a la escena del accidente y allí hay ambulancias, sirenas

> sonando, coches aplastados y pedazos de cristales rotos esparcidos por la autopista. Entonces la veo; su pequeño cuerpo está tumbado boca abajo en la carretera y está cubierta de sangre. Su cara está toda cortada e hinchada, difícilmente parece la suya. Los enfermeros la colocan en una camilla –ellos están cubiertos de sangre también– y ponen la camilla en la ambulancia. Subo a la ambulancia, me siento al lado de la camilla y cojo su mano fría con la mía. Me doy cuenta de que estoy llorando incontrolablemente. El enfermero le pone una mascarilla de oxígeno; pequeñas luces parpadean en las máquinas dentro de la ambulancia y hay un olor horrible a hospital. En el hospital la llevan apresuradamente a la sala de emergencias y yo tengo que esperar fuera. Siento como si mis piernas fueran a fallarme y estoy temblando toda entera, así que me siento e intento controlarme. Después de lo que parecen ser horas, el doctor viene a verme. Se aclara la garganta y dice: *Iré directamente al asunto; su condición es crítica…*

Como se dijo antes, la escena acaba con un elemento de incertidumbre: un resultado incierto (*su condición es crítica*) en vez de un claro resultado negativo (*su hija ha muerto*). De este modo se pretende evitar que quede poco espacio para el miedo. De todos modos, está por demostrar la importancia de esta forma de proceder. Además, existen otras posibilidades; por ejemplo, la escena podría haber incluido la muerte de la hija y elementos de incertidumbre respecto a si la madre podría soportar o no vivir sin ella. Otro ejemplo de imagen puede verse en Bados (2015).

Llegado el momento, se informa al cliente de que va a empezar la exposición y que el objetivo de esta primera sesión no es realizar una exposición exitosa, sino comenzar a aprender la habilidad de exposición. También se le avisa de que le resultará difícil permanecer centrado en el tema de exposición, pero que lo que debe hacer cuando su mente divague, es volver a la imagen. Finalmente se le informa de las características de la exposición: duración aproximada, continuar hasta que la ansiedad retorne más o menos al nivel de línea base, mantener la imagen sin bloquearla ni distorsionarla, no emplear conductas tranquilizadoras e informar del nivel de ansiedad/malestar tras cada minuto (esto parece muy frecuente; cada 5 minutos podría ser suficiente).

La exposición suele durar de 30 a 60 minutos y, al menos inicialmente, se hace en la consulta. El cliente informa de su nivel de ansiedad asociado con la preocupación y pasa a escuchar la grabación de modo continuo a través de auriculares al tiempo que intenta mantener la imagen y no emplear estrategias para reducir la ansiedad. Tras cada minuto de exposición, el terapeuta pide al cliente que informe de su nivel de ansiedad. La sesión continúa hasta que la ansiedad vuelve más o menos al nivel basal o hasta que alcanza el 50% de la ansiedad máxima experimentada; conviene no basarse sólo en el autoinforme del cliente, sino tener también en cuenta sus respuestas no verbales (respiración, temblor, expresión facial).

Si la ansiedad no aumenta en los primeros minutos, se detiene la exposición para analizar y corregir los posibles motivos; por ejemplo, mala descripción de la imagen, problemas de imaginación o actividades deliberadas para evitar, eliminar o atenuar la imagen, incluidas aquí las estrategias de afrontamiento. Si la ansiedad aumenta en los primeros minutos, no necesariamente de un modo lineal, se sigue con la exposición hasta que la ansiedad se reduzca.

Al final de la sesión, el cliente informa de su nivel de ansiedad actual asociada con la preocupación y del nivel máximo de ansiedad asociada con la preocupación durante la exposición. Asimismo, informa de si ha empleado actividades de neutralización de la imagen o de reducción de la ansiedad –y, de ser así, cuáles han sido y si se ha vuelto a exponer a la imagen– y describe sus reacciones a la experiencia. Además, el terapeuta elabora un gráfico para mostrar al cliente la evolución de su ansiedad durante la exposición.

Cuando la exposición a una imagen funciona en la consulta, lo cual suele requerir al menos dos sesiones, se manda como tarea para casa una o dos veces al día y con las mismas características que cuando se realizaba en la consulta. Para cada exposición entre sesiones, el cliente apunta en un autorregistro su nivel de malestar justo antes de la exposición e inmediatamente después, el nivel máximo experimentado durante la exposición y el posible empleo de conductas de neutralización. Esto permite controlar el progreso.

Cabe señalar que otros autores han abordado las preocupaciones sobre situaciones hipotéticas (p.ej., *Mi hijo puede tener un accidente de coche y quedar paralítico*) mediante reestructuración cognitiva, aplicación de la misma durante la exposición a la preocupación (TCC tradicional) o tras la exposición prolongada a la preocupación (TCC de Barlow) y eliminación de las conductas defensivas (p.ej., llamar frecuentemente para ver si está bien o llamar a hospitales si no contesta y se retrasa). Si la preocupación tiende a reaparecer, hay que dejarla pasar y dedicarse a algún tipo de actividad atrayente o que ocupe la atención. Si todo esto no fuera suficiente, podría aplicarse la exposición imaginal sin estrategias de afrontamiento. En cambio, el grupo de Dugas cree que no deben emplearse otras estrategias, tales como la reestructuración cognitiva, ya que el empleo de las mismas podría reducir los efectos de la exposición al neutralizar la imagen de temor.

6.6. Prevención de recaídas

En primer lugar, se revisan los conocimientos y habilidades aprendidas y se enfatiza la necesidad de seguir practicando dichas habilidades, de perseverar aun cuando las cosas sean difíciles y de felicitarse y recompensarse por los logros. La idea es potenciar los progresos logrados y automatizar las habilidades adquiridas.

En segundo lugar, se recuerda a los clientes que habrá ocasiones en que experimentarán inevitablemente preocupación y ansiedad, ya que estas son reacciones normales ante las situaciones estresantes (p.ej., problemas interpersonales, cambios laborales, cansancio). Es importante que sepan esperar estos aumentos de preocupación y ansiedad y que los utilicen como señales para aplicar lo que han aprendido. Esto es especialmente importante en clientes que han hecho grandes logros durante el tratamiento, ya que pueden olvidar más fácilmente que los niveles moderados de preocupación y ansiedad son una parte normal de la vida.

En tercer lugar, es fundamental distinguir entre un contratiempo (fluctuaciones normales en preocupación y ansiedad) y una recaída (una vuelta al estado anterior a la terapia). Así pues, experimentar incrementos de preocupación y ansiedad de vez en cuando es inevitable y no significa una recaída a no ser que la persona reaccione catastróficamente a los mismos. Finalmente, se anima al cliente a desarrollar un plan de acción antes del fin de la terapia. Se le alienta a fijarse metas para seguir progresando sin la ayuda del terapeuta.

Una cuestión importante, no señalada explícitamente por el grupo de Dugas, es que es necesario plantear al cliente hacia el final de la terapia el abandono progresivo de la medicación, siempre bajo la supervisión de su médico o psiquiatra. De este modo, puede comprobar que puede manejarse sin la misma.

6.7. Propuesta de un tratamiento modular integrador

A pesar de lo completo que pueda parecer el tratamiento expuesto, hay que enfatizar que, en función del análisis funcional realizado en cada caso, puede ser necesario aplicar componentes no contemplados en la TCC de Dugas, tales como la relajación, la reestructuración de las creencias negativas sobre las preocupaciones y/o de las creencias perfeccionistas, el abordaje de dificultades interpersonales, la posible aplicación de técnicas específicas para el insomnio y la organización del tiempo. En Bados (2015) pueden consultarse guías para abordar algunos de estos aspectos. Otro posible componente adicional es la participación de la familia para que comprendan mejor lo que le pasa al cliente y le ayuden en el tratamiento. Como consecuencia, es menos probable que socaven consciente o inconscientemente la intervención y pueden reducir la posible hostilidad hacia el cliente, la cual es un predictor de peores resultados (Zinbarg, Craske y Barlow, 2006).

En sintonía con lo que se acaba de explicar, Bados (2015) ha presentado paso por paso el protocolo de intervención correspondiente a un tratamiento modular integrador que se basa en los programas conductuales y cognitivo-conductuales que se han mostrado eficaces y que incluye los siguientes módulos según el orden en el que podrían ser aplicados. También se indica el número de sesiones de cada módulo, aunque este número es sólo orientativo y debe ajustarse, al igual que los módulos que se aplicarán, en función de cada cliente.

1. Conceptualización compartida (1-2 sesiones).
2. Entrenamiento en relajación aplicada (siete semanas de entrenamiento que es conducido en paralelo a otros módulos).
3. Reevaluación de que las preocupaciones son incontrolables (2 sesiones).
4. Exposición conductual, que implica la eliminación de las conductas de evitación y de búsqueda de seguridad (4 sesiones, aunque se sigue trabajando este aspecto a lo largo del tratamiento).
5. Reevaluación de que las preocupaciones son peligrosas (2 sesiones).
6. Reevaluación de la utilidad de la preocupación (2 sesiones).
7. Entrenamiento en solución de problemas (3 sesiones).
8. Exposición en la imaginación a los peores miedos que subyacen a las preocupaciones sobre situaciones no resolubles (3 sesiones).
9. Mantenimiento de logros y prevención de recaídas (2 sesiones).

Se comenzaría con el primer módulo (conceptualización compartida) seguido del 2 (relajación aplicada) junto con el 3 (cuestionamiento de que las preocupaciones son incontrolables) o seguido sólo del 3. Una vez reducida suficientemente la creencia en la incontrolabilidad de las preocupaciones, se pasaría, al módulo 4 (exposición conductual o eliminación de conductas de evitación y defensivas), en paralelo al módulo 5 (cuestionamiento de que las preocupaciones son peligrosas), caso de que este último fuera necesario. El módulo 4 seguiría a lo largo del tratamiento.

Cuando el cliente dejara de creer en la peligrosidad de las preocupaciones, podría procederse con el módulo 6 (cuestionamiento de la utilidad de la preocupación), caso de ser pertinente. Si el módulo 5 no fuera necesario, el 4 y el 6 irían en paralelo, y si el 6 tampoco lo fuera, se simultanearían los módulos 4 y 7 (resolución de problemas). Alcanzados los objetivos de estos módulos, se pasaría al módulo 8 (exposición en la imaginación a los peores miedos) y, finalmente, se terminaría con el módulo de mantenimiento de los logros y prevención de recaídas.

Conviene enfatizar dos cosas. Primero, algunos módulos serán aplicados presumiblemente siempre: conceptualización, cuestionamiento de que las preocupaciones son incontrolables, exposición conductual, prevención de recaídas y, probablemente, resolución de problemas. Segundo, la consideración de otros módulos dependerá de la formulación de cada caso. Así, no todos los clientes creen que sus preocupaciones son peligrosas o que son útiles. Igualmente, caso de haberse conseguido resultados satisfactorios con los módulos 1 a 6, los módulos 7 y 8 podrían obviarse.

Por otra parte, hay que considerar que cuantos más módulos se apliquen, más complejo y largo resulta el tratamiento, lo que aumenta la probabilidad de abandono. Además, no hay datos concluyentes de que los tratamientos más complejos sean más eficaces que otros más simples para el TAG.

7. NUEVAS PERSPECTIVAS DE TRATAMIENTO

Para intentar aumentar la eficacia de los tratamientos existentes, han aparecido nuevas aproximaciones que se expondrán a continuación: terapia integradora de Newman, terapia de regulación de las emociones de Mennin y terapia conductual basada en la aceptación de Roemer y Orsillo. Queda por ver si estas nuevas terapias serán más eficaces que las existentes hasta el momento, aunque ofrecen ideas que pueden ser útiles para el tratamiento.

7.1. Terapia integradora

Newman y cols. (2004) han sugerido que para evitar emociones dolorosas, los clientes con TAG no sólo se preocupan, sino que se comportan de un modo que aumenta la probabilidad de experimentar consecuencias interpersonales negativas. Así, evitan que otros conozcan cómo son y lo que sienten para evitar la crítica y el rechazo que anticipan. También pueden fallar en comunicar a otros lo que necesitan y quieren en sus relaciones, pero expresan enfado y decepción cuando sus necesidades emocionales no son satisfechas.

Newman y cols. (2004) han desarrollado una terapia integradora para el TAG en la que se aplica secuencialmente en cada sesión de 2 horas (a) la TCC tradicional y (b) técnicas interpersonales dirigidas a alterar las pautas problemáticas de relacionarse y técnicas experienciales orientadas a superar la evitación emocional. Las metas de la parte interpersonal/experiencial son, en primer lugar, identificar las necesidades interpersonales del cliente, las formas interpersonales actuales y pasadas con las que intenta satisfacer dichas necesidades y la experiencia emocional subyacente; y, en segundo lugar, generar conductas interpersonales más eficaces para satisfacer las propias necesidades. Para conseguir estas metas, se abordan cuatro dominios:

1. Problemas actuales en las relaciones interpersonales, incluyendo el impacto negativo que el cliente tiene en otros. Tras explorar las relaciones interpersonales en general, se escoge una persona que sea importante para el cliente y se explora con más profundidad la relación que el cliente tiene con ella. Esto implica hablar de situaciones concretas y especificar lo que sucedió entre ambos, las emociones experimentadas, lo que se esperaba obtener del otro , lo que se temía de la otra persona, lo que se hizo, y lo que sucedió a continuación entre ambos.

2. Orígenes de los problemas interpersonales actuales (p.ej., experiencias de apego y traumáticas). Se hace una vez que se ha explorado totalmente el dominio anterior. Ayuda a comprender por qué las formas de relacionarse con los demás pueden haber sido adecuadas en el pasado, pero no ahora. Una vez que se han identificado las pautas problemáticas de relacionarse, terapeuta y cliente trabajan, típicamente mediante simulaciones, modos alternativos de relacionarse con los demás.

3. Dificultades interpersonales que surgen en la relación con el terapeuta, incluyendo las rupturas en la relación terapéutica. El cliente tiende a repetir con el terapeuta los modos desadaptativos de relacionarse. El terapeuta debe reconocer, basándose en sus propios comportamientos y emociones, cuándo ha quedado enganchado en estos modos desadaptativos que permiten la evitación interpersonal y emocional del cliente. Posibles marcadores son la impresión de que la terapia no va a ningún sitio, sentirse emocionalmente desconectado del cliente y permitir a éste proporcionar

información irrelevante o presentar sólo descripciones abstractas de sucesos y emociones.

Una vez que el terapeuta es consciente del impacto negativo de la conducta del cliente, aborda la cuestión de forma abierta y no defensiva. Por ejemplo, *me siento (dejado a un lado) cuando usted (no contesta mis preguntas).* Luego, se pide al cliente que exprese cómo se siente respecto a lo que se le ha dicho. Cuando el cliente expresa una emoción (lo cual puede requerir invitaciones repetidas, aunque suaves), el terapeuta debe empatizar y validar las experiencias afectivas. A continuación, comparte su reacción a la autorrevelación del cliente (*Naturalmente, usted querría evitar un tema que le resulta incómodo. Sin embargo, no contestar a mis preguntas me hace sentir como si lo que le pregunto no es importante*). Asimismo, el terapeuta debe facilitar que el cliente vea el vínculo entre los modos de comportarse en la sesión y los modos actuales y pasados de comportarse fuera de la misma.

Otro aspecto de la relación terapéutica son las rupturas de la alianza terapéutica, las cuales son vistas como oportunidades para invalidar los esquemas interpersonales desadaptativos del cliente y lograr que éste tenga percepciones más realistas de sí mismo y de los otros y aprenda nuevos modos de comportarse. Ejemplos de rupturas son la expresión de insatisfacción por parte del cliente, las expresiones indirectas de hostilidad, el desacuerdo sobre las metas y tareas de la terapia y la conducta evasiva (contenidos confusos, saltar de un tema a otro, no contestar a preguntas directas).

El manejo de las rupturas sigue tres pasos: (a) Comunicar al cliente que se ha percibido su reacción negativa e invitarle a hablar sobre ella. (b) Reflejar las percepciones y emociones del cliente e invitarle a expresar emociones y pensamientos adicionales sobre sucesos negativos que hayan ocurrido en la terapia. (c) Reconocer alguna verdad en la reacción del cliente, incluso cuando esta reacción parezca poco razonable; esto implica reconocer que el terapeuta ha contribuido de alguna manera a lo sucedido.

4. Procesamiento emocional en el aquí y ahora de los afectos asociados con los dominios anteriores. La toma de conciencia y profundización de las emociones experimentadas facilitan la exposición a los afectos previamente evitados y permiten así la extinción de la preocupación negativamente reforzada por la evitación emocional. Cuando el terapeuta nota un marcador de emoción, alienta al cliente a seguir con ella y experimentarla totalmente. Similarmente, si el cliente se desconecta de su experiencia emocional, se le invita a centrase en sus experiencias inmediatas. Es importante que el cliente vea la emoción como una fuente importante de información de lo que necesita en su vida.

Además de los marcadores de emociones subyacentes, el terapeuta está atento a los marcadores de conflictos internos (se usa la técnica de las dos sillas), asuntos no resueltos con otra persona (se emplea la técnica de la silla vacía) y reacciones problemáticas (sorpresa, confusión y ambivalencia ante las propias reacciones; se usa el despliegue evocador sistemático: imaginarse vívidamente en la situación y expresar en detalle lo sucedido y los propios sentimientos). Así pues, se utilizan técnicas de la terapia experiencial centrada en las emociones (Greenberg, Rice y Elliot, 1993/1996).

Los datos de un estudio no controlado sugieren la eficacia de la terapia integradora de Newman y cols. (2004) a corto y medio plazo. Ahora bien, en otro estudio (Newman y cols., 2011) la adición de técnicas de procesamiento emocional e interpersonal a la TCC no aumentó la eficacia de ésta ni en el postratamiento, ni a los 2 años. Es posible que la terapia integradora sólo sea útil para aquellos clientes que muestran, en un grado suficiente, determinados tipos de problemas interpersonales.

Por otra parte, Newman y Llera (2011) y Newman y cols. (2013) han señalado que si una función de las preocupaciones es evitar el contraste emocional negativo, las TCC actuales intentarían desmantelar la defensa cognitiva sin tratar los miedos subyacentes. Por ello, proponen abordar la evitación de dicho contraste mediante una exposición al mismo. Esto puede conseguirse induciendo primero un estado de relajación y luego pidiendo al cliente que imagine situaciones gradualmente más perturbadoras con las correspondientes consecuencias temidas y que se fije en sus respuestas fisiológicas y afectivas para exponerse al contraste emocional negativo (véase Newman, Llera y cols., 2014). El tratamiento podría incluir también la exposición a imágenes emocionalmente evocativas de tipo agradable y desagradable. Asimismo, dado que los clientes podrían comportarse con otras personas de modo frío o sumiso para evitar contrastes emocionales negativos (p.ej., no son cordiales para evitar el contraste con un posible rechazo posterior), debería explorarse la posible existencia de estos patrones de comportamiento y de su función para poder generar adecuadas situaciones de exposición o de resolución de problemas.

7.2. Terapia de regulación de las emociones

Mennin (2004) ha propuesto la terapia de regulación de las emociones basándose en que las personas con TAG experimentan emociones negativas de modo más fácil e intenso, tienen problemas para identificar y comprender sus emociones, las valoran negativamente y no las aceptan, y tienen dificultades para regularlas; de hecho, utilizan la preocupación y otras estrategias ineficaces (p.ej. obtener seguridad de otros, actuar para evitar a toda costa consecuencias interpersonales negativas) con el fin de intentar controlar o suprimir la experiencia emocional (p.ej., ansiedad, tristeza, enfado, euforia). De todos modos, no está claro que la desregulación emocional sea específica del TAG, ya que podría estar presente en muchos trastornos psicopatológicos. La terapia de regulación de las emociones integra componentes de la TCC (p.ej., autorregistro, relajación, reestructuración de creencias, toma de decisiones) con intervenciones centradas en las emociones y que van dirigidas a los déficits en regulación emocional (p.ej., entrenamiento en habilidades) y a la evitación emocional (p.ej., ejercicios experienciales). Además, se abordan también los problemas interpersonales de los clientes.

La terapia de regulación de las emociones tiene cuatro fases: (1) Psicoeducación sobre el TAG, análisis funcional de las preocupaciones y emociones y autorregistro de preocupaciones. (2) El cliente aprende a identificar respuestas defensivas y de evitación ante la emoción, tales como el preocuparse y buscar tranquilización. En su lugar, aprende habilidades de conciencia somática, identificación de creencias sobre temas nucleares problemáticos, comprensión y aceptación emocional, identificación y expresión de las propias necesidades y regulación de emociones (p.ej., respiración, imaginación placentera, actividad física, generar planes adaptativos de acción ante situaciones problemáticas). (3) Las habilidades aprendidas se emplean en una variedad de ejercicios experienciales que están relacionados con cuestiones nucleares tales como miedo a la pérdida, incompetencia y fracaso. Estos ejercicios experienciales pueden incluir técnicas como la silla vacía, el diálogo de las dos sillas y la exposición imaginal, apoyadas en caso necesario, por otras técnicas como la flecha descendente y el diálogo socrático. (4) Revisión del progreso, terminación de la relación terapéutica, prevención de recaídas y metas futuras más allá de la terapia.

La terapia de regulación de las emociones se ha mostrado eficaz en un estudio no controlado y también en un ensayo controlado en el que fue superior a una condición control de atención. Los resultados se mantuvieron a los 9 meses (Mennin y cols., 2012).

7.3. Terapia conductual basada en la aceptación

Según el modelo de Roemer y Orsillo (2009), las personas con TAG reaccionan negativamente a sus experiencias internas (pensamientos, emociones, sensaciones) y se fusionan o sobreidentifican con ellas, es decir, creen que sus reacciones negativas a las experiencias internas son permanentes y constituyen una característica definitoria de la persona. Esto da lugar a una evitación experiencial, es decir, una evitación deliberada o automática de las experiencias internas percibidas como amenazantes (p.ej., preocuparse para evitar experiencias más perturbadoras). Esta evitación reduce el malestar, pero sólo temporalmente, y contribuye a mantener la relación problemática con las experiencias internas. Además, facilita la aparición de la restricción conductual; la persona se ocupa menos en actividades valiosas o significativas o bien es menos consciente de las mismas cuando las realiza.

Teniendo en cuenta lo anterior, Roemer y Orsillo (2009) han propuesto la terapia conductual basada en la aceptación (TCBA). Esta terapia integra la atención plena (*mindfulness*) y la aceptación de las propias experiencias con los principios conductuales de aprender y practicar nuevas habilidades. Concretamente, se enfatiza: (a) aumentar la conciencia en el momento presente (prestar atención deliberadamente en el momento presente a las experiencias internas y externas sin juzgarlas ni controlarlas), (b) alentar la aceptación de las respuestas internas en vez de juzgarlas y evitarlas, y (c) promover la acción en áreas importantes para el cliente. El tratamiento no se centra primariamente en reducir las preocupaciones, sino en cambiar cómo uno responde ante las mismas.

En la TCBA se comienza explicando y demostrando un modelo del TAG en que se resalta el papel de la evitación experiencial y se conecta este modelo con el tratamiento a seguir. Luego, se enseñan una variedad de técnicas de atención plena, centradas primero en la respiración y sensaciones y luego en las emociones y pensamientos. A lo largo del tratamiento se ayuda a los clientes a: (a) romper la fusión entre la percepción de sí mismos y las experiencias internas (p.ej., etiquetando estas últimas: *estoy teniendo la emoción de tristeza, estoy teniendo el pensamiento de que soy incapaz*); (b) identificar las actividades que valoran en su vida (interpersonales, laborales/educativas e intereses personales); y (c) vivir la vida que deseen dejando de centrarse en cambiar sus experiencias internas y centrándose, en cambio, en las acciones que pueden realizar para cambiar su experiencia externa; y esto último a pesar de los pensamientos y sentimientos dolorosos que pueden surgir.

La TCBA se ha mostrado más eficaz que la lista de espera en un estudio y las mejoras se han mantenido a los 9 meses. Además, en un trabajo posterior, el aumento tanto de la aceptación de las experiencias internas como de la ocupación en actividades valiosas predijo, por encima del cambio en la tendencia a preocuparse, la pertenencia al grupo de los que habían respondido al tratamiento. La TCBA también ha producido cambios en variables clave propuestas por otros modelos, tales como dificultades para regular la emoción, miedo a las respuestas emocionales, intolerancia a la incertidumbre y bajo control percibido, aunque no se ha diferenciado de la relajación aplicada en un estudio.

8. REFERENCIAS BIBLIOGRÁFICAS

American Psychiatric Association (2000). *Diagnostic and statistical manual of mental disorders* (4ª ed., texto revisado). Washington: Author.

American Psychiatric Association (2013). *Diagnostic and statistical manual of mental disorders* (5ª ed.). Washington: Autor.

Andrews, G., Hobbs, M., Borkovec, T., Beesdo, K., Craske, M., Heimberg, R., y cols. (2010). Generalized worry disorder: A review of DSM-IV generalized anxiety disorder and options for DSM-V. *Depression and Anxiety, 27*, 134-147.

Antony, M.M., Orsillo, S.M. y Roemer, L. (Eds.). (2001). *Practitioner's guide to empirically based measures of anxiety.* Nueva York: Klumer/Plenum.

Ayers, C.R., Sorrell, J.T., Thorp, S.R. y Wetherell, J.L (2007). Evidence-based psychological treatments for late-life anxiety. *Psychology and Aging, 22*, 8-17.

Bados, A. (2009). *Trastorno de ansiedad generalizada: Naturaleza, evaluación y tratamiento* (2009). Publicación electrónica. http://hdl.handle.net/2445/6322

Bados, A. (2015). *Trastorno de ansiedad generalizada. Guía para el terapeuta.* Madrid Síntesis.

Barlow, D.H. (2002). *Anxiety and its disorders: The nature and treatment of anxiety and panic* (2ª ed.). Nueva York: Guilford.

Barlow, D.H., Raffa, S.D. y Cohen, E.M. (2002). Psychosocial treatments for panic disorders, phobias, and generalized anxiety disorder. En P. Nathan y J. Gorman (Eds.), *A guide to treatments that work* (2ª ed., pp. 301-335). Nueva York: Oxford University Press.

Beck, A.T., Epstein, N., Brown, G. y Steer, R.A. (1988). An inventory for measuring clinical anxiety: Psychometric properties. *Journal of Consulting and Clinical Psychology, 56*, 893-897.

Beck, A.T. y Steer, R.A. (1990). *Manual for the revised Beck Anxiety Inventory.* San Antonio, TX: Psychological Corporation.

Behar. E. y Borkovec, T.D. (2010). Treatment considerations in generalized anxiety disorders. In M.W. Otto y S.G. Hofmann (Eds.), *Resolving treatment complications in anxiety disorders.* Nueva York: Springer.

Behar, E., DiMarco, I., Hekler, E., Mohlman, J. y Staples, A. (2009). Current theoretical models of generalized anxiety disorder (GAD): conceptual review and treatment implications. *Journal of Anxiety Disorders, 23*, 1011-1023.

Bobes, J., García-Calvo, C., Prieto, R., García-García, M. y Rico-Villademoros, F. (2006). Propiedades psicométricas de la versión española de la Escala de Detección del Trastorno de Ansiedad Generalizada según DSM-IV de Caroll y Davidson. *Actas Españolas de Psiquiatría, 34,* 83-93.

Borkovec, T.D. (2006). Applied relaxation and cognitive therapy for pathological worry and generalized anxiety disorder. En G.C.L. Davey y A. Wells. (Eds.), *Worry and its psychological disorders: theory, assessment and treatment* (pp. 273-287). West Sussex. Wiley.

Borkovec, T.D., Alcaine, O.M. y Behar, E. (2004). Avoidance theory of worry and generalized anxiety disorder. En R.G. Heimberg, C.L. Turk y D.S. Mennin (Eds.), *Generalized anxiety disorder: Advances in research and practice* (pp. 77-108). Nueva York: Guilford.

Borkovec, T.D., Hazlett-Stevens, H. y Diaz, M.L. (1999). The role of positive beliefs about worry in generalized anxiety disorder. *Clinical Psychology and Psychotherapy, 6,* 126-138.

Botella, C. y Ballester, R. (1997). *Trastorno de pánico: Evaluación y tratamiento.* Barcelona: Martínez Roca.

Brown, T.A., Campbell, L.A., Lehman, C.L., Grisham, J.R. y Mancill, R.B. (2001). Current and lifetime comorbidity of the DSM-IV anxiety and mood disorders in a large clinical sample. *Journal of Abnormal Psychology, 110,* 585-599.

Brown, T.A., DiNardo, P.A. y Barlow, D.H. (1994). *Anxiety Disorders Interview Schedule for DSM-IV: Adult and Lifetime version.* San Antonio, TX: Psychological Corporation.

Buhr, K. y Dugas, M.J. (2002). The intolerance of uncertainty scale: psychometric properties of the English version. *Behaviour Research and Therapy, 40,* 931-945.

Butler, G. (1994). Treatment of worry in generalized anxiety disorder. En G.C.L. Davey y F. Tallis (Eds.), *Worrying: Perspectives in theory, assessment and treatment* (pp. 209-228). Nueva York: Wiley.

Butler, G. y Rouf, K. (2004). Generalized anxiety disorder. En J. Bennett-Levy, G. Butler, M. Fennell, A. Hackmann y M. Mueller (Eds.) *Oxford guide to behavioural experiments in cognitive therapy* (pp. 121-137). Oxford: Oxford University Press.

Caballo, V. E. (Dir.). (2005). *Manual para la evaluación clínica de los trastornos psicológicos: estrategias de evaluación, problemas infantiles y trastornos de ansiedad.* Madrid: Pirámide.

Chorpita, B.F., Tracey, S.A., Brown, T.A., Collica, T.J. y Barlow, D.H. (1997). Assessment of worry in children and adolescents: An adaptation of the Penn State Worry Questionnaire. *Behaviour Research and Therapy, 35,* 569-581.

Clark, D.A. y Beck, A. (2010). *Cognitive therapy of anxiety disorders: Science and practice.* Nueva York: Guilford.

Comeche, M.I., Díaz, M.I. y Vallejo, M.A. (1995). *Cuestionarios, inventarios y escalas: Ansiedad, depresión, habilidades sociales.* Madrid: Fundación Universidad-Empresa.

Covin, R., Ouimet, A., Seeds, P. y Dozois, D. (2008). A meta-analysis of CBT for pathological worry among clients with GAD. *Journal of Anxiety Disorders, 22,* 108-116.

Craske, M.G. y Barlow, D.H. (2006). *Mastery of your anxiety and worry: Client workbook* (2ª ed.). Londres: Oxford University Press.

Cuijpers, P., Sijbrandij, M., Koole, S., Huibers, M., Berking, M. y Andersson, G. (2014). Psychological treatment of generalized anxiety disorder: A metaanalysis. *Clinical Psychology Review, 34,* 130-140.

Davey, G.C.L., Tallis, F. y Capuzzo, N. (1996). Beliefs about the consequences of worrying. *Cognitive Therapy and Research, 20,* 499-520.

Denollet, J., Maas, K., Knottnerus, A., Keyzer, J. y Pop, V. (2009). Anxiety predicted premature all-cause and cardiovascular death in a 10-year follow-up of middle-aged women. *Journal of Clinical Epidemiology, 62,* 452-456.

Dugas, M.J., Freeston, M.H., Provencher, M.D., Lachance, S. y Ladouceur, R. (2001). Le Questionnaire sur le Inquiétude et l'Anxiété : Validation dans des échantillons non cliniques et cliniques. *Journal de Thérapie Comportementale et Cognitive, 11,* 31-36.

Dugas, M.J. y Robichaud, M. (2007). *Cognitive-behavioral treatment for generalized anxiety disorder.* Nueva York: Routledge.

Dupuy, J.B., Beaudoin, S., Rhéaume, J., Ladouceur, R. y Gugas, M.J. (2001). Worry: daily self-report in clinical and no clinical populations. *Behaviour Research and Therapy, 39,* 1249-1255.

D'Zurilla, T.J. (1993). *Terapia de resolución de conflictos.* Bilbao: Desclée de Brouwer. (Original de 1986.)

D'Zurilla, T.J. y Nezu, A.M. (2007). *Problem-solving therapy: A positive approach to clinical intervention* (3ª ed.). Nueva York: Springer.

Eisen, A.R. y Silverman, W.K. (1998). Prescriptive treatment for generalized anxiety disorder in children. *Behavior Therapy, 29,* 105-121.

ESEMeD/MHEDEA 2000 Investigators (2004). Prevalence of mental disorders in Europe: Results from the ESEMeD European Study of Epidemiology of Mental Disorders (ESEMeD) project. *Acta Psychiatrica Scandinavica, 109* (suppl. 420), 21–27.

Fisher, P.L. y Durham, R.C. (1999). Recovery rates in generalized anxiety disorder following psychological therapy. *Psychological Medicine, 29,* 1425-1434.

Fisher, P.L. y Wells, A. (2009). Psychological models of worry and generalized anxiety disorder. En M.M. Antony, y M.B. Stein, (Eds.), *Oxford handbook of anxiety and related disorders* (pp. 225-237). Nueva York: Oxford University Press.

Fuentes, I., Alarcón, A., Cabañas, S. y Capafons, A. (2005). Evaluación del trastorno por ansiedad generalizada. En V.E. Caballo (Dir.). *Manual para la evaluación clínica de los trastornos psicológicos: estrategias de evaluación, problemas infantiles y trastornos de ansiedad.* (pp. 507-518). Madrid: Pirámide.

García-Portilla, M.P., Bascarán, M.T., Sáiz, P.A., Parallada, M., Bousoño, M. y Bobes, J. (2011). *Banco de instrumentos para la práctica de la psiquiatría clínica* (6ª ed.). Madrid: CYESAN.

González, M., Bethencourt, J.M., Fumero, A. y Fernández, A. (2006a). Adaptación española del cuestionario "¿Por qué preocuparse?". *Psicothema, 18, 313-318.*

González, M., Cubas, R., Rovella, A.T. y Darias, M. (2006b). Adaptación española de la Escala de Intolerancia a la Incertidumbre: Procesos cognitivos, ansiedad y depresión. *Psicología y Salud, 16,* 219-233.

Gosselin, P. y Laberge, B. (2003). Les facteurs étiologiques du trouble d'anxiété généralisée: état actuel des connaissances sur les facteurs psycho-sociaux. *L'Encéphale, XXIX,* 351-361.

Gosselin, P., Ladouceur, R., Langlois, F., Freeston, M.H., Dugas, M.J. y Bertrand, J. (2003). Développement et validation d'un nouvel instrument évaluant les croyances erronés á l'égard des inquiétudes. *Revue Européenne de Psychologie Appliquée, 53,* 199-211.

Gosselin, P., Langlois, F., Freeston, M.H., Ladouceur, R., Dugas, M.J. y Pelletier, O. (2002). Le Questionnaire d'Évitement Cognitif (QEC) : Développement et validation auprès d'adultes et d'adolescents. *Journal de Thérapie Comportementale et Cognitive, 12,* 24-37.

Grant, B.F., Hasin, D., Stinson, Frederick S., Dawson, D., Ruan, W.J., Doldstein, R.B., Smith, S.M., Saha, T.D. y Huang, B. (2005). Prevalence, correlates, co-morbidity, and comparative disability of DSM-IV generalized anxiety disorder in the USA: Results from the National Epidemiologic Survey on Alcohol and Related Conditions. *Psychological Medicine, 35,* 1747-1759.

Greenberg, L.S., Rice, L.N. y Elliot, R. (1993/1996). *Facilitando el cambio emocional.* Barcelona: Paidós.

Grös, D.F., Antony, M.M., Simms, L.J. y McCabe, R.E. (2007). Psychometric properties of the State-Trait Inventory for Cognitive and Somatic Anxiety (STICSA): Comparison to the State-Trait Anxiety Inventory (STAI). *Psychological Assessment, 19,* 369-381.

Hanrahan, F., Field, A.P., Jones, F.W. y Davey, G.C.L. (2013). A meta-analysis of cognitive therapy for worry in generalized anxiety disorder. *Clinical Psychology Review, 33,* 120-132.

Haro, J., Palacín, C., Vilagut, G., Martínez, M., Bernal, M., Luque, I. y cols. (2006). Prevalencia de los trastornos mentales y factores asociados: resultados del estudio ESEMeD-España. *Medicina Clínica, 126,* 445-451.

Hazlett-Stevens, H., Pruitt, L.D. y Collins, A. (2009). Phenomenology of generalized anxiety disorders. En M.M. Antony, y M.B. Stein, (Eds.), *Oxford handbook of anxiety and related disorders* (pp. 47-55). Nueva York: Oxford University Press.

Hettema, J.M., Neale, M.C. y Kendler, K.S. (2001). A review and meta-analysis of the genetic epidemiology of anxiety disorders. *American Journal of Psychiatry, 158,* 1568-1578.

Hirsch, C. R., Mathews, A., Lequertier, B., Perman, G. y Hayes, S. (2013). Characteristics of worry in generalized anxiety disorder. *Journal of Behavior Therapy and Experimental Psychiatry, 44,* 388-395.

Holmes, M. C., Donovan, C. L., Farrell, L. J. y March, S. (2014). The efficacy of a group-based, disorder-specific treatment program for childhood GAD – A randomized controlled trial. *Behaviour Research and Therapy, 61,* 122-135.

Huppert, J.D. y Sanderson, W.C. (2010). Psychotherapy for generalized anxiety disorder. En D.J. Stein, E. Hollander y B.O. Rothbaum, (Eds.), *Textbook of anxiety disorders* (*2ª ed.*, pp. 219-238). Washington, DC: American Psychiatric Press.

James, A.C., James, G., Cowdrey, F.A., Soler, A. y Choke, A. (2013). Cognitive behavioural therapy for anxiety disorders in children and adolescents. *Cochrane Database of Systematic Reviews* 2013, Issue 6. Art.No.: CD004690. DOI: 10.1002/14651858.CD004690.pub3.

Keedwell, P y Snaith, R.P. (1996). What do anxiety scales measure? *Acta Psychiatrica Scandinavica, 93,* 177-180.

Kendall, P.C. (2010). *Tratamiento cognitivo-conductual para trastornos de ansiedad en niños: El gato valiente. Manual para el terapeuta + cuaderno de actividades.* Madrid: Edimar.

Kendall, P.C., Choudhury, M., Hudson, J. y Webb, A. (2002a). *"The C.A.T. Project" manual for the cognitive-behavioral treatment of anxious adolescents.* Ardmore, PA: Workbook Publishing.

Kendall, P.C., Choudhury, M., Hudson, J. y Webb, A. (2002b). *"The C.A.T. project" workbook for the cognitive behavioral treatment of anxious adolescents.* Ardmore, PA: Workbook Publishing.

Kendall, P.C. y Hedtke, K.A. (2006a). *Cognitive-behavioral therapy for anxious children: therapist manual* (3ª ed). Ardmore, PA: Workbook Publishing.

Kendall, P.C. y Hedtke, K.A. (2006b). *Coping Cat* workbook (2ª ed.). Ardmore, PA: Workbook Publishing.

Kessler, R.C., Berglund, P., Demler, O., Jin, R., Merikangas, K.R. y Walters, E.E. (2005). Lifetime prevalence and age-of-onset distributions of *DSM-IV* disorders in the National Comorbidity Survey Replication. *Archives of General Psychiatry, 62,* 593-602.

Kessler, R.C., Ruscio, A.M., Shear, K. y Wittchen, H-U. (2009). Epidemiology of anxiety disorders. En M.M. Antony, y M.B. Stein, (Eds.), *Oxford handbook of anxiety and related disorders* (pp. 19-33). Nueva York: Oxford University Press.

Kohn, P., Kantor, L., DeCicco, T. y Beck, A. (2008). The Beck Anxiety Inventory-Trait (BAIT): A measure of dispositional anxiety not contaminated by dispositional depression. *Journal of Personality Assessment, 90,* 499-506.

Ladouceur, R., Bélanger, L. y Léger, E. (2009). *Deje de sufrir por todo y por nada.* Madrid: Pirámide. (Original de 2003.)

Lewis-Fernández, R., Hinton, D., Laria, A., Patterson, E., Hofmann, S., Craske, M., y cols. (2010). Culture and the anxiety disorders: Recommendations for DSM-V. *Depression and Anxiety, 27*, 212-229.

Lovibond, P.F. y Lovibond, S.H. (1995). *Manual for the Depression Anxiety Stress Scales.* Sidney: Psychology Foundation of Australia.

Marcus, D.K., Sawaqdeh, A. y Kwon, P. (2014). The latent structure of generalized anxiety disorder in midlife adults. *Psychiatry Research, 215*, 366-371.

Mennin, D.S. (2004). Emotion regulation therapy for generalized anxiety disorder. *Clinical Psychology and Psychotherapy, 11*, 17-29.

Mennin, D. S., Fresco, D. M., Heimberg, R. G. y Ciesla, J. (2012, April). Randomized control trial of Emotion Regulation Therapy for generalized anxiety disorder and comorbid depression. En M. Fraire y T. Ollendick (Chairs), *Emotion regulation in anxiety disorders across the lifespan: Comorbidity and treatment.* Paper presented at the annual meeting of the Anxiety Disorders Association of America, Arlington, VA.

Merikangas, K., Nakamura, E. y Kessler, R. (2009). Epidemiology of mental disorders in children and adolescents. *Dialogues in Clinical Neuroscience, 11*, 7-20.

Meyer, T.J., Miller, M.L., Metzger, R.L. y Borkovec, T.D. (1990). Development and validation of the Penn State Worry Questionnaire. *Behaviour Research and Therapy, 28*, 487-495.

Mitte, K., Noack, P., Steil, R. y Hautzinger, M. (2005). A meta-analytic review of the efficacy of drug treatment in generalized anxiety disorder. *Journal of Clinical Psychopharmacology, 25*, 141-150.

Muñoz, M., Roa, A., Pérez, E., Santos-Olmo, A.B. y de Vicente, A. (2002). *Instrumentos de evaluación en salud mental.* Madrid: Pirámide.

Mykletun, A., Bjerkeset, O., Øverland, S., Prince, M., Dewey, M. y Stewart, R. (2009). Levels of anxiety and depression as predictors of mortality: The HUNT study. *British Journal of Psychiatry, 195*, 118-125.

National Institute for Health and Clinical Excellence (2011). *Generalized anxiety disorder and panic disorder (with or without agoraphobia) in adults.* Guía clínica completa número 113. Manchester: National Institute for Health and Clinical Excellence.

Nevo, G. y Manassis, K. (2009). Outcomes for treated anxious children: A critical review of long-term-follow-up studies. *Depression and Anxiety, 26*, 650-660.

Newman, M.G., Castonguay, L.G., Borkovec, T.D., Fisher, A.J., Boswell, J.F., Szkodny, L.E. y Nordberg, S.S. (2011). A randomized controlled trial of cognitive-behavioral therapy for generalized anxiety disorder with integrated techniques from emotion-focused and interpersonal therapies. *Journal of Consulting and Clinical Psychology, 79*, 171-181.

Newman, M.G., Castonguay, L.G., Borkovec, T.D. y Molnar, C. (2004). Integrative therapy for generalized anxiety disorder. En R.G. Heimberg, C.L. Turk y D.S.

Mannin (Eds.), *Generalized anxiety disorder: Advances in research and practice* (pp. 320-350). Nueva York: Guilford.

Newman, M.G. y Llera, S.J. (2011). A novel theory of experiential avoidance in generalized anxiety disorder: A review and synthesis of research supporting a contrast avoidance model of worry. *Clinical Psychology Review, 31*, 371-382.

Newman, M. G., Llera, S. J., Erickson, T. M. y Przeworski, A. (2014). Basic science and clinical application of the Contrast Avoidance model in generalized anxiety disorder. *Journal of Psychotherapy Integration, 24*, 155-167.

Newman, M.G., Llera, S.J., Erickson, T.M., Przeworski, A. y Castonguay, L.G. (2013). Worry and generalized anxiety disorder: A review and theoretical synthesis of evidence on nature, etiology, mechanisms, and treatment. *Annual Review of Clinical Psychology, 9*, 275-297.

Nuevo, R., Montorio, I. y Ruiz, M.A. (2002). Aplicabilidad del Inventario de Preocupación de Pensilvania (PSWQ) a población de edad avanzada. *Ansiedad y Estrés, 8*, 157-171.

Öst, L-G y Breiholtz, E. (2000). Applied relaxation vs. cognitive therapy in the treatment of generalized anxiety disorder. *Behaviour Research and Therapy, 38*, 777-790.

Portman, M.E., Starcevic, V. y Beck, A.T. (2011). Challenges in assessment and diagnosis of generalized anxiety disorder. *Psychiatric Annals, 41*, 79-85.

Prados, J.M. (2007). Desarrollo de una nueva escala de creencias sobre las consecuencias de la preocupación. *Anales de Psicología, 23*, 226-230.

Prados, J.M. (2008). *Ansiedad generalizada.* Madrid: Síntesis.

Ramos-Cejudo, J., Salguero, J. M. y Cano-Vindel, A. (2013). Spanish Version of the Meta-Cognitions Questionnaire 30 (MCQ-30). *The Spanish Journal of Psychology, 16*, e95, 1-8.

Ree, M., French, D., MacLeod, C. y Locke, V. (2008). Distinguishing cognitive and somatic dimensions of state and trait anxiety: development and validation of the State-Trait Inventory for Cognitive and Somatic Anxiety (STICSA). *Behavioural and Cognitive Psychotherapy, 36*, 313-332.

Robichaud, M. (2013). Cognitive behavior therapy targeting intolerance of uncertainty: Application to a clinical case of generalized anxiety disorder. *Cognitive and Behavioral Practice, 20*, 251-263.

Robichaud, M. y Dugas, M.J. (2005). Negative problem orientation (Part I): psychometric properties of a new measure. *Behaviour Research and Therapy, 43*, 391-401.

Roemer, L. y Orsillo, S. (2009). *Mindfulness- and acceptance-based behavioral therapies in practice.* Nueva York: Guilford.

Ruscio, A.M., Lane, M., Roy-Byrne, P., Stang, P.E., Stein, D.J., Wittchen, H.U. y Kessler, R.C. (2005). Should excessive worry be required for a diagnosis of generalized anxiety disorder? Results from the US National Comorbidity Survey Replication. *Psychological Medicine, 35*, 1761-1772.

Sandín, B., Chorot, P., Valiente, R. M. y Lostao, L. (2009). Validación española del Cuestionario de Preocupaciones PSWQ: estructura factorial y propiedades psicométricas. *Revista de Psicopatología y Psicología Clínica, 14*, 107–122.

Shear, K., Belnap, B.H., Mazumdar, S., Houck, P. y Rollman, B.L. (2006). Generalized anxiety disorder severity scale (GADSS): a preliminary validation study. *Depression & Anxiety, 23*, 77-82.

Sibrava, N.J. y Borkovec, T.D. (2006). The cognitive avoidance theory of worry. En G.C.L. Davey y F. Tallis (Eds.), *Worrying: Perspectives in theory, assessment and treatment* (pp. 239-258). Nueva York: Wiley.

Stapinski, L. A., Abbott, M. J. y Rapee, R. M. (2010). Evaluating the cognitive avoidance model of generalised anxiety disorder: Impact of worry on threat appraisal, perceived control and anxious arousal. *Behaviour Research and Therapy, 48*, 1032-1040.

Stewart, R. y Chambless, D. (2009). Cognitive–behavioral therapy for adult anxiety disorders in clinical practice: A meta-analysis of effectiveness studies. *Journal of Consulting and Clinical Psychology, 77*, 595-606.

Tallis, F., Eysenck, M. y Mathews, A. (1992). A questionnaire for the measurement of nonpathological worry. *Personality and Individual Differences, 13*, 161-168.

van Rijsoort, S., Emmelkamp, P. y Vervaeke, G. (1999). The Penn State Worry Questionnaire and the Worry Domains Questionnaire: structure, reliability and validity. *Clinical Psychology and Psychotherapy, 6*, 297-307.

Verkhuil, B., Brosschot, J.F., Borkovek, T.D. y Thayer, J.F. (2009). Acute autonomic effects of experimental worry and cognitive problem solving: Why worry about worry? *International Journal of Clinical and Health Psychology, 9*, 439-453.

Wells, A. (1995). Meta-cognition and worry: A cognitive model of generalized anxiety disorder. *Behavioural and Cognitive Psychotherapy, 23*, 301-320.

Wells, A. (1997). *Cognitive therapy of anxiety disorders: A practice manual and conceptual guide.* Chichester: Wiley.

Wells, A. (2005). The metacognitive model of GAD: Assessment of meta-worry and relationship with DSM-IV generalized anxiety disorder. *Cognitive Therapy and Research, 29*, 107-121.

Wells, A. (2009). *Metacognitive therapy for anxiety and depression.* New York: Guildford.

Wells, A. y Cartwright-Hatton, S. (2004). A short form of the metacognitions questionnaire: properties of the MCQ-30. *Behaviour Research and Therapy, 42*, 385-396.

Zinbarg, R.E., Craske, M.G. y Barlow, D.H. (2006). *Mastery of your anxiety and worry (MAW): Therapist guide* (2ª ed.). Londres: Oxford University Press.

9. LECTURAS RECOMENDADAS

Bados, A. (2015). *Trastorno de ansiedad generalizada. Guía para el terapeuta.* Madrid: Síntesis.
Tras exponer las características del TAG, se presentan diversos modelos psicológicos explicativos del mismo y un modelo integrador del autor. Posteriormente se abordan los principales métodos de evaluación, con especial énfasis en la entrevista y los cuestionarios, de los cuales se presentan cuatro especialmente relevantes. Asimismo, se explican los tratamientos más eficaces para adultos y niños/adolescentes y se dan datos sobre su eficacia, significación clínica y utilidad clínica. A continuación, se presenta de modo muy detallado un protocolo para el tratamiento cognitivo-conductual del TAG que incluye diversos módulos, cuya aplicación dependerá del análisis funcional realizado con cada cliente. El libro termina con la exposición de un caso clínico y la descripción de nuevos abordajes terapéuticos. Finalmente, se proporciona acceso en la web de la editorial a material complementario muy útil.

Dugas, M.J. y Robichaud, M. (2007). *Cognitive-behavioral treatment for generalized anxiety disorder.* Nueva York: Routledge.
Se presenta la última versión del tratamiento de Dugas y colaboradores, tal como ha sido explicada en este capítulo. Los autores describen la naturaleza del trastorno, su modelo explicativo cognitivo y los métodos para diagnosticar y evaluar el TAG, y adjuntan íntegramente seis cuestionarios acordes a su modelo. A continuación, presentan una panorámica general de los seis módulos del tratamiento, explican cómo se aplican paso por paso y ofrecen datos sobre la eficacia de la intervención. Finalmente, revisan diversos factores que pueden interferir en el tratamiento y discuten diversas formas de actuación para manejarlos.

Ladouceur, R., Bélanger, L. y Léger, E. (2009). *Deje de sufrir por todo y por nada.* Madrid: Pirámide. (Original de 2003.)
Está dirigido a las personas con TAG. Describe los distintos trastornos de ansiedad y especialmente el TAG, y presenta algunos cuestionarios y autorregistros para evaluar diversos aspectos del trastorno. Asimismo, ofrece una explicación de la génesis y mantenimiento de éste y describe los distintos componentes del tratamiento con la ayuda de un caso.

Prados, J.M. (2008). *Ansiedad generalizada.* Madrid: Síntesis.
Se trata de una obra sobre el TAG con marcado carácter didáctico. A lo largo de la misma se aborda (a) la naturaleza del trastorno, (b) diversas teorías explicativas sobre el mismo y un modelo integrador del autor, (c) los diversos métodos de evaluación disponibles, con especial énfasis en los cuestionarios, de los cuales se presentan los ítems que los componen, (d) la eficacia de los tratamientos farmacológicos y psicológicos del TAG, (e) las diversas intervenciones existentes para adultos, niños y ancianos, y (f) una intervención cognitivo-conductual propuesta por el autor, basada en su modelo integrador y para la que ofrece datos preliminares sobre su eficacia.

Romero, P. y Gavino, A. (2009). *Tratando... trastorno de ansiedad generalizada.* Madrid: Pirámide.

Este libro se centra en la presentación de una serie de situaciones problemáticas que pueden surgir durante el tratamiento del TAG. Cada situación es descrita brevemente y a continuación se enumeran los objetivos a conseguir, las técnicas a aplicar, las estrategias terapéuticas aconsejadas a la hora de poner en práctica las técnicas anteriores y las habilidades que debe tener el terapeuta. En muchas situaciones se distingue entre la intervención adecuada para las mismas, presente o no TAG el cliente, y la intervención más específica para clientes con TAG. El libro presupone que se tienen ya unos conocimientos sólidos de la terapia cognitivo-conductual.

Zinbarg, R.E., Craske, M.G. y Barlow, D.H. (2006). *Mastery of your anxiety and worry (MAW): Therapist guide* (2ª ed.). Londres: Oxford University Press.

Craske, M.G. y Barlow, D.H. (2006). *Mastery of your anxiety and worry: Client workbook* (2ª ed.). Londres: Oxford University Press.

Es un manual muy completo de tratamiento del trastorno de ansiedad generalizada, con una versión para el cliente y otra para el terapeuta que se complementan perfectamente. La intervención incluye conceptualización del problema y justificación del tratamiento, entrenamiento en relajación, reestructuración cognitiva, exposición a la preocupación, prevención de las conductas de seguridad, organización del tiempo/resolución de problemas y descontinuación de la medicación. Cada procedimiento es explicado detalladamente y se ofrecen breves transcripciones de casos para ilustrarlos así como material para llevar a cabo las actividades entre sesiones y preguntas de autoevaluación para que el cliente compruebe su comprensión.

10. PREGUNTAS DE AUTO-COMPROBACIÓN

1) Según algunos estudios, las personas con mayores niveles de ansiedad o preocupación tienen más probabilidades de morir prematuramente, especialmente por causas cardíacas.
2) La creencia de que preocuparse es un rasgo positivo de personalidad es igual de probable en personas con TAG que en personas sin TAG.
3) Las preocupaciones reducen el procesamiento emocional de la información amenazante al disminuir la activación somática ante al estímulo temido.
4) Según Wells, con el paso del tiempo los clientes tienden a creer que preocuparse es incontrolable y peligroso, y estas creencias negativas estimulan las metapreocupaciones.
5) Una puntuación elevada en el Inventario de Preocupación del Estado de Pensilvania puede reflejar afrontamiento centrado en los problemas y no necesariamente una tendencia a preocuparse en general.
6) Se ha demostrado que la terapia cognitivo-conductual es bastante más eficaz que la relajación aplicada.

7) La mejora en el TAG lleva consigo una mejora o desaparición de otros trastornos comórbidos ansiosos y depresivos.
8) Los pocos estudios realizados indican que la combinación de tratamiento farmacológico y psicológico es más eficaz que cada uno por separado.
9) En el componente de solución de problemas del tratamiento de Dugas y Ladouceur el énfasis se pone más en la orientación hacia los problemas que en las habilidades de solución de problemas.
10) Para preocupaciones que tienen que ver con situaciones hipotéticas (p.ej., que el marido pueda tener un accidente de coche), el grupo de Dugas recomienda reestructuración cognitiva aplicada posteriormente durante la exposición imaginal.

Las respuestas (verdadero, o falso) a las preguntas
se encuentran en el anexo final del texto.

5

TRASTORNO DE ANSIEDAD SOCIAL (FOBIA SOCIAL)

Vicente E. Caballo
Universidad de Granada

Isabel C. Salazar
Centro de Psicología Clínica FUNVECA

Laura Garrido
Centro de Psicología Clínica FUNVECA

Mª Jesús Irurtia
Universidad de Valladolid

1. INTRODUCCIÓN

La mayor parte de nuestro tiempo y de las actividades que realizamos cotidianamente implican algún tipo de relación con otras personas. La interacción social parece ser una característica básica de los seres humanos y cuando logramos relacionarnos de forma adecuada y eficaz podemos satisfacer tanto nuestras necesidades afectivas y emocionales (p. ej., amistad, amor, compañía, sexo, etc.) como aquellas vinculadas con la posibilidad de alcanzar nuestras metas educativas y profesionales. No obstante, la interacción social a veces resulta poco reforzante y placentera para determinadas personas. Algunas (a veces, muchas) situaciones sociales llegan a ser muy aversivas y amenazantes y producen niveles de temor tan elevados que las personas se pasan la vida intentando evitarlas como sea. Si no lo consiguen, el nivel de ansiedad que experimentan cuando se encuentran inmersos en ellas ocasiona tal nivel de malestar que, a la menor posibilidad, escaparán de las mismas. Estos niveles de malestar y/o de evitación constituyen un asunto de atención clínica, haciendo sufrir al individuo y a personas de su entorno e interfiriendo con el correcto funcionamiento en su vida diaria. Generalmente nos referimos a este conjunto de síntomas como "trastorno de ansiedad social" (TAS) o "fobia social".

A la hora de considerar el impacto que podría tener el TAS sobre la vida de quien lo padece, habrá que tener en cuenta la cantidad y variedad de situaciones sociales a las que se teme. Hasta la versión anterior del DSM, el DSM-IV-TR (APA, 2000), nos referíamos a "fobia social específica o circunscrita", cuando se temían uno o dos tipos de situaciones sociales o bien a la "fobia social generalizada", cuando se temía a una amplia variedad de situaciones sociales. A partir del DSM-5 estas denominaciones son menos utilizadas, pero lo importante es tener presente que los sujetos que padecen este último tipo constituyen los casos más graves, limitando, con frecuencia, numerosas posibilidades de contacto social y estructurando su vida alrededor del trastorno. Aunque desean relacionarse con los demás, a menudo se sienten aislados y con escasas interacciones sociales. Son solitarios por imposición (de sus limitaciones conductuales y cognitivas), lo que les convierte en personas insatisfechas y frustradas, con pocos amigos y escasas experiencias con el sexo opuesto. Normalmente tienen muy pocas actividades de ocio que impliquen a otros, asumen tareas y responsabilidades de forma individual y, durante la etapa adulta, concretamente en el ámbito laboral, pueden tener menores oportunidades o mayores dificultades para lograr un ascenso, dada su inhibición o torpeza social (p. ej., hablar en una reunión, exponer en público, iniciar y mantener conversaciones con los jefes, entre otras). Si bien estas consecuencias ya revelan el impacto del trastorno en la vida del individuo, tenemos que señalar que, a veces, lo convierten también en un precursor de otros problemas psicológicos igualmente importantes, como los trastornos depresivos, los trastornos por consumo de sustancias u otros trastornos de ansiedad, razón por la cual el TAS es, también, un tema de relevancia para la salud pública.

A lo largo de este capítulo se presentan los aspectos clínicos y diagnósticos que caracterizan a los sujetos con TAS (o fobia social), su prevalencia y posible etiología. Se incluye, igualmente, una puesta al día sobre la evaluación y el tratamiento del trastorno, finalizando con un protocolo, paso a paso, del tratamiento cognitivo conductual para los casos graves del TAS.

2. DEFINICIÓN, CLASIFICACIÓN Y EPIDEMIOLOGÍA DEL TRASTORNO DE ANSIEDAD SOCIAL

2.1. Definición

El TAS, denominado desde sus orígenes "fobia social", fue reconocido en el ámbito científico e incluido oficialmente en la tercera versión del "Manual diagnóstico y estadístico de los trastornos mentales" (*Diagnostic and statistical manual of mental disorders*, DSM-III; *American Psychiatric Association* [APA], 1980), como un trastorno cuyo centro consistía en un temor fóbico a una situación social concreta o de actuación (p. ej., hablar en público, comer en un restaurante, escribir mientras alguien le observa). Fue en el DSM-III-R (APA, 1987) cuando ocurrió un salto importante en la definición y se incluyó una amplia variedad de situaciones sociales, entre ellas las situaciones de interacción social, además la especificación del subtipo "generalizado". Desde entonces los cambios han sido muy sutiles y no han afectado de forma importante a la conceptualización del trastorno en las siguientes versiones del DSM, incluyendo la última publicada, el DSM-5 (APA, 2013).

El TAS (fobia social) se define actualmente como un "temor o ansiedad intensos en una o más situaciones sociales en las que el individuo está expuesto al posible escrutinio por parte de otras personas (criterio A). Además "el individuo teme actuar de cierta manera o mostrar síntomas de ansiedad por los que pueda ser evaluado negativamente" (criterio B) (APA, 2013, p. 202). Como cabe esperar, la percepción social es inherente al hecho de que somos seres sociales y que, como en otros aspectos de la vida, nos formamos ideas sobre los demás y estamos atentos a su reacción. Esto es algo razonable desde esta perspectiva. No obstante, cuando las personas llegan a estar tan preocupadas por la manera como son percibidas y evaluadas por los demás y experimentan niveles de ansiedad/temor que se consideran desproporcionados para la(s) situación(es) en cuestión y son persistentes en el tiempo, estamos ya en el terreno de los problemas psicológicos, en este caso, en el del TAS. Esta valoración del temor/ansiedad como desproporcionado se plasma en que, las preocupaciones del individuo por lo que pueda suceder en las situaciones sociales o las consecuencias que anticipa, no se refieren a un peligro real para su vida ni para su integridad personal y no son propias de su contexto sociocultural y, a pesar de esto, la sensación intensa de ansiedad no puede ser razonada de la misma manera.

El individuo con TAS suele evitar las situaciones que teme y si no puede evitarlas, intenta escapar o las soporta con elevado malestar. En los casos en que hay escape o evitación, el nivel de funcionamiento (social y laboral/académico) se afecta negativamente, ya que se ven entorpecidas diferentes actividades que forman parte de la vida cotidiana. Por ejemplo, en las relaciones con los demás se les observa más retraídos, aislados y torpes a la hora de interactuar. Generalmente tienen menos amigos, sus relaciones con las personas que no pertenecen al círculo más íntimo se resienten de esta incompetencia social y tienen más dificultad para conseguir pareja. En lo referente al funcionamiento académico o laboral cabe esperar que participen menos en las clases/reuniones, que cumplan con las tareas/trabajos en solitario, que realicen menos exposiciones/presentaciones orales, que se queden rezagados en los grupos, que hagan todo cuanto les permita pasar desapercibidos (y no ser el centro de atención), lo que puede conducir a que no se les reconozca sus capacidades intelectuales/profesionales y que, por tanto, tengan menos oportunidades para incrementar su formación o crecer profesionalmente (p. ej., no reciben becas, no ascienden en el cargo, no se les toma en cuenta, etc.).

Si analizamos la naturaleza del temor que sienten las personas con TAS, podríamos considerar hasta qué punto la característica esencial es la falta de seguridad acerca de si van a caer bien, de cómo los valorarán los demás o si pueden ser criticados o rechazados. Este aspecto quizás se hace más evidente en las situaciones de actuación, puesto que cuando estas personas realizan determinadas actividades (p. ej., comer, escribir, trabajar, etc.) sin la presencia o la observación de alguien más, no parecen presentar mayores dificultades.

2.2. Características clínicas

Tomando como base que los componentes más importantes del miedo son la conducta de evitación, la reactividad fisiológica y los informes verbales/cognitivos del temor subjetivo relacionados con la interpretación de amenaza de la situación, podemos esperar que estos tres niveles de respuesta también se den en el TAS, teniendo presente que los componentes pueden covariar de un individuo a otro y que cada patrón idiosincrático variará también con el tiempo y según el contexto sociocultural.

De modo general, los individuos con TAS (especialmente aquellos que no cumplen con el especificador de "sólo actuación" establecido en el DSM-5) se caracterizan, a *nivel conductual*, por su inhibición o sus déficit conductuales en situaciones de interacción social o de actuación frente a los demás (p. ej., menos contacto ocular, más tiempo de silencio, fluidez verbal más pobre), así como sus comportamientos de escape y evitación (lo que produce menos interacciones, menos citas, etc.) (Caballo, 1997). En los niños se han identificado, además, el llanto, el quedarse paralizado o aferrarse y permanecer muy cerca de figuras de apego o personas más cercanas.

A *nivel fisiológico/emocional* se pueden observar manifestaciones típicas de la ansiedad, como aumento de la tasa cardiaca, cambios en la respiración, tensión muscular, molestias estomacales, diarrea, náuseas, escalofríos, enfriamiento de las manos, etc., pero también algunas más específicas para este tipo de fobia (porque los deja en evidencia frente a otros), como rubor facial, sudoración y temblor en las extremidades y, en los niños, es común encontrar que "sienten que se les hace un nudo en la garganta". Según la Organización Mundial de la Salud (OMS, 1992), las personas con TAS pueden experimentar también urgencia por orinar o defecar. Quienes llegan a experimentar un ataque de pánico, posiblemente añadan, entre sus síntomas, la dificultad para respirar, la sensación de ahogo o dolor u opresión en el pecho. A veces, estos síntomas secundarios suelen ser considerados por la persona como la causa del trastorno primario.

Por último, a *nivel cognitivo*, se encuentran algunos elementos característicos: (1) conciencia excesiva de uno mismo, es decir, al estar en la situación temida las personas con TAS centran la atención en sí mismos. Esto podría estar interfiriendo con el procesamiento sobre la situación y el comportamiento de los demás y en cambio ofrecer una mayor información (interoceptiva) que aporta al concepto (negativo) que se tiene de sí mismo en tal situación (Clark y Wells, 1995); (2) evaluación de las situaciones sociales como amenazantes y catastróficas, con lo cual la anticipación y la sobrestimación de los resultados y de las consecuencias de las situaciones también son negativas; (3) atención a la información relacionada con el fracaso social (p. ej., las deficiencias conductuales y el malestar subjetivo) (Hope, Rapee, Heimberg y Dombeck, 1990); y (4) en algunos casos, el guiarse más por sus creencias preconcebidas (relacionadas con la incompetencia, el ridículo y la aprobación) que por la retroalimentación sobre su actuación real en una situación concreta (Alden y Wallace, 1995). Más recientemente, Voncken y Bögels (2008) mostraron que existe un sesgo en la percepción de uno mismo en situaciones sociales de interacción (una conversación) y de actuación (dar una charla formal) por parte de los individuos con TAS, quienes se calificaron mucho peor en su desempeño que los sujetos control y su desempeño social "real" (valorado por observadores externos) fue peor en la situación de interacción que en la de actuación. Un tema que parece estar en auge en la última década, corresponde a las capacidades para interpretar adecuadamente las expresiones faciales (de alegría, ira, miedo y tristeza) de los demás en las situaciones sociales (p. ej., Horley, Williams, Gonsalvez y Gordon, 2004; Hunter, Buckner y Schmidt, 2009; Joormann y Gotlib, 2006; Leber, Heidenreich, Stangier y Hofmann, 2009); no obstante, hasta el momento no se tienen datos concluyentes. Los individuos con TAS experimentan ansiedad no sólo al estar en la situación social en sí, sino incluso con sólo pensar que tendrán/tendrían que enfrentarla. De ahí que el contenido de sus cogniciones esté asociado con la valoración negativa de sí mismo y de la situación, debido a la posibilidad de que resulte embarazosa, o con su temor al rechazo o a la crítica por parte de los demás. Para mayor detalle sobre estos aspectos puede consultarse Caballo, Salazar, García-López, Irurtia y Arias (2011) y una ilustración de los mismos en un caso clínico de Irurtia, Salazar y Caballo (2011).

2.3. Las situaciones sociales temidas

El abanico de situaciones sociales que producirían ansiedad en los sujetos con TAS puede llegar a ser muy variado. No obstante, parece existir un cierto consenso respecto a que hay básicamente dos tipos: situaciones interactivas y situaciones no interactivas. En el primer grupo estarían, por ejemplo, iniciar y/o mantener conversaciones, quedar (citarse) con alguien, asistir a una fiesta, telefonear, realizar una entrevista, hablar con personas desconocidas (o poco conocidas), devolver un artículo en una tienda, etc. En el grupo de las situaciones no interactivas se encontrarían el hablar en público, dar un informe (oral) en una reunión, actuar en público, bailar, cantar frente a otros, comer o beber en público, escribir mientras le observan, etc. La literatura especializada muestra los intentos que se han realizado por agrupar los distintos tipos de temores sociales para lograr ser más finos en aquello a lo que se teme. Holt, Heimberg, Hope y Liebowitz (1992) están entre los primeros que se refirieron a este asunto y sugirieron clasificar las situaciones sociales dentro de cuatro "categorías primarias", tomando como base la "Escala de ansiedad social de Liebowitz" (*Liebowitz Social Anxiety Scale*, LSAS; Liebowitz,1987): (1) hablar e interactuar en contextos formales (p. ej., dar una charla delante de una audiencia, presentar un examen oral, dar un informe a un grupo, hablar en una reunión); (2) hablar e interactuar en contextos informales (p. ej., en una fiesta, conocer a otras personas, ligar con alguien); (3) interactuar requiriendo el uso de comportamientos asertivos (p. ej., hablar con una figura de autoridad, expresar desacuerdo, devolver objetos en una tienda, resistir la presión del dependiente); y (4) cuando son observados mientras realizan algún comportamiento, como trabajar, escribir o comer. Sin embargo, la técnica estadística del análisis factorial proporciona un apoyo mixto a esta clasificación.

Pueden encontrarse otras clasificaciones de los temores sociales en el ámbito anglosajón similares a la indicada en el párrafo anterior. Esto depende en gran medida del instrumento utilizado, aunque en la mayoría de los casos se emplean medidas de autoinforme. El mayor inconveniente que existe es la variabilidad en las estructuras factoriales de algunos de estos instrumentos, con lo que seguimos sin saber cuáles son los tipos de ansiedad social o las dimensiones/dominios que la forman. En el DSM-5 se incluyen tres tipos de situaciones sociales: (1) de interacción (2) de observación y (3) de actuación, pero ¿las situaciones de actuación no son también de observación? Es posible que haya faltado revisar y valorar el aporte de otras investigaciones, sobre todo, en culturas no anglosajonas para realizar esta clasificación de las situaciones.

En el contexto hispanohablante, por ejemplo, se ha desarrollado recientemente una propuesta novedosa realizada por Caballo y colaboradores (Caballo, Salazar y cols, 2012; Caballo, Salazar, Arias y cols., 2010; Caballo, Salazar, Irurtia y cols., 2010) respecto a una nueva forma de clasificación de las dimensiones de la ansiedad social con base en estudios empíricos hechos con diversas poblaciones (p. ej., estudiantes universitarios, población general, población clínica) y utilizando una medida de autoinforme, el "Cuestionario de ansiedad social para adultos" (CASO; Caballo y cols., en prensa; Caballo, Salazar, Irurtia, Arias, Calderero y Equipo de Investigación CISO-A, 2010). Estas dimensiones son: (1) interacción con el sexo opuesto, (2) quedar en evidencia o en ridículo, (3) interacción con desconocidos, (4) hablar en público/Interacción con superiores, y (5) expresión asertiva de molestia, desagrado o enfado.

2.4. Clasificación diagnóstica

El trastorno de ansiedad social (fobia social) [300.23] está considerado dentro de la sección de los "Trastornos de ansiedad", según el DSM-5 (APA, 2013) y, entre los "Trastornos de ansiedad fóbica" [F40.1], que a su vez forman parte la categoría de "Trastornos neuróticos, secundarios a situaciones estresantes y somatomorfos", en la Clasificación internacional de las enfermedades (CIE-10; OMS, 1992, 2000). En este último sistema de clasificación, su denominación es la de "Fobias sociales". En la Tabla 1 aparecen los criterios diagnósticos de ambos sistemas. Para los niños, los criterios diagnósticos son los mismos que para los adultos, aunque se señalan algunas anotaciones específicas en el DSM-5 (APA, 2013).

Criterios según el DSM-5	Criterios según la CIE-10
A. Temor o ansiedad intensos en una o más situaciones sociales en las que el individuo está expuesto al posible escrutinio por parte de otras personas. Los ejemplos incluyen interacciones sociales (p. ej., mantener una conversación, interacción con desconocidos), ser observado (p. ej., comer o beber) y actuar delante de otras personas (p. ej., dar una charla). *Nota*: en los niños, la ansiedad debería ocurrir frente a los iguales y no sólo en la interacción con los adultos.	A. Presencia de (1) o (2): 1) Miedo acusado a ser el centro de atención o temor a comportarse de un modo que resulte embarazoso o humillante. 2) Evitación notable de ser el centro de atención o de situaciones en las que teme comportarse de una forma que resulte embarazosa o humillante.
B. El individuo teme actuar de cierta manera o mostrar síntomas de ansiedad por los que pueda ser evaluado negativamente (es decir, que sean humillantes o vergonzosos, que produzcan rechazo u ofendan a otras personas).	B. Estos miedos se manifiestan en situaciones sociales tales como comer o hablar en público, encontrarse con conocidos en público o introducirse o permanecer en situaciones de grupos reducidos (p. ej., fiestas, reuniones de trabajo, clases).

Criterios según el DSM-5	Criterios según la CIE-10
C. Las situaciones sociales provocan casi siempre temor o ansiedad. *Nota*: en los niños, el temor o la ansiedad pueden expresarse con llanto, berrinches (rabietas), quedarse paralizado, conducta pegajosa, retraimiento o dejar de hablar en situaciones sociales.	C. Al menos dos síntomas de ansiedad ante la situación temida, los cuales tienen que presentarse conjuntamente al menos en una ocasión desde que se inició el trastorno. Y además tener uno de los siguientes síntomas: 1) Ruborizarse. 2) Temor a vomitar. 3) Necesidad imperiosa de, o temor a, orinar o defecar.
D. Las situaciones sociales se evitan o se enfrentan con un temor intenso o ansiedad.	
E. El temor o ansiedad son desproporcionados respecto a la amenaza real de la situación social y el contexto sociocultural.	D. Malestar emocional importante ocasionado por los síntomas o la conducta de evitación.
	E. El paciente reconoce que esos síntomas o esa evitación son excesivos o irracionales.
F. El temor, la ansiedad o la evitación son persistentes y la duración típica es de seis meses o más.	F. Los síntomas se limitan a, o predominan en, las situaciones temidas o cuando piensa en ellas.
G. El temor, la ansiedad o la evitación ocasionan un malestar clínicamente importante o un deterioro social, laboral o en otras áreas importantes de funcionamiento.	G. *Criterios de exclusión más frecuentes*: los criterios A y B no se deben a ideas delirantes, alucinaciones u otros síntomas de trastornos tales como los trastornos mentales orgánicos (F00-F09), esquizofrenia y trastornos relacionados (F20-F29), trastornos del estado de ánimo (afectivos) (F30-F39) o trastorno obsesivo compulsivo (F42), ni tampoco son secundarios a creencias de la propia cultura.
H. El temor, la ansiedad o la evitación no pueden atribuirse a los efectos fisiológicos directos de una sustancia (p. ej., abuso de drogas, fármacos) o a una enfermedad médica.	
I. El temor, la ansiedad o la evitación no se explican mejor por los síntomas de otro trastorno mental, como el trastorno de pánico, el trastorno dismórfico corporal o un trastorno del espectro autista.	
J. Si hay otra enfermedad médica (p. ej., enfermedad de Parkinson, obesidad, desfiguración por quemaduras o lesiones), el temor, la ansiedad o la evitación no están relacionados con ella o son excesivos.	
Especificar si: **Sólo actuación**: si el miedo se limita a hablar o actuar en público.	

Tabla 1. ***Criterios diagnósticos para el trastorno de ansiedad social (fobia social), según el DSM-5 (APA, 2013) y para la investigación de las fobias sociales, según la CIE-10 (OMS, 2000)***

El DSM-5 ha realizado algunos cambios sutiles en cuanto a los criterios diagnósticos. En primer lugar, se ha producido una modificación en el orden en que aparece el nombre del trastorno, para diferenciar mejor a este trastorno de las fobias específicas. En segundo lugar, la definición del trastorno se ha subdivido en los criterios A y B para resaltar que, además, de sufrir temor o ansiedad en la situación social, el temor puede estar relacionado con la evaluación negativa que pueden realizar los demás debido a los propios síntomas fisiológicos característicos de la ansiedad que le produce la situación. En tercer lugar, se han señalado (en el criterio A) concretamente tres tipos de situaciones sociales temidas por los individuos con TAS: 1) las situaciones de interacción social (p. ej., mantener una conversación, interacción con desconocidos), 2) aquellas en las que puede ser observado (p. ej., comer o beber) y 3) las referidas a actuar frente a otros (p. ej., dar una charla). En cuarto lugar, se ha relativizado el peso de la conducta de evitación teniendo en cuenta que, como comentábamos anteriormente, no siempre es posible evitar las situaciones sociales y la mayoría de las personas con TAS lo que hacen es tolerarlas con un alto nivel de malestar. En quinto lugar, los criterios aparecen unificados tanto para adultos como para niños, lo que se aprecia en el criterio E, donde se indica que el temor o ansiedad deben ser desproporcionados teniendo en cuanta el contexto sociocultural y la existencia de un peligro real en la situación social, y en el criterio F, en el que se estipula el mismo tiempo de duración mínima (seis meses) de los síntomas. Finalmente, el sexto cambio se refiere al especificador. Este constituye quizás una de las modificaciones más importantes, pues se ha eliminado la especificación de si el TAS era "generalizado" y, ahora, hay que especificar si es "sólo actuación".

En cuanto a estos cambios, hay dos asuntos que nos gustaría comentar. Uno se relaciona con los tres tipos de situaciones sociales que se incluyeron en el criterio A. Entendemos que esta propuesta sobre los "tres tipos de situaciones sociales" se basa en planteamientos de Bögels y cols. (2010), pero nos surge la duda de por qué se ha creado una categoría de ejemplos de "ser observado", cuando este concepto está implícito en gran parte de (si no en todas) las situaciones temidas por los sujetos con TAS y, adicionalmente, esas tres categorías no coinciden con revisiones recientes de la literatura que muestran los resultados de análisis factoriales de numerosos estudios respecto a los tipos de situaciones sociales que temen los sujetos con TAS (véase Caballo y cols., en prensa; Caballo, Salazar, Irurtia y cols., 2010; Caballo, Salazar, Irurtia y cols., 2012; Caballo, Salazar, Irurtia, Arias y Nobre, 2013).

El otro aspecto que queremos comentar se refiere al nuevo especificador del TAS de "sólo actuación". Pensamos que dicho especificador no añade nada al diagnóstico del TAS y nuestros datos indican que dicho subtipo no es más frecuente que otras clases de conducta del TAS, como el temor a la "interacción con el sexo opuesto" o a la "interacción con desconocidos" (Caballo y cols., en prensa). Es más, la desaparición en el DSM-5 del especificador "tipo generalizado" ha eliminado un término claramente descriptivo de la gravedad y generalización del TAS, aunque, por otra parte, la diferenciación entre dicho tipo y el diagnóstico de trastorno de la personalidad por evitación (TPE) se antojaba de difícil solución (Caballo y cols. 2011). Esto sería algo esperable dado que de los siete criterios para el TPE seis corresponden a componentes propios de la interacción social. A este respecto queremos señalar que si considerásemos a los temores sociales como parte de un continuo, tendríamos que situar al TAS "tipo generalizado" y al TPE en el extremo de mayor gravedad y al TAS "sólo actuación" cerca del extremo de menor gravedad.

En cualquier caso, ambas polémicas afectan no sólo a quienes ejercen en la clínica sino a los que realizan investigación y entre los efectos directos se encuentra la dificultad que existe para comparar los diversos estudios en cuanto a los subtipos de ansiedad /fobia social y para saber con cierta fiabilidad cómo se distribuyen los casos de TPE y de TAS (Caballo, 1995).

2.5. Epidemiología

Un referente frecuentemente utilizado sobre la epidemiología del TAS es el de la APA (1994, 2000), que informa que, en población general y en estudios epidemiológicos, la prevalencia de este trastorno, a lo largo de la vida, está entre el 3% y el 13%. Estos datos parecen ser confirmados por las últimas encuestas de salud mental (con población general) a nivel mundial (Kessler y Üstun, 2008). En los 15 países en los cuales se obtuvo información sobre el TAS, se encontró que la prevalencia a lo largo de la vida estaba entre 0,2% de Nigeria (Gureje y cols., 2008) y el 12,1% de Estados Unidos (Kessler y cols., 2008) y que en los últimos 12 meses, también en estos países, la prevalencia oscilaba entre el 0,2% y el 6,8%, respectivamente. Esto confirma, una vez más, que Estados Unidos está a la cabeza de los países con tasas más altas de ansiedad/fobia social.

Tomando en consideración el informe de cada país participante en estas encuestas mundiales, puede concluirse también que el TAS está entre los trastornos mentales más comunes (de los que fueron evaluados) a lo largo de la vida y casi siempre después de los trastornos depresivos, la fobia específica y el abuso del consumo de alcohol. Concretamente, ocupa el cuarto lugar en Estados Unidos, lo mismo que en Italia (1,8%) y en Nueva Zelanda (9,5%), el quinto lugar en Alemania (2,5%) y en Colombia (5%). En Nigeria, ocupó el séptimo lugar (0,2%) y en España el octavo lugar (1,2%). La ventaja de estos datos se debe a que pueden ser comparados, debido que se empleó el mismo instrumento, la "Entrevista diagnóstica internacional" (*Composite International Diagnostic Interview* [CIDI]; *World Health Organization* [WHO], 1997) y se consideraron los mismos criterios diagnósticos (los del DSM-IV y la CIE-10), a diferencia de lo que suele ocurrir con otros estudios, en los que no hay uniformidad en cuanto a los métodos de evaluación y los criterios para su identificación.

En cuanto al curso del TAS, se señala que dura toda la vida, si no es tratado, y con respecto a la prevalencia se sabe que en población clínica se encuentra distribuido de forma similar en hombres y mujeres, aunque entre la población general, sí hay diferencias significativas por sexo (aunque pequeñas), siendo las mujeres el grupo más afectado (p. ej., Caballo y cols., 2008, 2014).

3. MODELOS EXPLICATIVOS

Encontrar un modelo explicativo para los trastornos psicológicos parece aún más un deseo que una realidad. A pesar de los avances producidos en el campo del TAS, todavía no se conocen claramente los factores etiológicos de este trastorno o las interrelaciones entre las variables individuales y del ambiente que llegan a producirlo. Posiblemente, uno de los modelos integradores más actuales sea el de Kimbrel (2008), que se destaca por ilustrar cómo lo que podrían denominarse "factores de vulnerabilidad" se convierten, bajo ciertas condiciones y circunstancias, pero no en otras, en factores causales para la fobia social (generalizada). Este tipo de modelos puede ser de mucha utilidad en el ámbito clínico, puesto que pueden orientar concretamente aquellos aspectos que debemos buscar en el momento actual y en la historia del individuo, para poder comprender cómo llegó a producirse el trastorno y cuáles serían los elementos sobre los que debería intervenirse en el presente, para disminuir el problema y los efectos que ocasiona.

Antes de presentar el modelo, nos gustaría mencionar brevemente algunas de las variables que se han estudiado para intentar dar respuesta a qué es lo que hace a alguien tan vulnerable a padecer un TAS.

3.1. Variables biológicas

a) La heredabilidad del miedo, cuyos datos han sido hallados a partir de estudios con gemelos. Según los informes, la heredabilidad del miedo está entre un 28% (Nelson y cols., 2000), pasando por el 39% (Reichborn-Kjennerud y cols., 2007), el 48% (Stein, Jang y Livesley, 2002) hasta llegar a un 51% (Kendler, Karkowski y Prescott, 1999), lo que significa una moderada influencia de la genética en el desarrollo de la fobia social.

b) Vulnerabilidad del sistema nervioso autónomo (SNA). Parece que existe una mayor labilidad del SNA entre quienes tienen un mayor nivel de gravedad en el espectro de la ansiedad social (Lang y Stein, 2001; Merikangas, Avenevoli, Acharyya, Zhang y Angst, 2002). La elevada activación autónoma (el doble o el triple de los niveles de la línea base) de estas personas se manifiesta mediante síntomas como taquicardia, sudor y temblor cuando sienten que están bajo evaluación u observación. La hipótesis que se plantea es que esto se debe a una producción exagerada de catecolaminas (adrenalina y noradrenalina, específicamente) en condiciones estresantes o al aumento de la sensibilidad ante la elevación normal de las catecolaminas en respuesta al estrés.

c) El temperamento, concretamente la inhibición conductual en la infancia, está estrechamente asociado con el TAS en la adolescencia. La inhibición conductual es un patrón conductual y emocional constante frente a situaciones, lugares, personas y objetos desconocidos o novedosos, caracterizado por la lejanía, la precaución, el realizar pocos intentos de aproximación, el aislamiento, la quietud, las muestras de timidez y el permanecer callado (Beidel, 1998; Merikangas y cols., 2002; Neal, Edelmann y Glachan, 2002; Wittchen, Stein y Kessler, 1999). Este concepto también fue utilizado por Kagan y Snidman (1991), aunque lo denominaron "inhibición conductual ante lo no familiar" y, además de referirse al patrón conductual estereotipado de distanciamiento extremo, timidez y pasividad cuando se expone al niño a personas, objetos o situaciones no familiares, agregan que se caracteriza por cambios fisiológicos indicativos del aumento de la reactividad autónoma.

d) La sensibilidad a la ansiedad (Pollock y cols., 2002) también parece ser muy característica de los individuos con fobia social. Éstos con frecuencia realizan una interpretación inadecuada de sus sensaciones corporales, pues tienen la creencia de que las sensaciones de la ansiedad son indicativas de un daño fisiológico, psicológico o social (p. ej., un desmayo, un problema cardiaco, etc.).

3.2. Variables del ambiente/contexto

Entre los factores ambientales que contribuyen a la aparición y mantenimiento del TAS se pueden mencionar largos períodos de separación de los padres durante la infancia o inicio de la adolescencia (Wittchen y cols., 1999), pérdida de alguna relación cercana con un adulto (Chartier, Walker y Stein, 2001) sobre todo en el caso de los varones (DeWit y cols., 2005), la historia de psicopatología de los padres (DeWit y cols., 2005; Wittchen y cols., 1999) particularmente de ansiedad social (Fyer, Mannuzza, Chapman, Martin y Klein, 1995; Lieb y cols., 2000; Merikangas y cols., 2002) y haber sufrido algún tipo de intimidación o abuso en la infancia (p. ej., sexual, escolar, etc.) (DeWit y cols., 2005; Erath, Flanagan y Bierman, 2007; Magee, 1999).

3.3. El aprendizaje de los miedos sociales

Si tomamos en consideración que el TAS forma parte del grupo de las fobias, podríamos considerar también los mecanismos normales de aprendizaje de los temores, como son el condicionamiento directo, el condicionamiento vicario o por observación y la transmisión de información y/o de instrucciones ("las tres vías hacia el miedo"). Sin embargo, no es frecuente que un sujeto con fobia social describa un único suceso traumático como inicio de la fobia. El miedo va aumentando gradualmente como resultado de repetidas experiencias productoras de temor o por medio del aprendizaje social. A veces esto ocurre en un momento de estrés o de elevada activación, cuando las respuestas de temor se aprenden fácilmente.

Una interpretación amplia de la teoría de los dos factores de Mowrer sirve para explicar la adquisición y mantenimiento de las reacciones fóbicas. Los síntomas del TAS constituyen una respuesta condicionada adquirida por medio de la asociación entre el objeto fóbico (el estímulo condicionado) y una experiencia aversiva (condicionamiento clásico). Una vez que se ha adquirido la fobia, la evitación de la situación fóbica reduce la ansiedad condicionada, reforzando consecuentemente la evitación (condicionamiento operante). Esta evitación mantiene la ansiedad, ya que hace difícil aprender que el objeto o la situación temidos no son de hecho peligrosos o no tan peligrosos como piensa o anticipa el paciente. Los pensamientos pueden servir también para mantener el temor, pensamientos sobre síntomas somáticos, sobre las posibles consecuencias negativas de la actuación, etc.

Otra explicación sobre la adquisición del TAS a través de la exposición a situaciones sociales aversivas señala que, además de los patrones de respuesta emocional asociados con dichas situaciones y la consecuente producción de conductas dirigidas a disminuir de forma inmediata el malestar experimentado, está el hecho de que la situación social adquiere para la persona un valor informativo de gran relevancia. A partir del condicionamiento, a esa situación se la considera como un evento que predice, con gran fiabilidad, la aparición de otros elementos (p. ej., sentirse en la mira de los otros, recibir críticas o evaluaciones negativas, ser acosado, rechazado, ridiculizado o humillado, etc.) considerados como amenazas para la integridad personal y, por ello, prepara su organismo para la huida o la evitación. Dada la capacidad de generalizar los aprendizajes, las cogniciones relacionadas con la amenaza de sufrir alguna humillación, quedar en evidencia, ser criticado o rechazado, van configurando patrones de pensamiento y creencias desadaptativas, como la necesidad de ser aprobado y aceptado por los demás, que, al estar automatizados, no tienen la posibilidad de ser cuestionados por los individuos, dando por cerrado y definitivo el ciclo de pensamiento-conducta-emoción de una manera disfuncional. En suma, este proceso explica cómo los individuos con ansiedad social guían luego sus actuaciones (de carácter evitativo, sobre todo) a partir de las anticipaciones condicionadas y cómo ellas tienen un papel fundamental en el desarrollo de las reacciones fisiológicas y emocionales, sin ni siquiera estar expuesto a la situación, ya que puede ocurrir sólo con imaginar/pensar (anticipar) que lo estará.

En cuarto lugar, sería importante también considerar el papel de la transmisión de información y/o de instrucciones, ya que es otro de los mecanismos habituales del aprendizaje de los miedos. Con frecuencia, y más en la infancia, se reciben mensajes relacionados con el control de la conducta social. Esto es habitual y necesario para el proceso de socialización. Sin embargo, en algunas ocasiones se ofrecen mensajes que tienen dos efectos: por una parte, inhiben comportamientos socialmente competentes y, por la otra, aumentan las creencias o pensamientos distorsionados, como, por ejemplo, la necesidad de aprobación o de caer bien a los demás, produciendo una preocupación excesiva hacia ello.

Finalmente, entre las formas de adquirir los temores sociales cabe mencionar el condicionamiento vicario. Según este paradigma, observar a los demás experimentando ansiedad en situaciones sociales puede conducir a que el observador tema esas situaciones. Bruch, Heimberg, Berger y Collins (1988) encontraron que los padres de los sujetos con fobia social evitaban ellos mismos las situaciones sociales, aunque también se conoce que el porcentaje de sujetos que adquiere la fobia social por esta vía es bajo (alrededor del 12%) (p. ej., Öst y Hugdahl, 1981).

3.4. Un modelo integrador para la explicación del TAS (fobia social generalizada)

Kimbrel (2008) propone un modelo del desarrollo y mantenimiento de la fobia social generalizada (FSG) que podría servir de base para las futuras investigaciones orientadas a establecer un marco ampliamente aceptado del

TAS. Dicho modelo se basa en la teoría de la sensibilidad al refuerzo, que postula que hay tres subsistemas del cerebro que subyacen a las diferencias individuales en personalidad, psicopatología y sensibilidad al refuerzo. Estos sistemas cerebrales se denominan "sistema de lucha-huida-inmovilidad" (SLHI), "sistema de aproximación conductual" (SAC) y "sistema de inhibición conductual" (SIC) (véase Kimbrel [2008] para una explicación más detallada de los mismos). El modelo supone que hay diferentes vías para el desarrollo de la FSG, incluyendo factores de riesgo, que aumentarían la probabilidad de que se desarrollase este trastorno, y factores de protección, que la disminuirían. Se tendrían en cuenta también tanto las causas distales (p. ej., los genes, las experiencias pasadas) como las proximales (p. ej., situación actual). En la Figura 1 se muestra gráficamente el presente modelo.

Causas distales de la fobia social generalizada

a) Factores genéticos. Según este modelo, la vulnerabilidad inicial de una persona hacia la FSG es principalmente el resultado de influencias genéticas en el funcionamiento del SIC y del SLHI. Así, se supone que los individuos que poseen genes que conducen a un aumento de la reactividad del SIC y del SLHI tienen un mayor riesgo de desarrollar una FSG. Cuando son niños, sería de esperar que los sujetos que están predispuestos genéticamente a desarrollar elevados niveles de reactividad del SIC y del SLHI mostrasen altos niveles de inhibición conductual (IC) y timidez, mientras que cuando son adultos se esperaría que manifestaran elevados niveles de neuroticismo, ansiedad-rasgo y timidez.

b) Temperamento. Se supone que las influencias genéticas sobre la sensibilidad del SIC y del SLHI producirán diferencias temperamentales entre los niños. Se plantea que la IC es el rasgo temperamental de los primeros años que mejor refleja la elevada sensibilidad de estos dos sistemas. Así, los niños con una elevada IC tienen un alto riesgo de desarrollar una FSG. Por el contrario, los niños desinhibidos o con una baja IC tiene un riesgo bajo de desarrollar una FSG. Se plantea también que los individuos con elevada sensibilidad del SIC y del SLHI son especialmente vulnerables ante experiencias aversivas futuras, que deberían aumentar aún más su riesgo de desarrollar una FSG.

c) Experiencias de sensibilización y habituación social. El modelo plantea que las experiencias sociales de sensibilización (p. ej., abuso continuo durante la infancia) aumentan el riesgo de desarrollar una FSG al aumentar la sensibilidad del SLHI a los estímulos sociales (p. ej., los iguales). Por su parte, las experiencias sociales de habituación (p. ej., el componente de exposición de la terapia conductual) pueden producir una reducción de la ansiedad social a través de la disminución de la sensibilidad del SIC y del SLHI.

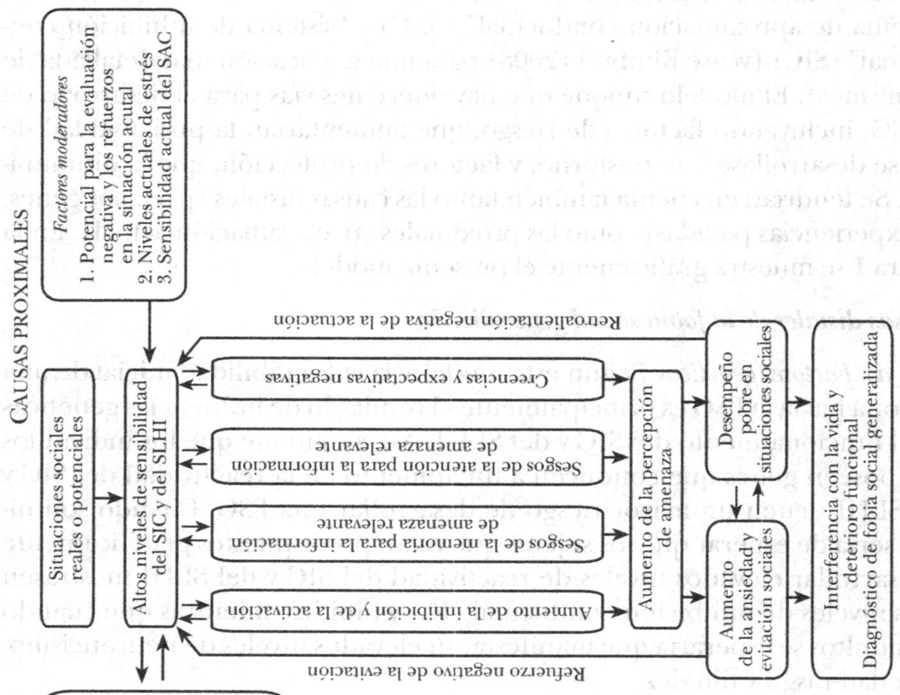

***Figura 1.** Modelo del desarrollo y el mantenimiento de la fobia social generalizada (tomado de Kimbrel, 2008)*

d) Experiencias estresantes. La exposición a niveles elevados de estrés sería otra vía a través de la cual las experiencias ambientales podrían modificar las vulnerabilidades genéticas y temperamentales de la FSG. Parece que el SIC es muy vulnerable a los efectos del estrés, por lo que los individuos expuestos a elevados niveles de estrés se vuelven más vulnerables a los efectos de futuras experiencias sensibilizadoras y estresantes debido al aumento de la sensibilidad del SIC, por lo que aumenta su riesgo hacia la FSG.

e) Sensibilidad del SAC. Aunque se supone que la hiperactividad del SIC y del SLHI constituye el principal sustrato neural que subyace a la FSG, el modelo que propone Kimbrel (2008) plantea que la baja sensibilidad del SAC es un factor de riesgo temperamental añadido que aumenta el riesgo hacia la FSG al facilitar la actividad del SLHI. Por el contrario, se considera que una elevada sensibilidad del SAC es un factor protector en el desarrollo de la FSG porque es un antagonista de la actividad del SLHI.

Causas proximales de la fobia social generalizada

a) Variables situacionales. Se supone que el nivel de ansiedad que experimenta una persona en una situación social determinada es, en parte, una función de las variables situacionales presentes. Así, por ejemplo, se supone que el grado de ansiedad que una persona experimenta en una situación determinada se corresponde con su potencial: (1) de evaluación negativa y (2) de refuerzo.

b) Diferencias individuales en el procesamiento de la información y en la sensibilidad del SIC y del SLHI. Mientras que las variables situacionales tienen un impacto sobre la expresión de la evitación y la ansiedad social en una situación determinada, se supone que las diferencias individuales en la sensibilidad del SIC y del SLHI ante las señales sociales son determinantes más potentes de la magnitud de la respuesta de una persona a situaciones sociales específicas. Esto se debe a que las personas con una elevada sensibilidad del SIC y del SLHI se supone que perciben las situaciones sociales nuevas o ambiguas como más amenazantes que los demás. Así, esos sujetos manifestarán un aumento de la inhibición y de la activación, un aumento de la atención hacia las amenazas potenciales y un aumento de las conductas evaluadoras del riesgo (p. ej., aumento de la atención hacia expresiones faciales de enfado) en esos tipos de situaciones.

c) Estímulos estresantes actuales. La sensibilidad del SIC y del SLHI aumentará bajo condiciones de estrés. Así, bajo condiciones estresantes, es más probable que los sujetos con una FSG perciban las situaciones sociales como amenazantes y muestren, como consecuencia, un aumento de la evitación y la ansiedad social.

d) Factores de mantenimiento. Se plantean tres procesos diferentes para el mantenimiento de la FSG. En primer lugar, se supone que el procesamiento sesgado de la información que tiene la gente con FSG cuando se enfrenta a situaciones sociales reales ocurre también cuando se enfrenta a situaciones sociales potenciales, de modo que es frecuente que las evite si son percibidas como amenazantes (con lo que no se habitúa a los estímulos sociales). En segundo lugar, los comportamientos de evitación que realizan las personas con FSG son reforzados negativamente por la disminución de la ansiedad. De esta forma, se aumenta la probabilidad de futuras conductas de evitación debido a la reducción de la ansiedad que ha seguido a las conductas de evitación del pasado. En tercer lugar, es probable que la gente con FSG manifieste una pobre actuación en situaciones sociales y de evaluación como producto de un aumento de la ansiedad y de la atención hacia amenazas potenciales. Además, puede que la fobia social se encuentre asociada a déficit reales en habilidades sociales. En ambos casos, estos comportamientos sociales problemáticos podrían llevar a una retroalimentación negativa por parte de los demás y servirían para aumentar aún más los temores sociales de los individuos.

4. EVALUACIÓN

La evaluación psicológica tiene por objetivo reunir, de forma coherente y sistemática, toda la información sobre lo que le sucede al individuo con TAS y concluir con un informe claro sobre cuáles son las situaciones en las cuales aparecen las respuestas problemáticas (cogniciones, emociones y conductas) y cuáles son las consecuencias propias y del contexto que las están manteniendo. En pocas palabras, el clínico debería poder hacer un análisis de las situaciones, de tal forma que identifique las relaciones funcionales entre la conducta fóbica y sus consecuencias.

Como en cualquier otro proceso de atención psicológica, una *entrevista clínica general* que permita conocer el motivo de consulta, obtener un listado de los posibles problemas (quejas) que actualmente enfrenta el paciente a causa de sus déficit o que forman parte del trastorno psicológico (en este caso, del TAS), las principales áreas de la vida que están afectadas y, por supuesto, una revisión de algunas de las situaciones concretas para hacer los análisis funcionales iniciales, podrían ser un buen punto de partida. Es posible que resulte útil, según las hipótesis que vaya realizando el clínico con base en la información obtenida con el paciente, emplear una *entrevista diagnóstica (semi)estructurada.* Algunas de esas entrevistas permiten tener una visión más amplia sobre la situación actual e histórica del paciente, de sus temores sociales y el impacto que han tenido en su vida.

Entre las entrevistas diagnósticas más conocidas están la "Entrevista diagnóstica" (*Diagnostic Interview Schedule,* DIS; Robins, Helzer, Croughan y Ratcliff, 1981), la "Entrevista para la evaluación clínica en neuropsiquiatría" (*Schedules for Clinical Assessment in Neuropsychiatry,* SCAN; WHO, 1994), la "Entrevista clínica estructurada para los trastornos del eje I del DSM-IV - versión clínica" (*Structured Clinical Interview for DSM-IV Axis I Disorders -Clinical Version,* SCID-CV; First, Spitzer, Gibbon y Williams, 1997), la "Entrevista diagnóstica internacional" (*Composite International Diagnostic Interview* [CIDI]; WHO, 1997) y la "Entrevista para los trastornos de ansiedad a lo largo de la vida, según el DSM-IV" (*Anxiety Disorders Interview Schedule for DSM-IV: Lifetime Version,* ADIS-IV-L; Di Nardo, Brown y Barlow, 1994).

De ellas, la DIS y la SCAN apenas se utilizan actualmente, puesto que fueron diseñadas para evaluar los trastornos según los criterios diagnósticos del DSM-III y el DSM-III-R. La SCID-CV, por su parte, es útil para realizar los diagnósticos de los trastornos del eje I del DSM-IV, entre los cuales se incluye la fobia social (dentro de los trastornos de ansiedad) y tiene la ventaja de ser una entrevista semiestructurada y, por tanto, más flexible, permitiendo al clínico hacer sus propias preguntas, dar ejemplos, presentar situaciones hipotéticas y clarificar las inconsistencias. La última versión es la SCID-IV, utilizada tanto en la clínica como en la investigación. Su nivel de fiabilidad entre jueces es alta (Ventura, Liberman, Green, Shaner y Mintz, 1998 citados por Tran y Smith, 2004). Sin embargo, Tran y Hagga (2002) citados por estos mismos autores, hallaron que el nivel de fiabilidad entre jueces para el apartado de la fobia social era aceptable (kappa= 0,60).

Las dos entrevistas estructuradas que posiblemente estén usándose con más frecuencia, tanto en la clínica como en la investigación, son la CIDI y la ADIS-IV-L, a pesar de estar basadas en los criterios diagnósticos del DSM-IV. La CIDI fue diseñada como una entrevista diagnóstica completamente estructurada y por módulos para realizar estudios epidemiológicos transculturales y estudios comparativos de psicopatología entre la población general. La CIDI permite medir la prevalencia, gravedad e impacto de los trastornos mentales, la utilización de los servicios de salud, el uso de medicamentos para el tratamiento y evalúa quien ha sido tratado, quien no y cuáles son los impedimentos para el tratamiento. La versión inicial de la CIDI incluyó algunos ítems modificados de la DIS, los criterios diagnósticos del DSM-III y de la CIE-9, pero desde 1995 fueron incorporados los criterios del DSM-IV y de la CIE-10. El tiempo de aplicación es de aproximadamente 90 minutos.

La CIDI cuenta con varios estudios que apoyan su fiabilidad (Blanchard y Brown, 1998; Robins y cols., 1989). Sin embargo, para la fobia social pueden encontrarse informes muy distintos sobre la fiabilidad, desde aceptable (κ= 0,64; Magee, Eaton, Wittchen, McGonagle y Kessler, 1996) hasta deficiente (κ= 0,35; Ruscio y cols., 2008).

La ADIS-IV-L es muy utilizada para evaluar de forma amplia los trastornos de ansiedad, en el presente y a lo largo de la vida, aunque incluye también los trastornos del estado de ánimo, los trastornos psicóticos, por consumo de sustancias y los trastornos somatoformes. Dada su estructura, la ADIS-IV-L permite también realizar diagnósticos diferenciales y para el caso de la fobia social (trastorno de ansiedad social) es especialmente importante debido a su comorbilidad con otros trastornos de ansiedad, los del estado de ánimo y por consumo de sustancias. El carácter modular de la entrevista es otra ventaja para los clínicos, en la medida que ellos pueden decidir sobre los apartados que ven necesario utilizar. Teniendo presente que las preguntas de la entrevista sirven para evaluar si se cumplen o no los criterios diagnósticos y facilitar un diagnóstico diferencial, las primeras preguntas de la sección de la fobia social se refieren a: (1) si se experimenta temor, ansiedad o nerviosismo en situaciones sociales en las que puede ser observado o evaluado por otros o cuando conoce gente nueva y (2) si se preocupa mucho por hacer o decir algo que le ponga en una situación embarazosa o humillante delante de otros o en la que los demás puedan pensar mal de él. Preguntas similares son utilizadas para explorar ese mismo temor en el pasado y si ha habido épocas en las que no experimentaba esos miedos, con lo cual se podrán obtener indicios acerca de la duración del trastorno. Posteriormente, se presenta un listado de 12 posibles situaciones sociales en las que se experimente ansiedad y se debe indicar no sólo el nivel de miedo (ansiedad, nerviosismo y/o vergüenza) sino la evitación de la situación, utilizando una escala Likert de 0 (ninguno) a 8 (muy grave). Esto permite evaluar, de manera dimensional, el trastorno y conocer el deterioro ocasionado. Brown, DiNardo, Lehman y Campbell (2001) encontraron que la fiabilidad de la ADIS-VI-L para todas las categorías estaba entre aceptable y alta (coeficiente kappa entre 0,67 y 0,86) y, en particular, para la fobia social era aceptable (0,77).

Entre las entrevistas empleadas para la evaluación y el diagnóstico del TAS en población infantojuvenil están: la "Entrevista de los trastornos de ansiedad para niños y padres" (*Anxiety Disorders Interview Schedule for Children and Parents versions,* ADIS-C/P; Silverman y Albano, 1996) y la "Entrevista para los trastornos afectivos y la esquizofrenia para niños y a lo largo de la vida" (*Schedule for Affective Disorders and Schizophrenia for School Age Children-Present and Lifetime Version*, K-SADS-PL; Kaufman y cols., 1997).

Independientemente del carácter estructurado y directivo de la entrevista, el clínico debe estar atento no sólo a los contenidos verbales sino también a los aspectos paralingüísticos del paciente. Éste podría dar señales de incomodidad, precisamente por enfrentarse a una situación social (interpersonal) con el terapeuta y, por tanto, cabe esperar que (de acuerdo con la gravedad del trastorno), además de hablar poco, conteste únicamente y de manera breve a las preguntas planteadas por el clínico, evite y/o no mantenga el contacto ocular, se ruborice, su voz tiemble, las frases salgan entrecortadas (incluso con tartamudeo) y presente sudoración. En estos casos, el clínico tendrá que tener la habilidad para mantener la interacción y lograr al mismo tiempo los objetivos de la evaluación.

Otro de los métodos más tradicionales de evaluación del TAS, complementarios a las entrevistas, son las *medidas de autoinforme*. Antes de 1987 no se conocían instrumentos para medir el TAS tal y como se define actualmente (APA, 2013), sino que se utilizaban cuestionarios que evaluaban constructos relacionados con el tema. Entre ellos destaca la "Escala de miedo a la evaluación negativa" (*Fear of Negative Evaluation Scale* [FNE]; Watson y Friend, 1969), el "Cuestionario de miedos" (*Fear Questionnaire*, FQ; Marks y Mathews, 1979) y la "Escala de ansiedad y evitación social" (*Social Avoidance and Distress Scale* [SAD]), estos últimos de Watson y Friend (1969).

Posteriormente, el desarrollo de cuestionarios para evaluar específicamente el TAS permitió obtener información más detallada sobre las situaciones sociales temidas, la sintomatología y el nivel de evitación y de deterioro que representa esta condición para el paciente. Con población adulta suelen utilizarse: el "Inventario de ansiedad y fobia social" (*Social Phobia and Anxiety Inventory*, SPAI; Turner, Beidel, Dancu y Stanley, 1989), la "Escala de ansiedad social de Liebowitz" (*Liebowitz Social Anxiety Scale*, LSAS; Liebowitz, 1987), la "Escala de fobia social" (*Social Phobia Scale*, SPS; Mattick y Clarke, 1998), la "Escala de ansiedad en la interacción social" (*Social Interaction Anxiety Scale*, SIAS; Mattick y Clarke, 1998) y el "Inventario de fobia social" (*Social Phobia Inventory*, SPIN; Connor y cols., 2000). A continuación se describen brevemente.

El SPAI fue construido empíricamente a partir de otros cuestionarios, de la revisión de los criterios especificados en el DSM-III y de un listado de quejas de los pacientes. Turner y cols. (1989) consideraron la importancia de tener un instrumento que evaluara distintos aspectos del TAS, incluyendo las manifestaciones a nivel cognitivo, somático y conductual que podrían presentar los sujetos con TAS en un rango de posibles situaciones a las cuales temieran y que con ello se pudiera determinar la gravedad del trastorno. El SPAI está formado por dos subescalas, una de Fobia social, con 32 ítems, y otra de Agorafobia, con 13 ítems, para un total de 41 ítems, cuyo formato de respuesta es tipo Likert (de 1= "nunca" a 7= "siempre"). Este instrumento es, al parecer, sensible a un continuo de preocupaciones de las personas socialmente ansiosas y, adicionalmente, permite diferenciar a este grupo de personas de otras que padecen agorafobia. Adicionalmente, ha demostrado su sensibilidad para evaluar los resultados de tratamientos cognitivo conductuales para el TAS (p. ej., Cox, Pagura, Stein y Sareen, 1998; Ries y cols., 1998; Taylor, Woody, McLean y Koch, 1997). Un problema importante con el SPAI es que se conocen soluciones factoriales de dos, cinco y seis factores (Baños, Botella, Quero y Medina, 2007; Caballo y cols., 2013; Osman, Barrios, Aukes y Osman, 1995; Turner, Standley, Beidel y Bond, 1989), lo que indica que su estructura no parece ser muy estable.

En cuanto a la LSAS, se puede resaltar que tiene dos versiones, la de autoinforme (*self-report version* [LSAS-SR]) y la que aplica el clínico (*Clinician-Administered Version* [LSAS-CA]). Consta de 24 ítems y fue diseñada para evaluar el rango de situaciones sociales (de interacción y de actuación) que temen (subescala de Ansiedad) y evitan (subescala de Evitación) los individuos con TAS. Dado que se puntúan ambos aspectos en una escala Likert (el "temor", de 0 [ninguno/a] a 3 [grave] y la "evitación", de 0 [nunca] a 3 [habitualmente]) se duplica el número de preguntas que hay que contestar. La LSAS-SR ha sido empleada frecuentemente para la evaluación de los cambios de los pacientes cuando han recibido tanto tratamiento farmacológico (p. ej., Liebowitz, 1987; Bhogal y Baldwin, 2007; Guastella y cols., 2008) como cognitivo conductual para el TAS (p. ej., Hayes, Miller, Hope, Heimberg y Juster, 2008; Heimberg y cols., 1999; Hofmann, Schulz, Meuret, Moscovitch y Suvak, 2006; Klinger y cols., 2005; Smits, Powers, Buxkamper y Telch, 2006). Entre los principales inconvenientes de la LSAS-SR está que en países de habla española hay poca información respecto a sus propiedades psicométricas (p. ej., Bobes y cols., 1999; González y cols., 1998) y que dada la variabilidad en el número de factores que mide (p. ej., Mennin y cols., 2002; Oakman y cols., 2003; Safren y cols., 1999) puede ponerse en duda su validez de constructo.

La SPS y la SIAS se utilizan habitualmente de manera complementaria para evaluar la ansiedad social, ya que la primera se refiere más al temor que se experimenta en situaciones de actuación (al ser observado durante actividades cotidianas) y la segunda a situaciones de interacción social (con otras personas y en grupos). Cada instrumento consta de 20 ítems, con opción de respuesta tipo Likert en una escala que va de 0 ("nada característico de mí") a 4 ("muy característico de mí"). Los niveles de consistencia interna están entre 0,88 y 0,94 y la fiabilidad test-retest está entre 0,90 y 0,92 (Erwin, Heimberg, Marx y Franklin, 2006; Harb, Heimberg, Fresco, Schneier y Liebowitz, 2002; Mattick y Clarke, 1998; Tanner, Stopa y De Houwer, 2006). Al igual que con los demás autoinformes, presentan una notable variabilidad en su estructura factorial (p. ej., Heidenreich, Schermelleh-Engel, Schramm, Hofmann y Stangier, 2011; Mattick y Clarke, 1998).

Finalmente, el SPIN está formado por 17 ítems con escala de respuesta tipo Likert (de 0= "nada" a 4= "muchísimo") e incluye, principalmente, los síntomas de la ansiedad social con el fin de evaluar su presencia y gravedad en la última semana. Connor y cols. (2000) informan que tiene buena fiabilidad test-retest, consistencia interna y validez concurrente. Sin embargo, su situación en cuanto a la estructura factorial es similar a la de los cuestionarios anteriores, debido a que se han identificado tres (Radomsky y cols., 2006) o cinco (Connor y cols., 2000) factores.

Si bien, estos son los cuestionarios más comunes, también hay que decir que han sido desarrollados en su mayoría en países anglosajones y, posiblemente, su utilización con personas cuya lengua materna no es el inglés tenga algunas limitaciones, entre las cuales está el que no recogen situaciones sociales que sean típicas de grupos culturales distintos a aquellos para el que se crearon (p. ej., de interacción con personas que le atraen), y en cambio, sí incluyen otras que pueden no ser tan relevantes (p. ej., escribir en público, utilizar aseos públicos, comer o beber en público no parecen importantes en países hispanohablantes; Caballo, Salazar, Irurtia y cols., 2010). Esta es una de las razones por las cuales el equipo de investigación del profesor Caballo ha desarrollado una nueva medida de autoinforme para la ansiedad social denominada "Cuestionario de ansiedad social para adultos" (CASO; Caballo y cols., 2006, en prensa; Caballo, Salazar, Arias y cols., 2010; Caballo, Salazar, Irurtia y cols., 2010), compuesto por las cinco dimensiones que ya se han señalado en una sección anterior: (1) interacción con el sexo opuesto, (2) quedar en evidencia o en ridículo, (3) interacción con desconocidos, (4) hablar en público/interacción con personas de autoridad, y (5) expresión asertiva de molestia, desagrado o enfado. El cuestionario parece ser fiable y válido para la evaluación del TAS (véanse referencias anteriores), aportando mucha más especificidad que la mayoría de los cuestionarios sobre el mismo tema que se utilizan habitualmente. En Caballo, Salazar, Arias y cols. (2010) se pueden encontrar numerosas propiedades psicométricas del mismo así como el cuestionario completo.

En cuanto a los autoinformes utilizados con población infantojuvenil, podemos enumerar a la "Escala de ansiedad social para niños-revisada" (*Social Anxiety Scale for Children-Revised,* SASC-R; La Greca y Stone, 1993), el "Inventario de ansiedad y fobia social para niños" (*Social Phobia Anxiety Inventory for Children,* SPAI-C; Beidel, Turner y Morris, 1995), la "Escala de ansiedad social de Liebowitz para niños y adolescentes (*Liebowitz Social Anxiety Scale for Children and Adolescents,* LSAS-CA; Masia-Warner, Klein y Liebowitz, 2002), la "Escala de ansiedad social para adolescentes" (*Social Anxiety Scale for Adolescents,* SAS-A; La Greca y López, 1998) y el "Cuestionario de ansiedad social para niños" (CASO-N24; Caballo, Arias y cols., 2012; Caballo, Irurtia, Carrillo, Calderero y Salazar, 2010), que a diferencia de los demás, es una medida creada recientemente y de manera concreta para evaluar las principales situaciones sociales que temen los niños y adolescentes de España y Latinoamérica.

Finalmente, quisiéramos hacer referencia a la utilización de los *autorregistros.* Esta técnica de evaluación debería estar incluida entre las preferidas por los clínicos, ya que permite obtener información muy valiosa para la realización de los análisis funcionales y es una herramienta que ofrece retroalimentación inmediata al paciente respecto a su conducta y a los factores que la mantienen. En un sentido amplio, los autorregistros explicitan los comportamientos motores, las cogniciones y las emociones que se producen en situaciones sociales (de interacción y actuación) y revelan la conexión entre estos tres niveles de respuesta y entre éstos y las consecuencias. Un modelo de autorregistro podría ser el que se presenta en la Tabla 3. Sin embargo, hay que decir que los autorregistros pueden variar según la intención del clínico respecto a lo que pretende conseguir con él y que la eficacia de esta técnica depende de varios factores, como por ejemplo, que el paciente esté convencido del valor que posee este instrumento para su evaluación y posterior tratamiento, debiendo presentar el clínico todas las ventajas que representa. Por otra parte, exige un compromiso, por parte del paciente, para autoobservarse y registrar lo antes posible lo que se le pide, puesto que no funcionaría como un autorregistro si se deja para ser rellenado horas después de acontecido el evento y haciendo uso de la memoria.

Describa la situación. Limítese a describir los hechos y para ello intente responder a las preguntas: ¿qué sucedía?, ¿cuándo?, ¿dónde?, ¿con quién?	¿Qué **pensamientos** tuvo en la situación?, ¿qué ideas pasaban por su mente?, ¿qué le preocupaba que pudiera suceder?, ¿qué anticipaba?	¿Cómo se **sentía**?, ¿cómo le hacían sentir esos pensamientos/ ideas?	Puntúe el **nivel de malestar** que le generan sus pensamientos y la situación (1 - 10 max.)	¿Qué **hizo** finalmente?, ¿cómo se enfrentó a la situación?, ¿qué hizo para disminuir su malestar?, ¿cuándo disminuyó el malestar?	¿Cómo se **sintió** después de haber actuado de la manera en que lo hizo?	¿Qué **hacían los demás** en esa situación?, ¿cuál fue la **reacción de ellos** al ver su actuación?

Tabla 3. ***Autorregistro de la ansiedad, temor o nerviosismo en situaciones sociales***

La evaluación en los casos de TAS puede extenderse también a la valoración de otros posibles trastornos psicológicos. El clínico tendrá que poder determinar la naturaleza comórbida al tiempo que analizar si esos otros problemas o trastornos han surgido como consecuencia del TAS o, por el contrario, le anteceden. En estos casos tendrá que poder echar mano de herramientas específicas para su evaluación (véanse los demás capítulos de trastornos de ansiedad, trastornos afectivos, consumo de sustancias de este manual). Por otra parte, tenemos que comentar también que no sería extraño que el paciente acudiera a la consulta haciendo alusión a otros problemas o dificultades, que en primera instancia parecieran no relacionarse con el TAS, pero que sí la tienen y se hacen evidentes durante la evaluación. Recordemos que los pacientes llegan con "quejas", así que lo que en principio pueden informar podrían ser los efectos que observan tras convivir mucho tiempo con esta patología, como, por ejemplo, el sentirse solos, el no disfrutar de relaciones íntimas, no conseguir el trabajo que quieren o no lograr una promoción laboral, sus dificultades para interactuar con otros en los trabajos en grupo, el abuso del alcohol o cualquier otra droga, entre otros. Así que, estos aspectos que parecen cuestiones aisladas, pueden tomar sentido dentro del proceso de evaluación y formulación clínica que se lleve a cabo.

5. REVISIÓN DE LOS TRATAMIENTOS

Los tratamientos empíricamente validados para el TAS se centran en las estrategias cognitivas y conductuales, especialmente en las técnicas de entrenamiento en relajación, entrenamiento en habilidades sociales, reestructuración cognitiva y exposición (*APA Presidential Task Force on Evidence-*

Based Practice, 2006). La premisa básica que subyace es que los pensamientos, emociones y conductas se encuentran interrelacionados, de tal forma que la modificación en uno de ellos puede producir una mejoría en los otros. Así, quienes tienen un marco de referencia conductual, conciben que la exposición gradual a las situaciones temidas (cambio conductual) hará que los pensamientos de temor al rechazo y a la crítica vayan disminuyendo (cambio cognitivo); mientras que las intervenciones cognitivas se realizan bajo el supuesto de que el progreso terapéutico ocurre como resultado del cambio de los esquemas cognitivos, supeditando la emoción y la conducta a la cognición.

La mayoría de los programas de tratamiento del TAS incluyen varios procedimientos (p. ej., exposición, reestructuración cognitiva, entrenamiento en habilidades sociales), aunque es posible que con las técnicas de exposición puedan tratarse aquellos temores sociales de "sólo actuación". Dada la interrelación de la que hemos hablado en el párrafo anterior, la intervención en un ámbito (p. ej., el conductual) tiene su efecto en otro (p. ej., el emocional), con lo que los efectos de la utilización de una sola estrategia no se limita al ámbito del que proviene.

Protocolos de intervención psicológica para adultos con TAS

Uno de los protocolos más extendidos y considerado como el tratamiento de referencia (*gold standard*), entre los países angloparlantes, es el desarrollado por Heimberg y sus colegas (Heimberg y cols., 1998; Hope, Heimberg, Juster y Turk, 2000; Heimberg y Juster, 1995; Turk, Heimberg y Hope, 2001), la TERAPIA COGNITIVO CONDUCTUAL EN GRUPO (TCCG). Su eficacia y la baja tasa de recaídas han sido demostradas en un número considerable de estudios. La TCCG es llevada a cabo por dos terapeutas en 12 sesiones semanales, con dos horas y media de duración y con grupos formados por entre cuatro y seis participantes.

En este tratamiento se dedican las dos primeras sesiones a enseñar a los pacientes a identificar los pensamientos automáticos y a que encuentren la covariación con la ansiedad, a debatir los errores de la lógica y a formular alternativas más racionales. Posteriormente, deben enfrentarse gradualmente a las situaciones temidas (primero en la sesión y luego en la vida real) utilizando sus habilidades cognitivas. Cuando los pacientes trabajan en sus propias situaciones deben seguir un procedimiento estándar: (1) identificar los pensamientos automáticos, (2) identificar los errores lógicos de dichos pensamientos, (3) debatir sus pensamientos automáticos y formular respuestas racionales, y (4) definir una metas conductuales. Los pacientes practican las habilidades cognitivas mientras que realizan tareas conductuales (p. ej., mientras conversa con otro miembro del grupo o está dando una charla) y se repasa el logro de las metas y el uso de las habilidades cognitivas. Los experimentos conductuales se utilizan para enfrentar las respuestas específicas a la exposición. Igualmente, se asignan tareas de exposición para casa, en situaciones de la vida real, y se dan instrucciones para que ellos mismos realicen los ejercicios de restructuración cognitiva antes y después de la exposición.

Más recientemente Davidson y cols. (2004) han propuesto otro tratamiento, la TERAPIA COGNITIVO CONDUCTUAL COMPRENSIVA (TCCC), que se deriva, en parte, de la TCCG de Heimberg, aunque se diferencia de ésta, principalmente, porque incluye el EHS, las representaciones de papeles son más cortas y el tratamiento tiene dos sesiones más. De forma resumida, la TCCC combina la exposición en vivo, con restructuración cognitiva según Beck y el entrenamiento en habilidades sociales (EHS).

Las 14 sesiones de grupo que la forman están estructuradas de la siguiente manera: las dos primeras sesiones son educativas y en ellas el terapeuta presenta el modelo cognitivo conductual del TAS y explica las técnicas de tratamiento. En la tercera y cuarta sesión, se inicia el EHS; los pacientes reciben instrucciones y hacen representaciones de papeles muy cortas (de 30 a 60 segundos) sobre cómo iniciar, mantener y terminar una conversación y de cómo hacer acuerdos o negociaciones y repiten las escenas entre cinco y siete veces. De la quinta a la decimotercera sesión, los pacientes participan en representaciones más largas (de tres a cuatro minutos), que se refieren a sus preocupaciones sociales específicas. Antes de cada representación, los pacientes identifican los pensamientos disfuncionales que están relacionados con la situación y piensan en una respuesta racional relevante para sustituirla. Las instrucciones del EHS son dadas antes de cada representación y los aspectos específicos de cada representación se repiten para facilitar la adquisición de las habilidades. Entre las sesiones, los pacientes realizan unas tareas asignadas para casa, que están diseñadas con el fin de ayudarles a enfrentar las situaciones sociales temidas, usando las técnicas aprendidas en la terapia. La decimocuarta sesión incluye una discusión sobre los beneficios del tratamiento y las recomendaciones para prácticas futuras.

Otros protocolos de TERAPIA COGNITIVO CONDUCTUAL EN GRUPO también han demostrado ser eficaces, como el de McEvoy (2007). Los componentes de este tratamiento están dirigidos a los principales factores de mantenimiento propuestos por las teorías cognitivo conductuales del TAS. De manera resumida incluye: (1) psicoeducación sobre el TAS y los factores cognitivos y conductuales que lo mantienen, (2) el desarrollo de formulaciones individualizadas, (3) la animación al paciente para abandonar los comportamientos de seguridad, (4) la exposición graduada y los experimentos conductuales, (5) la retroalimentación con vídeo, (6) la animación para cambiar el centro de atención sobre la tarea actual cuando está ansioso o rumiando, (7) la aplicación de los principios del tratamiento (p. ej., desafiar los pensamientos, centrar la atención, experimentos conductuales) a las anticipaciones y al procesamiento posterior del acontecimiento, y (8) restructuración cognitiva de las creencias negativas. El manual del terapeuta incluye una agenda del tratamiento, las instrucciones del terapeuta y los temas. Este protocolo se diferencia de los anteriores en el número total de sesiones (siete) semanales, su duración (cuatro horas cada una), el número de terapeutas (pueden ser entre uno y tres) y de participantes (entre cinco y nueve).

Por último, y a diferencia de los anteriores, Clark y sus colaboradores, propusieron un PROTOCOLO DE TRATAMIENTO INDIVIDUAL de 16 sesiones. Su objetivo fundamental es la enseñanza de un marco de referencia cognitivo alternativo para interpretar las situaciones sociales, la actuación social y el riesgo social. La intervención es enfáticamente cognitiva, se interroga al paciente para evaluar sus expectativas acerca de las situaciones sociales y de los costes sociales de sus actuaciones sociales inadecuadas, y luego se evalúa específicamente la veracidad de esas expectativas mediante una evaluación lógica y con experimentos conductuales que son diseñados específicamente para evaluar las expectativas ansiógenas. Esto último es lo que lo diferencia de aquellas intervenciones basadas en la exposición, pues el protocolo cognitivo intenta sustituir los supuestos erróneos en momentos de aprendizaje específicos.

Este protocolo de tratamiento implica que se construya un modelo explicativo del TAS, tomando como base el modelo de Clark y Wells (1995), pero utilizando los pensamientos, las imágenes, las estrategias de atención, los comportamientos de seguridad y los síntomas del paciente. Posteriormente, se hacen ejercicios vivenciales en los que se manipula sistemáticamente el centrar la atención y los comportamientos de seguridad para mostrar sus efectos adversos (como factores de mantenimiento del TAS). Se incluye también un entrenamiento sistemático para aprender a centrar la atención en algo externo, tanto en las situaciones sociales como en aquellas que no lo son. Se utilizan técnicas para restructurar la autoimagen distorsionada (incluyendo el uso de estrategias como la vídeo retroalimentación), se instiga al paciente para que pregunte a otras personas respecto a sus creencias sobre asuntos como ruborizarse o temblar y, finalmente, se lleva a cabo la confrontación con las situaciones sociales temidas en las cuales el paciente pone a prueba las predicciones negativas previstas mientras deja de lado los comportamientos de seguridad habituales y se centra en cuestiones externas (Clark y cols., 2006).

Las pruebas empíricas de los tratamientos

En la Tabla 4 se incluyen unos cuantos estudios que prueban la eficacia de los tratamientos psicológicos y farmacológicos solos y en combinación, y algunos en comparación con grupos placebo o listas de espera. Estos trabajos fueron en su mayoría realizados en EE.UU. Desafortunadamente, en el ámbito hispanohablante no se ha publicado, a la fecha, un protocolo que tenga pruebas empíricas sobre su eficacia para el tratamiento del TAS en adultos y que se adapte de forma más fiel a las características y los aspectos culturales de estos países.

6. DESARROLLO DE UN PROGRAMA PARA EL TRATAMIENTO COGNITIVO CONDUCTUAL DE LA ANSIEDAD/FOBIA SOCIAL

Este programa está fundamentado y adaptado a los cinco factores o dimensiones encontrados por nuestro grupo de investigación en diferentes estudios (p. ej., Caballo, Salazar, Arias y cols., 2010; Caballo, Salazar, Irurtia y cols., 2010) como parte de un proyecto de investigación llevado a cabo a lo largo de ocho años, sobre las situaciones sociales que provocan un mayor malestar a las personas. Cada dimensión o factor se trabaja en dos sesiones. Las cinco dimensiones halladas relacionadas con la ansiedad social en adultos fueron: (1) interacción con desconocidos, (2) interacción con el sexo opuesto, (3) expresión asertiva de molestia, enfado o desagrado, (4) quedar en evidencia/hacer el ridículo; y (5) hablar o actuar en público/interacción con personas de autoridad.

Planteamos un programa de intervención en grupo, de entre seis a ocho personas, en el que se procura una representación equilibrada de ambos sexos. Las sesiones son semanales, de dos horas y media de duración, a excepción de la primera, de formato individual y de una duración de hora y media. El programa de tratamiento comprende quince sesiones de tratamiento y tres sesiones de seguimiento, a los tres, a los seis y a los doce meses.

Fuente	Sujetos	Instrumentos	Grupos	Descripción del tratamiento	Eficacia
Andersson *et al.* (2006)	*N*= 64 con FS según el DSM-IV. Muestra comunitaria. Edad: 18-67 años.	Para el diagnóstico de FS y de trastornos comórbidos: – SCID-I (First *et al.*, 1995) Otras medidas: – LSAS-SR (Liebowitz, 1987) – SPS y SIAS (Mattick y Clarke, 1998) – SPSQ (Furmark *et al.*, 1999) – PRCS (Paul, 1966) – BAI (Beck *et al.*,1988) – MADRS-S (Svanborg y Åsberg, 1994). – QoLI (Frisch *et al.*, 1992).	1. TCCI + 2 grupos en vivo 2. Lista de espera	• TCC: – 9 sesiones semanales (individuales) de entrega de un manual de autoayuda por Internet – Dos sesiones de grupo en vivo. – Contacto mínimo con el terapeuta mediante el correo electrónico. – Mediciones pre-post y a los 12 meses.	Los resultados apoyan el uso de Internet para la distribución de programas de autoayuda para personas diagnosticadas con FS (*d*= 0,87 y 0,70, dentro y entre grupos respectivamente).
Blomhoof *et al.* (2001)	*N*= 387 (234 mujeres) con FS, según el DSM-IV, por al menos un año. Edad: *M*= 40,4 (*DT*= 10,4) Criterios de exclusión: • TP previo a la FS • Algún otro trastorno actual: TA, TDM, TCSP, TCA. • Historia de trastorno bipolar o psicosis. - Muestra clínica. - La mayoría casados o viviendo con la pareja (67%).	Para el diagnóstico de FS y de trastornos comórbidos: • MINI-R (Sheehan *et al.*, 1998) Otras medidas: • CGI-SP (Guy, 1976) • SPS (Mattick y Clarke, 1998) • MADRS (Montgomery y Åsberg, 1979). • BSPS (Davidson *et al.*, 1991) • FNE (Watson y Friend, 1969) • SDI (Leon *et al.*, 1992) • SF-36 (McHornet *et al.*, 1993)	1. Sertralina 2. Placebo 3. Sertralina + Exposición	• Sertralina o placebo – Dosis: 50-150 mg./día – Duración: 24 semanas. • Exposición: – Nº sesiones: 8 (distribuidas en 12 semanas) – Duración: 15-20 minutos. – Se les dio indicaciones para hacer practicar en casa, realizando exposiciones graduales y llevando el registro de síntomas durante la exposición. Se les instruyó sobre el uso de nuevas estrategias de afrontamiento. • Mediciones pre-post.	Los pacientes tratados con sertralina mejoraron significativamente comparados con los del grupo placebo (χ^2=12,53; *p*< 0,001). No hubo diferencias significativas entre el grupo con exposición y sin exposición (χ^2=2,18; *p*< 0,140). El grupo con tratamiento combinado (χ^2=12,32; *p*< 0,001) y el de sertralina (χ^2=10,13; *p*< 0,002) fueron significativamente superiores que el grupo placebo.
Clark *et al.* (2006)	*N*= 62 con FS, según el DSM-IV. La mayoría (885) con FSG. Muestra clínica. Edad: *M*= 31,95 años (*DT*= 8,58; rango: 18-60 años). El 89% eran blancos y el 81% tenía trabajo.	Para el diagnóstico de FS y de trastornos comórbidos: – ADIS-IV (Brown, Di Nardo y Barlow, 1994) – SCID-I (First, Spitzer, Gibbon y Williams, 1995) – SCID-II (First, Gibbon, Spitzer, Williams y Benjamin, 1997 Otras medidas: SPC, que incluía: • SPWSS (Clark *et al.*, 2003) • SPS y SIAS (Mattick y Clarke, 1998) • LSAS (Liebowitz, 1987) • SPAI-SP (Turner *et al.*, 1989) • FNE (Watson y Friend, 1969) • BAI (Beck y Steer, 1993) • BDI (Beck, Rush, Shaw y Emery, 1979)	1. TC 2. Exposición + relajación aplicada 3. Lista de espera	• TC (basado en Clark *et al.*, 2003): – Desarrollo del modelo de Clark y Wells (1995) con los propios pensamientos, imágenes, estrategias de atención, comportamientos de seguridad y síntomas de los pacientes. – Ejercicios vivenciales en los que se manipula sistemáticamente el centrar la atención y los comportamientos de seguridad para demostrar sus efectos adversos. – Entrenamiento sistemático en centrar la atención en algo externo, practicando en situaciones sociales y no sociales. – Técnicas para restructurar la autoimagen distorsionada (incluyendo el uso de la vídeo- retroalimentación).	La TC y la de exposición + relajación aplicada fueron superiores a la lista de espera en todas las medidas (*p*< 0,05). En la medida compuesta para la FS (SPC), la TC fue superior a la de exposición + relajación aplicada.

Fuente	Sujetos	Instrumentos	Grupos	Descripción del tratamiento	Eficacia
				– Preguntar a otras personas respecto a sus creencias sobre asuntos como ruborizarse o temblar. – Estructuración de la confrontación con las situaciones sociales temidas en las que el paciente pone a prueba las predicciones negativas mientras se deja de lado los comportamientos de seguridad habituales y se centra en cuestiones externas. • Exposición + relajación aplicada: – Ejercicios de exposición graduada en vivo (no representación de papeles) – Entrenamiento en relajación. Se instruye a los pacientes para que usen la técnica en las situaciones fóbicas sólo cuando hayan completado el entrenamiento (hacia la 10ª sesión). – Asignación de tareas para casa. • Nº de sesiones: 14. • Duración: 90 minutos. • Se hicieron hasta 3 sesiones de refuerzo durante los 3 primeros meses de seguimiento. • Mediciones pre-post y a los 3 y 12 meses.	
Davidson *et al.* (2004)	*N*= 295 (47,1% mujeres) con FSG, según el DSM-IV. Muestra clínica. Criterios de exclusión: • Algún otro TA primario comórbido • Historia de trastorno bipolar o psicosis. • TDM en los últimos 6 meses • TCSP en el último año • Retraso mental o discapacidad grave • Enfermedad médica inestable • Asistir actualmente a otro tratamiento psiquiátrico o tomar medicación psicotrópica. Edad: *M*= 37,1 años (rango: 18-65 años). 76,3% eran blancos.	• CGI (Guy, 1976) • BSPS (Davidson *et al.*, 1991) • SPAI (Turner *et al.*, 1989) • SUDS Test de evaluación conductual.	1. TCCC 2. Fluoxetina 3. Placebo	• TCCC: – Exposición en vivo – RC – EHS (se usa la representación de papeles) – Intervención en grupo – Nº de sujetos: 5 a 6 • Fluoxetina o placebo – Dosis: 10-60 mg./día • Nº de sesiones: 14.	Todos los tratamientos activos mostraron resultados significativamente superiores que los del grupo placebo (p< 0,05). A la 4ª semana de iniciar el tratamiento, la fluoxetina fue significativamente (p< 0,05) más eficaz que la TCCC + fluoxetina, la TCCC + placebo y el placebo pero al finalizar el tratamiento no había diferencias significativas. La TCCC fue más eficaz que la TCCC + fluoxetina, la TCCC + placebo

Fuente	Sujetos	Instrumentos	Grupos	Descripción del tratamiento	Eficacia
Gruber, Moran, Roth y Taylor (2001)	*N*= 54 (28 mujeres) con FS, según el DSM-III-R. Muestra clínica. Edad: *M*= 41,7 (*DT*= 8,2; rango: 25-60 años). Criterios de exclusión: • Algún otro TA primario comórbido • Historia de psicosis. • TDM con intento suicida • Abuso de alcohol y drogas.	Para el diagnóstico de FS y de trastornos comórbidos, según el DSM-III-R: – ADIS-R (DiNardo y Barlow, 1988) Otras medidas: • FNE (Leary, 1983; Watson y Friend, 1969) • SPAI (Turner *et al.*, 1989) • SPS (Mattick y Peters, 1988) • BDI (Beck, Ward, Mendelson, Mock, y Erbaugh, 1961) • SISST (Dodge, Hope, Heimberg y Becket, 1988). Test de evaluación conductual.	1. TCCG 2. TCCG asistida por ordenador 3. Lista de espera	• TCCG (protocolo diseñado por Heimberg, 1991): – Exposición – Reestructuración cognitiva – Generalización/ mantenimiento – Nº sesiones: 12 • TCCG por ordenador (versión abreviada de la TCCG de Heimberg): – Los mismos componentes de la TCCG. – Incluye, además, un programa de ordenador para facilitar las tareas en casa. Tiene dos secciones distintas: 1. Preparación cognitiva (por audio, cada mañana recordaba a los participantes que "hoy enfrentarían un temor social". En pantalla, aparecían 4 líneas para ayudar a la identificación de pensamientos automáticos negativos y preparar para la situación mediante la repetición de las estrategias aprendidas en las sesiones de grupo). Luego el paciente debía realizar la exposición en vivo y dos horas después, tenía que… 2. Rendir un informe (*cognitive debriefing*) y mediante un algoritmo se ofrecía retroalimentación e instrucciones según hubiera tenido éxito o no enfrentando la situación. El programa finaliza con palabras de ánimo para el paciente y si la meta se cumplía se le reforzaba. – Nº sesiones: 8 – Se presentó al grupo en la última media hora de la segunda sesión. • Duración: 2,5 horas • Mediciones pre-post y a los 6 meses.	La TCCG fue significativamente mejor (p< 0,05) que la lista de espera. La TCCG asistida por ordenador fue significativamente mejor que la lista de espera en la evaluación conductual pero no en las medidas de autoinforme. No hubo diferencias significativas entre el grupo con TCCG y el grupo con TCCG asistida por ordenador. Aunque al principio la TCCG parecía tener mayores efectos que la TCCG asistida por ordenador, en el seguimiento no se observaron esas diferencias.

Fuente	Sujetos	Instrumentos	Grupos	Descripción del tratamiento	Eficacia
Heimberg *et al.* (1998)	*N*= 133 con FS, según el DSM-III-R. Muestra clínica. Edad: *M*= 34,9 años (*DT*= 9,6; rango: 19-61 años). La mayoría solteros (74%) y con empleo de tiempo completo (78%) Criterios de exclusión: • Esquizofrenia • TDM • Riesgo de suicidio • Trastorno mental orgánico • Historia de trastorno bipolar • Abuso de alcohol y sustancias (en los últimos 6 meses) • Haber tenido más de 6 sesiones previas de TCC o tratamiento con IMAOs (x 4 semanas).	Para el diagnóstico de FS y de trastornos comórbidos, según el DSM-III-R: – ADIS-R (DiNardo y Barlow, 1988) Otras medidas: • LSAS (Liebowitz, 1987) • SAD y FNE (Watson y Friend, 1969) • FQ-SP (Marks y Mathews, 1979) • SIAS y SPS (Mattick y Clarke, 1998) • SCL-90 (Derogatis, 1977) Test de evaluación conductual.	1. TCCG 2. Fenalcina 3. Placebo 4. Apoyo educativo	• TCCG: – Identificación de pensamientos automáticos y su covariación con la ansiedad, discusión de los errores de la lógica y formulación de alternativas más racionales. – Ejercicios conductuales para practicar las habilidades cognitivas – Tareas para casa, para hacer exposición en vivo y utilizar la RC antes y después. – Nº de sesiones: 12 – Duración: 2,5 horas – Nº de pacientes: 5 a 7 • Apoyo educativo: – Se discute sobre temas relevantes para la FS (p. ej., miedo a la evaluación negativa, habilidades de conversación). Se plantean algunas preguntas para la siguiente sesión y se les pide que escriban al respecto. Los terapeutas no dan instrucciones a los pacientes sobre cómo enfrentar las situaciones sociales temidas. • Fenalcina o placebo – Dosis: 75-90 mg./día • Mediciones pre y post, y a las 6 y 12 semanas del tratamiento.	Los grupos con fenalcina y TCCG presentan mejores resultados y grandes cambios en las medidas en comparación con el grupo placebo (p< 0,05) (d de Cohen fenalcina: entre 0,58 y 0,71; d de Cohen TCCG: entre 0,10 y 0,44). Con la fenalcina, a las 6 semanas, se observa una tasa de respuesta superior que a la TCCG, y aunque al final, la fenalcina mostró resultados superiores a la TCCG, estos no fueron significativos.
Herbert *et al.* (2009).	*N*= 73 adolescentes (42 mujeres y 31 hombres) con FSG, según el DSM-IV-TR (APA, 2000). Edad: *M*= 15 años (*DT*= 2; rango: 12-17 años). La mayoría blancos (47%) y afroamericanos (44) y la media del curso era 9º.	Para el diagnóstico de FS y de trastornos comórbidos. – ADIS-DSM-IV: C (Albano y Silverman, 1996). Otras medidas: • CGI-S (NIMH, 1985) • SPAI-C (Beidel y Morris, 1995) • SAS-C (La Greca y Stone, 1993) • RTQ (Holt y Heimberg,1990) SUDS Test de evaluación conductual.	1. TCCG 2. TCCI 3. TAE	• TCCG. Nº de pacientes entre cuatro y seis – Duración de las sesiones: dos horas. – Incluía: psicoeducación, entrenamiento en respiración, reestructuración cognitiva, exposición a estímulos fóbicos simulada y en vivo y EHS – Se utilizó una adaptación del protocolo del tratamiento de Heimberg y colaboradores (Heimberg, 1991; Heimberg y Becker, 2002) y del protocolo de Heimberg para adolescentes descrito por Albano (1995). • TCCI: – Duración: 1 hora – Frecuencia: 1 sesión semanal.	Los tres tratamientos fueron eficaces en la disminución de los síntomas de la FS (SPAI-C: t= -4,39; p< 0,001; d= 1,08; SAS-C: t= -4,60; p< 0,001; d= 1,14), pero no se hallaron diferencias significativas entre los tratamientos (t= 0,64; p= 0,522; d= 0,16).

Fuente	Sujetos	Instrumentos	Grupos	Descripción del tratamiento	Eficacia
				• PAE: – Nº de pacientes: entre cuatro y seis – Duración de las sesiones: dos horas – Incluía: incluía discusiones sobre temas relevantes para la FS. Los terapeutas daban apoyo, pero no enseñaban habilidades específicas ni hacían ejercicios de exposición. – Basado en un protocolo usado por Heimberg *et al.* (1990) y Heimberg *et al.* (1993). • Asignación aleatoria por bloques de los sujetos a los grupos. • Nº de sesiones: 12 • Nº de terapeutas: 6	
Herbert *et al.* (2005).	*N*= 65 sujetos (37 mujeres y 28 hombres) con FS y TPE, según el DSM-IV (APA, 1994). Edad: *M*= 33,7 años (*DT*= 10,8) La mayoría blancos (65%), solteros (65%) y con trabajo de tiempo completo (54%).	Para el diagnóstico de FS y de trastornos comórbidos: – SCID-I/P (First *et al.*, 1996) – La sección de FS de la ADIS-IV-L (Brown, Di Nardo y Barlow, 1994) Para el diagnóstico del TPE: – La sección del TPE de la SCID-II (First *et al.*, 1994). Otras medidas: • SPAI (Turner *et al.*, 1989) • FQ (Marks y Mathews, 1979) • Brief FNE (Leary, 1983) • BDI (Beck y Steer, 1987) • SDS (Sheehan, 1986). Test de evaluación conductual.	1. TCCG con EHS 2. TCCG sin EHS	• Se utilizó una adaptación del protocolo del tratamiento de Heimberg y colaboradores (Heimberg, 1991; Heimberg y Becker, 2002). • Características: – Nº de sesiones: 12 de – Frecuencia de las sesiones: una vez por semana – Duración de las sesiones: dos horas. – Nº de pacientes: cada grupo tenía entre cuatro y seis – Nº de terapeutas: 10	La prueba *t* mostró diferencias significativas entre ambos grupos, en la SPAI-SP y la versión breve de la FNE, siendo ligeramente mayor en el que recibió TCCG+EHS.
McEvoy (2007)	153 sujetos (39% mujeres) con FS. Se utilizaron como criterios de exclusión la esquizofrenia, el trastorno esquizoafectivo y la disfunción cerebral orgánica. Edad: *M*= 32,5 años (*DT*= 10,1).	Para el diagnóstico de FS y de trastornos comórbidos: – CIDI-Auto (WHO, 1997) Otras medidas: – SPS (Mattick y Clarke, 1998) – SIAS (Mattick y Clarke, 1998) – BDI-II (Beck, Steer y Brown, 1996) – AUDIT (Saunders, Aasland, Babor, de le Fuente y Grant, 1993)	1. TCCG	• TCCG: – Psicoeducación – Discusión sobre los comportamientos de seguridad – Exposición graduada – Retroalimentación con vídeo – Aplicación de los principios del tratamiento (p. ej., desafiar los pensamientos, centrar la atención, experimentos conductuales) a las anticipaciones y al procesamiento posterior al acontecimiento	Se obtuvo una eficacia en la reducción de los síntomas de la ansiedad social y de la depresión. Se observa en la prueba *t*, pre y postratamiento, SPS: $t(121)= 10,84$; $p= 0,05$; SIAS: $t(122)= 10,48$; $p= 0,05$; BDI: $t(119)= 10,71$; $p= 0,05$, y el tamaño del efecto, SPS ($d= 0,8$), SIAS ($d= 1,0$) y BDI ($d= 0,8$).

Fuente	Sujetos	Instrumentos	Grupos	Descripción del tratamiento	Eficacia
				– Restructuración cognitiva de las creencias negativas – Asertividad • Características: – Nº de sesiones: 7 – Periodicidad: una sesión semanal – Duración: 4 horas – Nº de terapeutas: 1 a 3. – Nº pacientes: 5 a 9.	

Nota: FS= fobia social; SCID-I/P= Structured Clinical Interview for DSM-IV Axis I Disorders; LSAS-SR= Liebowitz Social Anxiety Scale, Self-Report Version; SPS= Social Phobia Scale; SIAS= Social Interaction Anxiety Scale; SPSQ= Social Phobia Screening Questionnaire; PRCS= Personal Report on Confidence as a Speaker; BAI= Beck Anxiety Inventory; MADRS-S= Montgomery-Åsberg Depression Rating Scale; QoLI= Quality of Life Inventory; TCCI= terapia cognitivo conductual individual; TP= trastorno de pánico; TA= trastorno de ansiedad; TDM= trastorno depresivo mayor, TCSP= trastorno por consume de sustancias psicoactivas; TCA= trastornos de la conducta alimentaria; MINI-R= MINI International Neuropsychiatric Interview; CGI-SP= Clinical Global Impression-Social Phobia; BSPS= Brief Social Phobia Scale; FNE= Fear of Negative Evaluation Scale; SDI= Sheenan Disability Inventory; SF-33= MOS 36 Short-Form Health Survey; FSG= fobia social generalizada; SPWSS= Social Phobia Weekly Summary Scale; TC= terapia cognitiva; ADIS-IV= Anxiety Disorder Interview Schedule for DSM-IV; SCID-I= Structured Clinical Interview for DSM-IV Axis I; SCID-II= Structured Clinical Interview for DSM-IV Axis II; SPC= Social Phobia Composite; SPWSS= Social Phobia Weekly Summary Scale; LSAS= Liebowitz Social Anxiety Scale; SPAI-SP= Social Phobia and Anxiety Inventory-Social Phobia Subscale; BDI= Beck Depression Inventory; TC= terapia cogntiva; SUDS= Subjective Units of Distress Scale; TCCC= terapia cognitivo conductual comprensiva; EHS= entrenamiento en habilidades sociales; SISST= Social Interaction Self-Statement Test; IMAO= inhibidores de monoaminooxidasa; TCCG= terapia cognitivo conductual en grupo; TCCGaO= terapia cognitivo conductual en grupo asistida por ordenador; RC= reestructuración cognitiva; SAD= Social Avoidance and Distress Scale; SCL-90= Symptom Checklist-90-Revised; ADIS-DSM-IV:C= Anxiety Disorders Interview Schedule for DSM-IV: Child Version; NIMH= National Institute of Mental Health; CGI-S= Clinical Global Impression Scale- Severity; SPAI-C= Social Phobia Anxiety Inventory for Children; SAS-C=Social Anxiety Scale for Children; RTQ= Reaction to Treatment Questionnaire; TPE= trastorno de la personalidad por evitación; CIDI-Auto= Composite International Diagnostic Interview-Auto; WHO= World Health Organization; FQ= Fear Questionnaire; SDS= Sheehan Disability Scale; AUDIT= Alcohol Use Disorders Identification Test.

Tabla 4. Reseña de algunos estudios empíricos realizados en los últimos 15 años sobre el tratamiento del trastorno de ansiedad social

El programa de tratamiento incluye básicamente técnicas de relajación, restructuración cognitiva, exposición y entrenamiento en habilidades sociales (véase Caballo, Andrés y Bas, 1997). Seguidamente exponemos, sesión a sesión, el programa para el tratamiento cognitivo conductual del TAS. En la Tabla 5 se presenta el contenido de las sesiones del programa de tratamiento.

Tipo de sesión	Nº sesión	Descripción ejercicios	Duración
Pre-tratamiento			
Individual	1	1. Explicación del grupo terapéutico. 2. Evaluación de los posibles participantes a) Aplicación del CASO-A30 b) Realización de la ADIS-IV-L c) Registro de objetivos personales	1½ horas
Tratamiento			
En grupo	2	1. Presentación del terapeuta y miembros del grupo 2. Planteamiento de algunas normas básicas para el funcionamiento del grupo 3. Exposición de la frecuencia, duración y objetivos del programa de tratamiento 4. Explicación sobre el TAS 5. Explicación de los fundamentos del tratamiento 6. Evaluación de la motivación y las expectativas de los participantes con respecto al programa 7. Entrenamiento en respiración abdominal 8. Entrenamiento en la relajación progresiva de Jacobson 9. Importancia de las tareas para casa y se asignan las primeras tareas	2½ horas
	3	1. Repaso de las tareas para casa. 2. Determinación de la ansiedad en las situaciones 3. Restructuración cognitiva a) Presentación de los principios ABC de la TREC b) Identificación de pensamientos automáticos desadaptativos c) Determinar si los pensamientos son racionales 4. Revisión y práctica de la respiración y la relajación 5. Asignación de las tareas para casa	2½ horas
	4	1. Repaso de las tareas para casa. 2. Reestructuración cognitiva: cuestionamiento de los pensamientos 3. Presentación de los derechos humanos básicos 4. Introducción al campo de las habilidades sociales. 5. Presentación de los componentes moleculares de la habilidad social 6. Diferencias entre los tres estilos de respuesta: asertivo, no asertivo y agresivo 7. Práctica de la relajación diferencial 8. Asignación de las tareas para casa	2½ horas
	5	1. Repaso de las tareas para casa 2. Introducción al ensayo de conducta como parte del entrenamiento en las dimensiones específicas 3. Dimensión 1: Interacción con desconocidos a) Clases de respuesta a trabajar. b) Entrenamiento específico en interacción con desconocidos (1ª parte) 4. Presentación de la hoja de autorregistro multimodal 5. Asignación de las tareas para casa	2½ horas
	6	1. Repaso de las tareas para casa. 2. Entrenamiento específico en interacción con desconocidos (2ª parte) 3. Asignación de las tareas para casa.	2½ horas

Tipo de sesión	Nº sesión	Descripción ejercicios	Duración
	7	1. Repaso de las tareas para casa. 2. Dimensión 2: Interacción con el sexo opuesto a) Clases de respuesta a trabajar. b) Entrenamiento específico en interacción con el sexo opuesto (1ª parte) 3. Asignación de las tareas para casa	2½ horas
	8	1. Repaso de las tareas para casa. 2. Entrenamiento específico en interacción con el sexo opuesto (2ª parte) 3. Asignación de las tareas para casa.	2½ horas
	9	1. Repaso de las tareas para casa. 2. Dimensión 3: Expresión asertiva de molestia, enfado o desagrado a) Clases de respuesta a trabajar. b) Entrenamiento específico en expresión asertiva de molestia, enfado o desagrado (1ª parte) 3. Asignación de las tareas para casa	2½ horas
	10	1. Repaso de las tareas para casa. 2. Entrenamiento específico en expresión asertiva de molestia, enfado o desagrado (2ª parte) 3. Asignación de las tareas para casa	2½ horas
	11	1. Repaso de las tareas para casa. 2. Dimensión 4: Quedar en evidencia/Hacer el ridículo a) Clases de respuesta a trabajar. b) Entrenamiento específico en situaciones de quedar en evidencia/hacer el ridículo (1ª parte) 3. Asignación de las tareas para casa	2½ horas
	12	1. Repaso de las tareas para casa. 2. Entrenamiento específico en situaciones de quedar en evidencia/hacer el ridículo (2ª parte) 3. Asignación de las tareas para casa	2½ horas
	13	1. Repaso de las tareas para casa. 2. Dimensión 5: Hablar o actuar en público/Interacción con personas de autoridad a) Clases de respuesta a trabajar. b) Entrenamiento específico en hablar o actuar en público/Interactuar con personas de autoridad (1ª parte) 3. Asignación de las tareas para casa	2½ horas
	14	1. Repaso de las tareas para casa. 2. Entrenamiento específico en hablar o actuar en público/Interactuar con personas de autoridad (2ª parte) 3. Asignación de las tareas para casa	2½ horas
	15	1. Repaso de las tareas para casa. 2. Revisión de los progresos de cada miembro del grupo 3. Establecimiento de objetivos a corto y largo plazo 4. Emplazamiento a la sesión de seguimiento al mes.	2½ horas
Seguimiento			
En grupo	16-18	1. Repaso de las tareas para casa. 2. Refuerzo de las habilidades aprendidas. 3. Asignación de las tareas para casa.	2½ horas

Tabla 5. Contenido del programa para el tratamiento cognitivo conductual del trastorno de ansiedad social

Sesión pre-tratamiento (Individual)

Explicación del grupo terapéutico y evaluación de los posibles participantes

Explicación del grupo terapéutico

Se explica al sujeto que la participación en el programa es voluntaria y estará condicionada a los resultados de la evaluación inicial (entrevista, cuestionario y formato sobre los objetivos personales que le gustaría lograr con el tratamiento), ya que es importante identificar concretamente a aquellos que cumplen con los criterios del TAS y que se considera podrán beneficiarse de este tratamiento.

Evaluación de los posibles participantes

1) Aplicación del CASO-A30

Se explica y entrega el "Cuestionario de ansiedad social para adultos" (CASO; Caballo, Salazar, Arias, Irurtia, Calderero y Equipo de Investigación CISO-A, 2010) que permitirá aclarar la pertinencia del programa en su caso particular.

2) Aplicación de la ADIS-IV-L

Se lleva a cabo la "Entrevista para los trastornos de ansiedad a lo largo de la vida, según el DSM-IV (*Anxiety Disorders Interview Shedule for DSM-IV: Lifetime Version*, ADIS-IV-L; DiNardo, Brown y Barlow, 1994), traducida y adaptada al español por Salazar y Caballo (2011), con el fin de realizar el diagnóstico del TAS y determinar la presencia de otros trastornos comórbidos.

El entrevistador comunicará al sujeto en los días siguientes a la evaluación si el programa de tratamiento es apropiado en su caso. Se consideran como criterios de inclusión, que la persona: (1) acepte la participación voluntaria en el programa; (2) presente ansiedad en al menos tres dimensiones del CASO; y (3) que en la entrevista refiera cuatro o más situaciones sociales en las que el nivel de gravedad se puntúe con cuatro o más (en una escala Likert de 0 a 8) y lo mismo en lo que respecta al nivel de interferencia o malestar. Como único criterio de exclusión se contempla que el sujeto tenga una historia a lo largo de la vida de trastorno bipolar o trastorno psicótico.

Primera sesión (en grupo)

Presentación del terapeuta y los miembros del grupo

Primero se presenta el terapeuta ante el grupo, como modelo, y luego lo hace el resto de los participantes. Se puede pedir que indiquen su nombre, lo que hacen actualmente (estudiar, trabajar, etc.) y algunas de sus aficiones. Al mismo tiempo, el terapeuta refuerza a los miembros del grupo por haber logrado dar el paso de acudir al programa.

Planteamiento de algunas normas básicas para el funcionamiento del grupo

Se presentan aquellas normas que facilitan el desarrollo del grupo, como son la confidencialidad, la asistencia habitual al mismo, la puntualidad, la participación activa de los asistentes, el compromiso de realizar las tareas para casa, etc. Tras su puesta en común, se pregunta a los miembros del grupo si están de acuerdo y se les pide su colaboración para que así sea.

Presentación de la frecuencia, duración y objetivos del programa de tratamiento

Se informa de la frecuencia de las sesiones, la duración del programa y se explican los objetivos terapéuticos que se persiguen, como son: (1) lograr que el sujeto se exponga a las situaciones sociales temidas reduciendo o eliminando su tendencia a experimentar ansiedad y conductas de evitación en las mismas; (2) desarrollar en el sujeto competencias cognitivo conductuales que le permitan afrontar las situaciones sociales temidas; y (3) hacer menos vulnerable al sujeto a las situaciones sociales, modificando su tendencia a procesar de modo amenazante las situaciones sociales y sus actitudes (esquemas) hacia las mismas.

Explicación sobre el TAS

Se ofrece una explicación actualizada sobre la naturaleza del TAS desde una perspectiva cognitivo conductual.

Explicación de los fundamentos del tratamiento

Se ofrece una explicación general a los participantes acerca de las técnicas en las que se basa el programa de tratamiento, como son la relajación, la respiración, la reestructuración cognitiva, la exposición y el entrenamiento en habilidades sociales.

Evaluación de la motivación y de las expectativas de los participantes con respecto al programa

Es importante evaluar las expectativas y la motivación de los sujetos respecto al programa de tratamiento. Algunos pacientes pueden tener reservas respecto a utilizar métodos similares durante el tratamiento que ellos mismos ya han intentado en su vida diaria para enfrentarse a las situaciones sociales temidas y que no les han sido útiles. A este respecto, el terapeuta puede indagar, por ejemplo, por qué la exposición no ha sido eficaz.

Entrenamiento en respiración abdominal

Los ejercicios de respiración abdominal, realizados correctamente, ayudan en situaciones de tensión o malestar en las que la ansiedad bloquea los pensamientos y la conducta. El terapeuta explica los distintos tipos de respiración (torácica y abdominal) y a continuación se realiza una práctica en grupo de la respiración abdominal, decúbito supino en esterillas o colchonetas, hasta que cada miembro del grupo consiga practicarla. Se les explica que durante la semana tendrán que rellenar un autorregistro de respiración abdominal.

Entrenamiento en la relajación progresiva de Jacobson

Se entrena a los sujetos en la relajación progresiva de Jacobson, en formato breve, dirigida a disminuir la ansiedad ante determinadas situaciones sociales. Tumbados sobre las esterillas o colchonetas se practica la tensión y relajación de los distintos grupos musculares (véase Caballo, 1997, para una descripción detallada del método de Jacobson) para finalmente aprender a tensar y relajar todos los músculos al mismo tiempo. Se les explica que durante la semana tendrán que rellenar un autorregistro del ejercicio.

Importancia de las tareas para casa y se plantean las primeras tareas

Las tareas para casa son fundamentales para conseguir la generalización de los contenidos aprendidos durante las sesiones en la vida real. Como tarea para casa se incluye la práctica diaria de la respiración abdominal y la relajación por el método de Jacobson en formato breve (tensión/distensión de todos los grupos musculares), con la cumplimentación de sus respectivos autorregistros.

Segunda sesión

Repaso de las tareas para casa

Se dedican aproximadamente los primeros 20 minutos de la sesión al repaso de las tareas para casa programadas en la sesión anterior. Cada sujeto describe lo que hizo y el terapeuta da retroalimentación y refuerza aquellas tareas realizadas correctamente. En este caso, las tareas se refieren a la práctica diaria (y el registro) de la respiración y la relajación muscular progresiva.

Determinación de la ansiedad situacional

Con el fin de corregir las ideas erróneas más frecuentemente asociadas con la ansiedad, se pide a los sujetos que comenten qué es para ellos la ansiedad, para a continuación presentar algunos mitos acerca de la naturaleza de la ansiedad (Walen, 1985), tales como: (1) la ansiedad es peligrosa (p. ej., podría tener un ataque al corazón); (2) podría perder el control o explotar; (3) es una señal de debilidad; y (4) el ataque de ansiedad no se me pasará nunca.

Se explica el patrón de expresión de la ansiedad y se introducen las características positivas de la misma y su utilidad en ciertas ocasiones, pidiéndoles que pongan ejemplos de situaciones en los que la ansiedad resulta adaptativa. Además, se revisan en grupo los síntomas más característicos que indicarían la presencia de ansiedad.

A continuación se les enseña cómo utilizar la "Escala de unidades subjetivas de ansiedad" (escala USA). Se trata de una escala que mide los niveles de ansiedad, desde "0" a "100" y que el sujeto puede utilizar en las situaciones de la vida real. Para que los participantes se familiaricen con su empleo, se pueden pedir que propongan situaciones correspondientes a los puntos extremos, desde estar completamente relajado (USA= 0) hasta estar muy nervioso (USA= 100).

Los ejercicios de respiración y de relajación pueden ayudar a reducir las puntuaciones en la escala USA. Se aclara, que el objetivo no es alcanzar un 0 o un 5 en todas las situaciones, sino conseguir reducir el nivel de ansiedad hasta un punto en el que se sienta lo suficientemente cómodo para expresarse.

Para practicar cómo usarla, se pide que escriban su puntuación USA en este momento. Además, el terapeuta puede describir distintas escenas para que el sujeto se imagine en la situación y tome nota de la puntuación USA que siente en ese momento.

Restructuración cognitiva

1) PRESENTACIÓN DE LOS PRINCIPIOS A-B-C DE LA TREC

Un ejercicio muy útil para introducir al sujeto en los principios de la terapia racional emotivo conductual (TREC), descubrir defensas, mostrarles cómo influyen los pensamientos en los sentimientos y que se den cuenta de que una gran parte de esos pensamientos es automática, es el siguiente: se dice a los miembros del grupo que se pongan cómodos en sus asientos, cierren los ojos y que realicen unas cuantas respiraciones de las ya aprendidas. A continuación, se les da las siguientes instrucciones (Wessler, 1983):

> "*Os voy a pedir que penséis en algo secreto, algo sobre vosotros mismos que no diríais normalmente a nadie más. Podría ser algo que habéis hecho en el pasado, algo que estáis haciendo en el presente. Algún hábito secreto o alguna característica física. (Pausa). ¿Estáis pensando en ello? (Pausa) Bien. Ahora voy a pedir a alguien que diga al grupo en qué ha estado pensando... que lo describa con cierto detalle. (Pausa corta) Pero puesto que sé que todo el mundo querría hacer esto, y no tenemos suficiente tiempo para que todo el mundo lo haga, seleccionaré a alguien. (Pausa -mirando a los miembros del grupo) ¡Ya!, pienso que ya tengo a alguien. (Pausa). Pero antes de que llame a esa persona, permitidme preguntaros ¿qué es lo que estáis experimentando en estos momentos?*" (p. 49).

A continuación, el terapeuta pregunta a los miembros del grupo cómo se han sentido y, normalmente, si la persona ha vivido realmente el ejercicio, experimenta una elevada ansiedad, que se puede cuantificar atendiendo a la puntuación USA. El terapeuta se sirve de la situación para mostrar al grupo que es el *pensamiento* de hacer algo, no el hacerlo, lo que conduce a sus sentimientos. Finalmente, el terapeuta puede preguntar acerca de los pensamientos que condujeron a esos sentimientos.

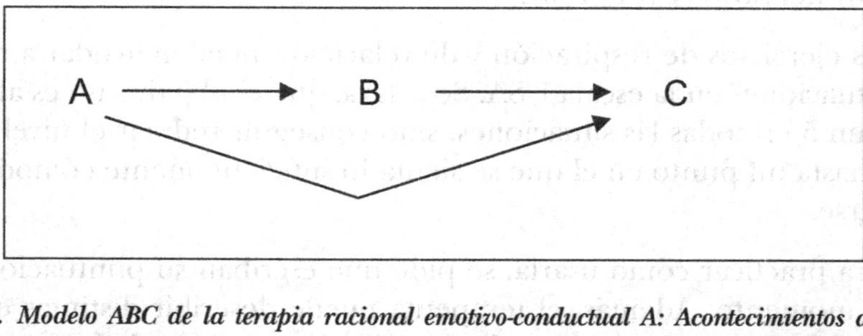

***Figura 2.** Modelo ABC de la terapia racional emotivo-conductual A: Acontecimientos activantes; B ("Beliefs"): Creencias o pensamientos sobre A; C: Consecuencias emocionales producidas por B.*

Para la explicación del modelo ABC, se les puede presentar a los pacientes un gráfico, tal como la Figura 2, donde se les muestra de manera general y de una manera comprensible lo que significa cada componente: **A**, es el *acontecimiento activante* (actividad o situación particulares) que no produce directamente y de forma automática la **C** o *consecuencias* (que pueden ser *emocionales* y/o *conductuales*), ya que, de ser así, todas las personas reaccionarían de forma idéntica ante la misma situación. La C es producida por la interpretación que se da a la A, es decir, por las *creencias* (**B**) que se generan sobre dicha situación (para profundizar más en la TREC véase Lega, Caballo y Ellis, 1997).

2) IDENTIFICACIÓN DE PENSAMIENTOS AUTOMÁTICOS DESADAPTATIVOS

Una vez que el sujeto ha comprendido los principios de la TREC y la importancia de los pensamientos para producir consecuencias emocionales, es importante que aprenda a detectar qué pensamientos pasan por su cabeza que hacen que se sienta ansioso.

3) DETERMINAR SI LOS PENSAMIENTOS SON RACIONALES

Una vez que el paciente sabe identificar los diálogos consigo mismo, hay que determinar si son racionales o irracionales. Para ayudar a determinar si los pensamientos son racionales o irracionales, se plantean y explican a los miembros del grupo las siguientes características referentes a las creencias irracionales (Lega y cols., 1997; Walen, DiGiuseppe y Dryden, 1992): (1) son inconsistentes en su lógica; (2) son inconsistentes con la realidad empírica; (3) son absolutistas y dogmáticas; (4) producen emociones perturbadas; y (5) no ayudan a conseguir los objetivos propuestos. A continuación, para ayudar aún más al paciente a identificar sus cogniciones desadaptativas y así poder trabajar para cambiarlas, el terapeuta explica las principales distorsiones cognitivas o patrones frecuentes del pensamiento irracional (Beck, Rush, Shaw y Emery, 1979; Freeman y Oster, 1997), como son: la inferencia arbitraria, la abstracción selectiva, la generalización excesiva, la maximización y minimización, la personalización y el pensamiento absolutista y dicotómico.

Práctica de la relajación rápida

A partir del entrenamiento de la sesión anterior del método de Jacobson y de la práctica diaria de los ejercicios por parte de los miembros del grupo, se enseña a los participantes a relajarse más rápidamente y en sus propios asientos. Consiste en la tensión global de todos los grupos musculares, mantenerlos durante unos segundos y soltarlos a la vez (dos veces). El objetivo en las siguientes sesiones es lograr relajarse sin la necesidad de tensar los músculos.

Asignación de las tareas para casa

Como tarea para casa, se entrega a los sujetos una hoja de autorregistro en la que han de identificar y apuntar situaciones de su vida diaria que se ajusten a las puntuaciones USA, en incrementos de 10 puntos, es decir, ha de describir una situación que le produzca de 0 a 9 USA, otra que corresponda al rango de 10 a 19, etc., hasta 100. Junto con la descripción de la situación se pide que describa sus síntomas físicos y los pensamientos automáticos asociados, indicando si son racionales o irracionales. También completarán el autorregistro de la práctica en relajación rápida y posibles dificultades que les surjan.

Tercera sesión

Repaso de las tareas para casa

Se dedican aproximadamente los primeros 20 minutos de la sesión a la revisión de la relajación rápida. El ejercicio de las situaciones de la vida diaria con las respectivas puntuaciones USA, síntomas y pensamientos se utilizará a continuación, en la fase final de la restructuración cognitiva.

4) CUESTIONAMIENTO DE LOS PENSAMIENTOS

Para finalizar el aprendizaje de la restructuración cognitiva y una vez los pacientes han logrado diferenciar los pensamientos racionales de los irracionales, se cuestionan estos últimos. En la sesión se practica el debate cognitivo a partir del autorregistro que llevaron como tarea para casa y en el que recogieron pensamientos desadaptativos asociados con las distintas situaciones ansiógenas. El debate se dirige a cambiar las creencias erróneas del paciente a través de preguntas dirigidas a buscar la consistencia lógica o claridad semántica en el pensamiento del paciente.

Presentación de los derechos humanos básicos

Se presentan al grupo los derechos humanos básicos inherentes al hecho de ser persona (véase Caballo, 1997). Dado que no toda la gente reconoce los mismos derechos humanos básicos, pueden plantearse conflictos y es importante desarrollar un sistema de creencias que ayude a las personas a sostener y justificar su actuación socialmente adecuada.

Introducción al campo de las habilidades sociales

Se plantea una visión general de las habilidades sociales que contemple el concepto de habilidad social, sus distintas dimensiones (conductual, personal y situacional) y su relación con el TAS (Caballo, 1991, 1997; Caballo, Salazar, Irurtia, Olivares y Olivares, 2014).

Presentación de los componentes moleculares de la habilidad social

El terapeuta presenta de manera general los componentes no verbales, paralinguísticos y verbales más importantes para la conducta socialmente habilidosa, para describir a continuación las características específicas de algunos de ellos como la mirada, la expresión facial, la sonrisa, la postura corporal, la orientación, los gestos (los movimientos de las piernas/pies, movimientos de cabeza), la distancia/proximidad, el contacto físico, la apariencia personal, el volumen de la voz, la entonación, la fluidez, el tiempo de habla y el contenido (véase Caballo, 1997 para una información más detallada). El terapeuta se puede ayudar de algunos ejercicios para mostrar la importancia de todos estos elementos.

Diferencias entre los tres estilos de respuesta: asertivo, no asertivo y agresivo

El terapeuta presenta las diferencias en los niveles verbal, no verbal y en las consecuencias para cada uno de los tres estilos de respuesta. A continuación se plantean algunos ejemplos que ayuden a establecer la diferencia, pudiéndose hacer mediante situaciones propuestas por el terapeuta o bien utilizando el visionado de modelos en vídeo, la representación de escenas entre el terapeuta y un miembro del grupo, etc.

Práctica de la relajación diferencial

A partir del entrenamiento de la sesión anterior del método de Jacobson y de la práctica diaria de los ejercicios por parte de los miembros del grupo, se enseña a los participantes a relajarse más rápidamente. Ya no se tensan los músculos sino que, en la medida de lo posible, se relajan directamente.

Asignación de las tareas para casa

Como tareas para casa practicarán la identificación de pensamientos desadaptativos, su distinción de los pensamientos racionales y su cuestionamiento, en situaciones sociales en las que sientan ansiedad. Además, han de recoger posibles violaciones de los propios derechos por parte de ellos mismos o de los demás y rellenar un autorregistro en el que se contemple: breve descripción de la situación, conducta llevada a cabo, pensamientos automáticos y nivel de ansiedad (utilizando la escala USA) y derecho humano básico no respetado.

Cuarta sesión: Interacción con desconocidos (I)

Repaso de las tareas para casa

Se dedican aproximadamente los primeros 20 minutos de la sesión al repaso de las tareas para casa programadas en la sesión anterior. Se refuerzan las habilidades cognitivas adquiridas y su práctica en las situaciones sociales temidas y por otra parte se revisan los autorregistros sobre las situaciones en las que se violan los derechos humanos básicos.

Introducción al ensayo de conducta como parte del entrenamiento en las dimensiones específicas

A partir de esta sesión se trabajan y entrenan cada una de las dimensiones relacionadas con la ansiedad social en adultos (Caballo, Salazar, Arias y cols., 2010) mediante el ensayo de conducta de las habilidades específicas correspondientes a cada dimensión. Se dedican dos sesiones al entrenamiento de cada una de las dimensiones (para una descripción detallada de los pasos conductuales que se siguen en el ensayo de conducta véase Caballo, 1997).

Dimensión 1: interacción con desconocidos

Clases de respuesta a trabajar

Se trabajan las estrategias básicas para iniciar y mantener conversaciones, concretamente:

- Elementos (principalmente no verbales) a atender para iniciar una conversación.
- Modos de empezar una conversación, atendiendo a la situación, a la otra persona o a uno mismo.
- Principales componentes moleculares implicados: contacto ocular, espacio interpersonal, expresión facial, etc.
- Uso de preguntas con final abierto, de la libre información, de las autorrevelaciones, habilidad para cambiar de tema y práctica de la escucha activa y de la empatía.
- Cierre de la conversación y planificación de encuentros futuros.

Entrenamiento específico en la interacción con desconocidos (1ª parte)

El terapeuta selecciona una serie de situaciones ajustadas a la dimensión *Interacción con desconocidos*. Se utiliza el ensayo de conducta y se procede a representar algunas de ellas. Todos los miembros del grupo han de representar las mismas situaciones.

Presentación de la hoja de autorregistro multimodal

Se presenta a los miembros del grupo la hoja de autorregistro multimodal que a partir de esta sesión se utilizará tras cada exposición *in vivo* de las situaciones objetivo de las tareas para casa, donde registrarán: grado de ansiedad (medido en puntuaciones USA) antes de realizar la exposición, pensamientos desadaptativos que tuvo antes y durante la situación, pensamientos racionales alternativos, conducta llevada a cabo y grado de ansiedad final.

Asignación de tareas para casa

Cada sujeto se ha de exponer durante la semana al menos a dos de las situaciones que se proponen a continuación, con el objetivo de practicar los contenidos trabajados y rellenar el correspondiente registro multimodal. Algunas de estas situaciones son:

1) Preguntar por un precio en una tienda.
2) Solicitar información telefónica (llegadas de tren, autobús y/o actividades de ocio).
3) Preguntar a un desconocido por algo (preguntar la hora o preguntar por una dirección): persona del mismo sexo, persona más joven, persona más mayor y persona de la misma edad.
4) Acercarse y preguntar a un grupo de gente, que está en la parada, a qué hora pasa el autobús.

Además, cada miembro del grupo ha de escoger una situación, relacionada con la dimensión que nos ocupa, que le sea particularmente difícil y/o le genere gran malestar, la cual se trabajará con el paciente en la siguiente sesión.

Quinta sesión: Interacción con desconocidos (II)

Repaso de las tareas para casa

Se dedican aproximadamente los primeros 20 minutos de la sesión a la revisión de los ejercicios de exposición referidos a la interacción con desconocidos que realizaron durante la semana. Se refuerzan los logros y se da retroalimentación.

Entrenamiento específico en la interacción con desconocidos (2ª parte)

Se trabaja individualmente con la situación que cada paciente ha escogido relacionada con la dimensión *Interacción con desconocidos* que traían para hoy como tarea para casa. El terapeuta trabaja durante el ensayo de conducta las clases de respuesta referentes a esta dimensión expuesta en la sesión anterior (elementos a atender y modos de iniciar una conversación, componentes moleculares implicados, empleo de preguntas con final abierto, autorrevelaciones, etc.).

Asignación de las tareas para casa

Durante la semana, cada sujeto se ha de exponer al menos a dos de las siguientes situaciones que se proponen y rellenar el correspondiente registro multimodal:

1) Sentarse al lado de una persona en el autobús de línea, en el tren, etc. y empezar una conversación.
2) Preguntar algo en un supermercado/tienda y mantener una pequeña conversación con el dependiente.
3) Preguntar a un camarero y mantener una pequeña conversación mientras toma algo en un bar.
4) Intentar entablar una conversación con una persona desconocida en una tienda, la vecindad, el trabajo o en una clase.

Sexta sesión: Interacción con el sexo opuesto (i)

Repaso de las tareas para casa

Se dedican aproximadamente los primeros 20 minutos de la sesión a la revisión de los ejercicios de exposición referidos a la interacción con desconocidos que realizaron durante la semana. Se refuerzan los logros y se da retroalimentación.

Dimensión 2: interacción con el sexo opuesto

Clases de respuesta a trabajar

Se trabajan las clases de respuesta relacionadas con la *Interacción con el sexo opuesto*, concretamente:

- Se presentan algunas estrategias en relación con el inicio de conversaciones con el sexo opuesto.
- Hacer y aceptar cumplidos.
- Expresar amor, agrado y afecto.

Entrenamiento específico en la interacción con el sexo opuesto (1ª parte)

Se presente un listado de situaciones con el que cuenta el terapeuta para realizar el ensayo de conducta igual para cada miembro del grupo y ajustadas a la dimensión referente a *Interacción con el sexo opuesto*.

Asignación de las tareas para casa

Durante la semana, cada sujeto se ha de exponer al menos a dos de las siguientes situaciones que se proponen y rellenar el correspondiente registro multimodal:

1) Decir a un amigo que te gusta cómo le quedan los pantalones que se ha comprado.
2) Reforzar a tu pareja por algo que ha hecho y te ha agradado.
3) Mantener una conversación con una persona del sexo opuesto que te atrae.

Además, ha de escoger una situación, relacionada con la dimensión que nos ocupa, que le sea particularmente difícil y/o le genere gran malestar, la cual se trabajará con el paciente en la siguiente sesión.

Séptima sesión: Interacción con el sexo opuesto (II)

Repaso de las tareas para casa

Se dedican aproximadamente los primeros 20 minutos de la sesión a la revisión de los ejercicios de exposición referidos a la interacción con el sexo opuesto que realizaron durante la semana. Se refuerzan los logros y se da retroalimentación.

Entrenamiento específico en la interacción con el sexo opuesto (2ª parte)

Se trabaja individualmente con la situación que cada paciente ha escogido relacionada con la dimensión *Interacción con el sexo opuesto* y que traían como tarea para casa. El terapeuta trabaja durante el ensayo de conducta las clases de respuesta referentes a esta dimensión expuesta en la sesión anterior.

Asignación de las tareas para casa

Durante la semana, cada sujeto se ha de exponer al menos a dos de las siguientes situaciones que se proponen y rellenar el correspondiente registro multimodal:

1) Llamar por teléfono a una persona atractiva del sexo opuesto y que conoces para preguntarle por algo.
2) Iniciar una conversación con una persona del sexo opuesto que apenas conoces.
3) Preguntar por una calle, restaurante, etc. a una persona del sexo opuesto que te resulta atractiva.
4) Acudir a un lugar donde sabes que va una persona del sexo opuesto que te atrae y mantenerte de forma relajada.

Octava sesión: Expresión asertiva de molestia, enfado o desagrado (i)

Repaso de las tareas para casa

Se dedican aproximadamente los primeros 20 minutos de la sesión a la revisión de los ejercicios de exposición referidos a la interacción con el sexo opuesto que realizaron durante la semana. Se refuerzan los logros y se da retroalimentación.

Dimensión 3: Expresión asertiva de molestia, enfado o desagrado

Clases de respuesta o clases de respuesta a trabajar

Se trabajan las clases de respuesta relacionadas con la *Expresión asertiva de molestia, enfado o desagrado,* concretamente:

- Petición de cambio de conducta del otro siguiendo la "estrategia DEEC": describir, expresar, especificar y señalar las consecuencias (Bower y Bower, 1976 citado por Caballo, 1997).
- Expresión justificada de molestia, desagrado o enfado (mensajes en primera persona).
- Decir que no.

Entrenamiento específico en la expresión asertiva de molestia, enfado o desagrado (1ª parte)

Se presenta un listado de situaciones con el que cuenta el terapeuta para realizar el ensayo de conducta igual para cada miembro del grupo y ajustadas a la dimensión referente a *Expresión asertiva de molestia, enfado o desagrado.*

Asignación de las tareas para casa

Durante la semana, el sujeto se ha de exponer al menos a dos de las siguientes situaciones que se proponen y rellenar el correspondiente registro multimodal:

1) Entrar a una tienda y pedir que te cambien un billete.
2) Ir a una tienda y pedir que te enseñen varios pares de zapatos, no te convence ninguno y salir sin comprar.
3) Entrar en una tienda, probarse ropa y salir sin comprar.
4) Comprar un artículo y devolverlo.
5) En una cafetería, solicitar al camarero un cambio (más hielo, sacarina en lugar de azúcar, más azúcar, quitar los hielos, etc.).

Novena sesión: Expresión asertiva de molestia, enfado o desagrado (II)

Repaso de las tareas para casa

Se dedican aproximadamente los primeros 20 minutos de la sesión a la revisión de los ejercicios de exposición referidos a la expresión asertiva que realizaron durante la semana. Se refuerzan los logros y se da retroalimentación.

Entrenamiento específico en la expresión asertiva de molestia, enfado o desagrado (2ª parte)

Se trabaja individualmente con la situación que cada paciente ha escogido relacionada con la dimensión *Expresión asertiva de molestia, enfado o desagrado* que aportan para hoy como tarea para casa. El terapeuta trabaja durante el ensayo de conducta las clases de respuesta referentes a esta dimensión expuesta en la sesión anterior.

Asignación de las tareas para casa

Durante la semana, el sujeto se ha de exponer al menos a dos de las siguientes situaciones que se proponen y rellenar el correspondiente registro multimodal:

1) Decir a un amigo, compañero o miembro de la familia que ha hecho algo que te molesta.
2) Hacer una crítica a un amigo o familiar.
3) Negarte ante una petición.

Décima sesión: quedar en evidencia/hacer el ridículo (I)

Repaso de las tareas para casa

Se dedican aproximadamente los primeros 20 minutos de la sesión a la revisión de los ejercicios de exposición referidos a la expresión asertiva que realizaron durante la semana. Se refuerzan los logros y se da retroalimentación.

Dimensión 4: Quedar en evidencia/ Hacer el ridículo

Clases de respuesta o clases de respuesta a trabajar

Se trabajan las clases de respuesta relacionadas con *Quedar en evidencia/ Hacer el ridículo,* concretamente:

- Explicación evolutiva sobre los miedos sociales.
- Recibir críticas.

- Técnicas ante las críticas (interrogación asertiva, banco de niebla, aserción negativa).

ENTRENAMIENTO ESPECÍFICO PARA SITUACIONES DE QUEDAR EN EVIDENCIA/ HACER EL RIDÍCULO (1ª PARTE)

Se presenta un listado de situaciones con el que cuenta el terapeuta para realizar el ensayo de conducta igual para cada miembro del grupo y ajustadas a la dimensión referente a *Quedar en evidencia/Hacer el ridículo.*

ASIGNACIÓN DE LAS TAREAS PARA CASA

Durante la semana, el sujeto se ha de exponer al menos a dos de las siguientes situaciones que se proponen y rellenar el correspondiente registro multimodal:

1) Ir a un ascensor y mirar hacia una de las paredes y no hacia la puerta.
2) Entrar en una tienda mirar durante un buen rato y salir sin comprar.
3) Entrar en una cafetería, preguntar por el lavabo y salir sin consumir.
4) Entrar en un bar y pedir un vaso de agua.
5) Entrar en un comercio, preguntar por varios precios y salir sin consumir.
6) Acudir al centro de una plaza y quedarse unos minutos en medio sin mirar a nada en concreto.
7) En un autobús urbano preguntar al conductor si para en un lugar donde sabes que no pasa su recorrido.

Además, ha de escoger una situación, relacionada con la dimensión que nos ocupa, que le sea particularmente difícil y/o le genere gran malestar, la cual se trabajará con el paciente en la siguiente sesión.

UNDÉCIMA SESIÓN: QUEDAR EN EVIDENCIA/HACER EL RIDÍCULO (II)

REPASO DE LAS TAREAS PARA CASA

Se dedican aproximadamente los primeros 20 minutos de la sesión a la revisión de los ejercicios de exposición referidos a quedar en evidencia/ hacer el ridículo que realizaron durante la semana. Se refuerzan los logros y se da retroalimentación.

ENTRENAMIENTO ESPECÍFICO EN SITUACIONES DE QUEDAR EN EVIDENCIA/HACER EL RIDÍCULO (2ª PARTE)

Se trabaja individualmente con la situación que cada paciente ha escogido relacionada con la dimensión *Quedar en evidencia/hacer el ridículo* que aportan para hoy como tarea para casa. El terapeuta trabaja durante el ensayo de conducta las Clases de respuesta referentes a esta dimensión expuesta en la sesión anterior.

Asignación de las tareas para casa

Durante la semana, el sujeto se ha de exponer al menos a dos de las siguientes situaciones que se proponen y rellenar el correspondiente registro multimodal:

1) En un establecimiento lleno de gente, llamar al camarero cuando no te mire.
2) Saludar en la escalera de la vecindad a una persona que sabes de antemano que no saluda.
3) Entrar en un comercio con gafas de sol, recorrer mirando los artículos y salir sin comprar.
4) Llamar a información (Renfe, Autobuses, Museo, etc.) y preguntar por un horario que sabes no se corresponde.
5) Vestir una prenda que habitualmente no te atreves a ponérte.
6) Preguntar a alguien por una calle en la que estás en ese momento.

Duodécima sesión: Hablar o actuar en público/interacción con personas de autoridad (I)

Repaso de las tareas para casa

Se dedican aproximadamente los primeros 20 minutos de la sesión a la revisión de los ejercicios de exposición referidos a quedar en evidencia/ hacer el ridículo que realizaron durante la semana. Se refuerzan los logros y se da retroalimentación.

Dimensión 5: Hablar o actuar en público/Interacción con personas de autoridad

Clases de respuesta a trabajar

Se trabajan las clases de respuesta relacionadas con *hablar o actuar en público/interactuar con personas de autoridad*, concretamente:

- Preparación de una exposición.
- Actuación en público.
- Expresión de opiniones personales.

Entrenamiento específico para hablar o actuar en público/interactuar con personas de autoridad (1ª parte)

Se presenta un listado de situaciones con el que cuenta el terapeuta para realizar el ensayo de conducta igual para cada miembro del grupo y ajustadas a la dimensión referente a *Hablar o actuar en público/Interacción con personas de autoridad.*

Asignación de las tareas para casa

Durante la semana, el sujeto se ha de exponer al menos a dos de las siguientes situaciones que se proponen y rellenar el correspondiente registro multimodal:

1) Realizar una pregunta en clase o bien aclarar alguna duda con un superior.
2) Contar una anécdota o un chiste en un grupo captando toda la atención.
3) Iniciar y mantener una conversación con personas de autoridad (p. ej., un profesor, un superior, etc.).

Además, ha de escoger una situación, relacionada con la dimensión que nos ocupa, que le sea particularmente difícil y/o le genere gran malestar, la cual se trabajará con el paciente en la siguiente sesión.

Decimotercera sesión: Hablar o actuar en público/interacción con personas de autoridad (II)

Repaso de las tareas para casa

Se dedican aproximadamente los primeros 20 minutos de la sesión a la revisión de los ejercicios de exposición referidos a hablar o actuar en público/interactuar con personas de autoridad que realizaron durante la semana. Se refuerzan los logros y se da retroalimentación.

Entrenamiento específico en Hablar o actuar en público/Interacción con personas de autoridad (2ª parte)

Se trabaja individualmente con la situación que cada paciente ha escogido relacionada con la dimensión *hablar o actuar en público/Interactuar con personas de autoridad* que aportan para hoy como tarea para casa. El terapeuta trabaja durante el ensayo de conducta las Clases de respuesta referentes a esta dimensión expuesta en la sesión anterior.

Asignación de las tareas para casa

Durante la semana, el sujeto se ha de exponer al menos a dos de las siguientes situaciones que se proponen y rellenar el correspondiente registro multimodal:

1) Aprovechar una reunión con amigos para tomar la palabra y expresar tu opinión centrando la atención.
2) Dar una opinión en un grupo (p. ej., aprovechar una reunión de amigos, una reunión de vecinos, etc.).
3) En una reunión de amigos o familiares informar de algo que nos hemos enterado (noticia, anécdota, etc.).

Decimocuarta sesión

Repaso de las tareas para casa

Se dedican aproximadamente los primeros 20 minutos de la sesión a la revisión de los ejercicios de exposición referidos a hablar o actuar en público/Interactuar con personas de autoridad que realizaron durante la semana. Se refuerzan los logros y se da retroalimentación.

Revisión de los progresos de cada miembro del grupo

Se revisan de manera individual los progresos realizados por cada miembro del grupo y se les refuerza por ello.

Establecimiento de objetivos a corto y largo plazo

Se planifican las metas a corto y medio plazo para cada sujeto, así como algunas tareas a realizar por parte de cada participante, teniendo en cuenta sus dificultades al enfrentar situaciones sociales concretas, durante los tres meses siguientes, teniendo en cuenta lo aprendido en las sesiones. Se definen fechas para las próximas sesiones de apoyo.

Seguimiento

Se realizan tres sesiones de seguimiento, a los tres, seis y doce meses de haber terminado el programa de tratamiento, con el fin de evaluar, reforzar y retroalimentar la generalización de sus aprendizajes para el manejo de las situaciones sociales, y que se habrán definido como las principales tareas y metas para este tiempo.

7. PERSPECTIVAS DE TRATAMIENTO

El tratamiento cognitivo conductual del TAS está fuertemente consolidado, siendo una intervención empíricamente validada (APA, 2006) y constituyendo el tratamiento de elección a la hora de abordar este trastorno. Las estrategias que se utilizan habitualmente en los programas de tratamiento, como el entrenamiento en relajación, la reestructuración cognitiva, el entrenamiento en habilidades sociales y la exposición han demostrado su eficacia a través de multitud de estudios (p. ej., Acarturk, Cuijpers, van Straten y de Graaf, 2009). La mayoría de los programas incluyen uno o más de estos procedimientos. Cuando la fobia social es de tipo generalizado, es probable que se incluyan la mayoría de los mismos, mientras que si es de tipo específico o circunscrito, con uno (exposición) o dos (restructuración cognitiva) puede ser suficiente.

Aunque las estrategias de tratamiento para el TAS tengan un claro apoyo empírico, futuras investigaciones podrían ayudar a mejorar la eficiencia de los programas. En estos momentos, el tiempo medio de los programas de intervención en grupo puede estar en unas 10 a 12 semanas. Aunque es un tiempo razonable, tal vez pudiera disminuirse utilizando las nuevas tecnologías (ordenadores portátiles, comunicación por Internet, etc.) Así, los pacientes pudieran llevarse para casa o descargarse a través de Internet vídeos con escenificaciones de diferentes situaciones sociales que podrían visualizar y, posteriormente, llevar a cabo en situaciones reales de su vida. Las redes sociales podrían también ayudar a generalizar y practicar algunas de las habilidades aprendidas en la clínica, siempre bajo supervisión del terapeuta. Este tipo de interacción a través de Internet tiene sus ventajas y sus inconvenientes, pero con la ayuda del terapeuta se puede aprovechar lo mejor que tiene, sin los problemas y peligros que conlleva. Dada la creciente relevancia que está teniendo este tipo de comunicación virtual, puede ser útil aprovechar sus ventajas.

Una asignatura pendiente del área es la prevención del TAS. Si sabemos que un tipo de temperamento denominado *inhibición conductual* pudiera estar en la base del desarrollo del trastorno en parte de los pacientes, tal vez podríamos modular y controlar ese temperamento por medio de programas de entrenamiento en habilidades sociales dirigidos a los niños y llevados a cabo en las escuelas. De esta forma, no solamente evitaríamos el desarrollo de buena parte de las fobias sociales, sino que ayudaríamos probablemente a los sujetos más agresivos a ser más competentes socialmente. Una segunda consecuencia de este tipo de programas de prevención podría ser la disminución del acoso escolar, ya que los niños inhibidos, más propensos a sufrir este tipo de intimidación, dejarían de ser inhibidos, y los acosadores, generalmente más agresivos, podrían manifestar comportamientos más prosociales. Las intervenciones futuras deberían dedicar un mayor esfuerzo en prevenir el desarrollo del TAS y la intervención en la infancia y primeros años de la adolescencia, por medio de programas aplicados en el ámbito escolar, podría ser una estrategia adecuada. Bien es cierto que los resultados se verían a medio y largo plazo, algo que se da de bruces con muchos de los proyectos de investigación financiados, que frecuentemente exigen resultados a corto plazo. No obstante, habría que establecer unos protocolos de actuación que abordasen los efectos de los programas de habilidades sociales a un plazo razonable, con el fin de evitar, en lo posible, el impacto del TAS en la adolescencia y, por lo tanto, también en la edad adulta.

8. REFERENCIAS BIBLIOGRÁFICAS

Acarturk, C., Cuijpers, P., van Straten, A. y de Graaf, R. (2009). Psychological treatment of social anxiety disorder: a meta-analysis. *Psychological Medicine, 39,* 241-254.

Alden, L. E. y Wallace, S. T. (1995). Social phobia and social appraisal in successful and unsuccessful social interactions. *Behaviour Research and Therapy, 33,* 497-505.

American Psychiatric Association (1980). *Diagnostic and statistical manual of mental disorders DSM-III* (3ª ed.). Washington, DC: Author.

American Psychiatric Association (1987). *Diagnostic and statistical manual of mental disorders DSM-III-R* (3ª ed. rev.). Washington, DC: Author.

American Psychiatric Association (1994). *Diagnostic and statistical manual of mental disorders DSM-IV* (4ª ed.). Washington, DC: Author.

American Psychiatric Association (2000). *Diagnostic and statistical manual of mental disorders DSM-IV-TR* (4ª ed. rev.). Washington, DC: Author.

American Psychiatric Association (2011). *DSM-5: the future of psychiatric diagnosis.* Recuperado el 1 de marzo de 2011, desde http://www.dsm5.org

Andersson, G., Carlbring, P., Holmström, A., Sparthan, E., Furmark, T., Nilsson-Ihrfelt, E., Buhrman, M. y Ekselius, L. (2006). Internet-based self-help with therapist feedback and in vivo group exposure for social phobia: a randomized controlled trial. *Journal of Consulting and Clinical Psychology, 74,* 677-686.

APA Presidential Task Force on Evidence-Based Practice (2006). Evidence-based practice in psychology. *American Psychologist, 61,* 271-285.

Baños, R.M., Botella, C., Quero, S. y Medina, P. (2007). The Social Phobia and Anxiety Inventory: psychometric properties in a Spanish sample. *Psychological Reports, 100,* 441-450.

Beck, A.T., Rush, A.J., Shaw, B.R. y Emery, G. (1979). *Cognitive therapy of depression.* Nueva York: Guilford.

Beidel, D.C. (1998). Social anxiety disorder: etiology and early clinical presentation. *Journal of Clinical Psychiatry, 59,* 27-31.

Beidel, D.C., Turner, S.M. y Morris, T.L. (1995). A new inventory to assess childhood social anxiety and phobia: the Social Phobia and Anxiety Inventory for Children. *Psychological Assessment, 7*, 73-79.

Blanchard, J.J. y Brown, S.B. (1998). Structured diagnostic interview schedules. En A. S. Bellack y M. Hersen (dirs.), *Comprehensive clinical psychology* (vol. 4, pp. 97-130). Amsterdam: Elsevier.

Bhogal, K.S. y Baldwin, D.S. (2007). Pharmacological treatment of social phobia. *Psychiatry, 6*, 217-223.

Blomhoff, S., Haug, T.T., Hellström, K., Holme, I., Humble, M., Madsbu, H.P. y Wold, J.E. (2001). Randomised controlled general practice trial of sertraline, exposure therapy and combined treatment in generalised social phobia. *British Journal of Psychiatry: The Journal of Mental Science 179*, 23-30.

Bobes, J., Badía, X., Luque, A., García, M., González, M.P. y Dal-Ré, R. (1999). Validation of the Spanish version of the Liebowitz Social Anxiety Scale, Social Anxiety and Distress Scale and Sheehan Disability Inventory for the evaluation of social phobia. *Medicina Clínica, 112*, 530-538.

Bögels, S.M., Alden, L., Beidel, D.C., Clark, L.A., Pine, D.S., Stein, M.B. y Voncken, M. (2010). Social anxiety disorder: questions and answers for the DSM-V. *Depression and Anxiety, 27*, 168-189.

Brown, T.A., DiNardo, P.A., Lehman, C.L. y Campbell, L.A. (2001). Reliability of DSM-IV anxiety and mood disorders: implications for the classification of emotional disorders. *Journal of Abnormal Psychology, 110*, 49-58.

Bruch, M.A., Heimberg, R.G., Berger, P. y Collins, T.M. (1988). *Social phobia and perceptions of early parental and personal characteristics.* Manuscrito sin publicar.

Caballo, V.E. (1995). Fobia social. En V.E. Caballo, G. Buela y J.A. Carrobles (dirs.), *Manual de psicopatología y trastornos psiquiátricos* (vol. 1, pp. 285-340). Madrid: Siglo XXI.

Caballo, V.E. (1991). El entrenamiento en habilidades sociales. En V.E. Caballo (dir.), *Manual de técnicas de terapia y modificación de conducta* (pp. 403-443). Madrid: Siglo XXI.

Caballo, V.E. (1997). *Manual de evaluación y entrenamiento de las habilidades sociales* (2ª ed.). Madrid: Siglo XXI.

Caballo, V.E., Andrés, V. y Bas, F. (1997). Fobia social. En V.E. Caballo (dir.), *Manual para el tratamiento cognitivo conductual de los trastornos psicológicos* (vol. 1, pp. 25-87). Madrid: Siglo XXI.

Caballo, V.E., Arias, B., Salazar, I. C., Irurtia, M.J., Hofmann, S. G. y CISO-A Research Team (en prensa). *Psychometric properties of an innovative self-report measure: the Social Anxiety Questionnaire for Adults.* Psychological Assessment.

Caballo, V.E., Arias, B., Salazar, I.C., Calderero, M., Irurtia, M.J. y Ollendick, T.H. (2012). Una nueva medida de autoinforme para evaluar la ansiedad/fobia social en niños: el "Cuestionario de ansiedad social para niños" (CASO-N24). *Behavioral Psychology/Psicología Conductual, 20*, 485-504.

Caballo, V.E., Irurtia, M.J., Carrillo, G.B., Calderero, M. y Salazar, I.C. (2010). *Cuestionario de interacción social para niños - III (CISO-NIII)*. Manuscrito sin publicar.

Caballo, V.E., Salazar, I.C., Arias, B., Irurtia, M.J., Calderero, M. y Equipo de Investigación CISO-A España (2010). Validación del "Cuestionario de ansiedad social para adultos" (CASO-A30) en universitarios españoles: similitudes y diferencias entre comunidades y carreras universitarias. *Behavioral Psychology /Psicología Conductual, 18*, 5-34.

Caballo, V.E., Salazar, I.C., García-López, L.J., Irurtia, M.J. y Arias, B. (2011). Fobia social: características clínicas y diagnósticas. En V. E. Caballo, I. C. Salazar y J. A. Carrobles (dirs.), *Manual de psicopatología y trastornos psicológicos* (pp. 172-199). Madrid: Pirámide.

Caballo, V.E., Salazar, I.C., Irurtia, M.J., Arias, B., Hofmann, S.G. y CISO-A Research Team (2008). Social anxiety in 18 nations: sex and age differences. *Behavioral Psychology/Psicología Conductual, 16*, 163-187.

Caballo, V.E., Salazar, I.C., Irurtia, M.J., Arias, B., Hofmann, S.G. y CISO-A Research Team (2010). Measuring social anxiety in 11 countries: development and validation of the social anxiety questionnaire for adults. *European Journal of Psychological Assessment, 26*, 95-107.

Caballo, V.E., Salazar, I.C., Irurtia, M.J., Arias, B., Hofmann, S.G. y CISO-A Research Team (2012). The multidimensional nature and multicultural validity of a new measure of social anxiety: The Social Anxiety Questionnaire for Adults (SAQ-A30). *Behavior Therapy, 43*, 313-328.

Caballo, V.E., Salazar, I.C., Irurtia, M.J., Arias, B., Hofmann, S.G. y CISO-A Research Team (2014). Differences in social anxiety between men and women across 18 countries. *Personality and Individual Differences, 64*, 35-40.

Caballo, V.E., Salazar, I.C., Irurtia, M.J., Arias, B. y Nobre, L. (2013). The assessment of social anxiety through five self-report measures, LSAS-SR, SPAI, SPIN, SPS, and SIAS: A critical analysis of their factor structure. *Behavioral Psychology/ Psicología Conductual, 20*, 423-448.

Caballo, V.E., Salazar, I.C., Irurtia, M.J., Olivares, P. y Olivares, J. (2014). Relación de las habilidades sociales con la ansiedad social y los estilos/trastornos de la personalidad. *Behavioral Psychology/Psicología Conductual, 22*, 401-423.

Chartier, M.J., Walker, J.R. y Stein, M.B. (2003). Considering co-morbidity in social phobia. *Social Psychiatry and Psychiatric Epidemiology, 38*, 728-734.

Clark, D.M., Ehlers, A., Hackmann, A., McManus, F., Fennell, M., Grey, N., Waddington, L. y Wild, J. (2006). Cognitive therapy versus exposure and applied relaxation in social phobia: a randomized controlled trial. *Journal of Consulting and Clinical Psychology, 74*, 568-578.

Clark, D.M. y Wells, A. (1995). A cognitive model of social phobia. En R.G. Heimberg, M.R. Liebowitz, D.A. Hope y F.R. Schneier (dirs.), *Social phobia. Diagnosis, assessment and treatment* (pp. 69-93). Nueva York: Guilford.

Connor, K.M., Davidson, J.R.T., Churchill, L.E., Sherwood, A., Foa, E. y Weisler, R.H. (2000). Psychometric properties of the Social Phobia Inventory (SPIN): a new self-rating scale. *British Journal of Psychiatry, 176*, 379-386.

Cox, B.J., Pagura, J., Stein, M.B. y Sareen, J. (2009). The relationship between generalized social phobia and avoidant personality disorder in a National Mental Health Survey. *Depression and Anxiety, 26*, 354-362.

Davidson, J.R.T., Foa, E.B., Huppert, J.D., Keefe, F.J., Franklin, M.E., Compton, J.S., Zhao, N., Connor, K.M., Lynch, T.R. y Gadde, K.M. (2004). Fluoxetine, comprehensive cognitive behavioral therapy, and placebo in generalized social phobia. *Archives of General Psychiatry, 61*, 1005-1013.

DeWit, D.J., Chandler-Coutts, M., Offord, D.R., King, G., McDougall, J., Specht, J. y Stewart, S. (2005). Gender differences in the effects of family adversity on the risk of onset of DSM-III-R social phobia. *Anxiety Disorders, 19*, 479-502.

Di Nardo, P.A., Brown, T.A. y Barlow, D.H. (1994). *Anxiety Disorders Interview Schedule for DSM-IV Lifetime Version (ADIS-IV-L)*. Albany: Graywind Publications Incorporated.

Erath, S A., Flanagan, K.S. y Bierman, K.L. (2007). Social anxiety and peer relations in early adolescence: behavioral and cognitive factors. *Journal of Abnormal Child Psychology, 35*, 405-416.

Erwin, B.A., Heimberg, R.G., Marx, B.P. y Franklin, M.E. (2006). Traumatic and socially stressful life events among persons with social anxiety disorder. *Journal of Anxiety Disorders, 20*, 896-914.

First, M.B., Spitzer, R.L., Gibbon, M. y Williams, J.B.W. (1997). *Structured Clinical Interview for DSM-IV Axis I Disorders -Clinical Version (SCID-CV)*. Washington, DC: American Psychiatric Press.

Fyer, A.J., Mannuzza, S., Chapman, T. ., Martin, L. . y Klein, D.F. (1995). Specificity in familial aggregation of phobic disorders. *Archives of General Psychiatry, 52*, 564-573.

Freeman, A. y Oster, C.L. (1997). Terapia cognitiva de la depresión. En V. E. Caballo (dir.), *Manual para el tratamiento cognitivo conductual de los trastornos psicológico* (vol. 1, pp. 543-574). Madrid: Siglo XXI.

González, M.P., Bobes, J., García, M., Badía, X., Luque, A. y Dal-Ré, R. (1998). Assessing social phobia. The Spanish validation of the "gold standard" clinical scales: the LSAS and the SADS. *European Neuropsychopharmacology, 8* (supl. 2), 259-260.

Gruber, K., Moran, P.J., Roth, W.T. y Taylor, C.B. (2001). Computer-assisted cognitive behavioral group therapy for social phobia. *Behavior Therapy, 32*, 155-165.

Guastella, A.J., Richardson, R., Lovibond, P. ., Rapee, R.M., Gaston, J.E., Mitchell, P. y Dadds, M.R. (2008). A Randomized controlled trial of d-cycloserine enhancement of exposure therapy for social anxiety disorder. *Biological Psychiatry, 63*, 544-549.

Gureje, O., Adeyemi, O., Enyidah, N., Ekpo, M., Udofia, O., Uwakwe, R. y Wakil, A. (2008). Mental disorder among adult Nigerians: risks, prevalence, and treatment. En R.C. Kessler y T.B. Üstün (dirs.), *The WHO Mental Health Surveys: global perspectives on the epidemiology of mental disorders* (pp. 211-237). Nueva York: Cambridge University.

Harb, G.C., Heimberg, R.G., Fresco, D.M., Schneier, F.R. y Liebowitz, M.R. (2002). The Psychometric properties of the interpersonal sensitivity measure in social anxiety disorder. *Behaviour Research and Therapy, 40,* 961-979.

Hayes, S.A., Miller, N.A., Hope, D.A., Heimberg, R.G. y Juster, H.R. (2008). Assessing client progress session by session in the treatment of social anxiety disorder: The social anxiety session change index. *Cognitive and Behavioral Practice, 15,* 203-211.

Heidenreich, T., Schermelleh-Engel, K., Schramm, E., Hofmann, S.G. y Stangier, U. (2011). The factor structure of the Social Interaction Anxiety Scale and the Social Phobia Scale. *Journal of Anxiety Disorders, 25,* 579-583.

Heimberg, R.G., Horner, K.J., Juster, H.R., Safren, S.A., Brown, E.J., Schneier, F.R. y Liebowitz, M.R. (1999). Psychometric properties of the Liebowitz Social Anxiety Scale. *Psychological Medicine, 29,* 199-212.

Heimberg, R.G. y Juster, H.R. (1995). Cognitive-behavioral treatments: literature review. En R.G. Heimberg, M.R. Liebowitz, D.A. Hope y F.R. Schneier (dirs.), *Social phobia: diagnosis, assessment and treatment* (pp. 261-309). Nueva York: Guilford.

Heimberg, R.G., Liebowitz, M.R., Hope, D.A., Schneier, F.R., Holt, C.S., Welkowitz, L.A., Juster, H.R., Campeas, R., Bruch, M.A., Cloitre, M., Fallon, B. y Klein, D.F. (1998). Cognitive behavioral group therapy vs. phenelzine therapy for social phobia. 12-week outcome. *Archives of General Psychiatry, 55,* 1133-1141.

Herbert, J.D., Gaudiano, B.A., Rheingold, A.A., Moitra, E., Myers, V.H., Dalrymple, K.L. y Brandsma, L.L. (2009). Cognitive behavior therapy for generalized social anxiety disorder in adolescents: a randomized controlled trial. *Journal of Anxiety Disorders, 23* 167-177.

Herbert, J.D., Gaudiano, B.A., Rheingold, A.A., Myers, V.H., Dalrymple, K.L. y Nolan, E.M. (2005). Social skills training augments the effectiveness of cognitive behavioral group therapy for social anxiety disorder. *Behavior Therapy, 36,* 125-138.

Hofmann, S.G., Schulz, S.M., Meuret, A.E., Moscovitch, D.A. y Suvak, M. (2006). Sudden gains during therapy of social phobia. *Journal of Consulting and Clinical Psychology, 74,* 687-697.

Holt, C.S., Heimberg, R.G., Hope, D.A. y Liebowitz, M.R. (1992). Situational domains of social phobia. *Journal of Anxiety Disorders, 6,* 63-77.

Hope, D.A, Heimberg, R.G, Juster, H.A. y Turk, C.L. (2000). *Managing social anxiety: a cognitive behavioral therapy approach (client manual).* Nueva York: Oxford University.

Hope, D.A., Rapee, R.M., Heimberg, R.G. y Dombeck, M.J. (1990). Representations of the self in social phobia: vulnerability to social threat. *Cognitive Therapy and Research, 14*, 198-208.

Horley, K., Williams, L.M., Gonsalvez, C. y Gordon, E. (2004). Face to face: Visual scan path evidence for abnormal processing of facial expressions in social phobia. *Psychiatry Research, 127*, 43-53.

Hunter, L.R, Buckner, J.D. y Schmidt, N.B. (2009). Interpreting facial expressions: the influence of social anxiety, emotional valence, and race. *Journal of Anxiety Disorders, 23*, 482-488.

Irurtia, M.J., Salazar, I.C. y Caballo, V.E. (2011). Caso clínico de fobia social. En V. E. Caballo, I. C. Salazar y J. A. Carrobles (dirs.), *Manual de psicopatología y trastornos psicológicos* (pp. 200-205). Madrid: Pirámide.

Joormann, J. y Gotlib, I.H. (2006). Is this happiness I see? Biases in the identification of emotional facial expressions in depression and social phobia. *Journal of Abnormal Psychology, 115*, 705-714.

Kagan, J. y Snidman, N. (1991). Temperamental factors in human development. *American Psychologist, 46*, 856-862.

Kaufman, J., Birmaher, B., Brent, D., Rao, U., Flynn, C., Moreci, P., Williamson, D. y Ryan, N. (1997). Schedule for Affective Disorders and Schizophrenia for School-Age Children-Present and Lifetime Version (K-SADS-PL): initial reliability and validity data. *Journal of American Academy Child and Adolescent Psychiatry, 39*, 980-988.

Kendler, K.S., Karkowski, L.M. y Prescott, C.A. (1999). Fears and phobias: reliability and heritability. *Psychological Medicine, 29*, 539-553.

Kessler, R.C., Berglund, P.A., Chiu, W.T., Demler, O., Glantz, M., Lane, M.C., Jin, R., Merikangas, K. R., Nock, M., Olfson, M., Pincus, H.A., Walters, E.E., Wang, P. S. y Wells, K.B. (2008). The National Comorbidity Survey Replication (NCS-R): cornerstone in improving mental health and mental health care in the United States. En R.C. Kessler y T.B. Üstün (dirs.), *The WHO Mental Health Surveys: global perspectives on the epidemiology of mental disorders* (pp. 165-209). Nueva York: Cambridge University.

Kessler, R.C. y Üstün, T.B. (dirs.) (2008). *The WHO Mental Health Surveys: global perspectives on the epidemiology of mental disorders.* Nueva York: Cambridge University.

Kimbrel, N.A. (2008). A model of the development and maintenance of generalized social phobia. *Clinical Psychology Review, 28*, 592-612.

Klinger, E., Bouchard, S., Légeron, P., Roy, S., Lauer, F., Chemin, I. y Nugues, P. (2005). Virtual reality therapy versus cognitive behavior therapy for social phobia: a preliminary controlled study. *Cyberpsychology and Behavior, 8*, 76-88.

La Greca, A.M. y López, N. (1998). Social anxiety among adolescents: linkages with peer relations and friendships. *Journal of Abnormal Child Psychology, 26*, 83-94.

La Greca, A.M. y Stone, W.L. (1993). Social Anxiety Scale for Children-Revised: factor structure and concurrent validity. *Journal of Clinical Child Psychology, 22*, 17-27.

Lang, A.J. y Stein, M.B. (2001). Social phobia prevalence and diagnostic threshold. *Journal of Clinical Psychiatry, 62*(supl. 1), 5-10.

Leber, S., Heidenreich, T., Stangier, U. y Hofmann, S. G. (2009). Processing of facial affect under social threat in socially anxious adults: mood matters. *Depression and Anxiety, 26*, 196-206.

Lega, L., Caballo, V.E. y Ellis, A. (1997). *Teoría y práctica de la terapia racional emotivo conductual.* Madrid: Siglo XXI.

Lieb, R., Hans-Ulrich, W., Höfler, M., Fuetsch, M., Stein, M.B. y Merikangas, K.R. (2000). Parental psychopathology, parenting styles and the risk of social phobia in offspring: a prospective-longitudinal community study. *Archives General of Psychiatry, 57*, 859-866.

Liebowitz, M.R. (1987). Social phobia. *Modern problems in pharmacopsychiatry, 22*, 141-173.

Magee, W.J. (1999). Effects of negative life experiences on phobia onset. *Social Psychiatry and Psychiatric Epidemiology, 34*, 343-351.

Magee, W.J., Eaton, W. ., Wittchen, H.U., McGonagle, K.A. y Kessler, R.C. (1996). Agoraphobia, simple phobia, and social phobia in the National Comorbidity Survey. *Archives of General Psychiatry, 53*, 159-68.

Marks, I.M. y Mathews, A.M. (1979). Brief standard self-rating for phobic patients. *Behavior Research and Therapy, 17*, 263-267.

Masia-Warner, C.L., Klein, R.G. y Liebowitz, M.R. (2002). *The Liebowitz Social Anxiety Scale for Children and Adolescents (LSAS-CA).* Disponible en Carrie L. Masia-Warner, Ph.D., New York University School of Medicine, Child Study Center, 215 Lexington Avenue, 13th floor, Nueva York, NY 10016, USA.

Mattick, R.P. y Clarke, J.C. (1998). Development and validation of measures of social phobia scrutiny and social interaction anxiety. *Behaviour Research and Therapy, 36*, 455-470.

McEvoy, P.M. (2007). The effectiveness of cognitive behavioral group therapy in a community clinic: a benchmarking study. *Behaviour Research and Therapy, 45*, 3030-3040.

Mennin, D.S., Fresco, D.M., Heimberg, R.G., Schneier, F.R., Davies, S.O. y Liebowitz, M.R. (2002). Screening for social anxiety disorder in the clinical setting: using the Liebowitz Social Anxiety Scale. *Journal of Anxiety Disorders, 16*, 661-673.

Merikangas, K.R., Avenevoli, S., Acharyya, S., Zhang, H. y Angst, J. (2002). The Spectrum of social phobia in the Zürich cohort study of young adults. *Society of Biological Psychiatry, 51*, 81-91.

Neal, J.A., Edelmann, R.J. y Glachan, M. (2002). Behavioural inhibition and symptoms of anxiety and depression: is there a specific relationship with social phobia? *British Journal of Clinical Psychology, 41*, 361-374.

Nelson, E.C., Grant, J.D., Bucholz, K.K., Glowinski, A., Madden, P.A.F., Reich, W. y Heath, A. C. (2000). Social phobia in a population-based female adolescent twin sample: co-morbidity and associated suicide-related symptoms. *Psychological Medicine, 30*, 797-804.

Oakman, J., Van Ameringen, M., Mancini, C. y Farvolden, P. (2003). A Confirmatory factor analysis of a Self-Report Version of the Liebowitz Social Anxiety Scale. *Journal of Clinical Psychology, 59,* 149-161.

Organización Mundial de la Salud (1992). *CIE-10: décima revisión de la Clasificación internacional de las enfermedades. Trastornos mentales y del comportamiento. Descripciones clínicas y pautas para el diagnóstico.* Madrid: Meditor (orig. 1992).

Organización Mundial de la Salud (2000). *Guía de bolsillo de la clasificación CIE-10. Clasificación de los trastornos mentales y del comportamiento con glosario y criterios diagnósticos de investigación.* Madrid: Editorial Médica Panamericana (orig. 1994).

Osman, A., Barrios, F.X., Aukes, D. y Osman, J. R. (1995). Psychometric evaluation of the Social Phobia and Anxiety Inventory in college students. *Journal of Clinical Psychology, 51,* 235-243.

Öst, L.G. y Hugdahl, K. (1981). Acquisition of phobias and anxiety response patterns in clinical patients. *Behaviour Research and Therapy, 16,* 439-447.

Pollock, R.A., Carter, A. S., Avenevoli, S., Dierker, L.C., Chazan-Cohen, R. y Merikangas, K.R. (2002). Anxiety sensitivity in children at risk for psychopathology. *Journal of Clinical Child and Adolescent Psychology, 31,* 343-353.

Radomsky, A.S., Ashbaugh, A.R., Saxe, M.L., Ouimet, A.J., Golden, E.R., Lavoie, S.L. y O'Connor, K.P. (2006). Psychometric properties of the French and English versions of the Social Phobia Inventory. *Canadian Journal of Behavioural Science, 38,* 354-360.

Reichborn-Kjennerud, T., Czajkowski, N., Torgersen, S., Neale, M.C., Ørstavik, R.E., Tambs, K. y Kendler, K. S. (2007). The relationship between avoidant personality disorder and social phobia: a population-based twin study. *American Journal of Psychiatry, 164,* 1722-1728.

Ries, B.J., McNeila, D.W., Boonea, M.L., Turka, C.L., Carter, L.E. y Heimberg, R.G. (1998). Assessment of contemporary social phobia verbal report instruments. *Behaviour Research and Therapy, 36,* 983-994.

Robins, L.N., Helzer, J.E., Cottler, L. y Golding, E. (1989). *NIMH Diagnostic Interview Schedule, Version III, Revised (DIS-III-R).* St. Louis, WA: Washington University.

Ruscio, A.M., Brown, T.A., Chiu, W.T., Sareen, J., Stein, M.B. y Kessler, R.C. (2008). Social fears and social phobia in the USA: results from the National Comorbidity Survey Replication. *Psychological Medicine, 38,* 15-28.

Safren, S.A., Heimberg, R.G., Horner, K.J., Juster, H.R., Schneier, F.R y Liebowitz, M. R. (1999). Factor structure of social fears: the Liebowitz Social Anxiety Scale. *Journal of Anxiety Disorders, 13,* 253-270.

Salazar, I.C. y Caballo, V.E. (2011). *"Entrevista para los trastornos de ansiedad a lo largo de la vida, según el DSM-IV". Traducción y adaptación de "the Anxiety Disorders Interview Schedule for DSM-IV: Lifetime Version, ADIS-IV-L" de Di Nardo, Brown y Barlow (1994).* Manuscrito sin publicar.

Silverman, W.K. y Albano, A.M. (1996). *The Anxiety Disorders Interview Schedule for DSM-IV-Child and Parent Versions.* Londres: Oxford University Press.

Smits, J.A.J., Powers, M.B., Buxkamper, R. y Telch, M. J. (2006). The efficacy of videotape feedback for enhancing the effects of exposure-based treatment for social anxiety disorder: a controlled investigation. *Behaviour Research and Therapy, 44,* 1773-1785.

Stein, M.B., Jang, K.L. y Livesley, W.J. (2002). Heritability of social anxiety-related concerns and personality characteristics: a twin study. *Journal of Nervous and Mental Disease, 190,* 219-224.

Tanner, R.J., Stopa, L. y De Houwer, J. (2006). Implicit views of the self in social anxiety. *Behaviour Research and Therapy, 44,* 1397-1409.

Taylor, S., Woody, S., McLean, P.D. y Koch, W.J. (1997). Sensitivity of outcome measures for treatments of generalized social phobia. *Assessment, 4,* 181-191.

Tran, G.Q. y Smith, J.P. (2004). Behavioral assessment in the measurement of treatment outcome. En M. Hersen (dirs.), *Comprehensive handbook of psychological assessment* (vol. 3, pp. 269-290). New Jersey: John Wiley.

Turk, C., Heimberg, R. y Hope, D. (2001). Social anxiety disorder. En D. H. Barlow (dir.), *Clinical handbook of psychological disorders* (3ª ed., 114-153). Nueva York: Guilford.

Turner, S.M., Beidel, D.C., Dancu, C.V. y Stanley, M.A (1989). An Empirically derived inventory to measure social fears and anxiety: The Social Phobia and Anxiety Inventory. *Psychological Assessment: A Journal of Consulting and Clinical Psychology, 1,* 35-40.

Turner, S.M., Stanley, M.A., Beidel, D.C. y Bond, L. (1989). The Social Phobia and Anxiety Inventory: Construct validity. *Journal of Psychopathology and Behavioral Assessment, 11,* 221-234.

Voncken, M.J. y Bögels, S.M. (2008). Social performance deficits in social anxiety disorder: reality during conversation and biased perception during speech. *Journal of Anxiety Disorders, 22,* 1384-1392.

Walen, S.R. (1985). Social anxiety. En M. Hersen y A.S. Bellack (dirs.), *Handbook of clinical behavior therapy with adults.* Nueva York: Plenum.

Walen, S.R., DiGiuseppe, R. y Dryden, W. (1992). *A practitioner's guide to rational emotive therapy.* Nueva York: Oxford University.

Watson, D. y Friend, R. (1969). Measurement of social-evaluative anxiety. *Journal of Consulting and Clinical Psychology, 33,* 448-457.

Wessler, R.L. (1983). Rational-emotive therapy in groups. En A. Freeman (dir.), *Cognitive therapy with couples and groups.* Nueva York: Plenum.

Wittchen, H.U., Stein, M.B. y Kessler, R.C. (1999). Social fears and social phobia in a community sample of adolescents and young adults: prevalence, risk factors and comorbidity. *Psychological Medicine, 29,* 309-323.

World Health Organization (1994). *Schedules for Clinical Assessment in Neuropsychiatry (SCAN).* Washington, DC: American Psychiatric Research.

World Health Organization (1997). *The World Health Organization (WHO) Composite International Diagnostic Interview Version 2.1.* Recuperado el 7 de marzo de 2011, desde http://www.hcp.med.harvard.edu/wmhcidi/index.php

9. LECTURAS RECOMENDADAS

Botella. C., Baños, R. y Perpiñá, C. (2003). *Fobia social.* Barcelona: Paidós
Libro escrito por autores españoles que revisa el campo de la fobia social, desde la psicopatología, pasando por la evaluación, hasta el tratamiento. Pero no sólo se queda en la revisión del área, sino que en los capítulos finales hace una propuesta de tratamiento paso a paso. Incluye numerosos apéndices para ser utilizados con el programa de tratamiento.

Caballo, V. E. (1997). *Manual de evaluación y entrenamiento de las habilidades sociales.* Madrid: Siglo XXI.
Manual clásico sobre la evaluación y el entrenamiento de las habilidades sociales, dirigido a estudiantes y profesionales de la psicología clínica, que presenta toda la información necesaria para desarrollar programas de entrenamiento en habilidades sociales para ser aplicados a diferentes problemas, en especial a la fobia social.

Echeburúa, E. (1995). *Evaluación y tratamiento de la fobia social.* Barcelona: Martínez-Roca.
Este libro se centra en la evaluación y tratamiento de la fobia social desde una perspectiva fundamentalmente práctica. Añade numerosos detalles en determinadas técnicas, como la exposición o el entrenamiento en habilidades sociales. Escrito por uno de los psicólogos españoles más prolíficos, el libro es fácil de leer y el lector acaba teniendo una clara idea del tratamiento de la fobia social.

Heimberg, R. G., Liebowitz, M. R., Hope, D. A. y Schneier, F. R. (2000). *Fobia social: diagnóstico, evaluación y tratamiento.* Barcelona: Martínez-Roca (orig. 1995).
Los autores de este libro son conocidos internacionalmente por su trabajo en el área de la fobia social y presentan una revisión de dicha área, desde las propuestas teóricas y empíricas, pasando por la evaluación, hasta los tratamientos farmacológicos y cognitivo conductuales. No obstante, se advierte al lector que la traducción al español es bastante deficiente.

Pastor, C. y Sevillá, J. (1999). *Tratamiento psicológico de la fobia social.* Valencia: Centro de Terapia de Conducta.
Escrito por una pareja de experimentados psicólogos clínicos, este libro aborda el tema del tratamiento de la fobia social desde un punto de vista eminentemente práctico, con ejemplos sencillos, y dirigido fundamentalmente a un público que no necesita un bagaje importante de conocimientos de Psicología.

10. PREGUNTAS DE AUTOEVALUACIÓN

1) La inhibición conductual en la infancia está estrechamente asociada con el trastorno de ansiedad social en la adolescencia.
2) Los mecanismos normales de aprendizaje de las fobias, incluyendo la fobia social, constituyen lo que se denomina "las cinco vías hacia el miedo".
3) La dimensión "Quedar en evidencia o en ridículo" es una de las cinco dimensiones básicas del "Cuestionario de ansiedad social para adultos" (CASO-A30).
4) La terapia de aceptación y compromiso es una estrategia de intervención empíricamente validada para el trastorno de ansiedad social.
5) Se recomienda que los grupos de tratamiento cognitivo conductual del TAS tengan más de 10 pacientes para facilitar las relaciones interpersonales en el grupo.
6) En la relajación diferencial utilizada como parte del programa de tratamiento para el trastorno de ansiedad social, los músculos no se tensan, sino que se relajan directamente.
7) El protocolo de Heimberg y cols. para el TAS es más conductual que cognitivo.
8) En el diagnóstico del trastorno de ansiedad social por el DSM-5 se ha incluido un nuevo especificador denominado "solo actuación"
9) En el protocolo de tratamiento para el trastorno de ansiedad social propuesto en el presente capítulo, los 20 primeros minutos de cada sesión se dedican a repasar las tareas para casa.
10) El programa de tratamiento propuesto para el trastorno de ansiedad social incluye como técnicas principales la desensibilización sistemática, la reestructuración cognitiva, la exposición y el entrenamiento en habilidades sociales.

Las respuestas (verdadero, o falso) a las preguntas
se encuentran en el anexo final del texto.

6

TRASTORNO DE ANGUSTIA Y AGORAFOBIA

Marta Isabel Díaz García

U.N.E.D.

Mª Isabel Comeche Moreno

U.N.E.D.

1. INTRODUCCIÓN

El trastorno de angustia y la agorafobia son problemas psicopatológicos graves y relativamente frecuentes que suelen ocasionar un elevado nivel de perturbación emocional, así como deterioro ocupacional y social en las personas que los padecen. Estas características han propiciado un ingente esfuerzo investigador, especialmente en el ámbito de la eficacia y efectividad de los tratamientos utilizados, de hecho, se trata de uno de los ámbitos de la salud mental donde la eficacia de los tratamientos psicológicos se considera más consolidada. De forma específica, son las intervenciones cognitivo-conductuales las que han conseguido mayor evidencia empírica que avale su eficacia y efectividad para paliar el malestar y deterioro asociado a estos trastornos.

Aunque el trastorno de angustia y la agorafobia son dos entidades nosológicas diferenciadas, en la práctica clínica suelen presentarse interrelacionadas. Históricamente se había considerado el problema fóbico (la agorafobia) como el foco principal de atención, siendo los ataques de pánico meros indicadores de la gravedad de dicho trastorno; posteriormente esta conceptualización cambió y el trastorno de angustia empezó a verse como el trastorno primario, a partir del cual se podía desarrollar o no agorafobia (APA, 2000). Actualmente la crisis de angustia (o ataque de pánico) se considera el elemento básico y nuclear para realizar el diagnóstico de trastorno de angustia, siendo este trastorno un factor de riesgo potencial para el desarrollo de agorafobia; a su vez, como se detallará en epígrafes subsiguientes, la agorafobia se considera un síndrome independiente del trastorno de angustia (APA, 2013), pues un número importante de casos no tienen síntomas de pánico. Además, los resultados de la investigación apuntan a que la agorafobia puede constituirse en un factor de riesgo potencial para el desarrollo de un trastorno de angustia.

Antes de abordar los contenidos de este capítulo, debe hacerse una precisión terminológica. En general, en el contexto hispanohablante los términos ataque de pánico y crisis de angustia se utilizan indistintamente en la literatura científica. Esta tendencia es la que se va a seguir en este capítulo, por lo que se va a alternar el uso de ambos términos (crisis de angustia y ataque de pánico) y, a su vez, se usará indistintamente los términos de trastorno de angustia y trastorno de pánico, por considerarlos equivalentes.

2. DEFINICIÓN, CLASIFICACIÓN Y EPIDEMIOLOGÍA

2.1. Características del pánico y del trastorno de angustia

El trastorno de angustia se caracteriza por la presencia de crisis de angustia o ataques de pánico recurrentes e inesperados a lo largo del tiempo, que producen una severa sensación de miedo a estar en peligro. El ataque de pánico es el síndrome central de este trastorno y se caracteriza por la aparición de un período de intenso temor o malestar acompañado de síntomas fisiológicos y cognitivos. En general, las crisis de angustia incluyen síntomas somáticos agudos de carácter cardiovascular, respiratorio, neurológico y gastrointestinal. También es frecuente que durante el ataque estén presentes otros síntomas como la sudoración, y manifestaciones psicológicas como mareos, inseguridad, llanto o temor a morir. El inicio del ataque de pánico suele ser súbito, alcanzando su máxima intensidad rápidamente, normalmente en los primeros 10 minutos. En algunos casos las crisis se suceden en oleadas, comenzando la siguiente al poco tiempo de haber terminado la anterior, o incluso sin que haya finalizado totalmente.

Las Tablas 1 y 2 muestran los criterios DSM-5 (APA, 2013) para el diagnóstico de trastorno de pánico y el especificador de ataque de pánico, respectivamente.

A. Ataques de pánico imprevistos recurrentes. Un ataque de pánico es la aparición súbita de miedo intenso o de malestar intenso que alcanza su máxima expresión en minutos y durante este tiempo se producen cuatro (o más) de los síntomas siguientes:

Nota: La aparición súbita se puede producir desde un estado de calma o desde un estado de ansiedad.

1. Palpitaciones, golpeteo del corazón o aceleración de la frecuencia cardiaca.
2. Sudoración.
3. Temblor o sacudidas.
4. Sensación de dificultad para respirar o de asfixia.
5. Sensación de ahogo.
6. Dolor o molestias en el tórax.
7. Náuseas o malestar abdominal.
8. Sensación de mareo, inestabilidad, aturdimiento o desmayo.
9. Escalofríos o sensación de calor.
10. Parestesias (sensación de entumecimiento o de hormigueo).
11. Desrealización (sensación de irrealidad) o despersonalización (separarse de uno mismo).
12. Miedo a perder el control o de "volverse loco."
13. Miedo a morir.

Nota: Se pueden observar síntomas específicos de la cultura (p. ej., acúfenos, dolor de cuello, dolor de cabeza, gritos o llanto incontrolable). Estos síntomas no cuentan como uno de los cuatro síntomas requeridos.

B. Al menos a uno de los ataques le ha seguido un mes (o más) de uno o los dos hechos siguientes:
   1. Inquietud o preocupación continua acerca de otros ataques de pánico o de sus consecuencias (p. ej., pérdida de control, tener un ataque de corazón, "volverse loco").
   2. Un cambio significativo de mala adaptación en el comportamiento relacionado con los ataques (p. ej., comportamientos destinados a evitar los ataques de pánico, como evitación del ejercicio o de las situaciones no familiares).

C. La alteración no se puede atribuir a los efectos fisiológicos de una sustancia (p. ej., una droga, un medicamento) ni a otra afección médica (p. ej., hipertiroidismo, trastornos cardiopulmonares).

D. La alteración no se explica mejor por otro trastorno mental (p. ej., los ataques de pánico no se producen únicamente en respuesta a situaciones sociales temidas, como en el trastorno de ansiedad social; en repuesta a objetos o situaciones fóbicas concretos, como en la fobia específica; en respuesta a obsesiones, como en el trastorno obsesivo-compulsivo; en respuesta a recuerdos de sucesos traumáticos, como en el trastorno de estrés postraumático; o en respuesta a la separación de figuras de apego, como en el trastorno de ansiedad por separación).

Tabla 1. Criterios DSM-5 para el diagnóstico de trastorno pánico (APA, 2013)

Nota: Los síntomas se presentan con el propósito de identificar un ataque de pánico; sin embargo, el ataque de pánico no es un trastorno mental y no se puede codificar. Los ataques de pánico se pueden producir en el contexto de cualquier trastorno de ansiedad así como en otros trastornos mentales (p. ej., trastornos depresivos, trastorno por estrés postraumático, trastornos por consumo de sustancias) y en algunas afecciones médicas (p. ej., cardíacas, respiratorias, vestibulares, gastrointestinales). Cuando se identifica la presencia de un ataque de pánico, se ha de anotar como un especificador (p. ej., trastorno de estrés postraumático con ataques de pánico). En el trastorno de pánico, la presencia de un ataque de pánico está contenida en los criterios para el trastorno y el ataque de pánico no se utiliza como un especificador. La aparición súbita de miedo intenso o de malestar intenso que alcanza su máxima expresión en minutos y durante este tiempo se producen cuatro (o más) de los síntomas siguientes:
Nota: La aparición súbita se puede producir desde un estado de calma o desde un estado de ansiedad.

1. Palpitaciones, golpeteo del corazón o aceleración de la frecuencia cardiaca.
2. Sudoración.
3. Temblor o sacudidas.
4. Sensación de dificultad para respirar o de asfixia.
5. Sensación de ahogo.
6. Dolor o molestias en el tórax.
7. Náuseas o malestar abdominal.
8. Sensación de mareo, inestabilidad, aturdimiento o desmayo.
9. Escalofríos o sensación de calor.
10. Parestesias (sensación de entumecimiento o de hormigueo).
11. Desrealización (sensación de irrealidad) o despersonalización (separarse de uno mismo).
12. Miedo a perder el control o a "volverse loco."
13. Miedo a morir.

Nota: Se pueden observar síntomas específicos de la cultura (p. ej., acúfenos, dolor de cuello, dolor de cabeza, gritos o llanto incontrolable). Estos síntomas no cuentan como uno de los cuatro síntomas requeridos.

Tabla 2. Criterios DSM 5 del especificador de ataque de pánico (APA, 2013)

Según el DSM-5 (APA, 2013) el trastorno de angustia se diagnostica a partir de la presencia de crisis de angustia recurrentes e inesperadas (criterio A) y, al menos, uno de los siguientes síntomas (durante un mes o más) (criterio B): (1) preocupación constante por la posible aparición de nuevos ataques o por las consecuencias de los mismos (p. ej.: sufrir un ataque cardíaco, morirse o perder el control), y (2) cambios significativos de carácter desadaptativo en el comportamiento como consecuencia del ataque de pánico. Además, el diagnóstico de trastorno de angustia requiere excluir otras posibles alternativas (criterios C y D), dado que las crisis de angustia podrían presentarse como consecuencia de enfermedades como el hipertiroidismo, deberse a los efectos fisiológicos directos de drogas o fármacos, o aparecer en el contexto de otras psicopatologías, como la fobia social, el síndrome de estrés postraumático o el trastorno obsesivo-compulsivo.

De los criterios expuestos se deduce que en el trastorno de angustia existen dos componentes básicos, por un lado, la presencia de los ataques de pánico o crisis de angustia y, por otra, la preocupación creciente por sus consecuencias y su falta de predictibilidad. El miedo característico del trastorno de angustia no se refiere a una causa externa que pudiese suponer alguna amenaza, sino al peligro que supone enfrentarse con el propio ataque de pánico que, al manifestarse con una amplia e intensa sintomatología fisiológica, induce en la persona la sensación de que pueden producirse graves consecuencias físicas o psíquicas, o bien la muerte de forma inminente. La aparición inesperada y recidivante de estos ataques genera preocupación por la posibilidad de padecer nuevas crisis de angustia, así como por sus consecuencias. De esta forma, se desarrolla una respuesta de ansiedad anticipatoria elevada, al no saber cuándo puede sobrevenir la próxima crisis; esta ansiedad anticipatoria provoca en el sujeto un estado de alerta y activación fisiológica permanente que facilita la aparición de crisis subsiguientes.

Aunque los síntomas autonómicos suelen ser los más habituales durante las crisis de angustia, existe una amplia variabilidad en el perfil y severidad de los síntomas, lo que ha sugerido la posible existencia de subtipos de trastornos de angustia (Bass, Kartsounis y Lelliott y cols., 1987; Aronson y Logue, 1988). De estos posibles subtipos, el identificado como trastorno de angustia con síntomas respiratorios prominentes (hiperventilación y disnea), parece tener una entidad diferenciada de los demás. Por otra parte, hay que considerar que algunos pacientes presentan ataques de pánico con sintomatología asociada de carácter neurológico (p.ej.: paralización, incapacidad para articular palabras, etc.) o de tipo cognitivo, concretamente de carácter disociativo (p.ej.: pensamientos y sensaciones de despersonalización y desrealización).

Un subtipo a considerar es el conocido como trastorno de angustia sin miedo. A este respecto es necesario señalar que, según a los criterios del DSM-5, no es necesaria la existencia de sensación de miedo elevado para el diagnóstico de ataque de pánico, sino simplemente la existencia de un malestar intenso, siendo la presencia de la sintomatología fisiológica el elemento diagnóstico fundamental. Esta observación ha llevado a algunos autores (Rachman, Lopatka y Levitt, 1988; Kushner y Beitman, 1990) a definir lo que se ha llamado trastorno de angustia sin miedo, condición que se solapa con fenómenos conocidos como pánico no cognitivo, pánico expresado somáticamente, pánico no clínico, ansiedad enmascarada o pánico alexitímico, reconociendo que este subtipo puede suponer entre el 20% y el 40% de los trastornos de angustia identificados en algunas poblaciones.

La presencia de un arousal autonómico intenso como rasgo distintivo de las crisis de angustia también resulta un criterio diagnóstico de validez limitada, al menos en cuanto a los índices cardiovasculares se refiere. Por ejemplo, a pesar de que la evidencia muestra que la elevación de la frecuencia cardiaca y otros índices de activación simpática son una respuesta generalizada durante las crisis de angustia, Margraf, Taylor, Ehlers y cols. (1987) encontraron que el 40% de las crisis de angustia auto-informadas no cursaban con una aceleración de la frecuencia cardiaca. Más aún, los pacientes con trastorno de angustia era más probable que informasen de arritmias en su frecuencia cardiaca en ausencia real de ellas, en comparación con otras muestras de trastornos de ansiedad (Barsky, Cleary, Sarnie y Ruskin, 1994), y es que la ansiedad sostenida acerca de síntomas somáticos puede llevar a percibir variaciones cardiacas inexistentes. Podría ser que la aparición de una crisis de angustia en ausencia de aceleración cardiaca, u otros índices autonómicos, refleje más la presencia de ansiedad anticipatoria que pánico real, pues los ataques más severos sí están consistentemente asociados al incremento de la frecuencia cardiaca (Craske y Barlow, 2008).

La predictibilidad de los ataques de pánico es también un aspecto polémico en el diagnóstico del trastorno de angustia, pues aunque éste requiere la ocurrencia de crisis inesperadas, la repetición de esas crisis inesperadas puede conducir con el paso del tiempo a que queden asociadas a ciertas situaciones, pasando así a ser predecibles y esperadas.

A pesar de que la creencia y sensación de los pacientes con trastorno de angustia de que es imposible predecir sus ataques de pánico, en ciertos casos las crisis parecen estar relacionadas con ciertas situaciones o actividades previas que es posible identificar. Determinados cambios ambientales (p.ej.: incremento de temperatura, sequedad del ambiente, etc.), o actividades como el ejercicio físico, las relaciones sexuales, el estrés, el afrontamiento de problemas o conflictos cotidianos, los estados más o menos intensos de activación, etc. se han puesto de manifiesto en muchas ocasiones como antecedentes de los ataques de pánico; no obstante, y como se ha señalado, a los pacientes les cuesta discernir este tipo de señales y, en no pocas ocasiones, aceptarlas como antecedentes del problema. Por otro lado, es probable que las crisis calificadas como más impredecibles (crisis no señaladas) estén asociadas a cambios fisiológicos internos que resulten demasiado sutiles para la captar la atención del sujeto afectado. De hecho, está ampliamente recogido en la investigación sobre psicofisiología de los trastornos por angustia, que los individuos afectados muestran un respuesta respiratoria basal diferente en diversos índices respiratorios a las presentadas por las muestras controles, y que los cambios en frecuencia respiratoria (acortamiento e incremento de la frecuencia) suelen anteceder al comienzo de una crisis (Wilhem y Roth, 2001).

Quizá el ejemplo más extremo de la falta de predictibilidad y la espontaneidad sean las crisis de angustia nocturnas (en pleno sueño) que padecen muchos pacientes con trastorno de angustia. Este tipo de ataques se suelen dar fuera de las fases REM y aparecen de forma regular en un porcentaje importante de los pacientes con trastorno de angustia (entre el 18% y el 33%) (Craske, Lang, Aikins y Mystkowski, 2005). Clark y Salkovkis (1987) han propuesto como explicación para este fenómeno una hipótesis de carácter cognitivo que implica la activación de un sistema de detección de estímulos significativos mientras dormimos. De hecho, mientras dormimos no abandonamos la interacción con el entorno, sino que simplemente se elevan los umbrales para cierto tipo de estimulación mientras que se reducen o mantienen para otros. De esta forma, si una persona es capaz de captar una señal externa sutil pero significativa (p. ej. el llanto incipiente de un bebé), también es posible que podamos captar señales internas, como cambios corporales, que resulten significativos y que faciliten la aparición de la crisis de angustia (Craske y cols., 2005).

2.2. Características de la agorafobia

La principal característica de la agorafobia es la aparición de ansiedad en situaciones o lugares en los que sería difícil escapar o disponer de ayuda en caso de necesidad y, junto a ello, la evitación o limitación de la permanencia en dichas situaciones. La Tabla 3 recoge los criterios DSM-5 para el diagnóstico de agorafobia.

A. Miedo o ansiedad intensa acerca de dos (o más) de las cinco situaciones siguientes:
   1. Uso del transporte público (p. ej., automóviles, autobuses, trenes, barcos, aviones).
   2. Estar en espacios abiertos (p. ej., zonas de estacionamiento, mercados, puentes).
   3. Estar en sitios cerrados (p. ej., tiendas, teatros, cines).
   4. Hacer cola o estar en medio de una multitud.
   5. Estar fuera de casa solo.

B. El individuo teme o evita estas situaciones debido a la idea de que escapar podría ser difícil o podría no disponer de ayuda si aparecen síntomas tipo pánico u otros síntomas incapacitantes o embarazosos (p. ej., miedo a caerse en las personas de edad avanzada; miedo a la incontinencia).

C. Las situaciones agorafóbicas casi siempre provocan miedo o ansiedad.

D. Las situaciones agorafóbicas se evitan activamente, requieren la presencia de un acompañante o se resisten con miedo o ansiedad intensa.

E. El miedo o la ansiedad es desproporcionado al peligro real que plantean las situaciones agorafóbicas y al contexto sociocultural.

F. El miedo, la ansiedad o la evitación es continuo, y dura típicamente seis o más meses.

G. El miedo, la ansiedad o la evitación causa malestar clínicamente significativo o deterioro en lo social, laboral u otras áreas importantes del funcionamiento.

H. Si existe otra afección médica (p. ej., enfermedad intestinal inflamatoria, enfermedad de Parkinson), el miedo, la ansiedad o la evitación es claramente excesiva.

I. El miedo, la ansiedad o la evitación no se explica mejor por los síntomas de otro trastorno mental—por ejemplo, los síntomas no se limitan a la fobia específica, a la situación; no implican únicamente situaciones sociales (como en el trastorno de ansiedad social); y no están exclusivamente relacionados con las obsesiones (como en el trastorno obsesivo-compulsivo), defectos o imperfecciones percibidos en el aspecto físico (como en el trastorno dismórfico corporal), recuerdo de sucesos traumáticos (como en el trastorno de estrés postraumático) o miedo a la separación (como en el trastorno de ansiedad por separación).

Nota: Se diagnostica agorafobia independientemente de la presencia de trastorno de pánico. Si la presentación en un individuo cumple los criterios para el trastorno de pánico y agorafobia, se asignarán ambos diagnósticos.

Tabla 3. Criterios DSM-5 para el diagnóstico de agorafobia (APA, 2013)

La agorafobia puede aparecer en el contexto de un trastorno de angustia o, en otras palabras, las personas con trastorno de angustia pueden llegar a desarrollar una agorafobia. La experiencia de una crisis de angustia resulta aterradora para la mayor parte de los que la padecen, sin embargo, la ansiedad anticipatoria frente al hecho de que se vuelva a producir de forma inesperada y sin que sea posible anticipar o controlar su aparición, resulta el elemento más perturbador de la vida diaria del paciente. La sensación de peligro físico y sobre todo de descontrol que conlleva este problema puede conducir a tratar de evitar cualquier indicio físico o ambiental que pueda estar relacionado con su aparición. De esta forma, el paciente con crisis de angustia tiende a evitar los síntomas corporales que interpreta como señales de comienzo de una crisis, así como lugares donde la crisis ha aparecido o, aunque no haya aparecido, dónde las consecuencias de su aparición puedan ser, a su criterio, catastróficas o dañinas.

No obstante, es importante insistir en que agorafobia y trastorno de angustia son dos entidades nosológicas diferenciadas, pues es un hecho constatado la existencia de casos de agorafobia sin historia de crisis de angustia que explique la génesis de los síntomas agorafóbicos (Hoffart y cols., 2016). La investigación epidemiológica establece que, si bien el pánico sería un factor de riesgo potencial para la aparición de agorafobia, la agorafobia también puede ser un factor de riesgo para la evolución a un trastorno de angustia. Los estudios epidemiológicos prospectivos (Bienvenue y cols., 2006) muestran que las personas con antecedentes de depresión mayor, crisis de angustia espontáneas, trastorno de angustia y otras fobias tienen, en comparación con las personas sin dichos antecedentes, una probabilidad significativamente mayor de desarrollar agorafobia; en todo caso, el factor predictivo más significativo del estudio de Bienvenue y cols. (2006) fue el trastorno de angustia. Por el contrario, entre los factores predictivos incluidos en el eje I del DSM-IV (APA, 1994) para la presentación de un trastorno de angustia, se han identificado antecedentes de trastornos relacionados con el consumo de drogas, depresión mayor, distimia y agorafobia sin antecedentes de crisis de angustia espontáneas. Al tener en cuenta las comorbilidades presentes al inicio del estudio, la agorafobia fue el único factor predictivo significativo de trastorno de angustia. Estos datos coinciden con los aportados por estudios epidemiológicos retrospectivos, apoyando la existencia de una relación causal bidireccional entre trastorno de angustia y agorafobia y la pertinencia de considerar esta última como un trastorno independiente, consideración que finalmente recogió la última versión DSM (DSM-5).

En la agorafobia el núcleo del miedo no es el temor a determinados lugares, personas o situaciones, sino el temor a sufrir un ataque de pánico o la anticipación de elevados niveles de ansiedad y malestar en dichas situaciones. Este núcleo del miedo es el que se ha dado en llamar miedo al miedo. El proceso de miedo al miedo conlleva, por un lado, el temor a la sintomatología somática, por otro, diversas cogniciones acerca de las consecuencias perjudiciales que tendrán los síntomas somáticos, tanto a nivel físico (ataque al corazón, pérdida de conciencia, etc.), como mental (volverse loco, perder el control, hacer cualquier cosa, etc.) y social (que piensen que uno está loco, o que es débil psicológicamente).

Las situaciones que de forma más habitual son evitadas por los agorafóbicos son los lugares públicos, sobre todo si concentran a un gran número de personas (supermercado, cine, teatro, etc.), los lugares elevados (puentes) o cerrados (túneles), espacios abiertos, medios de transporte, etc. El tipo de situaciones que los pacientes con agorafobia tienden a evitar pueden ser muy variadas, aunque todas ellas suelen tener en común la dificultad percibida para escapar o conseguir ayuda en caso de necesitarla. Además de estas situaciones típicas, los pacientes suelen evitar también aquellas actividades que están asociadas con la producción de síntomas corporales relacionados con la crisis de angustia o con ansiedad (p.ej.: todo ejercicio físico que pueda producir algún tipo de activación fisiológica; espacios o ambientes calurosos o húmedos como piscinas cubiertas, saunas o baños turcos). En algunos casos de agorafobia no llega a darse totalmente la evitación, sino que la persona aquejada sí se expone a las situaciones temidas, pero lo hace de forma limitada y a costa de un gran malestar. En estos casos los pacientes suelen desarrollar una serie de conductas de seguridad (p.ej.: ir acompañados de alguna persona de confianza, o de un animal doméstico, tomar medicación, ingerir drogas, beber alcohol, llevar una botella de agua a todas partes, distraerse, etc.), que son las que les permiten afrontar la situación, a pesar de las altas dosis de malestar. Estas conductas tienen un efecto paliativo a corto plazo, pero refuerzan el miedo al impedir que se no se confirmen las expectativas dramáticas que se anticipan sobre la situación.

2.3. Epidemiología

La ocurrencia de crisis de angustia no es exclusiva del trastorno de angustia; de hecho, en la población general la ocurrencia ocasional de ataques de pánico puede cifrarse entre el 3% y el 5% (Craske y Barlow, 2008). Las crisis de angustia constituyen un síntoma muy común en las patologías psiquiátricas, pudiendo observarse en la mayor parte de los trastornos de ansiedad (fobia específica, fobia social, trastorno de ansiedad generalizada), en el trastorno obsesivo-compulsivo, en el trastorno de estrés postraumático, en trastornos del estado de ánimo (depresión mayor, trastornos bipolares), en trastornos por somatización, esquizofrenia, así como en ciertas enfermedades médicas (prolapso de la válvula mitral, hipertiroidismo, etc.), e incluso en poblaciones no clínicas.

La prevalencia del trastorno de angustia ha sido estudiada en amplias muestras de población de diversos países (EEUU, Canadá, Puerto Rico, Francia, Alemania, Italia, Líbano, Taiwan, Korea y Nueva Zelanda) con porcentajes que oscilan entre el 1,5% y el 3,5%; en estos estudios el riesgo de padecer el trastorno se considera dos veces mayor en las mujeres que en los varones

(Weissman, Bland, Canino y Faravelli, 1997). Aunque la edad de inicio varía considerablemente, suele presentar una distribución bimodal, siendo lo más frecuente que se inicie al final de la adolescencia o bien en la mitad de la cuarta década de la vida (APA, 2002). La revisión de Bandelow y Michaelis (2015) identifica una edad media de comienzo de este trastorno de 24 años, siendo rara su aparición en la última etapa del ciclo vital (entre los 65 y los 79 años), quizá debido a una menor reactividad autonómica en esas edades.

En una amplia revisión elaborada por Goodwin y cols. (2005) de 13 trabajos procedentes de 14 países europeos, la prevalencia anual del trastorno de angustia en población adulta se estableció en cerca del 1,8%. En todos los trabajos se constató que el trastorno de angustia es más frecuente en mujeres (3%) que en varones (1,7%). Esta diferencia de prevalencia en función del sexo, de aproximadamente el doble en las mujeres, es un dato consistente en la investigación y sigue poniéndose de manifiesto en las revisiones más actuales sobre la epidemiología de los trastornos de ansiedad (Bandelow y Michaelis, 2015).

En España, un estudio transversal de prevalencia con muestreo aleatorizado de doble fase con pacientes atendidos en los servicios de atención primaria de la Comunidad de Madrid, de entre 18 y 65 años de edad, encontró una prevalencia del trastorno de angustia de 7,17% (Garrido-Elustondo y cols., 2016).

Respecto a la agorafobia, los estudios epidemiológicos informan de una edad media de inicio en torno a 20 años (Bandelow y Michaelis, 2015). Los datos de incidencia se estiman alrededor de 1,7% (APA, 2013), con picos de incidencia durante los últimos años de la adolescencia o primeros años de la vida adulta. En cuanto a la prevalencia de este trastorno, se estima una prevalencia a lo largo de la vida del 6,7% y una prevalencia mensual del 2,3%, también en este caso siendo mucho más frecuente en las mujeres (7,9%) que en los varones (3,2%) (Hollander y Simeon, 2004; Bandelow y Michaelis, 2015). En nuestro país, el dato de prevalencia de la agorafobia obtenido en una muestra de pacientes de atención primaria está en torno al 6,18% (Garrido-Elustondo y cols., 2016).

Por último, especificar que una buena parte de los individuos que acuden a consulta por un problema de agorafobia presentan un trastorno de angustia comórbido (APA, 2000), y que en el 23% de los casos de agorafobia estudiados la agorafobia precedía a la crisis de angustia inicial (Lelliott, Marks, McNamee y Tobena, 1989). No obstante, algunos de estos datos proceden de estudios retrospectivos que pueden plantear dudas sobre la fiabilidad de la información obtenida.

3. MODELOS ETIOLÓGICOS

En los últimos 50 años se han venido desarrollando numerosas investigaciones con el fin de establecer la etiología y los procesos de desarrollo y mantenimiento del trastorno de angustia y la agorafobia. Aunque los primeros estudios se centraron en identificar el proceso fisiológico que subyacía al pánico desde una perspectiva fundamentalmente biologicista, pronto algunos autores comenzaron a considerar este enfoque como insuficiente para explicar el problema en toda su complejidad y diversidad, produciéndose un viraje hacia modelos de carácter psicobiológico en los que los elementos de carácter psicológico, sobre todo cognitivo, empezaron a tener un peso relevante en la explicación de la respuesta del sujeto a los cambios fisiológicos y el desarrollo de los trastornos de angustia y la agorafobia.

Uno de los aspectos más importantes en el estudio del origen del trastorno de pánico y la agorafobia es la vulnerabilidad. La predisposición biológica y psicológica incrementa la probabilidad de desarrollar miedo a las sensaciones corporales, especialmente aquellas asociadas con arousal autonómico, o a las consecuencias aversivas y/o vergonzantes derivadas de no poder escapar de determinadas situaciones. Esta vulnerabilidad se conceptualiza en el marco de la teoría de la triple vulnerabilidad a la ansiedad (Suarez, Bennet, Goldstein y Barlow, 2009). La dotación genética de un individuo constituiría la vulnerabilidad biológica al desarrollo de ansiedad y el afecto negativo, pero junto a ella existe también una vulnerabilidad psicológica. Así, la evidencia apoya la existencia de una vulnerabilidad psicológica generalizada, caracterizada por la tendencia a experimentar ansiedad y estados afectivos negativos, junto a una sensación de control disminuida originada a partir de experiencias de desarrollo tempranas. Por último, una vulnerabilidad psicológica específica daría cuenta del desarrollo del trastorno de angustia o de la agorafobia, es decir, determinadas experiencias de aprendizaje focalizan la ansiedad en áreas relevantes al trastorno concreto. Veamos a continuación los diferentes factores de vulnerabilidad para el desarrollo de un trastorno de angustia y/o agorafobia.

3.1. Factores de vulnerabilidad

Genética y temperamento

El rasgo temperamental más asociado a los trastornos de ansiedad es el neuroticismo (Eysenck, 1981) o predisposición a experimentar emociones negativas en respuesta a estímulos estresantes. Un constructo muy ligado al neuroticismo es el de afectividad negativa, que puede definirse como la tendencia a experimentar una gran variedad de emociones negativas a lo largo de diversas situaciones, incluso en ausencia de situaciones o estímulos estresantes objetivos. La investigación muestra que el peso de la afectividad negativa es diferente entre los trastornos de ansiedad, teniendo un peso mayor en aquellos trastornos más pervasivos como el trastorno de ansiedad generalizada, un peso intermedio en el trastorno de angustia, y el menor peso en el trastorno de ansiedad social (Brown, Chorpita y Barlow, 1998). Parece existir una tendencia heredable en el neuroticismo, ya que diversos estudios genéticos multivariables atribuyen, de forma consistente, a factores genéticos un porcentaje entre el 30% y el 50% de la varianza del neuroticismo (Eley, 2001). En el caso de la agorafobia hay datos de que su heredabilidad se sitúa sobre el 61% (APA, 2013).

Sensibilidad a la ansiedad: su papel en el trastorno de angustia y la agorafobia

Mientras que el neuroticismo se considera un factor de orden superior característico de todos los trastornos de ansiedad, el miedo al miedo (constructo que se solapa con el de sensibilidad a la ansiedad) es específico del trastorno de angustia, y de algunas formas de agorafobia. La sensibilidad a la ansiedad podría definirse como la creencia de que la ansiedad y los síntomas asociados pueden tener graves consecuencias físicas, psicológicas y sociales, más allá del malestar inmediato que produce un episodio de ansiedad.

Aunque la sensibilidad a la ansiedad es elevada en casi todos los trastornos de ansiedad, lo es particularmente en el caso del trastorno de angustia y en los casos de agorafobia en los que la evitación está relacionada con miedo a no poder escapar, o recibir ayuda, si se produce un ataque de pánico. Por este motivo, la sensibilidad a la ansiedad es uno de los constructos que ha recibido mayor atención durante los últimos años en relación con estos dos trastornos, siendo uno de los factores que subyace a los modelos cognitivos del trastorno de angustia y el desarrollo de la agorafobia (Talkovsky y Norton, 2015).

La sensibilidad a la ansiedad procede de la teoría de la expectativa de la ansiedad de Reiss y McNally (1985), quienes la definen como el miedo a las sensaciones y síntomas relacionados con la ansiedad, basado en la creencia de que dichas sensaciones y síntomas tienen consecuencias físicas, psicológicas y sociales dañinas para el individuo que las experimenta. Este constructo trata de abarcar los diversos síntomas y sensaciones relacionadas con la ansiedad, sin embargo algunos autores proponen que el concepto debe referirse principalmente a las sensaciones de la activación fisiológica, como palpitaciones, mareos, sofocos o sudoración (Taylor, 2000). Así, las personas con altos niveles de sensibilidad a la ansiedad tenderían a interpretar de forma errónea, como peligrosos, aquellos síntomas físicos que ocurren de una forma rápida, espontánea, inexplicable y que tienen una intensidad severa. Esta interpretación estaría mediada por creencias y miedos subyacentes acerca de las causas de los síntomas corporales y sus consecuencias, y jugaría un papel fundamental en el desarrollo del trastorno de pánico. Esta visión supone una combinación del modelo de expectativa de la ansiedad de Reiss y McNally (1985) y de la teoría de la interpretación catastrofista de Clark (1986) quién desarrolló un modelo cognitivo del pánico en el que las interpretaciones catastróficas de las sensaciones corporales son un factor crucial para el inicio y el mantenimiento del trastorno de angustia, y la posible agorafobia consecuente.

Diversas investigaciones muestran la existencia de una relación entre la sensibilidad a la ansiedad y el trastorno de angustia. Así, se ha identificado una relación longitudinal que sugeriría que una alta sensibilidad a la ansiedad predeciría la ocurrencia posterior de un trastorno de angustia (Maller y Reiss, 1992; Schmidt, Lerew y Jackson, 1997, 1999), convirtiendo a la sensibilidad a la ansiedad en un factor de riesgo para el trastorno de angustia. Sin embargo, otros autores consideran que la sensibilidad a la ansiedad puede predecir síntomas de pánico, pero que no predice el trastorno de angustia (Plehn y Peterson, 2002).

Historia de enfermedades médicas

El padecimiento de una enfermedad médica ha sido también considerado como un factor de vulnerabilidad específico al desarrollo de trastorno de angustia. La experiencia de problemas respiratorios, unida a una pobre salud parental, puede predecir el inicio de un trastorno de angustia a la edad de 18-21 años (Craske y cols., 2001). En este sentido, algunos autores señalan la existencia de más problemas respiratorios en los pacientes con trastorno de angustia en comparación con pacientes diagnosticados con otros trastornos de ansiedad, así como una mayor prevalencia de enfermedad pulmonar obstructiva crónica y asma en los familiares de primer grado de los pacientes con trastorno de angustia en comparación con otros trastornos de ansiedad (van Beek, Schruers y Friez, 2005). Así mismo, también aparece como probable (y merecedora de investigación) la existencia de una relación específica entre pánico y trastornos cardiovasculares (arritmias y cardiopatías) (Caldirola y cols., 2016). Por otra parte, fumar se considera un factor de riesgo para el padecimiento de ataques de pánico.

Experiencia de abuso e influencia del entorno

Las experiencias de abuso físico y sexual parecen también jugar un papel en la vulnerabilidad al trastorno de angustia. Informes retrospectivos de abuso se han asociado al comienzo de trastorno de angustia en edades entre los 16 y los 21 años (Goodwin, Ferguson y Horwood, 2005); este dato es consistente con los estudios transversales realizados en muestras clínicas y no clínicas (Safren y cols., 2002). Así mismo, es un hecho frecuente la presencia de estresores identificables en los 6 meses anteriores al primer ataque de pánico (p.ej.: conflicto interpersonal, problemas de salud, muertes en la familia, experiencias negativas con sustancias ilegales, etc.).

Los eventos negativos durante la niñez también parecen constituir factores de riesgo para el inicio de una agorafobia. Ejemplos de estos hechos negativos son: la muerte de uno de los progenitores, un divorcio, ser atacado o abusado. A su vez, los individuos con agorafobia suelen describir el clima familiar y el estilo parental durante su desarrollo como sobreprotector y poco cálido (APA, 2013).

Conciencia interoceptiva

En general, parece que los pacientes con trastorno de angustia, así como las personas con ataques de pánico no clínicos, suelen tener una conciencia incrementada de las sensaciones somáticas, o bien una especial habilidad para detectarlas. La habilidad para detectar el latido cardiaco parece una variable relativamente estable en estos pacientes, ya que no aparecen diferencias entre los que han recibido tratamiento y los que no, ni entre el tratamiento exitoso y el que no ha sido efectivo. Probablemente la capacidad de conciencia interoceptiva pueda considerarse un rasgo de predisposición al trastorno de angustia, aunque en la actualidad no es factible establecer si esta característica es una habilidad adquirida o heredada.

Inicio de las crisis de angustia

Desde un punto de vista evolutivo el miedo es una respuesta adaptativa, sin embargo el miedo experimentado durante una crisis de angustia está frecuentemente injustificado pues no suelen existir antecedentes identificables que expliquen su presencia, pudiendo considerarse, por tanto, como una falsa alarma. Tal como señalan los propios pacientes, los primeros ataques de pánico habrían ocurrido fuera de su casa, mientas conducían, caminaban, estaban en el trabajo, en la escuela, etc. Con frecuencia se producen en público, donde es probable estar expuestos a la evaluación social, o bien en transportes públicos. El denominador común de todas estas situaciones suele ser el hecho de que las sensaciones corporales experimentadas suponen una amenaza, bien por impedir el adecuado funcionamiento (conduciendo), por no poder escapar o estar lejos de un entorno seguro (el caso del transporte público) o por implicar una alta probabilidad de evaluación social negativa (situaciones sociales formales). Posiblemente la preocupación por no poder escapar o estar lejos de un entorno seguro, sean ideas que predispongan al desarrollo posterior de una agorafobia (Craske y Barlow, 2008).

En la Figura 1 se muestra el modelo de etiología del pánico de Barlow (1988) que integra los factores, tanto de vulnerabilidad biológica como psicológica, que parecen estar implicados en el desarrollo del pánico y de la evitación agorafóbica consecuente.

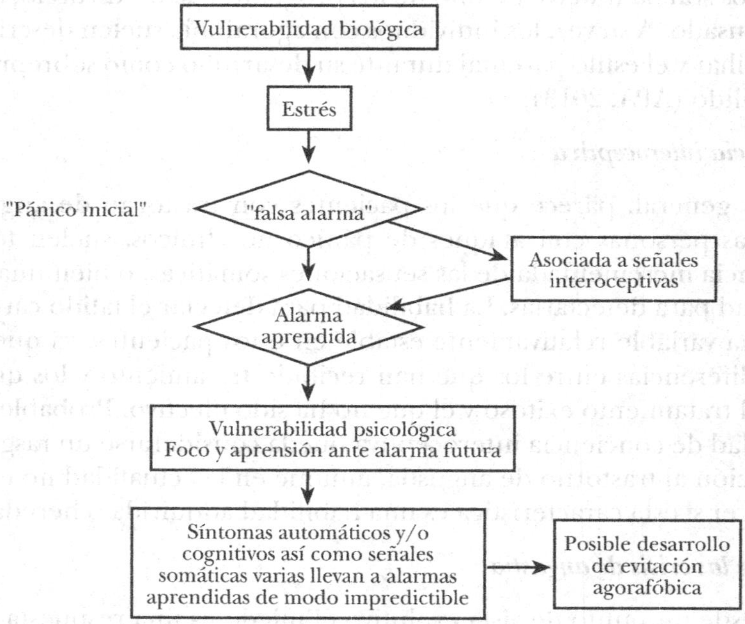

Figura 1. Modelo de la etiología del pánico (Barlow, 1988)

3.2. Factores de mantenimiento

Condicionamiento interoceptivo

El concepto de miedo al miedo referido previamente implica el desarrollo de una respuesta emocional de ansiedad, acompañada de pensamientos sobre las consecuencias dañinas de la crisis de angustia. Esta respuesta se manifiesta en presencia de sensaciones corporales que son interpretadas por el sujeto como el inicio del ataque de pánico, o simplemente ante la anticipación de la ocurrencia de una crisis de angustia. Esta respuesta emocional facilita una activación fisiológica que fácilmente desemboca en un ataque de pánico. Con el tiempo las sensaciones corporales que acompañan al miedo se transforman en estímulos condicionados que producirán nuevas respuestas condicionadas de ansiedad (nuevos ataques de pánico). De esta forma, las respuestas fisiológicas durante el transcurso de un primer ataque de pánico quedarían condicionadas y bastarían por sí solas para desencadenar nuevos ataques de pánico, aún en presencia de niveles moderados de ansiedad.

El modelo de condicionamiento clásico interoceptivo para las crisis de angustia, establece que los ataques de pánico se mantienen a través de un proceso de atención selectiva a determinadas señales corporales, atención que despierta y potencia la activación autonómica ante esas señales internas. Las implicaciones que tiene el condicionamiento interoceptivo sobre la crisis de pánico pueden resumirse en los siguientes puntos: (1) El pánico puede ocurrir en respuesta a señales internas muy sutiles o sensaciones físicas que pueden presentarse en cualquier momento; (2) la ocurrencia del pánico por razones no inmediatamente aparentes puede desembocar en una mala interpretación e intensificación del miedo; (3) las actividades que producen sensaciones asociadas con la activación del sistema nervioso autónomo (p. ej. excitación sexual, ejercicio físico fuerte, entusiasmo, etc.) pueden ocasionar una reacción condicionada de pánico; y (4) las actividades que promueven una focalización en sensaciones (p. ej. observar el vapor de la respiración en el aire frío, o sudar en una sauna) pueden igualmente desembocar en una reacción condicionada de pánico.

La interpretación catastrofista de las sensaciones corporales

Desde una perspectiva cognitiva se propone que el trastorno de angustia se instaura mediante un proceso de interpretación catastrofista de las sensaciones corporales. Las personas con trastorno de angustia interpretan las diferentes sensaciones somáticas (p.ej.: palpitaciones, sensación de sofoco, temblores) como un signo inequívoco de la inminencia de un infarto, desmayo, pérdida de control, etc. Esta interpretación favorece un circuito de feedback positivo de la ansiedad que puede desembocar en un nuevo ataque. La evidencia que apoya este modelo cognitivo procede de las manipulaciones de las cogniciones catastróficas en contexto de laboratorio: ante cogniciones catastrofistas simuladas la probabilidad de una crisis de angustia se incrementa, mientras que cuando se reducen estas cogniciones la probabilidad de ocurrencia de la crisis disminuye. Por otra parte, la utilidad de la terapia cognitiva para reducir el trastorno de angustia, se toma como evidencia indirecta de estos modelos (Bouton, Barlow y Mineka, 2001). A pesar de estos datos, el papel determinante y causal que los modelos cognitivos del pánico atribuyen a las cogniciones catastrofistas parece cuestionable, dada la dificultad de estos modelos cognitivos para explicar los ataques de pánico desprovistos de procesamiento consciente (p. ej.: el pánico nocturno).

Al margen de la polémica sobre el protagonismo de los aspectos cognitivos en el origen del pánico, es un hecho constatado y constatable que los pacientes con trastorno de angustia poseen ideas muy arraigadas acerca de que las sensaciones que acompañan una crisis de angustia causarán daño físico o mental, y es fácil que interpreten los síntomas somáticos de forma catastrófica, y que presten una mayor atención a palabras que representan amenaza física (fatalidad, enfermedad, muerte, etc.). Estas cogniciones pueden convertirse en estímulos condicionados que desencadenen respuestas de ansiedad y pánico, tal y como se ha demostrado en estudios que han utilizado la presentación de pares de palabras que implican sensaciones y resultados catastróficos (Clark, 1988). Estos resultados apuntan que las cogniciones catastrofistas pueden ser suficientes, aunque no siempre necesarias, para inducir ataques de pánico.

La angustia por las sensaciones corporales genera un mayor malestar a través de diversos mecanismos: (1) La activación autonómica generada por la propia percepción de las respuestas fisiológicas de miedo, intensifica las señales temidas, generando éstas, a su vez, una mayor activación ante su percepción; así se conforma un círculo vicioso que se mantiene hasta que el sistema está biológicamente agotado o hasta que el individuo llega a un lugar seguro. (2) Las señales que originan las crisis de angustia no son inmediatamente obvias, por lo que éstas pueden percibirse como inesperadas e impredecibles, lo que causa aún mayor angustia. (3) La falta de control percibido o la inhabilidad para escapar o terminar con las sensaciones, generará también un estado de ansiedad elevado. (4) La interpretación catastrofista de los síntomas somáticos genera una mayor activación autonómica, que a su vez valida las cogniciones erróneas. (5) La anticipación ansiosa incrementa también la probabilidad de un ataque de pánico, ya que puede aumentar la presencia de las sensaciones que se han transformado en estímulos condicionados, o la vigilancia de estas señales corporales, o bien las cogniciones distorsionadas. De esta forma, se establece un ciclo de mantenimiento entre la aprensión ansiosa (ansiedad de anticipación) sobre el pánico y el pánico en sí mismo.

También es importante destacar el papel de las conductas de evitación, tanto explícitas como aquellas más sutiles (conductas de seguridad), en el mantenimiento de las creencias negativas sobre las sensaciones corporales. Conductas como llevar consigo objetos, o estar cerca de ciertas personas, sentarse o moverse despacio para evitar el incremento de la frecuencia cardiaca, buscar una salida porque uno cree que tendrá que salir urgentemente, son conductas de evitación quizá poco evidentes, que sin embargo impiden la extinción del miedo y la rectificación de las expectativas catastrofistas. Finalmente, señalar que en los casos en que la ansiedad anticipatoria se genera en relación con situaciones en las que la ocurrencia de la crisis de angustia puede percibirse como especialmente problemática, resulta más probable el desarrollo de conductas agorafóbicas.

4. EVALUACIÓN DEL TRASTORNO DE ANGUSTIA Y LA AGORAFOBIA

4.1. La entrevista

En la intervención en los trastornos de angustia y agorafobia lo normal es que el primer acercamiento a la problemática del paciente se realice a través de la entrevista; esta estrategia permite obtener información fundamental acerca de los diferentes aspectos implicados en el problema. Los datos obtenidos durante la entrevista se complementarán y completarán, además, con otro tipo de información procedente fundamentalmente de instrumentos psicométricos y auto-registros.

A continuación se detallan los aspectos que deberían explorarse durante la entrevista conductual en el caso de un trastorno de angustia; asimismo, deben incluirse preguntas específicas relacionadas con la posible presencia de agorafobia.

- Descripción de las crisis de ansiedad o ataques de pánico: explorar los síntomas que normalmente se presentan; establecer si predominan los síntomas autonómicos o los de carácter más cognitivo.
- Aspectos topográficos de la crisis: frecuencia, duración e intensidad de los síntomas y ansiedad percibida.
- Situaciones en que suelen ocurrir las crisis: establecer hasta qué punto son espontáneos; explorar la existencia de pánico nocturno; analizar de forma más detallada las condiciones de aparición del último ataque y de aquel que recuerde de forma más vívida o que fue más significativa.
- Ansiedad anticipatoria: explorar su intensidad e interferencia diaria.
- Situaciones evitadas a causa de las crisis o por el malestar experimentado: averiguar frecuencia y gravedad de las conductas de evitación.

- Si no hay evitación, grado de malestar al permanecer en ciertas situaciones (p.ej.: ir al cine, supermercado, conducir, coger el metro, autobús).
- Investigar la evitación de actividades para no generar síntomas corporales.
- Cogniciones respecto a la ansiedad y a las situaciones temidas: explorar las interpretaciones de peligro o catástrofe acerca de la sintomatología de las crisis (sufrir un infarto, desmayo, perder el control, volverse loco,...); qué ideas surgen al anticipar una situación temida o la posibilidad de que aparezca un nuevo ataque, al experimentar algunas sensaciones corporales o al plantearse la causa de las crisis.
- Conductas de seguridad: qué hace para manejar o prevenir las consecuencias amenazantes asociadas con la crisis de angustia (p.ej.: personas acompañantes, distracción, llevar agua, llevar y tomar medicación).
- Historia y desarrollo del problema de angustia y agorafóbico (si lo hubiese): inicio, fluctuaciones (agravamientos, mejorías, remisiones) y factores asociados tanto con el inicio como con las fluctuaciones posteriores (estrés, cambios vitales, pérdidas personales, etc.)
- Variables de personalidad: evaluar sensibilidad a la ansiedad, locus de control sobre salud, ansiedad estado-rasgo, alexitimia, etc.
- Variables personales: habilidades sociales, asertividad, habilidad en la resolución de problemas, consumo de alcohol, café, tabaco u otras drogas, etc.
- Variables ambientales: contexto familiar, social y laboral.
- Consecuencias del problema sobre el contexto familiar, social y laboral: explorar la existencia de ganancias secundarias y las consecuencias interpersonales, sobre todo en su entorno familiar más cercano.
- Intentos de control del problema de forma autónoma.
- Tratamientos previos y actuales realizados para superar el problema y resultados logrados.
- Expectativas y motivación ante el tratamiento psicológico: qué resultados espera conseguir y cómo espera lograrlo.
- Posibles trastornos psicológicos asociados (además de la agorafobia) y trastornos de la historia pasada: valorar el estado de ánimo del paciente y la presencia de sentimientos de indefensión y desesperanza frente al trastorno de angustia y la agorafobia.

Entre los aspectos que deben explorarse en el caso de una agorafobia encontramos:

- Situaciones que producen inquietud, miedo o malestar.

- Cuáles de esas situaciones son las que más teme, preguntando específicamente por las situaciones agorafobias más frecuentes:
  - Medios de transporte
  - Alejarse de casa (solo o acompañado) o estar en casa solo
  - Sitios concurridos
  - Hacer colas
  - Grandes almacenes, teatros, cines, restaurantes, museos, clases, aparcamientos, iglesias, etc.
  - Espacios cerrados
  - Espacios abiertos
  - Ascensores, lugares altos y/o puentes
  - Conducir un coche o viajar en él
  - Caminar por la calle

- Explorar qué ocurre en esas situaciones o ante la probabilidad de ocurrencia:
  - Sensación que experimenta cuando está en esas situaciones o cuando piensa en poder estar en ellas
  - Concretamente, qué teme que pueda ocurrirle
  - Cuáles son los pensamientos más frecuentes
  - Si evita estar solo en alguna de las situaciones
  - Si puede permanecer en ellas si está acompañado por una persona de confianza
  - Situaciones temidas que sí pueda afrontar
  - Cómo enfrenta dichas situaciones temidas (conductas de seguridad)

Un modelo de entrevista diagnóstica siguiendo los criterios del DSM-5 es la *Anxiety and Related Disorders Interview Schedule for DSM-5* (ADIS-5; Brown y Barlow, 2014). Se trata de una entrevista con una duración en torno a las dos horas, que evalúa los diferentes trastornos de ansiedad y otros trastornos relacionados según los criterios diagnósticos del DSM-5, además contiene preguntas sobre la historia familiar de trastornos psicológicos y la historia de tratamiento psicológico y psiquiátrico del entrevistado, así como su historia médica. Modelos de entrevista clínica para la agorafobia pueden encontrarse en Bados (2000) y Botella y Ballester (1997).

4.2. Cuestionarios y auto-informes

En este apartado se revisan algunos de los instrumentos más ampliamente utilizados en la evaluación de los trastornos de pánico y de la agorafobia. En primer lugar se comentan algunos cuestionarios considerados más generales, ya que suelen ser de utilidad en la evaluación de los distintos problemas de ansiedad; en segundo lugar, se presentan aquellos instrumentos desarrollados de forma específica para la evaluación del trastorno de angustia y/o la agorafobia.

Cuestionarios generales:

Cuestionario de Miedos (*Fear Questionnaire*, FQ, Marks y Mathews, 1979). Es un cuestionario de 22 ítems que proporciona cuatro medidas: 1) Nivel de evitación (0-8) respecto a la fobia o miedo principal del cliente. 2) Puntuación total del nivel de evitación (0-8) de 15 situaciones pertenecientes a tres subescalas: agorafobia, fobia social y fobia a la sangre/heridas. El cuestionario cuenta además con dos ítems de tipo abierto. El cuestionario puede encontrarse en Comeche, Díaz y Vallejo (1995).

Inventario de Ansiedad de Beck (*Beck Anxiety Inventory*, BAI, Beck, Brown, Epstein y Steer, 1988). Este inventario consta de 21 ítems sobre sintomatología somática de la ansiedad. Desarrollado con el propósito principal de discriminar entre ansiedad y depresión, los autores recomiendan su utilización como apoyo de otros instrumentos de evaluación. El cuestionario puede encontrarse en Comeche y cols. (1995).

Inventario Estado-Rasgo de Ansiedad (*State-Trait Anxiety Inventory*, STAI, Spielberger, 1987). Quizá se trate del cuestionario de ansiedad más conocido y utilizado a lo largo de la historia. Desarrollado en el ámbito del estudio de la personalidad, su uso ha traspasado esa frontera siendo uno de los instrumentos más utilizados también en el ámbito clínico. Aporta información acerca de la sensación aprensión, tensión, nerviosismo de forma habitual o en determinadas situaciones. La versión española corresponde a Seisdedos (1988).

Cuestionarios específicos para trastorno de angustia y/o agorafobia:

Inventario de Movilidad para la Agorafobia (*The Mobility Inventory for Agoraphobia*, MI; Chambless y cols., 1985). Consta de 28 ítems para medir la conducta de evitación agorafóbica y la frecuencia e intensidad de los ataques de pánico. El paciente debe calificar la intensidad de la evitación (de 1 a 5) en 26 situaciones (más una final de tipo abierto) cuando está solo y cuando está acompañado. Un ítem final define el ataque de pánico y pregunta su frecuencia en los últimos 7 días y tres últimas semanas. Este instrumento puede encontrarse en Comeche y cols. (1995) y Bados (2000).

Escalas de Autoeficacia para la Agorafobia (*Self Efficacy Scales for Agoraphobia*, SESA; Williams, 1990). Consta de 15 escalas, dividida cada una de ellas en 5 pasos. El paciente debe calificar el grado en que cree que es capaz de ejecutar cada paso, solo o acompañado. Para cada escala se calculan dos puntuaciones: a) nivel de autoeficacia: número de pasos calificados con una puntuación de 20 o más; y b) fuerza de la autoeficacia: media de las cinco puntuaciones de autoeficacia. Estas escalas son muy útiles en la planificación del tratamiento y correlacionan directamente con los test conductuales, por lo que pueden reemplazarlos cuando resulten difíciles de realizar. Pueden encontrase en Comeche y cols. (1995).

Cuestionario de Cogniciones Agorafóbicas y Cuestionario de Sensaciones Corporales (*The Agoraphobic Cognitions Questionnaire and the Body Sensations Questionnaire*, ACQ, BSQ; Chambless, Caputo, Bright y Gallagher, 1984). Son dos cuestionarios usados para medir el miedo al miedo. El primero consta de 14 ítems y mide la frecuencia con la que el paciente tiene pensamientos catastróficos acerca de las consecuencias de la ansiedad. El segundo consta de 17 ítems y mide el grado en que el sujeto tiene miedo a diversas sensaciones corporales asociadas con la ansiedad. Ambos cuestionarios pueden encontrarse en Comeche y cols. (1995) y Bados (2000).

Cuestionario de Ataques de Pánico (Bados, 2000, basado en Michelson, Mavissakalian y Marchione, 1988). Evalúa diversos aspectos de los ataques de pánico experimentados durante las últimas semanas, así como el miedo o la preocupación sobre los ataques de pánico futuros. El paciente debe indicar en relación con las dos últimas semanas: 1) la intensidad de los ataques de pánico y 2) la intensidad de los síntomas de pánico enumerados por el DSM-IV.

Escala de Autovaloración del Cambio (Bados, 2000). El paciente debe valorar en una escala (0-8) cómo se encuentra en general respecto a sus problemas agorafóbicos y de pánico en comparación con su estado antes del tratamiento. La misma escala es utilizada para valorar, en un segundo ítem, cada una de las conductas-objetivo seleccionadas y, en un tercero, los ataques de pánico.

4.3. Auto-registros

La obtención de datos retrospectivos sobre las crisis de angustia a través de las entrevistas o cuestionarios puede dar lugar, al menos en el pre-tratamiento, a una deformación significativa por exceso en la valoración de los ataques de pánico en comparación con los datos recogidos mediante auto-registro concurrente (Bados, 2000). Además del déficit de fiabilidad de la información retrospectiva, esta inflación puede contribuir a incrementar la aprensión ansiosa, y a su vez dar lugar a una magnificación artificial de los efectos posteriores del tratamiento. Por estos motivos es recomendable utilizar auto-registros durante el periodo de evaluación y tratamiento. Además, su uso contribuye a desarrollar una auto-conciencia más ajustada, sustituyendo afirmaciones como: *me siento fatal, es horrible, es la peor crisis,* o *mi cuerpo estaba totalmente fuera de control,* por otras como: *Mi nivel de ansiedad es 6, mis síntomas son mareo, temblor, sensación de irrealidad,..., el episodio ha durado 8 minutos,* etc. En general la observación objetiva de lo que ocurre, dejando apartadas las valoraciones, reduce la afectividad negativa. Por otra parte, los auto-registros suministran un valioso material de discusión para las sesiones de trabajo.

Un auto-registro específico para el trastorno de angustia debería incluir categorías como: fecha, hora, situación desencadenante, señales internas a las que se asocia el comienzo del ataque, si la crisis es esperada o inesperada, grado de ansiedad experimentado, sintomatología somática (utilizar una lista si es necesario), duración, pensamientos durante el ataque y conducta. Este auto-registro debería rellenarse inmediatamente después de una crisis de angustia. Además es útil proponer un segundo auto-registro diario de estados de ánimo, este auto-registro se completaría al final de cada día, haciendo una revisión y valoración del estado emocional a lo largo de ese periodo (Figura 2). Además, los pacientes pueden registrar diariamente actividades y situaciones evitadas o afrontadas.

0———1———2———3———4———5———6———7———8———9———10
Nada — Algo — Moderada — Fuerte — Extrema

Fecha:	Ansiedad media	Depresión media	Preocupación sobre
11/04/11	7	5	el pánico
12/04/11	5	4	7
13/04/11	4	4	5
...			5

Figura 2. Auto-registro diario de estados de ánimo

Es bien sabido que uno de los principales problemas con los auto-registros es la falta de cumplimiento, a pesar de su utilidad es frecuente que los pacientes no los utilicen. En ciertos casos esta falta de cumplimiento se debe a no haber entendido la lógica que subyace a su uso o simplemente infravalorar la utilidad de este procedimiento. Sin embargo, en el caso del trastorno de angustia suele ser frecuente que la falta de cumplimiento se deba a la anticipación de una elevación de la ansiedad como resultado de la monitorización. Esto es especialmente cierto en aquellos pacientes cuya estrategia básica de afrontamiento del problema es la distracción y la evitación de tiempos muertos, cuando las sensaciones somáticas y los pensamientos sobre la ansiedad se hacen más presentes. En estos casos es útil explicar a los pacientes que aunque temporalmente la ansiedad se pueda incrementar por la propia actividad de registro, lo cierto es que irá descendiendo a medida que la actividad de monitorización se haga más frecuente, de hecho en este caso el registro de las características de las crisis de angustia no deja de ser un mecanismo de exposición que, de llevarse a cabo de forma adecuada, produce una desensibilización frente a las señales de ansiedad.

Por último no hay que olvidar que la revisión sistemática de los autoregistros al comienzo de cada una de las sesiones es una forma de reforzar el cumplimiento de esta actividad, es difícil que el paciente capte la importancia de este procedimiento y se mantenga en su desempeño si la conducta del terapeuta no es coherente con la importancia otorgada a la técnica.

5. TRATAMIENTO DEL TRASTORNO DE ANGUSTIA Y LA AGORAFOBIA

El tratamiento del trastorno de angustia y la agorafobia ha experimentado un avance realmente relevante en las dos últimas décadas. A mediados de los años ochenta la exposición in vivo se consideraba el ingrediente esencial en el tratamiento del trastorno de angustia y la agorafobia (Gosh y Marks, 1987; Marks, 1987). Esta perspectiva terapéutica se apoyaba en el modo de entender el problema, pues se consideraba que las crisis de angustia eran producto de un condicionamiento clásico a partir de la experiencia del primer ataque y que la evitación fóbica estaba originada por la necesidad de escapar de la respuesta de miedo clásicamente condicionada, y era mantenida por un condicionamiento operante. Se asumía que si se aplicaba correctamente el procedimiento de exposición se podría eliminar, tanto la conducta de evitación, como la respuesta de miedo condicionada. Lo cierto era que, si bien se obtenían mejorías entre un 60% y un 70% de los casos, un porcentaje importante de pacientes continuaba experimentando ansiedad y ataques de pánico, a pesar de haber logrado mejoría en su evitación fóbica (Barlow, 1997). Por otra parte, esta concepción partía de la base de considerar la agorafobia una consecuencia de los ataques de pánico, dejando sin explicación las agorafobias sin historia de crisis de angustia y los trastornos de angustia en los que no había evitación agorafóbica. Poco a poco se sucedieron diversos desarrollos teóricos y propuestas terapéuticas que combinaban la exposición en vivo con exposición interoceptiva y con elementos cognitivos, y que han supuesto una mejora significativa de la eficacia del tratamiento psicológico conductual para los trastornos de angustia y la agorafobia (Barlow y Cerny, 1988; Barlow y Craske, 1989; Clark, Salkovskis y Chalkley, 1985; Farmer y Chapman, 2016; Salkovskis, Jones y Clark, 1986). Actualmente, sin negar la utilidad de la exposición en vivo, no se considera un elemento terapéutico suficiente para el tratamiento del trastorno de angustia, siendo, sin embargo, el elemento clave en el caso de la agorafobia.

Los programas de tratamiento cognitivo-conductual (TCC) actuales se caracterizan por una elevada tasa de éxito, considerándose la primera línea de intervención en las guías de práctica clínica de la *American Psychiatric Association* (1998) y en la *Canadian Psychiatric Association* (Swinson y cols., 2006). La eficacia de diversas formas de intervención cognitivo-conductual está avalada por más de 25 ensayos clínicos controlados e independientes (White y Barlow, 2002; Barlow, Conklin y Bentley, 2015). Estas intervenciones se caracterizan por una gran claridad con respecto a los componentes concretos que utiliza la intervención y cómo ponerlos en práctica, así como por la disponibilidad de manuales de tratamiento para el terapeuta y el paciente que apoyan el proceso terapéutico (Barlow y Craske, 2007; Craske y Barlow, 2007).

Los protocolos de intervención que han recogido mayor evidencia empírica avalando su eficacia son el programa de terapia cognitiva para trastorno de angustia del grupo de Clark (Clark, 1989; Salkovkis y Clark, 1991), y el programa de tratamiento para el control del pánico de Barlow (Barlow y Cerny, 1988; Barlow y Craske, 1989 y 2007). En la práctica, estos dos enfoques de tratamiento resultan muy similares pues los procedimientos son esencialmente los mismos, sin embargo difieren en parte en la conceptualización del trastorno y en la lógica que guía el uso de algunos procedimientos como la exposición. Quizá la diferencia más notable entre ambos enfoques es que en el programa del grupo de Barlow se insiste en la exposición a las sensaciones interoceptivas, mientras que en el programa del grupo de Clark se da un mayor énfasis a la detección y reestructuración de las cogniciones catastrofistas.

En los dos próximos sub-apartados se resumen los dos programas de tratamiento citados; a continuación se revisan los procedimientos que, en mayor o menor medida, suelen formar parte de las intervenciones cognitivo conductuales para el trastorno de angustia y la agorafobia; y finalmente, en apartado Programa de Tratamiento Propuesto, se describe detalladamente el programa de tratamiento para el control del pánico de Barlow y sus colaboradores.

5.1. Programa de terapia cognitiva para el trastorno de angustia de Clark

El programa de terapia cognitiva para trastorno de angustia del grupo de Clark y Salkovskis (Clark, 1989; Salkovkis y Clark, 1991) se basa en una formulación cognitiva del problema del pánico (Beck, Emery y Greenberg, 1985; Clark, 1986; Salkovskis, 1988) según la cual la recurrencia de las crisis de angustia se debe a la tendencia a interpretar de forma errónea y catastrófica las sensaciones corporales que experimenta el individuo afectado (p. ej. *me va a dar un infarto, no podré respirar y me moriré, me estoy volviendo loco, voy a perder el control,* etc.). Estas interpretaciones erróneas dan lugar a una elevación de la ansiedad, que a su vez incrementa la sintomatología somática, favoreciendo el círculo vicioso que culmina en una crisis de angustia o taque de pánico.

Este protocolo incluye varios componentes terapéuticos dirigidos a ayudar al afectado a identificar y someter a prueba la adecuación de sus interpretaciones, sustituyéndolas por otras más realistas. Todas las técnicas que utiliza tienen como objetivo la reestructuración de las ideas erróneas sobre las sensaciones corporales, núcleo esencial del problema del pánico.

El protocolo contiene un componente educativo que pretende explicar lo que ocurre durante una crisis de angustia. Por otra parte, se maneja un importante componente cognitivo a través del que se ayuda a la persona afectada a identificar y retar las interpretaciones erróneas. El programa incluye también procedimientos conductuales como la exposición interoceptiva a través de la realización de pequeños *experimentos* como la hiperventilación, focalización de la atención, lectura de pares asociados amenazadores, etc. El propósito es mostrar al paciente posibles causas de las sensaciones, proporcionar recomendaciones para abandonar las conductas de seguridad (ej. beber un vaso de agua, mover la cabeza con cuidado y no bruscamente), y promover un contexto que ayude al paciente a rectificar sus predicciones catastróficas sobre las consecuencias de los síntomas.

Finalmente, el programa utiliza una serie de tareas para casa en las que el paciente, además de registrar diariamente las crisis de angustia junto a los pensamientos negativos y las respuestas racionales, debe llevar a cabo una serie de ejercicios como los experimentos comportamentales indicados o como el entrenamiento en respiración lenta; estos ejercicios van cambiando dependiendo de la fase de la terapia en la que se encuentre el paciente (Clark, y cols., 1994). La terapia cognitiva de Clark cuenta con un amplio apoyo empírico, por lo que se le considera como un programa *bien establecido* para el tratamiento del pánico (Botella, 2003; Barlow y cols. 2015).

5.2. Programa de tratamiento para el control del pánico de Barlow

El programa de tratamiento para el control del pánico (Barlow y Cerny, 1988; Barlow y Craske, 1989, 2007; Craske y Barlow, 2007) es la intervención cognitivo conductual más estudiada para el trastorno de angustia con agorafobia comórbida, motivo por el que dicho programa se expone de forma detallada en el próximo apartado. Se trata de un protocolo de tratamiento recogido en un manual (Barlow y Craske, 2007; Craske y Barlow, 2007) que combina la educación, el entrenamiento en respiración, la restructuración cognitiva, la exposición interoceptiva y en vivo, esta última en la medida que la agorafobia sea un problema. El programa concede especial relevancia entre sus elementos terapéuticos al componente educativo, pues parte de la base que el paciente sólo puede adherirse al tratamiento y superar su trastorno si entiende por qué se ha producido y mantiene. Así mismo, se da una importancia central al hecho de exponer al paciente de forma sistematizada a sensaciones interoceptivas similares a las que experimenta en sus ataques de pánico; el objetivo de esta exposición interoceptiva no es sólo habituar al paciente a las sensaciones corporales, sino también utilizar esta exposición como estrategia de reestructuración de las ideas catastrofistas sobre las crisis de angustia y modificar los sesgos interpretativos que los pacientes con trastorno de angustia muestran acerca de las sensaciones corporales. A su vez, el programa incluye otras estrategias de reestructuración cognitiva dirigidas a transformar las creencias erróneas del paciente acerca de las crisis de angustia y de la ansiedad, así como las ideas de sobreestimación de la amenaza y el peligro que suponen los ataques de pánico.

En las últimas versiones del programa (Barlow y Craske, 2007; Craske y Barlow, 2007) se introdujo el re-entrenamiento en respiración, sustituyendo al entrenamiento en relajación progresiva que se había mostrado menos útil que otros procedimientos del programa (Beck y cols., 1994). Este re-entrenamiento en respiración está dirigido a ayudar al paciente a prevenir y modular el pánico, induciendo un patrón de respiración pausado que interfiera con las alteraciones respiratorias que estos pacientes describen en una buena parte de los casos. Finalmente, las tareas para casa que se pautan variarán en función de la fase de la terapia en la que se encuentre el paciente.

La eficacia de este programa para el tratamiento del pánico está ampliamente documentada, por lo que se le considera como un tratamiento con un adecuado apoyo empírico, es decir, bien establecido (Barlow y cols., 2015). El programa se ha utilizado en diversas poblaciones, incluyendo entre ellas adolescentes (Hoffman y Mattis, 2000), individuos con esquizofrenia (Hoffman y cols., 2000), y en la prevención de recaídas después de un tratamiento con benzodiacepinas (Spiegel, Bruce, Gregg y Nuzzarello, 1994). Además, ha sido adaptado para su utilización en atención primaria en un contexto de tratamiento combinado con psicofármacos (Craske y cols., 2005); entre las modificaciones realizadas al programa inicial para este contexto figuran: menor número de sesiones, el uso de contacto telefónico con los pacientes, y el abordaje de la comorbilidad.

5.3. Componentes de la terapia cognitivo-conductual

La terapia cognitivo-conductual es el tratamiento psicológico para el trastorno de angustia y para la agorafobia que ha sido estudiado de forma más exhaustiva, teniendo desde hace tiempo la consideración de tratamiento bien establecido (Bados, 2003; Milrod y cols., 2015). Claramente la literatura sobre la investigación del tratamiento psicológico del trastorno de angustia está más avanzada que la de cualquier otro trastorno de ansiedad, habiendo ya superado los estudios de eficacia para pasar a investigar nuevos tratamientos combinados, estudios de desmantelamiento de tratamientos, estudios de efectividad y eficiencia, así como investigación preventiva (Otto y Deveney, 2005; Freire, Zugliani, García y Nardi, 2015; Porter y Chambless, 2015).

La terapia cognitivo conductual para el trastorno de angustia suele incluir en sus programas un componente educativo, una fase de reestructuración cognitiva, estrategias de exposición en vivo e interoceptiva, re-entrenamiento en respiración u otro procedimiento de desactivación fisiológica, relajación aplicada y el entrenamiento en diversas habilidades de afrontamiento en función de las necesidades del caso concreto. A continuación se revisan de forma más detallada estos procedimientos.

5.3.1. Educación

Normalmente la intervención suele comenzar con una fase psicoeducativa sobre la naturaleza del trastorno de pánico, la ansiedad, así como las formas de perpetuación de la ansiedad y el pánico a través de distintos mecanismos de feedback entre los sistemas fisiológico, cognitivo y conductual. Se ofrece información específica acerca de la psicofisiología de las respuestas de escape o afrontamiento (*fight-fligth*), así como del valor adaptatativo de los cambios fisiológicos durante la respuesta de pánico o ansiedad. El valor de supervivencia de las respuestas de alarma (ataque de pánico o crisis de angustia) se enfatiza a lo largo de toda la intervención.

El propósito de la educación es corregir mitos e ideas erróneas sobre los síntomas de pánico que contribuyen al mantenimiento del propio pánico y la ansiedad (p. ej. creencia de volverse loco, morir o perder el control). En la información suministrada al paciente se distingue entre el estado de ansiedad y el miedo/pánico, atendiendo a los tres sistemas de respuesta (subjetivo, fisiológico y conductual). Esta distinción es central para el modelo de pánico que se propone y para el resto del tratamiento. La ansiedad es conceptualizada como un estado de preparación para una amenaza futura, mientras que el pánico es la emoción suscitada por un peligro inminente. El pánico se caracteriza por (1) la percepción o conciencia de peligro inminente, (2) la descarga autonómica repentina y (3) la conducta de escape o lucha. La ansiedad, sin embargo, se caracteriza por (1) percepción o conciencia de una amenaza futura, (2) tensión crónica y (3) conducta cuidadosa, evitación y ejecución interferida.

La investigación muestra que la psicoeducación es un componente muy beneficioso, produciendo reducciones de la ansiedad anticipatoria y de la afectividad negativa (Rees, Richards y Smith, 1999).

5.3.2. Entrenamiento en respiración

A pesar de que algunos datos cuestionan la eficacia que el entrenamiento (o re-entrenamiento) en respiración pueda aportar al programa de tratamiento cognitivo conductual (Schmidt y cols., 2000), esta técnica es un componente central de las fases iniciales de algunos de los protocolos de intervención más conocidos, como es el programa del control del pánico de Barlow (Craske y Barlow, 2008). Una buena parte de los pacientes con trastorno de angustia presentan síntomas de hiperventilación muy similares a los que se producen durante los ataques de pánico. Es importante señalar que la información subjetiva de hiperventilación no necesariamente correlaciona con una respuesta fisiológica de hiperventilación, de hecho, sólo un 50% de los pacientes o incluso menos, muestran reducciones reales de los valores de gas carbónico al final de la espiración ($etCO_2$: end tidal carbon dioxide) durante un ataque de pánico (Hibbert y Pilsbury, 1989; Hornsveld y cols., 1990).

En las primeras conceptualizaciones las crisis de angustia eran vistas como el resultado de cambios en el patrón de respiración inducidos por el estrés, cambios que son capaces tanto de provocar miedo por ser percibidos como dañinos, como de aumentar la respuesta de miedo suscitada por otro estímulo ansiógeno. En general, la evidencia muestra el efecto positivo del re-entrenamiento en respiración sobre las crisis, sin embargo, recientemente el valor del entrenamiento en respiración ha sido cuestionado. Por ejemplo, no está claro si el entrenamiento en respiración por sí solo es terapéutico para la agorafobia, y algunos estudios han sugerido que añadir entrenamiento en respiración no mejora los resultados de la exposición en vivo (Craske y Barlow, 2008). No obstante, y a pesar de estos datos, el entrenamiento en respiración tiene mucho sentido sobre todo al inicio del tratamiento, quizá no tanto por los cambios fisiológicos que induzca, sino por la sensación de control que puede proporcionar a los pacientes y que, en esos momentos, puede ser fundamental para crear confianza en el paciente y promover los cambios subsiguientes. Sin embargo, el tratamiento no puede basarse en el control (eliminación) de los síntomas, por tanto, es importante explorar si los pacientes utilizan este entrenamiento como un método de evitación o como una conducta de seguridad. En todo caso, lo que es evidente es que la respiración controlada es una estrategia que los pacientes consideran de gran utilidad (Taylor, 2001).

Por último, es conveniente señalar que desde las terapias de Tercera Generación la tolerancia al miedo y la aceptación de la respuesta de ansiedad es una experiencia de aprendizaje mucho más terapéutica que la eliminación del miedo, por tanto, es normal que con el advenimiento de estos enfoques terapéuticos la utilidad del entrenamiento en respiración se haya venido minimizando, pues no deja de ser un procedimiento de evitación de síntomas corporales o una conducta de seguridad (estrategia de evitación experiencial), y desde ese punto de vista resulta claramente antiterapéutico.

5.3.3. Relajación aplicada

La relajación aplicada (Öst, 1988) es una modalidad de relajación que ha mostrado buenos resultados en el tratamiento del trastorno de angustia. Consiste en entrenar a los pacientes en relajación muscular progresiva hasta que son capaces de utilizar este tipo de relajación ante señales productoras de ansiedad, es decir, como una estrategia de afrontamiento para practicar la exposición en vivo a estímulos de una jerarquía de situaciones productoras de ansiedad. La base teórica de la utilización de la relajación como estrategia terapéutica para el pánico no va más allá de proporcionar una contra-respuesta a la tensión que se puede producir durante la ansiedad o el pánico. Al igual que en el caso del entrenamiento en respiración, se considera que su efecto puede estar mediado cognitivamente al proporcionar sensación de control ante el problema. Esta modalidad de relajación se considera un procedimiento *probablemente eficaz* para el tratamiento del trastorno de pánico, sin embargo, no resulta muy aceptable en los casos de mayor severidad del trastorno (Milrod y cols., 2015).

5.3.4. Restructuración cognitiva

Inicialmente la terapia cognitiva para el trastorno de angustia no se dirigía a la valoración de las sensaciones somáticas, sino que se centraba en el uso de auto-instrucciones de afrontamiento ante las situaciones provocadoras de ansiedad. Los datos acerca de la efectividad de este tipo de abordaje indican que los resultados que ofrece son similares a los conseguidos con procedimientos como la exposición graduada o la relajación (Michelson, Mavissakalian y Marchione, 1988; Michelson y cols., 1990), sin embargo, algún estudio ha mostrado que la presencia de sintomatología residual es más alta con terapia cognitiva de afrontamiento (Michelson, Mavissakalian y Marchione 1985). No obstante, a pesar de estos datos lo cierto es que este tipo de terapia cognitiva ha estado en la mayor parte de los estudios *contaminada* por la exposición auto-dirigida del paciente que puede haber sesgado la valoración de su efectividad, pues alguna investigación pone de manifiesto que cuando se aplica como único elemento de la intervención su eficacia es menor en comparación con los resultados producidos por la exposición prolongada en vivo (Emmelkamp, Brilman, Kuiper y Mersch, 1986).

La terapia cognitiva dirigida a la valoración de las sensaciones corporales se ha mostrado como una herramienta eficaz en sujetos con trastorno de angustia y con agorafobias leves o moderadas. Los resultados con pacientes de trastorno de angustia y niveles severos de agorafobia son poco claros (Craske y Barlow, 2008). En cualquier caso, es difícil la evaluación de la la terapia cognitiva centrada en la valoración desajustada de las sensaciones somáticas de forma aislada, pues este proceder terapéutico incluye, en la mayor parte de las ocasiones, estrategias de exposición, a modo de experimentos conductuales, con el objetivo de rebatir las ideas erróneas objetivo de la intervención.

En términos de implementación, la terapia cognitiva comienza con una conceptualización cognitiva del problema y una discusión acerca del papel que cumplen los pensamientos en la generación de emociones. Posteriormente, se aborda el tema de reconocer los pensamientos como hipótesis más que como hechos reales y que, como tal, están abiertos a la discusión y el cambio, siendo susceptibles de error. Una vez las cogniciones nucleares del problema se han identificado, se categorizan en función del error subyacente durante un estado de alta intensidad emocional: sobreestimación de la probabilidad de ocurrencia de eventos negativos, catastrofización, inferencia arbitraria, etc. El proceso de categorización se hace consistente con un modelo científico personal que el paciente ha ido generando, y que facilita la adopción de una perspectiva más objetiva, a partir de la cual los pensamientos pueden ser re-evaluados. De este modo, al tratar de identificar el error que encierra un determinado pensamiento, el paciente adopta un enfoque empírico examinando la validez de ese pensamiento a la luz de otras cogniciones y de la evidencia disponible. El terapeuta utiliza estrategias de diálogo socrático para cuestionar los pensamientos y guiar el descubrimiento de nuevas conceptualizaciones, se va generando así un cuerpo de pensamientos-hipótesis alternativas que cuentan con más evidencia empírica. Además de los pensamientos automáticos más superficiales y que se hacen conscientes al paciente con relativa facilidad (*me están mirando porque parezco fuera de control, parezco un loco*), se abordan con el mismo esquema ideas nucleares, menos conscientes, y que se van haciendo explícitas durante la terapia (*soy débil para afrontar el estrés*).

Es importante tener en cuenta que la reestructuración cognitiva no es un medio para minimizar la ansiedad, el miedo o el malestar. La reestructuración cognitiva pretende corregir el pensamiento distorsionado, esperando que a partir de este cambio, la ansiedad, el miedo y el malestar, empiecen a remitir, pero como ocurre con todos los enfoques de carácter cognitivo, el objetivo directo es la cognición, no la ansiedad, ni el miedo (Beck, 2001).

5.3.5. Exposición: Exposición en vivo y exposición interoceptiva

La exposición es siempre un fase crítica en cualquier programa (Farmer y Chapman, 2015), y una vez ha comenzado acapara buena parte de las sesiones terapéuticas y del trabajo entre sesiones, pues es un hecho claro que la exposición limitada en el tiempo no es efectiva y puede ser incluso perjudicial pues puede producir sensibilización a la ansiedad. La exposición está diseñada para conseguir dos objetivos: por una parte desmentir expectativas catastrofistas y cogniciones erróneas y, por otra, extinguir respuestas emocionales condicionadas a situaciones externas y contextos, como es el caso de la exposición en vivo, y a sensaciones somáticas, en el caso de la exposición interoceptiva.

Exposición en vivo

La exposición en vivo se refiere a la confrontación sistemática y repetida de contextos del entorno generadores de ansiedad, como las situaciones que suelen evitarse en los problemas de agorafobia.

En la mayor parte de las ocasiones, la exposición se realiza de forma graduada, procediendo desde la situación menos generadora de ansiedad hasta la más ansiógena, según una jerarquía elaborada entre paciente y terapeuta. Este tipo de exposición, gradual y demorada en el tiempo, es tan efectiva como una exposición no graduada (comenzando por las situaciones más aversivas) y masiva (a lo largo de varios días consecutivos, p. ej. entre 6 y 10), tanto en el postratamiento, como después de casi un año después de haber finalizado la intervención. Sin embargo, los datos en el seguimiento a largo plazo cambian. En el estudio de Feigenbaum (1988), a los 5 años de la intervención, un mayor porcentaje de los pacientes sometidos a un formato no graduado y masivo estaban libres de síntomas (76%), en comparación con los pacientes sometidos a un procedimiento de exposición gradual (35%). Además, sorprendentemente, los pacientes sometidos a la exposición no graduada manifestaron menos malestar durante el tratamiento que el grupo de exposición gradual.

Para lograr la máxima efectividad de la exposición en vivo es determinante la eliminación de las conductas de seguridad. Entre estas señales de seguridad encontramos la compañía de otras personas, llevar agua, dinero para poder llamar si se necesita ayuda, medicaciones, situarse cerca de salidas de emergencia, etc. Las conductas de seguridad proporcionan una sensación de seguridad e incluyen también la búsqueda de re-aseguración o la búsqueda de vías de escape o salida de determinas situaciones. Estas pueden tener una forma muy sutil, por tanto, es importante estar alerta a la información del paciente para identificar todos aquellos estímulos y conductas que puedan estar teniendo esta función.

La cantidad de tiempo que se dedica a la exposición en vivo es dependiente del perfil de la agorafobia del paciente. Es obvio que en los casos más severos se necesitará más tiempo e intensidad. La implicación de las personas cercanas en el tratamiento dependerá del modo en cómo la agorafobia esté afectando a las relaciones y roles familiares. Si la persona cercana es difícil que pueda mantener pacientemente una actitud de dirección, apoyo y motivación en la situación de exposición, será mejor prescindir de ella, pues un conflicto interpersonal en ese ámbito puede tener un efecto negativo sobre el tratamiento.

En general, la exposición en vivo se considera una estrategia terapéutica con suficiente apoyo empírico (tratamiento bien establecido) para el tratamiento de la agorafobia (Barlow y cols., 2015; Farmer y Chapman, 2015); sin embargo, su eficacia para el tratamiento del pánico no parece ser tan clara.

Procedimiento de exposición interoceptiva

Entre los objetivos de la terapia cognitivo-conductual aplicada a los trastornos de angustia se encuentra el desensibilizar al paciente de los síntomas fisiológicos que acompañan las crisis de angustia, y reestructurar las interpretaciones catastrofistas sobre las sensaciones fisiológicas asociadas a dichas crisis. Uno de los procedimientos más útiles para estos fines es el procedimiento de exposición interoceptiva. Considerada en este momento un componente básico de los programas de intervención cognitivo conductuales para el pánico, ha mostrado mayor efectividad que otros procedimientos, tanto cuando se ha utilizado de forma aislada, como en combinación con otras técnicas (Craske y Barlow, 2008)

La exposición interoceptiva simula los síntomas de un ataque de pánico para que el paciente pueda experimentarlos en un contexto controlado. La inducción controlada y repetida de las sensaciones físicas debilita la respuesta emocional ante ellas (condicionamiento interoceptivo). El propósito es, al igual que en el caso de la exposición a los estímulos fóbicos externos, el romper las asociaciones entre las señales somáticas específicas y las reacciones de pánico; se trata de que el paciente pierda el miedo a dichos síntomas experimentando cómo se pueden generar de una forma normal, y cómo, además, su génesis no implica consecuencias catastróficas.

El procedimiento terapéutico incorpora métodos que inducen síntomas relacionados con las crisis de pánico, tales como el ejercicio físico, inhalaciones de dióxido de carbono (CO_2) o la hiperventilación. En general, el procedimiento consiste en generar síntomas durante aproximadamente un minuto, mediante ejercicios que tratan de mimetizar los síntomas más comunes y temidos de las crisis de angustia que padece el paciente. Para ello se utiliza alguna de las siguientes estrategias:

- Hiperventilación intencional: Provoca sensación de aturdimiento, desrealización, visión borrosa y mareo.
- Dar vueltas en una silla giratoria: Provoca mareo y desorientación.
- Respirar a través de una cánula: Provoca disnea y sensación de ahogo por restricción de aire.
- Contener la respiración: Provoca sensación de estar sin aire.
- Correr en el lugar de la exposición: Provoca incremento de la frecuencia cardiaca, de la respiración y sudoración.
- Tensión de zonas musculares: Provoca la sensación de estar tenso e hipervigilante.
- Mover la cabeza de lado a lado: Provoca mareo y tensión en el cuello.

Para el entrenamiento, en primer lugar se introduce el concepto de condicionamiento interoceptivo, indicando al paciente que va a realizar una serie de ejercicios que persiguen la inducción de diversas sensaciones somáticas, y que después él deberá practicar entre las sesiones. La inducción de síntomas se debe realizar entre tres y cinco veces al día hasta que el paciente no sienta apenas ansiedad en relación a dichos síntomas. Con la repetición de estos ensayos el paciente va aprendiendo que estas señales internas no deben ser temidas pues ni señalan, ni están asociadas a ningún tipo de amenaza. De esta forma se va produciendo un proceso de desensibilización que se espera se generalice a todos los síntomas somáticos.

En una fase más avanzada del tratamiento, después de la exposición interoceptiva, pero siguiendo el mismo principio, se practicarán actividades más naturales para provocar las mismas sensaciones, ejercicio físico, andar deprisa, subir escaleras, entrar en una sauna, etc. Se comienza practicando varios ejercicios diferentes con el paciente, y se le solicita que después de cada ejercicio evalúe el tipo de sensaciones experimentadas, su intensidad y su similitud con los síntomas que experimenta cuando está ansioso. Para realizar la exposición interoceptiva habrá que seleccionar los ejercicios que han sido evaluados con puntuación mayor que 3, en una escala de 0 a 8, comenzando con el menos ansiógeno. Una vez el paciente empieza a experimentar sensaciones debe levantar el brazo y continuar el ejercicio 30 segundos más (ó 10 segundos en el caso del movimiento de cabeza o el de aguantar la respiración) se le recomienda, después, que aplique la técnica de control respiratorio, así como las estrategias cognitivas para manejar su ansiedad. Al final, el paciente, tiene que valorar la intensidad de la sensación, así como la intensidad de la ansiedad en una escala de 0 a 8.

Ningún ejercicio debería tardar más de 3 minutos. Si el paciente no reproduce las sensaciones esperadas, se le instruye para que imagine las situaciones externas (p. ej. conducir) en las que puede ocurrir. El procedimiento es el propio de la desensibilización en vivo en el que hay que repetir el ejercicio hasta que la ansiedad remita, y sólo se debería pasar a otro ejercicio cuando se haya desensibilizado el anterior.

Las limitaciones de esta técnica son las mismas que se observan en el tratamiento del pánico con exposición en vivo sin la aportación de técnicas de control de la ansiedad. Los estudios disponibles sugieren que la exposición in vivo, exclusivamente, no obtiene tan buenos resultados como cuando se provee, además, de técnicas para controlar la ansiedad. Queda también por establecer a través de ensayos controlados y aleatorizados si el uso exclusivo de la exposición interoceptiva sería suficiente para el tratamiento del pánico.

5.4. Otros enfoques terapéuticos

En los últimos años se han desarrollado otros enfoques terapéuticos dirigidos a intentar optimizar los tratamientos cognitivo-conductuales convencionales, bien modificando la intensidad o la extensión de las intervenciones cognitivo-conductuales o bien diseñando el tratamiento desde una conceptualización diferente de los trastornos de ansiedad (Tercera Generación de TCC). Entre estos desarrollos destacan los siguientes:

La terapia intensiva focalizada en las sensaciones (*Sensation-Focused Intensive Therapy*) (Morissette, Spiegel, y Heinrichs, 2005) ha partido del hecho de que aquellos pacientes con trastorno de angustia y agorafobia entre moderada y severa afrontan con más dificultad el proceso estándar de la terapia cognitivo- conductual, que los pacientes que no sufren agorafobia o presentan una agorafobia leve. Además, los pacientes con agorafobia residual o miedo residual a las sensaciones físicas presentan un riesgo elevado de recaída. Para ellos, esta terapia propone una intervención a lo largo de 8 días consecutivos que pretende la eliminación total de la agorafobia y el miedo a las sensaciones físicas.

Después de una fase educativa y de preparación cognitiva, diseñadas para incrementar la motivación de los pacientes hacia la exposición intensiva, los pacientes son sometidos a varios días de exposición masiva y sin graduación, afrontando desde el primer momento las situaciones más temidas. Además, se potencia la exposición induciendo sensaciones corporales a través de ejercicios físicos. Este aspecto del programa es único, es decir, a diferencia de otras propuestas, deliberadamente provoca e intensifica hasta el máximo posible los síntomas de ansiedad sin permitir, ni entrenar, ningún procedimiento de reducción de la activación. De hecho, se elimina cualquier elemento que pudiera distraer al paciente del proceso de confrontación con las situaciones temidas y sus síntomas (hablar con el terapeuta, utilizar la reestructuración cognitiva durante la exposición, relajarse, etc.). La terapia concluye con un módulo de prevención de recaídas. Los resultados hasta la fecha son muy prometedores (Bitran, Morissette, Spiegel y Barlow, 2008; Spiegel y Barlow, 2000a y 2000b).

Entre las contribuciones específicas de la Tercera Generación de TCC se encuentra la terapia cognitivo-conductual de aceptación incrementada para el pánico (*Acceptance-Enhanced Cognitive Behavioral Therapy for Panic*) (Levitt y Karekla, 2005). Esta intervención se ha desarrollado tratando de paliar las significativas tasas de rechazo, abandono y falta de respuesta asociadas a los resultados de los ensayos cognitivo-conductuales. Sus autores incorporan ideas de la terapia de aceptación y compromiso (ACT) (Hayes, Strosahl y Wilson, 1999) a protocolos cognitivo-conductuales para incrementar su asequibilidad y eficacia a corto y largo plazo. Es sabido que el rechazo al malestar y la búsqueda activa y continua de su evitación (evitación experiencial), o el escape de las emociones y pensamientos negativos o de las sensaciones corporales molestas, contribuyen a la generación y perpetuación de los problemas emocionales. Esta terapia incorpora al procedimiento cognitivo-conductual estándar técnicas como ejercicios de *mindfulness*, y la discusión acerca de la importancia de incluir o incrementar actividades valiosas frente a la ansiedad. No obstante, aunque la conceptualización de la intervención se realiza en términos de la aceptación de las experiencias emocionales y la exploración y puesta en práctica de acciones valiosas, los componentes nucleares del tratamiento siguen siendo la educación sobre el pánico, la exposición situacional e interoceptiva y la reestructuración de creencias erróneas sobre la sintomatología física y sus consecuencias.

6. PROGRAMA PROPUESTO PARA EL TRATAMIENTO DEL PÁNICO Y LA AGORAFOBIA (BARLOW Y CRASKE, 2007; CRASKE Y BARLOW, 2007)

El programa de tratamiento para el control del pánico y la agorafobia que se presenta en este apartado fue desarrollado por Barlow y sus colaboradores hace más de 20 años (Barlow y Craske, 1989), y ha sido ampliamente aplicado e investigado (p.ej.: Barlow, 1997; Barlow y Cerney, 1988; Barlow y cols., 2015; Craske y cols., 2005). Este protocolo de tratamiento ha sido publicado en dos textos diferentes, ambos bajo el título *Mastery of your Anxiety and Panic* - MAP, uno elaborado como Guía para el Terapeuta (*Therapist Guide*) (Craske y Barlow, 2007) y el otro como Libro de Trabajo (*Workbook*) para los pacientes (Barlow y Craske, 2007). En la edición del 2007, la cuarta y última por el momento (MAP-IV), los autores destacan las mejoras realizadas respecto al protocolo original. Por una parte, incorporan en el mismo texto el tratamiento de las conductas agorafóbicas, que previamente se abordaban en un programa paralelo, por lo que el tratamiento va dirigido a pacientes con trastorno de pánico, con o sin agorafobia. Por otra parte, en vez de estructurar el programa por sesiones, se presenta estructurado en capítulos y éstos, a su vez, englobados en fases o módulos temáticos, de modo que en cada uno se va abordando, de forma secuencial y progresiva, las diferentes habilidades y estrategias que han demostrado su utilidad en el tratamiento de estos trastornos. Con esta estructura se pretende facilitar la adaptación del programa de tratamiento a cada paciente. En la Tabla 4 pueden verse los contenidos de los 12 capítulos del Libro de Trabajo y su estructura en fases consecutivas.

Fase	Capítulo
Introducción	1. La naturaleza del trastorno de pánico y la agorafobia
Conocimientos básicos	2. Aprendiendo a registrar el pánico y la ansiedad 3. Ciclos negativos en el pánico y la agorafobia 4. Los ataques de pánico no son peligrosos
Habilidades de afrontamiento	5. Estableciendo su jerarquía de situaciones agorafóbicas 6. Entrenamiento en respiración 7. Estrategias cognitivas
Exposición	8. Afrontando las situaciones agorafóbicas 9. Implicando a otras personas 10. Afrontando los síntomas físicos
Planeando el futuro	11. Medicación 12. Logros, mantenimiento y prevención de recaídas

Tabla 4. Contenidos y estructura del programa (Craske y Barlow, 2007)

También se incluyen modificaciones respecto a los contenidos de las anteriores versiones del programa; así, por ejemplo, se elimina el entrenamiento en relajación, dada la falta de evidencia sobre su efectividad en el tratamiento del pánico y la agorafobia y, por el contrario, se incide en la importancia de otras habilidades (p.ej., entrenamiento en respiración, estrategias cognitivas) no como estrategias de reducción del miedo sino como habilidades para el afrontamiento de las situaciones de ansiedad; asimismo se insiste en la exposición, incluso la interoceptiva, como una estrategia de tolerancia al miedo y la ansiedad, más que como una estrategia inmediata de reducción del miedo.

El protocolo de tratamiento está ampliamente detallado en el Manual o Guía para el Terapeuta (*Therapist Guide*). Esta guía está estructurada en un total de 16 capítulos, dedica algunos a información específica para los terapeutas y añade los mismos contenidos temáticos, y siguiendo la misma secuencia, que el Cuaderno de Trabajo. Los autores recomiendan que el programa sea aplicado en aproximadamente 12 sesiones, una por semana, siguiendo el ritmo de aplicación que se presenta en la Tabla 5. Como puede verse en dicha tabla, aunque el número de sesiones es igual al de capítulos del libro de trabajo, sin embargo no existe una correspondencia uno a uno. Es decir, en cada sesión no debe aplicarse, sin más, el contenido de cada capítulo, sino que debe seguirse, dentro de lo posible, una secuencia como la detallada en dicha tabla. Los autores insisten en que el programa debe aplicarse con flexibilidad y que, en todo caso, el terapeuta debe adaptarlo a las características del caso concreto y al ritmo de aprendizaje de cada paciente.

Semana	Contenidos
1	Capítulo 2: Aprendiendo a registrar el pánico y la ansiedad Capítulo 3: Ciclos negativos del pánico y la agorafobia Capítulo 4: Los ataques de pánico no son peligrosos Capítulo 11, Sección1: Medicación (Educación)
2	Capítulo 5: Estableciendo la jerarquía de situaciones agorafóbicas Capítulo 6, Sección 1: Entrenamiento en respiración (respiración diafragmática) Capítulo 7, Secciones 1 y 2: Estrategias cognitivas (conceptos básicos; probabilidades realistas)
3	Capítulo 6, Sección 2: Entrenamiento en respiración (respiración tranquila) Capítulo 7, Sección 3: Estrategias cognitivas (poner las cosas en perspectiva).
4	Capítulo 6, Sección 3: Entrenamiento en respiración (afrontamiento) Capítulo 7, Sección 4: Estrategias cognitivas (memoria) Capítulo 8, Sección 1: Afrontando las situaciones agorafóbicas (planificación) Capítulo 9: Implicando a los allegados
5	Capítulo 6, Sección 4: Entrenamiento en respiración (revisión) Capítulo 8, Sección 2: Afrontando las situaciones agorafóbicas (revisión y planificación) Capítulo 10, Sección 1: Afrontando los síntomas físicos (evaluación y práctica)
6	Capítulo 8, Sección 2: Afrontando las situaciones agorafóbicas (revisión y planificación) Capítulo 10, Sección 2: Afrontando los síntomas físicos (revisión y práctica)
7	Capítulo 8, Sección 2: Afrontando las situaciones agorafóbicas (revisión y planificación) Capítulo 10, Sección 2: Afrontando los síntomas físicos (revisión y práctica)
8	Capítulo 8, Sección 2: Afrontando las situaciones agorafóbicas (revisión y planificación) Capítulo 10, Sección 3: Afrontando los síntomas físicos (planificación de actividades)
9	Capítulo 8, Sección 2: Afrontando las situaciones agorafóbicas (revisión y planificación) Capítulo 10, Sección 4: Afrontando los síntomas físicos (revisión y práctica, planificación de actividades)
10	Capítulo 8, Sección 3: Afrontando las situaciones agorafóbicas (síntomas) Capítulo 10, Sección 4: Afrontando los síntomas físicos (revisión y práctica, planificación de actividades)
11	Capítulo 8, Sección 3: Afrontando las situaciones agorafóbicas (síntomas) Capítulo 10, Sección 4: Afrontando los síntomas físicos (revisión y práctica, planificación de actividades)
12	Capítulo 11, Sección 2: Medicación (suspensión de la medicación) Capítulo 12: Logros, mantenimiento y prevención de recaídas.

Tabla 5. Estructuración del programa por semanas (Barlow y Craske, 2007; Craske y Barlow, 2007)

El libro de trabajo (*workbook*) está escrito en un lenguaje asequible, de modo que pueda ser fácilmente entendido por cualquier paciente. Aunque podría ser utilizado como material de autoayuda, los autores insisten en que debe utilizarse como material de apoyo y bajo la supervisión de un terapeuta, ya que algunos conceptos y procedimientos son relativamente complejos. El texto está organizado en 12 capítulos (realmente son 11 de contenido más la introducción), muchos de ellos divididos en apartados o secciones. En cada uno de ellos se van presentando los conceptos relevantes y describiendo paso a paso las técnicas a aprender, ilustrándolos con ejemplos y apoyándolos con ejercicios, auto-evaluaciones y tareas para casa que el paciente debe realizar entre sesiones. A continuación se describe, brevemente, el contenido de cada uno de los 12 capítulos que componen el programa.

Capítulo 1. La naturaleza del trastorno de pánico y la agorafobia

Se trata de un módulo introductorio con el que se pretende que el paciente entienda la naturaleza de sus problemas de ansiedad, comenzando por aprender a identificar y diferenciar lo que es un ataque de pánico o crisis de angustia, del trastorno de pánico y de la agorafobia. Mediante diferentes ejemplos de casos clínicos se van presentando y explicando las características de cada uno de estos trastornos (p.ej.: los principales síntomas de un ataque de pánico, las situaciones agorafóbicas típicas, etc.), así como las diferentes estrategias que, de forma espontánea, las personas suelen poner en marcha para intentar afrontar sus problemas (p.ej.: evitar actividades o situaciones en las que puede ser difícil escapar o recibir ayuda; intentar distraerse; llevar algún objeto que, de forma supersticiosa, le haga sentirse más seguro; tomar bebidas alcohólicas para afrontar las situaciones difíciles, etc.). Tras discutir lo inapropiado de estas estrategias, se pasa a explicar la forma en que un programa de tratamiento como el que se ha comenzado, puede ayudar a que la persona afronte sus problemas de ansiedad, señalando cómo el conocimiento de los diferentes aspectos que influyen en el origen y mantenimiento de sus problemas de ansiedad es un elemento básico para llegar a un adecuado afrontamiento de su trastorno. Finalmente se describe brevemente el programa, los beneficios que se pueden obtener de él y el grado de participación e implicación que el paciente debe tener para conseguirlos.

Capítulo 2. Aprendiendo a registrar el pánico y la ansiedad

El objetivo de este capítulo es que la persona aprenda a auto-observar sus estados de ansiedad y crisis de angustia y registrar todos los detalles relacionados con su ocurrencia; para ello se le proporciona los tres registros que a continuación se detallan.

1. Registro de los ataques de pánico: Se le pide que una vez finalizada la crisis anote, tan pronto como sea posible, una serie de datos: fecha y hora de comienzo del ataque; situación en que se ha dado y posibles desencadenantes (dónde estaba, si solo o acompañado, si se dio alguna posible situación de estrés o pensamientos excitantes, etc.); si lo considera como un ataque esperado o inesperado; valoración del miedo máximo en una escala 0-10. Asimismo se le pide que señale en una lista de posibles síntomas (p.ej.: dolor de pecho y malestar, palpitaciones, sudor, etc.), aquellos que se han presenta-

do al menos en grado medio. Finalmente se le indica que anote los pensamientos que tuvo sobre lo que le podría suceder (p.ej.: que me iba a morir) y la conductas realizadas en respuesta al pánico (p.ej.: llamar a mi marido).

2. Ansiedad y estado de ánimo diario: Se trata de un registro semanal en el que debe valorarse, al final de cada día, la puntuación media diaria de tres variables (ansiedad, depresión y preocupación sobre el pánico), utilizando para ello una escala 0-10.
3. Registro de progresos: Es una tabla de doble entrada, con la numeración de las semanas de tratamiento en el plano horizontal y el número de ataques de pánico máximo que la persona informe haber padecido por semana (p.ej.: 12) en el plano vertical. En él debe hacer una marca en el cuadro que señale el número de ataques de pánico de cada semana, y otra marca diferente en la puntuación media de ansiedad por semana. Se trata de un estadillo en el que la persona pueda apreciar, con un simple vistazo, sus progresos a lo largo del tratamiento.

Capítulo 3. Ciclos negativos del pánico y la agorafobia

El objetivo es entender los ciclos negativos que contribuyen al origen y mantenimiento de las crisis de angustia y la agorafobia, y comprender cómo este tratamiento va a ayudar a interrumpir dichos ciclos. Para ello se comienza por señalar los componentes de la ansiedad y el pánico: síntomas físicos (p.ej.: dificultad para respirar, sudoración, taquicardia, etc.), pensamientos (p.ej.: pensar que se va a sufrir un ataque cardíaco, hacer el ridículo, etc.) y conductas (escapar de la situación, buscar ayuda, etc.). A continuación se señala con varios ejemplos cómo estos tres elementos se interrelacionan y retroalimentan, formando círculos viciosos. Para el ciclo del pánico, por ejemplo, se podría señalar cómo una persona que comienza a experimentar taquicardia, si piensa que es porque va a sufrir un ataque de corazón sentirá temor, por lo que buscará ayuda médica, y mientras, el síntoma inicial (la taquicardia) seguirá incrementándose. Por el contrario, si cuando el paciente experimenta taquicardia piensa que no es dañina y sigue con sus actividades cotidianas, el círculo vicioso se interrumpe, con lo que el síntoma físico acaba por normalizarse y desaparecer. En el caso de la agorafobia, los ejemplos deben incluir la tendencia a evitar las situaciones en las que se anticipa la ocurrencia de un posible ataque de pánico y cómo dicha evitación, aunque proporciona un alivio inicial, a largo plazo contribuye a perpetuar la ansiedad, por lo que la forma de interrumpir el ciclo será permanecer en la situación hasta que los síntomas desaparezcan.

Para que la persona relacione estos ciclos con sus propios datos, se procede a realizar un análisis, paso a paso, de sus ataques de pánico. Para ello cada paciente debe contestar (y anotar en su cuaderno) a preguntas como las siguientes: ¿dónde estaba y qué estaba haciendo cuando comenzó su primer ataque de pánico?; ¿qué sucedió primero: los síntomas, los pensamientos negativos o la conducta?; ¿qué sucedió a continuación?; ¿cómo reaccionó a los síntomas físicos o a los pensamientos negativos?; ¿buscó ayuda, salió del lugar en el que estuviera?; ¿cuándo finalizó?

Capítulo 4. Los ataques de pánico no son peligrosos

En este capítulo se pretende que la persona conozca algunos aspectos básicos de la fisiología del miedo, para así comprender que los cambios fisiológicos que se producen y los síntomas experimentados durante una crisis de ansiedad no son más que la respuesta evolutivamente seleccionada del organismo ante una situación que es percibida como una amenaza para la supervivencia. Se explica que el problema en los pacientes de pánico es que estos síntomas se producen en situaciones que no son amenazantes o que lo son sólo mínimamente (p.ej.: una situación de estrés, de agobio, de excitación). En estas circunstancias, la respuesta fisiológica normal (los síntomas) se interpretan como peligrosos, amenazadores, por lo que es el miedo a los propios síntomas (y no la situación) el que provoca la crisis de angustia; es por esto por lo que el ataque de pánico se conoce como miedo al miedo. Al hilo de estas explicaciones, la tarea del terapeuta será identificar las creencias erróneas que tengan los pacientes sobre la peligrosidad de los síntomas de sus ataques de pánico, para pasar a discutirlas y modificarlas una a una. Por ejemplo, el miedo a sufrir un desvanecimiento durante un ataque de pánico es bastante frecuente, sin embargo en esas circunstancias los desmayos son muy raros. De hecho, el estado de pánico es incompatible con el desvanecimiento, ya que algunos de los síntomas de la crisis de angustia (p.ej.: incremento de la presión sanguínea y de la tensión muscular) propios de la activación simpática que se da en tales crisis, son respuestas opuestas a las que se dan en una situación de desvanecimiento (p.ej.: bajada brusca de la presión sanguínea).

No obstante, es importante tener en cuenta que el hecho de que el desmayo sea raro no implica que no pueda darse. El desvanecimiento que se identifica a veces suele estar originado por un síncope vasovagal que se produce ante situaciones de tinte agorafóbico. En estos casos sería necesario utilizar un procedimiento de intervención destinado a contrarrestar esta respuesta psicofisiológica Öst y Sterner, 1987; Ritz, Meuret y Ayala, 2010).

Capítulo 5. Estableciendo la jerarquía de situaciones agorafóbicas

Al revisar los registros que los pacientes hayan realizado durante la semana previa, el terapeuta debe hacerles ver las posibles tendencias, tanto en los momentos de ocurrencia de sus crisis (p.ej.: si típicamente suceden cuando está solo o acompañado, en algún momento del día), como las variaciones en los síntomas (p.ej.: si son siempre los mismos o dependen de donde suceda el ataque) y las relaciones entre los ataques de pánico y su nivel de ansiedad o estado de ánimo (p.ej.: si son más intensos cuando está más ansioso o deprimido). El objetivo de este análisis es que las personas comprendan que sus ataques siguen unos patrones, que suceden en ciertas situaciones y como reacción a algo, aunque a ellas les parezca que vienen como llovidos del cielo. Tras este análisis se les hace ver cómo, en estas circunstancias, es normal que acabe dándose una tendencia a evitar aquellas situaciones que causan sus crisis de ansiedad, y por eso el objetivo de este capítulo será realizar una lista con las posibles situaciones que cada uno evita y luego jerarquizarla según el grado de ansiedad.

Para establecer la lista de situaciones agorafóbicas, además de valerse de las propias anotaciones que cada persona haya hecho durante la semana previa en sus registros, se le proporciona una lista con situaciones agorafóbicas típicas (p.ej.: conducir; viajar en metro, autobús o taxi; volar; almacenes; restaurantes; estar solo en casa, etc.) y, en ella, cada paciente debe anotar si es una situación que normalmente evita y el grado de ansiedad que dicha situación le suele producir. Para establecer la jerarquía es de utilidad enseñar a las personas a graduar el nivel de ansiedad que cada una de las situaciones provoca, en función de una serie de parámetros que suelen influir en dicho nivel (p.ej.: estar en la situación solo o acompañado; mayor o menor distancia desde la casa; proximidad a la salida; hora del día; cantidad de gente, etc.).

Finalmente, se pide que cada paciente identifique y anote las estrategias de afrontamiento inapropiadas que normalmente utiliza en las situaciones que teme. Estas estrategias inadecuadas suelen clasificarse como: objetos supersticiosos o señales de seguridad (p.ej.: el teléfono del terapeuta, una caja de medicamentos, etc.), conductas de seguridad (p.ej.: permanecer cerca de las salidas, conducir muy despacio o sólo por la derecha, etc.) y estrategias de distracción (p.ej.: cerrar los ojos; mirar para otro lado, pensar que se está en otro sitio, etc.).

Capítulo 6. Entrenamiento en respiración

Este capítulo está dividido en 4 secciones, correspondientes cada una de ellas a una fase del entrenamiento en respiración. Por este motivo, la persona debe ir leyendo y practicando, siguiendo la secuencia temporal marcada en la presentación del programa, las habilidades que se encuadran en cada una de los 4 apartados o secciones siguientes:

Sección 1. Educación y respiración diafragmática. El primer objetivo de esta sección es que el paciente entienda cómo los cambios en el patrón respiratorio contribuyen al ataque de pánico. Para ello se explica que en situaciones generadoras de ansiedad o miedo es normal que el organismo se prepare para la lucha-huida produciendo, entre otras respuestas, un incremento en la frecuencia respiratoria. Pero dado que la mayor parte de las situaciones a las que se exponen los pacientes no requieren de esta respuesta, el incremento en la frecuencia respiratoria acaba produciendo una respuesta de hiperventilación, con un descenso del nivel de dióxido de carbono y un incremento del de oxígeno, que se manifiesta mediante síntomas del ataque de pánico, como son el mareo o la confusión. El entrenamiento en respiración diafragmática, segundo objetivo del capítulo, pretende aportar una estrategia de regulación del ritmo respiratorio, y así afrontar mejor el miedo y la ansiedad. El entrenamiento comprende un componente respiratorio mediante el que la persona debe aprender a respirar usando los músculos del diafragma y un componente de meditación en el que la atención se focaliza en la salida del aire, mientras se repite mentalmente una palabra clave (p.ej.: calma o relax). Durante la semana, la respiración diafragmática debe practicarse durante 10 minutos, 2 veces por día, anotando su práctica en un auto-registro apropiado.

Sección 2. Revisión y respiración lenta. Tras revisar los posibles problemas surgidos durante el aprendizaje de la respiración diafragmática, se centra el entrenamiento en aprender a realizar dicha respiración de forma muy lenta, no más de unas 10 respiraciones por minuto. Para ello se recomienda que la persona inhale el aire, haga una breve pausa mientras se concentra en su palabra clave y luego lo exhale lentamente.

Sección 3. Aplicaciones de afrontamiento. En esta sección se pretende que la persona aprenda a utilizar la nueva forma de respirar en el afrontamiento de situaciones problemáticas. No se trata de prevenir la aparición del miedo o la ansiedad sino de ser capaz de seguir con la propia vida, es decir, de afrontar las situaciones en vez de evitarlas.

Sección 4. Revisión. El objetivo de esta sección es comprobar si cuando la persona se siente ansiosa utiliza las nuevas habilidades de respiración y qué efecto tienen sobre el afrontamiento de esos momentos problemáticos. Asimismo, se propicia que la persona sea capaz de detectar las señales de inicio del malestar para así empezar cuanto antes a practicar la respiración.

Capítulo 7. Estrategias cognitivas

El contenido está también dividido en las 4 secciones siguientes, que se recomienda sea abordadas en un total de 3 semanas, según se detalla en la Tabla 5:

Sección 1. Los pensamientos influyen en las emociones. En esta primera sección se pretende que los pacientes entiendan los círculos viciosos que en estos casos suelen darse entre los síntomas, los pensamientos negativos y las emociones. Mediante diferentes ejemplos se enseña cómo los pensamientos catastrofistas sobre la peligrosidad de los síntomas, o de las situaciones agorafóbicas, influyen en las emociones negativas (ansiedad, pánico) que experimentan. De forma paralela, se explica cómo también estas emociones negativas influyen en la ocurrencia de nuevos pensamientos catastrofistas. Es decir, el pánico y la ansiedad producen pensamientos negativos y, a su vez, los pensamientos negativos producen pánico y ansiedad. Como tarea los pacientes deben aprender a detectar y anotar sus pensamientos negativos en situaciones agorafóbicas o durante sus crisis de angustia.

Sección 2. Conclusiones precipitadas y probabilidades realistas. Se les explica que ante situaciones de ansiedad es muy frecuente cometer ciertos errores al pensar, como llegar a conclusiones de forma precipitada o exagerar la probabilidad de ocurrencia de un acontecimiento negativo. Mediante diferentes ejercicios se aborda el proceso de reestructuración cognitiva, para enseñar a los pacientes a modificar sus ideas y procesos de pensamiento erróneo, examinando los datos objetivos que sustentan sus pensamientos y estableciendo probabilidades más realistas.

Sección 3. Afrontar lo peor y poner las cosas en perspectiva. El objetivo de esta parte del tratamiento es hacer que las personas se pongan en la peor de sus consecuencias temidas, la más catastrófica, y aún en ese caso busquen posibles alternativas de afrontamiento, poniendo las cosas en perspectiva. Se trata de que la persona encuentre que aún la peor situación temida tiene un final y que siempre hay alguna estrategia que ayude a afrontarla. Debe recordarse que estas estrategias de pensamiento no tienen como objetivo eliminar inmediatamente la ansiedad, sino modificar los errores en el procesamiento de la información que contribuyen a la espiral del miedo y mejorar el afrontamiento de las situaciones temidas.

Sección 4. Revisión de las estrategias de pensamiento y manejo de los recuerdos atemorizantes. Tras revisar las estrategias cognitivas de las secciones previas, se pasa a explicar a los pacientes cómo los pensamientos con una alta carga afectiva tienen una elevada probabilidad de ser memorizados, y de tornar una y otra vez a nuestra conciencia; así, los recuerdos de situaciones temidas pasadas pueden contribuir a la ansiedad y el pánico futuro. La preocupación por crisis futuras puede combatirse mediante el reprocesamiento emocional de las crisis pasadas. Para ello se pide al paciente que recuerde y focalice su atención en los detalles del peor ataque sufrido (el contexto, las sensaciones, los pensamientos, los disparadores del pánico, las reacciones del paciente, etc.). Se trata de que mediante la exposición en imaginación (visualización) y/o la narración de la experiencia se vayan extinguiendo las emociones perturbadoras asociadas, permitiendo así que el recuerdo del acontecimiento pasado se asocie a un estado emocional menos inquietante. Este procedimiento consigue que los recuerdos perturbadores sean menos frecuentes y que el paciente se perciba como más competente (y por tanto menos ansioso) ante la posibilidad de que algo similar vuelva a suceder.

Capítulo 8. Afrontando las situaciones agorafóbicas

Los contenidos de este capítulo se distribuyen en los 3 apartados siguientes, y deben ser acometidos a lo largo de un número variable de semanas, dependiendo de la cantidad de situaciones agorafóbicas y del ritmo de afrontamiento:

Sección 1. Planificación y práctica del afrontamiento de situaciones agorafóbicas. El objetivo de este apartado es que el paciente aprenda a planificar la exposición a las situaciones agorafóbicas y que comience a practicar dicho afrontamiento. Para el diseño de la práctica de exposición se selecciona el primer ítem de la jerarquía de situaciones agorafóbicas (p.ej.: ir sola hasta el supermercado) y se siguen los siguientes pasos: (1) Identificar el peor temor o pensamiento negativo asociado a dicha situación (p.ej.: *que me voy a desmayar mientras conduzco*). (2) A continuación se elige una situación o actividad mediante la que poder comprobar que dicho pensamientos no es realista (p.ej.: conducir sola hasta el supermercado), y que constituye la meta final. (3) Para la práctica de cada día debe irse eligiendo una meta diaria que, de forma progresiva, permita ir avanzando hasta llegar a la meta final (p.ej.: conducir por el barrio acompañada, conducir sola por el barrio, etc.). (4) Finalmente, utilizando para ello las estrategias cognitivas aprendidas, se anota en un formulario: el pensamiento negativo, la evidencia que lo apoya, la probabilidad real de que suceda y las estrategias de afrontamiento que pueden utilizarse en dicha situación; asimismo, tras la exposición, se valora el nivel máximo de ansiedad en una escala de 0 a 10. Las prácticas reales de afrontamiento deben realizarse al menos 3 veces por semana; cada situación agorafóbica se sigue practicando hasta que el nivel de ansiedad máximo se reduzca a 2 o menos, no siendo importante que la ansiedad descienda o no dentro de una práctica dada, sino que con las repeticiones vaya decreciendo a lo largo de los días de práctica.

Sección 2. Revisión y continuación de la planificación y práctica. Se revisan las prácticas realizadas, valorando los logros y dificultades que la persona pueda haber encontrado. Por ejemplo, se valora si ha aprendido a considerar las prácticas como una oportunidad para comprobar que las predicciones catastrofistas no se cumplen, que la ansiedad y el miedo pueden ser manejados y que son situaciones en las que la persona va logrando enfrentarse a situaciones que antes evitaba. La dificultad más frecuente en estas prácticas suele ser haber escapado de la exposición por sentir que la ansiedad sobrepasaba a la persona. En estos casos se debe volver al análisis y modificación de los pensamientos negativos, recordando que es bueno y esperable experimentar ansiedad durante las prácticas, que precisamente eso es lo que permite aprender que el miedo y la ansiedad no son peligrosos. Además, debe recordarse que es normal que la ansiedad se incremente al inicio de la práctica ya que se están haciendo cosas que normalmente se venían evitando; pero debe recordarse que si se permanece en la situación y, sobre todo, si se siguen repitiendo las prácticas, la ansiedad acaba por decrecer. Finalmente deben planificarse las siguientes sesiones de práctica, eligiendo, de forma sucesiva, el siguiente ítem de la jerarquía y procediendo de la misma forma que se hizo con el primero.

Sección 3. Afrontamiento de los síntomas físicos en las situaciones agorafóbicas. Los contenidos de esta sección se abordan sólo en las semanas finales por lo que, siguiendo con el calendario expuesto en la Tabla 5, a esas alturas el paciente debe haber completado los contenidos del capítulo 10 en el que, de forma específica, se aborda el afrontamiento de los síntomas físicos. El objetivo de esta sección es complementar ese trabajo, diseñando prácticas de exposición que permitan el afrontamiento de los síntomas que podría experimentar en situaciones agorafóbicas. Para ello, al diseñar sus prácticas de afrontamiento, debe elegir aquellos síntomas que normalmente teme (p.ej.: sentir palpitar el corazón, exceso de calor, etc.) y decidir dónde y cuándo, de forma deliberada, va a provocar una situación en la que se exageren tales síntomas para ensayar su afrontamiento (p.ej.: conducir con la calefacción encendida y las ventanillas cerradas para experimentar calor; subir por las escaleras para sentir cómo palpita el corazón, etc.).

Capítulo 9. Implicando a los allegados

En este capítulo se aborda la forma de implicar a alguna persona allegada para que ayude al paciente en el afrontamiento de las situaciones temidas y planificar la forma de hacerlo. Para implicar adecuadamente algún allegado (p.ej.: esposo/a, padre/madre, hermano/a, etc.) es necesario que éste aprenda algunos conceptos sobre pánico y agorafobia y su tratamiento, para lo que resulta recomendable que dicha persona lea también el libro de trabajo. Se entiende que el acompañante funciona como un entrenador con el que discutir las tareas antes de realizarlas, promoviendo la discusión y puesta en práctica de las estrategias de afrontamiento, reforzando su ejecución y ayudando al paciente a valorar sus logros de forma objetiva. Es importante que el acompañante no se vea como una señal de seguridad, por lo que también debe graduarse su presencia a medida que avanzan las prácticas.

Capítulo 10. Afrontando los síntomas físicos

Al igual que el capítulo 8, el afrontamiento de los síntomas físicos debe ser abordado en un número variable de semanas, dependiendo de la cantidad de síntomas y actividades que hagan sentirse ansioso a la persona y del ritmo de sus progresos. Los contenidos se distribuyen en los 3 apartados o secciones siguientes:

Sección 1. Afrontamiento de los síntomas físicos. El objetivo de esta parte del tratamiento es ayudar a que la persona se enfrente directamente a los síntomas físicos que le hacen sentirse nervioso, reemplazar los pensamientos erróneos por otros más realistas e interrumpir el condicionamiento interoceptivo, que se explica como un proceso por el que los pacientes de pánico se hacen especialmente sensibles a las sensaciones y síntomas que anuncian el inicio de una crisis. Para ello lo primero es identificar los síntomas concretos que teme cada persona, mediante una serie de ejercicios que suelen producir tales síntomas (p.ej.: respirar a través de una pajita durante 2 minutos para sentir falta de aire, dar vueltas sobre sí mismo para sentirse mareado, etc.). Tras cada ejercicio la persona debe anotar los síntomas experimentados, valorando en una escala 0-10 el nivel de ansiedad durante el ejercicio y la similitud con los síntomas de sus crisis de angustia. Luego deben jerarquizarse los ejercicios en función del nivel de ansiedad producido, eligiendo sólo aquellos con un grado de similitud a los síntomas reales superior a 2 y que hayan producido un nivel de ansiedad superior a 3. La práctica de afrontamiento de síntomas se comienza por el ejercicio de menor graduación, que debe realizarse repetidamente hasta que se noten los primeros síntomas y entonces continuar al menos 30 segundos más, produciendo los síntomas tan intensamente como se pueda, sin intentar mitigarlos ni evitarlos, de modo que la persona realmente se dé cuenta de que los síntomas, aunque desagradables, no son peligrosos y pueden manejarse. Al finalizar este ejercicio se recomienda hacer una serie de 10 respiraciones diafragmáticas y centrarse en el análisis de los pensamientos que pasaban pasado por su cabeza mientras se experimentaban los síntomas, contrastando sus posibles temores y predicciones con su afrontamiento real de la situación. Este ejercicio debe repetirse a diario, 3 veces por día, siempre esperando a que los síntomas hayan desaparecido antes de iniciar el siguiente. Al finalizar cada serie se cumplimenta un formulario en el que se anotan tanto los síntomas experimentados, como los pensamientos y preocupaciones asociadas.

Sección 2. Revisión y continuación de la práctica. Se comienza por revisar las prácticas de la semana previa, identificando los problemas que puedan haber surgido que, con frecuencia, son forma indirectas de evitación (p.ej.: distraerse durante la práctica, provocarse síntomas de baja intensidad, etc.). Para continuar con las prácticas de afrontamiento, se deben realizar de forma progresiva los ejercicios previamente seleccionados, siguiendo el orden de la jerarquía (de menor a mayor nivel de ansiedad) y de forma similar a lo realizado con el primer ítem; es decir, produciendo los síntomas tan intensamente como se pueda, sin intentar mitigarlos ni evitarlos. Tras cada ejercicio se realizan las respiraciones diafragmáticas y se analiza lo sucedido. Luego se debe repetir el ejercicio otras 2 veces más. Cada ejercicio tiene que seguir repitiéndose, hasta que el nivel de ansiedad de un día dado descienda por debajo de 2; entonces puede pasarse al siguiente ejercicio de la jerarquía.

Sección 3. Afrontamiento de los síntomas en las diversas actividades. El objetivo de este parte del tratamiento es que el paciente aprenda a utilizar lo aprendido en el afrontamiento de las actividades de su vida diaria. Para ello se le proporciona una lista con diversas actividades que las personas con pánico suelen temer y evitar (p.ej.: subir escaleras, caminar por la calle un día de mucho calor; bailar, hacer deporte, etc.) y se le pide que selecciones aquellas que le suelen producir ansiedad, graduando esa ansiedad en una escala de 0 a 10. Las actividades con un nivel de ansiedad igual o superior a 3 conformarán la jerarquía personal de actividades que debe afrontar cada paciente. Para comenzar las prácticas de afrontamiento se procede de forma similar a como se hizo con las situaciones agorafóbicas: se selecciona la actividad con el nivel menor de ansiedad; se identifica lo que más le preocupa de dicha situación (deben ser pensamientos concretos, p.ej.: que me voy a marear; que me va a faltar el aire, etc.); se determinan las metas finales (p.ej.: jugar un partido de tenis; pasar la tarde bailando, etc.) y las metas diarias que gradualmente le conducirán a la meta final (p.ej.: jugar al tenis 10 minutos; bailar una pieza, etc.), valorando la posibilidad de que en dicha situación se produzca la consecuencia temida y las estrategias cognitivas con que cuenta la persona para afrontar dicho temor (p.ej.: puedo aguantar, sé que la sensación de mareo no es peligrosa). El afrontamiento de esta primera actividad debe realizarse al menos 3 veces por semana, continuando con dicha práctica hasta que la ansiedad en un día dado sea de 2 o menos.

Sección 4. Revisión y planificación del afrontamiento continuado de actividades. El objetivo de esta sesión es ir planificando las prácticas de afrontamiento de actividades, revisando y valorando los logros y solucionando las dificultades que se pudieran presentar. Para ello se debe continuar con las actividades siguientes de la jerarquía, procediendo de forma similar a como se hizo en los ejercicios de afrontamiento de síntomas. Los autores insisten en que la persona entienda y recuerde que el propósito de estas prácticas es que aprenda que los síntomas que suele experimentar en esas actividades no son peligrosos, que pueden ser manejados y que realmente puede hacer aquello que lleva tiempo evitando. Asimismo se recuerda que es normal experimentar ansiedad y miedo en esas situaciones, pero que con la práctica, el miedo y la ansiedad tienden a disminuir.

Capítulo 11. Medicación

Los contenidos de este capítulo se abordan en dos momentos muy diferentes del programa de tratamiento. La primera sección, destinada a aportar conocimientos básicos sobre la medicación que normalmente se utiliza en el tratamiento de la ansiedad y el pánico, se debe abordar, como un componente psicoeducativo más, en la primera semana de programa. Por contra, la segunda sección, dedicada a la retirada gradual de la medicación, debe abordarse en la semana final del tratamiento:

Sección 1. Medicación para la ansiedad. Puesto que la mayor parte de los pacientes que acuden a tratamiento psicológico para sus problemas de ansiedad suelen estar medicados, uno de los primeros objetivos del programa es dotar a los pacientes de una serie de conocimientos básicos sobre los fármacos utilizados en los problemas de ansiedad y la forma de combinar dicha medicación con el tratamiento psicológico. Para ello se les dan unas breves indicaciones de los diferentes tipos de psicofármacos que suelen utilizarse en el tratamiento del pánico y los problemas de ansiedad (antidepresivos, benzodiacepinas y beta-bloqueantes), detallando su forma de funcionamiento, nombres comerciales, dosis terapéuticas, efectos secundarios, problemas al intentar suspender cada fármaco, etc.

Sección 2. Suspensión de la medicación. Para los pacientes que estuvieran tomando medicación para la ansiedad y el pánico, en esta sección se plantea la posibilidad de que, si lo desean, puedan suspender dichos fármacos. El motivo por el que esta cuestión debe abordarse al final de la intervención tiene que ver con que el paciente ya sea capaz en este momento de manejar su ansiedad y pánico, y así aplicar lo aprendido ante una eventual elevación del nivel de ansiedad al ir dejando los fármacos. Los autores señalan que, con lo aprendido en el programa, debería ser fácil suspender la medicación siempre que: (1) la retirada se plantee de forma muy gradual, (2) se realice bajo la supervisión del médico que la hubiera prescrito, y (3) el paciente tenga en mente el utilizar las diferentes habilidades aprendidas para manejar una posible recaída durante la retirada. Asimismo, se señala que una vez suspendidos fármacos es muy importante que el paciente se enfrente a todos los síntomas, actividades y situaciones que antes gestionaba con medicación.

Capítulo 12. Logros, mantenimiento y prevención de recaídas

El primer objetivo de este último capítulo es que el paciente aprenda a valorar los progresos que se han producido desde el inicio del tratamiento en los diferentes aspectos abordados: disminución del nivel de ansiedad y de la frecuencia y severidad de los ataques de pánico; reducción de la frecuencia de pensamientos negativos; disminución del miedo a los síntomas y actividades en las que se suelen producir; reducción del miedo y/o evitación de la situaciones agorafóbicas. Un segundo objetivo a plantearse en esta sesión final es que los pacientes aprendan a diseñar y estructurar de forma autónoma un plan de práctica continuada de las habilidades aprendidas en el afrontamiento de las actividades o situaciones que todavía pudieran presentarse. Esta práctica continuada debe prolongarse tanto como se necesite, al menos por un periodo de 6 meses.

Asimismo, en esta sesión final los pacientes deben plantearse sus propias metas a largo plazo (p.ej.: retomar los estudios, etc.), planificando los diferentes pasos a dar para conseguir dichas metas (p.ej.: consultar en admisión de alumnos, contactar con los profesores, consultar los horarios de clases, etc.). Tanto las metas finales como los pasos necesarios para conseguirlas deben ser revisados cada mes.

Finalmente, como estrategia para mantener los progresos y prevenir la aparición de posibles recaídas, se plantea la conveniencia de revisar los conocimientos adquiridos y seguir practicando las habilidades aprendidas, de modo que lleguen a incorporarse a una nueva forma de pensar y actuar de la persona. Por otra parte, y puesto que es normal que en situaciones estresante para la vida de cualquier persona (p.ej.: problemas laborales, discusiones familiares, enfermedades, etc.) la aparición de ansiedad sea mucho más frecuente, se recomienda a los pacientes anticiparse a los acontecimientos, pensando por adelantado las formas en que se va a manejar la situación de riesgo así como la propia ansiedad. Asimismo, debe insistirse en que el eventual resurgimiento de una crisis de ansiedad no debe interpretarse como una vuelta atrás, sino como el momento de pararse a analizar lo sucedido de forma realista (p.ej.: cual ha podido ser el disparador de la crisis, qué pensamientos han podido mediar, etc.) y volver a poner en marcha las estrategias aprendidas.

7. CONSIDERACIONES FINALES

Como se ha ido viendo a lo largo del capítulo, los tratamientos cognitivo-conductuales para el trastorno de angustia y la agorafobia son altamente efectivos y representan una historia de éxito indiscutible en el ámbito de la psicoterapia. La terapia cognitivo-conductual ha mostrado su efectividad a lo largo de diferentes poblaciones, contextos de intervención y formatos, tanto aisladamente como en combinación con tratamiento psicofarmacológico, y con resultados que permanecen y se extienden en el tiempo. Entre el 80% y el 100% de los pacientes sometidos a estos tratamientos estarán libres de pánico al final del tratamiento y mantendrán las ganancias a los dos años de haber finalizado la intervención (Craske y Barlow, 2008). Estos resultados presentan un mejor mantenimiento que los obtenidos con tratamientos farmacológicos.

Sin embargo, a pesar del éxito, todavía quedan por resolver muchos aspectos como, por ejemplo, que después del tratamiento se mantiene sintomatología residual hasta en un 50% de los pacientes con trastorno de pánico, y este resultado es aún más probable si el trastorno de pánico presenta agorafobia severa comórbida. La necesidad de optimizar y adaptar los protocolos de intervención a los pacientes resistentes es un reto para la investigación de los próximos años que ya está marcha (Freire y cols., 2015; Gloster y cols., 2015); pacientes con ideación errónea sobrevalorada, sin motivación para el tratamiento, con conceptualizaciones limitadas del trastorno (p. ej. explicación bioquímica), o con dificultades prácticas para llevarlos a término, son candidatos a los nuevos tratamientos que puedan diseñarse. La modificación de los protocolos hacia formatos más asequibles, o más breves pero más intensivos, pueden ser algunos de los cambios que propicien la optimización y adecuación de las intervenciones (Angelosante y cols., 2009; Diacono y cols., 2013).

Por otra parte, aunque los protocolos cognitivo-conductuales alcanzan resultados muy exitosos cuando son aplicados por terapeutas bien entrenados, lo cierto es que todavía no son accesibles a todos los pacientes. A pesar de que estos tratamientos están bien estructurados y tienen una duración que en psicoterapia puede considerarse breve, son más difíciles o costosos de aplicar que los tratamientos farmacológicos, aspecto que resulta relevante y no pasa inadvertido en el ámbito de la salud pública. Asimismo, todavía hay una buena parte de terapeutas no entrenados para la aplicación de estos procedimientos, y un enorme número de pacientes que desconoce la existencia de grandes diferencias entre distintas formas de psicoterapia, y la necesidad de buscar (y exigir) tratamientos psicológicos con apoyo empírico. Por tanto, además, de continuar con la optimización de los programas cognitivo-conductuales actuales, es también una necesidad apremiante la mayor difusión de estos tratamientos, tanto entre los profesionales, como entre los pacientes.

8. REFERENCIAS BIBLIOGRÁFICAS

American Psychiatric Association (1994). *Diagnostic and statistical manual of mental disorders (4º ed.).* Washington D.C.: American Psychiatric Association.

American Psychiatric Association (1998). Practice guideline for the treatment of patients with panic disorder. *American Journal of Psychiatry, 144,* 1-34.

American Psychiatric Association. (2000). *Diagnostic and statistical manual of mental disorders, DSM-IV-TR (4th ed., text revised).* Washington, DC: American Psychiatric Association.

American Psychiatric Association. (2013). *Diagnostic and statistical manual of mental disorders (5th ed.).* Arlington, VA: American Psychiatric Publishing.

Angelosante, A.G., Pincus, D., Whitton, S., Cheron, D. y Pian, J. (2009). Implementation of an intensive treatment protocol for adolescents with panic disorder and agoraphobia. *Cognitive and Behavioral Practice, 16,* 345–357.

Aronson, T.A. y Logue, J.M. (1988). Phenomenology of panic attacks: a descriptive study of panic disorder patients' self reports. *Journal of Clinical Psychiatry, 49,* 8–13.

Bados, A. (2000). Agorafobia y ataques de pánico. Madrid: Pirámide.

Bados, A. (2003) Guía de tratamientos psicológicos eficaces para la agorafobia. En: M. Pérez, J.R. Fernández, C. Fernández e I. Amigo (Coords.): *Guía de tratamientos psicológicos eficaces I. Adultos.* Madrid: Pirámide.

Bandelow, B. y Michaelis, S. (2015). Epidemiology of anxiety disorders in the 21st century. *Dialogues in Clinical Neuroscience, 17,* 327–335.

Barlow, D.H. (1988). *Anxiey and its disorders.* NY: Guildford Press.

Barlow, D.H. (1997). Cognitive behavior therapy for panic disorder: Current status. *Journal of Clinical Psychiatry, 58,* 32-37.

Barlow, D.H. y Cerny, J.A. (1988). *Psychological Treatment of Panic.* New York: Guilford Press.

Barlow, D.H., Conklin, L.R. y Bentley, K.H. (2015). Psychological treatments for panic disorders, phobias and social and generalized anxiety disorders. En P.E. Nathan y J.M. Jack (Eds.): *A guide to treatments that work (4th ed.).* Oxford University Press.

Barlow, D.H. y Craske, M.G. (1989). *Mastery of your anxiety and panic.* Albany, New York: Graywind Publications.

Barlow, D.H. y Craske, M.G. (2007). *Mastery of your anxiety and panic (Workbook) 4th edition.* EEUU: Oxford University Press.

Barsky, A.J., Cleary, P.D., Sarnie, M.K. y Ruskin, J.N. (1994). Panic disorder, palpitations, and the awareness of cardiac activity. *Journal of Nervous and Mental Disease, 182,* 63-71.

Bass, C., Kartsounis, L. y Lelliott, P. (1987). Hyperventilation and its relationship to anxiety and panic. *Integral Psychiatry, 5,* 274–291.

Beck, A., Brown,G., Epstein, N. y Steer R.A. (1988). An Inventory for Measuring Clinical Anxiety: Psychometric Properties. *Journal of Consulting and Clinical Psychology, 56,* 893-7.

Beck, A.T., Emery, G. y Greenberg, R.L. (1985). *Anxiety disorders and phobias. A cognitive perspective.* NY: Basics Books.

Beck, J. (2001). Why Distinguish Between Cognitive Therapy and Cognitive Behavior Therapy. *Beck Institute Newsletter, Vol. 6(1).* (Revista electrónica de acceso libre en www.beckinstitute.org).

Beck, J., Stanley, M.A., Baldwin, L.E., Deagle, E.A. y Averill, P. (1994). Comparison of cognitive therapy and relaxation training for panic disorder. *Journal of Consulting and Clinical Psychology, 62, 818-826.*

Bienvenu, O., Onyike, C., Stein M. y cols. (2006). Agoraphobia in Adults: Incidence and Longitudinal Relationship with Panic. *British Journal of Psychiatry, 188,* 432-438.

Bitran, S., Morissette, B.S., Spiegel, D.A. y Barlow, D. (2008). A pilot study of sensation-focused intensive treatment for panic disorder with moderate to severe agoraphobia: preliminary outcome and benchmarking data. *Behavior Modification, 32,* 196-214.

Botella, C. y Ballester, R. (1997). *Trastorno de pánico: Evaluación y tratamiento.* Barcelona: Martínez Roca.

Botella, C. (2003) Guía de tratamientos psicológicos eficaces para el trastorno de pánico. En: M. Pérez, J.R. Fernández, C. Fernández e I. Amigo (Coords.): *Guía de tratamientos psicológicos eficaces I. Adultos.* Madrid: Pirámide.

Bouton, M.E., Barlow, D.H. y Mineka, S. (2001). A modern learning theory perspective on the etiology of panic disorder. *Psychological Bulletin, 108,* 4-32.

Brown, T.A. y Barlow, D.H. (2014). *Anxiety and Related Disorders Interview Schedule for DSM-5 (ADIS-5) - Adult and Lifetime Version: Clinician Manual.* Oxford University Press.

Brown, T.A, Chorpita, B.F. y Barlow, D.H. (1998). Structural relationships among dimensions of the DSM-IV anxiety and mood disorders and dimensions of negative affect, positive affect, and autonomic arousal. *Journal of Abnormal Psychology, 107,* 179-192.

Caldirola, D., Schruers, K.R., Nardi, A.E., De Berardis, D., Fornaro, M. y Perna, G. (2016). Is there cardiac risk in panic disorder? An updated systematic review. *Journal of Affective Disorders, 194,* 38-49.

Chambless, D.L., Caputo, C., Bright, P. y Gallagher, R. (1984). Assessment of fear of fear in agoraphobics: The Body Sensations Questionnaire and the Agoraphobic Cognitions Questionnaire. *Journal of Consulting and Clinical Psychology, 52,* 1090-1097.

Chambless, D.L., Caputo, G.C., Jasin, S.E., Gracely, E.J. y Williams, C. (1985). The Mobility Inventory for Agoraphobia. *Behaviour Research and Therapy, 23,* 35-44.

Clark, D.M. (1986). A cognitive approach to panic. *Behaviour Research and Therapy, 24,* 461–470.

Clark, D.M. (1988). A cognitive model of panic. In S.J. Rachman & J. Maser (Eds.), *Panic: psychological perspectives.* Hillsdale, NJ: Erlbaum.

Clark, D.M. (1989). Anxiety states: panic and generalized anxiety. In K. Hawton, P.M. Salkovskis, J. Kirk y D.M. Clark (Eds.), *Cognitive therapy for psychiatric problems: a practical guide.* Oxford: Oxford University Press.

Clark, D.M., Salkovskis, P.M. y Chalkley, A.J. (1985) Respiratory control in the treatment of panic attacks. *Journal of Behaviour Therapy and Experimental Psychiatry, 16,* 23-30.

Clark, D.M. y Salkovskis, P.M. (1987). *Cognitive treatment for panic attacks: Therapist's manual.* Oxford: Author.

Clark, D.M., Salkovskis, P.M., Hackmann, A. Middleton, H. Anastasiades, P. y Gelder, M. (1994). A comparison of cognitive therapy, applied relaxation and imipramina in the treatment of panic disorder. *British Journal of Psychiatry, 164,* 759-769.

Comeche, M.I., Díaz, M.I. y Vallejo, M.A. (1995*). Cuestionarios, inventarios y escalas: Ansiedad, depresión, habilidades sociales.* Madrid: Fundación Universidad-Empresa.

Craske, M.G. y Barlow, D.H. (2007*). Mastery of your anxiety and panic (Therapist Guide) 4th edition.* EEUU: Oxford University Press.

Craske, M.G. y Barlow, D. (2008). *Panic and agoraphobia. En D. Barlow (Ed.), Clinical Handbook of Psychological Disorders: A Step-by-Step Treatment Manual.* NY: Guildford Press.

Craske, M.G., Golinelli, D., Stein, M.B., Roy-Byrne, P., Bystritsky, A. y Sherbourne, C. (2005). Does the addition of cognitive behavioral therapy improve panic disorder treatment outcome relative to medication alone in the primary care setting? *Psychological Medicine, 35,* 1645-1654.

Craske, M.G., Lang, A.J., Aikins, D. y Mystkowski, J.L. (2005). Cognitive behavioral therapy for nocturnal panic. *Behavior Therapy, 36,* 43-54.

Craske, M.G., Poulton, R., Tsao, J.C.I. y Plotkin, D. (2001). Paths to panic-agoraphobia: An exploratory analysis from age 3 to 21 in an unselected birth cohort. *American Journal of Child and Adolescent Psychiatry, 40,* 556-563.

Deacon, B., Kemp, J.J., Dixon, L.J., Sy, J.T., Farrell, N.R., Zhang, A.R. (2013). Maximizing the efficacy of interoceptive exposure by optimizing inhibitory learning: A randomized controlled trial. *Behaviour Research and Therapy, 51,* 588-596.

Eley, T.C. (2001). Contributions of behavioral genetics research: Quantifying genetic, shared environmental and nonshared environmental influences. En M.W. Vasey y M.R. Dadds (Eds.), *The Developmental psychopathology of anxiety*. NY: Oxford University Press.

Emmelkamp, P.M., Brilman, E., Kuiper, H. y Mersch, P. (1986). The treatment of agoraphobia: A comparison of self-instructional training, rational emotive therapy and exposure in vivo. *Behavior Modification, 10,* 37-53.

Eysenck, H.J. (1981). A model of personality. Nueva York: Springer-Verlag.

Farmer, R.F. y Chapman, A. (2016). Exposure-based interventions. En R.F. Farmer y A. Chapman (Eds.), *Behavioral interventions in cognitive behavior therapy: Practical guidance for putting theory into action (2nd ed.)*. American Psychological Association.

Feigenbaum, W. (1988). Long-term efficacy of ungraded versus graded massed exposure in agoraphobics. En I. Hand y H. Wittchen (Eds.), *Panic and phobias: Treatment and variables affecting course and outcome.* Berlin: Springer-Verlag.

Freire, R.C., Zugliani, M.M., García, R.F. y Nardi, A.E. (2015). Treatment-resistant panic disorder: a systematic review. *Expert Opinion on Pharmacotherapy, 4,* 1-10.

Garrido-Elustondo, S., Reneses, B., Navalón, A., Martín, O., Ramos, I. y Fuentes, M. (2016). Capacidad de detección de patología psiquiátrica por el médico de familia. *Atención Primaria.* http://dx.doi.org/10.1016/j.aprim.2015.09.009

Gloster, A.T., Sonntag, R., Hoyer, J., Meyer, A.H., Heinze, S., Ströhle, A., Eifert, G. y Wittchen, H. (2015). Treating treatment-resistant patients with panic disorder and agoraphobia using psychotherapy: A randomized controlled switching trial. *Psychotherapy and Psychosomatics, 84,* 100-109.

Goodwin, R., Faravelli, C., Rosi, S. y cols. (2005). The epidemiology of panic disorder and agoraphobia in Europe. *European Neuropsychopharmacology, 15,* 435-443.

Goodwin, R., Ferguson, D.M. y Horwood, L.J. (2005). Childhood abuse and familial violence and the risk of panic attacks and panic disorder in young adulthood. *Psychological Medicine, 35,* 881-890.

Gosh, A. y Marks, I.M. (1987). Self-treatment of agoraphobia by exposure. *Behavior Therapy, 18,* 3-16.

Hayes, S.C., Strosahl, K.D. y Wilson, K.G. (1999). *Acceptance and commitment therapy.* Nueva York: The Guilford Press.

Hibbert, G. y Pilsbury, D. (1989). Hyperventilation: Is it a cause of panic attacks? *British Journal of Psychiatry, 155,* 805-809.

Hoffart, A., Hedley, L.M., Svanøe, K., Langkaas, T.F. y Sexton, H. (2016). Agoraphobia With and Without Panic Disorder: A 20-Year Follow-up of Integrated Exposure and Psychodynamic Therapy. *The Journal of Nervous & Mental Disease, 204,* 100-107.

Hoffman, E.C. y Mattis, S.G. (2000). A developmental adaptation of Panic Control Treatment for panic disorder in adolescence. *Cognitive and Behavioral Practice, 7,* 253-261.

Hoffman, S.G., Bufka, L.F., Brady, S. M., Du Rand, C. y Goff, D.C. (2000). Cognitive-behavioral treatment of panic in patients with schizophrenia: Preliminary findings. *Journal of Cognitive Psychotherapy, 14,* 381-392.

Hornsveld, H., Garssen, B., Fiedeldij Dop, M. y Van Spiegel, P. (1990). Symptom reporting during voluntary hyperventilation and mental load: Implications for diagnosing hyperventilation syndrome. *Journal of Psychosomatic Research, 34,* 687-697.

Kushner, M.G. y Beitman, B.D. (1990). Panic attacks without fear: An overview. *Behaviour Research and Therapy, 28,* 469-479.

Lelliott, P., Marks, I., McNamee, G. y Tobena, A. (1989). Onset of panic disorder with agoraphobia. Toward an integrated model. *Archives of General Psychiatry, 46,* 1000-1004.

Levitt, J.T. y Karekla, M. (2005). Integrating acceptance and mindfulness with cognitive-behavioral treatment for panic disorder. En S.M. Orsillo and L. Roemer (Eds.), *Acceptance and mindfulness-based approaches to anxiety: Conceptualization and treatment.* Nueva York: Springer.

Maller, R.G. y Reiss, S. (1992). Anxiety sensitivity in 1984 and panic attacks in 1987. *Journal of Anxiety Disorders, 6,* 241–247.

Margraf, J., Taylor, C.B., Ehlers, A., Roth, W. y Agras, W.S. (1987). Panic attacks in the natural environment. *Journal of Nervous and Mental Disease, 175,* 558-565.

Marks, I.M. (1987). Fears, phobias and rituals. Oxford: Oxford University Press.

Marks, I.M. y Mathews, A.M. (1979). Brief standard self-rating scale for phobic patients. *Behaviour Research and Therapy, 17,* 263-267.

Michelson, L., Mavissakalian, M. y Marchione, K. (1985). Cognitive and behavioral treatments for agoraphobia: clinical, behavioral and psychophysiological outcomes. *Journal of Consulting and Clinical Psychology, 53,* 913-925.

Michelson, L., Mavissakalian, M. y Marchione, K. (1988). Cognitive, behavioral, and psychophysiological treatments of agoraphobia: A comparative outcome investigation. *Behavior Therapy, 19,* 97-120.

Michelson, L., Mavissakalian, M. y Marchione, K., Ulrich, R., Marchione, N. y Testa, S. (1990). Pschophysiological outcome of cognitive, behavioral and psychophysiologciacally-based treatments of agoraphobia. *Behavior Research and Therapy, 28,* 127-139.

Milrod, B., Chambless, D.L., Gallop, R., Busch, F.N., Schwalberg, M., McCarthy, K.S., Gross, C., Sharpless, B.A., Leon, A.C. y Barber, J.P.. (2015). Psychotherapies for panic disorder: a tale of two sites. *The Journal of Clinical Psychiatry,* Jun 9.

Morissette, B.S., Spiegel, D.A. y Heinrichs, N. (2005). Sensation-Focused Intensive Treatment for panic disorder with moderate to severe agoraphobia. *Cognitive and Behavioral Practice, 12,* 17–29.

Öst, L. G. (1988). Applied relaxation in the treatment of panic disorder. *Behaviour Research and Therapy, 26,* 13-22.

Öst, L.G. y Sterner, U. (1987). Applied tension. A specific behavioral method for treatment of blood phobia. *Behavior Research and Therapy, 25,* 25-29.

Otto, M.W. y Deveney, C. (2005). Cognitive-behavioral therapy and the treatment of panic disorder: Efficacy and strategies. *Journal of Clinical Psychiatry, 66,* 28-32.

Plehn, K. y Peterson, R.A. (2002). Anxiety sensitivity as a predictor of the development of panic symptoms, panic attacks, and panic disorder: A prospective study. *Journal of Anxiety Disorders, 16,* 455–474.

Porter, E. y Chambless, D.L. (2015). A systematic review of predictors and moderators of improvement in cognitive-behavioral therapy for panic disorder and agoraphobia. *Clinical Psychology Review, 42,* 179-192.

Rachman, S.J., Lopatka, C. y Levitt, K. (1988). Experimental analyses of panic: II. Panic Patients. *Behavior Research and Therapy, 26,* 33-40.

Rees, C.S., Richards, J.C. y Smith, L.M. (1999). The efficacy of information-giving in cognitive-behavioral treatment for panic disorder. *Behavior Change, 16,* 175-181.

Reiss, S. y McNally R.J. (1985). Expectancy model of fear. En: S. Reissy R. Bootzin (Eds.), *Theoretical issues in behavior therapy.* New York: Academic Press.

Ritz, T., Meuret, A.E. y Ayala, E.S. (2010). The psychophysiology of blood-injection-injury phobia: looking beyond the diphasic response paradigm. *International Journal of Psychophysiology, 78,* 50-67.

Safren, S.A., Gershuny, B.S. Marzol, P., Otto, M.W. y Pollack, M.H. (2002). History of childhood abuse in panic disorder, social phobia, and generalized anxiety disorder. *Journal of Nervous and Mental Disease, 190,* 453-456.

Salkovskis, P. M. (1988). Somatic problems. En: Hawton, K., Salkovskis, P. M., Kirk, J. y Clark, D. M., *Cognitive behaviour therapy for psychiatric problems. A practical guide.* Oxford University Press.

Salkovskis, P. M. y Clark, D. M. (1991). Cognitive therapy for panic disorder. *Journal of Cognitive Psychotherapy, 5,* 215-226.

Salkovskis, P.M., Jones, D.R. y Clark, D.M. (1986) Respiratory control in the treatment of panic attacks: Replication and extension with concurrent measures of behaviour and pCO_2. *British Journal of Psychiatry, 148,* 526-532.

Schmidt, N.B., Lerew, D.R. y Jackson, R.J. (1997). The role of anxiety sensitivity in the pathogenesis of panic: Prospective evaluation of spontaneous panic attacks during acute stress. *Journal of Abnormal Psychology, 106,* 355–364.

Schmidt, N.B., Lerew, D.R. y Jackson, R.J. (1999). Prospective evaluation of anxiety sensitivity in the pathogenesis of panic: Replication and extension. *Journal of Abnormal Psychology, 108,* 532–537.

Schmidt, N.B., Woolaway-Bickel, K., Trakowsky, J., Santiago, H., Storey, J., Koselka, M. y cols. (2000). Dismantling cognitive-behavioral treatment for panic disorder: Questioning the utility of breathing retraining. *Journal of Consulting and Clinical Psychology, 68,* 417-424.

Seisdedos, N. (1988). *Cuestionario de ansiedad estado-rasgo. Adaptación española: Sección de Estudio de Tests.* Madrid: TEA Ediciones S.A.

Spiegel, D.A. y Barlow, D.H. (2000a). *Eight-day treatment of panic disorder with moderate to severe agoraphobia: Preliminary outcome data.* Poster presented at the

34th Annual Convention of the Association for Advancement of Behavior Therapy, New Orleans.

Spiegel, D.A. y Barlow, D.H. (2000b). *Intensive treatment for panic disorder and agoraphobia.* En M.G. Craske (Chair), Brief cognitive behavioral therapy for anxiety: Intervention and prevention. Symposium conducted at the 34th Annual Convention of the Association for Advancement of Behavior Therapy, New Orleans.

Spiegel, D.A., Bruce, T.J., Gregg, S.F. y Nuzzarello, A. (1994). Does cognitive behavior therapy assist slow-taper alprazolam discontinuation in panic disorder? *American Journal of Psychiatry, 151,* 876.881.

Spielberger, C.D. (1987). *Manual for the state-trait anxiety inventory (Form Y).* Palo Alto: Consulting Psychologists Press.

Suarez, L.M., Bennet, S.M., Goldstein, C.R. y Barlow, D.H. (2009). Understanding anxiety disorders from a "Triple Vulnerability" framework. En M.M. Antony y M.B. Stein (Eds.), *Oxford Handbook of Anxiety and Related Disorders.* Nueva York: Oxford University Press.

Swinson, R.P., Antony, M. M., Bleau, P., Chokka, P., Craven, M., Fallu, A. y cols. (2006). Clinical practice guidelines: Management of anxiety disorders. *Canadian Journal of Psychiatry, 51,* 1S-92S.

Talkovsky, A.M. y Norton, P.J. (2015). The indirect effect of anxiety sensitivity in the relationship between panic symptoms and panic severity. *Journal of Cognitive Psychotherapy, 29,* 123-133.

Taylor S. (2000). *Understanding and treating panic disorder: Cognitive-behavioral approaches.* Chichester, UK: Wiley.

Taylor, S. (2001) Breathing retraining in the treatment of panic disorder. Efficacy, caveats and indications. *Scandinavian Journal of Behaviour Therapy, 30,* 50-56.

Van Beek, N. Schruers, K.R. y Friez, E. J. (2005). Prevalence of respiratory disorders in first-degree. *Journal of Affective Disorders, 87,* 337-340.

Weissman, M.M., Bland, R.C., Canino, G.C., Faravelli, C. y cols. (1997). The cross-national epidemiology of panic disorder. *Archives of General Psychiatry, 54,* 305-309.

White, K. y Barlow, D.H. (2002). Panic disorder and agoraphobia. En D.H. Barlow (Ed.), *Anxiety and its Disorders. The Nature and Treatment of Anxiety and Panic.* Nueva York: Guildford Press.

Wilhem, F. y Roth, W. (2001). The somatic symptom paradox in DSM-IV anxiety disorders: suggestions for clinical focus in psychophysiology. *Biological Psychology, 57,* 105-140.

Williams, S. (1990). *Self-efficacy scales for agoraphobia (SESA).* Manuscrito sin publicar de la Universidad de Lehigh.

9. LECTURAS RECOMENDADAS

Bados, A. (2003) Guía de tratamientos psicológicos eficaces para la agorafobia. En: M. Pérez, J.R. Fernández, C. Fernández e I. Amigo (Coords.): *Guía de tratamientos psicológicos eficaces I. Adultos.* Madrid: Pirámide.

Botella, C. (2003) Guía de tratamientos psicológicos eficaces para el trastorno de pánico. En: M. Pérez, J.R. Fernández, C. Fernández e I. Amigo (Coords.): *Guía de tratamientos psicológicos eficaces I. Adultos.* Madrid: Pirámide.

En estos dos capítulos de la *Guía de tratamientos psicológicos eficaces*, los autores describen detalladamente el estado de la cuestión en el tratamiento psicológico de la agorafobia (el primero) y del trastorno de pánico (el segundo). En ambos casos se presentan las diferentes alternativas terapéuticas disponibles, revisando la investigación acumulada y valorando finalmente si, a través de los resultados de dicha investigación, cada tratamiento puede considerarse como bien establecido, probablemente eficaz o en fase experimental.

Bados, A. (2000). *Agorafobia y ataques de pánico.* Madrid: Pirámide.

Se trata de una amplia revisión de los aspectos más relevantes en la intervención cognitivo-conductual en los problemas de agorafobia y ataques de pánico. Tras la descripción de las características básicas del problema, se presenta un modelo de programa específico para la evaluación y tratamiento psicológico de estos trastornos. Es una monografía muy práctica, en la que se incluyen los diferentes instrumentos de evaluación utilizados en el programa y se describen detalladamente cada una de las estrategias terapéuticas a utilizar en el tratamiento.

Bados, A. (2006) *Tratando.... Pánico y agorafobia* Madrid: Pirámide.

En este texto el autor, tras repasar los aspectos básicos del problema así como de su evaluación y tratamiento, se centra en la descripción de las principales dificultades que pueden surgir durante la intervención cognitivo-conductual del pánico y la agorafobia, ofreciendo unas guías orientativas para resolverlas, así como pautas específicas para reorientar la actuación del clínico cuando su intervención no ofrece resultados satisfactorios.

Ballester, R. (2005) Tratamiento psicológico de un caso trastorno por angustia. En: J.P. Espada, J. Olivares y F.X. Méndez (Coords.) *Terapia Psicológica. Casos Prácticos.* Madrid: Pirámide.

En este capítulo se describe detalladamente la intervención realizada en el caso de un paciente con trastorno de angustia con síntomas predominantemente respiratorios. Tras la descripción de la historia del paciente, se realizan los análisis topográfico y funcional del caso especificando los diferentes instrumentos utilizados. La intervención se inicia con la presentación del modelo cognitivo del pánico al que sigue la aplicación de estrategias como en entrenamiento en respiración lenta, diferentes experimentos conductuales o la discusión de las interpretaciones catastrofistas. Finalmente se presentan en tablas detalladas la evolución de las variables medidas y se comentan dichos resultados.

10. PREGUNTAS DE AUTO-COMPROBACIÓN

1) El miedo característico de trastorno de pánico suele referirse a alguna causa externa que pudiera suponer una amenaza.
2) El pánico puede ocurrir en respuesta a señales internas muy sutiles o sensaciones físicas que pueden presentarse en cualquier momento.
3) El Inventario Estado-Rasgo de Ansiedad (STAI) es el cuestionario específico para trastornos de angustia más conocido y utilizado a lo largo de la historia.
4) En el pre-tratamiento los datos retrospectivos obtenidos mediante entrevistas o cuestionarios sobre los ataques de pánico sufridos suelen estar sobre-valorados.
5) En el tratamiento del trastorno de pánico se debe informar al paciente de los cambios fisiológicos que se producen durante los ataques de pánico, enfatizando el valor de supervivencia de estas respuestas de alarma.
6) El entrenamiento en respiración por sí solo es una estrategia empíricamente validada para el tratamiento de la agorafobia.
7) El objetivo de la reestructuración cognitiva es modificar los pensamientos distorsionados confiando en que, gracias a este cambio, la ansiedad y el miedo remitan.
8) Mediante la exposición interoceptiva se pretende que el paciente pierda el miedo a los síntomas de pánico provocando e intensificando hasta el máximo posible los síntomas de ansiedad sin permitir ni entrenar ningún procedimiento de reducción de la activación.
9) En el programa de Barlow y Craske (2007) para el control del pánico se explica a los pacientes que los síntomas que se producen durante sus crisis son la respuesta que normalmente debería dar el organismo ante una situación amenazante, el problema es que en su caso esta respuesta se produce en situaciones que no son ni mínimamente amenazantes.
10) En el programa de Barlow y Craske (2007) para el control del pánico se puede implicar a alguna persona allegada para que ayude al paciente en la planificación y el afrontamiento de las situaciones temidas, siempre procurando graduar la presencia de este acompañante para que el paciente no vea en él una señal de seguridad.

Las respuestas (verdadero, o falso) a las preguntas
se encuentran en el anexo final del texto.

7

DEPRESIÓN

Miguel A. Vallejo Pareja

U.N.E.D.

Mª Isabel Comeche Moreno

U.N.E.D.

1. INTRODUCCIÓN

La depresión es un problema de notable importancia clínica y con un gran impacto psicosocial. A pesar de que tiene una menor incidencia que los trastornos de ansiedad, su concurrencia con otros problemas clínicos: ansiedad, trastornos psicosomáticos, adicciones, etc., hace que esté presente en muchos pacientes. Además, y aunque un número elevado de éstos, no lleguen a reunir todos los requisitos precisos para ser diagnosticados con un determinado tipo de trastorno del estado de ánimo, presentan algunas de las quejas características de estos pacientes, por ejemplo: el estado de ánimo depresivo, la pérdida de interés por las cosas, las alteraciones en el sueño o en el comportamiento alimentario, etc. Puede señalarse, en general, que el trastorno depresivo se origina como consecuencia de la incapacidad para resolver, de un modo adecuado, un problema o problemas. La persistencia del problema, la inexistencia de estrategias efectivas para abordarlo, puede «llevar» a la persona a una situación de pasividad, de entrega, de renuncia, en suma al padecimiento de un trastorno depresivo.

2. DEFINICIÓN

Todo el mundo parece tener una idea de en qué consiste la depresión y es que el término depresión, a diferencia de muchas otras etiquetas y términos psicológicos, es ampliamente conocido y utilizado en nuestro lenguaje cotidiano. Así, con frecuencia calificamos nuestro desánimo o tristeza como un *estar deprimido,* o aludimos a las situaciones que nos abaten o entristecen como *deprimentes.* Su cercanía hace que haya, aun en términos legos, un conocimiento bastante acertado de la entidad clínica. Al margen de este uso "mundano" (Pérez y García, 2003) del término depresión, a nivel clínico la depresión representa un complejo síndrome en el que sentirse deprimido o triste, es sólo uno los numerosos y variados síntomas.

En este capítulo nos vamos a centrar en el llamado trastorno de depresión mayor y en su unidad sintomática básica, el episodio de depresión mayor, según la denominación diagnóstica del DSM-5 (APA, 2013). Como puede verse en la Tabla 1, para el diagnóstico de un episodio de depresión mayor debe cumplirse el criterio A, que recoge un conjunto de síntomas como: estado de ánimo deprimido (en los niños y adolescentes puede tornarse en irritabilidad), disminución del interés o del placer, pérdida de peso y/o cambios en el apetito (disminución o aumento), insomnio o hipersomnia, agitación o retraso psicomotor, fatiga o pérdida de energía, sentimientos de inutilidad o de culpa, dificultad para pensar, concentrarse y tomar decisiones, y pensamientos recurrentes de muerte. Junto a ello, para tal diagnóstico los síntomas deben atenerse a lo expuesto en los criterios B (causar un malestar clínicamente significativo) y C (no poder ser atribuidos a los efectos de una sustancia o afección médica). Además, si se cumplen los criterios D y E (ver Tabla 1), debería diagnosticarse un trastorno de depresión mayor.

Los criterios diagnósticos citados incluyen una serie de notas aclaratorias, como puede verse en la Tabla 1, de las que es especialmente relevante, tanto por su contenido como por su extensión, la relativa a las respuestas a una pérdida significativa. A este respecto, además de lo expuesto en la Tabla 1, en el DSM-5 (APA, 2013) se incluye una amplia sub-nota, a pie de página, informando de las diferencias que pueden ayudar al clínico a distinguir entre un episodio de duelo y un posible episodio de depresión mayor. Con esta aclaración se pretende dar respuesta a las críticas por la exclusión, respecto a los criterios del DSM-IV-TR (APA, 2000), de los 2 meses siguientes a una pérdida como periodo de duelo; exclusión que, según algunos autores (p.ej.: Frances, 2014), llevaría aparejada una medicalización del duelo. Un resumen de lo expuesto en dicha sub-nota se recoge en el cuadro comparativo de la Tabla 2.

Esta breve descripción de los cambios que caracterizan la entidad denominada como trastorno depresivo, ponen de manifiesto la concurrencia de alteraciones de carácter: (1) afectivo: tristeza, abatimiento, desánimo, disminución de la capacidad de disfrute, apatía o indiferencia, etc.;

A. Cinco (o más) de los 9 síntomas siguientes han estado presentes durante un período de dos semanas y representan un cambio del funcionamiento previo. Al menos uno de los síntomas es (1) estado de ánimo deprimido o (2) pérdida de interés o de placer.
   1. Estado de ánimo deprimido la mayor parte del día, casi todos los días, según se desprende de la información subjetiva (p. ej., se siente triste, vacío, sin esperanza) o de la observación por parte de otras personas (p. ej., se le ve lloroso). (Nota 1).
   2. Disminución importante del interés o el placer por todas o casi todas las actividades la mayor parte del día, casi todos los días (como se desprende de la información subjetiva o de la observación).
   3. Pérdida importante de peso sin hacer dieta o aumento de peso (p. ej., modificación de más del 5% del peso corporal en un mes) o disminución o aumento del apetito casi todos los días. (Nota 2)
   4. Insomnio o hipersomnia casi todos los días.
   5. Agitación o retraso psicomotor casi todos los días (observable por parte de otros; no simplemente la sensación subjetiva de inquietud o de enlentecimiento).
   6. Fatiga o pérdida de energía casi todos los días.
   7. Sentimiento de inutilidad o culpabilidad excesiva o inapropiada (que puede ser delirante) casi todos los días (no simplemente el auto-reproche o culpa por estar enfermo).
   8. Disminución de la capacidad para pensar o concentrarse, o para tomar decisiones, casi todos los días (a partir de la información subjetiva o de la observación por parte de otras personas).
   9. Pensamientos de muerte recurrentes (no sólo miedo a morir), ideas suicidas recurrentes sin un plan determinado, intento de suicidio o un plan específico para llevarlo a cabo.

B. Los síntomas causan malestar clínicamente significativo o deterioro en lo social, laboral u otras áreas importantes del funcionamiento.

C. El episodio no se puede atribuir a los efectos fisiológicos de una sustancia o de otra afección médica. (Nota 3).

D. El episodio de depresión mayor no se explica mejor por un trastorno esquizoafectivo, esquizofreniforme, delirante, esquizofrenia u otro trastorno especificado o no especificado del espectro de la esquizofrenia y otros trastornos psicóticos.

E. Nunca ha habido un episodio maníaco o hipomaníaco. (Nota 4).

Nota:
1) En niños y adolescentes, el estado de ánimo puede ser irritable.
2) En los niños, considerar el fracaso para el aumento de peso esperado.
3) Los Criterios A–C constituyen un episodio de depresión mayor.
4) Esta exclusión no se aplica si todos los episodios de tipo maníaco o hipomaníaco son inducidos por sustancias o se pueden atribuir a los efectos fisiológicos de otra afección médica.

Nota: Las respuestas a una pérdida significativa (p. ej., duelo, ruina económica, pérdidas debidas a una catástrofe natural, una enfermedad o discapacidad grave) pueden incluir el sentimiento de tristeza intensa, rumiación acerca de la pérdida, insomnio, pérdida del apetito y pérdida de peso que figuran en el Criterio A, y pueden simular un episodio depresivo. Aunque estos síntomas pueden ser comprensibles o considerarse apropiados a la pérdida, también se debería pensar atentamente en la presencia de un episodio de depresión mayor además de la respuesta normal a una pérdida significativa. Esta decisión requiere inevitablemente el criterio clínico basado en la historia del individuo y en las normas culturales para la expresión del malestar en el contexto de la pérdida.

Tabla 1. Criterios diagnósticos del DSM-5 (APA, 2013) para el episodio depresivo mayor (A-C) y para el trastorno de depresión mayor (A-E)

Duelo	*Episodio de Depresión Mayor*
- Afecto predominante: sentimiento de vacío y pérdida. - Disforia: disminuye de intensidad en días o semanas y se produce en oleadas (asociadas a recuerdos del difunto) - Humor y emociones positivas: pueden acompañar al dolor de la pérdida - Contenido de los pensamientos: preocupación vinculada a recuerdos del difunto. - Autoestima: por lo general se conserva - Pensamientos sobre la muerte: centrados en el difunto y en "reunirse" con él.	- Afecto predominante: estado de ánimo deprimido persistente e incapacidad de esperar felicidad o placer - Disforia: es más persistente y no se asocia a pensamientos o preocupaciones específicos. - Humor y emociones positivas: no son característicos de la intensa infelicidad - Contenido de los pensamientos: autocrítica o la rumiación pesimista - Autoestima: frecuentes sentimientos de no valer para nada y de desprecio por uno mismo. - Pensamientos sobre la muerte: centrados en poner fin a la propia vida por sentirse inútil, no ser digno de vivir o ser incapaz de hacer frente al dolor de la depresión

Tabla 2. ***Comparación entre los síntomas característicos de un episodio de depresión mayor y un episodio de duelo, según el DSM-5 (Modificado de: APA, 2013).***

(2) comportamental: agitación motora, lentitud al hablar y andar, disminución del nivel de actividad, etc.; (3) cognitivo: disminución de la capacidad de concentración, memoria y atención y, con ellos, del rendimiento; incremento de las cogniciones negativas auto-referidas (auto-crítica, auto-culpa, etc.); (4) fisiológico: insomnio o hipersomnia, disminución del apetito, de la actividad y del deseo sexual, dolores y molestias; y (5) interpersonal: disminución del interés por los demás, deterioro de las relaciones sociales.

Las cifras sobre la prevalencia de la depresión demuestran que este síndrome afecta a un amplio porcentaje de personas. Los grandes estudios epidemiológicos realizados en la pasada década de los 80 habían estimado la prevalencia vital de la depresión en un 5% (Weissman, 2009); sin embargo, estudios más recientes aportan cifras muy superiores, entre el 6% y el 18% de prevalencia vital (Kessler y cols., 2003; Hasin y cols., 2005; Patten, Wang y Williams, 2006; Patten, 2008). Datos más recientes, aportados por estos últimos autores (Patten y cols., 2015) constatan una estabilización de las cifras; así, tras el estudio de la prevalencia a nivel nacional en población canadiense durante un largo período de tiempo (años 1994 a 2012), concluyen de forma inequívoca que la prevalencia de la depresión en Canadá no ha cambiado en esas 2 décadas. Aunque todos estos datos han sido obtenidos en amplios estudios epidemiológicos llevados a cabo con población estadounidense y canadiense principalmente, y a falta de estudios similares en nuestro entorno, suelen considerarse representativas de la prevalencia de los trastornos depresivos en las sociedades occidentales. Estas cifras vendrían a indicar que, considerando el conjunto de la población adulta norteamericana, entre un 5% y un 18% de personas han padecido o padecerán al menos un episodio de depresión a lo largo de su vida.

3. MODELOS EXPLICATIVOS

El punto central sobre el que descansa la conceptualización de la depresión es el grado de satisfacción-insatisfacción de la persona en relación con sus distintas actividades y planes de actividad. Una persona con un balance positivo en función de la satisfacción de sus distintos ámbitos de actividad, es alguien que se siente bien emocionalmente, que tiene un nivel adecuado de auto-estima y competencia, y que tiene, también, un razonable nivel de actividad en el sentido más amplio del término (física, social, etc.). Por el contrario, una predominancia de la insatisfacción, puede llevar a una reducción de la actividad, a una baja auto-estima, y a cambios emocionales y fisiológicos negativos, en consonancia con esta situación general.

Este planteamiento, que es fácilmente comprensible para cualquiera (incluso el lego en psicología), es abordado desde la terapia de conducta considerando los distintos aspectos que, desde esta perspectiva teórica, afectan a la caracterización global realizada: satisfacción-insatisfacción. De este modo han de tenerse en cuenta la cantidad y cualidad de los estímulos positivos que recibe la persona, la capacidad de éstos para reforzar sus respuestas (produciendo un aumento en su nivel de actividad) y su competencia para, mediante su comportamiento (respuestas), acceder a esos estímulos positivos. Sin embargo, como es conocido, la cualidad de positivo de un determinado estímulo descansa, de forma determinante, en la percepción de éste por la persona, en atención a características propias de ésta. Estas variables personales, que vienen delimitadas por la experiencia propia, la historia personal, las ideas, las creencias, las estrategias que habitualmente utiliza para resolver los problemas, etc., forman parte igualmente importante de los elementos a analizar, dentro del análisis comportamental y funcional del problema.

Las distintas aportaciones teóricas en la comprensión de la depresión se han centrado en alguno de los aspectos señalados más arriba. Tiene interés, desde un punto de vista conceptual e histórico, resaltar cada una de ellas, sin embargo, debe recordarse que se centran, en mayor o menor medida, en parte de los aspectos relevantes al problema. Las distintas aportaciones no se contraponen unas a otras, sino que se solapan y completan, y sólo su consideración global, dentro del acercamiento indicado en el párrafo anterior, tiene sentido desde un punto de vista teórico y aplicado.

3.1. Enfoque comportamental de Lewinsohn

Lewinsohn, a mediados de los años 70 (Lewinsohn y Graf, 1973, Lewinsohn, 1974 y Lewinsohn y cols., 1976) recoge los aspectos más estrictamente conductuales relativos a la depresión, señalando que ésta tiene su origen en una baja frecuencia de refuerzos. En su acercamiento recoge los trabajos de Ferster (Ferster, 1966 y 1973), que destacan la importancia del reforzamiento, estímulos discriminativos, cadenas de respuestas, etc., en la depresión, así como las aportaciones de Costelo (1972), sobre la eficacia de los reforzadores.

El punto de referencia básico se sitúa, como se ha señalado, en la existencia y papel funcional de los estímulos reforzadores positivos. Esto pone en evidencia la importancia de la disponibilidad de reforzadores (ambiente), de las respuestas de la persona (actividad, habilidades sociales, etc.), así como de la interpretación y valoración que ésta hace del reforzamiento recibido, por lo que se consideran también los aspectos cognitivos implicados en el proceso de aprendizaje (Dobson y Jackman-Cram, 1996). Desde un punto de vista funcional Lewinsohn (Lewinsohn y cols., 1979) tuvo en cuenta tres hipótesis básicas: (a) una relación causal entre una baja tasa de refuerzo y la disforia; (b) el mantenimiento de las conductas depresivas por refuerzo social; y (c) la falta de habilidades sociales como principal determinante de la baja tasa de reforzamiento.

El acercamiento de Lewinsohn se ciñe, por tanto, al modelo conductual propio de la terapia de conducta, integrando los aspectos situacionales (ambientales y de respuesta), como no situacionales (factores predisposicionales). En él tienen cabida, obviamente, los aspectos cognitivos, tanto como productos como agentes causantes de una concreta percepción y valoración del estímulo. Estos aspectos, ya presentes en las formulaciones iniciales de este enfoque, se han ido haciendo más explícitos, conforme ha sido preciso compararlos con los planteados por otros acercamientos teóricos (ver Lewinsohn y cols., 1985 y 1997).

3.2. Enfoque del auto-control de Rehm

Rehm (1977, 1981 y 1988) formuló, desarrollo y optimizó un modelo de depresión basado en la importancia de la auto-evaluación, auto-observación y auto-refuerzo como principales agentes causales de la depresión. Supone una aplicación del modelo general de Kanfer (1977) a la depresión y, en consecuencia, un enfoque que, dentro de la perspectiva conductual, se centra en la valoración del propio comportamiento y en la capacidad de la persona para ser su propia fuente de refuerzo. Así, establece que el comportamiento de las personas deprimidas presenta ciertas tendencias significativas en cada una de las tres fases del autocontrol:

- En la *auto-observación,* las personas vulnerables a la depresión tienen una marcada tendencia a fijar su atención en los aspectos negativos de su comportamiento y no en los positivos; asimismo se centran en las consecuencias inmediatas frente a las consecuencias a medio y largo plazo.
- Al realizar la *auto-evaluación* de su comportamiento, estas personas utilizan criterios muy rigurosos y difíciles de alcanzar, por lo que el resultado de su evaluación será negativo; junto a ello, se observan errores de auto-atribución, que les harían mucho más vulnerables a la depresión.
- Como consecuencia de estas tendencias en la auto-observación y la auto-evaluación, el depresivo no suele fijarse en los aspectos adecuados de su ejecución y no se administra *auto-refuerzo* o lo hace insuficientemente. Por el contrario, centra su atención en sus defectos y errores, por lo que suele administrarse excesivos castigos.

El modelo explica, en función de la auto-evaluación y auto-refuerzo, el nivel de actividad de la persona así como los cambios emocionales y cognitivos. Además, caracteriza a los pacientes depresivos como personas que atienden más a la información negativa, a las evaluaciones negativas y son menos conscientes de las consecuencias positivas. De este modo, se delimitan ciertas características personales, que van más allá de situaciones concretas, y que permiten al modelo derivar hacia posiciones que integran los cambios emocionales, la memoria y el procesamiento de la información (Rehm y Naus, 1990).

3.3. Enfoque de indefensión aprendida de Seligman

Este enfoque parte de las investigaciones iniciales de Seligman (1975) sobre el papel de las expectativas de incontrolabilidad y el desamparo o indefensión aprendida en la depresión y de la posterior reformulación de

Abramson, Seligman y Teasdale (1978) que integra en el modelo el concepto de atribución. El elemento básico de esta reformulación es el estudio de las tres dimensiones atribucionales (internalidad-externalidad, estabilidad-inestabilidad y globalidad-especificidad) y su vinculación con los problemas depresivos. En este sentido, proponen que el estilo atribucional de las personas que padecen depresión estaría caracterizado por una tendencia a hacer atribuciones internas, estables y globales para los propios fracasos o los acontecimientos negativos y, por el contrario, hacer atribuciones externas, inestables y específicas para los logros y los acontecimientos positivos. Así, las personas que ante sucesos negativos tienen atribuciones internas, globales y estables se supone, de acuerdo con el modelo, que tienen una mayor probabilidad de padecer depresión.

La caracterización del estilo atribucional y su relación con la depresión ha venido a delimitar la desesperanza como factor fundamental de riesgo, incluso como agente causal. De este modo, la desesperanza, como estilo atributivo, en interacción con el manejo de determinados sucesos negativos, llevaría a la depresión.

3.4. Enfoque cognitivo de Beck

El enfoque cognitivo de la depresión de Beck (Beck, 1967) gravita en torno a la denominada tríada cognitiva. Con este término se denominan los tres esquemas o patrones cognitivos que, según este modelo, determinan la forma peculiar (negativa) que tienen de verse a sí mismos, a su mundo y al futuro las personas con depresión: (1) *Visión negativa de uno mismo*: el depresivo se ve a sí mismo como una persona desgraciada, torpe y con poca valía, atribuyendo sus fracasos o experiencias desagradables a defectos suyos. (2) *Visión negativa de su mundo*: es la tendencia a interpretar lar propias experiencias de forma negativa, como si el mundo le hiciera demandas inalcanzables. (3) *Visión negativa del futuro*: cuando la persona deprimida mira hacia el futuro lo ve todo negro. No comienza ninguna tarea ni hace proyectos de futuro ya que anticipa que las dificultades o sufrimientos actuales seguirán indefinidamente.

Estos esquemas o patrones cognitivos delimitan, por tanto, una característica personal, asituacional y, en gran medida, responsable de cómo la persona percibe la realidad concreta. Son representaciones de experiencias pasadas, guardadas en la memoria y que operan como filtros en el análisis de la información recibida en la actualidad. Así, cuando una persona padece una depresión se activan esquemas depresógenos, que podían haber permanecido inactivos durante años, por lo que la realidad se percibe filtrada por dichos esquemas. Esta forma distorsionada de percibir la realidad hace que la información consistente con dichos esquemas depresivos (la información negativa sobre uno mismo, el mundo y el futuro) se procese, mientras que la inconsistente con esos esquemas (en este caso la positiva) se ignore. Es decir, en el procesamiento de la información, el depresivo comete, de forma sistemática, unos determinados errores o distorsiones cognitivas que, al ser consistentes con los propios esquemas depresivos, mantienen la validez de dichos conceptos negativos, incluso cuando existe evidencia en contra.

3.5. La activación conductual

La Activación Conductual supone la aportación más reciente al estudio y conceptualización de la depresión, encuadrable en el marco de las llamadas "terapias de tercera generación" (Vallejo, 2006). La idea de que la Activación Conductual podía ser el elemento clave para explicar el abordaje terapéutico de la depresión, surge en la década de los 90 a la luz de los resultados de un estudio sobre la eficacia de la terapia cognitiva de Beck, desarrollado por Jacobson, Dobson y cols. (1996). Estos autores descompusieron en sus tres componentes la terapia cognitiva y compararon los resultados de la aplicación de las tres condiciones experimentales siguientes: 1) sólo activación conductual; 2) activación conductual más modificación de pensamientos automáticos y 3) la terapia cognitiva completa, es decir activación conductual más modificación de pensamientos más modificación de esquemas. El resultado más relevante de este estudio fue que la activación conductual por sí sola resultó tan eficaz como la terapia cognitiva completa, por lo que los autores se replantearon la consideración de este componente de la terapia cognitiva como una terapia propiamente dicha y enmarcada desde una perspectiva contextual (Jacobson, Martell y Dimidjian, 2001).

Desde esta perspectiva, la depresión se considera como una interacción entre diferentes aspectos contextuales, tal como se resume en la Figura 1 (Pérez Álvarez, 2007). Como en ella puede apreciarse, en determinadas situaciones o circunstancias (p.ej.: de pérdida, de conflicto o de estrés interpersonal) en las que suele darse una disminución de los reforzadores o alicientes de la vida de una persona, ésta responde de una forma peculiar (p.ej.: con conductas de evitación e inactividad) que desencadena la aparición y mantenimiento de los síntomas depresivos (p.ej.: tristeza y desánimo) y que acaba perpetuando el problema depresivo.

Algunos aspectos de este modelo requieren especial atención. En primer lugar, el carácter contextual del modelo, en el que se destaca que la depresión no se considera *algo* que la persona tiene (una enfermedad), sino una situación (negativa o sin alicientes) en la que dicha persona está. Asimismo, hay que considerar que, en esas circunstancias, la persona suele actuar de una manera peculiar, evitativa, que contribuye a perpetuar el problema depresivo. De hecho, muchos de los síntomas manifestados por las personas deprimidas funcionan en realidad como conductas de evitación. Por ejemplo algunos síntomas característicos de la depresión como la tristeza o el desánimo, son en realidad conductas que cumplen una función (p.ej.: recabar refuerzo de los allegados). A su vez, estos síntomas depresivos propician conductas evitativas, como la inactividad o el aislamiento (de ahí la flecha bidireccional). Estas conductas evitativas, que en el modelo se describen como *problemas secundarios*, son un elemento clave en la situación depresiva ya que, lejos de ayudar a solucionar los problemas o situaciones que originaron la disminución de los reforzadores, contribuyen a generar el círculo vicioso que propicia y mantiene el problema depresivo. Desde este planteamiento y de acuerdo con Pérez Álvarez (2007), podría afirmarse que la depresión, en su conjunto, es toda una forma de evitación.

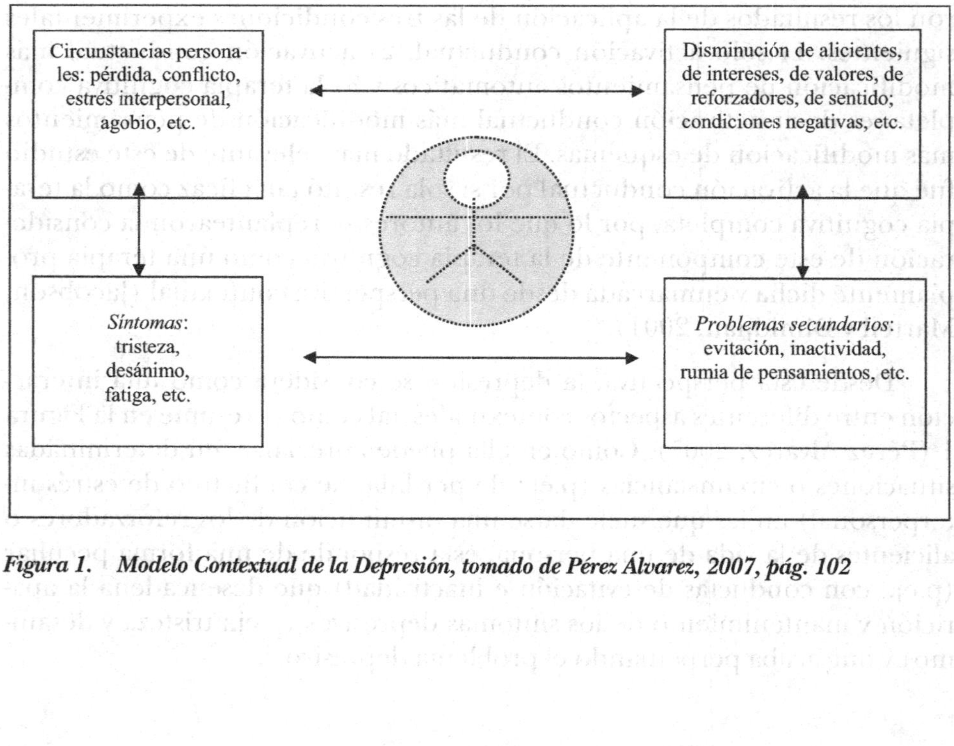

Figura 1. Modelo Contextual de la Depresión, tomado de Pérez Álvarez, 2007, pág. 102

3.6. Aspectos comunes e integración de los distintos enfoques

Como ya se señaló al inicio de este apartado, cada uno de los enfoques recogidos anteriormente destaca alguno de los aspectos relevantes al estudio de la depresión. Todos ellos son congruentes con el modelo general de la terapia de conducta, haciendo hincapié en aspectos concretos, sin que ello suponga oponerse o excluir a los otros. En absoluto están enfrentados los acercamientos conductuales con los cognitivos, ni el auto-refuerzo con el refuerzo social. Del mismo modo, los aspectos cognitivos, o constructos tales como la desesperanza, no son incompatibles ni contradicen los aspectos comportamentales de la depresión. Finalmente, los factores emocionales, su percepción, así como la activación de determinados recuerdos y los constructos implicados en su génesis, son congruentes con los enfoques cognitivos y con las implicaciones comportamentales de éstos.

4. EVALUACIÓN

La evaluación de la depresión debe ir dirigida, como en cualquier otro trastorno desde la perspectiva de la terapia de conducta, al tratamiento de ésta. Por ello en este apartado se recogerán aquellos contenidos objetos de evaluación relevantes a su tratamiento. Además, y al referirnos a un cuadro clínico concreto, es preciso también determinar en qué medida se cumplen los criterios que definen el cuadro y considerar el diagnóstico diferencial, para delimitar qué factores son los que están explicando los cambios observados. Una perspectiva más orientada a la evaluación en métodos e instrumentos de evaluación, puede encontrarse en textos específicos de evaluación conductual (Heiby y García-Hurtado, 1994 y Vázquez y cols., 2006).

4.1. Contenidos de evaluación

El primer aspecto a tener en cuenta es el *nivel de actividad actual* de la persona. Se ha de cuantificar y caracterizar dicha actividad, puesto que es el principal punto de referencia para la intervención. La actividad debe entenderse en su sentido más estrictamente comportamental: cosas que el paciente hace, respuestas concretas ante las diversas demandas ambientales, en suma, movilización de energía (eferencia) ante demandas específicas (aferencia). Para evaluar la actividad y, en su caso, ir programando el tratamiento, debe utilizarse en primer lugar la información facilitada en la entrevista. Ella permite adaptarse a las peculiaridades del problema y contextualizar el nivel (cuantitativo y cualitativo) en la historia reciente del paciente: qué cosas que antes hacía ha dejado de hacer, qué cosas que ahora hace no hacía en el pasado, etc. En suma delimitar la actividad, haciendo un análisis funcional de ésta.

Para ayudar a delimitar actividades, Lewinsohn y cols. (MacPhillamy y Lewinsohn, 1982, Lewinsohn y cols., 1982), proponen utilizar escalas diarias de registro de actividades agradables y desagradables. Dichas escalas recogen actividades muy diversas. Algunas concretas, como *hacer un crucigrama* y otras bastante menos: *estar tranquilo y en paz.* El registro de estas actividades puede ayudarnos y orientarnos la evaluación, aunque alguna de esas actividades tiene poco que ver con actividades usuales en España. En el Anexo se recogen las actividades propuestas por Lewinsohn y cols. (1982), tanto las agradables (Tabla A1), como las desagradables (Tabla A2).

La actividad en sí es importante, aun cuando su principal valor reside en su relación con el *medio ambiente* y el papel funcional que ésta tiene para el paciente. Que la actividad sea percibida como agradable (reforzada) es el primer requisito para que permanezca y sea más frecuente. Esto también es válido para conductas congruentes con el problema. Por ejemplo, conductas como quejarse de lo mal que a uno le va, llorar, etc., pueden estar reforzadas por el medio social. Estas conductas (actividades) también deben ser objeto de evaluación, puesto que sirven para ir introduciendo otras respuestas más positivas. Debe señalarse, no obstante, que es bueno (mejor) que existan estas conductas de queja, frente a la mera pasividad y desinterés por comunicar los problemas a los demás.

Para evaluar los estímulos reforzadores disponibles, o lo que es más importante, los potencialmente disponibles, debe hacerse un análisis detallado del comportamiento actual y pasado de la persona, así como de su medio ambiente general actual. La búsqueda de estímulos reforzadores útiles para movilizar su comportamiento debe centrase, básicamente, en su conducta pasada. ¿Qué cosas le gustaban antes?, o preguntado de otro modo ¿qué cosas de las que antes le gustaban y ahora no, le disgustan menos? Se trata de hacer un inventario de posibles estímulos reforzadores, «rescatándolos» de su merma actual de capacidad reforzadora. Además, en el caso de que este inventario no fuera suficiente, se deben evaluar conductas susceptibles de ser utilizadas como reforzadores, en la aplicación del principio de Premack.

En el análisis del ambiente general actual del paciente debe prestarse atención a su riqueza estimular y a en qué medida ésta es percibida por el paciente. Se trata de identificar la disponibilidad de estímulos positivos: atencionales, sociales, manipulativos, etc.; aun cuando el paciente no haya reparado en ellos ni en el momento presente ni en el pasado.

Las *habilidades de la persona* es el tercer elemento que es preciso evaluar, atendiendo a habilidades personales y sociales. ¿En qué es competente o especialmente competente? Se ha de explorar en sus distintos ámbitos: trabajo, aficiones, vida familiar, etc., para identificar de la manera más completa posible sus recursos generales, no ligados al problema de la depresión ni a ningún otro problema. Debe prestarse atención también a las habilidades sociales, en su capacidad para obtener refuerzos. No obstante, este apartado de evaluación de habilidades debe ser esencialmente positivo, por lo que no va dirigido a la evaluación de déficit, sino de competencias.

La evaluación de las *estrategias de afrontamiento* en relación con el problema, constituye un apartado fundamental que va dirigido a los aspectos más directamente relacionados con el origen y mantenimiento del trastorno: la incapacidad para manejar y resolver dicho problema. Dentro de este apartado se ha de evaluar, en relación con el problema: las habilidades sociales, los recursos de control emocional, las estrategias de solución de problemas, los esquemas cognitivos, los pensamientos automáticos y cogniciones depresogénicas, etc. La evaluación de dichas estrategias debe hacerse en relación con el problema actual y recogiendo, además, la experiencia y puesta en práctica de distintas estrategias de afrontamiento ante diversos problemas en el pasado. Finalmente, debe también evaluarse las ideas, planes o deseos suicidas del paciente, siempre que las características del caso así nos lo indique. Esta evaluación debe hacerse cuidadosamente, por los efectos reactivos perniciosos que puede tener para el paciente. Puede utilizarse la Escala de Ideación Suicida* (Beck y cols., 1979) que es cumplimentada por el terapeuta a lo largo de una entrevista semiestructurada.

4.1.1. *Instrumentos de evaluación*

La entrevista es, cuando la disponibilidad de tiempo y recursos lo permite, el medio más adecuado para la evaluación de los distintos contenidos relevantes al problema de la depresión. No obstante, la evaluación puede, y en muchos casos debe, ser completada con el uso de distintos auto-informes que facilitan la evaluación de algunos aspectos del problema. De entre ellos y dirigidos fundamentalmente a la evaluación de los aspectos cognitivos caben destacar los siguientes: (1) el Cuestionario de Pensamientos Automáticos* (Hollon y Kendall, 1980 e Ingram y Wisnicki, 1988), que evalúa la ocurrencia de pensamientos negativos y positivos en relación con la depresión; (2) el Cuestionario de Estilo Atribucional Ampliado* (Peter-

---

* Este instrumento puede consultarse en español en Comeche, M.I., Díaz, M.I. y Vallejo, M.A. (1995) *Cuestionarios, inventarios y escalas.* Madrid: Fundación Universidad-Empresa.

son y Villanova, 1988), que evalúa el tipo de atribuciones de la persona ante distintas situaciones negativas; (3) Escala de Creencias* (Malouff y Schutte, 1986), que evalúa las creencias irracionales, de acuerdo con los supuestos de la terapia racional emotiva; y (4) el Inventario de la Tríada Cognitiva* (Beckham y cols., 1986), que evalúa los componentes de la tríada cognitiva, según el enfoque de la depresión de Beck.

De todos los cuestionarios utilizados para evaluar la depresión, el más ampliamente utilizado es el Inventario de Depresión de Beck* (Beck y cols., 1979), tal como revela la encuesta enviada a los profesionales del Colegio Oficial de Psicólogos de España (Muñiz y Fernández-Hermida, 2000), y aun a pesar de que evalúa más los componentes cognitivos de la depresión que los conductuales, fisiológicos o emocionales. Pese a lo extendido de su uso, algunas de las limitaciones que se evidenciaban en esta versión inicial llevaron a sus autores a realizar y publicar una nueva versión de este cuestionario, conocida como BDI-II (Beck, Steer y Brown, 1996), y que se ajustaba a los criterios diagnósticos sintomáticos del DSM-IV (APA, 1994). A este respecto, es importante señalar que el BDI no es un instrumento para diagnosticar depresión, sino para identificar los síntomas depresivos que presenta el paciente y para cuantificar su intensidad (Sanz, Navarro y Vázquez, 2003). Su utilidad en la práctica clínica reside en valorar el estado del paciente en un momento dado; asimismo, por su sensibilidad al cambio, es de utilidad como variable dependiente para valorar la efectividad de la intervención terapéutica realizada (la adaptación española de este cuestionario puede consultarse en Sanz y Vázquez, 2011).

Otros cuestionarios que deben ser destacados como instrumentos generales de evaluación de la depresión son el Center of Epidemiological Studies Depression Scale (CES-D, Radloff, 1977) y la Escala de Ansiedad y Depresión en Hospital (HAD, Zigmond y Snaith, 1983), especialmente diseñada para evaluar la ansiedad y la depresión en pacientes no psiquiátricos, sino con trastornos básicamente somáticos. Finalmente, como escala general reseñar la Escala Modificada de Hamilton para la Evaluación de la Depresión (Miller y cols., 1985).

4.2. Diagnóstico del trastorno

El rótulo de depresión incluye diversos problemas: tristeza, falta de actividad e interés, sentimientos de culpa, etc. Desde un punto de vista terapéutico basta con identificar, en el paciente concreto, los problemas concretos

---

* Este instrumento puede consultarse en español en Comeche, M.I., Díaz, M.I. y Vallejo, M.A. (1995) *Cuestionarios, inventarios y escalas.* Madrid: Fundación Universidad-Empresa.

que presenta, para evaluarlos y tratarlos. No obstante, es preciso conocer el conjunto de problemas posibles, tal y como son recogidos en el DSM-5 (American Psychiatric Association, 2013), dentro de la categoría de trastornos del estado de ánimo, para mejor evaluar y delimitar el acercamiento al caso. Esto permitirá, además, valorar el papel que alguno de estos problemas puede tener en relación con otros trastornos (diagnóstico diferencial), por ejemplo, la pérdida de peso en su relación con la anorexia, los cambios emocionales con la ansiedad, el padecimiento de una enfermedad crónica, etc.

Además del diagnóstico diferencial, con respecto a otros trastornos psicológicos, es preciso considerar la relación con problemas endocrinos (Dow, 1993). La hiperactividad «hipotálamo-hipófisis-corteza adrenal», como es el caso de síndrome de Cushing es un ejemplo de ello. También el hipotiroidismo presenta una sintomatología que puede inducir a error: desinterés, pérdida de apetito, ideación suicida, etc. Por todo ello es necesario ser cauteloso en la evaluación de los distintos componentes que habitualmente se encuadran dentro del rótulo de depresión.

5. REVISIÓN DE LOS TRATAMIENTOS

La eficacia de la terapia de conducta en el tratamiento de la depresión está ampliamente documentada (Cuijpers y cols., 2013). Puede decirse, además, que el tratamiento cognitivo-conductual es hoy día ampliamente aceptado y recomendado como recurso terapéutico para este trastorno (Guía de Práctica Clínica sobre el Manejo de la Depresión en el Adulto, 2014). Sin embargo, esta valoración global está tan impregnada de consideraciones sociales, moda, imagen, etc., como de datos científicos. Es preciso, por tanto, matizar qué tratamientos son eficaces, cuándo y en qué condiciones lo son, en función de las características personales y en relación con otros tratamientos, psicológicos o no del problema, y finalmente (quizá lo más importante), identificar qué variables son las responsables de dicha eficacia.

En términos generales puede señalarse que los objetivos terapéuticos son: recuperar las actividades habituales y la forma de resolver los problemas de una forma activa y adaptativa. La consecución de estos objetivos requiere algunos o todos estos elementos: aumentar la actividad, mejorar el estado de ánimo, así como modificar algunos aspectos cognitivos, como pensamientos automáticos, expectativas, atribuciones, esquemas, etc. Los medios disponibles desde la terapia de conducta para alcanzar estos resultados son muy diversos y la más amplia mayoría de ellos permite alcanzarlos con éxito, aun cuando debe quedar claro que los tratamientos afectan globalmente a la persona. Esto es, no son los tratamientos cognitivos los que ejercen modificaciones en el ámbito cognitivo y los conductuales o los psicofarmacológicos no. Habrá oportunidad, más adelante, para comentar esto con más detalle. No obstante, y aunque a continuación se consideren de forma separada los distintos tratamientos, debe tenerse presente que todos afectan a todos los componentes del comportamiento y así debemos considerarlo en la evaluación de su eficacia.

5.1. Revisión de los principales tratamientos

Para abordar esta tarea seguiremos, en parte, la revisión realizada por Rehm (1995), quien clasifica los tratamientos en cuatro grupos: programas conductuales dirigidos al aumento de la actividad y a la recepción de refuerzo, programas de entrenamiento en habilidades, terapia cognitiva de Beck y programas de auto-control.

5.1.1. Programas conductuales

Los programas conductuales son los primeros programas desarrollados para el tratamiento de la depresión y se centran básicamente en promover cambios ambientales, que posibiliten un aumento en la recepción de estímulos positivos, y una mejora de las habilidades personales para poder acceder a más estímulos reforzadores. Estos programas pretenden que el paciente mejore su exposición a estímulos positivos, lo que redundará en una mejora de su estado de ánimo. Así, favoreciendo cambios ambientales (enriqueciendo el medio ambiente presente o haciéndole accesible a nuevos ambientes ricos en estímulos positivos) se mejora su exposición (receptividad) y se le sensibiliza a estímulos y emociones positivas. Esto también puede hacerse mediante la realización de actividades placenteras de diversa índole. Lewinsohn recoge una amplia lista de posibles actividades placenteras que son de gran utilidad para proponer (programar) al paciente distintas tareas dirigidas a aumentar su actividad, al tiempo que se mejora su nivel general de recepción de estímulos positivos.

En un segundo lugar está el mejorar las habilidades del paciente para obtener más y mejores estímulos positivos. Para ello el entrenamiento en habilidades sociales, en la búsqueda del refuerzo social, o la mejora en la puesta en marcha de las habilidades existentes es fundamental. En este último caso, por ejemplo, en el control de la ansiedad que puede interferir en la puesta en marcha de habilidades existentes.

Este programa de tratamiento ha ido dirigido tradicionalmente (Lewinsohn, 1974) a cubrir los déficit concretos del paciente, de acuerdo con el análisis conductual del caso. Sin embargo, desde hace ya más de 20 años viene aplicándose en forma grupal a modo de programa educativo estructurado en 12 sesiones que incluyen una introducción al proceder general del programa, dirigido al control y afrontamiento de la depresión, y los siguientes bloques o módulos: aumento de la actividad, entrenamiento en habilidades sociales, auto-control y un bloque cognitivo dirigido a instaurar una forma de pensamiento constructiva. El programa está muy estructurado y cuenta con material específico para la realización de éste (Brown y Lewinsohn, 1984 y Lewinsohn y cols., 1997).

A finales de los años 90 los programas conductuales han venido a caracterizarse dentro del denominado como activación conductual. Esta terapia fue impulsada por Jacobson (1994) (una descripción de los componentes de esta terapia puede verse en el capítulo 2 de este libro y una aplicación práctica de esta terapia, se presenta en el apartado de *programa de tratamiento propuesto*).

En suma, queda clara la eficacia del tratamiento conductual, aun cuando debe aclararse qué variables, tanto del tratamiento como personales del paciente, son las responsables de la eficacia clínica.

5.1.2 *Programas de entrenamiento en habilidades sociales*

El entrenamiento en habilidades sociales constituye una parte, como se ha visto, de los programas conductuales. Lewinsohn lo incluye específicamente dentro de su programa de tratamiento, como medio para obtener más refuerzo social. Sin embargo, otros autores consideran que la falta de determinadas habilidades puede estar relacionada directamente con la depresión. O mejor, que problemas interpersonales ocasionados, en parte, por déficit de habilidades sociales, pueden ser los determinantes de la depresión. Así el entrenamiento en habilidades sociales sería un modo de resolver determinados problemas o conflictos, por ejemplo problemas de pareja (Beach y O'Leary, 1986).

Siguiendo a Rehm (1995), la utilidad del entrenamiento en habilidades sociales, desde esta perspectiva, ha sido claramente constatada frente al no-tratamiento. Sin embargo, la comparación con otros tratamientos no establece una predominancia clara. En algunos casos es superior a los tratamientos conductuales, cognitivos o a la relajación, y en otros estos tratamientos son inferiores al entrenamiento en habilidades sociales. De nuevo, al igual que en el caso de los programas conductuales, es preciso un mejor conocimiento de las variables específicas de los tratamientos y de su interacción con las del paciente, para saber en qué casos es previsible que sea más eficaz el entrenamiento en habilidades sociales, frente a otros tipos de tratamiento.

Los programas de entrenamiento en habilidades sociales se han centrado especialmente en el ámbito de la comunicación y el desarrollo de estrategias de afrontamiento en la pareja. Así programas breves de terapia de pareja dirigidos a problemas concretos se han mostrado eficaces (Cohen, O'Leary y Foran, 2010).

5.1.3. Terapia cognitiva

La terapia cognitiva, más concretamente la terapia cognitiva de Beck, es uno de los tratamientos más ampliamente utilizados en el abordaje de la depresión. Su alto grado de estructuración facilita su aplicación y es un ejemplo positivo de cómo debe ser un tratamiento desde la terapia de conducta. Su punto fundamental estriba en considerar que la depresión es debida a la distorsión que de la realidad (de uno mismo, de los demás y del futuro) hace el paciente, debido a la activación y puesta en marcha de unos esquemas cognitivos que generan dichas distorsiones, además de otros productos como los pensamientos automáticos.

La peculiaridad de la terapia cognitiva estriba en la existencia de los denominados esquemas cognitivos, constructos que refieren a estructuras latentes, que son inferidas y a las que se les confiere una entidad por sí mismas, de carácter asituacional. Las características de este planteamiento lo acercan a los enfoques que hacen hincapié en el procesamiento de la información y en el proceso de memorización y recuperación de determinado tipo de materiales. Sin embargo, como es conocido, lo peculiar de la terapia cognitiva no es que sólo o principalmente utilice procedimientos (técnicas) cognitivas para alcanzar su objetivo (el cambio de los esquemas cognitivos, o al menos la eliminación de las distorsiones, pensamientos automáticos, etc.). Es más, dado que el contraste con la realidad (los datos) es lo que más fácilmente puede evidenciar al paciente lo inadecuado de sus pensamientos (distorsiones), y finalmente «desenmascarar» a los esquemas subyacentes, es evidente que el uso de procedimientos conductuales de análisis del propio comportamiento, etc., es extraordinariamente adecuado, tal y como recoge Beck en su manual de tratamiento (Beck y cols., 1979). Esta consideración, quizá no suficientemente tenida en cuenta, tiene dos implicaciones claras: (a) que la terapia cognitiva no es un tratamiento centrado en el diálogo socrático en el que se trata de «convencer» al paciente, o de que éste cambie unos esquemas cognitivos intrínsecamente malos o negativos, puesto que lo inadecuado de los esquemas es la distorsión ilógica o irracional, en el sentido de su falta de correspondencia con la realidad accesible al sujeto; y (b) que en consecuencia la terapia cognitiva incluye distintos componentes conductuales, en los medios utilizados para generar el cambio, lo que dificulta la comparación estricta con los programas conductuales.

La eficacia de la terapia cognitiva en el tratamiento de la depresión ha sido también ampliamente contrastada (Vittengl y cols., 2007), siendo considerada con un tratamiento empíricamente validado para el tratamiento de la depresión (Scogin y cols., 2005 y DeRubeis y cols., 2005). Se ha mostrado eficaz en la prevención de recaídas (Hollon y cols., 2005), así como en diversos tipos de pacientes, en atención a sus características socioculturales (Miranda y cols., 2005).

Una alternativa a la terapia cognitiva, especialmente cuando la depresión es crónica, es la denominada Sistema de Análisis Cognitivo Conductual de Psicoterapia (Cognitive Behavioral Analysis System of Psychotherapy, CBASP), que ha sido desarrollada por McCullought (2000 y 2006). La idea básica de esta terapia es que los pacientes son incapaces de reconocer la conexión entre su comportamiento y sus consecuencias en el contexto interpersonal. McCullought (2000) considera incluso que el razonamiento de estos pacientes es similar al descrito por Piaget en los niños en la fase preoperacional (Piaget, 1923/1984). Se trata de una terapia altamente estructurada orientada a las relaciones interpersonales y que incluye tanto las relaciones del paciente fuera de la terapia como la que se establece con el terapeuta en la sesiones de tratamiento. Los resultados obtenidos en diversos estudios muestran su utilidad en pacientes con depresión crónica y baja motivación (Wiersman y cols., 2008), así como una mayor eficiencia frente a la terapia interpersonal (Schramm y cols., 2011) o a la psicoterapia breve (Klein y cols., 2011).

5.1.4. *Programas de auto-control*

Los programas de auto-control han sido desarrollados por Rhem, como ya se ha comentado y han sido validados por Rehm y colaboradores (Rehm y Adams, 2009). En su fase inicial de auto-observación se trata de enseñar al paciente la relación entre el estado de ánimo y sus actividades positivas y negativas, lo que se realiza, de modo similar a como lo hace Lewinsohn, pidiéndole que registre (auto-registre) las actividades diarias, junto con una valoración global al final del día de su estado de ánimo, en una escala 0-10 (0: peor, 10: mejor). Este material es utilizado para enseñar al paciente la relación entre actividades y estado de ánimo e irles introduciendo en las diferencias entre refuerzos inmediatos y a largo plazo.

La fase de auto-evaluación se dirige a que la persona aprenda a establecer metas u objetivos más acordes con la posibilidad real de alcanzarlos. Enseñarle a definir con precisión las metas, el establecimiento de submetas, así como la distinción entre los factores que dependen de su actividad y los que dependen de otros, constituyen los elementos esenciales.

La fase de auto-refuerzo, finalmente, trata de que los pacientes sean capaces de reforzarse positivamente por las actividades adecuadas que realizan. Para disponer de estímulos positivos a usar mediante auto-refuerzo, se elaboran para cada paciente listas de pensamientos y actividades positivas.

Los programas de auto-control también se han mostrado eficaces en el tratamiento de la depresión, en comparación con la ausencia del tratamiento (Rehm, 1995). Se han mostrado, además, eficaces en pacientes con diversa comorbilidad, como el trastorno de estrés postraumático (Dunn y cols., 2007), o en grupos de pacientes singulares, con discapacidad (Robinson-Whelen, 2007), o personas mayores (Rokke y cols., 2000).

5.1.5. Biblioterapia y recursos tecnológicos

La biblioterapia se ha mostrado un tratamiento eficaz en el caso de depresiones ligeras o moderadas. Consiste en la lectura de un texto especialmente diseñado para facilitar información sobre los distintos aspectos, cognitivos y comportamentales implicados en la génesis y mantenimiento del problema. El texto más ampliamente utilizado y del que se tiene más información sobre su eficacia es *Feeling Good** (Burns, 1980). Cuando los pacientes son seleccionados, de modo que se excluyan las depresiones severas, obtiene unos resultados positivos (Jamison y Scogin, 1995), que permanecen largo tiempo, en seguimientos de hasta 3 años (Smith y cols., 1997). En un meta-análisis realizado por Anderson, Lewis, Araya y cols. (2005) se contabilizaron un total de 6 estudios en los que los pacientes que utilizaron este texto mostraron una mejoría superior a los de los grupos de control. En estas investigaciones los pacientes siguieron diferentes formatos de contacto terapéutico mínimo con, al menos, una entrevista inicial y contactos periódicos, en algunos casos por teléfono. La ventaja de estos programas es, naturalmente, su amplia capacidad de diseminación con unos costes realmente modestos, lo que les sitúa con un elevado índice de coste-eficacia. La principal limitación estriba en la selección adecuada de las personas para

* Traducción española: *Sentirse bien*. Barcelona, Paidós, 1990, 424 páginas.

su aplicación. Ésta debe hacerse de forma controlada, para excluir pacientes con depresiones graves u otros trastornos cuyo tratamiento no puede ser abordado desde la biblioterapia. Asimismo, en pacientes con problemas más severos de depresión, el terapeuta puede ir seleccionando algunos capítulos de dicho texto para utilizarlos como biblioterapia de apoyo de lo tratado durante las sesiones. Por todo ello, ante la fácil capacidad de uso de este recurso terapéutico, se debe ser cauteloso en aplicaciones que no sean controladas directamente por el psicólogo.

A las aplicaciones convencionales usando textos de autoayuda y guía se suma el uso de sistemas interactivos. El teléfono es una de las opciones que mejora el seguimiento de estos programas. Protocolos que contemplan esa opción mejorar significativamente los resultados (Bilich y cols., 2008). La reciente revisión meta-analítica desarrollada por Vázquez y cols. (2015), confirma la utilidad de las intervenciones psicológicas telefónicas en el tratamiento de los problemas depresivos. La otra opción interactiva es, sin duda, el uso de Internet como medio de aplicar programas complejos de tratamiento de la depresión. Así se han mostrado eficaces programas on-line con los componentes comunes de toda intervención cognitivo-conductual o con elementos específicos, como la solución de problemas (Warmerdan y cols., 2010), El diseño de programas de estas características es cada vez más extendido y útil (Blake y cols., 2011) y se aplica en contextos naturales como la atención primaria, observándose unos efectos positivos, en especial en depresiones leves o moderadas y en personas orientadas hacia el tipo de tratamiento educativo y colaborativo propio de la terapia cognitivo-conductual (De Graaf, Hollon y Huibers, 2010).

5.2. Estudio de la eficacia de los tratamientos

5.2.1. Consideraciones sobre el estudio de la eficacia de los tratamientos

De lo señalado hasta aquí, puede constatarse que los distintos tratamientos de la depresión se han mostrado eficaces en su control. Sin embargo, aunque este dato es muy importante: contamos con diversos tratamientos eficaces, no es suficiente, puesto que es preciso saber por qué son eficaces. El conocimiento de qué variables son las responsables de dicha eficacia nos ha de permitir seleccionar y aplicar el tratamiento más adecuado en función de las características del problema, así como de aquellas variables personales del paciente o de su medio ambiente. Recogeremos a continuación, siguiendo a Rehm (1995), entre otros, algunos de los puntos fundamentales relativos a la eficacia comparativa de los tratamientos:

(a) *Los tratamientos son eficaces, pero se desconoce su eficacia diferencial.* Los datos experimentales disponibles no nos permiten indicar cuándo es más adecuado un tratamiento basado en el auto-control o en la terapia cognitiva de Beck. Se entiende, en atención a consideraciones clínicas, que si hay distorsiones cognitivas es apropiado utilizar una terapia cognitiva, por ejemplo; sin embargo, no hay datos experimentales que apoyen este proceder. Esto, naturalmente, no quiere decir que no pueda ser adecuado (quizá igualmente adecuado que lo contrario) elegir un determinado tipo de tratamiento, sino que dicha elección (acertada o errónea) no se ve apoyada científicamente.

(b) *La eficacia diferencial de los componentes de un tratamiento no está claramente establecida.* Este apartado es de singular importancia y está íntimamente relacionado con el anterior. Si se puede hablar de tratamientos distintos, tiene que deberse a que actúan sobre aspectos singulares y diferenciales del problema. Por ejemplo, si a un programa de auto-control se le quita el componente de autoevaluación, o el de auto-refuerzo (Kornblith y cols., 1983) y esto no afecta significativamente a los resultados de la terapia, debe ponerse en tela de juicio la presumida especificidad del tratamiento, al menos en los términos en que es propuesta. Algo similar ocurre con el resto de los tratamientos. En el caso de la terapia cognitiva cabe suponer que su eficacia se deba a los cambios que opera en las creencias o en la forma de procesamiento de los pacientes. Sin embargo, estos cambios no han sido claramente constatados, o lo han sido en igual modo que en otros acercamientos terapéuticos, como el tratamiento farmacológico (ver Vázquez y Cameron, 1997). Por tanto, si no puede decirse que el resultado de la terapia cognitiva sea, además del éxito terapéutico, el cambio en los contenidos o procesos de pensamiento, o que dichos cambios se produzcan también en terapias farmacológicas o conductuales, ¿dónde está la especificidad de la terapia?

(c) *Los tratamientos ejercen un efecto general, no específico, en función de su naturaleza.* Los tratamientos conductuales no sólo ejercen su efecto sobre los aspectos conductuales del problema, sino también sobre los cognitivos y emocionales-fisiológicos. Del mismo modo, los tratamientos cognitivos y fisiológicos ejercen sus efectos sobre todos los componentes del comportamiento humano, al igual que otros recursos terapéuticos: psicofarmacología, o cualquier otro tipo de tratamiento psicoterapéutico. En suma, que la especificidad de los tratamientos no reside en los efectos que producen: todos afectan de modo global al comportamiento y todos producen una mejora en el problema (depresión). Esto es especialmente destacable puesto que parece haberse establecido una cierta «pugna» entre los tratamientos (o partidarios de los tratamientos) cognitivos vs. conductuales, o la caracterización de los cognitivo-conductuales frente a los cognitivos o conductuales por separado. Ésta es una polémica vacía de contenido. En primer lugar, porque toda intervención se hace (y afecta) de un modo global a la persona; y en segundo lugar, porque de hecho todos los procedimientos terapéuticos incluyen elementos que afectan «específicamente» a los distintos componentes del comportamiento.

(d) *La existencia de un déficit no debe, necesariamente, determinar el tipo de tratamiento a utilizar.* Los estudios dirigidos a determinar la eficacia de los tratamientos no apoyan la idea de que la existencia de un déficit se compense o resuelva con una terapia dirigida a solventar ese déficit. En otras palabras, un proceder relativamente habitual en la intervención clínica: suplir los déficit específicos relacionados con el problema, quedaría cuestionado. En un estudio realizado por Rude y Rehm (1991) se puso de manifiesto cómo aquellas personas que tenían déficit concretos de tipo conductual, no mejoraban más con un tratamiento de tipo conductual. Del mismo modo, quienes tenían déficit cognitivos no se beneficiaban más de un tratamiento cognitivo. Paradójicamente observaron que quienes tenían un buen nivel de competencia en el área, por ejemplo, cognitiva, se beneficiaban más de un tratamiento de corte cognitivo. Esto era igualmente válido para el resto de las competencias y tipo de tratamientos. Por tanto, si una persona tiene especiales habilidades o competencias en una determinada área, se trataría de utilizar un tratamiento que se centrara en dicho tipo de habilidades. La terapia no iría dirigida a resolver un déficit, sino a potenciar las habilidades y los recursos existentes. Una persona, por ejemplo, con especiales habilidades en el auto-control de su conducta se beneficiaría más de un programa de auto-control, para el tratamiento de la depresión, que de la terapia cognitiva de Beck. En consecuencia, la consonancia entre las habilidades del paciente y las movilizadas con el tratamiento aplicado, constituiría el elemento fundamental a tener en cuenta a la hora de indicar el tratamiento. Esta perspectiva ayudaría también a considerar otro tipo de tratamientos. Por ejemplo, aquellos pacientes que tienen una actitud activa frente a los problemas en general y frente a la depresión en particular, se beneficiarían más de un tratamiento psicológico (dado el carácter e implicación activa de éste), mientras que quienes tiene o mantienen una actitud pasiva podrían beneficiarse más de un tratamiento farmacológico (Simons y cols., 1985). En suma, la terapia construiría sobre la actitud inicial y las habilidades y recursos existentes en el paciente, de forma más eficaz que sobre actitudes contrarias a la terapia o la existencia de déficit relacionados con ésta.

(e) *La elección del tipo de tratamiento debe realizarse en función de las características personales del paciente.* En consonancia con lo señalado anteriormente un elemento fundamental en la elección del tratamiento es la relación de éste con características concretas del paciente, lo que, por otro lado sería plenamente aceptado por cualquier clínico. Cuando se pregunta a las personas sobre qué tratamientos creen que son más eficaces y adecuados en el abordaje de la depresión, sus respuestas vienen, en gran parte, determinadas por variables de personalidad. Así, quienes puntúan más alto en extraversión optan por tratamientos basados en el entrenamiento en habilidades sociales (Rokke y cols., 1990). Por ello, resulta importante conocer las características personales, preferencias y actitudes del paciente, para tratar de adecuar el tipo de tratamiento a éstas.

(f) *Una parte importante del cambio terapéutico se produce al comienzo de la terapia.* Algunos trabajos (Rabin y cols., 1984) han puesto de manifiesto que los cambios fundamentales en el tratamiento de la depresión se producen en las primeras sesiones de tratamiento. Esto podría volver a reforzar el papel de las expectativas del paciente y de la adecuación de la terapia a sus características personales. En las primeras sesiones es más importante el impacto que tiene la terapia y las tareas propuestas que el efecto específico perseguido, que habrá de producirse más tarde una vez que hayan sido introducidos y puestos en marcha los ingredientes fundamentales del tratamiento.

En resumen, siguiendo a Rehm (1995), los tratamientos actuales para la depresión son eficaces. Su efectividad no parece estar relacionada con los supuestos teóricos generalmente aceptados, ni con estrategias específicas (conductuales o cognitivas) determinadas por sus componentes. Las terapias no parecen remediar déficit específicos y, por el contrario, es de notable importancia la compatibilidad entre las creencias y las habilidades personales y el tipo de terapia exigido.

La eficacia del tratamiento psicológico de la depresión está, por tanto, claramente constatada. Su comparación, sin embargo, dentro de las distintas modalidades terapéuticas e incluso con la terapia farmacológica, aún no arroja resultados diferenciales. En general, todos los tratamientos resultan relativamente eficaces, aun cuando, por ejemplo, en el caso del tratamiento farmacológico, el tratamiento psicológico se muestra más eficaz a largo plazo, en el seguimiento del caso. Sin embargo, todavía hay lagunas importantes como los abandonos prematuros, las recaídas y sobre todo la posibilidad de identificar el tratamiento más adecuado a cada persona, en función de sus expectativas, etc. (Persons, 1993).

Con respecto al tratamiento farmacológico, además de reiterar la eficacia del tratamiento psicológico, cabe considerar la relación coste-eficacia. En general, se entiende que el tratamiento psicológico es más costoso que el farmacológico, debido a la asistencia a la terapia, sin embargo, cuando se cuantifica y se estudia la relación coste-eficacia, los resultados no apuntan esto. Antonuccio y cols. (1997) han comparado el coste-eficacia del tratamiento cognitivo-conductual de la depresión con el farmacológico mediante fluoxetina (Prozac). Lo cierto es que el coste-eficacia del fármaco excede, finalmente, al tratamiento psicológico. Un análisis de 2 años de tratamiento muestra que el tratamiento farmacológico es un 33% más caro que el tratamiento cognitivo-conductual de la depresión, y el tratamiento combinado (terapia cognitivo-conductual + tratamiento farmacológico) un 23% más caro que la terapia cognitivo-conductual sola.

Un intento por identificar y delimitar los efectos terapéuticos de distintos tipos de tratamientos, son los realizados en estudios multicéntricos en EE.UU. El estudio hecho por el *National Institute of Mental Health Treatment* de EE.UU. (*Treatment of Depression Collaborative Research Proyect*, Elkin y cols., 1985 y Jacobson y Hollon, 1996), o el *Sheffield Psychotherapy Project* (Shapiro y cols., 1994). En estos estudios se constata la similitud en la eficacia del tratamiento de la depresión de enfoques terapéuticos diversos: tratamientos conductuales, cognitivo-conductuales, farmacológicos y psicoterapéuticos (Oei y Shuttlewood, 1996). Todo ello llama la atención, de nuevo, sobre la importancia de identificar los factores específicos, inespecíficos, placebo, así como determinar la confluencia de las distintas opciones terapéuticas.

5.3. Selección de las estrategias terapéuticas y su secuenciación en el proceso de intervención

En la práctica clínica, el proceso de intervención debe estar basado en los distintos recursos terapéuticos disponibles para el tratamiento de la depresión y debe llevarse a cabo de una forma paulatina e incremental, asumiendo que los cambios que se van generando pueden facilitar y globalizar el proceso general de cambio. No es necesario abogar por una opción «conductual» o «cognitiva», habida cuenta que «ambas» participan, en gran medida, de componentes comunes y de que las dos se afectan mutuamente.

El punto de referencia general es el de un tratamiento individual, a excepción del curso para el tratamiento de la depresión propuesto por Lewinsohn y cols. (1984). Con respecto a la indicación concreta, en la aplicación y secuenciación de las distintas alternativas terapéuticas, deben tomarse como referencia las características particulares del caso. A este respecto, deben conjugarse tanto los déficit concretos del paciente como sus habilidades. En general y de acuerdo con los datos recogidos en el punto anterior, parece adecuado partir de los recursos del paciente (especiales habilidades o preferencias), más que de sus déficit, sin que esto suponga que dichos déficit no sean abordados. En general deben ser abordados, aunque esto puede realizarse de forma indirecta y apoyándose en los recursos del paciente.

5.3.1. Criterios y consideraciones diagnósticas

El tratamiento de la depresión, desde la terapia de conducta, supone intervenir sobre aspectos concretos que constituyen, la mayoría de las veces, las quejas del paciente: falta de interés por todo, tristeza, sentimientos de incapacidad o inutilidad, insomnio, etc. Naturalmente no es preciso que la persona reúna todos los criterios convencionales exigidos para ser diagnosticada como depresión, según el DSM-5 (American Psychiatric Association, 2013) o el ICD-10 (Organización Mundial de la Salud, 1992), sin embargo, sí es preciso explorar la presencia de algunos trastornos o problemas aunque no figuren en las quejas concretas del paciente, para un abordaje adecuado del caso. Entre ellos cabe reiterar y destacar los siguientes: (a) la presencia de pensamientos recurrentes de muerte o ideación suicida; (b) las disminuciones importantes de peso; y (c) la ocurrencia de sentimientos de culpa excesivos e incluso delirantes. Además de estas alteraciones características de la depresión, deben tenerse en cuenta algunos aspectos adicionales para un mejor abordaje del problema. En primer lugar, se debe atender a la existencia de periodos de carácter maníaco. Esto no impide el abordaje psicológico del problema, pero deben tenerse en cuenta las peculiaridades derivadas de la concurrencia y alternancia que se produce en el caso de la depresión bipolar. Además, el tratamiento farmacológico a que pueden estar sometidos estos pacientes puede afectar y enmarcar parte de los cambios característicos de la depresión. Este es el caso de la administración de litio. El litio inhibe la actividad del tiroides, de modo que los pacientes de depresión bipolar tratados con él pueden llegar a desarrollar hipotiroidismo que, por sí mismo, tiene una amplia coincidencia con la depresión (estado de ánimo depresivo, pérdida de interés por las cosas y por el placer, pérdida de apetito, etc.) (Sinaikin y Gold, 1987). En segundo lugar, si el paciente presenta sintomatología psicótica, requerirá la intervención del psiquiatra.

Finalmente, señalar que la intervención psicológica y la psicofarmacológica son, en general, compatibles. No obstante, es preciso conocer y evaluar el impacto que pueda tener sobre el tratamiento, en especial en pacientes con un tratamiento psicofarmacológico prolongado.

5.3.2. Análisis conductual y marco general del tratamiento

El principal objetivo al iniciar la intervención es establecer una adecuada relación con el paciente, de modo que la relación terapéutica le resulte gratificante y reforzante. Para ello, se supeditará la evaluación al ritmo que permita avanzar sin favorecer una disminución del estado de ánimo. Tratando de que la relación terapéutica en sí sea positiva y reforzante para el paciente, debe atenderse especialmente a los aspectos positivos del comportamiento de la persona. Identificar aficiones, aunque fueran pasadas, hablar sobre habilidades y recursos personales, etc., no sólo permite obtener una información fundamental para el tratamiento, sino que contribuye a mejorar el estado de ánimo del paciente. Todo ello sin tensiones, reproches, ni valoraciones sobre el comportamiento del paciente. El psicólogo debe plantearse, especialmente en los momentos iniciales de la intervención, que el tiempo dedicado a hablar de aspectos y cuestiones positivas sea mayor que el dedicado a aspectos y cuestiones negativas.

Swallow y Segal (1995) recogen algunas características del tratamiento de la depresión que es conveniente reseñar aquí. La primera es la denominada colaboración empírica del paciente y el terapeuta. El paciente y el psicólogo trabajan juntos para identificar los problemas, las estrategias para resolverlos y, sobre todo, para trasladar a la práctica (buscar el referente empírico) las creencias, expectativas y presupuestos del paciente. La segunda es el uso de preguntas orientadas a la contrastación empírica, en vez de la adoctrinación, la crítica e incluso el castigo, recriminación o inculpación. La tercera reitera la importancia concedida en la modificación de conducta al aquí y al ahora. Puede parecer que el abordar la depresión de un modo adecuado exige bucear en el pasado del paciente. Esto es incorrecto bajo cualquier óptica y especialmente grave cuanto peor sea el estado del paciente. Naturalmente, esto no quiere decir que no sea relevante conocer los antecedentes del problema, sino que la terapia haya de ir dirigida a abordar y modificar dichos aspectos. En cuarto lugar, en congruencia también con el modo de hacer de la modificación de conducta, la importancia de la actividad del paciente centrada en tareas concretas realizadas fuera de la consulta y que constituyen el punto más importante de la actividad terapéutica. Finalmente, el planteamiento del tratamiento con una duración limitada que puede estar en torno a un máximo de 20 sesiones.

5.3.3. *Inicio del tratamiento*

El objetivo de la fase inicial de la intervención es producir una mejoría en el estado de ánimo del paciente, en su nivel de actividad general, así como en otros aspectos asociados al problema: alteraciones en el sueño, fatiga, etc. Como punto de partida inicial es recomendable la evaluación de los aspectos antes señalados. Es aconsejable el inventario de depresión de Beck, por su facilidad de uso y sencillez. Otra opción es el uso de una escala numérica subjetiva de estado de ánimo, como proponen Lewinsohn y cols. (1982). Una escala del 1 al 9, en el que el 1 es muy deprimido y el 9 muy contento. La ventaja de esta escala es que puede incluirse en la evaluación de situaciones concretas y de su evolución a lo largo del tiempo.

También es útil determinar el nivel de actividad como variable dependiente para seguir la progresión del tratamiento. Puede confeccionarse una lista de actividades, según la información facilitada por el paciente. Dicha lista ha de recoger las actividades que realiza en el momento presente, pero lo más importante es que recoja aquellas otras que realizaba antes de presentarse el problema y otras que de acuerdo con sus habilidades, gustos e intereses, podría realizar en el momento actual. También puede tomarse como referencia la escala de actividad propuesta por Lewinsohn y cols. (1982), que puede consultarse en la Tabla A2.

En resumen, al inicio de la intervención y como medidas de progreso de ésta, debe utilizarse el inventario de depresión de Beck y el nivel de actividad general del paciente. Además, deben evaluarse, en el caso de que así se detecte en la entrevista con el paciente, otros problemas: trastornos del sueño, ansiedad y otras alternativas de expresión emocional como la ira.

5.3.3.1. Mejora del estado de ánimo

El estado de ánimo del paciente es, al mismo tiempo, causa y consecuencia del problema y forma parte del núcleo del proceso circular que retroalimenta la depresión. Por ello, y por su poder motivacional para implicar al paciente en el tratamiento, debe ser abordado al comienzo de éste.

Los dos ingredientes básicos de los procedimientos dirigidos a mejorar el estado de ánimo, son la distracción y la exposición a estímulos o situaciones que le evoquen emociones positivas y bienestar. La distracción bloquea momentáneamente la atención del paciente hacia aspectos negativos, pensamientos depresogénicos, etc., y los *nuevos estímulos* permiten que afloren sensaciones agradables y que el paciente se sensibilice a ellas. A continuación se describen algunos procedimientos para lograr esa mejora del estado de ánimo.

Enriquecimiento del medio ambiente

Se trata de que el paciente preste atención a aspectos distintos a los que habitualmente presta atención, se pretende con ello cambiar su foco atencional hacia estímulos no relacionados con el problema actual. Se le instruye, además, para que esté alerta y trate de percibir nuevas sensaciones al centrarse en los nuevos estímulos. En general, no se trata de nuevos estímulos, sino de estímulos a los que él no presta atención habitualmente. Se le puede pedir que cuando camine por la calle procure fijarse en los tejados o en las fachadas, o que se centre en alguna perspectiva distinta de la que habitualmente toma. Esto le lleva, de entrada, a cambiar la cadena estimular habitual, le centra la atención sobre un aspecto inocuo y le da ocasión para percibir alguna fuente de estimulación adicional que le genere una sensación de bienestar. Este último aspecto es de notable importancia, puesto que le permite sensibilizarse a sensaciones positivas.

Proyección temporal con reforzamiento positivo

Es una técnica propuesta por Lazarus (1968) para aumentar la sensibilidad a los estímulos positivos. Plantea un punto de vista similar al del enriquecimiento del medio ambiente, aunque varía en su forma de presentación que es imaginaria. El supuesto básico del que parte es el siguiente: en el momento actual las fuentes de refuerzo y la experimentación de sensaciones de bienestar son muy escasas, debido al carácter negativo general de la situación del paciente. Las referencias al presente no sólo no son positivas, sino que pueden favorecer el mantenimiento de los pensamientos negativos. Para resolver esta situación se le pide al paciente que imagine una situación en el futuro, situación en la que pueda caber el percibir estímulos o realizar actividades reforzantes, que le hagan percibir una sensación de bienestar. Una vez percibida la sensación de bienestar se le pide que volviendo a la situación presente (dejando de imaginar la historia) mantenga esa sensación la mayor parte del tiempo. Un elemento básico para obtener un beneficio del uso de esta técnica es que el paciente tenga una adecuada capacidad de imaginación, y que el psicólogo le ayude y ocasionalmente le guíe en esta actividad imaginativa. Además, es preciso que los distintos elementos de la historia planteada en el futuro no contengan elementos que disparen sus pensamientos negativos, preocupaciones, distorsiones, etc. Por ello, propuestas sencillas y poco conflictivas son las más adecuadas. Por ejemplo, imaginar que se prepara un viaje al hemisferio sur y se trata de elegir qué ropa, útiles, etc., incluir en la maleta; asegurándose que los elementos incluidos sean cuando menos neutros, en su capacidad para disparar aspectos aversivos.

Los dos procedimientos recogidos más arriba tienen una utilidad limitada en la mejora del estado de ánimo y deben ser utilizados con esa salvedad. Sin embargo, en su sencillez y facilidad de uso reside su principal utilidad. Por otro lado, los pequeños cambios generados y la mejora, aunque también sea pequeña, del estado de ánimo puede posibilitar la puesta en marcha de otros recursos del paciente para afrontar más adecuadamente el problema.

Uso de la terapia y de la relación terapéutica

La asistencia a la terapia y la relación con el psicólogo debe ser una fuente de refuerzo para el paciente. Esto, que no es específico del tratamiento de la depresión, es especialmente importante en ésta. Lewinsohn y cols. han reiterado la importancia de este aspecto, y una vez establecido el papel reforzante de la asistencia a la terapia se han dispuesto a utilizar este refuerzo en el marco general de la terapia. Por ejemplo, haciendo contingente las visitas o la duración de la terapia al cumplimiento de las tareas y actividades programadas. En este momento, sin embargo, sólo nos interesa destacar la importancia de potenciar que el paciente perciba como agradable la situación terapéutica. Esto es, que el psicólogo se convierta en un agente directo y activo en la mejora del estado de ánimo del paciente durante las sesiones de tratamiento, especialmente al inicio de éstas. Algunas estrategias útiles para lograr ese objetivo son: facilitar que el paciente hable de temas de su interés, especialmente de temas o aspectos en los que tenga especiales conocimientos y habilidades (en el presente, o en el pasado), interesarse con preguntas y aclaraciones sobre los temas que él muestre interés (hable más de ellos), etc. El objetivo, como se ha señalado, es constituirse en una fuente de refuerzo para el paciente, que inicialmente va a contribuir a mejorar su estado de ánimo y que, posteriormente, nos va a ser de utilidad para reforzar los comportamientos adaptativos a lo largo del tratamiento.

5.3.3.2. Mejora del nivel de actividad

El aumento de la actividad es un objetivo esencial y prioritario en el tratamiento de la depresión. A pesar de la dificultad que entraña movilizar el comportamiento del paciente, cuando no desea realizar actividad alguna, esto debe ser abordado desde el inicio. Para ello han de utilizarse procedimientos comportamentales que permitan una recuperación paulatina de unos niveles mínimos de actividad.

El aumento de la actividad es útil por sí mismo, puesto que energiza el comportamiento e induce un aumento del nivel de respuesta general. El ejercicio físico en cuanto tal (correr, hacer gimnasia, etc.) se ha mostrado eficaz en el tratamiento de la depresión (Sexton y cols., 1989). Esta eficacia, además de por el ejercicio en sí, puede verse potenciada por la valoración y conceptualización que hace el paciente de su ejecución, junto con la constatación de que el ejercicio, tanto aeróbico como anaeróbico, genera un aumento en la liberación de endorfinas, lo que produce una mejora del estado de ánimo (Ossip-Klein y cols., 1989).

El aumento del nivel de actividad debe ser abordado desde un programa conductual, con un planteamiento gradual que asegure el éxito en los pasos que se vayan dando, al tiempo que mantiene su capacidad reforzadora. El programa debe partir de una lista de tareas o actividades susceptibles de ser realizadas por el paciente y que tienen una frecuencia baja en la actualidad. El llevar un registro sencillo en el que se anotan las actividades a realizar favorece el seguimiento y cumplimiento del programa por parte del paciente. La graduación de las tareas propuestas ha de hacerse tanto en lo referido al tipo de tarea como a la duración de ésta.

Un aspecto esencial en el programa de aumento de actividad es asegurar que las tareas propuestas son accesibles para el paciente, además de enseñar a valorar al paciente el cambio en términos relacionados con su nivel de actividad actual, y no con el pasado o con el genéricamente adecuado.

Las actividades a realizar han de ser, en general, aquellas que ya se realizaban en el pasado, y que se han visto reducidas como consecuencia del problema depresivo. Se trata habitualmente de tareas de auto-cuidado (limpieza, aseo, etc.), de cuidado de la casa o de útiles personales (ropa, papeles personales, etc.), relacionadas con el trabajo y con aficiones. Para determinar qué actividades concretas considerar puede utilizarse las recogidas por Lewinsohn y cols. (ver Tabla A1). En un principio se tratará de que las actividades concretas sean lo más gratificantes posibles para el paciente. Conviene ser prudentes y plantear metas realistas en las que esté prácticamente asegurado el éxito desde el principio, dejando las más complejas para el final.

En ocasiones la persona realiza un número amplio de actividades pero éstas no son gratificantes o, incluso, son aversivas o desagradables. Lewinsohn y cols. consideraron esto al evaluar de forma independiente las actividades agradables realizadas (Tabla A1) y las actividades desagradables (Tabla A2). Esta diferenciación es de utilidad, puesto que si ya hay un conjunto de actividades que se realizan debe intervenirse sobre ellas. Cuando sea posible, reduciendo su carácter desagradable (e incluso tornándolo en agradable), por ejemplo: bajar a comprar a la calle. En este caso se puede tratar de modificar o aminorar la valencia negativa, actuando sobre la cadena de respuestas que componen la conducta de bajar a la calle, por ejemplo: llevar o no llevar una bolsa, caminar por otra acera, repasar la lista de la compra, etc. En otros casos, en actividades como estar con gente desconocida, puede ser más operativo, al inicio, suspender la actividad, hasta que pueda ser abordada más adelante.

La importancia del programa de actividades es mayor al comienzo del tratamiento (Swallow y Segal, 1995) y no requiere, además, que se mantenga de forma sistemática (con registro de las actividades) durante la totalidad de la duración de éste. Una vez que el nivel de actividad va iniciando su recuperación, ésta irá regulándose de forma natural, aunque todavía mantenga unos niveles inferiores a los que en el pasado pudiera haber tenido el paciente.

5.3.3.3. Mejora de otros problemas asociados

Además de los aspectos tratados hasta aquí: mejora del estado de ánimo y aumento del nivel de actividad, hay un conjunto de problemas que son consecuencia de ellos, o de la depresión en general si se prefiere, y que una vez resuelta ésta, o conforme lo vaya siendo, irán desapareciendo. Se trata del nivel de activación fisiológica, los problemas del sueño y de la alimentación. Como se ve, afectan a algunas funciones básicas, biológicamente hablando, del organismo. La intervención directa sobre ellas puede ser de utilidad, puesto que van a producir una mejora de aspectos que tienen un gran impacto en la vida del paciente. Además, ello va a mejorar notablemente la implicación del paciente en el tratamiento. Por estos motivos, debe valorarse la posibilidad de intervenir al comienzo del tratamiento, cuando alguna o algunas de estas alteraciones tengan una especial importancia.

Activación fisiológica

La depresión se caracteriza, en general, por una disminución de la actividad, esto es por la pasividad de la persona ante los problemas que tiene que afrontar. Sin embargo, esta pasividad puede coexistir con un elevado nivel de activación autonómica. Este nivel de activación tiene implicaciones fisiológico-emocionales y cognitivas, y pone de manifiesto la conocida interrelación clínica entre los trastornos de ansiedad y la depresión (Craig y Dobson, 1995). La reducción del nivel de activación, de la ansiedad, es de gran utilidad en sí misma y en el efecto que tiene en múltiples aspectos básicos del comportamiento, como lo es en el sueño, ingesta, etc. Las técnicas de relajación pueden ser especialmente útiles a este respecto, además de servir como técnica de afrontamiento en el abordaje del problema en su conjunto. La propia experiencia en el control de los cambios fisiológicos mediante la relajación es útil en sí misma. Por otro lado, los cambios fisiológicos afectan de modo muy directo a las emociones. Es frecuente asociar la depresión a la desesperanza, al miedo; sin embargo, en ocasiones es la ira la respuesta emocional más frecuente, como forma de revelarse ante una situación incontrolable e injusta. Es necesario atender a las distintas formas de expresión emocional, y cuando sea la ira la emoción percibida, facilitar que ésta se exprese. La expresión de la ira se ve dificultada por las normas, usos y presión social, sin embargo, su expresión como ya señaló Lazarus (1968), tiene efectos muy positivos en la mejora del estado de ánimo y de la ansiedad. Esto es más factible en el caso de los niños y adolescentes, en los que la irritación es más frecuente que la tristeza y la coerción de las normas sociales menos intensa.

Alteraciones del sueño

El insomnio es la alteración más frecuente, tanto como dificultad para conciliar el sueño como por el despertar prematuro. Es generalmente debido a dos factores: la actividad cognitiva inadecuada (pensamientos automáticos, culpa, etc.) desde la óptica de la higiene del sueño, y la activación fisiológica que dificulta también la conciliación del sueño. La disminución de la activación fisiológica, mediante relajación, puede ser de gran utilidad, puesto que además de reducir el nivel de activación sirve para centrar la atención sobre aspectos que favorezcan la entrada en el sueño. Otros procedimientos como el control de estímulos, intención paradójica, etc., son también de utilidad. Debe tenerse presente que una mejora en el sueño, cuando éste está notablemente alterado, no sólo es percibido por el paciente de forma muy positiva, sino que posibilita un descanso que favorece fisiológicamente una mejora del problema. Finalmente, se ha de tener en cuenta si el paciente está ingiriendo algún fármaco con un efecto directo o indirecto sobre el sueño. Con respecto a los fármacos antidepresivos hay que señalar que los tricíclicos (amitriptilina, clomipramina, desipramina, doxepina, lofepramina, nortriptilina e imipramina) producen en general somnolencia, sin embargo, los inhibidores selectivos de la recaptación de serotonina (flouxetina, fluvoxamina, paroxetina, sertralina y velafaxina), producen alternativamente insomnio y somnolencia.

Alteraciones en la alimentación

Cabe destacar, especialmente la disminución del peso. La falta de interés por la comida puede generar una deficiente alimentación que potencia gran parte de los efectos característicos de la depresión. Además, en algunos casos, produce un estado de debilidad que dificulta aún más el tratamiento del problema. Un vaso de agua azucarada puede ejercer efectos «milagrosos» para la depresión por combatir de forma urgente y momentánea la hipoglucemia del paciente, debida a su ingesta restrictiva. Debe tratar de instaurarse paulatinamente las pautas habituales de ingesta, introduciendo los alimentos habituales, según las preferencias pasadas del paciente. Esto puede incluir un vaso de vino en la comida, si era algo que hacía antes y siempre que no esté contraindicado con la medicación que esté ingiriendo. En general, la ingestión de alcohol está contraindicada con los antidepresivos tricíclicos. Con los inhibidores selectivos de la recaptación de la serotonina la contraindicación no está tan clara, aun cuando tampoco se recomienda la ingestión de alcohol (caso de la paroxetina, sertralina y venlafaxina). Por otro lado, todos (tricíclicos e inhibidores de la recaptación de la serotonina) tienen entre sus efectos secundarios la anorexia, lo que naturalmente afecta negativamente a la recuperación de los hábitos alimentarios normales.

5.4. Identificación del problema y estrategias de afrontamiento

El objetivo de esta segunda fase del tratamiento es abordar el problema que ha dado origen al inicio y el mantenimiento de la depresión, una vez que el paciente ha mejorado siquiera mínimamente su estado de ánimo, nivel de actividad y su funcionamiento más básico.

Se comentó que la depresión era una forma de claudicar, de no abordar y afrontar un problema, debido probablemente a la falta de recursos y habilidades para hacerlo. Puede decirse, en términos generales, que la depresión es un problema de falta de recursos y habilidades de afrontamiento. El desencadenante puede ser cualquier situación que ponga a prueba, y supere, esa capacidad. En un caso será un fracaso profesional, afectivo, la pérdida de un ser querido, en otro un cambio de domicilio, una enfermedad, etc.; en otros el desencadenante no está tan claramente definido y requiere un esfuerzo específico por determinarlo. Lo importante no es la ocurrencia de un hecho desgraciado o negativo, sino la incapacidad de la persona para superar esa situación. No se puede actuar sobre el suceso pasado: el fracaso, la pérdida, etc., sí, sin embargo, sobre cómo manejar del modo más adecuado el problema generado. Esto es muy importante. No cabe plantearse qué debería haber hecho, por ejemplo, para que no me echaran del trabajo, o cómo debería haber conducido para no tener un accidente en el que resultó malherido mi hijo. Sí, por el contrario, ha de centrarse en cómo afrontar la tristeza, la desesperanza, la inutilidad, el desinterés por las cosas, por la vida, etc. Por eso para el tratamiento de la depresión, el suceso desencadenante es anecdótico y los efectos desencadenados por él centrales.

Es importante insistir en este aspecto, como punto clave del abordaje de la depresión. Así como en el tratamiento de los trastornos de ansiedad la exposición (en condiciones terapéuticas) a los estímulos evocadores de la ansiedad constituye, generalmente, el tratamiento de elección; en el caso de la depresión la exposición al problema que originó ésta no sólo no es terapéutica, ni superflua, sino que es perjudicial. No tiene ningún sentido terapéutico *per se*, ni por supuesto es humano, hurgar en un suceso desgraciado del pasado.

La tarea consiste pues en identificar las estrategias inadecuadas, incorrectas, que pueden estar potenciando y manteniendo los efectos negativos desencadenados por el suceso original y, por otro lado, facilitar los recursos y habilidades necesarias para afrontar de forma adecuada el problema. Estas habilidades pueden agruparse en: (a) auto-evaluación y auto-refuerzo; (b) resolución de problemas; (c) control cognitivo; y (d) otros recursos específicos. Cada uno de estos bloques requiere una evaluación concreta y una intervención terapéutica también concreta. No es necesario, sin embargo, que en todos los casos se apliquen la totalidad de estos bloques. Las opciones propuestas son dos: 1ª) aplicarlos en función de las deficiencias concretas del paciente, tratando de suplir éstas; y 2ª) aplicarlos atendiendo a las habilidades de éste, potenciando las habilidades mejor instauradas. Como se ha visto en otro lugar, no es posible indicar de forma taxativa cuál de estas dos opciones es más correcta, por lo que queda abierta la opción atendiendo a consideraciones clínicas: especialmente si se considera más eficaz y con mayor capacidad de generalización una u otra opción. Finalmente, en general y considerando las indicaciones de las opciones más arriba señaladas, el orden de aplicación que se propone es el mismo que aparece en el texto: se comenzaría con la auto-evaluación para finalizar con los recursos específicos.

5.4.1. *Auto-evaluación y auto-refuerzo*

Una primera forma de actuar sobre las estrategias disponibles para afrontar el problema de la depresión es conocer los determinantes de su propia conducta y en qué medida éstos afectan al problema. Se trata de aprender a regular el propio comportamiento como estrategia básica de afrontamiento del problema.

El objetivo es potenciar que el paciente detecte y valore en mayor medida las actividades positivas que las negativas. Además de que en las tareas concretas que realice sea capaz de utilizar unos criterios de auto-evaluación menos severos, valorando las consecuencias inmediatas y mediatas y potenciando el uso de estrategias de auto-refuerzo. Se recoge, básicamente, el enfoque de Rehm (1977) que implica para el paciente una tarea de auto-exploración. Esta tarea le ha de permitir observar, de una forma concreta, cómo el modo en que valora y afronta los aspectos relacionados con su problema incide directamente sobre él. Tiene, por tanto, una finalidad educativa al tiempo que permite al paciente observar cómo él puede ejercer un control sobre su propia conducta y problema. Además, su carácter concreto, no especulativo, facilita su seguimiento y control.

Se comienza por la elaboración de una lista de actividades positivas con el paciente. Se trata de actividades que ocurren en la actualidad, puesto que el objetivo es que identifique su ocurrencia. La lista está abierta para que el paciente vaya añadiendo otras actividades que ocurran o hayan ocurrido. Dos o tres veces al día, ha de anotar retrospectivamente cuáles de esas actividades han ocurrido. Finalmente, al acabar el día han de anotar su estado de ánimo en una escala del 1 a 10 (0 peor que nunca y 10 mejor que nunca). Con este procedimiento se pretende que el paciente aprenda a identificar y a centrarse más en las actividades positivas que en las negativas y a que observe cómo el estado de ánimo positivo se relaciona directamente con el mayor número de actividades realizadas. Además, sirve para irle introduciendo en el auto-refuerzo, como modo de regular su comportamiento y facilitarle una autonomía, frente al refuerzo interpersonal.

La segunda parte del programa va dirigida a mejorar la auto-evaluación que el paciente hace del cumplimiento de tareas concretas. Para ello es preciso conocer, en primer lugar, qué tareas van a ser objeto de auto-evaluación. La confección de una lista de tareas con el paciente es el punto de partida. Algunas de estas actividades son muy sencillas (limpiar la mesa) y otras más complejas (reunión familiar o de trabajo). En estas últimas es preciso establecer submetas que permitan segmentar la tarea. Puede elegirse un número determinado de tareas diarias (no más de 5), para ser llevadas a cabo y evaluadas. Antes de la realización de la tarea se ha de convenir alguna estrategia de auto-refuerzo para ser utilizada al finalizar. Como auto-refuerzo puede usarse alguna de las actividades positivas realizadas en la fase previa, o alguna frase o auto-afirmación positiva. Tras la realización de la tarea ha de auto-evaluarse: el grado de cumplimiento de la tarea de 0 a 5, las consecuencias inmediatas y mediatas de ésta y el auto-refuerzo utilizado.

Es muy importante enseñarle al paciente a analizar las anotaciones realizadas en los registros de tareas, prestando especial atención al grado de cumplimiento de la tarea identificando y, en su caso, reduciendo la severidad en los criterios de evaluación. Esto es también válido en el planteamiento de submetas. Por último, también se le debe entrenar en la valoración de las consecuencias mediatas, como forma de incrementar la capacidad en la demora del refuerzo.

5.4.2. Resolución de problemas

Una habilidad requerida frecuentemente en el manejo de la depresión es la capacidad para resolver problemas directa o indirectamente relacionados con ella. Además, aparte de su utilidad para abordar la resolución de problemas concretos, introduce al paciente en el uso de procedimientos sistemáticos, formales, ligados a los datos concretos que serán de gran utilidad dentro del uso de los procedimientos de control cognitivo de la depresión. De este modo se facilita al paciente un instrumento útil para afrontar racionalmente, no emocionalmente, los problemas planteados.

La importancia específica de la resolución de problemas en el ámbito de la depresión ha sido puesta de manifiesto principalmente por Nezu y colaboradores (Nezu, 1987, Nezu y Perry, 1989 y Aeran y cols., 1993). Las habilidades para resolver problemas ejercen, según estos autores, un papel modulador de la relación entre factores estresantes y el desarrollo de la depresión.

5.4.3. Control cognitivo

La forma en que el paciente interpreta la realidad, en relación con el problema y en un sentido más amplio enmarcado en su vida (historia, valores, creencias, etc.), puede también requerir una intervención específica. Dicha intervención se hace necesaria cuando estos aspectos tienen una importancia evidente en el problema. A estas alturas de la intervención, puede que una parte importante de esta forma peculiar de analizar la realidad se haya visto modificada por las intervenciones precedentes. De no ser así, o no ser suficiente, debe abordarse (continuar su abordaje) trabajando directa y específicamente sobre ellas.

El objetivo es analizar el contenido de los pensamientos, valoraciones y creencias de la persona desde el punto de vista de su correspondencia empírica. Adoptar una postura incrédula, que cuestione cualquier tipo de interpretación o visión de la realidad, en tanto no se encuentre un apoyo empírico. Es la forma de proceder más próxima al acercamiento científico positivo, y es una forma de continuar por el camino marcado en la auto-evaluación y en la resolución de problemas. De este modo se logrará cuestionar y eliminar el carácter «verdadero y lógicamente bien construido» que para el paciente tienen sus pensamientos, al tiempo que surgen alternativas más acordes con la realidad y más adaptativas para el paciente.

En todo caso, debe quedar claro que el carácter de la intervención no puede ir dirigida a que el paciente elimine todo pensamiento ilógico o inadaptativo y a que, por el contrario, piense como los psicólogos determinan que se debe pensar. Sólo debe intervenirse sobre aquellos aspectos inadecuados relacionados con el problema, no es un bien terapéutico (tampoco una actuación acorde con la ética profesional) actuar sobre todo pensamiento o creencia disfuncional.

La intervención cognitiva va a ir dirigida a la detección y modificación de los pensamientos automáticos, de las atribuciones negativas y de las creencias disfuncionales que ejercen un efecto favorecedor del problema, y que son, en gran medida, característicos del trastorno depresivo (Beck y cols., 1979; Rehm, 1977; Swallow y Segal, 1995 y Seligman, 1981).

Pensamientos automáticos

Se presentan en forma de proposiciones: *nadie me quiere, todo el mundo me detesta, ¿qué pensará la gente de mí?*, etc. Son pensamientos (productos cognitivos) negativos o inadaptativos, que aparecen ligados, de forma más o menos automática a situaciones de la vida ordinaria, también a palabras o sensaciones asociadas a éstas. Etiquetas verbales como: *debo, debería, es inaceptable, intolerable, si pudiera, nunca..., siempre...*, etc. El efecto que tienen, naturalmente, dichos pensamientos es instigar emociones negativas (bajo estado de ánimo), disminuir la actividad de la persona, etc. Para abordar la modificación de estos pensamientos es necesario, en primer lugar, detectarlos y registrarlos y, en segundo lugar, constatar con el paciente la evidencia empírica (los datos) existente que los justifique.

La detección de los pensamientos automáticos se ha de realizar mediante auto-observación y auto-registro. En un primer momento se puede trabajar con la información retrospectiva que el paciente facilite en la entrevista. También se pueden reproducir en la sesión terapéutica, de forma imaginada, aquellas situaciones en las que ocurren con mayor probabilidad dichos pensamientos, o pedirle al paciente, en su vida diaria, que anote un registro cuando aparezcan dichos pensamientos. No se trata de conseguir desde el primer momento que el paciente detecte y registre todos los pensamientos automáticos que ocurran. Tarea ésta imposible, por otro lado. Basta con que vaya detectando algunos para poder ir trabajando con ellos.

La forma de *combatir* estos pensamientos es, como se ha señalado, aceptarlos como válidos solamente si existen datos que los apoyen. Un abordaje experimental es, por tanto, el más adecuado. Diseñar pequeños experimentos donde se puedan contrastar dichos pensamientos, formulados como hipótesis sujetas a comprobación empírica. Esto no tiene que resultar muy difícil para el terapeuta de conducta, puesto que esta tarea de experimentación es consustancial a su formación y actividad. Por ejemplo, en el caso del pensamiento *todo el mundo me detesta*, se puede determinar con el paciente de qué manera muestran las personas que algo o alguien les detesta y pasar a comprobar en distintas situaciones de interacción social si se presentan dichas conductas. También es útil matizar la magnitud de determinados aspectos implicados en algunos pensamientos. Así en el caso de «soy un desastre como madre», se tratará de operacionalizar el constructo desastre como madre, traduciéndolo en elementos concretos observables, el mayor y más amplio número posible. Una vez hecho esto, se pasará a ver cuáles de ellos se dan de hecho en el comportamiento de la paciente para, posteriormente, hacerle ver que el constructo *desastre como madre* puede ser cuantificado de 0 a 10, por ejemplo. Y puede ser más adecuadamente operacionalizado en pensamientos como: *algunas cosas las hago mal y otras las hago deficientemente (no completamente bien).*

Finalmente, es útil tratar de mostrar al paciente la diferencia entre los aspectos emocionales y racionales en el contenido de los pensamientos automáticos. Así, ante el pensamiento *me siento triste, angustiado,* puede hacerse un breve análisis de las consecuencias de ese pensamiento. Esto es: *bien, qué sucedería si realmente está triste y angustiado.* Las respuestas del paciente pueden ser de este estilo: *que nadie querrá estar conmigo, que seré incapaz de hacer mi trabajo, que soy inferior a los demás,* etc. Estas respuestas le permiten concretar la relación entre una emoción (sentirse triste) y problemas o miedos concretos (no ser aceptado, etc.), que pueden ser abordados específicamente. En último término, se trata de poner de manifiesto algo completamente normal para todo el mundo: el sentirse tenso, angustiado, estresado o deprimido es una señal de que algo no va bien, y hay que identificar de qué se trata y proceder a comprobar empíricamente si tal problema responde a algo concreto sobre lo que debamos actuar.

Atribuciones negativas

Como es conocido los pacientes con depresión tienden a hacer atribuciones sobre los sucesos negativos, de carácter interno (atribuidas a sí mismos), estables y globales. Esto origina pensamientos automáticos que expresan el resultado de este estilo atributivo. Al igual que se ha señalado en el apartado anterior, se trata de identificar cuándo aparecen esos pensamientos y buscar los datos concretos que permitan determinar empíricamente el tipo de atribución más adecuada. Gran parte de los pensamientos auto-referentes pueden expresar el resultado de una atribución: *soy un inútil, todo me sale mal*, pueden ser muestras de una atribución interna, global y estable de todos los males que le aquejan. Se trata de mostrar al paciente, recurriendo a datos concretos, que efectivamente existe una parte de nuestros fracasos (también éxitos), debidos a nosotros mismos y otra parte a factores externos; y que ambas partes son variables y cambiantes. La intervención dirigida a cambiar el estilo atribucional inadecuado se hace necesaria porque contribuye a que el paciente perciba sus esfuerzos como inadecuados e inútiles. Esto origina una percepción de incompetencia ante un medio que no responde a las manipulaciones que él realiza.

Creencias disfuncionales

Como cualquier otro tipo de conducta, los pensamientos automáticos no suceden de forma caprichosa o aleatoria. Además de por los determinantes concretos situacionales se ven influidos por la historia de aprendizaje de la persona, variables personales, factores sociales que tiene un carácter asituacional y, por tanto, una cierta consistencia a lo largo del tiempo. El estilo atribucional es un ejemplo de la influencia de cómo ciertas características, más o menos estables en el modo de interpretar la realidad, originan un tipo concreto de pensamientos. La noción de creencia disfuncional refiere a un constructo que tiene un carácter asituacional y estructural, un esquema que hace que se interprete la realidad de una determinada manera. Estos esquemas están ligados a recuerdos y memorias concretas con implicaciones emocionales, que en el caso de la depresión, se relacionan con la disminución del estado de ánimo y con otras emociones negativas. La activación de estos esquemas hace más probable la ocurrencia de pensamientos automáticos depresogénicos.

La modificación de esos esquemas es también un objetivo terapéutico, si bien esa modificación se producirá conforme la persona sea capaz de añadir nuevas experiencias positivas en el manejo de las situaciones problemáticas relacionadas con ella. Alguien, por ejemplo, que ha tenido varias y significativas experiencias de rechazo en el ámbito familiar, personal y/o social, puede tener como creencia central la siguiente: *si alguien me critica quiere decir que soy indeseable*, y dicha creencia actuar como filtro que al interpretar la realidad puede generar diversos y variados pensamientos automáticos negativos. Naturalmente, en tanto que vaya siendo capaz de comprobar empíricamente lo inadecuado de esta forma de interpretar la realidad, la creencia central también se modificará. Los constructos, como los esquemas, o el estilo atributivo, no pueden modificarse directamente, sino a través de las operaciones concretas que los definen. Las creencias disfuncionales se formulan como reglas generales. Por ejemplo, *si te equivocas, si fracasas serás rechazado por los demás.* Estas creencias centrales son atacadas y modificadas planificando actividades concretas que atenten contra la regla. Esto es, por ejemplo, planificado por un tiempo determinado actividades en las que se busca equivocarse y observar los efectos sobre los demás.

Finalmente, en la modificación de las creencias disfuncionales debe tenerse en cuenta la utilidad de éstas en el marco general de recursos del paciente. Swallow y Segal (1995) hablan del análisis coste-beneficio para poner de manifiesto cómo la resistencia al cambio en estas creencias centrales puede deberse a dicho papel positivo. Por ejemplo, la creencia: *si alguien no puede hacer algo a la perfección es mejor que no haga nada,* tiene una clara utilidad instrumental, pues preserva a la persona de tener que abordar tareas difíciles, poco gratas o molestas; además, naturalmente, de tener que afrontar fallos. Este tipo de creencias, deben ser analizadas de tal forma que puedan ser comparados sus beneficios y perjuicios, y así poder ser modificadas/cambiadas de forma más adecuada.

5.4.4. Recursos específicos

La persona puede requerir habilidades específicas para afrontar alguno de los aspectos relacionados con el problema. En este caso es preciso incluir en el programa de tratamiento el entrenamiento necesario para adquirir dichas habilidades. Quizá las dos más frecuentes refieren al comportamiento social y al control fisiológico-emocional.

El entrenamiento en habilidades sociales ha sido un elemento tradicional en los programas comportamentales de la depresión, por la relación de dichas habilidades con la capacidad para obtener refuerzo social (Lewinsohn y cols., 1976 y 1997). Los principales elementos a abordar son: (a) las habilidades de conversación, porque permiten mejorar el nivel de interacción verbal, moldear las habilidades de escucha y facilitar ocasiones posteriores de interacción social; (b) saber halagar y aceptar el halago de forma adecuada; y (c) saber manejar las críticas, hacer y aceptar críticas de forma adecuada y sin implicarse emocionalmente. Su eficacia ha sido evaluada tanto en aplicaciones individuales (Bellack, Hersen y Himmelhoch, 1981), como en grupo (Rhem y cols., 1979).

El control fisiológico-emocional es también de utilidad. El entrenamiento en relajación es útil no sólo porque permite un control de la activación fisiológica y de la ansiedad, sino porque permite experimentar la capacidad de controlar de forma adecuada y eficaz ciertas actividades somáticas. La expresión emocional es también importante en este sentido. La realización de ejercicios sencillos de expresión asertiva puede favorecer también esa necesidad de manifestación emocional.

5.5. Prevención de recaídas

Un buen resultado en el tratamiento de la depresión no asegura que no pueda volver a presentarse este trastorno. Se trata, no obstante, de evitar que en el periodo inmediatamente posterior al tratamiento (6 a 12 meses), pueda volver a ocurrir una recaída. Naturalmente, cuanto más adecuado haya sido el tratamiento, mejores habilidades para manejar el problema se hayan adquirido, menor es la probabilidad de que el trastorno vuelva a aparecer. No obstante, conviene tomar algunas sencillas medidas que pueden dificultar la recurrencia.

La primera es recalcar la importancia de mantener un nivel alto de actividad a lo largo del tratamiento, pues esto asegura un grado de estimulación que posibilita un nivel de respuesta normal a los estímulos del medio. La segunda, es afrontar las pequeñas contrariedades que ocurran a lo largo del tratamiento tratando de analizar y reducir los criterios de autoevaluación rigurosos. Introducir la flexibilidad, jugar con ella, en la evaluación y afrontamiento de los distintos problemas es también de utilidad. La tercera y más importante de las medidas proviene de los estudios que relacionan la depresión, con la emoción y la recuperación de memorias negativas relacionadas con los sucesos depresivos (Segal e Ingram, 1994; Teasdale, 1993; y Teasdale y cols., 1995). Se trata de impedir activamente que pueda haber una recuperación espontánea de dichas memorias, haciendo que el paciente mantenga ocupada su atención en tareas concretas. Por ello, cuando el paciente se perciba en una situación de riesgo debe entregarse a actividades que le reclamen su atención de un modo más intenso. Además, como forma de reducir el riesgo a la recuperación de estas memorias se sugiere que cuando esté realizando tareas «automáticas», que requieran un bajo nivel procesamiento controlado (por ejemplo, conducir, ordenar la mesa, fregar los cacharros, bajar la escalera, caminar, etc.), procuren o atender expresamente a esas actividades, a modo de ejercicio, o tener preparado algún tema o tarea para centrarse en ella. Cuando la persona está realizando tareas automáticas de esta naturaleza se encuentra en condiciones favorables para que surjan sensaciones, ideas y recuerdos diversos y, en consecuencia, es más vulnerable a que puedan ser activadas esas memorias negativas.

5.5.1. *Terapia cognitiva de la depresión basada en la conciencia plena para la prevención de las recaídas depresivas*

Como se ha visto en los apartados previos, la eficacia del tratamiento (tanto psicológico como farmacológico) de la depresión está ampliamente documentada. Sin embargo, los datos de los estudios sobre la prevalencia de los problemas depresivos revelan que al menos un 50% de los pacientes recuperados de una depresión acaban por sufrir un nuevo episodio depresivo (Paykel y cols., 1995). Aunque el primer año constituye un periodo altamente vulnerable para la recaída, en el que la tasa ya asciende al 30% (Vázquez y Sanz, 1998), la probabilidad de volver a recaer se va incrementando con las subsiguientes recaídas, llegando a un 67% en pacientes con una historia de tres o más episodios depresivos (Keller, Lavori, Lewis y Klerman, 1983).

Vemos, por tanto, que una vez establecida la eficacia de los tratamientos de los episodios de depresión, la investigación se ha tenido que plantear el reto de cómo prevenir la aparición de las recaídas depresivas. Una de las líneas de estudio más fructíferas en este ámbito ha sido la desarrollada por Teasdale (1983, 1988) y que comenzó por demostrar cómo la inducción de un estado de ánimo depresivo reactivaba estilos de pensamiento propios de situaciones de tristeza vividas previamente, haciendo a la persona más vulnerable a la recaída. Investigaciones posteriores (Post, 1992) sugieren, además, que los mecanismos de la recaída se activan con más facilidad con el paso del tiempo; así, mientras los primeros episodios suelen ser precedidos de alguna situación negativa, cuando se han padecido varios episodios depresivos las situaciones desencadenantes son cada vez menos relevantes. Parece como si, con los episodios reiterados de depresión, los procesos implicados en el inicio de un nuevo episodio depresivo se fueran haciendo progresivamente más autónomos (Segal, Williams, Teasdale y Gemar, 1996) y los pacientes se volvieran más vulnerables a la depresión. Es decir, los pacientes que ya han padecido algún episodio depresivo son más vulnerables a la depresión porque ante la mínima bajada en el estado de ánimo reactivan de forma automática las viejas rutinas mentales depresivas.

Recogiendo las aportaciones de las investigaciones señaladas, Segal, Williams y Teasdale (2002) han desarrollado un tratamiento para la prevención de las recaídas depresivas que, en vez de centrarse en la modificación del contenido de los pensamientos depresivos (como es propio de la terapia cognitiva) ayuda a los pacientes a distanciarse de dichas experiencias entablando con ellas una nueva forma de relación que contrarreste la tendencia a las rumiaciones depresivas. Para ello parten de adaptar a los problemas depresivos el procedimiento de meditación con conciencia plena (Mindfulness) que Jon Kabat-Zin (1990) hace años venía aplicando a la reducción de los problemas de estrés y dolor, al tiempo que lo integran en el marco de la terapia cognitiva de la depresión. Con todo ello desarrollan un programa al que denominan "Terapia cognitiva de la depresión basada en la conciencia plena" (TCAP), destinado a la prevención de las recaídas depresivas en pacientes recuperados de uno, o varios, episodios graves de depresión, programa que se recoge con todo detalle en el texto citado (Segal, Williams y Teasdale, 2002, versión en español de 2006).

Se trata de un programa psicoeducativo, estructurado en 8 sesiones (o clases), con una entrevista de evaluación inicial y 4 sesiones de seguimiento a lo largo del año siguiente. Las clases se imparten en grupos de unos 12 participantes y tienen un carácter eminentemente práctico. Para reforzar esta práctica uno de los aspectos clave son las tareas que los participantes deben realizar durante la semana para practicar (y consolidar) lo aprendido en las clases, en su ambiente habitual.

Atendiendo a los contenidos que se imparten, el programa puede estructurarse en dos fases: 1ª. La primera comprende las cuatro primeras sesiones y está básicamente destinada a que los participantes aprendan a prestar atención con conciencia plena (de forma consciente, en el momento presente y sin juzgar) a diferentes aspectos (aunque de uno en uno), primero el propio cuerpo, después la respiración y finalmente los pensamientos negativos. 2ª. La segunda fase (sesiones 5 a 8) se centra en aprender a detectar los cambios del estado de ánimo y afrontarlos adecuadamente. Para ello se instruye a los participantes para que primero acepten la ocurrencia de pensamientos o sentimientos negativos y les permitan estar ahí, en su mente, sin emprender ninguna estrategia para modificarlos. Una vez aceptados, se les enseña a que elijan cuál es el mejor modo de responder ante esos pensamientos o sentimientos, optando bien por estrategias propias del abordaje de la atención plena (aceptación, meditación) o adoptando estrategias propias de la terapia cognitiva de la depresión.

Así, se les enseña que en algunas ocasiones la mejor estrategia es la aceptación, es decir considerar los pensamientos o sentimientos negativos como simples productos de la mente, y dejarlos estar ahí mientras se observa cómo van pasando. En otras ocasiones se les enseña que pueden elegir abordar estas experiencias mediante la meditación, observando cual es la parte del cuerpo a la que afectan y dirigiendo la conciencia hacia esa zona para debilitar la sensación (en vez de reforzarla con la evitación). Asimismo, se les instruye para que puedan elegir, si lo consideran oportuno, afrontar directamente la dificultad mediante estrategias cognitivo-conductuales, como emprender una acción que anteriormente les haya proporcionado sensación de placer o control. Finalmente se les enseña a que descubran cuáles son los indicios que en cada persona informan de la inminencia de una bajada en el estado de ánimo y que los utilicen como señales de alarma para poner en marcha las estrategias que cada participante diseña en las sesiones finales del programa.

La eficacia de la TCAP para prevenir los episodios de depresión fue estudiada inicialmente por Teasdale, Segal, Williams y sus colaboradores (2000), con un amplio grupo de 145 pacientes que habían experimentado previamente episodios de depresión, pero que no presentaban síntomas en el momento de iniciar la intervención. Los resultados demostraron que en pacientes con tres o más episodios previos (el 77% de la muestra), el programa de TCAP reducía en casi un 50% las tasas de recaídas depresivas, siendo esta disminución significativa en comparación con los pacientes que recibieron el tratamiento habitual. Sin embargo, en los pacientes que sólo habían tenido uno o dos episodios no se encontraba una diferencia significativa en la disminución de su tasa de recaídas respecto al tratamiento habitual. En una replicación posterior Ma y Teasdale (2004) se confirmó la eficacia de la TCAP para reducir entre el 40% y el 50% la probabilidad de recaída en pacientes que han sufrido previamente tres o más episodios de depresión.

La utilidad y eficacia de este programa de tratamiento para mejorar el estado de ánimo de los pacientes con problemas depresivos recurrentes, ha sido probada por otros grupos de investigación, con resultados bastante prometedores (Barnhofer y cols., 2009). Por ejemplo, Kingston y cols. (2007) informan de la eficacia de este programa para reducir los síntomas depresivos residuales en un grupo de 19 pacientes psiquiátricos con historia de episodios depresivos recurrentes. De forma similar, Kenny y Williams (2007) informan de la eficacia de este programa para mejorar el estado de ánimo de un grupo de 50 pacientes depresivos resistentes al tratamiento, que todavía mostraban síntomas depresivos al inicio de la intervención. La revisión y meta-análisis realizado por Piet y Hougaard (2011) muestra que este tipo de terapia es efectiva en la prevención de recaídas teniendo, además, un bajo coste en los recursos que precisa.

5.6. Pensamientos y conductas suicidas

El suicido es el problema más grave que puede plantearse en la intervención psicológica, y/o psiquiátrica, de la depresión. Esta situación límite no está ligada exclusivamente a la depresión, sino también a la drogadicción, la esquizofrenia y a otros problemas y trastornos mentales (Allebeck, 1989 y Murphy y Wetzel, 1990, Roy, 1997, Sarró y de la Cruz, 1991). Sin embargo, la relación con la depresión es evidente, si se considera que del 30 al 50% de los suicidios están asociados al padecimiento de algún tipo de trastorno depresivo (Murphy, 1986 e Isometsä y Lönnqvist, 1997). En este apartado sólo se hará referencia al suicido en relación con la depresión, aunque las cautelas y consideraciones que siguen pueden ser válidas para cualquier otro cuadro clínico en el que aparezca el riesgo de suicidio, especialmente en problemas adictivos, alcoholismo y ataque de pánico.

Los objetivos clínicos ante este problema son: (1) identificar qué variables son indicativas de riesgo, (2) saber cómo evaluar correctamente la temática en torno al suicido, y (3) qué medidas terapéuticas seguir.

El perfil del paciente depresivo con riesgo de suicido no está definido con claridad, principalmente debido a que la mayoría de los estudios se han realizado con personas que intentaron suicidarse y que, en último extremo, no consumaron el suicidio (Clark y Horton-Deutsch, 1992). Se ha considerado, tradicionalmente, que variables tales como la gravedad de la depresión, la disminución de la actividad e incapacitación general del paciente, la existencia de intentos de suicidios y la desesperanza, son alarmas que señalan un suicidio inminente. En el ámbito psicológico, además, se ha prestado especial atención a la desesperanza, atendiendo a las consideraciones de Beck (Beck, 1987). Sin embargo, aun cuando estos factores son importantes y han de ser tenidos en cuenta, deben ser considerados en su perspectiva en el tiempo. Los datos aportados por Fawcett y cols. (1990) en el estudio clínico más completo y numeroso sobre el tema, señalan que la desesperanza no predice la ocurrencia de un suicidio inminente, aunque sí lo hace en un periodo de 1 a 5 años después. Esto ocurre igualmente para el resto de las variables señaladas más arriba. Por otro lado, estos autores informan de las variables que sí predicen la ocurrencia del suicidio en un periodo de 1 año: un episodio depresivo reciente, alto nivel de ansiedad, anhedonia, insomnio, disminución de la concentración, indecisión, consumo excesivo de alcohol y ataques de pánico. La importancia de los ataques de pánico, que en el estudio de Fawcett y cols. (1990), llega al 62% de los suicidas, así como algunas de las otras variables, es congruente con los resultados de estudios epidemiológicos en asistencia primaria (Mavreas y Ustun, 1997).

1) Deben incluirse preguntas concretas sobre pensamientos de deseo de morir, suicidio, así como sobre conductas suicidas.
2) Debe evaluarse la importancia y profundidad de los pensamientos suicidas, no interrumpiendo al paciente cuando esté informando sobre estos aspectos, puesto que disminuye la empatía y favorece que el paciente niegue el problema.
3) La evaluación debe comenzar por una descripción libre del paciente de estos problemas, para poder evaluar mejor cómo se expresa el paciente.
4) En primer lugar, se debe evaluar la tristeza, apatía, anhedonia, irritabilidad y ansiedad.
5) En segundo lugar, preguntar por los sentimientos de pesimismo, desesperanza y la relación de la disforia con el futuro.
6) En tercer lugar, en relación con la desesperanza y la disforia, preguntar por los pensamientos suicidas (p.ej: *cuando alguien está triste y desesperanzado durante algún tiempo puede pensar en morir o quitarse la vida. ¿Ha pensado usted en esto?*).
7) Es preferible abordar el tema con naturalidad y directamente que con subterfugios.
8) Potenciar que el paciente hable libremente con naturalidad, sin tapujos y sin interrupciones sobre el problema.
9) Si el paciente niega la existencia de pensamientos suicidas esto no quiere decir, necesariamente, que no existan. Puede ser que niegue o no admita los pensamientos, que no estén presentes en ese mismo momento, pero sí los tenga, o que intente convencerse de que aunque existen son poco importantes.
10) En los casos en que existan dudas sobre la existencia o no de los pensamientos, debe entrevistarse a familiares o personas allegadas al paciente, para contrastar la información.
11) Si el paciente admite la existencia de los pensamientos debe determinarse si son pensamientos activos de suicidio o pasivos (*quiero matarme* vs. *deseo morirme*). Si hay pensamientos activos de suicidio se ha de preguntar qué métodos de suicidio ha pensado utilizar, qué planes de suicidio tiene y si ha ensayado mentalmente alguno de los planes, y si ha hecho alguna aproximación real. [Cuando se dan esas condiciones el riesgo de suicido inminente es muy elevado].
12) Otro aspecto a explorar es si en sus pensamientos o planes suicidas se ven implicadas otras personas: esposa o esposo, hijos, familiares, etc. Un pequeño porcentaje de suicidios viene precedido de un homicidio.
13) Se ha de valorar la facilidad de acceso a instrumentos para el suicidio: medicamentos, armas, acceso a sitios peligrosos, etc., para evitar con la ayuda de los familiares la disponibilidad de éstos.
14) Entrevistar a una persona próxima al paciente, puesto que frecuentemente las personas con pensamientos suicidas se lo comunican de alguna forma a amigos, compañeros o familiares.

Tabla 3. Consideraciones clínicas en la evaluación de paciente depresivo con ideación suicida (Clark, 1995)

Como se ha visto los factores indicativos del peligro de un suicidio son diversos y dependen, de forma determinante, de si se trata de pronosticar un suicidio inminente o a medio plazo. Por ello, es importante, mantener abiertas todas las fuentes de información y atender de un modo adecuado el problema, que, además, puede ser especialmente difícil de manejar por el psicólogo, si no tiene experiencia y entrenamiento específico. Toda ideación suicida, o conducta relativa a ésta, debe ser tomada en serio y sin ninguna ambigüedad. Por otro lado, debe explorarse con detalle todos los aspectos relacionados con el suicido, sin ningún tipo de prevención ni rodeos, porque sólo de esta manera se estará en mejores condiciones de valorar el riesgo y actuar en consecuencia. En la Tabla 4 se encuentran una serie de consideraciones prácticas relativas a la evaluación en la entrevista clínica de estos aspectos.

1) Reducir o prever la reducción de un episodio agudo depresivo, puesto que incrementa el riesgo de suicidio.
2) Si el riesgo de suicidio es grave se ha de determinar si éste puede ser controlado en su ambiente natural o requiere una intervención más taxativa, como el internamiento hospitalario.
3) Si el paciente no acepta voluntariamente la hospitalización el clínico debe decidir si toma él la decisión de indicar dicho internamiento o alguna actuación similar.
4) Ante un riesgo de suicido inminente no se debe dejar solo al paciente y hacer las gestiones precisas en su presencia para que sea trasladado a un hospital, haciéndole ver que es mejor que sea visto por otros profesionales cualificados para evaluar mejor su caso.
5) Es preciso, desde el primer momento, contar con la colaboración de la familia para cualquier tipo de decisión a tomar, especialmente si el paciente niega el problema o se niega a tomar las medidas precisas para reducir el riesgo de suicidio.
6) Si el paciente es hospitalizado requerirá de forma inmediata reducir la ansiedad y la agitación y prevenir un ataque de pánico, factores éstos también de alto riesgo.
7) El tratamiento psicológico y psicofarmacológico está indicado para reducir los factores antes señalados.
8) Aunque el hospital es, en general, más seguro en la evitación del suicidio, que la propia casa del paciente, se han de tomar medidas de control y precaución que impidan el posible suicidio. Por otro lado, una vez que el paciente abandona el hospital, no hay garantía de que no pudiera producirse el suicido, por lo que deben extremarse las precauciones.
9) Pacientes con riesgo elevado y crónico de suicidio deben recibir tratamiento en régimen interno en un hospital.
10) Con independencia de si se interna o no al paciente debe tenerse presente: (a) que algunos pacientes niegan la importancia de factores psicológicos en su problema, atribuyéndolos a causas *físicas*; (b) debe tenerse especial cuidado en aquellos pacientes con depresión que se encuentren expuestos a una situación estresante concreta, pues puede aumentar extraordinariamente el riesgo de suicido inmediato; (c) algunos pacientes han *elegido* la opción del suicido como una alternativa a la solución de sus problemas, habiendo elaborado y construido cognitivamente esta solución –en estos casos las terapias verbales son poco efectivas y se ha de considerar seriamente ingresar al paciente–; y (d) el terapeuta debe resistir a la desesperanza que transmite el paciente y no dar por concluido ningún procedimiento terapéutico de forma prematura.

Tabla 4. Consideraciones clínicas sobre el tratamiento del paciente depresivo con riesgo de suicidio (Clark, 1995)

Una vez determinado el riesgo de suicido del paciente han de tomarse las medidas terapéuticas necesarias. Estas medidas van dirigidas, básicamente, a (1) reducir los factores de riesgo sobre los que sea posible actuar, (2) impedir de forma efectiva, físicamente efectiva, que el paciente consume el suicidio; (3) reducir posteriormente el nivel agudo de ansiedad, miedo y agitación; y (4) tratar el problema clínico: la depresión. Es en este último punto en el que se retoman los problemas que han podido llevar, en un momento dado, al paciente a quitarse la vida como única salida posible a sus problemas. En la Tabla 4 pueden consultarse las principales medidas terapéuticas a tomar.

El tratamiento de la ideación suicida y de los comportamientos asociados a ésta tiene ciertas peculiaridades que es conveniente conocer, con independencia del tratamiento de la depresión. Freemann y Reinecke (1994) han recogido en un manual las aportaciones específicas desde la perspectiva cognitiva a este problema.

6. PROGRAMA DE TRATAMIENTO PROPUESTO

En este apartado se va a describir el programa de Activación Conductual Breve, desarrollado por Lejuez, Hopko y Hopko (2001) para el tratamiento de la depresión. Este protocolo, según sus propios autores, resulta más fácil de llevar a cabo que el inicialmente desarrollado por Martel, Addis y Jacobson (2001), ya que no requiere un especial entrenamiento de los terapeutas y puede adaptarse fácilmente a las características y necesidades de cada paciente. Uno de los motivos que le hace que más fácil de aplicar es, según Hopko, Lejuez, Ruggiero y Eifert (2003), que no se requiere que los propios pacientes realicen el análisis funcional de sus conductas depresivas, tarea de complejidad reconocida incluso para algunos terapeutas experimentados (Hayes y cols., 1996) y muy especialmente para una persona deprimida y nada motivada a realizarla. Diez años después, los autores (Lejuez y cols., 2011) añaden algunas modificaciones para aún simplificar más el procedimiento. El programa que Lejuez y sus colaboradores proponen se centra, básicamente, en motivar y guiar al paciente, de una forma muy sistemática, para que realice actividades saludables y deje de practicar las conductas depresivas que hasta ahora venía realizando.

La intervención se suele desarrollar en un total de entre 10 y 12 sesiones, todas ellas centradas en las estrategias de activación, propiamente dichas. Las sesiones iniciales se dedican a evaluar la función que cumplen las conductas depresivas y a explicar a los pacientes que estos comportamientos se mantienen por los beneficios que reportan a la persona, por ejemplo por reforzamiento positivo (atención de los allegados) o negativo (escapar de las responsabilidades). El proceso de activación conductual se inicia desde el primer momento; su objetivo es ir incrementando la frecuencia de las conductas saludables y el refuerzo que se recibe por ellas. Para ello debe comenzarse por entrenar al sujeto para que registre las actividades que normalmente se realizan (línea base) y así conocer desde qué punto se parte para iniciar la programación de actividades. A partir de esos datos, terapeuta y cliente conjuntamente establecen los objetivos a conseguir en las diferentes áreas de la vida de la persona (trabajo, familia, ocio, etc.), y con ellos se elabora una jerarquía de actividades a instaurar o recuperar, que irán constituyendo los objetivos específicos de la intervención, y que se plasmarán en una programación semanal que vaya incluyendo progresivamente dichas actividades. Para motivar al paciente y para orientar el curso de la intervención, el terapeuta va reflejando la realización de las tareas y la consecución de los objetivos en un registro maestro. Asimismo, se elaboran sendas gráficas que reflejen tanto la mejoría del estado de ánimo como el incremento gradual de la actividad del paciente.

El protocolo de tratamiento se presenta estructurado en los 6 módulos o unidades que a continuación se detallan y que recogen los diferentes pasos y actividades que se deben seguir en la intervención. El tiempo que se dedica a cada una de estas unidades o módulos es variable (no existe una correspondencia entre unidad y sesión) y depende tanto del contenido como de las características y habilidades del cliente. En general las primeras sesiones suelen ser de una hora de duración pero, según señalan los autores, la frecuencia y duración de las sesiones posteriores dependerá del progreso del cliente; según va avanzando la intervención y éste va teniendo más práctica, las sesiones pueden espaciarse y su duración puede limitarse a entre 15 y 30 minutos, e incluso algunos de los contactos pueden hacerse por teléfono.

Unidad 1. Introducción

Se comienza por hacer una breve introducción al tratamiento, entregando al paciente una copia del manual de tratamiento (cuadernillo del paciente) e informándole de que en él se resume, paso a paso, los aspectos más relevantes del tratamiento de activación conductual breve para la depresión, que acaba de comenzar. Asimismo, se le informa de que este manual se ha diseñado para ser usado durante las sesiones, en colaboración con su terapeuta, bien como un tratamiento completo (y único) o bien como un componente más de una terapia más amplia, que puede incluir otras técnicas e incluso medicación. A través de las tres primeras unidades se va a proporcionar al cliente información sobre la depresión y sobre el tipo de tratamiento que se sigue en este programa. Luego, en las unidades 4 a 6 es cuando se desarrolla el proceso de tratamiento propiamente dicho. Finalmente se le informa de que va a contar con la asistencia de su terapeuta para ir adaptando la intervención a sus necesidades individuales y para ayudarle a lo largo del proceso de intervención.

Unidad 2. Reconociendo la depresión

En esta segunda unidad se proporciona al cliente información sobre la definición, prevalencia y características clínicas de la depresión. Se finaliza aportando los criterios del DSM-IV para el diagnóstico de depresión. Se trata de una información breve y redactada de manera sencilla, de modo que sea fácilmente asequible para cualquier paciente.

Unidad 3. La activación conductual en el tratamiento de la depresión

En esta unidad es donde se explica la lógica subyacente al modelo de activación conductual para el tratamiento de la depresión. Se debe indicar que se trata de una aproximación conductual y contextual, lo que significa que su objetivo es producir cambios en el entorno de la persona y en su comportamiento para a través de ellos conseguir la mejoría de su estado de ánimo, de sus pensamientos y, en definitiva, de su calidad de vida. Se insiste en que, aunque se trata de una terapia conductual, no por eso ignora los sentimientos y los pensamientos, sino que la mejoría de estos aspectos se consigue cuando la persona experimenta las consecuencias positivas de su conducta con una mayor frecuencia. Para aclarar este concepto se pone el ejemplo de cómo una persona que está inmersa en actividades que le proporcionan sensaciones de competencia y placer, es muy difícil que se sienta deprimida; asimismo, para ilustrar estos aspectos se utiliza el diagrama que puede verse en la Figura 2.

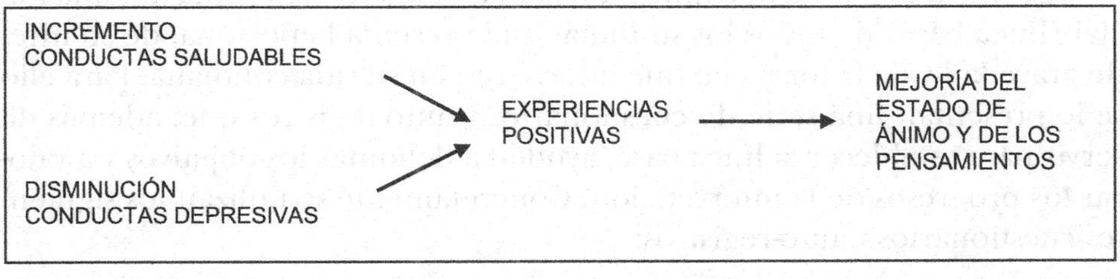

Figura 2. Explicación de la lógica del tratamiento (Lejuez, Hopko y Hopko (2001, pág. 262)

Se debe explicar que en este modelo se entienden como *conductas depresivas* tanto los síntomas como los comportamientos relacionados con la depresión y, por el contrario, se consideran *conductas saludables* las acciones positivas que son inconsistentes con las conductas depresivas. Para que el paciente comience a distinguir ambos tipos de conducta, se deben describir los principios básicos del aprendizaje operante, aplicado tanto a las conductas depresivas como a las saludables. Así, se explica la forma en que las conductas depresivas (p.ej.: quejarse, no ir a trabajar) se mantienen por sus beneficios (p.ej.: quejarse para conseguir mayor atención de los allegados -algo apetecible-, no ir a trabajar para evitar ciertas responsabilidades -algo desagradable-). Además, se debe señalar que estas conductas depresivas suelen producir sus beneficios de forma inmediata, por lo que es normal que se hagan cada vez más frecuentes. Esto es especialmente importante cuando, por las circunstancias que sea, los beneficios por las conductas saludables (p.ej.: arreglarse, estudiar, ir a trabajar) son menos inmediatos o más difíciles de conseguir.

Durante la depresión es normal que la frecuencia de las conductas depresivas se incremente mientras, por el contrario, disminuya las de las conductas saludables. Estos cambios en el comportamiento suelen afectar a muchos aspectos de la vida de la persona (su vida social, laboral y familiar), y a largo plazo producir un significativo deterioro. Para evitar que los pacientes se sientan culpables por sus conductas depresivas, se les explica que esta es una forma de comportamiento totalmente normal en ciertas circunstancias de la vida; que esas conductas son para muchas personas, la mejor manera de afrontar ciertas situaciones difíciles. Durante las sesiones se van a analizar sus comportamientos depresivos, pero este análisis no es para que se sientan mal o culpables, sino para encontrar soluciones. Que la mejor forma de frenar esa espiral depresiva y conseguir mejorar el estado de ánimo es disminuir las conductas depresivas e incrementar las saludables.

Unidad 4. Preparando el tratamiento

Se inicia esta unidad explicando la necesidad de tener una medida inicial (línea base) de todos los síntomas que presenta la persona, de su nivel de gravedad y de la forma en que interfieren en su vida cotidiana. Para ello se le presentan una serie de cuestionarios y auto-registros que, además de servir para establecer la línea base, ayuden a delimitar los objetivos y a valorar los progresos de la intervención. Concretamente se utilizan los siguientes cuestionarios y auto-registros:

1. BDI-II (Beck, Steer y Brown, 1996). Este cuestionario se cumplimenta al inicio de la intervención para establecer la línea base de los síntomas depresivos y luego cada 2 semanas para evaluar la evolución de dichos síntomas. Se explica que lo normal es esperar que cuando la persona incrementa sus actividades saludables el estado de ánimo mejore y, por consiguiente, su puntuación en dicho cuestionario disminuya.

2. Registro de actividades realizadas. Para conocer cuáles son las actividades que en estos momentos realiza el paciente a diario, se le entrega un auto-registro semanal de actividades, en el que simplemente debe anotar, hora a hora, las actividades que realiza cada día durante una semana. En la Tabla 5 se reproducen la parte inicial de este registro (sólo las 8 primeras horas), evidentemente el registro que se entrega al paciente debe cubrir las 24 horas del día.

Horas	Lunes	Martes	Miércoles	Jueves	Viernes	Sábado	Domingo
6 a 7							
7 a 8							
8 a 9							
9 a 10							
10 a 11							
11 a 12							
12 a 13							
13 a 14							
.../...							

Tabla 5. Registro semanal de actividades realizadas (Lejuez, Hopko y Hopko 2001, pág. 265)

Se debe explicar al paciente que durante esta semana tiene que seguir comportándose como lo hace normalmente, y anotar las actividades que realiza en cada franja horaria, aunque sean mínimas o las considere insignificantes (como dormir o ver la TV). Se insiste en la importancia de esta tarea para establecer su nivel inicial de actividad, lo que por una parte servirá para que la persona tome conciencia de cuál es su nivel real de actividad (frecuentemente mucho más bajo de lo que imagina) y además para explorar qué tipo de actividades son las que realiza y cuales pueden resultarle agradables.

Finalmente se señala la importancia de crear un entorno que apoye la realización de conductas saludables. Considerando las características de cada caso concreto, se explica que existen una serie de medidas que la persona puede adoptar para mejorar el apoyo que reciben sus conductas saludables en su propio entorno o para crear un entorno favorable en el caso de que éste no exista. En primer lugar se pide al paciente que comience por hablar con sus allegados (familia, amigos) para explicarles su necesidad de ir incrementando de forma gradual su nivel de conductas saludables, y para pedirles que, dentro de sus posibilidades, no centren su atención en las conductas depresivas que todavía realiza y, por el contrario, se esfuercen en atender (prestar atención) a sus intentos de realizar actividades saludables. El objetivo es que la depresión deje de ser el foco de las interacciones con todos los allegados. Para ello, por ejemplo, el paciente le puede pedir a los familiares o amigos con los que más contacto tenga que cuando conversen con él, no le dejen hablar de las cosas que van mal en su vida, que le dediquen a ese tema el menor tiempo posible (no más del 25% del tiempo) y sin embargo dediquen el tiempo restante a comentar las experiencias positivas.

También se puede pedir a los familiares o amigos elegidos que refuercen (con atención o algún privilegio previamente acordado) cualquier intento de realizar las conductas saludables que se acuerden y por el contrario castiguen (retiren su atención a algún privilegio previamente acordado) la realización de conductas depresivas. Estos términos pueden recogerse en un contrato conductual que se firmará con la pareja o con un familiar allegado, especificando ambos tipos de conductas (las saludables que se quieren instaurar o fomentar y las depresivas que se pretenden disminuir o eliminar), así como los privilegios que se recibirán por las primeras y los que se retirarán por las segundas.

Unidad 5. Empezando

Una vez establecido el nivel base de los síntomas depresivos y del nivel de actividad, así como iniciada la mejora del apoyo del entorno del paciente, es cuando se inicia el tratamiento de activación conductual propiamente dicho. Para ello se siguen dos pasos secuenciales: identificar las actividades potenciales y crear una jerarquía de actividad.

1. Identificar las actividades potenciales. El primer paso en este proceso es identificar las actividades que a la persona le gustaría plantearse como objetivo. Para facilitar esta tarea, y siguiendo las aportaciones de Hayes, Strosahl y Wilson (1999), se sugiere que consideren las posibles actividades en cada una de las 10 áreas siguientes, formulándose para ello preguntas similares a las que los autores (Lejuez, Hopko y Hopko, 2001, págs. 266-268) recogen en cada área.

1. *Relaciones familiares.* P.ej.: ¿Qué tipo de persona (madre/padre, hijo/hija, esposo/esposa, etc.) le gustaría ser? ¿Qué cualidades considera importante en su relación con sus seres más allegados?
2. *Relaciones sociales.* P.ej.: ¿Qué áreas podría mejorar de la relación con sus amigos?
3. *Relaciones íntimas.* P.ej.: ¿Qué papel le gustaría tener en una relación íntima? ¿En el momento actual, mantiene o le gustaría mantener alguna relación íntima?
4. *Educación, formación.* P.ej.: ¿Se ha planteado seguir algún curso o formación especializada? ¿Sobre qué temas le gustaría aprender más?
5. *Empleo, profesión.* P.ej.: ¿Qué tipo de trabajo le gustaría hacer? ¿Qué tipo de trabajador le gustaría ser?
6. *Aficiones/tiempo libre.* P.ej.: ¿Tiene algún interés especial por algo, o existe alguna actividad nueva que le gustaría experimentar?
7. *Voluntariado, actividades políticas.* P.ej.: ¿Qué tipo de contribución le gustaría hacer a su comunidad?
8. *Salud.* P.ej.: ¿Le gustaría mejorar su alimentación, sueño, ejercicio, etc.?
9. *Espiritualidad.* P.ej.: ¿Significa algo la espiritualidad para usted? ¿Está satisfecho con estos aspectos de su vida?
10. *Aspectos psicológicos, emocionales.* P.ej.: ¿Cuáles son sus metas en este tratamiento? ¿Hay algún otro aspecto, además de la depresión, que le gustaría explorar?

Para facilitar esta tarea, en el propio cuadernillo del paciente, se le proporciona un registro en el que se listan las 10 áreas señaladas, dejando unas líneas en blanco para que según va identificando las actividades que le gustaría emprender en cada área, las vaya anotando en dicho espacio. A modo de ejemplo, en el cuadernillo del paciente se incluye una lista de actividades con propuestas muy diversas (p.ej.: actividades domésticas como cocinar, lavar el coche, comprar flores o plantas, etc.; actividades de ocio como bailar, tocar un instrumento, cantar, etc.; actividades formativas como aprender un idioma, ir a clases de pintura, leer, etc.; actividades de autocuidado como ir a la peluquería, hacerse la pedicura, etc.). Como entrenamiento, con esta lista delante se le pide que haga una señal a cada una de las actividades que le parecen de interés, intentando seleccionar actividades de todas las áreas, o al menos lo más variadas posible. Se debe insistir en que sean actividades concretas, observables y medibles. Por ejemplo, una actividad como *ser mejor madre* no sería correcta; sin embargo, *hacer la comida que le gusta a mi hijo*, sí es una conducta adecuada.

También hay que delimitar cómo algunas de las actividades van a ser consideradas como objetivos a largo plazo (p.ej.: aprender un idioma), ya que requieren plantearse otras actividades a corto plazo (p.ej.: buscar una academia y apuntarse). Asimismo, es conveniente seleccionar actividades de distinto grado de dificultad y tener en cuenta que en algunos casos los posibles beneficios que de las más difíciles se deriven pueden retrasarse mucho. Para asegurarse el éxito inicial es conveniente incluir al inicio al menos 3 de las actividades saludables que la persona todavía realiza, según sus propias anotaciones en los registros de actividad. En total el paciente debe seleccionar 15 actividades, elegidas por él mismo en función de sus propias necesidades y deseos. Finalmente debe anotar a la derecha de cada actividad, el grado de dificultad que crea le supone realizar cada una de ellas, valorándolo en una escala de 1 (la menor dificultad) a 15 (la mayor dificultad).

2. Crear la jerarquía de actividades. Considerando el grado de dificultad de cada una de las 15 actividades seleccionadas, se debe crear una jerarquía, agrupando las actividades de 3 en 3, en función de su nivel de dificultad. En total se consideran 5 niveles de dificultad creciente, con 3 actividades en cada nivel. Se comienza por asignar las del Nivel 1, que comprendería las 3 actividades a las que se ha adjudicado un nivel inferior de dificultad y que normalmente se suelen corresponder con actividades que la persona todavía realiza, y que se habían extraído de su auto-registro de actividad. Un ejemplo de una jerarquía de actividad, (en este caso para una mujer, ama de casa y madre de familia), se puede ver en la Tabla 6.

NIVEL 1	▪ Levantarme antes de las 12 ▪ Hacer la cama ▪ Jugar con el perro
NIVEL 2	▪ Hacer la comida ▪ Lavar los platos ▪ Hablar por teléfono con amigos o familia
NIVEL 3	▪ Levantarme a las 10 ▪ Dar un paseo ▪ Hacer punto, ganchillo o coser
NIVEL 4	▪ Visitar a un amigo ▪ Hacer ejercicio en el gimnasio ▪ Ir a clase de inglés
NIVEL 5	▪ Levantarme a las 8 ▪ Preparar el desayuno y desayunar con mis hijos ▪ Colaborar como voluntaria en el hospital

Tabla 6. Ejemplo de jerarquía de actividad. Modificado de Lejuez, Hopko y Hopko (2001, pág. 283)

Unidad 6. Registros y gráficas de los progresos

Una vez realizada la jerarquía de actividad, es necesario planificar la forma en que se irán incluyendo esas actividades en la vida de la persona y cómo se irán valorando sus progresos. Para seguir estos progresos, el terapeuta utiliza un amplio cuadrante, al que se puede llamar *Registro Maestro de Actividades.* Aunque este cuadrante puede llevarlo también el paciente (y de hecho es recomendable que tenga una copia), en la mayoría de los casos es más sencillo que, al menos en las sesiones iniciales, lo cumplimente el terapeuta durante las sesiones. Hay que señalar que el cuadrante original incluye un total de 4 semanas, pero en el ejemplo que se reproduce en la Tabla 7, para simplificar, se incluyen sólo las 2 primeras semanas.

ACTIVIDAD	Meta	Ideal	Semana 1			Semana 2		
			Meta			Meta		
	nº	F/Tiempo	nº	F/Tiempo	Hecho	nº	F/Tiempo	Hecho
1. Levantarme antes de las 12	7	F						
2. Hacer la cama	7	F						
3. Jugar con el perro	7	30 min.						
.../...								

Tabla 7. Ejemplo del Registro Maestro de Actividades con las conductas de la primera semana del ejemplo. Modificado de Lejuez, Hopko y Hopko (2001, pág. 273/284)

Como se aprecia en dicha tabla, en la primera columna se anotan las actividades seleccionadas, siguiendo el orden de la jerarquía. En la dos siguientes columnas de la derecha ("Meta ideal") se debe anotar el número (nº) de veces por semana que querría realizar esa actividad, o frecuencia ideal, y en la siguiente columna, la duración (Tiempo) de dicha actividad, por ejemplo el tiempo que le gustaría durase el paseo. Para actividades que no tengan un tiempo prefijado, en las que el objetivo es finalizar la tarea con independencia del tiempo que eso lleve (p.ej.: hacer la comida), lo que se anota en esa columna es una F, señal de haberla finalizado.

Aunque en este cuadrante deben irse anotando todas las actividades, la primera semana sólo se plantean las 2 ó 3 primeras, que son las que se incluirán en la programación semanal, así el paciente va familiarizándose con el sistema y adquiriendo la costumbre de realizar las actividades. En general, el número de actividades puede ir variando cada semana, pero los autores recomiendan que se incluyan de 3 a 5 por semana; en todo caso es importante indicar al cliente que es él el que marca el ritmo, y que éste debe ser tan activo como pueda aguantar sin sentirse agobiado.

En el ejemplo anterior, las tres actividades seleccionadas para la primera semana han sido: levantarse antes del mediodía, hacer la cama y jugar con el perro. La frecuencia ideal de estas tres actividades, que eran conductas que se supone la persona realizaba casi a diario, se sitúa en 7, es decir que idealmente debería realizarlas todos los días de la semana. En la tercera actividad, se ha incluido un tiempo de 30 minutos, que es el tiempo que idealmente le gustaría emplear en jugar con el perro (aunque de momento el tiempo que emplee sea menor). En las otras dos actividades se ha señalado F, ya que lo que se mide es que finalice la tarea. Las siguientes columnas de este Registro Maestro, se dejan de momento en blanco, ya que se cumplimentarán durante la siguiente sesión, cuando el paciente traiga anotadas las actividades realizadas en la Programación Semanal que a continuación se comenta.

Para llevar el seguimiento diario de las actividades programadas, el paciente utiliza una *Programación Semanal de Actividades* (Tabla 8). En este registro se van incluyendo las actividades que realmente se programan para cada semana. En las tres primeras columnas se incluyen las conductas programadas para esa semana así como las cifras (nº de veces y tiempo) de las metas parciales que se pretende conseguir a lo largo de esa semana. Estas metas parciales (objetivos a corto plazo), evidentemente, no tienen por qué coincidir con las metas ideales (objetivos a largo plazo) del Registro Maestro. Por ejemplo, en las actividades programadas para la primera semana en el ejemplo, en la segunda conducta (hacer la cama) aunque la meta ideal es hacerla los 7 días de la semana, en esta primera semana se prevé realizarla sólo 4 de los 7 días, por lo que esa es la cifra que se incluye en la casilla correspondiente de esta semana. Asimismo, aunque la duración ideal de la conducta jugar con el perro es de 30 minutos, para esta primera semana sólo se han programado 20 minutos cada día.

ACTIVIDAD	Meta	semanal	Lunes	Martes	Miércoles	Jueves	Viernes	Sábado	Domingo
	nº	F/Tiempo							
1. Levantarme antes 12h.	7	F	(S) N O	(S) N O	(S) N O	(S) N O	(S) N O	(S) N O	(S) N (O)
2. Hacer la cama	4	F	(S) N O	(S) N O	(S) N O	S (N) O	(S) N (O)	(S) N (O)	S (N) (O)
3. Jugar con el perro	7	20 min.	(S) N O	(S) N O	(S) N O	S (N) O	(S) N O	(S) N O	S (N) O

Tabla 8. Ejemplo de Programación Semanal de Actividades con las actividades programadas para la primera semana del ejemplo. Modificado de Lejuez, Hopko y Hopko (2001, pág. 275/284)

En las columnas de la derecha, aparecen los 7 días de la semana, y se incluyen tres letras (S, N y O) en la casilla de cada día, en todas las actividades programadas. El paciente sólo tiene que hacer una breve anotación, preferiblemente al final del día, rodeando con un círculo la letra S, si efectivamente ha realizado la actividad, o bien la letra N si no se ha realizado. Cuando en una actividad se consigue el objetivo de la semana (p.ej.: el cuarto día de la semana que nuestra paciente hace la cama), además se rodea con un círculo la letra O, señal de haber alcanzado ese objetivo. El resto de los días de la semana puede seguir rodeando la letra O, aunque ese día no haya hecho esa actividad (como sucede el domingo), ya que la meta de la semana la había conseguido el viernes.

Al final de cada semana, como se ha comentado, se debe volver al Registro Maestro y anotar el resumen de las actividades realizadas durante esa semana; es decir, se anotan las metas parciales de la semana y el número de veces que se ha alcanzado dicho objetivo, en la casilla Hecho. Esta tarea inicialmente la realiza el terapeuta durante la consulta y posteriormente puede asumirla el paciente. En la Tabla 9 puede verse el Registro Maestro de Actividades, con las conductas realizas durante la primera semana en el caso que se viene exponiendo como ejemplo.

Como puede verse en dicha tabla, en la primera semana del caso del ejemplo se ha anotado que la conducta de levantarse antes de las 12, se ha realizado los 7 días que se había programado (según la Programación Semanal); asimismo, la conducta de hacer la cama se ha realizado 5 veces, incluso una vez más que lo que se había programado. Sin embargo, jugar con el perro, que se había previsto para los 7 días de la semana, se ha realizado sólo 5.

	Meta	Ideal	Semana 1			Semana 2			Semana 3		
			Meta		Hecho	Meta		Hecho	Meta		Hecho
ACTIVIDAD	nº	F/ Tiempo	nº	F/ Tiempo		nº	F/ Tiempo		nº	F/ Tiempo	
1. Levantarme antes 12	7	F	7	F	7						
2. Hacer la cama	7	F	4	F	5						
3. Jugar con el perro	7	30 min.	7	20 min.	5						
.../...											

Tabla 9. Ejemplo del Registro Maestro de Actividades con las conductas realizas durante la primera semana. Modificado de Lejuez, Hopko y Hopko (2001, pág. 284)

A la vista del Registro Maestro de la semana previa, tanto el terapeuta como el paciente deciden qué actividades deben continuar haciéndose con la misma frecuencia y/o intensidad, cuáles deben incrementarse y cuáles disminuirse. Siguiendo el ejemplo anterior se explicarán estos 3 casos.

Cuando un objetivo semanal se ha cumplido, pero está todavía por debajo de la meta ideal, como sucede en la conducta de hacer la cama, se debe acordar con el cliente un incremento de su frecuencia o duración. En este caso se puede programar que la segunda semana la paciente haga la cama 6 ó incluso los 7 días de la semana. Por otra parte, cuando en una conducta, como la de jugar con el perro del ejemplo, no se cumplan los objetivos semanales juntos, paciente y terapeuta, deben decidir si el problema se debe a factores imprevistos, en cuyo caso se podría dejar como estaba una semana más, o si el problema es que el objetivo es demasiado amplio y por tanto debería reducirse o fraccionarse.

En el caso de la conducta de levantarse antes de las 12, vemos que se ha cumplido los 7 días de la semana. Cuando este objetivo, que coincide con el objetivo ideal, se haya cumplido durante 3 semanas seguidas, se podrá considerar como totalmente conseguido. En ese caso los autores indican que se haga una anotación especial en las casillas correspondientes del Registro Maestro, ellos sugieren una letra M (de maestría) tanto en las columnas de frecuencia (nº) y duración (tiempo) como en la de Hecho. Conseguir y consolidar una de las conductas objetivo (y por tanto anotar M en el Registro Maestro) puede ser una señal para añadir una nueva actividad de la jerarquía; en todo caso hay que recordar al cliente que es él quien debe establecer el ritmo al que se añaden las nuevas actividades, siempre en función de sus circunstancias personales.

Recompensando los progresos. Un aspecto importante de la intervención es la recompensa que el paciente debe auto-administrarse por conseguir los objetivos semanales; ya que saber que se va a recibir una recompensa (aunque sea auto-administrada) cuando se realizan las tareas, proporciona un motivo por el que seguir adelante, por el que completar las tareas. Para ello, terapeuta y cliente exploran los refuerzos potencialmente apetecibles para la persona, utilizando una lista o menú de refuerzos, y se eligen aquellos que puedan ser accesibles y apetecibles para la persona; además es importante insistir al paciente para que no tenga acceso a dicho premio si no ha conseguido la meta, y que sólo se lo auto-administre si ha alcanzado el objetivo propuesto.

Gráficas de los progresos. Finalmente, los autores recomiendan que se hagan dos gráficas para seguir los progresos. La primera puede ser una simple gráfica que refleje, semana a semana, el número de actividades que se han realizado. Se sugiere que esta gráfica tenga en el eje vertical el número de actividades completadas (en intervalos de 2 en 2) y en el eje horizontal las semanas (de una en una). La línea de progresión que se espera, aunque con las fluctuaciones lógicas de todo proceso, debe seguir una trayectoria ascendente desde el ángulo izquierdo (en el que se sitúa el menor número de actividades y las primeras semanas) al lado derecho. Asimismo, se recomienda otra gráfica para representar la mejoría del estado de ánimo, según las puntuaciones del BDI-II.

7. PERSPECTIVAS EN EL TRATAMIENTO DE LA DEPRESIÓN

El tratamiento de la depresión es uno de los ámbitos de actividad de la terapia de conducta en que es más plenamente aceptada, tanto por los pacientes, como por los médicos y psiquiatras. El tratamiento psicológico se muestra no sólo con una eficacia similar al tratamiento farmacológico, sino que lo mejora si se tienen en cuenta sus menores efectos secundarios y su efecto más duradero, cuando se consideran los periodos pos-tratamiento, lo que ha sido puesto de manifiesto en diversos estudios multicéntricos (Elkin y cols., 1985; Jacobson y Hollon, 1996 y Shapiro y cols., 1994). Con respecto a dicho tratamiento farmacológico, aun siendo reconocida su eficacia no queda claro que lo sea por los motivos que se aducen, a saber: el efecto farmacológico de los medicamentos utilizados. En todo caso, parece que sólo estarían indicados, los inhibidores selectivos de la recaptación de la serotonina, en pacientes con depresión severa (Kirsch y cols., 2008).

Sin embargo, como ya se ha tenido la ocasión de comentar en otro lugar, queda aún por determinar qué variables de la persona, características del problema y del tratamiento son las determinantes (independientemente y en su interacción) para explicar el éxito terapéutico. Resulta evidente, aunque para alguien sea un descubrimiento, que los procedimientos conductuales incidan directamente sobre los cambios cognitivos y viceversa, por lo que quizá no merezca la pena tratar de diferenciar sobre qué variables delimitan mejor la eficacia de lo cognitivo o lo conductual. Sin embargo, sí parece de interés para el desarrollo del tratamiento de la depresión el considerar la interacción entre las variables personales (recursos del paciente y expectativas) y el tipo de tratamiento utilizado.

Se ha señalado, de acuerdo con el resultado de algunas investigaciones, que una concordancia entre las características personales y las del tratamiento favorece la eficacia de éste. Resulta sugerente cómo aquellas personas que tienen una actitud de pasividad ante el tratamiento pueden beneficiarse más de un tratamiento farmacológico, a diferencia de las que vienen dispuestas a la actividad, que se beneficiarían más del tratamiento psicológico (Simons, 1985). Safran y cols. (1990 y 1993), consideraron que no todos los pacientes podían ser buenos candidatos al tratamiento de la depresión mediante la terapia de conducta. Para ello seleccionaron 10 criterios de ajuste que incluían entre otros: la capacidad para detectar e informar de sus pensamientos automáticos, la aceptación de la propia responsabilidad del paciente en el tratamiento, la disponibilidad a implicarse con el terapeuta en las sesiones de tratamiento y en el trabajo entre sesiones a realizar por su cuenta, etc. Naturalmente, las puntuaciones alcanzadas por el paciente en esos criterios, obtenidos en una entrevista, eran capaces de predecir el éxito de la terapia, tanto si se consideraba la información del paciente como la del terapeuta.

Posiblemente sea esta adecuación de las características del paciente a las de la terapia, la variable de mayor interés. Quizá quienes tengan esa actitud más activa rindan mejor en terapias activas que en pasivas. Puede que dentro de las terapias activas, se beneficien más de las comportamentales los más competentes en esas habilidades, etc. Sin embargo, seguramente las cosas no sean tan sencillas y en determinadas ocasiones un exceso o defecto muy marcado en una u otra habilidad pueda originar efectos paradójicos. Una gran habilidad cognitiva (excesiva), por ejemplo, pueda ser más adecuado tratarla por procedimientos conductuales. No obstante, estas consideraciones no son sino sugerencias sobre posibles desarrollos terapéuticos que han de ser puestos a prueba. Sí hay algunos estudios (Fournier y cols., 2009) que determinan qué variables personales pueden orientar hacia la terapia cognitiva o al tratamiento farmacológico. Así la terapia cognitiva es más eficaz que el tratamiento farmacológico en personas con un mayor número de sucesos estresantes, desempleadas y casados o que viven en pareja. La existencia de problemas o situaciones que es necesario afrontar es, obviamente, una indicación para la terapia psicológica. Los antidepresivos reducirían su efecto terapéutico cuando la persona esté sometida a unas condiciones de estrés significativo (Fournier y cols., 2009). Todo ello es un argumento a favor de considerar la depresión como un problema vital que requiere, principalmente, de un afrontamiento adecuado, en lugar de ser medicalizado (Pérez y Montes, 2003).

La utilidad de los acercamientos terapéuticos, aunque aún no se haya podido identificar la eficacia diferencial de sus componentes, es un buen punto de partida para el desarrollo de programas de uso estándar de aplicación en grupo. Lewinsohn y cols. desarrollaron en 1984 (Lewinsohn y cols., 1984) el Curso de Afrontamiento de la Depresión. El programa fue elaborado teniendo en cuenta la influencia recíproca de los procedimientos conductuales y cognitivos (Zeiss y cols., 1979) y ha sido aplicado en muy diversos ámbitos con unos resultados positivos (ver Lewinsohn y cols., 1997). Estos programas tienen la gran ventaja de poder ser aplicados en el ámbito de la sanidad pública en su formato grupal. Son eficaces, fáciles de aplicar, requieren menos recursos y atención individualizada, además de contar con beneficios específicos como la cohesión social entre los participantes y el carácter educativo del programa, que disminuye su estigma como tratamiento. Por todo ello, resulta una alternativa muy a tener en cuenta, tanto para indicar su utilización como para investigar en la delimitación de su eficacia. Al tratarse de programas estructurados, si se evalúan convenientemente las variables personales y características del problema, se puede contar con un gran número de datos que nos permita posteriormente hacer indicaciones terapéuticas específicas para cada sujeto, o grupos de sujetos.

Otra opción de diseminación y aplicación, en la misma línea que el tratamiento en grupo, es el uso de material de auto-ayuda y sobre todo el uso de Internet como medio de llegar a personas que de otro modo no podrían acceder a este tipo de tratamientos. Además, este formato permite que los tratamientos estén mejor estructurados y protocolizados, lo que redunda es una ventaja evidente en lo que se refiere a la normalización de su uso (Vallejo y Jordán, 2007).

Otro ámbito de interés es el del uso combinado del tratamiento psicológico y farmacológico. Se conoce poco sobre las interacciones de ambos tipos de tratamiento. En principio, por lo que respecta a los aspectos más específicos del tratamiento: estado de ánimo, atención, capacidad cognitiva, etc., los psicofármacos pueden ejercer un efecto positivo. Esto supondría una mejora recíproca para el tratamiento psicológico y farmacológico. Sin embargo, tanto los antidepresivos tricíclicos como los inhibidores selectivos de la recaptación de la serotonina, tienen una serie de efectos adversos, que fueron comentados en parte en el punto 5.3.3.3. (Azanza, 1995). Estos efectos afectan a aspectos colaterales al problema, como el comportamiento alimentario, el sueño, la actividad sexual, etc., que no aparecen en todos los casos, pero que pueden constituir un problema e interactuar negativamente con el tratamiento psicológico.

Una mejora en el conocimiento sobre el uso combinado, que no necesariamente simultáneo, del tratamiento farmacológico y psicológico, sería de gran utilidad. De hecho, parece aceptado que inicialmente, sobre todo si la depresión se inicia de forma aguda que requiere una estabilización del paciente e incluso su internamiento, el tratamiento farmacológico es imprescindible (Pava y cols., 1994). Posteriormente, deben establecerse las condiciones en que el fármaco y el tratamiento psicológico deben coexistir. Probablemente, no sea necesario, si se mantiene el tratamiento farmacológico, que el tratamiento psicológico tenga el mismo nivel de complejidad que cuando se aplica sólo. Dow (1993) ha propuesto tratamientos conductuales y cognitivos en formato reducido, especialmente indicados para pacientes ingresados, que es necesario evaluar su impacto en relación con el tratamiento farmacológico.

El último aspecto a considerar dentro de las perspectivas del tratamiento de la depresión son las aportaciones cognitivas. La popularidad de las terapias cognitivas está claramente asociada al tratamiento de la depresión, especialmente la aportación de Beck. De hecho gran parte de las amplias expectativas (positivas) del beneficio de los procedimientos cognitivos habría de tener en el tratamiento de la depresión la mejor muestra de su eficacia. Desgraciadamente, sin embargo, esto no ha sido así. La eficacia de los acercamientos cognitivos, como tampoco en el caso de los conductuales, no se ha visto justificada por las posiciones teóricas que los soportan, como se ha tenido ocasión de comentar en otros lugares de este capítulo. Por otro lado, los procedimientos dirigidos a modificar los productos cognitivos requieren una constatación empírica que no exige más que un adecuado proceder científico, sin mayores especificaciones cognitivas. Es en el campo de los esquemas, del procesamiento de la información, de las memorias específicas, donde la aportación cognitiva es más genuina (específica). Es un ámbito etéreo y difícil de asir. Un esquema se detecta por su producto y para que haya un producto ha tenido que ser activado el esquema. Un esquema puede activarse porque en el momento actual una emoción o estado de ánimo posibilite el recuerdo (active) determinadas memorias que han sido generadas en el pasado y que son consistentes con las cualidades emocionales actuales, pero también puede no activarse. Se da vida así a un constructo, en el sentido más literal del término.

No es éste el lugar para entrar a comentar las múltiples e interesantes implicaciones teóricas esbozadas más arriba. Sí, por el contrario, de tratar de encontrar las aplicaciones terapéuticas de ellas. Es evidente que las experiencias emocionales negativas forman parte de la historia de cada persona y que éstas han podido configurar, en relación con determinados temas, una forma peculiar y estable de analizar e interpretar la realidad. Que estas emociones pasadas, esas memorias negativas no se activen es un evidente objetivo terapéutico. Para ello, lo más adecuado es evitar que el paciente experimente situaciones en el presente que puedan activarlas. Teasdale y cols. (1995), como se ha comentado, proponen algo más. Evitar la ocurrencia de periodos en los que esas memorias depresogénicas puedan activarse espontáneamente. Sin embargo, es difícil mantener este tipo de intervenciones de una manera eficaz durante mucho tiempo, además, esos periodos en que la realización de actividades automáticas, permiten una disminución del nivel del procesamiento controlado y del nivel de conciencia, tienen también un valor adaptativo. Quizá el desarrollo de estos trabajos nos permita en un futuro poder actuar de una forma más directa sobre dichas memorias, en su contenido emocional depresogénico. Su desactivación ayudaría, en gran medida, a ejercer un mejor control sobre los aspectos desencadenantes de la depresión y a la prevención de ésta. Probablemente, tratando de integrar el papel de los aspectos emocionales en el procesamiento de la información, se puedan avanzar procedimientos de intervención prometedores (Kanfer, 1996).

Finalmente es necesario tener una visión más amplia del tratamiento de la depresión. En efecto, la concurrencia de ansiedad, trastorno de estrés postraumático, y otros problemas y trastornos es frecuente. Es por ello que resulta conveniente tomar una cierta perspectiva a la hora de considerarla. El entenderla como una situación vital en la que la persona se ve sumida en una experiencia altamente desagradable y aversiva y sin recursos para salir de ella es adecuado. El trastorno de evitación experiencial puede dar una explicación más cabal de ese conjunto. Del mismo modo, el modelo de regulación emocional propuesto por Gross y Thompson (2007) da lugar a un modelo transdiagnóstico y a un tratamiento en esa misma línea, como el propuesto por Barlow (Barlow, Allen y Choate, 2004 y Wilamowska y cols., 2010).

8. REFERENCIAS BIBLIOGRÁFICAS

Abramson, L.Y., Seligman, M.E.P. y Teasdale, J. (1978) Learned helplessness in humans: critique and reformulation. *Journal of Abnormal Psychology, 87,* 49-59.

Allebeck, P. (1989) Schizophrenia: a life-shortening disease. *Schizophrenia Bulletin, 15,* 81-89.

American Psychiatric Association (1994) *Diagnostic and statistical manual of mental disorders: DSM-IV.* Washington: American Psychiatric Association (Barcelona: Masson, 1995).

American Psychiatric Association (2000). *Diagnostic and statistical manual of mental disorders.* (4ª ed.). Washington, D.C.: APA. (Barcelona: Masson, 2002).

American Psychiatric Association (2013). *Diagnostic and statistical manual of mental disorders. (5th ed.).* Washington, D.C.: Author.

Anderson, L., Lewis, G., Araya, R., Elgie, R., Harrison, G., Proudfoot, J., Schmidt, U., Sharp, D., Weightman, A. y Williams C. (2005) Self-help books for depression: how can practitioners and patients make the right choice? *British Journal of General Practice,* 55, 387-392.

Antonuccio, D.O., Thomas, M. y Danton, W.G. (1997) A cost-effectiveness analysis of cognitive behavior therapy and fluoxetine (Prozac) in the treatment of depression. *Behavior Therapy, 28,* 187-210.

Arean, P.A., Perri, M.G., Nezu, A.M., Schein, R.L., Christopher, F. y Joseph, T.X. (1993) Comparative effectiveness of social problem-solving therapy and reminiscence therapy as treatments for depression in older adults. *Journal of Consulting and Clinical Psychology, 61,* 1003-1010.

Azanza, J.R. (1995) *Guía práctica de psicofármacos opioides y drogas de abuso.* Madrid: Roche.

Barlow, D.H., Allen, L.B. y Choate, M.L. (2004) Toward an unified treatment for emotional disorders. *Behavior Therapy, 35,* 205-230.

Barnhofer, T., Crane, Hargus, E., Amarasinghe, Winder, R. y Williams, J.M.G. (2009) Mindfulness-based cognitive therapy as a treatment for chronic depression, A preliminary study. *Behaviour Research and Therapy, 47,* 366-373.

Beach, S.R.H. y O'Leary, K.D. (1986) The treatment of depression occurring in the context of marital discord. *Behavior Therapy, 17,* 43-49.

Beck, A.T. (1967) *Depression, causes and treatment.* Philadelphia: University of Pennsylvania Press.

Beck, A.T. (1987) Hopelessness as a predictor of eventual suicide. *Annals of the New York Academy of Sciences: Psychobiology of Suicidal Behavior, 487,* 90-96.

Beck, A.T., Kovacs, M. y Weissman, A. (1979) Assessment of suicidal intention: the Scale for Suicide Ideation. *Journal of Consulting and Clinical Psychology, 47,* 343-352.

Beck, A.T., Rush, A.J.; Shaw, B.F. y Emery, G. (1979) *Cognitive therapy of depression.* Nueva York: Guilford (traducción española, Bilbao: Desclée de Brouwer, 1983).

Beck, A.T., Steer, R.A. y Brown, G.K. (1996) *Manual for the Beck Depression Inventory-II.* San Antonio: Psychological Co. Adaptación española Sanz y Vázquez (2011). Madrid: Pearson.

Beckham, E.E., Leber, W.R. Watkins, J.T., Boyer, J.L. y Cook, J.B. (1986) Development of an instrument to measure Beck's Cognitive Triad: The Cognitive Triad Inventory. *Journal of Consulting and Clinical Psychology, 54,* 566-567.

Bellack, A.S., Hersen, M. e Himmelhock, J. (1981) Social skills training compared with pharmacotherapy and psychotherapy in the treatment of unipolar depression. *American Journal of Psychiatry, 138,* 1562-1567.

Bilich, L.L., Deane, F.P., Phipps, A.B., Barisic, M. y Gould, G. (2008) Effectiveness of bibliotherapy self-help for depression with varying levels of telephone helpline support. *Clinical Psychology and Psychotherapy, 15,* 61-74.

Brown, R.A. y Lewinsohn, P.M. (1984) *Participant workbook for the coping with depression course.* Eugene: Castalia.

Burns, D.D. (1980) *Feeling good: the new mood therapy.* Nueva York: Signet (traducción española, Barcelona: Paidós, 1990).

Clark, D.C. (1995) Epidemiology, assessment, and management of suicide in depressed patients. En E.E. Beckham y W.R. Leber (eds.): *Handbook of depression*. 2ª ed. Nueva York: Guilford.

Clark, D.C. y Horton-Deutsch, S.L. (1992) Assessment in absentia: the value of the psychological autopsy method for studying antecedents of suicide and predicting future suicides. En R.L. Maris, A. Berman, J.T. Maltsberger y R.Y. Yufit (eds.): *Assessment and prediction of suicide*. Nueva York: Guilford.

Cohen, S., O'Leary, K.D. y Foran, H. (2010) A randomized clinical trial of a brief problem-focused therapy for depression. *Behavior Therapy, 41,* 433-446.

Comeche, M.I., Díaz, M.I. y Vallejo, M.A. (1995) *Cuestionarios, inventarios y escalas. Ansiedad, Depresión y Habilidades Sociales*. Madrid: Fundación Universidad-Empresa.

Costelo, C.G. (1972) Depression: loss of reinforcers or loss of reinforcer effectiveness? *Behavior Therapy, 3,* 240-247.

Craig, K.D. y Dobson, K.S. (1995) *Anxiety and depression in adults and children*. Londres; Sage.

Cuijpers, P., Berking, M., Anderson, G. y cols. (2013). A meta-analysis of cognitive-behavioural therapy for adult depression, alone and in comparison with other treatments. *Canadian Journal of Psychiatry, 58,* 376-85.

Datto, C.J., Thompson, R., Horowitz, D., Disbot, M. y Oslin, D.W. (2003) The pilot study of a telephone disease management program for depression. *General Hospital Psychiatry, 25,* 169-177.

De Graaf, L.E., Hollon, S.D. y Huibers, M.J. (2010) Predicting outcome in computerized cognitive behavioural therapy for depression in primary care: a randomized trial. *Journal of Consulting and Clinical Psychology, 78,* 184-189.

DeRubeis, R.J., Hollon, S.D., Amsterdam, J.D., Shelton, R.C., Young, P.R., Saloman, R.M., O'Reardon, J.P., Lovett, M.L., Gladis, M.M., Brown, L.L. y Gallop, R.. (2005). Cognitive therapy vs. medications in the treatment of moderate to severe depression. *Archives of General Psychiatry, 6,* 409-416.

D'Zurilla, T.J. y Goldfried, M.R. (1971) Problem solving and behavior modification. *Journal of Abnormal Psychology, 78,* 107-126.

Dobson, K.S. y Jackman-Cram, S. (1966) Common change processes in cognitive-behavioral therapies for depression. En K.S. Dobson y K.D. Craig (dirs.): *Advances in cognitive-behavioral therapy*. Londres: Sage.

Dow, M.G. (1993) Affective disorders. En A.S. Bellack y M. Hersen (dirs.): *Handbook of behavior therapy in the psychiatric setting*. Nueva York: Plenum.

Dunn, N.J., Rehm, L.P., Schillaci, J., Souchek, J., Mehta, P., Ashton, C.M., Yanasak, E., y Hamilton, J.D. (2007). A randomized trial of self-management and psychoeducational group therapies for comorbid chronic posttraumatic stress disorder and depressive disorder. *Journal of Traumatic Stress, 20,* 221-237.

Elkin, I., Parloff, M.B., Hadley, S.W. y Autry, J.H. (1985) NIMH treatment of depression collaborative research program: background and research plan. *Archives of General Psychiatry, 42,* 305-316.

Favell, J.E. y McGimsey, J.F. (1993) Defining an acceptable treatment environment. En R. Van Houten y S. Axelrod (dirs.): *Behavior analysis and treatment.* Nueva York: Plenum.

Fawcett, J., Scheftner, W.A., Fogg, L., Clark, D.C., Young, M.A., Hedeker, D. y Gibbons, R. (1990) Time-related predictors of suicide in major depressive disorder. *American Journal of Psychiatry, 147,* 1189-1193.

Ferster, C.B. (1966) Animal behavior and mental illness. *Psychological Records, 16,* 345-356.

Ferster, C.B. (1973) A functional analysis of depression. *American Psychologist, 28,* 857-870.

Fournier, J.C., DeRubies, R.J., Shelton, R.C., Hollon, S.D., Amsterdam, J.D. y Gallop, R. (2009) Prediction of response to medication and cognitive therapy in the treatment of moderate to severe depression. *Journal of Consulting and Clinical Psychology, 77,* 775-787.

Frances, A. (2014) *¿Somos Todos Enfermos Mentales?* Madrid: Ariel.

Freemann, A. y Reinecke, M.A. (1994) *Cognitive therapy of suicidal behavior.* Nueva York: Spinger. (traducción española, Bilbao: Desclée de Brouwer, 1995).

Gross, J.J. y Thompson, R.A. (2007) Emotion regulation: conceptual foundations. En J.J. Gross (ed.).: *Handbook of emotion regulation.* Nueva York: Guilford Press, págs. 3-24.

Golfried, M.R. y Davison, G.C. (1994) *Clinical behavior therapy. Expended edition.* Nueva York: Wiley.

Guía de Práctica Clínica sobre el Manejo de la Depresión en el Adulto (2014). Ministerio de Sanidad, Servicios Sociales e Igualdad. Agencia de Evaluación de Tecnologías Sanitarias de Galicia; Guías de Práctica Clínica en el SNS: Avalia-t 2013/06.

Hassin, D.S., Goodwin, R.D., Stinson, F.S. y Grant, B.F. (2005) Epidemiology of major depressive disorder. Results from the National Epidemiologic Survey on Alcoholism and Related Conditions. *Archives of General Psychiatry, 62,* 197-1106.

Heiby, E.M. y García-Hurtado, J. (1994) Evaluación de la depresión. En R. Fernández-Ballesteros (ed.): *Evaluación conductual hoy.* Madrid: Pirámide.

Hollon, S. D., DeRubeis, R. J., Shelton, R. C., Amsterdam, J. D., Salomon, R. M., O'Reardon, J. P., Lovett, M.L., Young, P.R., Haman, K.L., Freeman, B.B. y Gallop, R. (2005). Prevention of relapse following cognitive therapy vs. medications in moderate to severe depression. *Archives of General Psychiatry, 62,* 417-422.

Hollon, S.D. y Kendall, P.C. (1980) Cognitive self-statements in depression: development on an automatic thoughts questionnaire. *Cognitive Therapy and Research, 4,* 383-395.

Ingram, R.E. y Wisnicki, K.S. (1988) Assessment of positive automatic cognition. *Journal of Consulting and Clinical Psychology, 56,* 898-902.

Isometsä, E.T. y Lönnqvist, J.K. (1997) Suicide in mood disorders. En A.J. Botsis, C.R. Soldatos y C.N. Stefanis (eds.): *Suicide: biopsychosocial approaches.* Amsterdam: Elsevier.

Jacobson, N.S. (1994) Contextualism is dead: Long live contextualism. *Family Process, 33,* 97-100.

Jacobson, N.S., Dobson, K.S., Truax, P.A., Addis, M.E., Koerner, K., Gollan, J.K., Gortner, E. y Prince, S.E. (1996) A component Analysis of Cognitive-Behavioral Treatment for Depression. *Journal of Consulting and Clinical Psychology, 64,* 295-304.

Jacobson, N.S. y Hollon, S.D. (1996) Cognitive-behavior therapy versus pharmacotherapy. *Journal of Consulting and Clinical Psychology, 64,* 74-80.

Jacobson, N.S., Martell, C.R. y Dimidjian, S. (2001) Behavioral Activation Treatment for Depression: Returning to Contextual Roots. *Clinical Psychology: Science and Practice, 8,* 255-270.

Jamison, C. y Scogin, F. (1995) Outcome of cognitive bibliotherapy with depressed adults. *Journal of Consulting and Clinical Psychology, 63,* 644-650.

Kabat-Zinn, J. (1990) *Full catastrophe living. Using the wisdom of your body and mind to face stress, pain and illness.* Nueva York: Dell Publishing.

Kanfer, F.H. (1970) Self-regulation: research, issues and speculations. En C. Neuringer y J.L. Michael (dirs.): *Behavior modification in clinical psychology.* Nueva York: Appleton-Century-Crofts.

Kanfer, F.H. (1996) Motivation and emotion in behavior therapy. En K.S. Dobson y K.D. Craig (dirs.): *Advances in cognitive-behavioral therapy.* Londres: Sage.

Kenny, M.A. y Williams, J.M.G. (2007) Treatment-resistant depressed patients show a good response to Mindfulness-based Cognitive Therapy. *Behaviour Research and Therapy, 45,* 617-625.

Keller, M.B., Lavori, P.W., Lewis, C.E. y Klerman, G.L. (1983) Predictors of relapse in major depressive disorder. *Journal of the American Medical Association, 250,* 3299-3304.

Kessler, R.C., Berglund, P., Demler, O. y cols. (2003) The epidemiology of major depressive disorder: results from the National Comorbidity Survey Replication (NCS-R). *JAMA, 289,* 3095-3105.

Kingston, T., Dooley, B., Bates, A., Lawlor, E. y Malone, K. (2007) Mindfulness-based cognitive therapy for residual depressive symptoms. *Psychology and Psychotherapy: Theory, Research and Practice, 80,* 193-203.

Kirsch, I., Deacon, B.J., Huedo-Medina, T.B., Scoboria, A., Moore, T.J. y Johnson, B.T. (2008) Initial severity and antidepressant benefits: a meta-analysis of data submitted to the food and drug administration. *PLoS Medicine, 5,* 260-268.

Klein, D.N., Leon, A.C., Li, C., D'Zurilla, T.J., Black, S.R., Vivian, D., Dowling, F., Arnow, B.A., Manber, R., Markowitz, J.C., Kocsis, J.H. y Klein, D.N. (2011) Social problem solving and depressive symptoms over time: a randomized clinical trial of cognitive-behavioral analysis system of psychotherapy, brief supportive psychotherapy, and pharmacotherapy. *Journal of Consulting and Clinical Psychology, 79,* 342-352.

Kornblith, S.J., Rehm, L.P., O'Hara, M.W. y Lamparski, D.M. (1983) The contribution of self-reinforcement training and behavioral assignments to the efficacy of self-control therapy for depression. *Cognitive Therapy and Research, 7,* 499-527.

Lazarus, A.A. (1968) Learning theory and treatment of depression. *Behavior Research and Therapy, 6,* 83-89.

Lejuez, C.W., Hopko, D.R. y Hopko, S.D. (2001) A brief behavioral activation treatment for depression. Treatment manual. *Behavior Modification, 25,* 255-286.

Lejuez, C.W., Hopko, D.R., Acierno, R. y cols. (2011). Ten year revision of the brief behavioral activation treatment for depression: revised treatment manual. *Behavior Modification, 35,* 111-161.

Lewinsohn, P.M. (1974) A behavioral approach to depression. En R.J. Friedman y M.M. Katz (dirs.): *The psychology of depression: contemporary theory and research.* Nueva York: Wiley.

Lewinsohn, P.M., Antonuccio, D.O., Steinmetz, J.L. y Teri, L. (1984) *The coping with depression course: a psychoeducational intervention for unipolar depression.* Eugene: Castalia.

Lewinsohn, P.M., Biglan, A. y Zeiss, A.M. (1976) Behavioral treatment of depression. En P.O. Davidson (dir.): *The behavioral management of anxiety, depression and pain.* Nueva York: Brunner/Mazel.

Lewinsohn, P.M., Gotlib, I.H. y Hautzinger, M. (1997) Tratamiento conductual de la depresión unipolar. En V.E. Caballo (dir.): *Manual para el tratamiento cognitivo-conductual de los tratamientos psicológicos.* Madrid: Siglo XXI.

Lewinsohn, P.M., Hoberman, H., Teri, L. y Hautzinger, M. (1985) An integrative theory of depression. En S. Reiss y R. Bootzin (dirs.): *Theoretical issues in behavior therapy.* Nueva York: Academic Press.

Lewinsohn, P.M., Sullivan, J.M. y Grosscup, S.J. (1982) Behavior therapy: clinical applications. En A.J. Rush (dir.): *Short-term psychotherapies for the depressed patient.* Nueva York: Guilford.

Lewinsohn, P.M. y Graf, M. (1973) Pleasant activities and depression. *Journal of Consulting and Clinical Psychology, 41,* 261-268.

Lewinsohn, P.M., Youngren, M.A. y Grosscup, S.J. (1979) Reinforcement and depression. En R.A. Depue (dir.): *The psychobiology of the depressive disorders: implications for the effects of stress.* Nueva York: Academic Press.

Ma, S.H. y Teasdale, J.D. (2004) Mindfulness-based cognitive therapy for depression: replication and exploration of differential relapse prevention effects. *Journal of Consulting and Clinical Psychology, 72,* 31-40.

MacPhillamy, D.J. y Levinsohn, P.M. (1982) The Pleasant Events Schedule: studies on reliability, validity, and scale intercorrelations. *Journal of Consulting and Clinical Psychology, 50,* 363-380.

Malouff, J.M. y Schutte, N.S. (1986) Development and validation of a measure of irrational belief. *Journal of Consulting and Clinical Psychology, 54,* 860-862.

Mavreas, V.G. y Ustun, T.B. (1997) The epidemiology of death and suicide symptoms in primary health care. En A.J. Botsis, C.R. Soldatos y C.N. Stefanis (eds.): *Suicide: biopsychosocial approaches.* Amsterdam: Elsevier.

McCullough, J.P. (2000) *Treatment for chronic depression. Cognitive Behavioral Analysis System of Psychotherapy.* Nueva York: Guilford Press.

McCullough, J.P. (2006) *Treatment chronic depression with disciplined personal involvement: Cognitive Behavioral Analysis System of Psychotherapy (CBASP).* Nueva York: Springer.

Miller, I.W., Bishop, S., Norman, W.H. y Maddever, H. (1985) The Modified Hamilton Rating Scale for Depression: reliability and validity. *Psychiatry Research, 14,* 131-142.

Miranda, J., Bernal, G., Lau, A., Kohn, L., Hwang, W., y LaFromboise, T. (2005). State of the science on psychosocial interventions for ethnic minorities. *Annual Review of Clinical Psychology, 1,* 113-142.

Muñiz, J. y Fernández-Hermida, J.R. (2000) La utilización de los tests en España. *Papeles del Psicólogo, 76,* 41-49.

Murphy, G.E. (1986) Suicide and attempted suicide. En G. Winokur y P. Clayton (eds.): *The medical basis of psychiatry.* Philadelphia: Saunders.

Murphy, G.E. y Wetzel, R.D. (1990) The lifetime risk of suicide in alcoholism. *Archives of General Psychiatry, 47,* 383-392.

Nezu, A.M. (1987) A problem-solving formulation of depression: a literature review and proposal of a pluralistic model. *Clinical Psychology Review, 7,* 121-144.

Nezu, A.M. y Nezu, C.M. (1991) Entrenamiento en solución de problemas. En V.E. Caballo (dir.): *Manual de técnicas de terapia y modificación de conducta.* Madrid: Siglo XXI.

Nezu, A.M. y Perri, M.G. (1989) Social problem-solving therapy for unipolar depression: an initial dismantling investigation. *Journal of Consulting and Clinical Psychology, 57,* 408-413.

Oei, T.P.S. y Shuttlewood, G.J. (1996) Specific and nonspecific factors in psychotherapy: a case of cognitive therapy for depression. *Clinical Psychology Review, 16,* 83-103.

Organización Mundial de la Salud (1992) *The ICD-10 Classification of Mental and Behavioural Disorders: Clinical descriptions and diagnostic guidelines.* Ginebra: OMS (Madrid: Meditor, 1992).

Ossip-Klein, D.J., Doyne, E.J., Bowman, E.D., Osborn, K.M., McDougall-Wilson, I.B. y Neimeyer, R.A. (1989) Effects of running or weight lifting on self-concept in clinically depressed women. *Journal of Consulting and Clinical Psychology, 57,* 158-161.

Patten, S.B. (2008) Major depression prevalence is very high, but the syndrome is a poor proxy for community population's clinical treatment needs. *The Canadian Journal of Psychiatry, 53,* 411-419.

Patten, S.B., Wang, J.L., y Willimad, J.V.A. (2006) Descriptive epidemiology of major depression in Canada. *The Canadian Journal of Psychiatry, 51,* 84-90.

Patten, S.B., Williams, J.V.A., Lavorato, D.H. y cols. (2015). The Prevalence of Major Depression is not changing. *The Canadian Journal of Psychiatry, 6,* 31-34.

Pava, J.A., Fava, M. y Levenson, J.A. (1994) Integrating cognitive therapy and pharmacotherapy in the treatment and prophylaxis of depression: a novel approach. *Psychotherapy and Psychosomatics, 61,* 211-219.

Paykel, E.S., Ramana, R., Cooper, Z., Hayhurst, H., Kerr, J. y Barocka, A. (1995). Residual symptoms after partial remission. An important outcome in depression. *Psychological Medicine, 25,* 1171-1180.

Pérez Álvarez, M. (2007) La activación conductual y la desmedicalización de la depresión. *Papeles del Psicólogo, 28,* 97-110.

Pérez Álvarez, M. y García Montes, J.M. (2003) Tratamientos psicológicos eficaces para la depresión. En: M. Pérez Álvarez, J.R. Fernández, C. Fernández e I. Amigo (Eds.) *Guía de tratamientos psicológicos eficaces I. Adultos.* Madrid: Pirámide, págs. 161-195.

Persons, J.B. (1993) Outcome of psychotherapy for unipolar depression. En T.R. Giles (dir.): *Handbook of effective psychotherapy.* Nueva York: Plenum.

Peterson, C. y Vallanova, P. (1988) An Expanded Attributional Style Questionnaire. *Journal of Abnormal Psychology, 97,* 87-89.

Piaget, J. (1984) *El lenguaje y el pensamiento en el niño pequeño.* Barcelona: Paidós (edición original 1923).

Piet, J. y Hougaard, E. (2011) The effect of mindfulness-based cognitive therapy for prevention of relapse in recurrent major depressive disorder: A systematic review and meta-analysis. *Clinical Psychology Review, 31,* 1032-1040.

Premack, D. (1959) Toward empirical behavior laws: I. Positive reinforcement. *Psychological Review, 66,* 219-233.

Rabin, A.S., Kaslow, N.J. y Rehm, L.P. (1984) Changes in symptoms of depression during the course of therapy. *Cognitive Research and Therapy, 8,* 479-487.

Radloff, L.S. (1977) The CES-D scale: a new self-report depression scale for research in the general population. *Applied Psychological Measurement, 1,* 385-401.

Rehm, L.P. (1977) A self-control model of depression. *Behavior Therapy, 8,* 787-804.

Rehm, L.P. (1981) *Behavior therapy for depression: present status and future directions.* Nueva York: Academic Press.

Rehm, L.P. (1988) Self-management and cognitive processes in depression. En L.B. Alloy (dir.): *Cognitive processes in depression.* Nueva York: Guilford.

Rehm, L.P. (1995) Psychotherapies for depression. En K.D. Craig y K.S. Dobson (dirs.): *Anxiety and depression in adults and children.* Londres: Sage.

Rehm, L.P. y Adams, J.H. (2009) Self-management. En W.O'Donohue y J. Fisher (eds.). *General principles and empirically supported techniques of cognitive behavioral therapy.* Nueva York: Wiley, págs. 564-570.

Rehm, L.P., Fuchs, C.Z., Roth, D.M., Kornblith, S.J. y Romano, J. (1979) A comparison of self control and social skills treatment of depression. *Behavior Therapy, 10,* 429-442.

Rehm, L.P. y Naus, M.J. (1990) A memory model of emotion. En R.E. Ingram (dir.): *Contemporary psychological approaches to depression: theory, research and treatment.* Nueva York: Plenum.

Robinson-Whelen, S., Hughes, R. B., Taylor, H. B., Hall, J. W. y Rehm, L. P. (2007). Depression self-management program for rural women with physical disabilities. *Rehabilitation Psychology, 52,* 254-262.

Rokke, P.D., Carter A.S., Rehm, L.P. y Veltum, L.G. (1990) Comparative credibility of current treatments for depression. *Psychotherapy: Theory, Research and Practice, 27,* 235-242.

Rokke, P. D., Tomhave, J. A., Jocic, Z. (2000). Self-management therapy and educational group therapy for depressed elders. *Cognitive Therapy and Research, 24,* 99-119.

Roy, A. (1997) Suicide in schizophrenia. En A.J. Botsis, C.R. Soldatos y C.N. Stefanis (eds.): *Suicide: biopsychosocial approaches.* Amsterdam: Elsevier.

Rude, S.S. y Rehm, L.P. (1991) Cognitive and behavioral predictors of response to treatments for depression. *Clinical Psychology Review, 11,* 493-514.

Safran, J.D., Segal, Z.V., Shaw, B.F. y Vallis, T.M. (1990) Patient selection for short-term cognitive therapy. En J.D. Safran y Z.V. Segal (dirs.): *Interpersonal process in cognitive therapy.* Nueva York: Basic Books.

Safran, J.D., Segal, Z.V., Vallis, T.M., Shaw, B.F. y Samstag, L.W. (1993) Assessing patient suitability for short-term cognitive therapy with an interpersonal focus. *Cognitive Therapy and Research, 17,* 23-38.

Sanz, J., Navarro, M.E. y Vázquez, C. (2003) Adaptación española del Inventario para la Depresión de Beck-II (BDI-II): 1. Propiedades psicométricas en estudiantes universitarios. *Análisis y Modificación de Conducta, 29,* 239-288.

Sarró, B. y de la Cruz, C. (1991) *Los suicidios.* Barcelona: Martinez Roca.

Schramm, E., Zobel, I., Dykierek, P., Kech, S., Brakemeier, E., Külz, A. y Berger, M. (2011) Cognitive behavioral analysis system of psychotherapy versus interpersonal psychotherapy for early-onset chronic depression: a randomized pilot study. *Journal of Affective Disorders, 129,* 109-116

Scogin, F, Welsh, D., Hanson, A. Stump, J. y Coates, A. (2005). Evidence-based psychotherapies for depression in older adults. *Clinical Psychology: Science and Practice, 12,* 222-237.

Segal, Z.V. e Ingram, R.E. (1994) Mood priming and construct activation in test of cognitive vulnerability to unipolar depression. *Clinical Psychology Review, 14,* 663-695.

Segal, Z.V., Williams, J.M.G. y Teasdale, J.D. (2002). *Mindfulness-based Cognitive Therapy for Depression. A New Approach to Preventing Relapse.* Nueva York: Guilford Press. (traducción española: *Terapia Cognitiva de la depresión basada en la consciencia plena. Un nuevo abordaje para la prevención de las recaídas.* Bilbao: Desclée de Brouwer, (2006).

Seligman, M.E.P. (1975) *Helplessness: on depression, development and death.* San Francisco: W.H. Freeman (traducción española, Madrid: Debate, 1981).

Seligman, M.E.P. (1981) A learned helplessness point of view. En L.P. Rehm (dir.): *Behavior therapy for depression: present status and future directions.* Nueva York: Academic Press.

Sexton, H., Maere, A. y Dahl, N.H. (1989) Exercise intensity and reduction in neurotic symptoms: a controlled follow-up study. *Acta Psychiatrica Scandinavica, 80,* 231-235.

Shapiro, D.A., Barkham, M., Rees, A., Hardy, G.E., Reynolds, S. y Startup, M. (1994) Effects of treatment duration and severity of depression on the effectiveness of cognitive-behavioral and psychodinamic-interpersonal psychodinamic psychotherapy. *Journal of Consulting and Clinical Psychology, 62,* 522-534.

Simons, A.D., Lustman, P.J., Wetzel, R.D. y Murphy, G.E. (1985) Predicting response to cognitive therapy of depression: the role of learned resourcefulness. *Cognitive Therapy and Research, 9,* 79-90.

Sinaikin, P. y Gold, M.S. (1987) Endocrinology and depression: 2 Thyroid function. En O.G. Cameron (dir.): *Presentations of depression: depression in medical and other psychiatric disorders.* Nueva York: Wiley.

Smith, N.M., Floyd, M.R., Scogin, F. y Jamison, C.S. (1997) Three-year follow-up of bibliotherapy for depression. *Journal of Consulting and Clinical Psychology, 65,* 324-327.

Swallow, S.R. y Segal, Z.V. (1995) Cognitive-behavioral therapy for unipolar depression. En K.D. Craig y K.S. Dobson (dirs.): *Anxiety and depression in adults and children.* Londres: Sage.

Teasdale, J.D. (1993) Emotion and two kinds of meaning: cognitive therapy and applied cognitive science. *Behavior Research and Therapy, 31,* 339-354.

Teasdale, J.D., Segal, Z. y Williams, J.M.G. (1995) How does cognitive therapy prevent depressive relapse and why should attentional control (mindfulness) training help? *Behavior Research and Therapy, 33,* 25-39.

Teasdale, J.D., Segal, Z.V., Williams, J.M.G., Ridgeway, V.A., Soulsby, J.M. y Lau, M.A. (2000) Prevention of relapse/recurrence in major depression by mindfulness-based cognitive therapy. *Journal of Consulting and Clinical Psychology, 68,* 615-623.

Vallejo, M.A. y Jordán, C.M. (2007) Psicoterapia a través de Internet. Recursos tecnológicos en la práctica de la psicoterapia. *Boletín de Psicología, 91,* 27-42.

Vázquez, C. y Cameron, C. (1997) Taxonomía cognitiva, psicopatología y psicoterapias cognitivas. En I. Caro (dir.): *Manual de psicoterapias cognitivas.* Barcelona: Paidós.

Vázquez, C., Hernangómez, L., Hervás, G. y Nieto-Moreno, M. (2006) La evaluación de la depresión en adultos. En V. Caballo (dir). *Manual para la evaluación clínica de los trastornos psicológicos.* Madrid: Pirámide, págs., 89-114.

Vázquez, C. y Sanz, J. (1998) Trastornos del estado de ánimo. Aspectos clínicos. En: A. Belloch, B. Sandín y F. Ramos (Eds.) *Manual de Psicopatología, Vol. 2.* Madrid: McGraw Hill.

Vázquez, F.L., Torres, A., Blanco, V. y cols., (2015). Intervenciones psicológicas administradas por teléfono para la depresión: una revisión sistemática y meta-análisis. *Revista Iberoamericana de Psicología y Salud, 6*, 39-52.

Vittengl, J.R., Clark, L.A., Dunn, T.W. y Jarrett, R.B. (2007). Reducing relapse and recurrence in unipolar depression: A comparative meta-analysis of cognitive-behavioral therapy's effects. *Journal of Consulting and Clinical Psychology, 75*, 475-488.

Warmerdam, L., Van Straten, A., Jongsma, J., Twisk, J. y Cuijpers, P. (2010) Online cognitive behavioural therapy and problem-solving therapy for depressive symptoms: exploring mechanisms of change. *Journal of Behavior Therapy and Experimental Psychiatry, 41*, 64-70.

Weissman, M.M. (2009) Depression. *Annals of Epidemiology, 19*, 64-267.

Wiersma, J.E., van Schaik, D.J.F., van Oppen, P-, McCullough, J.P., Schoevers, R.A., Dekker, J.J., Blom, M.B.J., Maas, K., Smit, J.H., Penninx, B.W.J.H. y Beekman, A.T.F. (2008) Treatment of chronically depressed patients: a multisite randomized controlled trial testing the effectiveness of 'Cognitive Behavioral Analysis System of Psychotherapy' (CBASP) for chronic depressions versus usual secondary care. *BMC Psychiatry, 8*, 18.

Wilamowska, A.A., Johanna Thompson-Hollands, J., Fairholme, C.P., Ellard, K.K., Farchione, T.J. y Barlow, D.H. (2010) Conceptual background, development, and preliminary data from the unified protocol for transdiagnostic treatment of emotional disorders. *Depression and Anxiety, 27*, 832-890.

Zeiss, A.M., Lewinsohn, P.M. y Muñoz, R.F. (1979) Nonspecific improvement effects in depression using interpersonal, cognitive, and pleasant events focused treatments. *Journal of Consulting and Clinical Psychology, 47*, 427-439.

Zigmond, A.S. y Snaith, R.P. (1983) The Hospital Anxiety and Depression Scale. *Acta Psychiatrica Scandinavica, 67*, 361-370.

9. LECTURAS RECOMENDADAS

Beck, A.T., Rush, A.J.; Shaw, B.F. y Emery, G. (1983) *Terapia cognitiva de la depresión.* Bilbao: Desclee de Brouwer, 393 páginas. (Original: Cognitive therapy of depression. Nueva York: Guilford, 1979).

Este texto de Beck y colaboradores recoge además de los conceptos y supuestos básicos de la terapia cognitiva, en el tratamiento de la depresión los aspectos prácticos de la actividad terapéutica. Cuenta con un anexo con material útil, en ese mismo sentido práctico. Es un clásico de las aportaciones cognitivas en la depresión.

Kanter, J.W., Busch, A.M. y Rusch, L.A. (2011) *Activación conductual.* Madrid: Alianza, 224 páginas. (Original: Behavioral Activation. Distintive Features. Londres Routledge, 2009).

Recoge de forma sencilla los principios básicos de la activación conductual, incluyendo casos y fragmentos de sesiones de terapia.

Lewinsohn, P.M., Gotlib, I.H. y Hautzinger, M. (1997) Tratamiento conductual de la depresión unipolar. En V.E. Caballo (dir.): *Manual para el tratamiento cognitivo-conductual de los tratamientos psicológicos.* Madrid: Siglo XXI, págs. 493-541.
Revisión sobre el tratamiento de la depresión que se centra en describir con mayor detalle los procedimientos conductuales. Recoge un programa de tratamiento muy completo que incluye, además, el tratamiento de grupo que estos autores llevan aplicando desde la pasada década. Una lectura necesaria para ampliar los aspectos conductuales.

Segal, Z.V., Williams, J.M.G. y Teasdale, J.D. (2008) *Terapia cognitiva de la depresión basada en la consciencia plena.* Bilbao: Desclée de Brower, 394 (Original: *Mindfulness-based Cognitive Therapy for Depression. A New Approach to Preventing Relapse.* Nueva York: Guilford Press, 2002.
Manual práctico de la aplicación de esta terapia a la prevención secundaria de la depresión. Incluye amplia información práctica y estructurada que permite aplicar de forma adecuada el programa de tratamiento.

Froján, M.X. (2006) *Tratando...depresión. Guía de actuación para el tratamiento psicológico.* Madrid: Pirámide, 192 páginas.
Repaso de distintas situaciones prácticas en el tratamiento psicológico de personas deprimidas. Aborda todo el proceso de la terapia planteando los problemas y ofreciendo soluciones a estos.

Burns, D.D. (1990) *Sentirse bien.* Barcelona: Paidós, 424 páginas. (Original: Feeling good: the new mood therapy. Nueva York: Signet, 1980).
Es, en realidad, un libro de auto-ayuda para el tratamiento de la depresión. Su extensión y sistematización, le hacen útil para comprender el tratamiento de la depresión y para encontrar ejemplos de cómo manejar los problemas y demandas del paciente.

10. PREGUNTAS DE AUTO-COMPROBACIÓN

1) El tratamiento psicofarmacológico de la depresión se ha mostrado superior al tratamiento psicológico, especialmente cuando se consideran largos periodos de seguimiento.
2) Un programa de aumento de actividad no afecta, al no ser un procedimiento cognitivo, a los pensamientos depresogénicos.
3) Una alternativa terapéutica es utilizar tratamientos que se apoyen en las áreas en que es competente el paciente, y no en tratar de suplir los déficit que se ha detectado en la evaluación.
4) La activación conductual se ha mostrado especialmente útil en los casos de depresión menos graves.
5) La biblioterapia es útil en el tratamiento de la depresión, sobre todo si ésta es leve.
6) Los programas de tratamiento de la depresión a través de Internet son más eficaces cuando se aplican en atención especializada, no en asistencia primaria.

7) El primer paso en el tratamiento de la depresión es conseguir una mejora del estado de ánimo del paciente.
8) Los programas de aumento de actividad han de ser utilizados antes que las técnicas cognitivas.
9) La facilitación de recursos y habilidades para afrontar los problemas ya no es necesaria, una vez que el paciente mejora el estado de ánimo.
10) La prevención de recaídas tiene una orientación fundamentalmente cognitiva.

Las respuestas (verdadero, o falso) a las preguntas se encuentran en el anexo final del texto.

ANEXO

1. Reír
2. Estar relajado
3. Hablar de otras personas
4. Pensar algo bueno en el futuro
5. Que la gente se interese por lo que digo
6. Estar con amigos
7. Comer bien
8. Respirar aire puro
9. Ver paisajes bonitos
10. Pensar en la gente que me agrada
11. Conversar abierta y francamente
12. Llevar ropa limpia
13. Tomar algo (café, etc.) con los amigos
14. Llevar ropa informal
15. Ser considerado atractivo sexualmente
16. Tener paz y tranquilidad
17. Sonreír a los demás
18. Dormir bien por la noche
19. Sentir la presencia de Dios en mi vida
20. Besar
21. Hacer bien un trabajo
22. Tener una charla amena
23. Ver que les suceden cosas buenas a mis amigos o a mi familia
24. Ser popular en una reunión
25. Decir algo claramente
26. Leer historias, novelas, etc.
27. Planear u organizar algo
28. Aprender a hacer algo bueno
29. Felicitar o alabar a alguien
30. Divertir a la gente
31. Estar con alguien a quien quiero
32. Mirar a la gente
33. Hacer nuevas amistades
34. Que me digan que he hecho algo bien
35. Expresar mi amor a alguien
36. Tener relaciones sexuales
37. Tener tiempo libre
38. Ayudar a alguien
39. Tener amigos de visita
40. Escuchar los sonidos de la naturaleza
41. Observar a animales salvajes
42. Conducir con destreza
43. Hablar sobre deportes
44. Conocer a alguien del mismo sexo
45. Planificar un viaje o las vacaciones
46. Comer con amigos o compañeros
47. Estar con animales
48. Ir a una fiesta
49. Sentarse al sol
50. Ser alabado por quienes admiro
51. Hacer un trabajo a mi manera
52. Que me digan que me necesitan
53. Mirar a hombres o mujeres atractivas
54. Que me digan que me quieren
55. Ver a viejos amigos
56. Levantarme tarde
57. Holgazanear
58. Jugar con la nieve o en la playa
59. Acariciar, abrazar
60. Escuchar música
61. Visitar a amigos
62. Ser invitado por otros
63. Ir a un restaurante
64. Hablar sobre religión o filosofía
65. Cantar solo
66. Pensar en mí o en mis problemas
67. Hacer pasatiempos, crucigramas, etc.
68. Terminar una tarea difícil
69. Tener una idea original
70. Beber en compañía
71. Que me den masaje
72. Tener una cita con alguien del sexo opuesto
73. Estar en el campo
74. Ver u oler una flor o una planta
75. Que me pidan ayuda o consejo
76. Hacer las tareas de la casa
77. Acostarme tarde
78. Jugar en la arena, en el césped, etc.
79. Estar con gente alegre
80. Mirar a la luna o a las estrellas

Tabla A1. ***Lista de actividades agradables (Lewinsohn y cols., 1982). El paciente debe anotar cada día aquellas actividades que ocurran y sean algo agradables***

1. Estar a disgusto con mi pareja
2. Trabajar en algo cuando estoy cansado
3. Discusiones con mi pareja
4. Estar incapacitado
5. Tener una enfermedad poco importante (gripe, dolor de muelas, etc.)
6. Que mi pareja esté disgustada conmigo
7. Trabajar en algo que no me gusta
8. Que me critiquen, juzguen o evalúen
9. Tener demasiado que hacer
10. Ver que no he podido hacer lo que pensaba
11. Hacer un examen
12. Buscar trabajo
13. Dejar una tarea sin terminar
14. Trabajar en algo que no me interesa
15. Que me metan prisa
16. Estar con gente desagradable
17. Que alguien no esté de acuerdo conmigo
18. Que me insulten
19. Que se me pase el plazo de un asunto
20. Que algo se rompa o no funcione bien
21. Vivir en un sitio sucio y desordenado
22. El mal tiempo
23. No tener dinero suficiente para gastos extra
24. Fallar en algo
25. Ver animales que se portan mal
26. No tener intimidad
27. Comer una comida que no me gusta
28. Trabajar bajo presión
29. Hacer mal un deporte
30. Hablar con una persona desagradable
31. Darme cuenta de que alguien a quien quiero y yo nos estamos separando
32. Hacer algo que me disgusta por complacer a otro
33. Hacer mal un trabajo
34. Enterarse de que un amigo o familiar está enfermo (herido, hospitalizado, etc.)
35. Que me digan lo que tengo que hacer
36. Conducir en condiciones adversas
37. Tener un gasto inesperado
38. Que mis amigos hagan cosas que desapruebo
39. Enterarme de que alguien está enfadado conmigo, o pretende hacerme daño
40. Ser engañado o burlado
41. Ser criticado
42. Que me molesten con papeleos
43. Estar lejos de alguien a quien quiero
44. Escuchar quejarse a la gente
45. Tener un amigo o pariente que vive en un sitio agradable
46. Saber que un amigo o pariente trabaja en malas condiciones
47. Enterarse de malas noticias, por la radio, TV
48. Estar solo
49. Castigar a un niño
50. Decir algo poco claro
51. Mentir a alguien
52. Respirar aire contaminado
53. Que me pregunten algo que no quiero o no puedo contestar
54. Pasar mucho calor
55. Que me despierten cuando trato de dormir
56. Hacer algo embarazoso delante de otros
57. Ser torpe (dejar caer algo, etc.)
58. Recibir información contradictoria
59. Que amigos y familiares hagan algo que me avergüence
60. Que me dejen de lado, o me excluyan
61. Perder o extraviar algo
62. Saber que alguien no parará ante nada hasta lograr lo que quiere
63. Estar en un lugar sucio o polvoriento
64. No tener tiempo para estar con quien quiero
65. Cometer un error
66. Quedarme sin dinero
67. Tener un amigo o familiar enfermo mental
68. Perder a un amigo
69. Realizar tareas domésticas (lavar, limpiar)
70. Oír a alguien que no para de hablar, y se lía
71. Vivir con alguien que está enfermo
72. Estar con gente triste
73. Que la gente ignore lo que yo digo
74. Estar incómodo físicamente
75. Que alguien que me importa no consiga algo
76. Estar con quien no comparte mis intereses
77. Que alguien me deba dinero o algo mío
78. Tratar con alguien que bebe o se droga
79. Que no me entiendan o malinterpreten
80. Que me fuercen a hacer algo

Tabla A2. Lista de actividades desagradables (Lewinsohn y cols., 1982). El paciente debe anotar cada día aquellas actividades que ocurran y sean algo desagradables

8

ALCOHOLISMO

Elisardo Becoña Iglesias

Universidad de Santiago de Compostela

1. INTRODUCCIÓN

El consumo de alcohol está muy arraigado en los patrones culturales vigentes en nuestra sociedad. El alcohol se obtiene de la fermentación de carbohidratos vegetales (p. ej., granos, frutas). La fermentación da lugar a una bebida que contiene entre el 14% y 15% de alcohol, mientras que con la destilación se obtienen mayores concentraciones (Echeburúa, 1996). Es soluble tanto en un medio lipídico como acuoso. Esto le permite atravesar fácilmente las membranas de las paredes del estómago y ser rápidamente absorbido y distribuido por el sistema circulatorio a los tejidos, incluido el cerebro. El alcohol que bebemos (alcohol etílico o etanol) pertenece a la familia farmacológica de depresores del sistema nervioso central. No obstante, en concentraciones bajas sus efectos iniciales sobre la conducta son estimulantes, reducen la tensión y puede ser una herramienta útil para enfrentarse a situaciones sociales.

El consumo de alcohol es la sustancia psicoactiva que acarrea mayor número de problemas personales, sociales y sanitarios en España. Ocupamos uno de los primeros lugares del mundo en el consumo de alcohol, con un fenómeno nuevo en los jóvenes, como es el abuso de alcohol en fin de semana y las borracheras que lo acompañan (Calafat y cols., 2000). En Europa el alcohol es responsable de 195.000 muertes al año, siendo el tercer factor de riesgo de mortalidad, después del tabaco y de la hipertensión arterial. Además, produce otros problemas como accidentes de tráfico, suicidios, muertes por cirrosis hepática, cáncer, etc., siendo por ello responsable del 10% de la mortalidad de las mujeres jóvenes y del 25% de los varones jóvenes (Anderson y Baumberg, 2006). En nuestro medio, junto a una importante base socio-cultural, también están presentes los efectos fisiológicos que produce el alcohol al ser introducido en el organismo, los factores psicológicos y de reforzamiento que facilitan continuar consumiéndolo.

El síndrome de dependencia alcohólica (Rodríguez-Martos, 1999a), la dependencia del alcohol (American Psychiatric Association, 2014), el alcoholismo (Vaillant, 1983) o la enfermedad alcohólica (Freixa y Sánchez-Turet, 1999), ha sido considerado como un trastorno progresivo. El consumo de bebidas alcohólicas se inicia en la adolescencia y progresa lentamente, llegando a constituirse en un problema hacia la mitad o al final de los veinte años (Jellinek, 1960). Para llegar a ser un adicto se requiere habitualmente un patrón de gran bebedor y muy reiterativo, y esto se desarrolla de un modo característico durante unos años. Hoy hay excepciones en el nuevo patrón del beber concentrado, o *binge drinking*, que puede acelerar la aparición de la dependencia del alcohol en personas jóvenes (Calafat y cols., 2005). También sabemos (Abrams y Alexopoulos, 1998; Moos, Schutte, Brennan y Moos, 2009) que los alcohólicos pueden comenzar a serlo a una edad avanzada, sin haber tenido previamente problemas de abuso o dependencia del alcohol, dándose más este fenómeno en mujeres que en varones mayores, cuando en edades tempranas es a la inversa.

Una exposición crónica al alcohol produce dependencia física. Cuando alguien ha estado bebiendo durante un largo periodo de tiempo y luego deja de hacerlo de repente, el síndrome de abstinencia pude ser grave e incluso mortal. Los trastornos de abstinencia se alivian instantáneamente con el alcohol, las benzodiacepinas o los barbitúricos. De igual manera, el síndrome de abstinencia causado por la exposición crónica a las benzodiacepinas o a los barbitúricos se alivia con el alcohol.

En el ámbito laboral, el consumo abusivo de alcohol acarrea accidentes, absentismo, menor rendimiento, problemática en el trabajo, cargas sociales, inadaptación, mortalidad y suicidio. Dentro de la problemática psiquiátrica y psicológica se han estudiado las repercusiones a escala familiar y en las relaciones familiares, el estrés, la personalidad previa del alcohólico, las clasificaciones del alcoholismo, los diagnósticos duales, etc., aparte de todo el tratamiento psicológico y psiquiátrico para que abandonen la bebida. De ellos, destaca el que la familia del alcohólico sufre directamente las graves consecuencias del alcoholismo a través de relaciones conflictivas con la pareja, agresividad en las relaciones familiares y las posibles repercusiones en los hijos, etc., que se pueden graduar en cuatro niveles: desajuste familiar, separación conyugal, disgregación familiar y degradación familiar. Por ejemplo, una tercera parte de la violencia contra la pareja se produce cuando el agresor ha bebido.

2. DEFINICIÓN, CLASIFICACIÓN Y EPIDEMIOLOGÍA

2.1. Definición y diagnóstico

El DSM-5 (APA, 2014) distingue dentro de los trastornos relacionados con sustancias y trastornos adictivos: a) los trastornos relacionados con sustancias, y b) los no relacionados con sustancias (el trastorno de juego). Se caracterizan porque todas las sustancias o conductas adictivas (juego) producen una activación directa del sistema de recompensa cerebral, lo que produce que las actividades cotidianas pueden ser descuidadas.

En los trastornos por consumo de sustancias (TCS) hay toda una serie de síntomas cognitivos, conductuales y fisiológicos que indican que el individuo continúa utilizando la sustancia a pesar de producirle problemas significativos. De modo general, los TCS se caracterizan por un patrón problemático de consumo de la sustancia que lleva a un perjuicio o malestar clínicamente significativo, manifestado por al menos dos de los once síntomas que definen este trastorno, a lo largo de un periodo de 12 meses: (1) Se consume a menudo la sustancia en mayor cantidad o durante un periodo de tiempo mayor que el esperado; (2) Hay un deseo persistente o esfuerzos infructuosos de dejar o controlar el consumo de la sustancia; (3) Se dedica una gran cantidad de tiempo en actividades necesarias para obtener la sustancia, consumirla o recuperarse de sus efectos; (4) Tiene *craving*, o un fuerte deseo o urgencia de consumir la sustancia; (5) Hace un consumo de recurrente de la sustancia que le lleva a un fracaso para cumplir con las principales obligaciones en el trabajo, escuela o casa; (6) Continúa consumiendo la sustancia a pesar de tener de modo persistente o recurrente problemas sociales o interpersonales causados o exacerbados por los efectos de la misma; (7) Deja de hacer o reduce importantes actividades sociales, laborales o recreativas debido al consumo de la sustancia; (8) El consumo de la sustancia es recurrente en situaciones en las que es físicamente peligroso; (9) Continúa con el consumo de la sustancia a pesar de conocer que tiene un persistente o recurrente problema físico o psicológico que es probablemente causado o exacerbado por la misma; (10) Tolerancia, definida de uno de estos dos modos: a) la necesidad de incrementar de modo importante la cantidad de sustancia consumida para lograr la intoxicación o el efecto deseado; b) una marcada disminución del efecto con el uso continuo de la misma cantidad de sustancia; y (11) Síntoma de abstinencia, manifestado por uno de los siguientes: a) los característicos del síndrome de abstinencia para esa sustancia; b) la sustancia (o una sustancia similar, como las benzodiacepinas en el caso del alcohol) se toma para aliviar o evitar los síntomas del síndrome de abstinencia.

Como vemos, para la definición de trastornos relacionados con sustancias destacan los clásicos de intoxicación, tolerancia, síndrome de abstinencia, deseo de abandonar o reducir el consumo, graves consecuencias en la salud y en su vida cotidiana, etc. También introduce elementos nuevos como es el *craving* y el nivel de severidad del trastorno, en leve (2-3 síntomas), moderado (4-5 síntomas) y severo (6 o más síntomas). Este es un nuevo concepto que llevará a un enorme incremento de este trastorno por su laxitud, sobre todo en el caso del alcohol. En cambio, e CIE-10 hace la clásica distinción entre abuso y dependencia del alcohol, que el DSM-5 cambia por el nivel de gravedad.

La dependencia del alcohol es resultado de fenómenos de neuroadaptación que han tenido lugar en el cerebro durante el proceso de consumo crónico de alcohol. Al parar bruscamente el consumo, o disminuir la ingesta de alcohol, tras un consumo crónico, se produce una hipersensibilidad del cerebro que da lugar a la aparición de un conjunto de signos y síntomas clínicos desagradables, denominado síndrome de abstinencia del alcohol (ej., náuseas, mareos, temblores), con riesgo de aparecer el *delirium tremens*, que es la condición más grave que puede producir la abstinencia con disminución del nivel de conciencia o confusión (delirium), aparición de alucinaciones (trastornos de la percepción en la que típicamente el individuo ve animales, cosas, etc., que no existen) y el característico temblor. Suele acompañarse además de agitación, insomnio, hiperactividad vegetativa, que puede llevar a la muerte si no se trata adecuadamente (Comisión Clínica, 2007).

La *intoxicación* por alcohol (Tabla 1) es un estado transitorio que sigue a la ingestión alcohol, en el que se producen alteraciones del nivel de conciencia, de la cognición, de la percepción, del estado afectivo, del comportamiento o de otras funciones y respuestas fisiológicas y psicológicas. Los síntomas van más allá de la mera intoxicación física, ya que con ella se consigue producir trastornos de la percepción, de la vigilia, de la atención, del pensamiento, de la capacidad de juicio, del control emocional y de la conducta psicomotora.

El síndrome de abstinencia del alcohol se produce cuando la persona reduce de modo significativo el consumo de alcohol o deja totalmente el consumo. Para el DSM-5 estas son las manifestaciones clínicas asociadas a él: ansiedad, temblor de manos, náuseas, sudoración, taquicardia, alteración del estado de consciencia, alucinaciones visuales, táctiles, auditivas transitorias, insomnio, inquietud, agitación y crisis epilépticas, entre las más importantes.

A. Ingestión reciente de alcohol.
B. Cambios psicológicos comportamentales desadaptativos clínicamente significativos (sexualidad inapropiada, comportamiento agresivo, labilidad emocional, deterioro de la capacidad de juicio y deterioro de la actividad laboral o social) que se presentan durante la intoxicación o pocos minutos después de la ingesta de alcohol).
C. Uno o más de los siguientes síntomas que aparecen durante o poco tiempo después del consumo de alcohol:
   a. Lenguaje farfullante.
   b. Incoordinación.
   c. Marcha inestable.
   d. Nistagmo.
   e. Deterioro de la atención o de la memoria.
   f. Estupor o coma.
D. Los síntomas no se deben a enfermedad médica ni se explican mejor por la presencia de otro trastorno mental.

Tabla 1. Criterios para el diagnóstico de la intoxicación por alcohol del DSM-5

También hay que tener en cuenta toda una serie de trastornos que pueden estar inducidos por el alcohol, y entre los que están el delirium, la demencia, el trastorno amnésico, el trastorno psicótico, el trastorno del estado de ánimo, el trastorno de ansiedad, el trastorno de sueño o la disfunción sexual.

Los trastornos inducidos por sustancias, como el alcohol, pueden aparecer en el contexto de la intoxicación, de la abstinencia de sustancias o persistir largo tiempo una vez que el consumo ha cesado. Por la similitud de síntomas de abuso/dependencia, intoxicación y abstinencia de drogas con distintos trastornos mentales, es necesario para un adecuado diagnóstico la relación de los síntomas con el consumo de la sustancia o su abstinencia, si estaban o no presentes antes del consumo, si han persistido a pesar de dejarse de consumir la sustancia, edad en que aparece el trastorno, dosis que utilizaba, etc. De ahí que el DSM-5 considere que hay que esperar 4 semanas después de la abstinencia de la sustancia para poder hacer un diagnóstico de trastorno inducido por sustancias. Finalmente, si los síntomas no remiten hablaríamos de un trastorno mental primario; si remiten, hablaríamos de un trastorno inducido por sustancias (Tabla 2).

Trastornos relacionados con el consumo de alcohol: - Trastorno por consumo de alcohol. Trastornos inducidos por el consumo de alcohol: - Intoxicación por el alcohol. - Abstinencia del alcohol. - Delirium. - Trastorno amnésico, síndrome de Wernicke-Korsakow y demencia. - Trastornos psicóticos. - Trastornos depresivos. - Trastornos bipolares. - Trastornos de ansiedad. - Trastornos del sueño. - Trastornos neurocognitivos. - Disfunciones sexuales.

Tabla 2. Trastornos relacionados con el consumo de alcohol para el DSM-5

Para calcular la cantidad de gramos consumidos diariamente o el número de unidades de bebida, sólo hay que transformar (ver Tabla 3) cada cerveza o vaso de vino en una unidad, equivalente a 10 gr. y un vaso o copa de destilado en dos unidades, equivalentes a 20 gr., para España (Gual, 2006), aunque hay diferencias por comunidades autónomas (ej., mientras que una unidad de bebida de destilados en Galicia contiene 25,42 gr., en Baleares baja a 16,32 gr.). Considerando las unidades de bebida estándar, se considera un consumo prudencial de alcohol aquel que no supera el límite, en mujeres, de 14 unidades/semana (140 gr./semana) y 21 unidades/semana en el varón (210 gr./semana), lo que representa 2 y 3 unidades día en mujeres y varones, respectivamente. A partir de dicho límite existiría un riesgo progresivo, aunque el criterio de intervención se sitúa a partir de 21 unidades/semana (210 gr./semana) en la mujer y 35 unidades/semana (350 gr./semana) en el varón, y siempre que sean personas sanas (Rodríguez-Martos, 1999a). Estos son los límites normales que no se deben sobrepasar, aunque a algunos les pueden afectar niveles inferiores. El alcoholismo se da más frecuentemente en el varón. La mujer con problemas de alcohol comienza a beber más tardíamente, apreciándose en los últimos años un cambio en los patrones de bebida tradicionales hacia el modelo de bebida anglosajón en los más jóvenes (beber el fin de semana cantidades muy importantes de alcohol hasta llegar a la embriaguez; Becoña y Calafat, 2006; Calafat y cols., 2000, 2005).

Consumo de una bebida	Gramos de alcohol	Unidad de bebida estándar
Cerveza	10	1
Vino	10	1
Destilado	20	2

Tabla 3. Unidades de bebida estándar en España (Fuente: Gual, 1996)

Como nota positiva, a pesar de la gravedad del problema, y del surgimiento de nuevas formas de consumo, hay que indicar que en los últimos 50 años, en España, como en los países tradicionalmente productores de vino (Francia, Italia, Portugal y Grecia), se ha producido globalmente un descenso en la cantidad de alcohol puro *per cápita* en todos estos países (Anderson y cols., 2012; Allaman y Beccaria, 2007; Gual y Colom, 1997). Como nota negativa destaca el surgimiento del botellón, genuina reciente creación española, y el consumo intensivo de alcohol que hacen una parte de los jóvenes participantes en el mismo (Becoña y Calafat, 2006).

2.2. Tipologías

Hoy también tiene importancia hacer un análisis según las tipologías que se han propuesto del alcoholismo, como las de Cloninger, Bohman y Sivardson (1981) o Schuckit (2000), que suelen diferenciar el alcoholismo en primario y secundario. En el primario, la persona presenta una etiopatogenia preferentemente ambiental, con un desarrollo tardío y lento de su dependencia como colofón de una alcoholización progresiva. El alcoholismo secundario, por contra, tendría una psicopatología de base que le predispone al alcoholismo, suele tener una historia familiar de alcoholismo, inicia precozmente sus abusos de alcohol y desarrolla pronto su dependencia.

Así, Cloninger (1987) indica, como características del alcoholismo del tipo I: se da en ambos sexos; tiene una elevada dependencia psíquica; aparece en personas mayores de 25 años; está asociada a trastornos psiquiátricos, especialmente ansiedad y depresión; y tienen una personalidad pasivo-dependiente o ansiosa caracterizada por elevada evitación del castigo, elevada dependencia de la recompensa y baja búsqueda de novedades. Por el contrario, el alcoholismo del tipo II predominaría en el sexo masculino; es heredable, con predominio de dependencia física y tolerancia; aparición precoz (antes de los 25 años); asociado al trastorno antisocial de la personalidad; y con personalidad antisocial (baja evitación del castigo, escasa dependencia de la recompensa y elevada búsqueda de novedades).

Destaca el estudio de Moss, Chen y Yi (2007). Partiendo de 1.484 personas del estudio NESARC, todos con dependencia del alcohol en el último año, y en una muestra representativa de la población norteamericana, derivan cinco tipos de alcohólicos, siendo el porcentaje por grupos del 31,5; 19,4; 11,8; 21,1 y 9,2%. El primero es el *tipo de adulto joven* (joven, edad de comienzo temprana, baja probabilidad de trastorno de personalidad antisocial y probabilidad moderada de tener un familiar de primer o segundo grado con dependencia del alcohol). El segundo es el *tipo funcional* (personas mayores –más de 41 años–, edad mayor de iniciación al consumo de alcohol, comienzo más tardío de la dependencia del alcohol –media de 37 años–, baja probabilidad de trastorno de personalidad antisocial y moderada probabilidad de tener un familiar de primer o segundo grado con dependencia del alcohol, moderada probabilidad de tener depresión y baja de tener un trastorno de ansiedad). El tercero es el *tipo familiar intermedio* (de mayor edad –sobre 37 años–, comienzo del consumo de alcohol sobre los 17 años, comienzo de la dependencia del alcohol a los 32 años, probabilidad moderada de tener un trastorno de personalidad antisocial y elevada probabilidad de tener un familiar de primer o segundo grado con dependencia del alcohol (47%), tienen un porcentaje importante de trastorno bipolar (22%), trastorno de personalidad obsesivo-compulsivo (19%), trastorno de ansiedad generalizada (15%), consumo de cannabis (25%), cocaína (20%), siendo un 64% varones). El cuarto es el *tipo de joven antisocial* (jóvenes –media de 26,4 años–, con consumo temprano de alcohol –15,5 años–, y comienzo temprano de la dependencia del alcohol –18,4 años–, con alta probabilidad de tener un trastorno de personalidad antisocial –54%–, elevada probabilidad de tener dependencia del alcohol intergeneracional –52,5%–, mayor probabilidad de depresión –37%–, trastorno bipolar –33%–, fobia social –14%–, trastorno de personalidad obsesivo-compulsivo –19%–, fumador regular –77%–, abuso o dependencia de cannabis –66%–, de las anfetaminas –7,8%–, y consumo de cocaína –29%– y opiáceos –22%–, siendo el 76% varones). Finalmente, el quinto es el *tipo severo crónico* (mayores –37,8 años–, comienzo temprano del consumo de alcohol –15,9 años–, comienzo tardío de la dependencia del alcohol –29 años–, alta probabilidad de trastorno de personalidad antisocial –47%– alto nivel de familiares de primer y segundo grado con dependencia del alcohol –77%–, y de tener a lo largo de la vida depresión mayor –55%–, distimia –25%–, trastorno bipolar –34%–, trastorno de ansiedad generalizada –24%–, fobia social –26%–, trastorno de pánico –17%–, fumador regular –75%–, con trastornos por consumo de cannabis –58%–, cocaína –39%–, y opiáceos –24%–, siendo el 65% varones). Este tipo es el que tiene mayor nivel de divorciados, y bebe más días y mayor cantidad de alcohol. Son también los que más acuden a tratamiento de todos los grupos.

Relacionado con las tipologías está la historia natural del alcoholismo (Schuckit, 2000; Vaillant, 1983). La evolución del trastorno de dependencia del alcohol es variable de unos a otros individuos, tanto para la adquisición de la dependencia alcohólica como para el surgimiento más pronto o más tardío de distintos trastornos físicos y mentales. También sabemos que la evolución va a variar y que una parte de estas personas irán empeorando con el paso del tiempo y otras podrán dejar su consumo abusivo de alcohol. Incluso en aquellos que tienen riesgo genético de padecer el trastorno (Schuckit, 2000), el curso de su consumo de alcohol y de los problemas que pueden causar va a depender de esos factores genéticos y de los factores ambientales específicos de su contexto social y personal. De ahí la relevancia de una adecuada prevención para las personas de riesgo de desarrollar dependencia en los primeros años de su vida (Becoña, 2002).

2.3. Epidemiología

Los estudios epidemiológicos han constatado que en España, como en otros países de nuestro entorno, hay un alto consumo de alcohol. Así, la encuesta para la población general española de 15 a 64 años del año 2011 nos indica que las sustancias psicoactivas más consumidas alguna vez, durante los últimos 12 meses, fueron el alcohol, con una prevalencia del 76,6%, y el tabaco, con un 40,2% (OEDT, 2014). En cuanto al consumo de sustancias entre los estudiantes de 14 a 18 años que cursaban Educación Secundaria Obligatoria (ESO), en la encuesta de 2012, un 74% había consumido alcohol en los 30 días previos a la encuesta, y un 29,7% tabaco. A estas sustancias, le sigue el cannabis, con una prevalencia del 16,1%, y la cocaína con un 1,5%. Además, en los adolescentes el 12,5% fuma tabaco diariamente y el 2,7% consume alcohol diariamente, igual que otro 2,7% consume cannabis diariamente; un 0,9% toma hipnosedantes diariamente. Quizás lo más destacado es que el número de borracheras se ha incrementado de modo acusado en jóvenes, lo que constituye un grave problema de salud pública, habitualmente realizado en el contexto del botellón (Becoña y Calafat, 2006).

En Estados Unidos el estudio NESARC indica que un 8,5% de la población tendría dependencia del alcohol (12,4% de varones y 4,9% de mujeres) (Grant y cols., 2004). En España, con datos de 2005, había un 5,5% de bebedores de riesgo (más de 5 UBEs los varones y más de 3 UBEs las mujeres; 1 UBE equivale a 10 gramos de alcohol). Además, el mayor consumo de riesgo se produce en los varones (6,5%) más que las mujeres (4,1%) (Comisión Clínica, 2007). Sin embargo, otros datos españoles indican niveles superiores. Así en Galicia (Sánchez, 2007), considerando como bebedores abusivos a los que consumen más de 7 UBEs en varones y más de 5 UBEs en mujeres (que corresponden a 70 y 50 gramos de alcohol diario, respectivamente, en hombres y mujeres) había un 7,6% de bebedores abusivos en la población de 12 o más años (10,3% de varones y 5,1% de mujeres). Destaca que del total de la población gallega de este estudio había un grupo de gran riesgo (más de 13 UBEs diarias en varones y más de 9 UBEs diarias en mujeres) que representaba el 1,5% de la población. Esto indica, en la línea de otros estudios que se han hecho en otras comunidades autónomas españolas, el gran consumo de alcohol y la gravedad del problema. Aun así, el consumo *per capita* de alcohol en España ha bajado de 11,7 litros por persona y año en el año 1982 a 9,6 litros en el año 2002 (Robledo, 2006). Esto nos ha permitido bajar de los primeros niveles de consumo de alcohol de otras épocas al octavo en el ranking de consumo mundial de alcohol.

3. MODELOS EXPLICATIVOS

Existen varias teorías explicativas de las conductas adictivas, que se pueden agrupar en seis generales: médico/biológicas, psicodinámicas, de aprendizaje, de personalidad, sociales, y comprehensivas (p. ej., el modelo biopsicosocial). De entre las psicológicas, la que más se ha desarrollado en el campo del alcoholismo, y la que se utiliza para explicarlo, o de la que se parte para elaborar teorías más complejas, es la teoría del aprendizaje social, basada en los estudios de Bandura, que permite integrar tanto los factores individuales como los sociales (Becoña, 2011). Disponemos de otras teorías psicológicas (ver Leonard y Blume, 1999), fundamentalmente basadas en la personalidad, aspectos conductuales o aspectos cognitivos, pero ha sido la del aprendizaje social la que sigue siendo hoy la de referencia y la base para la aplicación del tratamiento (Monti y cols., 2002).

Hasta la década de los años 80 del siglo XX, la explicación de las conductas adictivas se fundamentaba de modo importante en el modelo moral y en el modelo biológico (Marlatt y Gordon, 1985). Para éste la persona dependía de una sustancia química, siendo tal dependencia causada por su dependencia física de la sustancia debido a factores de predisposición biológicos o genéticos. En contraposición al modelo moral y al modelo biológico ha surgido el modelo conductual o modelo basado inicialmente en la teoría del aprendizaje, el cual considera a las conductas adictivas como un patrón de hábito que se ha adquirido. Los mismos principios que explican la adquisición del hábito son los que hay que utilizar para erradicarlo. El modelo permite conocer y explicar adecuadamente la conducta a través del análisis funcional de la conducta, o estudio de los antecedentes de la misma, variables del organismo, conducta y consecuentes que su realización produce en la persona. Igualmente reconoce el papel distinto que tiene el primer contacto y adquisición de la conducta de la consolidación, mantenimiento y abandono. Este modo de ver el problema lleva consigo un modo específico de evaluación que, por suerte, se ha ido expandiendo en el campo por su utilidad y por la eficacia de las técnicas conductuales (Becoña, 1998; Becoña y cols., 2011; Donovan, 1999, Secades y Fernández, 2001).

El modelo conductual se apoya de modo importante en la psicología del aprendizaje y en los componentes cognitivos de la conducta. En la actualidad la teoría que mejor explica, que más atención ha recibido y más trabajos a partir de la misma se han realizado en el campo del alcoholismo, es la teoría del aprendizaje social (ej., Maisto, Carey y Bradiza, 1999; Monti y cols., 2002). Su primera formulación aparece en el libro de Bandura (1969) *Principios de modificación de conducta.* Asume que toda conducta de beber, desde la abstinencia, el beber social normal y el abuso del alcohol, se basa en principios similares de aprendizaje, cognición y reforzamiento (Abrams y Niaura, 1987; Bandura, 1969). Rechaza la existencia en la persona de factores fijos, como pueden ser una personalidad predisponente o factores intrapsíquicos. La conducta de beber se adquiere y mantiene por modelado, refuerzo social, efectos anticipatorios del alcohol, experiencia directa de los efectos del alcohol como refuerzos o castigos y dependencia física. Algunos determinantes situacionales importantes son los eventos vitales estresantes, trabajo, familiares, redes sociales y apoyo social que tiene el individuo. Considera que estos factores varían a lo largo del tiempo e igualmente varía su influencia de uno a otro individuo.

La teoría cognitiva-social, nombre que reciba en su versión más reciente la teoría del aprendizaje social, por el mayor peso que da a los elementos cognitivos, parte de que (Schippers, 1991): (1) la conducta adictiva está mediada por las cogniciones, compuestas de expectativas que son creencias sobre los efectos de la conducta de consumo; (2) estas cogniciones están acumuladas a través de la interacción social en el curso del desarrollo, por una parte, y a través de las experiencias con los efectos farmacológicos directos e interpersonales indirectos de la conducta de consumo, por el otro; (3) los determinantes principales del consumo son los significados funcionales unidos a la conducta de consumo (ej., para aliviar el estrés que excede su capacidad de afrontamiento) en combinación con la eficacia esperada de conductas alternativas; (4) los hábitos de consumo se desarrollan, en el sentido de que cada episodio de consumo puede exacerbar posteriormente la formación del hábito, por el incremento del estrés y por limitar las opciones de conducta alternativas; y (5) la recuperación depende del desarrollo de habilidades de afrontamiento alternativas.

El consumo de alcohol estaría determinado por: (a) indicios ambientales antecedentes que pueden, a través del condicionamiento clásico, elicitar la urgencia a beber; (b) las consecuencias conductuales de beber, que pueden actuar como reforzamiento positivo, reforzamiento negativo o estímulo aversivo; (c) aprendizaje vicario, en el que la persona sirve de modelo de la conducta de beber de otros; (d) variables personales, tales como habilidades sociales o competencia en el afrontamiento de conflictos interpersonales; (e) procesos autorregulatorios; y, (f) factores cognitivos, tales como las expectativas aprendidas.

Pero los efectos del consumo de alcohol varían en las personas, y son una función compleja de diversas influencias psicosociales, como son: (a) la historia de aprendizaje social de la persona; (b) sus cogniciones, tales como sus expectativas o creencias sobre los efectos del alcohol; y, (c) la situación física y social en la que el beber ocurre.

Abrams y Niaura (1987) en una extensa revisión de la teoría del aprendizaje social aplicada al consumo de alcohol, y que sigue siendo a día de hoy la publicación de referencia en este tema, consideran que esta teoría se asienta en nueve principios básicos:

1) El aprendizaje de beber alcohol es una pauta integral en el desarrollo psicológico y en la socialización dentro de una cultura.
2) Distintos factores de predisposición (diferencias individuales) pueden interactuar con la influencia de los agentes de socialización y con las situaciones, cara a determinar los patrones iniciales de consumo de alcohol.
3) Las experiencias directas con el alcohol se ven incrementadas en importancia conforme el desarrollo y experimentación con el alcohol continúa.
4) Cuando un factor o varios factores de diferencia individual predisponente interactúan en una demanda situacional en la que el individuo siente que no puede hacer frente a la misma de modo efectivo, la percepción que la persona tiene de su eficacia es de una baja eficacia y aquí puede ocurrir que se de un episodio de uso abusivo de alcohol, en vez de un uso normal de alcohol.
5) Si el consumo de alcohol continúa, la tolerancia adquirida a las propiedades directas de reforzamiento (ej., efectos de reducción del estrés), actuará produciendo un incremento en la cantidad de

alcohol ingerida, para obtener los mismos efectos que producía al comienzo del abuso del alcohol una dosis menor.

6) Si el nivel de consumo de alcohol aumenta y el consumo está sostenido a través del tiempo, el riesgo de desarrollar dependencia física y/o psicológica se incrementa. Aquí el consumo de alcohol puede estar reforzado negativamente por la evitación de los síntomas de abstinencia asociados con periodos agudos de abstinencia del alcohol. En este caso el individuo confía cada vez más en el alcohol como el único modo de afrontar sus problemas psicosociales, tales como cambios de estado de ánimo severos, ansiedad social y déficits de habilidades sociales. También indicios ambientales, especialmente la vista y el olor del alcohol, pueden producir demandas ambientales, al convertirse en estímulos que se experimentan cognitivamente por parte del individuo como un fuerte deseo o urgencia a beber (*craving*).
7) El abuso del alcohol no resulta, sin embargo, sólo de variables biológicas, del ambiente próximo y de variables psicológicas. También ocurre que cada episodio de abuso del alcohol tiene consecuencias recíprocas tanto individuales como sociales que pueden incrementar el consumo de alcohol si se incrementa el estrés o a través de las distintas interacciones persona-ambiente.
8) La influencia de varios factores sociales, situacionales o intraindividuales del consumo de alcohol variará tanto entre individuos como dentro de cada individuo a lo largo del tiempo.
9) La recuperación dependerá de la habilidad de cada individuo para buscar modos alternativos de afrontamiento. Para ello precisará tanto habilidades de afrontamiento generales para la vida diaria como habilidades de autocontrol específicas ante las situaciones de bebida.

En el inicio del consumo del alcohol hay tres influencias directas importantes: (a) la familia y los iguales; (b) los modelos; y (c) el desarrollo de experiencias relacionadas directamente con el alcohol. La influencia de la familia es clara al ser una droga permitida socialmente. Es en el seno familiar donde habitualmente los niños se inician en el consumo del alcohol y cada sociedad tiene unos peculiares usos sancionados acerca de en qué momento se empieza a beber y cómo se puede beber de un modo social. Una parte de este modo social de beber, en nuestra actual sociedad, va a conducir a un beber abusivo.

En un segundo momento son los pares o grupos de iguales los que van a tener más importancia que la familia en el proceso de socialización y de aprendizaje de las normas sociales. Ambos, la familia y el grupo de iguales, van creando en el niño o adolescente actitudes, costumbres, ideas y valores hacia el alcohol que lo van a marcar de modo importante para su futuro consumo de alcohol.

La influencia de los modelos tiene gran relevancia en nuestra sociedad, tanto los directos como los vistos a través de los medios de comunicación de masas. Por ej., en la publicidad la idea que se extrae de las imágenes relacionadas con el alcohol es que éste permite interaccionar mejor con la gente, reduce el estrés social, permite un estado de bienestar físico y psicológico, facilita superar las crisis, es un estilo de vida, etc.

Finalmente la persona aprende cómo actuar con el alcohol, junto a los factores anteriores, con sus experiencias directas con el alcohol. Es evidente que la influencia directa con el alcohol no siempre tiene que ser el factor más importante acerca del futuro uso y abuso del alcohol. Más bien son los factores previos los que van a incidir de modo muy importante en la experiencia directa con el alcohol. Los factores previos crean expectativas acerca del alcohol que se van a cotejar con la situación real de bebida. Las primeras expectativas sobre el alcohol formadas en el medio familiar y en el grupo de iguales, y luego reforzadas por los medios de comunicación de masas van a incidir de modo directo con la experiencia con el alcohol.

Los anteriores factores, reforzados interna y externamente, y mediados por expectativas, tienen gran importancia en la adquisición y luego en el posterior mantenimiento de la conducta de beber. Conforme la persona va teniendo más experiencias con el alcohol puede hacer frente a las situaciones y afrontarlas sin alcohol, con estrategias de afrontamiento adecuadas y satisfactorias, o bien beber alcohol u otras sustancias. Conforme vaya utilizando el alcohol como una estrategia de afrontamiento, más difícil le va a resultar buscar estrategias de afrontamiento alternativas en donde no esté presente el alcohol (déficit en habilidades sociales).

La persona bebe en un momento concreto en función de su pasada historia de aprendizaje social. Para la teoría del aprendizaje social son, sin embargo, los factores cognitivos los que modulan todas las interacciones persona-ambiente. Por ello, la decisión última de beber o no, dependerá de las expectativas de autoeficacia y de resultado que tiene la persona en el contexto situacional en que se encuentra.

4. EVALUACIÓN

4.1. La evaluación psicológica

La evaluación del consumo de alcohol debe considerarse desde una perspectiva multidimensional (Echeburúa, 1996, 2001). La historia de dependencia alcohólica de un individuo es función de una interrelación de factores biológicos, psicológicos y ambientales. La evaluación hay que abordarla desde una perspectiva amplia y exhaustiva. La persona tiene que ser objeto de un estudio detallado. Junto a la evaluación conductual es necesario una amplia exploración clínica y la utilización de marcadores biológicos, cuando se quiere confirmar el diagnóstico, se cree necesario o se trabaja en un equipo multidisciplinar. Igualmente debemos utilizar instrumentos de *screening* y escalas psicométricas para evaluar otros posibles problemas asociados al consumo de alcohol como ansiedad, depresión, ajuste marital, locus de control, etc. Igualmente es útil conocer en qué estadio de cambio está el sujeto (Rollnick, Heather, Gold y Hall, 1992).

Es relevante evaluar la presencia de otros trastornos que pueden estar asociados con la dependencia de alcohol en el momento de la evaluación, así como la existencia de trastornos mentales y de abuso de sustancias en el pasado. Entre los trastornos más frecuentemente asociados en varones se encuentra la personalidad antisocial, otros trastornos por abuso de sustancias, trastorno depresivo mayor, agorafobia y fobia social; en mujeres, trastorno depresivo mayor, agorafobia, otros trastornos por abuso de sustancias y personalidad antisocial (The Plinius Maior Society, 1995). También hay que evaluar otros trastornos mentales y de abuso de sustancias que hayan padecido en el pasado. Hay que tener cuidado, especialmente en personas mayores, que en ocasiones se solapa la sintomatología alcohólica con la de otros trastornos (ej., problemas de sueño, bajo deseo sexual, problemas cognitivos y de memoria, etc.). Así, muchas personas con alcoholismo tienen déficits cognitivos, especialmente en las áreas del razonamiento abstracto, memoria y solución de problemas (Parsons, 1999). Dado que el funcionamiento verbal suele ser normal, estos problemas no siempre son aparentes de modo inmediato.

Junto a todo lo anterior hay que evaluar su grado de motivación y los recursos de que dispone. Cuando en el tratamiento también participa la pareja hay que evaluar su papel en relación al individuo y a su conducta de beber.

Con toda la información anterior haremos el análisis funcional y la formulación clínica del caso. Todo ello lo vemos a continuación.

4.2. La entrevista conductual y la entrevista motivacional

La entrevista es el primer contacto que tiene el cliente con el terapeuta. Con frecuencia el primer contacto es indirecto, a través de la esposa, de los hijos, de otros familiares, amigos, etc. De ahí el que sea necesario darle estrategias adecuadas a estos familiares, cuando es el caso, para que convenzan a la persona de que acuda a tratamiento o que acuda a una entrevista de evaluación, con vistas a que acepte llevar a cabo un tratamiento (Echeburúa y Corral, 1988).

Los elementos que hay que cubrir en una entrevista clínica inicial los mostramos en la Tabla 4. El objetivo de la entrevista conductual es obtener aquella información relevante que nos va a permitir conocer el problema de la persona, las causas del mismo y poder planificar un adecuado plan de tratamiento. A diferencia de otros tipos de entrevista, lo que conseguimos con la entrevista conductual es conocer los elementos antecedentes de la conducta, un análisis minucioso de la conducta, las variables del organismo que se relacionan con ella, y los consecuentes que produce esa conducta problema (Llavona, 2008). Como cualquier tipo de entrevista es de gran relevancia el primer contacto entre el cliente, paciente o usuario y el terapeuta. Hoy es muy importante la retención del cliente en el tratamiento y entrevistas específicas, como la entrevista motivacional, se orientan específicamente a esta cuestión.

Aquella información que nos va a resultar más relevante obtener se refiere a la definición clara, objetiva y evaluable de la conducta problema por la que acude a tratamiento. Se da gran relevancia a la conducta más inmediata (la realizada, por ejemplo, en la última semana o en el último mes), junto a la historia de esa conducta problema. También cómo influye ese problema en las otras esferas de la vida. Con ello podremos finalmente conocer no sólo la conducta por la que viene a tratamiento sino los problemas que acarrea esa y otras conductas (ej., problemas maritales, depresión, falta de trabajo, problemas físicos, etc.). La cuantificación de la conducta problema es importante en cualquier conducta. En el caso del consumo de alcohol dicha cuantificación nos permite saber el nivel de gravedad de la adicción así como su repercusión a nivel biológico.

Un aspecto importante en la parte final de la entrevista es conocer hasta qué punto la persona está dispuesta a cambiar. Esto va a estar en relación a la relevancia que tiene para esa persona su conducta, cómo le influye en su contexto más inmediato, qué nivel de satisfacción y reforzamiento obtiene con la misma, su grado de dependencia, historia de aprendizaje, etc. Tanto en el alcoholismo como en cualquier otra conducta adictiva éste es un elemento central para poder comenzar el tratamiento, para que se mantenga en el mismo y para que podamos obtener buenos resultados a corto, medio y largo plazo.

1. Orientación inicial
   - Introducción
   - Test de alcohol en el aliento
   - Cuestionarios breves
2. Evaluación inicial
   - Problemas que se presentan
   - Papel del uso de alcohol o de otras drogas en los problemas que se presentan
   - Otras cuestiones
   - Cómo la conducta de beber ha afectado a la pareja
   - Cómo la conducta de beber ha afectado a la relación
3. Evaluación del uso de alcohol y de otras drogas en el paciente
   - Cantidad, frecuencia, patrón de bebida
   - Última vez que bebió o consumió drogas
   - Duración del problema de bebida o de consumo de drogas
   - Consecuencias negativas de beber o de consumir drogas
   - Síntomas que tiene en el DSM-5
   - Evaluación de las necesidades de desintoxicación
4. Evaluación de otros problemas
   - Síntomas psicóticos
   - Depresión
   - Ansiedad
   - Síndrome orgánico cerebral/daño cognitivo
   - Estado de su salud física
5. Evaluación de la violencia doméstica (separadamente con cada miembro de la pareja)
   - Identificación de los episodios de agresión física
   - Determinación del nivel de daño o lesiones de las agresiones
   - Sentido de seguridad que tiene el individuo en la terapia de parejas

Tabla 4. Elementos que hay que cubrir en una entrevista clínica inicial (con ambos miembros de la pareja presentes) (adaptado de McCrady, 2001)

En los últimos años se ha ido generalizando paulatinamente la entrevista motivacional (Miller, 1999; Miller y Rollnick, 1991; Rollnick, Miller y Butler, 2008). La motivación para el cambio es un aspecto fundamental que hay que plantear desde el primer momento en que el cliente entra en consulta para hacerle la entrevista clínica. Precisamente, en las personas dependientes del alcohol, un hecho habitual es que en la primera entrevista una parte de ellos no reconozca el problema, considere que bebe lo *normal* y por ello no ve razón para dejar de beber, o ni siquiera para reducir su consumo. Si no tenemos un cliente motivado el tratamiento va a ser inútil en muchas ocasiones, lo va a abandonar a lo largo del mismo o no va a acudir a la siguiente sesión. Como dice Rodríguez-Martos (1999a) *sin motivación para el cambio, no hay intervención que valga.* La entrevista motivacional permite abordar la cuestión de la falta de motivación en aquellos sujetos en las fases de precontemplación o contemplación. En ella se siguen varias estrategias motivacionales, las cuales han mostrado ser eficaces en favorecer el cambio de conducta. Estas serían ocho:

1) *Dar información y aconsejar.* Hay que proporcionarle información clara y objetiva. Es básico identificar su problema y los riesgos que tiene, explicarle el porqué de la necesidad del cambio y facilitarle la opción para hacer el cambio terapéutico.
2) *Quitar obstáculos.* Hay que facilitarle que pueda acudir al tratamiento, que no pueda poner excusas para no hacerlo. Conseguir una intervención breve y en un periodo de tiempo corto, en vez de una lista de espera larga, facilitan que acudan y se impliquen en un tratamiento.
3) *Dar diversas opciones al cliente para que pueda elegir.* Es importante hacerle ver que tiene varias opciones disponibles y que él puede libremente elegir una de ellas. La sensación de que ha elegido por él mismo, sin coacciones y sin influencias externas, aumentan su motivación personal. Esto facilita no sólo asistir al tratamiento sino que mejore la adherencia al tratamiento y el seguimiento del mismo. Igualmente, en el tratamiento, es importante discutir con él las distintas opciones, metas y objetivos que se pretenden, y que él tenga un papel activo en la elección de la alternativa que se va a poner en práctica.
4) *Disminuir los factores que hacen que la conducta de beber sea deseable.* La conducta de beber se mantiene por consecuencias positivas. Hay que identificar estas consecuencias para eliminarlas o disminuirlas. Entre los procedimientos que se pueden utilizar para disminuirlos están la toma de conciencia de sus consecuencias perjudiciales o las contingencias sociales que disminuyen las consecuencias positivas y aumentan las negativas. Igualmente, analizar los pros y contras, costes y beneficios, etc.
5) *Promover la empatía.* La empatía, la escucha reflexiva, la capacidad de comprenderlo, favorece que el cliente presente menores niveles de *resistencia* al cambio.
6) *Dar feedback.* Es muy importante que el terapeuta de *feedback* continuo al cliente, que devuelva la información que recoge, sobre cómo lo ve, su situación actual, sus riesgos y sus posibles consecuencias.
7) *Clarificar objetivos.* Si la persona no tiene un claro objetivo el feedback proporcionado puede que no sea suficiente. Por ello los objetivos que se le planteen tienen que ser realistas, alcanzables y aceptados por el cliente. En caso contrario no los verá viables, los rechazará directamente o no los cumplirá, con lo que no pondrá

ningún aspecto motivacional de su parte para intentar conseguirlos.

8) *Ayuda activa.* A pesar de que siempre es el cliente quien decide o no cambiar, llevar o no a cabo un tratamiento, es importante el papel del terapeuta. Cuando el cliente no acude a tratamiento, hacerle una llamada telefónica directamente o que otra persona del servicio se interese porque no ha acudido a la sesión concertada, incrementan las probabilidades de que acuda a tratamiento o vuelva de nuevo al mismo.

En la Tabla 5 se presentan los aspectos más relevantes de la entrevista motivacional.

Principios generales de la entrevista motivacional
1. Expresar empatía
2. Desarrollar la discrepancia
3. Evitar la discusión
4. Remover la resistencia
5. Apoyar la autoeficacia
Cómo promover la motivación para el cambio
1. Hacer preguntas abiertas
2. Escuchar reflexivamente
3. Reafirmación
4. Resumir periódicamente
5. Provocar afirmaciones auto-motivadoras
Elementos básicos para producir la motivación para el cambio
1. Proporcionar *feedback* al individuo
2. Incidirle en su responsabilidad y en su libertad de elección
3. Consejo directo y claro de qué necesita cambiar y cómo hacerlo
4. Proporcionarle varias alternativas para que pueda elegir entre ellas
5. Ser empático
6. Aumentar la autoeficacia, a través de incrementar el optimismo del paciente y del terapeuta

Tabla 5.* *Aspectos importantes de la motivación para el cambio en la entrevista motivacional (adaptado de Miller, 1995; Miller y Rollnick, 1991 y Miller y Sánchez, 1994)

4.3. Observación y autoobservación

Históricamente la observación era el método de evaluación más relevante de la terapia y modificación de conducta en sus inicios. Conforme fue transcurriendo el tiempo, y por motivos de costes, cobró más relevancia la autoobservación, mediante autorregistros. Con al autorregistro sabemos fácilmente en qué ocasiones la persona bebe, con quién, cuándo y cómo bebe. Una vez detectados éstos, el modo de manejarlos es (Hester, 1995): evitar beber en la presencia de un antecedente particular (ej., después de discutir con la esposa); limitar la cantidad de tiempo o dinero disponible para beber; saber que beber en exceso es especialmente probable en situaciones particulares, de ahí la necesidad de tomar precauciones en ellas; y, encontrar modos alternativos de afrontamiento con antecedentes particulares, tales como la ira o la frustración. Un ejemplo de autorregistro se presenta en la Tabla 6.

Cuando la persona lleva varias semanas haciéndolo es ya probable que haya automatizado la habilidad de autorregistrar y la adherencia al mismo se mantendrá. Cuando lo cumplimenta unos días sí y otros no, cuando tiene muchos episodios de pérdida de control, cuando da excusas para no cubrirlo, es claro que la adherencia no es buena, y quizás haya que valorar volver a la fase anterior de incrementar la motivación para el cambio.

Día	Hora	Tipo de bebida (vino, cerveza, combinados)	Cantidad (Nº) copa, vaso	Unidades de bebida estándar	Lugar dónde bebe	Con quién bebe	Indique cualquier pensamiento o sentimiento, antes y después de beber

Tabla 6. Ejemplo de autorregistro

4.4. Cuestionarios de evaluación del consumo de alcohol o variables relacionadas

Siguiendo a Becoña y cols. (2011), los principales cuestionarios para la evaluación del consumo de alcohol y variables relacionadas, son:

Evaluación General del Alcoholismo Crónico (CAGE; Mayfield, McLeod y Hall, 1974, validación española de Rodríguez-Martos, Navarro, Vecino y Pérez, 1986). Es un instrumento de cribado que permite detectar pacientes con posible dependencia al alcohol. Consta de 4 preguntas con formato de respuesta dicotómica (si, no), que ha mostrado amplia especificidad (100% o cercano al mismo) y un valor predictivo del 93% (San y Torrens, 1994). Es muy utilizado en Atención Primaria para el *screening* de alcoholismo por su brevedad (4 ítems) pero se deben intercalar las preguntas dentro de una entrevista más amplia para evitar que la persona ponga en marcha resistencias para reconocer el problema.

Test de Identificación de Trastornos por el Uso de Alcohol (AUDIT; Saunders, Aasland, Babor, de la Fuente y Grant, 1993, adaptación española de Contel, Gual y Colom, 1999). Cuestionario elaborado bajo los auspicios de la OMS para disponer de un instrumento de detección del consumo abusivo de alcohol, rápido, fácil, fiable y comparable entre países. Consta de 10 ítems con cuatro alternativas de respuesta y evalúa la presencia de consumos de riesgo de alcohol y la sospecha de dependencia. Existe una versión reducida que recoge los tres primeros ítems del AUDIT: el *Alcohol Use Disorders Identification Test - Consumption questions* (AUDIT-C) (Bush, Kivlahan, McDonell, Fihn y Bradley, 1998).

Cuestionario Breve para Alcohólicos (CBA; Feuerlein, 1976, adaptación española de Rodríguez-Martos, 1999a). Evalúa la presencia de síntomas físicos, pensamientos sobre el consumo de alcohol, posibles antecedentes de la ingesta y consecuencias de la misma. Es más amplio que los anteriores pero no evalúa la frecuencia de consumo.

Interrogatorio Sistematizado de Consumos Alcohólicos (ISCA; Gual, Contel, Segura, Ribas y Colom, 2001). Diseñado en nuestro medio, el objetivo es la detección precoz de bebedores de riesgo en Atención Primaria. Consta de 3 preguntas del tipo cantidad-frecuencia para evaluar los consumos de alcohol teniendo en cuenta tanto los patrones regulares como irregulares de consumo semanal. La primera pregunta explora el consumo de alcohol, la segunda la frecuencia de consumo y la tercera las variaciones de consumo entre días laborales y festivos.

Test de Alcoholismo de Munich (Munich Alcoholism Test, MALT; Feuerlein, Küfner, Ringer y Antons, 1979, adaptación española de Rodríguez-Martos y Suárez, 1984). Es un instrumento que sirve para hacer diagnóstico diferencial y para confirmar las sospechas de alcoholismo después de haber utilizado instrumentos más cortos como el CAGE o el CBA. Consta de dos partes. El MALT-O es la parte objetiva del instrumento, que completa el médico durante la exploración del paciente. Consta de siete ítems que se cubren a partir de la exploración clínica, análisis de laboratorio y anamnesis. La otra parte, el MALT-S, es la parte subjetiva del cuestionario. Consta de 24 ítems en el cuestionario original y de 26 en la versión española de Rodríguez-Martos y Suárez (1984). En ellos se evalúa la conducta de consumo de alcohol, aspectos psicológicos, somáticos y sociales referidos a la dependencia alcohólica y centrados en los últimos dos años. Es un instrumento con una sensibilidad del 100% y una especificidad del 80%.

Escala Multidimensional de Craving de Alcohol (EMCA; Guardia y cols., 2004). Consta de 12 ítems agrupados en dos factores denominados: desinhibición conductual y deseo. El *craving*, o deseo de consumo, es un concepto clave en drogodependencias y su evaluación permite tanto el diseño de la intervención dirigida al cese del consumo como la planificación de la prevención de recaídas.

Obssessive Compulsive Drinking Scale (OCDS; Anton, Moak y Latham, 1995, validado en España por Rubio y López, 1999). Consta de 14 preguntas que se agrupan en torno a la preocupación por la bebida (componente obsesivo) y consumo (componente compulsivo). Sin embargo, el análisis factorial del instrumento no refleja esos dos factores en nuestro medio.

Perfil Global del Bebedor (*Comprehensive Drinking Profile;* Miller y Marlatt, 1984, validación española de García-González, 1991). Consta de 3 módulos: (1) variables de identificación (edad y residencia, estatus familiar, estatus laboral, historia educativa), (2) patrón y conductas relacionadas con el consumo de alcohol (inicio del problema, factores desencadenantes, hábitos familiares, pautas de consumo, bebidas preferidas, expectativas ante el alcohol, problemas bio-psico-sociales derivados del consumo, etc.) y, (3) motivaciones hacia el tratamiento y expectativas ante el resultado de la terapia.

Inventario de Situaciones de Bebida (Annis y Graham, 1992). Son 100 ítems que recogen diferentes situaciones de alto riesgo clasificadas en las dimensiones del modelo de prevención de recaídas clásico de Marlatt y Gordon (1985): (a) determinantes intrapersonales: *emociones desagradables, malestar físico, estados emocionales positivos, comprobación de control personal, urgencias y tentaciones;* y (b) determinantes interpersonales: *conflictos con otros, presión social para beber y situaciones agradables con los demás.* Se obtiene un perfil del paciente en el que se indica el tipo de situaciones de alto riesgo a las que se tiene que prestar una mayor atención porque indican una mayor inseguridad por su parte para hacerles frente.

Inventario de Habilidades de Afrontamiento (Litman, Stapleton, Oppenheim y Peleg, 1983; adaptado en España por García y Alonso, 2002). Listado de 36 estrategias utilizadas para evitar la recaída. Se agrupan en cuatro factores: estrategias conductuales de evitación, de distracción, de búsqueda de apoyo social y otras estrategias cognitivas como pensar en las consecuencias negativas que pueden derivarse del consumo o pensar en las consecuencias positivas derivadas del mantenimiento de la abstinencia. Se exploran conductas cognitivas y conductuales de carácter personal así como las referidas a recursos del medio como las redes de apoyo social. A la persona se le pide que indique la frecuencia con la que ha utilizado cada una de las estrategias para afrontar las diferentes situaciones de riesgo en el último año.

Escala de Evaluación del Cambio de la Universidad de Rhode Island (*The University of Rhode Island Change Assessment Scale,* URICA; McConnaugy, Prochaska y Velicer, 1983). Es un cuestionario de 32 ítems que proporciona puntuaciones en cuatro escalas que se corresponden con los estadios de cambio: precontemplación, contemplación, acción y mantenimiento.

SOCRATES (*Stages of Change and Treatment Eagerness Scales;* Miller y Tonigan, 1996). Surgió como una alternativa al URICA en población con dependencia del alcohol. Sin embargo, este instrumento también se ha utilizado para la evaluación de la preparación para el cambio en tabaquismo y en la adicción a otras drogas. Consta de 19 ítems y contiene tres escalas: ambivalencia, reconocimiento y emprendimiento de cambios, que representarían el proceso motivacional distribuido en un continuo.

Cuestionario de Preparación para el Cambio (*Readiness to Change Questionnaire;* Rollnick, Heather, Gold y Hall, 1992, adaptación española de Rodríguez-Martos y cols., 2000). Consta de 12 ítems y en él se describen tres estadios motivacionales (precontemplación, contemplación y acción), cada uno de los cuales está representado por 4 ítems. En la versión española se han señalado dificultades de comprensión.

Junto a los instrumentos anteriores también podemos utilizar, o deberemos utilizar según los casos, cuestionarios para evaluar la personalidad, déficits cognitivos, inteligencia, trastornos de personalidad, etc.

4.5. Evaluación del funcionamiento físico y social

Además de todos los aspectos previos que hemos visto de la evaluación, desde el punto de vista psicológico, no podemos olvidar que el consumo de alcohol tiene con frecuencia consecuencias negativas en otros ámbitos del individuo, tales como la salud física, el ámbito familiar, laboral, económico, problemas con la justicia, etc.

Con la evaluación obtenemos una valoración global del individuo, que permite establecer un pronóstico de qué se puede hacer, cómo y cuándo. De este modo, la evaluación se convierte en un punto esencial de todo el proceso terapéutico al permitir definir y ajustar el mejor tratamiento interdisciplinar para cada caso.

4.6. Pruebas biológicas

Existen varios índices para evaluar el nivel y gravedad del consumo de alcohol de tipo fisiológico que se usan en el campo médico como marcadores de alcoholismo o de afectación al hígado u otros órganos (ej., la gamma-glutamiltranspeptidasa (GGT), la transferrina deficiente en carbohidratos (CDT), la transaminasa glutamitocooxalacética (GOT o AST), la transaminasa glutamicopirúvica (GPT o ALT), el volumen corpuscular medio (VMC), el colesterol HDL, los triglicéridos, el ácido úrico y el cociente GOT/GPT < 1) (Pacurucu-Castillo, 2013; Ponce, Jiménez-Arriero y Rubio, 2003). Pero el más fiable es el nivel de alcohol en sangre que también se puede detectar en el aliento y saliva con aparatos sencillos.

4.7. Evaluación conductual, análisis funcional, formulación del caso y plan de tratamiento

El objetivo de la evaluación conductual es disponer de aquella información del individuo y de su problema que nos permita realizar el análisis funcional, la formulación del caso y plantear el plan de tratamiento. Lo que se pretende, en suma, es formular con toda la información descriptiva de que disponemos, de una formulación de hipótesis en el sentido funcional, para que podamos poner en relación los distintos acontecimientos de la vida del individuo y de sí mismo en relación con el problema que tiene, de tal modo que podamos conocer los elementos antecedentes de su conducta, las variables del organismo, la clara definición de su conducta y los elementos consecuentes (Llavona, 2008).

Dentro del análisis funcional de la conducta el elemento central es la respuesta o respuestas que analizamos, en este caso *la conducta de consumo de alcohol.* Las respuestas se analizan teniendo en cuenta distintas dimensiones (motora, cognitiva y psicofisiológica), que interaccionan entre sí. La dimensión motora se caracteriza por la pauta específica de consumo de alcohol (tipo de alcohol, forma de consumo, cantidad, gasto diario, etc.) y la conducta de búsqueda (cómo y dónde obtiene el alcohol). El sistema cognitivo de la respuesta abarca la conducta verbal, tanto sea interna como externa, así como la representación de imágenes. La conducta verbal externa se refiere a los contenidos del lenguaje hablado referido a la conducta en estudio, en este caso al consumo de alcohol; la interna incluye las expectativas que tiene el paciente sobre los efectos del alcohol, el estilo atribucional, los pensamientos automáticos antes, durante y después de consumir, las creencias irracionales (p. ej., cuando el paciente cree que está curado una vez pasado el síndrome de abstinencia), la autoimagen (cómo se ve a sí mismo, cómo le ven los demás y cómo le gustaría verse), etc. El sistema psicofisiológico atañe a las respuestas fisiológicas que se experimentan durante la conducta de búsqueda y antes, durante y después de la conducta de bebida.

El último componente del análisis funcional que nos permite formular el caso se refiere a los *estímulos consecuentes* de las respuestas, que como su misma palabra indica son los estímulos que siguen a las respuestas y que harán en el futuro que la probabilidad de su aparición aumente (refuerzos) o disminuya (castigos). En uno u otro caso puede ser debido, bien a las consecuencias externas, o bien a las respuestas del propio organismo. Por tanto, las consecuencias del consumo de alcohol pueden ser positivas y negativas. Es importante hacer un análisis de las mismas a corto y a largo plazo, ya que cambian en función de la dimensión temporal en que las situemos. Así, por ejemplo, cuando la dependencia del alcohol está en su fase inicial, las consecuencias son de tipo positivo (sabor agradable del alcohol, euforia, bienestar, locuacidad, etc.; reforzamiento positivo). A medida que se va consolidando el hábito las consecuencias negativas son más destacables (por ejemplo, problemas familiares, enfermedades físicas, pérdida de trabajo, etc.). No hay que olvidarse del papel del reforzamiento negativo (consumir alcohol para evitar los efectos negativos del síndrome de abstinencia, que desaparece con dicho consumo).

La formulación del caso nos va a facilitar diseñar el tratamiento. Al conocer las variables que mantienen el problema se hace más fácil el diseño de los componentes terapéuticos para cada aspecto del problema que tiene que ser cambiado (ej., adicción, problemas en el trabajo, estrés familiar, etc.). Ello también nos facilita el modo de realizar la intervención, empezando por lo más inmediato y urgente. Tampoco se debe olvidar que el proceso de evaluación conductual va unido al tratamiento, de ahí que la misma debe continuar a lo largo del mismo. Con ello podremos confirmar o rechazar las hipótesis que nos hemos planteado sobre la naturaleza del problema, los factores de mantenimiento y la evolución del tratamiento a nivel de resultados una vez que lo vamos aplicando a lo largo del tiempo. Se da por hecho que el tratamiento se va a basar en la evidencia científica que existe sobre el problema en cuestión (Becoña, 1998; Becoña y cols., 2008) como para los otros problemas asociados con los que pueda presentarse el problema de dependencia del alcohol (Labrador, Echeburúa y Becoña, 2000).

5. REVISIÓN DE LOS TRATAMIENTOS

El modelo cognitivo-conductual en el tratamiento del alcoholismo asume que el alcohol es un poderoso reforzador capaz de mantener la autoadministración de alcohol, dependiendo la misma del contexto histórico y ambiental actual de la disponibilidad de la sustancia (Monti y cols., 2002; Tucker, Vuchinich y Downey, 1992). Este modelo es distinto del clásico de enfermedad o biomédico. Éste se va a centrar en la abstinencia y en el mantenimiento de la abstinencia para toda la vida, mientras que el modelo conductual se va a centrar en cambiar las conductas que están en relación directa con el consumo de alcohol. En el modelo conductual se atribuye responsabilidad al individuo de su problema y, por tanto, de su cambio.

El objetivo del tratamiento conductual se dirige a disminuir la preferencia del cliente por el alcohol, al tiempo que se incrementa su preferencia por otras actividades que van a posibilitar mantener un funcionamiento adaptativo a largo plazo. Al entenderse el abuso del alcohol dentro de un continuo de uso-abuso, el objetivo del tratamiento se orienta a cambiar aquellas conductas relacionadas con el consumo de alcohol y, para algunos individuos, puede ser posible entrenarlos en un uso de la sustancia –como así hacen muchos ciudadanos– no problemática. Es lo que se ha llamado el beber controlado (Buceta, 1987; Miller y Hester, 1986; Sobell y Sobell, 1978, 1993). Éste no es el único y deseable objetivo terapéutico. Es otro objetivo terapéutico más (Calvo, 1983), que va a depender de la evaluación conductual del problema (Echeburúa y Corral, 1988b), recursos del cliente y aceptación personal, familiar y social de tal objetivo y de la viabilidad del mismo.

También debemos destacar que los tratamientos cognitivo-conductuales se llevan a cabo en el propio medio del individuo y no en régimen hospitalario, aunque a veces, para la desintoxicación puede ser preciso una corta estancia hospitalaria, o un internamiento por sus problemas de tipo físico (Echeburúa y Corral, 1988a).

Actualmente, en el tratamiento psicológico de la dependencia del alcohol pueden diferenciarse dos grandes bloques de intervenciones: aquellas dirigidas a la abstinencia y aquellas dirigidas a entrenar al bebedor para que beba de un modo no peligroso, de un modo controlado, el denominado «beber controlado». Los tratamientos para un tipo y otro de intervención se analizan a continuación.

Modalidad	Holder y cols. (1991)	Finney y col. (1996)	Miller y cols. (1998)	Miller y col. (2002) Muestras clínicas
Entrenamiento en habilidades sociales	1	2	2	1
Entrenamiento en autocontrol	2	10	6	8
Consejo motivacional breve	3	7	1	3
Terapia marital conductual	4	3	5	4
Reforzamiento comunitario	5,5	1	3	2
Entrenamiento en manejo del estrés	5,5	5	11	10
Aversión, sensibilización encubierta	7	8,5	8	7
Terapia marital, otras	8	4	10	11
Terapia cognitiva	9,5	11	7	5
Hipnosis	9,5	15	12	12
Aversión, shock eléctrico	11	8,5	9	9
Aversión, náusea	12	6	4	6
Intervenciones confrontativas	13	13	13	13
Lecturas y películas educativas	14	12	15	14
Consejo general	15	14	14	15

***Tabla 7.** Rango de efectividad de las distintas terapias psicológicas en el alcoholismo, siguiendo distintas revisiones (adaptado de Finney y cols., 2007)*

5.1. Tratamientos orientados a la abstinencia

Las revisiones más recientes, sobre la eficacia de los tratamientos psicológicos para el alcoholismo (ej., Finney, Wilbourne y Moos, 2007; Mann y Hermann, 2010; Martin y Rehm, 2012; NICE, 2011; NSW Department of Health, 2013; Powers, Vedl y Emmelkamp, 2008), indican que los tratamientos que han mostrado ser útiles para el tratamiento del alcoholismo son la terapia motivacional, el entrenamiento en habilidades sociales, el entrenamiento en autocontrol, la aproximación de reforzamiento comunitario, la terapia marital conductual, la terapia aversiva (náusea, shock eléctrico y sensibilización encubierta), la prevención de la recaída, la terapia cognitiva, el entrenamiento en manejo del estrés, etc., entre las más importantes, junto a la terapia familiar en el caso de los niños y adolescentes. En la Tabla 7 indicamos la evidencia sobre las mismas.

Junto a ellas, se aplica un amplio conjunto de técnicas para aquellos otros problemas asociados al alcoholismo, algunos de los cuales ya se infieren por las técnicas de intervención anteriores (p. ej., terapia marital conductual) y otros son frecuentes en ellos (p. ej., depresión y ansiedad), lo que exige la intervención con las técnicas psicológicas habituales para esos otros problemas. Tampoco podemos olvidar las técnicas para el incremento de la motivación (Miller y Rollnick, 1991), para el comienzo del tratamiento y a lo largo del mismo.

5.1.1. Terapia aversiva

La terapia aversiva tiene como objetivo reducir o eliminar el deseo del individuo por el alcohol (Rimmele, Howard y Hilfrink, 1995; Miller y Hester, 1986). Para ello se utilizan distintos estímulos o imágenes para conseguir una respuesta condicionada negativa a los indicios asociados con la bebida, como el color, el sabor y el olor. Los procedimientos aversivos fueron los primeros que se utilizaron en el tratamiento del alcoholismo. Ya Kantorovich, en 1929, aplicó terapia aversiva en forma de shock eléctrico como estímulo aversivo para tratar a los alcohólicos. Emparejaba la vista, el olfato y el sabor de una gran variedad de bebidas alcohólicas con una descarga eléctrica.

Junto al shock eléctrico se ha utilizado la aversión química para producir náusea, la aversión olfativa y la aversión encubierta a través de la imaginación. Otros procedimientos, como el de la parada respiratoria, mediante *Anectine*, llevan décadas sin usarse y, los otros, apenas se utilizan excepto la sensibilización encubierta.

La sensibilización encubierta, propuesta por Cautela (1970), es un procedimiento en donde una consecuencia imaginaria altamente aversiva, previamente evaluada por el cliente como ansiógena, se hace contingente con una conducta desadaptativa de aproximación al alcohol. Este estímulo puede ser relevante o irrelevante al problema. Los vómitos han sido la consecuencia aversiva encubierta más frecuentemente empleada; otros estímulos comunes son lombrices, ratas, arañas y gusanos. A veces también se incluyen procedimientos de alivio de aversión en los que el cliente finaliza las escenas desagradables contingente con la imaginación de una respuesta apropiada, tal como rechazar la bebida.

Para su aplicación es necesario que la persona esté sobria y que no tenga problemas que desaconsejen su uso (p. ej., trastornos gastrointestinales, enfermedad cardíaca, depresión severa, psicosis). Antes de su aplicación hay que explicarle las reacciones que va a notar y la posible aparición de náusea y miedo a lo largo de la misma.

En una variación de este procedimiento, la sensibilización asistida, se le presenta también un olor desagradable para así incrementar la sensación de náusea. Es poco frecuente que llegue al vómito. En caso de que se aprecie que puede tener náuseas se suspende la sesión. Aunque se pueden utilizar otras escenas, es la náusea la que se utiliza predominantemente. Otra variante, aunque poco utilizada, es la sensibilización emotiva, en la cual se presentan escenas distintas a la náusea, pero con el objetivo de que le produzcan una gran emoción o descarga de sentimientos, como disgusto, turbación, ansiedad u horror.

En el procedimiento habitual de la sensibilización encubierta se elaboran varias escenas de bebida habituales del cliente (Rimmele y cols., 1995), que luego se emparejarán con la escena aversiva (náusea). Igualmente se presentan escenas de escape y evitación. En las escenas de escape se presentan alternativas sin bebida, a continuación de la escena aversiva, como vaciar la bebida o abandonar la situación de bebida, junto a sugerencias de alivio y autoestima. En la de evitación se le presentan al paciente alternativas de bebida, previas a que éste llegue a experimentar ninguna reacción desagradable o aversiva. Incluye, como en el caso anterior, sugerencias de alivio y autoestima.

Es importante incluir un amplio rango de situaciones de bebida, así como un amplio rango de bebidas, dado que el cambio en una respuesta (aversión condicionada al sabor) no influye en otras si no se incluyen en el procedimiento. Las sesiones suelen realizarse dos veces por semana, con una duración de 60 minutos cada una. La duración de cada escena es de unos 8 minutos, permitiendo presentarse de 6 a 8 escenas por sesión. Cuando se aplica este procedimiento suelen ser suficientes 8 sesiones, junto a las sesiones adicionales de mantenimiento, en donde se vuelve a aplicar el procedimiento una vez por mes, junto al seguimiento y sin olvidar la intervención en otras áreas cuando es necesario.

A pesar de que los procedimientos encubiertos han recibido varias críticas (p. ej., Martos y Vila, 1982), en el tratamiento del alcoholismo la sensibilización encubierta obtiene buenos resultados (Finney y cols., 2007) cuando se aplica dentro de un paradigma de condicionamiento clásico (Elkins, 1991a, 1991b), y se combina con otras estrategias para otros problemas asociados (Rimmele y cols., 1995). Además, esta técnica tiene como gran ventaja la de ser segura, fácil de aplicar e incorpora estímulos de la vida cotidiana del paciente.

5.1.2. Entrenamiento en habilidades sociales y en habilidades de afrontamiento

Muchas personas con dependencia del alcohol carecen de adecuadas habilidades interpersonales e intrapersonales, carencia de habilidades para controlar su estado emocional sin acudir al alcohol, carencia de habilidades para manejar su relación de pareja, con los hijos, en el trabajo, etc. El entrenamiento en habilidades sociales ha surgido basado en los estudios que han mostrado que si exponemos a los bebedores sociales intensivos a situaciones interpersonales estresantes, éstos consumirán menos alcohol si se les proporciona una estrategia de afrontamiento alternativa. Igualmente se ha encontrado que las situaciones de recaída se dan cuando existe frustración e incapacidad de expresar ira, incapacidad de resistir la presión social, estado emocional negativo intrapersonal, incapacidad de resistir la tentación intrapersonal a beber, entre las más importantes (Marlatt y Gordon, 1985). Actualmente, el entrenamiento en habilidades sociales está considerado como de los más efectivos, y como uno de los primeros de elección en el tratamiento psicológico de la dependencia del alcohol (Finney y cols., 2007; Mann y Hermann, 2010; Monti y cols., 2002).

El entrenamiento en habilidades sociales parte del modelo de aprendizaje cognitivo social y es resultado de los datos de investigación, de la práctica clínica y de la evaluación de la eficacia de estas estrategias aplicadas al tratamiento del alcoholismo, bien solas o en combinación con otras técnicas de tratamiento (Monti y cols. 2002). Actualmente, éste suele ser un componente de muchos programas de tratamiento de amplio espectro, es uno de los elementos que está en casi todos los programas de tratamiento del alcoholismo y es una estrategia básica para la prevención de la recaída, de ahí su utilidad no sólo en el tratamiento, sino en el mantenimiento de la posterior abstinencia.

Existen distintos programas de tratamiento generales (ver Caballo, 1996), aunque para el alcoholismo destaca el de Monti y cols. (2002), tratamiento bien evaluado (en el proyecto MATCH entre otros) y que está además manualizado. Así, en el proyecto MATCH utilizaron el manual de Kadden y cols. (1992). Este tratamiento se dirige tanto a las habilidades sociales e interpersonales como a las habilidades intrapersonales. Las primeras van dirigidas a interaccionar en el ambiente del sujeto con personas para él relevantes (utilizándose el entrenamiento en habilidades de comunicación). Las habilidades intrapersonales están dirigidas a que la persona sea capaz de hacer frente a sus urgencias a beber y a afrontar sus estados emocionales que le pueden llevar a beber. En este caso se utiliza el manejo cognitivo-conductual del estado de ánimo para, a través del mismo, enseñarle habilidades intrapersonales, junto a la exposición a indicios con habilidades de afrontamiento para las urgencias a beber, en este caso para que sean capaces de afrontar exitosamente sus urgencias a beber cuando están expuestos a indicios de bebida externos o internos.

La última versión del manual de Monti y cols. (2002) considera que éste es un tratamiento comprensivo de habilidades de afrontamiento, basado en la perspectiva del aprendizaje cognitivo-social. En el mismo se utiliza un amplio grupo de técnicas de aprendizaje como el ensayo de conducta, modelado, reestructuración cognitiva, instrucción didáctica, exposición a señales con o sin entrenamiento en habilidades de afrontamiento, las cuales pueden ser utilizadas tanto por el individuo como por su red social o su red de apoyo, como métodos de afrontamiento alternativos a las demandas de la vida sin precisar consumir alcohol u otras sustancias adictivas. Le dan una gran importancia al estrés y a los eventos vitales como disputas cotidianas; preocupaciones familiares, laborales o comunitarias; y el estilo de vida individual. También consideran que esto puede estar influenciado por la vulnerabilidad a los estresores de tipo biológico o genético; déficits o excesos conductuales resultado de la historia de aprendizaje social del individuo y demandas situacionales importantes.

El tratamiento puede aplicarse individualmente o en grupo. Consta de 12 sesiones, con una frecuencia semanal y una duración de 90 minutos cada sesión. Los temas no se discuten de manera rígida sino que se introducen en función del grupo. En la Tabla 8 indicamos los mismos, los cuales se agrupan en: habilidades interpersonales, habilidades intrapersonales, tratamiento de exposición a indicios con entrenamiento en afrontamiento de las urgencias a beber o *craving*, y patolo-gía dual. En él se entrena al individuo en una amplia variedad de habilidades de afrontamiento, todas ellas orientadas a incrementar sus habilidades individuales, mejorar su red de apoyo social, controlar la presión social al consumo, manejar su estado de ánimo, afrontar directamente las situaciones de riesgo, manejar la patología dual, etc.

5.1.3. Programas multicomponente o de amplio espectro

Dentro de los programas multicomponente o de amplio espectro desta-ca-ríamos dos: el entrenamiento en autocontrol conductual y la aproximación de reforzamiento comunitario.

I. Habilidades interpersonales
- Comunicación no verbal.
- Introducción a la asertividad.
- Habilidades de conversación.
- Dar y recibir feedback positivo.
- Habilidades de escucha.
- Proporcionar críticas constructivas.
- Recibir críticas por no beber
- Resolver problemas de relación.
- Desarrollar redes de apoyo social.

II. Habilidades intrapersonales

a) Habilidades específicas para afrontar las causas intrapersonales de beber
- Manejo de las urgencias a beber.
- Manejo de la ira.
- Manejo de los pensamientos y del estado de ánimo negativos.
- Planificación ante situaciones de crisis, eventos vitales o cambios en la vida.

b) Estrategias generales de modificación del estilo de vida
- Entrenamiento en solución de problemas.
- Incremento de las actividades agradables.
- Evitar las situaciones de alto riesgo a través de la toma de decisiones más inteligente (las decisiones aparentemente irrelevantes).

III. Tratamiento de exposición a indicios con entrenamiento en afrontamiento de las urgencias a beber o *craving*

a) Objetivos
- Ayudar a los clientes a reducir la fuerza de las reacciones internas.
- Practicar, utilizando habilidades de afrontamiento, cuando el estado de activación se produce por dichos indicios.

b) Objetivos que se pretenden conseguir con el tratamiento de exposición a indicios
- Introducirle el procedimiento y su racionalidad para reducir sus urgencias a beber.
- Exposición a la bebida.
- Dirigir la escena de exposición imaginaria.
- Practicar las habilidades de afrontamiento ante la urgencia durante la exposición.
- Estrategias de afrontamiento específicas para las urgencias.
- Demora pasiva y demora como una estrategia cognitiva.
- Consecuencias negativas de beber.
- Consecuencias positivas de la sobriedad.
- Comida o bebida alternativa.
- Conductas alternativas.

IV. La patología dual
- Depresión.
- Trastornos de ansiedad.
- Trastornos psicóticos.
- Trastornos de personalidad.
- Dependencia del tabaco.

Tabla 8. Elementos del tratamiento cognitivo conductual de entrenamiento en habilidades de afrontamiento de Monti y cols. (2002)

Entrenamiento en autocontrol conductual

El entrenamiento en autocontrol conductual es un procedimiento bien investigado, con uno de los mejores nivel de eficacia (Finney y cols., 2007) y que tiene la ventaja de que sirve tanto para entrenar a la persona dependiente del alcohol para que consiga la abstinencia como el beber controlado con el mismo (Hester, 2003), pudiendo ser aplicado individualmente, en grupo, e incluso en formato de autoayuda (p. ej., Miller y Muñoz, 2005; Robertson y Heather, 1986). Pretende que sea la persona la que conozca su propia conducta, sea capaz de analizarla y tener estrategias adecuadas para hacerle frente en las situaciones problemáticas. Viene a ser un procedimiento educativo, en donde el terapeuta va introduciendo los distintos componentes en cada sesión y el cliente realiza las tareas para casa, para adquirir las habilidades de autocontrol de su conducta. El paciente en este programa tiene un papel activo importante, siendo él el que tiene que ir tomando las distintas decisiones a lo largo del tratamiento, con la ayuda del terapeuta, pero en último caso él es el «responsable» del cambio.

Varios de estos tratamientos han sido publicados en forma de manuales de autoayuda o de manuales terapéuticos (Miller y Muñoz, 2005; Robertson y Heather, 1986; Sánchez-Craig, 1984 y 1993; y Sobell y Sobell, 1993). Las técnicas que incluye son:

a) Autoobservación de la conducta, para el análisis de su conducta de beber. Con ello se consigue que la persona dirija su atención a la bebida y así modere su consumo. Además, esta información nos facilita reconstruir la situación de bebida en la sesión de tratamiento.
b) Planificación de objetivos a conseguir. El objetivo puede ser tanto la abstinencia como el beber controlado. Tanto en un caso como en otro es necesario pasar por un periodo de sobriedad, lo que facilita conocer tanto el nivel de motivación para el cambio como las estrategias que tiene el individuo, y aquellas que precisa aprender para mantenerse abstinente o para controlar su consumo de alcohol dentro de límites normales.
c) Manejo del consumo, a través de la técnica de control de estímulos para eliminar los estímulos ambientales (antecedentes) asociados con el mal uso del alcohol. Con al autorregistro sabemos fácilmente en qué ocasiones bebe, con quién, cuándo y cómo bebe. Una vez detectados éstos, el modo de manejarlos es (Hester, 2003): evitar beber en la presencia de un antecedente particular (p. ej., después de discutir con la esposa); limitar la cantidad de tiempo o dinero disponible

para beber; saber que beber en exceso es especialmente probable en situaciones particulares, de ahí la necesidad de tomar precauciones en ellas; y, encontrar modos alternativos de afrontamiento con antecedentes particulares, tales como la ira o la frustración.

d) Modificación de la topografía o del patrón temporal de uso del alcohol para así minimizar la intoxicación u otras consecuencias negativas. Aquí hay que incluir el entrenamiento en cómo beber y qué beber, tal como beber más lentamente, espaciar las bebidas entre sorbo y sorbo, beber menos cantidad, mezclar la bebida alcohólica con agua, hielo o soda, tomar bebidas sin alcohol entre bebidas alcohólicas, etc. (ver Tabla 9).

e) Modificación de las consecuencias del consumo del alcohol y de las conductas relacionadas, reforzando la reducción del consumo del alcohol e incrementando su implicación en conductas adaptativas. Es importante que la persona conozca que beber le produce consecuencias, tanto positivas como negativas, la satisfacción de necesidades que obtiene con él, su utilización como estrategia de afrontamiento y de solución de problemas, etc.

f) Elaborar un sistema de refuerzos en función de la consecución de los objetivos. Es importante que la consecución de los objetivos propuestos, la abstinencia o el beber moderado, esté enmarcado en un sistema de refuerzos. Éstos deben ser realistas, seleccionados de su medio natural y que le sean realmente reforzantes.

g) Aprendizaje de habilidades de afrontamiento alternativas. Aquí se incluiría el entrenamiento en rechazar ofrecimiento de bebidas, habilidades asertivas, etc.

- Dosifícate (p. ej., bebe como máximo 2 unidades/día)
- Toma tragos más cortos
- Deja el vaso en la mesa entre trago y trago
- Estate ocupado, ¡No te limites sólo a beber!
- Cambia de bebida, pasa de bebidas con alta a baja graduación
- Bebe por el sabor de la bebida, no por beber mucha cantidad
- No bebas cerveza y licores juntos
- Si bebes licores, dilúyelos para tomar menos cantidad y en más tiempo
- Ten cuidado con ir de rondas y que te hagan beber más de lo que deseas
- Prueba a tomar bebidas sin alcohol entre bebidas alcohólicas, para así ingerir menos alcohol
- Hazte un bebedor lento, ¡es un buen objetivo!

Tabla 9. Reglas para beber de un modo moderado (Adaptado de Robertson y Heather, 1987)

Un ejemplo de programa de tratamiento de autocontrol conductual es el de Hester (1995), que consta de 8 sesiones de 90 minutos de duración, en grupos de 8 a 10 personas, con sesiones adicionales mensuales a lo largo de los siguientes seis meses. Aunque este tipo de tratamiento ha sido utilizado tanto para bebedores sociales como para los altamente dependientes, hay algunos pacientes en los que tiene poca utilidad, especialmente en aquellos que tienen una severa dependencia del alcohol, tienen pocas habilidades o su capacidad cognitiva está deteriorada (Hester, 1995). De ahí que tanto en éste como en cualquier otro tratamiento debemos aplicar la intervención que se adecua más a cada persona concreta.

Aproximación de reforzamiento comunitario

La aproximación de reforzamiento comunitario es un tratamiento conductual de amplio espectro para el problema de abuso de sustancias, y con amplia evidencia de su eficacia (Finney y cols., 2007; Miller y Wilbourne, 2002; Roozen y cols., 2004) y que se orienta a cambiar el estilo de vida relacionado con el consumo de la sustancia. La misma surge de Hunt y Azrin (1973), quienes llevaron a cabo un programa de tratamiento operante comprensivo para alcohólicos, con el objetivo de reducir su ingestión de alcohol e incrementar su funcionamiento adaptatativo. El programa inicial incluía entrenamiento en solución de problemas, terapia familiar conductual, consejo social y entrenamiento en búsqueda de trabajo para los pacientes desempleados. El programa se centra, por tanto, en aspectos familiares, sociales, laborales y recreativos, con el objetivo de reforzar la sobriedad. Es un programa orientado básicamente a la abstinencia aunque también puede ser utilizado para el beber controlado. Se centra en cambiar las contingencias del ambiente, incluyendo técnicas motivacionales y el uso del reforzamiento positivo.

Con posterioridad, Azrin (1976) incorporó otros componentes como el disulfiram, un sistema de «camaradería», y autorregistro diario del estado emocional del paciente para evitar la recaída. En la actualidad tiene los siguientes componentes (Meyers y Smith, 1995; Miller, Meller y Hiller-Sturmhöfel, 1999; Sisson y Azrin, 1989):

(1) Uso del disulfiram, cuando tiene esposa u otra persona íntima que pueda observarlo y reforzar verbalmente su uso diario.
(2) Aquellos pacientes que tienen pareja se incluye a ambos en «consejo matrimonial de reciprocidad» para incrementar las habilidades de comunicación y reforzarse mutuamente las interacciones.
(3) Los pacientes sin empleo participan en un denominado «Club de trabajo» donde analizan su historia de trabajo y sus habilidades,

siendo entrenados en búsqueda de empleo. Se pretende que mantengan la sobriedad y que las estrategias les permitan encontrar un empleo, para lo que se les entrena específicamente en cómo hablar por teléfono para solicitarlo y en cómo ir a la entrevista y comportarse en la misma. Al menos deben hacer diez llamadas al día a sus posibles empleadores.

(4) Se identifican aquellas actividades sociales y recreativas en las que no está disponible el alcohol. Se les entrena en nuevos modos de emplear su tiempo sin sacrificar sus diversiones. Se les insiste en que tener una buena vida social y recreativa es importante. Se les entrena para que contacten con personas que realizan actividades en las que no está presente el alcohol. En las sesiones se van solucionando los problemas que surgen en esta área. Tienen también un «Club Unidos», el cual es un bar sin alcohol al que pueden acudir con su familia el sábado por la noche a divertirse. Hay comida, música en vivo, juego de cartas, etc. Da apoyo social, diversión y permite conocer a otras personas abstemias.

(5) Los pacientes son entrenados específicamente en rehusar el alcohol y en controlar sus urgencias a beber. Lo primero se hace con entrenamiento por parte del terapeuta, enfatizando que tienen control sobre la situación o que lo van a ir obteniendo a lo largo de las sesiones, y en que se apoyen en sus amigos y familiares. Lo segundo se hace a través de la sensibilización encubierta, si no están del todo abstinentes, recordarles que están tomando disulfiram, revisión de su proceso de tratamiento y entrenamiento en relajación.

No debe olvidarse que para conocer adecuadamente cada conducta es necesario hacer un minucioso análisis funcional, y utilizar autorregistros para conocer la conducta de bebida de cada persona. El tratamiento pretende reemplazar las conductas desadaptativas de bebida (reforzantes) por otras nuevas, consistentes en estrategias de afrontamiento adecuadas que impidan beber (que sean incompatibles con el consumo de alcohol y que sean actividades sociales reforzantes). La ventaja del mismo es incluir elementos muy importantes para el mantenimiento, como la parte social y recreativa, las cuales claramente compiten con el consumo de alcohol al tiempo que apoyan la sobriedad y sirven también como estrategias de prevención de la recaída.

Dentro del tratamiento hay varios elementos relevantes para conseguir las metas anteriores, aparte del análisis funcional. Uno de éstos, por su utilidad y eficacia, es la «prueba de sobriedad». Ésta consiste en negociar con el cliente un periodo de tiempo donde éste estará sobrio. Aunque suele pedírsele que esté 90 días sobrio, si le parece mucho tiempo se puede negociar, pero sin bajar nunca de 60 días. En este caso se negocia un periodo de tiempo de prueba, no que consiga la abstinencia para toda la vida, aunque lo que se pretende es que con el cambio de bebedor a abstemio, en ese periodo de tiempo la persona se encuentre bien y deje de beber. Cuando la persona ya está de acuerdo en dejar de beber un periodo de tiempo, el siguiente paso es cómo hacerlo, dado que las buenas intenciones no son suficientes. La utilización de disulfiram se relaciona con este tipo de prueba, sugiriéndole su introducción como lo más natural, y con el objetivo de ayudar a conseguir los días de abstinencia, habitualmente los 90. Si se puede introducir a la esposa mucho mejor, facilitando así el uso adecuado del mismo, siendo la misma la responsable de supervisar efectivamente su toma. En otros programas (ver Smith y Meyers, 1995), introducen otros elementos complementarios, como planificar parte del plan de trabajo en función de dos escalas: la de felicidad y la de objetivos del consejo.

Una de las partes centrales de este tratamiento es el entrenamiento en habilidades básicas, como el entrenamiento en habilidades de comunicación, de solución de problemas y de rehusar beber. También, dado que éste es un tratamiento comprensivo, en muchas ocasiones es necesario aplicar terapia marital. La pareja es muy importante en este tipo de tratamiento, como ya vimos para la utilización del disulfiram, pero las relaciones de pareja deterioradas suelen ser un elemento íntimamente unido a los problemas de alcohol. Finalmente, otro de los componentes básicos del mismo es entrenarle en estrategias de prevención de la recaída, como se expondrá más adelante.

5.1.4. *Terapia cognitiva: entrenamiento en solución de problemas y manejo del craving*

Aparte de las técnicas cognitivas que se utilizan, en los últimos años ha cobrado una gran importancia el entrenamiento en solución de problemas, tanto como aspecto general del tratamiento como específico de entrenamiento para distintos problemas, entre los que está el del alcoholismo. Algo semejante ocurre con el manejo del *craving* (Beck, Wright, Newman y Liese, 1993).

El entrenamiento en solución de problemas se ha constituido en un elemento importante de muchos tratamientos cognitivo-conductuales por su racionalidad, facilidad de explicación al sujeto y la eficacia de su puesta en práctica (Becoña, 2008). A su vez, es una estrategia incluida en casi todos los programa de prevención de la recaída (p. ej., Marlatt y Donovan, 2005; Marlatt y Gordon, 1985).

También a menudo los tratamientos conductuales para la dependencia del alcohol incluyen sesiones de control del *craving*, que unido al control de las emociones (ej., ira) y del estrés, y los otros componentes que estamos viendo, permiten a la persona dejar de beber y mantenerse abstinente. El mecanismo que lleva al éxito parece ser la adquisición y ejecución de habilidades de afrontamiento (Litt y cols., 2003). Cuando se maneja el *craving* adecuadamente ello lleva a un mejor resultado en la abstinencia y a mejorar el afecto negativo, aspecto básico para prevenir la recaída (Wikiewitz, Bowen y Donovan, 2011).

5.1.5. *Tratamiento de otros problemas relacionados con el abuso del alcohol*

El consumo de alcohol produce alteraciones importantes en otras áreas del funcionamiento cotidiano (familia, trabajo, ocio y tiempo libre, etc.). Dado que la dependencia del alcohol incide en todas las áreas de la vida, en el tratamiento suele ser habitual tener que incidir en aquellos aspectos deteriorados del sujeto, tanto a nivel físico, como psicológico y social. Dentro de las intervenciones psicológicas para otros problemas, destaca la intervención en los problemas de pareja y la terapia familiar conductual, el manejo de la ansiedad y del estrés, y los problemas de depresión. Intervenir en estos aspectos no sólo es importante dentro del tratamiento global del alcoholismo, sino que en muchos casos solucionar esos problemas viene a constituir un elemento facilitador del mantenimiento de la abstinencia a corto y a largo plazo y, por el contrario, un modo de evitar la recaída.

Terapia marital conductual

Desde la perspectiva conductual cuando se aplica terapia marital, se parte de cómo uno o más miembros de la familia mantienen el abuso del alcohol a través del reforzamiento. El tratamiento va a consistir en pasar de que el consumo de alcohol sea reforzante a que la abstinencia sea la meta, al implicarle en actividades que sean satisfactorias, especialmente aquellas donde no se utiliza alcohol, unido a su pareja o con ayuda de su pareja.

En el alcoholismo es muy habitual que la persona tenga problemas maritales, lo que va a exigir intervenir en ellos. En otros casos la pareja se está planteando la separación o divorcio, o hay problemas legales por malos tratos del varón a la esposa. La terapia de pareja ayuda a estabilizar la relación de pareja, mejora la conducta de bebida de los alcohólicos consiguiendo un descenso o abandono del alcohol, siendo la aproximación conductual la más adecuada (Fals-Stewart, Birchler y Kelley, 2006; Kadden, 2001; O´Farrell, 1995; Powers, Vedel y Emmelkamp, 2008).

Otros tratamientos se dirigen a la esposa que tiene un esposo alcohólico y éste no quiere acudir a tratamiento. Programas como los de Sisson y Azrin (1993) tienen como objetivo enseñar al miembro no alcohólico modos para que se reduzcan los abusos físicos, animarle a la sobriedad y a que busque tratamiento profesional.

Manejo de la ansiedad y del estrés

Hoy sabemos que la relación no suele ser estrés-alcoholismo, sino más bien alcoholismo-problemas de estrés y de ansiedad (Cappell y Greely, 1987). Sin embargo, beber para reducir la ansiedad y afrontar situaciones estresantes es una de las razones más comúnmente indicada por los bebedores sociales intensos y por los bebedores problema para su conducta de beber (Stockwell, 1995). Además, sabemos que distintos trastornos de ansiedad, como la agorafobia, la fobia social, los trastornos de pánico y de ansiedad generalizada, se dan con más frecuencia en bebedores intensos que en la población general (Echeburúa, 1996). Parece, por tanto, que en algunos alcohólicos el alcohol funcionaría como un ansiolítico, pero que tomado durante largo tiempo lo que produce es, por contra, elevar los niveles de ansiedad.

El manejo del estrés suele ser una de las partes importantes en el tratamiento de un individuo que abusa del alcohol (Stockwell, 1995). Tampoco hay que olvidar que el uso abusivo de alcohol durante un periodo prolongado de tiempo estimula el sistema nervioso autónomo, causando a menudo síntomas de ansiedad severa. Tal sobreestimulación desciende gradualmente y puede desaparecer después de dos semanas sin beber.

Los programas específicos para el estrés pretenden: alterar la percepción del grado de amenaza que se le atribuye al estresor, alterar su estilo de vida para reducir tanto la frecuencia como la severidad de los estresores externos, y capacitarles para usar estrategias de afrontamiento activas que inhiban o reemplacen las respuestas de estrés incapacitantes.

Como técnicas de tratamiento para la ansiedad se pueden utilizar cualquiera de las existentes para este problema, como entrenamiento en manejo del estrés y técnicas de relajación (p. ej. Labrador, 1993), técnicas cognitivo-conductuales, biblioterapia, cambio del estilo de vida, etc. (Barlow, 2002, Barlow et al., 2010; Echeburúa, 1992; Stockwell, 1995).

La depresión

La depresión suele ser un trastorno frecuentemente unido al alcoholismo, aunque como ya Edwards (1986) incidió acertadamente, hay que diferenciar un estado de ánimo depresivo o disforia de un cuadro clínico de depresión. Cuando éste se da en una persona alcohólica suele caracterizarse por cambios en el estado de ánimo, ansiedad y ausencia de placer. Ello conduce a sentimientos de inutilidad, utilizando el alcohol para olvidar, con otros síntomas del cuadro depresivo presentes frecuentemente, como insomnio, bajo apetito o pérdida de peso, pérdida de interés sexual, mayor preocupación por sus problemas físicos (gastritis, mareos, vómitos, etc.), ideas de suicidio, etc.

Saber si la persona tiene o no asociado un cuadro depresivo es sumamente importante, dado que si no le tratamos la depresión le va a ser muy difícil dejar de beber y, al tiempo, el riesgo de suicidio es mayor en el alcohólico si tiene un cuadro depresivo asociado. Sabemos que la presencia de alcohol o depresión hace que se doble la presencia del otro trastorno, siendo el trastorno por consumo de alcohol el que lleva causalmente al surgimiento de la depresión (Boden y Fergusson, 2011) debido a cambios neuropsicológicos y metabólicos resultado de la exposición al alcohol. Por ello, incluso aunque no exista en la actualidad un cuadro depresivo, es importante saber si lo ha padecido alguna vez en el pasado, porque la depresión en el presente o en el pasado favorece el proceso de recaída (Edwards, 1986). Por ello, a nivel terapéutico, si la persona tiene ambos trastornos, lo primero a conseguir es que deje de beber para, a continuación, conseguir mantener la abstinencia del alcohol y al mismo tiempo tratarle su cuadro depresivo.

El alcohol funciona a menudo como un ansiolítico o un antidepresivo. En estos casos la persona bebe para superar esos problemas, al tiempo que sabemos que muchos cuadros ansiosos y depresivos, como ya comentamos, han sido producidos por la dependencia del alcohol y los problemas colaterales que esa dependencia produce (p. ej., a nivel marital, laboral, etc.). El porcentaje de trastorno depresivo mayor puede encontrarse en el 65% de las mujeres y en el 41% de los varones (The Plinius Maior Society, 1995; Schuckit, 2000). Es frecuente, por tanto, tener que hacer una intervención paralela al tratamiento de la dependencia alcohólica de la depresión. En este caso, los tipos de intervención pueden ser farmacológicos o psicológicos. Cuando le aplicamos una intervención psicológica llevaremos a cabo la terapia cognitivo-conductual de Beck (Beck, Rush, Shaw y Emery, 1979) u otro tratamiento psicológico eficaz para la depresión (ej., Martell y cols., 2012).

Al paciente depresivo puede resultarle muy difícil dejar de beber. Además, el trastorno depresivo es una causa común de recaída en el alcohólico, incluso después de un largo tiempo de sobriedad (Edwards, 1986). Todo lo anterior queda claramente expresado en que «bien puede decirse que conocer la importancia del trastorno depresivo es tan indispensable para trabajar con alcohólicos que, cualquier persona que se interese en el alcoholismo también tendrá que entender muy bien la depresión. Si en relación con esto existe una regla de oro, ésta es que si un alcohólico padece un trastorno depresivo, lo importante desde el punto de vista terapéutico es ayudar y persuadir a ese paciente a que primero deje de beber (quizás ofreciéndole hospitalizarlo inmediatamente para lograr ese objetivo). Entonces el complemento de esa primera fase es atacar la depresión. Por lo general, es inútil atacar el trastorno depresivo cuando el paciente continúa bebiendo» (Edwards, 1986, pág. 92).

5.1.6. La prevención de la recaída

Una de las cuestiones a las que se le viene prestando una atención especial en las últimas décadas en todas las conductas adictivas es a la prevención de la recaída. Hoy sabemos que una cosa es la consecución de la abstinencia, o el control de una conducta, y otra muy distinta su mantenimiento. En las conductas adictivas cobra todo su interés la prevención de la recaída porque, a pesar de que se obtienen buenos resultados con los tratamientos a corto plazo, la recaída pasa a ser el elemento más importante en los meses siguientes a abandonar el consumo de alcohol (Marlatt y Donovan, 2005).

El modelo de prevención de recaídas más conocido, elaborado y con buen apoyo empírico es el de Marlatt y Gordon (1985), el cual fue diseñado a partir de su experiencia en el tratamiento de sujetos alcohólicos. Las asunciones de este modelo son que (Dimeff y Marlatt, 1995) los procesos de abandono son distintos a los del mantenimiento; la prevención de la recaída tiene más éxito cuando el cliente actúa con confianza, como su propio terapeuta, una vez que ha finalizado el tratamiento; los riesgos de recaída son complejos e implican factores individuales, situacionales, fisiológicos y socioculturales; y, la recaída y el proceso de recuperación es un proceso continuo y no el punto final o episodio que se iguala al fracaso del tratamiento. El modelo de prevención de la recaída le da un gran peso al cliente como responsable de su cambio de conducta y, por tanto, al mantenimiento de dicho cambio una vez conseguido. Una nota final que consideramos relevante para la práctica clínica, es que es insuficiente enseñar mecánicamente habilidades a los individuos para hacer frente a las situaciones de alto riesgo, sin tener en cuenta sus estilos de vida desadaptativos. Por ello, el entrenamiento en prevención de la recaída tiene que tener igualmente en cuenta el incremento de sus estrategias de afrontamiento ante situaciones de estrés, en ocasiones responsables de las situaciones de alto riesgo que llevarán luego a la recaída (Marlatt y Donovan, 2005).

5.2. Programas de beber controlado

Otro tipo de tratamiento del alcoholismo son los denominados programas de beber controlado (Sobell y Sobell, 1993). Estos parten del hecho de la dificultad que tienen muchos bebedores de controlar su consumo de alcohol. Cuando la abstinencia no es posible, difícil o el sujeto no la acepta, los programas de beber controlado pueden ser una alternativa, aunque hay toda una serie de ventajas y desventajas en los mismos, así como contraindicaciones (Echeburúa y Corral, 1988b).

Fue Davies (1962) quien apuntó que era posible llegar al control del beber, dado que en el seguimiento de 7 a 11 años, de sus 94 pacientes tratados inicialmente, 7 bebían moderadamente. Posteriormente, Sobell y Sobell (1978) indicaron que las personas adecuadas para este tratamiento eran los que no querían realizar tratamientos orientados a la abstinencia, los que no tenían problemas físicos que pudieran contraindicar dicho tratamiento, o cuando tuvieran un trabajo que hiciera muy difícil el mantenimiento de la abstinencia. Hoy sabemos (p. ej., Echeburúa y Corral, 1986; Heather, 1988b) que hay una relación positiva entre menor severidad de la dependencia alcohólica y mayor éxito de los programas de bebida controlada, aunque ello no implica que alcohólicos con una fuerte dependencia no consigan el beber controlado (p. ej., Booth, 1990). En nuestro medio, hay que reconocer que el nivel de dependencia de los alcohólicos que acuden a tratamiento es muy alto, de ahí que sólo en pocos casos, especialmente en jóvenes o en aquellos con niveles de dependencia menor, sea adecuado un programa de beber controlado. Sin embargo, este tipo de programas son importantes por los cambios que se están produciendo en el patrón de consumo de alcohol en los jóvenes, con ingestiones abusivas en fines de semana, lo que exige tratamientos para los bebedores problema (Sobell y Sobell, 1993), como para los dependientes del alcohol (Becoña y Calafat, 2006).

Los programas de beber controlado son programas conductuales que se orientan a enseñar a la persona un conjunto de estrategias para que pueda conseguir la abstinencia o el control de su bebida. Un programa de beber controlado suele constar de (Hester y Miller, 1989): delimitación del objetivo, autorregistro, análisis funcional de las situaciones de bebida, cambios específicos en la conducta de beber, refuerzo por conseguir el objetivo marcado y aprendizaje de habilidades de afrontamiento alternativas, incluyendo la prevención de la recaída. Ejemplos de programas de beber controlado en castellano pueden verse en Buceta (1987), Echeburúa (1990) y Robertson y Heather (1986).

En la actualidad cualquier programa conductual de autocontrol, como ya hemos visto previamente, se orienta a entrenar al alcohólico en una serie de técnicas y habilidades que le van a servir tanto para conseguir la abstinencia como el beber controlado, dependiendo del objetivo que nos hayamos marcado. Como ejemplo, el programa de beber controlado de Sobell y Sobell (1993), para bebedores problema, tiene como objetivo lograr que no se hagan bebedores crónicos y que les ayudemos, porque ya tienen en ocasiones graves problemas producidos por el alcohol.

Este tipo de intervención la enmarcan en una aproximación de automanejo, ya que el objetivo es hacer una intervención breve, donde sea el individuo el que ponga en práctica por sí mismo muchas de las estrategias que se le enseñan. Además, estas personas están más motivadas para un tratamiento y no se les aplica el apelativo de «alcohólico». Precisamente las concepciones tradicionales de que el alcoholismo es una enfermedad progresiva han impedido proporcionar tratamiento a personas que aún no tienen dependencia o que no tienen un elevado nivel de dependencia. Además, los bebedores problema suelen ser jóvenes, con buen nivel educativo, con empleo, a diferencia de los alcohólicos crónicos, al tiempo que han tenido pocos episodios severos de síndromes de abstinencia del alcohol, su historia de abuso de alcohol suele estar entre cinco y diez años, tienen suficiente cantidad de recursos personales, sociales y económicos, no se ven distintos de las otras personas y no están dispuestos a hacer cambios importantes en su vida. Es, por tanto, desde una perspectiva clínica, un grupo idóneo para la intervención y para conseguir con ellos buenos resultados y evitarles mayores problemas en su vida futura.

Los programas de beber controlado se han hecho breves en los últimos años, desde que Edwards y cols. (1977) encontraron que intervenciones breves permiten, en condiciones adecuadas, obtener los mismos resultados que intervenciones más intensivas. Por ello el programa de Sobell y Sobell (1993) para los bebedores problema dura sólo cuatro semanas. Se lleva a cabo de modo ambulatorio, es poco intensivo en la clínica pero con suficientes tareas para casa, da gran peso a los aspectos motivacionales, es flexible, y pretende que finalmente la persona se automaneje o produzca el autocambio. Es, como ya hemos comentado, un programa de entrenamiento en autocontrol conductual, de corta duración, para personas sin problemas graves de dependencia del alcohol. Con problemas graves de dependencia, el programa se puede utilizar de igual modo, aunque sería necesaria una intervención más intensiva y tener en cuenta todas las otras variables que ya hemos expuesto previamente cuando hablamos de los programas orientados a la abstinencia.

Realizada la evaluación, y explicado el tratamiento, se le presentan las recomendaciones para reducir su consumo de alcohol: no consumir más de 3 unidades de bebida estándar al día, y no beber más de 4 días en la semana, con el objetivo de reducir el nivel de tolerancia al alcohol; no beber en situaciones de alto riesgo; no beber más de una unidad de bebida estándar por hora; dilatar 20 minutos el tiempo entre la decisión de beber y beber realmente, para que así re-evalúe las razones para beber y no beber, etc. Estas recomendaciones permitirán a la persona decidir más fácilmente, así como al terapeuta, si el objetivo adecuado es la abstinencia o el beber controlado. En este caso llevará a cabo un autorregistro de su consumo, se le entrenará en el análisis conductual de su conducta de beber y se le proporcionarán tareas para casa. A lo largo de las otras sesiones se le entrenará en la identificación de problemas, en hacer planes para evitar problemas relacionados con la bebida, anticipar situaciones de alto riesgo, tomar decisiones, etc. Aquí cobra gran relevancia el entrenarlo en habilidades de solución de problemas y en la prevención de la recaída. Una vez consolidadas estas estrategias, la persona podría delimitar aquellas situaciones relacionadas en su vida con el consumo de alcohol y tener estrategias adecuadas para hacerles frente.

6. PROGRAMA DE TRATAMIENTO PARA EL ALCOHOLISMO

6.1. Evaluación psicológica e incremento de la motivación para el cambio

Tanto en el alcoholismo como en cualquier conducta adictiva, uno de los problemas mayores con el que nos encontramos es que muchos de ellos no quieren llevar a cabo el tratamiento, una vez que acuden a consulta. A su vez, sabemos que muchos no acuden a tratamiento, a menos que sean remitidos por problemas de tipo médico, por problemas con la justicia, mediante los servicios sociales de su comunidad, o forzados por su familia.

Una vez que la persona con problemas de alcohol acude a la primera sesión de evaluación, le realizaremos una evaluación exhaustiva. Dentro del proceso de evaluación, o en las primeras entrevistas, en los últimos años ha cobrado gran relevancia la necesidad de incrementar la motivación para el cambio en todos ellos. De ahí que hoy cobre gran relevancia el análisis de la motivación para el cambio y la necesidad de aplicar las estrategias que hoy nos proporciona la entrevista motivacional, para conseguir retenerlo en el tratamiento. De poco sirven unas técnicas de tratamiento eficaces, bien diseñadas y con gran racionalidad interna, si las personas no acuden a más de una o dos sesiones o no pasan de la primera entrevista de evaluación. De modo semejante, otras estrategias, como la autoobservación y los contratos conductuales, facilitan incrementar la motivación de los sujetos para el tratamiento y mantenerlos en el mismo.

6.1.1. *Estadios de cambio*

Prochaska y DiClemente (1983) han propuesto un modelo transteórico de cambio, en donde los estadios de cambio han mostrado ser un elemento claramente predictivo de asistir o no a un tratamiento y sobre la eficacia del mismo (Prochaska, Norcross y DiClemente, 1994). Su modelo es tridimensional, integrando estadios, procesos y niveles de cambio, aunque el mayor impacto del mismo está en los estadios de cambio. Estos representan una dimensión temporal que nos permite comprender cuando ocurren los cambios, ya sea a nivel cognitivo, afectivo o conductual (Prochaska y Prochaska, 1993).

En el estadio de *precontemplación* la conducta no es vista como un problema y la persona manifiesta escasos deseos de cambiar seriamente en los próximos 6 meses. En el estadio de *contemplación* la persona empieza a ser consciente de que existe un problema y está activamente buscando información y se ha planteado el cambio seriamente dentro de los próximos 6 meses. Ella no está considerando el dejarlo dentro de los próximos 30 días, no ha hecho ningún intento serio de abandono de al menos 24 horas en el último año, o ambas. Los individuos que no cumplen estos criterios, pero están intentando modificar una conducta, son considerados contempladores. En el estadio de *preparación para la acción* la persona se ha planteado modificar su conducta en los próximos 30 días, además de haber hecho un intento de abandono de al menos 24 horas de duración en el último año. En el estadio de *acción* los individuos han iniciado activamente la modificación de su conducta, llegando a lograrlo con éxito. El traslado al siguiente estadio implica un periodo de 6 meses de permanencia en este estadio. Este intervalo coincide con la fase de mayor riesgo de recaída. En este caso la persona está en el estadio de *mantenimiento* cuando ha permanecido abstinente un periodo superior a los 6 meses. Los individuos ejecutan las estrategias (procesos de cambio) necesarias encaminadas a prevenir la recaída y, de este modo, afianzar las ganancias logradas en la fase anterior.

La mayoría de la gente no cambia una conducta crónica siguiendo un patrón de cambio lineal, desde el estadio de precontemplación al de mantenimiento, tal y como se pensó en un primer momento (Prochaska y DiClemente, 1982). El cambio a través de los estadios implica un patrón en espiral (Prochaska, DiClemente y Norcross, 1992). La *recaída* es un evento fruto de la interrupción de la fase de acción o mantenimiento, provocando un movimiento cíclico hacia atrás, a los estadios iniciales de precontemplación y contemplación. En conductas como las adictivas, el patrón predominante de cambio ya se ha comprobado que es cíclico, siendo la recaída un fenómeno sumamente frecuente.

6.1.2. Motivación para el cambio: la entrevista motivacional

Uno de los avances más recientes en el campo del alcoholismo es conseguir una buena motivación para el cambio de la persona con dependencia del alcohol o, en caso de que sea insuficiente, incrementar esa motivación para que sea posible llevar a cabo un tratamiento adecuado. Han sido Miller y Rollnick (1991) quienes han detallado todo un programa de entrevista motivacional para conseguir este objetivo (ver apartado 4.2.).

En la práctica clínica este es un aspecto fundamental que hay que plantear desde el primer momento en que el cliente entra en consulta para hacerle la entrevista clínica. Precisamente en las personas dependientes del alcohol un hecho habitual es que en la primera entrevista una parte de ellos no reconozca el problema, considere que bebe lo «normal» y por ello no vea razón para dejar de beber, o ni siquiera para reducir su consumo.

6.1.3. Otras técnicas motivacionales: autoobservación de la conducta y contratos conductuales

Un primer paso dentro del tratamiento, una vez que la persona ha decidido llevarlo a cabo, es la realización del autorregistro de su consumo de alcohol. El autorregistro tiene como función que la persona observe su conducta, la conozca mejor y ello facilite poner en marcha mecanismos de control del consumo tanto por él mismo, como mediante la sugerencia del terapeuta en las sesiones de tratamiento.

El autorregistro cumple la importante función en la sesión de tratamiento de ayudar a reconstruir la situación de bebida que se ha producido en el día anterior o en días previos. Es claro que si la persona pierde totalmente el control va a ser difícil que lo realice. De ahí la relevancia de que, una vez comenzado el tratamiento, junto al autorregistro, se le proporcionen estrategias adecuadas de control para que sea capaz de hacerle frente a la situación de bebida, si nuestro objetivo es el autocontrol de la conducta, o incidirle en que debe dejar totalmente de beber, si nuestro objetivo es la abstinencia total. Un ejemplo de autorregistro lo vimos en la Tabla 6.

Cuando lleva varias semanas haciéndolo es ya probable que haya automatizado la habilidad de autorregistrar y la adherencia al mismo se mantendrá. Cuando lo cumplimenta unos días sí y otros no, cuando tiene muchos episodios de pérdida de control, cuando da excusas para no cubrirlo, es claro que la adherencia no es buena, y quizás haya que valorar volver a la fase anterior de incrementar la motivación para el cambio. En algunas personas resulta de gran utilidad el uso de contratos conductuales para, de este modo, facilitar mantenerlos en tratamiento, como aquellos otros que se utilizan para que la persona vaya consiguiendo las metas paulatinas que se van planteando en el tratamiento (Hester, 1995). Los contratos, cuando se pueden utilizar, son un importante elemento motivacional para el cambio a corto plazo, que se va consolidando semana a semana conforme se van redactando nuevos contratos adecuados a los objetivos que puede ir cumpliendo la persona.

6.2. Fases y técnicas de tratamiento para dejar de beber

Cuando tenemos una persona con un problema de dependencia del alcohol en tratamiento, y una vez que se ha realizado una adecuada evaluación de su problema de bebida, como de otros posibles problemas asociados, es cuando hay que decidir cuál es el objetivo que desea lograr la persona y cuál es el objetivo que le vamos a proponer: si la abstinencia o el beber controlado. Como ya hemos comentado anteriormente, a pesar de que disponemos de estas dos alternativas, la realidad de la mayoría de las personas que acuden a tratamiento en nuestros dispositivos o en nuestras consultas, se adecua mayoritariamente a programas de abstinencia, dado que su nivel de deterioro suele ser importante, con frecuencia tienen asociados problemas físicos incompatibles con beber alcohol, y ellos mismos cuando aceptan el tratamiento suelen asumir que es la abstinencia el objetivo deseable. Por cuestiones de espacio vamos a centrarnos únicamente en los programas orientados a la abstinencia, aunque los programas de autocontrol orientados a la abstinencia no se diferencian mucho de los programas orientados al beber controlado y, además, en ocasiones a través de programas orientados a la abstinencia se llega al beber controlado, aunque éste no sea el objetivo propuesto.

Una vez que la persona acepta participar en el tratamiento, éste va a pasar por varias fases: desintoxicación, deshabituación, tratamiento en grupo cuando es necesario, terapia marital cuando es necesario, intervención en otros problemas psicopatológicos asociados, prevención de la recaída y mantenimiento y seguimiento.

6.2.1. *Fase de desintoxicación*

Una vez que la persona decide llevar a cabo un tratamiento es necesario que deje de beber. Una vez abstemio, si bebía cantidades importantes de alcohol va a sufrir el síndrome de abstinencia del alcohol, el cual produce en aquellos casos más acusados desde temblores hasta el temido *delirium tremens*, junto a alucinosis aguda, amnesias parciales, etc. (Aragón y Miguel, 2008). De ahí que, si la persona bebe cantidades importantes de alcohol, puede ser necesario un internamiento de una o dos semanas para la desintoxicación (p. ej., Echeburúa y Corral, 1988a), aunque lo más habitual es hacerla ambulatoriamente por parte del médico que le recetará tranquilizantes (los más utilizados actualmente son las benzodiacepinas y el clometiazol) (Assanangkornchai y Srisurapanont, 2007), siendo muy importante que tenga el apoyo del esposo/a o de algún familiar para superar los primeros días sin alcohol, tanto por la necesidad de la desintoxicación física como por la necesidad de superar el *craving* o fuerte deseo de beber. Cuando la ingestión de alcohol no es excesivamente grande, o la persona considera que tiene cierto control sobre su conducta de beber, puede llevarse a cabo el proceso de desintoxicación ambulatoriamente, sugiriéndole que deje de beber el fin de semana, siendo aquí también importante el tener el apoyo de alguien cercano a la persona que deja de beber. Es importante sugerirle a la persona que beba abundantes líquidos, que esté en un ambiente ocupado pero al mismo tiempo relajado y de descanso, sin situaciones de ansiedad o que le puedan producir conflictos o problemas.

6.2.2. *Fase de deshabituación psicológica: aplicación de técnicas psicológicas específicas*

Una vez que la persona ha dejado de beber, cuando ya se ha superado la dependencia física, viene otra parte difícil para la persona dependiente del alcohol, como es superar el *craving*, o deseo intenso del alcohol. Estamos ante la dependencia psicológica.

Dado que el riesgo de recaída es importante días o semanas después de dejar de beber, con frecuencia se le añade a la persona, si está en tratamiento en un recurso especializado, por parte del médico interdictores, como el disulfiram o la cianamida cálcica, u otros fármacos como la naltrexona o el acamprosato.

En la fase de deshabituación psicológica aplicaremos todas aquellas técnicas de tratamiento psicológico necesarias, en función del análisis funcional del problema que hayamos realizado con anterioridad. En la Tabla 10 indicamos las conductas problema, recursos conductuales disponibles y análisis funcional, de una mujer de 44 años con un problema de dependencia del alcohol y, en la Tabla 11, el tratamiento aplicado.

6.2.3. *Tratamiento en grupo*

Cuando es posible formar un grupo de alcohólicos, y cuando la persona lo acepta, puede resultar de gran ayuda para muchos de ellos. Un grupo con una orientación cognitivo-conductual se va a centrar en conocer mejor el problema de dependencia del alcohol, elementos que lo causan, qué puede llevar a la recaída y aprender y practicar distintas estrategias relacionadas con el mantenimiento de la abstinencia, habilidades sociales, afrontamiento de situaciones problemáticas, prevención de la recaída, etc.

6.3. Técnicas de tratamiento para otros problemas asociados o derivados del consumo de alcohol

En el caso de la dependencia del alcohol en muchas ocasiones podemos saber las razones que han llevado a un consumo abusivo del alcohol y a otros trastornos debido a dicho consumo (p. ej., insomnio, problemas gastrointestinales). En el tratamiento hay que intervenir sobre la dependencia del alcohol e, igualmente, en los otros problemas asociados con el consumo de alcohol, como son relativamente frecuentes los problemas de pareja, depresión, ansiedad y pobres relaciones interpersonales.

Conductas problema y recursos disponibles	Análisis funcional
Conductas problema	1) Estímulos antecedentes
	- Estar en casa en la tarde-noche sin tener que hacer, aburrida, cansada, ansiosa o deprimida
1) Consumo excesivo de alcohol	
2) Depresión	- Pensamientos negativos sobre sí misma y su futuro
3) Pobre adaptación laboral	- Imposibilidad de conciliar el sueño
4) Relaciones familiares dependientes	- Rememorar hechos de ese día que le hacen sentirse inútil
5) Inadaptación a su estado de divorciada	2) Variables del organismo
6) Problemas en el manejo de sus hijos	- Dependencia del alcohol
7) Problemas en el manejo de la casa y de la economía doméstica	- Tolerancia al alcohol
	- Consumo de un comprimido diario de Tranxilium 5 mg.
8) Carencia de habilidades sociales y de actividades sociales	- Consumo de 3 paquetes de cigarrillos Winston
9) Insomnio	3) Conductas problemas
	(a) Conductas motóricas
	- Consumo de lunes a viernes de 3 gin kas
	- Consumo de vino, cerveza y aperitivos el sábado y el domingo
	- Enlentecimiento psicomotor
	- Bajo rendimiento laboral
	- Dificultades en la organización de la casa
	(b) Conductas psicofisiológicas
	- Insomnio
Recursos conductuales disponibles	- Poco apetito
	- Fatiga
1) Trabajo	(c) Conductas cognitivas
2) Apoyo de personas de su entorno laboral	- Amnesias de lo que ha ocurrido en la noche previa al levantarse por la mañana
3) Apoyo familiar (sus padres y hermano)	- Sentimientos de inutilidad
	- Disminución de la capacidad de pensar y concentrarse
	4) Consecuentes
	(a) Positivos
	- Sabor placentero del alcohol
	- Satisfacción subjetiva
	- Inducción del sueño
	- Reducción del nivel de ansiedad
	- Eliminación de los pensamientos negativos de inutilidad
	(b) Negativos
	- Mareos
	- Náuseas
	- Amnesia
	- Malestar

Tabla 10. ***Conductas problema, recursos conductuales disponibles y análisis funcional de una persona con dependencia del alcohol***

Día	Sesión	Objetivos	Técnicas de intervención
1	Evaluación	Evaluación	Entrevista clínica, cumplimentación de cuestionarios y explicación para cumplimentar el autorregistro
8	Evaluación y 1ª sesión	Evaluación Abstinencia	Entrevista clínica, análisis de los autorregistros, hipótesis explicativa y planificación del tratamiento. Se le pide que a partir de hoy deje totalmente de beber alcohol
11	2ª sesión	Mantenimiento de la abstinencia, reducción de la ansiedad y control del insomnio	Revisión de las tareas Refuerzo de la abstinencia Entrenamiento en relajación
18	3ª sesión	Los anteriores + proporcionarle una estrategia de afrontamiento general	Revisión de las tareas Refuerzo de la abstinencia Entrenamiento en relajación Entrenamiento en solución de problemas
21	4ª sesión	Los anteriores + actividades sociales Manejo de la casa	Revisión de las tareas Refuerzo de la abstinencia Entrenamiento en relajación Entrenamiento en solución de problemas Realización de actividades sociales (gimnasia) Organización de la casa (compras, presupuesto)
31	5ª sesión	Los anteriores + Incrementar su asertividad. Afrontamiento de sus estados emocionales (ex-marido)	Las de la sesión anterior + Entrenamiento en asertividad Manejo del afecto y de los sentimientos negativos Tareas para casa para el mes de vacaciones
64	6ª sesión	Los anteriores + incremento de sus habilidades sociales	Las de la sesión anterior + Entrenamiento en habilidades sociales
74 a 91	7ª a 10ª sesión	Los anteriores	Las de la sesión anterior + Entrenamiento en prevención de la recaída

Tabla 11. Tratamiento aplicado: objetivos y técnicas de intervención

6.3.1. Problemas de pareja y familiares

Un problema directamente asociado a la dependencia del alcohol son los problemas maritales y familiares, desde discusiones, malos tratos, falta de suficiente aporte económico, no realización de las labores del hogar, abandono del cuidado y educación de los hijos, etc. (Kelly, 2009).

Cuando la persona acude a tratamiento podemos encontrarnos con que sus relaciones de pareja son malas pero pueden recomponerse, en otros casos son malas y uno de los miembros de la pareja, el que no tiene problemas de alcohol, ha decidido la ruptura de la misma, o ya se ha producido la ruptura en el pasado. Tampoco hay que olvidarse que la dependencia del alcohol tiene trastornos asociados como la celotipia o delirio de celos (Echeburúa y Fernández-Montalvo, 2001), que a veces es tan problemático para el otro miembro de la pareja, junto a aquellos casos donde la pareja es de alcohólicos, siendo en este caso necesaria la intervención en ambos. Por otro lado, conviene tener en cuenta que en culturas vinícolas como la nuestra la concepción que a veces se tiene del alcohol, es que es bueno, que alimenta, que da fuerza, etc. Reaprender dentro de la familia nuclear o familia extensa a no beber, o la sobriedad, es un proceso a veces tan importante como el propio abandono del alcohol, para así evitar la recaída.

Cuando tenemos los problemas ya citados a nivel marital o familiar se hace necesario intervenir sobre estos aspectos con las técnicas ya comentadas en el apartado anterior dedicado al tratamiento.

6.3.2. Depresión

La depresión y la ansiedad son dos trastornos asociados con frecuencia al abuso y dependencia del alcohol. Cuando la persona tiene estos problemas, es necesario intervenir a nivel farmacológico o psicológico, dependiendo de las posibilidades de intervención, del recurso donde llevemos a cabo el tratamiento, y del tipo de tratamiento que desea que se le aplique al sujeto. Cuando aplicamos las técnicas psicológicas utilizaremos para la depresión técnicas cognitivo-conductuales como la de Beck, Rush, Shaw y Emery (1979), siendo necesario incidir al principio más en los componentes conductuales que en los cognitivos, para una vez consolidados los primeros pasar a los segundos. Las estrategias de solución de problemas resultan muy útiles en estos casos (Becoña, 2008) dado que sirven para cubrir este trastorno y otros problemas asociados al funcionamiento cotidiano de la persona con problemas de dependencia del alcohol.

6.3.3. Ansiedad

Los trastornos de ansiedad se encuentran frecuentemente en el alcoholismo. Como ya hemos visto, hoy sabemos que las personas con dependencia del alcohol tienen de modo significativo mayor número de trastornos de ansiedad que las personas normales. Este hecho se ve reflejado en el tratamiento en el sentido de que cuando tienen un trastorno de ansiedad asociado hay que intervenir en el mismo con el tratamiento psicológico adecuado (ver Barlow, 2002; Barlow y cols., 2012; Stockwell, 1995).

6.3.4. *Relaciones interpersonales*

El déficit de habilidades sociales, el usar el alcohol como estrategia de afrontamiento para solucionar los problemas, conduce a la persona que bebe abusivamente a tener pocas y malas relaciones interpersonales, fuera del ámbito de las personas con las que bebe, o a utilizar la bebida para superar sus limitaciones. Un entrenamiento en asertividad y habilidades sociales suele ser habitualmente necesario en muchos casos. El llevarlo a cabo en grupo, o como un elemento más de la terapia de grupo, facilita el aprender este tipo de estrategia (Monti y cols., 2002), aunque se puede aplicar también individualmente.

6.3.5. *Otros problemas asociados*

Dado que el número de personas con dependencia del alcohol es muy elevada, se incrementa la probabilidad de que estas personas tengan asociados muchos otros problemas, que de no darse el consumo abusivo de alcohol no ten-drían. La ansiedad, la depresión y las relaciones interpersonales ya los hemos visto. Otros, como las disfunciones sexuales, insomnio, etc., están con frecuencia presentes. Para ellos habrá que aplicar el tratamiento psicológico que precisen.

6.4. La prevención de la recaída

Hoy sabemos que tanto en el alcoholismo como en las demás conductas adictivas, tan difícil es el abandono del alcohol como el mantenimiento de la abstinencia. De ahí que en los últimos años se preste una atención especial a la prevención de la recaída. Esta tiene el mayor riesgo de producirse en los primeros meses después de la abstinencia. Por ello es necesario implantar estrategias de prevención de la recaída en el mismo tratamiento o bien como un componente adicional una vez finalizado el mismo.

Lo primero que hay que hacerle ver a la persona es que puede recaer, y diferenciarle la «caída» de la «recaída» (Marlatt y Gordon, 1985). La caída es un consumo aislado o un desliz; la recaída es el restablecimiento de un hábito previamente eliminado, en este caso beber, como consecuencia de no superar adecuadamente las situaciones de caída. Esta diferenciación tiene una especial relevancia, dado que asume que no siempre tras un consumo se producirá un proceso de recaída de naturaleza irreversible.

Como han diferenciado Marlatt y Gordon (1985), en el proceso de recaída interactúan tres factores cognitivos: la autoeficacia, las expectativas de los efectos de la sustancia y la atribución de la causalidad respecto a un consumo. La *autoeficacia* está relacionada con la capacidad percibida de afrontar situaciones de alto riesgo de forma exitosa. Las *expectativas de los resultados de la conducta de consumir* es otra variable relevante tanto del consumo como del proceso de recaída. Los efectos esperados por una persona con respecto a una droga pueden ser diferentes de sus efectos reales. Las personas adictas que tienen unas expectativas positivas de los efectos que van a conseguir (consecuencias positivas) tras el consumo de la sustancia, presentan una mayor probabilidad de recaer que los que tienen unas expectativas negativas. Las *atribuciones de causalidad* están relacionadas con la percepción que la persona tiene de la causa que provoca el primer consumo después de un periodo de abstinencia (caída). En la medida en que la causa del consumo sea atribuida a factores estables, internos y globales, percibidos como incontrolables (p. ej., pensar que no se tiene fuerza de voluntad), la probabilidad de seguir consumiendo será mayor que si la atribución se realiza a variables inestables, externas y específicas (p. ej., un error momentáneo al afrontar una situación de riesgo concreta). A partir de estas atribuciones pueden surgir reacciones emocionales de culpabilidad y autocrítica que dificultan la mejoría o recuperación después de una caída ocasional.

Por otra parte, cabe destacar que los procesos de recaída están precedidos por unos determinantes inmediatos o circunstancias precipitantes y unas reacciones consecuentes. Aunque tradicionalmente se consideraba la pérdida de control como el mecanismo responsable de seguir con el consumo, Marlatt ha descrito un modelo alternativo para explicar por qué el consumo inicial tiene como resultado la continuación de la conducta, a través del efecto de violación de la abstinencia (EVA). Antes del primer fallo, el individuo se ha comprometido personalmente a un periodo de abstinencia, ya sea indefinido o limitado. La intensidad del EVA variará en función de diversos factores, incluyendo el grado de compromiso anterior o esfuerzo realizado para mantener la abstinencia, la duración del periodo de abstinencia (cuanto más largo sea el intervalo, mayor será el efecto) y el valor subjetivo o importancia de la conducta prohibida para el individuo. Por contra, el EVA disminuye por atribuciones externas, inestables, específicas y controlables (p. ej., fracaso en planificar antes una situación específica de alto riesgo).

Según Marlatt (1993), el EVA es el común denominador en los procesos de recaída. Para él este efecto se caracteriza por dos elementos cognitivo-afectivos clave: (1) Un efecto de *disonancia cognitiva*, pues la ocurrencia de la conducta adictiva es disonante con la definición cognitiva que uno tiene como abstinente (siempre que el sujeto haya asumido voluntariamente la abstinencia durante un periodo de tiempo). Esto creará un estado emocional negativo de conflicto y culpa que puede ser reducido por la repetición de la conducta adictiva y por una reestructuración cognitiva de la autoimagen acorde con la recaída. (2) Un efecto de *atribución personal* (culparse como causa de la recaída), por el cual la persona atribuye la ocurrencia de la conducta adictiva a una debilidad interna y/o a fallos personales (p. ej., a la insuficiente capacidad de control sobre las propias conductas). Esta atribución de inhabilidad personal para controlar la primera recaída, disminuye la resistencia a futuras tentaciones. Este tipo de concepto de sí mismo dejaría al individuo que lo experimenta predispuesto a nuevas recaídas y a acabar en una pérdida de control total.

No existe un patrón único de recaída. Las características de las situaciones de recaída suelen ocurrir de distinta forma y en respuesta a la distinta vulnerabilidad de la persona ante determinadas situaciones que elicitarán, en primer lugar, una caída esporádica y aislada; y posteriormente, la recaída en el consumo. La teoría del aprendizaje social resulta un modelo útil para identificar los tipos de factores predisponentes (características personales y variables antecedentes) que pueden incrementar la vulnerabilidad a la recaída de una persona. Este modelo propone asociaciones recíprocas entre características de la persona (p. ej., creencias y expectativas acerca del mantenimiento de la abstinencia, grado de adicción física), conducta (p. ej., experiencia de abandono anterior, habilidades de afrontamiento) y ambiente (p. ej., grado de estrés psicosocial, redes sociales).

Dentro de las situaciones de alto riesgo, Marlatt (1993) ha distinguido las recaídas que se deben a factores propios del individuo (determinantes intrapersonales) y a determinantes o reacciones a los eventos ambientales o interpersonales (determinantes interpersonales). También se ha encontrado que, en algunos casos, factores fisiológicos, principalmente derivados de los efectos de la abstinencia, han sido los detonantes de la recaída.

Dentro de un programa de entrenamiento específico de prevención de la recaída (p. ej., Dimeff y Marlatt, 1995) debe: (a) informarse a la persona de que las recaídas son posibles; (b) hacerle ver la diferencia entre caída y recaída; (c) asumir su papel en el proceso de caída o recaída; (d) analizar los factores que le han llevado en el pasado, o en esa ocasión concreta, a caer o recaer; (e) entrenarle en habilidades específicas de afrontamiento ante situaciones de alto riesgo; (f) entrenarle en la toma de decisiones hacia el no consumo en situaciones de alto riesgo; y, (g) entrenarle en estrategias generales de afrontamiento y de estilo de vida para mantenerse abstinente.

6.5. Fase de mantenimiento y seguimiento

Una vez conseguidos los objetivos terapéuticos se pasaría al seguimiento. Sin embargo, en aquellas personas con un nivel de dependencia más grave, los que están más deteriorados y tienen menos recursos de todo tipo puede ser necesario, una vez que ya no tienen problemas con el alcohol, una fase de rehabilitación psicosocial más amplia que puede exigir un programa de apoyo importante en los meses o años posteriores al alta terapéutica. Esta fase es muy relevante en estos casos, ya que va a ser la que va a facilitar la prevención de la recaída. Por otra parte, no hay que olvidar que muchos casos de alcoholismo son remitidos al profesional que trabaja con alcohólicos, bien sea psicólogo clínico o psiquiatra, trabaje éste en una unidad específica de alcoholismo, en una unidad de salud mental, de conductas adictivas, en un hospital público o en una consulta privada, por el médico de cabecera, los servicios sociales o los familiares del alcohólico que acuden desesperadamente en búsqueda de ayuda.

El problema del alcoholismo es muy grave en España, ya que el alcohol es una droga social aceptada y potenciada. Ello lleva a que las personas que lo consumen, cuando tienen problemas con él, no acudan a tratamiento hasta una fase avanzada del trastorno y, con frecuencia, en un estado físico, psicológico y social lamentable, haciendo más difícil el trabajo de tratamiento y rehabilitación. Este aspecto nunca hay que perderle de vista, para evitar la propia desmotivación del terapeuta. Por ello, en personas sin recursos de casi ningún tipo, la fase de rehabilitación psicosocial posterior es imprescindible y una parte más del tratamiento. No tenerla en cuenta es facilitar la posterior recaída, de ahí la necesidad de que se le faciliten los medios para que pueda integrarse plenamente en su medio social, facilitándole para ello las habilidades y recursos necesarios, lo que no siempre es fácil, posible ni alcanzable (Becoña y cols., 2011).

7. PERSPECTIVAS DE TRATAMIENTO

7.1. La expansión de las intervenciones breves y de las intervenciones motivacionales

Uno de los «descubrimientos» más importantes que nos ha revelado la investigación sobre la eficacia de distintas intervenciones terapéuticas en el campo del alcoholismo ha sido que el consejo motivacional, de bajo contacto, y llevado a cabo casi siempre por el médico de atención primaria, tiene un impacto enorme en el tratamiento del alcoholismo (Finney y cols., 2007), al haberse mostrado este tipo de intervención tanto eficaz como barata y fácil de realizar.

En la misma línea, las intervenciones motivacionales, realizadas tanto por los profesionales de las adicciones, como por los médicos de atención primaria, se van cada vez más generalizando, tanto para las personas con abuso o dependencia del alcohol, para que con ellas les ayudemos a dejar de beber, como para que consigamos que sigan un tratamiento (Rollnick, Miller y Butler, 2008; Willenbring y cols., 2009). Además, sabemos que una parte de las personas con dependencia del alcohol dejan de beber por ellos mismos (Klingemann y Klingemann, 2009). Una intervención motivacional en el tiempo oportuno contribuiría a ello.

Con todo, en muchos casos las intervenciones breves no son suficientes y es necesario remitir a la persona con dependencia del alcohol a un tratamiento profesional específico, de más duración, el clásico tratamiento clínico. En los próximos años seguiremos asistiendo a un incremento de este tipo de intervenciones.

7.2. El emparejamiento *(matching)* del sujeto al tratamiento óptimo

En los últimos 20 años un tema que ha cobrado una importancia enorme en el campo del alcoholismo es el emparejamiento, o *matching*, de cada sujeto dependiente del alcohol o con problemas de alcohol a la alternativa terapéutica que mejor se le ajusta para superar dicho problema.

Hasta ahora se han realizado tres grandes estudios para contestar esta cuestión: los proyectos MATH, COMBINE y UKATT. En el proyecto MATCH asignaron a 1.726 pacientes a una terapia cognitiva-conductual estándar, basada en el entrenamiento en habilidades sociales de Monti (Kadden y cols., 1992) (12 sesiones); a una terapia de incremento de la motivación (4 sesiones); o a una terapia facilitadora de los 12 pasos (12 sesiones). La mayoría de los pacientes mejoraron pero no se cumplió la hipótesis central del estudio que era que la individualización del tratamiento mejoraría los resultados del mismo. Otras dos importantes conclusiones de este estudio fueron que (Allen y Kadden, 1995): (1) conforme los clientes tienen problemas más graves, como mayor nivel de dependencia, gravedad de su psicopatología asociada, carencia de apoyo social, etc., parecen funcionar mejor con tratamientos intensivos, mientras que aquellos con problemas menos severos funcionan igual con intervenciones intensivas como con intervenciones menos intensivas; y (2) la evidencia que existe, por los estudios realizados hasta ahora, indica que aquellos clientes con una alta sociopatía deberán probablemente ser tratados con intervenciones basadas en el entrenamiento en habilidades de afrontamiento. Por el contrario, aquellos bajos en sociopatía probablemente obtendrán los mismos resultados o aún mejores con un tratamiento orientado a la mejora de sus relaciones.

El estudio COMBINE lo comentamos en el punto siguiente. Con respecto al estudio UKATT comparó dos tratamientos: terapia de mejora de la motivación y la terapia de conducta de red de apoyo social (UKATT Research Team, 2007), que aplicaron a 700 pacientes. Como en el caso del proyecto MATCH, mejoraron la mayoría de los pacientes pero no se cumplieron las hipótesis de emparejamiento, la cual sostenía que cada tratamiento iría mejor para características particulares de los pacientes (ej., los pacientes con una débil red social mostrarían un mejor resultado con la terapia de conducta de red de apoyo social). A pesar de que hasta ahora esta línea ha sido poco efectiva, es previsible que sigan en el futuro intentos semejantes a estos.

7.3. La combinación del tratamiento psicológico con el tratamiento farmacológico

Los tratamientos psicológicos han mostrado ser eficaces en un gran número de trastornos. Cuando esto ocurre suele ser habitual hacer estudios combinándolos con tratamientos farmacológicos para ver si éste mejora los resultados del tratamiento psicológico. En el caso del alcoholismo esto se viene intentando desde hace años. Por ejemplo, Weiss y Kueppenbender (2006) sobre dicha combinación indicaba que podría ser efectiva pero que no era posible llegar a conclusiones consistentes porque había pocos estudios, aunque reconocía que la intervención psicosocial era imprescindible fuera ésta de bajo contacto (ej., intervención mínima) o de alto contacto (ej., tratamiento formal). Para responder a esta cuestión de un modo más consistente se ha puesto en práctica el proyecto COMBINE. El estudio COMBINE ha comparado la combinación de naltrexona con acamprosato, la terapia de conducta, y la combinación del tratamiento psicológico y farmacológico en 1.383 pacientes. Para ello compararon 9 grupos de tratamiento. Los tratamientos farmacológicos fueron cuatro: placebo, acamprosato, naltrexona y acamprosato + naltrexona. Estos cuatro grupos se compararon con y sin tratamiento conductual. En todos los anteriores tratamientos los pacientes recibieron manejo médico, consistentes en 9 sesiones proporcionadas por el médico o la enfermera, la primera sesión con una duración de 45 minutos y las demás de 20 minutos. Éstas se orientaron al cumplimiento terapéutico, adherencia al tratamiento y logro de la abstinencia. El noveno grupo recibió solo el tratamiento conductual sin manejo médico, tratamiento farmacológico o placebo. El tratamiento conductual constó de 20 sesiones de 45 minutos cada una. Incluye aspectos de la terapia cognitiva-conductual, facilitación de los 12 pasos, entrevista motivacional, y sistema de apoyo externo.

Los resultados de este estudio indicaron una importante mejoría en todos los grupos en relación a los días de abstinencia del alcohol tanto al final del tratamiento como hasta el seguimiento de un año. El mayor porcentaje de abstinencia se encontró en los pacientes tratados con naltrexona, el tratamiento conductual o la combinación de ambos (Anton y cols., 2006), con unos 80 días de media de abstinencia al año en esos grupos. El tratamiento conductual tenía la mayor ventaja en la mejoría al final del tratamiento y en parte del seguimiento, ventaja que se perdía al año de seguimiento (Donovan y cols., 2008). Lo que se aprecia en este estudio es que el apoyo terapéutico, y la utilización de estrategias de tratamiento efectivas, ha estado presente tanto en el manejo médico (9 sesiones) como en el tratamiento conductual (20 sesiones). Esto confirma una vez más que las estrategias simples y breves pueden ser tan efectivas en un gran número de pacientes como las más largas y profesionalizadas.

Este estudio no permitió confirmar que la combinación de tratamientos psicológicos y farmacológicos sea mejor que cada uno de ellos por separado, aunque debemos notar que el tratamiento farmacológico se aplicó en este estudio junto con el manejo médico ya descrito a lo largo de 9 sesiones. Esto ha llevado a algunos autores (ej., Bergmarck, 2008) a indicar el enorme peso que pueden tener los factores comunes en la eficacia del tratamiento o, como diríamos nosotros, que la buena utilización de componentes eficaces por parte del profesional que aplica el tratamiento, tanto para los tratamientos psicológicos como farmacológicos, puede ser la clave del éxito.

Concluimos con lo que dicen Mann y Hermann (2010) sobre la utilidad de los fármacos en el tratamiento del alcoholismo *a pesar de que al principio se puso una gran esperanza en los primeros estudios, más recientemente el escepticismo va lentamente ganando terreno* (p. 119). Esto ha sido debido a que las *odds ratio* obtenidas con los fármacos están en torno a 1,5 y que el tamaño del efecto es modesto (sobre 0,25 con la *d* de Cohen), aparte de que muchos pacientes no quieren medicación y otros profesionales sanitarios no la prescriben. Esto también nos lleva a concluir que el tratamiento psicológico, o las técnicas derivadas del mismo, son imprescindibles para que la persona pueda superar su dependencia del alcohol.

7.4. El diseño de tratamientos específicos para grupos particulares de individuos

Cuando un problema abarca a un conjunto muy importante de personas, llega un momento en que es necesario adecuar el tratamiento para subgrupos de personas en función de la mayor o menor gravedad de esa patología, u otras variables de «emparejamiento», como hemos expuesto anteriormente. Cuando el problema abarca a casi toda la sociedad, entonces se hace necesario adecuar los tratamientos también a grupos sociales concretos, minorías, o a personas por sus características sociodemográficas (p. ej., sexo, clase social, edad), geográficas (ciudad, campo), o de necesidad de recursos sociales (p. ej., personas sin hogar). En el campo del alcoholismo, hay cuatro grupos importantes: los jóvenes, las mujeres, los policonsumidores y las personas mayores (Cuadrado, Martínez y Picastoste, 1994). En países como Estados Unidos tienen gran importancia las diferencias étnicas, que en nuestro medio no revisten interés, aunque no hay que olvidar las diferencias culturales, que sí son importantes.

En España, como en los países limítrofes productores tradicionales de vino, Francia, Italia y Portugal, el alcoholismo aparecía en personas habitualmente en la cuarta o quinta década de la vida, y en raras ocasiones a los 20 y 30 años. En el momento actual, con el cambio en los patrones de consumo del modelo mediterráneo (consumo diario, varias veces al día, de bebidas de graduación baja, normalmente vino) al modelo anglosajón (consumo en fines de semana, en grandes dosis, y bebidas de alta graduación o destilados, que lleva frecuentemente a la borrachera; es el beber intensivo, concentrado o *binge eating*; Becoña y Calafat, 2006), está surgiendo un nuevo tipo de consumidor en nuestras consultas que antes no existía. Para éste se precisa un tipo de intervención nueva. Lo mismo es aplicable para el nuevo perfil de la mujer bebedora (Blume, 1991).

Los policonsumidores de drogas ilegales, tienen en el alcohol otra droga legal de policonsumo que sirve de refugio a lo largo de su carrera adictiva. Por ello, la intervención en ellos tiene que tener en cuenta la frecuente dependencia del alcohol y realizar una intervención específica, comprensiva y, en muchas ocasiones, a largo plazo, como es claro en el caso de la cocaína (López y Becoña, 2006).

En las personas mayores nos vamos a encontrar con aquellos alcohólicos que han sobrevivido a sus problemas de alcohol, en muchos casos con trastornos físicos y neuropsicológicos importantes, y aquellos otros que han comenzado a beber a una edad tardía (Abrams y Alexopoulos, 1998). Esta es una nueva área sobre la que existe poca investigación.

7.5. Dar a conocer la eficacia del tratamiento psicológico en la dependencia del alcohol

Hoy sabemos lo que funciona y no funciona en el tratamiento del alcoholismo (ej., Finney y cols., 2007; Hester y Miller, 2003; Kadden, 2001; Klebber y cols., 2006; Mann y Hermann, 2010; Martin y Rehm, 2012; Miller y Wilbourne, 2001; MSW Department of Health, 2013; NICE, 2011; Powers y cols., 2008). Como se lleva años insistiendo (p. ej. Sobell, 1987; Tucker y cols., 1992), es hoy muy importante diseminar estos procedimientos eficaces, si no se seguirán utilizando los no eficaces. A diferencia de otros campos y áreas de intervención éste ha sido un fenómeno que ha ocurrido en muchos países, del que el nuestro no se queda siempre atrás, a pesar de que disponemos de buenos tratamientos y de profesionales muy cualificados en su tratamiento, tanto a nivel psicológico como psiquiátrico, y en donde las técnicas de modificación de conducta desde la perspectiva psicológica han sido la punta de lanza de aportar tratamientos y estrategias efectivas para que las personas dejen de beber, solucionen su problema de dependencia del alcohol y sus otros problemas, asociados al mismo.

Se precisa, por tanto, realizar más estudios con los tratamientos psicológicos para la dependencia del alcohol y difundirlos adecuadamente entre los distintos profesionales de la atención primaria, salud mental, psiquiatría, drogodependencias, medicina interna, etc. Y, en la misma línea, transmitir a la sociedad que hay tratamientos psicológicos eficaces para tratar la dependencia del alcohol.

7.6. El incremento de la comorbilidad en este trastorno

Como ya hemos visto, la comorbilidad del abuso y dependencia del alcohol con otros trastornos es alta, de entre el 30 y el 40% (Assanangkorhchai y Svisuraparront, 2007, Brady y cols., 2007). O de que un tercio de las agresiones de pareja se producen asociadas a un consumo de alcohol, y que esto a su vez incrementa en la persona agredida el riesgo de aumentar su consumo de alcohol. A lo largo de este capítulo ya hemos analizado distintos aspectos de la comorbilidad (ej., depresión, trastornos de ansiedad, abuso y dependencia de otras sustancias, trastornos de personalidad, etc.). Dado el incremento que se está produciendo en el consumo intensivo de alcohol en jóvenes, y del incremento que también se está produciendo en distintos trastornos mentales en las últimas décadas (ej., depresión), todo ello indica el riesgo de un incremento de la comorbilidad en los próximos años (ej., el ya detectado entre dependencia de la cocaína y dependencia del alcohol).

7.7. La utilización de nuevas tecnologías para el tratamiento de la dependencia del alcohol

En los últimos años se han dado avances importantes para conocer la utilidad que pueden tener las nuevas tecnologías para el tratamiento de la dependencia del alcohol, o como un elemento de ayuda para su tratamiento. Destaca en ello el tratamiento *on-line* (Blankers, Koeter y Schippers, 2011), con técnicas cognitivo-conductuales; añadir apoyo telefónico después del tratamiento (McKay y cols., 2010), lo que lleva a mejorar los resultados; desarrollar webs para programas de bebida controlada (Hester, Delaney y Campbell, 2011), etc. El principal problema de todo lo anterior es evaluar la eficacia de estas tecnologías, aunque pueden ser una clara ayuda complementaria del tratamiento. Queda la asignatura pendiente de usar las redes sociales como ayuda al tratamiento, redes que ya están siendo utilizadas a nivel nacional e internacional para incluir en las mismas la publicidad de alcohol a través de la promoción de los deportes, de la música u otros eventos culturales.

8. REFERENCIAS BIBLIOGRÁFICAS

Abrams, R.C. y Alexopoulos, G. (1998) Geriatric addictions. En R.J. Frances y S.I. Miller (eds.): *Clinical textbook of addictive behaviors* (2ª ed., 374-396). Nueva York: Guildford Press.

Abrams, D.B. y Niaura, R.S. (1987) Social learning theory of alcohol use and abuse. En H. Blane y K. Leonard (eds.): *Psychological theories of drinking and alcoholism.* Nueva York: Guildford Press.

Allaman, A. y Beccaria, F. (2007). Editor´s introduction: Changes in the consumption of alcoholic beverages in Italy. Studies of the decrease in consumption between 1970 and 2000. *Contemporary Drug Problems, 34,* 183-185.

Allen, J.P. y Kadden, R.M. (1995) Matching clients to alcohol treatments. En R.K. Hester y W.R. Miller (eds.): *Handbook of alcoholism treatment approaches. Effective alternatives (2ª ed.)*. Boston: Allyn and Bacon.

American Psychiatric Association (2014). *DSM-5. Diagnostic and statistical manual for mental disorders.* Washington, D.F: American Psychiatric Association (trad. española.: Madrid: Editorial Médica Panamericana, 2014). (Original 2013).

Anderson, P. y Baumberg, B. (2006). *Alcohol in Europe. A public health perspective.* Londres, RU: Institute of Alcohol Studies.

Anderson, P., Braddick, F., Reynolds, J. y Gual, A. (2012). *Alcohol policy in Europe. Evidence from AMPHORA.* Brussells, Belgica: Amphora Project.

Annis, H. M. y Graham, J. M. (1992). *Inventory of Drug-Taking Situations (IDTS): User´s guide.* Toronto: Addiction Research Foundation.

Anton, D. F., Moak, D. H. y Latham, P. (1995). The Obsessive Compulsive Drinking Scale (OCDS): a self-rated instrument for the quantification of thoughts about alcohol drinking behavior. *Alcoholism: Clinical and Experimental Research, 19,* 92-99.

Anton, R. F., O´Malley, S. S., Ciraulo, D. A., Cisler, R. A., Couper, D., Donovan, D.M., Zweben, A. (2006). Combined pharmacotherapies and behavioral interventions for alcohol dependence. The COMBINE study: A randomized controlled trial. *JAMA, 295,* 2003-2017.

Aragón, C.M.G. y Miquel, M. (2008) Alcoholismo. En A. Belloch, B. Sandín y F. Ramos (eds.): *Manual de psicopatología. Edición revisada* (Vol. I, pp. 355-374). Madrid: McGraw-Hill.

Azrin, N.H. (1976) Improvements in the community-reinforcement approach to alcoholism. *Behaviour Research and Therapy, 14,* 339-348.

Assanangkornchai, S. y Srisurapanont, M. (2007). The treatment of alcohol dependence. *Current Opinion in Psychiatry, 20,* 222-227.

Barlow, D. H. (Ed.) (2002). *Anxiety and its disorders. The nature and treatment of anxiety and panic.* New York: Guildford Press.

Barlow, D. H., Farchione, T. J., Fairholme, C. P., Ellar, K. K., Boisseau, C. L., Allen, L. B. y Ehrenreich.May, J. (2010). *Unified protocol for transdiagnostic treatment of emotional disorders: Therapist guide.* Nueva York: Guildford Press.

Beck, A.T., Rush, A.J., Shaw, B.F. y Emery, G. (1979) *Cognitive therapy of depression: A treatment manual.* New York: Guildford Press (trad. española. Bilbao: Desclée de Brouwer, 1983).

Beck, A. T., Writht, F. D., Newman, C. F. y Liese, B. S. (1999). *Terapia cognitiva de las drododependencias.* Barcelona: Paidós.

Becoña, E. (1998). Alcoholismo. En M.A. Vallejo (Ed.). *Manual de terapia de conducta* (Vol II, pp. 75-141). Madrid: Dykinson.

Becoña, E. (2002). *Bases científicas de la prevención de las drogodependencias.* Madrid: Plan Nacional sobre Drogas.

Becoña, E. (2008). Terapia de solución de problemas. En F.J. Labrador (Coord.), *Técnicas de modificación de conducta* (pp. 461-482). Madrid: Pirámide.

Becoña, E. (2011). Determinantes psicosociales. En M. Casas y M. Gutiérrez (Eds.), *Manual de trastornos adictivos, 2ª ed. (pp. 35-45). Valencia: ADAMED.*

Becoña, E. y Calafat, A. (2006). *Los jóvenes y el alcohol.* Madrid: Pirámide.

Becoña, E., Cortés, M. T., Arias, F., Barreiro, C., Berdullas, J.,Villanueva, V. J. (2011). *Manual de adicciones para psicólogos internos residentes en formación.* Barcelona: Socidrogalcohol.

Becoña, E., Cortés, M., Pedrero, E. J., Fernández-Hermida, J. R., Casete, L., Tomás, V. (2008). *Guía clínica de intervención psicológica en adicciones.* Barcelona: Socidrogalcohol.

Bergmark, A. (2008). On treatment mechanism –what can we learn from the COMBINE study? *Addiction, 103,* 703-705.

Blankers, M., Koeter, M. W. y Schippers, G. M. (2011). Internet therapy versus internet self-help versus no treatment for problematic alcohol use: A randomized controlled trial. *Journal of Consulting and Clinical Psychology, 79,* 330-341.

Blume, S.B. (1991) Sexuality and stigma: The alcoholic woman. *Alcohol Health and Research World, 15:* 139-146.

Boden, J. M. y Fergusson, D. M. (2011). Alcohol and depression. *Addiction, 106,* 906-914.

Booth, P.G. (1990) Maintained controlled drinking following severe alcohol dependence-a case study. *British Journal of Addiction, 85:* 315-322.

Brady, K. T., Verduin, M. L. y Tolliver, B. K. (2007). Treatment of patients comorbid for addiction and other psychiatric disorders. *Current Psychiatry Reports, 9,* 374-380.

Buceta, J.M. (1987) Programas de bebida controlada para pacientes alcohólicos. En J.M. Buceta (ed.): *Psicología clínica y salud: aplicación de estrategias de intervención.* Madrid: UNED.

Bush, K., Kivlahan, D. R., McDonell, M. S., Fihn, S. D., y Bradley, K. A. (1998). The AUDIT Alcohol Consumption Questions (AUDIT-C): An effective brief screening test for problem drinking. *Archives of Internal Medicine, 158,* 1789–1795.

Calafat, A., Juan, M. Becoña, E., Castillo, A., Fernández, C., Franco, M., Pereiro, C. y Ros, M. (2005). El consumo de alcohol en la lógica del botellón. *Adicciones, 17,* 193-202.

Calafat, A., Juan, M., Becoña, E., Fernández, C., Gil, E., Palmer, A., Sureda, P. y Torres, M.A. (2000). *Salir de marcha y consumo de drogas.* Madrid. Delegación del Gobierno para el Plan Nacional sobre Drogas.

Calvo, R. (1983) Tratamiento conductual del alcoholismo. *Estudios de Psicología, 13,* 9-28.

Cappell, H. y Greeley, J. (1987) Alcohol and tension reduction: An update on research and theory. En H.T. Blane y K.E. Leonard (eds.): *Psychological theories of drinking and alcoholism.* New York: Guildford Press.

Cautela, J.R. (1970) The treatment of alcoholism by convert sensitization. *Psychotherapy: Theory, Research and Practice, 7,* 86-90.

Cloninger, C.R., Bohman, M. y Sivardson, S. (1981) Inheritance of alcohol abuse-cross-fostering analysis of adopted men. *Archives of Psychiatry, 42,* 1043-1049.

Contel, M. y Gual, A. y Colom, J. (1999). Test para la identificación de trastornos por uso de alcohol (AUDIT): traducción y validación del AUDIT al catalán y castellano. *Adicciones, 11,* 337-47.

Caballo, V. (1996) *Manual de evaluación y entrenamiento en habilidades sociales.* Madrid: Siglo XXI.

Comisión Clínica (2007). *Alcohol. Informe de la Comisión Clínica.* Madrid: Delegación del Gobierno para el Plan Nacional sobre Drogas.

Cuadrado, P., Martínez, J. y Picatoste, J. (1994) *Actuar es posible. El profesional de Atención Primaria de Salud ante los problemas derivados del consumo de alcohol.* Madrid: Delegación del Gobierno para el Plan Nacional sobre Drogas.

Davies, D.L. (1962) Normal drinking by recovered alcohol addicts. *Quarterly Journal of Studies on Alcohol, 23:* 94-104.

Dimeff, L.A. y Marlatt, G.A. (1995) Relapse prevention. En R.K. Hester y W.R. Miller (eds.): *Handbook of alcoholism treatment approaches. Effective alternatives (2nd ed.)* Boston: Allyn and Bacon.

Donovan, D.M. (1999). Assessment strategies and measures in addictive behaviors. En B.S. McCrady y E.E. Epstein (Eds.). *Addictions. A comprehensive guidebook* (pp. 187-215). Nueva York: Oxford University Press.

Donovan, D. M., Anton, R. F., Miller, W. R., Longabaugh, R., Hosking, J. D. y Youngbood, M. (2008). Combined pharmacotherapies and behavioral interventions for alcohol dependence (the COMBINE study): Examination of posttreatment drinking outcomes. *Journal of Studies on Alcohol and Drugs, 69,* 5-13.

Drummond, D.C. (1997) Alcohol interventions: Do the best things come in small packages? *Addiction, 92,* 375-379.

Echeburúa, E. (1992) *Avances en el tratamiento psicológico de los trastornos de ansiedad.* Madrid: Pirámide.

Echeburúa, E. (1996) *El alcoholismo.* Madrid: Aguilar.

Echeburúa, E. (2001). *Abuso del alcohol.* Madrid: Síntesis.

Echeburúa, E. y Corral, P. de (1988a) Evaluación y tratamiento de un caso de alcoholismo. En D. Macià y F.X. Méndez (eds.): *Aplicaciones clínicas de la evaluación y modificación de conducta. Estudio de casos.* Madrid: Pirámide.

Echeburúa, E. y Corral, P. de (1988b) El objetivo del beber controlado en el tratamiento del alcoholismo: perspectivas y limitaciones. *Psicopatología, 8,* 17-28.

Echeburúa, E. y Fernández-Montalvo, J. (2001). *Celos en la pareja: una emoción destructiva.* Barcelona: Ariel.

Edwards, G. (1986) *Tratamiento de alcohólicos. Guía para el ayudante profesional.* México: Trillas.

Edwards, G., Orford, J., Egert, S., Guthrie, S., Hawker, A., Hensman, C., Mitcheson, M., Oppenheimer, E. y Taylor, C. (1977) Alcoholism: A controlled trial of «treatment» and «advice». *Journal of Studies on Alcohol, 38,* 1004-1031.

Elkins, R.L. (1991a) An appraisal of chemical aversion (emetic therapy) approaches to alcoholism treatment. *Behaviour Research and Therapy, 29,* 387-413.

Elkins, R.L. (1991b) Chemical aversion treatment of alcoholism: Further comments. *Behaviour Research and Therapy, 29,* 421-428.

Fals-Stewart, W., Birchler, G. R. y Kelley, M. L. (2006). Learning sobriety together: A randomized clinical trial examining behavioral couples therapy with alcoholic female patients. *Journal of Consulting and Clinical Psychology, 74,* 579-591.

Feuerlein, W. (1976). Kurzfragebogen für Alcoholgefährdete (KFA). eine empirische analyse. *Archiv fur Psychiatrie und Nervenkrankheiten, 222, 139-152.*

Feuerlein, W., Küfner, H., Ringer, C. y Antons, K. (1979). *Münchner Alkoholismus-Test (MALT): Manual.* Beltz Verlag, Weimheim.

Finney, J. W. y Monahan, S. C. (1996). The cost effectiveness of treatment for alcoholism: A second approximation. *Journal of Studies on Alcohol, 57, 229-243.*

Finney, J. W., Wilbourne, P. L. y Moos, R. H. (2007). Psychosocial treatments for substance use disorders. En P. E. Nathan y J. M. Gorman (Eds.), *A guide to treatment that work* (3ª ed., pp. 179-202). Nueva York: Oxford University Press.

Freixa, F. y Sánchez-Turet, M. (1999). Concepto histórico de enfermedad alcohólica. En M. Sánchez-Turet (Ed.), *Enfermedades y problemas relacionados con el alcohol* (pp. 23-38). Barcelona: ESPAXS.

García, R. (1994). Evaluación en los dependientes del alcohol. En J.L. Graña (Ed.), *Conductas adictivas. Teoría, evaluación y tratamiento* (pp. 321-347). Madrid: Debate.

García R. y Alonso M. (2002). Evaluación en programas de prevención de recaída: adaptación española del Inventario de Habilidades de Afrontamiento (CBI) de Litman en dependientes del alcohol. *Adicciones, 14,* 455-463.

Grant, B. F., Stinson, F. S., Dawson, D. A. Chou, S. P., Ruan, W. J. y Pickens, R. P. (2004). Co-ocurrence of 12-month alcohol and drug use disorders and personality disorders in the United States: Results from the National Epidemiologic Survey on Alcohol and Related Conditions. *Archives of General Psychiatry, 61,* 361-368.

Gual, A. (1996) *Unidad de bebida estándar. Resumen de los resultados obtenidos en el trabajo de campo.* En XXIII Jornadas Nacionales de Sociodrogalcohol. Libro de Actas (pp. 237-249). Oviedo: Astra.

Gual, A. y Colom, J. (1997) Why has alcohol consumption declined in countries of southern Europe? *Addiction, 92 (Suppl. 1):* S21-S31.

Gual, A., Contel, M., Segura, L., Ribas, A. y Colom, J. (2001). El ISCA (Interrogatorio Sistematizado de Consumos Alcohólicos), un nuevo instrumento para la identificación precoz de bebedores de riesgo. *Medicina Clínica, 117*, 685-689.

Guardia, J., Segura, L., Gonzalvo, B., Trujols, J., Tejero, A., Suárez, A. y Martí, A. (2004). Estudio de validación de la Escala Multidimensional de Craving de Alcohol. *Medicina Clínica, 123, 211-216.*

Haynes, S. N. y O´Brien, W.H. (1990). Functional analysis in behavior therapy. *Clinical Psychology Review, 10*, 649-668.

Heather, N. (1987) Misleading confusion. *British Journal of Addiction, 82*, 253-255.

Heather, N. (1995) Brief intervention strategies. En R.K. Hester y W.R. Miller (eds.): *Handbook of alcoholism treatment approaches. Effective alternatives (2ª ed.).* Boston: Allyn and Bacon.

Heather, N. (1996) Waiting for a match: the future of psychosocial treatment for alcohol problems. *Addiction, 91*, 469-472.

Hester, R.K. (1995) Behavioral self-control training. En R.K. Hester y W.R. Miller (eds.): *Handbook of alcoholism treatment approaches. Effective alternatives (2ªed.).* Boston: Allyn and Bacon.

Hester, R.K. (2003) Behavioral self-control training. En R.K. Hester y W.R. Miller (eds.): *Handbook of alcoholism treatment approaches. Effective alternatives (3ª ed., pp. 152-187).* Boston: Allyn and Bacon.

Hester, R. K., Delaney, H. D. y Campbell, W. (2011). ModerateDrinking.com and moderation management: Outcomes of a randomized clinical trial with non-dependent problem drinkers. *Journal of Consulting and Clinical Psychology, 79*, 215-224.

Hester, R. K. y Miller, W. R. (Eds) (2003). *Handbook of alcoholism treatment approaches. Effective alternatives* (3ª ed.). Boston: Allyn and Bacon.

Holder, H., Longabaught, R., Miller W. R. y Rubonis, A. V. (1991). The cost effectiveness of treatment of alcoholism: A first approximation. *Journal of Studies on Alcohol, 52*, 517-540.

Hunt, G.M. y Azrin, N.H. (1973). A community-reinforcement approaches to alcoholism. *Behaviour Research and Therapy, 11*, 91-104.

Jellinek, E.M. (1960) *The disease concept of alcoholism.* New Brunswick, NJ: Hillhouse Press.

Kadden, R. M. (2001). Behavioral and cognitive-behavioral treatments for alcoholism. Research opportunities. *Addictive Behaviors, 26, 489-507.*

Kadden, R.M., Carroll, K., Donovan, D., Cooney, N.L., Monti, P.M., Abrams, D., Litt, M.D. y Hester, R. (1992) *Cognitive-behavioral coping skills therapy manual.* Project Match. Monograph Series (Vol. 3). Rockville, MD: National Institute on Drug Abuse and Alcoholism.

Kelly, A. B. (2009). Behavioral couples therapy in the treatment of alcohol problems. En P. M. Miller (ed.), *Evidence-based addiction treatment* (pp. 233-247). Nueva York: Academic Press.

Kleber, H. D., Weiss, R. D., Anton, R. F., George, T. P., Greenfield, S. F., Kosten, T. R. Connery, H. S. (2006). *Practice guideline for the treatment of patients with substance use disorders* (2ª ed.). Wasington, DC: American Psychiatric Press.

Klingermann, H. y Klingermann, J. (2009). How much treatment does a person need? Self-change and the treatment system. En P. M. Miller (Ed.), *Evidence-based addiction treatment* (pp. 267-286). Nueva York: Academic Press.

Labrador, F.J. (1993) *El estrés.* Barcelona: Temas de Hoy.

Labrador, F. J., Echeburúa, E. y Becoña, E. (2000). *Guía para la elección de tratamientos psicológicos efectivos. Hacia una nueva psicología clínica.* Madrid: Dykinson.

Litman, G. K., Stapleton, J., Oppenheim, A. N. y Peleg, B. M. (1983). An instrument for measuring coping behaviours in hospitalized alcoholics: Implications for relapse prevention and treatment. *British Journal of Addiction, 78,* 269-276.

Litt, M. D., Kadden, R. M., Cooney, N. L. y Kabela, E. (2003). Coping skills and treatment outcomes in cognitive-behavioral and interactional group therapy for alcoholism. *Journal of Consulting and Clinical Psychology, 71,* 118-128.

Llavona, L. (2008). Entrevista. En: Labrador, F.J. (Coord.), *Técnicas de modificación de conducta* (pp. 103-120). Madrid: Pirámide.

López, A. y Becoña, E. (2006). El consumo de alcohol en personas con dependencia de la cocaína que están en tratamiento. *Psicología Conductual, 14,* 235-245.

Maisto, S.A., Carey, K.B. y Bradizza, C.M. (1999). Social learning theory. En K.E. Leonard y H.T. Blane (Eds.), *Psychological theories on drinking and alcoholism* (2ª. ed., pp. 106-163). Nueva York: Guildford Press.

Mann, K. y Hermann, D. (2010). Individualised treatment in alcohol-dependent patients. *European Arhives of Psychiatry and Clinical Neuroscience, 260 (Supl. 2), 16-20.*

Marlatt, G. A. y Donovan, D. M. (Eds.) (2005) *Relapse prevention. Maintenance strategies in addictive behavior change* (2ª ed.). Nueva York: Guildford Press.

Marlatt, A. y Gordon, J. (1985) *Relapse prevention. Maintenance strategies in the treatment of addictive behaviours.* Nueva York: Guildford Press.

Martell, C. R., Dimidjian, S. y Herman-Dunn, R. (2012). *Activación conductual para la depresión.* Bilbao : Desclée de Brouwer.

Martin, G. W. y Rehm, J. (2012). The effectiveness of psychosocial modalities in the treatment of alcohol problems in adults : A review of the evidence. *Canadian Journal of Psychiatry, 57,* 350-358.

Martos, F.J. y Vila, J. (1982) La validez y los modelos teóricos de la sensibilización encubierta. *Análisis y Modificación de Conducta, 8,* 165-190.

Mayfield, D., McLeod, G. y Hall, P. (1974). The CAGE Questionnaire: Validation of a New Alcoholism Screening Instrument. *American Journal of Psychiatry, 131,* 1121-1123.

McKay, J. R., van Horn, D. H. A., Oslin, D. W., Lynch, K. G., Ward, K Coviello, D. M. (2010). A randomized trial of extended telephone-based continuing care for alcohol dependence: Within-treatment substance use outcomes. *Journal of Consulting and Clinical Psychology, 78,* 912-923.

McConnaughy, E. A., Prochaska, J. O. y Velicer, W. F. (1983). Stages of change in psychotherapy: *Measurement and sample profiles. Psychotherapy: Theory, Research and Practice, 26, 494-503.*

McCrady, B.S. (2001). Alcohol use disorders. En D.H. Barlow (Ed.), *Clinical handbook of psychological disorders* (3ª. ed., pp. 376-433). Nueva York: Guilford Press.

McCrady, B.S. y Langenbucher, J.W. (1996) Alcohol treatment and health care system reform. *Archives of General Psychiatry, 53,* 737-746.

Meyers, R. J. y Smith, J. E. (1995). *Clinical guide to alcohol treatment: The community reinforcement approach.* Nueva York: Guildford Press.

Miller, W.R. (1999). *Enhancing motivation for change in substance abuse treatment.* Rockville, MD: U.S. Department of Mental and Human Services, Public Health Service.

Miller, W.R. (1989) Matching individuals with interventions. En R.K. Hester y W.R. Miller (eds.): *Handbook of alcoholism treatment approaches: Effective alternatives.* Nueva York: Pergamon Press.

Miller, W.R. (1995) Increasing motivation for change. En R.K. Hester y W.R. Miller (eds.): *Handbook of alcoholism treatment approaches. Effective alternatives (2ª ed.).* Boston: Allyn and Bacon.

Miller, W. R., Andrews, N. R., Wilbourne, P. y Bennett, M. E. (1998). A wealth of alternatives: Effective treatments for alcohol problems. En W. R. Miller y N. Heather (Eds.), *Treating addictive behaviors* (2ª. Ed., pp. 203-216). Nueva York: Plenum Press.

Miller, W.R., Brown, J.M., Simpson, T.L., Handmaker, N.S., Bien, T.H., Luckie, L.F., Montgomery, H.A., Hester, R.K. y Tonigan, J. S. (1995) What works? A methodological analysis of the alcohol treatment outcome literature. En R.K. Hester y W.R. Miller (eds.): *Handbook of alcoholism treatment approaches. Effective alternatives (2ª ed.).* Boston: Allyn and Bacon.

Miller, W.R. y Hester, R.K. (1986) The effectiveness of alcoholism treatment. What research reveals. En W.R. Miller y N. Heather (eds.): *Treating addictive behaviors. Processes of change.* New York: Plenum.

Miller, W. R. y Marlatt, G. A. (1984). *Manual for the Comprehensive Drinker Profile.* Odessa, FL: Psychological Assessment Resources.

Miller, W.R., Meyers, R. J. y Hiller-Sturmhöfel, S. (1999). The community-reinforcement approach. *Alcohol Research & Health, 23, 116-121.*

Miller, W.R. y Muñoz, R.F. (2005) *Controlling your drinking: Tools to make moderation work for you.* Nueva York: Guildford Press.

Miller, W.R. y Rollnick, S. (1991). *Motivational interviewing: Preparing people to change addictive behavior.* New York: Guildford Press (trad. española, Barcelona: Paidós, 1999).

Miller, W.R. y Sánchez, V.C. (1994) Motivating young adults for treatment and lifestyle change. En G. Howard (ed.): *Issues in alcohol use and misuse by young adults.* Notre Dame, IN: University of Notre Dame Press.

Miller, W. R. y Tonigan, J. S. (1996). Assessing drinkers' motivation for change: The Stages of Change Readiness and Treatment Eagerness Scale (SOCRATES). *Psychology of Addictive Behaviors, 10,* 81-89.

Miller, W. R. y Wilbourne, P. L. (2001). Mesa Grande: A methodological analysis of clinical trials of treatments of alcohol use disorders. *Addiction, 97,* 265-277.

Monti, P.M., Kadden, R. M., Rohsenow, D. J., Cooney, N. L. y Abrams, D. B. (2002). *Treating alcohol dependence. A coping skills training guide.* Nueva York: Guildford Press.

Monti, P.M., Rohsenow, D.J., Colby, S.M. y Abrams, D.B. (1995) Coping and social skills training. En R.K. Hester y W.R. Miller (eds.): *Handbook of alcoholism treatment approaches. Effective alternatives* (2ª ed.). Boston: Allyn and Bacon.

Moos, R. H., Schutte, K. K., Brennan, P. L. y Moos, B. S. (2009). Older adults´alcohol consumption and late-life drinking problems: A 20-year perspective. *Addiction, 104,* 1293-1302.

Moss, H. B., Chen, C. M. y Yi, H-J. (2007). Subtypes of alcohol dependence in a nationally representative simple. *Drug and Alcohol Dependence, 91,* 149-158.

Muñoz, M. (2008). Proceso de actuación psicológica cognitivo-conductual: una guía de actuación. En F. J. Labrador (Coord.), *Técnicas de modificación de conducta* (pp. 69-101). Madrid: Pirámide.

NICE (2011). *Alcohol-use disorders. Diagnosis, assessment and management of harmful drinking and alcohol dependence. NICE Clinical Guideline 115.* London, RU: National Institute for Health and Care Excellence.

NSW Department of Health (2013). *Drug and alcohol psychosocial interventions professional practice guidelines.* Sydney, Australia: Author.

O´Farrell, T.J. (1995) Marital and family therapy. En R.K. Hester y W.R. Miller (eds.): *Handbook of alcoholism treatment approaches. Effective alternatives* (2ª ed.). Boston: Allyn and Bacon.

Observartorio Español sobre la Droga y las Toxicomanías [OEDT] (2014). *Informe 2013. Alcohol, tabaco y drogas ilegales en España.* Madrid. Ministerio de Sanidad, Servicios Sociales e Igualdad, Delegación del Gobierno para el Plan Nacional sobre Drogas.

Pacurucu-Castillo, S. (2013). Alcohol. En E. Velásquez, A. Olaya, G. Castaño y S. Castro (Eds.), *Adicciones, aspectos clínicos y psicosociales, tratamiento y prevención* (pp. 411-433).Medellín, Colombia: CIB Fondo Editorial.

Ponce, G., Jiménez-Arriero, M. A. y Rubio, G. (2003). Aspectos médicos de la evaluación de la dependencia alcohólica. Indicadores clínicos y medidas fisiológicas. En E. García, S. Mendieta, G. Cervera y J. R. Fernández-Hermida (Coord.), *Manual SET de alcoholismo* (pp. 243-258). Madrid: Editorial Médica Panamericana.

Powers, M. B., Vedel, E. y Emmelkamp, P. M. G. (2008). Behavioral couples therapy (BCT) for alcohol and drug use disorders: A meta-analysis. *Clinical Psychology Review, 28,* 952-962.

Prochaska, J.O. y DiClemente, C.C. (1982) Transtheoretical therapy: Toward a more integrative model of change. *Psychotherapy: Theory, Research and Practice:* 19, 276-288.

Prochaska, J.O. y DiClemente, C.C. (1983) Stages and processes of self-change of smoking: Toward an integrative model of change. *Journal of Consulting and Clinical Psychology, 51,* 390-395.

Prochaska, J.O., DiClemente, C.C. y Norcross, J.C. (1992) In search of how people change. Applications to addictive behaviors. *American Psychologist, 47,* 1102-1114.

Prochaska, J.O., Norcross, J.C. y DiClemente, C.C. (1994) *Changing for good.* Nueva York: William Morrow and Cia.

Prochaska, J.O. y Prochaska, J.M. (1993) Modelo transteórico de cambio para conductas adictivas. En M. Casas y M. Gossop (eds.): *Tratamientos psicológicos en drogodependencias: recaída y prevención de recaídas.* Sitges: Ediciones Neurociencias.

Prochaska, J.O., Velicer, W.F., Rossi, J.S., Goldstein, M.G., Marcus, B.H., Rakowski, W., Rossi, S. (1994) Stages of change and decisional balance for 12 problem behaviors. *Health Psychology, 13,* 39-46.

Project MATCH Research Group (1993) Project MATCH: Rationale and methods for a multisite clinical trial matching patients to alcoholism treatment. *Alcoholism: Treatment & Experimental Research, 17,* 1130-1145.

Rimmele, C.T., Howard, M.O. y Hilfrink, M.L. (1995) Aversion therapies. En R.K. Hester y W.R. Miller (eds.): *Handbook of alcoholism treatment approaches. Effective alternatives* (2ª ed.). Boston: Allyn and Bacon.

Robertson, I. y Heather, N. (1986) *Let´s drink your health: A self-help guide to sensible drinking.* London: British Psychological Society (trad. española: ¿Así que quieres beber menos? Vitoria: Servicio de Publicaciones del Gobierno Vasco, 1987)

Robledo, T. (2006). Alcohol. Epidemiología. En J. C. Pérez, J. C. Valderrama, G. Cervera y G. Rubio (Eds.), *Tratado SET de trastornos adictivos* (pp. 158-167). Madrid: Editorial Médica Panamericana.

Rodríguez-Martos, A. (1999a). Alcoholismo: diagnóstico, concepto, motivación y tratamiento. En E. Becoña, A. Rodríguez e I. Salazar (Coord.), *Drogodependencias. V. Avances 1999* (pp. 57-99). Santiago de Compostela: Servicio de Publicaciones e Intercambio Científico de la Universidad de Santiago de Compostela.

Rodríguez-Martos, A. (1999b). Tratamiento del síndrome de dependencia del alcohol. En E. Becoña, A. Rodríguez e I. Salazar (Coord.), *Drogodependencias. V. Avances 1999* (pp. 101-175). Santiago de Compostela: Servicio de Publicaciones e Intercambio Científico de la Universidad de Santiago de Compostela.

Rodríguez-Martos, A., Navarro, R., Vecino, C. y Pérez, R. (1986). Validación de los cuestionarios KFA (CBA) y CAGE para diagnóstico del alcoholismo. *Drogalcohol, 11,* 132-139.

Rodríguez-Martos, A., Rubio, G., Aubà, J., Santo-Domingo, J., Torralba, Ll. y Campillo, M. (2000). Readiness to change questionnaire: Reliability study of its Spanish version. *Alcohol & Alcoholism, 35,* 270-275.

Rodríguez-Martos, A. y Suárez, R. (1984). MALT: validación de la versión española de este test para el diagnóstico del alcoholismo. *Revista de Psiquiatría y Psicología Médica de Europa y América Latina, 16,* 421-432.

Rollnick, S., Heather, N., Gold, R. y Hall, W. (1992). Development of a short "readiness to change" questionnaire for use in brief, opportunistic interventions among excessive drinkers. *British Journal of Addiction, 87,* 743-754.

Rollinick, S., Miller, W. C. y Butler, C. C. (2008). *Motivational interviewing in health care. Helping patients change behaviours.* Nueva York: Guildford Press.

Roozen, H. G., Boulogne, J. J., van Tulder, M. W., van den Brink, W., de Jong, C. A. y Kerkhof, A. J. (2004). A systematic review of the effectiveness of the community reinforcement approach in alcohol, cocaine and opioid addiction. *Drug and Alcohol Dependence, 74,* 1-13.

Rubio, G. y López, M. (1999). Validación del Cuestionario sobre los componentes obsesivo-Compulsivo de bebida en alcohólicos españoles. *Adicciones, 11,* 7-16.

San, L. y Torréns, M. (1994). Instrumentos diagnósticos en alcoholismo. En M. Casas, M. Gutiérrez y L. San (Eds.), *Psicopatología y alcoholismo* (pp. 177-207). Barcelona: Ediciones en Neurociencias.

Sánchez, L. (2007). *Observatorio de Galicia sobre Drogas. Informe general 2006.* Santiago de Compostela: Xunta de Galicia, Consellería de Sanidade.

Sánchez-Craig, M. (1993) *Saying when: How to quit drinking or cut down.* Toronto: Addiction Research Foundation.

Saunders, J., Aasland, O., Babor, T., De la Fuente, J. y Grant, M. (1993). Development of the AUDIT: WHO collaborative project on early detection of persons with harmful alcohol consumption-II. *Addiction, 88,* 791-804.

Secades, R. (1996) *Alcoholismo juvenil. Prevención y tratamiento.* Madrid: Pirámide.

Secades, R. y Fernández, J.R. (2001). Tratamientos psicológicos eficaces para la drogadicción: nicotina, alcohol, cocaína y heroína. *Psicothema, 13,* 365-380.

Schippers, G.M. (1991) Introduction. En G.M. Schippers, S.M.M. Lammers y C.P.D.R. Schaap (eds.): *Contributions to the psychology of addiction.* Amsterdam, Holanda: Swets & Zeitlinger.

Shuckit, M. (2000). *Drug and alcohol abuse, 5ª edition.* Nueva York: Plenum.

Sisson, R.W. y Azrin, N.H. (1989) The community reinforcement approach. En R.K. Hester y W.R. Miller (eds.): *Handbook of alcoholism treatment approaches: Effective alternatives.* Nueva York: Pergamon.

Sisson, R.W. y Azrin, N.H. (1993) Family-member involvement to initiate and promote treatment of problem drinking. *Journal of Behavior Therapy and Experimental Psychiatry, 17, 15-21.*

Smith, J.E. y Meyers, R.J. (1995) The community reinforcement approach. En R.K. Hester y W.R. Miller (eds.): *Handbook of alcoholism treatment approaches. Effective alternatives (2ª ed.).* Boston: Allyn and Bacon.

Sobell, M.B. y Sobell, L.C. (1973b) Alcoholics treatment by individualized behavior therapy: One year treatment outcome. *Behaviour Research and Therapy, 11,* 599-618.

Sobell, M.B. y Sobell, L.C. (1976) Second-year treatment outcome of alcoholics, treated by individualized behavior therapy: Results. *Behaviour Research Therapy, 14,* 195-215.

Sobell, M.B. y Sobell, L.C. (1978) *Behavioral treatment of alcohol problems: Individualized therapy and controlled drinking.* New York: Plenum Press.

Sobell, M.B. y Sobell, L.C. (1987) Stalking white elephants. *British Journal of Addiction, 82,* 245-247.

Sobell, M.B. y Sobell, L.C. (1993) *Problem drinkers. Guided self-change treatment.* New York: Guildford Press.

Stockwell, T. (1995) Anxiety and stress management. En R.K. Hester y W.R. Miller (eds.): *Handbook of alcoholism treatment approaches. Effective alternatives* (2ª ed.). Boston: Allyn and Bacon.

The Plinius Maior Society (1995) *Directrices para la evaluación del tratamiento de la dependencia alcohólica.* Barcelona: Ajuntament de Barcelona, Institut Municipal de Salut Pública.

Tucker, J.A., Vuchinich, R.E. y Downey, K.K. (1992) Substance abuse. En S. M. Turner, K. S. Calhoun y H. E. Adams (eds.): *Handbook of clinical behavior therapy* (2ªed.). New York: Wiley.

UKATT Research Team (2007). UK Alcohol Treatment Trial: Client-treatment matching effects. *Addiction, 103,* 228-238.

Vaillant, G. E. (1983). *The natural history of alcoholism.* Cambridge, MA: Harvard University Press.

Wikiewitz, K., Bowen, S. y Donovan, D. M. (2011). Moderating effects of a craving intervention on the relation between negative mood and heavy drinking following treatment for alcohol dependence. *Journal of Consulting and Clinical Psychology, 79,* 54-63.

Willenbring, M. L. (2010). The past and future of research and treatment of alcohol dependence. *Alcohol Research & Health, 33,* 55-63.

Wilsnack, S.C. (1995) Alcohol use and alcohol problems in women. En A.L. Stanton y S. J. Gallant (eds.): *The psychology of women's health. Progress and challenges in research and application.* Washington, D.C.: American Psychological Association.

9. LECTURAS RECOMENDADAS

Echeburúa, E. (2001) *Abuso del alcohol.* Madrid: Síntesis.

Este libro repasa de forma clara, amena y ágil los aspectos más relevantes del abuso del alcohol, tipos de bebidas, su influencia en la conducta, los problemas de bebida, epidemiología, evaluación y tratamiento psicológico, junto a problemas especiales que surgen en el tratamiento y la prevención del mismo.

Edwards, G. (1986) *Tratamiento de alcohólicos. Guía para el ayudante profesional.* México: Trillas.

Este libro, orientado a los coterapeutas en el tratamiento del alcoholismo, está escrito por uno de los autores más relevantes de Europa en el campo del alcoholismo. El libro constituye un verdadero compendio sobre la problemática del alcoholismo y permite a través de sus páginas formarse una idea clara y comprehensiva del problema de la dependencia del alcohol en todas sus vertientes, desde la médica, la psicopatológica, el tratamiento, etc.

NICE (2011). *Alcohol-use disorders. Diagnosis, assessment and management of harmful drinking and alcohol dependence. NICE Clinical Guideline 115.*. London, RU: National Institute for Health and Care Excellence.

Esta es la guía de referencia del Sistema de Salud Británico para el tratamiento de las personas con problemas con el alcohol. Se orienta tanto a las personas que tienen pro-blemas con el alcohol como a los dependientes. A lo largo de ella aparece una exhaustiva información sobre los tratamientos psicológicos, eficacia y el modo de ponerlos en práctica en la clínica.

Monti, P.M., Kadden, R. M., Rohsenow, D. J., Cooney, N. L. y Abrams, D. B. (2002). *Treating alcohol dependence. A coping skills training guide.* Nueva York: Guildford Press.

En este manual se presenta detalladamente el protocolo de tratamiento del entrenamiento en habilidades sociales. Se orienta a entrenar al individuo en una amplia variedad de habilidades de afrontamiento para mejorar sus habilidades individuales, mejorar su red de apoyo social, controlar la presión social al consumo, manejar su estado de ánimo, afrontar directamente las situaciones de riesgo, manejar la patología dual, etc.

García, E., Mendieta, S., Cervera, G. y Fernández-Hermida, J. R. (2003). *Manual SET de alcoholismo.* Madrid: Sociedad Española de Toxicomanías.

En este completo manual se tratan los distintos aspectos de la dependencia del alcohol, con una perspectiva multidisciplinar. Constituye un manual avanzado para poder profundizar en los distintos aspectos de la dependencia del alcohol, incluyendo capítulos sobre conceptos básicos, características del trastorno, evaluación, tipos de tratamientos disponibles, proceso de tratamiento, etc.

10. PREGUNTAS DE AUTO-COMPROBACIÓN

1) Una cerveza y un vaso de vino, cada uno de ellos, equivale a una unidad de bebida estándar.
2) El modelo cognitivo-conductual en el tratamiento del alcoholismo asume que el alcohol es un poderoso reforzador capaz de mantener la autoadministración de alcohol.
3) Se ha encontrado que el entrenamiento en habilidades sociales es un procedimiento inefectivo en el tratamiento del alcoholismo.
4) El uso del disulfiram es un componente que se utiliza en los tratamientos bajo la denominación de aproximación de reforzamiento comunitario.
5) El problema más frecuentemente encontrado en las personas dependientes del alcohol a nivel psicopatológico es el trastorno obsesivo-compulsivo.
6) El modelo de prevención de la recaída aplicado al alcoholismo le da un gran peso al cliente como responsable de su cambio de conducta.
7) La persona idónea para un programa de bebida controlada es aquella que rechaza la abstinencia y tiene demandas muy fuertes para beber socialmente.
8) Los programas de beber controlado obtienen los mejores resultados en aquellas personas altamente dependientes del alcohol.
9) Las personas dependientes del alcohol que se encuentran en el estadio de contemplación son las más idóneas para el tratamiento cognitivo-conductual, obteniéndose con ellos los mejores resultados.
10) El estudio COMBINE ha demostrado que de todos los tratamientos evaluados el más eficaz es el farmacológico, en contraposición al tratamiento psicológico

Las respuestas (verdadero, o falso) a las preguntas se encuentran en el anexo final del texto.

9

ADICCIONES A SUSTANCIAS ILEGALES

Roberto Secades Villa

Universidad de Oviedo

Olaya García Rodríguez

Universidad de Oviedo

José Ramón Fernández Hermida

Universidad de Oviedo

1. INTRODUCCIÓN

Los trastornos por uso de drogas constituyen en la actualidad uno de los problemas de salud pública más importantes y tanto su consumo como las consecuencias derivadas del mismo son un tema de atención y preocupación prioritario para todos los países de nuestro entorno. Por este motivo, el desarrollo de programas de prevención y tratamiento eficaces es un asunto de gran relevancia científica y social.

El denominado modelo biopsicosocial es el modelo de referencia inexcusable para el abordaje de las drogodependencias. Se trata del marco conceptual más adecuado para analizar las interacciones entre el ambiente y los factores biológicos implicados en las conductas de consumo de drogas, con independencia de la sustancia de referencia. La idea básica que promueve es que la probabilidad de que una persona consuma una droga o llegue a ser adicto no se relaciona sólo con las propiedades farmacológicas de la sustancia y su efecto en el cerebro, sino también con procesos psicológicos básicos de aprendizaje y socialización, así como con el contexto social y cultural en el que el individuo se desenvuelve. La inclusión de los factores biológicos, psicológicos y sociales es imprescindible no sólo para el análisis de la génesis y manifestación de las conductas de uso de drogas, sino también para el diagnóstico y tratamiento de las personas que padecen este tipo de problemas.

De acuerdo con los informes y las guías de tratamiento promovidas en los últimos años por las entidades más importantes en este ámbito, los tratamientos psicológicos son una parte central y crítica para el tratamiento efectivo del abuso y de la dependencia a las drogas. Existe un importante soporte científico que avala la eficacia de determinadas técnicas psicológicas en el tratamiento de las conductas adictivas, en particular, la terapia cognitivo-conductual, combinada o no con apoyo farmacológico. La propia descripción de los trastornos por abuso de sustancias de los sistemas de clasificación diagnóstica (en particular, el DSM), ya asume la centralidad del modelo psicológico, si tenemos en cuenta que de los once criterios para el diagnóstico de los trastornos relacionados con sustancias, sólo los dos tienen que ver con aspectos fisiológicos (tolerancia y abstinencia).

Por todo ello, se puede afirmar sin ninguna duda que la intervención psicológica es esencial tanto para la prevención como para el tratamiento de las drogodependencias. Las técnicas de manejo de contingencias (MC), de exposición y de prevención de recaídas se muestran como los componentes críticos de estos programas. En particular, el MC se propone como el conjunto de procedimientos más eficaz para el tratamiento de los problemas de abuso y dependencia de drogas. Dicha eficacia estaría basada en la virtud de combinar la manipulación de contingencias *artificiales* y *naturales* (Higgins, 1996). Las contingencias naturales se movilizarían con las estrategias de entrenamiento en habilidades sociales, habilidades para el rechazo de drogas, cambios en el estilo de vida, terapia de pareja, etc. Por su parte, las terapias basadas en el uso de incentivos (*vouchers*) a cambio de la abstinencia se situarían en el polo de las contingencias artificiales. Los tratamientos que se sitúan más cerca del polo natural podrían tener más ventajas que los situados en el polo contrario, al menos en lo que se refiere a la abstinencia a largo plazo, ya que las contingencias *naturales* son las que, al final, deben mantener cualquier cambio terapéutico. No obstante, la conducta operante es altamente sensible a la precisión de las contingencias que la controlan, y una ventaja de los tratamientos más cercanos al polo *artificial* es que estas contingencias pueden ser manipuladas de forma más precisa que las *naturales* (Secades Villa, García Rodríguez, Fernández Hermida y Carballo, 2007). En este capítulo, se describirán las intervenciones mencionadas para proponer después un protocolo de intervención que conjugue los elementos activos de cada tratamiento.

2. DEFINICIÓN, CLASIFICACIÓN Y EPIDEMIOLOGÍA

La versión última del DSM, el DSM-5 (American Psychiatric Association, 2014) incluye, al igual que su antecesor, el DSM-IV-R (American Psychiatric Association, 2002), dos tipos de diagnósticos en el capítulo dedicado a los trastornos por uso de sustancias: el relacionado con el patrón de consumo de las drogas y los que describen síndromes conductuales ocasionados por el efecto directo de la sustancia en el Sistema Nervioso Central (intoxicación, abstinencia y trastornos mentales inducidos). Ambos tipos de diagnósticos se aplican a las diez sustancias que recoge: alcohol, cafeína, cannabis, alucinógenos (incluyendo fenciclidina –PCP–), inhalantes, opiáceos, sedantes e hipnóticos o ansiolíticos (en el DSM-IV-R los sedantes se consideraban de forma separada), estimulantes, tabaco y otras sustancias. El diagnóstico de trastorno por consumo de una sustancia se aplica a las diez clases incluidas en este capítulo, excepto a la cafeína.

El diagnóstico de trastorno por uso de sustancias se alcanza mediante la aplicación de once criterios conductuales, cognitivos y fisiológicos, que indican que el individuo continúa consumiendo la sustancia, a pesar de la aparición de problemas significativos relacionados con ella. Los criterios son los mismos para todas las categorías de sustancias, pero para determinadas drogas, algunos síntomas son menos sobresalientes, y en algunos casos no se aplican todos los síntomas (por ejemplo, el criterio de abstinencia no se especifica para los trastornos por uso de fenciclidina, alucinógenos o inhalantes). El diagnóstico sólo debe hacerse si durante algún momento en los doce meses previos o de un modo continuo han estado presentes dos o más de los once criterios. Éstos pueden dividirse en tres grupos: los cuatro primeros se refieren al patrón conductual compulsivo inherente a la adicción a las drogas, caracterizado por dos fenómenos. el *craving* o experiencia subjetiva de desear o necesitar consumir drogas y la falta de control (la incapacidad para resistir el *craving*), los criterios cinco a nueve se centran en el uso de drogas a pesar de los efectos adversos (la pérdida de reforzadores) provocados por el uso de éstas, y los dos últimos tienen que ver con aspectos fisiológicos (tolerancia y abstinencia).

El DSM-5 reconoce de forma explícita la dimensionalidad de los trastornos por uso de sustancias estableciendo tres patrones de gravedad en función del número de criterios que se cumplan: leve (2 ó 3 criterios), moderada (4 ó 5 criterios) y grave (6 ó más criterios). Los criterios de la CIE-10 para la dependencia de una sustancia son muy similares a los del DSM-5. Si bien la CIE-10 contiene básicamente los once puntos del DSM-IV, los condensa en cinco criterios (Organización Mundial de la Salud, 1992).

La intoxicación por sustancias se refiere a la aparición de un síndrome reversible específico de cada sustancia debido a su reciente ingestión. Los cambios psicológicos o comportamentales son debidos a los efectos fisiológicos directos de la droga sobre el sistema nervioso central y se presentan durante el consumo de la sustancia o poco tiempo después. La característica esencial de la abstinencia por sustancias consiste en la presencia de un cambio desadaptativo del comportamiento, con concomitantes fisiológicos y cognoscitivos, debido al cese o la reducción del uso prolongado de grandes cantidades de la droga. El síndrome específico de la sustancia provoca un malestar clínicamente significativo o un deterioro de la actividad laboral y social o en otras áreas importantes de la actividad del sujeto (American Psychiatric Association, 2014).

Los trastornos relacionados con el patrón de consumo de las drogas y los que describen síndromes conductuales ocasionados por el efecto directo de la sustancia en el Sistema Nervioso Central implican con frecuencia el uso simultáneo o secuencial de varias de ellas. Cuando se cumplen los criterios para más de un trastorno relacionado con sustancias, se recomienda que se realicen varios diagnósticos.

Los trastornos por uso de sustancias ilícitas se han generalizado entre la población general y se asocian con importantes costes sociales, personales y económicos. En 2013, se estimaba que 24,6 millones de estadounidenses mayores de 12 años eran usuarios recientes (último mes) de drogas ilegales (un 9,4% de la población) (Substance Abuse and Mental Health Services Administration, 2014). El cannabis es la droga ilegal más consumida, con una tasa de prevalencia en el último mes del 7,5%. Las drogas de prescripción son consumidas por el 2,5% de la población (último mes) mayor de 12 años y la cocaína por el 0,6%.

Las estimaciones del Observatorio Europeo de las Drogas y las Toxicomanías (*European Monitoring Centre for Drugs and Drug Addiction,* EMCDDA) realizadas sobre la población adulta (de 15 a 64 años) en la Unión Europea señalan que casi una cuarta parte de la población, más de 80 millones de personas, han probado drogas ilegales en algún momento de su vida. La droga consumida con más frecuencia es el cannabis (75,1 millones), siendo más bajas las estimaciones referentes a la cocaína (14,9 millones), las anfetaminas (11,7 millones) y la MDMA (11,5 millones). Los niveles de consumo a lo largo de la vida varían considerablemente de unos países a otros, desde un tercio de los adultos en Dinamarca, Francia y el Reino Unido hasta un 8% en Bulgaria, Rumanía y Turquía (European Monitoring Centre for Drugs and Drug Addiction, 2015).

El cannabis es la droga ilegal más consumida en todos los grupos de edad. Se estima que 14,6 millones de europeos jóvenes (de 15 a 34 años) (el 11,7% de este grupo de edad) habían consumido cannabis en el último año, siendo la cifra correspondiente de 8,8 millones entre los de 15 a 24 años (15,2% de este grupo de edad). Las encuestas de población de Alemania, España y el Reino Unido muestran una reducción o prevalencia estable del cannabis en la última década. En contraste, se observa un aumento de la prevalencia en Bulgaria, Francia y en tres países nórdicos (Dinamarca, Finlandia y Suecia). Se estima que entorno al 1% de consumidores de cannabis lo hacen de forma intensiva (consumo diario o casi diario de cannabis el realizado durante 20 días o más del último mes). Cerca de tres cuartas partes de ellos tienen de 15 a 34 años de edad y más de tres cuartas partes son hombres. Un dato muy importante es que el cannabis es la droga que se notifica con más frecuencia como la razón principal para iniciar un tratamiento de drogodependencia por primera vez en Europa. En los países con los niveles más elevados de prevalencia, el cannabis representa una parte considerable de las urgencias relacionadas con drogas. En España, por ejemplo, el número de urgencias relacionadas con el cannabis aumentó de 1.589 (25% de todas las urgencias relacionadas con drogas) en 2008 a 1.980 (33%) en 2011.

La cocaína es la droga estimulante ilegal más consumida en Europa, aunque la mayoría de los consumidores se concentran en un número restringido de países, incluyendo a España. Entre los consumidores habituales, puede hacerse una clara distinción entre los consumidores más integrados en la sociedad, que suelen esnifar cocaína en polvo en contextos recreativos, y los consumidores marginados, que se administran cocaína por vía parenteral o fuman crack, a menudo junto con opioides (European Monitoring Centre for Drugs and Drug Addiction, 2015). Se estima que unos 2,3 millones de adultos jóvenes de 15 a 34 años (el 1,9% de este grupo de edad) consumieron cocaína en el último año. La cocaína fue citada como droga principal por el 13% de los consumidores que iniciaron tratamiento especializado en 2013 y por el 16% de los que iniciaron tratamiento por primera vez. Existen amplias diferencias entre los países, concentrándose más del 70% de los consumidores de cocaína en solo tres de ellos: España, Italia y el Reino Unido.

Se estima que 1,3 millones (1%) de adultos jóvenes (de 15 a 34 años) consumieron anfetaminas en el último año. La mayoría de los países europeos han experimentado una situación relativamente estable con respecto a las tendencias en el consumo. Las excepciones son España y el Reino Unido, donde puede observarse una reducción estadísticamente significativa en la prevalencia desde el año 2000. Las estimaciones nacionales de prevalencia del consumo de alucinógenos, anestésicos y sedantes, como LSD, ketamina, GHB y hongos alucinógenos se mantienen bajas. Por ejemplo, la prevalencia en España de consumo de ketamina en el último año es del 0,3% entre adultos jóvenes. Por último, la prevalencia media del consumo de alto riesgo de opiáceos se estima en el 0,4%, lo que supone 1,3 millones de consumidores problemáticos en Europa en 2013. Los consumidores de opiáceos, sobre todo heroína, como droga principal representan el 46% de todos los consumidores de drogas que iniciaron tratamiento especializado en 2013 en Europa y el 20% de los que iniciaron tratamiento por primera vez. En general, parece que se ha reducido la iniciación en el consumo de heroína y que esto repercute ahora en la demanda de tratamiento. Sin embargo, un motivo de preocupación cada vez mayor es el uso de opiáceos distintos de la heroína: más del 10% de todos los consumidores de opiáceos que iniciaron servicios especializados de tratamiento en 2013 fueron tratados por problemas relacionados principalmente con estas sustancias, como por ejemplo, la metadona, la buprenorfina y el fentanilo (European Monitoring Centre for Drugs and Drug Addiction, 2015).

En España, la Encuesta Domiciliaria sobre Alcohol y Drogas (EDADES) realizada en 2013 por el Plan Nacional sobre Drogas (Plan Nacional sobre Drogas, 2015) muestra que la droga ilegal más consumida entre la población de 15 a 64 años es el cannabis, aunque con una tendencia levemente descendente. El 6,6% de la población de entre 15 y 64 años ha consumido esta sustancia en el último mes y el 2,2% tiene un consumo problemático (el 25% de los que han consumido en el último año). En dato preocupante es la tendencia creciente en el consumo de hipnosedantes. El 8,9% de la población adulta los ha usado alguna vez en el último mes. Además, el porcentaje de mujeres que consume hipnosedantes en el último año duplica el porcentaje de hombres consumidores (16% frente a 8,5%). El consumo de cocaína desciende ligeramente tras una etapa al alza desde 1995 hasta 2005 y una posterior estabilización. El 10,2% de la población la ha consumido alguna vez y el 1% la ha usado en el último mes. Los consumos de heroína se mantienen muy bajos (0,1% de la población en el último año) y no muestran cambios con respecto a las ediciones previas. La prevalencia de otras sustancias como el éxtasis, anfetaminas y alucinógenos se mantienen también en niveles estables, situándose siempre por debajo del 1% de la población.

El consumo de todas las sustancias es más prevalente en hombres salvo para los hipnosedantes, en los que las mujeres presentan mayor prevalencia. El policonsumo es el patrón cada vez más prevalente en España (y en el resto de Europa), ya que el 50% de los consumidores de sustancias consumen dos o más drogas. El alcohol está presente en el 90% de los policonsumos.

Numerosos estudios epidemiológicos y clínicos coinciden en señalar que los trastornos por consumo de drogas tienen una estrecha relación con otros trastornos mentales, esquizofrenia, trastornos de ansiedad y del estado de ánimo, trastornos de la personalidad, etc. (Compton, Thomas, Stinson y Grant, 2007). La comorbilidad con trastornos del Eje I y II incrementa la probabilidad de problemas laborales, deterioro neuropsicológico, infección por VIH y hepatitis, disfunción social, violencia, encarcelamiento, pobreza, y pobre calidad de vida. Desde el punto de vista clínico es muy importante la valoración de la presencia de comorbilidad ya que, por lo general, los pacientes con diagnóstico dual presentan una mayor dificultad en el tratamiento y un peor pronóstico. Existen varias posibilidades que pueden explicar la alta prevalencia de comorbilidad encontrada en los estudios. Es posible que uno de los trastornos pueda incrementar directa o indirectamente el riesgo de aparición del otro, o bien que la comorbilidad entre el uso de drogas y otro trastorno mental pueda surgir por causas o riesgos comunes (Hall, 1996). Este tipo de pacientes requieren intervenciones específicas (psicológicas y/o farmacológicas) que incrementen la probabilidad del éxito terapéutico. Un factor muy importante en la evaluación de la psicopatología de los pacientes adictos es el hecho de que las sustancias consumidas pueden producir, por sí mismas, sintomatología psíquica que puede confundirse con un trastorno mental genuino. Por ejemplo, una psicosis tóxica paranoide, ocasionada por anfetaminas o drogas de síntesis, puede confundirse con una esquizofrenia y una dependencia a sedantes puede pasar por un cuadro depresivo. Así mismo, las drogas pueden precipitar y hacer aparecer trastornos mentales graves latentes. Por ejemplo, una dosis excesiva de cannabis puede precipitar una esquizofrenia en una personalidad límite ya de por sí vulnerable. O todo lo contrario, síntomas psicopatológicos definidos pueden mitigarse temporalmente con el uso de drogas; por ejemplo, una persona depresiva que consuma estimulantes. Aún cuando dichos trastornos sean consecuencia del abuso de drogas, los adictos que los presentan responden peor a los tratamientos convencionales y debe tenerse en cuenta a la hora de planificar el tratamiento.

3. MODELOS EXPLICATIVOS

El modelo biomédico tradicional, subyacente a los dos sistemas de clasificación anteriormente mencionados, sostiene que la dependencia de una o varias drogas es una enfermedad crónica de carácter recidivante (Casas, Duro, y Pinet, 2006). El concepto de adicción como enfermedad progresiva y crónica (por lo tanto incurable) entiende este trastorno como una manifestación sintomática de una disfunción bioquímica subyacente (a menudo genética), dando gran importancia a la dependencia física y a la explicación genética. La adicción es debida a los cambios en las funciones y estructuras cerebrales, por lo que, fundamentalmente, es una enfermedad del cerebro. El objetivo principal del tratamiento debe ser invertir o compensar dichos cambios.

Las consecuencias de esta perspectiva son bastantes claras. En primer lugar, no se aplica el concepto de curación, ya que la supuesta vulnerabilidad biológica siempre está presente y pueden ocurrir recaídas. Dichas recaídas no deben ser vistas como un fracaso del tratamiento sino como el resultado de la evolución crónica del trastorno en su relación, no siempre eficaz, con una supervisión y un tratamiento continuados en el tiempo. En este sentido, las recaídas son pruebas de la existencia subyacente crónica del trastorno. En segundo lugar, no hay recuperación en ausencia de tratamiento. El carácter crónico del trastorno y la pérdida de control asociada hacen que el paciente drogodependiente fracase en sus múltiples intentos de dejar la sustancia por sí mismo. El tratamiento por tanto es la única respuesta posible. Además, no hay posibilidad de mantener un contacto auto-controlado permanente con la droga. El objetivo del tratamiento debe ser siempre la abstinencia, dado que el contacto del sujeto con el tóxico producirá la inmediata recaída. Desde esta perspectiva, se considera imposible el *consumo controlado* de las personas que han sido dependientes de una sustancia mediante la argumentación de que o bien estamos ante un diagnóstico insuficiente o erróneo, o bien hay que dudar de la exactitud de los informes.

Frente al modelo médico tradicional, aún hoy muy presente, desde los años 70, ha ido ganando espacio un modelo multifactorial e integrador de las tres dimensiones básicas que concurren en el individuo: biológica, social y psicológica, el llamado modelo biopsicosocial. Inicialmente propuesto por Engel para el estudio de los trastornos psicopatológicos, tenía como pretensión atacar el reduccionismo biológico imperante, haciendo que la atención y la investigación no fueran ciegas a los aspectos psicológicos y sociales, que son esenciales para la explicación de la conducta humana.

En la actualidad, el modelo biopsicosocial es un modelo de referencia inexcusable para el abordaje de las drogodependencias. La idea básica que promueve es que la probabilidad de que una persona consuma una droga o llegue a ser adicto no se relaciona sólo con las propiedades biológicas de la sustancia y su efecto en el cerebro, sino también con procesos psicológicos básicos de aprendizaje y socialización, así como con el contexto social y cultural en el que el individuo se desenvuelve.

El modelo biopsicosocial sugiere que la etiología del consumo de drogas y de la posterior adicción se debe a la interacción de factores de naturaleza física o biológica (genéticos, neuroquímicos, fisiológicos, etc.), factores sociales (por ejemplo la disponibilidad, el ambiente familiar o los valores grupales de los adolescentes) y factores psicológicos (como determinados patrones de personalidad y la historia de aprendizaje). Algunos factores actuarían como protectores frente al uso de drogas, mientras que otros funcionarían como factores de riesgo. Además, la inclusión de los factores biológicos, psicológicos y sociales es imprescindible no solo para el análisis de la génesis y manifestación de las conductas de uso de drogas, sino también para el diagnóstico y tratamiento de las personas que padecen este tipo de problemas.

Sin embargo, el modelo biopsicosocial no es más que un modelo, y no puede considerarse una formulación teórica acabada que dé explicación detallada de todo el ciclo de la conducta adictiva, en cualquier contexto. Los modelos guían las hipótesis y las propuestas teóricas, pero no las sustituyen. A partir de ellos, las formulaciones particulares (combinaciones específicas de sus elementos) que explican la adquisición o no de uno u otro tipo de conducta adictiva y las variables que la controlan, han de ser examinadas en cada caso y momento particular. Un conocimiento completo de la conducta adictiva requerirá un análisis funcional que explique las relaciones entre estos elementos.

La traslación del modelo biopsicosocial al campo de las conductas adictivas ha dado como resultado diversas formulaciones teóricas. En este sentido, se inscribe, por ejemplo, el modelo bioconductual, descrito por (Pomerleau y Pomerleau, 1987), inicialmente dirigido a explicar cómo se inicia y se mantiene la conducta de fumar. Según este modelo, las conductas de consumo se encuentran en función de las interacciones con el contexto, la vulnerabilidad individual y las consecuencias. Las variables incluidas bajo la denominación de *contexto* (estímulos exteroceptivos e interoceptivos) vendrían dadas desde los modelos de aprendizaje clásico y operante, y se combinarían con las variables reforzadoras identificadas bajo *consecuencias*. La *conducta* incluiría tanto los comportamientos relacionados con el consumo de drogas, como el rechazo de las sustancias y la resistencia a consumir. La *vulnerabilidad* o susceptibilidad incluye factores genéticos, las influencias socioculturales y la historia de aprendizaje.

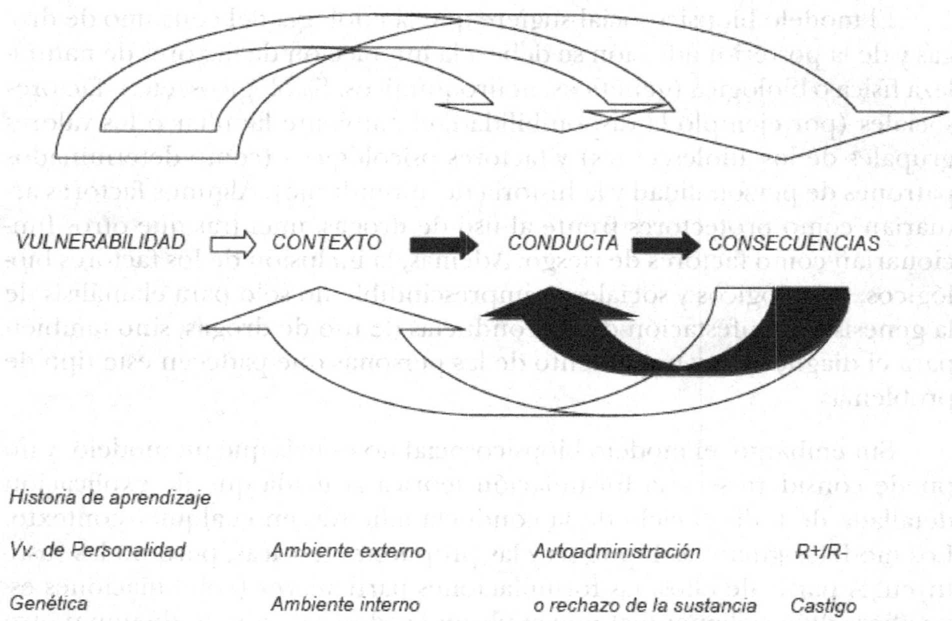

Figura 1. Modelo bioconductual del consumo de drogas

En el diagrama propuesto, se sugiere también algunas de estas interrelaciones funcionales: las flechas en color oscuro indican asociaciones críticas que denotan relaciones muy cerradas, como las que se dan entre las conductas y las contingencias reforzadoras y los efectos de estas consecuencias sobre la conducta que la precede. Las líneas más claras indican elementos correlacionales y moduladores. Por ejemplo, las consecuencias de una conducta pueden cambiar el contexto instigando una conducta motora que modifique el ambiente o el estado interoceptivo, mientras que los factores de susceptibilidad pueden influir, no sólo en cómo afecta el contexto, sino también en la intensidad y el tipo de conducta que ocurrirá en unas circunstancias particulares o en qué sentido serán las consecuencias que siguen a esa conducta (Secades-Villa y Fernández-Hermida, 2003).

El modelo biopsicosocial propone un marco conceptual que se ajusta mejor a los datos empíricos que otros modelos, ya que permite que los posibles factores precipitantes del consumo de drogas puedan considerarse de forma independiente de los que posteriormente determinan el mantenimiento y el desarrollo de un problema de abuso o dependencia. La importancia relativa de las diferentes variables no es la misma en cada grupo o individuo particular e, incluso, varía a lo largo de las distintas fases y patrones de consumo de un consumidor. Es decir, la contribución de los diferentes factores también depende de la fase en la que la persona se encuentre dentro del proceso de dependencia. Por ejemplo, puede ser que factores sociales ejerzan mayor influencia en la decisión inicial de experimentar con las drogas, que factores biológicos puedan contribuir a las diferencias en la sensibilidad y tolerancia de las sustancias y que, posteriormente, factores psicológicos y microsituacionales sean críticos en la determinación del cese o continuación del consumo de las mismas.

3.1. El papel del reforzamiento

En el modelo bioconductual, las contingencias asociadas a las conductas de uso o abstinencia a las drogas juegan un papel determinante en la explicación de las mismas (Secades Villa y cols., 2007). Existe una amplia evidencia empírica de que las drogas pueden funcionar eficazmente como reforzadores positivos de las conductas de búsqueda y auto-administración y de que los principios que gobiernan otras conductas controladas por reforzamiento positivo son aplicables a la auto-administración de drogas. Es decir, la conducta de auto-administración de drogas obedece a las mismas leyes que gobiernan la conducta *normal* en situaciones similares. Una conclusión fundamental que se extrae de los resultados de estos estudios es que sitúa a los trastornos por abuso de sustancias dentro del cuerpo de los principios psicológicos existentes, que permiten analizar dichas conductas como una variable dimensional dentro de un continuo que iría desde un patrón de uso esporádico no problemático o con escasos problemas, hasta un patrón de uso grave con muchas consecuencias aversivas.

Por tanto, la dependencia física puede ser importante a la hora de explicar el consumo de drogas, pero no es un factor necesario para las conductas de auto-administración y tampoco es suficiente por sí misma para explicar el uso y abuso de drogas. Es decir, se puede asumir que las drogas son reforzadores positivos, independientemente del síndrome de abstinencia y de la dependencia física. Una evidencia aún más definitiva es el hecho de la auto-administración de una gran variedad de sustancias psicoactivas, en las que no se han observado señales de abstinencia o éstas son muy tenues.

En el ámbito de los tratamientos, los éxitos de los ensayos clínicos realizados durante la década de los años setenta con alcohólicos y adictos a otras sustancias demostraron la eficacia de las intervenciones basadas explícitamente en los principios del reforzamiento y que el uso de drogas por sujetos con dependencia severa podía ser modificado a través del empleo sistemático del manejo de contingencias (reforzamiento y castigo).

3.2. Implicaciones para el tratamiento

Frente a otros enfoques reduccionistas, las consecuencias de esta perspectiva son varias y diversas. Por ejemplo, el concepto de adicción no implica necesariamente que la persona adicta nunca sea capaz de abandonar la conducta en cuestión, incluso sin necesidad de tratamiento. Fenómenos como el auto-cambio o recuperación natural demuestran esta posibilidad. El paso de un consumo de riesgo a uno de bajo riesgo o a la abstinencia es bastante común. Al igual que sucede con otros trastornos, las adicciones pueden evolucionar favorablemente, si se producen las condiciones que determinen, en cada caso, el cambio de conducta.

Otra consecuencia es el diferente enfoque con el que debe tratarse la prevención. A pesar de que la prevención goce de gran predicamento en las políticas públicas anti-droga, su desarrollo e implantación son claramente precarios. La prevención de las drogodependencias tiene una perspectiva casi totalmente psico-social con importantes repercusiones en los ámbitos legal, educativo y comunitario. A diferencia de la prevención de las enfermedades infecciosas, los componentes biomédicos no son relevantes. Eso no significa que la prevención sea ineficaz sino que debe enfocarse desde una perspectiva más compleja y multifactorial.

Otra clara implicación de esta formulación es que los trastornos por abuso de sustancias pueden afectar a muchas áreas del funcionamiento del individuo y que, por tanto, requieren con frecuencia un abordaje de igual modo multimodal, que incluya aspectos biológicos, conductuales y sociales. Algunos componentes del tratamiento pueden ir orientados directamente a los efectos del uso de la sustancia, mientras que otros se deben centrar en las condiciones que han contribuido o que han sido el resultado del consumo de drogas. De la misma manera, los objetivos del tratamiento incluyen la reducción del uso y los efectos de las sustancias, la reducción de la frecuencia y la intensidad de las recaídas y la mejora del funcionamiento psicológico y social, que es consecuencia y causa del consumo de drogas.

Esta centralidad de los tratamientos psicológicos dentro de las intervenciones terapéuticas en las conductas adictivas no implica menoscabar la importancia de los abordajes sociales o biológicos. La conducta es el producto de múltiples factores, entre los que se encuentran los biológicos y sociales. Sin embargo, el estudio individual de la conducta adictiva exige un análisis funcional de las relaciones que existen entre los distintos factores y la conducta, con lo que la visión psicológica se convierte inevitablemente en la perspectiva dominante en el campo del tratamiento.

Desde esta perspectiva, se resalta pues el carácter central y necesario de los tratamientos psicológicos en la concepción y planificación de las intervenciones terapéuticas efectivas en las drogodependencias. La propia descripción de los trastornos por abuso de sustancias de los sistemas de clasificación diagnóstica (en particular, el DSM), ya asume la centralidad del modelo psicológico, si tenemos en cuenta que de los siete criterios para el diagnóstico de la dependencia, sólo los dos primeros tienen que ver con aspectos fisiológicos.

Las investigaciones sobre los resultados de los tratamientos psicológicos (en particular, de los programas de manejo de contingencias) muestran cómo los principios del reforzamiento pueden incrementar significativamente las tasas de abstinencia a las drogas. En este sentido, las técnicas de manejo de contingencias (incluyendo aquí, las estrategias de entrenamiento en habilidades, que pretenden fundamentalmente incrementar la disponibilidad de reforzadores alternativos al consumo de drogas) se proponen como los procedimientos más eficaces para el tratamiento de los problemas de abuso de drogas.

La posición dominante del modelo biopsicosocial en la explicación de los trastornos psicológicos y psicopatológicos hace imprescindible su incorporación en el diseño tanto de las estrategias de investigación, como de prevención y tratamiento. Su utilización como guía teórica en la investigación permite formular una explicación más consistente con los datos que surgen del análisis empírico del ciclo de las conductas adictivas (adquisición, mantenimiento y extinción o abandono). La incorporación a los protocolos de tratamiento de este tipo de problemas es imprescindible si se quieren poner en juego todos los factores que la investigación ha considerado relevantes para que las intervenciones sean efectivas, eficaces y eficientes.

4. EVALUACIÓN

La evaluación clínica de los trastornos adictivos producidos por sustancias ilegales, sigue los mismos principios, métodos y técnicas que subyacen a su utilización en cualquier otro ámbito de la Psicología Clínica. La concreción de sus características específicas está condicionada por los objetivos que persigue.

De acuerdo con su finalidad primordial se pueden establecer tres tipos de evaluación clínica: (1) *screening* y diagnóstico, (2) formulación de caso y tratamiento, y (3) análisis de la evolución y del resultado del tratamiento (Rohsenow, 2008).

El *screening* en el ámbito de los trastornos adictivos producidos por drogas ilegales está encaminado a facilitar la detección de casos con diverso riesgo de generar el trastorno. Esa detección es esencial en el ámbito de la detección precoz, tanto en contextos preventivos como clínicos. Dos instrumentos con interés en este ámbito son el DAST - Drug Abuse Screening Test - (Gavin, Ross y Skinner, 1989; Skinner, 1982) y el DUSI - Drug Use Screening Inventory - (Tarter, 1990). En España, dentro del ámbito de las drogas ilegales, el Grupo de Investigación de Conductas Adictivas de la Universidad de Oviedo ha traducido y validado el CPQ - Cannabis Problems Questionnaire - (Copeland, Gilmour, Gates y Swift, 2005; Martin y cols., 2006), un instrumento de especial interés, ya que está dirigido a la población juvenil, un segmento en el que este tipo de intervenciones precoces puede resultar más necesaria.

En lo que atañe al diagnóstico, su objetivo consiste en definir la naturaleza del problema adictivo a la luz de los criterios que establecen los diferentes sistemas nosológicos, principalmente el DSM y la CIE. Aquí como pasa en otros trastornos psicopatológicos, y en lo que se refiere al DSM IV, el instrumento más indicado es la SCID –*Structured Clinical Interview for DSM IV Axis I Disorders*– (First, Gibbon, Spitzer y Williams, 1999), en su versión para el paciente, y en lo que atañe a la CIE, la entrevista de referencia es la CIDI –*Composite International Diagnostic Interview*– (World Health Organization, 2011). Ambas entrevistas proporcionan información clínica de interés sobre la presencia de comorbilidad psicopatológica. Sin embargo son largas, requieren cierto entrenamiento para su aplicación y no abarcan toda la información necesaria para la planificación del tratamiento.

La evaluación para la formulación de caso y el tratamiento pretende conocer fundamentalmente la severidad del problema, así como poner de manifiesto las condiciones tanto internas como relacionales que hacen que una persona comience y mantenga el consumo de una sustancia, a pesar de los graves problemas físicos, psicológicos y sociales que sufre. Además, la evaluación deberá estar orientada a establecer los objetivos de la intervención, permitiendo establecer la forma más efectiva y eficiente de alcanzar la meta terapéutica. Se puede incluir aquí la evaluación de expectativas, situaciones de alto riesgo, habilidades de afrontamiento, medidas que indican alteración en situaciones interpersonales, o la valoración de la afectación psicopatológica, médica o la situación laboral.

Por último, la evaluación de la evolución y el resultado del tratamiento busca conocer la modificación en variables críticas que son el objetivo de la intervención, tales como la reducción o supresión del consumo, la mejora en el entorno de las relaciones interpersonales, laborales o sociales, o el cambio favorable en el sufrimiento psicopatológico o las consecuencias físicas del consumo de sustancias. En este apartado, sólo contamos con espacio para abordar con mayor detenimiento las características de la evaluación para la formulación de caso y del resultado del tratamiento correspondientes a la intervención bajo el Programa de Reforzamiento Comunitario (CRA) más Terapia de Incentivo, que es el tratamiento de referencia que se ha seleccionado para el abordaje de las adicciones a drogas ilegales (Budney y Higgins, 1998; Goodley y cols., 2001).

4.1. La evaluación en el programa propuesto

Los procedimientos de evaluación que se utilizan buscan caracterizar al paciente (datos sociodemográficos, naturaleza del problema, actitud hacia el tratamiento) y valorar la conducta de consumo, las conductas que son relevantes para el mantenimiento del hábito de uso de la sustancia y los posibles trastornos médicos, neuropsicológicos y psicopatológicos que pueda padecer. Dependiendo de la edad del paciente puede haber variaciones en el tipo de pruebas que se utilizan. Los procedimientos básicos son:

1) Elaboración de una historia clínica básica en la que figuren los siguientes apartados e instrumentos:
   a. Hoja de primer contacto: datos sociodemográficos y de contacto
   b. Gravedad de la adicción (ASI - Addiction Severity Index)
   c. Problemas de abuso o dependencia del alcohol
   d. Disposición para el cambio y el tratamiento (SOCRATES)
   e. Trastornos psicopatológicos
   f. Afectación neuropsicológica
2) Análisis funcional de las conductas de consumo de sustancias
3) Análisis funcional de las conductas prosociales
4) Análisis funcional de las conductas problemáticas asociadas al consumo
   a. Situaciones de recaída
   b. Problemas de comunicación y relacionales con las personas significativas
5) Análisis bioquímicos del uso de sustancias
6) Proceso terapéutico
   a. Registro de analíticas e incentivos
   b. La escala de satisfacción

4.1.1. Elaboración de una historia clínica básica

La hoja de primer contacto pretende simplemente obtener los datos identificativos del cliente. En ese instrumento se recoge información sobre el motivo de consulta, quién lo deriva, asistencia forzosa o no al tratamiento, el uso actual de drogas, la situación laboral, el nivel educativo, el estado de civil, la existencia o no de hijos y personas con las que convive.

El ASI –*Addiction Severity Index* (McLellan, Luborsky, Woody y O'Brien, 1980)– es un instrumento del que se están conociendo los primeros datos psicométricos de su versión 6 (Cacciola, Alterman, Habing y McLellan, 2011; Díaz Mesa y cols., 2010). Se trata de una prueba heteroaplicada de rápida aplicación, 45-60 minutos. La evaluación de la gravedad del problema del individuo se realiza en siete áreas: (1) estado médico general, (2) situación laboral y financiera, (3) consumo de alcohol, (4) consumo de otras dogas, (5) problemas legales, (6) familia y relaciones sociales y (7) estado psicológico. Es un instrumento útil además para la evaluación de la necesidad de tratamiento para cada área y en general, además de para evaluar los resultados de las intervenciones.

El ASI se viene utilizando desde hace años en varios programas clínicos y de investigación, donde se ha constatado su validez y alta fiabilidad. Técnicos entrenados pueden estimar la gravedad de los problemas de los pacientes entrevistados con una fiabilidad media de 0,89. Este nivel de fiabilidad es alto en cada una de las siete áreas y en subgrupos de pacientes divididos según la edad, sexo y otras características (McLellan, 1985). Se ha llevado a cabo una adaptación europea del ASI, que también ha obtenido muy buenos resultados de fiabilidad y validez. Se trata del EUROPASI - *European adaptation of a multidimensional assessment instrument for drug and alcohol dependence* - (Kokkevi y Hartgers, 1995).

El consumo de alcohol es bastante frecuente en las personas que consumen drogas ilegales, y los problemas asociados a su abuso pueden interferir en los objetivos de tratamiento. Por ello, resulta imprescindible conocer la posible existencia de un trastorno por uso de alcohol. Existen diversos instrumentos de screening que pueden utilizarse para ese fin. Uno de los más eficientes, es el AUDIT - *Alcohol Use Disorders Identification Test* - (Babor, Higgins-Biddle, Saunders y Monteiro, 2001). Consta de 10 ítems, y su aplicación lleva unos dos minutos. Realizado por encargo de la OMS, tiene como especial finalidad ayudar a los médicos de cabecera a identificar de forma precoz los casos de uso y abuso de alcohol que puedan tener entre su clientela diaria. Hay una versión española en Leonard (1990). También puede utilizarse el MAST –Michigan Alcoholism Screening Test– (Selzer, 1971), que tiene 25 ítems. Su aplicación dura unos 8 minutos.

El análisis de la disponibilidad para el cambio es importante en la conceptualización del caso. El tratamiento CRA es flexible y adaptativo. Su aplicación debe adecuarse al conocimiento que tengamos de las necesidades y motivaciones individuales. Para esta función, la utilización de la escala SOCRATES - *Stages of Change Readiness and Treatment Eagerness Scale* - (Miller y Tonigan, 1996) puede ser de utilidad. Esta escala evalúa tres dimensiones de la motivación para el cambio como son: reconocimiento del problema, ambivalencia y cambios ya puestos en marcha para modificar la situación.

La evaluación de trastornos psicopatológicos o afectación neuropsicológica puede ser muy relevante para la determinación de la gravedad del caso y para orientar algunas medidas de tratamiento adicionales. En el caso de los trastornos psicopatológicos, tanto el BDI II (Beck, Steer y Brown, 1996) como el SCL-90-R (Derogatis, 2002) o el SCID (First y cols., 1999) son de uso bastante frecuente. La evaluación neuropsicológica se centra en el ámbito del análisis de las funciones ejecutivas.

4.1.2. Análisis funcional de las conductas de consumo de sustancias

La lógica del análisis funcional se enseña a los pacientes con el fin de que entiendan los determinantes de su conducta y la lógica del tratamiento. En este apartado es importante introducir la noción de *craving*, según la cual es normal que las personas adictas sientan una urgencia imperativa de consumir cuando se encuentran en ciertas situaciones, que puedan estar condicionadas por eventos internos o externos. Esas urgencias de consumo son de tiempo limitado y pueden ser convenientemente afrontadas sin recurrir al uso de la droga. El análisis funcional pretende que las personas que tienen problemas con las drogas, aprendan a identificar los sucesos que disparan esa conducta de *craving*. Además, será útil para el desarrollo de estrategias encaminadas a evitar, prevenir o afrontar esas situaciones.

La utilización del análisis funcional es continua durante toda la intervención. En las primeras etapas, su finalidad principal está dirigida a conocer los condicionantes de su comportamiento de consumo, en las etapas posteriores resulta útil para prevenir y/o analizar las recaídas o las dificultades para poner en marcha los cambios.

El primer paso es identificar las situaciones de riesgo o precipitantes que condicionan el uso de la sustancia. En este punto se busca que el paciente se dé cuenta de que el consumo de droga es más probable en unas situaciones que en otras. Estas situaciones precipitantes pueden estar conformadas por determinadas personas, lugares, momentos u horas del día, por disponer de más o menos dinero, por la realización de determinadas actividades, por el consumo de otras drogas como el alcohol o por la existencia de determinados sentimientos o estados de ánimo, entre los factores más comunes.

El segundo paso es describir detalladamente la conducta que sucede tras el precipitante. La conducta de consumo es una de las más probables, pero no es la única posible.

En tercer lugar, se trata de señalar las consecuencias positivas y negativas tras la conducta de consumo. Entre las consecuencias positivas se encuentran los efectos fisiológicos y psicológicos a corto plazo producidos por la droga que utilice. Los más comunes son: sentirse mejor, sentirse más tranquilo, olvidar los problemas, mantener relaciones sociales más estrechas, sentirse con más energía, tener nuevas experiencias sexuales, etc. Las negativas son más a medio plazo y tienen que ver con la adopción de estilo de vida poco saludables, y problemas en todo los planos: social, económico, laboral, familiar y personal (reducción de la autoestima, empeoramiento del estado de ánimo, experimentación de problemas asociados con la ausencia de la droga en el organismo).

La puesta en marcha del análisis funcional comienza con la entrega al paciente del formulario: *Descubriendo los motivos por los que consumes cocaína* (ver Apéndice 1). Su cumplimentación la hace el paciente con la ayuda del terapeuta. El propósito evidente es ayudar al paciente a descubrir la relación contexto – consumo. Posteriormente se pide al paciente que complete el *Formulario de Análisis Funcional* (ver Apéndice 2) con la asistencia del terapeuta en sus primeros casos.

4.1.3. Análisis funcional de las conductas pro-sociales

La aproximación CRA no se fija sólo en las conductas que van encaminadas al consumo sino también en aquéllas que no están asociadas con el mismo y que puede reportar consecuencias positivas para el paciente.

De la misma forma que en el caso del uso de sustancias, las conductas pro-sociales deben verse en su contexto. No todas las situaciones facilitan el desarrollo de este tipo de conductas. Los objetivos de este tipo de análisis consisten en ayudar al paciente a identificar conductas (pro-sociales) agradables no asociadas al consumo, identificar desencadenantes positivos para la conducta pro-social, identificar las consecuencias negativas a corto plazo de la conducta pro-social, identificar las consecuencias positivas a largo plazo de la conducta pro-social e identificar una actividad de la vida real relacionada con aumentar la actividad pro-social y comprometerse a llevarla a cabo.

Como en el caso anterior, puede suministrarse al paciente una lista que nos ayude a determinar qué conductas pro-sociales se encuentran dentro de su ámbito de interés, para posteriormente ayudarle a encontrar la forma de que puede realizarlas. Un ejemplo de listado de actividades pro-sociales puede encontrarse en el folleto del programa ACRA (Adolescent Community Reinforcement Approach), titulado *¿Qué más puedo hacer?* Un ejemplo de análisis funcional de este tipo de conducta puede verse en el Apéndice 3.

4.1.4. *Análisis funcional de las conductas problemáticas asociadas al consumo*

a) Situaciones de recaída. El análisis funcional de las situaciones de recaída sigue la misma lógica que el realizado para el caso de las conductas de consumo. No todas las situaciones generan las mismas probabilidades de recaída. El análisis de la cadena conductual que conduce a la recaída es un importante objetivo en esta eventualidad. Los objetivos principales de este procedimiento son evaluar los sistemas de alerta temprana, aprender a analizar e interrumpir la cadena de eventos que llevan a una recaída, ser capaz de decir no a las drogas o al alcohol de forma asertiva, y cambiar los patrones de pensamiento y conducta desadaptativos, sustituyéndolos por formas adaptativas de responder a los desencadenantes de las recaídas. El *Formulario de Análisis Funcional* del Apéndice 2 puede ser útil para este propósito.

b) Problemas de comunicación y relacionales con las personas significativas. En este apartado se trata de conocer las habilidades comunicativas del paciente, así como los principales problemas de relación que encuentra con las personas significativas de su entorno. Para evaluar los ámbitos y la gravedad del problema, en el caso de los pacientes adultos, se puede utilizar la *Escala de Satisfacción Relacional* (Apéndice 4), cuya cumplimentación se ve facilitada por una lista de ejemplos que se proporcionan en una *Hoja de Ejemplos* (Apéndice 5). En el de los adolescentes, se usa la *Escala de Satisfacción* (Apéndice 6) para valorar tanto la relación como sus habilidades de comunicación con sus padres y cuidadores.

Una vez que se han evaluado las áreas problema y la calidad de la relación y comunicación, se pasa a analizar las cadenas de conducta que llevan a la ineficacia en la comunicación y a la insatisfacción.

Todo este apartado de evaluación, permitirá introducir las técnicas de comunicación básicas del CRA, que podrán mejorar la satisfacción del paciente en los ámbitos en los que se aprecie una mayor necesidad.

4.1.5. Análisis bioquímicos de uso de sustancias

Hoy en día, los análisis de laboratorio para detectar el consumo de drogas son un procedimiento imprescindible tanto para la evaluación inicial como para el desarrollo del proceso terapéutico. Este tipo de análisis cumplen dos funciones básicas (Wasthon, Stone y Hendrickson, 1988): a) proporcionan un indicador objetivo sobre el estado y la evaluación del sujeto y b) refuerzan la habilidad y el esfuerzo del paciente para resistir y afrontar el deseo del consumo de drogas.

Existe una amplia gama de procedimientos de laboratorio de distinto nivel de complejidad para realizar controles de drogas. No se trata aquí de realizar una descripción exhaustiva de cada una de las pruebas bioquímicas existentes, sino, más bien, de comentar brevemente algunos aspectos relativos a la utilidad y a las limitaciones de estos test en el contexto clínico.

La determinación en sangre informa de la concentración de una droga específica en este fluido que, al mismo tiempo, tiene una alta correlación con las concentraciones en otros tejidos en el momento en el que se toma la muestra. No ocurre lo mismo en lo que respecta a la determinación de drogas en otros tejidos o fluidos. Con las muestras tomadas en orina se tiene en cuenta el consumo ocurrido varias horas o días antes de la toma de la muestra, mientras que los análisis de pelo tienen una vida media de varias semanas o meses. Estas diferencias que existen en la vida media de los distintos tipos de muestra determinan, en gran medida, la utilidad clínica de cada una de ellas (Dupont, 1997). Así por ejemplo, los tests de sangre son de especial importancia en contextos en donde interesa conocer la intoxicación aguda o las reacciones por sobredosis. En contextos clínicos de tratamiento resultan de gran utilidad los test de orina. Por último, el análisis de muestras de pelo sería de interés cuando se desea detectar el consumo de drogas en largos periodos de tiempo (por ejemplo, en los estudios de seguimiento).

La utilización de este tipo de pruebas se ha vuelto esencial en el tratamiento de las drogodependencias a sustancias ilegales. En el caso del CRA, sobre todo si se utilizan incentivos, el uso de pruebas analíticas bioquímicas es imprescindible.

En cuanto a las limitaciones de las pruebas bioquímicas, cabe decir que la fiabilidad de algunos de estos test, en especial, los de orina, no es, ni mucho menos, absoluta. En concreto, son relativamente frecuentes los *falsos positivos* en sujetos que no han consumido drogas. Este es el caso más frecuente en el cannabis, dado que el THC (delta-9-tetrahidrocannabinol) tiende a acumularse en el tejido graso, y si se ha consumido de forma intensa y durante mucho tiempo, es posible que después de un amplio período de abstinencia, las pruebas sigan dando positivo. Por otra parte, los test de drogas son válidos sólo para aquellas sustancias que detectan. Esto quiere decir que si se desea conocer el consumo de varias sustancias habría que aplicar otros tantos test, con el consiguiente encarecimiento de las pruebas.

Por otra parte, la mayoría de los test de drogas no son útiles para identificar la adicción a una sustancia o el daño producido por ésta, sino que sólo pueden detectar el uso, más o menos reciente de drogas. Este problema, junto con el alto coste y el grado de invasividad de alguno de los test son los inconvenientes más importantes para su utilización en el ámbito clínico.

4.1.6. Proceso terapéutico

Existe un buen número de formularios de control del proceso del tratamiento en CRA con uso de incentivos. Este es un tipo de evaluación que permite analizar la evolución del paciente, así como establecer procedimientos de control sobre lo realizado en el tratamiento.

Dentro de este apartado, existen instrumentos que evalúan lo realizado en cada sesión y procedimiento, hacen de registro de analíticas e incentivos, resumen de forma sintética los progresos que va haciendo el paciente en cada una de las áreas de intervención e incluso también se dispone de instrumentos para evaluar la calidad de la intervención del terapeuta por parte de un supervisor. Uno de los más interesantes es la Hoja de Progresos y Guía de Sesión (Ver Apéndice 7). Este instrumento tiene como finalidad establecer un registro de la evolución del paciente en cada apartado de la intervención (cocaína, alcohol, otras drogas, empleo/educación, familia/apoyo social, actividad social/ocio, problemas psicopatológicos, problemas legales y problemas médicos). Además sirve para establecer los objetivos específicos de las sesiones futuras en función de las crisis o problemas detectados.

5. REVISIÓN DE LOS TRATAMIENTOS

En la actualidad, contamos con un amplio soporte científico que avala la eficacia de los tratamientos psicológicos para el tratamiento de la adicción a sustancias ilegales. Las guías de actuación de referencia en este campo, publicadas en los últimos años por organismos como el Instituto Nacional sobre el Abuso de Drogas (NIDA) americano y el Instituto Nacional para la

Excelencia Clínica y Sanitaria (NICE) inglés, destacan las intervenciones psicológicas como componentes críticos en el tratamiento de las drogodependencias (National Institute for Health and Clinical Excellence, 2007; National Institute on Drug Abuse, 2011). Estas intervenciones están dirigidas a promover la abstinencia a través de diferentes técnicas, tales como el entrenamiento en habilidades de afrontamiento ante situaciones precipitantes del consumo, el uso de incentivos contingentes a la abstinencia, la reducción de la reactividad que causan algunos estímulos estrechamente relacionados con el consumo o el incremento de la motivación para dejar de consumir una determinada sustancia. En este apartado, se revisarán los diferentes tratamientos que han mostrado su eficacia en ensayos clínicos controlados y que se consideran tratamientos de primera elección para las drogodependencias. Como se verá en el siguiente apartado, en el Programa de Tratamiento Propuesto, las intervenciones que se describen a continuación no deben entenderse como estrategias excluyentes sino como intervenciones complementarias que pueden integrarse dentro del plan individualizado de tratamiento del paciente.

5.1. Entrevista motivacional

La entrevista motivacional (EM) surge del interés en la influencia del estilo terapéutico (fundamentalmente la empatía) y no tanto de las técnicas utilizadas en el tratamiento en los resultados del mismo. La EM (Miller y Rollnick, 1991) es un protocolo de intervención que pretende promover el cambio comportamental a través de diferentes técnicas y ejercicios que fomenten un balance decisional en el paciente, dirigido por el terapeuta. En el caso del abuso o dependencia de sustancias, el terapeuta debe ayudar al paciente a resolver la ambivalencia entre el consumo o no de sustancias presente al inicio del tratamiento. La intervención consiste en una evaluación inicial estandarizada seguida de entre dos y cuatro sesiones individuales de tratamiento. Durante las sesiones iniciales de tratamiento, el terapeuta estimula el debate sobre el uso de sustancias del paciente para promover el cambio inicial utilizando la información recogida en la evaluación. Posteriormente, se sugieren y discuten estrategias de afrontamiento en situaciones de riesgo y se continúa con técnicas que promueven el compromiso para mantener la abstinencia. Los propios autores entienden que el estilo terapéutico basado en la empatía y el reforzamiento diferencial de las verbalizaciones del paciente relacionadas con el cambio, son los componentes activos de la EM (Miller y Rose, 2009).

Los aspectos formales del estilo terapéutico que promueve la EM son los siguientes:

- Promover la empatía.
- Desarrollar discrepancias entre la conducta actual del sujeto y sus expectativas futuras, entre lo que es y lo que le gustaría ser.
- No asumir un papel autoritario durante la terapia.
- Utilizar estrategias persuasivas en lugar de coercitivas.
- No emplear etiquetas diagnósticas.
- Enfatizar la responsabilidad personal en la solución.
- Apoyar la autoeficacia.
- Evitar discusiones con el paciente para evitar sus *resistencias*.

Para facilitar este estilo terapéutico, las estrategias que propone la EM son el uso de preguntas abiertas, la escucha activa, resumir cada cierto tiempo lo que dice el paciente, asentir de forma sincera en momentos importantes y reforzar las verbalizaciones del paciente dirigidas al cambio.

Este enfoque ha sido utilizado con éxito en individuos dependientes de la marihuana en combinación con terapia cognitiva-conductual (Stanger, Budney, Kamon y Thostensen, 2009) pero en el caso de otras sustancias ilegales, los resultados no son consistentes. En general, la EM parece ser más eficaz para involucrar a los consumidores de drogas en el tratamiento y para incrementar la retención que para producir cambios en el uso de drogas. No obstante, el uso combinado de la EM junto con otras intervenciones que se describirán más adelante, parece una buena estrategia para aquellos sujetos resistentes al cambio o con baja motivación inicial.

5.2. Entrenamiento en habilidades / prevención de recaídas

El entrenamiento en habilidades es un procedimiento cognitivo-conductual de amplio espectro que cuenta con gran arraigo en el tratamiento de la drogodependencia. Desarrollado inicialmente para el tratamiento de la adicción al alcohol, su uso ha ido extendiéndose a todo tipo de sustancias (Carroll, 2005; Marlatt y Gordon, 1985). El objetivo fundamental de este tipo de intervención es que el paciente identifique los precipitantes o factores de riesgo que desencadenan el consumo para poder evitarlos o afrontarlos con éxito. De esta manera, se trata de que el paciente deje de consumir y, una vez abstinente, evite las recaídas poniendo en marcha las estrategias aprendidas en el tratamiento. El planteamiento que subyace a esta estrategia terapéutica es que el paciente carece de las habilidades adecuadas para identificar y enfrentarse a las situaciones sociales e interpersonales de riesgo, por lo que los aspectos fundamentales de este tratamiento son los siguientes:

- El uso del análisis funcional. Como ya se ha explicado en el apartado de evaluación, el análisis funcional tiene como objetivo detectar los antecedentes y consecuentes que provocan y mantienen el consumo de sustancias. Esta herramienta se utiliza también durante la fase de intervención con el objetivo de que sea el propio paciente el que analice su consumo de drogas bajo un modelo funcional. El paciente aprende a reconocer las situaciones de riesgo o estados en los que es más vulnerable ante el consumo de sustancias para evitar estas situaciones de riesgo o afrontarlas cuando no pueden ser evitadas.
- El entrenamiento en habilidades. El objetivo de este componente es que el paciente afronte de forma más eficaz las situaciones de riesgo detectadas mediante el análisis funcional. En función de las necesidades del paciente se trabajará con habilidades de comunicación, habilidades de afrontamiento, habilidades para el rechazo de consumo de drogas, habilidades de solución de problemas o habilidades sociales. El entrenamiento se realiza durante las sesiones de tratamiento mediante procedimientos estándar de modelado, ensayo, feedback y puesta en práctica en situaciones concretas que sean significativas para el paciente.

Existen varios protocolos o paquetes de tratamiento que han sido desarrollados siguiendo este modelo. Entre estos, el protocolo de intervención desarrollado por Catherine Carroll para la adicción a la cocaína bajo el nombre de Terapia Cognitivo-Conductual (*Cognitive Behavioral Treatment*, CBT) (Carroll, 1998) ha mostrado su eficacia en múltiples ensayos clínicos frente a otro tipo de intervenciones como la Terapia Interpersonal (Carroll, Rounsaville y Gawin, 1991), la psicoterapia de apoyo con o sin Disulfiram (Carroll y cols., 2000 y 2004) o los programas de 12 pasos (Maude-Griffin y cols., 1998). Los parámetros de la CBT están perfectamente delimitados. Las sesiones se llevan a cabo en formato individual en un contexto externo y la duración se sitúa entre las 12-16 sesiones a lo largo de, aproximadamente, doce semanas. El programa también contempla la aplicación de sesiones *recuerdo* durante los seis meses siguientes a la finalización de la primera fase de tratamiento. De acuerdo con los autores, los ingredientes activos característicos de la CBT son los siguientes: análisis funcional del abuso de la droga, entrenamiento en el reconocimiento y afrontamiento del *craving*, solución de problemas, afrontamiento de emergencias, habilidades de afrontamiento, examen de los procesos cognitivos relacionados con el consumo, identificación y afrontamiento de las situaciones de riesgo y empleo de sesiones extras para el entrenamiento en habilidades.

En segundo lugar, el programa de Reforzamiento Comunitario (*Community Reinforcement Approach*, CRA) es un programa de entrenamiento en habilidades desarrollado por primera vez para el tratamiento del alcoholismo (Hunt y Azrin, 1973) y más tarde adaptado para el abordaje de la adicción a la cocaína (Budney y Higgins, 1998). El programa CRA busca el cambio terapéutico manipulando las contingencias naturales que pueden estar influyendo en el mantenimiento de la adicción y utilizando reforzadores naturales (familiares, recreativos, vocacionales) para facilitar el proceso. Los componentes específicos de la CRA varían dependiendo de las necesidades individuales de los pacientes, pero habitualmente se trabajan estrategias para reducir las barreras del tratamiento, asesoramiento vocacional para pacientes desempleados, identificación de antecedentes y consecuentes del uso de drogas y conductas alternativas saludables, terapia conductual de pareja, entrenamiento en habilidades para reducir el riesgo de recaídas y terapia con disulfiram para individuos con problemas con el alcohol. A pesar de que el programa CRA ha sido utilizado con éxito de forma aislada para el abuso o dependencia de diferentes sustancias (Abbott, 2009; De Jong y cols., 2007; Dennis y cols., 2004; Schottenfeld y cols., 2000; Secades-Villa y cols., 2011), se ha aplicado con mayor frecuencia acompañado de un protocolo de manejo de contingencias (CRA más Terapia de Incentivo) que se explicará con más detalle en el siguiente apartado.

En relación a la eficacia diferencial de este tipo de intervención en las distintas sustancias ilegales, el entrenamiento en habilidades es uno de los modelos de intervención que ha mostrado una mayor eficacia para la adicción a la cocaína, tanto de forma aislada (Carroll y cols., 1991 y 2004; Maude-Griffin y cols., 1998) como combinado con manejo de contingencias (Higgins y cols., 1993; Higgins y cols., 2000; Secades-Villa y cols., 2008), por lo que puede considerarse como un tratamiento de primera elección. En el caso de la adicción a la heroína, la mayoría de los estudios han sido llevados a cabo con pacientes que recibían tratamiento con agonistas o antagonistas opiáceos, mostrando que el entrenamiento en habilidades favorecía la abstinencia y mejoraba el cumplimiento de objetivos terapéuticos y el funcionamiento psicosocial de estos pacientes (Abbott, 2009; Abbott, Weller, Delaney y Moore, 1998; De Jong y cols., 2007; Schottenfeld y cols., 2000). Además, este tipo de intervención parece ser más eficaz en aquellos pacientes adictos a opiáceos que presentan también sintomatología psiquiátrica (Woody, McLellan, Luborsky y O'Brien, 1990; Woody, McLellan y O'Brien, 1984). En el caso de los trastornos por consumo de cannabis, los resultados de los escasos estudios publicados apuntan a que este tipo de pacientes también se beneficia de las intervenciones basadas en el entrenamiento en habilidades (Dennis y cols., 2004; McRae, Budney y Brady, 2003; Nordstrom y Levin, 2007) y teniendo en cuenta la ausencia de alternativas terapéuticas para este tipo de adicción, este modelo puede considerarse, junto con el manejo de contingencias que veremos a continuación, el tratamiento recomendado (American Psychiatric Association, 2006).

5.3. Manejo de contingencias

El manejo de contingencias (MC) es un tipo de intervención conductual que entiende el consumo de sustancias como una conducta operante susceptible de ser modificada por los mismos principios que cualquier otro comportamiento (Secades Villa y cols., 2007). Los programas de MC se basan en la administración de reforzadores contingentes a la abstinencia haciendo incompatible el consumo de sustancias y la obtención de recompensas por parte de los pacientes que reciben estas intervenciones. Este tipo de programas se basa por tanto en tres principios generales: seleccionar y monitorizar frecuentemente la conducta objetivo, proporcionar reforzadores tangibles cuando se realiza la conducta objetivo y eliminar los reforzadores cuando la conducta objetivo no ocurre.

Los programas de MC exigen ciertas condiciones para que su aplicación sea acertada (Petry, 2000) como el conocimiento por parte de los pacientes de las condiciones del programa, la consistencia en la aplicación del programa de reforzamiento y que la programación inicial se respete día a día. Por otra parte, para seleccionar la conducta reforzada debemos tener en cuenta que el terapeuta debe poder comprobar de forma objetiva que dicha conducta se ha realizado. El consumo se puede monitorizar fácilmente mediante analíticas, pero en caso de utilizar otro tipo de objetivos terapéuticos se deberá buscar un sistema que nos asegure que el paciente ha hecho lo que se le ha pedido o no sin ningún tipo de duda. Por último, la contigüidad temporal (la inmediatez entre la monitorización de la conducta y la entrega de los reforzadores) y el desvanecimiento sucesivo del programa de reforzamiento son aspectos clave para que la conducta se instaure con éxito y se mantenga una vez retirado el programa de MC.

En general, las técnicas de MC seleccionan como conducta objetivo la abstinencia a la sustancia problema. De esta forma, cuando la analítica es negativa (ausencia de droga), el paciente recibe un reforzador pactado previamente. Por el contrario, si la analítica es positiva, el paciente no recibiría dicho reforzador y en ocasiones, podría tener alguna consecuencia negativa asociada. Además de reforzar la abstinencia, los programas de MC han sido empleados para reforzar otros objetivos terapéuticos en los que no es necesario monitorizar el uso de drogas. Se trata de conductas que compiten con el consumo y por lo tanto ayudan a alcanzar la abstinencia. Estas conductas variarán en función de las necesidades de cada paciente y de su plan de tratamiento.

En cuanto al tipo de reforzadores que utilizados en los programas de MC, uno de los sistemas más habituales es aquel en el que los pacientes ganan *vouchers* (vales) canjeables por bienes o servicios, contingentes a la conducta objetivo. Además de los *vouchers*, otro tipo de reforzadores que han sido utilizados desde los programas de MC han sido: dinero en efectivo, privilegios clínicos, acceso a empleo o alojamiento tras un periodo inicial de abstinencia o reembolso y descuentos sobre las tarifas estipuladas de la terapia.

Los tratamientos que incorporan procedimientos de MC han demostrado sistemáticamente tener mejores resultados que otro tipo de intervenciones terapéuticas en el abordaje del abuso y de la dependencia de distintas sustancias (Prendergast y cols., 2006) por lo que se presentan como tratamientos de primera elección para el abordaje de las drogodependencias.

Existen varios protocolos de intervención que incorporan el uso de MC para el tratamiento de la adicción a sustancias ilegales. El primero y más conocido es el Programa de Reforzamiento Comunitario más Terapia de Incentivo (*CRA plus vouchers*) (Budney y Higgins, 1998). El programa CRA más Terapia de Incentivo, desarrollado por el profesor Stephen Higgins en los años 90, integra el programa CRA, ya mencionado, con un programa de MC en donde los pacientes pueden ganar vales canjeables por determinados reforzadores que contribuyen a alcanzar los objetivos del programa, a cambio de mantenerse abstinentes. Este protocolo se desarrolló como intervención para la adicción a la cocaína aunque se ha utilizado con éxito con otro tipo de sustancias (Bickel y cols., 1997 y 2008; Budney, Moore, Rocha y Higgins, 2006). Los objetivos terapéuticos van dirigidos a realizar cambios en el estilo de vida en cuatro áreas fundamentales: relaciones familiares, actividades de ocio, relaciones sociales y área vocacional. La estructura y los parámetros del programa están perfectamente descritos. Los componentes de la terapia son varios y el orden o el número de sesiones dedicado a cada uno de ellos varían dependiendo de las necesidades del paciente. En el apartado Programa de Tratamiento Recomendado se describirá esta intervención en profundidad. La eficacia de este protocolo de intervención ha quedado patente a través de multitud de ensayos clínicos durante los últimos años (García-Fernández y cols., 2011; García-Rodríguez y cols., 2009; Higgins y cols., 1993, 2000 y 2003; Secades-Villa y cols., 2008, 2011 y 2013).

Una versión particular del empleo de MC es el programa denominado *Lugar de Trabajo Terapéutico* (*Therapeutic Workplace*). En este programa se utiliza el salario como reforzador contingente a la abstinencia y a otras conductas ligadas a la participación en un módulo de empleo (puntualidad, aprendizaje, productividad y otras *conductas profesionales*). La población sobre la que se ha utilizado este tipo de programas son pacientes adictos a opiáceos en programas de mantenimiento con metadona. El equipo del profesor Kenneth Silverman ha llevado a cabo varios estudios con seguimientos de hasta ocho años en los que se mostraba la eficacia de esta intervención para incrementar las tasas de abstinencia y mejorar el funcionamiento psicosocial en este tipo de población (Aklin y cols., 2008; Silverman y cols., 2001; Silverman y cols., 2002).

Al igual que con otras sustancias y a pesar de la escasa literatura en el caso de cannabis, parece que las intervenciones que incorporan MC obtienen mejores resultados que las intervenciones aisladas basadas en modelos tradicionales de entrenamiento en habilidades (Budney y cols., 2006; Carroll y cols., 2006). Los resultados de estos estudios parecen indicar que el MC es el componente activo fundamental durante la fase de tratamiento, incrementando las tasas de abstinencia y retención, mientras que el componente de entrenamiento en habilidades actúa como ingrediente activo en el post-tratamiento. De igual forma, el MC también ha mostrado su utilidad en el caso de adolescentes con abuso o dependencia del cannabis. En este caso, el uso de MC junto con otras intervenciones como CBT, Entrevista Motivacional o intervenciones conductuales familiares parece una alternativa eficaz de tratamiento para jóvenes con trastornos por consumo de sustancias (Stanger y cols., 2009).

Los programas de MC han mostrado su utilidad y eficacia en el tratamiento de las adicciones. No obstante, la generalización del uso de estas técnicas no es la esperada si nos atenemos a los datos de eficacia en estudios empíricos. Esto se debe fundamentalmente a dos razones: en primer lugar, el coste económico que conlleva la puesta en marcha de este tipo de intervenciones y, en segundo lugar, la adaptabilidad de este tipo de programas a contextos comunitarios. Una estrategia para reducir costes asociados al uso de programas de manejo de contingencias es solicitar donaciones a instituciones públicas y privadas, en forma de bienes y servicios y usarlas como reforzadores. A pesar de que esta estrategia se menciona en diversas revisiones como una opción viable, son muy pocos los que efectivamente han puesto en marcha un protocolo de búsqueda de recursos. En el estudio de (Amass y Kamien, 2004) se describen los procedimientos seguidos para solicitar donaciones dirigidas a un programa de manejo de contingencias para mujeres embarazadas fumadoras en norte América. En nuestro país, se utilizó esta misma estrategia para conseguir la financiación necesaria para poner en marcha un programa de MC (García-Rodríguez y cols., 2008). Por otra parte, hasta hace pocos años, todos los estudios clínicos publicados habían sido llevados a cabo en Estados Unidos y en contextos de investigación muy controlados, por lo que la adaptabilidad a contextos comunitarios necesitaba cierto apoyo empírico. Además de los estudios ya citados publicados por el Grupo de Conductas Adictivas de la Universidad de Oviedo y desarrollados en centros de Proyecto Hombre, el estudio de (Sánchez-Hervás y cols., 2010) muestra la eficacia de este tipo de intervención en un contexto sanitario público español y la adaptación del mismo a un contexto de intervención comunitaria.

5.4. Exposición a estímulos

Las técnicas de intervención basadas en el paradigma de exposición a claves (*Cue Exposure Theory*, CET) están orientadas a reducir la reactividad ante las claves mediante procedimientos de exposición y extinción. Se han llevado a cabo innumerables investigaciones que han mostrado cómo la exposición a claves puede producir deseo de consumo y precipitar el mismo (Carter y Tiffany, 1999; Childress y cols., 1993; Conklin y Tiffany, 2002). Sin embargo, pocos estudios han utilizado esta metodología como herramienta de intervención por la dificultad que supone la generalización de la extinción fuera del marco del tratamiento. En este sentido, algunos autores proponen que la utilidad fundamental de la extinción pasiva es la de permitir una realización más efectiva de las habilidades de afrontamiento, minadas en ocasiones por la intensa reactividad ante los estímulos relacionados con la droga. Así, la exposición pasiva constituiría la primera fase de la intervención, la cual debería ser complementada por estrategias activas de intervención, como por ejemplo, entrenamiento en habilidades sociales o en habilidades de afrontamiento, que incrementasen las posibilidades del sujeto de no consumir en estas situaciones.

Hablamos, por tanto, de unas técnicas orientadas fundamentalmente a la prevención de recaídas que pueden ser incorporadas en programas de tratamiento más amplios que provean a los pacientes de las estrategias complementarias para iniciar y mantener la abstinencia a largo plazo. A pesar de la escasa literatura y la falta de consenso acerca de cuáles son los parámetros adecuados (duración de la exposición, intensidad o saliencia de los estímulos, criterios de extinción, etc.), los estudios clínicos que han utilizado técnicas de exposición a claves siguen, a grandes rasgos, los siguientes pasos (García Rodríguez, Gutiérrez Maldonado, Pericot Valverde, y Ferrer García, en prensa):

1. Selección individual de las claves a las que se expondrá cada sujeto en función de su historia de consumo y/o preferencias.
2. Elaboración de una jerarquía de exposición comenzando por los estímulos o situaciones que producen menos deseo y siguiendo en orden ascendente.
3. Selección del tipo de respuesta que se tendrá en cuenta para evaluar la reactividad. Por lo general, se utiliza el deseo subjetivo de consumo del paciente o *craving*.
4. Selección del criterio de extinción en función de la medida de línea base y de la reactividad que lleguen a producir las claves.
5. Exposición a los ítems de la jerarquía con el procedimiento correspondiente (en vivo, fotografías, vídeos, realidad virtual, etc.).
6. La exposición puede ser totalmente pasiva, en la que únicamente se buscan respuestas de habituación, o activa, donde la exposición se acompaña de estrategias de afrontamiento entrenadas previamente.
7. Durante la exposición es necesario garantizar que el paciente no tenga conductas de escape, fundamentalmente, de desatención al estímulo.
8. Se utilizan tareas para casa en las que se programa una exposición en vivo con prevención de respuesta.

La modalidad de exposición (en vivo, en imaginación, fotografías, vídeos, realidad virtual, etc.) determina en gran medida la capacidad de los estímulos para producir deseo de consumo y de que las respuestas de habituación o extinción se generalicen fuera del contexto terapéutico. Un campo de investigación reciente se interesa por el desarrollo de nuevos procedimientos de exposición haciendo uso de tecnologías avanzadas como la realidad virtual (RV). La principal ventaja de la realidad virtual frente a otros métodos de presentación es que los sujetos no tienen la sensación de ser observadores externos, sino de formar parte de los entornos, incrementando así la sensación de realismo. A pesar de tratarse de un campo de estudio relativamente reciente, las investigaciones publicadas hasta la fecha han aportado expectativas razonablemente positivas sobre la utilidad de esta herramienta para la mejora de las técnicas de exposición a claves (Bordnick y cols., 2009; Ferrer-García y cols., 2010; Kuntze y cols., 2001; Saladin y cols., 2006).

En resumen, aunque algunos estudios muestran resultados esperanzadores en algunas sustancias ilegales como por ejemplo la cocaína (Rohsenow y cols., 1990; Sterling, Weinstein, Gottheil y Murphy, 2001) parecen desaconsejarse en el caso de la adicción a opiáceos (Childress y cols., 1993; Dawe y cols., 1993; Marissen, Franken, Blanken, van den Brink y Hendriks, 2007) y no hay estudios que hayan utilizado este paradigma para el tratamiento del uso o abuso del cannabis (para una revisión exhaustiva véase (García Rodríguez y cols., en prensa). Por todo ello, son necesarias nuevas investigaciones que determinen la eficacia de estas técnicas para el tratamiento de la adicción a algunas sustancias y, sobre todo, acerca de los parámetros de la exposición adecuados, que deberían ser resueltos con ensayos clínicos bien controlados.

6. PROGRAMA DE TRATAMIENTO PROPUESTO: PROGRAMA DE REFORZAMIENTO COMUNITARIO MÁS TERAPIA DE INCENTIVO (BUDNEY Y HIGGINS, 1998)

El programa CRA más Terapia de Incentivo está desarrollado originalmente para la adicción a la cocaína por lo que algunos parámetros y componentes del programa pueden requerir alguna modificación para el abordaje de otras adicciones.

6.1. Aproximación clínica y sesiones iniciales

Parámetros del tratamiento

Duración: 12 meses.

Semanas 1-24: 2 sesiones individuales o grupales a la semana. Se emplean contactos adicionales telefónicos o cara a cara si fueran necesarios.

Semanas 24 en adelante: 1 sesión individual o grupal a la semana, dependiendo de las necesidades del paciente.

Análisis de orina: tres veces por semana (p.ej.: lunes, miércoles y viernes) durante las semanas 1-12; y dos veces por semana (lunes y jueves) durante las semanas 13-24. Aleatorio el resto del tratamiento.

Estilo terapéutico

Flexibilidad
Empatía
Implicación activa
Directivo pero colaborador
Reforzamiento social

Técnicas

Contrato conductual
Establecimiento de objetivos

Aproximaciones sucesivas
Auto-registros
Premack
Entrenamiento en Habilidades: HH Sociales, Solución de problemas, Relajación, Manejo del tiempo, etc.
Gráficos de progresos
Manejo de contingencias

Estructura de las sesiones

(1) Se realiza la analítica
(2) El terapeuta anota los resultados de la analítica (*gráfico de analíticas*)
  2.a. Resultado negativo: reforzamiento social y discusión
  2.b. Resultado positivo: análisis funcional de la caída más reciente.
(3) Se revisan y evalúan los progresos en cada objetivo de tratamiento. Se actualizan los gráficos y se discuten los problemas.
(4) Si no existe un progreso adecuado: solución de problemas.
(5) Objetivos para la siguiente sesión (tareas para casa).
(6) Entrenamiento en habilidades cuando se considere apropiado.
(7) Revisión y evaluación del tratamiento farmacológico (p.ej. disulfiram) si procede.
(8) Se revisan y enfatizan los objetivos para la siguiente sesión.
(9) Se cubre la hoja de progresos y la guía para la siguiente sesión.

Sesiones iniciales: Sesión/es de Admisión

1. Explicación del programa CRA con especial hincapié en:
   - Confidencialidad
   - Especificidad para problemas de adicciones
   - Duración del programa y parámetros del tratamiento
   - El objetivo es realizar cambios en el estilo de vida
   - Explicación del programa de incentivo
2. Entrega de la Agenda y explicación de su utilidad
3. Instrumentos de evaluación
4. Elaboración del listado de problemas y Plan de Tratamiento
   Es conveniente que el Plan de Tratamiento se complete en colaboración con el paciente para que éste se implique en los objetivos terapéuticos. La abstinencia es siempre el primer objetivo del plan de tratamiento. El resto de objetivos se priorizan en función de la gravedad y de la relación funcional con el consumo
5. Contrato de abstinencia

Primeras sesiones

(1) Revisar los resultados de todas las analíticas del paciente, completar la evaluación del paciente y revisar la racionalidad del plan de tratamiento.

(2) Introducir la noción de Análisis Funcional del uso de sustancias y los procedimientos de control estimular para ayudar al paciente a obtener la abstinencia inicial. Es importante, en esta fase inicial del tratamiento, enseñar a los pacientes a identificar los antecedentes del uso de cocaína y cómo ellos pueden enfrentarse a las situaciones de alto riesgo (recordar determinantes de recaída de Marlatt y Gordon).

(3) Empezar a utilizar la agenda del paciente para organizar el plan de actividades.

(4) Iniciar o continuar con el tratamiento de disulfiram, si procede.

(5) Organizar y comenzar el programa de tratamiento: discusión de las áreas de cambio en los distintos ámbitos del estilo de vida basándose en los datos de la evaluación previa.

6.2. Terapia de incentivo

Procedimiento de manejo de contingencias que refuerza sistemáticamente la retención y la abstinencia. Los puntos son obtenidos por resultados negativos en los análisis de orina y el número de puntos se incrementa con cada muestra de análisis de orina negativo. El procedimiento no sólo recompensa cada uno de los negativos aislados sino que se ofrece incentivos de mayor magnitud para los pacientes que mantienen periodos largos de abstinencia continuada.

También se reconoce que las caídas o deslices aislados son altamente probables en el transcurso del tratamiento. El valor de los puntos se incrementa o reduce en función de los resultados de las analíticas. Así, los pacientes pueden ganar incentivos más valiosos si obtienen cinco analíticas negativas consecutivas, pero los puntos ya ganados por los pacientes nunca pueden ser perdidos. No se utiliza dinero con los pacientes. En lugar de esto, los vales se canjean por diferentes tipos de premios: descuentos en tiendas, entradas, materiales, cursos de formación, ofertas de empleo, etc. Los beneficios que se obtienen siempre han de ser adecuados, según la opinión del terapeuta, a los objetivos de tratamiento individuales, fundamentalmente, la abstinencia de la cocaína.

Protocolo
Cada punto ganado tiene un valor entre 0,25 y 0,125 euros
Semanas 1-12: 3 analíticas por semana
Primer resultado negativo: 10 puntos
Para las siguientes muestras negativas, el valor de éstas se incrementa en 5 puntos (p.ej.: segunda muestra: 15 puntos, tercera: 20 puntos, etc.)
Por cada 3 muestras negativas consecutivas el paciente obtiene un extra de 40 puntos
Un análisis positivo o una ausencia de analítica hacen que el valor de las muestras vuelva al valor inicial de 10 puntos
Cinco analíticas negativas consecutivas tras una positiva hacen retornar al nivel que se había obtenido previamente
Semanas 13-24: 2 analíticas por semana
Se reduce la magnitud del reforzador por cada análisis negativo. Se pasa a un programa de reforzamiento variable intermitente

Evaluación objetiva
La evaluación del uso de drogas a través de los análisis de orina es una parte esencial de la CRA. Resulta eficaz si es administrado de forma consistente y precisa. La recogida de orina debe realizarse siempre bajo la observación de personal de la clínica de acuerdo con un programa rígidamente establecido (p.ej., lunes, miércoles y viernes durante las semanas 1 a 12 y lunes y jueves durante las semanas 13 a 24.).

Los niveles de alcohol en el aire expirado también son evaluados cada vez que se crea conveniente.

6.3. Habilidades de afrontamiento de consumo de drogas

Con el objetivo de iniciar la abstinencia, los pacientes han de aprender los lugares, persona y objetos que estimulan el deseo de consumo y cómo evitar o afrontar tales estímulos. CRA utiliza tres métodos:

- Análisis funcional
- Plan de automanejo
- Habilidades de afrontamiento (rechazo de drogas)

Análisis funcional (AF)
El AF se utiliza a lo largo de todo el tratamiento cuando se necesite. Por ejemplo, si se produce una caída, se debe analizar este evento para enseñar al paciente como evitar situaciones similares en el futuro. El paciente debe entender la racionalidad del análisis funcional para aprender a interpretar

su consumo dentro de un modelo operante susceptible de ser modificado a través de cambios que realizará desde el primer día de tratamiento.

Ejemplo de entrenamiento en AF

El terapeuta analizará los cuatro componentes del AF: precipitantes, conducta, y consecuencias positivas y negativas.

Precipitantes

Un precipitante es un evento que ocurre inmediatamente antes de que la persona consuma y aumenta la probabilidad de éste. Los precipitantes pueden ser muy obvios o difíciles de identificar. Muchas veces, los precipitantes pueden conducir a otras conductas que influyen en el consumo de drogas, p.ej., pensamientos sobre las potenciales consecuencias del consumo, como: la droga me hará sentir mejor, me ayudará a olvidar tal problema, ...

Conducta

El consumo es una de las muchas conductas que pueden ocurrir tras un precipitante. El trabajo del paciente es aprender nuevas conductas que, o bien eviten la situación de riesgo, o bien la afronten sin consumir.

Consecuencias +

Las consecuencias positivas reforzantes son experimentadas normalmente inmediatamente después del consumo. Se le dan al paciente ejemplos de consecuencias positivas habituales.

Consecuencias -

Normalmente se experimentan tiempo después del consumo. Interfieren con un estilo de vida saludable y tienen que ver con las relaciones sociales, trabajo, dinero, salud, estados de ánimo o autoestima. Forman parte del problema que ha llevado al paciente a pedir ayuda.

A continuación, el terapeuta debe instruir al paciente sobre cómo realizar el AF con el instrumento que aparece en el Apéndice 2.

Plan de automanejo

Paciente y terapeuta deben desarrollar un plan de automanejo (solución de problemas) para afrontar los precipitantes identificados con el AF.

Para ello, se trabaja con el abordaje tradicional de resolución de problemas:

- Elegir una situación (precipitante).
- Tormenta de ideas de estrategias potenciales.

- Consideración de los efectos de cada una de las estrategias.
- Calificación de la dificultad de cada una de las estrategias en una escala desde 1 (muy fácil) hasta 10 (extremadamente difícil).
- Se selecciona una estrategia tras considerar los tres pasos anteriores.
- Se discute cómo se llevará a cabo esa estrategia.

Habilidades de afrontamiento

La racionalidad de este módulo es que más de 1/3 de las recaídas se relacionan con la presión social directa por lo que se trata de entrenar al paciente en el rechazo de drogas.

El terapeuta da información acerca de formas concretas de rechazar una droga de forma eficaz. Se trabaja con *role-playing* seleccionando diferentes situaciones en las que el paciente puede tener dificultades para no consumir cocaína, p.ej.: encuentro con un amigo consumidor, una llamada de teléfono, una fiesta, etc. Se trabaja con modelado, ensayo conductual, feedback, problemas y dificultades y tareas para casa.

6.4. Cambios en el estilo de vida

Manejo de tiempo

Entrenamiento en un uso productivo del tiempo. Deben aprender a programar y ejecutar los eventos y actividades a lo largo del día, para que tengan poco tiempo en donde no tengan nada que hacer y poco tiempo de riesgo disponible.

Al paciente se le entrega una agenda y se le enseña cómo usarla. Los pacientes tienen que hacer una lista con lo que quieren llevar a cabo ese día o hasta la próxima sesión. Se comienza anotando las citas con el terapeuta y progresivamente se anota la programación semanal basada en los objetivos terapéuticos planteados en cada sesión. El terapeuta debe guiar al paciente a hacer una planificación del tiempo eficiente y realista. Cada vez que se realice una actividad deben tacharla en su agenda. Al final del día deben comprobar cuantos ítems han tachado.

El paciente debe llevar su agenda y la lista diaria a cada una de las sesiones.

Si el paciente no cumple con este ejercicio entre sesiones, se debe insistir en ello y, en todo caso, realizar el ejercicio dentro de cada sesión.

Consejo en actividades sociales y de ocio

Este componente se centra en incrementar el interés y la participación en actividades sociales y recreativas que son reforzantes para el paciente y que no implican uso de drogas. Este componente del tratamiento trata de ayudar a los pacientes a desarrollar las condiciones para tener este tipo de actividades sociales o de tiempo libre.

El primer paso es desarrollar una lista de actividades potencialmente reforzantes que el paciente esté interesado en llevar a cabo. El terapeuta debe ayudar al paciente a través de las siguientes preguntas:

a. Actividades actuales
b. Actividades reforzantes del pasado
c. Cosas que el paciente siempre quiso hacer, pero que nunca llegó a realizar.

También se puede utilizar un listado de actividades potencialmente reforzantes para analizar el interés de los pacientes en diversas actividades. Este listado puede realizarse en la sesión o entre sesiones. Una vez identificadas las posibles actividades, deben ser categorizadas en función del interés, coste, tiempo disponible, probabilidad o si requiere ejercicio físico o es sedentaria.

Un objetivo muy importante es incrementar el tiempo que pasa con no consumidores y extinguir el contacto con consumidores. El paso siguiente es hacer una lista de personas que puedan participar en las actividades seleccionadas. Con la ayuda del terapeuta se deben señalar el mayor número de personas posibles entre conocidos, amigos o familiares.

Las técnicas conductuales para la consecución de objetivos y el moldeado son las que se aplican para este objetivo. Estos objetivos se incorporan al plan de tratamiento y son sistemáticamente trabajados a lo largo de todo él. También se le puede ayudar, proporcionándole una lista con actividades locales, recursos comunitarios, etc. Es decir, se debe ejercer la función de informar sobre todas las oportunidades de ocio y sociales disponibles en la comunidad. Esto significa que se debe estar al día a través de la información que ofrecen los servicios públicos, la prensa o cualquier otro medio existente e donde exista este tipo de información.

Habilidades de solución de problemas
El tratamiento implica realizar cambios en el estilo de vida que implicará buscar solución para muchos tipos de problemas.

Los consumidores de drogas se encuentran a menudo en varios tipos de situaciones problemáticas que pueden llegar a ser muy importantes si uno no sabe enfrentarse a ellas de forma eficaz. El objetivo de este módulo es enseñarles a identificar, analizar y encontrar soluciones a muchos problemas que pueden influir en el proceso de cambio.

Algunos de estos problemas se encuentran al realizar cambios en el estilo de vida, como por ejemplo:

- Dificultad para encontrar tiempo para realizar actividades o hobbies
- Problemas con los niños
- Problemas en el trabajo
- Problemas con la familia
- Problemas legales

Los pasos en el entrenamiento para la solución de problemas son los siguientes:

1) Reconocer el problema: ser consciente de que existe una situación problemática
2) Identificar el problema: definir el problema de forma específica y conductual
3) Tormenta de ideas: principios de cantidad, variedad y aplazamiento del juicio
4) Selección de la estrategia: la más eficaz: más ventajas y menos inconvenientes
5) Evaluar la efectividad: discutir sobre la eficacia de la solución elegida. Comprobar que sea realista
6) Práctica: realizar por escrito con la ayuda del terapeuta este proceso con varios tipos de problemas
7) Tareas para casa: traer por escrito varios problemas reales resueltos con este procedimiento

Asesoramiento vocacional

El objetivo es ayudar a los desempleados a encontrar trabajo o mejorar la situación de empleo de aquellos que están insatisfechos o que tienen un trabajo que supone una importante situación de riesgo. Dependerá de cada caso particular. Algunos de los más habituales pueden ser los siguientes:

Para los pacientes desempleados:

- Hacer un contacto laboral al día
- Hacer un currículum
- Enviar uno o dos resúmenes al día con una carta de presentación
- Ir al INEM dos veces por semana
- Apuntarse a un curso de formación
- Tomar clases de habilidades de búsqueda de empleo

Para los pacientes que trabajan demasiadas horas o en horarios irregulares:

- Trabajar entre 35-50 horas por semana
- Establecer un horario más regular

Para pacientes que tienen un trabajo de alto riesgo o están muy insatisfechos:

- Explorar posibilidades de cambio
- Enviar currículos
- Modificar el contexto del trabajo para reducir el riesgo
- Cursos de formación laboral

Al final de la primera sesión de asesoramiento vocacional, se debe haber establecido un objetivo a largo plazo (p.ej., trabajar a tiempo completo como dependiente) y especificar objetivos a corto plazo (apuntarse a un curso de informática, tener cinco contactos de trabajo por semana).

Los objetivos se varían cuando sea necesario y, una vez más, el asesoramiento vocacional se desarrolla durante toda la terapia.

Entrenamiento en habilidades sociales

Para pacientes que tienen dificultades para:

- Relacionarse con no consumidores
- Relacionarse con compañeros de trabajo u otras personas
- Asistir a determinadas actividades porque no se sientes a gusto
- Expresar sus sentimientos de una forma adecuada

Entrenamiento en asertividad

Apropiado para pacientes que tienden a tener un estilo pasivo, o bien agresivo, en las situaciones sociales. Normalmente se utilizan entre dos y cuatro sesiones

Definición de estilos:

- Conducta pasiva, agresiva y asertiva. Consecuencias. Ventajas y desventajas
- Resaltar la conveniencia general de utilizar un estilo asertivo, pero que también se puede elegir un estilo pasivo o agresivo si la situación lo requiere.

Se debe evaluar y ayudar a conocer al paciente el estilo que tiende a utilizar, cuando lo usa, cómo le afecta y qué consecuencias tiene para él. Terapeuta y paciente eligen 2 situaciones (AF) en las que el paciente les pueden ser útiles estas habilidades y se plantean objetivos para casa.

Prevención y educación de VIH

Al menos 1 ó 2 sesiones en los primeros momentos de la terapia

Se trabaja con un cuestionario de conocimientos sobre el VIH/SIDA. Los pacientes lo completan, se revisa cada ítem y se resuelven dudas y respuestas incorrectas.

Visionado de un vídeo de educación sobre el SIDA. Después, el terapeuta debe enfatizar la siguiente información:

- El uso intravenoso es el factor de riesgo más importante aunque también afecta a otras poblaciones.
- Revisar las tres vías por las que el VIH puede ser trasmitido: (1) contacto sexual con una persona infectada, (2) a través de la sangre (compartiendo jeringuillas), (3) de madres infectadas a sus hijos.
- Las personas infectadas no tienen necesariamente que encontrarse mal ni estar enteradas de ello. Pueden tener el virus y no enterarse durante años, mientras están infectando a otras personas.
- Si el paciente consume en la actualidad por vía intravenosa, la única manera de estar seguro es parar de inyectarse. Si continua, debe siempre usar jeringuillas nuevas. Relaciones sexuales sin la protección adecuada es una forma fácil de infectarse (a través de sangre, fluidos vaginales, semen o fluido pre-eyaculatorio). Si se desconoce el estado de la otra persona, deben utilizarse siempre preservativos y el espermicida que contiene el ingrediente monoxynol-9, en todo tipo de relación sexual.
- El alcohol y otras drogas pueden aumentar el riesgo porque pueden reducir el sistema inmune y provocar conductas de riesgo.

Entrega de folletos y preservativos y recomendación de evaluación Anticuerpos VIH y hepatitis B.

6.5. Asesoramiento en las relaciones de pareja

Consiste, por lo general, en una sesión semanal durante 4 semanas y una sesión cada 2-4 semanas en el resto del programa, para un total de 8 sesiones aproximadamente.

6.5.1. Sesión 1

En la primera sesión se debe explicar el contenido, los objetivos (estar más satisfecho con las relaciones interpersonales) y la relación con el consumo de drogas.

Ejercicio de introducción

Para romper el hielo, se puede empezar preguntando cómo se conocieron y cómo fueron los primeros momentos de estar juntos. Deben decirse el uno al otro qué era lo que le gustaba o lo que le atraía cuando se conocieron y posteriormente qué les gusta en la actualidad. Sólo se permiten comentarios positivos.

Escala de satisfacción relacional (Apéndice 4)

- Cada miembro la cubre por separado. Se debe enfatizar que se evalúan los problemas existentes en la actualidad, no en el pasado.
- Se les entrega una lista de ejemplos en áreas diferentes.
- Se recogen y discuten las respuestas y se explica que la escala se cubrirá en más ocasiones.

Recuerdo diario para ser agradable

Los pacientes deben cubrir un formulario durante la semana en la que anotarán detalles agradables que han hecho por su pareja. El ambiente debe ser relajado y divertido. Se les instruye para que lo cubran cada día y lo pongan en un lugar visible (nevera, p.ej.).

Para asegurarse de que sea recíproco, se les pide que, como mínimo, incluyan 10 satisfacciones que propiciaron a su pareja. Se debe enfatizar en que deben ser concretos, p.ej.: puse una lavadora todas las semanas, la ayudé cuando me lo pidió, fui a la compra, la escuché cuando me lo pidió,...

En cada sesión, se revisa el registro y se discute.

6.5.2. Sesión 2

En la siguiente sesión (y en todas las demás), se debe revisar la Escala de satisfacción relacional y discutir brevemente sobre los cambios producidos desde la sesión anterior.

A continuación, se debe revisar y discutir el listado diario cubierto desde la sesión anterior, resaltando específicamente qué conductas positivas llevó a cabo cada uno de los miembros y cómo les afectó las conductas del otro. Se empieza así de una forma positiva. Se les instruye para que sigan cubriéndolo diariamente.

Formulario de relación perfecta

Este registro nos servirá para conocer en qué aspectos les gustaría que la otra persona hiciera cambios específicos. Deben ser cambios que podrían incrementar la satisfacción y la calidad de la relación. Se trata de identificar conductas concretas para cambiar. Así, la otra persona tendrá claro qué aspectos se deben mejorar.

Se debe ayudar poniendo un *ejemplo*:

> *Si te gustara que tu compañero colaborase más con la plancha o la aspiradora, podría escribir: Los sábados por la mañana, después de desayunar, me gustaría que aspirases el salón y nuestra habitación. También, me gustaría que planchases la ropa que hubiese en el cesto.*

Petición positiva

A continuación se introduce el concepto de petición positiva. Componente diseñado para enseñar cómo pedir cosas a la otra persona incrementando la probabilidad de tener éxito. Se muestra la forma adecuada de hacer peticiones, se practica con el objetivo planteado en el formulario de relación perfecta y transcribe en el contrato de pareja. En la siguiente sesión se revisa este objetivo. Se utiliza la estrategia en las siguientes sesiones hasta que se estime conveniente.

6.5.3. Sesión 3 y 4

Se revisan los progresos o los problemas que hayan podido surgir y se plantean nuevos objetivos siguiendo la estructura de las sesiones anteriores.

Entrenamiento en comunicación

En este apartado se trata de mejorar la comunicación entre el paciente y su pareja. Se trabaja sobre cómo resolver desacuerdos, cómo solucionar conflictos, cómo poner en marcha buenas habilidades de escucha y cuáles son los patrones específicos que generan problemas de comunicación.

6.5.4. Sesiones 5-8

A lo largo de todas las sesiones de pareja, ésta debe seguir completando la Escala de relaciones felices, el registro de Recuerdo Diario, cubrir contratos recíprocos y practicar habilidades de comunicación.

Las últimas sesiones se espacian más (quincenal, mensualmente) y se reanudan cuando se considere necesario.

6.6. Consumo de otras drogas

Muchos consumidores de sustancias ilegales consumen también otras drogas. El consumo de alcohol o cannabis en pacientes dependientes de la cocaína o de la heroína es habitual. Igualmente, el consumo de alcohol en pacientes que acuden a tratamiento por problemas con el cannabis también es frecuente. El terapeuta debe plantear al paciente las ventajas de mantenerse abstinente de otras sustancias.

La racionalidad de esta demanda debe ser justificada:

- Es muy difícil lograr el objetivo de la abstinencia a la sustancia principal mientras continúen abusando de otras drogas.
- El uso de otras drogas suele ser un precipitante para el uso de la sustancia principal (por ejemplo, consumo de alcohol y cocaína).
- La abstinencia de la sustancia principal, les va a ayudar a dejar de consumir otras sustancias.
- Deben entender que las consecuencias negativas que ellos esperan por dejar de consumir una sustancia, no se solventarán con el uso de otras drogas.
- El abuso de otras drogas puede interferir con los objetivos de cambio del estilo de vida.
- El abuso de otras drogas puede traer consecuencias aversivas directas.

En caso de que el paciente no acepte esta demanda, pueden firmarse contratos terapéuticos en los que el paciente se comprometa a dejar de consumir las sustancias secundarias si éstas interfieren en el tratamiento.

Alcohol

El alcohol es la sustancia más utilizada en los pacientes adictos a sustancias ilegales. La estrategia general para afrontar los problemas del alcohol es la siguiente:

a. Si los pacientes cumplen criterios de abuso o dependencia del alcohol, se recomienda el uso de disulfiram. Se utilizan también los procedimientos conductuales necesarios.
b. Si no cumplen criterios de dependencia o abuso, pero existe una clara relación entre el alcohol y la droga principal, se recomienda también disulfiram y terapia conductual.
c. Si no se muestran de acuerdo con la abstinencia, se debe proponer la restricción del consumo (pautas de bebida controlada o de bajo riesgo).
d. Si no está de acuerdo con ninguna de las opciones anteriores, se utilizarán contratos terapéuticos.

El uso de disulfiram se realizará bajo supervisión médica, firmando los formularios de consentimiento correspondientes, y en la medida de lo posible, con protocolos de verificación de la toma de disulfiram por parte de alguna persona cercana.

6.7. Otros trastornos

6.7.1. Sintomatología depresiva

Muchos pacientes comienzan el tratamiento presentando ciertos niveles de sintomatología depresiva. En muchos casos, estos síntomas son consecuencia del uso de la sustancia y del síndrome de abstinencia, por lo que remiten espontáneamente a las pocas semanas del tratamiento. Para algunos pacientes, los síntomas depresivos continúan después de la abstinencia. El siguiente protocolo va dirigido a estos pacientes. Debe, además, acompañarse, cuando fuera necesario de tratamiento farmacológico.

Evaluación del riesgo de suicidio
Se debe evaluar inmediatamente el riesgo de suicidio si se cree conveniente por medio de los instrumentos clínicos habituales.

Monitorización de la sintomatología
Se debe identificar mediante la evaluación los síntomas depresivos. Aquellos que presenten puntuaciones altas en pruebas como el BDI o tengan una historia de depresión deben ser monitorizados a lo largo de todo el tratamiento.

El BDI puede ser administrado cada dos semanas hasta que la puntuación se sitúe en un rango normal. Después de esto, debe ser administrado mensualmente.

Intervención
La decisión de llevar una terapia específica para la depresión no debe tomarse hasta que hayan adquirido un periodo relativamente estable de abstinencia (usualmente de 2 a 4 semanas).

Cuando los pacientes no logran la abstinencia y la depresión es concurrente, el tratamiento para ésta debe comenzarse antes de la abstinencia. El protocolo de intervención recomendado es la terapia conductual de Lewinsohn y cols. (1986) *Controla tu depresión.*

6.7.2. Ansiedad

La sintomatología ansiosa es, en muchos casos, de carácter social, reactiva a los cambios en el estilo de vida que se le proponen al paciente. Si la ansiedad social interfiere con los objetivos del tratamiento, el terapeuta debe tratarla mediante una combinación de entrenamiento en habilidades y relajación.

Se recomienda el entrenamiento en relajación progresiva de Jacobson aunque también es posible utilizar técnicas más sencillas como la relajación mediante respiración profunda. Es importante que el terapeuta ayude al paciente a seleccionar los momentos en que la relajación puede serle útil en relación al consumo de drogas pero también se deben identificar las áreas del paciente (trabajo, familia, situaciones sociales,...) en las que la técnica puede mejorar el funcionamiento y rebajar los niveles de estrés de la persona.

6.7.3. Insomnio

Es un síntoma común que es importante abordar directamente si éste es persistente, ya que puede interferir en el objetivo de abstinencia y en el cambio de estilo de vida.

El terapeuta debe considerar una intervención específica para cualquier paciente que tenga dificultades de sueño importantes tras 2-4 semanas de tratamiento.

El protocolo para intervenir y mantener unos hábitos de sueño regulares se basa en una correcta higiene del sueño y en técnicas de control estimular.

6.8. Supervisión

El programa CRA más Terapia de Incentivo debe ser supervisado por un profesional con experiencia en abuso de sustancias y análisis de conducta. Los supervisores proporcionan ideas para el plan de tratamiento y para los objetivos de cambio de conducta. Una de sus funciones principales es mantener el tratamiento focalizado en la dependencia de la sustancia y en aquellos problemas directamente relacionados con ella. Esta población suele presentar multitud de problemas que no están directamente relacionados con el consumo y que pueden distraer al terapeuta del objetivo principal.

El estilo del supervisor debe incluir apoyo, feedback, solución de problemas e instrucción. Pueden promover solución de problemas en equipo pero siempre dejando claro que la responsabilidad de los pacientes es de cada terapeuta. Considerando que CRA más Incentivos requiere una aproximación terapéutica activa que puede requerir mucho esfuerzo, el supervisor debe actuar como una fuente de apoyo estable, de aliento y de dirección del plan de tratamiento. Para ello se recomiendan sesiones semanales de supervisión y pequeñas reuniones diarias del equipo terapéutico.

7. PERSPECTIVAS DE TRATAMIENTO

En 1999, el *National Institute on Drug Addictions* (NIDA) publicó los trece principios para el tratamiento efectivo de las drogodependencias que se derivaban de la investigación empírica realizada en los treinta años anteriores (National Institute on Drug Abuse, 1999). Vistos desde la perspectiva actual, dichos principios están plenamente vigentes, y no han sido cuestionados por la investigación que se ha venido realizando en los siguientes doce años, desde su publicación hasta la actualidad. De hecho, no se han renovado.

Existe suficiente soporte científico que avala la eficacia de determinadas técnicas psicológicas en el tratamiento de las conductas adictivas. La terapia de conducta (incluyendo la formulación cognitivo-conductual) cuenta con tratamientos empíricamente validados. Los factores relacionados con el desarrollo y mantenimiento de las conductas adictivas son múltiples y de diferente índole. De aquí se deduce, en gran medida, que la eficacia de las estrategias conductuales viene dada por su utilización dentro de programas multicomponente, incluyendo, dentro de estos programas, la posible utilización de terapias farmacológicas (mediante sustancias agonistas o interdictoras). Se asume que ambos enfoques funcionan a través de mecanismos diferentes y que afectan también a aspectos distintos del problema (Secades-Villa y Fernández-Hermida, 2003). En definitiva, la evidencia acumulada demuestra que en la actualidad se dispone de tratamientos conductuales de primera elección (tratamientos bien establecidos) para la adicción severa a las drogas y que las terapias conductuales son componentes críticos para el tratamiento efectivo de la drogadicción. Es evidente que este tipo de recomendaciones no es estática y evolucionará en consonancia con la investigación que se vaya produciendo, pero no hay ninguna razón para aplicar a los pacientes un tratamiento del que, en el mejor de los casos, desconocemos sus resultados. No es justificable que la ignorancia pueda ser la coartada para no ajustarse a lo que la evidencia empírica ha demostrado. Pero, al mismo tiempo, por consideraciones éticas y profesionales, es imprescindible que los psicólogos nos familiaricemos con aquellas intervenciones que gozan de mayor solvencia científica. Esta es la mejor defensa que podemos hacer de las personas para las que trabajamos.

Sin embargo, la lista de tratamientos eficaces también ha de ser matizada mediante nuevas aportaciones que aclaren algunos aspectos sin resolver.

A pesar de esta relativa eficacia, en la práctica totalidad de las conductas adictivas, las tasas de recaídas a largo plazo siguen siendo altas. Por tanto, las futuras líneas de investigación han de ir dirigidas a resolver algunas deficiencias que mejoren los resultados a largo plazo de los programas. Entre estas cuestiones destacamos las siguientes:

(1) Dado el gran número de individuos con comorbilidad de trastornos psiquiátricos y uso de drogas, se requieren mejores métodos para su diagnóstico, incluyendo aquí criterios para definir la relación precisa temporal y causal entre el uso de la sustancia y otros trastornos psicopatológicos (American Psychiatric Association, 2006).

(2) La investigación del efecto diferencial de las técnicas y, sobre todo, de las diferentes combinaciones particulares o de secuencias concretas de los componentes, que optimicen los resultados con pacientes específicos. Se requieren, pues, estudios en donde se utilicen estrategias de desmantelamiento que evalúen el impacto relativo de los diferentes componentes de los programas multimodales, que ya han demostrado su eficacia en el tratamiento de la adicción a las diferentes sustancias. La identificación de los procesos de tratamiento que están fiablemente asociados con los resultados permitiría refinar e incrementar los ingredientes activos del cambio.

(3) Mientras que algunos de los tratamientos comentados cuentan con una estructura y unos parámetros bastante precisos (por ejemplo, la CRA + terapia de incentivo en el tratamiento de cocainómanos), otros carecen de tal precisión a la hora de delimitar tales parámetros (por ejemplo, la PR). Por tanto, se requieren investigaciones que tengan como objetivo describir y delimitar la estructura y los parámetros del tratamiento de algunos de estos programas. Se trataría, en la medida de lo posible, de desarrollar protocolos de intervención que asegurasen la máxima eficacia y eficiencia de las intervenciones. Los programas de MC no son ajenos a estos problemas. Los investigadores se plantean la conveniencia de reforzar sólo la abstinencia del consumo de drogas, o también otras conductas de los pacientes, por ejemplo, la adhesión a determinadas condiciones del tratamiento (asistencia a las sesiones, adhesión a la medicación, realización de conductas alternativas al consumo, etc.). En este sentido, algunos estudios señalan que la utilización de incentivos contingentes a la adhesión y a la abstinencia es más eficaz que el reforzamiento sólo de la abstinencia (Iguchi y cols., 1997). Otro aspecto que también requiere de más atención tiene que ver con la evaluación de la duración óptima del programa de manejo de incentivos y la duración del impacto de estos procedimientos. La mayoría de los estudios utilizan incentivos durante 8-12

semanas, por lo que han sido muy poco evaluados los efectos de programas de MC más extendidos en el tiempo.

Una línea de investigación novedosa es el uso de nuevas tecnologías que faciliten la aplicación y generalización de los programas de MC cuando existe algún inconveniente que dificulta el uso de estos programas. Sin embargo, y gracias a nuevas tecnologías como las web-cams e Internet, estos pacientes pueden enviar a la clínica una grabación con su medición.

Otra iniciativa basada en el uso de aplicaciones informáticas es la adaptación del programa de Reforzamiento Comunitario más Terapia de Incentivo a lo que se ha llamado Terapia de Conducta Computerizada. En este caso, no sólo se automatiza el componente de MC sino que algunos de los módulos de entrenamiento en habilidades se llevan a cabo con un ordenador programado en función de las características individuales del paciente (Bickel y cols., 2008). Los autores de esta nueva forma de tratamiento justifican el uso de esta tecnología como una forma de abaratar los tratamientos, de utilizar intervenciones basadas en la evidencia científica e incluso como una alternativa para personas que quieran preservar su anonimato o que padezcan algún tipo de ansiedad o fobia social que les impida acudir a un tratamiento estándar. No se trata por tanto de sustituir el trabajo tradicional de los terapeutas sino de desarrollar nuevos métodos para solucionar necesidades concretas. Por último, la mayoría de los ensayos de los programas de incentivos han sido llevados a cabo dentro de formatos de terapia individual, pero, de hecho, muchos de los programas de tratamiento estándar se llevan a cabo en formatos de grupo, por lo que se requieren también estudios futuros que evalúen la adaptación de estos procedimientos a contextos grupales.

(4) En esta misma lógica, se debe subrayar el hecho contradictorio de que terapias que han sido bien validadas para el tratamiento de adicciones concretas (por ejemplo, programas conductuales y cognitivo-conductuales para el alcoholismo o la adicción a la cocaína) no han sido bien estudiadas en otras sustancias (como los opiáceos). Se apunta la necesidad de comprobar empíricamente la validez de determinadas terapias en el tratamiento de la adicción a algunas drogas (CRA o PR en el tratamiento de la adicción a la heroína).

(5) Como se ha visto a lo largo del capítulo, mientras que algunas técnicas cuentan con abundante soporte empírico con respecto a su eficacia o efectividad, otras aún no han alcanzado este estatus y se encuentran en una fase previa de experimentación, como es el caso de las técnicas de exposición a estímulos. Estas técnicas tienen, a diferencia de otros abordajes tera-

péuticos, una sólida fundamentación teórica que parte de la investigación básica y que explica los mecanismos responsables del cambio conductual que producirían. A pesar de esto, no parece que haya sido suficiente para que las intervenciones derivadas de este paradigma puedan ser considerados como tratamientos de primera elección. En nuestra opinión, y teniendo en cuenta el avance de este campo en los últimos años, sobre todo, a través de nuevos procedimientos de exposición, aún es necesario el desarrollo de ensayos clínicos para poder dilucidar si las técnicas de exposición a claves como componente terapéutico son o no herramientas eficaces, eficientes y efectivas en las diferentes drogas (García-Rodríguez, 2008). Probablemente, uno de los errores haya sido considerar la exposición a claves como un tratamiento en lugar de como una técnica a incorporar en programas de intervención más amplios. Una de las críticas que se han hecho a las técnicas de exposición a estímulos es que en la mayoría de los estudios la extinción se lleva a cabo en un sólo contexto, generalmente en una sala o habitación de la clínica con estímulos relacionados con la sustancia. Esto hace que la generalización de la extinción sea muy difícil, dado que los contextos naturales poco tienen que ver con las clínicas para tratamiento de drogodependencias. El uso de nuevas tecnologías, como la RV, puede suplir en cierta medida esta carencia, ya que recrea entornos similares a los contextos naturales en los que se suele producir la conducta de autoingesta. Los estudios publicados hasta el momento han aportado expectativas razonablemente positivas sobre la utilidad de la RV en el tratamiento de estos problemas. No obstante, la mayoría de ellos no han avanzado todavía hasta la etapa de utilización de estas técnicas como estrategia terapéutica, sino que se encuentran en las fases previas de validación de las mismas, comprobando la capacidad de los entornos virtuales para provocar y reducir el *craving* de los pacientes. Este tipo de estudios necesitan ser completados con otros que den un paso más e incorporen esta herramienta dentro de programas de intervención, evaluando su eficacia empíricamente. Además, creemos que la RV puede ser atractiva para un determinado segmento de la población, como adolescentes y adultos jóvenes, que generalmente no asisten a tratamiento (García-Rodríguez, Pericot Valverde, Gutiérrez Maldonado y Ferrer García, 2009).

(6) Una línea de trabajo importante es la que trata de identificar las combinaciones entre las características de los pacientes y los factores del tratamiento que incrementen la eficacia de los programas. Nos referimos a las investigaciones sobre la adecuación paciente-tratamiento (*patient-treatment matching*), que tratan de buscar la combinación idónea entre ambos. Se trataría de desarrollar pautas válidas y útiles para asignar a cada pa-

ciente al programa de tratamiento que se adapte mejor a sus características y necesidades. Se subraya, por tanto, la heterogeneidad clínica entre los drogodependientes que, a su vez, requerirá el desarrollo de tratamientos especializados para subgrupos de pacientes con necesidades diferentes. Aquí se incluirían los casos en los que coexiste un problema de uso de drogas con otro trastorno psicopatológico. De hecho, dos de los principios para el tratamiento efectivo del NIDA hacen mención indirecta o directa a la necesidad de atender a la variabilidad psicológica. El primer principio indica que *No hay un tratamiento único que sea eficaz para todos los individuos* (principio número 1) y el segundo advierte que *Los individuos adictos o que abusan de drogas que presentan trastornos mentales coexistentes deberían tener tratamiento para ambos trastornos de forma integrada* (principio número 8). Las variables críticas que afectan a la ecuación que liga al tratamiento con el sujeto no parecen fáciles de detectar. Por el lado del tratamiento se encuentran el *setting*, la naturaleza del tratamiento, las cualidades del terapeuta, etc. De parte del individuo están las características del patrón comportamental a modificar (historia, factores intervinientes actuales, expectativas futuras), trastornos psicopatológicos asociados, motivación, apoyo social, creencias y actitudes frente al tratamiento, problemas médicos, legales y sociales, etc. El ajuste del tratamiento a las características individuales puede deberse en ocasiones a las condiciones legales, médicas o sociales del paciente, con el fin de atender a factores periféricos y no centrales a la modificación del trastorno adictivo. Así puede haber un tratamiento que tenga lugar en un contexto cerrado, por imperativo legal, hospitalario, por necesidades de control de las consecuencias médicas del consumo, o comunitario, para satisfacer las necesidades básicas de alojamiento o manutención. Sin embargo, serán fundamentalmente variables psicológicas las que aconsejarán el tipo y la forma del tratamiento dirigido a cambiar el patrón de conducta adictivo en cada individuo.

(7) Relacionado con el punto anterior, recientes estudios han comenzado a subrayar la utilidad de la evaluación neuropsicológica en la evaluación clínica de los pacientes, en la elección y adaptación del tratamiento e, incluso, en la mejor comprensión de características clínicas centrales en los trastornos adictivos. La evaluación neuropsicológica de las personas que demandan tratamiento por consumo de drogas puede constituir un factor pronóstico importante. El deterioro de las funciones cognitivas se ha asociado, en el contexto de la rehabilitación de los pacientes adictos, a un menor porcentaje de finalización del tratamiento y a un mayor índice de recaídas. Varios estudios han puesto de manifiesto la importancia del estado neuropsicológico sobre los índices de retención en los programas de tratamiento.

La inclusión de la evaluación neuropsicológica como una herramienta adicional en la evaluación pretratamiento podría ayudar a detectar a aquellos pacientes con mayor riesgo de abandono o recaída, lo que facilitaría la elección y adecuación del tratamiento a cada caso en particular, así como la identificación de factores de riesgo asociados a un peor pronóstico (García-Fernández, García-Rodríguez y Secades-Villa, 2011).

(8) El desarrollo de intervenciones psicológicas eficaces para el tratamiento del abuso y/o la dependencia al cannabis es especialmente importante, teniendo en cuenta la alta prevalencia de este problema y las limitadas opciones para abordarlo en la actualidad. Los tratamientos cognitivo-conductuales (prevención de recaídas, habilidades de afrontamiento, y las técnicas motivacionales) han mostrado ser eficaces en algunos ensayos clínicos. Sin embargo, las tasas de recaída sugieren que muchos participantes no obtienen resultados positivos a largo plazo, lo que indica que este ámbito de investigación sigue siendo una prioridad. Estudios recientes demuestran que el uso de incentivos junto con la terapia cognitivo-conductual puede ser una opción efectiva (Budney y cols., 2006).

(9) En las últimas décadas se ha avanzado mucho en la investigación en torno al consumo de drogas en adolescentes, los métodos e instrumentos de evaluación y las intervenciones específicas para esta población. Pero a pesar de estos progresos, se requiere de investigación para el desarrollo y la implantación de intervenciones conductuales eficaces con jóvenes y adolescentes con problemas de uso de drogas. Por una parte hay una carencia general de instrumentos apropiados de detección precoz y evaluación comprehensiva adaptados a las necesidades de los jóvenes, lo que recorta las capacidades del terapeuta para diseñar y planificar intervenciones apropiadas. Por otra, estas intervenciones no disponen aún de validación empírica suficiente como para determinar cuáles son los componentes activos más eficaces y las líneas de intervención más adecuadas. Se requiere por tanto de un gran esfuerzo investigador para crear o adaptar los instrumentos necesarios y para evaluar de forma metódica los diversos enfoques teóricos desarrollados hasta ahora. De forma ideal, deberían desarrollarse tratamientos específicos para jóvenes, normalmente policonsumidores (la combinación de alcohol y cannabis es la más frecuente) que atendieran a las necesidades concretas de ese tipo de población.

(10) Una barrera que con frecuencia se esgrime para la aplicabilidad y diseminación de algunas intervenciones psicológicas (sobre todo, los programas de MC basados en el uso de incentivos) es su relativo alto coste y la dificultad de aplicarlas en contextos comunitarios. A pesar de esto, muy po-

cos estudios han analizado esta variable de forma sistemática. Los pocos trabajos realizados han mostrado que las técnicas psicológicas y, en particular, el MC son intervenciones altamente eficientes (Olmstead, Sindelar y Petry, 2007). No obstante, es necesario realizar más estudios que traten de establecer la eficiencia (relación coste/beneficio) de los diferentes programas que ya han demostrado cierta eficacia.

8. REFERENCIAS BIBLIOGRÁFICAS

Abbott, P. J. (2009). A review of the community reinforcement approach in the treatment of opioid dependence. *Journal of Psychoactive Drugs, 41*, 379-385.

Abbott, P. J., Weller, S. B., Delaney, H. D., y Moore, B. A. (1998). Community reinforcement approach in the treatment of opiate addicts. *The American Journal of Drug and Alcohol Abuse, 24*, 17-30.

Aklin, W. M., Wong, C. J., Svikis, D., Stitzer, M. L., Bigelow, G. E., y Silverman, K. (2008). *A Therapeutic Workplace for the long-term treatment of drug addiction in methadone patients: Eight years outcomes* Paper presented at the 70th meeting of The College of Problem on Drug Dependence (CPDD).

Amass, L., y Kamien, J. (2004). A tale of two cities: financing two voucher programs for substance abusers through community donations. *Experimental and Clinical Psychopharmacology, 12*, 147-155.

American Psychiatric Association (2002). *DSM-IV-TR. Manual diagnóstico y estadístico de los trastornos mentales.* Barcelona: Masson.

American Psychiatric Association (2014). *DSM-5. Manual diagnóstico y estadístico de los trastornos mentales.* Madrid: Editorial Médica Panamericana (original, 2013).

American Psychiatric Association (2006). Practice guideline for the treatment of patients with substance use disorders, 2ª edición *American Psychiatric Association Practice Guidelines for the Treatment of Psychiatric Disorders: Compendium 2006* (pp. 291-563). Arlington, VA: American Psychiatric Association.

Babor, T. F., Higgins-Biddle, J. C., Saunders, J. B., y Monteiro, M. G. (2001). AUDIT. The Alcohol Use Disorders Identification Test. Guidelines for use in Primary Care. Second Edition. In World Health Organization. Department of Mental Health and Substance Dependence (Eds.) Available from http://whqlibdoc.who.int/hq/2001/ who_msd_msb_01.6a.pdf

Beck, A. T., Steer, R. A., y Brown, G. K. (1996). *Manual for BDI-II.* San Antonio, Texas: The Psychological Corporation.

Bickel, W. K., Amass, L., Higgins, S. T., Badger, G. J., y Esch, R. A. (1997). Effects of adding behavioral treatment to opioid detoxification with buprenorphine. *Journal of Consulting and Clinical Psychology, 65*, 803-810.

Bickel, W. K., Marsch, L. A., Buchhalter, A. R., y Badger, G. J. (2008). Computerized behavior therapy for opioid-dependent outpatients: a randomized controlled trial. *Experimental and Clinical Psychopharmacology, 16*, 132-143.

Bordnick, P. S., Copp, H. L., Traylor, A., Graap, K. M., Carter, B. L., Walton, A., y cols. (2009). Reactivity to cannabis cues in virtual reality environments. *Journal of Psychoactive Drugs, 41*, 105-112.

Budney, A. J., y Higgins, S. T. (1998). *A Community Reinforcement Plus Vouchers Approach: Treating Cocaine Addiction.* Rockville: National Institute on Drug Abuse.

Budney, A. J., Moore, B. A., Rocha, H. L., y Higgins, S. T. (2006). Clinical trial of abstinence-based vouchers and cognitive-behavioral therapy for cannabis dependence. *Journal of Consulting and Clinical Psychology, 74*, 307-316.

Cacciola, J. S., Alterman, A. I., Habing, B., y McLellan, A. T. (2011). Recent Status Scores for Version 6 of the Addiction Severity Index (ASI-6). *Addiction.*

Carroll, K. M. (1998). *A Cognitive-Behavioral Approach: Treating Cocaine Addiction.* Rockville, MD: National Institute on Drug Abuse.

Carroll, K. M. (2005). Recent advances in the psychotherapy of addictive disorders. *Current Psychiatry Reports, 7*, 329-336.

Carroll, K. M., Easton, C. J., Nich, C., Hunkele, K. A., Neavins, T. M., Sinha, R., y cols. (2006). The use of contingency management and motivational/skills-building therapy to treat young adults with marijuana dependence. *Journal of Consulting and Clinical Psychology, 74*, 955-966.

Carroll, K. M., Fenton, L. R., Ball, S. A., Nich, C., Frankforter, T. L., Shi, J., y cols. (2004). Efficacy of disulfiram and cognitive behavior therapy in cocaine-dependent outpatients: a randomized placebo-controlled trial. *Archives of General Psychiatry, 61*, 264-272.

Carroll, K. M., Nich, C., Ball, S. A., McCance, E., Frankforter, T. L., y Rounsaville, B. J. (2000). One-year follow-up of disulfiram and psychotherapy for cocaine-alcohol users: sustained effects of treatment. *Addiction, 95*, 1335-1349.

Carroll, K. M., Rounsaville, B. J., y Gawin, F. H. (1991). A comparative trial of psychotherapies for ambulatory cocaine abusers: relapse prevention and interpersonal psychotherapy. *American Journal of Drug and Alcohol Abuse, 17*, 229-247.

Carter, B. L., y Tiffany, S. T. (1999). Meta-analysis of cue-reactivity in addiction research. *Addiction, 94*, 327-340.

Casas, M., Duro, P., y Pinet, C. (2006). Otras Drogodependencias. In J. Vallejo Ruiloba (Ed.), *Introducción a la Psicopatología y a la Psiquiatría* (pp. 620). Barcelona: Masson S.A.

Childress, A. R., Hole, A. V., Ehrman, R. N., Robbins, S. J., McLellan, A. T., y O'Brien, C. P. (1993). Cue reactivity and cue reactivity interventions in drug dependence. *NIDA Research Monographs, 137*, 73-95.

Compton, W. M., Thomas, Y. F., Stinson, F. S., y Grant, B. F. (2007). Prevalence, correlates, disability, and comorbidity of DSM-IV drug abuse and dependence in the United States: Results from the National Epidemiologic Survey on Alcohol and Related Conditions. *Archives of General Psychiatry, 64*, 566-576.

Conklin, C. A., y Tiffany, S. T. (2002). Applying extinction research and theory to cue-exposure addiction treatments. *Addiction, 97,* 155-167.

Copeland, J., Gilmour, S., Gates, P., y Swift, W. (2005). The Cannabis Problems Questionnaire: Factor Structure, Reliability, and Validity. *Drug and Alcohol Dependence, 80,* 313-319.

Dawe, S., Powell, J., Richards, D., Gossop, M., Marks, I., Strang, J., y cols. (1993). Does post-withdrawal cue exposure improve outcome in opiate addiction? A controlled trial. *Addiction, 88,* 1233-1245.

De Jong, C. A., Roozen, H. G., van Rossum, L. G., Krabbe, P. F., y Kerkhof, A. J. (2007). High abstinence rates in heroin addicts by a new comprehensive treatment approach. *The American Journal on Addictions, 16,* 124-130.

Dennis, M., Godley, S. H., Diamond, G., Tims, F. M., Babor, T., Donaldson, J., y cols. (2004). The Cannabis Youth Treatment (CYT) Study: main findings from two randomized trials. *Journal of Substance Abuse Treatment, 27,* 197-213.

Derogatis, L. R. (2002). *SCL-90-R. Cuestionario de 90 síntomas.* Madrid: TEA Ediciones S.A.

Díaz Mesa, E. M., García-Portilla, P., Saiz, P. A., Bobes Bascarán, T., Casares, M. J., Fonseca, E., y cols. (2010). [Psychometric performance of the 6th version of the Addiction Severity Index in Spanish (ASI-6)]. *Psicothema, 22,* 513-519.

Dupont, R. L. (1997). Drug Testing. In N. S. Miller, M. S. Gold y D. E. Smith (Eds.), *Manual of therapeutics for addictions.* New York: Wiley-Liss.

European Monitoring Centre for Drugs and Drug Addiction (2015). *European Drug Report. Trends and Developments.* Luxembourg: Publications Office of the European Union.

Ferrer-García, M., García-Rodríguez, O., Gutiérrez-Maldonado, J., Pericot-Valverde, I., y Secades-Villa, R. (2010). Efficacy of virtual reality in triggering the *craving* to smoke: its relation to level of presence and nicotine dependence. *Studies in Health Technology and Informatics, 154,* 123-127.

First, M. B., Gibbon, M., Spitzer, R. L., y Williams, J. B. W. (1999). *SCID-I, Versión Clínica. Entrevista Estructurada para los Trastornos del Eje I del DSM IV.* Barcelona: Masson.

García-Fernández, G., García-Rodríguez, O., y Secades-Villa, R. (2011). Neuropsicología y adicción a drogas. *Papeles del Psicólogo, 32,* 159-165.

García-Fernández, G., Secades-Villa, R., García-Rodríguez, O., Álvarez-López, H., Fernández-Hermida, J. R., Fernández-Artamendi, S. y cols. (2011). Long-term benefits of adding incentives to the community reinforcement approach for cocaine dependence. *European Addiction Research, 17,* 139-145.

García-Rodríguez, O. (2008). Tratamiento conductual de la adicción a la cocaína. *Trastornos Adictivos, 10,* 242-251.

García-Rodríguez, O., Pericot Valverde, I., Gutiérrez Maldonado, J., y Ferrer García, M. (2009). La Realidad Virtual como estrategia para la mejora de los tratamientos del tabaquismo. *Salud y Drogas, 9,* 39-55.

García-Rodríguez, O., Secades-Villa, R., Higgins, S. T., Fernández-Hermida, J. R., y Carballo, J. L. (2008). Financing a Voucher Program for Cocaine Abusers through Community Donations in Spain. *Journal of Applied Behavior Analysis, 41*, 623-628.

García-Rodríguez, O., Secades-Villa, R., Higgins, S. T., Fernández-Hermida, J. R., Carballo, J. L., Errasti Perez, J. M., y cols. (2009). Effects of voucher-based intervention on abstinence and retention in an outpatient treatment for cocaine addiction: A randomized controlled trial. *Experimental and Clinical Psychopharmacology, 17*, 131-138.

García Rodríguez, O., Gutiérrez Maldonado, J., Pericot Valverde, I., y Ferrer García, M. (in press). Técnicas de exposición a claves. En R. Secades Villa y J. L. Graña Gómez (Eds.), *Psicología de la adicción a las drogas: teoría, evaluación y tratamiento.* Madrid: Pirámide.

Gavin, D. R., Ross, H. E., y Skinner, H. A. (1989). Diagnostic Validity of the Drug Abuse Screening Test in the assessment of DSM III drug disorders. *British Journal of Addiction, 84*, 301-307.

Goodley, S. H., Meyers, R. J., Smith, J. E., Karvinen, T., Titus, J. C., Godley, M. D., y cols. (2001). *The Adolescent Community Reinforcement Approach for Adolescent Cannabis Use.* Rockville, MD: U.S. Department of Health and Human Services. Substance Abuse and Mental Health Services Administration. Center for Substance Abuse Treatment.

Hall, W. (1996). What have population surveys revealed about substance use disorders and their co morbidity with other mental disorders? *Drug and Alcohol Review, 15*, 157-170.

Higgins, S. T. (1996). Some potential contributions of reinforcement and consumer-demand theory to reducing cocaine use. *Addictive Behaviors, 21*, 803-816.

Higgins, S. T., Budney, A. J., Bickel, W. K., Hughes, J. R., Foerg, F., y Badger, G. (1993). Achieving cocaine abstinence with a behavioral approach. *American Journal of Psychiatry, 150*, 763-769.

Higgins, S. T., Sigmon, S. C., Wong, C. J., Heil, S. H., Badger, G. J., Donham, R., y cols. (2003). Community reinforcement therapy for cocaine-dependent outpatients. *Archives of General Psychiatry, 60*, 1043-1052.

Higgins, S. T., Wong, C. J., Badger, G. J., Ogden, D. E., y Dantona, R. L. (2000). Contingent reinforcement increases cocaine abstinence during outpatient treatment and 1 year of follow-up. *Journal of Consulting and Clinical Psychology, 68*, 64-72.

Hunt, G. M., y Azrin, N. H. (1973). A community-reinforcement approach to alcoholism. *Behavior Research and Therapy, 11*, 91-104.

Iguchi, M. Y., Belding, M. A., Morral, A. R., Lamb, R. J., y Husband, S. D. (1997). Reinforcing operants other than abstinence in drug abuse treatment: an effective alternative for reducing drug use. *Journal of Consulting and Clinical Psychology, 63*, 421-428.

Kuntze, M. F., Stoermer, R., Mager, R., Roessler, A., Mueller-Spahn, F., y Bullinger, A. H. (2001). Immersive virtual environments in cue exposure. *Cyberpsychology & Behavior, 4*, 497-501.

Marissen, M. A., Franken, I. H., Blanken, P., van den Brink, W., y Hendriks, V. M. (2007). Cue exposure therapy for the treatment of opiate addiction: results of a randomized controlled clinical trial. *Psychotherapy and Psychosomatics, 76*, 97-105.

Marlatt, G. A., y Gordon, J. R. (1985). *Relapse prevention. Maintenance strategies in the treatment of addictive behaviors.* New York: The Guilford Press.

Martin, G., Copeland, J., Gilmour, S., Gates, P., y Swift, W. (2006). The Adolescent Cannabis Problems Questionnaire (CPQ-A): Psychometric properties. *Addictive Behaviors, 31*, 2238-2248.

Maude-Griffin, P. M., Hohenstein, J. M., Humfleet, G. L., Reilly, P. M., Tusel, D. J., y Hall, S. M. (1998). Superior efficacy of cognitive-behavioral therapy for urban crack cocaine abusers: main and matching effects. *Journal of Consulting and Clinical Psychology, 66*, 832-837.

McLellan, A. T. (1985). New data from the Addiction Severity Index: Reliability and validity in three centers. *Journal of Nervous and Mental Disease, 173*, 412-423.

McLellan, A. T., Luborsky, L., Woody, G. E., y O'Brien, C. P. (1980). An improved diagnostic evaluation instrument for substance abuse patients: The Addiction Severity Index. *Journal of Nervous and Mental Disease, 168*, 26-33.

McRae, A. L., Budney, A. J., y Brady, K. T. (2003). Treatment of marijuana dependence: a review of the literature. *Journal of Substance Abuse Treatment, 24*, 369-376.

Miller, W. R., y Rollnick, S. (1991). *Motivational interviewing: Preparing people to change addictive behavior.* New York: Guilford Press.

Miller, W. R., y Rose, G. S. (2009). Toward a theory of motivational interviewing. *American Psychologist, 64*, 527-537.

Miller, W. R., y Tonigan, J. S. (1996). Assessing drinkers' motivation for change: The Stage of Change Readiness and Treatment Eagerness Scale (SOCRATES). *Psychology of Addictive Behaviors, 10*, 81-89.

National Institute for Health and Clinical Excellence (2007). *Drug Misuse: psychological interventions.* London: NICE.

National Institute on Drug Abuse (1999, 04/15/2008). *Principles of Drug Addiction Treatment*, from http://www.nida.nih.gov/PODAT/PODATIndex.html

National Institute on Drug Abuse (2011). *Principles of drug addiction treatment. A research base guide* (Second ed.). Washington: U.S. Department of Health and Human Services.

Nordstrom, B. R., y Levin, F. R. (2007). Treatment of cannabis use disorders: a review of the literature. *American Journal on Addictions, 16*, 331-342.

Olmstead, T. A., Sindelar, J. L., y Petry, N. M. (2007). Cost-effectiveness of prize-based incentives for stimulant abusers in outpatient psychosocial treatment programs. *Drug and Alcohol Dependence, 87*, 175-182.

Organización Mundial de la Salud (1992). *Trastornos mentales y del comportamiento. Descripciones clínicas y pautas para el diagnóstico*. Madrid: Mediator.

Petry, N. M. (2000). A comprehensive guide to the application of contingency management procedures in clinical settings. *Drug and Alcohol Dependence, 58*, 9-25.

Plan Nacional sobre Drogas (2015). *Encuesta sobre Alcohol y Drogas en España (EDADES) 2013*. Madrid: Delegación del Gobierno para el Plan Nacional sobre Drogas.

Pomerleau, O. F., y Pomerleau, C. S. (1987). A biobehavioral view of substance abuse and addiction. *Journal of Drug Issues, 17*, 111-131.

Prendergast, M., Podus, D., Finney, J., Greenwell, L., y Roll, J. (2006). Contingency management for treatment of substance use disorders: a meta-analysis. *Addiction, 101*, 1546-1560.

Rohsenow, D. J. (2008). Substance Use Disorders. In J. Hunsley y E. J. Mash (Eds.), *A Guide to Assessments that Work*. New York: Oxford University Press.

Rohsenow, D. J., Niaura, R. S., Childress, A. R., Abrams, D. B., y Monti, P. M. (1990). Cue reactivity in addictive behaviors: theoretical and treatment implications. *International Journal of The Addictions, 25*, 957-993.

Saladin, M. E., Brady, K. T., Graap, K., y Rothbaum, B. O. (2006). A preliminary report on the use of virtual reality technology to elicit craving and cue reactivity in cocaine dependent individuals. *Addictive Behaviors, 31*, 1881-1894.

Sánchez-Hervás, E., Zacarés Romaguera, F., Secades-Villa, R., García-Rodríguez, O., García-Fernández, G., y Santonja Gómez, F. J. (2010). Manejo de contingencias para el tratamiento de la adicción a la cocaína en un contexto sanitario público. *Revista Iberoamericana de Psicología y Salud, 1*, 17-27.

Schottenfeld, R. S., Pantalon, M. V., Chawarski, M. C., y Pakes, J. (2000). Community reinforcement approach for combined opioid and cocaine dependence. Patterns of engagement in alternate activities. *Journal of Substance Abuse Treatment, 18*, 255-261.

Secades-Villa, R., y Fernández-Hermida, R. (2003). Guía de los tratamientos psicológicos eficaces para la drogadicción: alcohol, cocaína y heroína In M. Pérez, J. R. Fernández-Hermida, C. Fernández y I. Amigo (Eds.), *Guía de Tratamientos psicológicos eficaces* (pp. 107-139). Madrid: Pirámide.

Secades-Villa, R., García-Fernández, G., Peña-Suárez, E., García-Rodríguez, O., Sánchez-Hervás, E. y Fernández-Hermida, J.R. (2013). Contingency management is effective across cocaine-dependent outpatients with different socioeconomic status. *Journal of Substance Abuse Treatment, 44*, 349-354.

Secades-Villa, R., Garcia-Rodriguez, O., Garcia-Fernandez, G., Sanchez-Hervas, E., Fernandez-Hermida, J. R., y Higgins, S. T. (2011). Community reinforcement approach plus vouchers among cocaine-dependent outpatients: twelve-month outcomes. *Psychology of Addictive Behaviors, 25*, 174-179.

Secades-Villa, R., García-Rodríguez, O., Higgins, S. T., Fernández-Hermida, J. R., y Carballo, J. L. (2008). Community Reinforcement Approach plus Vouchers for Cocaine Dependence in a Community Setting in Spain: Six-Month Outcomes. *Journal of Substance Abuse Treatment, 34*, 202-207.

Secades Villa, R., García Rodríguez, O., Fernández Hermida, J. R., y Carballo, J. L. (2007). Fundamentos psicológicos del tratamiento de las drogodependencias. *Papeles del Psicólogo, 28*, 29-40.

Secades-Villa, R.,Sánchez-Hervás, E., Zacarés Romaguera, F., García-Rodríguez, O., Santonja Gómez, F.J. y García Fernández, G. (2011). Community Reinforcement Approach (CRA) for cocaine dependence in the Spanish public Health system: One-year outcome. *Drug & Alcohol Review, 30*, 606-612.

Selzer, M. L. (1971). The Michigan Alcoholism Screening Test (MAST): The quest for a new diagnostic instrument. *American Journal of Psychiatry, 127*, 1653-1658.

Silverman, K., Svikis, D., Robles, E., Stitzer, M. L., y Bigelow, G. E. (2001). A reinforcement-based therapeutic workplace for the treatment of drug abuse: six-month abstinence outcomes. *Experimental and Clinical Psychopharmacology, 9*, 14-23.

Silverman, K., Svikis, D., Wong, C. J., Hampton, J., Stitzer, M. L., y Bigelow, G. E. (2002). A reinforcement-based therapeutic workplace for the treatment of drug abuse: three-year abstinence outcomes. *Experimental and Clinical Psychopharmacology, 10*, 228-240.

Skinner, H. A. (1982). The Drug Abuse Screening Test. *Addictive Behaviors, 7*, 363-371.

Stanger, C., Budney, A. J., Kamon, J. L., y Thostensen, J. (2009). A randomized trial of contingency management for adolescent marijuana abuse and dependence. *Drug and Alcohol Dependence, 105*, 240-247.

Sterling, R., Weinstein, S., Gottheil, E., y Murphy, J. (2001). *Evaluating the Effects of Cue Exposure on Abstinence Efficacy.* Paper presented at the Annual Meeting of the College on Problems of Drug Dependence, Scottsdale, AZ.

Substance Abuse and Mental Health Services Administration (2014). *Results from the 2013 National Survey on Drug Use and Health: Summary of National Findings.* Rockville, MD: US. Department of Health and Human Services.

Tarter, R. (1990). Evaluation and treatment of adolescent substance use: A decision tree method. *American Journal of Drug and Alcohol Abuse, 16*, 1-46.

Wasthon, A. M., Stone, N. S., y Hendrickson, E. C. (1988). Cocaine abuse. In D. M. Donovan y G. A. Marlatt (Eds.), *Assessment of addictive behaviors.* New York: The Guilford Press.

Woody, G. E., McLellan, A. T., Luborsky, L., y O'Brien, C. P. (1990). Psychotherapy and counseling for methadone-maintained opiate addicts: results of research studies. *NIDA Research Monographs, 104*, 9-23.

Woody, G. E., McLellan, A. T., y O'Brien, C. P. (1984). Treatment of behavioral and psychiatric problems associated with opiate dependence. *NIDA Research Monographs, 46*, 23-35.

World Health Organization (2011). The World Health Organization (WHO) Composite International Diagnostic Interview Retrieved 24/05/2011, from http://www.hcp.med.harvard.edu/wmhcidi/index.php

9. LECTURAS RECOMENDADAS

Becoña, E. y Cortés M. (Coor.) (2008). *Guía clínica de intervención psicológica en adicciones.* Valencia: Socidrogalcohol.

En este texto se realiza una descripción de las principales estrategias psicológicas para el tratamiento de las drogodependencias. Incluye también una valoración del nivel de evidencia científica y un resumen de las recomendaciones a tener en cuenta en el trabajo psicoterapéutico con los pacientes adictos a sustancias.

Graña Gómez, J.L. y Secades Villa, R. (Eds.) (2012). *Psicología de la adicción a las drogas: teoría, evaluación y tratamiento.* Madrid: Pirámide.

En este manual, en el que colaboran algunos de los autores españoles más importantes en este ámbito de intervención, se ofrece una revisión actualizada de los procedimientos de evaluación y tratamiento psicológicos de las drogodependencias. Su enfoque es eminentemente clínico buscando ser una obra de referencia tanto para profesionales como para estudiantes.

Higgins, S.T., Silverman, K., y Heil, S. H. (2008). *Contingency Management in Substance Abuse Treatment.* New York: The Guildford Press.

Se trata de un libro de referencia que describe las aplicaciones actuales del manejo de contingencias en diferentes trastornos por consumo de sustancias y poblaciones de pacientes, incluidos adolescentes, mujeres embarazadas o pacientes con patología dual, entre otros.

Miller, R.W. (2003). *La entrevista motivacional. Preparar para el cambio de conductas adictivas.* Madrid. Paidós Ibérica

Se trata de una obra de referencia en el ámbito de las adicciones. En ella se describen los aspectos teóricos y aplicados de la Entrevista Motivacional, uno de los modelos de intervención clínica de mayor actualidad en este ámbito de trabajo.

Miller, R.W. y Carrol, K. (2006). *Rethinking Substance Abuse: What the Science Shows, and What We Should Do about It.* New York: The Guilford Press.

En esta obra se realiza una actualización de las aportaciones más recientes de la investigación sobre los modelos que explican las conductas de uso de drogas. En el último apartado se revisan las intervenciones clínicas derivadas de tales modelos.

10. PREGUNTAS DE AUTO-COMPROBACIÓN

1) La sustancia ilegal más consumida en los países occidentales es la cocaína.
2) El contexto y la vulnerabilidad son dos elementos claves del modelo biopsicosocial de consumo de drogas.

3) El ASI es una prueba autoaplicada de carácter conductual que sirve para valorar la gravedad de la adicción.
4) El análisis funcional de conducta se realiza únicamente en las primeras fases del tratamiento CRA y únicamente sobre las conductas de consumo.
5) En contextos clínicos, los pruebas de detección de sustancias en orina son las que tienen más interés por su facilidad de uso, bajo nivel de intrusión, y una sensibilidad y especificidad adecuadas al propósito del tratamiento.
6) Los programas de Manejo de Contingencias se derivan de los principios del aprendizaje social.
7) El tipo de reforzador más utilizado en los programas de Manejo de Contingencias ha sido dinero en efectivo.
8) Las técnicas de exposición a estímulos son el tratamiento de elección recomendado por el Instituto Nacional sobre el Abuso de Drogas (NIDA).
9) La Entrevista Motivacional ha sido utilizada con éxito en sujetos dependientes del cannabis.
10) Uno de los componentes del Programa de Reforzamiento Comunitario (CRA) más Terapia de Incentivo es la intervención familiar sistémica.

Las respuestas (verdadero, o falso) a las preguntas
se encuentran en el anexo final del texto.

11. APÉNDICES

Apéndice 1. DESCUBRIENDO LOS MOTIVOS POR LOS QUE CONSUMES COCAÍNA

Paciente: Día:

1. Haz una lista de los lugares que tú tienes más asociados al consumo de cocaína.
2. Enumera las personas que tú tienes más asociadas al consumo de cocaína.
3. Haz una lista de las horas o días en los que te apetece más consumir cocaína.
4. Enumera las actividades que más asocias al consumo de cocaína.
5. Piensas que consumes cocaína cuando te sientes de una determinada manera? Lee la siguiente lista y señala los momentos que son relevantes para ti. En aquellos que señales, haz una lista de ejemplos de situaciones que tú hayas experimentado.
   a. Al final (o durante) un día tenso.
   b. Cuando te enfrentas a algo que temes o que te produce ansiedad.
   c. Cuando no terminas algo que habías planeado.
   d. Cuando sientes que alguien se ha aprovechado de ti.
   e. Cuando estás aburrido.
   f. Cuando estás interactuando socialmente.
   g. Cuando te sientes mal contigo mismo.
   h. Cuando te sientes deprimido.
   i. Cuando te quieres sentir con energía.
   j. Cuando te enfrentas con un problema difícil.
   k. Cuando quieres ser cordial.
   l. Cuando desearías que tu personalidad fuese diferente.
   m. Otros (señala cuales).
6. Haz un listado de lugares donde no es probable que consumas cocaína.
7. Enumera personas con las que no crees que fueses a consumir cocaína.
8. Haz un listado de momentos del día o días en los que es poco probable que consumas cocaína.
9. Enumera actividades que practiques que no tengas relacionadas con el consumo de cocaína.

Apéndice 2. FORMULARIO DE ANÁLISIS FUNCIONAL

			Consecuencias	
Precipitante	**Pensamientos y sentimientos**	**Conducta**	**Positivas**	**Negativas**

Apéndice 3. DESENCADENANTES

Externos	Internos	Conducta	Consecuencias negativas a corto plazo	Consecuencias positivas a largo plazo
¿Con quién sueles estar cuando *montas en bici*? (conducta/ actividad) Normalmente con 5 de mis amigos 1. ¿Dónde sueles *montar en bici*? Al norte de Philadelphia 2. ¿Cuándo sueles *montar en bici*? De 4.30 a 8 de la tarde.	1. ¿En qué sueles estar pensando justo antes de *montar en bici*? (conducta/ actividad) A dónde ir. 2. ¿Qué sueles sentir físicamente justo antes *montar en bici*? No siento nada físicamente. 3. ¿Qué sueles sentir emocionalmente justo antes de *montar en bici*? Guay.	1. ¿Cuál es la actividad/ conducta no relacionada con el consumo? *montar en bici* 2. ¿Cada cuánto tiempo sueles *montar en bici*? 2 veces a la semana 3. ¿Durante cuánto tiempo sueles *montar en bici*? Unas horas	1. ¿Qué es lo que te no gusta de *montar en bici* (conducta/actividad) con *amigos*? (con quién) Cuando se me pincha una rueda 2. Qué es lo que te no te gusta de *montar en bici* (conducta/actividad) en *el norte de Philadelphia*? (dónde) A veces no conozco a la gente de por allí. 3. ¿Qué es lo que no te gusta de *montar en bici* (conducta/actividad) *por las tardes* (cuándo)? No se me ocurre nada que no me guste de eso. 4. ¿Qué pensamientos desagradables tienes cuando *montas en bici*? Pienso en que puede que me atropelle un coche 5. ¿Qué sensaciones físicas desagradables tienes cuando *montas en bici?* Acabo sedienta, hambrienta y sudorosa. 6. ¿Qué sensaciones emocionales desagradables tienes cuando *montas en bici*? Me asusta pensar que pueda atropellarme un coche.	1. ¿Cuáles son las consecuencias positivas de *montar en bici* (conducta/ actividad) en relación con estas áreas: a. Miembros de la familia Mi madre está contenta porque así no estoy vagueando y fumando por ahí. b. Amigos Me veo con más gente. c. Sensaciones físicas Puedo pedalear mucho más. d. Emociones Con más energías. e. Situación legal Alejada de problemas. f. Situación escolar Alejada de problemas. g. Situación laboral Podría usar mi bici para ir a trabajar si encuentro trabajo. h. Situación financiera Podría ahorrar dinero usando mi bici como transporte. i. Otras situaciones

Apéndice 4. ESCALA DE SATISFACCIÓN EN LAS RELACIONES

Esta escala tiene la intención de estimar tu satisfacción actual en las relaciones, en cada una de las 10 áreas que aparecen a continuación. Hazte las siguientes preguntas a la vez que valoras cada área:

¿Me siento feliz hoy con mi compañero/a en este área? A continuación, rodea con un círculo el número que describe tu situación.

Los números situados a la izquierda indican cierto grado de infelicidad; los números situados a la derecha reflejan cierto grado de felicidad. Usando el número adecuado, puedes mostrar qué grado de felicidad experimentas en cada área.

Recuerda: tú estás indicando tu felicidad actual, que es cómo te sientes hoy. No dejes que tus sentimientos en un área influyan en la puntuación de otro área.

	Completamente infeliz					Completamente feliz				
Responsabilidades familiares	1	2	3	4	5	6	7	8	9	10
Cuidado de los niños	1	2	3	4	5	6	7	8	9	10
Actividades sociales	1	2	3	4	5	6	7	8	9	10
Dinero	1	2	3	4	5	6	7	8	9	10
Comunicación	1	2	3	4	5	6	7	8	9	10
Sexo y afecto	1	2	3	4	5	6	7	8	9	10
Progreso académico o profesional	1	2	3	4	5	6	7	8	9	10
Independencia personal	1	2	3	4	5	6	7	8	9	10
Independencia conyugal	1	2	3	4	5	6	7	8	9	10
Felicidad general	1	2	3	4	5	6	7	8	9	10

Nombre:

Día:

Apéndice 5. EJEMPLOS DE ACTIVIDADES ASOCIADAS CON LAS RELACIONES

Responsabilidades familiares:
- Limpieza de la casa, como barrer, limpiar el polvo y limpiar el baño.
- Compra.
- Cocina.
- Lavar los platos.
- Lavar la ropa.
- Cuidado del coche.

Cuidado de los niños:
- Preparar comidas.
- Bañar a los niños.
- Ayudarles con el colegio.
- Vigilar a los niños.
- Jugar con los niños.
- Ayudarles cuando lo necesiten.

Actividades sociales:
- Ir juntos
  - al cine
  - a cenar
  - a fiestas, bares, pubs, a pasear
- Participar o ver actividades deportivas.

Dinero:
- Comprar o recibir regalos.
- Hacer presupuestos.
- Ahorrar mucho o poco.
- Comprar ropa y otras cosas necesarias.

Comunicación:
- Periodos de discusión planificados.
- Frecuentes épocas de discusión.
- Frecuentes discusiones.
- Mala interpretación de cosas dichas.
- Resolución de problemas mediante el diálogo.

Sexo/Afecto:
- Frecuencia.
- Lugar.
- Tipo.
- Muestra de afecto en público.
- Relaciones extramatrimoniales.
- Celos.

Progreso académico u ocupacional:
- Gastar mucho o poco tiempo en ello.
- Demasiada indecisión.
- Constantes protestas acerca del trabajo.
- Lugar pobre de trabajo.

Independencia personal:
- Salidas nocturnas solo.
- Días libres solo.
- Conducir solo.
- Aprender a conducir.
- Sentirme libre para pedir consejo a mi compañero/a.
- Obtener dinero fácilmente sin tener que pedírselo a mi compañero/a.
- Tomar decisiones familiares sin consultar con mi compañero/a.
- Poder asistir a acontecimientos sociales sin mi compañero/a.

Independencia del compañero/a:
- Tu compañero/a se fía de ti para tomar decisiones familiares.
- Tu compañero/a sale sin ti, por ejemplo, al cine, a ver algún acontecimiento deportivo, a *tomar algo*
- Tu compañero/a no saldría sin ti.
- Tu compañero/a toma la mayoría de las decisiones si consultarte.
- Tu compañero/a es posesivo/a.
- Tu compañero/a no es suficientemente posesivo/a.
- Tu compañero/a no tiene amigos.
- Tu compañero/a no tiene intereses personales, como hobbies, amigos…
- Tu compañero/a no sabe conducir.

Apéndice 6. ESCALA DE SATISFACCIÓN CON LAS RELACIONES

(Versión para el Adolescente)

Nombre:______________________ ID: _______ Fecha: _________

Esta escala está destinada a estimar tu satisfacción actual con la relación que mantienes con tu padre/madre o cuidador en cada una de las áreas enumeradas abajo. Debes hacer un círculo entorno a uno de los números (del 1 al 10) junto a cada área. Los números del extremo izquierdo de la escala de 10 unidades indican diversos grados de insatisfacción, mientras que los números en el extremo derecho de la escala refleja niveles crecientes de satisfacción. Hazte esta pregunta según puntúes cada área: *¿Cuán satisfecho me siento hoy con mi padre/madre en este área?* En otras palabras, indica según la escala numérica (de 1 a 10) exactamente cómo te sientes hoy. Intenta excluir sentimientos de ayer y concéntrate sólo en los sentimientos de hoy en cada una de las áreas vitales. Intenta evitar también que una categoría influya sobre los resultados de otra de las categorías.

	Completamente Insatisfecho								**Completamente satisfecho**
Tiempo que dedica a estar conmigo	1	2	3	4	5	6	7	8	9	10
Paga	1	2	3	4	5	6	7	8	9	10
Comunicación	1	2	3	4	5	6	7	8	9	10
Afecto	1	2	3	4	5	6	7	8	9	10
Apoyo con la escuela/trabajo	1	2	3	4	5	6	7	8	9	10
Apoyo emocional	1	2	3	4	5	6	7	8	9	10
Satisfacción general	1	2	3	4	5	6	7	8	9	10
Actividades generales del hogar	1	2	3	4	5	6	7	8	9	10

Apéndice 7. HOJA DE PROGRESOS Y GUÍA DE SESIÓN GRUPAL

Fecha de próxima sesión: HOJA DE PROGRESOS GUÍA DE SESIÓN

PACIENTE	**cocaína**	**alcohol**	**otras drogas**	**empleo/ educación**	**familia/ apoyo social**	**actividad social/ocio**	**prob. psiquiátr**	**prob. legales**	**probl. médicos**	**Objetivos específicos próxima sesión**	**crisis o problemas**

-1: empeoró; 1: sigue igual; +1: mejoró; 0: sin problemas

10

DISFUNCIONES SEXUALES

Francisco J. Labrador
Universidad Complutense de Madrid

Alfonso Roa
Universidad Complutense de Madrid

1. INTRODUCCIÓN

La sexualidad ha sido siempre un aspecto muy relevante en la vida de las personas, como pone de relieve por un lado su implicación en nuestra supervivencia como especie, y por otro el que casi todas las religiones hayan intentado regularla o controlarla. Sin embargo, en un corto espacio de tiempo, que puede cifrarse en menos de medio siglo, la sexualidad ha pasado de ser considerada un tema tabú, restringido a la esfera de la intimidad personal, a una realidad reconocida y considerada esencial en la salud y el bienestar de la persona. Este cambio se refleja en aspectos como el reconocimiento social de la importancia de una sexualidad satisfactoria para la calidad de vida personal; la separación de la sexualidad y la reproducción; el reconocimiento de la sexualidad femenina y la preocupación explícita por la satisfacción sexual de la mujer; la progresiva liberalización de múltiples conductas sexuales; o la avalancha de información, técnica y divulgativa, sobre la sexualidad. Todo ello sin olvidar la importancia que posee actualmente la sexualidad como objeto de consumo (cine, videos, revistas eróticas, direcciones de Internet, prostitución...). En resumen, en la actualidad, disfrutar de la sexualidad se considera un importante objetivo vital.

Un punto fundamental en el reconocimiento actual de la sexualidad es el trabajo de Masters y Johnson, *Respuesta sexual humana*, publicado en 1966, basado en una minuciosa y amplia observación del comportamiento sexual humano en el laboratorio. Además de ser un trabajo pionero, se ha convertido en la piedra angular de los conocimientos básicos sobre la sexualidad humana. En esta obra exponen que, ante la estimulación sexual, externa o interna, el cuerpo humano muestra dos respuestas fisiológicas básicas: la *vasocongestión* en distintas áreas corporales, especialmente las genitales; y la *miotonía* o aumento de la tensión muscular. Estas dos respuestas progresan hasta alcanzar su cota máxima en los momentos previos al orgasmo, instante en el cual el organismo, de forma refleja e involuntaria, libera la tensión acumulada, relajándose los músculos y vaciándose los vasos sanguíneos en las zonas genitales y demás áreas implicadas. El *ciclo de la respuesta sexual humana* se desarrolla siguiendo cuatro fases: excitación, meseta, orgasmo y resolución, a las que posteriormente Kaplan (1974) añadiría un previa: deseo. En cada fase aparecen distintos cambios fisiológicos y diferentes sensaciones asociadas. Las de excitación y meseta, que preparan al organismo para el coito y el orgasmo, están reguladas por la rama Parasimpática del Sistema Nervioso Autónomo (SNA), mientras que la fase de orgasmo supone la descarga nerviosa de su rama Simpática. La fase de resolución conduce al reequilibrio autonómico y al retorno del organismo al estado de reposo. Una exposición detallada de estas fases puede verse en Masters, Johnson y Kolodny (1987) o en Hawton (1988).

Algunas personas con frecuencia tienen dificultades para conseguir lo que consideran una adecuada satisfacción en su vida sexual. Las razones pueden ser muy variadas, la falta de educación sexual, la consideración de *modelos sexuales* inapropiados, las limitaciones personales o las constricciones sociales y culturales, y entre ellas las denominadas *disfunciones sexuales*, las alteraciones (esencialmente inhibiciones) que se producen en cualquiera de las fases de la respuesta sexual, o la presencia de dolor, y que impiden o dificultan el disfrute satisfactorio de la sexualidad (Labrador, 1994).

Es lógico que estas personas busquen ayuda profesional para poder lograr esta *deseada* satisfacción sexual. Nuevamente un trabajo de Masters y Johnson (1970) *Incompatibilidad Sexual Humana*, se ha convertido en la obra de referencia para el diagnóstico y tratamiento de los problemas sexuales.

2. DEFINICIÓN, CLASIFICACIÓN Y EPIDEMIOLOGÍA

2.1. Clasificaciones de las disfunciones sexuales

Se consideran disfunciones sexuales a todos aquellos problemas fisiológicos, cognitivo-afectivos o motores que dificultan a la persona el participar o disfrutar satisfactoriamente de las actividades sexuales, tales como la atracción, el cortejo, la interacción o el orgasmo (Labrador y Roa, 1998).

Se han propuesto diferentes sistemas de clasificación (Masters y Johnson, 1970; Kaplan, 1974; Schover y cols., 1982; Labrador, 1987; Carrobles y Sanz, 1991; Basson y cols., 2003). Los más adecuados son los que asocian las distintas disfunciones con la alteración de alguna fase en el ciclo de la respuesta sexual: deseo, excitación/meseta y orgasmo. Además se suele incluir alguna categoría más, como la aparición de dolor, fobia al sexo, etc.

La clasificación del APA (DSM-IV-TR) (ver Tabla 1) Considera cuatro categorías principales de disfunciones sexuales: (1) trastornos del deseo sexual; (2) trastornos de la excitación sexual; (3) trastornos del orgasmo; (4) trastornos sexuales por dolor. A estas categorías se añaden: Disfunción sexual debida a la condición médica general; disfunción sexual inducida por sustancias y disfunción sexual no especificada.

Trastornos del deseo sexual	
F52.0	Deseo sexual hipoactivo [302.71]
F52.10	Trastorno por aversión al sexo [302.79]
Trastornos de la excitación sexual	
F52.2	Trastorno de excitación sexual en la mujer [302.72]
F52.2	Trastorno de erección en el varón [302.72]
Trastornos orgásmicos	
F52.3	Trastorno orgásmico femenino [302.73]
F52.3	Trastorno orgásmico masculino [302.74]
F52.4	Eyaculación precoz [302.75]
Trastornos sexuales por dolor	
F52.6	Dispareunia (no debida a una enfermedad médica) [302.76]
F52.5	Vaginismo (no debido a una enfermedad médica) [306.51]
Otros trastornos no específicos	
N52.9.	Trastorno sexual no especificado [302.70]

Tabla 1. Clasificación de las disfunciones sexuales según el DSM-IV-TR (APA, 2000)

Los criterios diagnósticos del DSM-IV-TR para las disfunciones sexuales no especifican una duración o frecuencia mínimas, siendo determinante la presencia de un alto grado de malestar o dificultades interpersonales asociadas al problema, por lo que su adscripción a un diagnóstico depende en buena medida del juicio clínico. Cada disfunción puede caracterizarse de acuerdo a varias dimensiones:

a) Permanente/adquirida: según haya estado presente siempre o se haya desarrollado después de un periodo de funcionamiento normal
b) Generalizada/específica: según se presente en todas las situaciones o se limite a determinados tipos de estimulaciones, situaciones o parejas
c) Total /parcial: según la respuesta sexual esté completamente anulada o haya un cierto nivel de respuesta
d) Si se debe a factores psicológicos o a una combinación de factores psicológicos y médicos o abuso de sustancias

Para un diagnóstico de disfunción sexual es preciso que la disfunción no ocurra durante el curso de otro trastorno del Eje I (e.g. depresión mayor) y no se deba exclusivamente al efecto directo de sustancias o a condiciones médicas. Una caracterización de las disfunciones sexuales según el APA se incluye en la Tabla 2.

TRASTORNOS DEL DESEO SEXUAL (TDS)	
TDS Hipoactivo	Déficit o ausencia persistente o recurrente en las fantasías sexuales y el deseo de actividad sexual
Trastorno Aversión al Sexo	Aversión extrema, persistente o recurrente, con evitación de todos o casi todos los contactos sexuales con una pareja
TRASTORNOS DE LA EXCITACIÓN SEXUAL (TES)	
TES femenino	Fallo parcial o completo, recurrente o persistente, en la obtención o mantenimiento de la respuesta de tumefacción y lubricación propia de la excitación sexual hasta la terminación de la actividad sexual
Trastorno de la Erección en el hombre	Fallo parcial o completo, recurrente o persistente, en la obtención o mantenimiento de la erección hasta el final de la actividad sexual
TRASTORNOS DEL ORGASMO	
Disfunción Orgásmica Femenina	Ausencia o retraso del orgasmo, tras una fase de excitación normal, durante una actividad sexual que se considera adecuada en cuanto al tipo de estímulo, intensidad y duración
Disfunción Orgásmica Masculina	Ausencia o retraso del orgasmo, tras una fase de excitación normal, en el transcurso de una actividad sexual adecuada en cuanto al tipo de estimulación, intensidad y duración
Eyaculación Precoz	Eyaculación ante una estimulación sexual mínima, antes o poco después de la penetración, y antes de que la persona lo desee
TRASTORNOS POR DOLOR	
Dispareunia	Dolor genital persistente o recurrente asociado al coito y no debido exclusivamente a vaginismo o a falta de lubricación
Vaginismo	Aparición persistente o recurrente de espasmos involuntarios en el tercio externo de la vagina que interfieren con el coito
DISFUNCIÓN SEXUAL DEBIDA A LA CONDICIÓN MÉDICA GENERAL	
Disfunción sexual clínicamente significativa que provoca un marcado malestar y dificultades interpersonales y que se explica por completo por los efectos fisiológicos de una condición médica general	
DISFUNCIÓN SEXUAL INDUCIDA POR SUSTANCIAS	
Disfunción sexual clínicamente significativa que se explica por completo por la intoxicación de una sustancia o por el uso de medicación	
DISFUNCIÓN SEXUAL NO ESPECIFICADA	

Tabla 2. Caracterización de las Disfunciones sexuales según DSM-IV-TR (Labrador y Crespo, 2003, pág. 359)

La clasificación de la Organización Mundial de la Salud, el CIE-10 (OMS, 1992), es bastante similar a la del DSM-IV-TR de la APA. La diferencia más importante es la inclusión de la categoría de *Impulso sexual excesivo,* no contemplado por el DSM-IV-TR. En suma, incluye las siguientes disfunciones: impulso sexual excesivo, ausencia o pérdida de deseo sexual, rechazo y ausencia de placer sexual, fracaso en la respuesta genital, disfunción orgásmica, eyaculación precoz, dispareunia no orgánica, vaginismo no orgánico y otras disfunciones sexuales.

La clasificación del DSM-5 se reduce a una lista de problemas sin aparente organización. En la Tabla 3 pueden verse los trastornos recogidos. Dado que parece más interesante la categorización del DSM-IV-TR, entre otras razones por su mayor parecido con la clasificación de la OMS (CIE-10), será ésta y no la del DSM-5 la que se considerará en el presente capítulo.

Eyaculación retardada 302.74 (F5232) Trastorno eréctil 302.72 (F52.21) Trastorno orgásmico femenino 302.73 (F52.31) Trastorno de dolor génito-pélvico/penetración 302.76 (F52.6) Trastorno de deseo sexual hipoactivo en el varón 302.71 (F52.0) Eyaculación prematura (precoz) 302.75 (F52.4) Disfunción sexual inducida por sustancias/medicamentos Otra disfunción sexual especificada 302.79 (F52.8) Disfunción sexual no especificada 302.70 (F52.9)
Nota: En el caso de las disfunciones sexuales específicas (las 7 primeras de esta tabla), para que se considere el diagnóstico los síntomas (criterio A) han de persistir al menos 6 meses (criterio B), provocar un malestar clínicamente significativo (criterio C) y no poder explicarse por otro trastorno, alteración o sustancia (criterio D). Además en el diagnóstico hay que especificar si es: *de por vida o adquirida, generalizada o situacional* y *leve, moderada o grave*

Tabla 3. Clasificación de las Disfunciones sexuales según el DSM-5 (APA, 2013)

2.2. Consideraciones a las clasificaciones

a) Es frecuente la comorbilidad y el solapamiento de los diagnósticos, tanto en la misma persona, como con la pareja habitual. Esto puede complicar las decisiones terapéuticas pues no está claro qué es primario y qué consecuencia. Por ejemplo en el estudio de Segraves y Segraves (1991) un 41% de las mujeres y un 47% de los varones diagnosticados de TDS hipoactivo presentaban al menos otra disfunción sexual.

b) Muchas disfunciones sexuales aparecen asociadas a trastornos del eje I (e.g. depresión y deseo hipoactivo o trastorno de la erección), aunque el DSM-IV-TR excluye expresamente el diagnóstico de disfunción sexual en esos casos.

c) En la mayoría de los trabajos sobre disfunciones sexuales, el diagnóstico se basa casi de forma exclusiva en los autoinformes del paciente sobre sus conductas sexuales, con frecuencia descripciones genéricas e informales (p.ej.: ciertas dificultades de erección, no disfrute durante la interacción, falta de orgasmos, etc.), en lugar de en los criterios DSM o CIE (ver Segraves y Althof (1998). Esto dificulta el establecer directrices generales de actuación terapéutica.

d) Suele utilizarse un enfoque reduccionista en el diagnóstico de las disfunciones sexuales, atendiendo esencialmente a la descripción (autoinformes) de conductas sexuales, generales y específicas de la disfunción, en el marco de las distintas fases de la respuesta sexual. En algunos casos se consideran además algunas respuestas fisiológicas, asimismo referidas a la actuación en las distintas fases de la respuesta sexual. Sin embargo se suele dar escasa importancia a los aspectos cognitivos, sociales o interpersonales de las disfunciones sexuales.

2.3. Epidemiología

No se conoce con exactitud el alcance de las disfunciones sexuales en la población general. Las dificultades para seleccionar amplias muestras de sujetos, así como los problemas de fiabilidad de las encuestas realizadas, obligan a intentar estimaciones basadas en los informes disponibles. En general se considera que un porcentaje elevado de las personas adultas presentan disfunciones sexuales. Según Master y Johnson (1970), el 50% de las parejas heterosexuales; según Nathan (1986) el 15% de los hombres y el 35% de las mujeres; según Laumann, Paik y Rosen (1999) 31% de los hombres y 43% de las mujeres; según Oksuz y Malhan, (2005) 43,3% en los hombres, y según Hayes, Dennerstein, Bennett y Fairley (2008), hasta el 46% de las mujeres. Más difícil aún es establecer las frecuencias por cada disfunción específica. Es difícil esperar que, ante una encuesta, telefónica o en directo, una persona conteste a un entrevistador desconocido si tiene problemas de erección o falta de deseo sexual. De forma que será difícil obtener esta información y más aún determinar la fiabilidad de los datos obtenidos. Una estrategia alternativa es considerar las personas que acuden en busca de ayuda profesional, si bien es posible que no todas las personas con disfunciones sexuales soliciten ayuda y que probablemente algunos tipos de problemas empujen más a buscar ayuda (como los problemas de erección) que otros (como el deseo sexual hipoactivo). Teniendo en cuenta estas limitaciones, o modo de referencia orientativa, en la Tabla 4, se resumen los datos de los principales trabajos sobre prevalencia de las disfunciones sexuales, en población general y clínica.

Como puede apreciarse, los problemas más frecuentes en varones son los trastornos de la erección y la eyaculación precoz, mientras que en la mujer predominan el TDS hipoactivo y el trastorno orgásmico, también son los trastornos por los que más se solicita ayuda. Las variaciones tan importantes en los datos pueden deberse a diferencias en las muestras, criterios diagnósticos, y también a no tener en cuenta la variable edad, que parece determinante en algunas disfunciones.

Como dato de referencia de la realidad en nuestro país se incluyen los presentados por Cabello (2010), que recogen a las personas que han solicitado ayuda en el Instituto Andaluz de Sexología y Psicología (IASP). Como puede verse, más de las 3/4 partes de la demanda se refieren a problemas de erección y eyaculación precoz (ver Tabla 5).

	POBLACION GENERAL		**POBLACION CLÍNICA**	
	VARONES	**MUJERES**	**VARONES**	**MUJERES**
T. Deseo Sexual Hipoactivo (TDS)	1-15 (1)	1-35 (1) 33(5)	5 (3)	
T. Aversión al Sexo				
T. Excitación Sexual Femenino (TES)		19 -44 (4) 20(5)		2 (4) *
T. Erección	10-20 (1) 4-9 (2) 10(5)		50 (3)	
Disf. Orgásmica Femenina		5-30 (1) 5-20 (2) 25(5)		24-37 (4)
Disf. Orgásmica Masculina	5 (1) 4-10 (2) 10(5)		3-8 (3)	
Eyaculación Precoz	35 (1) 36-38 (2) 27(5)		15-46 (3)	
Dispareunia	3(5)	10-15 (4) 15(5)		
Vaginismo				12-17(4)

[1] Nathan (1986); [2] Spector y Carey (1990); [3] O'Donohue, Swingen, Dopke y Regev (1999); [4] Rosen y Leiblum (1995); [5] APA (2000): * Los TES femeninos raramente aparecen aislados, siendo frecuente su asociación con otros diagnósticos. NOTA: Aunque parte de los trabajos recogidos en la Tabla se basa en las versiones previas de las clasificaciones de la APA, con objeto de unificar datos se ha optado por ajustarlas a la clasificación actualmente vigente (e.g. DSM-IV-TR).

Tabla 4. Prevalencia en porcentajes de las disfunciones sexuales (Labrador y Crespo, 2003; pag.361).

Demandas (porcentaje)	**IASP (1986-96) N=500**	**IASP (2000-2002) N=300**
Disfunción eréctil	42,4	44,3
Eyaculación precoz	28,8	29,3
Deseo Sexual Inhibido	8	9,3
Anorgasmia	7,4	8
Dispareunia y vaginismo	1,6	2
Trastornos orgasmo masculino	0,4	0,6

Tabla 5. Demandas (%) de atención en el IASP (adaptado a partir de Cabello 2010)

3. FACTORES ETIOLÓGICOS DE LAS DISFUNCIONES SEXUALES

Aunque en algunos casos es fácil establecer una relación directa entre un acontecimiento específico y el desarrollo de una disfunción, esto no suele ser la norma. Lo más habitual es que las disfunciones sexuales sean el resultado de un conjunto variado de factores, que pueden actuar de forma aislada en momentos muy diferentes o de forma simultánea, incluso interaccionando y complementándose. Factores que pueden tener una relevancia muy distinta, en el desarrollo y mantenimiento de la disfunción sexual. Dada la diversidad de conductas implicadas en las disfunciones sexuales, así como la variedad de causas que pueden intervenir en cada caso, es difícil establecer un modelo explicativo para explicarlas. Por eso, es más habitual centrarse en señalar los factores que pueden colaborar bien a su aparición, bien a su mantenimiento.

3.1. Factores biológicos

La importancia de estos factores proviene tanto de su capacidad para provocar la disfunción, como de sus efectos indirectos, que se refieren a las reacciones de la persona o su pareja ante la presencia de estos factores y sus consecuencias. Wincze, Bach y Barlow (2008), distinguen entre factores de riesgo directos e indirectos. Los primeros provocan una alteración física que lleva a la aparición de una disfunción sexual (por ejemplo, falta de riego en el pene que causa disfunción eréctil), los segundos afectan de forma indirecta el funcionamiento sexual, (presencia de dolor que interfiere con el deseo, excitación o determinadas conductas sexuales). Salvo en condiciones extremas, estos factores predisponen al desarrollo de disfunciones sexuales, pero unas habilidades de afrontamiento adecuadas pueden impedir o mitigar el desarrollo de las disfunciones sexuales.

3.1.1. Factores biológicos de riesgo directo

- *Trastornos vasculares*: pueden afectar de dos maneras, bien dificultando la entrada de sangre arterial, bien dificultando la retención de ésta en los genitales. Es decir, pueden dificultar la respuesta de excitación, tanto en hombres como en mujeres. Arterioesclerosis, trastornos vasculares periféricos, trastornos cardiovasculares, trastornos coronarios.
- *Diabetes*: en especial si está mal controlada, parece incrementar la presencia de disfunciones sexuales, debido a problemas vasculares y neuropatías. También de forma más indirecta, debido al estrés adicional que supone.
- *Otros trastornos que afectan al SN Central y Periférico*: como epilepsia, esclerosis múltiple, trastornos renales, trastornos neurológicos, lesiones o cirugía pélvica, del perineo, de la médula espinal (Korenman, 1998).

- *Niveles hormonales*: en especial bajos niveles de testosterona (reducción deseo) y de estrógenos (atrofia vaginal).
- *Alcoholismo*: altos niveles de alcoholismo crónico pueden facilitar dificultades sexuales por sus efectos sobre la función hipotálamo-hipofisaria, el hígado y procesos neurológicos centrales y periféricos (Schiavi, 1990). También por alterar las relaciones interpersonales.
- *Fármacos:* diferentes medicamentos pueden afectar a las distintas fases de la respuesta sexual tanto en hombres como en mujeres. Antihipertensivos, diuréticos, antipsicóticos e inhibidores de recaptación de serotonina (ISRS). También tranquilizantes menores, anticonvulsivos y anticolinérgicos.
- *Otros factores*, como malformaciones y atrofias genitales, infecciones, lesiones, enfermedades de transmisión sexual, etc.

3.1.2. Factores biológicos de riesgo indirecto

- *Edad*: la edad por sí sola no es una causa directa de la disfunción sexual, aunque sí conlleva un funcionamiento sexual cualitativamente diferente (necesidad de mayor estimulación, menores respuestas de congestión genital, menor deseo, etc.) Estos cambios, lo mismo que los debidos a la mayor presencia de enfermedades, pueden contribuir a dificultades sexuales, que se agravarán si la persona no es capaz de aceptarlos y afrontarlos. Dos aspectos parecen de especial relieve al respecto: actitud positiva y disponer de una pareja sexual (DeLamater y Still, 2005).
- *Fumar*: por un lado amplifica otros factores de riesgo como los cardiovasculares, por otro lado aparece asociado a un mayor número de disfunciones sexuales (Mannino, Klevens y Flanders, 1994).
- *Otros factores de riesgo indirecto*: La presencia de dolor, de enfermedades crónicas o graves, ataques cardíacos, cambios en la apariencia física (por ejemplo tras mastectomías, accidentes...). En todos los casos pueden facilitar malestar o ansiedad ante las interacciones sexuales, o reducir el deseo o excitación.

3.2. Factores Psicológicos (Personales)

En general se incluyen en este apartado todos aquellos aspectos referentes a una inadecuada educación, formación o experiencia sexual.

- Falta de información y educación sexual, lo que supone desde errores conceptuales respecto a la sexualidad (expectativas y objetivos inadecuados, mitos sexuales), a falta de habilidades y conductas de interacción (cortejo, expresión de deseos, caricias...), o al desarrollo de pensamientos y actitudes negativas sobre la sexualidad, errores, atribuciones de fracasos, etc...

- Presencia de problemas o trastornos psicológicos: en especial depresión (falta de deseo y/o placer), consumo de sustancias psicotrópicas y trastornos de la conducta alimentaria.
- Problemas de miedo y ansiedad que pueden alterar el ciclo de la respuesta sexual (bloqueo de deseo, excitación y orgasmo).
- Presencia de otras emociones negativas: ira, resentimiento, inseguridad, falta de autoestima, etc.
- Experiencias sexuales traumáticas, tanto en la infancia y adolescencia como en etapas posteriores.

3.3. Factores de la relación

- Problemas en la relación de pareja: si la relación de pareja es mala, en especial si se dan problemas de maltrato psicológico o físico, es de esperar la presencia de problemas sexuales.
- Problemas de comunicación, bien generales, bien específicos con respecto a la sexualidad. Una comunicación inadecuada impedirá que la persona lleve a cabo las conductas esperadas por su pareja y que reciba lo que desea. Suele conllevar además aspectos negativos como enfados, resentimiento, discusiones, etc.
- Falta de atracción física: aunque la relación personal o de pareja sea buena, parece imprescindible un nivel de atracción física para una adecuada realización sexual. Es importante una valoración positiva tanto del atractivo físico de la pareja como del propio. Ambos miembros deben implicare en mantener ese nivel de atractivo físico.
- Un repertorio de conductas sexuales restringido. Es frecuente igualar sexo con coito, y dar por sentado que la única actividad sexual es el coito. No se exploran otras formas de intimidad, excitación o satisfacción sexual. Tanto la presión por hacer *lo único*, como la monotonía, suelen facilitar la aparición de problemas sexuales.

3.4. Factores sociales y culturales

- Muchas prácticas sexuales, así como concepciones al respecto, tienen que ver con la sociedad o cultura en que se ha desarrollado la persona. De especial importancia suelen ser las directrices religiosas, pues rara es la religión que no intenta controlar o regular la sexualidad de sus adeptos (tipo y frecuencia de conductas sexuales permitidas, número de parejas, momentos u objetivos).

SISTEMA CARDIOVASCULAR	
Enfermedad oclusiva aortoilíaca	Disfunción de la erección
Arterioesclerosis	Disfunción de la erección
Hipertensión arterial	Disfunción de la erección
	Fracaso eyaculatorio
Infarto de miocardio	Disminución del interés sexual
SISTEMA ENDOCRINO	
Insuficiencia suprarrenal (Addison)	Alteración del interés sexual
Hiperfunción suprarrenal (Cushing)	Alteración del interés sexual
	Disfunción de la erección
Diabetes mellitus	Disfunción de la erección
	Fracaso eyaculatorio
	Eyaculación retrógrada
Hipogonadismo	Pérdida de interés
	Disfunción de la erección
	Fracaso eyaculatorio
Hipopituitarismo	Pérdida de interés
	Disfunción de la erección
	Fracaso eyaculatorio
Hipotiroidismo	Alteración del interés
Hipertiroidismo	Hipersexualidad
	Disfunción de la erección
SISTEMA GENITO-URINARIO	
Enfermedad de Peyronie	Disfunción de la erección
	Erección dolorosa
Priapismo	Disfunción de la erección
Prostatitis	Eyaculación dolorosa
	Erección dolorosa
Enfermedades venéreas	¿Eyaculación dolorosa?
SISTEMA MUSCULO-ESQUELETICO	
Artritis	Alteración en fase de caricias
SISTEMA NERVIOSO	
Accidente cerebro-vascular	Disminución del interés sexual
Lesiones lóbulo frontal	Desinhibición
Lesiones de la médula espinal	Disfunción de la erección
	Fracaso eyaculatorio
Esclerosis múltiple	Disfunción de la erección

Tabla 6. Efectos de las enfermedades físicas en la función sexual (Hawton, 1988)

- Aprendizaje y educación infantil sobre la sexualidad. Tanto en la familia, como en el colegio o en la sociedad, se perfilan las concepciones básicas sobre la sexualidad. En esta etapa de especial dedicación a la exploración de sensaciones, las actitudes negativas respecto a un área como la sexualidad puede producir sentimientos de malestar, culpa o sensación de inadecuación al respecto.

- La doble norma sexual habitual en nuestra sociedad que establece expectativas diferentes para hombres (cuanto más sexo mejor) y en las mujeres (sexualidad muy restrictiva).
- La presión por la realización. Dado que el objetivo es una *adecuada vida sexual*, se ha desarrollado una presión social, una obligación por practicar y practicar mucho la sexualidad. De forma que en ocasiones ha pasado de ser una actividad placentera a ser una actividad obligatoria, con el consiguiente efecto de reducir el disfrute y aumentar la ansiedad.

3.5. Consideraciones a los factores etiológicos

Aunque se han distinguido cuatro tipo de factores, la realidad clínica es más compleja y es difícil una división tan clara entre distintos tipo de factores. Lo normal es que haya una importante interrelación entre ellos. Algunos trastornos sexuales se manifiestan como consecuencia directa de trastornos orgánicos, tales como la diabetes o trastornos vasculares; otros a partir de la ingestión de antihipertensivos o alcohol, otros como resultado de enfermedades, accidentes o intervenciones quirúrgicas. Pero no es menos cierto que la forma en que la persona y su pareja reaccionan ante la disfunción en estos casos, puede condicionar drásticamente su ejecución y su satisfacción sexual. Una reducción en el riego en zonas genitales facilitará una disfunción sexual dependiendo de factores, como la educación sobre la sexualidad, la consideración de que le coito es la única respuesta sexual, la relación de pareja o el establecimiento de culpabilidad o responsabilidad. Alternativamente, en algunos casos que se otorga una relevancia exclusiva a factores *psicológicos*, puede deberse a no haber explorado adecuadamente otros factores como la presión social, valores culturales o inicio de una anomalía orgánica. Por eso, una adecuada actuación clínica deberá considerar siempre un enfoque bio-psico-sociocultural.

Suele ser muy útil, distinguir la aportación o importancia de estos factores etiológicos en el desarrollo de disfunciones sexuales, en distintos momentos. Así algunos parecen colaborar de forma previa a la aparición de la disfunción sexual, creando las condiciones o predisponiendo a la persona, para que si se dan determinados eventos aparezca la disfunción sexual (p.ej.: creer que la penetración ha de ser dolorosa). Otros actúan de forma más directa en su aparición, precipitándola (p. ej.: sufrir una violación, o el *fracaso* en la erección la noche de bodas). Otros actúan una vez que se ha desarrollado la disfunción sexual, facilitando su mantenimiento (p.ej.: evitar todo tipo de interacción, no buscar solución al problema). Esta distinción de los factores, según el momento de actuación, en predisponentes, precipitantes y mantenedores, suele ser de ayuda para entender el origen, desarrollo y sobre todo mantenimiento actual del problema, así como para hacérselo entender a los pacientes. A modo de ejemplo y como resumen de este apartado de factores etiológicos, se recoge la propuesta de Hawton (1988), a la que habría que añadir los factores biológicos.

Factores predisponentes

- Inadecuada información sexual (mitos sexuales)
- Educación moral y religiosa restrictiva
- Exposición a modelos paternos con relaciones problemáticas o deterioradas
- Experiencias sexuales traumáticas durante la infancia
- Inseguridad en el propio género o rol psicosexual
- Castigo o descalificación de conductas sexuales iniciales (especialmente en adolescencia)
- Expectativas inadecuadas respecto a la sexualidad

Factores precipitantes

- Inadecuadas experiencias sexuales, insatisfactorias o traumáticas, especialmente en los primeros aprendizajes sexuales.
- Problemas generales de relación de la pareja, tales como falta de comunicación, diferentes expectativas, infidelidades o *luchas de poder.*
- Comportamientos inadecuados en la interacción sexual como, por ejemplo, la denominada *conducta de espectador* o bien dedicar un tiempo insuficiente a las caricias o galanteo.
- Presencia de una disfunción sexual establecida en el otro miembro de la pareja.
- Reacción a trastorno transitorio, fármacos y drogas, el cansancio, o fallo esporádico anterior.
- Condicionantes psico-biológicos de los períodos de embarazo y/o parto.
- Falta de adaptación psicológica al cambio biológico en algunas respuestas sexuales, que se producen como consecuencia de la edad.
- Aparición de trastornos comportamentales más generales que puedan interferir con la actividad sexual, tales como la depresión, la ansiedad o el alcoholismo.
- Otras circunstancias adversas de tipo familiar, social, laboral o económico.

Factores de mantenimiento

- Información sexual inadecuada, tanto general, como específica de la disfunción.
- Desarrollo de respuestas de ansiedad o miedo ante la posible interacción sexual.
- Anticipación de fallos o fracasos, tanto en la esfera sexual como en la personal.
- Sentimientos de culpabilidad o responsabilidad por la disfunción.
- Problemas en la relación de pareja, especialmente de comunicación y atracción.
- Otros trastornos más generales, como depresión, alcoholismo, anorexia, o ansiedad.

4. EVALUACIÓN DE LAS DISFUNCIONES SEXUALES

4.1. Consideraciones a la evaluación de las disfunciones sexuales

La evaluación de las disfunciones sexuales sigue los pasos habituales de toda evaluación psicológica, pero con algunas características específicas. Entre ellas:

a) La dificultad de abordar el problema con los pacientes, pues deben aportar información que consideran muy íntima. Se hace necesario normalizar la situación y avanzar de forma progresiva de lo más fácil de comunicar a lo más complicado.
b) Los términos a utilizar para describir las conductas sexuales. Términos técnicos (vasocongestión, glande) pueden no ser entendidos o de uso por algunos pacientes. Términos muy coloquiales (*correrse*), suponen cierta desvalorización. Se debe ir asociando los términos técnicos a los vulgares a fin de que el paciente aprenda a entenderlos y usarlos.
c) Las disfunciones sexuales suponen problemas complejos que exigen atender a múltiples factores, no sólo personales (orgánicos, conductas y hábitos aprendidos, expectativas), sino también sociales y culturales (pautas de interacción social o normas específicas de ejecución sexual).
d) Los pacientes suelen venir con urgencia y desean que se solucione ya su problema. Es determinante explicar por qué y para qué es imprescindible dedicar un tiempo a la evaluación, antes de proceder a la intervención.
e) A lo largo de la evaluación se dará ocasión de proporcionar psicoeducación a la pareja, de forma que se completen sus conocimien-

tos o puedan modificarse falsas creencias u opiniones. Esto supondrá cambios importantes y motivará a continuar en el tratamiento.

f) Aunque la evaluación y el tratamiento pueden llevarse a cabo de forma individual (un paciente), lo habitual y recomendado es realizarlo en pareja y hacer ver a la pareja la importancia y responsabilidad de ambos en la disfunción sexual. Esta evaluación debe implicar tanto evaluación individual con cada unos de los miembros, como conjunta.

4.2. Objetivos de la evaluación

Siguiendo la propuesta de Wincze y Carey (2001) se pueden establecer los siguientes objetivos:

1º) Entender y caracterizar con precisión el problema. Implica establecer si el problema principal es una disfunción sexual, o ésta se deriva de otro más relevante y prioritario. Si es una disfunción sexual, identificar sus características actuales (conductas, frecuencia, intensidad, condiciones, recursos, etc.), historia (antecedentes, consecuentes...).

2º) Identificar los factores predisponentes, precipitantes y mantenedores (sean biológicos, psicológicos, de relación o sociales y culturales).

3º) Establecer la línea-base del funcionamiento sexual de la pareja (o del paciente), de forma que pueda medirse el progreso del tratamiento; identificar qué tipo de intervención terapéutica es la más indicada; y proporcionar al cliente y su pareja, una explicación del problema y las directrices de la intervención.

4.3. Áreas de evaluación

Se consideran cuatro áreas: biológica, psicológica, sexual y de pareja (Labrador, Puente y Crespo, 1995).

a) *Área biológica*: se trata de identificar la existencia de malformaciones, enfermedades relacionadas, anomalías físicas y fisiológicas, o los efectos transitorios y permanentes debidos al consumo de determinadas sustancias (en especial fármacos y alcohol), que puedan estar facilitando el desarrollo o mantenimiento de la disfunción. La evaluación deberá realizarla el especialista médico correspondiente. Sin embargo, el psicólogo clínico debe conocer las distintas causas y efectos orgánicos en la respuesta sexual, con el fin de orientar tanto la evaluación como el tratamiento, así como establecer objetivos razonables.

b) *Área psicológica*: dirigida a evaluar la existencia de problemas o trastornos psicológicos de mayor entidad, tales como depresión, hipocondría, obsesiones, alucinaciones, autoimagen deteriorada o baja autoestima, que puedan estar condicionando la aparición o el mantenimiento de la disfunción. Determinará si deben abordarse de forma prioritaria a la disfunción sexual estos problemas.

c) *Área sexual*: constituye el eje central de la evaluación. Deben evaluarse entre otros aspectos: información y educación sexual, actitudes respecto a la sexualidad, conocimientos sobre el funcionamiento sexual propio y de la pareja, expectativas acerca de la relación actual. También sus conductas sexuales: repertorio de conductas sexuales pasado y presente, evolución y desarrollo de éstas, experiencias. Un aspecto esencial es evaluar la aparición y desarrollo de la disfunción sexual, las conductas implicadas, factores determinantes, estrategias de afrontamiento, percepción del problema y actuación de ambos miembros de la pareja.

d) *Área de la pareja*: se deben evaluar aspectos como la comunicación, la forma de expresión del afecto, las relaciones personales en general, la estabilidad de la pareja o sus posibles conflictos. Si no existe una pareja estable, es importante evaluar los repertorios de interacción social dirigidos a posibles parejas.

- Los pacientes suelen estar en situación embarazosa y con dificultades para comentar aspectos sexuales propios, el terapeuta debe normalizar la situación.
- Muchos pacientes no entienden los términos técnicos, asociar éstos a los términos vulgares para que los entienda y pueda usarlos posteriormente.
- Incluso los pacientes con altos niveles educativos suelen estar mal informados sobre el funcionamiento sexual.
- Con frecuencia ambos miembros de la pareja no han abordado ni discutido directamente sobre aspectos sexuales entre ellos.
- Es posible que cuando el paciente discute sus problemas sexuales con el terapeuta sea la primera vez que aborda este tema.
- Un miembro de la pareja puede estar evitando las interacciones sexuales por el malestar o angustia que le produce.
- El terapeuta no debe asumir de entrada que el problema del paciente es una disfunción sexual, sin descartar previamente otras alternativas.

Tabla 7.** **Consideraciones previas a la evaluación de las disfunciones sexuales. Supuestos útiles para la realización de la evaluación sexual (adaptado de Wincze y Carey, 2001)

4.4. Técnicas y procedimientos

4.4.1. Entrevista

La entrevista es el punto de partida obligado, la técnica más importante de la evaluación y la forma de articular el proceso de intervención entero. Dadas las consideraciones de tratamiento en pareja, lo lógico es usar la entrevista con ambos miembros de la pareja. La propuesta de Wincze y cols. (2008) de, tras la toma de contacto y presentación inicial de la forma de funcionar a ambos, dedicar la primera entrevista al *supuesto* paciente solo, la segunda al otro miembro de la pareja también solo y la tercera a ambos conjuntamente, parece muy apropiada.

Los objetivos de la entrevista, tanto al paciente como a su pareja, son:

- establecer una adecuada relación terapéutica, con especial atención a las dificultades debidas al tema a abordar,
- recoger información personal general,
- obtener una descripción del problema, evolución y determinantes,
- evaluar la historia psicosexual del paciente,
- evaluar el funcionamiento psicológico general,
- descartar determinantes biológicos,
- identificar la calidad de la relación de pareja.

Lo más adecuado es seguir una pauta semiestructurada de entrevista, que asegure se obtiene toda la información deseada y permita, caso de revelaciones especiales, progresar en esa dirección. Un esquema puede verse en la Tabla 8.

1. *El problema sexual:* descripción inicial y objetivos iniciales.
2. *Información y educación sexual:* aspectos biológicos, afectivos y cognitivos (actitudes, fantasías...).
3. *Desarrollo sexual y experiencias:* el comienzo del interés sexual, primeras experiencias sexuales, otras experiencias sexuales, masturbación, experiencias sexuales traumáticas.
4. *Conductas sexuales en la actualidad:* cognitivas, fisiológicas y motoras.
5. *Aparición,* desarrollo y efectos del problema sexual.
6. *Relación con la pareja:* ajuste sexual actual y previo, atracción personal, relación general, métodos anticonceptivos, relaciones extrapareja...
7. *Historia médica* (problemas, medicación, drogas o alcohol...) y examen orgánico (si procede).
8. *Historial psicológico.*

Tabla 8. Propuesta de áreas a evaluar durante la entrevista.

4.4.2. Autoinformes

El uso de cuestionarios, inventarios y escalas puede ser muy útil, pues permiten completar la información de la entrevista de forma estructurada y rápida sobre las distintas áreas de evaluación. Además, su validación permite comparar los datos de los pacientes con valores de referencia generales, y servir de criterio para valorar el progreso del tratamiento.

En la Tabla 9 se incluyen algunos de los más utilizados, organizados según el ámbito de evaluación. Para la evaluación de otras áreas (p.ej.: depresión) utilizar los cuestionarios específicos al respecto.

Información sexual

- Inventario de conocimientos sexuales (McHugh, 1967)
- Cuestionario de información sexual (Carrobles, 1985)
- Cuestionario de evaluación de mitos sexuales (McCary, 1977)

Actitudes respecto al sexo

- Inventario de miedos sexuales, para hombres y mujeres (Annon, 1975a y 1975b)
- Inventario de placer sexual, para hombres y mujeres (Annon, 1975c y 1975d)
- Inventario de actitudes respecto al sexo (Eysenck, 1970)

Conducta sexual

- Perfil de respuesta sexual (Pion, 1975)
- Inventario de interacción sexual (LoPiccolo y Steger, 1974)
- Inventario de ajuste sexual (Stuart, Stuart, Maurice y Szasz, 1975)
- Inventario de arousal sexual (Hoon, Hoon y Wincze, 1976)
- Inventario de funcionamiento sexual (Derogatis y Melisaratos, 1979)
- Escala de experiencia sexual (Frenken y Vevviz, 1981)
- Inventario de satisfacción sexual (Golombok y Rust, 1985)
- Encuesta de opinión sexual (Fiser, 1988)
- Índice de funcionamiento sexual de la mujer (Taylor, Rosen y Leiblum, 1994)
- Cuestionario de cambios en el funcionamiento sexual (Clayton y cols., 1997)
- Índice internacional de función eréctil (Rosen y cols., 1997)
- Índice de funcionamiento sexual femenino (Rosen y cols., 2000)
- Perfil de la función sexual femenina (McHorney y cols., 2004)
- Escala de calidad de erección (Wincze y cols., 2004)
- Cuestionario de cambios en el funcionamiento sexual (Keller, McGarvey y Clayton, 2006)
- Inventario de deseo e interés sexual femenino (Sills, y cols., 2006)

Relaciones de pareja

- Escala de ajuste marital (Locke y Wallace, 1959)
- Cuestionario de intercambio de conductas en la pareja (Serrat, 1980)
- Inventario de satisfacción matrimonial (Snyder, 1981)
- Escala de ajuste diádico (Spanier, 1976)

Tabla 9. Instrumentos de autoinforme para la evaluación de disfunciones sexuales

4.4.3. Observación y Autoobservación

La observación directa de la interacción y la conducta sexual es un procedimiento poco empleado, pues aunque sería una información interesante, se supone que muchas personas mostrarían una alta reactividad en su conducta sexual a la presencia de un observador externo, es más, la mayoría no consentiría esta observación.

Algo más frecuente es el uso de autoobservación, que no debe referirse tan sólo a las conductas estrictamente sexuales sino también a las cognitivas y motoras. Puede ser de especial utilidad para identificar con más precisión la frecuencia de las conductas y sus determinantes, especialmente los cognitivos. Sirven de ayuda al propio paciente y al terapeuta para identificar los progresos del tratamiento. Sin embargo, debe tenerse especial precaución en que el procedimiento empleado no exija o facilite la adopción del *rol de espectador* por parte del paciente. En la Tabla 10 se incluye un posible modelo de autorregistro.

4.4.4. Evaluación psicofisiológica

Aunque pude aportar información relevante, y ha sido utilizada en el ámbito investigador, en general es poco utilizada en la clínica habitual. Se pueden considerar dos objetivos principales:

a) Identificar si hay capacidad de respuesta sexual (nivel de vasocongestión vaginal, respuesta de erección durante el sueño, etc.).
b) Identificar la capacidad de determinados estímulos (en especial fantasías) o situaciones para provocar respuestas de activación sexual.

Además de las repuestas fisiológicas generales para medir activación, como respuesta dermoeléctrica, tasa cardíaca o tensión muscular, se han utilizado respuestas sexuales más específicas, como cambios en longitud y circunferencia del pene, temperatura en glande o labios menores, nivel de vasocongestión y de lubricación vaginal. El procedimiento habitual es presentar imágenes o pedir al sujeto que recupere alguna fantasía o recuerdo y medir cómo afecta a sus respuestas. Una información detallada acerca de estas técnicas e instrumentos puede encontrarse en los trabajos de Cáceres (1990) y Labrador y cols. (1995).

Fecha	Hora	Situación	Actividad	Dificultades	Placer (0-10)	Excitación (0-10)	Observaciones

Tabla 10. Modelo de autorregistro para la evaluación de disfunciones sexuales

4.4.5. Evaluación médica

Su objetivo fundamental es identificar si hay problemas orgánicos que puedan estar provocando o facilitando el problema. Aunque tal posibilidad debe contemplarse siempre al evaluar cualquier tipo de disfunción sexual, resulta especialmente indicado si aparece alguna de las siguientes condiciones (Carnwath y Miller (1989): (a) síntomas físicos persistentes (mala salud reciente, enfermedades venéreas); (b) dolor o incomodidad persistente durante la actividad sexual; (c) disminución del interés sexual sin causa aparente; (d) ausencia de erección en cualquier circunstancia, especialmente al despertar; (e) pacientes varones mayores de 50 años; (f) mujeres en la menopausia o cerca de ella; (g) mujeres con problemas menstruales persistentes; (h) historia de problemas en la pubertad, especialmente trastornos endocrinos; (i) ansiedad persistente ante la propia imagen; y (j) convencimiento de que existe una base física para los problemas.

La evaluación médica emplea técnicas y procedimientos específicos muy variados que quedan fuera del campo de actuación del psicólogo clínico, pero conviene que éste tenga información al respecto. Una información más detallada en este sentido puede encontrarse en el trabajo de Hawton (1988), quien propone el siguiente protocolo de evaluación: (a) examen físico de rutina; (b) examen morfológico de órganos genitales; (c) evaluación neurológica; (d) examen del sistema vascular; y (e) evaluación de la respuesta hormonal.

4.5. Formulación del problema y devolución de información

Tras la recogida de la información ésta debe organizarse e integrarse para establecer la formulación del caso, cuyo punto central, después del adecuado análisis funcional y el desarrollo y comprobación de las hipótesis explicativas, es establecer los objetivos precisos a conseguir y los procedimientos y técnicas de tratamiento para lograrlo. Esta formulación del problema sigue, en líneas generales, los pasos de toda evaluación psicológica.

A continuación debe procederse a la devolución de información al paciente y su pareja, exponiendo de forma breve y precisa, los aspectos más relevantes, de su caso, en términos que sean fácilmente inteligibles y que permitan una adecuada comprensión y colaboración en el tratamiento. Los objetivos principales en la devolución de información son:

- Facilitar a la pareja un mejor entendimiento de su problema
- Introducir sensación de optimismo respecto a los resultados de la terapia
- Comprobar que la información obtenida en la evaluación se ha interpretado correctamente
- Proporcionar una base racional para el abordaje terapéutico
- Mejorar la comunicación y participación activa
- Establecer el marco y directrices de intervención

Una propuesta de formulación y devolución de la información se incluye en la Tabla 11.

Breve y concisa, 15-20 minutos de exposición

1. Descripción del problema (Breve y simple, evolución y estado actual)
2. Discusión de los factores determinantes del problema
   - 2.1. Predisponentes
   - 2.2. Precipitantes
   - 2.3. Mantenedores
3. Insistencia en la contribución de ambos miembros de la pareja
   - 3.1. En el desarrollo del problema
   - 3.2. En el mantenimiento del problema
4. Destacar aspectos positivos y negativos de la relación de pareja
5. Exponer las líneas directrices del programa de intervención y su fundamento racional, especificando las conductas concretas que cada miembro de la pareja habrá de llevar a cabo

Tabla 11. **Contenido de la formulación en disfunciones sexuales (Adaptada de Labrador 1994)**

5. TRATAMIENTO DE LAS DISFUNCIONES SEXUALES

La obra de Masters y Johnson *Human Sexual Inadequacy*, aparecida en 1970 y traducida al español en 1976 con el título *Incompatibilidad Sexual Humana*, supone el punto de partida, y sigue siendo referencia obligada, en el tratamiento actual de las disfunciones sexuales. En esta obra Masters y Johnson, después de delimitar las causas de las disfunciones sexuales, propusieron un programa de intervención intensivo, de corta duración (2-3 semanas), dirigido a ambos miembros de la pareja en la que aparece la disfunción, y centrado en el tratamiento del problema sexual. Los resultados que aportaban como aval de sus intervenciones eran espectaculares, éxito terapéutico en alrededor del 80% de los problemas tratados, si bien con variaciones importantes, como por ejemplo, un 59,4% en los casos de impotencia primaria y un 97,3% en los casos de eyaculación precoz. Desde esta propuesta de Masters y Johnson hasta el momento actual ha habido una evolución importante de los tratamientos, pero en la mayoría de los casos se refieren bien a variaciones concretas o bien al añadido de técnicas específicas, pero manteniendo las directrices e incluso las partes esenciales de la propuesta de Masters y Johnson.

En este apartado se recogerán los programas de tratamiento psicológico de las disfunciones sexuales que hemos considerado más interesantes, conocidos habitualmente como *terapias sexuales*. Por otro lado, dado el actual auge de los acercamientos médicos, especialmente farmacológicos, se hará una breve referencia a ellos

5.1. Consideraciones previas al tratamiento

El abordaje terapéutico de una disfunción sexual requiere el conocimiento previo de una serie de aspectos relativos al paciente, al trastorno, a los objetivos terapéuticos, a la estructura del tratamiento, y a sus componentes básicos. Todos ellos se exponen brevemente a continuación.

5.1.1. Conceptos erróneos acerca de la sexualidad

Antes de iniciar el tratamiento de una disfunción sexual es importante partir del supuesto de que en la mayoría de los casos, los pacientes tienen unas concepciones inadecuadas o erróneas acerca de la sexualidad. Partir de este supuesto permitirá al terapeuta anticipar posibles problemas y obstáculos al desarrollo del tratamiento. Si estos supuestos no se cumplen en algún caso, se podrá avanzar más rápidamente, pero es necesario confirmarlo antes de bajar la guardia al respecto. De acuerdo con Wincze y Carey (2001) se pueden señalar que los pacientes tienen los siguientes conceptos erróneos:

- Un concepto muy reducido acerca del sexo y la sexualidad. Sexo es igual a coito. Todo lo demás no cuenta o es de segunda categoría.
- Consideran que los logros sexuales (número de orgasmos, nivel de erección…) son los indicadores de la calidad (éxito) de la vida sexual.
- Tienen una concepción estereotipada acerca de los roles masculino y femenino en las interacciones sexuales, tales como activo/pasivo o director/seguidor, que pueden dificultar la adquisición de nueva información.
- No consideran la importancia que tienen los factores de tipo situacional para el desarrollo de la excitación sexual, tales como el lugar, el momento adecuado, la pareja o posibles interferencias.

- Han desarrollado un patrón habitual de evitación de las interacciones sexuales, por lo que, aún sin intención, este patrón facilitará el *sabotaje* de la terapia.
- Consideran que el objetivo de una terapia sexual es enseñar técnicas sexuales.

5.1.2. *Condiciones que dificultan la terapia sexual*

- *El espejismo de la medicación*: algunos pacientes vienen con la idea de que las disfunciones sexuales se superan con una píldora. Hay que precisarles en qué consiste una terapia sexual y la forma de trabajar, señalando que es un procedimiento bastante más largo e implica trabajo por su parte. Por supuesto, ellos pueden escoger lo que consideren más interesante.
- *El autodiagnóstico*: muchos pacientes ya vienen con un diagnóstico que ellos mismo se han hecho, que puede no corresponder en absoluto con su problema, en especial en lo referente a las causas de éste.
- *La simplicidad en las explicaciones*: consideran que las causas de su problema sexual son simples o directas, casi siempre de tipo orgánico.
- *No realizar las tareas para casa*: estas tareas son imprescindibles en una terapia sexual, ya que no pueden realizarse en otras condiciones (por ejemplo la focalización sensorial). Si no se llevan a cabo no tiene mucho sentido la terapia sexual.
- *Limitaciones culturales o religiosas*: algunas de las conductas sexuales a desarrollar en la terapia pueden estar mal vistas o incluso prohibidas en determinados ambientes culturales o religiosos (p.ej.: autoestimulación).
- *Relaciones extrapareja:* si uno de los miembros de la pareja tiene una relación afectiva alternativa, habrá que evaluar si ésta puede afectar a la terapia (es lo más habitual), en cuyo caso no sería adecuado proceder o continuar con la terapia. Habrá que hacérselo ver al paciente y ayudarle a evaluar lo que considere prioritario.

5.1.3. *Orientaciones generales para el tratamiento*

La mayor parte de los especialistas coinciden en los siguientes principios básicos a la hora de abordar el tratamiento de las disfunciones sexuales:

(a) El desarrollo y mantenimiento de una disfunción es un problema que afecta a una pareja. El objetivo será modificar las conductas de la pareja, no de un sólo miembro. Por ejemplo, si una mujer presenta anorgasmia con su pareja actual, pero no había tenido dificultades en anteriores parejas, habrá que modificar las conductas que desarrollan en la interacción sexual ambos miembros. No tiene sentido *tratar* sólo a la mujer, que sí ha llegado al orgasmo con otro compañero, cuando el objetivo es que sea capaz de conseguirlo con su pareja habitual.

(b) En la práctica totalidad de los casos, es necesario proporcionar una información y educación sexual a ambos miembros de la pareja, como requisito previo al desarrollo de una terapia sexual. En algunos casos esto puede ser suficiente para superar su disfunción sexual.

(c) En muchos casos es necesario disminuir la ansiedad asociada a la interacción sexual, o a un aspecto particular de ésta, o a actividades sexuales en general. Será conveniente dotar a los pacientes de habilidades de control de la ansiedad.

(d) Es determinante el aumento de la comunicación y la mejora en las relaciones generales de la pareja para conseguir resultados positivos. Si las relaciones de pareja están muy deterioradas será previo mejorar éstas.

(e) Los tratamientos deben incluir una parte práctica de entrenamiento en el desarrollo de nuevas conductas sexuales, más adecuadas (caricias, estímulos eróticos...), pero también es importante el entrenamiento en conductas de relación social (como comunicar interés, expresar afecto, manifestar preferencias, etc.).

5.1.4. Objetivos de la terapia sexual

El objetivo principal es *crear o restablecer el bienestar y satisfacción sexual de ambos miembros de la pareja.* Debe precisarse a los pacientes que el bienestar y la satisfacción no dependen de una conducta concreta, como llevar a cabo el coito, ensayar una posición concreta o lograr un determinado tiempo de erección. Es un estado personal, consecuencia de un amplio conjunto de conductas, siendo de especial importancia la forma en que la persona percibe y valora su actividad sexual.

Sólo después de tener claro este objetivo principal se puede proceder a establecer objetivos más específicos, atendiendo a las siguientes consideraciones:

(a) Fijar los objetivos de acuerdo con la pareja (consenso).

(b) Fijar los objetivos de forma escalonada o secuencial (qué antes y qué después).

(c) Establecer los objetivos señalando las conductas a realizar (p.ej.: durante 12 minutos acariciar a la pareja salvo en las zonas genitales), en lugar de atendiendo a *logros* o *resultados,* como conseguir una erección o lograr el orgasmo (facilitaría la aparición de ansiedad por la presión de la realización).

5.1.5. Estructura de la terapia sexual

La mayoría de las terapias sexuales suelen estructurarse alrededor de cinco fases:

- Fase I: *Evaluación y diagnóstico de la disfunción.* En esta fase se identifica el problema y las posibles causas o determinantes de su aparición y mantenimiento, se establecen las conductas sexuales adecuadas y a modificar, así como los objetivos de la intervención y programa de tratamiento.
- Fase II: *Información y educación sexual.* Dirigida a que el paciente adquiera esta adecuada educación sexual. Se puede proceder de múltiples formas: dar información, facilitar textos y material informativo, discutir conceptos e ideas, modificar creencias erróneas y actitudes, etc.
- Fase III: *Tratamiento general*: En casi todos los casos de disfunciones sexuales es importante comenzar por un programa general de mejora de la sexualidad. Este programa, que suele implicar lo que después se describirá como focalización sensorial y sexual, está dirigido a cambiar la forma de acceder a las interacciones sexuales, primando el disfrute y relajación, sobre los miedos, obligaciones y necesidad de *logros sexuales.* Por ejemplo, nuevas formas de aproximación, uso de fantasías, mejora de la comunicación, forma de acariciar o de facilitar excitación. Este cambio en la forma de abordar la sexualidad es necesario para progresar a la fase siguiente.
- Fase IV: *Tratamiento específico.* En esta fase se incluye la aplicación de técnicas y procedimientos específicamente orientados a los aspectos más específicos de la disfunción sexual: técnicas para aumentar la excitación y facilitar el orgasmo, procedimientos para mejorar las respuestas de erección, técnicas para el control del espasmo vaginal o el reflejo eyaculatorio, etc.
- Fase V. *Valoración y seguimiento.* Una vez finalizada la intervención terapéutica se trata de evaluar los resultados, establecer procedimientos para facilitar su mantenimiento, e indicar formas de prevenir posibles reapariciones del problema.

5.1.6. Componentes básicos de las terapias sexuales

Aunque los diferentes programas de tratamiento pueden aportar técnicas y procedimientos distintos, prácticamente en todos pueden encontrarse como componentes básicos: educación sexual, preparación del ambiente, focalización sensorial y sexual, entrenamiento en comunicación y reorganización cognitiva.

(a) Educación sexual: En una mayoría de los casos, resulta imprescindible proporcionar una adecuada educación a los pacientes, lo que implica por una

parte desarrollar la adquisición de información específica sobe la sexualidad (anatomía, fisiológica, fantasías, respuesta sexual,...), por otra modificar sus expectativas, concepciones y actitudes erróneas al respecto. Lo primero, sin duda, centrar el objetivo principal: *disfrutar de la sexualidad en la interacción con una pareja, con independencia de logros o realizaciones concretas.* Este componente del tratamiento puede desarrollarse a través de distintos procedimientos. En algunos casos basta con recomendar determinadas lecturas; en otros, es necesario proporcionar, al menos parte de esta información, de manera verbal, frecuentemente en forma de preguntas y respuestas o, incluso emplear medios audiovisuales, como grabaciones de videos o fotografías.

En este sentido, puede resultar muy útil seleccionar y recomendar a los pacientes la lectura de alguna obras, como las siguientes: *Enciclopedia de la sexualidad* (Labrador, 2000); Cómo vencer la pereza sexual (Costa y López, 1999); *Para alcanzar el orgasmo* (Heiman y LoPiccolo, 1989); y *La sexualidad humana* (Masters, Johnson y Kolodny, 1988, *Nuestra sexualidad* (Crooks y Baur, 2000). En todos los casos es importante abordar y comentar estos contenidos con los pacientes, lo que permite identificar desconocimientos, errores, actitudes o concepciones inadecuados.

(b) Preparación de las condiciones: uno de los errores más frecuentes de los pacientes es pensar que, para llevar a cabo una adecuada interacción sexual, es suficiente con disponer de una pareja dispuesta. Que, con independencias de las condiciones personales o ambientales, el proceso se desarrollará de forma automática. La idea de que la interacción sexual debe ser siempre algo espontáneo y no programado, se traduce con frecuencia en una relación sexual apresurada, o en momentos poco adecuados bien por la condiciones ambientales (dificultan la intimidad), bien por las condiciones personales (cansancio, falta de interés, preocupaciones...). Sin embargo determinadas condiciones o situaciones no permiten relajarse y disfrutar de la actividad sexual, sino que, por el contrario, facilitan la aparición de ansiedad, preocupaciones o malestar, bloqueando la expresión de afecto y las respuestas sexuales. Es importante que la pareja acepte la importancia de preparar las condiciones que faciliten una relación satisfactoria y placentera, en un ambiente relajado y agradable, lo que facilitará la expresión de intimidad y las respuestas sexuales. En resumen, preparar las condiciones personales y del ambiente que faciliten la aparición de las conductas sexuales deseadas.

Para su puesta en práctica puede ser útil pedir a cada miembro de la pareja que haga una lista con las condiciones o factores que más le ayudan a desarrollar sus respuestas sexuales, en especial deseo y excitación. También con los que les resultan desagradables o de escaso valor. Luego ambos pueden preparar las condiciones para maximizar la presencia de los primeros y reducir la de los segundos.

(c) Focalización sensorial y sexual. Es un eje central de la terapia sexual, que debe aplicarse en la práctica totalidad de los casos.

La parte primera, focalización sensorial, tiene entre otros cometidos: crear un ambiente adecuado para el desarrollo de la intimidad, reducir la presión de logros sexuales y las conductas de observador, facilitar la comunicación en la pareja, centrar la atención en identificar y tomar conciencia de sensaciones corporales propias y de la pareja, así como la forma de producirlas, todo ello sin atender a aspectos más estrictamente genitales. Frente al intento de *logros* o *realizaciones* sexuales, ahora el objetivo es que las personas en condiciones adecuadas, aprendan a desarrollar la propia sensibilidad en una relación con la pareja, mediante episodios de exploración alternada del cuerpo de la pareja y caricias mutuas. Es importante que cada uno se concentre en identificar y disfrutar de la estimulación que le proporciona su pareja y, a su vez, aprender a proporcionarle una estimulación placentera. Este procedimiento enseña a disfrutar del contacto mutuo (no genital), y es útil para reducir la ansiedad ante la interacción sexual, mejorando la intimidad y la comunicación de la pareja.

La segunda parte, focalización sexual, ha de desarrollarse sólo una vez realizada la focalización sensorial, y tiene como cometido principal, facilitar la respuesta de excitación sexual en ambos miembros de la pareja. Para ello es importante mantener unas adecuadas condiciones, incrementar la comunicación, evitar la presión de la realización y progresar con el tipo de caricias de forma que ahora incluyan también las zonas genitales.

La forma de proceder para llevar a cabo las focalizaciones se expone más adelante. Una vez se haya progresado de forma adecuada en esta fase se procederá a la incorporación de las técnicas específicas para cada disfunción sexual.

(d) Entrenamiento en comunicación. Los problemas de comunicación suelen acompañar a las disfunciones sexuales, bien como una de sus causas, bien como una consecuencia. Sea cual sea su origen, un objetivo de las terapias sexuales ha de ser conseguir que mejore la comunicación de la pareja para que, en lugar de obstaculizar la actividad sexual, colabore a mejorar la vida sexual y a solucionar posibles problemas. En este trabajo por mejorar la comunicación en la pareja deben abordarse desde aspectos más generales, facilitando el aprendizaje de nuevos modos de informar, recibir y dar información, expresar emociones y sentimientos, a aspectos más específicamente sexuales, como el desarrollo de conductas de intimidad, formas

de manifestar deseo o interés: acariciar, excitar, etc. En muchos casos es imposible modificar las disfunciones sexuales hasta que no se ha obtenido un cambio significativo en la forma de comunicación habitual de la pareja.

(e) Reorganización cognitiva. Una parte importante en el desarrollo de una disfunción sexual tiene que ver con la presencia de concepciones, actitudes o pensamientos erróneos con respecto a la sexualidad. Sólo si se considera que es necesario siempre que se inicia una interacción sexual tener una erección máxima, se considerará un problema si en una situación, incluso poco propicia al respecto, no se ha conseguido. O si se piensa que las penetraciones serán dolorosas, es lógico estar en tensión en esos momentos y facilitar la aparición de dolor. Modificar estos pensamientos o actitudes se hace imprescindible. En algunos casos puede ser suficiente aportar nueva información o los procedimientos habituales en la educación sexual. En otros casos esos pensamientos o actitudes son más resistentes al cambio y hay que proceder a una auténtica restructuración cognitiva. Diferentes estrategias pueden ser útiles para este objetivo. Por un lado normalizar la presencia de la disfunción sexual y reducir posibles sentimientos de culpa, señalando que, dado que se dan las condiciones, pensamientos erróneos, es lógico los comportamientos que favorecen su aparición. Identificados los pensamientos o creencias que facilitan la disfunción sexual, hacer que el paciente se los comience a cuestionar, con estrategias como buscar evidencias que los apoyen o los contradigan, establecer pruebas de realidad, incluso cuestionar que las consecuencias sean tan catastróficas como se temen. Continuar posteriormente avanzando para que el paciente comience a sustituir estos pensamientos irracionales por otros más adecuados y redirigir la atención de los pacientes a las claves más específicamente sexuales: fantasías, sensaciones corporales, etc.

5.2. Programas generales de tratamiento

A partir de estas orientaciones generales se han desarrollado diferentes programas de intervención, la mayoría de ellos orientados al tratamiento en pareja; aunque existen también procedimientos específicos para el tratamiento individual, dado que en algunos casos la presencia de la disfunción sexual dificulta o imposibilita conseguir una pareja o mantenerla.

Se exponen dos programas terapéuticos que conforman planteamientos generales para el tratamiento de las distintas disfunciones sexuales., el programa de Masters y Johnson, referencia obligada en el área, y el de Hawton (1988), que aporta alguna soluciones originales y una especial calidad. También se consideran brevemente las intervenciones médicas.

5.2.1. *Programa de Masters y Johnson*

El programa de tratamiento propuesto por Masters y Johnson (1970) y reformulado por Masters, Johnson y Kolodny (1987), constituye el modelo básico de referencia para las terapias sexuales. Está dirigido a modificar las conductas de una pareja en el seno de la cual hay una o varias disfunciones sexuales. La aplicación de este programa supone asumir las siguientes consideraciones:

Consideraciones básicas

- La sexualidad es una función natural, controlada en gran parte por respuestas reflejas, por eso los esfuerzos se dirigirán a permitir o facilitar que aparezcan tales respuestas, anulando las condiciones que favorecen su inhibición.
- Se rechaza explícitamente el supuesto de que una persona presenta una disfunción como resultado de algún trastorno psíquico subyacente. Las personas o parejas con disfunciones sexuales pueden, y suelen ser, por lo demás, perfectamente normales. De ahí que la terapia se dirija a modificar la disfunción específica, y no aspectos como la personalidad o supuestos complejos subyacentes.
- La mayor parte de las disfunciones son conductas aprendidas por las personas, bien debido a su educación, bien a sus propias experiencias sexuales.
- Prohibición expresa de imputar *culpas* o hacer responsable del trastorno sexual a uno u otro miembro de la pareja, pues deterioraría aún más la relación.
- La sexualidad es un aspecto más, no el único, de la relación de convivencia de la pareja.

Consideraciones específicas

- Es necesario hacer una evaluación individualizada de cada pareja con disfunción sexual. No es suficiente clasificarlas en una categoría diagnóstica, dada las diferencias tan importantes en conductas que pueden presentar las personas incluidas en una misma categoría. Por la misma razón se debe establecer un programa de tratamiento específico para cada pareja.
- El tratamiento no va dirigido a una persona sino a la pareja en la que aparece la disfunción. Se considera que es la forma de interactuar la pareja la que es inadecuada, y no tanto el comportamiento de uno u otro de los miembros.
- El tratamiento requiere, en consecuencia, que ambos miembros de la pareja participen y se involucren activamente en la terapia.

- La terapia debe realizarse por una pareja de terapeutas de distinto sexo, para facilitar la expresión de contenidos íntimos de cada uno de los pacientes. Muchas personas prefieren ser atendidas por un terapeuta de su mismo sexo.
- Es necesario integrar en el tratamiento tanto los datos psicológicos y sociales, como los estrictamente biológicos y físicos. Debe adoptarse un enfoque bio-psico-social.
- El enfoque terapéutico es rápido e intensivo. Durante 15 días se aplica el tratamiento en régimen interno, de forma que se produzca un corte drástico del ritmo de vida habitual, y la pareja se dedique únicamente a superar el problema, sin mayores obligaciones.

Programa general de intervención

El tratamiento debe suponer un cambio fundamental en la forma de vida de los pacientes, por lo que debe llevarse a cabo en un período de tiempo en el que estén relativamente libres de ocupaciones o responsabilidades, y puedan dedicarse de manera intensiva, en régimen residencial, a la solución de sus problemas sexuales. El programa se estructura en tres bloques: (a) evaluación y diagnóstico; (b) focalización sensorial y sexual; (c) tratamientos específicos.

a) Evaluación y diagnóstico

Se realiza durante los tres primeros días. Implica un examen exhaustivo, bien mediante entrevistas (individuales y en pareja, con uno y otro de los terapeutas); bien con una exploración médica. Aborda los aspectos de la vida sexual más directamente relacionados con su problema, pero también se trata de establecer un marco más general, que abarca el sistema de vida o las creencias y valores del cliente, en el que se encuadren los aspectos más específicos de la vida sexual. La evaluación, concluye con una sesión en común de ambas parejas (terapeutas y pacientes), donde se analizan y discuten los resultados del diagnóstico y las directrices terapéuticas de cara a la intervención.

Durante esta fase también se desarrollan los diversos aspectos educativos y formativos necesarios. Asimismo, se indica a la pareja que no lleven a cabo ninguna relación sexual que no haya sido autorizada por los terapeutas, en especial, que no intenten realizar el coito hasta que se les indique. El objetivo de esta prohibición es romper con la ansiedad que podía estar provocando la presión de rendimiento, el *tener que cumplir*, o el intentar realizar actividades sexuales que les resultan desagradables o para las que aún no están preparados.

b) Focalización sensorial y sexual

Los objetivos fundamentales de esta fase se centran en conseguir: (a) disfrutar de una situación de intimidad, sin presiones de realización, que ayude a mejorar la comunicación de la pareja, y facilite la expresión de aspectos tales como ternura, afecto o deseo; y (b) el conocimiento y localización precisa de las zonas corporales (no genitales) y formas de estimulación más agradable para cada uno y para su pareja.

Para su realización, se indica a la pareja que escojan dos momentos del día en los que, estando tranquilos y relajados, sin agobios ni prisas, evitando toda tensión y preocupación, se dediquen a acariciarse. Se les instruye que en esos momentos, estando solos y habiéndose desnudado completamente, se dediquen por turno, uno cada vez, a *recorrer, palpar y acariciar* al otro, utilizando para ello los conocimientos que han adquirido sobre anatomía y fisiología de la respuesta sexual, y atendiendo a las preferencias específicas que ha señalado su pareja durante la evaluación. El objetivo ahora no es excitar o excitarse sexualmente, sino reconocer el cuerpo de la otra persona y establecer sensaciones táctiles agradables para el que las realiza y para su pareja. Por ello se les indica explícitamente que no deben tocar las zonas genitales y los pechos de la mujer.

Si estos ejercicios se realizan adecuadamente, al cabo de un par de días (4-6 episodios) se progresa a la segunda fase de la focalización sensorial, en la que las caricias ya también abarcan a las zonas genitales y pechos de la mujer, aunque se señala a la pareja que no deben centrarse exclusivamente en esas zonas. Al igual que en la fase anterior, el objetivo no es conseguir una respuesta sexual determinada, sino reconocer e identificar el cuerpo del compañero y las formas de estimulación más agradables para ambos miembros de la pareja, así como favorecer la comunicación e intimidad. Es posible, no obstante, y deseable, que esta focalización sexual favorezca la aparición espontánea de respuestas de excitación sexual, que no habían aparecido hasta entonces, como la erección o la lubricación vaginal.

c) Tratamientos específicos

Alcanzados los objetivos de la focalización sensorial y sexual, se progresa a la aplicación de estrategias y técnicas específicas para el tratamiento de cada disfunción sexual.

Eyaculación precoz

En situación similar a la focalización (intimidad, tranquilidad, etc.), tras las caricias iniciales, la mujer debe estimular manualmente el pene hasta que el hombre, descansando sobre su espalda y con la pelvis entre las piernas de la mujer, consiga una erección completa. Se mantiene la estimulación hasta que el hombre informe de la mínima sensación premonitoria de eyaculación. En este momento la mujer aplica la *técnica de compresión*, consistente en ejercer una presión moderada sobre el pene. Para ello, el pulgar de la mujer se apoya en el frenillo, localizado en la cara inferior (ventral) del pene, y los dedos índice y medio se colocan en la cara superior (dorsal) del mismo, uno a cada lado del surco balanoprepucial. Se presiona moderadamente durante 3 ó 4 segundos mediante la compresión conjunta del pulgar y los dedos índice y medio. La respuesta en el hombre a la aplicación de esta técnica será la pérdida inmediata de la urgencia de eyacular. También disminuirá su erección entre un 10-30%. La mujer permitirá un intervalo de 15 a 30 segundos tras liberar la presión ejercida en el surco balanoprepucial, para luego volver a estimular activamente el pene (Masters y Johnson, 1970). Alternando períodos de descanso y presión es fácil conseguir que transcurra un lapso de tiempo superior a los 20 minutos, durante el cual el hombre puede mantener su erección sin eyacular.

Posteriormente la mujer, colocada en posición superior, introducirá el pene en erección en su vagina. Cuando el hombre perciba un alto grado de excitación que amenace con escapar a su control y producir la eyaculación, lo indicará a la mujer, que retirará el pene y volverá a aplicar la técnica de compresión. Progresivamente, a medida que el hombre vaya adquiriendo un mayor control sobre su eyaculación, la mujer comenzará a moverse cuando se introduzca el pene en la vagina, hasta llegar a la penetración con movimiento por parte de ambos. De esta forma el hombre conseguirá aumentar el tiempo entre la erección y la eyaculación, primero extravaginalmente y después durante la penetración, de manera que pueda lograr lapsos temporales entre la erección y la eyaculación más adecuados para que su pareja pueda llegar al orgasmo. Masters y Johnson señalan que no es difícil conseguir períodos de hasta 15 ó 20 minutos de erección sin eyaculación durante el coito.

Como alternativa a la *técnica de compresión*, Masters y cols. (1987) proponen una *técnica de compresión basilar*. Consiste en comprimir fuertemente la base del pene en sentido frontal, pinzando con los dedos pulgar e índice a la vez la parte anterior y posterior de la base del pene, durante unos 4 segundos. Esta *técnica de compresión basilar* produce efectos similares sobre la eyaculación a los de la técnica de compresión, y puede ser llevado a cabo tanto por la mujer como por el propio hombre, con la ventaja adicional de que no es necesario retirar el pene de la vagina. Masters y cols. (1987)

aconsejan está técnica como complemento de la técnica de compresión, pudiendo utilizarse en momentos más avanzados del tratamiento, cuando el hombre ya posee un cierto control sobre su eyaculación y se están practicando ya las relaciones intravaginales.

Disfunción eréctil

Si todo ha ido bien, en la fase final de la focalización sensorial ya habrán comenzado a aparecer erecciones, en especial si se han retirado la presión por la realización y/o la conducta de espectador. Hay que señalar, a ambos miembros de la pareja, que no fomenten especialmente las erecciones ni traten de alterar, centrando la atención en ellas, el objetivo básico, disfrutar de la interacción. Se continuará con la estimulación sensorial, especialmente llevándola a cabo de forma conjunta, no por turnos. La falta de exigencias dificultará el desarrollo de ansiedad, de forma que al concentrarse en sus sensaciones y con una estimulación adecuada, se facilitará la respuesta automática de erección, de manera progresiva y cada vez más completa y estable.

Manteniendo esta concentración en las propias sensaciones se irá progresando hacia la penetración y el coito. Se recomienda en estos primeros momentos utilizar la postura de la mujer en posición superior y el hombre debajo, acostado sobre su espalda. En esta postura, se indica a la mujer que estimule el pene del hombre frotándolo contra sus órganos genitales de manera que, si aparece erección, pueda aproximar el pene a la vagina, aunque en esta fase aun no está permitido el coito, pues el objetivo es el desarrollo de la capacidad sensorial y de excitación. Es muy importante que no se trate de precipitar la relación, intentando llegar enseguida al coito, para que no se vuelva a establecer la sensación de presión para la realización.

Puede ser útil dedicar un período de tiempo a que el hombre acabe con el miedo a perder la erección, en especial si ésta disminuye durante la interacción sexual. Para ello, tras la estimulación mutua de la pareja, y haber conseguido la erección, debe pararse la estimulación, abandonándose a sus sensaciones, lo que conllevará la pérdida de la erección. Tras ésta se vuelve a iniciar la estimulación, repitiendo este ejercicio de excitación / descanso varias veces seguidas. Así se hará patente que, en las condiciones adecuadas, la erección puede perderse y recuperarse dentro de un mismo encuentro sexual.

Una vez que se ha obtenido un grado adecuado de erección y que el hombre se siente confiado en su estabilidad, se procede al desarrollo del coito. Lo más adecuado es que la mujer, colocada en posición superior, de forma progresiva, ayude a la introducción del pene en su vagina. Esto disminuye la tensión del hombre y el que se distraiga con la búsqueda más o menos eficaz de la entrada vaginal. En los primeros intentos, tras la introducción, se descansará permitiendo la pérdida de erección. Posteriormente se continuará con los pasos graduados que implican el inicio de los movimientos pélvicos por parte de la mujer tras la penetración, para concluir con movimientos por parte de ambos miembros de la pareja.

Inhibición o retraso de la eyaculación

Como técnicas específicas Masters y cols. (1987) señalan, tras la fase de focalización sensorial, la importancia de intentar conseguir que el hombre progrese en una secuencia de eyaculación escalonada que implica los siguientes pasos: (a) eyaculación a solas mediante masturbación; (b) eyaculación mediante masturbación en presencia de la pareja; (c) eyaculación mediante estimulación manual por parte de la pareja; y (d) estimulación vigorosa del pene por parte de la pareja hasta llegar al punto de inevitabilidad eyaculatoria y, en ese momento, insertar el pene para que se produzca la eyaculación intravaginal.

Con las primeras eyaculaciones intravaginales suelen desaparecer los temores que provocaban la inhibición eyaculatoria y, en consecuencia, la disfunción. Si falla este procedimiento de eyaculación escalonada puede intentarse que el hombre, mediante estimulación manual por la pareja, eyacule sobre la vagina la mujer. Con frecuencia, tras este primer logro, suele facilitarse la eyaculación intravaginal.

Vaginismo

El punto de partida será la explicación del vaginismo como una respuesta refleja e involuntaria. A continuación se utilizará alguna técnica dirigida a que la mujer aprenda a relajar los músculos que rodean su vagina. Una de las técnicas más útiles para lograrlo es hacer que la mujer tense esos músculos intensamente, dejando luego que se relajen espontáneamente. Una vez aprendida esta habilidad, el terapeuta podrá indicar a la mujer que ella misma comience a introducir dilatadores vaginales de plástico, de grosor progresivo, comenzando por el más pequeño, hasta que se consiga la introducción completa del último dilatador, de dimensiones similares a las del pene en erección. El proceso, que ella misma realiza y para el que puede ayudarse con cremas lubricantes, debe realizarse varias veces al día, manteniendo el dilatador en la vagina durante 10 ó 15 minutos cada vez. Cuando la mujer ha conseguido extinguir su respuesta refleja de contracción, suele ser ya más fácil implantar gradualmente el proceso desde la estimulación sensorial hasta el coito. En los primeros intentos de coito conviene emplear la postura de la mujer en posición superior, y que sea ella la que introduzca el pene de su pareja en la vagina.

Anorgasmia

Se proponen una forma de proceder diferente en función de que la anorgasmia sea primaria o secundaria, aunque los orgasmos se hayan debido a estimulación alternativa al coito. También en función de los factores determinantes de la disfunción. Entre las principales directrices en el tratamiento de esta disfunción están:

- Animar a la mujer a que observe su cuerpo desnudo, en especial explorando y estimulando de forma distendida sus órganos genitales.
- Enseñar a la mujer cómo afrontar la ansiedad de realización y cómo modificar la adopción del *rol de espectador*, reduciendo las presiones de la pareja para llevar a cabo el coito.
- Facilitar la comunicación sexual, de forma que la mujer indique a su pareja los tipos y formas de estimulación que le resultan más agradables.
- Reducir las inhibiciones que limitan la capacidad de excitación o bloquean el orgasmo. Puede ser útil establecer una especie de *permiso* para tener y disfrutar los sentimientos sexuales y superar los miedos asociados a éstos, especialmente el miedo a perder el control durante el orgasmo.

Estos procedimientos facilitan la obtención de la excitación sexual en la mujer, debiendo procederse a continuación a orientar progresivamente la interacción sexual hacia el coito. Inicialmente la mujer intentará lograr el orgasmo mediante la estimulación manual del clítoris por parte de su pareja. Posteriormente se tratará de conseguir el orgasmo durante el coito, empleando la técnica del *apuntalamiento*, consistente en la estimulación adicional del clítoris durante el coito, acompañándose de intensos movimientos de empuje, lo que favorece la consecución del objetivo final.

El programa de Masters y Johnson (1970), Masters y cols. (1987) es de referencia obligada en el tratamiento de las disfunciones sexuales. Sin embargo, 40 años después, se evidencian algunas limitaciones importantes, entre ellas: no abarca todas las disfunciones sexuales; exige el tratamiento en pareja y por una pareja de terapeutas; supone un alto coste económico; y exige la ruptura con el ritmo de vida y actividad habitual del sujeto, lo que puede dificultar la generalización del éxito obtenido al ambiente natural de los pacientes. Los propios autores presentan los resultados obtenidos en el tratamiento de las distintas disfunciones sexuales (ver Tabla 12), aunque también se señalan limitaciones metodológicas importantes a estos datos (falta de diagnósticos precisos según criterios nosológicos, los evaluadores no son *ciegos*, no hay grupos de control, etc.).

DISFUNCION	Nº CASOS	% DE EXITO
Impotencia primaria	51	66,7
Impotencia secundaria	501	78.4
Eyaculación precoz	432	96,1
Inhibición de la eyaculación	75	76,0
Anorgasmia primaria	399	79,0
Anorgasmia situacional	331	71,0
Vaginismo	83	98,8

Tabla 12. ***Resultados del programa de intervención de Masters y Johnson (Masters y cols., 1987; pág. 580)***

5.2.2. Programa de Hawton

El programa propuesto por Hawton (1988) se basa en los siguientes principios generales: (a) proporcionar un enfoque estructurado que permita a la pareja reconstruir gradualmente sus relaciones sexuales; (b) ayudar a la pareja y al clínico a identificar los factores que mantienen la disfunción sexual; y (c) proveer a la pareja de técnicas específicas para tratar su problema concreto. Este programa, de manera parecida al de Masters y Johnson, consta de un procedimiento básico general y de procedimientos específicos para las distintas disfunciones, pero se lleva a cabo en régimen ambulatorio y por un solo terapeuta.

Procedimiento básico. Es común a todas las parejas, salvo problemas iniciales individuales o muy específicos, como fobia sexual o una mala relación interpersonal. Se lleva a cabo en sesiones semanales de una hora, en las que se analizan los avances obtenidos así como las dificultades que hayan podido aparecer, y se programan nuevas tareas sexuales a realizar en el entorno habitual del paciente. Incluye 4 fases:

Fase 1. Focalización sensorial no genital

Es similar a la propuesta de Masters y Johnson. En esta fase se abordan los ejercicios de estimulación sensorial en zonas del cuerpo que no impliquen las zonas genitales. Uno de los miembros de la pareja, generalmente el que tiene más dificultad para tomar la iniciativa en los contactos sexuales, invitará explícitamente al otro a realizar los ejercicios en casa. Posteriormente, se establecerá un patrón alternante de invitaciones. Las indicaciones para llevar a cabo la tarea son: preparar lugar y momento que reúnan las condiciones mínimas de tranquilidad e intimidad (se insiste en que no sea sólo el dormitorio); explorar y acariciar el cuerpo del otro, atendiendo a las caricias que resultan más gratas y placenteras para ambos, mejorando así la proximidad y confianza de la pareja. Si aparece un elevado nivel de excitación y la persona lo desea está permitida la masturbación en solitario.

Las sesiones clínicas consisten en la revisión de las tareas indicadas para realizar en casa en la sesión anterior, analizando las reacciones positivas y negativas de la pareja. Si ha habido problemas o errores, se analizan y se programan tareas complementarias. Si ambos han conseguido disfrutar de varias sesiones de focalización se pasará a la siguiente fase. Esta tarea de focalización ha de llevarse a cabo al menos 3 veces por semana para progresar de forma adecuada.

Fase 2. Focalización sensorial genital

Los ejercicios son similares a los de la fase anterior, pero ya pueden acariciarse también las zonas genitales. En esta fase se señala la importancia de utilizar una *posición no demandante* (p.ej.: la mujer sentada de espaldas entre las piernas del hombre en los momentos en los que el hombre sea el miembro activo de la pareja); alternar varias veces las zonas del cuerpo que se acarician, incluyendo tanto las genitales como el resto del cuerpo; prestar especial atención al placer del otro; e incluir al final de cada sesión un patrón de caricias simultáneas por ambos miembros de la pareja. La forma de proceder en las sesiones clínicas es similar a la de la fase anterior.

Fase 3. Contención vaginal

Se orienta al acercamiento progresivo de la pareja al coito. Se pretende favorecer una aproximación gradual para facilitar la disminución de la ansiedad que frecuentemente se asocia al coito en muy diversas disfunciones, como la impotencia, el vaginismo, o la eyaculación precoz. Para ello, deberán tenerse en cuenta estas indicaciones generales:

- El intento de coito sólo deberá realizarse si la pareja ha alcanzado un nivel suficiente de excitación sexual mediante los ejercicios aprendidos en las fases anteriores.
- En los primeros intentos, se aconseja la posición de la mujer sobre el hombre, o ambos de lado, se desaconseja en especial la postura del hombre sobre la mujer.
- La mujer debe guiar e introducir el pene del hombre en su vagina.
- Tras la introducción, ambos miembros de la pareja permanecerán inmóviles, en reposo, atendiendo a sus sensaciones de placer. Si el

hombre percibe una disminución de su erección, puede moverse ligeramente.

- Este ejercicio de penetración-contención debe realizarse en cada encuentro sexual al menos 2-3 veces. Posteriormente se incrementa la duración de la contención.
- El objetivo de esta fase no es alcanzar el orgasmo. Si aparece una sensación de orgasmo inevitable por parte del hombre, es mejor que se retire y eyacule extravaginalmente.

Fase 4. Contención vaginal con movimiento

Se dirige a la penetración con movimiento y el logro del orgasmo por parte de ambos miembros de la pareja. Algunas indicaciones para su desarrollo son:

- Inicio del movimiento por parte de la mujer; después alternancia de movimientos por parte de ambos.
- El movimiento inicial deberá ser muy lento, para pasar progresivamente a uno más vigoroso, con el objetivo de intentar restablecer el coito.
- Utilizar posturas específicas para el coito, según tipo de trastorno y objetivos a lograr.
- Establecer, si procede, alguna fuente de estimulación adicional (p.ej.: estimulación manual del clítoris durante el coito).

El programa de Hawton proporciona también técnicas e indicaciones específicas para el tratamiento de las disfunciones sexuales más frecuentes, que se aplican en alguna o varias de las fases anteriormente mencionadas (ver Hawton, 1988).

Factores individuales
- Patología orgánica
- Trastorno psíquico
- Baja motivación

Factores de relación
- Bajo nivel de compromiso en la relación
- Déficit severo de habilidades de comunicación
- Alto nivel de hostilidad/resentimiento

Factores situacionales
- Relaciones extramaritales actuales
- Situación de estrés intenso: problemas laborales, enfermedades, defunciones, mudanza...
- Embarazo

Tabla 13. Elementos que contraindican una terapia sexual

5.2.3. Acercamientos médicos

Aunque no es el objetivo de este capítulo proponer los tratamientos médicos de las disfunciones sexuales, sí parece importante una breve descripción, dada su importancia en el momento actual, en especial desde la aparición de los fármacos inhibidores de la fosfodiesterasa-5 (IPDE-5) y la posibilidad de integración con los tratamientos psicológicos.

Una primera consideración es que los acercamientos médicos se centran en las disfunciones masculinas y en especial en la disfunción eréctil. Para las demás apenas hay tratamientos específicos. Se hará un breve recorrido por las distintas disfunciones sexuales y los tratamientos médicos al respecto.

Disfunción eréctil

Cabello (2010) señala tres niveles de acción escalonados.

Primer nivel

(a) Inhibidores de la PDE-5 (IPDE-5). Son fármacos que facilitan la respuesta de erección ante la presencia de excitación sexual producida por la estimulación (ver Tabla 14). Son fármacos eficaces, bastante seguros y con escasos efectos secundarios, que actúan sólo cuando hay excitación sexual. Su valor no sólo se reduce a facilitar la erección ante estimulación sexual, también ayuda a superar la ansiedad de realización al *asegurar* al hombre que tendrá respuesta de erección. No obstante tienen contraindicaciones, entre ellas: insuficiencia hepática grave, hipotensión arterial, historia reciente de infarto de miocardio o accidente isquémico cerebral, tratamiento con nitratos, pacientes con disminución primaria de deseo.

(b) Otros fármacos: Apomorfina, Yohimbina, Fentolamina o Doxazosina, todos ellos de ingesta oral, con principios activos y mecanismo de acción muy variados, presentan eficaces inferiores a los inhibidores de la PDE-5. Aportes de testosterona en caso de niveles bajos de esta hormona.

(c) Dispositivo de vacío: Consiste en una máquina que colocada sobre el pene, al provocar un vacío, hace que la sangre de las zonas genitales se acumule en el pene, en este momento se coloca una anilla en la base del pene para bloquear la salida de la sangre y mantener la erección durante un cierto tiempo.

Fármacos: Sildenafilo (Viagra); Vardenafilo (Levitra) y Tadalafilo (Cialis)
Restauran la respuesta normal de erección ante estimulación sexual
Mecanismo de acción:
(a) La fosfodiesterasa-5 (PDE-5) degrada el guanosín monofosfato cíclico (GMPc), el trasmisor químico que permite relajar los músculos lisos de los cuerpos cavernosos, provocando una reducción flujo sanguíneo.
(b) Sildenafilo, Vardenafilo y Tadalafilo: inhiben la PDE-5, permitiendo la actuación del GMPc, que provoca la relajación de los cuerpos cavernosos facilitando el aumento del riego sanguíneo en el pene y la consecuente erección.

Principio Activo	*Sildenafilo*	*Tadalafilo*	*Vardenafilo*
Marca registrada	Viagra	Cialis	Levitra
Comienzo efecto	1 hora	20 min.	1 hora
Eficacia clínica	5 horas	36-48 horas	12-16 horas
Administración	Oral	Oral	Oral
Porcentaje eficacia (placebo)	70-90% (30%)	67-81% (35%)	66-80% (30%)
Inferencia con alcohol/grasas	No/Si	No/No	No/Si

Tabla 14. Caracterización de los inhibidores de la fosfodiesterasa-5 (IPDE-5)

Segundo nivel

Inyecciones intracavernosas de Prostaglandina E1 (PGE1). Sus niveles de eficacia son interesantes, en especial en hombres en los que los inhibidores de PDE-5 no funcionan, pero los pacientes presentan altas tasas de abandono (40% a los 3 meses) debido a lo *artificial* de la situación (tener que pincharse en el pene cuando se prevé una posible interacción) y a que la erección se mantiene con independencia del deseo o excitación.

Tercer nivel

Intervenciones quirúrgicas. Es evidente que sólo debe contemplarse su uso si han fracasado las alternativas anteriores. Lo más frecuente es la implantación de prótesis de pene, que pueden ser de dos tipos:

- prótesis inflable: se sustituyen los cuerpos cavernosos por cilindros que pueden inflarse o desinflarse a voluntad utilizando la bomba y el depósito implantado en el sujeto (la más aconsejable).
- prótesis semirrígida: implica la sustitución de los cuerpos cavernosos por unos cilindros que dejan al pene en una semierección permanente, o que puede saltar al dar un ligero golpe.

Como puede verse todo el esfuerzo de estas intervenciones se centra en conseguir erecciones, el resto de los componentes de la actividad sexual no están contemplados.

Eyaculación precoz

La mayoría de los fármacos utilizados para la eyaculación precoz no son específicos sino que tienen otras indicaciones terapéuticas y como efectos laterales producen un retardo en la eyaculación. Su eficacia se mantiene sólo mientras se mantiene la medicación, volviendo la eyaculación precoz una vez que se descontinúa. Por eso en todos los casos está indicada su utilización junto con terapia sexual.

Los más estudiados, que señalan efectos de retardar hasta 10 veces y más el tiempo para la eyaculación están:

(a) Antidepresivos tricíclicos: clorimipramina
(b) Inhibidores selectivos de recaptación de serotonina: fluoxetina, paroxetina, o citalopram, escitalopram y sertralina.

También se han utilizado anestésicos locales como la lidocaína y la prilocaína, sólo o en combinación con la fluoxetina, o incluso con IPDE-5, pero su efecto es cuestionable dado que por definición producen una disminución del placer sexual.

Actualmente la Dapoxetina (inhibidor del trasporte de serotonina), es el único fármaco desarrollado específicamente para le eyaculación precoz, y su ingesta se hace de forma episódica (a demanda situacional, su pico máximo se alcanza a la hora y media). Se indica que puede retrasar la eyaculación hasta 3,5 minutos y no parece presentar importantes efectos secundarios.

Deseo sexual femenino

Aunque no hay ningún fármaco específico indicado para la falta de deseo, se han utilizado algunos:

- Fármacos dirigidos a aumentar la excitabilidad, aumentando el riego vaginal, la lubricación y la erección del clítoris: efedrina, sildenafilo, fentolamina, PGE-1... En general las mujeres señalan no percibir cambios en excitabilidad aunque mejore la lubricación.
- Terapia de sustitución de testosterona: indicada en los casos de niveles bajos de andrógenos (p.ej.: tras menopausia), no claros efectos en otros casos.

Deseo sexual hipoactivo masculino, disfunción orgásmica masculina y femenina

No hay ningún tratamiento médico.

5.2.4. *Otros procedimientos específicos*

En este apartado se consideran brevemente algunos programas específicos, para el tratamiento de las disfunciones sexuales más frecuentes en la clínica, como son la disfunción orgásmica en la mujer y la disfunción de la erección en el varón.

PROGRAMA DE AUTOESTIMULACIÓN DIRIGIDA EN LA MUJER
Consideraciones iniciales: - Uso del término AUTOESTIMULACIÓN o AUTOEXPLORACIÓN, no masturbación. - Dedicar tiempo a exponer la importancia de este entrenamiento - Revisar y solventar posibles prejuicios Pasos: 1. Observación y exploración manual de su propio cuerpo (salvo genitales y pecho) ante el espejo. 2. Observación y exploración manual de sus genitales ante el espejo. 3. Estimulación y manipulación de los genitales tratando de descubrir zonas más sensibles y de estimulación más agradable. 4. Establecer las estrategias más adecuadas para conseguir excitación sexual. Resaltar el valor de fantasías durante la autoestimulación (apoyo en fotos y películas). 5. Incrementar duración e intensidad de la estimulación para llegar al orgasmo (tiempo habitual 25-30 min.). Puede ser útil entrenamiento del pubicoxigeo. *Atención a expectativas inadecuadas, rol de espectador o posibles bloqueos.* 6. El objetivo es lograr el orgasmo, si aún no lo ha hecho utilizar nuevas formas de estimulación: - Uso de vibrador - Role Play del orgasmo (jadeos, gemidos, contorsiones... incluso exagerando para romper posibles bloqueos) 7. Afianzar las formas de conseguir el orgasmo, para mayor seguridad. Inicio de la presencia de la pareja para que identifique la manera más adecuada de estimular. 8. El hombre estimula a la mujer hasta que ésta consiga el orgasmo (El hombre ha de saber estimularla y ella *abandonarse*). 9. Progresar a la consecución del orgasmo en coito (atención a las posturas más útiles, a estimulación adicional del clítoris, etc.)

Tabla 15. Programa de autoestimulación de la mujer de Heiman y LoPiccolo, (1983)

Disfunción orgásmica en la mujer

El tratamiento de la disfunción orgásmica en la mujer suele requerir de una intervención dividida en dos fases: una primera orientada a la obtención del orgasmo en solitario y una segunda, a generalizar esta habilidad en la interacción con su pareja. El programa de Graber y Graber (1975), es uno de los más interesantes para este trastorno:

Primera fase: Obtención del orgasmo en solitario por parte de la mujer. Pasos: (1) entrenamiento en reconocimiento corporal, en especial de zonas erógenas primarias; (2) entrenamiento en ejercicios de contracción de músculos pubicoxígeos y perivaginales; (3) examen sensual de la propia anatomía; (4) entrenamiento en autoestimulación; (5) desarrollar la autoestimulación con vocalizaciones y ejercicios de respiración; (6) introducción de técnicas de autosugestión y de fantasías eróticas; (7) entrenamiento en el uso del vibrador y (8) eliminación del uso del vibrador y sustitución por ejercicios de estimulación vaginal.

Segunda fase. Generalización del orgasmo a la interacción en pareja. Pasos: (1) ejercicios de comunicación en pareja; (2) ejercicios de *Focalización Sensorial*; (3) ejercicios de vocalización y respiración; (4) ejercicios de autoestimulación en presencia del compañero; (5) ejercicios de estimulación del clítoris y la vagina; (6) estimulación manual del clítoris por el compañero; (7) entrenamiento del uso del músculo pubicoxígeo en el coito; (8) entrenamiento en movimientos vaginales; (9) intento de coito con estimulación adicional del clítoris; y (10) coito con disminución progresiva de la estimulación adicional del clítoris.

A continuación se incluyen dos ejercicios que pueden ser de especial utilidad en las disfunciones sexuales femeninas: Programa de estimulación dirigido en la mujer (Heiman y LoPiccolo, 1989) y los ejercicios para el control del músculo pubicoxígeo (Tablas 15 y 16).

Disfunción de la erección en el varón

La premisa básica en el tratamiento de las dificultades de erección, según Kaplan (1974), es centrar la causa de este problema en la ansiedad del hombre en el momento de la interacción sexual. En consecuencia, el objetivo central del tratamiento será reducir la ansiedad o impedir su aparición. Propone un programa que incluye las siguientes *tareas sexuales*:

1. *Dar y recibir placer sin exigencias.* Durante los primeros días se suele prohibir el coito y la eyaculación, pidiendo a la pareja que se centren en dar y recibir estimulación placentera mutuamente. Se intenta que el interés de la relación no se centre en la *consecución* o *rendimiento sexual*, sino en obtener placer en la relación.
2. *Eliminación del temor al fracaso.* Para eliminar el miedo a perder la erección, se indica a la pareja que se estimulen mutuamente hasta que el hombre consiga la erección, momento en el que deben cesar la estimulación, lo que llevará a la pérdida de la erección. Tras breves instantes se vuelve a iniciar la estimulación, alternándose este ciclo varias veces

en cada relación, para mostrar al hombre que la erección puede recuperarse tras su pérdida, incluso varias veces en una relación.

ENTRENAMIENTO DEL MÚSCULO PUBICOXÍGEO
Parte primera: localización del músculo Sentada en la taza del wáter para orinar, con las piernas abiertas y separadas al máximo posible, iniciar la micción e interrumpirla varias veces (3-5). Continuar la micción hasta el final. El músculo pubicoxígeo es el que se activa al tratar de cortar la micción. Identificado el músculo, pasar a los ejercicios de entrenamiento. *Parte segunda: ejercicios para entrenar el músculo pubicoxígeo* (nunca deben realizarse durante la micción): 1. Contraer el músculo pubicoxígeo, contar hasta tres y relajarle. Respirar regularmente. 2. Contraer el músculo pubicoxígeo al inspirar aire llevándole hacia arriba, sin contraer los músculos abdominales. 3. Contraer y relajar los músculos lo más rápido posible mientras se respira de forma regular. 4. Hacer fuerza con los músculos hacia abajo como para expulsar algo de la vagina o como si se intentara orinar deprisa. Respirar con regularidad a lo largo del ejercicio. *Programa de entrenamiento del músculo pubicoxígeo* *1ª Semana* (sentada o tumbada, en solitario, en seis diferentes momentos a lo largo del día): a) Realizar 10 veces el ejercicio tipo 1 b) Realizar 5 veces el ejercicio tipo 2 *2ª Semana* (en seis diferentes momentos cada día (de pie, sentada, o tumbada): a) Realizar 15 veces el ejercicio tipo 1 b) Realizar 15 veces el ejercicio tipo 2 Tratar de asociar fantasías sexuales a las contracciones de los ejercicios 1 y 2. En cuatro momentos diarios: a) 10 ejercicios tipo 3 (6 contracciones) b) 10 ejercicios tipo 4 (3-4 segundos) *3ª Semana* (en diferentes posiciones y ambientes, en seis diferentes momentos cada día): a) Realizar 20 ejercicios de cada tipo: 1, 2 y 4 Comenzar por realizar 20 contracciones según el ejercicio 3 e ir aumentando progresivamente el número de éstas hasta llegar a 100.

Tabla 16. Programa de entrenamiento del músculo pubicoxígeo

3. *Eliminación de los pensamientos obsesivos.* Se trata de eliminar los pensamientos asociados a miedos o dudas sobre la propia capacidad de respuesta sexual. Desde técnicas específicas al desarrollo de fantasías eróticas, cualquier procedimiento es bueno para redirigir la atención a las propias sensaciones.
4. *Permiso para ser egoísta.* El hombre debe centrarse en su propio placer, y no estar constantemente pendiente de su compañera, para no convertirse en *espectador de la relación*, sino en un auténtico participante. La capacidad de abandonarse a los propios sentimientos eróticos es determinante para alcanzar el placer.

5. *Establecimiento del coito.* Tras los logros anteriores se procede a reanudar las experiencias de coito. La instrucción fundamental es que se realice sólo cuando se haya alcanzado la mayor excitación y la menor ansiedad posible. Preparar las situaciones y prepararse personalmente puede ser muy importante para conseguirlo.

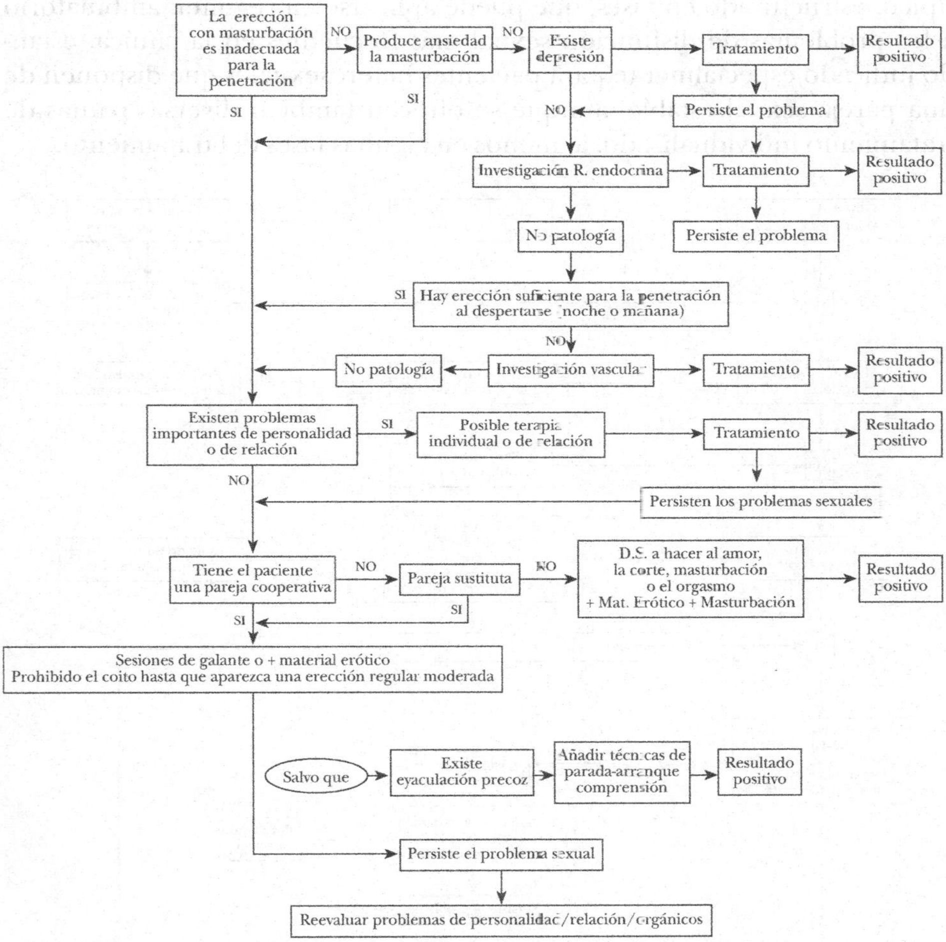

Tabla 17. Esquema general de intervención en hombres (McConaghy, 1985)

5.3. Proceso general de intervención

Como una posible forma de orientar el proceso general de intervención en las disfunciones sexuales, a modo de resumen, se presentan los diagramas propuestos por McConaghy (1985) para el tratamiento de los trastornos masculinos, en la Tabla 17, y femeninos, en la Tabla 18.

6. PROGRAMA DE TRATAMIENTO

El programa de tratamiento que se presenta en las siguientes páginas está basado fundamentalmente en las directrices proporcionadas por Masters, Johnson y Kolodny (1987) y Hawton (1988); así como en nuestra propia experiencia clínica personal. Se trata de un programa de intervención típico, estructurado en fases, que puede aplicarse en régimen ambulatorio a los problemas de disfunción sexual más frecuentes en la clínica, estando indicado especialmente para pacientes heterosexuales que disponen de una pareja sexual estable, aunque se ofrecen también diversas pautas de tratamiento individualizado, al menos en algunas fases del tratamiento.

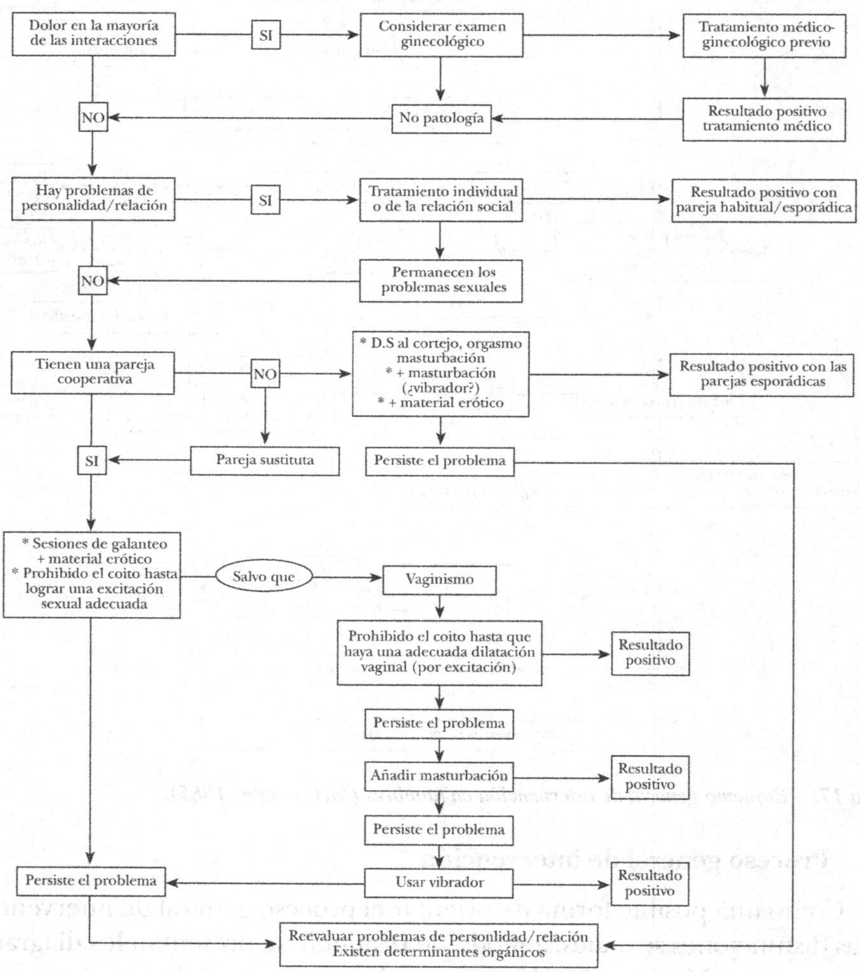

Tabla 18. Esquema general de intervención en mujeres (McConaghy, 1985)

6.1. Aspectos prácticos del proceso

Este programa no implica necesariamente la intervención de una pareja de clínicos, aunque ello puede ser muy útil, al menos en algunas etapas del mismo. Se recomienda una atención clínica a los pacientes de una sesión por semana, de manera que dispongan de un tiempo suficiente para ejecutar los diversos ejercicios indicados, a realizar en la intimidad. La duración de la sesión clínica oscilará entre 60 y 30 minutos, en función de la fase del tratamiento y de los avances obtenidos.

El clínico deberá seguir las siguientes indicaciones generales para su implantación:

- Proporcionar instrucciones claras y comprobar que se han comprendido adecuadamente.
- Discusión con la pareja acerca de las reacciones y dificultades que pueden presentarse.
- Evaluar en cada sesión las tareas realizadas anteriormente, así como los avances obtenidos.
- Analizar detalladamente los fallos y errores cometidos por la pareja durante la tarea.
- No aplicar la siguiente fase si no se ha superado la anterior.
- No permitir a la pareja la realización de *tareas prohibidas*.
- Debe efectuarse una predicción acerca del resultado probable de cada tarea indicada.
- Efectuar periódicamente sesiones dedicadas sólo a la evaluación de los avances anteriores.

Asimismo, antes de su aplicación, el clínico deberá presentar a la pareja el programa de tratamiento, de forma resumida, indicando las tareas a realizar en las distintas fases, el grado de participación de cada miembro de la pareja, los requisitos y condiciones de realización, el tiempo aproximado de duración del mismo, y una apreciación de los resultados que razonablemente puedan conseguirse. En este sentido, es importante que el clínico exponga a la pareja los siguientes aspectos específicos:

- El programa se adaptará a sus necesidades y a su ritmo de progreso: no debe existir *presión de rendimiento* de los pacientes hacia el clínico, ni viceversa.
- La pareja debe iniciar el programa con la idea de *partir de cero*, o comenzar de nuevo.
- El programa puede suponer una reestructuración importante de sus actividades cotidianas individuales: deben dedicar tiempo a solucionar su problema.

- Deben esperarse fallos, errores y retrocesos, como ocurre en cualquier otro proceso de extinción de conductas y aprendizaje de otras nuevas.
- La pareja debe abandonar el papel de *pacientes* pasivos: su papel será activo, ellos deberán aprender nuevas conductas, lo cual suele requerir mayor esfuerzo y motivación que la mera ingestión periódica de una píldora. Idealmente, se pretende lograr en los pacientes una *adherencia* al tratamiento, y no sólo el simple *cumplimiento* de indicaciones.
- Debe aclararse, desde un principio, que los pacientes no tendrán que realizar ninguna actividad sexual en presencia del clínico, ni de terceras personas.
- En todo caso, el clínico deberá estar expresamente atento a salvaguardar la confidencialidad de la información recibida en consulta, garantizando el secreto profesional más absoluto.

El programa parte de la base de que se habrá realizado anteriormente una exhaustiva evaluación de pretratamiento acerca del caso, y sus resultados deberán poner de manifiesto, de forma clara y precisa, los siguientes aspectos, como requisitos básicos para la aplicación del programa:

- El problema no obedece a una causa orgánica específica no tratada previamente; o bien, una etiología orgánica colabora, al menos en parte, al mantenimiento de la disfunción, pero cabe un margen de actuación para implantar una terapia sexual.
- No existen problemas psicopatológicos graves que condicionen la disfunción sexual actual; en su caso, deberá implantarse previamente un tratamiento específico de esa causa básica.
- Aunque existan problemas concomitantes en la relación de pareja, estos deberán reducirse a dificultades de comunicación dentro del ámbito sexual; o bien, siendo más amplios, deberán considerarse como una consecuencia de la disfunción, pero no podrán valorarse como causa básica de la misma; en su caso, podrá estar más indicada una *terapia de pareja* previa.
- Elaboración de una hipótesis que incluya los factores de mantenimiento actual de la disfunción y, si ello es posible, los probables factores de aparición y desarrollo de la misma.
- La pareja se encuentra suficientemente motivada y dispone de los recursos personales y ambientales necesarios para llevar a cabo el tratamiento.

Durante la aplicación del tratamiento deberá llevarse a cabo una evaluación continuada del caso, en forma de entrevista con la pareja y de autorregistros acerca de los avances o dificultades encontrados en la realización de las tareas. Así, el patrón típico a emplear en cada sesión clínica con la pareja se estructura en dos etapas: a) análisis y evaluación de la tarea realizada durante la semana anterior; y b) indicación de variaciones o modificaciones en la tarea, si han existido dificultades para realizarla o, en su caso, si la pareja ha progresado adecuadamente, proporcionar instrucciones específicas para poner en práctica la siguiente fase del tratamiento. Asimismo, si la pareja obtiene progresivamente avances satisfactorios y estables, puede espaciarse el tiempo entre sesiones a dos semanas, aunque esto sólo es recomendable en las últimas etapas del tratamiento.

La última sesión clínica con la pareja servirá para dar por finalizado el tratamiento. Esta sesión deberá cumplir dos objetivos fundamentales: (a) valorar la efectividad final del tratamiento aplicado, y (b) proporcionar instrucciones de afrontamiento ante posibles reapariciones del problema

La valoración de los resultados finales del tratamiento deberá incluir: a) una estimación acerca del cambio en el problema concreto inicialmente presentado, b) el grado de satisfacción de la pareja con su relación sexual actual, y c) el grado de ajuste general en su relación. Para ello pueden emplearse escalas simples de valoración cuantitativa, similares a la propuesta por Hawton (1988):

(1) El problema motivo de consulta se ha solucionado completamente.
(2) El problema está prácticamente resuelto, aunque persisten dificultades leves.
(3) Se ha producido alguna mejoría, pero el problema continua prácticamente sin resolver.
(4) No se ha apreciado ningún cambio en el problema.
(5) Se ha producido un empeoramiento en el problema que motivó la consulta.

Una valoración más precisa de los efectos del tratamiento requiere la comparación de la información aportada por cuestionarios aplicados antes y después del mismo. A este respecto es muy recomendable emplear el *Inventario de Interacción Sexual* (LoPiccolo y Steiger, 1974), que aporta una información muy específica, en forma de perfil gráfico, acerca de los comportamientos sexuales y la satisfacción, individual y conjunta, de la pareja. De igual forma, para valorar la relación general de pareja, puede emplearse, entre otros, el *Cuestionario Marital de Maudsley*.

Por lo que se refiere a la instrucción en conductas de afrontamiento, se trata de indicar a los pacientes cómo, durante las siguientes semanas o meses, pueden reaparecer episodios problemáticos aislados, a consecuencia de algún suceso interno o situacional, los cuales, en general, pueden solventarse sin mayor problema, poniendo en práctica las técnicas y habilidades ya aprendidas. Sin embargo, como medida preventiva, suele aconsejarse a los pacientes que, si bien de forma no tan estricta, sigan incluyendo las técnicas aprendidas en sus relaciones sexuales posteriores, sobre todo, en lo referido a las etapas de estimulación sensual y genital, intentando integrarlas de forma natural en su patrón habitual de interacción. En particular se les debe advertir que no intenten el coito sin haber logrado previamente una adecuada excitación mutua. Con todo, si persisten los problemas, deberán interrumpir su actividad y acudir de nuevo a consulta clínica.

Asimismo, en la última sesión de tratamiento, debe indicarse a los pacientes la conveniencia de realizar en el futuro una o dos sesiones clínicas de *seguimiento*, aunque no aparezcan problemas posteriores, para valorar la permanencia, estabilidad y generalización de los resultados. Se suelen aconsejar dos visitas de seguimiento, a los 3 y 6 meses, a partir de la finalización del tratamiento.

6.2. Desarrollo del programa

El tratamiento propuesto se estructura alrededor de un programa básico que incluye las siguientes fases: Educación, Focalización Sensual, Focalización Genital, Penetración y Coito. Sobre este programa básico se aplicarán otros programas y técnicas específicas para el tratamiento de diversas disfunciones. En las Tablas 19-28 se presentan cada una de las fases del programa básico y los diferentes programas específicos, incluyendo los objetivos; contenidos; tareas, condiciones y material; las dificultades más frecuentes que pueden presentarse; las técnicas para la evaluación de los progresos; y algunas breves indicaciones acerca de la actuación y decisión clínica.

7. CONSIDERACIONES Y CONCLUSIONES

Las estrategias y programas terapéuticos expuestos a lo largo de este capítulo han supuesto un avance fundamental en el campo del tratamiento de las disfunciones sexuales, ofreciendo resultados muy positivos, sí no en todos, si en muchas de éstas disfunciones. Tal como resumían en su revisión de la eficacia de las terapias sexuales Labrador y Crespo (2003): *... en la actualidad se cuenta con tratamientos de probada eficacia para trastornos como la disfunción eréctil, la eyaculación precoz, el trastorno orgásmico femenino o el vaginismo, mientras que para otros (e.g. inhibición eyaculatoria o deseo sexual hipoactivo en la mujer) tan sólo se cuenta con tratamientos probablemente eficaces o en fase experimental. Existen, además tratamientos farmacológicos eficaces para los principales trastornos masculinos (eyaculación precoz y disfunción eréctil), pero no así para los femeninos.* (Labrador y Crespo, 2003, pág. 372).

PROGRAMA BÁSICO **FASE 1: EDUCACIÓN**

La mayoría de las parejas que acuden a terapia sexual, no poseen un conocimiento adecuado y preciso acerca del comportamiento sexual humano. Algunos de los problemas de disfunción sexual que se presentan en la práctica clínica pueden resolverse en esta primera fase educativa, sin necesidad de una ulterior intervención. En todo caso, esta fase es especialmente relevante, tanto para el inicio del tratamiento, como para la observación de las actitudes y el nivel de información real de la pareja, sirviendo por tanto a la evaluación continuada del caso. La duración de esta fase es de una sesión, sin embargo, los objetivos educativos deberán mantenerse a lo largo de todo el proceso de intervención. En esta fase deberán tratarse específicamente aquellos factores que se hayan mostrado probablemente implicados en el desarrollo o mantenimiento del problema durante la evaluación del caso.

OBJETIVOS
* Mejorar el conocimiento de la pareja acerca de la sexualidad, proporcionando información y aclarando los posibles mitos y errores educativos de ambos.
* Disminuir la ansiedad y elevar la autoconfianza en ambos miembros de la pareja.
* Identificar desconocimientos y equívocos específicos que puedan afectar a los problemas concretos de la pareja y que no hayan aparecido durante la fase de evaluación.

CONTENIDO
* Descripción comparativa de la anatomía sexual del hombre y la mujer.
* Anatomía corporal. * Zonas erógenas.
* Genitales externos. * Sensibilidad genital.
* Genitales internos. * Funcionalidad genital.
* Descripción fisiológica comparativa de la respuesta sexual del hombre y la mujer.
* Excitación * Meseta * Orgasmo * Resolución
* Papel de las respuestas cognitivas: fantasías eróticas y atención a las propias sensaciones.

MATERIAL
* Material gráfico: dibujos, láminas, fotografías, diapositivas, diagramas.
* Imagen completa de hombre y mujer desnudos.
* Imágenes de genitales externos en ambos sexos.
* Diagrama sencillo de genitales internos en ambos sexos.
* Gráficos de etapas de la respuesta sexual.
* Dibujos de cambios en genitales externos e internos durante la respuesta sexual.
* Material de lectura: libros y documentos adecuados a la pareja y su trastorno.

TAREA
* Seleccionar e indicar a la pareja la lectura previa de libros o documentos adecuados.
* Exposición de los contenidos de esta fase, de forma clara y sencilla, utilizando un lenguaje adecuado al nivel cultural de la pareja, y empleando el material gráfico necesario.
* Aclarar las dudas y preguntas que surjan durante la sesión educativa.

DIFICULTADES
* La pareja puede alegar que ya posee los conocimientos previos necesarios en materia de comportamiento sexual, y que desea pasar a una fase de tratamiento más avanzada.

EVALUACIÓN
* Al término de la sesión educativa el clínico puede plantear cuestiones a cada miembro de pareja acerca del comportamiento sexual propio y del otro, con el fin de valorar la adecuada comprensión de la información proporcionada durante la misma.

ACTUACIÓN CLÍNICA
* Insistir en que esta fase inicial es necesaria para la aplicación del tratamiento posterior.
* Adecuar los términos y contenidos al nivel de conocimientos de la pareja.
* Confrontar los contenidos expuestos en la sesión con el problema actual de la pareja.

Tabla 19. Programa básico. Fase 1: Educación

PROGRAMA BÁSICO	FASE 2: FOCALIZACIÓN SENSUAL

En esta fase del programa comienza la indicación de las tareas a realizar por la pareja en la intimidad, orientadas fundamentalmente a la reducción de la ansiedad asociada a la ejecución sexual. Se trata de un procedimiento de desensibilización in vivo en el que se expone gradualmente a la pareja a situaciones de sensualidad y excitación progresivamente crecientes, aportando técnicas de afrontamiento positivo, de forma que se favorezca la extinción de la ansiedad, propiciando así la aparición de sensaciones sexuales placenteras.

OBJETIVOS

* Disminuir la presión de rendimiento.
* Aumento de las sensaciones corporales.
* Favorecer la iniciativa de contacto sexual.
* MAYOR PLACER SENSUAL
* Mejorar el conocimiento del otro.
* Aumento de la proximidad y autoconfianza.
* Mejora de comunicación Verbal/No Verbal.
* NO EXCITACIÓN GENITAL

TAREA, CONDICIONES Y MATERIAL

TAREA: En cada encuentro sexual, la pareja deberá realizar la siguiente tarea secuencialmente: caricias por todo el cuerpo, EXCLUYENDO zonas erógenas primarias (pechos y genitales).

* Paso 1: caricias de uno (activo) a otro (pasivo).
* Paso 2: caricias de otro (activo) a uno (pasivo).
* Paso 3: caricias mutuas (ambos activos).

CONDICIONES:

* La pareja realizará la tarea en la intimidad, preferiblemente en su lugar habitual.
* El ambiente deberá ser tranquilo, íntimo y relajado, sin posibles interrupciones.
* Prohibición explícita de realizar la penetración y el coito.
* Excluir zonas erógenas primarias, así como zonas que causen una excesiva excitación.
* Comunicación mutua, verbal y no verbal, acerca de las sensaciones experimentadas.
* La tarea debe realizarse al menos en 4 ó 5 ocasiones, durante un período de 15 días.
* Debe realizarse una sesión semanal de control clínico con la pareja.

MATERIAL:

* Vídeos, fotografías o dibujos ilustrativos de la tarea a realizar.
* Loción hipoalergénica (aceite para bebés), que puede emplearse, opcionalmente, para facilitar la caricia corporal y hacerla más estimulante y placentera.

DIFICULTADES

* La tarea induce una falta de espontaneidad en la relación.
* Falta de tiempo, o de motivación, para realizar la tarea en casa.
* No se respeta la prohibición de realizar el coito.
* Falta de iniciativa por parte de uno o ambos miembros de la pareja.
* La tarea provoca ansiedad, aburrimiento, o falta de concentración.
* La tarea provoca una excesiva excitación en uno o ambos miembros de la pareja.

EVALUACIÓN

* Entrevista conjunta con ambos miembros de la pareja.
* Autorregistro, individual y conjunto de ambos miembros de la pareja, incluyendo:

* Fecha, Hora, Tiempo Total (min.)	* Situación	* Actividad realizada
* Grado Placer (0-10)	* Grado Excitación (0-10)	* Observaciones.

ACTUACIÓN Y DECISIÓN CLÍNICA

* El clínico podrá indicar la aplicación de la siguiente fase sólo si ambos miembros de la pareja informan de una disminución de su ansiedad ante la situación, la aparición de sensaciones de agrado o placer y la ausencia de presión para la ejecución sexual. Debe prestarse especial atención al cumplimiento de las indicaciones, número mínimo de ocasiones en que se ha realizado la tarea, y restricción de la estimulación genital y del coito. La aparición o no de respuestas de excitación sexual, en uno o ambos miembros de la pareja, en ningún caso es óbice para pasar a la aplicación de la siguiente fase del programa, dado que no es un objetivo a lograr en esta etapa.

Tabla 20. Programa básico. Fase 2: Focalización sensual

PROGRAMA BÁSICO **FASE 3: FOCALIZACIÓN GENITAL**

En esta fase del programa continúa la indicación de las tareas a realizar por la pareja en la intimidad, orientadas a la reducción de la ansiedad asociada a la ejecución sexual; incluyendo ahora tareas de estimulación orientadas a obtener excitación sexual.

OBJETIVOS
* Iguales que en la fase anterior.
* AUMENTO EXCITACIÓN GENITAL
* MAYOR PLACER SENSUAL
* NO SE PRETENDE ORGASMO

TAREAS, CONDICIONES Y MATERIAL
TAREA: En cada encuentro sexual, la pareja deberá realizar la siguiente tarea secuencial:
Caricias por todo el cuerpo, INCLUYENDO zonas erógenas primarias (pechos y genitales).
* Paso 1: caricias de uno (activo) a otro (pasivo).
* Paso 2: caricias de otro (activo) a uno (pasivo).
* Paso 3: caricias mutuas (ambos activos).

CONDICIONES:
* Prohibición de realizar el coito.
* Ambiente tranquilo y relajado.
* Inclusión de zonas erógenas primarias.
* Comunicación verbal y no verbal de sensaciones

MATERIAL:
* Vídeos, fotografías o dibujos ilustrativos de las tareas a realizar.
* Loción hidratante hipoalergénica o talco para bebés (opcional).

DIFICULTADES
* Aparición de ansiedad, molestias o dolor.
* Temores y rechazo específico a tocar genitales, a olores, a secreciones.
* Los ejercicios provocan excesiva excitación.
* No se respeta la prohibición de realizar el coito.

EVALUACIÓN
* Entrevista conjunta con ambos.
* Autorregistro, individual o conjunto de ambos miembros de la pareja, incluyendo:
* Fecha, Hora, Tiempo Total (min.)
* Situación
* Actividad realizada
* Grado Placer (0-10)
* Grado Excitación (0-10)
* Observaciones.

ACTUACIÓN Y DECISIÓN CLÍNICA
* En esta fase la pareja deberá obtener al menos un grado mínimo (apreciable) de excitación.
* El problema que aparece más frecuentemente en las sesiones clínicas de control es que alguno de los dos, o ambos, se ha excitado sexualmente de forma excesiva y ha intentado el coito. El resultado de ello suele ser un retroceso en los avances obtenidos anteriormente, por lo que el clínico deberá insistir en la prohibición de realizar el coito durante esta fase.
* Los pacientes pueden no haber logrado la excitación genital esperada, por lo que será necesario evaluar muy detalladamente la ejecución de la tarea, a partir de los datos del autorregistro. En general, los pacientes no habrán seguido adecuadamente las instrucciones, y no habrán estimulado durante el tiempo suficiente o de forma suficientemente intensa. La falta de iniciativa o el retraimiento a la hora de estimular a la pareja puede guardar relación con sentimientos de vergüenza o franco temor y aversión a tocar los genitales. En estos casos puede ser necesario interrumpir el programa como tal, e indicar tareas aún más sencillas de aproximación sucesiva, probablemente con un entrenamiento en relajación previo y con advertencias muy precisas a la pareja del paciente afectado.
* La mayoría de las parejas suelen superar esta fase habiendo obtenido un grado de excitación suficiente, incluso habiendo logrado el orgasmo extravaginal. Una buena estrategia para decidir el paso a la siguiente fase es indicar a los pacientes que *calibren* de forma precisa en el autorregistro el grado de excitación obtenido (p.e.: en una escala de 0-10, puede indicarse que la puntuación 5 ó 7 es la mínima excitación que consideran necesaria para abordar el coito con ciertas garantías de éxito).

Tabla 21. Programa básico. Fase 3: Focalización genital

PROGRAMA BÁSICO **FASE 4: PENETRACIÓN**

En esta fase se pretende iniciar una primera aproximación al coito, logrando la penetración sin movimientos y sin pérdida de la excitación. En diversas disfunciones sexuales, fundamentalmente en la impotencia, la eyaculación precoz y el vaginismo, aparece una ansiedad específicamente ligada al hecho de iniciar la penetración, que puede alterar drásticamente las respuestas de excitación obtenidas en las fases anteriores del tratamiento.

OBJETIVOS
* Disminuir la ansiedad provocada por el acercamiento e inserción del pene en la vagina.
* Mantener el nivel de excitación logrado en las anteriores fases de tratamiento.

TAREAS, CONDICIONES Y MATERIAL

TAREAS:
* Acercamiento y roce de genitales, sin penetración.
* Inserción parcial del pene en la vagina, sin movimientos.
* Progresiva inserción del pene, hasta la penetración completa, pero sin movimientos.
* Mantenimiento de la inserción, sin pérdida de excitación, y sin movimientos.

CONDICIONES:
* Obtener previamente una adecuada excitación de la pareja, mediante la ejecución inicial de las tareas propuestas en fases anteriores.
* No se permite obtener el orgasmo unilateral mediante la tarea ejecutada en esta fase. Si alguno de los dos siente la necesidad de lograr el orgasmo, es preferible que lo obtengan de forma extravaginal, mediante estimulación de uno a otro.
* Comunicación verbal y no verbal de sensaciones experimentadas.

MATERIAL:
* Vídeos, fotografías o dibujos secuenciales ilustrativos de las tareas a realizar.
* En algunos casos (impotencia, vaginismo), puede emplearse una loción lubricante.

DIFICULTADES
* En función del tipo de trastorno, los varones pueden indicar tanto una inmediata pérdida de la erección, como una sensación perentoria de eyaculación, o ambos fenómenos a la vez.
* La respuesta más frecuente en las mujeres afectadas de vaginismo suele ser la permanencia de un cierto grado de contracción en sus músculos perivaginales, mientras que las aquejadas de anorgasmia pueden informar de disminución o pérdida de la excitación previa.

EVALUACIÓN
* Entrevista conjunta con ambos.
* Autorregistro, individual y conjunto de ambos miembros de la pareja, incluyendo:

* Fecha, Hora, Tiempo Total (min.)	* Situación	* Actividad realizada
* Grado Placer (0-10)	* Grado Excitación (0-10)	* Observaciones.

ACTUACIÓN Y DECISIÓN CLÍNICA
* Dado que ésta es ya una fase crítica en la solución de los problemas, debe prestarse especial atención a la evaluación durante las sesiones clínicas de control.
* Sólo deberá intentarse la penetración si ambos miembros de la pareja se encuentran suficientemente excitados. En todo caso, ante la mínima pérdida de excitación, deberán retirarse y realizar los ejercicios previos aprendidos en fases anteriores. El clínico deberá estar aquí especialmente atento a los posibles sentimientos de fracaso de la pareja, prestando apoyo emocional, e indicando que obtendrán los objetivos de esta fase si dedican las suficientes sesiones y no se dejan vencer por el desánimo.
* En esta fase es muy positivo que cada encuentro sexual termine con la obtención del orgasmo extravaginal, mediante estimulación mutua de ambos miembros de la pareja.
* En general, si la pareja ha logrado mantener la excitación durante la penetración en 4 ó 5 ocasiones sucesivas, y su valoración de placer es positiva, pueden indicarse ya nuevas tareas pertenecientes a la siguiente fase.

Tabla 22. Programa básico. Fase 4: Penetración

PROGRAMA BÁSICO	**FASE 5: COITO COMPLETO**

En esta fase se trata de implantar progresivamente el coito natural completo, con movimientos, dirigido a la obtención del orgasmo placentero para ambos miembros de la pareja. Con esta fase finaliza el programa básico de intervención conductual, que puede ser suficiente para el tratamiento en muchos casos de disfunción sexual. Algunos casos pueden llegar a ser particularmente específicos y circunscritos a la alteración de una respuesta sexual muy concreta e individualizada, requiriendo la aplicación de otras técnicas especiales, como las que se presentan en el correspondiente programa específico, las cuales se aplicarán en alguno de los momentos o fases de este programa básico general.

OBJETIVOS
* Aumentar el nivel de excitación logrado en las anteriores fases de tratamiento.
* Obtener una excitación propia de la fase de meseta, indicativa de orgasmo inminente.
* Lograr el orgasmo placentero para la pareja mediante el coito.

TAREAS, CONDICIONES Y MATERIAL

TAREAS:
* Penetración sin movimientos.
* Inicio de movimientos muy leves.
* Progresivamente, ejecutar movimientos más rápidos y vigorosos.

CONDICIONES:
* Es imprescindible obtener previamente una adecuada excitación de la pareja, mediante la ejecución inicial de las tareas propuestas en fases anteriores.
* Las tareas deben interrumpirse siempre que aparezca una mínima pérdida de la excitación, molestias o aumento de la ansiedad.
* En las primeras ocasiones se recomienda la posición de la mujer encima del hombre.
* Puede ser útil que el hombre estimule el clítoris de la mujer en la penetración y el coito.
* Comunicación verbal y no verbal de sensaciones experimentadas.

MATERIAL:
* Vídeos, fotografías o dibujos secuenciales, ilustrativos de las tareas a realizar.
* Las lociones lubricantes empleadas en anteriores etapas del tratamiento deben retirarse en esta fase. Sin embargo, puede ser aconsejable mantener su uso en algunos casos específicos, como el de las mujeres durante el período puerperal o postmenopáusico.

DIFICULTADES
* Pueden aparecer reacciones específicas en algunos trastornos, tales como una leve pérdida del control eyaculatorio en la eyaculación precoz, o un aumento de la contracción perivaginal en los casos de vaginismo.

EVALUACIÓN
* Entrevista conjunta con ambos.
* Autorregistro, individual y conjunto de ambos miembros de la pareja, incluyendo:

* Fecha, Hora, Tiempo Total (min.)	* Situación	* Actividad realizada
* Grado Placer (0-10)	* Grado Excitación (0-10)	* Observaciones.

ACTUACIÓN Y DECISIÓN CLÍNICA
* Si las fases anteriores de tratamiento se han cumplido adecuadamente, no debieran existir especiales problemas para que la pareja consumase el coito de forma placentera. Sin embargo, el clínico deberá atender específicamente a posibles pérdidas o aumentos de excitación en uno u otro miembro de la pareja, que pudieran dar lugar a la obtención del orgasmo unilateral durante el coito. Cada encuentro sexual debe finalizar con la obtención del orgasmo de ambos, intra o extravaginalmente obtenido. En caso contrario, pueden producirse retrocesos en los avances obtenidos, por sentimientos de fracaso o franca hostilidad hacia aquel que ha logrado la meta propuesta.
* Cuando la pareja haya obtenido un coito satisfactorio para ambos en 4 ó 5 ocasiones sucesivas, puede realizarse la sesión final de valoración del tratamiento.

Tabla 23. Programa básico. Fase 5: Coito completo

PROGRAMA ESPECÍFICO	EYACULACIÓN PRECOZ

El programa específico para el tratamiento de la Eyaculación Precoz incluye técnicas especiales orientadas a obtener el auto-control del reflejo eyaculatorio en el varón, que deben aplicarse desde la fase de Focalización Genital hasta la terminación del tratamiento.

OBJETIVO

* Lograr el control del hombre sobre su reflejo eyaculatorio, mediante el aprendizaje en la discriminación de las sensaciones previas al momento de inevitabilidad eyaculatoria, de manera que pueda interrumpir y reiniciar la estimulación sin llegar a eyacular. Los sucesivos ensayos de esta secuencia darán lugar a un alargamiento progresivo del tiempo de estimulación sin eyaculación, favoreciendo la inhibición del reflejo y, en último extremo, proporcionado al hombre un auto-control voluntario sobre su respuesta eyaculatoria.

TAREAS, CONDICIONES Y MATERIAL

TAREA:

Durante la tarea de Focalización Genital, cuando sea la mujer la que cumpla el papel activo de estimular al hombre, deberá observarse la siguiente secuencia:

* Varón tumbado de espaldas, centrando la atención en su sensación genital.
* Mujer sentada a su lado, estimulando el pene manualmente.
* El varón indica con una señal gestual o verbal, la mínima sensación eyaculatoria.
* La mujer interrumpe la estimulación (Técnica de Semans); en algunos casos puede ser necesario aplicar, además, la Técnica de Compresión o la Técnica del Apretón Basilar.
* Tiempo de descanso de 2 minutos, o hasta que desaparezca la sensación de eyacular.
* Repetir 4 veces el ciclo estimulación-interrupción.
* Estimulación del pene, sin interrupción, hasta la eyaculación.
* Realizar al menos en 3 ocasiones por semana.

CONDICIONES:

* Las condiciones generales ya mencionadas para la fase de Focalización Genital.
* Especial atención del hombre, focalizada en sus sensaciones premonitorias de eyaculación.
* Especial atención de la mujer, centrada en la tarea y en la señal del hombre.

MATERIAL:

* En casos graves, puede ser útil emplear un preservativo en las primeras sesiones de estimulación, aunque éste deberá retirarse lo antes posible, de forma progresiva, con el fin de generalizar la estimulación a la situación natural.
* En algunos casos, especialmente graves, podrá emplearse, conjuntamente con el tratamiento sexual, una medicación específica que sirva al retardo del reflejo. Progresivamente, el fármaco deberá retirarse con el objetivo último de generalizar sus efectos externos a un control interno, más voluntario por parte del sujeto.

DIFICULTADES

* Reacciones de aburrimiento ante los ejercicios.
* Frustración sexual por parte de la mujer.

EVALUACIÓN

* Entrevista conjunta con ambos.
* Autorregistro, individual y conjunto de ambos miembros de la pareja, incluyendo:

* Fecha, Hora, Tiempo Total (min.)	* Situación	* Actividad realizada
* Grado Placer (0-10)	* Grado Excitación (0-10)	* Observaciones.

ACTUACIÓN Y DECISIÓN CLÍNICA

* Generalmente, los ejercicios deberán practicarse durante varias semanas, antes de lograr un control estable que permita el intento de penetración y coito.
* Debe prestarse especial atención a las reacciones de la mujer. En todo caso, en cada encuentro sexual ella deberá obtener también el orgasmo, mediante estimulación externa.
* No existe una regla fija para concluir esta fase, aunque no deberá aludirse al tiempo, sino más bien a la sensación de control eyaculatorio percibida por el hombre.

Tabla 24. Programa específico. Eyaculación precoz

PROGRAMA ESPECÍFICO	TRASTORNO ORGÁSMICO MASCULINO

Los problemas de retardo en la eyaculación van a requerir, en muchos casos, iniciar el tratamiento de forma individualizada, únicamente con el hombre, incluso aunque éste tenga una pareja estable. Posteriormente, podrá implicarse a su pareja en un tratamiento que seguirá las directrices generales del programa básico.

OBJETIVOS

* El objetivo último a lograr es una reducción en el *hipercontrol* ejercido por el hombre sobre su respuesta eyaculatoria, mediante técnicas de faciliten el desvío de su atención hacia otros estímulos que no sean únicamente su sensación genital, de forma que se favorezca la eyaculación intravaginal placentera para el hombre y su pareja.

TAREAS ESPECÍFICAS:

Programa individual de entrenamiento en masturbación, que debe incluir:

* Concentración en las sensaciones placenteras de la masturbación.
* Emplear fantasías eróticas, libros o revistas sexualmente excitantes.
* Aplicación de una loción lubricante en el pene, para aumentar la excitación.
* Utilización opcional de vibradores (aunque no son aceptados por muchos pacientes).

Programa conjunto con la pareja, que debe incluir la siguiente secuencia:

* Masturbación del hombre en presencia de la mujer.
* Estimulación de pene por parte de la mujer, progresivamente más vigorosa, hasta alcanzar la eyaculación, pudiendo emplearse para ello una loción lubricante.
* Obtener la eyaculación progresivamente más cerca de la entrada vaginal.
* Penetración con movimientos más vigorosos, en la posición del hombre encima, mientras la mujer favorece la estimulación del glande retirando hacia atrás la piel del pene.

DIFICULTADES

* Frecuentemente, el hombre no consiente la participación de su pareja en el tratamiento, al menos hasta que se considera suficientemente confiado para obtener el éxito.
* Algunos hombres tampoco toleran la realización de los ejercicios de masturbación a solas.

EVALUACIÓN

* Entrevista conjunta con ambos.
* Autorregistro, individual y conjunto de ambos miembros de la pareja, incluyendo:

* Fecha, Hora, Tiempo Total (min.)	* Situación	* Actividad realizada
* Grado Placer (0-10)	* Grado Excitación (0-10)	* Observaciones.

ACTUACIÓN Y DECISIÓN CLÍNICA

* En este tipo de disfunción puede ser recomendable no seguir tan estrictamente las fases y etapas del programa básico. El objetivo primordial es obtener la eyaculación consciente del paciente en presencia de su pareja y, secuencialmente ir acercando la eyaculación a la vagina. Sin embargo, si en cualquier momento del proceso el hombre consigue desinhibirse suficientemente, percibe sensaciones premonitorias de eyaculación y se encuentra confiado en el éxito, se le puede permitir el intento de coito, aunque no haya sido programado todavía, dado que la obtención de una primera eyaculación intravaginal adecuada suele constituir, en sí misma, el agente terapéutico más activo en los pacientes con este tipo de disfunción. Una vez logrado el primer éxito, el problema estará prácticamente solucionado.
* La eyaculación retardada total (aneyaculación) suele ser un problema de muy difícil solución. En algunos casos existen aspectos específicos de la personalidad, como una fuerte hostilidad hacia la pareja, o una obsesiva necesidad de autocontrol, que resultan determinantes para el mantenimiento del trastorno, y que deberán abordarse muy detalladamente con el paciente durante las sesiones de evaluación. Asimismo, muchos pacientes exigen ser atendidos únicamente por un clínico de su mismo sexo.
* Es frecuente que los pacientes interrumpan unilateralmente el tratamiento después de haber logrado 1 ó 2 episodios de eyaculación adecuada, negándose a un seguimiento posterior.

Tabla 25. Programa específico. Trastorno orgásmico masculino

PROGRAMA ESPECÍFICO	TRASTORNO DE ERECCIÓN EN EL VARÓN

El tratamiento de este trastorno sigue las directrices del programa básico, tratando de extinguir aquellas conductas que inhiben el reflejo espontáneo de erección en el varón.

OBJETIVOS

* Obtener erección espontánea, suficiente y estable, para la realización placentera del coito.

TAREAS ESPECÍFICAS (Seguir las siguientes instrucciones durante el programa básico)

Fase de Focalización sensual:

* No intentar tener erecciones, como técnica de *intención paradójica.*
* Centrar la atención únicamente en la tarea y en el placer observado en su pareja, como técnica de eliminación de las ideas de comprobación.

Fase de Focalización genital:

* Emplear una loción lubricante para la estimulación del pene.
* El hombre centrará la atención en sus sensaciones placenteras, NO en el tamaño de pene.
* Estimular específicamente el escroto y la cara interna de los muslos, NO sólo el pene.
* Uso de las fantasías eróticas más agradables para el varón, abandonarse a sus sensaciones.
* Una vez obtenida la erección, debe interrumpirse la estimulación, el tiempo necesario para que ésta disminuya casi totalmente, volviendo a estimular el pene hasta obtener una nueva erección. Esta secuencia deberá repetirse 3 ó 4 veces en cada encuentro sexual, y su finalidad es extinguir el temor del hombre a la pérdida de la erección. Si el hombre se encuentra suficientemente relajado y si se han seguido las instrucciones anteriores, la erección reaparecerá tantas veces como se reinicie la estimulación, sirviendo a la extinción de la respuesta de ansiedad causante de su pérdida, y mostrando al hombre cómo la erección no es en sí misma una respuesta voluntaria y estable, sino la consecuencia de una estimulación previa suficientemente excitante.
* Terminar la tarea con la estimulación del pene, hasta la eyaculación, independientemente del grado de erección obtenido.

Fase de Penetración:

* Debe recomendarse la posición del hombre sobre la mujer.
* La mujer debe ser la encargada de insertar el pene en su vagina.
* El tiempo de penetración debe ser inicialmente breve.
* Cuando aparezca una pérdida de la erección, el hombre debe retirarse y la mujer debe volver a estimular el pene hasta obtener una nueva erección.
* Terminar con estimulación del pene y eyaculación extravaginal.

Fase de Coito:

* Los movimientos pueden iniciarse, indistintamente, por parte del hombre o de la mujer aunque, en esta fase resulta ya deseable un papel más activo por parte del varón.
* Se recomienda la posición del hombre sobre la mujer, de manera que el varón pueda ensayar activamente el ritmo de movimientos que mantenga mejor su erección.
* En esta fase, si se produce una pérdida de la erección, el varón ya no debería retirar el pene de la vagina, sino parar unos instantes, y volver a iniciar los movimientos para recuperar su erección. Si esto no ocurre, deberá retirarse y volver a ejecutar la tarea marcada para la fase de Focalización Genital, hasta obtener la eyaculación extravaginal.

DIFICULTADES

* Fundamentalmente, la persistente atención del varón al tamaño de su pene.

EVALUACIÓN

* Entrevista con ambos y registro del grado de erección, a realizar por la mujer.

ACTUACIÓN Y DECISIÓN CLÍNICA

* Es muy importante no avanzar en las fases del programa si no se han superado las anteriores. El momento crítico es la fase de penetración; si el varón la supera, el problema se habrá solucionado en su mayor parte, aunque aquí se suelen producir fallos y retrocesos. Si se obtiene el éxito en 5 ó 6 ocasiones consecutivas se indicará la fase de coito.

Tabla 26. Programa específico. Trastorno de erección en el varón

PROGRAMA ESPECÍFICO	TRASTORNO ORGÁSMICO FEMENINO

El tratamiento a emplear será diferente en función de la naturaleza del problema. Si la mujer jamás ha obtenido un orgasmo por ningún medio, el tratamiento deberá centrarse inicialmente en la educación y en ejercicios de masturbación, con una atención individualizada a la paciente; mientras que si se trata de un problema situacional, donde la mujer no puede obtener el orgasmo con su pareja, la terapia se adaptará a las fases del programa básico ya expuesto.

OBJETIVOS

* Lograr un conocimiento del propio cuerpo y de las formas de estimulación más excitantes.
* Obtener el orgasmo a solas mediante masturbación.
* Obtener el orgasmo durante la interacción con el hombre, con o sin estimulación de ayuda.

TAREAS ESPECÍFICAS

Tareas individuales, sólo para la mujer:

* Auto-exploración genital, mediante espejo, con identificación de sus zonas anatómicas.
* Ejercicios de Kegel, orientados a obtener un mayor control sobre los músculos vaginales, dado que su control parece mejorar el potencial orgásmico.
* Ejercicios de autoestimulación sobre zonas más excitantes (clítoris e introito vaginal).
* Potenciar durante los ejercicios, la estimulación cognitiva más excitante, empleando literatura erótica y las fantasías sexuales más agradables para la mujer.
* Potenciar la respuesta física, mediante el uso de vibradores.

Tareas conjuntas, con su pareja, a realizar durante el programa básico:

* En la fase de Focalización Genital, cuando sea el hombre el que desempeñe el papel activo, la mujer deberá indicarle la mejor forma de estimularla, guiando con su mano el lugar, frecuencia e intensidad de la estimulación que le resulta más excitante. Puede utilizarse el vibrador, si la mujer lo acepta. Inicialmente el objetivo es lograr excitación intensa, propia de la fase de meseta, y después desencadenar el orgasmo por la estimulación del hombre.
* En la fase de penetración, el objetivo es que no disminuya la excitación lograda en la fase anterior, para lo que debe emplearse una penetración progresiva acompañada de estimulación de clítoris por parte del hombre, el cual puede iniciar también movimientos pélvicos lentos. En esta fase no se pretende todavía obtener el orgasmo intravaginal, aunque éste puede permitirse mediante masturbación externa, como en la fase anterior.
* En la fase de coito, se recomienda iniciar la tarea con posturas laterales, para pasar posteriormente a la posición de la mujer sobre el hombre y, finalmente, la del hombre encima de ella. Muchas mujeres no logran en esta fase el orgasmo por la mera estimulación de los movimientos coitales, por lo que debe mantenerse la estimulación del clítoris.

DIFICULTADES

* Molestias, irritabilidad o baja autoestima por parte de la mujer.
* Sentimientos de incapacidad por parte del varón, por no excitar suficientemente a la mujer.

EVALUACIÓN

* Entrevista con la paciente o en pareja, y registro del grado de excitación y placer.

ACTUACIÓN Y DECISIÓN CLÍNICA

* Si la mujer no ha experimentado nunca el orgasmo, el tratamiento puede ser más largo y complicado. Sin embargo, como en el caso del hombre, la consecución de una primera experiencia constituye la mitad de la solución. La mujer requerirá atención individualizada y mayor trabajo clínico por parte del profesional, que deberá evaluar detalladamente posibles ideas irracionales o fóbicas en la paciente, especialmente la idea de *pérdida del autocontrol* durante el orgasmo, muy frecuente en estos casos.
* En la mujer que no obtiene el orgasmo durante el coito con su pareja deberá evaluarse especialmente la duración y calidad de la estimulación previa, así como posibles problemas de pareja más generales. La fase de focalización genital es especialmente importante para el éxito final del tratamiento, y no debería avanzarse más allá, hasta que la mujer haya obtenido altos niveles de excitación y al menos 2 ó 3 orgasmos en esta fase.

Tabla 27. Programa específico. Trastorno orgásmico femenino

PROGRAMA ESPECÍFICO **VAGINISMO**

El vaginismo, aún siendo poco frecuente, puede trastornar drásticamente la relación de pareja. Sin embargo, su tratamiento es relativamente breve y sencillo, obteniendo una de las más altas cotas de eficacia de la terapia sexual. El tratamiento del vaginismo suele iniciarse, en muchos casos, de forma individualizada con la mujer, que deberá realizar privadamente diversos ejercicios orientados a obtener un control sobre su dilatación vaginal, el cual podrá generalizarse después a la relación de pareja, con la participación del compañero sexual.

OBJETIVOS

* Eliminar temores e ideas irracionales de la mujer acerca de los propios genitales, especialmente la idea de que la vagina es demasiado pequeña para albergar el pene, así como la idea de que la penetración produce molestia o dolor.
* Lograr el auto-control de la mujer sobre su musculatura perivaginal.
* Extinguir la contracción refleja de los músculos perivaginales ante la inserción del pene.

TAREAS ESPECÍFICAS

Tarea individual, sólo para la mujer, según la siguiente secuencia:

* Auto-exploración genital, mediante espejo, con identificación de sus zonas anatómicas.
* Ejercicios de Kegel, orientados a obtener un mayor control sobre los músculos vaginales.
* Introducción suave y parcial del dedo meñique en el introito vaginal.
* Progresiva introducción completa de uno o dos dedos en la vagina, explorando circularmente el canal vaginal.
* Una vez superados los pasos anteriores, opcionalmente, la mujer puede proceder a la introducción vaginal de dilatadores en material plástico, de diámetro progresivamente creciente, con el fín de extinguir la respuesta refleja de contracción.

Tarea conjunta, con su pareja, según la siguiente secuencia:

* En la fase de Focalización Genital, cuando sea el hombre el encargado de proporcionar la estimulación, deberá realizar los mismos ejercicios que la mujer ha realizado a solas en la etapa anterior y, guiado por ella, deberá acariciar sus genitales externos; introducir suavemente su dedo en la vagina; explorarla; introducir dos dedos y moverlos suavemente; para llegar a obtener, mediante este acercamiento progresivo, una respuesta normalizada de dilatación vaginal; todo ello siempre que la mujer siga manteniendo un grado suficiente de excitación. En esta fase, el hombre puede proceder también a la introducción vaginal de los dilatadores mencionados anteriormente, aunque esto no suele ser necesario.
* En la fase de penetración, se recomienda la postura de la mujer sobre el hombre, dado que así ella puede controlar más activamente la introducción del pene en su vagina. Puede utilizarse aquí una loción lubricante que facilite la penetración, así como la ejecución de los ejercicios de Kegel para favorecer la introducción del pene. En todo caso, será ella quién deba dirigir la ejecución de estas tareas.
* En la fase de coito, la mujer iniciará lentamente los movimientos. Progresivamente, estos deberán hacerse más rápidos y vigorosos hasta obtener una desensibilización completa a la penetración, que desemboque en la obtención del orgasmo.

DIFICULTADES

* Es posible que la mujer no logre realizar a solas los ejercicios indicados.
* La mujer puede ser capaz de dilatar su vagina a solas, pero no en presencia del hombre.

EVALUACIÓN

* Entrevista con la paciente o en pareja, y registro del grado de dilatación obtenido.

ACTUACIÓN Y DECISIÓN CLÍNICA

* No deberá indicarse la participación del varón si la mujer no ha logrado previamente a solas el descondicionamiento de su respuesta de contracción. Ante la mínima sensación de molestia, dolor o ansiedad, deberá interrumpirse la exploración vaginal.
* Cuando se llega a una penetración libre de molestias y ansiedad, el problema estará prácticamente solucionado y se podrá indicar la siguiente fase del tratamiento.

Tabla 28. Programa específico. Vaginismo

Pero aunque se dispone de tratamientos eficaces y efectivos, debe señalarse la escasez de trabajos con adecuado control metodológico que permiten apoyar esta consideración, a pesar del tiempo que se lleva trabajando en estos temas. Es más, se constata una importante reducción en el número de trabajos de investigación sobre tratamientos psicológicos de las disfunciones sexuales que están apareciendo en los últimos 20 años.

Por otro lado, los esfuerzos dedicados al desarrollo de tratamientos eficaces a las distintas disfunciones han sido muy dispares. Los esfuerzos más importantes se han dirigido a la solución de las disfunciones masculinas, en especial los problemas de erección, lógico es que la mayor parte de las soluciones sean para éstas. Por el contrario las disfunciones más típicamente femeninas, como deseo sexual inhibido, o la falta de excitación sexual han recibido mucha menos atención, tal vez por la mayor dificultad existente para su evaluación, la determinación del criterio de éxito, o la especificación diagnóstica (ver, Ferguson, 2002).

En los últimos años, en especial desde la aparición de los IPDE-5, se observa una creciente medicalización de estos problemas, aunque dirigida por el momento fundamentalmente a las disfunciones sexuales masculinas, en especial disfunciones eréctiles, y desde una perspectiva excesivamente reduccionista, conseguir buenas y mantenidas erecciones. De hecho la mayoría de los trabajos de investigación sobre su eficacia se centran en el porcentaje de erecciones conseguidas, rara vez en la calidad o satisfacción percibida.

Este reduccionismo no sólo es típico de los tratamientos médicos, con frecuencia es observable también en las terapias sexuales, y se pone de manifiesto en la importancia que se da a los aspectos biológicos y a las conductas estrictamente sexuales, tanto en la evaluación como en la intervención. De forma que con frecuencia se aproxima la concepción de una *sexualidad satisfactoria* a un *buen funcionamiento de la mecánica* (en especial la masculina): buenas erecciones, buena lubricación, eyaculación en el momento correcto, numerosos orgasmos... Este tipo de orientación, especialmente alentado con publicidades como la que ha rodeado al lanzamiento del Sildenafilo, (*se acabaron los problemas sexuales: con su ingesta cualquier hombre conseguirá intensas y mantenidas erecciones en todo momento y situación,...*), sin duda colabora al desarrollo y mantenimiento de *mitos sexuales* que tan negativas consecuencias tienen sobre la sexualidad (*sexo es igual a coito, lo demás son sustitutivos; una buen erección es lo determinante -junto a un buen tamaño-; un hombre que se precie ha de responder o tener un buena erección en cualquier situación...*).

Además los tratamientos médicos, conceptualmente van en contra de las directrices generales señaladas por Masters y Johnson para las disfunciones sexuales. Frente a la concepción como un problema de pareja, el tratamiento farmacológico o quirúrgico señala quien es el *culpable* y que basta con modificar una respuesta biológica para solucionar todo el problema. Con un buen *llenado sanguíneo* y una buena *erección,* seguro que se desarrollan las habilidades de interacción personal y sexual, se quita la conducta de espectador, o la ansiedad de rendimiento, etc. Pero los resultados son tercos, y señalan fracasos reiterados para esa concepción. Mejorar una erección o el tiempo de eyacular (si es que se consigue) no es suficiente en muchos casos, se hace necesario la intervención por medio de terapias sexuales, aunque éstas puedan verse ayudadas en algunos casos (no necesariamente todos) por ayudas médicas. Es evidente que las disfunciones sexuales con mucha frecuencia pueden estar interrelacionadas con otros problemas, en concreto problemas personales y en especial problemas de pareja. De hecho en algunos trabajos se señala que el éxito del tratamiento depende en gran medida de cómo lo acepta o colabora la pareja, más que de qué haga la persona con disfunción.

Quizá uno de los puntos más problemáticos es la escasez de modelos explicativos de las disfunciones (Labrador y Crespo, 2003). Desde los trabajos de Masters y Johnson han primado los acercamientos empíricos y descriptivos. Se dispone de tratamientos que se han mostrado eficaces, pero se desconoce el proceso o los factores determinantes de esta eficacia. Todo lo más se señala qué fase de la respuesta sexual se ve afectada por el problema y qué factores que pueden funcionar como predisponentes, precipitantes o de mantenimiento. Sin un modelo de referencia que establezca una adecuada relación entre variables dependientes e independientes es difícil identificar, aunque se consiga determinar la eficacia de un tratamiento, el proceso a través del cual se produce el cambio.

Esta falta de modelos explicativos puede ser en parte responsable de que los tratamientos de las disfunciones sexuales, sean estándares por disfunción, sin establecerse apenas diferencias en función de su etiología, salvo quizá la de mayor o menor base orgánica. Esta forma unitaria de intervención, evidente en los acercamientos médicos, también está presente con frecuencia en las terapias sexuales.

Por otro lado se echa de menos un trabajo más completo sobre aspectos que se consideran determinantes en el desarrollo de las disfunciones sexuales, como el papel de la ansiedad, el valor de los aspectos cognitivos o de la relación de pareja, además de los factores sociales y culturales.

7.1. Consideraciones a las terapias sexuales

Sin duda el programa terapéutico de Master y Johnson es el tratamiento básico de referencia. En general, existe un común acuerdo en que un tratamiento adecuado debe ser breve, centrado en los síntomas más relevantes, y dirigido esencialmente a modificar conductas específicas relacionadas con la sexualidad. También parece claro que el tratamiento debe realizarse en pareja, en especial con la pareja habitual. Sin embargo, existen una serie de aspectos, básicos en el programa de Masters y Johnson, cuya relevancia no parece estar tan bien establecida, por lo que han aparecido variaciones como que: el tratamiento realizado por un solo terapeuta; aplicado a una sola persona, sin pareja; desarrollado en grupo, al menos en algunas sesiones; realizado en régimen ambulatorio; con una periodicidad mayor (una sesión semanal o bisemanal), etc.

Masters y Johnson señalan ventajas importantes para emplear una *pareja de terapeutas*, como lograr una mejor comunicación de cada miembro de la pareja de pacientes con el terapeuta del mismo sexo y el que ningún miembro de la pareja se encuentre en inferioridad respecto al otro. Sin embargo, hay también importantes contrapartidas negativas, como un mayor coste de la intervención, llegando incluso a ser innecesario, si el tratamiento se dirige a un único individuo y no a una pareja. Además, en contra de las opiniones de Masters y Johnson, la mayoría de los estudios no han encontrado una superioridad en los resultados del tratamiento empleando dos coterapeutas frente a un solo terapeuta (Hawton, 1988). Parece que la necesidad de utilizar una pareja de terapeutas no tiene una clara justificación desde el punto de vista de la eficacia terapéutica.

También se cuestiona lo adecuado de un programa en régimen residencial, con una atención diaria a la pareja, durante dos o tres semanas, que permitiría a los pacientes un alejamiento de sus condiciones de vida habitual, responsables en parte de las disfunciones presentadas, y facilitaría centrar la atención y los esfuerzos en el tratamiento. Se han propuesto, como alternativa, tratamiento ambulatorio, con sesiones semanales, quincenales o incluso más espaciadas, argumentando que este tratamiento se lleva a cabo en condiciones más similares a la vida cotidiana facilitando una mayor generalización de las mejoras conseguidas. Los resultados no parecen apoyar el planteamiento de Masters y Johnson. En general, los resultados parecen haber sido mejores cuando se han realizado sesiones semanales, que cuando se han utilizado sesiones diarias; incluso, en algunos casos, especialmente en varones, se han obtenido mejores resultados con sesiones mensuales.

7.2. Los tratamientos de autoayuda

Con el objetivo de reducir el tiempo de intervención terapéutica, y su consiguiente coste, así como dotar a las personas de un sentimiento positivo de autoeficacia, se han desarrollado diversos procedimientos de autoayuda. Para ello, se ha utilizado material de autoayuda muy variado, fundamentalmente libros y folletos explicativos (biblioterapia), así como películas ilustrativas de las tareas a realizar. En general, la eficacia de estos procedimientos ha sido menor que la obtenida en el tratamiento directo con un terapeuta. Los programas de autoayuda parecen ser más eficaces en los casos sencillos, no complicados con otros problemas de mayor entidad en la relación de pareja. Por lo general es infrecuente que un programa de autoayuda, aplicado como estrategia única de intervención, sea suficientemente eficaz.

7.3. Intervención en otras poblaciones

Uno de los aspectos más destacables en la actualidad es el cambio en las poblaciones que acuden a los profesionales para ser atendidos por problemas de disfunción sexual. Frente a los trabajos iniciales de Masters y Johnson, en los que sólo se trataba a adultos *normales*, que no presentaban ningún otro problema psicopatológico al margen de su disfunción, cada vez resulta más difícil encontrar tales *casos puros* de disfunción sexual. Progresivamente se ha incrementado el número de parejas que acuden a consulta con otros problemas psicopatológicos concomitantes, además de sus disfunciones sexuales, lo que posiblemente sea debido a que las parejas *normales* solucionan parte de sus problemas de manera autónoma, mediante el uso del abundante material de ayuda disponible. Asimismo, se hace frecuente el tratamiento de sujetos hospitalizados por problemas psicopatológicos como depresión, manía o alcoholismo. También se ha incrementado el número de parejas homosexuales que acuden a tratar sus disfunciones sexuales para lograr un mejor ajuste y funcionamiento sexual. Por último, se ha cuestionado repetidas veces el que sea *natural* u obligado el descenso del funcionamiento sexual con la edad (George y Weiler, 1981; Crooks y Baur, 2000). Comienza a ser habitual no aceptar tal descenso como consecuencia de la edad, y que se acuda con mayor frecuencia a la clínica para tratar de superar las posibles disfunciones en las personas mayores.

7.4. Enfoque multidisciplinar

Por último, debe señalarse la necesidad de llevar a cabo la intervención terapéutica dentro de un marco de estrecha colaboración interdisciplinar con otros profesionales de la salud, más específicamente, con médicos especialistas en urología y andrología, ginecólogos, endocrinólogos y psiquiatras. Tal colaboración no sólo resulta indispensable a la hora de descartar posibles causas orgánicas o físicas como origen de la disfunción, sino que se extiende también al tratamiento, durante cuya aplicación no es infrecuente encontrar nueva información de carácter biológico relevante al caso; o bien, la aplicación de medicación externa para otros trastornos que puede incidir en la respuesta sexual; o, incluso, la necesidad de fármacos específicos de ayuda al tratamiento sexual.

La investigación futura deberá contemplar este enfoque bio-psico-social, en su intento de encontrar mejores soluciones a las alteraciones de lo que, en último extremo, no es sino una de las fuentes básicas de la motivación humana: la satisfacción sexual.

8. REFERENCIAS BIBLIOGRÁFICAS

Annon, J.S. (1975a) *The sexual Fear Inventory-Female form,* Honolulú: Enabling Systems, Inc.

Annon, J.S. (1975b) *The sexual Fear Inventory-Male form,* Honolulú: Enabling Systems,Inc.

Annon, J.S. (1975c) *The sexual Pleasure Inventory-Female form,* Honolulú: Enabling Systems, Inc.

Annon, J.S. (1975d) *The sexual Pleasure Inventory-Female form,* Honolulú: Enabling Systems, Inc.

American Psychiatric Association. (2000). *Diagnostic and Statistical Manual of Mental Disorders (4ª ed. Text Revision).* Washington D.C.: American Psychiatric Association.

American Psychiatric Association. (2013). *Diagnostic and statistical manual of mental disorders (5th ed.).* Arlington, VA: American Psychiatric Publishing.

Basson, R.; Leiblum, S.: Brotto, L.; Derogatis, L., Fourcroy, J. y Fulg-Meyer, K. (2003) Definitions of women's sexual dysfunction reconsidered: advocating expansion and revision. *Journal of Psychosomatic Obstetric and Gynaecology, 24,* 221-229.

Cabello, F. (2010) *Manual de sexología y terapia sexual.* Madrid. Síntesis.

Cáceres, J. (1990) *Evaluación psicofisiológica de la sexualidad humana.* Barcelona: Martínez Roca.

Carnwath, T. y Miller, D. (1989) *Psicoterapia conductual en asistencia primaria: Manual práctico.* Barcelona: Martínez Roca.

Carrasco, M.J. (2001) *Disfunciones sexuales femeninas.* Madrid: Síntesis

Carrobles, J.A.I. (1985) Disfunciones sexuales. En J.A.I. Carrobles (dir.): *Análisis y Modificación de Conducta II.* Madrid: UNED.

Carrobles, J.A. y Sanz, A. (1991) *Terapia Sexual.* Madrid: Fundación Universidad-Empresa.

Clayton, A.H.; McGarvy, E-L-; Clavet, G.J.y Piazza, L. (1997) Comparison of sexual functioning in clinical and nonclinical populations using the Changes in Sexual Functioning Questionnaire. *Psychological Bulletin, 33,* 747-753.

Costa, M y López, E. (1999) *Cómo vencer la pereza sexual.* Madrid: Temas de Hoy.

Crooks, R. y Baur, K. (1999) *Our sexuality. 7ª Ed.* Reedwood, Cal: The Benjamin/ Cummings Publishing Co. (Traducción española: Nuestra sexualidad, México: Thompson, 2000).

DeLamater, J. y Still, M. (2005). Sexual desire in later life. *Journal of Sex Research, 42,*138-149.

Derogatis, L.R. y Melisaratos, N. (1979) The DSFI: A multidimensional measure of sexual functioning. *Journal of Sex and Martial Therapy, 2,* 244-281.

Eysenck, H.J (1970) Personality and sexual adjustment. *British Journal of Psychiatry, 118,* 593-608.

Ferguson, D.M. (2002). Clinial trial development in female sexual dysfunction. *Journal of Sex and Marital Therapy, 28,* 77-83.

Fiser, W.A. (1988) The sexual opinion survey. EN C.M. Davis, W.L.Yarbver y S.L.Davis (eds.) *Sexuality-related measures: A compendium.* Lake Mills, IA: Graphic.

Frenken, J. y Vevviz, P. (1981) *Sexuality Experience Scales Manual.* Lisse: Swets & Zeitlinger.

George, L.K. y Weiler, S.J. (1981) Sexuality in the middle and late life: The effects of age, education and gender. *Archives of General Psychiatry, 38,* 919-923.

Golombok, S. y Rust, J. (1985) The Golombok-Rust Inventory of Sexual Satisfaction (GRISS). *British Journal of Clinical Psychology, 24,* 63-64.

Graber, G. y Graber, B. (1975) *Womans orgasm.* Nueva York: Books Merril.

Hawton, K. (1985) *Sex Therapy.* Nueva York: Oxford University Press (Barcelona: Terapia Sexual. Doyma, 1988).

Hayes, R.D.; Dennerstein,L.; Bennett, C.M. y Fairley, C.K. (2008) What is the "true" prevalence of female sexual dysfunctions and does the way we assess these conditions have an impact? *Journal of Sexual Medicine, 5,* 777-787.

Heiman, J.R. y LoPiccolo, J. (1989) *Para alcanzar el orgasmo. Barcelona:* Grijalbo.

Hoon, E.F., Hoon, P.W. y Wincze, J.P. (1976) The SAI: an inventory for the measurement of female sexual arousability. *Archives of Sexual Behavior, 5,* 291-300.

Kaplan, H.S. (1974) *The new sex therapy.* Nueva York: Brunner-Mazel.

Keller, A., McGarvey, E.L. y Clayton, A.H. (2006). Reliability and construct validity of the Changes in Sexual Functioning Questionnaire Short-Form (CSFQ-14). *Journal of Sex & Marital Therapy, 32,* 43-52.

Koreman, S.G. (1998) New insights into erectile dusfunction: A practical approach. *American Journal of Medicine, 105,* 135-144.

Labrador, F.J. (1987) Tratamiento psicológico de las disfunciones sexuales. En E. Echeburúa (dir.): *Parejas en conflicto: Estrategias psicológicas de intervención.* San Sebastián: Universidad del País Vasco.

Labrador, F.J. (1994) *Disfunciones sexuales.* Madrid: Fundación Universidad-Empresa.

Labrador, F.J. (Ed.) (2000) *Enciclopedia de la sexualidad.* Madrid: Espasa.

Labrador, F.J. y Crespo, M: (2003) Tratamientos psicológicos eficaces para las disfunciones sexuales. En M. Pérez, J.R. Fernández-Hermida, C. Fernández e I. Amigo (eds.) *Guía de tratamientos psicológicos eficaces. Vol.1.* Madrid: Pirámide.

Labrador, F.J., Puente. M. y Crespo, M. (1995). Evaluación de disfunciones sexuales. En A. Roa (dir.): *Evaluación en psicología clínica y de la salud.* Madrid: C.E.P.E.

Labrador, F.J. y Roa, A. (1998) Disfunciones sexuales. En M.A.Vallejo (Ed.) *Manual de Terapia de Conducta.* Madrid: Dykinson.

Locke, H.J. y Wallace, K.M. (1959). Short marital adjustment and prediction test: their reality and validity. *Marriage and Family Living, 21,* 251-255.

LoPiccolo, J. y Heiman, J.R. (1978) Sexual assessment and history interview. En J. LoPiccolo y L. LoPiccolo (dirs.): *Handbook of Sex Therapy.* Nueva York: Plenum Press.

LoPiccolo, J. y Steger, J.C. (1974) The sexual interaction inventory: a new instrument for the assesment of sexual dysfunction. *Archives of Sexual Behavior, 3,* 585-593.

Laumann, E.O.; Paik, A. y Rosen, R.C. (1999) Sexual dysfuncitons in the United States. *Journal of American Medical Associations, 281,* 537-544.

McCary, J.L. (1977) *Sexual myths and fallacies.* Nueva York: Schocken Books.

McConaghy, N. (1985) Psychosexual Dysfunction. En M. Hersen y A.S. Bellack (dirs.): *Handbook of clinical behavior therapy with adults.* Nueva York: Plenum.

McHugh, G. (1967) *Sex knowledge inventory.* Durham: Family Life Publications.

Mannino, D.M.; Klevens, R.M. y Flanders, W.D: (1994) Cigarette smoking: An independent risk factor for impotence? *American Journal of Epidemiology, 140,* 1003-1008.

Masters, W.H. y Johnson, V.E. (1966) *Human sexual response.* Boston: Little Brown.

Masters, W.H. y Johnson, V.E. (1970) *Human sexual inadequacy.* Boston: Little Brown.

Masters, W.H., Johnson, V.E. y Kolodny, R.C. (1985) *Human Sexuality.* Boston: Little, Brown and Co. (Barcelona: Grijalbo, 1987).

McHorney, C.A., Rust, J., Golombok, S., Davis, S., Bouchard, C., Brown, C., Basson, R. Sarti CD, Kuznicki J, Rodenberg C, Derogatis L (2004) Profile of Female Sexual Function: a patient-based, international, psychometric instrument for the assessment of hypoactive sexual desire in ophorectomized women. *Menopause, 11,* 474-483.

Nathan, S.G. (1986). The epidemiology of the DSM-III psychosexual dysfunctions. *Journal of Sex and Marital Therapy, 12,* 267-281.

O'Donohue, W.T., Swingen, D.M.,Dopke, C.A. y Regev, L.G. (1999). Psychotherapy for Male Sexual Dysfunction: a review. *Clinical Psychology Review, 19,* 591-630.

Oksuz, E. y Malhan,S. (2005)The prevalence of male sexual dysfunctions and potential risk factors in turkish men: a Web-based survey. *International Journal of Impotence Research, 17,* 539-545.

Organización Mundial de la Salud (1992). *CIE-10. Trastornos mentales y del comportamiento. Descripciones clínicas y pautas para el diagnóstico.* Madrid: Meditor (orig. 1992).

Pion, R.J. (1975) *The sexual response profile.* Honolulú: Enabling Systems.

Rosen, R.C., Brown, C., Heiman, J., Leiblum, S., Meston, C., Shabsigh,R., Ferguson, D., D´Agostino, R. (2000). The Female Sexual Function Index (FSFI): A Multidimensional Self-Report Instrument for the Assessment of Female Sexual Function. *Journal of Sex & Marital Therapy, 26,* 191-208.

Rosen, R.C. y Leiblum, S.R. (1995). Treatment of Sexual Disorders in the 1990s: An Integrated Approach. *Journal of Consulting and Clinical Psychology, 63,* 877-890.

Rosen, R.C., Riley, A., Wagner, G., Osterloh, .IH., Kirkpatrick, J., Mishra, A.(1997) The international index of erectile function (IIEF): a multidimensional scale for assessment of erectile dysfunction. *Urology, 49,* 822-830.

Segraves, R.T. y Althof, S. (1998). Psychotherapy and Pharmacotherapy of Sexual Dysfunction. En P.E. Nathan y J.M. Gorman (eds.), *A Guide to Treatments that Work* (pp. 447-471). Nueva York: Oxford University Press.

Segraves, R.T. y Segraves, K.B. (1991). Diagnosis of female arousal disorder. *Sexual and Marital Therapy, 6,* 9-13.

Serrat, C. (1980) Cuestionario de intercambio de conductas en la pareja. En M. Costa y C. Serrat: *Terapia de pareja.* Madrid: Alianza.

Schiavi, R.C. (1990) Chronic alcoholism and mate sexual dysfunction. *Journal of Sex and Marital Therapy, 16,* 23-33.

Schover, L., Friedman, J., Weiler, S., Heiman, J. y LoPiccolo, J. (1982) Multiaxial problem-oriented system for sexual disfunctions. *Archives of General Psychiatry, 39,* 614-619.

Sills,T.; Wunderlich,G.; Pyke, R.; Segraves R. T.; Leiblum S.; Clayton A.; Cotton D. y Evans, K. (2005). The Sexual Interest and Desire Inventory-Female (SIDI-F): item response analyses of data from women diagnosed with hypoactive sexual desire disorder. *The Journal of Sexual Medicine, 2,* 801-818.

Snyder, D.K. (1981) *Manual for the Marital Satisfaction Inventory.* Los Angeles: Western Psychological Services.

Spanier, G. (1976) Measuring diadic adjustement: New scales for assessing the quality of marriage and similar dyads. *Journal of Marriage and Family, 38,* 15-28.

Spector, I.P. y Carey, M.P. (1990). Incidence and prevalence of the sexual dysfunctions: a critical review of the empirical literature. *Archives of Sexual Behavior, 19,* 389-498.

Stuart, F., Stuart, R.B., Maurice, W.L. y Szasz, G. (1975) *Sexual adjustment inventory.* Champaign: Research Press.

Taylor, J.F., Rosen, R.C. and Leiblum, S.R. (1994) Self-Report assessment of female sexual function: Psychometric evaluation of the brief index of sexual functioning for women. *Archives of Sexual Behavior, 23,* 627-643.

Wincze, J.P.; Bach, A.K. y Barlow D.H. (2008), Sexual dysfunction. En D.H. Barlow (Ed.) *Clinical handbook of psychological disorders.* Nueva York: Guilford Press.

Wincze, J.P. y Carey, M.P. (2001) *Sexual dysfunction: A guide for assessment and treatment (2ª Ed.).* Nueva York: Guilford Press.

Wincze, J.P., Rosen, R., Carson, C., Korenman, S., Niederberger, C., Sadovsky, R., McLeod, L., Thibonnier, M., Merchant, S. (2004) Erection quality scale: initial scale development and validation. *Urology, 64,* 351-356.

9. BIBLIOGRAFÍA COMENTADA

Cabello, F. (2010) *Manual de sexología y terapia sexual.* Madrid: Síntesis.

Es una obra relativamente breve, dirigida esencialmente a profesionales de la salud interesados en los temas de sexualidad. Su abordaje es fundamentalmente práctico, con indicaciones constantes, tanto desde los desarrollos científicos como desde la propia experiencia profesional del autor (veintiséis años según reconoce el mismo). Su área de estudio se centra en las respuestas sexuales y las disfunciones, aunque dedica al final un par de capítulos a drogas y sexualidad y al transexualismo Se hace un abordaje del tratamiento de las disfunciones sexuales considerando de forma individual cada uno de los problemas, y señalando tanto el abordaje médico (en general más reducido) como el psicológico En resumen una obra muy práctica sobre el tratamiento de las disfunciones sexuales.

Carrasco, M.J. (2001) *Disfunciones sexuales femeninas.* Madrid: Síntesis.

Es una obra eminentemente práctica, dirigida principalmente a los profesionales. Tras la exposición de una parte de introducción y otra dedicada al análisis de la etiología de las disfunciones sexuales, el resto de obra tiene una orientación totalmente aplicada. Cómo llevar a cabo la evaluación y diagnóstico de las D.S. femenina, en la que se incluyen, guías de entrevista, cuestionarios y otros instrumentos. Después se incluye un programa de intervención con indicaciones precisas para los terapeutas. Además se incluye una parte final de guía de información y de autoayuda para el paciente. A lo largo de los distintos capítulos se va exponiendo un caso como ejemplo de la forma de realizarlo. Una obra muy interesante y de gran ayuda para la práctica profesional.

Crooks, R. y Baur, K (1999) *Our sexuality (7ª Ed).* N.York: Brook/Cole P.C. (Traducción española: *Nuestra sexualidad.* México: Thompson, 2000).

Es una obra entre manual y enciclopedia de la sexualidad muy completa y extensa, que puede ser útil tanto para el profesional, como para pacientes con un elevado nivel cultural. De forma precisa y exhaustiva se abordan los principales temas relacionados con la sexualidad, desde los aspectos más biológicos a los sociales y culturales. La exposición es muy adecuada desde el punto de vista técnico, pero a la vez está realizada con un lenguaje sencillo y fácil de entender. Reúne no sólo los aspectos más técnicos, sino que también da mucha importancia a los aspectos más prácticos, con indicaciones que sirven de gran ayuda para muchos aspectos de la práctica de la sexualidad y áreas relacionadas. Está profusamente ilustrada con fotografías y cuadros de texto que amenizan y permiten profundizar en la materia. Incluye algunas secciones de especial interés como la que denominan *Para reflexionar* o las sugerencias de lectura y recursos en la red, para ampliar la información. En resumen una obra de excepcional calidad y extensión.

Hawton, K. (1985) *Sex Therapy.* Nueva York: Oxford University Press (Barcelona: Doyma, 1988).
La obra de Hawton constituye un manual breve, pero muy completo, que proporciona la información básica necesaria para aplicar una intervención terapéutica en el campo de la disfunción sexual. En su primera parte, se presenta una revisión sobre la anatomía y las respuestas sexuales típicas, así como la naturaleza de los distintos problemas sexuales y su etiología, con una especial referencia a las posibles causas físicas y orgánicas. La segunda parte, se orienta de forma práctica, exponiendo, paso a paso, el programa de tratamiento del autor, con indicaciones precisas, tanto acerca de la evaluación, como de las fases y ejercicios de tratamiento a realizar por la pareja. Son especialmente interesantes los apartados dedicados a la fase educativa de los pacientes, a los criterios de finalización del tratamiento, a las formas de actuación cuando existen problemas de relación general, y a las formas de superación de las dificultades que se presentan más habitualmente en la clínica. Se trata de una obra de inexcusable referencia, cuyo estudio se recomienda a todo clínico que desee introducirse en este campo.

Labrador, F.J. (Dir.) (2000) *Enciclopedia de la Sexualidad.* Madrid: Espasa-Calpe.
Es una obra de alta divulgación, en la que se recogen, a lo largo de 81 capítulos, los diversos aspectos implicados en la sexualidad humana. Se abordan desde los aspectos biológicos, a la respuesta sexual, la atracción y búsqueda de pareja, los comportamientos sexuales, la identidad sexual, enfermedades de transmisión sexual, parafilias, disfunciones sexuales y su tratamiento, educación sexual y aspectos sociológicos y culturales de la sexualidad. Los capítulos están escritos por especialistas en cada tema, todos ellos profesores universitarios. La obra puede servir como ayuda para la parte de educación sexual de los pacientes, y como referencia para el abordaje de distintos aspectos de la sexualidad por el profesional. Son de destacar en esta obra, además de lo amplio y preciso de los contenidos abordados, la sencillez del lenguaje utilizado y los dibujos y cuadros ilustrativos, así como la profusión y calidad de imágenes que incluye.

Masters, W.H., Johnson, V.E. y Kolodny, R.C. (1985) *Human Sexuality.* Boston: Little, Brown and Co. (Traducción española: *La sexualidad humana.* Barcelona: Grijalbo, 1987).

Los principales investigadores en el campo de la disfunción sexual ofrecen en esta obra un compendio extenso acerca de la sexualidad, con un estilo muy personal y sugerente, abarcando los aspectos biológicos, psicosociales y culturales del comportamiento sexual humano. En su edición española la obra está dividida en tres volúmenes a través de los cuales se abordan muy distintos aspectos de la sexualidad humana, desde los distintos planos y dimensiones de la misma a lo largo de la historia; pasando por los métodos de la investigación sexológica actual; hasta llegar al planteamiento de las diversas perspectivas biológicas, psicosociales, culturales o clínicas en el estudio de la conducta sexual. Aunque esta obra no se dirige especialmente a la terapia de las disfunciones sexuales, sin embargo aporta una información fundamental acerca de diversas cuestiones íntimamente relacionadas, cuyo conocimiento resulta imprescindible para abordar el tratamiento del caso clínico. Así, se incluyen, entre otros muchos temas, capítulos referentes a la sexualidad evolutiva, las fantasías sexuales, la homosexualidad, la conducta coercitiva, las enfermedades de transmisión sexual, los métodos anticonceptivos, o la transexualidad.

10. PREGUNTAS DE AUTO-COMPROBACIÓN

1) Dentro del «ciclo de la respuesta sexual», la respuesta de excitación está regulada por la rama Simpática del Sistema Nervioso Autónomo (SNA).
2) El objetivo de la evaluación médica es conocer las relaciones existentes entre las variables psicológicas (fantasías sexuales) y fisiológicas implicadas en el ciclo de la respuesta sexual (erección del pene).
3) En el tratamiento específico de la eyaculación precoz el paciente ha de centrase en dar placer a su pareja, sin atender a sus sensaciones genitales.
4) Los ejercicios específicos de la fase de «Focalización Sensorial» están orientados a obtener un alto grado de excitación sexual en ambos miembros de la pareja.
5) El tratamiento del «vaginismo» o de la «eyaculación retardada» puede requerir inicialmente la indicación de tareas a ejecutar individualmente por parte del paciente, sin la participación de su pareja.
6) Los «programas de autoayuda» para las disfunciones sexuales ofrecen resultados similares a los obtenidos por la terapia dirigida por un clínico.
7) El criterio final para valorar positivamente la eficacia del tratamiento aplicado en un caso de disfunción de la erección, es que el hombre informe de episodios sucesivos en los haya obtenido un grado de erección suficientemente intenso y estable para la consumación del coito.
8) En algunos casos, durante la aplicación del tratamiento, la pareja deberá realizar algunas de sus actividades sexuales en presencia del clínico, con el objetivo de que éste pueda evaluar la calidad de la relación e indicar posibles tareas alternativas.
9) En el tratamiento de la «impotencia» debe aconsejarse al hombre que centre la atención en sus propias sensaciones, de forma que pueda valorar su grado de erección media en el autorregistro indicado por el clínico.

10) El tratamiento de la «falta de deseo sexual» requiere de una evaluación previa muy detallada, que debe considerar, especialmente, una posible etiología orgánica de la disfunción.

Las respuestas (verdadero, o falso) a las preguntas se encuentran en el anexo final del texto.

11

DOLOR CRÓNICO

María Isabel Comeche Moreno

U.N.E.D.

Miguel A. Vallejo Pareja

U.N.E.D.

1. INTRODUCCIÓN

1.1. Definición de dolor crónico

El dolor es una de las experiencias aversivas más comunes en nuestra vida. Esta vivencia desagradable y molesta, como es conocido, cumple una función biológica adaptativa, ya que nos enseña a identificar aquellos objetos o situaciones que pueden resultar peligrosos para nuestra salud e integridad. El dolor funciona, por tanto, como una señal de alarma que nos avisa cuando se produce un daño en nuestro organismo o cuando contraemos una enfermedad. Los insólitos casos de analgesia congénita no hacen sino documentar este valor adaptativo del dolor (Sternbach, 1968). La incapacidad de estas personas para sentir dolor les impide aprender a discriminar qué cosas pueden hacer o cuáles deben evitar y, en consecuencia, sufren numerosos accidentes a lo largo de su infancia. Además, el hecho de no percibir el dolor como uno de los primeros síntomas de alarma de enfermedad, suele llevarles a buscar ayuda médica cuando el proceso está ya demasiado avanzado y puede reconocerse por la aparición de otros síntomas (Melzack y Wall, 1982 y 1988).

El dolor sólo cumple esta misión beneficiosa para la integridad del organismo cuando su percepción se produce de forma temporal, en función del daño o la enfermedad, y su remisión depende de la propia curación de éstos. Éste es el tipo de dolor que conocemos como dolor agudo.

Pero cuando el problema de dolor se prolonga mucho más allá de la curación de la enfermedad o herida (como sucede en las lumbalgias), o bien aparece y desaparece de forma recurrente sin guardar relación con ninguna causa orgánica conocida (como es el caso de la migraña), o por el contrario se produce a causa de una patología conocida pero difícil de tratar (como en las artritis o en el dolor de cáncer), el dolor deja de cumplir esa función útil y, muy por el contrario, pasa a constituir un auténtico problema para el individuo que lo padece. Este proceso de cronificación suele coincidir, además, con una disminución en la efectividad de las soluciones médicas o farmacológicas para mitigar el dolor, junto a la aparición e incremento de otros problemas psicológicos como ansiedad y depresión. En estos casos el dolor deja de ser la señal o síntoma de un problema para convertirse en el problema en sí mismo y generar a su vez nuevos problemas. Concretamente, hablamos de dolor crónico cuando éste permanece durante un período superior a seis meses y es resistente a la terapéutica convencional (Vallejo y Comeche, 1994).

1.2. Prevalencia de los problemas de dolor crónico

La prevalencia de los diferentes síndromes de dolor crónico en la población general está poco documentada en nuestro país, si bien en los últimos años se han ofrecido datos relativos a la Unión Europea en los que ha sido incluida España. Un reciente estudio realizado a través de Internet en Francia, Alemania, Italia, Reino Unido y España, arroja una prevalencia del dolor del 8,85% (Langley, 2011). Un estudio más detallado (Breivik y cols., 2006) realizado mediante entrevistas telefónicas en 15 países europeos e Israel, ofrece una prevalencia del dolor de un 19%, con una notable implicación laboral (65% de bajas) y una escasa atención médica especializada (sólo el 2%). Finalmente un estudio basado en los datos publicados por diversas investigaciones (Reid y cols., 2011), dan una incidencia para Europa del 19% en dolor no producido por cáncer. Como puede verse una prevalencia aproximada en el intervalo del 10-20% es, sin duda, un notable problema sanitario y social. Atendiendo a la localización del dolor y con respecto a la población europea se dispone, por ejemplo, de los datos de una encuesta realizada en Suecia (Andersson y cols., 1993). La mayor prevalencia correspondía al dolor localizado en la zona del cuello y hombros (30,2%), seguida de la zona lumbar (23,2%). También la prevalencia del dolor variaba con el nivel socio-económico, encontrándose la mayor frecuencia entre los trabajadores.

En España, no se dispone de estudios epidemiológicos a escala nacional que determinen la prevalencia de los diferentes síndromes de dolor en la población española. Una encuesta telefónica en 5000 hogares (Catalá y cols., 2002) ofreció una prevalencia de hasta el 43,2%, localizándose el dolor preferentemente en miembros inferiores (22,7%), dolor de espalda y cervical (21,5%) y cabeza (20,5%). La prevalencia es mucho mayor en algunas regiones de España, como Cataluña, según un estudio de Miró y cols. (2006), la prevalencia en esta región es del 73,5%. Resulta evidente que, con independencia de la importancia del problema, los estudios pueden tener dificultades para diferenciar entre experimentar dolor más o menos ocasionalmente, o padecer dolor crónico. Con respecto a las cefaleas y más concretamente a las migrañas, contamos con un estudio poblacional que obtiene un 11,02% de prevalencia en España (Fernández-de-las-Peñas y cols., 2010).

A pesar de las diferencias encontradas en los trabajos reseñados, posiblemente debidas a la utilización de criterios metodológicos diferentes, es de destacar la gran magnitud que el problema del dolor crónico tiene en las diferentes muestras estudiadas. Otros datos que aparecen de forma consistente en todos los trabajos, aunque con pequeños matices según los estudios y el tipo de dolor, es la mayor ocurrencia de problemas de dolor en las mujeres que en los hombres y su mayor frecuencia entre la población trabajadora.

Además de por su prevalencia, la magnitud del problema del dolor crónico puede inferirse de las consecuencias económicas y sociales que su padecimiento genera. La magnitud de los gastos directos (consultas médicas, pruebas diagnósticas, fármacos, etc.) que suponen los problemas de dolor crónico en nuestra sociedad resulta poco menos que imposible de cuantificar. A estas importantes partidas de gastos, habría que añadir los gastos indirectos que representan las pensiones de invalidez o los días de trabajo perdidos a causa del dolor. La lumbalgia es el problema de salud que mayores costes médicos y sociales produce (Langley, 2011; Breivik y cols., 2006; Cavanaugh y Weinstein, 1994) debido, básicamente, a la gran proporción de problemas de este tipo que tienen su origen en accidentes laborales. Por ejemplo, sólo a causa de este tipo de dolor, Nachemson (1992) calcula que en EE.UU. se gastan 50.000 millones de dólares al año.

Junto a estos graves problemas económicos debe considerarse el impacto que el padecer dolor de forma crónica, tiene sobre el entorno social del sujeto. El sufrir de forma continua o repetitiva una experiencia tan aversiva como es el dolor, condiciona muchas de las actividades de la vida del paciente: sus relaciones familiares, laborales, sociales, el tiempo de ocio, etc. No resulta pues extraño que estos pacientes manifiesten, además del dolor, otra serie de problemas como ansiedad, depresión, abuso de bebidas alcohólicas y tranquilizantes (Schatzberg, 2009 y Girolamo, 1991).

2. REVISIÓN DE LOS MODELOS EXPLICATIVOS

Puesto que el dolor es una experiencia consustancial con la propia existencia humana, no es de extrañar que a lo largo de la historia el hombre se haya ido forjando diferentes modelos teóricos sobre la naturaleza y causas del dolor, basándose en cada época en los conocimientos acumulados sobre la anatomía y fisiología del dolor, junto a las creencias religiosas y las corrientes filosóficas en boga.

Bonica (1980), uno de los investigadores más relevantes en el campo del dolor, nos señala cómo el hombre prehistórico no tenía dificultad en entender el dolor producido por daño físico, pero, sin embargo, no entendía el producido por enfermedad, por lo que, de forma consistente a lo largo de las culturas, atribuía su origen a dioses o espíritus. Durante siglos los grandes pensadores griegos se debatieron entre considerar el dolor bien como una sensación, bien como una emoción y, consecuentemente, atribuir al cerebro o al corazón la responsabilidad de su percepción. A pesar de los grandes avances en el conocimiento del sistema nervioso, que se fueron produciendo con el paso de los siglos, esta polémica subsistió hasta que Descartes (1596-1650), con su concepción mecanicista del cuerpo humano, consiguió aunar la opinión científica durante varios siglos.

Esta concepción mecanicista del dolor, en la que sólo se tiene en cuenta el sustrato físico, quedando olvidados los aspectos psicosociales, prevaleció durante siglos, y en justa medida puede ser considerada precursora de la primera teoría científica del dolor, la teoría de la especificidad o teoría sensorial. Esta teoría, fruto de la doctrina de las energías específicas de Müller (1842), postula que el dolor es el producto final de la transmisión lineal del estímulo nociceptivo. Con el paso de los años, infinidad de investigaciones se encargaron de ir completando aspectos parciales de este postulado inicial. A pesar de las numerosas modificaciones que, para tratar de adaptarse a la realidad del problema del dolor, propiciaron dichas investigaciones, los postulados básicos de la teoría de la especificidad se han mantenido, siendo la teoría que más influencia ha tenido en la evaluación y tratamiento del dolor. De hecho el modelo biomédico tradicional, bajo el que se han estado realizando y aún se realizan, la mayoría de las intervenciones en dolor, está basado en una relación lineal simple entre el síntoma (dolor) y la causa subyacente (lesión).

Aunque este modelo lineal resulta globalmente adecuado para explicar los aspectos básicos del dolor agudo, existen multitud de paradojas en los problemas de dolor persistente que no pueden ser explicadas por un modelo tan simple (Turk y Rudy, 1992). Por ejemplo, pacientes con daño objetivamente equivalente que varían ampliamente en sus informes de severidad del dolor, o que tras recibir el mismo tratamiento responden de forma completamente diferente; individuos asintomáticos en los que se observa evidencia de daño orgánico o por el contrario, personas con una patología mínima o sin evidencia de daño orgánico que se quejan de dolor intenso; intervenciones quirúrgicas que interrumpen las vías nerviosas y no consiguen aliviar el dolor. Todas estas paradojas no han hecho sino incidir en la necesidad de buscar modelos alternativos que tengan en cuenta la complejidad del fenómeno del dolor.

Como consecuencia de estas paradojas, fruto de numerosos datos clínicos y experimentales, han surgido una serie de modelos integradores de los que el pionero fue el formulado por Melzack y Wall (1965). Estos autores desarrollaron una nueva teoría de dolor, la llamada Teoría de la Puerta, que recibe este nombre por utilizar la analogía de una puerta situada a nivel del asta dorsal de la médula. Al abrirse esta puerta dejaría pasar la aferencia nociceptiva hacia los centros superiores (formación reticular, sistema límbico, tálamo y córtex), mientras que al cerrarse impediría su paso, modulando de este modo la percepción del dolor. Este modelo contempla, a su vez, una vía inhibitoria descendente que, procediendo de los centros superiores, se integraría a nivel medular completando así el flujo de la información nociceptiva y sus vías de modulación. Para una exposición detallada de la Teoría de la Puerta puede consultarse Labrador y Vallejo (1984 y 1985).

Una de las consecuencias más relevantes que conllevó la aceptación de la Teoría de la Puerta en todos los ámbitos científicos, fue la definitiva integración de los aspectos psicológicos dentro de la experiencia de dolor. A partir de la propuesta de Melzack y Wall, el dolor deja de ser concebido como una simple sensación para ser considerado como una experiencia perceptiva compleja y multidimensional, en la que se integran los aspectos periféricos (sensoriales) con los centrales (cognitivos y afectivos). Esta integración quedó plasmada de forma muy didáctica por Melzack y Casey (1968), quienes basándose en los datos fisiológicos y conductuales que hasta ese momento disponían, propusieron la existencia de las tres dimensiones del dolor que se detallan a continuación, integradas dentro del esquema global de la Teoría de la Puerta.

(1) La dimensión sensorial-discriminativa, se refiere a los aspectos sensoriales de la percepción de dolor, es decir, su magnitud y características espacio-temporales. Esta dimensión es la parte más periférica de la percepción.

(2) La dimensión motivacional-afectiva, recoge los aspectos emocionales del dolor, es decir, la caracterización de éste como agradable o desagradable y las conductas consecuentes de acercamiento o alejamiento. Esta dimensión se supone que está mediada por estructuras situadas a nivel intermedio, como la formación reticular, el sistema límbico y el tálamo.

(3) La dimensión cognitivo-evaluativa, que integra toda la información de los restantes niveles en uno superior, en el que variables cognitivas como la experiencia pasada, los pensamientos, la atención, etc., junto con la información proporcionada por los niveles inferiores, van a conformar la percepción final de dolor. Esta dimensión se supone mediada al más alto nivel dentro del Sistema Nervioso Central, es decir, a nivel cortical.

Según este modelo tridimensional, el dolor percibido es el resultado de las interacciones que en estas tres dimensiones se producen, comenzando por la estimulación sensorial, su posterior modulación a cargo de los factores emocionales y finalmente su integración a nivel cognitivo. El peso específico de cada dimensión en la magnitud total del dolor percibido variará, lógicamente, de un paciente a otro e incluso de un momento a otro en el mismo paciente.

Resulta realmente difícil, en muchos casos, definir la etiología de un síndrome de dolor crónico. Lo apuntado más arriba es un ejercicio en mucho didáctico para desbrozar la compleja relación de factores implicados en el problema. Sin embargo quizá la conclusión más útil sea la de preferir la complejidad y la *confusión*, a la claridad y la ingenuidad. La consideración de un dolor no psicógeno como si lo fuera puede ser grave, en atención a sus implicaciones terapéuticas. Igual ocurre con el resto de las consideraciones etiológicas. Nunca debe tenerse una mentalidad excluyente al respecto, muy por el contrario se debe tender, en atención a la complejidad del problema, a mantener una postura lo más abierta posible en la confluencia del mayor número de factores relevantes al síndrome concreto.

Debe entenderse, en suma, que en los casos de dolor crónico existe algún tipo de dolor real que no ha desaparecido porque los mecanismos de regulación fisiológica (natural) no han funcionado correctamente. Sin embargo no se ha considerado la existencia o mejor la inexistencia de un dolor, digamos físico, y la ocurrencia de un dolor que bien podría denominarse psicológico, emocional, moral e incluso social. Sin entrar a debatir la existencia de tal tipo de dolor, tiene interés considerar el caso en que los aspectos psicosociales del dolor tienen una importancia capital, de tal modo que serían los factores psicológicos los principales responsables del problema.

Una excelente revisión sobre la existencia de un denominado *dolor social* fue publicada en el *Psychological Bulletin* por MacDonald y Leary (MacDonald y Leary, 2005). Estos autores definieron el *dolor social* como la reacción emocional seguida de la percepción de que uno es excluido de relaciones sociales deseadas, o es rechazado por personas o grupos deseados. La pérdida de un ser querido, la separación forzada, el rechazo son, entre otras, las situaciones que darían lugar a ese *dolor*. Los autores sostienen que la exclusión social dispara los mismos sentimientos de dolor, produciendo una experiencia emocional de dolor sin estar acompañado por la sensación del dolor físico.

Ciertamente, la exclusión social es una condición de amenaza que requiere, posiblemente, una respuesta protectiva similar a la que sigue a la percepción de dolor. Además, la exclusión en sí puede ser tan aversiva o más que el dolor físico, en determinadas circunstancias (Williams, 1997). La percepción de esta amenaza pone en marcha una respuesta generalizada que incluye tanto factores sociales como físicos. De este modo, la exclusión puede originar agresión porque tal exclusión es procesada a nivel automático como una amenaza básica, al igual que el dolor. Así la exclusión social que entenderíamos como una profunda y negativa experiencia emocional, se comportaría biológicamente, en virtud de la gravedad de la amenaza, como si de un dolor agudo se tratara, con sus respuestas automáticas de miedo y agresión. Esto devuelve el *dolor social* al dolor físico.

Las implicaciones de esta breve excursión al dolor con mayor contenido psicológico es que los sentimientos de exclusión o de incapacidad relacional pueden contribuir al desencadenamiento y/o mantenimiento de problemas de dolor crónico. El padecimiento del problema de dolor en sí puede ser origen de exclusión o de devaluación de las relaciones sociales, por lo que estos aspectos deben ser considerados con especial detalle. Los factores sociales, incluyendo especialmente, la actividad laboral, familiar, etc., de los pacientes de dolor crónico siempre se han considerado como elementos esenciales en el abordaje del problema (Fordyce, 1976), sin embargo he aquí un nuevo motivo para hacerlo. El modo de abordar estos aspectos debe ajustarse al modo en que operan y que se ha comentado más arriba. Por ejemplo, si se consideran que estos factores psicosociales no tienen que ver con un dolor físico, se reforzará la percepción de exclusión. Es, por tanto, preciso apoyar y validar el dolor que siente el paciente, de otro modo no será posible romper el círculo vicioso de exclusión/dolor (ver Sullivan, 2000). Promover la aceptación social, así como el reconocimiento y la exposición a las emociones y sensaciones del paciente, contribuirá a reducir la percepción de amenaza y del mantenimiento del dolor.

El dolor es modulado (reducido) de forma natural por el organismo a través de las distintas estructuras del SNC implicadas en su neurotransmisión e integración. Desde un punto de vista neuroquímico algunas sustancias como los opiáceos endógenos (encefalinas y endorfinas) y distintas monoaminas como la serotonina son responsables de dicha modulación. El papel de dichas sustancias en procesos emocionales como el estado de ánimo, la depresión, el afrontamiento psicológico de determinados problemas, etc., reitera la importancia que en la percepción del dolor tienen los factores emocionales en un sentido integrador y global.

3. EVALUACIÓN DEL DOLOR CRÓNICO

La medida del dolor y la evaluación de los diferentes aspectos psicológicos directa o indirectamente relacionados con él, es una tarea necesaria tanto para planificar la intervención psicológica como para valorar su eficacia. En la práctica clínica, la mayoría de los pacientes de dolor crónico objeto de evaluación psicológica, proceden del ámbito médico o bien están siendo tratados por un equipo multidisciplinar caso en el que, lógicamente, esta evaluación se integra con el resto de las intervenciones médicas. En todo caso, ya sea dentro o fuera de un equipo multidisciplinar, la primera precaución imprescindible para comenzar la intervención psicológica, es haber descartado la existencia de alguna causa orgánica responsable del dolor, que fuese susceptible de tratamiento farmacológico o quirúrgico.

Al abordar el proceso de evaluación psicológica del dolor crónico, nos encontramos con dos grandes bloques de información que pueden resultarnos de interés: por una parte, la caracterización y medida del dolor en sí mismo y, por otra, el conocimiento y evaluación de todo el conjunto de factores (conductuales, psicofisiológicos, cognitivos y emocionales) que pueden afectar directa o indirectamente al dolor.

3.1. Caracterización y medida del dolor

Al ser el dolor una experiencia perceptiva privada, a la que sólo tiene acceso la persona que lo padece, nuestro conocimiento de las características cuantitativas y cualitativas del dolor quedará limitado al informe que nos aporte el paciente.

La medida de los parámetros cuantitativos del dolor (frecuencia, intensidad y duración) se realiza, lógicamente, mediante el auto-informe del sujeto. Ahora bien, mientras que el informe de los parámetros temporales (frecuencia y duración) no suele ofrecer problemas especiales, la medida de la intensidad puede resultar bastante compleja, debido precisamente al carácter subjetivo de su cuantificación.

Existen diversos instrumentos diseñados para medir la intensidad del dolor. Uno de los más empleados es la escala analógica visual (ver Figura 1). Este método parte del supuesto de que el dolor puede distribuirse a lo largo de un continuo, y puede ser valorado comparando su magnitud con la longitud de una línea de 10 cm. Para facilitar esta analogía entre dolor y longitud, se suelen colocar etiquetas verbales en ambos extremos de la línea (p. ej.: ausencia de dolor, dolor insoportable). La escala analógica visual ha demostrado que, cuando se está midiendo la intensidad de un dolor presente, es un instrumento fácil de administrar, válido y sensible al cambio. No obstante, tiene el problema de que algunos pacientes, generalmente con un bajo nivel cultural, no entienden qué es lo que se les está pidiendo (Jensen y Karoly, 1992).

0 1 2 3 4 5 6 7 8 9 10

Escala numérica (0=ausencia de dolor, 10= dolor de máxima intensidad)

Ausencia de dolor	Dolor medio	Dolor moderado	Dolor severo	Dolor insoportable

Escala verbal (elegir la categoría que más se ajuste a la intensidad actual del dolor)

Ausencia de dolor ______________________________ Dolor insoportable

Escala analógica visual (marcar con una X el lugar que corresponda a lo largo de la línea)

Figura 1. Escalas de medida del dolor (tomado de Vallejo y Comeche, 1994)

Otras escalas para medir la intensidad del dolor, útiles cuando el informe tiene que realizarse de forma retrospectiva o cuando se necesitan mediciones reiteradas, son las escalas verbales y las numéricas. Como también puede verse en la Figura 1, en el primer caso se utiliza un número determinado de adjetivos cuantitativos (entre 4 y 15) que describen los diferentes niveles posibles de dolor, consistiendo la tarea del sujeto en elegir aquel que mejor refleje su dolor. En el caso de las escalas numéricas se pide al sujeto que cuantifique la intensidad del dolor según los números de la escala (de 0 a 5, de 0 a 10 ó de 0 a 100), utilizando como guía las etiquetas verbales que definen los extremos de dicha escala.

Una alternativa a la evaluación mediante las escalas señaladas más arriba es la utilización de imágenes o viñetas, lo que resulta muy apropiado en dolor pediátrico. Se trata de la denominada Faces Pain Scales (ver Champion y cols., 1998 y McGrath y Gillespie, 2001) y ha sido adaptada a diversos idiomas, el español entre ellos (ver Von Baeyer y Piiria, 2003) e incluso al catalán (Miró y Huguet, 2004).

Día: Nombre:

Horas / Dolor	6	7	8	9	10	11	12	1	2	3	4	5	6	7	8	9	10	11	12	1	2	3	4	5
5																								
4																								
3																								
2																								
1																								
0																								
Analgésico y dosis																								
Situación																								

***Figura 2.** Auto-registro diario de dolor (Vallejo y Comeche, 1994)*

En la práctica clínica, los auto-informes más utilizados para conocer simultáneamente los diferentes parámetros cuantitativos del dolor, son los auto-registros llamados *diarios del dolor*. En este tipo de auto-registros se suele hacer que el paciente valore la intensidad del dolor utilizando una escala numérica o numérico-verbal. Los momentos temporales en los que se debe registrar se regulan en función del carácter continuo o episódico del dolor. Así, si el dolor es continuo, como es frecuente en los problemas de lumbalgia, será suficiente con anotar el dolor en algunos momentos fijados a lo largo del día, o cuando se produzca un cambio apreciable en su intensidad, ya que la frecuencia y la duración aparecen constantes. Por el contrario, si el dolor es episódico, como en el caso de la migraña, conviene anotar su ocurrencia a lo largo de todo el episodio, para así tener constancia de los tres parámetros. En estos auto-registros puede resultar de utilidad destinar algún espacio adicional para registrar, simultáneamente, algunos aspectos de interés que puedan estar funcionalmente relacionados con la ocurrencia del dolor, como por ejemplo los fármacos que ingiere el paciente o las situaciones que asocie con el surgimiento y/o agravamiento del dolor.

La medida de los aspectos cualitativos del dolor (localización y características descriptivas), resulta de gran utilidad para el diagnóstico y tratamiento médico de los problemas de dolor crónico. Aunque su utilidad en el ámbito psicológico parece mucho más restringida, dado el carácter multidisciplinar de la mayoría de las intervenciones que se realizan en los trastornos de dolor crónico, el conocimiento de los instrumentos que permiten su medida es asimismo necesario para el psicólogo clínico.

El cuestionario de evaluación del dolor por antonomasia es el McGill (Melzack, 1975). Dicho cuestionario fue desarrollado, como ya se ha comentado, con el objetivo de facilitar un índice de dolor para cada una de las dimensiones de éste (sensorial-discriminativa, motivacional-afectiva y cognitivo-evaluativa). Para ello cuenta con una lista de 78 adjetivos agrupados en 20 categorías, que describen el dolor del paciente. En España se han realizado varias adaptaciones del McGill, sin embargo la mejor documentada es la de Lázaro y cols. (1994). Algunos datos adicionales sobre la bondad científica de este instrumento han sido publicados por Masedo y Esteve (2000).

En este cuestionario, además, se debe reflejar la localización del dolor, valiéndose para ello de dos figuras esquemáticas del cuerpo humano (de frente y de espaldas) en las que se señalan las áreas en las que se experimenta el dolor. Finalmente, se debe valorar la intensidad del dolor presente, utilizando una escala numérico-verbal de 5 puntos (1=ligero, 5=atroz).

3.2. Aspectos psicológicos relacionados con el dolor

Existe un amplio conjunto de variables (psicofisiológicas, conductuales, emocionales y cognitivas) cuya valoración resulta imprescindible para el psicólogo clínico, dadas sus posibles influencias, directas o indirectas, en el problema global del paciente de dolor crónico. La evaluación concreta de cada una de estas variables debe integrarse en el proceso de análisis conductual del caso. Es decir, debe comenzarse con la evaluación pre-tratamiento para averiguar la particular influencia de cada una de estas variables en el desarrollo y mantenimiento del dolor y, en función de los resultados de este análisis, elaborar el programa de tratamiento más apropiado para cada caso concreto. A su vez, resulta conveniente seguir valorando muchas de estas variables a lo largo del tratamiento, ya que algunas de ellas (como la depresión o el nivel de actividad) suelen ser indicativos fiables del progreso terapéutico.

3.2.1. Variables psicofisiológicas

La valoración de las respuestas psicofisiológicas es una de las áreas con más tradición en el ámbito de la evaluación psicológica del dolor crónico. Su interés como objeto de estudio se basa en el conocimiento de que algunos de los cambios característicos de los estados de activación fisiológico-emocional (como los incrementos en la tensión muscular o la vasoconstricción periférica), pueden actuar como desencadenantes del dolor o bien como respuesta producida por el propio dolor.

Las respuestas psicofisiológicas más usuales en este tipo de evaluación son, por tanto, aquellas que pueden estar implicadas en el proceso de activación autonómica: la tensión electromiográfica, la temperatura periférica, la frecuencia cardíaca y la conductancia de la piel. La evaluación debe centrarse, concretamente, en el estudio de los cambios producidos en la respuesta o respuestas relevantes al trastorno, ante diferentes situaciones potencialmente estresantes para el sujeto valorado.

3.2.2. Variables conductuales

La persona que padece dolor de forma crónica, suele desarrollar ciertas conductas encaminadas a comunicar, directa o indirectamente, su padecimiento a las personas que le rodean. Todo este conjunto de comportamientos que el paciente realiza o evita por culpa del dolor (quejas, gestos, posturas, petición de calmantes, evitación de esfuerzos, absentismo laboral, etc.) son uno de los objetivos prioritarios de valoración. Estas conductas, susceptibles de ser reforzadas en el medio ambiente del sujeto, reciben el nombre de *conductas del dolor* (Fordyce, 1976). De forma significativa, la disminución de la actividad física, social y laboral, constituye uno de los principales factores en la cronificación de los problemas de dolor. La asunción del papel de enfermo y la inmovilidad, como forma de tratamiento y prevención del dolor, es compartida no sólo por el enfermo y su familia, sino también por algunos médicos. La importancia de estos comportamientos como objeto de evaluación y tratamiento radica en su posible protagonismo en el mantenimiento del problema global del paciente, al perpetuar comportamientos como el sedentarismo y la dependencia, desadaptativos para su buena evolución y recuperación.

El nivel global de actividad del paciente puede ser valorado fácilmente, mediante registros diarios del tiempo empleado en cada una de las actividades: sentado, tumbado, de pie, caminando o realizando otro tipo de actividades. A pesar de la sencillez y economía de este método de auto-informe, su utilización no resulta adecuada para la evaluación de algunas conductas de dolor por lo que, cuando ésta se hace necesaria (como en la lumbalgia o en los problemas osteoarticulares), se debe recurrir a métodos de observación directa. Debido al alto coste del personal observador, suele ser frecuente grabar en la consulta sesiones estándar de evaluación, a fin de captar todo el conjunto de comportamientos (verbales y gestuales) que los pacientes manifiestan mientras realizan ciertos ejercicios programados (Keefe y Williams, 1992). El uso de estos sistemas de evaluación, habitualmente limitado al ámbito hospitalario, presenta algunos inconvenientes como su elevado coste y, sobre todo, la artificialidad del ambiente que impide observar la respuesta de las personas allegadas al paciente ante sus conductas de dolor y limita la generalización a las situaciones de su vida diaria.

3.2.3. Variables emocionales

Generalmente se asume una relación bidireccional entre dolor y emoción. Es decir, emociones como ansiedad, depresión o ira pueden ser desencadenadas por culpa del dolor y, a su vez, el dolor puede surgir o exacerbarse en estos estados emocionales. En los momentos iniciales de padecimiento del dolor las reacciones de ansiedad e ira suelen ser frecuentes, sin embargo, cuando el problema está muy cronificado, la alteración emocional más frecuente es la depresión. No obstante, dadas las complejas y variadas relaciones entre estado emocional y dolor, se recomienda su valoración tanto en la evaluación inicial como al final del tratamiento para valorar la eficacia de la intervención sobre el estado emocional alterado.

La valoración de estas variables emocionales suele efectuarse mediante cuestionarios. El más indicado para evaluar la ansiedad y la depresión es el Hospital Anxiety and Depression Scale (HADS, Zigmond y Snaith, 1983), que está especialmente diseñado para personas con problemas somáticos (enfermedades médicas). Ha sido ampliamente estudiado en España respecto a sus cualidades psicométricas (Tejero y cols., 1986; Caro e Ibáñez, 1992; Herrero y cols., 2003 y Terol y cols., 2007). Para valorar la depresión también suele utilizarse el BDI, o inventario de depresión de Beck (Beck y cols., 1961). Finalmente, en la evaluación de la ira, puede ser útil el inventario de expresión de la ira de Spielberger (Spielberger, 1988).

Instrumento	Nº Items	Subescalas/dimensiones
Cognitive Error Questionnaire (CEQ, Lefebvre, 1981)	24	Catastrofismo Sobre generalización Personalización Abstracción selectiva
Pain Beliefs Questionnaire (PBQ, Gottlieb, 1984)	43	Expectativas de incapacidad Auto-eficacia Depresión Dolor como amenaza
Pain Information and Beliefs Questionnaire (PIBQ, Schwartz y cols., 1985 y Shutty y DeGood, 1990)	32	Conocimiento sobre el dolor crónico Acuerdo con los tratamientos conservadores
Survey of Pain Attitudes (SOPA, Jensen y cols, 1987)	35	Control del dolor Diligencia Cuidado médico Incapacidad Medicación Emoción
Pain and Impairment Relationship Scales (PAIRS, Riley y cols., 1988)	15	Habilidad para manejarse a pesar del dolor
Pain Beliefs and Perception Inventory (PBAPI, Williams y Thorn, 1989)	16	Juicio sobre la estabilidad del dolor Culparse a sí mismo Percepción del dolor como misterioso
Pain Cognitions Questionnaire (PCQ, Boston y cols., 1990)	30	Estrategias activas Desesperanza Indefensión Optimismo pasivo

Tabla 1. Instrumentos para evaluar creencias sobre el dolor (DeGood y Shutty, 1992, modificado)

3.2.4. Variables cognitivas

La cantidad y cualidad de dolor que percibe una persona está influida, además de por las variables citadas (fisiológicas, conductuales y emocionales), por variables cognitivas como las creencias sobre el origen y significado del dolor o las estrategias que la persona utiliza para manejar éste.

Las creencias de los pacientes acerca de su dolor pueden influir en la implicación y adherencia de éstos al tratamiento, por lo que deben ser inicialmente valoradas. Esta evaluación puede realizarse mediante entrevista, o utilizando alguno de los cuestionarios que se detallan en la Tabla 1.

La evaluación de las estrategias de afrontamiento del dolor debe realizarse tanto en los momentos iniciales, para planificar la intervención, como a lo largo del tratamiento para valorar su eficacia. En la Tabla 2 se detallan algunos de los cuestionarios empleados para su valoración, así como el tipo de estrategias que engloba cada uno de ellos.

En los últimos años se ha prestado especial importancia al pensamiento catastrofista, constructo, por otro lado, considerado desde hace años como forma de afrontamiento. Se trata de una forma cognitiva de reaccionar ante el dolor de modo negativo y desproporcionado. Consta de tres componentes: magnificación (exageración de las amenazas que toda percepción de dolor puede llevar), rumiación (preocupación recurrente) e indefensión (constatación de la imposibilidad de actuar para reducir el dolor. El catastrofismo es evaluado, principalmente, a través de estas dos escalas: Pain Catastrophizing Scale (Sullivan y cols., 1995) y el Coping Strategies Questionnaire (Rosentiel y Keefe, 1983).

4. TRATAMIENTO PSICOLÓGICO DEL DOLOR CRÓNICO

El dolor crónico es quizá el trastorno psicofisiológico en el que la aproximación cognitivo-conductual ha demostrado más ampliamente su utilidad clínica. Entre los factores que pueden haber influido en el interés de los investigadores y clínicos por este campo de estudio destaca, básicamente, la gran aceptación en el ámbito médico del acercamiento multidisciplinar a este tipo de problemas. Aceptación sin duda propiciada por la dificultad para tratar desde el enfoque médico (básicamente etiológico) un trastorno en el que la etiología suele ser desconocida o dudosa. Esta dificultad suele verse incrementada por la escasa eficacia de los fármacos analgésicos para mitigar algunos tipos de dolor, ineficacia que se hace más patente conforme avanza el proceso de cronificación.

En relación con este aspecto, es importante destacar que el objetivo de la mayoría de las técnicas psicológicas no es el abordar y eliminar directamente el dolor. Ya se ha señalado que una de las características del dolor crónico es, precisamente, su resistencia a los procedimientos analgésicos convencionales. Pues bien, los procedimientos psicológicos no aportan ninguna "solución analgésica" que de forma mágica elimine el dolor. Muy por el contrario, en algunos casos la intervención psicológica deberá centrarse en conseguir que el sujeto acepte el trastorno crónico que padece y aprenda una serie de estrategias para reintegrarse a su vida normal, a pesar del dolor.

Instrumento	Nº Items	Subescalas/dimensiones
Ways of Coping Questionnaire (WOC, Folkman y Lazarus, 1980)	55	Reestructuración cognitiva Búsqueda de información Culparse a sí mismo Fantasía de realizarse plenamente Expresión emocional Minimizar la amenaza
Coping Strategies Questionnaire (CSQ, Rosenstiel y Keefe, 1983)	50	Desviar la atención Reinterpretar la sensación de dolor Auto-instrucciones de afrontamiento Ignorar el dolor Rezar Catastrofismo Aumentar la actividad Aumentar las conductas de dolor
Vanderbilt Pain Management Inventory (VPMI, Brow y Nicassio, 1987)	19	Afrontamiento pasivo Afrontamiento activo
Chronic Pain Coping Inventory (CPCI, Jensen y cols., 1995) Versión para el paciente	65	Protegerse Descansar Buscar ayuda Relajarse Continuar la tarea Ejercicio físico Buscar apoyo social Auto-instrucciones de afrontamiento
Versión para los familiares	52	Ídem que en la versión del paciente, excepto las auto-instrucciones de afrontamiento
Chronic Pain Acceptance Questionnaire (McCraken y cols. 2004 y González y cols., 2010)	20	Puntuación total Implicación en actividades Apertura al dolor

Tabla 2. Instrumentos para evaluar estrategias de afrontamiento del dolor (DeGood y Shutty, 1992, modificado)

El acercamiento psicológico a los problemas de dolor crónico es un acercamiento amplio que recoge e integra todo el conjunto de variables (fisiológicas, emocionales, cognitivas y conductuales) implicadas en la percepción del dolor (Okifuji y Turk, 2015). La intervención psicológica, como ya se ha señalado, suele comenzar por la identificación de los diferentes aspectos implicados en cada caso concreto y el análisis de las relaciones funcionales existentes entre ellos. Algunos de estos aspectos (como la activación fisiológico-emocional) pueden representar un papel antecedente, a veces causal, en el surgimiento del dolor. Otros, como la inactividad, pueden ser una consecuencia de su padecimiento de forma continuada o repetitiva. Sin embargo, en otros casos aparecen síntomas o problemas asociados al dolor, como sucede con la depresión, en los que la relación funcional es compleja, muchas veces por estar basada en procesos circulares, y en consecuencia la distinción causa-efecto resulta poco menos que imposible. A pesar de estas dificultades, por otra parte inherentes al propio análisis conductual, el tratamiento debe adaptarse dentro de lo posible, a los resultados de dicho análisis, aportando soluciones terapéuticas para cada uno de los aspectos implicados.

A continuación se abordará el tratamiento psicológico del dolor crónico, dividiendo esta presentación en cuatro apartados en los que se recogen las técnicas más utilizadas para acometer cada uno de los cuatro aspectos citados: técnicas de regulación fisiológica, conductuales, emocionales y cognitivas. Esta división, tradicional en los manuales al uso, responde a motivos didácticos y no pretende reflejar una división artificial del conocimiento y aplicaciones clínicas. Es decir, se asume que cualquier intervención sobre uno de los aspectos repercute en los demás y, por tanto, que al modificar cualquiera de ellos hay que prever y servirse del efecto que produce en los restantes.

4.1. Técnicas de regulación fisiológica

Los aspectos fisiológicos implicados en la percepción de dolor han sido los que más atención han recibido por parte de los investigadores, y sin duda los primeros en ser considerados como objeto de tratamiento conductual. Su aplicación se basa en un simple supuesto etiológico, coherente con el modelo lineal tradicionalmente asumido: si el dolor se produce por la alteración de una respuesta fisiológica (por ejemplo, un incremento de tensión muscular en la cefalea tensional o en la lumbalgia), la regulación de dicha respuesta solucionará el problema de dolor.

Aunque este simple supuesto no ha podido ser uniformemente demostrado, y a pesar de que la complejidad y diversidad de la experiencia de dolor es un hecho universalmente asumido, las técnicas de regulación fisiológica siguen siendo los procedimientos de elección al abordar cualquier trastorno de dolor crónico. Esta elección se fundamenta, por una parte, en la facilidad de su administración y, por otra, en que su eficacia es una de las más elevadas, aún en los casos en que dichas técnicas se administren de forma aislada.

Los dos procedimientos de regulación fisiológica más utilizados en el tratamiento del dolor crónico son el *biofeedback* y la relajación. Estas técnicas se emplean frecuentemente de forma combinada con objeto de potenciar los beneficios terapéuticos que cada una de ellas aporta por separado. No obstante, y con el fin de clarificar esta exposición, se tratarán en apartados separados aunque se irán comentando las ventajas de su combinación, cuando proceda.

4.1.1. La relajación en el tratamiento del dolor crónico

El entrenamiento en relajación es un elemento terapéutico frecuente en el tratamiento del dolor, generalmente asociado a otras técnicas y, en ocasiones, formando parte de programas multicomponente. Un elemento previo para valorar su asociación con otras técnicas es conocer qué eficacia tiene, por sí sola, en el tratamiento del dolor y en qué tipo de síndromes y condiciones clínicas opera.

El uso de la relajación no tiene un efecto directo sobre el control del dolor. Su acción produciría, en principio, una reducción de un determinado tipo de actividad fisiológica: la musculoesqueletal, así como una disminución de la actividad adrenérgica y un aumento de la actividad parasimpática. Estos efectos podrían, de forma genérica, producir una disminución de la ansiedad y, también, la reducción de algunas actividades fisiológicas concretas que pudieran perpetuar o incrementar el dolor. Lo cierto es que la relajación, tanto progresiva como autógena, ha sido poco utilizada como única técnica de tratamiento y sólo ha sido estudiada convenientemente en el tratamiento de las cefaleas.

Linton revisó en 1982 (Linton, 1982) la eficacia de la relajación en síndromes de dolor distintos de las cefaleas y aunque recogió diversa evidencia a favor de su utilidad, los estudios revisados no tenían, en muchos casos, unos requisitos metodológicos mínimos que permitieran sustentan la utilidad de la relajación (Roelofs y cols., 2002). Revisiones posteriores han reiterado la escasa potencia terapéutica de la relajación (Meeus y cols., 2015; Kwekkeboon y Gretarsdottir, 2006)), como se ha comentado en otro lugar (Díaz, Comeche y Vallejo, 2003). Hay, no obstante, dos excepciones a estos déficit de la relajación y son el tratamiento de las cefaleas y el uso de la relajación, junto a otras técnicas, como estrategias de afrontamiento.

El tratamiento de las cefaleas funcionales o idiopáticas: migraña, tensionales y mixtas, sí se beneficia de forma directa de la relajación como técnica única de tratamiento. La revisión realizada por Holroyd (Holroyd, 2002) muestra que para la migraña los datos disponibles indican que la relajación, mezcla de relajación progresiva y entrenamiento autógeno, es más eficaz que el tratamiento cognitivo-conductual y sólo es superada por el biofeedback electromiográfico. La American Association of Neurology establece con nivel de evidencia A, el máximo existente, el entrenamiento en relajación, en biofeedback de temperatura combinado con relajación, biofeedback EMG y tratamiento cognitivo conductual, para el tratamiento preventivo de la migraña (ver http://www.neurology.org/cgi/reprint/55/6/754.pdf) Una situación similar se establece en el caso de la cefalea tensional. El entrenamiento en relajación se muestra eficaz, aunque es superado por el biofeedback EMG, quedando con una eficacia intermedia la combinación de relajación y biofeedback EMG, así como el tratamiento cognitivo-conductual (ver McCroy y cols., 2001).

El motivo por el que la relajación sí haya demostrado su eficacia en el tratamiento de las cefaleas y no en otros síndromes de dolor puede deberse a las disfunciones fisiológicas que producen las cefaleas. Es posible que los cambios generados por el entrenamiento en relajación interfieran, como también lo hace de forma más efectiva el entrenamiento en biofeedabck, en los mecanismos fisiopatológicos de este tipo de cefaleas. De este modo, las cefaleas dejan de producirse. Llama la atención, al respecto, que aunque los procedimientos típicos de corte cognitivo-conductual son también eficaces no lo son más que la relajación, en el caso de la migraña. Para la cefalea tensional, aun cuando la terapia cognitivo-conductual es tan eficaz como la relajación, se ve superada por el entrenamiento en biofeedback. En suma, un tratamiento relativamente simple como el biofeedback es más efectivo que otro más complejo como el cognitivo-conductual.

El área donde la relajación se ha mostrado eficaz es como estrategia de afrontamiento, esto es, como componente dentro de un programa dirigido a dotar y poner en marcha este tipo de habilidades. Hay datos de su eficacia en el dolor de espalda (Linton y Götestam, 1984), la artritis (Affleck y cols., 1992) y otros síndromes de dolor crónico no neoplásico (Seers, 1997). Es más, los estudios que comparan la relajación de forma aislada, con otras técnicas asociadas a otros componentes, como el ejercicio físico y otras estrategias de afrontamiento más relajación, muestran que el tratamiento combinado es más eficaz que la relajación sola (véase el caso de la fibromialgia: Keel y cols., 1998).

4.1.2. El entrenamiento en biofeedback en el tratamiento del dolor crónico

El entrenamiento en biofeedback ha tenido como una de sus pioneras y más destacadas aplicaciones el tratamiento de diversos síndromes de dolor crónico. El poder actuar de forma directa sobre las respuestas fisiológicas relevantes al síndrome de dolor es, sin duda, una posibilidad atractiva. Se entiende que si el problema clínico, el dolor, es originado por una disfunción de los sistemas naturales de regulación fisiológica, una ayuda externa que permita restablecer la auto-regulación es la opción más adecuada.

Como se ha comentado en el apartado anterior las técnicas de biofeedback se han mostrado útiles y superiores, en general, al uso de la relajación en el tratamiento de las cefaleas. Es cierto que las razones de la eficacia no han dejado de estar sujetas a controversia. La relevancia que la tensión muscular o la temperatura periférica pueden tener en la fisiopatología de las cefaleas ha sido uno de los factores más relevantes a considerar. Lo cierto es que, a pesar los problemas al respecto (ver Andrasik y cols., 1982 y Langermark y cols., 1990), los resultados de los estudios muestran la eficacia del biofeeback EMG, en primer lugar, y de temperatura periférica en el segundo. No obstante, se ha llamado la atención sobre el papel que en las cefaleas tensionales pueden tener otros músculos de la cara, el cuello o los hombros (Olesen y Schoenen, 2000). Esto ha llevado a postular la existencia de una sensibilización de ciertas áreas sensoriales de tal modo que ligeras, e incluso inexistentes, estimulaciones podrían provocar dolor (Schoenen y Wang, 1997). Lo cierto es que estos aspectos no introducen una novedad significativa en los conocimientos tradicionales sobre la psicofisiología del dolor de cabeza, no obstante han orientado la investigación sobre medidas centrales, concretamente los potenciales evocados (Schoenen, 1996 y Welch y Ramadan, 1995), y la posibilidad del uso del neurofeedback como alternativa al feedback EMG.

Con independencia del resultado que otras modalidades de biofeedback puedan obtener en las cefaleas, el biofeedback EMG es el procedimiento más adecuado de intervención tanto para las cefaleas tensionales como migrañas (ver Holroyd, 2002). Por tanto, con independencia de nuestros conocimientos sobre la psicofisiología de las cefaleas y de los efectos del tratamiento, el entrenamiento en biofeedback es efectivo en la reducción de las cefaleas.

El entrenamiento en biofeedback, por sí solo o combinado con la relajación, es eficaz en otros síndromes de dolor crónico. Podría señalarse que, en general, es efectivo en los síndromes de dolor musculoesqueletal, caso de la lumbalgia (Hasenbring y col., 1999 y Flor y Birbaumer, 1993), y en otros síndromes se han obtenido resultados positivos, aun cuando los datos disponibles son menores, este es el caso de dolor de miembro fantasma (Sherman y cols., 1989 y Bellegia y Birbaumer, 2001), o de la artritis (Bradley y cols., 1985 y Keefe y cols., 2002). El neurofeedback se ha mostrado útil en el tratamiento de la fibromialgia (Santoro y Cronan, 2014).

4.2. Tratamiento de los aspectos conductuales

El tratamiento de los aspectos comportamentales implicados en el dolor crónico fue inicialmente desarrollado por Fordyce (1976 y 1978). Este autor, basándose en los principios del condicionamiento operante, elaboró un programa de tratamiento que viene aplicándose con éxito en el Centro Multidisciplinario de Tratamiento del Dolor de la Universidad de Washington.

Los objetivos prioritarios del programa de tratamiento propuesto por Fordyce (1976, 1978) son la extinción de las conductas de queja y evitación, el incremento gradual de actividades adecuadas y la progresiva reducción del uso de analgésicos. Se aplica sólo a pacientes que cumplan estos criterios: cronicidad mínima de 4 meses; existencia de reforzamiento de las conductas de dolor; que se puedan instaurar comportamientos adaptativos alternativos a las conductas de dolor; que no exista causa orgánica conocida responsable del dolor, o que ésta sea mínima o cuestionable; que se puedan modificar las contingencias de reforzamiento, para lo cual es necesario poder controlar los reforzadores actuales y potenciales, así como la colaboración en esta tarea de las personas allegadas al paciente. Más detalles acerca de la aplicación de este programa concreto pueden consultarse en castellano en Labrador y Vallejo (1984 y 1985) y Vallejo y Comeche (1994).

El conjunto de técnicas conductuales que en la actualidad se aplican en los programas de tratamiento del dolor crónico, pueden englobarse según Keefe y Lefevbre (1994), en los cuatro procedimientos siguientes: programación gradual de actividades y ejercicio, reforzamiento social, reorganización de las contingencias de medicación y entrenamiento en técnicas de auto-control.

La primera de estas estrategias, la *programación de actividades,* busca revertir la inactividad característica de la mayoría de los pacientes de dolor crónico. Al combatir este sedentarismo se pretende eliminar las consecuencias que dicho estilo de vida origina: disminución de las actividades gratificantes y distractoras, incremento de la dependencia de los demás, disminución de la tolerancia al ejercicio, aumento de la tensión, miedo a realizar cualquier actividad, etc. Los programas de actividad y ejercicio suelen aplicarse siguiendo una secuencia similar. En primer lugar se establece el nivel basal de actividad y tolerancia al ejercicio de cada sujeto, en función de los diarios que ellos mismos cumplimentan. A continuación se contrasta con el paciente la información aportada por estos auto-informes y se integra con una explicación detallada acerca de los perjuicios de seguir manteniendo la inactividad y los beneficios de someterse al programa de incremento gradual. Finalmente se comienza el programa planteando siempre las metas por debajo del nivel de tolerancia del paciente, para ir luego incrementando gradualmente los ejercicios y demás actividades.

El objetivo de la segunda estrategia señalada por Keefe y Lefevbre (1994), el *reforzamiento social*, es la reorganización de las contingencias de reforzamiento que suelen contribuir al mantenimiento del comportamiento desadaptado que presentan estos pacientes. Este objetivo es difícil de conseguir cuando el paciente permanece en su ambiente habitual, donde frecuentemente se observa cómo sus allegados prestan atención de forma sistemática a sus quejas, peticiones de ayuda y demás conducta de dolor, relevándole a su vez de muchas de las actividades que requieren esfuerzo. En consecuencia, estos patrones inadecuados de reforzamiento suelen estar muy instaurados y ser difíciles de modificar. Por este motivo, muchos de los programas tienen previsto el ingreso de los pacientes durante el tiempo que dura la intervención. Durante ésta, el personal sanitario refuerza adecuadamente comportamientos adaptativos como la actividad y el ejercicio, mientras deja de prestar atención a los desadaptativos, como la inactividad y las conductas de dolor, para conseguir su extinción. Además, en todos los casos resulta adecuado, e imprescindible en los casos en que no sea posible el ingreso, entrenar a los familiares que conviven con el paciente en los principios del aprendizaje para que aprendan las pautas de reforzamiento a seguir.

Otro de los procedimientos conductuales habitualmente utilizados es la reorganización de las *contingencias de medicación*. Su objetivo es la disminución gradual de los analgésicos. A este respecto, Fordyce (1976) reparó en la coincidencia de las tomas de medicación con los momentos de máximo dolor, y cómo tal comportamiento contingente actúa como un potente reforzador de esta conducta de dolor. La intervención debe comenzar por establecer la línea base de medicamentos y, respetando en principio la dosis diaria total, sustituir la pauta de medicación contingente con el dolor por otra basada en la división de la dosis total en intervalos temporales fijos. Posteriormente, y de forma gradual, se reduce la cantidad de medicación de cada toma hasta llegar a eliminarla. En la mayoría de los programas, la medicación se disuelve en algún tipo de líquido, generalmente zumo, de modo que la cantidad de líquido de este *cocktail del dolor* permanezca constante a lo largo del tratamiento, mientras que se disminuye gradualmente la cantidad de medicación disuelta.

La cuarta de las estrategias conductuales apuntadas por Keefe y Lefevbre (1994) es el aprendizaje de *estrategias de auto-control.* Este entrenamiento resulta imprescindible para que los pacientes puedan generalizar lo aprendido durante la intervención a su vida ordinaria. Un componente imprescindible de este entrenamiento es la auto-observación. Mediante los auto-registros diarios el paciente toma inicialmente conciencia de los comportamientos a modificar. Posteriormente se le ayuda a reconocer las señales de peligro para poner en marcha alguna de las estrategias aprendidas e ir identificando los progresos. Esta observación resulta imprescindible para otro de los elementos del entrenamiento en auto-control, el auto-refuerzo. Se pretende que el paciente aprenda a auto-reforzarse cada vez que emita una conducta adecuada, y del mismo modo, evite este reforzamiento cuando se produzca alguna conducta inadecuada.

La eficacia de estos programas conductuales ha sido documentada en múltiples ocasiones (Heinrich y cols., 1985; Turner y cols., 1990; Nicholas y cols., 1991), aunque la contribución de cada una de estas técnicas conductuales a la mejoría global observada es difícil de valorar, ya que habitualmente se aplican todas ellas combinadas y a veces junto a otras estrategias cognitivo-conductuales. A este respecto, es preciso señalar que, aunque la disminución del dolor no es uno de los objetivos prioritarios de las intervenciones conductuales, lo habitual es observar reducciones iniciales de dolor que a largo plazo se mantienen entre el 20 y el 30% (Keefe y Lefevbre, 1994). En efecto, se ha conjugado una disminución de la incapacidad con una reducción del dolor (Guzman y cols., 2001), lo que viene a confirmar la capacidad del modelo conductual en este ámbito de intervención (Jollife y Nicholas, 2004).

4.3. Tratamiento de los aspectos emocionales

Las relaciones entre estados emocionales como ansiedad o depresión y el dolor suelen ser complejas, asumiéndose generalmente una doble implicación, como causa y como efecto del propio dolor. En consecuencia cuando con el tratamiento se consigue la disminución del dolor es frecuente observar también una mejoría en el estado emocional y, de forma paralela, el tratamiento de la alteración emocional suele tener efectos positivos sobre el dolor percibido. Pero no siempre la concurrencia de alteraciones emocionales y dolor implica una relación entre ambos fenómenos. A veces, por el contrario, se observa una clara independencia entre ellos, de modo que aunque con el tratamiento se consiga mejorar el estado de ansiedad o la depresión, puede no producirse una disminución paralela del dolor. Esta independencia se manifiesta también en aquellos casos en los que el dolor se ve reducido y no sucede lo mismo con la alteración emocional. Este último supuesto es menos frecuente, ya que la mayoría de los cambios emocionales están originados por la experiencia de dolor, por lo que en estos casos debe indagarse la ocurrencia de factores no relacionados con el dolor.

Es un hecho conocido que el miedo y la *ansiedad* pueden reducir el dolor (Bolles y Fanselow, 1980). Este fenómeno sólo se presenta cuando el miedo o la ansiedad están producidos por una situación que no tiene que ver con el dolor. Por el contrario, cuando la ansiedad se derivada del padecimiento del dolor, como es frecuente en los problemas de dolor crónico, lo que se produce es un aumento en la percepción del propio dolor, con lo que el bucle dolor-ansiedad-dolor se retroalimenta a sí mismo.

La segunda de las alteraciones emocionales doblemente relacionadas con el dolor es la *depresión*. De hecho, en los trastornos de dolor crónico, éste es el problema emocional más frecuentemente observado. La depresión suele ser una consecuencia lógica del estilo de vida característico de los pacientes de dolor crónico: evitación de las actividades que podrían incrementar el dolor (laborales, sociales, de ocio, etc.) y pérdida de los reforzadores que con ellas obtendrían. A su vez, la depresión suele producir un agravamiento en el propio problema de dolor al incrementarse las limitaciones conductuales ya señaladas, así como las cogniciones negativas autoreferidas (Hanson y Gerber, 1990). De este modo vemos cómo el círculo vicioso dolor-depresión-dolor se perpetuaría también para este trastorno emocional.

A pesar del reconocimiento de la influencia de la depresión sobre el dolor, su abordaje específico en el ámbito del dolor crónico no ha recibido una atención tan detallada como la ansiedad. Algunos autores (Sullivan y cols., 1992) resaltan incluso el hecho de que, aun siendo conocida la alta prevalencia de trastornos depresivos en pacientes de dolor crónico, y reconocida la eficacia de los fármacos antidepresivos en el control de los problemas persistentes de dolor, el tratamiento de la depresión no haya llegado a ser uno de los componentes principales en el tratamiento del dolor crónico. Esta menor atención, aun siendo relevante en algunos casos, no significa que el abordaje de la depresión haya quedado fuera de todos los programas de tratamiento del dolor crónico. De hecho, la inclusión de algunas técnicas con claro poder sobre los síntomas depresivos, como la programación de actividades gratificantes o la reestructuración cognitiva, sí forman parte de la mayoría de los programas de tratamiento del dolor crónico (Hanson y Gerber, 1990; Philips, 1988/1991).

4.4. Técnicas cognitivas

El interés por el tratamiento de los aspectos cognitivos implicados en el dolor se fue desarrollando en paralelo al de los aspectos conductuales, también a finales de la década de los 70. Una de las aportaciones más fructíferas en este ámbito es la adaptación de la técnica de inoculación de estrés al ámbito del dolor, realizada por el grupo de Turk (Turk, 1978; Meichenbaum y Turk, 1980; Turk y cols., 1983). La adaptación de la técnica de inoculación del estrés se realiza siguiendo las mismas tres fases que el programa original: educacional, de adquisición de habilidades específicas y de aplicación práctica. Los objetivos de la intervención son: facilitar información sobre las características del dolor, para eliminar ideas irracionales y reducir el miedo; señalar cómo la valoración cognitiva, las expectativas, etc., tienen una influencia emocional inmediata, posibilitando la aparición de cambios emocionales negativos (estrés, ansiedad, incapacidad de control, depresión, etc.); dotar al paciente de estrategias para afrontar estos cambios, tanto desde un punto de vista cognitivo-evaluativo, como atencional, fisiológico y comportamental. Una exposición detallada de la aplicación de las técnicas de inoculación del estrés a problemas de dolor puede verse en castellano en Meichenbaum y Jaremko (1987).

Los programas cognitivo-conductuales que actualmente se utilizan para el tratamiento del dolor crónico, siguen derivándose de las formulaciones originales citadas. Suelen aplicarse generalmente en grupo e integrados en programas multidisciplinares más amplios, en el contexto de las Clínicas del Dolor. Como se verá más adelante, estos programas integran todas aquellas estrategias terapéuticas que puedan resultar eficaces para cubrir cada uno de los objetivos propuestos. Dichos objetivos, según Turk y Meichenbaum (1994), pueden resumirse en los siete puntos siguientes:

(1) Combatir la desmoralización ayudando a los pacientes a cambiar su actitud hacia el dolor y sufrimiento de insoportable a manejable.
(2) Enseñarles que existen técnicas de afrontamiento y habilidades que pueden ayudarles a adaptarse y responder al dolor y los problemas consiguientes.

(3) Ayudar a los pacientes a reconceptualizar la perspectiva de ellos mismos como pasivos, reactivos e indefensos pasando a ser activos competentes y con iniciativas.
(4) Ayudar a que los pacientes aprendan las asociaciones entre pensamientos, sentimientos y su conducta, y subsecuentemente a identificar y alterar los patrones automáticos desadaptativos.
(5) Enseñarles habilidades específicas de afrontamiento y, además, cuándo y cómo utilizar estas respuestas más adaptativas.
(6) Alentar la autoconfianza de los pacientes y animarles para que atribuyan los resultados exitosos a su propio esfuerzo.
(7) Ayudar a los pacientes a anticipar sus problemas y generar soluciones, de modo que se facilite el mantenimiento y la generalización. (Turk y Meichenbaum, 1994, pág.: 1339)

Para conseguir estos objetivos se recurre en la práctica a una serie de estrategias que, aunque a veces se solapen en el tiempo, Turk y Meichenbaum (1994) encuadran para su mejor comprensión, en las seis fases siguientes: evaluación inicial; reconceptualización; adquisición y consolidación de habilidades; entrenamiento en ensayo y aplicación; generalización y prevención de recaídas; y seguimiento.

Las intervenciones cognitivas en el tratamiento del dolor tienen su origen, como se ha señalado, en la aplicación de la técnica de inoculación de estrés al tratamiento del dolor crónico. Se trata, por tanto, más de una intervención multicomponente que estrictamente cognitiva. Dicha técnica incluye, según rezan las fases de la inoculación de estrés, de un componente educativo (psicoeducativo), uno de adquisición de habilidades y otra de puesta a prueba de dichas habilidades. Es un programa para identificar y probar diversas estrategias de afrontamiento. Entre los componentes más propiamente cognitivos caben resaltar dos: el uso de autoinstrucciones y las técnicas imaginativas que afectan al contexto en que aparece el dolor. Estas últimas tienen la particularidad de no luchar contra el dolor percibido, sino modificar el contexto en que es percibido (ver Vallejo, 2001). Cabe notar que este procedimiento es un ejercicio de exposición al dolor y de aceptación de éste, en relación con dos procedimientos que se utilizan en el tratamiento del dolor y que se enmarca en la terapia de exposición y en la terapia de aceptación y compromiso.

Tomaremos como técnicas más específicamente cognitivas el uso de auto-instrucciones y de la imaginación. Con respecto a las auto-instrucciones éstas han sido escasamente estudiadas como tratamiento del dolor. Han tenido un interés mayor en relación con la evaluación (Asghari y Nicholas, 2004; Cano y Rodríguez, 2002) y, valoración e incluso con el desarrollo de cuestionarios de afrontamiento (Rodríguez, Cano y Blanco, 2004). En relación con el uso de la imaginación, ha sido estudiada en diversos contextos terapéuticos, al igual que las auto-instrucciones, sin embargo es en el ámbito de la hipnosis donde mejor ha sido analizada.

La hipnosis ha acreditado su capacidad para reducir el dolor en el caso del dolor agudo, incluyendo: intervenciones médicas dolorosas, el cuidado en quemados y la extracción de médula ósea, aun cuando los resultados de las distintas investigaciones son contradictorios (ver Patterson y Jensen, 2003). En el caso del dolor crónico, las revisiones iniciales (Turner y Chapman, 1982) ponían de manifiesto la escasa existencia de estudios controlados que permitieran valorar la eficacia de la técnica. Hoy día puede señalarse (Patterson y Jensen, 2003) que la hipnosis es en general efectiva en el tratamiento de diversos tipos de dolor (cefaleas, dolor oncológico, musculoesqueletal, etc.), cuando es confrontada con la ausencia de tratamiento, el tratamiento estándar o la mera atención. Sin embargo, cuando es comparada con tratamientos con los que comparte algunos componentes, caso de la relajación, el entrenamiento autógeno, u otros procedimientos que hacen uso de sugestiones, la hipnosis frecuentemente no obtiene mejores resultados que ellos (Jensen y Patterson, 2006). En consecuencia, la elección de la hipnosis debe hacerse en función de otras variables no suficientemente bien estudiadas hoy día, como por ejemplo la menor duración del tratamiento, su mejor accesibilidad, etc. En efecto, se ha observado cómo intervenciones breves (2 sesiones de autohipnosis) obtienen mejores resultados en el tratamiento de la lumbalgia que 8 sesiones aplicadas por el terapeuta (Tan y cols., 2015).

4.5. Consideraciones generales en el tratamiento del dolor crónico

El tratamiento psicológico del dolor crónico, hoy día, es un elemento y complemento esencial en el acercamiento clínico a estos síndromes. Esto, que es indudable, debe matizarse en la búsqueda de procedimientos más eficientes, parsimoniosos y ajustados a lo que conocemos sobre la fisiopatología del dolor. Es en este sentido en el que se van a recoger algunas consideraciones sobre aspectos que pueden contribuir a mejorar dichos tratamientos. Se recomienda al lector la consulta de dos trabajos sobre el particular, el de Turk y Okifuji (2002) y el de Keefe y cols. (2004).

4.5.1. La ansiedad, el miedo y el nivel de actividad

El dolor una vez que persiste y se cronifica conlleva un alto grado de malestar en términos de la ansiedad asociada a actividades que pueden aumentar el dolor. El malestar generado (miedo, pensamientos negativos, creencias sobre la gravedad del problema, etc.), constituye un elemento esencial en el agravamiento del trastorno. El que la vida del paciente gire, en gran medida, en torno al dolor y produzca un grado notable de incapacitación y de disminución de la actividad del paciente es uno de sus efectos más negativos. Hay múltiples investigaciones que apoyan estos aspectos (Crombez y cols., 1999 y McCracken y Gross, 1993). Esto ha sido, además, puesto de manifiesto en un problema especialmente incapacitante como la lumbalgia (Swinkels-Meewisse y cols., 2003 y Picavet y cols., 2002).

La forma de abordar la reducción de la actividad y, en general, las amplias y generalizadas respuestas de evitación generadas por el dolor es, mediante la exposición a las situaciones, actividades o estímulos que generan la ansiedad, el miedo o el malestar. Esto que es ampliamente utilizado en los trastornos de ansiedad, lo es también en el tratamiento del dolor. Se trata, en suma, de que el paciente se exponga (realice) de forma gradual aquellas actividades que teme que aumenten o favorezcan la aparición del dolor. De este modo se reduce la ansiedad y el miedo, que contribuyen a agravar el cuadro de dolor crónico, y se aumenta su capacidad funcional lo que mejora su estado de ánimo, autoestima, todo ello beneficia la situación clínica del paciente y puede traducirse en una disminución de la intensidad del dolor. Vlaeyen y cols. (2000, 2001 y 2002) han mostrado la utilidad de estos procedimientos de exposición en el tratamiento de la fibromialgia.

En lugar de evitar que el paciente realice actividades que puedan aumentar el dolor se le debe programar un acercamiento, precisamente, a dichas actividades. Ello, aunque pueda llevar aparejado un aumento del malestar (ansiedad, miedo, etc.), lo es sólo temporalmente al producirse la extinción de las diversas respuestas y estrategias de evitación puestas en marcha por el paciente (McCracken y Gross, 1998). Esta forma de proceder supone que el paciente recupera el máximo posible de actividad, con relativa independencia del dolor. En este marco se incluyen tratamientos desde la perspectiva de la Terapia de Aceptación y Compromiso aplicados al dolor: la implicación en actividades relevantes y valiosas para el paciente, con independencia del dolor, dirigiendo sus energías no a combatir el malestar asociado al dolor sino a objetivos de interés para la persona (ver Hayes y cols., 1999 y Wilson y Luciano, 2002). McCracken (1998), ha aplicado estos procedimientos al tratamiento del dolor. Hoy día este es un ámbito de desarrollo e interés en el tratamiento del dolor crónico con propuestas de programas concretos (ver McCracken, 2005 y Dahl y cols., 2005) y resultados preliminares de interés en diversos problemas de dolor crónico (McCracken, Vowles y Eccleston, 2005).

4.5.2. Definición más adecuada de las características de los pacientes

El buscar el tratamiento más adecuado para el paciente singular es un objetivo elemental de la intervención clínica. Esto, además, es especialmente relevante en el dolor crónico, con múltiples problemas emocionales asociados y una evidente comorbilidad: trastornos de ansiedad, adicciones, problemas de pareja, disfunciones sexuales, etc. De este modo deberían delinearse diversas intervenciones, en función de las características y problemas del paciente. Turk y Rudi (1988) observaron cómo los pacientes disfuncionales (altos niveles de dolor, interferencia de éste en sus actividades diarias y bajo nivel de actividad) respondían mejor a tratamientos como el biofeedback, uso de estrategias de afrontamiento, etc., que los grupos denominados como de estrés interpersonal (bajo apoyo social) o de afrontamiento activo. Es posible, por tanto, que haya dos grupos básicos de caracterización de los pacientes. Unos serían aquellos que se ven severamente afectados por el dolor y que precisan actuar sobre los aspectos emocionales que pueden incrementar el dolor y reducir, además, el impacto en su vida. El otro grupo estaría compuesto por personas que además presentan problemas interpersonales, sociales o estrategias o estilos de afrontamiento inadecuados con el problema.

El ajuste de los programas multicomponente a las características del paciente puede resultar en un beneficio para el paciente, además de mejorar la eficiencia de dichos programas y prevenir el abandono del paciente. Algunas experiencias, en ese sentido, han llevado incluso a que sea el propio paciente quien seleccione, en alguna medida, los componentes del tratamiento a aplicar con resultados prometedores (Evers y cols., 2002).

4.5.3. La prevención secundaria

La gran mayoría de los episodios de dolor debido a lesiones, accidentes, etc., no llevan a generar, afortunadamente, un síndrome de dolor crónico. El dolor desaparece paulatinamente y se recupera la actividad ordinaria. Un momento, por tanto, crítico es el paso de la condición normal de dolor a su cronificación. La intervención preventiva en ese punto, siempre que sea sencilla y de fácil aplicación, es la opción más adecuada. A pesar de que no son conocidos los factores que favorecen la cronificación del dolor (ver Turner, Franklin y Turk, 2000), hay algunas intervenciones que se han mostrado eficaces en las lumbalgias. Este síndrome doloroso por sus características disfuncionales, su génesis en diversos condiciones traumáticas y, sobre todo, su impacto sociolaboral, ha sido objeto de estudios preventivos. Cabe destacar en ese sentido los trabajos de Von Korff (1999) y Linton y

Ryberg (2001) en los que se llevan a cabo estudios epidemiológicos según los que las variables asociadas al desarrollo de la actividad física son las principales en la cronificación inicial del trastorno, sin que en ese momento inicial sean relevantes o anormales las medidas de ansiedad y depresión.

Programas de prevención secundaria han sido aplicados también a otros trastornos, caso de la artritis reumatoide (Sharpe y cols., 2001) y han puesto de manifiesto su utilidad en la reducción de la sintomatología y del agravamiento del cuadro. Ello lleva a reflexionar sobre la conveniencia de que las intervenciones psicológicas sobre el dolor crónico no se realicen una vez que el síndrome se ha agravado y no han funcionado otras alternativas terapéuticas. Programas relativamente sencillos, basados en información y pautas concretas orientadas específicamente al problema, pueden ser de gran utilidad cuando se aplican de forma temprana. Así intervenciones que son ineficientes cuando se aplican de forma tardía se muestran útiles en los periodos iniciales de cronificación (2 a 6 meses en el caso de la lumbalgia, ver Marhold y cols., 2002).

4.5.4. Diversificación de los recursos terapéuticos

El tratamiento psicológico del dolor crónico tiene vías alternativas de intervención que pueden ser de utilidad en determinadas ocasiones y síndromes, de ellas destacaremos dos: el entrenamiento de los cuidadores informales del paciente, generalmente familiares, y el uso las tecnologías de la comunicación, teléfono e Internet, como recurso terapéutico.

En el abordaje de problemas crónicos la implicación de los familiares, generalmente cónyuges, es esencial para que el tratamiento psicológico funcione correctamente. El desarrollo de programas específicos de intervención para los familiares se ha mostrado útil, frente a programas centrados en el paciente aislado. Keefe y cols. (1996 y 1999) han aplicado estos programas en pacientes de artritis reumatoide y de dolor neoplásico (ver Keefe y cols., 2004). Dichos programas muestran un beneficio tanto para los cuidadores como para los pacientes. Este interés por prestar atención psicológica a quienes deben cuidar de personas con determinadas deficiencias y dependencias es, sin duda, una de las áreas de interés y desarrollo actual (Izal y cols., 2001 y López y cols., 2005) del que los problemas de dolor crónico no pueden quedar al margen.

En otro extremo, se encuentra el uso del teléfono o de Internet para llegar y llevar a los pacientes de dolor algunos elementos de apoyo terapéutico. Un problema crónico debe mantener durante un tiempo relativamente amplio un control del paciente y favorecer su motivación. Weisenberg y cols. (1986 y 1989) mostraron la utilidad de mantener contactos telefónicos semanales con pacientes de dolor reumatológico que favorecieron la mejora y el estado funcional de éstos. Otros autores (Rene y cols., 1992) mostraron la utilidad de esos contactos telefónicos hechos por personal lego. Con respecto al uso de Internet se ha mostrado su utilidad, al igual que el teléfono, en el tratamiento de la lumbalgia (Burhman y cols., 2004), contribuyendo a mejorar la eficacia del tratamiento psicológico convencional para este trastorno. Otra mejora proviene de la posibilidad de establecer grupos de discusión con intervención del psicólogo en Internet. Así, los pacientes de lumbalgia pueden seguir el tratamiento de mejor modo y mejorar en reducción del dolor, discapacidad, frente a quienes no disponen de ese foro de apoyo y discusión (ver Lorig y cols., 2002). Finalmente, la posibilidad de utilizar Internet como vía de aplicación interactiva de programas estructurados para problemas de dolor se va ampliando (Bender y cols., 2011), este el caso de programa de Blanchard para el tratamiento de las cefaleas que ha sido aplicado de forma exitosa en la Web (Devineni y Blanchard, 2005); para jóvenes y adolescentes (Palermo y cols., 2009) y para pacientes de fibromialgia (Vallejo y cols., 2015 y Williams y cols., 2010). Cabe señalar la buena aceptación por los pacientes de esta forma de administración del tratamiento a través de Internet (Schneider y Hadjistavropoulos, 2014).

4.5.5. *Duración del tratamiento psicológico del dolor crónico*

¿Es posible que personas que tienen un problema que dura años y para el que no hay cura, en el sentido habitual del término, puedan ser tratados durante un periodo relativamente corto de tiempo y volver a realizar sus actividades y desempeños habituales de una forma relativamente normal? No parece razonable dar una respuesta afirmativa a esta pregunta. Turk y Okifuji (2002) consideran que el tratamiento del dolor crónico no puede verse como un problema relativamente agudo, sino que requiere de un cuidado y atención regular y de un seguimiento del tratamiento. Esto supone hacerle ver al paciente que, como en otras enfermedades crónicas, la curación no es posible y las medidas paliativas deben prolongarse largamente en el tiempo. Por otro lado, los recursos terapéuticos deben organizarse para apoyar ese modo de afrontar y conllevar el trastorno. La información (psico-educación) de los pacientes y el seguimiento del tratamiento es probablemente esencial para su mantenimiento a largo plazo. Así el uso del teléfono o de Internet puede venir a cubrir, para un número cada día mayor de pacientes, estas necesidades de seguimiento del tratamiento.

Ciertamente algunos síndromes de dolor disfuncionales, caso de las cefaleas o algunos dolores musculoesqueletales, pueden "desaparecer" de una forma permanente cuando las condiciones psicosociales que los desencadenan o agravan se reducen. Sin embargo, problemas degenerativos o producto del propio paso del tiempo (dolor reumático, oncológico, etc.), requieren un tratamiento, o al menos un seguimiento, más largo en el tiempo, al requerir una adaptación más compleja del paciente a ellos. Esto, que es un fenómeno natural, requiere algo más de tiempo que la aplicación de unas técnicas durante un par de semanas.

Los programas de intervención no tienen, no obstante, que ser complejos y compendios de psicología (cognitivo-conductual) para legos. Conviene recordar que la intervención debe apoyar la adaptación natural, la integración que el paciente debe hacer en su vida, proyectos y discurrir histórico de la nueva condición (síndrome de dolor) que le impone un nuevo contexto que se superpone a sus determinantes habituales. Es bueno recordar aquí que técnicas sencillas: biofeedback, relajación, aumento de la actividad, etc., son formas adecuadas de intervenir. Junto a ellas, la aceptación como forma de afrontamiento y modo de conducirse, frente al empeño, frecuentemente inútil, de reducir el dolor y el malestar tratando de actuar directamente sobre él, en lugar de bordearlo e integrarlo del modo más conveniente, lo que contribuirá, más seguramente, a reducir su entidad e impacto en la vida de la persona.

5. PROGRAMA DE TRATAMIENTO PROPUESTO

Es de sobra conocido que desde la terapia de conducta se enfatiza la necesidad de desarrollar programas de intervención terapéutica individualizados, que sean diseñados específicamente para cada sujeto en función del análisis conductual de su problema, en vez de la aplicación estandarizada de técnicas terapéuticas. Sin embargo, la aplicación de técnicas terapéuticas de forma estandarizada ha sido una de las prácticas más frecuentes en el tratamiento psicológico del dolor crónico.

A continuación se tratarán en los dos próximos apartados, dos formas de intervenir en los problemas de dolor crónico que respetan estas últimas recomendaciones. En el primer caso se formula un protocolo válido para la intervención individualizada en los síndromes de dolor crónico más frecuentemente tratados con esta modalidad de tratamiento individual. En el segundo apartado se comentan los programas de tratamiento que se aplican de forma estándar, y se resume el protocolo del programa elaborado por Philips (1988), para el tratamiento en grupo del dolor crónico. La elección de este programa se basa, por una parte, en su valor para integrar la mayoría de los conocimientos que se han expuesto en los apartados precedentes. A su vez, presenta la ventaja de estar publicado íntegramente en castellano (Philips, 1991), presentado como una práctica guía que incluye el diario de sesiones y un pequeño apéndice con el llamado "material para los pacientes"», por lo que las personas interesadas pueden profundizar fácilmente en su conocimiento. Se incluye, además, una breve referencia a un programa de tratamiento de la fibromialgia.

5.1. Tratamiento individualizado del dolor crónico

El tratamiento individualizado de un problema de dolor crónico debe iniciarse, al igual que toda intervención en terapia de conducta, realizando el análisis conductual del caso. Luego, en función de los datos de este análisis, se planificarán los objetivos de la intervención así como las técnicas adecuadas para conseguir dichos objetivos.

Los datos procedentes de los auto-registros, junto a los aportados directamente por el paciente durante las entrevistas, suelen ser los elementos básicos para planificar la intervención. Estos datos pueden contrastarse o complementarse, siempre que se considere necesario, con los procedentes de cuestionarios. A su vez, y muy especialmente en aquellos casos en los que no aparecen situaciones funcionalmente relacionadas con el dolor, los instrumentos citados (entrevista, auto-registros y cuestionarios) resultan útiles para averiguar los déficit o excesos comportamentales del paciente que pudieran ser relevantes para la intervención.

Una tarea importante en estas primeras sesiones es valorar el concepto que tiene el paciente acerca de su problema de dolor (creencias, expectativas, etc.). Conjugando este conocimiento con los demás datos del análisis conductual, el terapeuta debe elaborar un esquema explicativo del problema del paciente, que pueda ser entendido por éste y compartido por ambos a lo largo de la intervención. Lo más práctico es adaptar todo el conjunto de datos al esquema más sencillo posible. Es decir, un esquema que contenga sólo aquellos elementos cruciales para la intervención, que sean fácilmente identificados y compartidos por el sujeto. Quizá el mejor ejemplo de cómo desde la sencillez se puede elaborar un esquema útil para conceptualizar un problema psicofisiológico complejo, como es la cefalea tensional, sea el conocido círculo vicioso entre estrés-tensión-dolor que se presenta en la Figura 3.

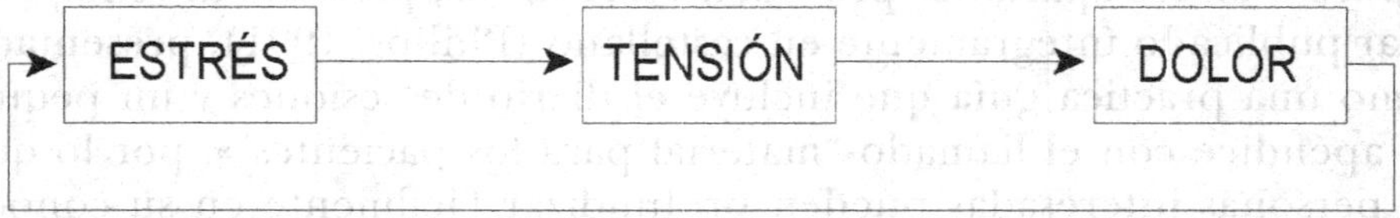

Figura 3. Círculo estrés-tensión-dolor

No obstante, y para que el lector conozca el amplio conjunto de elementos que suelen aparecer funcionalmente relacionados con el dolor, y la forma en que se producen estas relaciones en la mayoría de los pacientes, se presenta a continuación un "esquema tipo" que engloba todos estos datos (Figura 4). Para su utilización con un caso clínico concreto, sería necesario adaptar y completar los apartados del esquema con los datos procedentes del análisis conductual de dicho caso.

Como puede apreciarse, los factores desencadenantes son los responsables de que en ciertos individuos psicobiológicamente predispuestos, se produzcan respuestas estereotipadas de activación que originen el episodio de dolor. Entre los antecedentes del dolor pueden encontrarse una serie de factores de diversa índole: psicosociales, biológicos y ambientales. La contribución de cada uno de estos factores a un episodio concreto de dolor puede cambiar de un sujeto a otro e incluso en el mismo sujeto de un episodio a otro.

De los factores psicosociales desencadenantes, quizás el más frecuente sea el estrés que se produce en la vida del sujeto. Esto es especialmente relevante en algunos trastornos, como es el caso de la migraña, en los que la influencia del estrés en su padecimiento ha sido señalada en múltiples ocasiones (Blanchard y Andrasik, 1985; Olesen, 1992; Planes 1992). A su vez, el que la persona carezca de las adecuadas habilidades para afrontar dichas situaciones con éxito, incrementa su valor estresante y, por ende, las repercusiones en el problema del paciente. Junto a estos factores citados, existen otro tipo de factores, como los biológicos y ambientales, que pueden actuar como único factor desencadenante del episodio de dolor, o bien potenciando la influencia de los factores psicosociales. Por ejemplo, algunos factores biológicos, como los cambios hormonales y metabólicos que se producen durante la menstruación influyen sin duda en la labilidad vascular de las pacientes y en la mayor incidencia de episodios graves de migraña durante este período crítico. En otros casos son factores meteorológicos los que se asocian con el surgimiento del dolor, como algunos episodios de cefalea tensional asociados a la contracción sostenida de los músculos de la cabeza y cara, producida por el aire y frío extremos.

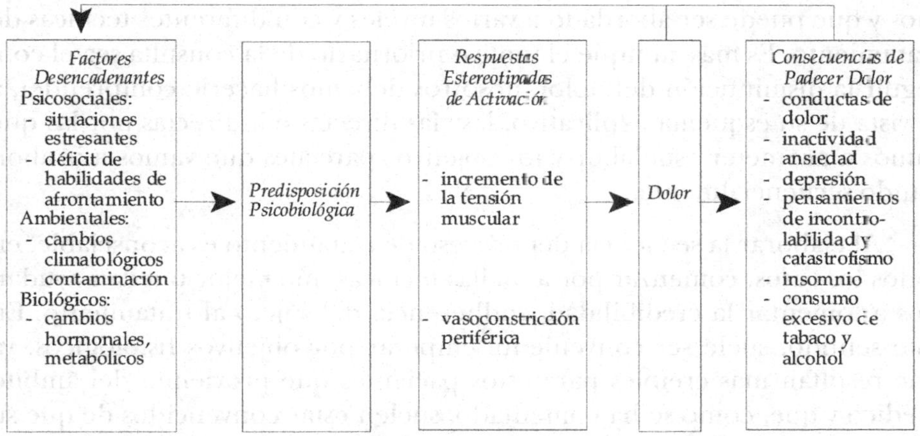

Figura 4. Esquema de las relaciones funcionales del dolor

Las respuestas de activación con más influencia en los problemas de dolor crónico son el aumento de la tensión muscular y la vasoconstricción periférica. En el inicio del problema de dolor crónico se suelen observar estas respuestas estereotipadas. Sin embargo, y muy especialmente en los pacientes con mayor cronicidad, es frecuente encontrar crisis de dolor en las que no resulta posible identificar dichas respuestas estereotipadas de activación ni antes, ni durante el episodio de dolor.

En el último apartado del esquema, vemos reflejados los cambios que el hecho de padecer dolor de forma continuada o recurrente, suele provocar en múltiples áreas de la vida del sujeto. Entre las consecuencias más frecuentes del padecimiento de dolor, podrían citarse: cambios en el comportamiento (conductas de dolor, inactividad); alteraciones emocionales como ansiedad o depresión; pensamientos de incontrolabilidad y catastrofismo; otros problemas derivados, como el insomnio, el consumo excesivo de tabaco o alcohol. El hecho de que la mayoría de estos cambios actúen, a su vez, como factores precipitantes y agravantes del dolor, unido a la propia aversividad del dolor, ayudaría a explicar la circularidad del proceso y el mantenimiento de estos trastornos.

Un fenómeno común en la mayoría de los pacientes de dolor crónico, es la incomprensión inicial de cómo el psicólogo va a poder ayudarles en un problema generalmente concebido como orgánico, como sucede con el dolor. Sólo mediante una adecuada adaptación del esquema tipo a las peculiaridades del caso concreto, se consigue que el paciente entienda el dolor como un problema complejo que se mantiene por diversos mecanismos y que puede ser abordado a varios niveles y con diferentes técnicas de tratamiento. Es más, aunque el motivo prioritario de la consulta sea el conseguir la disminución del dolor, nosotros debemos hacerle comprender, a la vista de su esquema explicativo, las vías directas e indirectas por las que vamos a acometer esta labor y los objetivos parciales que vamos a ir abordando secuencialmente.

Al elaborar la secuencia del proceso de tratamiento es aconsejable, en todos los casos, comenzar por aquellas técnicas que mejor puedan ayudarnos a fomentar la credibilidad y adherencia del sujeto al tratamiento. En este sentido, suele ser conveniente empezar por objetivos fisiológicos, ya que resultan más creíbles para estos pacientes que provienen del ámbito médico y que, como se ha comentado, suelen estar convencidos de que su problema es orgánico y que no se ha encontrado aún la solución para él. Por este motivo, una de las técnicas de tratamiento con la que suele ser frecuente comenzar la intervención en los problemas de dolor crónico, es el entrenamiento en relajación. Con esta estrategia es posible conseguir la regulación de la respuesta fisiológica alterada, con lo que en muchos casos se consigue ya una disminución de la ocurrencia del dolor. Pero, a su vez, esta técnica de tratamiento suele contribuir a mejorar otros aspectos del problema global del paciente (como la ansiedad y el insomnio) por lo que, de forma indirecta, estamos también potenciando la mejoría del sujeto. A su vez, y cuando el paciente ya ha aprendido a relajarse rápidamente, puede utilizarse la relajación como estrategia para el afrontamiento de las situaciones estresantes. De esta forma, en los episodios funcionalmente relacionados con situaciones estresantes, se consigue abortar desde su inicio el episodio de dolor.

Alguno de los objetivos conductuales, como el incremento de actividades, pueden ser acometidos también desde los momentos iniciales de la intervención. A este respecto, es conveniente señalar que cuando se implanta un programa de incremento gradual de ejercicio físico y actividades gratificantes, al tiempo que conseguimos combatir la inactividad del sujeto, se consiguen efectos beneficiosos sobre su estado de ánimo, ya que se suelen recuperar reforzadores perdidos por culpa de la propia inactividad. En este mismo orden de cosas, se señala la conveniencia de estudiar muy bien la secuencia de implantación de los programas de control de contingencias para la extinción de las conductas de dolor. Una secuencia inadecuada, en la que se le retiran al sujeto los refuerzos que estaban manteniendo sus conductas desadaptativas, pero sin asegurarse la consecución de otros equivalentes por las adaptativas, puede provocar una pérdida de reforzadores que repercutiría negativamente en el estado de ánimo del paciente, y lógicamente en su cumplimiento terapéutico.

Algunas estrategias dirigidas a objetivos cognitivos, como las estrategias de control y redirección de la atención o la reestructuración de las cogniciones negativas auto-referidas y el catastrofismo, pueden ser más difíciles de aceptar inicialmente por el sujeto. Su eficacia suele ser mayor cuando se introducen más avanzado el tratamiento, es decir, cuando ya se ha obtenido alguna mejoría clínica y el sujeto se muestra más adherido al tratamiento.

Durante todo el proceso resulta imprescindible motivar al paciente para que realice las tareas que se le encomiendan entre las sesiones, con el fin de que consolide los aprendizajes y los generalice a las situaciones que habitualmente se dan en su vida normal. A su vez, es conveniente enseñarle a detectar los indicios de nuevas situaciones en las que debería poner en marcha las estrategias aprendidas, y entrenarle para que valore la mejoría conseguida, no sólo en los parámetros del dolor, sino también en las demás áreas abordadas durante la intervención.

5.2. Programas de tratamiento estandarizados

La modalidad de tratamiento individualizada, anteriormente expuesta, a veces resulta demasiado costosa, tanto para el paciente que acude a una consulta privada como para la comunidad cuando la intervención se financia con fondos públicos. Una forma de mejorar esta relación coste-beneficio es la realización de programas estandarizados que sean aplicables a grupos de pacientes. Con ellos se consigue abaratar costes ya que un solo terapeuta realiza simultáneamente el tratamiento de varias personas. Además, al estar el protocolo fijado previamente se puede sistematizar y acortar el tiempo de intervención. Asimismo, el grupo ofrece algunas ventajas, como el apoyo mutuo entre sus miembros, la reducción del aislamiento, la soledad y la inactividad tan característica de estos pacientes.

Para que un programa de tratamiento sea aplicable a un amplio grupo de pacientes de dolor crónico debe cubrir todas las conductas problema que previsiblemente puedan presentarse en este tipo de pacientes, así como los antecedentes y consecuencias más frecuentemente encontrados. A su vez, y derivado de este análisis exhaustivo, debe ofrecer una amplia gama de técnicas que potencialmente cubrirían todas las áreas problema previstas.

Cabe señalar la utilidad de los tratamientos cognitivo conductuales cuando son aplicados de forma global (Palermo y cols., 2010).

5.2.1. Programa de tratamiento de Clare Philips (1988/1991)

Un ejemplo de este tipo de programas es el elaborado por Clare Philips (1988/1991) para ser aplicado en régimen ambulatorio, a pacientes de dolor crónico. El programa fue diseñado para impartirse en grupo, desde el departamento de psicología de un hospital general o clínica, integrado en un amplio equipo multidisciplinar en el que colaboran, además de psicólogos, médicos, farmacéuticos y fisioterapeutas.

El tamaño del grupo recomendado oscila entre 4 y 7 personas, todas ellas cumpliendo una serie de criterios incluyentes: dolor crónico e incapacitante; reducción de las actividades diarias y el ejercicio físico; intensa respuesta emocional a la experiencia de dolor; depresión de ligera a moderada; ganancias ambientales por emisión de conductas de dolor y carencia de estrategias específicas de enfrentamiento activo de su problema de dolor.

A su vez existen una serie de criterios excluyentes, es decir, factores que aconsejarían la no inclusión de un individuo en el programa, por ejemplo: individuos envueltos en litigios de incapacidad o casos de compensaciones no resueltos; que exista un tratamiento médico alternativo eficaz; pacientes con problemas de drogadicción primaria, que sufran psicosis activa o cualquier otra condición que pueda interferir en la participación en el grupo.

Es un programa muy estructurado, que se aplica a lo largo de nueve semanas (doce en total si se incluye la línea base y el post-tratamiento), en sesiones semanales de hora y media de duración. Cada sesión, a su vez, se estructura en las mismas cuatro fases: (1) revisión de tareas para casa; (2) presentación didáctica del tema a tratar en esa sesión; (3) introducción y práctica de las estrategias terapéuticas presentadas y (4) asignación de tareas para casa.

A lo largo de las nueve semanas se van incluyendo y practicando, secuencialmente, una serie de estrategias adecuadas para manejarse con los diferentes aspectos del problema de dolor:

Relajación. Ya desde la primera semana se introduce la importancia de las técnicas de relajación en los problemas de dolor crónico. Para ello se comienza enseñando a los sujetos la estrategia de respiración profunda diafragmática. A la semana siguiente, en la segunda sesión, se comienza con la relajación progresiva y se encomienda su práctica, como tarea para casa, dos veces al día. En la séptima semana se introduce la relajación controlada por claves, asociada a la respiración diafragmática. Esta estrategia abreviada de relajación debe seguir practicándose en casa hasta el final de la intervención.

Incremento de las actividades y del vigor físico. En la tercera semana se introduce el programa de incremento de la actividad física general, así como ejercicios específicos en función de la localización del dolor. El nivel de ejercicio físico se va incrementando de forma gradual, sesión a sesión.

Independencia de las drogas. Al final de la tercera sesión, se entrega al paciente un frasco con la dosis de medicación que él ingiere habitualmente, disuelta en líquido. En la cuarta sesión se comienza con la reducción del consumo de drogas, haciendo que el líquido sólo lleve disuelto el 90% de la dosis habitual. Esta disolución se va reduciendo paulatinamente, al 75% en la quinta sesión, al 55% en la sexta, al 35% en la séptima, al 15% en la octava y al 0% en la novena.

Reducción de la hiperreactividad emocional. En la quinta sesión se entrenan métodos de reducción de las respuestas autonómicas ante situaciones estresantes. Con esta finalidad se enseña a utilizar una estrategia como la relajación, que los pacientes ya han aprendido y practicado, para el afrontamiento de las situaciones estresantes. Primero se ensaya en la consulta en imaginación (como en una desensibilización sistemática), para pasar luego al afrontamiento en vivo de las situaciones estresantes de la vida del sujeto.

Focalización atencional. Esta estrategia se introduce en la sexta sesión. Los sujetos practican la focalización de la atención en sucesos externos al individuo, como estrategia para desviar su atención del propio dolor, y así reducir indirectamente su percepción del mismo.

Asertividad. Durante la sexta sesión se entrena también a los sujetos en el empleo de respuestas asertivas. Se trata de enseñarles a hablar directamente de sus necesidades y deseos, en vez de quejarse como estrategia para conseguir las consecuencias deseadas o evitar las indeseadas. Como tarea para casa se encomienda instruir a los familiares en las nuevas pautas de comunicación y practicarlas en su vida diaria.

Revaloración del dolor. En la séptima sesión se introduce una serie de estrategias cognitivas de revaloración del dolor, con el fin de conseguir la modulación de los niveles de dolor. Algunas de estas estrategias son: transformación de sensaciones (imaginar la parte dolorida como entumecida o anestesiada); transformación del contexto (imaginarse en otra situación diferente en la que el dolor que se está sintiendo resulte apropiado); limitar la extensión del dolor únicamente al área afectada; relocalización (trasladar el dolor a una nueva localización en el cuerpo).

Habla interna. Esta estrategia para combatir la depresión se introduce también en la séptima sesión. Para ello se enseña a los pacientes primero a localizar los pensamientos autodestructivos y depresivos que aparecen en sus autoregistros. A continuación se pasa a reducir el habla interna negativa y remplazarla por pensamientos positivos y de enfrentamiento.

Distribución o espaciamiento del trabajo y no-evitación de actividades. En estos momentos finales (octava sesión), cuando el paciente posee ya diversas estrategias para afrontar el dolor, se incide en la puesta en práctica de dichas estrategias con el fin de afrontar y no evitar sus actividades. Asimismo se entrena a los sujetos en la distribución y espaciamiento del trabajo, como estrategia para abordar metas difíciles de conseguir por culpa del dolor.

Como puede comprobarse, el programa presenta estrategias para cada una de las áreas que suelen ser problemáticas en los pacientes de dolor crónico. Lo peculiar de esta forma de intervenir es que no se realiza una adaptación a priori del tratamiento a las características del sujeto, como hemos visto sucedía en las intervenciones individualizadas. En este caso, lo que se hace para adaptarse a las características de cada individuo es pedirles que prueben todos los métodos que se les están enseñando (como si se tratara de un «buffet libre»). Después de practicarlos todos, cada persona debe seleccionar y practicar asiduamente sólo aquellos que le resulten más adecuados a su caso. Vemos pues que la adaptación la realiza el propio sujeto «a posteriori», experimentando consigo mismo cada nueva estrategia y decidiendo su utilización o no en función de su eficacia.

La eficacia de este programa de tratamiento se va valorando a lo largo de la intervención, mediante los registros del dolor y diferentes cuestionarios adaptados a cada uno de los objetivos del tratamiento. La autora enfatiza la necesidad de una valoración final como forma de evaluar los efectos del tratamiento, y la realización de evaluaciones periódicas durante el seguimiento, para comprobar la evolución temporal de dichos efectos.

5.2.2. *Programa de tratamiento de la fibromialgia*

Este programa ha sido desarrollado inicialmente por Comeche y Vallejo, colaborando en su configuración actual Martín, París y Ortega, y está siendo aplicado desde el año 1996 en la Universidad Nacional de Educación a Distancia, en distintos contextos terapéuticos, entre ellos cabe destacar el Instituto Provincial del Rehabilitación del Hospital General Universitario "Gregorio Marañón" de Madrid, en colaboración con Rivera, diversas asociaciones de afectados de fibromialgia en España y también a través de Internet. El programa incluye 10 sesiones de tratamiento que son aplicadas en grupo de 8 a 12 personas, con una periodicidad semanal y una duración de 2 horas. A continuación se describen las sesiones:

1ª Sesión de introducción al tratamiento: se aborda en qué consiste la fibromialgia, sus síntomas característicos, el porqué de su tratamiento psicológico y las bases en que éste se fundamenta. Se trata de una sesión de carácter psicoeducativo que pretende además motivar al seguimiento del programa. Se inicia además el uso de un autorregistro de dolor y de las actividades realizadas que se mantendrá a lo largo de todo el programa de tratamiento.

2ª Sesión en torno al uso de la relajación: se explican los fundamentos del uso de la relajación y se aplica un procedimiento grabado de relajación muscular con sugestiones de calor y pesadez, adaptado al problema de fibromialgia. Se práctica la relajación durante toda la semana y se añade al registro diario de actividad la anotación de la práctica de la relajación.

3ª Sesión en torno a las emociones: se aborda cómo afectan las emociones a la percepción del dolor y al resto de la sintomatología propia del síndrome de fibromialgia. Se añade el uso de la respiración como medio de regulación emocional.

4ª Sesión sobre las actividades diarias y el dolor: en esta sesión se muestra la relación existente entre la implicación en actividades con independencia del malestar (dolor u otra sintomatología propia del síndrome). Se enseña a los pacientes las funciones de las conductas, se les insta a establecer objetivos y planes de acción siendo realistas. A las tareas en marcha: registro de actividad y relajación y uso de la respiración se añade establecer metas u objetivos en diversas áreas de actividad.

5ª Sesión sobre otros síntomas que caracterizan el síndrome de fibromialgia, concretamente el insomnio y las disfunciones sexuales: se aborda la higiene del sueño y el uso de estrategias de control de estímulos, incluyendo el uso de la relajación. Con respecto a las disfunciones sexuales se aborda la falta de deseo y la anorgasmia, facilitándose información y estrategias para mejorar la satisfacción sexual.

6ª Sesión dedicada a la solución de problemas: se siguen los pasos del uso de esta técnica realizando diversos ejemplos con los pacientes. Se añaden como tareas para la semana la identificación de problemas, así como su anotación en una lista personal de problemas.

7ª Sesión sobre los pensamientos negativos: se instruye al paciente sobre sus características y funciones, buscando su regulación tratando de romper el círculo vicioso que los mantiene. Se hacen diversos ejemplos y ejercicios con pensamientos positivos y negativos.

8ª Sesión sobre la focalización de la atención y las quejas en el mantenimiento del malestar: se insiste en esta sesión en procurar que el centro de atención no sean el malestar propio de la enfermedad o las quejas relacionadas con ella. Se procura que la persona sea capaz de regular su atención y centrarla en aspectos positivos para mejorar su calidad de vida.

9ª Sesión centrada en el deterioro intelectual: en ella se aborda el modo en que la enfermedad afecta a su capacidad intelectual. Para ello se le llama la atención sobre el modo en que las emociones y los requerimientos biológicos básicos (alimentación, sueño, etc.), afectan a la función intelectiva. Se ofrecen estrategias para afrontar el deterioro intelectual y fomentar la memoria.

10ª Sesión de revisión e integración: se pretende aquí motivar al paciente para que los logros obtenidos, basados en nuevos conocimientos, hábitos y actitudes se mantengan a lo largo de tiempo, haciendo que formen parte de su vida.

Este programa de tratamiento ha demostrado ser eficaz para mejorar los problemas emocionales asociados a la fibromialgia, disminuir los pensamientos rumiativos que suelen presentar estos pacientes y mejorar su percepción de auto-eficacia en el afrontamiento de la enfermedad (Comeche, Martín, Rodríguez y cols., 2010). Ha mostrado, además, su eficacia tanto en su aplicación convencional en grupo, como a través de Internet (Vallejo y cols., 2015).

6. PERSPECTIVAS FUTURAS EN EL TRATAMIENTO

El acercamiento psicológico al dolor crónico es hoy imprescindible, tanto si nos atenemos a su relevancia en la comprensión del problema como en términos aplicados en su tratamiento. Diversos hitos han jalonado este camino que se inició en los años 60 del siglo pasado de mano del estudio y tratamiento psicológico del dolor concebido de un modo multidisciplinar (McCracken, 2007): la consideración del papel de las emociones y su relación con los sistemas de analgesia endógenos; entender la conducta de dolor como una conducta más, sujeta a relaciones funcionales concretas con el medio; la relación entre situaciones concretas que provocan cambios fisiológicos específicos que exacerban o provocan el dolor, etc. A ello habría que añadir, en un sentido más amplio, el modo en que la experiencia de dolor afecta globalmente a la persona y requiere por su parte y por su contexto un reconocimiento y adaptación a dicha circunstancia.

Tal vez lo que mejor caracteriza al dolor crónico es su complejidad, de ahí el hecho ampliamente aceptado de que su comprensión y tratamiento ha de ser multidisciplinar. Ciertamente todo lo concerniente al ser humano es complejo, ¿quién osaría decir lo contrario?, y por supuesto también el dolor lo es. La información de que disponemos hoy día, y de la que es buena muestra este monográfico, corrobora este aspecto. Si se repasan, además, los tratamientos psicológicos del dolor crónico la mayoría están constituidos por programas multicomponente que buscan ajustarse a esa complejidad. Sin embargo, junto a ello se encuentra el que una monotécnica bien conocida como es el biofeedback sea considerado el tratamiento de elección en las cefaleas tensionales ¿Qué debemos pensar al respecto?, ¿qué implicaciones puede tener esta aparente contradicción en el futuro del tratamiento psicológico del dolor?

El dolor, por otro lado, afecta de forma a veces dramática a la vida de la persona. El reconocimiento de este hecho es imprescindible. El concepto de aceptación proveniente de las llamadas terapias de tercera generación dentro de la terapia de conducta y supone incidir en una determinada forma de afrontamiento del dolor, con un modo de proceder o filosofía que teniendo sus raíces en la terapia de conducta, está poco representado, a veces contra-representado, en la terapéutica psicológica del dolor crónico.

6.1. La complejidad del dolor crónico y su abordaje

El dolor crónico tiene que ver con la ocurrencia de una estimulación sensorial nociceptiva, y/o una alteración en los centros neurales responsables de su integración en el caso, por ejemplo, del dolor neuropático. Su cronicidad ocurre merced a un fallo de la autorregulación natural, de los sistemas endógenos de analgesia, de la capacidad de adaptación de la persona ante el problema y, obviamente, de las limitaciones de la terapéutica médica. El dolor crónico es, principalmente, el resultado de un fallo en los sistemas naturales de analgesia ligados, generalmente, a una condición sensorial concreta y adicionalmente, y a consecuencia de ello, a la falta de recursos personales (psicosociales) para afrontar las implicaciones vitales que ello supone. Todo esto tiene una evidente complejidad y da lugar a múltiples interacciones. Aun así conviene no olvidarse del origen del problema.

Dejemos de lado, por el momento, lo relativo al afrontamiento del dolor crónico y centrémonos en los aspectos sensoriales y los sistemas naturales de autorregulación. Para que un sistema de autorregulación funcione es preciso dejarlo, permitirle que lo haga: notar las sensaciones y dejar que los cambios fisiológicos asociados a ellas pongan en marcha (recuperen) su funcionalidad natural; y permitir que aquellos cambios sensoriales específicos se produzcan. Esto es lo que básicamente hacen las técnicas de biofeedback. Éstas, basadas en el condicionamiento operante, fueron uno de los primeros recursos terapéuticos en el tratamiento del dolor crónico y, como estamos trayendo aquí, una valiosa herramienta. Como muestra se acaba de publicar un estudio meta-analítico sobre la eficacia del biofeedback en las cefaleas tensionales (Nestoriuc, Rief y Martin, 2008), según el cual el biofeedback es un tratamiento empíricamente validado para el tratamiento de la cefalea tensional, algo que ya reconocía la American Association of Neurology (ver Vallejo, 2005). Además el estudio señala que resulta ser más eficaz que la relajación, cuando es comparado con ella, posiblemente porque sólo el biofeedback electromiográfico atiende de forma más precisa a los cambios fisiológicos más directamente relacionados con el problema y con su autoregulación.

Resulta posible, por tanto, que al menos en el caso de las cefaleas tensionales la atención a los cambios fisiológicos relacionados con el problema contribuyan a eliminar éste. Parecería, a juzgar por la diferencia con respecto a la relajación, que el centrarse de forma más específica en la actividad fisiológica más relacionada con el problema supondría cierta ventaja. En el entrenamiento en biofeedback la persona presta atención a los cambios en la respuesta fisiológica y a su magnitud (refuerzo) sin que esto suponga una interferencia activa en los mecanismos de autorregulación, favoreciendo una restauración de los servomecanismos naturales.

¿Es este hecho singular de las cefaleas tensionales o puede generalizarse a otros tipos de dolor? Parece que se hace también extensivo a otro tipo de cefaleas, las migrañas, a las lumbalgias e incluso a ciertos tipos de dolor neuropático, como el dolor de miembro fantasma (Vallejo, 2005). Cabría suponer que la facilitación de información sensorial próxima al origen del dolor podría facilitar el reajuste de los sistemas de modulación natural del dolor.

Cuando la actividad fisiológica origen del dolor no es fácilmente accesible, aún es posible intervenir para tratar de regular el sistema alterado. Hoy día en que se utilizan sofisticados medios para medir la actividad cerebral es posible llegar a ella de forma modesta pero efectiva mediante el registro de la actividad electrocortical. El biofeedback EEG tiene una antigua tradición en este campo. Se ha remozado con instrumentación más adecuada y con un ya amplio campo de investigación. El neurofeedback, que así es denominado actualmente, parece poder actuar sobre un fenómeno que liga la percepción del dolor y el aumento en la frecuencia de la actividad beta (13-35Hz) y disminución de la actividad alfa (8-12Hz). De este modo y mediante el entrenamiento en biofeedback sobre este tipo de actividad cortical puede alcanzarse una reducción del dolor aumentando la actividad de las ondas de baja amplitud (baja alpha y theta) y disminuyendo las de alta amplitud (beta). De modo que, como también ocurre con la utilización de la hipnosis, es posible actuar sobre aspectos sensoriales que influyen decididamente en el control del dolor. Esto viene a ser reconocido hoy por Jensen, Hakimian, Sherlin y Fregni (2008) en un trabajo que llama la atención sobre la capacidad de neuromodulación del dolor mediante estos procedimientos. En este trabajo se aboga por el uso del neurofeedback y de la hipnosis como procedimientos que han sido capaces de modificar la actividad EEG en el sentido señalado más arriba. Además, se constata que no se ha establecido una relación causal entre la experiencia de dolor y la actividad EEG. Efectivamente, aunque en algunos ensayos clínicos (Jensen y cols. 2013; Sime, 2004 y Tan y cols., 2006) se ha demostrado que esos cambios en la actividad EEG, resultado del tratamiento aplicado, producen una reducción del dolor informado, esto no significa que se haya establecido una clara relación causa efecto entre ambos elementos. La clarificación de este aspecto es, sin duda, un objetivo de la investigación en los próximos años, sin embargo y sin que suene a desaliento, la cuestión es difícilmente resoluble. En efecto, ¿cómo establecer una relación causal entre algo aceptadamente tan complejo como la percepción del dolor y los cambios en dos o tres parámetros de la actividad cortical? En los últimos tiempos, merced al desarrollo de técnicas como la resonancia magnética funcional, es posible conocer qué áreas del cerebro se activan en la persona cuando se encuentra realizando determinado tipo de actividad o tarea. Aunque resulta difícil sustraerse a la tentación de establecer relaciones causales, lo que se obtiene, en realidad, no es sino una información de carácter correlacional, que orienta y da pistas sobre los procesos implicados, pero no los liga causalmente a ellos.

La falta de una relación causal determinada no debe ser considerada un impedimento para el estudio e intervención en el comportamiento. Nuestro saber tiene más un carácter probabilista que determinista, por más que tratemos de acercarnos y emular a las ciencias naturales. Aceptar un cierto nivel de indeterminación es algo que no sólo refleja el carácter científico de nuestro hacer sino que es justamente consustancial con la condición humana. Los cambios en el EEG no nos lo dicen todo, pero sí algo. Lo que parecen decirnos es que si la persona se centra en esa actividad fisiológica, que tiene alguna relación con el dolor, y se expone a ella de modo que predomina la experimentación frente al control verbal, puede producirse una recuperación de los sistemas naturales de modulación del dolor que reduzcan éste. Por el momento se conocen dos procedimientos para ello, el biofeedback (neurofeedback) y la hipnosis. En ambos casos se lleva a cabo una exposición a la actividad fisiológica relevante, centrándose en ella tal y como acontece, potenciando formas de procesamiento alejadas del control verbal y centradas en la experimentación. Posiblemente otras técnicas o procedimientos terapéuticos puedan servir también a este objetivo, o de hecho ya lo hagan. Nuestro objetivo, aquí sí, es progresar en nuestro conocimiento sobre estos aspectos.

Este abordaje terapéutico del dolor, como se recuerda, pretende recuperar la neuromodulación natural del dolor. No va dirigido, al menos de forma concreta, a mejorar el afrontamiento del problema ni a actuar sobre el impacto que este tiene en la vida del paciente. Evidentemente, si el dolor se reduce, mejorará la situación del paciente, aunque esto no significa, necesariamente, que el impacto del dolor sobre su vida desaparezca de forma inmediata. Puede reducirse el dolor, e incluso desaparecer, pero perdurar algunos comportamientos y problemas que aparecieron como forma de afrontamiento o de adaptación a él. Esto no supone problema alguno desde un punto de vista terapéutico. Quedarían configuradas dos formas básicas de intervención que pueden utilizarse de forma secuencial y/o combinada. Se puede actuar directamente sobre la neuromodulación del dolor y sobre los comportamientos, emociones, etc., relacionados con su impacto en la vida del paciente, según sea necesario.

6.2. La regulación del dolor como sistema

Los sistemas de regulación del dolor han sido expuestos recientemente por Chapman, Tuckett y Woo (2008). Del desajuste de dichos sistemas cabe esperar que el dolor se mantenga y perpetúe. Dicho desajuste o desregulación se produce en razón de la alteración de las funciones biológicas básicas (alimentación, sueño, trabajo según los ritmos circadianos, patrones de actividad social, etc.); y de la alteración en los sistemas de feedback que aseguran la homeostasis. Los sistemas de feedback se ven impedidos, además, cuando la terapéutica médica introduce sustancias que interfieren con la alostasis normal pudiendo incluso empeorar la situación. Es por tanto preciso asegurar que los sistemas de feedback funcionan confirmando que reciben la estimulación adecuada y que no es interferida, ni con sustancias externas ni negando o enmascarando la información sensorial correspondiente. La desregulación se produce, por ejemplo, cuando el sistema falla en su respuesta a un determinado estresor, por no alcanzar éste el punto de disparo correcto. Es, según McEwen (2002) *la metáfora del fallo* y consiste en no escuchar claramente la señal. Esta metáfora puede aplicarse no sólo a la terapéutica médica sino también a la psicológica. En efecto, no reconocer o más frecuentemente rechazar o negar las sensaciones o cambios perceptivos, con independencia de que puedan ser molestos o indeseables, dificulta e incluso interfiere en su regulación.

Entre los distintos ámbitos de desregulación uno de los más relevantes es el referido a la actividad autonómica. Aquí se cuenta con un índice especialmente relevante (Chapman y cols., 2008), la variabilidad del ritmo cardiaco. El aumento de la variabilidad cardiaca está asociado a la influencia vagal y es un marcador indirecto de la habilidad de la persona para responder ante situaciones estresantes y, sobre todo, recuperarse eficientemente de ellas. En los últimos años se ha prestado atención a esta actividad fisiológica y el biofeedback de variabilidad de frecuencia cardíaca se ha mostrado útil en el tratamiento de la fibromialgia (Hassett y cols., 2007), colon irritable y dolor abdominal (Stern y cols., 2014) y dolor cervical (Hallman y cols., 2011).

El que técnicas relativamente sencillas como el biofeedback se muestren eficaces en el control del dolor es, como se ha comentado, posiblemente debido a la restauración de los mecanismos naturales de regulación. Al revertir la desregulación el dolor se reduciría de forma fisiológica, siempre y cuando, naturalmente, el motivo del mantenimiento fuera debido a dicha desregulación ¿Cómo es posible que sistemas de gran complejidad (ver Chapman y cols., 2008) que afectan a diversos sistemas neurales, endocrinos, inmunológicos, etc., puedan verse reajustados por el entrenamiento en el control (aprendizaje operante) de una respuesta fisiológica aislada? Parece existir la creencia de que problemas complejos requieren soluciones complejas. Pues bien, parece que dicha creencia no está soportada por la realidad. Desde un punto de vista fisiológico un pequeño, pero relevante, cambio de actividad puede inducir otros cambios que afecten de forma global y significativa a todo el sistema (deKloet, 2004), pero ¿qué ocurre si ampliamos, más allá de los cambios fisiológicos, el comportamiento global del sujeto en su entorno social, familiar e incluso de la asistencia sanitaria que se le presta? El sistema se hace más complejo e indeterminado y es definido, como señalan Plsek y Greenhalgh (2001) como un sistema adaptativo complejo, compuesto por un conjunto de agentes individuales con libertad para actuar, de modo no completamente predecible, y cuyas acciones están interconectadas de modo que las acciones de un agente cambian el contexto en el que operan otros agentes. En este contexto la intervención efectiva debe ser simple, sencilla, pues de otro modo impondría una serie de restricciones que dificultarían el ajuste del sistema. Según Brown (2007) la mejor solución, caso de existir, impone demasiados controles para permitir la flexibilidad de respuesta necesaria para incorporar la nueva información disponible que permite el feedback necesario para su ajuste. No hay soluciones perfectas, el disenso, la paradoja y la indeterminación son la norma. Es la flexibilidad e indeterminación, que incluye la variabilidad e incluso las paradojas, el modo más adecuado de actuar sobre los sistemas complejos.

6.3. La aceptación del dolor

Admitimos que resulte arriesgado hablar de aceptación del dolor, de hecho no nos avendríamos a hacerlo en algunos foros, sin embargo de lo expuesto hasta aquí parece claro que el modo de conseguir reducir y/o eliminar el dolor debe partir de él mismo. Al igual que ocurre en los trastornos de ansiedad, el huir del objeto fóbico lo que hace realmente es reafirmar el miedo. En el caso del dolor, su aceptación e incluso la contemplación de algunas de las respuestas fisiológicas relacionadas con él, son una vía para reducirlo. Un ejemplo a este respecto es el uso de programas de exposición utilizados para el tratamiento de la fibromialgia (Lumley y cols., 2008). Otro ámbito con tradición en psicoterapia es el uso la escritura como forma de exposición y de autodescubrimiento. Así, escribir sobre la ira asociada a la percepción del dolor crónico produce una mejoría en el dolor percibido y el estado de ánimo (Graham y cols., 2008), lo que viene a confirmar que la inhibición de la expresión de la ira contribuye a aumentar la percepción de dolor (Burns, Quartana y Bruchl, 2008).

Es necesario, por tanto, partir del dolor y el malestar por él generado, para superar esa situación. Las promesas de los libros de auto-ayuda y algunos adalides de la denominada psicología positiva que sugieren que el afecto positivo puede mejorar la salud por sí mismo, ofrecen unos resultados contradictorios y en gran medida paradójicos. Ello ha llevado a señalar que la pretensión de que el afecto positivo mejora la salud carece de sustento científico (Pressman y Cohen, 2005). Es más, en algunos casos la visión optimista, puede ser contraproducente, al reducir la atención a síntomas relevantes.

Aceptar el dolor, el malestar y las limitaciones que esto supone no es un punto de llegada sino de partida. Tampoco es una mera actitud o filosofía, sin más, sino que se integra en un tipo concreto de terapia, las incluidas dentro del rótulo de terapias de 3ª generación (Hayes y cols., 2006) y en particular en una de ellas: la terapia de aceptación y compromiso (Hayes, Strosahl y Wilson, 1999 y Wilson y Luciano, 2002). Este tipo de terapia tiene especial interés en el tratamiento del dolor crónico y así ha desarrollado procedimientos específicos (Dahl y cols., 2005 y McCracken, 2005) que ya han ofrecido resultados positivos (Davis y cols., 2015 y McCracken y Vowles, 2008). El punto de partida, como se decía al inicio de este párrafo, es reconocer y aceptar el dolor y todo lo que implica. Esto tiene, frente a la opción de negar, escapar o huir de todo lo relacionado con él, las ventajas que da la exposición frente a la carga emocional negativa que supone la huida, que confiere un valor aversivo adicional a la situación. El hecho de que en muchos problemas de dolor crónico, incluido obviamente el dolor originado por procesos degenerativos o por el envejecimiento en sí, que perdura, además, a pesar del tratamiento médico, da más sentido adaptativo al reconocimiento y aceptación de su presencia.

La aceptación conlleva la determinación de no dejar que sea el dolor el que dirija la vida. De este modo y según los valores de cada persona, se propone una recuperación de la actividad ordinaria. No se trata de esperar a encontrarse mejor y motivado para moverse, sino hacer aquellas cosas que merecen la pena, a pesar del malestar o de no estar suficientemente motivado. Este enfoque no es ajeno al modo de proceder de la terapia cognitivo conductual, sin embargo, sí hace hincapié en algunos aspectos en los que dicha terapia a veces insiste de forma inapropiada. No se busca aquí la forma de distraerse del malestar, ni reestructuración cognitiva o procedimientos para reducir la ansiedad, el estrés, etc., sino potenciar, como se ha señalado, la realización de actividades valiosas para el paciente, así como centrarse en lo que acontece realmente (ver Vallejo, 2006) y no en el mundo producto del pensamiento e imaginación.

Un abordaje de estas características es congruente con los principios que sustentan la terapia cognitivo conductual y con los aspectos que se han recogido al comienzo de este trabajo sobre los sistemas naturales de regulación del dolor. Se ajusta mejor, además, con el sentido general de que no es posible una vida sin dolor, sin malestar, sin cambios en el estado de ánimo, etc., en suma queda mejor integrado en la forma natural de la vida. Introduce, por tanto, un orden en los objetivos. Recuperar el control de la propia vida ya traerá, por sí solo, una mejora en la autoestima personal y en la posibilidad de afrontar los problemas relacionados con la limitación impuesta con el dolor.

En los últimos años se ha prestado especial atención a un constructo, el catastrofismo, tanto como explicación del agravamiento de los pacientes de dolor crónico como para medir éste. Es definido en términos de magnificación de los aspectos negativos asociados a él, como la desesperanza y la presencia de rumiaciones cognitivas, ha venido a ser tanto una variable dependiente como una explicación de la persistencia del dolor (Sullivan y cols., 2001). El catastrofismo ha sido considerado crucial para entender la experiencia de dolor y es tenido como una variable clave en determinados acercamientos cognitivo conductuales (Keefe y cols., 1989 y Turner y Aaron, 2001). El uso de estos constructos circulares que tienen su explicación en sí mismos y que se ajustan bien a procesos terapéuticos similares como la reestructuración cognitiva o ciertos tipos de afrontamiento, tienen sus desventajas, sobre todo cuando se utilizan para valorar la misma terapia cognitivo conductual.

Thorn y cols. (2007) informan de un trabajo con pacientes de cefalea crónica en el que se buscó reducir el catastrofismo mediante terapia cognitivo conductual. Se trata de un estudio con asignación aleatoria al grupo de tratamiento antes indicado y a un grupo de control de lista de espera. Los resultados indican que, como se esperaba, se redujo el catastrofismo, la ansiedad y aumentó la autoeficacia, lo que no sucedió en el grupo control. Sin embargo, la lista de variables en las que no hubo diferencia con respecto al grupo control es bastante amplia: frecuencia e intensidad del dolor, estrés asociado a la cefalea y puntuación en el BDI-II. Efectivamente se reduce el catastrofismo pero no la cefalea.

Veamos el caso contrario, cuando se utiliza un tratamiento ajeno al constructo que se pretende medir. Vowles, McCracken y Eccleston (2007) informan de un trabajo con pacientes de dolor crónico atendidos en un hospital del Reino Unido, mediante un programa denominado terapia cognitivo conductual contextual y que se centra en la aceptación, al modo señalado más arriba. Los resultados informan, además de una mejora en los índices clínicos, de una reducción postratamiento del catastrofismo y un aumento de la aceptación. Los autores señalan que ambos elementos parecen contribuir a la mejora terapéutica y se sorprenden de haber obtenido este efecto sobre el catastrofismo, al no utilizar una terapia que actuara directamente sobre él. Reconocen, no obstante, que aunque la terapia no buscara actuar sobre el contenido de los pensamientos, sí lo hizo sobre sus funciones y esto, obviamente, influye también en la forma de los pensamientos (ver Teasdale y cols., 2002 y Barnes-Holmes y cols., 2004).

El catastrofismo puede ser útil para medir de forma indirecta cambios terapéuticos útiles, principalmente, para promover la actividad del paciente y reducir el dolor, y no, tal vez, para dar fe de una profecía autocumplida sin apenas interés clínico.

6.4. Conclusión

El tratamiento psicológico del dolor crónico debe ser capaz de responder a dos aspectos fundamentales: actuar sobre el dolor de modo que los sistemas de regulación natural operen adecuadamente y, en segundo lugar, atendiendo a la persistencia del dolor impedir que éste se haga dueño de la vida del paciente, impidiéndole ser persona. Ambos objetivos precisan reconocer el dolor y aceptar su existencia. El primero debe permitir, atendiendo a las sensaciones percibidas y a las respuestas fisiológicas relacionadas con el dolor, hacer más efectivos los sistemas de regulación fisiológica del dolor. El segundo, requiere reconocer los problemas y ponerse a recuperar las actividades que se consideran valiosas. Las técnicas de biofeedback, neurofeedback, la hipnosis, la relajación y otros procedimientos de naturaleza psicofisiológica han mostrado su utilidad al respecto del primer objetivo. Además en los últimos años vienen a reiterar su potencialidad. Por otro lado la terapia cognitivo conductual y más concretamente los desarrollos denominados de tercera generación entre los que cabe incluir especialmente la terapia cognitivo conductual contextual procura los medios adecuados para que la persona recupere el control de su vida, haciendo de su comportamiento, según sus valores, el elemento clave de su vida. Un aspecto esencial para progresar en la solución del problema es conocer qué variables, específicas e inespecíficas, afectan al resultado de la terapia (Burns y cols., 2015). En un terreno donde el efecto placebo se muestra particularmente activo (Meissner y Linde, 2013).

Finalmente, reiterar que el estudio y tratamiento del dolor aun siendo una empresa compleja, debe requerir medidas terapéuticas sencillas, pues los sistemas complejos, justamente, pueden ser moldeados más eficientemente mediante pequeños cambios.

7. REFERENCIAS BIBLIOGRÁFICAS

Affleck, G., Urrows, S., Tennen, H. y Higgins, P. (1992) Daily coping with pain from rheumatoid arthritis: patterns and correlates. *Pain, 51,* 221-229.

Andersson, H.I., Ejlertsson, G., Leden, I. y Rosenberg, C. (1993) Chronic pain in a geographically defined general population: Studies of differences in age, gender, social class and pain localization. *The Clinical Journal of Pain, 9,* 174-182.

Andrasik, F., Blanchard, E.B., Arena, J.G., Saunders, N.L. y Barron, K.D. (1982) Psychophysiological of recurrent headache: methodological issues and new empirical findings. *Behavior Therapy, 13,* 497-429.

Asghari, A. y Nicholas, M.K. (2004) Pain during mammography: the role of coping strategies. *Pain, 108,* 170-179.

Barnes-Holmes, Y., Barnes-Holmes, D., McHugh, L. y Hayes, S.C. (2004) Relational Frame Theory: Some implications for understanding and treatment human pathology. *International Journal of Psychology and Psychological Therapy, 4,* 355-375.

Beck, A.T., Ward, D.H., Mendelson, M., Mock, J. y Erbaugh, J. (1961) An inventory for measuring depression. *Archives of General Psychiatry, 4,* 53-63.

Belleggia, G. y Birbaumer, N. (2001) Treatment of phantom limb pain combined EMG and thermal biofeedback: a case report. *Applied Psychophysiology and Biofeedback, 26,* 141-146.

Bender, J., Radhakrishnan, A., Diorio, C., Englesakis, M. y Jadad, A. (2011) Can pain be managed through the Internet? A systematic review of randomized control trials. *Pain, 152,* 1740-1750.

Blanchard, E.B. y Andrasik, F. (1985) *Management of chronic headache: a psychological approach.* Nueva York: Pergamon Press. Traducción española (1989). Tratamiento del dolor de cabeza crónico. Barcelona: Martínez Roca.

Bolles, R.C. y Fanselow, M.S. (1980) A perceptual-defensive-recuperative model of fear and pain. *Behavioral and Brain Sciences, 3,* 291-323.

Bonica, J.J. (1980) *Pain.* Nueva York: Raven Press.

Boston, K., Pearce, S.A. y Richardson, P.H. (1990) The Pain Cognition Questionnaire. *Journal of Psychosomatic Research, 34,* 103-109.

Bradley, L.A., Turner, R.A., Young, L.D., Agudelo, C.A., Anderson, K. y McDaniel, L. (1985) Effects of cognitive-behavioral therapy on pain behaviour of rheumatoid arthritis patients: preliminary outcome. *Scandinavian Journal of Behavior Therapy, 14,* 51-64.

Breivik, H., Collett, B., Ventafrida, V., Cohen, R. y Gallacher, D. (2006) Survey of chronic pain in Europe: prevalence, impact on daily life, and treatment. *European Journal of Pain, 10,* 287-333.

Brown, C.A. (2007) The role of paradoxical beliefs in chronic pain: a complex adaptive systems perspective. *Scandinavian Journal of Caring Science, 21,* 207-213.

Brown, G.K., y Nicassio, P.M. (1987) The development of a questionnaire for the assessment of active and passive coping strategies in chronic pain patients. *Pain, 31,* 53-65.

Buhrman, M., Fältenhag, S., Ström, L. y Andersson, G. (2004) Controlled trial of Internet-based treatment with telephone support for chronic back pain. *Pain, 111,* 368-377.

Burns, J.W., Nielson, W.R., Jensen, M.P., Heapy, A., Czlapinski, R. y Kerns, R.D. (2015) Does change occur for the reasons we think it does? A test of specific therapeutic operations during cognitive-behavioral treatment of chronic pain. *The Clinical Journal of Pain, 31,* 603-611.

Burns, J.W., Quartana, P.J. y Bruehl, S. (2008) Anger inhibition and pain: conceptualizations, evidence and new directions. *Journal of Behavioral Medicine, 31,* 259-279.

Cano, F.J. y Rodríguez Franco, L. (2002) Evaluación del lenguaje interno ansiógeno y depresógeno en la experiencia de dolor crónico. *Apuntes de Psicología, 20,* 329-346.

Caro, I. e Ibáñez, E. (1992) La Escala Hospitalaria de Ansiedad y Depresión: su utilidad práctica en psicología de la salud. *Boletín de Psicología, 36,* 43-69.

Catalá, E., Reig, E., Artés, M., Aliaga, L., López, J.S. y Segú, J.L. (2002) Prevalence of pain in the Spanish population: telephone survey in 5000 homes. *European Journal of Pain, 6,* 133-140.

Cavanaugh, J.M. y Weinstein, J.N. (1994) Low back pain: epidemiology, anatomy and neurophysiology. En P.D. Wall y R. Melzack (eds.): *Textbook of Pain, 3ª edición.* Londres: Churchill Livingstone.

Champion, G.D., Goodenough, B., von Baeyer, C. y Thomas, W. (1998) Measurement of pain by self-report. En G.A. Finley y P.J. McGrath (eds.). *Measurement of pain in infants and children,* Seattle: IASP Press, págs. 123-160.

Comeche, M.I., Martín, A., Rodríguez, M.F., Pardo, J., Díaz, M.I. y Vallejo, M.A. (2010) Tratamiento cognitivo-conductual, protocolizado y en grupo de la fibromialgia. *Clínica y Salud, 21,* 107-121.

Crombez, G., Vlaeyen, J.W. y Heuts, P.H. (1999) Pain-related fear is more disabling than pain itself: evidence on the role of pain-related fear in chronic back pain disability. *Pain, 80,* 329-339.

Dahl, J.C., Wilson, K.G., Luciano, C. y Hayes, S.C. (2005) *Acceptance and commitment therapy for chronic pain.* Reno: Context Press.

Davis, M.C., Zautra, A.J., Wolf, L.D., Tennen, H. y Yeung, E.W. (2015) Mindfulness and Cognitive-Behavioral Interventions for Chronic Pain: differential effects on daily pain reactivity and stress reactivity. *Journal of Consulting and Clinical Psychology, 83,* 24-35.

Chapman, C.R., Tuckett, R.P. y Woo, C. (2008) Pain and stress in a systems perspective: reciprocal neural, endocrine, and immune reactions. *The Journal of Pain, 9,* 122-145.

DeGood, D.E. y Shutty, M.S. (1992) Assessment of pain beliefs, coping and self-efficacy. En D.C. Turk y R. Melzack (eds.): *Handbook of pain assessment.* Nueva York: Guilford.

deKloet, E.R. (2004) Hormones and the stressed brain. *Annual New York Academy of Science, 1018,* 1-15.

Devineni, T. y Blanchard, E.B. (2005) A randomized controlled trial of an internet-based treatment for chronic headache. *Behaviour Research and Therapy, 43,* 277-292.

Díaz, M.I., Comeche, M.I. y Vallejo, M.A. (2003) Guía de tratamientos psicológicos eficaces en el dolor crónico. En M. Pérez, J.R. Fernández, C. Fernández e I. Amigo (eds.). *Guía de tratamientos psicológicos eficaces II. Psicología de la salud.* Madrid: Pirámide, págs.123-140.

Evers, A.W.M., Kraaimaat, F.W., van Riel, P.L.C.M. y de Jong, A.J.L. (2002) Tailored cognitive-behavioral therapy in early rheumatoid arthritis for patients at risk: a randomized controlled trial. *Pain, 100,* 141-153.

Fernández de las Peñas, C., Hernández Barrera, V., Carrasco Garrido, P., Alonso Blanco, C., Palacios Ceña, D., Jiménez Sánchez, S., Jiménez García, R. (2010) Population-based study of migraine in Spanish adults: relation to socio-demographic factors, lifestyle and co-morbidity with other conditions. *The Journal of Headache and Pain, 11,* 97-104.

Flor, H. y Birbaumer, N. (1993) Comparison of efficacy of electromyographic biofeedback, cognitive-behavioral therapy, and conservative medical interventions in the treatment of chronic musculoskeletal pain. *Journal of Consulting and Clinical Psychology, 61,* 653-658.

Folkman, S. y Lazarus, R.S. (1980) An analysis of coping in a middle-aged community sample. *Journal of Health and Social Behavior, 21,* 219-239.

Fordyce, W.E. (1976) *Behavioral Methods for Chronic Pain and Illness.* San Luis: C.V. Mosby.

Fordyce, W.E. (1978) *Learning processes in pain.* En R.A. Sternbach (ed.): The Psychology of pain. Nueva York: Raven Press.

Girolamo, G. (1991) Epidemiology and social costs of low back pain and fibromyalgia. *The Clinical Journal of Pain, 7,* S1-S7.

González, A., Fernández, P. y Torres, I (2010) Aceptación del dolor crónico en pacientes con fibromialgia: adaptación del Chronic Pain Acceptance Questionnaire (CPAQ) a una muestra española. *Psicothema, 22,* 997-1003.

Gottlieb, B.S. (1984) *Development of the Pain Beliefs Questionnaire: a preliminary report.* Paper presented at Association for the Advancement of Behavior Therapy, Philadelphia.

Graham, J.E., Lobel, M., Glass, P. y Lokshina, I. (2008) Effects of written anger expression in chronic pain patients: making meaning from pain. *Journal of Behavioral Medicine, 31,* 201-212.

Guzman, J., Esmail, R., Karjalainen, K., Malmivaara, A., Irving, E. y Bombardier, C. (2001) Multidisciplinary rehabilitation for chronic low-back pain: systematic review. *British Medical Journal, 23,* 1511-1516.

Hallman, D.M., Olsson, E.M.G., von Schéele, B., Melin, L. y Lyskov, E. (2011) Effects of heart rate variability biofeedback in subjects with stress-related chronic neck pain: a pilot study. *Applied Psychophysiology and Biofeedback, 36,* 71-80.

Hanson, R.W. y Gerber, K.E. (1990) *Coping with chronic pain: a guide to patient self-management.* Nueva York: Guilford Press.

Hassenbring, M., Ulrich, H.W., Hartmann, M. y Soyka, D. (1999) The efficacy of a risk factor-based cognitive behavioural intervention and electromyographic biofeedback in patients with acute sciatic pain: an attempt to prevent chronicity. *Spine, 24,* 2525-2535.

Hassett, A.L., Radvanski, D.C., Vaschillo, E.G., Vaschillo, B., Sigal, L.H., Katsamanis, M., Buyske, S., y Lehrer, P.M. (2007) A pilot study of the efficacy of heart rate variability (HRV) biofeedback in patients with fibromyalgia. *Applied Psychophysiology and Biofeedback, 32,* 1-10.

Hayes, S.C., Strosahl, K.D. y Wilson, K.G. (1999) *Acceptance and commitment therapy.* Nueva York: Guilford Press.

Hayes, S.C., Luoma, J.B., Bond, F.W., Masuda, A. y Lillis, J. (2006) Acceptance and commitment therapy: model, process and outcomes. *Behaviour Research and Therapy, 44,* 1-25.

Heinrich, R.L., Cohen, M.J., Naliboff, B.O., Collins, G.A. y Bonebakker, A.D. (1985) Comparing physical and behavior therapy for chronic low-back pain on physical abilities, psychological distress and patient's perceptions. *Journal of Behavioral Medicine, 8,* 61-78.

Herrero, M.J., Blanch, J., Peri, J.M., De Pablo, J., Pintor, A. y Bulbena, A. (2003) A validation study of the hospital anxiety and depression scale (HADS) in the Spanish population. *General Hospital Psychiatry, 25,* 277-83.

Holroyd, K.A. (2002) Assessment and psychological management of recurrent headache disorders. *Journal of Consulting and Clinical Psychology, 70,* 656-677.

Izal, M., Montoro, I., Márquez, M., Losada, A. y Alonso, M. (2001) Identificación de las necesidades de los cuidadores familiares de personas mayores dependientes percibidas por los profesionales de los servicios sociales y de la salud. *Intervención Psicosocial, 10,* 23-40.

Jensen, M.P. Hakimian, S., Sherlin, L.H. y Fregini, F. (2008) New insights into neuromodulatory approaches for the treatment of pain. *The Journal of Pain, 9,* 193-199.

Jensen, M.P., Gertz, K.J., Kupper, A.E., Braden, A.L., Howe, J.D., Hakimian, S. y Sherlin, L.H. (2013) Stpes toward developing and EEG biofeedback treatment for chronic pain. *Applied Psychophysiology and Biofeedback, 38,* 101-108.

Jensen, M.P., Karoly, P. y Huger, P. (1987) The development and preliminary validation of an instrument to assess patients attitudes toward pain. *Journal of Psychosomatic Research, 31,* 393-400.

Jensen, M.P. y Karoly, P. (1992) Self-report scales and procedures for assessing pain in adults. En D.C. Turk y R. Melzack (eds.): *Handbook of pain assessment.* Nueva York: Guilford.

Jensen, M.P. y Patterson, D.R. (2006) Hypnotic treatment of chronic pain. *Journal of Behavioral Medicine, 29,* 95-124.

Jensen, M.P., Turner, J.A., Romano, J.M. y Strom, S.E. (1995) The chronic pain coping inventory: development and preliminary validation. *Pain, 60,* 203-216.

Jollife, D. y Nicholas, M.K. (2004) Verbally reinforcing pain reports: an experimental test of the operant model of chronic pain. *Pain, 107,* 167-175.

Keefe, F.J., Brown, G.K., Wallston, K.A. y Caldwell. D.S. (1989) Coping with rheumatoid arthritis: catastrophizing as a maladaptive strategy. *Pain, 37,* 51-56.

Keefe, F., Caldwell, D., Baucom, D., Salley, A., Robinson, E., Timmons, K., Beaupre, P., Weisberg, J. y Helms, M. (1996) Spouse-assisted skills training in the management of osteoarthritis knee pain. *Arthritis Care Research, 9,* 279-291.

Keefe, F., Caldwell, D., Baucom, D., Salley, A., Robinson, E., Timmons, K., Beaupre, P., Weisberg, J. y Helms, M. (1999) Spouse-assisted skills training in the management of osteoarthritis knee pain: long term followup results. *Arthritis Care Research, 12,* 101-111.

Keefe, F.J. y Lefebvre, J. (1994) Behaviour Therapy. En P.D. Wall y R. Melzack (eds.): *Textbook of Pain, 3ª edición.* Londres: Churchill Livingstone.

Keefe, F.J., Rumble, M.E., Scipio, C.D., Giordano, L.A. y Perri, L.M. (2004) Psychological aspects of persistent pain: current state of the science. *The Journal of Pain, 5,* 195-211.

Keefe, F.J., Smith, S.J., Buffington, A.L.H., Gibson, J., Studts, J.L. y Caldwell, D.S. (2002) Recent advances and future directions in the biopsychosocial assessment and treatment of arthritis. *Journal of Consulting and Clinical Psychology, 70,* 640-655.

Keefe, F.J. y Williams, D.A. (1989) New directions in pain assessment and treatment. *Clinical Psychology Review, 9,* 549-568.

Keefe, F.J. y Williams, D.A. (1992) Assessment of pain behaviors. En D.C. Turk y R. Melzack (eds.): *Handbook of pain assessment.* Nueva York: Guilford.

Keel, P.J., Bodoky, C., Gerhard, U. y Müller, W. (1998) Comparison of integrated group therapy and group relaxation training for fibromyalgia. *The Clinical Journal of Pain, 14,* 232-238.

Kwekkeboom, K.L. y Gretarsdottir, E. (2006) Systematic review of relaxation interventions for pain. *Journal of Nursing Scholarship, 38,* 269-277.

Labrador, F.J. y Vallejo, M.A. (1984) Dolor crónico. En J. Mayor y F.J. Labrador (eds.): *Manual de Modificación de Conducta.* Madrid: Alhambra.

Labrador, F.J. y Vallejo, M.A. (1985) Dolor crónico. En J.A.I. Carrobles (ed.): *Análisis y modificación de la conducta II.* Madrid: UNED.

Langermark, M., Jensen, K. y Olesen, J. (1990) Temporal muscle blood flow in chronic tension-type headache. *Archives of Neurology, 47,* 654-658.

Langley, P.C. (2011) The prevalence, correlates and treatment of pain in the European Union. *Current Medical Research and Opinion, 27,* 463-480.

Lázaro, C., Bosch, F., Torrubia, R. y Baños, J.E. (1994) The development of a Spanish questionnaire for assessing pain: preliminary data concerning reliability and validity. *European Journal Psychological Assessment, 10,* 145-151.

Lefebvre, M.F. (1981) Cognitive distortion in depressed psychiatric and low back pain patients. *Journal of Consulting and Clinical Psychology, 49,* 517-525.

Linton, S.J. (1982) A critical review of behavioural treatments for chronic benign pain other than headache. *The British Journal of Psychology, 21,* 321-337.

Linton, S.J. y Götestam, K.G. (1984) A controlled study of the effects of applied relaxation and applied relaxation plus operant procedures in the regulation of chronic pain. *British Journal of Clinical Psychology, 23,* 291-299.

Linton, S.J. y Ryberg, M. (2001) A cognitive-behavioral group intervention as prevention for persistent neck and back pain in a non-patient population: a randomized controlled trial. *Pain, 90,* 83-90.

López, J., López-Arrieta, J. y Crespo, M. (2005) Factors associated with the positive impact of caring for elderly and dependent relatives. *Archives of Gerontology and Geriatrics, 41,* 81-94.

Lorig, K.R., Laurent, D.D., Deyo, R.A., Marnell, M.E., Minor, M.A. y Ritter, P.L. (2002) Can a back pain e-mail discussion group improve health status and lower health care cost? *Archives Internal Medicine, 162,* 792-796.

Lumley, M.A., Cohen, J.L., Stout, R.L. y Neely, L.C. (2008) An emotional exposure-based treatment of traumatic stress for people with chronic pain: preliminary results for fibromyalgia syndrome. *Psychotherapy Theory, Research, Practice and Training, 45,* 165-172.

MacDonald, G. y Leary, R.M. (2005) Why does social exclusion hurt? The relationship between social and physical pain. *Psychological Bulletin, 131,* 202-223.

Marhold, C., Linton, S.J. y Melin, L. (2002) Identification of obstacles for chronic pain patients to return to work: evaluation of a questionnaire. *Journal of Occupational Rehabilitation, 12,* 65-75.

Masedo, A.I. y Esteve, R. (2000) Some evidence regarding the validity of the Spanish Version of the McGill Pain Questionnaire (MPQ-SV). *Pain, 85,* 451-456.

Meiisner, K. y Linde, K. (2013) What are the best placebo interventions for the treaatment of pain? En L. Colloca. M. Arve Flaten y K. Meissner (eds.). *Placebo and pain. From bench to bedside.* London: Elsevier, pp. 235-242.

McCracken, L.M. (2005) *Contextual cognitive-behavioral therapy for chronic pain.* Seattle: IASP Press.

McCracken, L.M. (2007) Psychology and chronic pain. *Anesthesia and Intensive Care Medicine, 9,* 55-58.

McCracken, L.M. y Gross, R.T. (1993) Does anxiety affect coping with chronic pain? *Clinical Journal of Pain, 9,* 253-259.

McCracken, L.M. y Gross, R.T. (1998) The role of pain-related anxiety reduction in the outcome of multidisciplinary treatment for chronic low back pain: preliminary results. *Journal of Occupational Rehabilitation, 8,* 179-189.

McCracken, L.M., Vowles, K.E., y Eccleston, C. (2004). Acceptance of chronic pain: Component analysis and a revised assessment method. *Pain, 107,* 159-166.

McCracken, L.M., Vowles, K.E. y Eccleston, C. (2005) Acceptance-based treatment for persons with complex, long standing chronic pain: a preliminary analysis of treatment outcome in comparison to a waiting phase. *Behaviour Research and Therapy, 43,* 1335-1346.

McCracken, L.M. y Vowles, K.E. (2008) A prospective analysis of acceptance of pain and values-based action in patients with chronic pain. *Health Psychology, 27,* 215-220.

McCroy, D. Pezien, D., Hasselblad, V. y Gray, R. (2001) *Behavioral and physical treatments for tension-type and cervicogenic headache.* Des Moines: Foundation for Chiropractic Education and Research.

McEwen, B.S. (2002) *The end of stress as we know it.* Washington: Joseph Henry Press.

McGrath, P.A. y Gillespied, J. (2001) Pain assessment in children and adolescents. En D.C. Turk y R. Melzack (eds.). *Handbook of pain assessment.* Londres: Guilford, pp. 97-118.

Meeus, M., Nijs, J., Vanderheiden, T., Baert, I., Descheemaeker, F. y Struy, F. (2015) The effect of relaxation therapy on autonomic functioning, symptoms and daily functioning, in patients with chronic fatigue syndrome or fibromyalgia: a systematic review. *Clinical Rehabilitation, 29,* 221-233.

Meichenbaum, D. y Jaremko, M.E. (1987) *Prevención y Reducción del estrés.* Bilbao: Desclée de Brouwer.

Meichenbaum, D. y Turk, D.C. (1980) Stress, coping and disease: a cognitive-behavioral perspective. En R. Neufeld (ed.): *Relations between psychological stress and psychopathology.* Nueva York: McGraw-Hill.

Melzack, R. (1975) The McGill Pain Questionnaire: major properties and scoring methods. *Pain, 1,* 277-299.

Melzack, R. y Casey, K.L. (1968) Sensory, motivational and central control determinants of pain: a new conceptual model. En D. Kenshalo (ed.): *The skin senses.* Sprinfield: Thomas.

Melzack, R. y Wall, P. (1965) Pain Mechanisms: a new theory. *Science, 150,* 971-979.

Melzack, R. y Wall, P. (1982) *The Challenge of Pain.* Londres: Penguin Books.

Melzack, R. y Wall, P. (1988) *The Challenge of Pain. 2ª edición.* Londres: Pelican Books.

Ministerio de Sanidad y Consumo (1996) *Encuesta Nacional de Salud de España 1995.* Secretaría General Técnica. Centro de Publicaciones del Ministerio de Sanidad y Consumo.

Miró, J. y Huguet, A. (2004) Evaluation of reliability, validity, and preference for a paediatric pain intensity scale: the Catalan version of the faces pain scales – revised. *Pain, 111,* 59-64.

Miró, J., Paredes, S., Rull, M., Queral, R., Miralles, R., Nieto, R., Huguet, A. y Baos, J. (2006) Pain in older adults; a prevalence study in the mediterranean región of catalonia. *European Journal of Pain, 11,* 83-92.

Müller, J. (1842) *Elements of Physiology.* Londres: Taylor.

Nachemson, A.L. (1992) Newest knowledge of low back pain. A critical look. *Clinical Orthopaedics, 279,* 8-20.

Nestoriuc, Y., Rief, W. y Martin, A. (2008) Meta-analysis of biofeedback for tension-type headache: efficacy, specificity, and treatment moderators. *Journal of Consulting and Clinical Psychology, 76,* 379-396.

Okifuji, A. y Turk, D.C. (2015) Behavioral and cognitive-behavioral approaches to treating patients with chronic pain: thinking outside the pill box. *Journal of Rational-Emotive & Cognitive-Behavior Therapy, 33,* 218-238.

Olesen, J. (1992) El mecanismo de la jaqueca. *Mundo Científico, 12,* 318-326.

Olesen, J. y Schoenen, J. (2002) Synthesis of tension-type headache mechanisms. En J. Olesen, P. Tfelt-Hansen y K.M.A. Welch (eds.). *The headache* (2ª ed., pp. 615-618). Philadelphia: Lippincott Wiliams & Wilkins.

Palermo, T.M., Eccleston, C., Lewandowski, A.M., de C. Williams, A.C. y Morley, S. (2010) Randomized controlled trials of psychological therapies for management of chronic pain in children and adolescents: an updated meta-analytic review. *Pain, 148,* 387-397.

Palermo, T, Wilson, A., Peters, M., Lewandowski, A., y Somhegyi, H. (2009) Randomized controlled trial of an Internet-delivered family cognitive-behavioral therapy intervention and adolescents with chronic pain. *Pain, 146,* 205-213.

Patterson, D.R. y Jensen, M.P. (2003) Hypnosis and clinical pain. *Psychological Bulletin, 129,* 495-521.

Philips, H.C. (1988) *The Psychological Management of Chronic Pain.* Nueva York: Springer. Traducción española (1991). El tratamiento psicológico del dolor crónico. Madrid: Pirámide.

Picavet, H.S., Vlaeyen, J.W. y Schouten, J.S. (2002) Pain catastrophizing and kinesiophobia: predictors of chronic low back pain. *American Journal of Epidemiology, 156,* 1028-1034.

Planes, M. (1992) Influencia del estrés en el padecimiento de la migraña. *Anuario de Psicología, 54,* 97-108.

Plsek, P.E. y Greenhalgh, T. (2001) Complexity science: the challenge of complexity in health care. *British Medical Journal, 323,* 625-628.

Pressman, S.D. y Cohen, S. (2005) Does positive affect influence health? *Psychological Bulletin, 131,* 925-971.

Reid, K.K., Harker, J., Bala, M., Truyers, C., Kellen, E., Bekkering, G.E., Kleijnen, J. (2011) Epidemiology of chronic non-cancer pain in Europe: narrative review of prevalence, pain treatments and pain impact. *Current Medical Reserarch and Opinion,* 27, 449-462.

Rene, J., Weinberger, M., Mazzuca, S.A., Brandt, K.D. y Katz, B.P. (1992) Reduction of joint pain in patients with knee osteoarthritis who have received monthly telephone calls form lay personnel and whose medical-treatment regimens have remained stable. *Arthritis and Rheumatism, 35,* 511-515.

Rodríguez Franco, L., Cano, F.J. y Blanco, A. (2004) Evaluación de las estrategias de afrontamiento en dolor crónico. *Actas Españolas de Psiquiatría, 32,* 82-91.

Riley, J.F., Ahern, D.K. y Follick, M.J. (1988) Chronic pain and functional impairment: assessing beliefs about their relationship. *Archives of Physical Medicine and Rehabilitation, 59,* 579-582.

Roelofs, J., Boissevain, M.D., Peters, M.L., de Jong, J.R. y Vlaeyen, J.W.S. (2002) Psychological treatments for chronic low back pain: past, present and beyond. *Pain Reviews, 9,* 29-40.

Rosensteil, A.K. y Keefe, F.J. (1983) The use of coping strategies in low-back pain patients characteristics and current adjustment. *Pain, 17,* 33-40.

Santoro, M. y Cronan, T. (2014) A systematic review of neurofeedback as a treatment for fibromyalgia syndrome symptoms. *Journal of Musculoesqueletal Pain, 22,* 286-300.

Schatzberg, A.F. (2009) Chronic pain and depression. En E.A. Mayer y M.C. Bushnell (eds.). *Functional pain syndromes: presentations and psychopathology.* Seattle, WA: IASP Press, págs. 215-226.

Schwartz, D.P., DeGood, D.E. y Shutty, M.S. (1985) Direct assessment of beliefs and attitudes of chronic pain patients. *Archives of Physical Medicine and Rehabilitation, 66,* 806-809.

Sharpe, L., Sensky, T., Timberlake, N., Ryan, B., Brewin, C.R. y Allard, S. (2001) A blind, randomized, controlled trial of cognitive-behavioural intervention for patients with recent onset rheumatoid arthritis: preventing psychological and physical and physical morbidity. *Pain, 89,* 257-283.

Sherman, R.A., Arena, J.G., Sherman, C.J. y Ernst, J.L. (1989) The mystery of phantom pain: growing evidence for psychophysiological mechanisms. *Biofeedback and Self-Regulation, 14,* 267-280.

Sime, A. (2004) Case study of trigeminal neuralgia using biofeedback and peripheral biofeedback. *Journal of Neurotherapy, 8,* 59-71.

Shutty, M.S. y DeGood, D.E. (1990) Patient knowledge and beliefs about pain and its treatment. *Rehabilitation Psychology, 35,* 43-54.

Schnedider, L.H. y Hadsjistavropoulos, H.D. (2014) When in doubt, ask the audience: potential users' perceptions of Internet-delivered cognitive behavioral therapy for chronic pain. *Pain Research & Management, 19,* 173-178.

Schoenen, J. (1996) Abnormal cortical information processing between migraine attacks. En M. Sandler, M. Ferrari y S. Harnet (eds.). *Migraine: pharmacology and genetics* (pp. 233.253). Londres: Chapman and Hall.

Schoenen, J., y Wang, W. (1977) Tension-type headache. En P.J. Goadsby y S.D. Silberstein (eds.). *Headache* (pp. 177-200). Boston: Butterworth-Heinemann.

Seers, K. (1997) Chronic non-malignant pain: a community based approach to management. En V.N. Thomas (ed.). *Pain, its nature and management.* London: Baillière Tindall, pág. 220-237.

Sherman, R.A., Arena, J.G., Sherman, C.J. y Ernst, J.L. (1989) The mystery of phantom pain: growing evidence for psychophysiological mechanisms. *Biofeedback and Self-Regulation, 14,* 267-280.

Spielberger, C.D. (1988) *State-trait anger expression inventory professional manual.* Psychological Assessment Resources, Odessa.

Stern, M.J., Guiles, R.A. y Gevirtz, R. (2014) HRV biofeedback for pediatric irritable bowel syndrome and functional abdominal pain: a clinical replication series. *Applied Psychophysiology and Biofeedback, 39,* 287-291.

Sternbach, R.A. (1968) *Pain: a psychophysiological analysis.* Nueva York: Academic Press.

Sullivan, M.D. (2000) DSM-IV pain disorder: a case against the diagnosis. *International Review of Psychiatry, 12,* 91-98.

Sullivan, M.J.L., Bishop, S., y Pivik, J. (1995). The Pain Catastrophizing scale: development and validation. *Psychological Assessment, 7,* 524-32.

Sullivan, M.J.L., Reesor, K., Mikail, S. y Fisher, R. (1992) The treatment of depression in chronic low back pain: review and recommendations. *Pain, 50,* 5-13.

Sullivan, M.J.L., Thorn, B., Haythornthwaite, J.A., Keefe, F., Martin, M., Bradley, L.A. y Lefebvre, J.C. (2001) Theoretical perspectives on the relation between catastrophizing and pain. *The Clinical Journal of Pain, 17,* 52-64.

Swinkels-Meewisse, I.E., Roelofs, J., Verbeek, A.L., Oostendorp, R.A. y Vlaeyen, J.W. (2003) Fear of movement/(re)injury, disability and participation in acute low back pain. *Pain, 105,* 371-379.

Tan, G., Rintala, D.H., Jensen, M.P., Fukui, T., Smith, D. y Williams, W. (2015) A randomized controlled trial of hypnosis compared with biofeedback for adults with chronic low back pain. *European Journal of Pain, 19,* 271-280.

Tan, G., Rintala, D.H., Thornby, J.I., Yang, J., Wade, W. y Vasilev, C. (2006) Using cranial electrotherapy stimulation to threat pain associated with spinal cord injury. *Journal of Rehabilitation Research and Development, 43,* 461-474.

Teasdale, J.D., Moore, R.G., Hayhurst, H., Pope, M., Williams, S., y Segal, Z.V. (2002) Metacognitive awareness and prevention of relapse in depression: empirical evidence. *Journal of Consulting and Clinical Psychiatry, 70,* 275-287.

Tejero, A., Guimerá, E.M, Farré, J.M. y Peri, J.M. (1986) Uso clínico del HADS en población psiquiátrica: un estudio de sensibilidad, fiabilidad y validez. *Revista del Departamento de Psiquiatría de la Facultad de Medicina de Barcelona, 13,* 233-238.

Terol, M.C., López-Roig, S., Rodríguez-Marín, J., Martín Aragón, M. y Pastor, M.A. (2007) Propiedades psicométricas de la escala hospitalaria de ansiedad y depresión (HAD) en población española. *Ansiedad y Estrés, 13,* 163-76.

Thorn, B.E., Pence, L.B., Ward, L.C., Kilgo, G., Clements, K.L., Cross, T.H., Davis, A.M. y Tsui, P.W. (2007) A randomized clinical trail of targeted Cognitive Behavioral Treatment to reduce catastrophizing in chronic headache. *The Journal of Pain, 8,* 938-949.

Turk, D.C. (1978) Cognitive-behavioral techniques in the management of pain. En J.P. Foreyt y D.P. Rathjen (eds.): *Cognitive behaviour therapy: Research and application.* Nueva York: Plenum.

Turk, D.C. (1990) Customizing treatment for chronic pain patients: Who, what and why? *Clinical Journal of Pain, 6,* 255-270.

Turk, D.C. y Meichenbaum, D. (1994) A cognitive-behavioural approach to pain management. En P.D. Wall y R. Melzack (eds.): *Textbook of Pain, 3ª edición.* Londres: Churchill Livingstone.

Turk, D.C., Meichenbaum, D. y Genest, M. (1983) *Pain and Behavioral Medicine. A Cognitive-Behavioral Perspective.* Nueva York: Guilford Press.

Turk, D.C y Okifuji, A. (2002) Psychological factors in chronic pain: evolution and revolution. *Pain, 70,* 678-690.

Turk, D.C. y Rudy, T.E. (1988) Toward an empirically derived taxonomy of chronic pain patients: integration of psychological assessment data. *Journal of Consulting and Clinical Psychology, 56,* 233-238.

Turk, D.C. y Rudy, T.E. (1992) Cognitive factors and persistent pain: a glimpse into Pandora's box. *Cognitive Therapy and Research, 16,* 99-122.

Turner, J.A. y Aaron, L.A. (2001) Pain-related catastrophizing: What is it? *Clinical Journal of Pain, 17,* 65-71.

Turner, J.A., Clancy, S., McQuade, K.J. y Cardenas, D.D. (1990) Effectiveness of behavioral therapy for chronic low back pain: a component analysis. *Journal of Consulting and Clinical Psychology, 58,* 573-579.

Tuner, J.A. y Chapman, C.R. (1982) Psychological interventions for chronic pain : a critical review. II. Operant conditioning, hypnosis, and cognitive-behavioral therapy. *Pain, 12,* 23-46.

Turner, J.A., Franklin, G. y Turk, D.C. (2000) Predictors of long-term disability in injured workers: a systematic literature synthesis. *American Journal of Industrial Medicine, 38,* 707-722.

Vallejo, M.A. (2001) Hipnosis y tratamiento del dolor. En J. Gil y G. Buela (eds.): *Hipnosis.* Madrid: Biblioteca Nueva, págs.: 229-242.

Vallejo, M.A. (2005) Tratamiento psicológico del dolor crónico. *Boletín de Psicología, 84,* 41-58.

Vallejo, M.A. y Comeche, M.I. (1994) *Evaluación y Tratamiento Psicológico del dolor crónico.* Madrid: Fundación Universidad-Empresa.

Vallejo, M.A., Ortega, J., Rivera, J., Comeche, M.I. y Vallejo-Slocker, L. (2015) Internet versus face-to-face cognitive-behavioral therapy for fibromyalgia: A randomized control trial. *Journal of Psychiatric Research, 68,* 106-113.

Vlaeyen, J.W., de Jong, J., Geilen, M., Heuts, P.H. y van Breukelen, G. (2001) Graded in vivo exposure in the treatment of pain related fear: a replicated single-case experimental design in tour patients with chronic low back pain. *Behavior Research and Therapy, 39,* 151-166.

Vlaeyen, J.W., de Jong, J., Geilen, M., Heuts, y van Breukelen, G. (2002) The treatment of fear of movement/(re)injury in chronic low back pain: futher evidence on the effectiveness of exposure in vivo. *Clinical Journal of Pain, 18,* 251-261.

Vlaeyen, J.W., y Linton, S.J. (2000) Fear-avoidance and its consequences in chronic musculoskeletal pain: a state of the art. *Pain, 85,* 317-332.

Von Baeyer, C.L., Piira, T. (2003) *The Faces Pain Scale – Revised around the World: translation and adaptation for use in many cultures.* Poster presented at 6ª International Symposium on Paediatric Pain, IASP, Sydney, Australia.

Von Korff, M. (1999) Pain management in primary care: and individualized stepped-care approach. En R.J. Gatchel y D.C. Turk (eds.). *Psychosocial factors in pain: critical perspectives.* Nueva York: Guilford Press, págs. 360-373.

Vowles, K.E., McCracken, L.M. y Eccleston, C. (2007) Processes of change in treatment for chronic pain: The contributions of pain, acceptance, and catastrophizing. *European Journal of Pain, 11,* 779-787.

Weinberger, M., Hiner, S.L. y Tierney, W.M. (1986) Improving functional status in arthritis: the effect of social support. *Sociological Science Medicine, 23,* 899-904.

Weinberger, M., Tierney, W.M., Booher, P. y Katz, B.P. (1989) Can the provision of information to patients with osteoarthritis improve functional status: a randomized, controlled trial. *Arthritis and Rheumatism, 32,* 1577-1583.

Welch, K.M.A. y Ramadan, N. (1995) Mitochondria, magnesium, and migraine. *Journal of Neurological Sciences, 134,* 9-14.

Williams, D.A., Cary, M.A., Groner, K.H., Chaplin, W., Glazer, L.J., Rodriguez, A.M. y cols. (2010). Internet-enhanced management of fibromyalgia: a randomized controlled trial. *Pain, 151,* 694-702.

Williams, D.A., Thorn, B.E. (1989) An empirical assessment of pain beliefs. *Pain, 36,* 351-358.

Williams, K.D. (1997) Social ostracism. En R. Kowalski (ed.).: *Aversive interpersonal behaviours.* Nueva York: Plenum Press, pp. 133-170.

Wilson, K.G. y Luciano, C. (2002) *Terapia de aceptación y compromiso (ACT). Un tratamiento conductual orientado a los valores.* Madrid: Pirámide.

Zigmond, A. y, Snaith, P. (1983) The Hospital Anxiety and Depression Scale. *Acta Psychiatrica Scandinavica, 6,* 361-370.

8. LECTURAS RECOMENDADAS

Blanchard, E.B. y Andrasik, F. (1989) *Tratamiento del dolor de cabeza crónico.* Barcelona: Martínez Roca. (Original 1985).

Se trata, como ya se ha comentado en otro lugar, de la exposición de un programa completo de tratamiento para el dolor de cabeza. Es una aplicación en grupo, que integra los diversos recursos terapéuticos y que está muy detallada y bien ejemplificada. Es recomendable por el carácter práctico de su desarrollo y por el material que facilita.

Flórez, J. (2007) *El tratamiento farmacológico del dolor.* Barcelona: Ars Médica.

Es un libro de consulta para conocer el tratamiento farmacológico del dolor, lo que es de utilidad para el psicólogo que esté interesado en trabajar en este campo. Hay que destacar también sus capítulos sobre la fisiología del dolor y sobre el mecanismo de acción de los opiáceos en su tratamiento.

Moix, J. y Kovacs, F. (2009) *Manual del dolor: tratamiento cognitivo conductual del dolor crónico.* Barcelona: Paidós, 218 págs.

Manual práctico sobre el tratamiento del dolor en el que participan diversos psicólogos ofreciendo medios concretos de intervención.

Philips, H.C. (1991) *El tratamiento psicológico del dolor crónico.* Madrid: Pirámide. (Original, 1988).
Es el mejor programa multicomponente en grupo para el tratamiento del dolor disponible es castellano. Cuenta con todos los componentes básicos para el tratamiento del dolor, y están detallados de tal modo que puede llevarse a la práctica directamente.

Vallejo, M.A. y Comeche, M.I. (1994) *Evaluación y tratamiento psicológico del dolor crónico.* Madrid: Fundación Universidad-Empresa.
Esta monografía es una guía de tratamiento del dolor orientada a la práctica. Cuenta con distintas recomendaciones, referidas tanto a los distintos síndromes de dolor como a las técnicas terapéuticas específicas. Presenta, además, dos casos clínicos que ejemplifican el proceder terapéutico.

Miró, J. (2003) *Dolor crónico: procedimientos de evaluación e intervención psicológica.* Bilbao: Desclée de Brower, 219 págs.
Se presenta una guía para la evaluación y tratamiento psicológico del dolor crónico, al tiempo que se fundamentan las bases para la intervención psicológica en esta área.

9. PREGUNTAS DE AUTO-COMPROBACIÓN

1) No se puede medir el dolor, más que por el informe de quien lo padece.
2) El objetivo del tratamiento psicológico del dolor no es tanto eliminar éste como reducirlo y aminorar su impacto en la vida del paciente.
3) El tratamiento psicológico del dolor es un tratamiento alternativo a la terapéutica médica convencional.
4) El entrenamiento en biofeedback es especialmente útil en los dolores con un componente musculares.
5) Las técnicas de relajación se utilizan para reducir el dolor, actuando de forma directa sobre él.
6) La aceptación supone resignarse a no encontrar una salida para el dolor.
7) Uno de los objetivos de los programas de tratamiento conductuales es controlar las contingencias del consumo de analgésicos.
8) Algunas estrategias cognitivas, como las de redirección de la atención, pueden ser difíciles de aceptar por el paciente al inicio del tratamiento.
9) Uno de los objetivos de la técnicas cognitivas es cambiar la percepción del paciente de que se encuentra inerme ante el dolor.
10) Los programas de tratamiento del dolor en grupo han mostrado una buena relación coste-eficacia.

Las respuestas (verdadero, o falso) a las preguntas se encuentran en el anexo final del texto.

12

OBESIDAD, TRASTORNO POR ATRACÓN Y SÍNDROME DE INGESTA NOCTURNA

Carmina Saldaña

Universidad de Barcelona

1. INTRODUCCIÓN

En los últimas décadas hemos asistido a un incremento paulatino de la prevalencia de la obesidad en todos los grupos de edad y en todos los países desarrollados y también en aquellos con economías en desarrollo. Este hecho ha conducido al grupo Internacional de trabajo para el estudio de la obesidad (*International Obesity Task Force*, IOFT) y a la OMS a definir la obesidad como la epidemia del siglo XXI. Aunque las consecuencias médicas de la obesidad han sido las más estudiadas, sobre todo en la última década, se ha prestado una gran atención a las repercusiones psicológicas y sociales que genera el trastorno, debido fundamentalmente a la evaluación negativa que las sociedades occidentales realizan de las personas obesas. El culto al cuerpo y a la delgadez ha contribuido de manera decisiva a la estigmatización que sufren los obesos los cuales, por razón de su condición, son discriminados a nivel social, educacional y laboral. Ello ha favorecido tanto el aumento del número de personas que siguen dietas, como el incremento de otros trastornos alimentarios relacionados con el peso y la figura.

Distintas alteraciones de la conducta alimentaria se observan frecuentemente entre las personas que tienen sobrepeso y obesidad, siendo las más comunes el Trastorno de Atracones (TA), conocido también como trastorno de ingesta compulsiva, y el Síndrome de Ingesta Nocturna (SIN), aunque la prevalencia de las mismas es desigual. Ambos trastornos fueron descritos por primera vez en la década de los 50 por Stunkard y sus colaboradores (Stunkard, 1959; Stunkard, Grace y Wolff, 1955), aunque la ausencia de investigación sobre los mismos, hasta la década de los 90, no permitió determinar en qué medida contribuían a agravar el problema de exceso de peso en las personas con obesidad que presentan al mismo tiempo TA y/o SIN, o cómo facilitaban la ganancia de peso en personas con normopeso que de forma simultánea tenían alguno de estos trastornos o ambos. Aunque con una frecuencia baja, tanto el TA como el SIN pueden darse en personas de peso normal y podría predisponerlas al sobrepeso y la obesidad.

En la actualidad, el estudio de ambos trastornos ha despertado gran interés, especialmente en el caso del TA que en 1994 la *American Psychiatric Association* (APA) ya incluyó en la categoría F50.9 del DSM-IV como un caso especial de los *Trastornos de la Conducta Alimentaria No Especificado* (TCANE) (APA, 1994) y que de forma definitiva ha sido incluido en la nueva versión del Manual para el Diagnóstico de Trastornos Mentales (DSM-5; APA, 2013) bajo la denominación de Trastorno de Atracones. Con relación al SIN, todavía no se ha tomado la decisión de incorporarlo en el DSM-5 como un trastorno específico, aunque por primera vez se contempla como el síndrome 5 incluido en la categoría de *Otro trastorno de la conducta alimentaria o de la ingesta de alimentos especificado* (DSM-5; APA, 2013). Así, por el interés que despiertan y la relevancia que puede tener para el clínico conocimientos de estos dos trastornos ampliamente vinculados con la problemática de la obesidad, se dedicará una parte de este capítulo a presentar una síntesis de las aportaciones que, a fecha de hoy, se consideran más significativas sobre ellos, especialmente en lo relativo a la definición, evaluación y tratamiento.

1.1. Definición, clasificación y epidemiología de la obesidad

La obesidad es una entidad clínica de compleja definición objetiva. Se caracteriza por una acumulación excesiva de grasa corporal; por tanto, para diagnosticar a una persona como obesa es imprescindible poder determinar la cantidad de tejido adiposo que tiene y comparar sus resultados con el intervalo de normalidad de los valores estándares de la población a la que corresponde. Los valores normales consensuados por distintos autores sobre la cantidad de grasa corporal oscilan entre el 12- 20% para hombres y el 20-30% para mujeres (Bray, Bouchard y James, 1998).

Con el conocimiento disponible hasta el momento y con los instrumentos al alcance de la mayoría de los clínicos, resulta bastante difícil estimar cuándo la cantidad de tejido adiposo es excesiva en un sujeto dado. En la práctica, generalmente se asocia el término obesidad a un exceso de peso. Esta simplificación no está exenta de problemas, dado que asociar obesidad a sobrepeso supone no tener en consideración la cantidad en que excede el tejido adiposo, la localización corporal del exceso de tejido adiposo, la variabilidad individual y étnica, la debida a la envergadura ósea y a la musculatura, y la que viene determinada por los cambios que se producen a lo largo del ciclo de la vida.

En la actualidad, el Índice de Masa Corporal (IMC) es el índice más utilizado en los estudios epidemiológicos y también el más recomendado, para uso clínico, por numerosas sociedades médicas y científicas. A pesar de no ser un buen indicador de la adiposidad en personas musculadas como los deportistas o en ancianos, el IMC es valorado fundamentalmente por su simplicidad, facilidad de uso y capacidad para reflejar la adiposidad en la mayoría de la población. El IMC tiene en cuenta la relación peso/talla (IMC=kg/m^2), estableciéndose como punto de corte para definir obesidad un IMC igual o superior a 30 kg/m^2.

Empleando el IMC, la Organización Mundial de la Salud (1998) estableció los criterios por los que se debería clasificar a la población con peso normal, sobrepeso y obesidad, los cuales se adoptaron en función de la asociación entre IMC y el riesgo vital. Según estos criterios, un IMC inferior a 18,5 kg/m^2 indica bajo peso y un riesgo vital bajo, de 18,5 a 24,9 kg/m^2 indica un rango de peso saludable, de 25 a 29,9 kg/m^2 indica sobrepeso y un incremento del riesgo vital. A partir de un IMC igual o superior a 30 kg/m^2 se define obesidad y sus distintos niveles: Obesidad tipo I (entre 30 y 34,9 kg/m^2) con un riesgo moderado, Obesidad tipo II (35 a 39,9 kg/m^2) con un riesgo vital grave y Obesidad tipo III (igual o superior a 40 kg/m^2) con un riesgo vital muy grave. Estos criterios fueron modificados por la Sociedad Española para el Estudio de la Obesidad (SEEDO) en un documento de consenso publicado en 1996 y ratificado en 2007. Mediante estas modificaciones (véase la Tabla 1) se introducían dos categorías para el sobrepeso y una nueva categoría de obesidad para facilitar las recomendaciones terapéuticas. Estos valores de IMC solamente permiten clasificar a los adultos pero no a los niños y adolescentes. Para estas poblaciones se pueden utilizar como criterios para definir el sobrepeso el percentil 85 del IMC y para la obesidad el percentil 97, por edades y sexo establecidos en las tablas españolas de Orbegozo (Hernández y cols., 1988) o en las internacionales de Cole y cols. (2000).

Categoría	*Valores límite del IMC (kg/m2)*
Peso insuficiente	< 18,5
Normopeso	18,5-24,9
Sobrepeso grado I	25,0-26,9
Sobrepeso grado II (pre-obesidad)	27,0-29,9
Obesidad de tipo I	30,0-34,9
Obesidad de tipo II	35,0-39,9
Obesidad de tipo III (mórbida)	40,0-49,9
Obesidad de tipo IV (extrema)	≥ 50

Tabla 1. Criterios SEEDO para definir la obesidad en grados según el IMC en adultos. Fuente: SEEDO (2007)

La obesidad es un problema tan frecuente en la actualidad y afecta a un número tan grande de personas de los países occidentales que genera constantes estudios epidemiológicos a fin de observar si su prevalencia sigue incrementándose o se estabiliza. En Estados Unidos la prevalencia de obesidad era del 22,9% en el estudio nacional realizado entre 1988-1994 (NHANES III) y del 30,5% en el estudio realizado entre 1999-2000 (Flega, Carroll, Odgen y Johnson, 2002) siendo las diferencias entre ambos estadísticamente significativas (p<0,001). Durante ese mismo periodo, la prevalencia del sobrepeso incrementó del 55,9% al 64,5% (p<0,001).

Población infanto-juvenil			
Grupos de edad (años)[a]	Hombres (%)	Mujeres (%)	Total (%)
2-9	16,3	11,6	14,0
10-17	18,5	9,1	13,9
18-24	12,6	14,9	13,7
Población adulta[b]			
Grupos de edad (años)	Hombres (%)	Mujeres (%)	Total (%)
25-34	7,1	4,8	5,9
35-44	11,7	12,2	12,0
45-54	16,9	26,4	22,0
55-64	21,5	34,2	28,5
Población mayor de 65 años[c]			
Grupos de edad	Hombres (%)	Mujeres (%)	Total (%)
Ancianos no institucionalizados[1]	31,5	40,8	36,0
65-69[2]	30,0	39,8	34,9
70-74[2]	29,7	42,6	36,1
≥ 75[2]	20,0	40,4	30,2
Ancianos institucionalizados[3]	20,5	21,7	21,0

[a]Resultados del estudio enKid (Serra-Majemet y cols., 2003). Para calcular la prevalencia de obesidad se consideraron los valores específicos por edad y sexo del percentil 97del IMC, utilizando las tablas de Orbegozo (Hernández, y cols., 1988). [b]Resultados del estudio DORICA (Aranceta Bartrina y cols., 2005). Se utilizaron para definir obesidad valores de IMC por encima de 30 kg/m2. [c]Se utilizaron para definir obesidad, valores de IMC por encima de 30 kg/m2. [1]Ancianos no institucionalizados (Gutiérrez Fisac y cols., 2004). [2]Ancianos no institucionalizados: Resultados del estudio EXERNET (Gómez-Cabello y cols., 2011). [3]Ancianos institucionalizados (Aranceta y cols., 2004)

Tabla 2. ***Prevalencia de obesidad en la población española por grupos de edad y sexo. Modificado de SEEDO (2007)***

Según la Encuesta Nacional de Salud realizada en 2006 en todo el territorio de España (ENS-2006) por el Ministerio de Sanidad y Consumo y presentada en 2007, el 52,7 por 100 de la población adulta y el 27,6 por 100 de la población infantil presentan sobrepeso u obesidad. De manera más específica, el 44,4% de los hombres y 30,3% de las mujeres de 18 y más años tienen sobrepeso, de acuerdo con el peso y la talla declarados en dicha encuesta; además, un 15,5% de los hombres y un 15% de las mujeres presentan un IMC considerado como obesidad. Ambos trastornos son más frecuentes en las personas de mayor edad. Con relación a los niños y adolescentes, la ENS-2006 informa que el 18,5% de la población de 2 a 17 años tiene sobrepeso y el 9,1%, obesidad (Ministerio de Sanidad y Consumo, 2007). Abundando más en la importancia del problema, en la Tabla 2 se proporcionan datos de los estudios epidemiológicos más significativos que se han realizado en los últimos años en nuestro país, tanto en población infantil y adolescente, como por ejemplo el estudio enKid realizado en edades comprendidas entre los 2 y los 24 años (Serra-Majem y cols., 2003), como con población adulta de 25 a 65 años, como el estudio DORICA (Aranceta Bartrina y cols., 2005) o con población de mayores de 65 años, institucionalizados o no, como el estudio EXERNET (Gómez-Cabello y cols., 2011). Finalmente, a tenor de los datos aportados por la Encuesta Nacional de Salud 2011-2012 de España, observamos que todavía existen comunidades autónomas de nuestro país, en concreto Andalucía, Ceuta, Castilla La Mancha, Extremadura, Galicia y Murcia, que no han conseguidos frenar la epidemia y la prevalencia sigue incrementándose de forma significativa. Por el contrario, Cantabria es la única comunidad de nuestro país que ha conseguido una disminución muy significativa de la prevalencia de la obesidad (INE, 2011-2012).

1.2. Definición, características y epidemiología del trastorno de atracones (TA)

Según el DSM-5 se determina que pertenecen a la categoría de «trastorno de atracones» [*binge eating disorder-BED,* 307.51 (F50.8)] aquellas personas que se dan atracones de comida de forma recurrente, los cuales irán acompañados de pruebas subjetivas y comportamentales de falta de control sobre la alimentación y de malestar clínicamente significativo. Estos atracones no deberán ir acompañados de las conductas compensatorias típicas de la bulimia nerviosa (vómitos autoinducidos, abuso de laxantes y diuréticos u otros fármacos, ayuno y ejercicio físico excesivo). En la Tabla 3 se pueden observar los criterios diagnósticos propuestos en el DSM-5. Tal como se indica en la tabla, en el nuevo DSM-5 se especifica la gravedad del trastorno en el momento del diagnóstico, en función de la frecuencia con que se manifiestan los atracones. Asimismo, se especifica los criterios para valorar si el trastorno remite (ver Tabla 3).

A. Episodios recurrentes de atracones. Un episodio de atracón debe cumplir las dos siguientes características:
   1. Ingesta, en un período discreto de tiempo (p. ej., 2 horas), de una cantidad de comida superior a la que la mayoría de la gente podría consumir en el mismo tiempo y en circunstancias similares.
   2. Sensación de pérdida de control sobre la ingesta durante el episodio (p. ej., sensación de que uno no puede parar de comer o controlar qué o cuánto está comiendo).
B. Los atracones se asocian a tres (o más) de los siguientes:
   1. Comer mucho más rápido de lo normal.
   2. Comer hasta sentirse desagradablemente lleno.
   3. Comer grandes cantidades de comida a pesar de no sentirse físicamente hambriento.
   4. Comer a solas por sentirse avergonzado de la cantidad que se está comiendo.
   5. Sentirse a disgusto con uno mismo, deprimido, o muy culpable después del atracón.
C. Profundo malestar al recordar los atracones.
D. Los atracones tienen lugar, como media, al menos 1 día a la semana durante 3 meses.
E. El atracón no se asocia a conductas compensatorias inadecuadas (p. ej., purgas, ayuno, ejercicio físico excesivo, etc.) y no aparece exclusivamente en el transcurso de una Anorexia Nerviosa, Bulimia Nerviosa o el Trastorno de evitación/restricción de la ingesta de alimentos.

Especificar si:
En remisión parcial: Después de cumplir los criterios anteriores, los episodios se producen con una frecuencia menor a un episodio semanal, durante un periodo continuado.
En remisión total: Después de cumplir los criterios anteriores, no se cumplen ninguno de los criterios durante un periodo continuado.
Especificar la gravedad actual:
La gravedad mínima se basa en 2 episodios de atracones.
La gravedad puede aumentar para reflejar otros síntomas y el grado de discapacidad funcional.
Leve: 1-3 atracones a la semana.
Moderado: 4-7 atracones a la semana.
Grave: 8-13 atracones a la semana.
Extremo: 14 o más atracones a la semana.

Tabla 3. Criterios DSM-5 para el diagnóstico de "Trastorno de atracones" (binge eating disorder-BED). Fuente: American Psychiatric Association (2013)

La investigación también ha permitido especificar algunas de las características de las personas con TA. Así, por ejemplo, sabemos que el TA se da más en personas de mayor edad que aquellas que sufren AN o BN, con una historia previa de obesidad y, rara vez, con historia previa de otros trastornos de la alimentación como es frecuente en la bulimia nerviosa, produciéndose de manera bastante semejante entre hombres y mujeres. Estudios recientes han comprobado que, igual que ocurre con la obesidad, el TA se produce en familias, lo cual implica la influencia de una combinación de factores genéticos y factores ambientales familiares (Hudson y cols., 2006). En este mismo estudio se observó una marcada relación del TA con la presencia de obesidad. Además, en contra de lo que se ha afirmado durante muchos años, parece que el TA es un trastorno crónico, bastante estable y presenta una duración al menos tan prolongada como la AN y la BN. En un estudio realizado por Pope y cols. (2006) se encontró que los participantes con TA tenían una historia del trastorno de 14,4 años (DS=13,9), muy superior a la que tenían los participantes con BN (M=5,8 años, DS=9,1) o AN (M=5,9 años, DS=7,4). En estudios realizados con muestras clínicas y comunitarias entre pacientes con TA y pacientes obesos sin TA se encontró que estos dos grupos difieren en variables tales como patrones alimentarios, ingesta como respuesta a estados emocionales, psicopatología alimentaria, incapacitación social y laboral. Finalmente, la mayor comorbilidad asociada al TA parece que está vinculada a la gravedad de los atracones más que al grado de obesidad que presenten los pacientes (Wilfley y cols., 2007).

Aunque los estudios epidemiológicos realizados presentan importantes problemas metodológicos, fundamentalmente la ausencia de muestras representativas de la población donde se han realizado, en general podemos afirmar que la prevalencia del TA es mayor entre las personas que tienen sobrepeso y obesidad (2,9%) que entre las personas de la población general (1,5%) (Striegel-Moore y Franko, 2008). En un estudio epidemiológico realizado con una muestra representativa de EE.UU. se encontró que el 3,5% de las mujeres y el 2% de los hombres de entre 18 y 65 años tenían TA (Hudson y cols., 2007). Estos datos son muy superiores a los que se proporcionan de otros trastornos de la alimentación que despiertan mayor interés, como la anorexia nerviosa y la bulimia nerviosa. Entre los pacientes sometidos a cirugía bariátrica la prevalencia estimada es muy variable y oscila entre el 27% encontrada en el estudio de Wadden, Sarwer, Womble y cols. (2001) y 47% en el trabajo realizado por Adami, Bandolfo, Bauer y Scopinaro (1995). Finalmente, diversos estudios han comparado las prevalencias que se obtenían siguiendo los criterios de investigación propuestos en el DSM-IV y los especificados para el trastorno de atracones en el DSM-5, encontrando prevalencias que oscilan entre 5,1% en el estudio de Machado, Gonçalves y Hoek (2013) y el 13% del trabajo de Sysko, Roberto, Barnes y cols. (2012).

1.3. Definición, características y epidemiología del síndrome de ingesta nocturna

Otra forma distinta de alteración de la conducta alimentaria, estrechamente relacionada con el TA y con la obesidad, es el "síndrome de ingesta nocturna" (SIN) descrito por Stunkard en 1955. En el trabajo original los autores mencionaban algunas características distintivas del SIN: anorexia matutina, hiperfagia vespertina e insomnio. Además, aunque no se consideraba una característica definitoria del SIN, también se incluyó depresión y un patrón circardiano de ingesta inusual, mínimo por la mañana e incrementado durante la tarde y la noche (Stunkard y cols., 1955). Entre los años 1955 y 2005 ha habido hasta 19 distintos intentos para definir con mayor precisión el SIN, para poder establecer unos criterios diagnósticos uniformes, útiles para investigadores y clínicos. De estos intentos se han consensuado los siguientes aspectos: la anorexia matutina puede ser tanto la ausencia de desayuno como la ingesta de un café o un zumo; la hiperfagia al atardecer implica un consumo calórico del al menos el 25% de la ingesta después de la cena; y el insomnio debe ocurrir 3 o más veces a la semana. En el trabajo realizado por Allison, Lundgren, O'Reardon y cols. (2010) se proponen unos criterios de investigación para fomentar estudios que permitan dilucidar las diferencias entre el síndrome de ingesta nocturna y las conductas alimentarias inadecuadas nocturnas que se producen en otros trastornos alimentarios como en la AN, BN y TA (véase la Tabla 4). Estos criterios sólo han sido recogidos someramente en la propuesta realizada en el DSM-5, en el síndrome de ingesta nocturna de alimentos, incluido en la categoría 5 de *Otro trastorno de la conducta alimentaria o de la ingesta de alimentos especificado* [307.59 (F50.8), DSM-5; APA, 2013]. La precisión de los criterios establecidos por Allison y cols. (2010) con fines de investigación facilitará, a nuestro juicio, que la investigación futura determine el alcance de este problema.

Con relación a la epidemiología, sabemos que el SIN es un trastorno poco frecuente entre la población general (1,5%) (Rand, Macgregor y Stunkard, 1997) y que su prevalencia aumenta a medida que incrementa el peso de las personas. Entre personas obesas que acuden a clínicas de obesidad, la prevalencia encontrada oscila entre el 4,3 y el 14% (Colles, Dixon y O'Brien, 2007; Gluck Geliebter y Satov, 2001; Stunkard, Berkowitz, Wadden, y cols., 1996), 5,8% en pacientes con alteraciones del sueño (Manni, Ratti y Tartara, 1997), 12,3% en pacientes psiquiátricos ambulatorios (Lundgren, Allison, Crow y cols., 2006), 10,1% en pacientes obesos con obesidad tipo II y tipo III (Calugi, Dalle Grave y cols., 2009), 37% en mujeres que indican darse por lo menos un atracón a la semana (Colles, Dixon y O'Brien, 2007), mientras que entre los pacientes sometidos a cirugía bariátrica la prevalencia estimada es del 8 al 42% (Hsu, Betacourt y Sullivan, 1996; Rand y cols., 1997), e incluso una prevalencia mucho mayor (del 51 al 64%) entre los pacientes con obesidad mórbida refractarios al tratamiento (Stunkard y cols., 1955; Aronoff, Geleibter y Zammit, 2001).

A. El patrón alimentario diario demuestra un incremento significativo de la ingesta al atardecer y/o por la noche y/o, manifestado por uno o ambos de los siguientes:
   1. Por lo menos el 25% de la ingesta de alimentos se realiza después de la cena.
   2. Por lo menos dos episodios de ingesta nocturna a la semana.

B. Hay conciencia y recuerdo de los episodios de ingesta que se producen al atardecer y por la noche.

C. El cuadro clínico se caracteriza por al menos tres de las siguientes características:
   1. Ausencia de deseo de comer por la mañana y/o el desayuno se omite en 4 o más mañanas por semana.
   2. Presencia de una fuerte urgencia de comer entre la cena y el inicio del sueño y/o durante la noche.
   3. Presencia de insomnio de inicio o de mantenimiento por lo menos 4 o más noches por semana.
   4. Presencia de la creencia de que es necesario comer para iniciar el sueño o volverlo a conciliar.
   5. Estado de ánimo frecuentemente deprimido y/o el estado de ánimo empeora por la noche.

D. El trastorno es asociado con malestar significativo y/o deterioro en el funcionamiento.

E. El patrón de alimentación alterado se ha mantenido por lo menos durante 3 meses.

F. El trastorno no es secundario a abuso o dependencia de sustancias, trastorno médico, medicación o a otro trastorno psiquiátrico.

***Tabla 4.** Criterios provisionales para el diagnóstico del Síndrome de Ingesta Nocturna. Fuente: Allison, Lundgren, O'Reardon y cols. (2010)*

Además del incremento de peso que puede potenciar el sobrepeso y la obesidad, el exceso de ingesta nocturna puede generar: patrones alterados del sueño que pueden conducir a un exceso de somnolencia diurna que llegue a interferir con las actividades cotidianas, sobrepeso y obesidad, además de los problemas que ello puede llegar a provocar como reflujo y acidez crónica lo cual puede derivar en problemas serios como tos crónica y cáncer de esófago, diabetes tipo II, osteoartritis, enfermedades cardíacas y asma. El estrés y los conflictos familiares son comunes y parecen coincidir y exacerbar la ingesta nocturna.

Las personas que presentan SIN muestran características específicas en cuatro ámbitos concretos: en sus patrones alimentarios, en alteraciones del patrón de sueño, en el curso clínico y en antecedentes familiares. De entre las características clínicas más destacadas señalamos las relacionadas con el sueño: tiende a ocurrir durante el sueño no-REM y se asocia a una pobre eficiencia del patrón de sueño. Además, las personas con SIN acostumbran a despertarse frecuentemente durante la noche, siendo probable que ingieran alimentos en sus despertares.

1.4. Semejanzas y diferencias entre la obesidad, el trastorno de atracones y el síndrome de ingesta nocturna

El estudio realizado por Allison, Grilo, Masheb y Stunkard (2005) para comparar las características de personas con trastorno de atracones o con síndrome de ingesta nocturna, con las de personas con sobrepeso y obesidad mostró algunos datos distintivos relevantes. Así, se observó que tanto las personas con TA con las personas con SIN tenían más conductas y actitudes alimentarias desadaptadas que el grupo de comparación con sobrepeso y obesidad, siendo el grupo con TA el que mostró mayor patología alimentaria. El estudio también mostró que los participantes con TA y con SIN comparten la sensación de pérdida de control mientras comen, aunque la cantidad de alimentos que ingieren durante un episodio de ingesta nocturna es distinto, siendo mayor en las personas con TA que en las que tenían SIN. El análisis de los patrones alimentarios de los 3 grupos de participantes (TA, SIN y sobrepeso y obesidad) puso de relieve las diferencias entre ellos: las personas con SIN, comían con menor frecuencia durante la primera parte del día, en concreto desayuno, comida y merienda. Además, todos los grupos tomaban con la misma frecuencia la cena, siendo la última ingesta del día para el grupo con sobrepeso y obesidad, mientras que los grupos con TA y con SIN ingerían un número similar de tentempiés nocturnos. Este hecho pone de manifiesto, tal como indican Allison y cols. (2005), las dificultades que las personas con TA y SIN tienen para regular su ingesta por la noche y antes de acostarse. Con relación a la alimentación, las personas con estos dos trastornos presentan patrones significativamente diferentes; los pacientes con TA tienen unos patrones de alimentación caóticos que, además de los atracones, se ponen de manifiesto a través de la omisión de comidas principales e ingestas irregulares, comen en general con mayor frecuencia durante el día aunque también informan de algunos episodios de ingesta nocturna. Parece, pues, que tienen dificultades para regular y responder a las señales de hambre. Por el contrario, los pacientes con SIN, presentan un déficit de ingesta calórica en la primera parte del día y continúan comiendo por la noche, lo cual indica que establecen un férreo control sobre su ingesta durante el día (probablemente para compensar su ingesta nocturna), mostrando la pérdida de control al atardecer y por la noche.

Varios estudios aportan datos sobre la presencia de psicopatología y malestar emocional en pacientes con TA y con SIN. Cuando se comparan a personas con estos trastornos con personas con sobrepeso y obesidad, se observan algunos factores psicológicos diferenciales. Por ejemplo, son numerosos los estudios que informan que los pacientes con TA obtienen mayores puntuaciones en las subescalas del EDE (Cooper y Fairburn, 1987) de preocupación por el peso y la figura que los pacientes con SIN y que los pacientes obesos. Asimismo, tanto en las personas con TA como en aquellas que tienen SIN se observan valores de depresión más elevados que en las personas con sobrepeso y obesidad, aunque la psicopatología observada entre estos pacientes (TA y SIN) es comparable en cuanto a ansiedad rasgo y estado, estrés y depresión.

2. MODELOS EXPLICATIVOS SOBRE LA OBESIDAD, EL TRASTORNO DE ATRACONES Y EL SÍNDROME DE INGESTA NOCTURNA

A lo largo de los años se han propuesto modelos para explicar el inicio y mantenimiento de la obesidad. Así, al margen del fuerte origen genético de este trastorno, desde el punto de vista biológico se ha explicado mediante el «balance energético» y se ha desarrollado la «teoría del *set point*», a nivel psicosocial se ha formulado la «hipótesis de la externalidad», el modelo del aprendizaje ha permitido explicar por qué las personas obesas comen más de lo que gastan, poniendo de relieve la importancia de los factores motivacionales y cómo los principios de reforzamiento son muy útiles para explicar el mantenimiento de estos patrones de comportamiento inadecuados y, finalmente, también se ha pretendido proporcionar una explicación mediante la hipótesis de la «ingesta emocional».

La identificación del trastorno de atracones (TA) ha abierto nuevas líneas de investigación tanto teóricas como aplicadas. A pesar de que en los últimos años se ha avanzado mucho en el estudio de este trastorno, muchas de las explicaciones teóricas que comentaremos en relación con la obesidad son aplicables a este trastorno. Asimismo, muchos de los planteamientos teóricos desarrollados sobre la bulimia nerviosa, por ejemplo el modelo cognitivo-conductual de Fairburn, Marcus y Wilson (1993) son aplicables al TA, teniendo siempre presente que los sujetos con trastorno de atracones no llevan a la práctica conductas compensatorias tras los atracones, lo cual probablemente indica claras diferencias en las explicaciones de uno y otro trastorno. Con todo, existe alguna propuesta explicativa como la «teoría de la restricción alimentaria» de Herman y Polivy (1980) y que ha derivado al «modelo de la dieta», los cuales son ampliamente aceptados para explicar el trastorno de atracones. Recientemente, Fairburn, Cooper y Shafran (2003) han desarrollado el modelo transdiagnóstico cognitivo-conductual mediante el cual proponen una explicación única para todos los trastornos de la conducta alimentaria (anorexia nerviosa, bulimia nerviosa y trastornos de la conducta alimentaria no especificados), basándose más en las características psicopatológicas mantenedoras de los trastornos alimentarios que en cómo éstos se inician.

Finalmente, el estudio reciente del síndrome de ingesta nocturna hace que sus explicaciones teóricas estén todavía poco desarrolladas, aunque como ocurre con la mayoría de trastornos el SIN se considera un trastorno multicausado y hasta la fecha ha recibido diversas conceptualizaciones de su inicio y/o mantenimiento. A continuación presentamos una breve descripción de las hipótesis o planteamientos teóricos más relevantes para cada uno de estos trastornos.

2.1. Modelos explicativos sobre la obesidad

2.1.1. El balance energético

Mediante el «balance energético» se sostiene que la mayoría de las obesidades son consecuencia de un desequilibrio energético entre la cantidad de calorías ingeridas por el individuo y la cantidad de calorías gastadas por él. Generalmente, este desequilibrio energético es consecuencia del consumo de dietas hipercalóricas y de insuficiente actividad física. El resultado de esta combinación es que el sujeto presenta un balance energético positivo que le conduce a que gradualmente gane peso. El mantenimiento de un balance energético positivo durante un período prolongado de tiempo conduce a un incremento en la cantidad de tejido adiposo, bien debido a un aumento del tamaño de los adipocitos (hipertrofia), o bien debido a la proliferación de nuevas células grasas (hiperplasia). Siguiendo las argumentaciones de este modelo explicativo de la obesidad, además de los hábitos alimentarios, la dieta y los patrones de actividad física, también tiene gran importancia la tasa metabólica basal. Ésta se ve afectada por los factores señalados; la tasa metabólica basal de un individuo es bastante estable en el tiempo, pero se enlentece mediante la restricción alimentaria y se acelera mediante la práctica de ejercicio físico. Así, los factores conductuales interactúan con otros de carácter biológico que han facilitado el desarrollo de la «teoría del punto fijo» para la explicación de las dificultades de las personas con obesidad para perder peso.

2.1.2. La «teoría del punto fijo»

Mediante este planteamiento teórico se ha podido explicar por qué los obesos que han seguido muchas dietas tienen, cada vez, mayores dificultades para perder peso. Esta teoría (Keesy, 1980), postula que cada individuo tiene un peso ideal (*set point*) que está biológicamente programado y mediante una serie de procesos reguladores se consigue mantener constante. La herencia determina de forma importante el punto fijo del peso del sujeto, el cual es influido por la nutrición, la actividad física y la tasa metabólica.

Presentar un balance energético positivo durante un período de tiempo prolongado producirá en el sujeto un cambio a un nivel superior en el punto fijo de su peso, ganará peso y tendrá dificultades en el futuro para restaurar su peso por debajo del nuevo punto fijo de peso que ha establecido. Si, como hemos señalado, la sobrealimentación continuada produce el incremento del tejido adiposo o de las células adiposas, incremento que no puede ser modificado de forma natural, se explican mucho mejor las razones por las que la obesidad puede considerarse como un trastorno crónico. Sin embargo, la realización, durante un período de tiempo prolongado, de actividad física y la ingesta de alimentos con bajo contenido en grasas, conducirá a que el «punto fijo» de regulación del peso se ajuste a un nivel más bajo, consiguiendo que los niveles normales de tejido adiposo se mantengan sin la necesidad de realizar dietas (Foreyt y Goodrick, 1988).

2.1.3. El modelo conductual del aprendizaje

La teoría del punto fijo y el modelo del balance energético no permiten explicar totalmente por qué las personas con sobrepeso comen más de lo que gastan, aun a sabiendas de que ello les conduce a ganar peso. Por medio del modelo conductual del aprendizaje se pueden explicar los aspectos motivacionales que justifican por qué el obeso mantiene las conductas de sobreingesta y sedentarismo.

Gran parte de las conductas emitidas por los sujetos son mantenidas por los reforzamientos a corto y largo plazo que les siguen, siendo mucho más potentes para el mantenimiento los que se reciben a corto plazo que a largo plazo. La conducta de ingesta, una de las principales implicadas en el balance energético, es seguida, a corto plazo, de un importante y potente número de refuerzos positivos, como por ejemplo, la disminución del hambre percibida y/o la satisfacción y placer por el alimento consumido, además de la desaparición de las rumiaciones y urgencia por consumir un alimento; solamente a largo plazo se obtienen consecuencias negativas como el incremento de peso, el posible rechazo social y/o la aparición de problemas de salud asociados al incremento de peso. Así pues, las consecuencias positivas a corto plazo son las que hacen que la conducta de sobreingesta se mantenga.

En contraposición, la actividad física, otra de las implicadas en el balance energético, es seguida a corto plazo de contingencias negativas poco reforzantes, por ejemplo tener que buscar tiempo y dejar de hacer otras actividades para practicar el ejercicio, fatiga, agujetas, etcétera, además de no producir una pérdida de peso inmediata e incrementar temporalmente el apetito; sólo a largo plazo, después de un período prolongado de hacer ejercicio físico con un nivel determinado, se obtienen los beneficios de su práctica: por ejemplo, mejora la forma física, facilita la pérdida de peso (fundamentalmente del tejido adiposo), mejora el estado de ánimo y disminuye el apetito. Las consecuencias negativas señaladas explican en gran manera la disminución de la práctica de ejercicio físico y, consecuentemente la reducción del gasto energético. Además, ante las presiones socioambientales, la persona con obesidad inicia una dieta, de la cual a su vez también obtiene consecuencias positivas y negativas a corto y largo plazo. A corto plazo, seguir una dieta conduce a la pérdida de peso, por lo que el sujeto recibirá aprobación social y mejorará su autoestima (consecuencias positivas), aún cuando le implique esfuerzo, renuncia a alimentos apetitosos y preferidos, etcétera (consecuencias negativas). A largo plazo, seguir una dieta genera consecuencias negativas ya que enlentece la tasa metabólica y el gasto energético, haciendo cada vez más difícil perder peso o, en su defecto, cada vez que se hace una nueva dieta, se requerirá comer menos para perder los mismos kilos que en la dieta anterior (Perkins, McKenzie y Stoney, 1987).

2.1.4. *La hipótesis de la ingesta emocional*

Los efectos de la ansiedad sobre la ingesta también han sido frecuentemente estudiados, dando lugar a la "hipótesis de la ingesta emocional". El primer estudio realizado sobre el tema fue presentado por Kaplan y Kaplan (1957) y en él proponían que la sobreingesta era una conducta aprendida utilizada por el sujeto con obesidad como mecanismo para reducir la ansiedad. Más tarde, Bruch (1961) indicó que la persona con obesidad podría confundir estados emocionales internos con sensaciones de hambre, teniendo una ingesta inadecuada como consecuencia de esta falta de discriminación. En un estudio posterior realizado por Robbins y Fray (1980) se concluye que, en las personas con obesidad, la conducta de ingesta está inducida por el estrés y que, debido a la falta de discriminación entre respuestas emocionales y hambre, estas personas comen de forma inadecuada en respuesta a la activación emocional, manteniendo este comportamiento a causa de las cualidades reforzantes del alimento, más que a su capacidad de reducir el estrés. Ruderman (1983) diseñó una investigación para estudiar la relación entre distintos niveles de activación emocional y la conducta de sobreingesta en sujetos de peso normal y con obesidad. Los resultados mostraron que aquellos que tenían obesidad ingerían significativamente menos en la condición de ansiedad alta que en la de ansiedad baja, siendo su ingesta media en el nivel de relajación, aunque ésta no difería de forma significativa de la registrada cuando la ansiedad era baja. Estos resultados fueron inconsistentes con la hipótesis de Kaplan y Kaplan (1957) y sólo apoyaron de forma parcial la hipótesis de Robbins y Fray (1980).

La necesidad de clarificar la relación entre la conducta de ingesta y los estados emocionales negativos en las personas con obesidad condujo a Allison y Heshka (1993) a revisar la mayoría de los estudios publicados sobre el tema. Después de la extensa revisión los autores señalan que existe una relación pobre entre sobreingesta y estados emocionales negativos en personas con obesidad. Además, para explicar la relación observada en algunos estudios analizados, proponen las siguientes explicaciones alternativas: (1) el seguimiento de dietas conduce a la ingesta emocional; (2) la posible relación observada entre ingesta emocional y obesidad probablemente esté mediada por rasgos de personalidad y variables situacionales que han sido poco estudiadas; (3) la exposición de los obesos al tratamiento puede elicitar autoinformes de ingesta emocional que podrían ser meramente un artefacto del procedimiento de intervención; (4) la conceptualización sobre la relación ansiedad-ingesta que se comenta durante la terapia puede promover entre los pacientes obesos la creencia de que comen más en respuesta a estímulos emocionales, aunque no sea así; y (5) la información proporcionada a los pacientes obesos durante el tratamiento puede provocar realmente la ingesta emocional.

2.2. Modelos explicativos sobre el trastorno de atracones

El origen del TA es multicausado y puede tener sus raíces tanto en causas biológicas como psicológicas, sociales o culturales. Desde el punto de vista biológico, algunas alteraciones como por ejemplo alteraciones en el hipotálamo que afectan al correcto funcionamiento de las señales de hambre y saciedad, o déficits en la producción de serotonina, pueden favorecer la ingesta compulsiva que se produce en el TA. Con relación a las causas psicológicas, el estrés ha sido el factor desencadenante identificado en mayor número de ocasiones, aunque también han sido frecuentemente asociados a la sobreingesta los estados emocionales negativos, la baja autoestima, las dificultades para gestionar y expresar emociones y la soledad. Asimismo, problemas con el control de impulsos se han identificado en pacientes con TA. Finalmente, la insatisfacción corporal fruto de la presión social por estar delgado activa la necesidad de seguir dietas siendo éstas uno de los factores más identificados con el inicio del trastorno de atracones. A este respecto, el modelo de "restricción alimentaria" ha sido el más desarrollado para explicar el TA.

2.2.1. Modelo de la restricción alimentaria o de la dieta

El modelo de la «Restricción Alimentaria» de Herman y Mack (1975) sostiene que los sujetos restrictivos o que hacen dietas de forma crónica, desinhiben su conducta alimentaria en situaciones tales como estados emocionales, depresión, consumo de alcohol o cuando violan una dieta. Además, la teoría pone de manifiesto que la restricción alimentaria continuada conduce a una privación biológica de energía, a la experimentación de hambre y a la urgencia por consumir alimentos. Bajo estas condiciones, se ha observado que los sujetos restrictivos abandonan generalmente su restricción alimentaria (dieta) y comen incluso más que los sujetos no restrictivos.

Este modelo y sus desarrollos posteriores (véase Herman y Polivy, 1980; 1984; 1988), han desembocado en la aceptación plena de que seguir una dieta contribuye o, al menos, exacerba la sobreingesta. Considerando la dieta como el punto de partida para la sobreingesta, diversos autores han formulado modelos explicativos. Así, por ejemplo, Herman y Polivy (1980 y 1988) sostienen que los sujetos que eligen seguir una dieta, enseguida empezarán a experimentar las consecuencias de la restricción alimentaria, como son hambre, frustración y falta de discriminación de las señales de saciación. Estas consecuencias contribuyen a que se reinicie la sobreingesta, lo cual a su vez hará que se emplee de nuevo la dieta para contrarrestar los efectos sobre el peso del exceso calórico de los episodios de sobreingesta. El fracaso para perder el peso ganado producirá una disminución de la autoestima y conducirá a que el ciclo dieta-sobreingesta se repita y perpetúe. Heatherton y Polivy (1992) reformularon este modelo en lo que han venido a llamar el «modelo espiral» de los efectos de la dieta sobre la sobreingesta. Según este modelo, se pone de manifiesto que los sujetos con metas altas respecto al peso y la figura (o con baja autoestima), siguen dietas restringiendo sus ingestas, con el fin de alcanzar su objetivo de perder peso y ser delgados. Sin embargo, estos objetivos no son alcanzados; por el contrario, estos sujetos o bien mantienen su peso estable, o bien ganan peso. La persistencia en este patrón de comportamiento hace que estos sujetos sigan fracasando, con lo que su autoestima sigue bajando y se incrementa su afecto negativo potenciándose la necesidad de seguir haciendo dieta, lo cual generará nuevos fracasos. Este «espiral negativo» es el que conducirá a la perpetuación de la sobreingesta o al desarrollo de trastornos alimentarios en aquellos sujetos que presenten alteraciones de personalidad que les hagan más vulnerables a trastornos psicopatológicos.

2.2.2. *El modelo cognitivo conductual*

El modelo cognitivo conductual (Fairburn, Marcus y Wilson, 1993) propone que los atracones son en gran medida un producto de la forma particular en que los pacientes con BN y TA intentan restringir su alimentación. Estos pacientes, en lugar de adoptar las normas básicas sobre cómo alimentarse, intentan seguir sus propias reglas dietéticas que son muy específicas y muy estrictas y que son de difícil cumplimiento. Cuando estas reglas autoimpuestas inevitablemente son violadas, incluso con pequeñas desviaciones, la persona reacciona negativamente ante su incumplimiento ya que lo interpreta como una falta de autocontrol. La percepción de falta de control le conduce a abandonar temporalmente sus esfuerzos para restringir su alimentación, sucumbiendo a la urgencia de comer y, de esa manera, activándose el inicio del atracón. La consecuencia es un patrón muy característico en estas personas mediante el cual, la restricción alimentaria continuada es interrumpida por violaciones de la restricción que generan malestar por la sensación de pérdida de control y que, de nuevo, activan el inicio del atracón. Los atracones a su vez mantienen la psicopatología básica, al magnificar las preocupaciones de los pacientes acerca de su capacidad para controlar su alimentación, forma corporal y peso. Esto anima aún más a la restricción alimentaria, con lo que aumenta aún más el riesgo de darse un nuevo atracón (Fairburn y cols., 1993).

2.2.3. *Otros modelos explicativos del trastorno de atracones*

En 2003, Devlin, Goldfein y Dobrow proponen cuatro modelos tentativos para explicar el trastorno de atracones. El primero de estos modelos identifica al TA como una entidad diagnóstica distinta de la AN y la BN y, por tanto, como otro trastorno de la conducta alimentaria. El segundo modelo, considera el TA como una variante de bulimia nerviosa. Según este modelo los autores señalan que puede haber una BN con conductas compensatorias y otra BN sin este tipo de conductas. El tercer modelo propuesto considera al TA como un subtipo de obesidad. Finalmente, el cuarto modelo propuesto por los autores del estudio considera el trastorno de atracones como una característica asociada a un trastorno primario. Por ejemplo, tal como indican los autores, el TA aparecerá cuando la obesidad y la psicopatología general, especialmente una diátesis depresiva ocurren conjuntamente. Para contrastar cada uno de los modelos propuestos, Devlin y cols. (2003) revisan la literatura científica sobre TA buscando evidencias de los modelos propuestos. Las conclusiones a las que llegan son: (1) el trastorno de atracones es una entidad diagnóstica distinta de trastorno de la conducta alimentaria que difiere de forma significativa de la BN de tipo purgativo; y (2) el TA no es un subtipo de obesidad. La investigación que se ha seguido haciendo hasta el momento presente confirma que el TA es un trastorno diferente al resto de TCA.

2.3. Modelos explicativos del síndrome de ingesta nocturna

El síndrome de ingesta nocturna es el más reciente de los trastornos alimentarios que está buscando explicaciones de por qué se produce y qué lo mantiene. Desde su identificación, el SIN se ha conceptualizado como un trastorno del sueño, como un trastorno del estado de ánimo y como un trastorno de la conducta alimentaria.

Gran parte de nuestro conocimiento sobre el SIN es consecuencia del estudio realizado por Birketvedt, Florholmen, Sundsfjord y cols. (1999) a partir del cual se presentaron unos criterios preliminares para su diagnóstico. La mayoría de los participantes en este estudio presentaban insomnio de iniciación o de mantenimiento y se despertaban en promedio 3,6 veces por noche la mitad de las cuales las dedicaban a ingerir alimentos. Por ello, durante muchos años se pensó que era un trastorno del sueño ya que todas las personas que padecían SIN informaban tener dificultades para conciliar el sueño y se concluyó que dichas dificultades ponían de manifiesto alteraciones en los ritmos biológicos que regulan el sueño y el despertar. Sin embargo, recientemente se ha constatado que los ritmos biológicos que controlan el sueño de las personas con SIN funcionan perfectamente y que no difieren de los ritmos de las personas que no tienen ingesta nocturna (O'Reardon y cols., 2004: cfr. Allison, Stunkard y Thier, 2004). También se ha observado que la cantidad de horas de sueño entre uno y otro grupo no difieren de forma significativa, ya que ambos grupos se acuestan y levantan aproximadamente a la misma hora. A pesar de ello, las investigaciones realizadas han mostrado una peor eficiencia del sueño de los pacientes con SIN ya que el número de horas de descanso que éstos tenían era menor, con un mayor número de despertares nocturnos que las personas del grupo control. Estos despertares son dedicados inevitablemente a comer y, es por ello que se considera que la ingesta nocturna, básicamente de alto contenido en carbohidratos y azúcares, es el detonante de la anorexia matutina y el retraso en realizar normalmente las primeras ingestas del día. Además, el patrón de ingesta predominante en carbohidratos parece incrementar la disponibilidad del triptófano para ser transportado al cerebro y convertirlo en serotonina favoreciendo las propiedades del mismo para inducir el sueño. Bajo esta perspectiva, se considera que los sujetos con SIN realizan sus ingestas nocturnas como una forma de automedicación contra el insomnio (Stunkard, 2002).

3. EVALUACIÓN

Ante la compleja naturaleza de la obesidad, el trastorno de atracones y el síndrome de ingesta nocturna el clínico que inicia el proceso de evaluación de los pacientes que presentan estos trastornos tiene que ser especialmente sensible al contexto biológico, comportamental, psicológico, familiar y sociocultural del problema. La información relativa a todas estas áreas sólo puede ser obtenida a través de múltiples técnicas de evaluación y de una amplia batería de instrumentos. Así, el proceso de evaluación deberá permitir estudiar todos los factores implicados en estos problemas, como son el peso, la acumulación excesiva de grasa, los problemas de salud asociados, los patrones de alimentación y actividad física, los métodos de control de peso empleados, la presencia de alteraciones en la imagen corporal y la comorbilidad con otros trastornos psicológicos. Todo ello deberá concluir en una mayor precisión en el diagnóstico y un mayor conocimiento de la problemática presentada por el paciente. Además, con fines terapéuticos, también será necesario evaluar la motivación del paciente para el tratamiento, las condiciones del contexto en el que tendrá que llevar a cabo dicho tratamiento y los obstáculos a los que el paciente pueda tener que hacer frente durante el mismo. Con todo ello, el clínico deberá ser capaz de ofertar el tratamiento más idóneo.

3.1. Evaluación de la composición corporal, grado de obesidad y la distribución de la grasa corporal

Los métodos para evaluar la composición corporal y el grado de obesidad varían tanto en complejidad como en precisión y van desde métodos simples como por ejemplo la antropometría, a métodos complejos y sofisticados de laboratorio como la hidrodensitometría, la estimación total del potasio corporal o las técnicas de imagen. En el ámbito de la investigación la evaluación precisa y directa de la composición corporal puede ser fundamental; sin embargo, el coste y complejidad de la mayoría de las técnicas empleadas puede ser de difícil aplicación en la práctica clínica. Por ello, sólo mencionaremos aquellos métodos o técnicas que al clínico le serán de utilidad en su trabajo cotidiano.

Las medidas antropométricas nos aportan suficiente información para poder determinar el grado de obesidad y la distribución de la grasa corporal de una persona, de forma económica y no invasiva. Incluyen entre otras las siguientes mediciones: la altura y peso, que nos permitirá la obtención del IMC, la distribución de la grasa corporal, las circunferencias corporales y los pliegues subcutáneos.

La altura medida mediante un tallímetro y el peso mediante una báscula de precisión aportan la información necesaria para obtener el Índice de Masa Corporal. Para que la medición de la estatura sea correcta, debe medirse con la persona descalza en posición vertical y de espaldas al tallímetro, de forma que los talones, nalgas, espalda y cabeza hagan contacto con el tallímetro. Además, los brazos deben ponerse en los lados del tronco y las palmas de las manos dirigirse hacia las piernas. A continuación, se baja la barra de medición de forma que el cabello quede plano. Para tomar la medición, se pide a la persona que haga una inspiración profunda y al final de la expiración se registra la estatura. El peso se registrará cuando la persona, con la mínima ropa posible y descalza esté quieta y colocada en el centro de la báscula (Gallagher y Javed, 2009). Estas recomendaciones aunque obvias, son frecuentemente ignoradas y deben seguirse para que las mediciones puedan considerarse válidas.

El IMC, fue propuesto por el matemático Quetelet en el siglo XIX. Es un método indirecto para estimar el grado de obesidad y se obtiene de la razón peso/talla [peso (kg)/talla $(m)^2$]. El IMC es de fácil manejo y, probablemente, el más práctico y empleado de todos los índices ponderales debido a que está bien establecida su relación con el tejido adiposo, independientemente de la edad, el sexo y la raza. Siendo su ventaja más notable el hecho de que el mismo punto de corte se emplea tanto para mujeres como hombres adultos, los profesionales no deben ignorar que la grasa corporal varía como función de distintas variables, como la edad, el sexo y la raza y, por tanto, siempre se comete algún sesgo con el empleo del IMC. Las principales fuentes de sesgo se producen con sujetos con una gran masa muscular o con piernas cortas para su talla los cuales podrían ser erróneamente clasificados como obesos. Según Garrow (1981), un IMC de entre 20 y 25 kg/m^2 para hombres y mujeres mayores de 18 años es el que significa menor riesgo de enfermedades o muerte. A partir de este índice se han establecido distintos niveles o grados de obesidad los cuales han sido asociados claramente con un incremento de riesgos para la salud. Dado el gran número de ventajas que ofrece el empleo del IMC como un índice de gordura en niños y adultos, es también el que con mayor frecuencia se emplea en estudios epidemiológicos a gran escala. Sin embargo, debe recordarse que este índice no aporta información cualitativa sobre la composición corporal (cantidad de grasa, distribución de la grasa, etcétera). Asimismo, conviene saber que cuando se solicita el peso y la talla de forma autoinformada, como ocurre en un buen número de estudios epidemiológicos, tanto hombres como mujeres tienden a subestimar su peso (de -0,1 a -3,2 kg los hombres y de -0,1 a -6,5 kg las mujeres; Ziebland, Thorogood, Fuller y Muir, 1996). Con relación a la talla, el error autoinformado oscila entre 0,6 y 7,5 centímetros (Gorber, Tremblay, Moher y Gorber, 2007).

Las observaciones realizadas por clínicos e investigadores de que la distribución de la grasa corporal (zona abdominal *versus* zona glúteofemoral), independientemente de la cantidad de la misma, es un factor de riesgo para la salud hace muy conveniente tomar mediciones de las circunferencias de la cintura y cadera. La razón entre ambas mediciones (cintura/cadera) nos indicará la cantidad de grasa acumulada en zonas corporales de riesgo. Se consideran deseable una razón inferior a 0,80 para las mujeres e inferior a 0,90 para los hombres. Por el contrario, un índice superior a 0,85 para las mujeres y superior a 1 para los hombres reflejará un patrón romboide o de acumulación del tejido adiposo en la zona abdominal, lo cual está claramente asociado con un incremento de grasa visceral y riesgo para algunas enfermedades metabólicas como hipertensión, hiperinsulinemia, diabetes y enfermedades cardiovasculares (Wardle, 1995). Las circunferencias deben medirse empleando una cinta métrica, preferiblemente rígida y sin hacer presión sobre la piel de forma que los tejidos blandos no sean comprimidos. Cada medición debe realizarse 2 veces empleándose como definitiva la media de ambas mediciones. Para realizar estas mediciones con precisión conviene realizar marcas en la piel de forma que la segunda medición se realice exactamente en el mismo lugar. Generalmente se toman las medidas de cintura, cadera, muslo y pantorrilla. Las circunferencias de la cintura, cadera y muslo permiten estimar la distribución o localización de la grasa en la zona superior o inferior.

Bajo el supuesto de que más del 50 por 100 del total de grasa corporal es subcutánea, se realizan también mediciones del grosor del pliegue subcutáneo, el cual nos puede dar información sobre el porcentaje de grasa corporal. La medición del pliegue subcutáneo debe realizarse con gran precisión ya que un error de 2,5 mm. podría dar como resultado diferencias significativas. Así, la localización debe ser exacta, marcando en primer lugar dónde se va a realizar la medición; a continuación, se coge el pliegue de grasa con los dedos pulgar e índice (pellizcándole) separándolo del músculo subyacente y finalmente se pinza con el *caliper*, 1 cm. por debajo del dedo pulgar, ejerciendo presión y cuando la aguja del calibrador se estabiliza (después de 2 a 3 segundos) se procederá a la lectura. Es conveniente realizar las mediciones tres veces consecutivas con el objetivo de reducir el posible error. Generalmente las mediciones se pueden tomar en 3 a 9 zonas corporales (subescapular, bíceps, tríceps, suprailíaca, abdomen, etcétera). Existen numerosas ecuaciones para estimar el porcentaje de grasa corporal a partir del grosor del pliegue subcutáneo, siendo cada una de ellas específica para la población sobre la que se obtuvo. A partir de dichas ecuaciones se puede determinar si la persona presenta obesidad en función del porcentaje de grasa corporal medido (Gorber y cols., 2007).

En el marco clínico, el IMC, la razón cintura-cadera y el grosor del pliegue subcutáneo, cuando sea posible obtenerse, proporcionan suficiente información de la cantidad y distribución de la grasa corporal y los riesgos para el sujeto. Sin embargo, también conviene incluir un análisis histórico de las oscilaciones de peso del sujeto, que recoja desde la edad de inicio de la obesidad ya que las obesidades iniciadas en la infancia y adolescencia predicen mayor grado de obesidad en la edad adulta, hasta los pesos máximos y mínimos alcanzados desde la edad de 21 años. Asimismo, la historia familiar de obesidad nos servirá de marcador biológico de predisposición a la obesidad, ya que sabemos que la obesidad se da en familias y que el riesgo es mayor si uno o ambos progenitores son obesos. La historia familiar se puede evaluar pidiendo al paciente que nos aporte los pesos y tallas de sus padres, hermanos y abuelos paternos y maternos. Finalmente, también es necesario explorar la historia de pérdida de peso; así, el número de dietas realizado y las pérdidas de más de 5 kg. alcanzadas después de las mismas, puede ser una buena forma de recoger información sobre los ciclos repetidos de pérdida-recuperación de peso. La presencia de estos ciclos tendrá repercusiones en el diseño del tratamiento.

3.2. Evaluación del comportamiento alimentario

Aunque el componente biológico tiene un peso importante en el inicio de la obesidad, creyéndose que explica entre el 30 y el 70% del peso corporal de la población (Bouchard, 2002), en la actualidad se considera que el componente ambiental es todavía más responsable de la epidemia de obesidad que sufrimos. Horgen y Brownell (2002) destacan los componentes tóxicos del ambiente actual (los restaurantes de comida basura, la publicidad, el consumo de horas de televisión, Internet y videojuegos, etcétera) que conducen a unos patrones de alimentación y actividad física favorecedores de la obesidad. Es por ello que un análisis cuidadoso del comportamiento alimentario del paciente con obesidad, TA y SIN será fundamental para un buen diseño del plan de tratamiento. En la Tabla 5 presentamos los comportamientos que deberán ser indagados y que nos proporcionaran una primera aproximación a la problemática del paciente. Estos comportamientos deberán seguir siendo evaluados a lo largo del tratamiento.

La entrevista clínica es la mejor forma de explorar la mayoría de las variables indicadas en la Tabla 5, especialmente las relativas al qué, cuánto, cómo, cuándo y dónde se come. Sin embargo, existen algunos cuestionarios que nos permiten evaluar con bastante precisión todas las variables indicadas, incluyendo las relativas a los comportamientos alimentarios anómalos. El *Weight and Life Inventory* (WALI) de Wadden y Foster (2001) es un cuestionario que fue diseñado para obtener información sobre los factores biológicos, influencias ambientales relativas fundamentalmente a la conducta alimentaria y a la actividad física. También permite evaluar los comportamientos alimentarios desadaptados, como el trastorno de atracones y el síndrome de ingesta nocturna, así como las consecuencias psicológicas (depresión, autoestima, insatisfacción con la imagen corporal y calidad de vida en general) y sociales (satisfacción con sus relaciones interpersonales o posibles interferencias de sus relaciones interpersonales para el seguimiento de un tratamiento) que se puedan derivar de la obesidad. Otras áreas relevantes para el tratamiento, tales como el consumo de sustancias, el abuso sexual, una historia médica completa o las expectativas respecto al tratamiento también son contempladas en este cuestionario. La fiabilidad test-retest y las tasas de acuerdo para las variables dicotómicas encontradas fueron de $\geq$ 0,86 y $\geq$ 0,76 respectivamente. El lector interesado puede encontrar la versión inglesa completa en Wadden y Stunkard (2002) y Wadden y Foster (2006). Finalmente, también podemos emplear cuestionarios específicos diseñados para evaluar el trastorno de atracones y el síndrome de ingesta nocturna. Así, el *Night Eating Questionnaire* (NEQ) fue desarrollado por Allison, Stunkard y Thier (2004) para la evaluación de la severidad del Síndrome de Ingesta Nocturna (SIN) de forma breve (14 ítems) y simple (mediante una escala Likert de 5 puntos: 0 a 4). Distintas versiones de este cuestionario se han publicado en los últimos años siendo la más reciente la publicada por Allison, Lundgren, O'Reardon y cols. (2008) y que aparece en la última versión del WALI (Wadden y Foster, 2006). Esta última versión tiene cuatro factores: (1) ingestas nocturnas, (2) hiperfagia vespertina, (3) anorexia matutina y (4) estado de ánimo/sueño; además, tiene un factor de orden superior. Como propiedades psicométricas de la escala destacamos una aceptable fiabilidad de consistencia interna (0,7), siendo su capacidad predictiva del 40,7% con un punto de corte de 25 o más y del 72,7% con un punto de corte de 30 o más. Es por ello que tanto en la versión original como la validación española se ha establecido como punto de corte 30 puntos, lo cual indicaría la probabilidad de sufrir SIN. La adaptación y validación española puede encontrarse en Moizé y cols. (2012).

Además de la entrevista clínica y de cuestionarios como el WALI, la conducta alimentaria debe ser analizada mediante los diarios de alimentación. El registro cuidadoso de cada una de las ingestas por parte del paciente y el análisis posterior del clínico y, si es necesario, del dietista o nutricionista, facilitará la introducción de cambios relevantes en la alimentación durante el programa de tratamiento. Los registros alimentarios requieren que el paciente anote de cada una de las ingestas que realiza, el alimento que ingiere y la cantidad del mismo. Tradicionalmente se pedía a los pacientes que pesaran los alimentos que iban a ingerir y que anotaran el peso en los registros. Sin embargo, dados los inconvenientes que genera este tipo de práctica, en la actualidad se utilizan medidas caseras (plato grande, plato postre, cuchara, cucharilla, porción, ración, etc.) para especificar la cantidad de alimento ingerido. Para que las estimaciones sean más ajustadas conviene entrenar al paciente en el empleo de medidas caseras. Está bien documentado que, en general, todas las personas subestiman la cantidad de alimento que ingieren, siendo esta subestimación de entre un 30 a un 50% de las calorías para las personas con obesidad y de solamente de un 20% para las personas de peso normal (Wadden y Phelan, 2002). Con el ánimo de mejorar la precisión con que se realizan estos registros y de facilitar la tarea a los pacientes, en la actualidad se han diseñado sistemas de registro empleando programas para teléfonos móviles o para agendas digitales. Estos sistemas, aunque muy parecidos a los registros tradicionales, parecen mejorar el cumplimiento, especialmente cuando se deben emplear durante largos periodos de tiempo.

Variables	*Conductas alimentarias*
Frecuencia ingesta	- Número de comidas diarias - Horarios de las ingestas - Picoteo entre horas - Omisión de ingestas
Contenido calórico	- Diario alimentación - Presencia y cantidad de los grupos de alimentos en la alimentación cotidiana (frutas, verduras y hortaliza; proteínas, carbohidratos, azúcares, bebidas azucaradas, alcohol, etc.) - Tamaño de las raciones - Criterios preparación alimentos (dieta mediterránea, pirámide de alimentación, gustos, salud, etc.) - Consumo de alimentos precocinados
Apetito	- Discriminación entre señales de saciedad y hambre - Sensación permanente de hambre - Ansia por la comida (*craving*)
Estilo de alimentación	- Lugar/es de la/s ingesta/s - Velocidad de la ingesta - Repetir plato, picar de otros platos, etc.
Señales internas y externas que favorecen la sobreingesta	- Estímulos ambientales externos: horarios, ver u oler alimentos o determinadas comidas, sabor de los alimentos, preparar comidas, ver establecimientos de alimentación, etc. - Acontecimientos sociales o de trabajo - Estados emocionales positivos o negativos
Ingesta problemática	- Presencia, frecuencia y duración episodios de sobreingesta (atracones) - Sensación de pérdida de control mientras se come - Comer grandes cantidades de comida sin hambre - Ingesta más rápido de lo normal - Comer solo para evitar vergüenza por la cantidad que se come - Sentirse deprimido, avergonzado, culpable después de comer - Comer grandes cantidades de comida a lo largo del día, sin una rutina planificada de comidas - Comer más por la tarde y noche que por el día - Seguimiento de dietas - Ayuno y otras conductas de control de peso - Levantarse por la noche para comer

Tabla 5. Variables a evaluar sobre el comportamiento alimentario

Finalmente, en relación con el comportamiento alimentario, conviene analizar el estilo de alimentación del paciente, bien sea obeso bien con TA. A pesar de que un estilo de alimentación diferencial de los obesos ha sido seriamente cuestionado, con fines terapéuticos es necesario tener conocimiento de los patrones de ingesta del sujeto, dónde y cuándo consume alimentos, las circunstancias tanto emocionales como sociales que favorecen su ingesta, la presencia de comportamientos alimentarios restrictivos que, aunque en los pacientes con TA se producen en mayor escala que en los obesos, ambos tipos de pacientes tienen largas historias de restricción y seguimiento de dietas. La mejor forma de evaluar estos comportamientos es, en un primer momento mediante la entrevista clínica. Además entrevistas estructuradas como la EDE de Cooper y Fairburn (1987) permiten recoger información extensa sobre restricción alimentaria y preocupación por la comida. En un segundo momento, mediante autorregistros diarios de alimentación a cumplimentar por el sujeto. Por último, mediante cuestionarios, siendo los más empleados el *Restraint Scale* de Herman, Polivy, Pliner, Threlkeld y Munic (1978), el *Dutch Eating Behavior Questionnaire* (DEBQ) de van Strien, Frijters, Bergers y cols. (1986), y el *The Three-factor Eating Questionnaire* (TFEQ) de Stunkard y Mesick (1985). Tanto el DEBQ como el TFEQ contienen unas escalas que hacen referencia a la restricción voluntaria de la ingesta, la ingesta emocional y la externalidad; además, el TFEQ contiene escalas que permiten evaluar los problemas de recaídas, los ataques de sobreingesta y las sensaciones percibidas de hambre.

3.3. Evaluación de las conductas compensatorias

Una de las condiciones necesarias para diagnosticar a un sujeto con trastorno de atracones (TA) es la ausencia de conductas compensatorias. Sin embargo, un porcentaje de estos pacientes así como de pacientes obesos se implican en este tipo de actividad de forma esporádica. Por ello, es imprecindible evaluar, durante la entrevista clínica, la presencia o ausencia de este tipo de conductas y, si es el caso, el tipo, características y frecuencia de éstas. La información recogida mediante la entrevista debe completarse con registros en los que el sujeto anote, además del tipo, características y frecuencia de las conductas compensatorias, los eventos que favorecen el empleo de las mismas y las consecuencias que generan. Conviene recordar que a menudo los pacientes no proporcionan de forma voluntaria información sobre estas prácticas, a no ser que se interrogue directamente sobre ellas.

Además de la entrevista y los registros se pueden emplear cuestionarios para evaluar la presencia de conductas compensatorias. El *Questionnaire on Eating and Weight Patterns-Revised* (QEWP-R) de Spitzer, Yanovski y Marcus (1994) es el primer instrumento realizado para identificar a las personas que tienen TA. Esta escala contiene 28 ítems que siguiendo los criterios diagnósticos del DSM-IV permite diagnosticar al paciente con TA o con bulimia nerviosa. El *Eating Disorder Examination-Questionnaire* (EDE-Q) de Fairburn y Berglin (1994) es un cuestionario de 36 ítems que fue elaborado a partir de los contenidos de la *Eating Disorder Examination* (EDE) y, por tanto, agrupa sus ítems de la misma manera que en la EDE en 4 subescalas: (1) restricción alimentaria, (2) preocupación por la ingesta, (3) preocupación por el peso, y (4) preocupación por la silueta. El EDE-Q también evalúa los métodos extremos de control de peso (vómitos autoinducidos, abuso de laxantes y diuréticos e intenso ejercicio físico). De la comparación de ambos cuestionarios, estudios recientes indican que el QEWP-R es un buen cuestionario de *screening* de pacientes con TA aunque posiblemente no tan adecuado para el diagnóstico de este trastorno como la EDE ya que un buen número de personas con TA no son clasificados como tal (Celio y cols., 2004).

3.4. Evaluación de la actividad física

La actividad física produce muchos beneficios para la salud en general y en particular puede prevenir la aparición de la obesidad, especialmente en niños y adolescentes y favorece el mantenimiento de las pérdidas de peso en pacientes obesos. Asimismo, está demostrado que un incremento en la actividad física puede contribuir positivamente a la pérdida de grasa, disminuir el riesgo cardiovascular y mejorar la imagen corporal. En 1996 el *Department of Health and Human Services* de EE.UU. presentó un informe en el que exponía que un gasto energético de 150 kcal. por día o 1000 kcal. a la semana, realizando una actividad física de moderada a intensa (o ambas), era un procedimiento eficaz para prevenir el riesgo de enfermedades crónicas en adultos (*US Department of Health and Human Services*, 1996). Posteriormente, en 2007, la *American College of Sports Medicine and the American Heart Association* recomendó que los adultos deberían realizar, además de su actividad física cotidiana, 30 minutos diarios de actividad física de moderada a intensa, al menos 5 días a la semana para potenciar su salud y minimizar los riesgos para desarrollar enfermedades crónicas (Haskell y cols., 2007). Todas estas recomendaciones hacen necesario realizar una evaluación cuidadosa de los patrones de actividad física del paciente obeso para poder establecer un plan terapéutico posterior.

En la evaluación de la actividad física deben tenerse en consideración tanto la conducta en sí misma como el gasto de energía que supone la realización de la actividad. Se han diseñado numerosas pruebas objetivas y subjetivas para evaluar la actividad física y el gasto energético de poblaciones normales y clínicas, variando en complejidad, precisión, facilidad de uso y asequibilidad. Entre las medidas objetivas de actividad física destacamos los registros de observaciones directas, el empleo de detectores de movimiento por parte de la persona evaluada (podómetros o GPSs) o el uso de instrumentos remotos, mientras que entre las medidas subjetivas se encuentran los autorregistros de actividad física o el empleo de cuestionarios. Con relación al gasto energético, los procedimientos objetivos se aplican en el laboratorio o por procesos bioquímicos que determinan el gasto energético producido por la persona, mientras que los procedimientos subjetivos implican el empleo de medidas fisiológicas para seguir el incremento en los componentes del movimiento metabólico, el consumo de oxigeno, la tasa cardíaca, la temperatura corporal o la ventilación durante la práctica de ejercicio físico. Todos estos parámetros permiten realizar una estimación del gasto energético. Finalmente, existen instrumentos mediante los cuales se pueden tomar las mediciones de actividad física y gasto energético de forma simultánea, como los acelerómetros o los monitores de tasa cardíaca. Los primeros proporcionan una medida objetiva de la duración e intensidad de la actividad física, mientras que los segundos sirven para estimar de forma objetiva el gasto energético (Ainsworth, 2010).

La actividad física necesita ser evaluada para poder determinar el tipo y la cantidad de movimiento que una persona realiza. El efecto del seguimiento de una dieta o la práctica de actividad física y el seguimiento de una dieta sobre el peso es notable. Sabemos que la restricción alimentaria enlentece la tasa metabólica en reposo (TMR) mientras que la actividad física la incrementa favoreciendo la pérdida de peso. Por tanto, conocer el tipo de actividad y la frecuencia, duración e intensidad de la actividad, a lo largo del día, semana, mes y año será importante. La intensidad se mide en METs (equivalentes metabólicos). Un MET representa los requisitos calóricos necesarios para estar sentado tranquilamente en una silla. Los niveles de MET se clasifican como ligeros (< 3 METs), moderados (de 3 a 5,9 METs) y vigorosos (≥ a 6 METs). Para estimar el gasto calórico se multiplica la duración de la actividad en horas, por el peso corporal en kilogramos, por el nivel del MET (Ainsworth, 2010). Existe un Compendio de Actividad Física que mediante un sistema codificado clasifica más de 600 tipos de actividad física según la cantidad de gasto energético que generan (Ainsworth, Haskell, Whitt, Irwin, Swartz, Strath y cols., 2000).

Finalmente, es muy conveniente evaluar mediante la entrevista clínica la motivación del sujeto para la práctica de ejercicio físico, los obstáculos y/o barreras que tiene para la práctica diaria, su preocupación por la exposición en público durante las prácticas, los apoyos sociales de que dispone el sujeto y los recursos medioambientales a su disposición.

3.5. Evaluación de la imagen corporal

La insatisfacción con la imagen corporal de las personas con obesidad no ha sido tenida en consideración por clínicos e investigadores hasta la década de los 90, aunque Stunkard y Mendelson en 1967 ya hablaban de que algunos obesos presentaban alteraciones de su imagen corporal. Existen datos que afirman que las personas que han desarrollado obesidad en la edad adulta no parecen presentan un elevado nivel de insatisfacción con su imagen corporal mientras que aquellas personas que sufren obesidades de inicio en la infancia o adolescencia tienen un elevado grado de insatisfacción. Estas últimas han sido frecuentemente victimas de bromas e insultos como consecuencia de su obesidad y a menudo también han sido discriminadas y marginadas lo cual les ha generado un mayor malestar psicológico y una mayor insatisfacción con su imagen. Por ello, evaluar la insatisfacción con la imagen corporal que tiene el paciente obeso, las posibles distorsiones cognitivas que presenta, las reacciones emocionales y repercusiones sociales que le genera el exceso de peso y la posible presencia de conductas de evitación es una tarea inexcusable del clínico. Con relación al trastorno de atracones, la preocupación desproporcionada por el peso y la figura de los pacientes con este trastorno también hace muy recomendable la evaluación de esta área.

En la actualidad disponemos de diversos instrumentos que nos pueden facilitar la evaluación de la imagen corporal, que aunque fueron diseñados principalmente para explorar a pacientes con trastornos alimentarios y no a pacientes obesos, permiten conocer el grado de perturbación e insatisfacción que tiene el sujeto como consecuencia de su imagen corporal negativa. La entrevista EDE (Cooper y Fairburn, 1987) contiene dos subescalas referidas a la preocupación por la silueta y a la preocupación por el peso. El WALI de Wadden y Foster (2001) también contempla una sección para la evaluación de la autopercepción que tiene el paciente obeso de sí mismo. Además, la subescala de Insatisfacción Corporal del *Eating Disorder Inventory* (EDI) de Garner, Olmsted y Polivy (1983), la *Body Satisfaction Scale* (Slade, Dewey, Newton, Brodie y Liemle, 1990) o también el *Body Shape Questionnaire* (BSQ) de Cooper, Taylor, Cooper y Fairburn (1987) nos puede facilitar el análisis del grado de insatisfacción. Según Sawer y Thompson (2002), estos cuestionarios son ideales para emplear con pacientes obesos ya que se centran de manera concreta en la valoración subjetiva de los aspectos corporales relacionados con el peso.

Otro método fácil de estimar la insatisfacción con la imagen corporal es mediante el empleo de los test de siluetas en los que el sujeto debe seleccionar de entre un conjunto de figuras (7 a 9) de muy delgada a obesa, cuál es la que representa su peso actual y cuál es la que sería su ideal. De la discrepancia entre las dos figuras seleccionadas se puede estimar el grado de insatisfacción con la imagen corporal que presenta el paciente. Entre los test de siluetas más conocidos se encuentran el *Figure Rating Scale* de Stunkard, Sorenson y Schulsinger (1983; citado en Sarwer y Thompson, 2002), el *Body Image Assessment* de Williamson, Davis, Bennet, Goreczny y Gleaves (1989) y el *Contour Rating Scale* de Thompson y Gray (1995).

Con respecto a la evaluación de la sobreestimación y distorsión del tamaño del cuerpo, componente perceptivo de la imagen corporal, el método que probablemente resulte más fácil de emplear es el desarrollado por Slade y Russell (1973) consistente en que el sujeto estima las medidas de distintas partes de su cuerpo, moviendo dos luces simétricas a lo largo de un calibrador. Posteriormente, el evaluador obtiene las mediciones reales mediante un calibrador y se comparan los resultados obtenidos de esta medición con la proporcionada previamente por el sujeto. Con estos datos se obtiene un índice indicativo del error de estimación que tiene el sujeto.

3.6. Evaluación de la psicopatología secundaria

Realizar una evaluación global del funcionamiento psicológico del paciente con obesidad permitirá tomar decisiones sobre qué componentes debemos incluir en el tratamiento y cuáles pueden ser omitidos. Lo mismo ocurre con la evaluación que requieren los pacientes con trastorno DE atracones y/o síndrome de ingesta nocturna los cuales han mostrado frecuentemente en la literatura científica que presentan problemas de ansiedad y estrés, bajo estado de ánimo y frecuentes trastornos de personalidad. La entrevista clínica nos proporcionará una primera aproximación a las características psicopatológicas del paciente, aunque conviene completar la exploración mediante el empleo de cuestionarios específicos. El *Brief Symptoms Inventory* (BSI) de Derogatis (1975) es la versión breve del SCL90-R y consiste en 53 ítems a través de los cuales se evalúan 9 dimensiones psicopatológicas. Además proporciona 3 índices globales que evalúan sintomatología presente y pasada. La ansiedad, depresión y/o estrés pueden ser evaluados mediante pruebas más específicas como el *Beck Depression Inventory-II* (BDI-II; Beck, Steer y Brown, 1996), el *State Trait Anxiety Inventory* (STAI- S, STAI-R; Spielberg, Gorsuch, y Lushene, 1970; Spielberger, Gorsuch, Lushene, Vagg, y Jacobs, 1983) o el *Depression Anxiety Stress Scales* (DASS-21; Lovibond y Lovibond, 1995). Con la relación a los trastornos de personalidad, la *Structured Clinical Interview for DSM-IV Axis II Disorders* (SCID-II; First, Gibbon, Spitzer, Williams, Benjamin, 1997) permite explorar con detalle la presencia o ausencia de estos trastornos. Por último, para evaluar la autoestima puede ser empleada la Escala de Autoestima de Rosenberg (1965).

3.7. Evaluación de la motivación para el cambio

No se puede finalizar el proceso de evaluación sin explorar la motivación que presenta el paciente para el cambio. Tanto los pacientes que tienen obesidad como los que tienen otros problemas relacionados con la alimentación y el peso, como el TA y el SIN, van a tener que realizar grandes cambios en su estilo de vida, además de combatir estados emocionales y situaciones sociales que interfieran con la puesta en marcha de estrategias necesarias para conseguir un estilo de vida saludable. En este contexto, el modelo transteórico de Prochaska (Prochaska y DiClemente, 1983; Prochaska, DiClemente, y Norcross, 1992; Prochaska y Velicer, 1997) nos proporciona un marco teórico adecuado para explicarnos cómo las personas modifican una conducta problemática y cómo pueden adquirir comportamientos saludables. El modelo transteórico explica cómo las personas pasan temporalmente por distintos estadios (pre-contemplación, contemplación, preparación, acción y mantenimiento) para cambiar una conducta hasta que alcanzan el cambio que se han propuesto, desde la no intención de cambiar hasta la adquisición de la conducta saludable y el mantenimiento de la misma. El modelo también permite explicar los procesos de cambio por los que las personas pasan, realizando conductas, actividades y experiencias manifiestas y encubiertas para alcanzar una conducta positiva y saludable.

A través de la entrevista clínica podemos conocer las motivaciones que tiene el paciente para acudir a tratamiento, los recursos que ha empleado hasta el momento para hacer frente a sus problemas de alimentación y peso y la intencionalidad de cambio que presenta en el momento actual. Para obtener una información más precisa disponemos del Cuestionario de Procesos de Cambio para el Control de Peso (*P-Weight*) de Andrés, Saldaña y Gómez-Benito, (2009, 2011) el cual nos proporcionará información sobre el uso que el paciente hace de procesos de cambio para el control de su peso.

4. UNA APROXIMACIÓN AL ESTADO ACTUAL DEL TRATAMIENTO DE LA OBESIDAD, EL TRASTORNO DE ATRACONES Y EL SÍNDROME DE INGESTA NOCTURNA

La historia de los tratamientos psicológicos para la obesidad es muy extensa, bastante superior a la historia del trastorno de atracones y, por supuesto, a la del síndrome de ingesta nocturna que todavía está poco desarrollada. Nuestro objetivo en este apartado no es realizar un análisis histórico de los tratamientos de estos tres trastornos; por el contrario, pretendemos presentar solamente cuál es la situación actual de los mismos aportando algunos datos sobre su eficacia y mostrando las variables que hasta el momento han sido identificadas como predictoras del éxito o fracaso de los tratamientos.

4.1. Estado actual del tratamiento de la obesidad

En la actualidad el tratamiento más recomendado para tratar el sobrepeso (IMC > 25 kg/m2) y la obesidad (IMC > 30 kg/m2) es aquel que consiste en la suma de terapia de conducta (TC), dieta y ejercicio físico. Este tipo de tratamiento que puede ser administrado en distintos contextos, tiene como objetivo el cambio de estilo de vida y ha probado su eficacia para conseguir pérdidas de peso del 10% sobre el peso inicial, criterio de pérdida de peso recomendado el cual se considera que se puede alcanzar en un plazo de 6 meses y que produce mejoras estadísticas y clínicas significativas en el estado físico y psicosocial de los pacientes (*Expert Panel on the Identification, Evaluation, and Treatment of Overweight in Adults*, 1998). Mediante la TC se entrena a los pacientes en un conjunto de principios y técnicas para facilitar el cambio de estilo de vida, potenciando la adhesión a nuevas pautas alimentarias y a la práctica continuada de actividad física. Las técnicas más comunes que se emplean en la mayoría de programas conductuales para el tratamiento de la obesidad son: el autorregistro de la alimentación, de la actividad física y del peso, estrategias de control de estímulos, cambios en el estilo de comer, educación sobre nutrición, pautas para el incremento de la actividad física, resolución de problemas, manejo de contingencias, apoyo social y entrenamiento en estrategias para la prevención de recaídas (Brownell, 2000; Wadden y Foster, 2000). Además, frecuentemente se incorporan a este tipo de tratamientos conductuales estrategias cognitivas, como por ejemplo reestructuración cognitiva, para incrementar su eficacia. Sin embargo, la inclusión de estas estrategias cognitivas no convierte el tratamiento ofertado en un tratamiento cognitivo-conductual. Los programas tradicionales para modificar el estilo de vida pueden ser administrados de forma individual o grupal, en grupos de hasta 20 participantes, y se desarrollan generalmente en sesiones semanales durante un período de 16 a 26 sesiones, las cuales tienen una duración de 60 minutos en su formato individual y 90 minutos en su forma grupal.

Aunque la mayoría de los tratamientos de terapia conductual contiene los mismos elementos, los formatos para los que han sido diseñados son distintos yendo desde lo que podríamos denominar tratamientos monitorizados dirigidos por el terapeuta como el de Kirschenbaum, Johnson y Stalonas (1987) que aunque fue diseñado para niños y adolescentes también puede ser empleado con adultos, el de Vera y Fernández (1989) diseñado específicamente para su aplicación con adultos, o aquellos que hoy denominamos manuales de autoayuda como el programa *LEARN* de Brownell (2000) el cual es uno de los programas paso a paso mejor descritos y de mayor reconocimiento. El programa *LEARN*, acrónimo de los términos ingleses ***Lifestyle, Exercise, Attitudes, Relationships, Nutrition***, fue elaborado para que, a lo largo de 16 lecciones a realizar en otras tantas semanas, los pacientes obesos pudieran aprender a producir cambios permanentes en cinco áreas de la vida: el estilo de vida, ejercicio, actitudes, relaciones interpersonales y nutrición.

El éxito del programa *LEARN* radica en la sencillez de las explicaciones que proporciona, su orientación a objetivos específicos y en la asignación de actividades y tareas concretas. Por todo ello, el programa de Brownell (2000) se ha usado extensamente tanto de forma autoaplicada, administrado por clínicos o con fines de investigación, donde se ha empleado como un tratamiento manualizado de TC para compararlo con otras formas de tratamiento, bien conductuales, bien cognitivo-conductuales o incluso con terapia farmacológica.

El desarrollo de las nuevas tecnologías en los últimos años ha facilitado el diseño de un buen número de programas de tratamientos administrados vía correo electrónico o vía Internet. Estos últimos ofrecen una serie de ventajas a sus usuarios: (1) están disponibles las 24 horas del día; (2) ofrecen anonimato de forma que pueden alentar a buscar tratamiento a aquellas personas obesas que se sienten avergonzadas por su peso; (3) reducen el tiempo de desplazamientos a los usuarios; y (4) son accesibles para un mayor número de pacientes que de otra manera no podrían recibir un tratamiento. Existen numerosos programas comerciales que se ofrecen vía Internet. Por ejemplo, en el trabajo de Womble, Wadden, McGuckin, Sargent, Rothman y Krauthamer-Ewing (2004) se realiza un estudio controlado para verificar la eficacia de un programa comercial administrado vía Internet, el *eDiets.com*, frente a un programa de autoayuda, el *LEARN*. Los resultados del estudio mostraron que los efectos del programa vía Internet *eDiets.com* fueron menores que los efectos del programa de autoayuda *LEARN*. Los autores del estudio proporcionan dos razones para sus desalentadores datos: (1) los usuarios del programa vía Internet no emplearon en toda su extensión los recursos que se les ofrecían; es decir, se conectaron a Internet con una frecuencia baja; y (2) aunque ambos programas tenían los mismos objetivos y empleaban las mismas estrategias, el programa vía Internet no estaba tan bien estructurado como el programa *LEARN*. Recientemente, Arem e Irwin (2011) han realizado un análisis de los tratamientos llevados a cabo vía Internet y publicados entre 2001 y 2009. De los 39 trabajos encontrados, solamente dos cumplían los criterios de inclusión establecidos por los autores por lo que, tras una nueva búsqueda, la revisión realizada contiene 9 estudios controlados llevados a cabo con adultos con sobrepeso y obesidad, de ambos sexos y que habían seguido fundamentalmente el tratamiento vía Internet. Los resultados de este estudio también son desalentadores en relación a las pérdidas de peso alcanzadas, el uso de las herramientas proporcionadas vía Internet, el número de usuarios que terminaban los tratamientos y el porcentaje de abandonos. Así, con relación al peso el análisis de los distintos estudios ha mostrado que los tratamientos vía Internet no tienen un efecto uniforme sobre el peso ya que las pérdidas de peso promedio conseguidas están entre 1 kg (cambio de peso que se considera como mero artefacto) y 4,9 kg, siendo la pérdida de peso mayor observada de 7,6 kg (9,2% del peso inicial) en los participantes que finalizaron el tratamiento del estudio mediante televisión y un programa de mantenimiento vía Internet realizado por Harvey-Berino, Pintauro, Buzzell y Gold (2004). Además, está revisión también ha puesto de manifiesto la baja adhesión a Internet de los usuarios, con un número muy bajo de conexiones a lo largo del programa y el elevado porcentaje de abandonos a pesar de que éstos sean menores que los que se producen en estudios con tratamientos farmacológicos (50%) (Arem e Irwin, 2011).

La mayoría de la investigación existente sobre el tratamiento de la obesidad pone de manifiesto las enormes dificultades que tienen las personas obesas para mantener las pérdidas de peso (Glenny, O'Meara, Melville y cols., 1997). A pesar de los múltiples elementos que se han introducido en los programas de tratamiento para contrarrestar estas dificultades, el problema persiste, tal como nos lo recuerdan recientemente Kraschnewski y cols. (2010), al señalar que aproximadamente el 20% de los adultos americanos son capaces de perder el 10% de su peso corporal y mantener la pérdida por lo menos durante 1 año. Sin embargo, aproximadamente un tercio del peso perdido se recupera en un año y el resto se recupera dentro de los 3 a 5 años siguientes.

Para contrarrestar los desalentadores resultados que se obtenían con los tratamientos conductuales para la obesidad, especialmente con relación al mantenimiento de las pérdidas de peso conseguidas, Cooper y Fairburn diseñaron un tratamiento cognitivo-conductual (TCC) para la obesidad (Cooper y Fairburn, 2001; 2002; Cooper, Fairburn y Hawker, 2003). Según los autores, el tratamiento pretendía hacer frente a ciertos procesos psicológicos que consideraban que interferían con el mantenimiento de peso perdido de forma exitosa. Así, el tratamiento se diseñó con el doble objetivo de facilitar la pérdida de peso y minimizar la recuperación de peso perdido. El TCC va dirigido a pacientes obesos con un Índice de Masa Corporal de entre 30 y 40 kg/m^2, aunque también puede ser de utilidad para aquellos que tienen un IMC entre 25 y 30 kg/m^2. Además de facilitar la pérdida de peso, el TCC ayuda a los pacientes a aceptar y valorar cambios más modestos en el peso y la apariencia y a fomentar la adquisición y práctica de habilidades de mantenimiento de peso. El TCC se debe administrar de forma individual y se requiere que el terapeuta personalice el tratamiento ajustándolo a las características del paciente (Cooper y Fairburn, 2001; 2002).

El TCC consta de una sesión inicial de evaluación, además de 24 sesiones de tratamiento para ser desarrolladas a lo largo de 44 semanas, distribuidas en dos fases. La Fase 1 contiene 8 módulos, se desarrolla a lo largo de 30 semanas y se centra en la pérdida de peso, mientras que la Fase 2 contiene 1 módulo a desarrollar y va orientada al mantenimiento del peso perdido. Los contenidos de los módulos I a IV son muy semejantes a los de los programas conductuales típicos, por ejemplo el programa LEARN. Por el contrario, los módulos V a VII son los más cognitivos y sus contenidos van dirigidos a aceptar los posible obstáculos cognitivos para el mantenimiento del peso. La reestructuración cognitiva y los experimentos conductuales son las técnicas más empleadas para trabajar estos contenidos y cuestionar al paciente los obstáculos y barreras que tiene para el mantenimiento del peso. El módulo VIII se centra en potenciar una ingesta saludable, necesaria tanto para perder peso como para mantener la pérdida, Finalmente, el módulo IX supone la entrada en la Fase 2 del tratamiento y se focaliza únicamente en el mantenimiento del peso perdido.

En el año 2007 Fabricatore realiza una primera comparación entre la TC y la TCC para la obesidad, analizando sus similitudes y diferencias tanto en relación a sus objetivos terapéuticos y sus contenidos, como a sus resultados. Fabricatore (2007) concluye que aunque ambos tipos de tratamiento parecen conducir a resultados equivalentes, recomienda emplear la TC con estrategias cognitivas más que la TCC como el de Cooper y Fairburn (2001) y Cooper y cols. (2003) el cual, a su entender, parece requerir más investigación sobre sus mecanismos de acción y su eficacia. Recientemente, Cooper, Doll, Hawker, Byrne y cols. (2010) han evaluado, en un estudio controlado y con un seguimiento de 3 años, la eficacia de su programa de TCC comparándolo con un tratamiento de TC (Wadden y Foster, 1989; Wing, 1995; citados por Cooper y cols., 2010) y con un grupo de autoayuda que seguía el programa LEARN (Brownell, 1997). Los resultados mostraron que los participantes consiguieron pérdidas de peso promedio del 6,7%, 10% y del 11,3% de su peso, siendo las menores las del grupo con el tratamiento de autoayuda con mínimo contacto terapéutico y las mayores la del grupo con TC. Además, el seguimiento al primer año mostró que aquellos que había perdido peso habían recuperado casi la mitad del mismo, 43,5% en el grupo de TC y 58% en el grupo de TCC. Los datos del seguimiento realizado a los 3 años no fueron más alentadores: los pacientes habían recuperado prácticamente todo el peso perdido, siendo del 88,6% en el grupo de TCC y 89,8% en grupo de TC. Los resultados mostrados por Cooper y cols. (2010) confirman, de una parte, que los tratamientos conductuales y cognitivo-conductuales permiten a los pacientes obesos alcanzar los objetivos de pépeso recomendados por los organismos nacionales e internacionales; es decir, el 10% del peso inicial. Sin embargo, los resultados ponen de manifiesto de nuevo las dificultades de los tratamientos psicológicos para facilitar pérdidas de peso de larga duración, aún incluso cuando se han desarrollado con tal objetivo, como es el caso de la TCC.

Las dificultades señaladas han generado un arsenal de estudios cuyo objetivo fundamental ha sido identificar los factores pretratamiento, que predicen mejores resultados mediante las intervenciones para perder peso y los factores postratamiento, que predicen mejor el mantenimiento de los cambios. Existen varias revisiones excelentes realizadas sobre los estudios publicados después de 1995 que nos proporcionan información relevante sobre el tema (Stubb, Whybrow, Teixeira, Blundell, Lawton, Westerhoefer y cols., 2011; Teixeira, Going, Sardinha y Lohman, 2005; Wing y Phelan, 2005). Los resultados de los estudios revisados por Teixeira y cols. (2005), han mostrado de forma consistente que un menor número de dietas y un menor número de intentos de perder peso, la automotivación, autoeficacia general y autonomía personal son buenos predictores de pérdida de peso mientras que no predicen cambios la ingesta emocional o compulsiva, la psicopatología, el estado de ánimo o depresión, la desinhibición en la ingesta o la ingesta ante señales externas, el seguimiento crónico de dietas o la restricción alimentaria, el hambre percibida, la personalidad y estilo cognitivo del paciente y la percepción de apoyo social. Sin embargo, las evidencias encontradas son contradictorias entre los distintos estudios revisados con relación a variables tales como el peso inicial o el Indice de Masa Corporal, la imagen corporal o la satisfacción con el tamaño del cuerpo, la autoestima, la autoeficacia sobre la ingesta, expectativas realistas respecto a las metas del tratamiento y a las pérdidas de peso a alcanzar y el *locus de control* interno. Finalmente, también se han identificado otro tipo de variables cuyos resultados pueden ser sugerentes pero que necesitan ser estudiadas con mayor profundidad. Entre ellas se encuentran la autoeficacia con relación al ejercicio físico, la percepción de pocos obstáculos para hacer ejercicio, la calidad de vida, la ausencia de episodios bulímicos y la forma de abordar las recaídas (Teixeira y cols., 2005).

El estudio realizado por Wing y Phelan (2005) aporta información muy relevante sobre las variables que facilitan el mantenimiento de los cambios. El estudio fue realizado con 4000 personas que compusieron la base de datos del *National Weight Control Registry* de EE.UU. (1994), las cuales habían tenido éxito en perder peso (33 kg en promedio) y que habían sido capaces de mantener las pérdidas en promedio durante 5,7 años. Destacar que solamente el 55,4% de los sujetos habían recibido ayuda de un profesional (nutricionista, médico) o habían seguido un programa comercial, mientras que el 44,6% de los sujetos habían perdido peso por su cuenta, sin apoyo externo. Los resultados muestran 6 estrategias claves para el éxito de larga duración: (1) practicar altos niveles de actividad física; (2) comer una dieta baja en grasas y calorías; (3) desayunar; (4) autorregistrar el peso de forma regular; (5) mantener un patrón alimentario regular; y (6) hacer frente a las "caídas" antes de que se conviertan en recaídas con grandes recuperaciones de peso. Además, los resultados de esta amplia muestra también mostraron la pertinencia de iniciar la pérdida de peso después de una enfermedad, lo cual parece estar asociado a mantenimientos de larga duración.

Finalmente, la revisión realizada por Stubb y cols. (2011) pone de manifiesto los escasos predictores pre-tratamiento de pérdida de peso realmente identificados los cuales explican no más del 25 al 30% de la variancia del peso perdido, siendo algo semejante a lo que ocurre con relación a los predictores de mantenimiento. Los autores destacan la heterogeneidad de las poblaciones estudiadas, con reducidas muestras de participantes, la heterogeneidad de tratamientos y de mediciones realizadas como algunas de las razones para los escasos predictores identificados.

Un breve apunte sobre las terapias farmacológicas para la obesidad. Durante algunos años la Sibutramina y el Orlistat han sido los dos únicos medicamentos contra la obesidad aprobados para uso a largo plazo. La Sibutramina es un medicamento serotoninérgico y adrenérgico que inhibe el apetito reduciendo la ingesta de alimentos. Sin embargo, los graves efectos secundarios de este fármaco, especialmente con relación al incremento de riesgo cardiovascular hicieron que las agencias nacionales e internacionales de medicamentos prohibieran su empleo desde el año 2010. Por su parte, el Orlistat es un inhibidor de la lipasa gastrointestinal que interfiere con la absorción de grasa y suele causar flatulencia y diarrea. Los estudios controlados que se han realizado para verificar la eficacia de este tratamiento han observado pérdidas de peso entre 5% y 12%, un promedio de pérdida de 8 kg en un periodo aproximado de 2 años. Parece pues que no se justifica el empleo generalizado de tratamiento farmacológico para la obesidad, dadas las escasas pérdidas de peso que se consiguen, la rápida recuperación del peso después de la interrupción del tratamiento farmacológico, los efectos secundarios adversos que genera y el elevado coste de los mismos.

Antes de finalizar este apartado queremos destacar el interés de los últimos años por el desarrollo de guías de práctica clínica dirigidas a orientar a todos los profesionales de la salud implicados en la identificación, tratamiento y prevención de la obesidad tanto en niños, como en adolescentes y adultos. Este interés ha facilitado la revisión extensa de toda la investigación sobre la obesidad en cualquiera de sus ámbitos, proporcionando recomendaciones clínicas en base a la evidencia científica. La primera de estas guías, publicada en el año 2000, proviene del ámbito de EE.UU. y fue elaborada por el *National Institutes of Health* y la *North American Association for the Study of Obesity* (2000). Posteriormente, en 2006 el *National Institute for Health and Clinical Excellence* (NICE) del Reino Unido publicó una de las guías más completas, la guía 43 de dicho instituto, la cual proporciona claras directrices sobre el tratamiento de la obesidad, ofreciendo recomendaciones prácticas basadas en la evidencia disponible. Aunque esta guía tiene una fuerte orientación hacia la atención primaria, tanto en términos de prevención como de atención clínica, la mayoría de la investigación sobre la que se basan las recomendaciones no ha sido realizada en el ámbito de la atención primaria. A nuestro juicio, debe ser conocida por todos los profesionales de la salud que intervienen en el ámbito de la obesidad. Ofrece la ventaja de que es revisada de forma periódica y, por ello, desde su elaboración en 2006 ha habido algunos cambios en las directrices fruto de la revisión de la investigación generada desde entonces hasta la actualidad (NICE, 2006, 2011). Además de la guía de la NICE, desde 2006 se han publicado otras guías de interés, como la *European Clinical Practice Guidelines for the Management of Obesity in Adults* publicada en 2008, la *The Interdisciplinary European Guidelines on Surgery of Severe Obesity*, publicada también en 2008 (Fried, Hainer, Basdevant y cols., 2008) y la *Canadian Clinical Practice Guidelines on the Management and Prevention of Obesity in Adults and Children* (Lau, Douketis, Morrison y cols., 2006). Asimismo, la Cochrane dispone desde 2006 de una serie de revisiones sistemáticas sobre la obesidad. Estas incluyen las realizadas sobre intervenciones para la obesidad en niños, cirugía de la obesidad en los adultos, el tratamiento de adultos mediante el globo o balón intragástrico, eficacia a largo plazo de tratamiento farmacológico para la obesidad y el sobrepeso, etcétera.

4.2. Estado actual del tratamiento del trastorno de atracones

Varios son los tratamientos psicológicos existentes para abordar el trastorno de atracones. De ellos, los más estudiados son la terapia cognitivo conductual (TCC) y la terapia interpersonal (TIP), aunque otras formas de tratamiento como la terapia de conducta (TC) para perder peso, los tratamientos de autoayuda (TAA), la terapia dialéctica conductual (TDC) y/o la terapia farmacológica también se utilizan y han sido evaluados en distintos estudios.

El programa de tratamiento de la TCC fue elaborado inicialmente por Fairburn, Marcus y Wilson (1993) tanto para los pacientes con bulimia nerviosa como para los que tienen TA. Posteriormente ha sido modificado sucesivamente por los autores y su equipo hasta llegar al programa actual denominado Terapia Cognitivo-Conductual Reforzada (TCC-R) de Fairburn, Cooper, Shafran, Bohn, Hawker, Murphy y cols. (2008). Los autores justifican los cambios introducidos en el tratamiento para que éste pueda ser administrado a pacientes con cualquier tipo de trastorno alimentario. El TCC-R consta de cuatro fases para ser desarrolladas a lo largo de 20 sesiones, después de una sesión inicial de evaluación. La Fase I se desarrolla a lo largo de 8 sesiones, 2 semanales a lo largo de 4 semanas. Tiene como objetivo implicar al paciente en el tratamiento y en el proceso de cambio, crear conjuntamente con el paciente una formulación de los procesos implicados en el mantenimiento de los trastornos alimentarios, proporcionar educación sobre los trastornos alimentarios e introducir dos actividades fundamentales para todo el tratamiento, "pesarse semanalmente" y "comer de forma regular". La Fase II, que se desarrolla en 2 sesiones a razón de una semanal, es una etapa de transición que tiene como objetivo revisar los progresos, identificar las barreras para el cambio, modificar la formulación si es conveniente y planificar la Fase III. El cuerpo central del tratamiento se concentra en la Fase III, la cual se desarrolla en 8 sesiones de carácter semanal, y tiene como objetivo hacer frente a los mecanismos clave que están manteniendo el trastorno alimentario del paciente. Por último la Fase IV, con 2 sesiones orientadas al mantenimiento de las ganancias terapéuticas y a la prevención de recaídas. El protocolo completo del TCC-R puede encontrarse en Fairburn y cols. (2008).

La TIP es la opción terapéutica a elegir cuando parece que la TCC no funciona. La TIP centra la intervención sobre los problemas interpersonales que presentan los pacientes. Se ha diseñado para ser administrada en un periodo limitado de tiempo, a lo largo de 15-20 sesiones, distribuidas en 4 a 5 meses. Consta de 3 fases. La *Fase Inicial,* abarca las 5 primeras sesiones, que se dedican a identificar las áreas interpersonales problemáticas que serán abordadas durante el tratamiento. Cuatro son las áreas problemáticas identificadas: (1) las reacciones anormales a las pérdidas; (2) el papel de la transición; (3) el papel interpersonal de las discusiones; y (4) los déficits interpersonales. La *Fase Intermedia,* se lleva a cabo a través de 8 a 10 sesiones que se dedican a trabajar en las áreas problemáticas identificadas. El objetivo central de la fase es enseñar al paciente a identificar las conexiones entre las áreas interpersonales y sus problemas de alimentación. Finalmente, la *Fase de Terminación* se dedica a consolidar las ganancias realizadas durante el tratamiento y a preparar al paciente para que siga trabajando solo en el futuro (Tanofsky-Kraff y Wilfley, 2010).

El elevado porcentaje de personas que sufren TA y el solapamiento de este trastorno con la obesidad hacen que los tratamientos de autoayuda sean una buena opción para un importante número de pacientes. En el trabajo de Gruzca, Przybeck y Cloninger (2007) se encontró que el 70% de los participantes del estudio de una muestra comunitaria que tenía TA también tenían obesidad; de ellos, un 20% informaron tener un IMC superior a 40 kg/m^2. Es por ello que el TA, además de poder ser tratado mediante la TCC y la TIP, es abordado mediante tratamientos de autoayuda (TAA) ya que requieren un contacto terapéutico con el clínico nulo o mínimo, abaratando sus costes y haciéndose más accesible a mayor número de pacientes.

Los TAA tienen como objetivo enseñar a los usuarios de estos tratamientos habilidades específicas para hacer frente a las dificultades que encuentran para manejar sus problemas. Los contenidos de los (TAA) son, por lo general, los siguientes: (1) información sobre el trastorno -BN y TA-, (2) efectos sobre la salud de la sobreingesta y las conductas compensatorias (caso de que existan como en la bulimia nerviosa), (3) tratamientos, (4) efectividad de la guía de autoayuda, (5) razones para empezar el tratamiento, (6) el modelo cognitivo-conductual, (7) el autorregistro diario de comida, (8) el patrón regular de alimentación, (9) alimentos problemáticos, (10) preocupaciones por la imagen corporal, (11) manejo de las emociones, (12) solución de situaciones y pensamientos problemáticos, (13) recomendaciones para pacientes con el problema muy resistente, y (14) prevención de recaídas y mantenimiento.

La mayoría de los TAA para los trastornos de la conducta alimentaria se han desarrollado tanto para la bulimia nerviosa (BN) como para el trastorno de atracones. Estos tratamientos están manualizados, siendo los manuales de autoayuda con mayor reconocimiento los de Agras y Apple (2008), Fairburn (1995) y Schmidt y Treasure (1993). Además, los avances de las nuevas tecnologías han permitido desarrollar tratamientos de autoayuda mediante videos, CD-Roms (Graham y Walton, 2011; Shapiro, Reba-Harrelson, Dymek-Valentine, Woolson, Hamer y Bulik, 2007) e incluso vía Internet en Webs desarrolladas para tal fin (Carrad, Crépin, Rouget, Lam, Golay y Van der Linden, 2011; Jones, Luce, Osborne y cols., 2008).

La terapia dialéctica conductual estándar (TDC) es una forma de tratamiento que combina los principios conductuales con la filosofía dialéctica y estrategias de aceptación derivadas del budismo Zen, como las habilidades de *mindfulness*. Esta forma de terapia se desarrolló originalmente a partir de la TCC para el tratamiento ambulatorio de mujeres con graves problemas emocionales e intentos de suicido recurrentes, en concreto para pacientes con trastornos de personalidad límite. Los trabajos pioneros de Linehan contienen la descripción precisa tanto de la fundamentación teórica (Linehan, 1993a) como de los recursos y habilidades terapéuticas (Linehan, 1993b) de la TDC aplicada a los pacientes con trastornos de personalidad límite. Posteriormente, la TDC fue adaptada al tratamiento de la BN y del TA.

La TDC centra su atención en la regulación afectiva. En su aproximación a los trastornos de la conducta alimentaria como es el TA, se postula que los atracones son una conducta desadaptada que los sujetos utilizan para influenciar, cambiar o controlar estados emocionales negativos o dolorosos. A través de la breve sensación de bienestar o de reducción del malestar se mantiene la conducta. Mediante la TDC se pretende que los pacientes consigan reducir los atracones y los problemas afectivos relacionados mediante: (1) la adquisición y el fortalecimiento de métodos adaptativos de regulación emocional; (2) aumentando la capacidad para tolerar las emociones negativas; y (3) aumentando la conciencia de las consecuencias aversivas del atracón a largo plazo y de las consecuencias positivas de los comportamientos alternativos.

De las distintas revisiones realizadas hasta el momento sobre los estudios controlados publicados (p.ej., Brownley, Berkman, Sedway, Lohr y Bulik, 2007; McElroy, Guerdjikova, Mori, Munoz y Keck, 2015), se pueden obtener algunas conclusiones sobre los distintos tratamientos mencionados para el TA. Así, la TCC y la TIP son las dos formas de tratamiento que abordan directamente el trastorno alimentario. De ellos, la TCC es el tratamiento más estudiado para tratar a las personas que tienen TA y que la investigación ha mostrado sistemáticamente más eficaz para reducir la frecuencia de atracones y facilitar la mejoría en características relevantes del trastorno como son la restricción alimentaria, desinhibición y hambre. Además, la TCC ha demostrado de forma repetida que mejora la psicopatología que acompaña a los atracones y el estado de ánimo. Asimismo, de todos los tratamientos estudiados la TCC también incrementa la abstinencia de atracones aunque la eficacia para disminuir el peso corporal es limitada. Sin embargo, parece necesario mejorar la eficacia de la TCC con relación al porcentaje de pacientes que no se benefician de este tratamiento y al porcentaje de abandonos que se producen a lo largo de los distintos estudios (entre el 14 y 34%). De la comparación de ambas formas de tratamiento (TCC y TIP), distintos estudios controlados han demostrado que ambos son realmente eficaces en la eliminación de los atracones y en la reducción de la psicopatología asociada tanto a corto como a largo plazo. Por ejemplo, en el trabajo de Wifley, Welch, Stein, Spurrell, Cohen, Saelens y cols. (2002) se compararon ambos tipos de terapia administradas en grupo a una amplia muestra de pacientes (N=162) con TA y se encontró que ambas terapias producían reducciones significativas en el número de días que se daban los atracones, tanto al final del tratamiento como en el seguimiento realizado a los 4 meses, aunque ninguna de las dos formas de intervención produjo reducciones en el IMC en aquellos sujetos que además de tener trastorno de atracones tenían obesidad. A los 12 meses la gravedad del trastorno y la depresión disminuyeron de forma significativa en ambos grupos, siendo las tasas de abstinencia de los atracones del 72% en el grupo de TCC y del 70% en el de TIP. Las tasas de abandonos en ambos tipos de tratamiento fueron equiparables, aunque un poco más elevadas en la TCC (20%) que en la TIP (16%). A partir de estos resultados y de los observados por Gorin, Le Grange y Stone (2003) y Hilbert y Tuschen-Caffier (2004) se recomienda como primera opción de tratamiento la TCC, mientras que la TIP se recomienda para aquellos casos que, o bien la TCC no se manifiesta como eficaz o para pacientes con TA con baja autoestima y una elevada psicopatología relacionada con el trastorno alimentario.

Con relación a los TAA, con guía terapéutica o sin ella, se ha mostrado su eficacia para disminuir la frecuencia y duración de los atracones objetivos y la psicopatología asociada al TA, como insatisfacción corporal y depresión. Estos resultados y su bajo coste han conducido a que la mayoría de guías de práctica clínica recomienden los TAA como primera opción de tratamiento; sin embargo, conviene saber que este tratamiento es eficaz solamente para un número reducido de personas con TA. Existen tres revisiones sistemáticas de la literatura sobre los tratamientos de autoayuda para el

TA que apoyan estas recomendaciones, la realizada por Cochrane (Perkins, Murphy, Schmidt y Williams, 2006), la de Stefano, Bacaltchuk, Blay y Hay (2006) y la más reciente de Beintner, Jacobi y Schmidt (2014). Entre las dos primeras revisan más de 20 estudios controlados realizados sobre el tema, mientras que en la tercera se incluyen 73 publicaciones diferentes que informan de 50 ensayos distintos sobre TAA y tratamientos basados en internet para el TA y para bulimia nerviosa en los que se agrupan los resultados de 2586 participantes. El análisis de estos estudios permite extraer algunas conclusiones tentativas del estado de la cuestión respecto a estos tratamientos: (1) Los TAA (puros o guiados), en comparación con la lista de espera, producen mejorías significativas en la sintomatología alimentaria, psicopatológica y en el funcionamiento interpersonal, aunque no producen mejoría en los atracones y conductas de purga. (2) Al compararse con otros tratamientos psicológicos, los TAA (puros o guiados) no producen mejoras significativas ni en los atracones ni en las conductas de purga, ni tan siquiera en sintomatología alimentaria, psicopatológica y en el funcionamiento interpersonal. (3) La desigualdad entre las formas de TAA empleados en los estudios controlados no permite determinar cuál de ambos formatos de tratamiento (puro o guiado) es más eficaz. (4) Los breves periodos de seguimiento realizados en la mayoría de los estudios no nos permiten saber si los cambios experimentados por los pacientes son temporales o si se siguen produciendo cambios durante el seguimiento. (5) Se desconoce por el momento qué tipo de pacientes pueden beneficiarse más de los TAA, aunque parecen obtener peores resultados aquellos que tienen una frecuencia alta de atracones, una larga duración del trastorno, presentan trastornos de personalidad y del estado de ánimo y los que no tienen una buena adhesión al tratamiento.

Aunque la terapia dialéctica conductual ha mostrado repetidamente su eficacia para tratar los trastornos de personalidad límite, pocos son los estudios que se han realizado con esta forma de terapia para el TA. Los primeros resultados prometedores surgieron de un estudio de caso único realizado por Telch, Agras y Linehan (2000). Posteriormente, se han realizado unos pocos estudios controlados, siendo el más relevante el de Telch, Agras y Linehan (2001) en el que se observó que el 89% de las mujeres (16 de 18) que habían seguido un tratamiento de 20 semanas con TDC eran abstinentes de los atracones, en comparación con el 12,5% de las mujeres (2 de 16) del grupo control de lista de espera. Además, en comparación con el grupo control las mujeres de la TDC mostraron una mejoría significativa en imagen corporal, preocupaciones sobre la alimentación y urgencia de comer cuando estaban enojadas. En los seguimientos realizados se observó una pérdida de las ganancias ya que, a los 3 meses, el 67% de las mujeres seguían abstinentes porcentaje que se redujo al 56% a los 6 meses.

Con relación a la medicación antidepresiva, durante la década de los 90 aparecieron los primeros estudios que emplearon medicación con pacientes con TA. Aprovechando el conocimiento disponible sobre los efectos de la medicación antidepresiva en el tratamiento de pacientes con bulimia nerviosa, se realizaron una serie de estudios para verificar qué efectos producía dicha medicación sobre el peso, la ingesta compulsiva y la psicopatología asociada en pacientes con TA. Respecto al empleo de antidepresivos tricíclicos (imipramina y desipramina) los primeros estudios realizados (Agras, Telch, Arnow y cols., 1994; Alger, Schwalberg, Bigaouette y cols., 1991; McCann y Agras, 1990) mostraron su utilidad para reducir los episodios de voracidad, pero no producían cambios significativos en el peso o en la reducción de la sintomatología depresiva. En la actualidad se han realizado algunos meta-análisis para valorar el efecto de la terapia farmacológica para el tratamiento del TA (véase Reas y Grilo, 2008; Vocks y cols., 2010). Algunas de las conclusiones derivadas de estos meta-análisis son: (1) el efecto de la medicación sobre la frecuencia de los atracones es a corto plazo superior al placebo, siendo la tasa de remisión de los atracones del 48,7% con medicación, frente al 28,5% en los controles con placebo. (2) La TCC es por sí sola un tratamiento más eficaz que el tratamiento farmacológico para reducir la sintomatología alimentaria. Por ello, la TCC debe ser considerada el primer tratamiento de elección para el TA, aun cuando la medicación podría ser utilizada cuando se quiera mejorar la sintomatología psiquiátrica asociada o reducir el peso. En estos casos se deberá valorar los posibles beneficios y/o efectos adversos del empleo de la medicación. (3) Los escasos estudios controlados existentes y la ausencia de información sobre los seguimientos realizados hace que la evidencia de que la medicación antidepresiva, antiobesidad o cualquier otro tipo de fármaco sobre las mejorías que producen en la sintomatología psicológica en pacientes con TA sea muy limitada. (4) Existe bastante evidencia sobre los efectos positivos de la medicación antiobesidad y anticonvulsiva para facilitar la pérdida de peso en pacientes obesos con TA. Sin embargo, los ensayos clínicos realizados muestran que los pacientes obesos recuperan el peso perdido en el momento que cesan el tratamiento farmacológico, aunque serían necesarios estudios con seguimientos largos. (5) Todavía no se han identificado los factores o variables que predicen qué pacientes pueden beneficiarse de los tratamientos farmacológicos, por lo que se requieren mayor número de estudios controlados que puedan aportar evidencias en esta dirección (Bodell y Devlin, 2010).

Finalmente, se han realizado un importante número de estudios para tratar de identificar variables predictoras de la respuesta de los pacientes con TA a los distintos tipos de tratamiento. Los primeros estudios encontraron que las personas cuyos atracones eran más graves, habían iniciado el trastorno de atracones más tempranamente y tenían una edad menor cuando empezaban el tratamiento obtenían peores resultados (Agras, Telch, Arnow y cols., 1995; 1997), mientras que la comorbilidad con otros trastornos psicológicos no parecía guardar ninguna relación con los resultados (Wilfley, Friedman, Dounchis, Stein, Welch y Ball, 2000). Estudios posteriores han identificado nuevas variables predictoras. Así, por ejemplo, Hilbert, Saelens, Stein y cols. (2007), no encontraron ningún predictor relacionado con la TIP y la TCC, aunque sí pudieron establecer que las personas que tenían más problemas interpersonales y más preocupaciones por el peso y la figura obtenían peores resultados tanto con la TCC como con la TIP. Por su parte, Masheb y Grilo (2008a), al tratar de identificar predictores de resultados observaron que los sujetos con mayor frecuencia de atracones, más patología relacionada con TCA y niveles más elevados de depresión, obtenían peores resultados. Al evaluar la respuesta al tratamiento conductual y al tratamiento cognitivo conductual administrados en formato de autoayuda encontraron que la agrupación de los pacientes bien por niveles de afecto negativo o bien por preocupación por el peso y la figura se obtenían peores resultados en cualquiera de los formatos de tratamiento (Masheb y Grilo, 2008b). Wilson, Wilfley, Agras y Bryson (2010) evaluaron un buen número de variables clínicas y observaron que la autoestima y la psicopatología alimentaria global moderaba de forma significativa los resultados del tratamiento. De esta forma mostraron que las personas con más baja autoestima y más elevada psicopatología alimentaria se beneficiaban más de la TIP que de la TC y la TCC guiada. El estudio más reciente es el realizado por Grilo, Masheb y Crosby (2012) para tratar de identificar moderadores de la respuesta a la TCC y a la medicación antidepresiva. Los resultados han mostrado que la sobrevaloración del peso y la figura es el predictor/moderador más sobresaliente; los participantes con sobrevaloración obtuvieron una reducción significativamente mayor de la psicopatología alimentaria y de los niveles de depresión si seguían la TCC.

4.3. Estado actual del tratamiento del síndrome de ingesta nocturna

Mientras que la investigación ha generado una ingente cantidad de publicaciones sobre el tratamiento de la obesidad y sobre el TA, los tratamientos para el SIN son escasos y todavía están poco desarrollados. Desde su identificación en los años 50 se han ido proponiendo estrategias tan poco sofisticadas como poner señales en el frigorífico o poner obstáculos delante del frigorífico para no tener acceso al mismo, proporcionarse autoinstrucciones para no comer antes de ir a la cama, programar la ingesta de un tentempié antes de ir a dormir, evitar la ingesta de líquidos después de cenar, emplear procedimientos de reforzamiento, etcétera. Un mayor interés por el tema ha conducido a que se hayan ido desarrollando un conjunto de estrategias y procedimientos que han sido evaluados en distintos estudios y que abarcan desde los tratamientos de autoayuda (TAA), la terapia de la luz brillante, las técnicas de relajación (TR), la terapia cognitivo-conductual (TCC) o la terapia farmacológica. Presentamos a continuación una breve descripción de los tratamientos existentes y de la eficacia de los mismos observados en los escasos estudios realizados por el momento.

La TCC para el síndrome de ingesta nocturna fue elaborada para un estudio piloto por Allison, Martino, O'Reardon y Stunkard (2005) a partir del programa de autoayuda *LEARN* desarrollado por Brownell (2004) para la obesidad y el tratamiento de Fairburn, Marcus y Wilson (1993) para abordar la bulimia nerviosa y el TA. En el trabajo de Allison y cols. (2005) se realizó una adaptación a las características específicas del SIN para establecer en los pacientes unas pautas alimentarias normalizadas a la alimentación diurna, además de potenciar el empleo de estrategias conductuales de control estimular y de la aplicación de barreras para no tener acceso a la comida. Además de abordar las conductas relacionadas con las ingestas nocturnas, también se hacía frente a las cogniciones relacionadas con las mismas. El tratamiento del estudio piloto constaba de 10 sesiones desarrolladas semanalmente las 8 primeras y quincenalmente las 2 últimas. 16 participantes formaron parte del estudio piloto de los cuales 9 lo completaron. En conjunto, al final del tratamiento se observaron reducciones significativas en 4 áreas básicas: en las puntuaciones obtenidas en el NESS (*Night Eating Symptom Scale*) con una reducción de 30,1 a 19,8 en la puntuación, en el porcentaje de calorías consumidas después de la cena (32,4% a 24,4%), en el número de ingestas nocturnas por semana (8,6 a 3,9) y en el número de despertares nocturnos a la semana (11,7 a 8,3). Los participantes que completaron el tratamiento obtuvieron mejores resultados en todas las variables (Allison y cols., 2005). En un trabajo más reciente realizado por Allison, Lundgren, Moore, O'Reardon y Stunkard (2010), considerado como el primer ensayo clínico realizado para evaluar la eficacia de la TCC para el SIN, 25 pacientes formaron parte del estudio de los cuales 14 lo finalizaron. Los resultados mostraron cambios significativos en el porcentaje de calorías consumidas después de cenar (35 a 24,9%), el número de ingestas nocturnas las cuales se redujeron en un 70% (de 8,7/semana a 2,6/semana), en el peso (82,5 a 79,4 kg), y en las puntuaciones del NESS (28,7 a 16,3). Además, los pacientes también obtuvieron mejorías significativas en el número de despertares nocturnos, ánimo deprimido y calidad de vida mostrando que la TCC para el SIN produce mejorías significativas en todas las variables relevantes del trastorno y en favorecer la pérdida de peso (Allison, Lundgren, Moore y cols., 2010).

El único tratamiento de autoayuda que existe en estos momentos para el SIN es el que han desarrollado Allison, Stunkard y Thier (2004) basándose en la terapia cognitivo-conductual. El tratamiento aborda 7 áreas básicas, que contienen los siguientes componentes: (1) psicoeducación sobre el SIN, la alimentación saludable y la higiene del sueño; (2) autorregistro de la conducta alimentaria a partir del cual se establecen los objetivos de alimentación a lo largo del día y la disminución progresiva de la ingesta por la noche; (3) respiración y relajación muscular progresiva para disminuir la ansiedad y estrés que pueda generar la disminución de la ingesta nocturna; (4) instrucciones sobre la higiene del sueño, supresión de alimentos y bebidas estimulantes y prescripción de pautas de sueño saludables como es el establecimiento de horarios regulares de sueño y seguimiento de rituales a la hora de dormir; (5) reestructuración cognitiva para modificar la creencia de que para dormir es necesario comer, y también para modificar pensamientos negativos asociados al bajo estado de ánimo; (6) practica de actividad física para mejorar el estado de ánimo y el bienestar emocional; y (7) instigación a los pacientes para la búsqueda de apoyos sociales en el entorno más próximo. Asimismo, se recomienda tomar medicación cuando se estima oportuno (Vander Wal, 2012). Hasta donde nosotros sabemos, la eficacia de este TAA no ha sido verificada.

El único estudio controlado existente con un tratamiento psicológico para abordar el SIN es el que han realizado Pawlow, O'Neil y Malcom (2003) basándose en técnicas de respiración controlada y relajación muscular progresiva para disminuir los niveles de estrés que la ingesta nocturna produce en el paciente, justo a la hora de dormir. Los participantes en el estudio fueron 20 sujetos con SIN los cuales fueron distribuidos al azar a un grupo experimental que recibió entrenamiento en un procedimiento abreviado de la relajación muscular progresiva durante 2 sesiones de laboratorio de 20 minutos, separadas entre sí por una semana, o a un grupo control que solamente permaneció en las sesiones sentado tranquilamente durante el mismo periodo de tiempo. Además, a los pacientes del grupo experimental se les indicó que practicaran con un video y aplicaran la relajación a la hora de irse a la cama. Los resultados mostraron que los pacientes mejoraron de forma significativa en ansiedad, estrés percibido, fatiga, depresión autoinformada, niveles de cortisol salivar, percepción de hambre matutina y hambre nocturna mientras que el grupo control no experimentó dichas mejorías. Aunque el número de participantes del estudio fue limitado (10 pacientes en el grupo experimental y 10 en el grupo de control) los resultados parecen prometedores. Los autores señalan que el empleo de otras estrategias de relajación como visualización y respiración controlada en 4-2-4 respiraciones, podrían aumentar la eficacia de los resultados. Recientemente, Vander Wal, Maraldo, Vercellone y Gagne (2015) han confirmado en un ensayo clínico con 44 participantes que la relajación muscular unida a la psicoeducación es un tratamiento eficaz para reducir la cantidad de alimentos que se ingieren después de cenar.

La fototerapia o terapia de luz brillante ha sido empleada en dos estudios de caso único en los que los pacientes presentaban, además de SIN, depresión mayor. Los pacientes, eran sometidos a 14 sesiones matutinas de 30 minutos de duración, de luz brillante de 10.000 lux de luz blanca (equivalente a plena luz diurna). En el primero de los estudios, una mujer de 51 años que había seguido un tratamiento con Paroxetina (40 mg/día) durante dos años a pesar de lo cual su depresión seguía empeorando, recibió el tratamiento de fototerapia señalado mostrando después del mismo una mejora significativa tanto en la depresión como el SIN; sin embargo, un mes más tarde reaparecieron los síntomas de SIN y de depresión por lo que se administraron nuevamente 12 sesiones más de luz brillante y los síntomas remitieron (Friedman, Eve, Dardennes y Guelfi, 2002). En el segundo estudio, un hombre de 46 años también respondió satisfactoriamente a 14 sesiones matutinas de luz brillante de 10.000 lux (Friedman, Eve, Dardennes y Guelfi, 2004). Tal como indican Vinai, Allison, Cardetti, Carpegna, Ferrato, Masante y cols. (2008), es posible que la terapia de luz brillante pueda ayudar a corregir los desajustes circardianos del ciclo alimentario y de las medidas neuroendocrinas que se dan en los pacientes con SIN.

Finalmente, con relación a la terapia farmacológica, existe varios estudios de casos que sugieren que el tratamiento con inhibidores selectivos de la recaptación de serotonina (ISRS) pueden ser de utilidad para disminuir la ingesta nocturna de los pacientes con SIN. Los estudios de casos que han empleado Paroxetina y Fluvoxetina han mostrado que los pacientes pararon su ingesta nocturna. Estudios controlados con mayor número de participantes que emplearon Sertralina observaron en los pacientes que completaron el tratamiento reducciones significativas en las puntuaciones del NESS, el número de despertares nocturnos y el porcentaje de ingesta calórica realizada después de cenar. De los 17 participantes de este estudio, 12 completaron el tratamiento de los cuales 5 alcanzaron una remisión completa del SIN (O'Reardon, Allison, Martino, Lundgren, Heo y Stunkard, 2006). La investigación con terapia farmacológica para el tratamiento del SIN está aún poco desarrollada ya que todavía debe aportar datos de la respuesta a los fármacos de mayor número de pacientes, de los efectos sobre el SIN del cese de la medicación y de los efectos de la combinación de terapias psicológicas con terapias farmacológicas.

5. PROPUESTA DE UN PROGRAMA DE TRATAMIENTO PARA LA OBESIDAD, EL TRASTORNO DE ATRACONES Y EL SÍNDROME DE INGESTA NOCTURNA

En este apartado vamos a exponer los componentes que debe tener cualquier programa de tratamiento para la obesidad y para el trastorno de atracones (TA). Para ello consideraremos las recomendaciones que, basándose en los resultados de la investigación, han propuesto las principales guías de práctica clínica. Aunque ambos trastornos son distintos, sabemos que el solapamiento entre obesidad y TA se da entre el 29 y 30% de las personas con obesidad que acuden a tratamiento (Spitzer y cols., 1993). Es muy probable que el TA incremente a medida que aumenta el grado de adiposidad; de la misma manera, es probable, como han puesto de manifiesto Marcus y cols. (1990a), que el TA implique mayor psicopatología. Todo ello conduce a que el TA requiera especial atención en cualquier tratamiento para la obesidad. Como señala Brownell (1993), los sujetos con TA responden bien a los tratamientos desarrollados para la bulimia nerviosa pero fracasan ante los programas tradicionales para perder peso. Por ello, aunque la evidencia no es todavía concluyente, parece necesario que el tratamiento del TA, en personas con obesidad, o bien preceda al tratamiento de la obesidad o bien se promueva conjuntamente la pérdida de peso o al menos se prevenga la ganancia del mismo. Además conviene tener presente la posible presencia de síndrome de ingesta nocturna en el paciente que vamos a tratar ya que, tal como indicamos con anterioridad, sabemos que en personas obesas que acuden a clínicas de obesidad, la prevalencia de SIN puede oscilar entre el 8,9% (Stunkard, 1959) y el 43% (Napolitano, Head, Babyak y Blumenthal, 2001).

Desde el año 2000 grupos de expertos nacionales e internacionales han propuesto en las distintas guías de práctica clínica algoritmos de decisión de tratamiento de la obesidad en función del IMC y de las comorbilidades asociadas que tenga el paciente obeso. Distintos grados de obesidad requieren intervenciones más o menos prolongadas, con actuaciones más o menos intensivas y poniendo el énfasis en aspectos más relacionados con el estilo de vida, o con los problemas físicos y comorbilidades que presente el paciente. En la Tabla 6 exponemos los criterios de tratamiento establecidos por la SEEDO (2007) y las recomendaciones de tratamiento para cada uno de los grados de sobrepeso y obesidad. Como se puede observar en la Tabla 6, en función del IMC, se especifican los cambios de peso necesarios y las recomendaciones terapéuticas que van desde el mero consejo dietético hasta el cambio global del estilo de vida o la cirugía bariátrica (véase la Tabla 6). Destacamos el énfasis de estos criterios en la modificación del estilo de vida, con cambios en la alimentación y la actividad física para todos los niveles de IMC.

IMC (kg/m^2)	INTERVENCIÓN	
27-29,9	*Objetivo:* Pérdida del 5-10% del peso corporal	Alimentación hipocalórica Fomentar la actividad física Cambios estilo de vida Controles periódicos Evaluar asociación de fármacos si no hay resultados tras 6 meses
30-34,9	*Objetivo:* Pérdida del 10% del peso corporal Control y seguimiento en unidad de obesidad si coexisten comorbilidades graves	Alimentación hipocalórica Fomentar la actividad física Cambios de estilo de vida Controles periódicos Evaluar la asociación de fármacos si no hay resultados tras 6 meses
35-39,9	*Objetivo:* Pérdida > 10% del peso corporal Control y seguimiento en unidad de obesidad	Actuación terapéutica inicial similar al grupo anterior Si no hay resultados tras 6 meses: evaluar DMBC y/o cirugía bariátrica si hay comorbilidades graves
≥ 40	*Objetivo:* Pérdida ≥ 20% del peso corporal Control y seguimiento en unidad de obesidad	Actuación terapéutica inicial similar al grupo anterior Si no hay resultados tras 6 meses: evaluar DMBC y/o cirugía bariátrica

Tabla 6. Criterios y objetivos de tratamiento en función del Índice de Masa Corporal. Fuente: SEEDO (2007). DMBC: dieta muy baja en calorías

Nuestra propuesta de tratamiento es mucho más concreta que la realizada por la SEEDO (2007) y tendrá presente tanto al sujeto que solamente tiene TA como a la persona con obesidad con o sin TA. Además, cuando la presencia de SIN sea un problema, será el clínico el que tendrá que realizar los ajustes necesarios en función de las características específicas del sujeto. Nuestro programa contendrá aquellos elementos que la literatura más reciente ha puesto de manifiesto como fundamentales en el abordaje de estos trastornos. Así, por ejemplo, Kirschenbaum y cols. (1992) señalan que los siguientes ocho elementos de los modernos programas de pérdida de peso tienen fundamentación empírica: (1) una completa evaluación psicológica; (2) un componente cognitivo conductual completo; (3) un componente nutricional completo; (4) énfasis claro en el incremento de la actividad física; (5) profesionales bien entrenados en terapia cognitivo-conductual; (6) sesiones semanales durante al menos un año; (7) proporcionar asistencia para promover apoyo y manejo de situaciones sociales; y (8) empleo de dietas de muy bajo contenido calórico (*very low calorie diets)* cuando sea conveniente. A pesar de la evidencia empírica, pocos son los programas que contienen estos ocho elementos.

Además de los elementos reseñados por Kirschenbaum (1992; cfr. Kirschenbaum y Fitzgibbon, 1995), los cuales serán incluidos en nuestro programa, otros dos aspectos nos parecen fundamentales. El primero tiene que ver con la filosofía general del tratamiento cuyo objetivo deberá ser el cambio de estilo de vida y el desarrollo de habilidades para el control de la recaída (Head y Brookhart, 1997). La prolongación del tratamiento durante al menos un año facilitará que el cambio de estilo de vida se produzca durante el mismo y que las habilidades para el control de la recaída sean adquiridas y asimiladas por el sujeto antes de finalizarlo.

La TCC siempre se ha caracterizado por centrarse explícitamente en el cambio de los pensamientos, emociones y conducta desadaptada. En los últimos años algunos clínicos del ámbito de la TCC han argumentado que estos cambios son por naturaleza limitados, siendo necesario que los profesionales promuevan la autoaceptación mediante la terapia dialéctica conductual para que se produzca realmente el cambio. El foco de atención de la TDC está en el equilibrio entre autoaceptación y cambio. Ello quiere decir que cualquier sujeto debe tener presente que en el inicio y mantenimiento de un trastorno dado, confluyen multitud de factores de toda índole, algunos de los cuales nunca podrán ser modificados (por ejemplo, los factores genéticos); por tanto, los cambios que se propondrá a través de una terapia tendrán que estar en consonancia con la aceptación de las limitaciones.

Wilson (1996) realizó una adaptación de la propuesta de Linehan (1993) sobre la autoaceptación para el tratamiento de los trastornos del comportamiento alimentario y para la obesidad. Esta adaptación tiene que ver con el segundo aspecto que quedará recogido en nuestro programa, el cual está relacionado con los objetivos y expectativas con que las personas obesas y/o con TA inician el tratamiento. Las motivaciones de la mayoría de estas personas están relacionadas con factores socioculturales que les producen malestar psicológico y marginación social. Pocos sujetos tienen presentes los factores biológicos y genéticos que limitan los cambios del peso y de la figura a voluntad. Por ello, de acuerdo con Wilson (1996), es necesario incluir en el programa de tratamiento la «promoción de la autoaceptación», como una parte importante del mismo, para lograr mantener la motivación para el cambio del sujeto y facilitarle la mejora de su calidad de vida.

Los objetivos generales que se tendrán en cuenta en la elaboración de nuestra propuesta de tratamiento serán: la modificación del estilo de vida, la reducción del peso, la supresión de los atracones para pacientes con TA y el restablecimiento de un patrón circadiano de alimentación diurno para pacientes con SIN. Cuando el tratamiento de la obesidad se dé conjuntamente con el TA y/o el SIN, los objetivos deberán ser priorizados, valorando el posible impacto negativo de unos sobre otros. Puede ser una buena estrategia la combinación del tratamiento del TA y/o el SIN con la obesidad con el objetivo de reducir los atracones y el peso, recordando que la mayoría de personas acuden a tratamiento con el deseo de perder peso más que para poner bajo control sus episodios de sobreingesta y atracones.

Para nuestra propuesta vamos a considerar, como se ha señalado, los elementos recogidos en las principales guías de práctica clínica publicadas para el tratamiento de la obesidad y del TA así como en programas publicados que han servido de base para obtener evidencia empírica sobre la eficacia de los tratamientos psicológicos para estos trastornos y que han sido mencionados en el apartado anterior. Estos son: el programa para el tratamiento de la obesidad *LEARN* de Brownell en cualquiera de sus versiones, los programas de TCC (Fairburn y cols., 1993) y de Terapia Cognitivo-Conductual Reforzada (TCC-R; Cooper y cols., 2008) de Fairburn para el tratamiento del TA y, por último, el programa de autoayuda de Allison y cols. (2004) para el SIN. Además, la propuesta realizada por nosotros con anterioridad (Saldaña, 1998) también nos servirá de base para actualizar el tema que nos ocupa. Finalmente, conviene recordar que la TCC se rige por dos principios básicos: uno educacional y el otro referido a la participación activa del sujeto. Por ello, el clínico deberá poner en práctica todos sus recursos y habilidades para que ambos principios queden recogidos plenamente en el programa.

5.1. Psicoeducación sobre el trastorno

Ésta debe ir orientada a proporcionar información veraz sobre las causas, hasta el momento conocidas, de la obesidad y/o el TA y/o el SIN. A este respecto es conveniente destacar la multiplicidad de factores que pueden afectar a estos trastornos y la necesidad de valorar aquellos que se conjugan en el paciente que vamos a tratar. Bajo esta perspectiva, es importante informar al sujeto de la importancia de los factores genéticos en la dotación del peso corporal. Asimismo, conviene en este momento explicar qué es el balance energético y la importancia de la ingesta, actividad física y tasa metabólica para que éste sea cero, positivo o negativo. Los efectos negativos sobre el comportamiento alimentario y el peso corporal de la restricción alimentaria y del número de dietas que se han realizado también deben ser explicados. Además, se debe informar sobre el papel que juega la estimulación medioambiental en la conducta de ingesta y la influencia de los factores conductuales y sociales. Finalmente, se informará de cómo las respuestas emocionales también pueden afectar al comportamiento de ingesta del sujeto y cómo estados emocionales positivos o negativos pueden favorecer el incremento o disminución de la ingesta (Saldaña, 1998; Saldaña, García, Sánchez-Carracedo y Tomás, 1994).

Con relación al TA, además de la información señalada, conviene poner énfasis en cómo la autoevaluación negativa conduce a priorizar la preocupación por el peso y la figura sobre otro tipo de valores, lo cual facilita el desarrollo de un comportamiento alimentario caótico, ingiriendo cantidades elevadas de alimentos que favorecen la percepción de falta de control y malestar psicológico, creando, de esa manera, el círculo vicioso atracón-afecto negativo- preocupación por el peso y la figura, que será necesario interrumpir. Los programas de TCC de Fairburn y cols. (1993) y de Terapia Cognitivo-Conductual Reforzada (TCC-R) de Cooper y cols. (2008) proporcionan al clínico el marco conceptual apropiado para facilitar dicha información a los pacientes.

Finalmente, la información relativa al SIN aunque menos conocida no está exenta de interés. Es necesario mostrar a los pacientes las características del trastorno, su posible origen genético, las consecuencias que genera en los patrones de sueño, la salud física y psicológica. El programa de autoayuda de Allison y cols. (2004) proporciona información de gran utilidad para que clínicos y pacientes puedan tener un mejor entendimiento de este trastorno.

Después de facilitar esta información, conviene pasar a analizar con el sujeto qué factores son los que se dan en su problema. Una descripción detallada de cómo realizar este análisis para la obesidad se puede encontrar en Saldaña y cols. (1994). El empleo de dicha estrategia puede hacerse extensiva al TA y al SIN teniendo presentes las particularidades de uno y otro trastorno. Uno de los objetivos de este análisis, además del componente educacional que tiene este proceso, es descubrir aquellos posibles errores y falsas atribuciones que el sujeto hace de su problema y que posteriormente deberán ser modificados.

Al realizar este análisis se pasará a informar sobre el tiempo que durará el tratamiento, los costes del mismo, las prescripciones que deberá cumplir y el esfuerzo personal necesario para hacer frente a su problema, así como los beneficios que el sujeto podrá obtener. Con relación a la obesidad, conviene hacer saber al sujeto que seguir un tratamiento para perder peso es una tarea difícil, que le supondrá una gran dedicación y esfuerzo. También conviene hacerle saber que pérdidas de peso pequeñas pueden conducir a cambios importantes en los indicadores de salud que pueda tener alterados (p. ej., presión arterial, colesterol, triglicéridos, ácido úrico, etc.). A continuación se analizará con el sujeto cuáles son, desde su punto de vista, los aspectos positivos y negativos que puede tener para él seguir un tratamiento. Se anotarán cuidadosamente en un registro y posteriormente se realizará una valoración del análisis. Parece fundamental que la valoración ponga de manifiesto que el sujeto encuentra más aspectos positivos que negativos para seguir un programa de tratamiento y que, además, entre sus razones fundamentales se encuentren aquellas relativas a la salud más que las relativas a motivos estéticos. Toda esta información y el análisis realizado permitirá al sujeto realizar una «elección informada» de si realmente vale la pena iniciar el tratamiento y si el éxito que pueda llegar a alcanzar, justificará los costes personales y económicos que le supondrá.

5.2. Planteamiento de objetivos

Finalizada la fase psicoeducativa señalada en el apartado 5.1, será el momento de fijar los objetivos de la intervención. Generalmente, el único objetivo del paciente con obesidad, tanto si tiene TA o no, es perder los kilos de más que tiene, con el mínimo esfuerzo y con la máxima rapidez. Desde los años 90, los objetivos de la intervención han cambiado y siguiendo la recomendación del *U.S. Department of Agriculture Dietary Guidelines* se hace saber a los profesionales que, en cuanto al peso, propongan a los sujetos con sobrepeso reducciones del 5 al 10% de su peso corporal (*Agricultural Research Service,* 1995; cfr. Foster, Wadden, Vogt, y Brewer, 1997). Estas recomendaciones son las adoptadas por las principales guías de práctica clínica publicadas desde entonces.

Numerosos estudios ponen de manifiesto que los objetivos y expectativas de los pacientes generalmente no concuerdan con la recomendación de los profesionales, siendo por ello necesario ayudar a los pacientes a aceptar cambios de peso más modestos, pero que puedan ser mantenidos durante períodos prolongados de tiempo. Así, es importante destacar en este momento del proceso de toma de decisión que el tratamiento que proponemos va orientado al cambio de estilo de vida y a pérdidas de peso lentas pero estables. Para ello se requerirán cambios progresivos en la ingesta, estilo de alimentación, tipo de alimentación, patrones de actividad física y mejora del estado emocional.

En resumen, los objetivos generales de nuestro programa de tratamiento para las personas con obesidad son:

1. La modificación del estilo de vida del sujeto, mediante el cambio en los patrones alimentarios y de actividad física. Este cambio facilitará a los sujetos con obesidad, con o sin TA la pérdida de peso, mientras que a aquellos que tienen TA les facilitará la supresión de sus episodios de sobreingesta.
2. Reducción del peso corporal para alcanzar una pérdida de peso del 5 al 10% del peso inicial en un período de 6 meses, prorrogables a otros 6, si es necesario.
3. Mantenimiento de la pérdida de peso por un periodo prolongado de tiempo.
4. Promoción de la autoaceptación para mantener la motivación del sujeto y mejorar su bienestar psicológico y social.
5. Dotación al sujeto de habilidades de prevención de la recaída para lograr que los cambios alcanzados sean más permanentes.

Con relación al trastorno de atracones, los objetivos generales del tratamiento deberán ser: (1) La supresión de los atracones. (2) La pérdida de peso o prevención de futuras ganancias de peso. (3) La mejora de la condición física. (4) La disminución del malestar psicológico.

Por último, los objetivos generales de tratamiento para el síndrome de ingesta deberán ser: (1) Cambio del patrón circadiano de ingesta de alimentos a un horario matutino. (2) Disociación entre el hábito de comer y el inicio del sueño. (3) Recuperación del patrón de sueño nocturno. (4) Disminución del malestar psicológico.

Desde el punto de vista psicológico, el énfasis de las intervenciones se pone en el cambio de las conductas y actitudes que facilitan la consecución de los objetivos señalados. Por ello, será necesario dedicar un tiempo a fijar los objetivos terapéuticos, para lo cual el clínico deberá tener en consideración algunas premisas previas que deberá transmitir a su paciente; a saber:

(1) los objetivos se deben fijar de forma individualizada, debiendo ser así incluso en los tratamientos grupales; (2) se deben plantear objetivos realistas; (3) se deben proponer cambios pequeños y progresivos y que se puedan cumplir; (4) los objetivos deben plantearse de forma precisa y deben estar bien especificados, por ejemplo, el 10% del peso inicial o una disminución del peso de 500 grs. a la semana; (5) implicación activa en el tratamiento, dedicando tiempo y esfuerzo; (6) será necesario aprender a recompensarse por los cambios conseguidos y a perdonarse los pequeños fracasos; y (7) será necesario buscar apoyos sociales que contribuyan a facilitar el cumplimiento de los objetivos.

Además, para realizar la tarea de establecer los objetivos terapéuticos es conveniente que el terapeuta ponga a disposición del sujeto la información del análisis funcional realizado en la fase de evaluación, la cual contiene todos los elementos respecto a su comportamiento alimentario y a sus patrones de actividad física que éste deberá tener presente para fijar las metas terapéuticas. A los pacientes con TA y con SIN se les recomendará como objetivos terapéuticos el desarrollo de un estilo de alimentación más estructurado, para que adquieran unos horarios regulares de alimentación y disminuyan las cantidades de alimento por ingesta; también se les recomendará la adquisición de patrones de actividad física moderados, enfatizando los beneficios de la práctica de ejercicio para la salud y para obtener placer. Para los pacientes obesos, además de la pérdida del 10% de su peso corporal, se les recomendará que se marquen objetivos para alcanzar un patrón alimentario estructurado, reduciendo la ingesta de alimentos con alto contenido en grasas y la práctica regular de ejercicio físico.

5.3. Promoción de la autoaceptación

Una vez fijados los objetivos de la intervención es necesario iniciar el programa de tratamiento propiamente dicho. Aunque en el momento de fijar las metas terapéuticas conviene tener presente las limitaciones con las que se encontrará el sujeto, la promoción de la autoaceptación supondrá una parte importante del trabajo que se tendrá que ir realizando a lo largo de toda la terapia.

En el apartado anterior hemos planteado qué se puede cambiar (objetivos terapéuticos) tanto en el trastorno de atracones como en la obesidad. Siguiendo a Wilson (1996), algunos de los aspectos que deberán ser aceptados por las pacientes con TA y los obesos en el curso de la terapia son: (1) el peso y la figura no se pueden moldear a voluntad, incluso empleando métodos extremos para perder peso; (2) la distribución de la grasa corporal está bajo un control genético muy poderoso, lo cual implica que aunque se pierda peso no se podrán alcanzar los cambios del tamaño y forma corporal deseados; (3) para perder peso es necesario inevitablemente modificar el comportamiento alimentario, disminuir la ingesta e incrementar la actividad física de forma consistente; (4) se debe perder peso por motivos de salud más que por motivos estéticos, aunque cuando la motivación estética es importante y debe ser tenida en consideración; y (5) los cambios en el peso que se pueden alcanzar son limitados y se mantienen con dificultad con el transcurso del tiempo.

Para alcanzar la autoaceptación se deberá trabajar, a lo largo de toda la terapia, empleando técnicas educacionales para modificar el comportamiento alimentario y los patrones de actividad física, técnicas de reestructuración cognitiva para modificar el pensamiento dicotómico propio de los sujetos con trastornos alimentarios y para mejorar la autoestima y aceptar la imagen corporal y, finalmente, se deberá potenciar la relación terapéutica para facilitar la autoaceptación y mejorar la adherencia al tratamiento (Wilson, 1996). Este trabajo se desarrollará, como veremos en los apartados siguientes, teniendo presente que en los sujetos con TA es necesario iniciar la intervención por el comportamiento alimentario compulsivo, con el fin de reducir y eliminar los atracones; en los obesos prestando atención, en primer lugar, a aquellos comportamientos destinados a conseguir la pérdida de peso y en los pacientes con SIN estableciendo horarios regulares con la restructuración de los patrones alimentarios y los patrones de sueño.

5.4. Modificación del tipo de alimentación y estilo de comer

La primera área sobre la que se debe intervenir, tanto en sujetos con TA, con SIN como en aquellos que tienen obesidad, es la alimentaria. Lo verdaderamente importante es educar al paciente en las bases de una buena nutrición. La segunda área sobre la que se tiene que intervenir, en relación con la alimentación, se refiere al estilo de alimentación del sujeto. Los programas de TCC dedican, en la primera fase de la intervención, una parte importante de las sesiones a la modificación del estilo de comer y del tipo de alimentos que se consumen (ver entre otros: Allison y cols., 2004; Brownell, 2000; Cooper, Fairburn y Hawker, 2003; Fairburn y cols., 1993, 2008).

Con respecto al tipo de alimentación, el objetivo de esta fase será proporcionar al sujeto educación nutricional que facilite cambios progresivos en su alimentación y le conduzcan a la pérdida de peso deseada. La información que se proporcionará al sujeto versará sobre las dietas populares y su desmitificación. La promoción de un estilo alimentario basado en la dieta mediterránea será fundamental y, por tanto, se documentará a los pacientes sobre los grupos básicos de alimentos, el contenido nutricional de los mismos y la pirámide de los alimentos basada en la dieta mediterránea la cual contiene las recomendaciones del número de raciones diarias y semanales que se deben ingerir de cada grupo de alimento. La potenciación de la dieta mediterránea, proclamada recientemente Patrimonio Cultural de la Humanidad, se basa fundamentalmente en la evidencia de que su consumo ofrece un modelo nutricional equilibrado y que su abandono por parte de la población ha sido uno de los principales factores del incremento de la obesidad y las enfermedades cardiovasculares en nuestro país. Esta dieta ha mantenido durante milenios básicamente la misma estructura alimentaria; se caracteriza por el consumo de aceite de oliva, cereales y derivados, hortalizas y legumbres, fruta fresca y frutos secos, en menor medida el pescado, los productos lácteos y las carnes, con la presencia inestimable de condimentos y especias y consumo moderado de vino en las comidas. Además, la dieta mediterránea también ha sido definida como un estilo de vida que combina amén de los ingredientes señalados, las recetas y las formas de cocinar, las comidas compartidas, las celebraciones y las tradiciones, unidos siempre a la práctica de ejercicio físico moderado. Toda esta información proporcionada a las personas que seguirán el tratamiento será de mayor utilidad para el cambio de alimentación y de estilo de vida que la prescripción de una dieta hipocalórica. Existe un importante número de publicaciones sobre el tema que pueden proporcionar al clínico información útil para que pueda preparar material para dirigir sus sesiones clínicas y documentar al paciente (por ej., Alonso, Varela y Silvestre, 2011; Brownell, 2000; Cervera, 2005; Madrid, 1998; Schmidt y Treasure, 1993/1996; y Virgili y Leyes, 1997).

Al margen de proporcionar información sobre nutrición, la tarea del clínico consistirá en revisar con el sujeto los autorregistros realizados durante la fase de evaluación para determinar el tipo de alimentos que consume en exceso, aquellos en los que presenta déficit y el contenido calórico de la alimentación. Asimismo, se mostrará al sujeto cómo se analizan los requerimientos calóricos diarios para mantener el peso estable, perder peso o incrementar el peso. Las recomendaciones de Fairburn y cols. (1993) para pacientes con bulimia nerviosa resultan igualmente útiles para los pacientes con TA. Estas son: comer todo tipo de alimentos que se ajusten a un tipo de alimentación que sea nutricionalmente saludable, con un valor calórico diario de 1500 a 2000 kcals. Estas recomendaciones son también útiles para pacientes obesos, aunque el aporte calórico diario deberá ser menor para conseguir perder peso.

Además, para facilitar los cambios en el tipo de alimentación, se enseñará al sujeto a elaborar una programación alimentaria que se ajuste a sus requerimientos calóricos para perder peso y que permitan la distribución de la ingesta calórica total a lo largo de todas las comidas del día. En este sentido, la recomendación de los expertos en nutrición respecto al contenido calórico de las ingestas diarias es: desayuno del 20 al 25% de la ingesta calórica total del día, un tentempié a media mañana del 10%, comida del 35 al 40%, merienda del 10% y cena del 20 al 25%.

Una vez realizado el análisis y establecidos los alimentos que deben disminuirse en el consumo y los que deben incrementarse, se fijarán los objetivos semanales a seguir, los cuales se incluirán en un contrato conductual, también semanal, que se revisará en cada sesión. El sujeto realizará diariamente un autorregistro de sus ingestas en el que se podrá observar la introducción de los cambios alimentarios a los que se había comprometido y se revisarán cuidadosamente en cada sesión, proporcionándole *feedback* positivo cuando se hayan cumplido las prescripciones y revisando las dificultades encontradas que han favorecido los incumplimientos.

Los hábitos alimentarios constituyen otra de las áreas básicas en el tratamiento de la obesidad, el trastorno de atracones y el síndrome de ingesta nocturna. Un buen análisis de los mismos se puede realizar a partir de la información obtenida durante la fase de evaluación sobre: los horarios de las ingestas, la frecuencia de las mismas (omisiones y/o conducta de picar entre horas), el estilo de comer (velocidad, repetir, limpiar plato, etc.), la conducta de ingesta frente a estimulación ambiental externa e interna (estados emocionales, estados fisiológicos de hambre y saciedad, etc.), los hábitos de compra, almacenamiento y preparación de los alimentos, las ingestas en situaciones sociales, celebraciones, etc., permitirán al sujeto tomar clara conciencia de su comportamiento alimentario. El clínico puede realizar un registro con los hábitos alimentarios inadecuados que presenta el paciente y sobre los cuales se debe intervenir. Posteriormente, se programará un cambio en el estilo de alimentación para cada semana de la intervención. Conviene empezar, especialmente en los sujetos con TA y con SIN, por la organización de los horarios de las ingestas, si éstos son inconsistentes o si el paciente omite alguna de las ingestas principales. La recomendación básica es que se deben realizar las tres ingestas principales del día (desayuno, comida y cena), más dos pequeños tentempiés (media mañana y media tarde) que prevendrán la aparición de posibles atracones. Además, en el caso de las personas con SIN la organización de los horarios de las ingestas facilitará el cambio a un patrón circadiano de ingesta diurna. Finalizado el análisis, se proporcionarán al paciente pautas de control de estímulos para poner bajo control la conducta de comer, poniendo incluso barreras si fuera conveniente, pautas para modificar el estilo de comer, análisis de cadenas conductuales para identificar situaciones y/o estados emocionales que inciten a comer en exceso y entrenamiento en la búsqueda de conductas alternativas a comer y, finalmente, identificación de los alimentos autoprohibidos y posterior entrenamiento en exposición a los mismos para ser capaz de consumirlos en una cantidad adecuada sin sentirse culpable (véase Brownell, 2000; Saldaña y Rossell, 1988; Vera y Fernández, 1989).

Al igual que con el tipo de alimentación, los objetivos de modificación del estilo de comer se incluirán semanalmente en el contrato conductual que se establezcan y serán sumativos; el objetivo que se proponga para la primera semana se sumará al de la segunda semana, y así sucesivamente. Además, el entrenamiento en control de estímulos y demás procedimientos implica que solamente se prescribirá un cambio por semana (p. ej., de control de estímulos, no almacenar alimentos a la vista; de compra, comprar alimentos por su valor nutricional, etc.). Se debe controlar el cumplimiento de las prescripciones y no se asignará una nueva tarea hasta que la previa no se cumpla, al menos, en un 85% de las veces durante la semana.

5.5. Modificación de los patrones de actividad física

Además de establecer objetivos de cambio en el tipo de alimentación y en los hábitos alimentarios, se han de incorporar pautas de ejercicio físico (actividad física estructurada) y aumentar la actividad física cotidiana, para convertir la práctica en un hábito, creando un estilo de vida activo.

Así pues, el objetivo de esta fase será proporcionar al sujeto educación acerca de los efectos beneficiosos del ejercicio físico en la aptitud física (fuerza y dureza muscular, flexibilidad y resistencia cardiovascular) y en la salud, la cual facilitará cambios progresivos en sus hábitos de actividad física que le conducirán a la pérdida de peso deseada. También se deberá informar sobre la relación entre la práctica de ejercicio físico con el mantenimiento de peso perdido (Craighead y Blum, 1989; Wing, 2009), señalando que la realización de ejercicio físico de forma continuada es el mejor predictor del éxito a largo plazo (Brownell, 2000). La posesión de esta información contribuirá a que el sujeto adopte un cambio de actitud como un primer paso para la modificación de sus comportamientos sedentarios. Asimismo, deberá evaluarse la motivación y expectativas en la incorporación de actividad física en el paquete de tratamiento, las actividades rutinarias y los patrones de ejercicio físico actuales y el tiempo y recursos de los que dispone el sujeto (Saldaña y cols., 1994). Por tanto, en esta área, el primer paso a realizar por el terapeuta para la incorporación de las pautas de actividad física consistirá en analizar con el sujeto, tomando como punto de partida los autorregistros realizados durante la fase de evaluación, el nivel de actividad que ha estado desarrollando hasta ese momento. Realizado el análisis se proporcionará la información señalada.

Un requisito fundamental inicial para trabajar en esta área es que el terapeuta tenga los conocimientos y formación básicos sobre la actividad física y el ejercicio físico, los tipos de ejercicio más beneficiosos en el tratamiento de la obesidad y aquellos que pueden resultar peligrosos. Además, debe conocer los niveles de intensidad, duración y frecuencia óptimos para la práctica de ejercicio físico. Una mayor información al respecto se puede encontrar en (Saldaña y cols., 1994).

La estrategia a seguir para conseguir los niveles óptimos de actividad, mediante el tratamiento conductual de la obesidad, consiste en la inclusión paulatina de las pautas de ejercicio seguido de forma regular. Esto quiere decir que los objetivos deben ser el eslabón final de un proceso de cambios conductuales que el paciente debe incorporar y que deben colaborar a alcanzar el objetivo-resultado de perder peso. El cambio conductual pretende incrementar la actividad física de dos formas. La primera, instigando al paciente obeso para que incremente su ejercicio cotidiano. Esta estrategia tiene la ventaja de que puede ser incluida sin gran dilación y favorece el cambio de estilo sedentario, aunque produce cambios de peso escasos. Para poner en práctica esta estrategia conviene destacar al paciente dos cosas: (1) es necesario aprovechar cualquier oportunidad que se presente para ser un poco más activo. Instrucciones tales como emplear las escaleras en lugar del ascensor, bajarse del autobús una parada antes del destino y/o aparcar a un par de manzanas de distancia del destino facilitarán que el paciente vaya adquiriendo un estilo de vida más activo; y (2) andar de forma regular, incluso en pequeñas distancias ya que se ha comprobado que dar unos cuantos pequeños paseos producen el mismo efecto que dar solamente un paseo largo. Sugerir en este momento que la persona adquiera un podómetro, o que se descargue cualquier aplicación móvil de su teléfono para este fin y lo utilice de forma regular puede incrementar la motivación y facilitar que compruebe sus progresos con relación al incremento de actividad física cotidiana (Brownell, 2000).

La segunda forma de incluir actividad física dentro del programa de tratamiento consiste en diseñar un programa específico de ejercicio físico estructurado para cada sujeto (*footing*, natación, bicicleta, etc.), incrementando gradualmente la calidad y cantidad de ejercicio a realizar. Tiene la ventaja de permitir que cada individuo seleccione el tipo de ejercicio que va a realizar y la cantidad por la que va a empezar (Brownell, 2000). Este tipo de ejercicio, que normalmente es nuevo para el sujeto, se iniciará con un programa menos enérgico que, gradualmente, se irá aumentando para llegar a los patrones óptimos en cuanto a la intensidad, frecuencia y duración.

Semanalmente, se programará con el paciente de forma minuciosa la actividad física que se va a realizar, estipulando el tipo de actividad física estructurada y cotidiana, su intensidad, su duración, su frecuencia y los días y momentos en los que se realizará. Estas especificaciones facilitaran el cumplimiento y también formarán parte del contrato terapéutico que terapeuta y paciente elaborarán semanalmente. Paralelamente, el paciente cumplimentará durante la semana un autorregistro de actividad física en el que anotará cuándo hace algún tipo de ejercicio, qué tipo de ejercicio y durante cuánto tiempo. En cada sesión, el terapeuta pedirá al paciente los autorregistros de la actividad física realizada durante la semana con el objetivo de hacer una revisión de ellos y comentar los aspectos positivos y negativos de las prescripciones realizadas. En este caso, la función de los autorregistros es doble: por un lado, permite comprobar si el paciente obeso ha cumplido las prescripciones estipuladas. Por otro lado, ejerce un efecto terapéutico sobre el paciente: la obligación de su cumplimentación fuerza al paciente a cumplir las prescripciones. Cada nuevo encuentro con el paciente servirá para comentar los efectos producidos por la práctica, las posibles barreras y obstáculos encontrados para cumplir los compromisos, la actitud y motivación del paciente, las sugerencias hechas por el propio paciente con vistas al incremento de dichas actividades según sus preferencias y recursos.

Al inicio del tratamiento, el paciente elegirá un lugar para practicar el ejercicio de localización cómoda. Además, seleccionará el ejercicio a su gusto, para que le resulte agradable, pudiendo incorporar variaciones (realización individual o en grupo) que quedarán establecidas en las prescripciones. Adicionalmente, a medida que avanza el tratamiento, se le instruirá en el concepto de calorías consumidas según el tipo de ejercicio y en cómo se transforma el tiempo de un determinado tipo de ejercicio en consumo calórico. Para este fin, el terapeuta puede elaborar una tabla informativa que clasifique diferentes tipos de ejercicio con relación a las calorías consumidas mediante su práctica (véase Kirschenbaum y cols., 1987/1989; Saldaña y Rossell, 1988).

No debemos olvidar que el cambio hacia un estilo de vida activo en los pacientes obesos es un objetivo difícil de conseguir, que supone cambios en la programación de sus actividades diarias e implica una incorporación novedosa. Al principio, para conseguir que se cumplan las prescripciones será necesario, en la mayoría de los casos, que el terapeuta haga uso de estrategias para mejorar la adhesión al programa de ejercicio físico. Por ejemplo, reforzar verbalmente al paciente por el cumplimiento de las prescripciones. Si el paciente tiene problemas de forma continuada para cumplir el programa, informarle de que no realice una actividad que le guste o tenga que hacer hasta que haya realizado el ejercicio. Éste no puede posponerse, sino que, dentro de la normalidad, debe convertirse en algo prioritario. Establecer en el contrato, a largo plazo, algún tipo de recompensa que el paciente obtendrá si cumple las prescripciones, así como algún tipo de castigo por su incumplimiento, por ejemplo, suprimir una actividad agradable o realizar un depósito monetario que recuperará si se cumplen las prescripciones (Saldaña y cols., 1994).

El control estricto de los patrones de actividad física se irá suavizando a medida que el paciente adquiera mayor conciencia de sus beneficios, aprenda a programar las actividades por sí mismo, tenga un mayor control interno del cumplimiento de las prescripciones y realice las pautas de actividad física como un hábito más, formando parte de un nuevo estilo de vida más activo. Es importante hacer notar que, la adherencia al ejercicio físico es uno de los factores que marcan la diferencia, entre los sujetos exitosos y no exitosos a largo plazo, en el mantenimiento de las pérdidas de peso alcanzadas durante intervenciones cognitivo-conductuales. Por ello, parece de vital importancia que en el curso de la terapia se vaya proporcionando al sujeto todas aquellas recomendaciones que maximicen su adhesión al programa de ejercicio físico. A este respecto, Grilo, Brownell y Stunkard (1993) proponen una serie de recomendaciones, tanto de carácter general como específicas. Entre las primeras se encuentran: enfatizar la consistencia en la práctica y la diversión más que el tipo y cantidad, empezar por el nivel en que se encuentra la persona, animar al sujeto a que defina las actividades rutinarias como «ejercicio», potenciar la autoeficacia, etcétera. En cuanto a las recomendaciones específicas señalan tanto prescripciones concretas, por ejemplo proporcionar información relativa a los beneficios físicos y psicológicos de andar, incrementar el uso de escaleras, etcétera, como estrategias conductuales tales como el empleo de la actividad física como una conducta alternativa a la de comer, identificación de metas distintas a la de perder peso (por ejemplo, disminución de la tasa cardíaca en reposo o el aumento de la resistencia física) y control de estímulos (por ejemplo búsqueda de claves que incrementen la probabilidad de la práctica) (Grilo y cols., 1993).

5.6. Mejora de la condición psicológica

El objetivo de la intervención en esta área debe ser doble: de una parte, identificar con el sujeto los estados emocionales y las situaciones generadoras de ansiedad que favorezcan la aparición de rumiaciones sobre la ingesta, para poder dotar al sujeto de habilidades conductuales y cognitivas para hacer frente a esos estados emocionales. Por otra, promover la autoaceptación y la mejora de la autoestima.

Para lograr los objetivos señalados con relación al primer aspecto, se iniciará un análisis cuidadoso de las situaciones y los estados emocionales tanto positivos como negativos implicados en el paciente que estamos tratando. Revisar la información obtenida durante la fase de evaluación facilitará esta tarea, debiendo posteriormente quedar recogida en un registro. Asimismo, conviene incluir en el análisis los estados emocionales que pueden facilitar el control de la ingesta y que pueden favorecer o disminuir la probabilidad de seguir pautas de ejercicio físico.

El entrenamiento en relajación puede ser de utilidad para reducir la activación emocional del sujeto, si ésta es elevada. En pacientes con SIN, la respiración controlada y la relajación muscular progresiva se enseña para que éstos la apliquen justo a la hora de dormir de forma que puedan disminuir los niveles de estrés que experimentan antes de dormirse o en los despertares nocturnos que son consecuencia de la ingesta nocturna. Además, enseñar al sujeto estrategias de resolución de problemas conductuales y cognitivos y realizar una reestructuración cognitiva de sus pensamientos desadaptados también favorecerá que el sujeto sea capaz de ejercer un mayor control sobre su emocionalidad, cumpla las prescripciones y, de esa manera, disminuya la probabilidad de que abandone el tratamiento. Finalmente, analizar cadenas comportamentales y procesos de pensamiento en los que la presencia de mayor activación, o de estados emocionales positivos o negativos favorecen la ingesta excesiva, los atracones o el sedentarismo, permitirá mostrar al sujeto qué estrategias de las que ha aprendido debe poner en práctica y en qué momento las debe poner en práctica, para interrumpir la cadena conductual (véase, Saldaña, Tomás y Bach, 1997; Vera y Fernández, 1989).

Con respecto al segundo aspecto, se deberá analizar con el sujeto los sentimientos y pensamientos de ineficacia, culpa, frustración, tristeza e, incluso, depresión que pueda estar experimentando. Éstos pueden ser consecuencia de sus fracasos en tratamientos anteriores, cuando se veía incapaz de seguir una dieta o incumplía las prescripciones de actividad física que se proponía, o no lograba las pérdidas de peso con la celeridad que se había propuesto o, aun cumpliendo las prescripciones, no alcanzaba las pérdidas de peso deseadas o los cambios esperados en su figura. Asimismo, pueden ser consecuencia de haberse planteado metas irreales, de haber experimentado realmente rechazo y marginación de su medio social, de su incorrecta asociación entre valía y éxito personal con un ideal estético determinado, etcétera. Todo este tipo de pensamientos potencian la evaluación negativa que el sujeto realiza de sí mismo e incrementan sus sentimientos de ineficacia y baja autoestima, los cuales generan un gran malestar psicológico. De esa manera, se establece una relación circular pensamientos negativos-sentimientos de ineficacia y baja autoestima que será necesario interrumpir para mejorar la condición psicológica del sujeto.

La reestructuración cognitiva, tal como es propuesta por parte de Fairburn y cols. (1993) es una de las estrategias más adecuada para trabajar en esta área. Permite detectar, analizar y modificar creencias irracionales, distorsiones cognitivas y diálogos internos inapropiados con relación a cómo la persona percibe y procesa la información, modula la expectativa sobre su capacidad de responder y determina la respuesta conductual que da. Mediante esta técnica se pretende modificar las distorsiones cognitivas relacionadas con el miedo a engordar, la imagen corporal negativa, el peso, la restricción alimentaria y los alimentos autoprohibidos, además de la baja autoestima y el perfeccionismo (Saldaña y Tomás, 1998).

Antes de enseñar al sujeto en qué consiste la reestructuración cognitiva y de qué manera puede ayudarle el empleo de esta técnica, se deberá recordar de nuevo aquellos aspectos señalados en el apartado 5.3 que son necesarios aceptar para que se produzca el cambio de pensamientos, sentimientos y emociones. A continuación, se detectarán, examinarán y definirán los procesos cognitivos del sujeto; posteriormente, se le entrenará en la identificación y análisis de los pensamientos erróneos o poco realistas, discutiéndolos y contrastándolos con parámetros objetivos para facilitar el cambio de los criterios con que se autoevalúa y haciendo que éstos sean más adaptativos y ajustados a sus posibilidades y propia realidad.

El terapeuta deberá trabajar con el sujeto las consecuencias físicas y psicológicas que le producen el mantenimiento de determinados tipos de pensamientos y actitudes. Así, por ejemplo, es típico de estos pacientes que mantengan pensamientos tales como «es necesario estar delgado para ser feliz y tener éxito en la vida», «seguir una dieta estricta es un procedimiento eficaz para controlar el peso» o «la valía personal sólo se pone de manifiesto a través del peso y la figura». La autoaceptación no implica complacencia o conformismo sin ninguna posibilidad de cambio. Al contrario, supone el reconocimiento de la valía personal centrado en otros valores distintos del peso y la figura; asimismo, implica el rechazo a la presión social arbitraria y cambiante y la aceptación de la naturaleza biológica del peso y la figura.

El programa desarrollado por Rosen, Orosan y Reiter (1995) con mujeres obesas para mejorar su imagen corporal, fue pionero en el tratamiento de estos aspectos. Este programa consiste en: (1) proporcionar información que permitiera cuestionar los estereotipos negativos hacia la obesidad; (2) modificar los pensamientos intrusivos sobre insatisfacción corporal y las creencias de sobrevaloración de la apariencia física; (3) exponer al sujeto a situaciones relacionadas con la imagen corporal que evitaba; y (4) eliminar las conductas de chequeo. Las mujeres obesas que siguieron el programa no recibieron apoyo para cambiar su conducta alimentaria ni su actividad física. Al final de las 8 sesiones de tratamiento, no se produjeron cambios en el peso, pero las mujeres obtuvieron mejorías significativas en la sintomatología psicológica, en la autoestima y disminuyeron los episodios de ingesta compulsiva y los sentimientos de culpa frente a las ingestas.

El programa de TCC para la obesidad de Cooper y cols. (2003) y los programas de Fairburn de TCC y TCC-R para los trastornos de la conducta alimentaria (Fairburn y cols., 1993; 2008) abordan tanto las preocupaciones relacionadas con la insatisfacción con la imagen corporal como los aspectos relativos a la autoaceptación positiva. En concreto, ambos aspectos relacionados con la imagen corporal son abordados en estos programas hacia la sesión 8 en pacientes muy preocupados por su imagen corporal o hacia la mitad del tratamiento para aquellos pacientes menos preocupados. La introducción del concepto de imagen corporal y la diferenciación de éste como algo distinto de la apariencia física será el punto de partida de este análisis. Posteriormente, se evaluaran las preocupaciones respecto a la imagen corporal que tiene el sujeto y se le explicaran los procesos que contribuyen al desarrollo de una imagen corporal negativa, como son: (1) la presión social de la sociedad en general para seguir unos determinados modelos estéticos; (2) las presión social del contexto del paciente; (3) las características físicas distintivas de cada persona; y (4) incidentes del pasado de la persona que puedan haber contribuido a formarse una imagen corporal negativa (por ejemplo, haber sido víctima de burlas y bromas, con relación al físico, en la escuela). Finalmente, se enseñará y entrenará al sujeto en el empleo de estrategias (reestructuración cognitiva) para que modifique los pensamientos y creencias problemáticos, diferencie sus preocupaciones de sus objetivos de pérdida de peso y se trabaje la autoaceptación identificando vías por las que puede tener experiencias positivas respecto a su imagen corporal.

5.7. Estrategias de prevención de la recaída

El fracaso de mantenimiento de las pérdidas de peso en la mayoría de obesos hace necesario el desarrollo de habilidades para la prevención de la recaída. El modelo de Marlatt y Gordon (1985) de trastornos adictivos propone incorporar a los TCC las siguientes estrategias de prevención de la recaída: (1) identificación de las situaciones de alto riesgo; (2) entrenamiento en resolución de problemas para hacer frente a las situaciones de alto riesgo; (3) práctica en el afrontamiento de transgresiones potenciales, y (4) desarrollo de habilidades cognitivas de afrontamiento para hacer frente a los contratiempos.

Los ensayos realizados para intentar determinar la utilidad de los programas de prevención de recaídas no parecen haber tenido tanto éxito como se esperaba, aunque han mejorado sensiblemente el mantenimiento de las pérdidas de peso. Se ha indicado que probablemente estos fracasos son consecuencia de haber entrenado a los sujetos en muchas estrategias de prevención de recaídas en un breve espacio de tiempo, sin permitir que adquirieran habilidad y dominio suficiente para emplearlas en su casa (Perri y Nezu, 1993). Asimismo, se ha señalado que, probablemente, el entrenamiento en prevención de recaídas haya sido demasiado genérico, sin tener en cuenta las diferencias individuales de los pacientes y la especificidad de sus problemas en casa. Por todo ello, Head y Brookhart (1997) han resaltado la importancia de englobar estas estrategias dentro del cambio de estilo de vida del sujeto y su relación con las situaciones de alto riesgo. Desde el modelo de prevención de recaídas que proponen Head y Brookhart (1997) se incorporan cuatro elementos fundamentales:

1. Evaluación del estilo de vida y recomendaciones para reducir las actividades e intereses que correlacionan con la sobreingesta y la falta de ejercicio, reemplazándolas por actividades e intereses que apoyen un físico más delgado y saludable.
2. Reconocimiento de situaciones de alto riesgo comunes a toda la población (por ejemplo comer en un *buffet* libre) y específicas de cada individuo (por ejemplo comer después de una discusión con la pareja).

3. Generación de estrategias apropiadas (cognitivas, conductuales, manejo de estrés) para afrontar las situaciones de alto riesgo específicas.
4. Práctica en vivo y/o imaginaria del empleo de estrategias en situaciones de alto riesgo.

Para iniciar el entrenamiento en las estrategias de prevención de la recaída, el clínico debe tomar la decisión de cuándo conviene incorporarlas al programa. No se han especificado criterios que indiquen el momento en que se deben abordar estos aspectos, aunque pueden ser de utilidad algunos de los siguientes: (1) se han modificado o desaparecido los indicadores de salud alterados (presión arterial y/o índice de colesterol y/o ácido úrico elevados, etc.); (2) se ha alcanzado el peso meta que se había propuesto; (3) el sujeto ha cambiado y mantiene el contenido de su alimentación; (4) el sujeto ha adoptado y mantiene unos patrones alimentarios más correctos y un nivel de actividad física que responde al gasto energético aproximado de 2000 calorías a la semana; y (5) el sujeto tiene habilidades de autorreforzamiento y tiene apoyo social que le ayuda a mantener el cambio alcanzado. Idealmente todos estos elementos deben darse para iniciar un programa de prevención de la recaída. Sin embargo, con frecuencia éste se inicia cuando se observa que el sujeto no presenta dificultades en el cumplimiento de las prescripciones semanales (recuérdese que indicábamos como criterio de cumplimiento un 85% para cada objetivo semanal), y se han obtenido cambios significativos en los indicadores de salud y en el peso (Saldaña, 1998; Saldaña y cols., 1994).

Esta fase debe ser lo suficientemente larga como para que el sujeto adquiera habilidad y dominio en el manejo de las estrategias entrenadas; no debe finalizar sin informar al sujeto de los elementos principales que han sido detectados como favorecedores del mantenimiento del cambio. Tal como han indicado recientemente Wing y Phelan (2005) y que ya hemos indicado con anterioridad, las 6 estrategias fundamentales para el éxito de larga duración en el mantenimiento del peso perdido son: (1) practicar altos niveles de actividad física; (2) comer una dieta baja en grasas y calorías; (3) desayunar; (4) autorregistrar el peso de forma regular; (5) mantener un patrón alimentario regular; y (6) hacer frente a las "caídas" antes de que se conviertan en recaídas con grandes recuperaciones de peso.

5.8. Finalización del tratamiento y seguimiento

Antes de dar por terminado el tratamiento se debe realizar con el paciente un balance del mismo y analizar con él si se han alcanzado los objetivos previstos.

Finalizado el análisis se iniciará la programación del seguimiento. Será conveniente programar sesiones de seguimiento que deberán ir orientadas a constatar que el sujeto sigue teniendo control sobre los cambios en su estilo de vida. Así, en una primera fase de seguimiento conviene realizar sesiones mensuales que faciliten el mantenimiento de los cambios. Se proporcionará al sujeto una lista de actividades a realizar durante el mes (para un ejemplo de actividades véase Saldaña y cols., 1994) y se establecerá un contrato conductual para asegurar el cumplimiento. Entre estas sesiones mensuales, el sujeto y el terapeuta pueden mantener contactos mediante correo electrónico para analizar los autorregistros de alimentación y actividad física del sujeto, su peso y las demás actividades que se había comprometido a realizar.

A partir del año de seguimiento es cuando se ha observado que los sujetos presentan mayores dificultades para mantener los cambios. Por este motivo, es necesario alertar al sujeto sobre esta posibilidad y establecer unas sesiones, cada 6 meses (con mayor frecuencia si se considera oportuno), para valorar con el sujeto el control que sigue teniendo sobre su nuevo estilo de vida.

6. PERSPECTIVAS EN EL ESTUDIO Y TRATAMIENTO DE LA OBESIDAD, EL TRASTORNO DE ATRACONES Y EL SÍNDROME DE INGESTA NOCTURNA

En este apartado final queremos presentar algunas cuestiones de interés que estarán vigentes en los próximos años en el ámbito de estudio de la obesidad, TA y el SIN. En los tres casos, estas cuestiones van a referirse tanto a las formulaciones teóricas de estos trastornos como a elementos relativos a las estrategias terapéuticas. Aunque como se observará resulta difícil tratar de forma independiente estos trastornos (como ya se ha puesto de manifiesto a lo largo del capítulo), vamos a intentar plasmar las cuestiones en primer lugar para la obesidad, posteriormente para el TA y finalmente para el SIN.

6.1. Temas relevantes en el ámbito de la obesidad

A pesar de los muchos esfuerzos que se han venido realizando en los últimos años para que la población afectada por obesidad disminuya, los resultados que se están obteniendo de las intervenciones bien preventivas bien paliativas que se realizan son bastante desalentadores ya que la epidemia de la obesidad avanza sin que seamos capaces de frenarla. Los fracasos de los tratamientos conductuales, cognitivo-conductuales, la farmacoterapia o incluso la cirugía bariátrica nos plantean muchas dudas sobre si el énfasis hay que ponerlo en el ámbito de la intervención o debe cambiarse al ámbito de la prevención y al incremento del conocimiento sobre los mecanismos implicados en la etiología y mantenimiento del problema.

La mayoría de gente que sigue un tratamiento para la obesidad es capaz de perder peso, pero tan sólo un pequeño porcentaje de ellos es capaz de mantener los cambios que realizaron en sus comportamientos y estilo de vida para prevenir la recuperación del peso. La imposibilidad de mantener el nuevo estilo de vida conduce inevitablemente a la recuperación de parte o todo el peso perdido y esto ocurre independientemente del tipo de tratamiento que se haya seguido. Por ello, es ampliamente aceptado que la obesidad es un trastorno crónico y como tal debe ser abordado. Como consecuencia de dicho planteamiento, se ha prolongado la duración de los tratamientos conductuales y cognitivo-conductuales e incluso, al finalizar los mismos, se ha incrementado el apoyo postratamiento que se proporciona a los pacientes. Esta estrategia ha permitido que se demore el tiempo para recuperar el peso aunque los efectos obtenidos han sido limitados y no persisten en la mayoría de los casos. La investigación nos ha mostrado como también el programa de TCC para la obesidad desarrollado por Cooper y cols. (2001; 2002; 2003), con el objetivo de, entre otros, fomentar la adquisición y práctica de habilidades de mantenimiento de peso, tampoco ha sido todo lo eficaz que se esperaba, tal como han mostrado recientemente Cooper y cols. (2010), en el seguimiento realizado a los tres años con los pacientes que habían seguido dicho tratamiento.

La identificación de factores pre y post tratamiento que expliquen por qué solamente un porcentaje de personas que consiguen perder peso son capaces de mantener la pérdida puede ser de gran interés. Determinados factores biológicos, psicológicos, conductuales y/o socioambientales podrían ser definitivos para explicar las diferencias entre las personas que tienen éxito y las que no. También puede ser de interés identificar los mecanismos psicológicos y los distintos procesos de cambio que emplean las personas en el curso del tratamiento, aspectos que en la última década han sido estudiados en algunas investigaciones. Así, por ejemplo, Bryne (2002) destaca los siguientes mecanismos psicológicos que parecen explicar la recuperación de peso postratamiento; a saber: el fracaso en conseguir la pérdida de peso que se propuso al sujeto, la habilidad percibida para hacer frente el ansia por la comida, el escaso empleo de la resolución de problemas como estrategia de afrontamiento, la tendencia a comer como respuesta al estrés, el desequilibrio percibido entre los beneficios de la pérdida de peso y el esfuerzo ejercido para mantener el peso y la conducta de comer compulsivamente, la baja autoeficacia percibida relacionada con la pérdida de peso y los niveles bajos de restricción dietética (Bryne, 2002). La mayoría de estos mecanismos repercuten en la motivación de la persona para persistir en los esfuerzos para perder peso y para mantener el cambio de estilo de vida. La entrevista motivacional (EM) puede ser de ayuda para combatir la ambivalencia del paciente respecto a sus esfuerzos para perder peso y perseverar en ellos. Sin embargo, hasta la fecha, no son demasiados los trabajos que se han realizado utilizando la entrevista motivacional. Armstrong y cols. (2011) solamente encontraron 12 estudios controlados, publicados entre 1995 y 2009, que habían empleado la EM para incrementar la eficacia de los tratamientos para perder peso. Los resultados del análisis de los 11 estudios incluidos en el meta-análisis parecen ser prometedores e indican que las personas que recibieron EM obtuvieron mayores pérdidas de peso y mayor reducción del IMC, aunque el tamaño de los efectos encontrados fue moderado. Los autores atribuyen este hecho a la heterogeneidad de las metodologías y análisis estadísticos empleados. Por ello, sugieren la necesidad de realizar más estudios que controlen estos aspectos, con muestras más numerosas y que además establezcan dosis y duración de EM homogéneas, verifiquen la integridad con que se administra la EM y establezcan cuál será el principal resultado por el que se evaluará el efecto de la intervención (p. ej., pérdida de peso).

En otro orden de cosas, la propuesta realizada por Wilson (1996) hace más de quince años sobre la «promoción de la aceptación» parecía una gran iniciativa para mejorar el malestar que experimentan las personas obesas como consecuencia de su condición y, de esa manera, mejorar la calidad de vida aunque tengan que mantener la condición de obesos. Desde entonces pocos son los estudios controlados que han sido realizados sobre el tema de forma que todavía hoy nos resulta difícil demostrar que la inclusión de este componente en los programas de tratamiento realmente mejora los resultados a largo plazo, lo cual va a requerir mayor número de investigaciones en los años venideros.

No hay duda de que la explosión de las nuevas tecnologías en la última década y media y su amplia aplicación en el ámbito de la obesidad, ha facilitado que un mayor número de personas con este trastorno hayan podido acceder a tratamientos administrados vía Internet a través de Webs diseñadas para tal fin. En el año 2009, Neve, Morgan, Jones y Collins realizaron una revisión de tratamientos administrados vía Internet encontrando que entre los años 1995 y 2008 se habían publicado 181 artículos de los cuales solamente 20 cumplían los criterios mínimos de calidad para hacer un meta-análisis. En comparación con meta-análisis previos (Saperstein,

Atkinson y Gold, 2007; Vandelanotte, Spathonis, Eakin y Owen, 2007; Weinstein, 2006; citados en Neve y cols., 2009), los autores del estudio destacan que las intervenciones vía Internet parecen tener capacidad para facilitar de forma más convincente pérdidas de peso y mantenimiento de dichas pérdidas equivalentes a otras opciones terapéuticas en las que se promueve el cambio de estilo de vida. Sin embargo, la variedad de metodologías y diseños empleados en las distintas intervenciones y el poco acuerdo respecto a los criterios empleados para definir eficacia en los distintos estudios, hace difícil obtener resultados contundentes del valor de las intervenciones vía Internet (Neve y cols., 2009). Todo ello apunta a que, en los próximos años, se deban realizar más investigaciones que tengan presente aspectos tales como: una definición objetiva de eficacia, grupos control, diseños que permitan identificar qué componentes de los programas vía Internet son los indispensables para que la intervención sea eficaz, estrategias que incrementen la adhesión al programa vía Internet y seguimientos de al menos un año, todo ello para que pueda considerarse que en este ámbito la investigación ha llegado a cumplir con criterios metodológicos de excelencia.

Las esperanzas puestas por numerosos investigadores en el éxito de las terapias de carácter biológico todavía no han podido ser satisfechas. Con relación a las intervenciones quirúrgicas, en los estudios realizados con pacientes con obesidad mórbida sometidos a cirugía bariátrica se ha observado que la pérdida de peso en el año siguiente a la intervención es de entre un 50 y 60%; sin embargo, a los tres años de seguimiento la pérdida de peso con relación a la pre-intervención es tan solo de aproximadamente el 16%. Los resultados de los ensayos realizados con terapia farmacológica, tampoco han satisfecho las esperanzas de los que trabajan en este ámbito ya que, de una parte, los resultados obtenidos en estudios que han empleado fármacos como el Orlistat muestran que sus efectos son limitados en el tiempo. De otra, el arsenal de fármacos empleados ha disminuido tras haberse realizado estudios a más largo plazo y observarse efectos adversos en algunos de ellos, en concreto en la Sibutramina. Estos estudios condujeron a que las agencias nacionales e internacionales que controlan los medicamentos obligaran a su retirada a partir de 2010. Como consecuencia de estos resultados tan desalentadores es muy probable que en los próximos años la investigación se dirija hacia un mayor desarrollo de las terapias de carácter biológico (farmacoterapia o cirugía), para conseguir que sean capaces de abordar la obesidad de la misma manera que ya se hace con otro tipo de alteraciones físicas de carácter crónico (por ejemplo diabetes, hipertensión, etc.). A pesar de ello, estamos convencidos que los avances en el ámbito de estas terapia no desmerecerán el valor de las terapias de carácter psicológicos (TC y

TCC). Éstas seguirán siendo fundamentales para mejorar, de una parte, la adherencia a las prescripciones de carácter médico y, de otra, como complemento para ser administradas en los períodos de descanso de fármacos que puedan ser identificados como eficaces o como prevención de la recaída en los post-tratamiento de intervenciones quirúrgicas. Además, tal como han mostrado Fitzgibbon, Stolley y Kirchenbaum (1993), todos los sujetos obesos no responden de la misma manera a tratamientos estandarizados de cualquier índole (cirugía, fármacos, dietas de muy bajo contenido calórico, etc.). En esos casos, los TCs y los TCCs seguirán siendo de utilidad. Por último, no se debe olvidar que las estrategias cognitivo-conductuales son de utilidad para cambiar hábitos y actitudes relacionados con la alimentación, la ingesta compulsiva, el seguimiento crónico de dietas, la actividad física y la imagen corporal que, en definitiva, son los que mejoran la calidad de vida y bienestar psicológico del sujeto con obesidad (Saldaña, 1998).

Finalmente, está demostrado que la forma más segura de combatir la obesidad adulta crónica es mediante el tratamiento de la obesidad infanto-juvenil. La intervención cognitivo-conductual orientada a modificar el cambio de estilo sedentario de los niños obesos parece ser una de las herramientas más eficaces para prevenir la obesidad adulta. En este sentido, urge desarrollar programas preventivos eficaces tanto para intentar frenar el desmesurado crecimiento de la obesidad de la edad adulta como el alarmante incremento en nuestro país de la obesidad infantil y adolescente.

6.2. Algunos temas a estudiar sobre el trastorno de atracones

Sin duda la investigación de las dos últimas décadas ha permitido confirmar que el TA debe ser considerado como una entidad diagnóstica distinta de la bulimia nerviosa y como tal ha sido incluído en el DSM-5. La modificación de dichos criterios ha dado lugar a nuevas investigaciones que están empezando a aportar información sobre las características demográficas y clínicas de las personas que presentan TA, incrementándose también el conocimiento sobre las manifestaciones del trastorno en poblaciones que habían sido poco estudiadas como son, las personas con TA que no acuden a clínicas de tratamiento de la obesidad, los hombres de los cuales se tiene mucha menos información y, finalmente, las de niños y adolescentes.

Además de las características demográficas y clínicas de las personas con TA, creemos que va a ser necesario realizar mayor número de investigaciones que nos permitan clarificar con mayor precisión la etiología, curso y mantenimiento del trastorno. La clarificación del papel que juegan el seguimiento de dietas y el afecto negativo en el inicio y mantenimiento del

TA parece fundamental para determinar qué tipo de tratamientos pueden ser más ventajosos para las personas que han llegado al trastorno por una u otra vía. En estos momentos, ya han empezado a ser identificadas algunas variables predictoras de éxito de tratamiento a corto y largo plazo. Así, altos niveles de deseos por adelgazar y conocimiento interoceptivo, bajos niveles de patología asociada a los atracones, bajos niveles de insatisfacción corporal en mujeres predicen buenos resultados (Lammers, Vroling, Ouwens, Engels y van Strien, 2015).

El futuro de la investigación con relación a los tratamientos debe orientarse a dar respuesta a un buen número de cuestiones que tenemos sin resolver. Sabemos, tal como hemos indicado anteriormente, que la primera elección de tratamiento para el TA debe pasar por la TCC en su formato de autoayuda para aplicar posteriormente la TCC-R o la TIP. También sabemos que las aproximaciones basadas en *mindfulness* o la terapia dialéctica conductual han mostrado su eficacia para reducir los atracones y los síntomas asociados a estos. Sin embargo, tenemos conocimiento de que todas las anteriores formas de terapia no producen pérdidas de peso en las personas que tienen obesidad y TA, siendo ésta la principal demanda que realizan los pacientes que acuden a tratamiento. Con relación a la medicación antidepresiva ésta puede servir de ayuda a aquellas personas que no responden a la TCC. A pesar de disponer de propuestas eficaces para el tratamiento del TA, las tasas de abandono tanto con las terapias psicológicas propuestas como con la terapia farmacológica son muy elevadas y deberían desarrollarse estrategias para incrementar la adhesión a los tratamientos y disminuir dicha tasa de abandonos. Además, no sabemos los componentes de los TAA que son fundamentales para conseguir la disminución de los atracones. Tampoco sabemos por qué la TCC mejora la sensación de control sobre los atracones pero no mejora la preocupación por el peso. Además, por lo general, el criterio establecido de éxito de tratamiento es la disminución de los atracones y llegar a ser abstinente. La investigación actual todavía no nos ha aportado explicaciones claras de los mecanismos implicados en la abstinencia, por qué las personas que son abstinentes de forma temprana en el tratamiento consiguen perder más peso que aquellos que tienen una abstinencia demorada.

Como se puede observar, a pesar de los grandes avances de la investigación sobre TA todavía quedan muchas cuestiones por responder. No hay duda que el trastorno es complejo y que el solapamiento del mismo con la obesidad hace más difícil su estudio. Sin embargo, el gran interés por el tema, probablemente como consecuencia de la epidemia de obesidad que nos rodea, permitirá que en los próximos años se pueda dar respuesta a muchas de las cuestiones que aquí planteamos.

6.3. El futuro de la investigación en el síndrome de ingesta nocturna

En comparación con el ámbito de la obesidad y del trastorno de atracones, la investigación sobre el síndrome de ingesta nocturna está en sus inicios. Muchos son los temas que deben ser abordados en los próximos años en este campo. En primer lugar, la inclusión de criterios unitarios para identificar a las personas que sufren SIN en el DSM-5, está facilitando un mayor conocimiento de la existencia de este problema por parte de los profesionales de la salud. En segundo lugar, este mayor conocimiento también permitirá poder llegar a distinguir claramente el SIN de otros trastornos de ingesta nocturna como, por ejemplo, del "trastorno de alimentación relacionado con el sueño", el cual parece ser comórbido a otros trastornos del sueño como el sonambulismo. La identificación de las características comunes y diferenciales entre ambos trastornos será de gran interés y nos permitirá tener mayor conocimiento sobre las variables demográficas y clínicas más relevantes de las personas que tienen SIN.

La relación entre el SIN y la obesidad está bien establecida. Por tanto, en tercer lugar, nos parece de interés que se pueda llegar a dilucidar si la ingesta nocturna precede y contribuye al desarrollo de la obesidad o si por el contrario el SIN es una consecuencia de la obesidad. Hasta el momento se han llevado a cabo varios estudios que nos muestran resultados opuestos. Así, en algunos estudios se ha encontrado que aproximadamente el 60% de los participantes informaban haber iniciado su ingesta nocturna después de que se convirtieran en personas obesas, mientras que en otros los participantes informaron tener normopeso hasta que empezaron a realizar ingestas nocturnas. Para las personas de peso normal la ingesta nocturna no parece ser un problema y, como no acuden a tratamiento, no sabemos cuantas personas de la comunidad pueden tener síndrome de ingesta nocturna. Por ello, en cuarto lugar, nos parece importante que en los próximos años se realicen estudios de prevalencia entre los distintos grupos, clínicos y no clínicos, con obesidad y sin obesidad. Esto será posible si los investigadores y clínicos de los distintos ámbitos que puedan estar implicados (trastornos de la conducta alimentaria, trastornos del sueño y obesidad) se ponen de acuerdo para trabajar de forma coordinada.

En quinto y último lugar, una mejor caracterización de las personas que sufren SIN puede facilitar el desarrollo de las mejores terapias posibles para abordar este problema. Como ya indicamos con anterioridad, el SIN puede ser tratado con TCC, con terapia de luz brillante, con técnicas de relajación y con medicación. Sin embargo, el escaso número de pacientes tratados con cualquiera de estas intervenciones y los breves seguimientos realizados no nos permiten indicar la superioridad de un tratamiento sobre otro. Por ello, consideramos que se deben seguir estudiando las distintas alternativas, su eficacia a corto y largo plazo y qué características de los pacientes hacen que puedan beneficiarse más de una u otra forma de tratamiento.

7. REFERENCIAS BIBLIOGRÁFICAS

Agras, W.S. (1993). Short-term psychological treatments for binge eating. En C.G. Fairburn y G.T. Wilson (eds.): *Binge eating: Nature, assessment, and treatment.* Nueva York: The Guilford Press.

Agras, W.S. y Apple, R.F. (2008). *Overcoming eating disorders.* Nueva York: Oxford University Press.

Agras, W.S., Telch, C.F., Arnow, B., Eldredge, K., Wilfley, D.E., Raeburn, S.D., Henderson, J. y Marnell, M. (1994). Weight loss, cognitive-behavioral and desipramine treatments in binge eating disorder. An additive design. *Behavior Therapy, 25,* 225-238.

Agras, W.S., Telch, C.F., Arnow, B., Eldredge, K., Detzer, M.J., Henderson, J. y Marnell, M. (1995). Does interpersonal therapy help patients with binge eating disorder who fail to respond to cognitive-behavioral therapy? *Journal of Consulting and Clinical Psychology, 63,* 356-360.

Agras, W.S., Telch, C.F., Arnow, B., Eldredge, K. y Marnell, M. (1997). One-year follow-up of cognitive-behavioral therapy for obese individual with binge eating disorder. *Journal of Consulting and Clinical Psychology, 65,* 343-347.

Ainsworth, B.E. (2010). Assessing the level of physical activity in adults. En C. Bouchard y P.T. Katzmarzyk (Eds.), *Physical activity and obesity* (pp. 18-21). Champaign, IL: Human Kinetics.

Ainsworth, B.E., Haskell, W.L., Whitt, M.C., Irwin, M.L., Swartz, A.M., Strath, S.J., O'Brien, W.L., Basset, D.R., Schmitz, K.H., Emplaincourt, P.O., Jacobs, D.R. y Leon, A.S. (2000). Compendium of physical activities: an update of activities codes and MET intensities. *Medicine and Science in Sports and Exercise, 32* (9S), s498-2514.

Alger, S.A., Schwalberg, M.D., Bigaouette, J.M., Michalek, A.V. y Howard, L.J. (1991). Effect of a tricyclic antidepressant and opiate antagonist on binge-eating in normoweight bulimic and obese, binge-eating subjects. *American Journal of Clinical Nutrition, 53,* 865-871.

Alonso, E., Varela, G. y Silvestre, D. (2011). *¿Es posible la dieta mediterránea en el siglo XXI?* Madrid: International Marketing Comunication. Puede conseguirse en: www.institutotomaspascual.es/publicacionesactividad/ebook/Libro_Dieta_Mediterranea_XXI/index.html.

Allison, K.C., Grilo, C.M., Masheb, R.M. y Stunkard, A.J. (2005). Binge eating disorder, night eating syndrome: A comparative study of disordered eating. *Journal of Consulting and Clinical Psychology, 73,* 1107-115.

Allison, K.C., Lundgren, J.D., Moore, R.H., O'Reardon, J.P. y Stunkard, A.J. (2010). Cognitive behavior therapy for night eating syndrome: A pilot study. *American Journal of Psychotherapy, 64,* 91-106.

Allison, K.C., Lundgren, J.D., O'Reardon, J.P., Geliebter, A., Gluck, M.E., Vinai, P., Mitchell, J.E., Schenck, C.H., Howell, M.J., Crow, S.J., Engel, S., Latzer, Y., Tzischinsky, O., Mahowald, M.W. y Stunkard, A.J. (2010). Proposed diagnostic criteria for night eating syndrome. *International Journal of Eating Disorders, 43,* 241-247.

Allison, K.C., Lundgren, J.D., O'Reardon, J.P., Martino, N.S., Sarwer, D.B., Wadden, T.A. y cols. (2008). The Night Eating Questionnaire (NEQ): Psychometric properties of a measure of severity of the night eating syndrome. *Eating Behaviors, 9,* 62-72.

Allison, K.C., Martino, N., O'Reardon, J. y Stunkard, A. (2005). CBT treatment for night eating syndrome: A pilot study. *Obesity Research, 13,* A83.

Allison, K.C., Stunkard, A.J. y Their, S.L. (2004). *Overcoming night eating syndrome. A step-by-step guide to breaking the cycle.* Oakland, Ca.: New Harbinger Publications, Inc.

American Psychiatric Association (1994). *Diagnostic and statistic manual of mental disorders (4ª edición).* American Psychiatric Press: Washington, DC.

American Psychiatric Association (2013). *Diagnostic and statistical manual of mental disorders (5ª edición).* American Psychiatric Press: Arlintong, Va.

Andrés, A., Saldaña, C. y Gómez-Benito, J. (2009). Establishing the Stages and Processes of Change for Weight Loss by Consensus of Experts. *Obesity, 17,* 1717-1723.

Andrés, A., Saldaña, C. y Gómez-Benito, J. (2011). The transtheorical model in weight management: Validation of the Processes of Change Questionnaire. *Obesity Facts, 4,* 433-442.

Aranceta, J., Pérez Rodrigo, C. y Muñoz, M. (2004). Perfil nutricional de los ancianos institucionalizados en España. En M. Muñoz, J. Aranceta y J.L. Guijarro (eds). *Libro blanco de la alimentación del anciano en España.* Madrid: Panamericana.

Aranceta Bartrina, J., Serra Majem, LL., Foz-Sala, M., Moreno Estaban, B. y grupo colaborativo SEEDO. (2005). Prevalencia de obesidad en España. *Medicina Clínica (Barcelona), 125,* 460-6.

Arem, H. e Irwin, M. (2011). A review of web-based weight loss interventions in adults. *Obesity Reviews, 12,* e236-e243.

Armstrong, M.J., Mottershead, T.A., Ronksley, P.E., Sigal, R.J., Campbell, T.S. y Hemmelgarn, B.R. (2011). Motivational interviewing to improve weight loss in overweight and/or obese patients: a systematic review and meta-analysis of randomized controlled trials. *Obesity Reviews, 12,* 709-723.

Aronoff, N.J., Geleibter, A. y Zammit, G. (2001). Gender and body mass index as related to the night eating syndrome in obese outpatients. *Journal of the American Dietetic Association, 101,* 102-104.

Beck, A.T., Steer, R.A. y Brown, G.K. (1996). *Manual for the Beck Depression Inventory* (2ª ed.).San Antonio, TX: The Psychological Corporation.

Beintner, I., Jacobi, C. y Schmidt, U.H. (2014). Participation and outcome in manualized self-help for bulimia nervosa and binge eating disorder. A systematic review and metaregression analysis. *Clinical Psychology Review, 34,* 158-176.

Birketverdt, G., Florholmes, J., Sundsfjord, J., Osterud, B., Dinges, D., Bilker, W., y Stunkard, A.J. (1999). Behavioral and neuroendocrine characteristics of the night-eating syndrome. *Journal of the American Medical Association, 282,* 657-663.

Bodell, L.P. y Devlin, M.J. (2010). Pharmacotherapy for binge-eating disorder. En C.M. Grilo y J.E. Mitchell (eds.) *The treatment of eating disorders. A clinical handbook* (pp. 402-413). New York: The Guilford Press.

Bouchard, C. (2002). Genetic influences on body weight. En C.G. Fairburn y K.D. Brownell (Eds.), *Eating disorders and obesity. A comprehensive handbook* (2ª edición, pp. 16-21). New York: The Guilford Press.

Bray, G., Bouchard, C. y James, W.P.T. (1998). Definitions and proposed current classifications of obesity. En: G. Bray, C. Bouchard y W.P.T. James (eds). *Handbook of obesity* (pp.31-40). New York: Marcel Dekker.

Bryne, S. (2002). Psychological aspects of weight maintenance and relapse in obesity. *Journal of Psychosomatic Research, 53,* 1029-1036.

Brownley, K.A., Berkman, N.D., Sedway, J.A., Lohr, K.N. y Bulik, C.M. (2007). Binge eating disorder treatment: A systematic review of randomized controlled trials. *International Journal of Eating Disorders, 40,* 337-348.

Brownell, K.D. (1993). Whether obesity should be treated. *Health Psychology, 12,* 339-341.

Brownell, K. D. (1997). *The LEARN program for weight management 1997.* Dallas, TX: AmericanHealth Publishing Company.

Brownell, K. D. (2000). *The LEARN program for weight management 2000.* Dallas, TX: AmericanHealth Publishing Company.

Brownell, K. D. (2004). *The LEARN program for weight management 2004.* Dallas, TX: AmericanHealth Publishing Company.

Calugi, S., Dalle Grave, R. y Marchesini, G. (2009). Night eating síndrome in class-II-III obesity: Metabolic and psychopathological features. *International Journal of Obesity, 33,* 899-904.

Carrad, I., Crépin, C., Rouget, P., Lam, T., Golay, A. y Van der Linden, M. (2011). Randomised controlled trial of a guided self-help treatment on the internet for binge eating disorder. *Behaviour Research and Therapy, 49,* 482-491.

Celio, A.A., Wilfley, D.E., Crow, S.J., Mitchell, J. y Walsh, B.T. (2004). A comparison of the Binge Eating Scale, Eating and Weight Patterns-Revised, and Eating Disorder Examination-Questionnaire with instructions with the Eating Disorder Examination in the assessment of binge eating disorder and its symptoms. *International Journal of Eating Disorders, 36,* 434-444.

Cervera, M. (2005). *Riesgo y prevención de la anorexia y la bulimia.* Madrid: Pirámide.

Cervera, S., Claplés, J. y Rigolfas, R. (1993). *Alimentación y dietoterapia.* Madrid: Interamericana McGraw-Hill.

Cole, T.J., Bellizi, M.C., Flegal, K.M. y Dietz, W.H. (2000). Establishing a standard definition for child overweight and obesity worldwide: international survey. *British Medical Journal, 320,* 1240-1243.

Colles, S.L., Dixon, J.B. y O'Brien, P.E. (2007). Night eating síndrome and nocturnal snacking. Association with obesity, binge eating and psychological distress. *International Journal of Obesity, 31,* 1722-1730.

Cooper, Z. y Fairburn, C.G. (1987). The eating disorder examination: A semi-structured interview for the assessment of the specific psychopathology of eating disorders. *International Journal of Eating Disorders, 6,* 1-8.

Cooper, Z., Doll, H.A., Hawker, D.M., Byrne, S., Bonner, G., Eeley, E., O'Connor, M.E. y Fairburn, C.G. (2010). Testing a new cognitive behavioural treatment for obesity: A randomized controlled trial with three-year follow-up. *Behaviour Research and Therapy, 48,* 706-713.

Cooper, Z. y Fairburn, C.G. (2001). A new cognitive behavioural approach to the treatment of obesity. *Behaviour Research and Therapy, 39,* 499-511.

Cooper, Z. y Fairburn, C.G. (2002). Cognitive–behavioral treatment of obesity. En T.A. Wadden, A.J. Stunkard (Eds.), *Handbook of obesity treatment* (pp. 465-479). New York: Guilford Press.

Cooper, Z., Fairburn, C.G. y Hawker, D.M. (2003). *Cognitive–behavioral treatment of obesity; a clinician's guide.* New York: Guilford Press.

Cooper, P.J., Taylor, M.J., Cooper, Z. y Fairburn, C.G. (1987). The development and validation of the Body Shape Questionnaire. *International Journal of Eating Disorders, 6,* 485-494.

Craighead, L.W. y Blum, M.D. (1989). Supervised exercise in behavioral treatment for moderate obesity. *Behavior Therapy, 20,* 49-59.

Derogatis, L.R. y Spencer, P.M. (1982). *The Brief Symptom Inventory: Administration and procedures manual.* Baltimore: Clinical Psychometric Research.

Devlin, M.J., Goldfein, J.A. y Dobrow, I. (2003). What is this thing called BED? Current status of binge eating disorder nosology. *International Journal of Eating Disorders, 34,* S2-S18.

Expert Panel on the Identification, Evaluation, and Treatment of Overweight in Adults (1998). Clinical guidelines on the identification, evaluation, and treatment of overweight and obesity in adults: Executive summary. *American Journal of Clinical Nutrition, 68,* 899-917.

Fabricatore, A.N. (2007). Behavior therapy and cognitive-behavioral therapy for obesity: Is there a difference? *Journal of the American Dietetic Association, 107,* 92-99.

Fairburn, C. (1995). *Overcoming binge* eating. New York: The Guilford Press. (Barcelona: Paidos, 1998).

Fairburn, C. G. y Berglin, S.J. (1994). Assessment of eating disiorders: Interview or self-report questionnaire? *International Journal of Eating Disorders, 16,* 363-370.

Fairburn, C.G., Cooper, Z. y Shafran, R. (2003). Cognitive bahaviour therapy for eating disorders: A "transdiagnotic" theory and treatment. *Behavior Research and Therapy, 4,* 509-528.

Fairburn, C.G., Cooper, Z., Shafran, R., Bohn, K., Hawker, D.M., Murphy, R. y Straebler, S. (2008). Enhaced cognitive behavior therapy for eating disorders: The core protocol. En C.G. Fairburn (ed,). *Cognitive behavior therapy and eating disorders* (pp. 47-193). New York: The Guilford Press.

Fairburn, C.G., Marcus, M.D., y Wilson, G.T. (1993). Cognitive behavior therapy for binge eating and bulimia nervosa: A comprehensive treatment manual. En Fairburn y G.T. Wilson (eds.), *Binge eating: nature, assessment and treatment* (pp. 361-405). New York: The Guilford Press.

First, M.B., Gibbon M, Spitzer, R.L., Williams, J.B.W., Benjamin, L.S. (1997). *Structured Clinical Interview for DSM-IV Axis II Personality Disorders, (SCID-II).* Washington, D.C.: American Psychiatric Press, Inc.

Fitzgibbon, M.L., Stolley, M.R. y Kirschenbaum, D.S. (1993). Obese people who seek treatment have different characteristics than those who do not seek treatment. *Health Psychology, 12,* 342-345.

Foster, G.D., Wadden, T.A., Vogt, R.A. y Brewer, G. (1997). What is a reasonable weight loss? Patients' expectations and evaluations of obesity treatment outcomes. *Journal of Consulting and Clinical Psychology, 65,* 79-85.

Fried, M., Hainer, V., Basdevant, A., y cols. (2008). Interdisciplinary European guidelines on surgery of severe obesity. *Obesity Facts, 1,* 52–58.

Friedman, S., Eve, C., Dardennes, R. y Guelfi, J.D. (2002). Light therapy, obesity and night-eating syndrome. *American Journal of Psychiatry, 159, 875-876.*

Friedman, S., Eve, C., Dardennes, R. y Guelfi, J.D. (2004). Light therapy, non seasonal depression, and night eating syndrome. *Canadian Journal of Psychiatry, 49,* 790.

Gallagher, D. y Javed, F. (2009). Assessment of human body composition. En D.B. Allison y M.L. Baskin (Eds.). *Handbook of assessment methods for eating behaviors and weight-related problems. Measures, theory and research* (2ª edición, pp. 481-528). Los Angeles: Sage.

Garner, D.M., Olmsted, M.P. y Polivy, J. (1983). Development and validation of a multi-dimensional Eating Disorders Inventory for anorexia nervosa and bulimia. *International Journal of Eating Disorders, 2,* 15-34.

Garrow, J.S. (1981) *Treat obesity seriously: A clinical manual.* Londres: Churchill-Livingstone.

Glenny, A.M, O'Meara, S., Melville, A., Sheldon, T.A. y Wilson, C. (1997) The treatment and prevention of obesity: A systematic review of the literature. *International Journal of Obesity, 21,* 715-737.

Gluck, M.E., Geliebter, A. y Satov, T. (2001). Night eating syndrome is associated with depression, low self-esteem, reduced daytime hunger and less weight loss in obese outpatients. *Obesity Research, 9,* 264-267.

Gomez-Cabello, A., Pedrero-Chamizo, R., Olivares, P.R., Luzardo, L., Juez-Bengoechea, A., Mata, E., Albers, U., Aznar, S., Villa, G., Espino, L., Gusi, N., Gonzalez-Gross, M., Casajus, J.A. y Ara, I. On behalf of EXERNET Study Group (2011). Prevalence of overweight and obesity in non-institutionalized people aged 65 or over from Spain: the elderly EXERNET multicentre study. *Obesity Reviews, 12,* 583-592.

Gorber, S.C., Tremblay, M., Moher, D. y Gorber, B. (2007). A comparison of direct *vs* self-report measures for assessing height, weight and body mass index: A systematic review. *Obesity Review, 8,* 307-326.

Gorin, A., Le Grange, D. y Stone, A. (2003). Effectiveness of spouse involvement in cognitive behavior therapy for binge eating disorder. *International Journal of Eating Disorders, 33,* 421-433.

Graham, L. y Walton, M. (2011). Investigating the use of CD-Rom CBT for bulimia nervosa and binge eating disorder in an NHS adult outpatient eating disorders service. *Behavioural and Cognitive Psychotherapy, 39,* 443-456.

Grilo, C.M., Brownell, K.D. y Stunkard, A.J. (1993). The metabolic and psychological importance of exercise in weight control. En A.J. Stunkard y T.A. Wadden (eds.): *Obesity: Theory and therapy* (2ª ed., pp. 253-273). Nueva York: Raven Press.

Grilo, C.M., Masheb, R.M. y Crosby, R.D. (2012). Predictors and moderators of response to cognitive behavioral therapy and medication for the treatment of binge eating disorder. *Journal of Consulting and Clinical Psychology.* Publicación *online* 30/01/2012. Doi: 10.1037/a0027001.

Grupo de trabajo de la Guía de Práctica Clínica sobre los Trastornos de la Conducta Alimentaria (2009). *Guía de Práctica Clínica sobre los Trastornos de la Conducta Alimentaria.* Madrid: Plan de Calidad para el Sistema Nacional de Salud del Ministerio de Sanidad y Consumo. Agència d'Avaluació de Tecnologia i Recerca Mèdiques de Cataluña. Guías de Práctica Clínica del SNS: AATRM Núm: 2006/05-01.

Gruzca, R.A., Przybeck, T.R. y Cloninger, C.R. (2007). Prevalence and correlates of binge eating disorder in a community simple. *Comprehensive Psychiatry, 48,* 124-131.

Gutiérrez-Fisac, J.L., López, E., Banegas, J.R., Graciani, A. y Rodríguez-Artalejo, F. (2004). Prevalence of overweight and obesity in elderly people in Spain. *Obesity Research, 12,* 710-715.

Haskell, W.L., Lee, I.M., Pate, R.R., Powell, K.E., Blair, S.N., Franklin, B.A. y cols. (2007). Physical activity and public health: updated recommendation for adults from the American College of Sports Medicine and the American Heart Association. *Medical & Science in Sports and Exercise, 39,*1423-1434.

Head, S. y Brookhart, A. (1997). Lifestyle modification and relapse-prevention training during treatment for weight loss. *Behavior Therapy, 28,* 307-321.

Herman, P., Polivy, J., Plainer, P., Threlkeld, J. y Munic, D. (1978). Distractibility in dieters and nondieters: An alternative view of "externality". *Journal of Personality and Social Psychology, 36,* 536-548.

Hernández, M., Castellet, J., Narvaiza, J.L., Rincón, J.M., Ruiz, I., Sánchez, E., y cols. (1988). *Curvas y tablas de crecimiento. Instituto sobre crecimiento y desarrollo fundación F. Orbegozo.* Madrid: Garsi.

Hilbert, A., y Tuschen-Caffier, B. (2004). Body image interventions in cognitive-behavioral therapy of binge-eating disorder: A component analysis. *Behavior Research and Therapy, 42,* 1325-1339.

Hilbert, A., Saelens, B., Stein, R., Mockus, D.S., Welch, R.R., Matt, G.E. y Wilfley, D.E. (2007). Pretreatment and process predictors of outcome in interpersonal and cognitive behavioral psychotherapy for binge eating disorder. *Journal of Consulting and Clinical Psychology, 75,* 645-651.

Horgen, K.B. y Brownell, K.D. (2002). Confronting the toxic environment: Environmental and public health actions in a world crisis. En T.A. Wadden y A.J. Stunkard (Eds.), *Handbook of obesity treatment* (pp.95-106). New York: The Guilford Press.

Hudson, J.I., Lalonde, J.K., Berry, J.M., Pindyck, L.J., Bulik, C.M., Crow, S.J., y cols. (2006). Binge-eating disorder as a distinct familial phenotype in obese individuals. *Archives of General Psychiatry, 63,* 313-318.

Jones, M., Luce, K.H., Osborne, M.I., Taylor, K., Cunning, D., Doyle, A.C. y cols. (2008). Randomized, controlled trial of an internet-facilitated intervention for reducing binge eating and overweight in adolescents. *Pediatrics, 121,* 453-462.

Kirschenbaum, D.S., Fitzgibbon, M.L. (1995). Controversy about the treatment of obesity: Criticisms or challenges? *Behavior Therapy, 26,* 43-68.

Kirschenbaum, D.S., Johnson, W.G. y Stalonas, P.M. (1987) *Treating childhood and adolescent obesity.* Oxford: Pergamon Books (Barcelona: Martínez Roca, 1989).

Lammers, M.W., Vroling, M.S., Ouwens, M.A., Engels, R. C.M.E., y van Strien, T. (2015). Predictors of outcome for cognitive behaviour therapy in binge eatind disorder. *European Eating Dirosders Review, 23,* 219-228.

Lau, D.C.W., Douketis, J.D., Morrison, K.M. y cols. (2006) Canadian clinical practice guidelines on the management and prevention of obesity in adults and children. Executive summary. *Canadian Association Medical Journal (CSMJ),* 176, S1–13.

Linehan, M. M. (1993a). *Cognitive behavioral therapy of borderline personality disorder.* New York: The Guilford Press.

Linehan, M. M. (1993b). *Skills training manual for treating borderline personality disorder.* New York: The Guilford Press.

Lovibond, S.H. y Lovibond, P.F. (1995). *Manual for the Depression Anxiety Stress Scales* (2ª ed). Psychology Foundation.

Lundgren, J.D., Allison, K.C., Crow, S., O'Reardon, J.P., Berg, K.C., Galbraith, J., y cols, (2006). Prevalence of night eating síndrome in a psychiatric population. *American Journal of Psychiatry, 163,* 156-158.

Machado, P.P.P., Gonçalves, S. y Hoek, H.W. (2013). DSM-5 reduces the proportion of ENDOS cases: evidence from community samples. *International Journal of Eating Disorders, 46,* 60-65.

Madrid, J. (1998). *El libro de la obesidad y su tratamiento.*Madrid: Arán Ediciones.

Manni, R., Ratti, M.T. y Tartara, A. (1997). Nocturnal eating: Prevalence and features in 120 insomniac referrals. *Sleep, 20,* 734-738.

Marlatt, G.A. y Gordon, J.R. (1985). *Relapse prevention: maintenance strategies in the treatment of addictive behaviors.* New York: Guilford.

Masheb, R.M. y Grilo, C.M. (2008a). Examination of predictors and moderators for self-help treatments of binge-eating disorder. *Journal of Consulting and Clinical Psychology, 76,* 900-904.

Masheb, R.M. y Grilo, C.M. (2008b). Prognosis significance of two sub-categorization methods for the treatment of binge eating disorders: Negative affect and overvaluation predict, but do not moderate, specific outcomes. *Behavior Research and Therapy, 46,* 428-437.

McCann, U.D. y Agras, W.S. (1990) Successful treatment of nonpurging bulimia nervosa with desipramine: A double-blind, placebo-controlled study. *American Journal of Psychiatry, 147,* 1509-1513.

McElroy, S.L., Guerdjikova, A.I., Mori, N., M.R. Munoz y Keck, P.E. (2015). Overview of the treatment of binge eating disorder. *CNS Sprectrums, 20,* 546-556.

Ministerio de Sanidad y Consumo de España (2007). *Encuesta Nacional de Salud (ENS-2006).* Madrid: Ministerio de Sanidad y Consumo.

Ministerio de Sanidad, Servicios Sociales e Igualdad. (2013). *Encuesta Nacional de Salud 2011-2012.* Madrid: Ministerio de Sanidad, Servicios Sociales e Igualdad.

Moizé, V., Gluck, M.E., Torres, F., Andreu, A., Vidal, J. y Allison, K. (2012) Transcultural adaptation of the Night Eating Wustioonaire (NEQ) for its use in the Spanish population. *Eating Behaviors,* doi: 10.1016/j.eatbeh.2012.02.005.

National Institutes of Health y North American Association for the Study of Obesity (2000). *The Practical Guide. Identification, Evaluation, and Treatment of Overweight and Obesity in Adults.* Northamerican Association for the study of obesity.

Neve, M., Morgan, P.J., Jones, P.R. y Collins, C.E. (2009). Effectiveness of web-based interventions in achieving weight loss and weight loss maintenance in overweight and obese adults: a systematic review with meta-analysis. *Obesity Reviews, 11,* 306-3021.

NICE (2006). *Obesity: guidance on the prevention, identification, assessmentand management of overweight and obesity in adults and children.*London: National Institute for Health and Clinical Excellence. http://www.nice.org.uk/CG43.

NICE (2011) *Review of Clinical Guideline (CG43)- Obesity: the prevention, identification, assessment and management of overweight and obesity in adults and children: clinical assessment and interventions.* www.nice.org.uk/nicemedia/live/11000/56354/56354.pdf

O'Reardon, J.P., Allison, K.C., Martino, N.S., Lundgren, J.D., Heo, M. y Stunkard, A.J. (2006). A randomized placebo controlled trial of sertraline in the treatment of night eating syndrome. *American Journal of Psychiatry, 163,* 893-898.

Pawlow, L.A., O'Neil, P.M. y Malcom, R.J. (2003). Night eating syndrome: Effects of brief relaxation training on stress, mood, hunger, and eating patterns. *International Journal of Obesity, 27,* 970-978.

Perkins, S.S., Murphy, R., Schmidt, U. y Williams, C. (2006). Self-help and guided self-help for eating disorders. Cochrane Database of Systematic Reviews, Issue 3 (Article No. CD04191), DOI: 10.1002/14651858.CD004191.pub2.

Pope, J.R., Lalonde, J.K., Pindyck, L.J., Walsh, T., Bulik, C.M., Crow, S.J., McElroy, S.L., Rosenthal, N. y Hudson, J.I. (2006). Binge eating disorder: A stable síndrome. *American Journal of Psychiatry, 163,* 2181-2183.

Rand, C.S.W., Macgregor, M.D. y Stunkard, A.J. (1997). The night eating syndrome in the general population and among post-operative obesity surgery patients. *International Journal of Eating Disorders, 22,* 65-69.

Reas, D.L. y Grilo, C.M. (2008). Review and meta-analysis of pharmacotherapy for binge-eating disorder. *Obesity, 16,* 2024-2038.

Rosen, J.C., Orosan, P. y Reiter, J. (1995) Cognitive behavior therapy for negative body image in obese women. *Behavior Therapy, 26,* 25-42.

Rosenberg, M. (1965). *Society and the adolescent self image.* Princeton: Princeton University Press.

Saldaña, C. (1998). Obesidad y trastorno alimentario compulsivo. En M.A. Vallejo (Ed.), *Manual de terapia de conducta* (vol. II, pp. 215-275).

Saldaña, C., García, E., Sánchez-Carracedo, D. y Tomás, I. (1994) Aproximación conductual al tratamiento de la obesidad y del seguimiento crónico de dietas. En J.L. Graña (ed.): *Conductas adictivas. Teoría, evaluación y tratamiento* (667-703). Madrid: Debate.

Saldaña, C. y Sánchez-Carracedo, D. (1989) Evaluación de la obesidad en niños y adolescentes. *Revista de Psiquiatría de la Facultad de Medicina de Barcelona, 16:* 255-269.

Saldaña, C. y Tomás, I. (1998) Ansiedad y trastornos de la alimentación. En F. Palmero y E. FG. Fernández-Abascal (Coor.): *Emociones y adaptación.* Barcelona: Ariel.

Saldaña, C., Tomás, I. y Bach, L. (1997) Técnicas de intervención en los trastornos del comportamiento alimentario. *Ansiedad y Estrés, 3,* 319-337.

Schmidt, U. y Treasure, J. (1993). *Getting better bit(e) by bit(e): Survival kit for sufferers of bulimia nervosa and binge eating disorders.* London: Psychology Press.

Slade, P.D., Dewey, M.E., Newton, T., Brodie, D.y Kiemle, G. (1990). Development and preliminary validation of the Body Dissatisfaction Scale (BDS). *Psychology and Health, 4,* 213-220.

Sarwer, D.B. y Thompson, J.K. (2002). Obesity and body image disturbance. En T.A. Wadden y A.J. Stunkard (Eds.), *Handbook of obesity treatment* (pp.447-464). New York: The Guilford Press.

Serra-Majem, Ll., Ribas Barba, L., Aranceta Bartrina, J., Pérez Rodrigo, C., Saavedra Santana, P. y Peña Quintan, L. (2003). Obesidad infantil y juvenil en España. Resultados del Estudio Enkid (1998-2000). *Medicina Clínica (Barcelona), 121,* 725-732.

Shapiro, J.R., Reba-Harrelson, L., Dymek-Valentine, M., Woolson, S.L., Hamer, R.M. y Bulik, C.M. (2007). Feasibility and acceptability of CD-Rom based cognitive-behavioural treatment for binge eating disorder. *European Eating Disorders Review, 15*, 175-184.

Sociedad Española para el Estudio de la Obesidad (SEEDO) (1996). Consenso español 1995 para la evaluación de la obesidad y para la realización de estudios epidemiológicos. *Medicina Clínica* (Barcelona), *107*, 782-7.

Sociedad Española para el Estudio de la Obesidad (SEEDO) (2007).Consenso SEEDO 2007 para la evaluación del sobrepeso y la obesidad y el establecimiento de criterios de intervención terapéutica. *Revista Española de Obesidad*, 7-48.

Spielberger, C.D., Gorsuch, R.L. y Lushene, R.E. (1970). STAI: *Manual for the State-Trait Anxiety Inventory*. Palo Alto, CA: Consulting Psychologists Press.

Spielberger, C.D., Gorsuch, R.L., Lushene, R.E., Vagg, P.R. y Jacobs, G.A. (1983). *Manual for the State Trait Anxiety Inventory STAI (Form Y)*. Palo Alto, CA: Consulting Psychologist Press.

Spitzer, R. L., Yanovski, S., Wadden, T., Wing, R.R., Marcus, M.D., Stunkard, A., Devlin, M., Mitchell, J., Hasin, D. y Horne, R.L. (1993).Binge eating disorder: Its further validation in a multisite study. *International Journal of Eating Disorders, 13*, 137-153.

Spitzer, R.L., Yanovski, S.Z. y Marcus, M.D. (1994). The *Questionnaire on Eating and Weight Patterns-Revised* (QEWP-R, 1993). Pittsburgh PA: Behavioral Measurement Database Services (Producer). McLean, VA: BRS Search Service (Vendor).

Stefano, S.C., Bacaltchuk, J., Blay, S.L. y Hay, P. (2006). Self-help treatments for disorders of recurrent binge eating: A systematic review. *Acta Psychiatrica Scandinava, 113*, 452-459.

Striegel-Moore, R.H. y Franko, D.L. (2008). Should binge eating disorder be included in the DSM-V? A critical review of the state of the evidence. *Annual Review of Clinical Psychology, 4*, 305-324.

Stubb, J., Whybrow, S., Teixeira, P., Blundell, J., Lawton, C., Westerhoefer, J., Engel, D., Sheperd, R., Mcconnon, A., Gilbert, P. y Raats, M. (2011). Problems in identifying predictors and correlates of weight loss and maintenance: Implications for weight control therapies based on behavior change. *Obesity Review, 12*, 688-708.

Stunkard, A.J. (1959). Eating patterns and obesity. *Psychiatric Quarterly, 33*, 284-295.

Stunkard, A.J. (2002). Binge-eating disorder and the night-eating syndrome. En T.A. Wadden y A.J. Stunkard (Eds.), *Handbook of obesity treatment* (pp. 107-121). New York: The Guilford Press.

Stunkard, A.J., Berkowitz, R., Wadden, T., Tanrikut, C., Reiss, E. y Young, L. (1996). Binge eating disorder and night eating syndrome. *International Journal of Obesity and Related Metabolic Disorders, 20*, 1-6.

Stunkard, A.J., Grace, W.J. y Wolff, H.G. (1955). The night-eating syndrome: A pattern of food intake among certain obese patients. *American Journal of Medicine, 19,* 78-86.

Stunkard, A.J. y Mendelson, M. (1967). Obesity and body image: I. Characteristics of disturbances in the body image of some obese persons. *American Journal of Psychiatry, 123,* 1296-1300.

Stunkard, A.J. y Messick, S. (1985) The three-factor eating questionnaire to measure dietary restraint, disinhibition and hunger. *Journal of Psychosocial Research, 29,* 71-83.

Sysko, R., Roberto, C.A., Barnes, R.D., Grilo, C.M., Attia, E., Walsh, B.T. (2012). Test-retest reability of the proposed DSM-5 eating disorder diagnostic criteria. *Psychiatric Research, 196,* 302-308.

Tanofsky-Kraff, M. y Wilfley, D.E. (2010). Interpersonal Psychotherapy for bulimia nervosa and binge-eating disorder. En C.M. Grilo y J.E. Mitchell (eds.) *The treatment of eating disorders. A clinical handbook* (pp. 271-293). New York: The Guilford Press.

Teixeira, P.J., Going, S.B., Sardinha, L.B. y Lohman, T.G. (2005). A review of psychosocial pre-treatment predictors of weight control. *Obesity Review, 6,* 43-65.

Telch, C.F., Agras, W.S. y Linehan, M.M. (2000). Group dialectical behavior therapy for binge eating disorder: A preliminary uncontrolled trial. *Behavior Therapy, 31,* 569-582.

Telch, C.F., Agras, W.S. y Linehan, M.M. (2001). Dialectical behavior therapy for binge eating disorder. *Journal of Consulting and Clinical Psychology, 69,* 1061-1065.

US Department of Health and Human Services (1996). *Physical activity and health: A report of the surgeon general.* US Department of Health and Human Services, Public Health Service, CDC, National Center for Chronic Disease Prevention and Health Promotion: Atlanta.

Vander Wal, J.S. (2012). Night eating síndrome: A critical review of the literatura. *Clinical Psychology Review, 32,* 49-59.

Vander Wal, J.S., Maraldo, T.M., Vercellone, A.C. y Gagne, D.A. (2015). Education, progressive muscle relaxation therapy, and exercise for the treatment of night eating síndrome. A pilot study. *Appetitr, 89,* 136-144.

van Strien, T., Frigters, J.E.R., Bergers, G.P.A. y Defares, P.B. (1986) The Dutch Eating Behavior Questionnaire (DEBQ) for assessment of restrained, emotional and external eating behavior. *International Journal of Eating Disorders, 5,* 295-315.

Vera, M.N. y Fernández, M.C. (1989) *Prevención y tratamiento de la obesidad.* Barcelona: Martínez Roca.

Vinai, P., Allison, K.C., Cardetti, S., Carpegna, G., Ferrato, N., Masante, D., Vallauri, P., Ruggiero, G.M. y Sassaroli, S. (2008). Psychopathology and treatment of night eating syndrome: A review. *Eating and Weight Disorders, 13,* 54-63.

Virgili, N. y Leyes, P. (1997) Dietas y prevención de la obesidad. En V.J. Turón (ed.): *Trastornos de la alimentación*. Barcelona: Masson.

Vocks, S., Tuschen-Caffier, B., Pietrowsky, R., Rustenbach, S.J., Kersting, A. y Herpertz, S. (2010). Meta-analysis of the effectiveness of psychological and pharmacological treatments for binge eating disorder. *International Journal of Eating Disorders, 43*, 205-217.

Wadden, T. A., y Foster, G. D. (2000). Behavior therapy for obesity. *Medical Clinics of North America, 84*, 441-461.

Wadden, T.A. y Foster, G.D. (2001). *Weight and Lifestyle Inventory*. Philadelphia: University of Pennsylvania.

Wadden, TA, Foster GD. (2006). The Weightand Lifestyle Inventory (WALI). *Obesity, 14* (Suppl 2), 99S-118S.

Wadden, T.A. y Phelan, S. (2002). Behavioral assessment of the obese patient. En T.A. Wadden y A.J. Stunkard (Eds.), *Handbook of obesity treatment* (pp.186-226). New York: The Guilford Press.

Wadden, T.A. y Stunkard, A.J. (Eds.), *Handbook of obesity treatment*. New York: The Guilford Press.

Wardle, J. (1995) The assessment of obesity: Theoretical background and practical advice. *Behaviour Research and Therapy, 33*, 107-117.

Wilfley, D.E., Bishop, M.E., Wilson, G.T. y Agras, W.S. (2007). Classification of eating disorders: Toward DSM-V. *International Journal of Eating Disorders, 40*, S123-S129.

Wilfley, D.E., Friedman, M.A., Dounchis, J., Stein, R., Welch, R. y Ball, S. (2000). Comorbid psychopathology in binge eating disorder: Relation to eating disorder severity at baseline and following treatment. *Journal of Consulting and Clinical Psychology, 68*, 641-649.

Wifley, D.E., Welch, R.R., Stein, R.I., Spurrell, E.B., Cohen, L.R., Saelens, B.E., Dounchis, J.Z., Frank, M.A., Wiseman, C.V. y Matt, G.E. (2002). A randomized comparison of group cognitive-behavioral therapy and group interpersonal psychotherapy for the treatment of overweight individuals with binge eating disorder. *Archives of General Psychiatry, 59*, 713-721.

Wilson, G.T. (1996) Acceptance and change in the treatment of eating disorders and obesity. *Behavior Therapy, 27*, 417-439.

Wilson, G.T. y Sysko, R. (2009). Frequency of binge eating episodes in bulimia nervosa and binge eating disorder: Diagnostic considerations. *International Journal of Eating Disorders, 42*, 603-610.

Wilson, G.T., Wilfley, D.E., Agras, W.S. y Bryson, S.W. (2010). Psychological treatments of binge eating disorders. *Archives of General Psychiatry, 67*, 94-101.

Wing, R.R. (2009). Physical Activity for weight loss maintenance. En C. Bouchard y P.T. Katzmarzyk (Eds.), *Physical activity and obesity* (pp.245-248). Champaign, IL: Human Kinetics.

Wing, R.R. y Phelan, S. (2005). Long-term weight loss maintenance. *American Journal of Clinical Nutrition, 82*(supl.), 222s-225s.

Womble, L.G., Wadden, T.A., McGuckin, B.G., Sargent, S.L., Rothman, R.A. y Krauthamer-Ewing, E.S. (2004). A Randomized Controlled Trial of aCommercial Internet Weight Loss Program. *Obesity Research, 12,* 1011-1018.

World Health Organization (1998). *Obesity. Preventing and managing the global epidemic.* Report of a WHO consultation on obesity. Geneva, 3-5 June, 1997. (Publicación nº WHO/NUT/NCD/98.1). Geneva: WHO.

Ziebland, S., Thorogood, M., Fuller, A. y Muir, J. (1996). Desire for the body normal: Body image and discrepancies between self-reported and measured height and weight in a British population. *Journal of Epidemiology and Community Health, 50,* 105-106.

8. BIBLIOGRAFÍA RECOMENDADA

Calado Otero, M. (2010). *Trastornos alimentarios. Guías de psicoeducación y autoayuda.* Madrid: Pirámide.

Esta monografía recoge de manera clara y concisa abundante material que pretende cumplir, tal como indica la autora, con dos funciones básicas: la psicoeducativa y la de autoayuda. Consideramos que puede ser de gran ayuda a los profesionales que trabajen en este ámbito. Aunque la información que contiene hace referencia a todos los trastornos de la conducta alimentaria (AN, BN y trastornos de la conducta alimentaria no especificados) y no aborda de forma específica ninguno de los trastornos tratados en este capítulo (TA y SIN), contempla la información más relevante que debe ser abordada en varias de las áreas de intervención que hemos mencionado en nuestra propuesta de tratamiento.

Cervera, M. (2005) *Riesgo y prevención de la anorexia y la bulimia.* Madrid: Pirámide.

La ausencia de material concreto relativo a la evaluación y tratamiento del trastorno alimentario compulsivo hace que nos animemos a recomendar esta obra, aunque no corresponda de forma específica al contenido del capítulo. Al lector le puede ser útil tomando como punto de partida para la lectura las similitudes entre el TA y la bulimia nerviosa, más que las diferencias. Parte del material que aporta el libro se puede proporcionar al paciente en la fase educativa de información que hemos indicado en el apartado 5.1., por ejemplo, la información relativa al peso ideal y el peso biológico, el balance calórico diario, las normas básicas alimentarias, la información relativa a alimentación y nutrición, etcétera. Otra parte del material que se aporta en el libro será de utilidad para que el clínico recabe información para facilitar la promoción de la autoaceptación (propuesto en el apartado 5.3. de este capítulo), como por ejemplo los aspectos relativos a si es posible moldear el cuerpo a voluntad, la autoimagen y la autoestima, etcétera. La obra es eminentemente práctica y proporciona material que se puede utilizar tanto durante las sesiones terapéuticas como material de autoayuda para que lo trabaje el sujeto con trastorno alimentario compulsivo.

Grupo de trabajo de la Guía de Práctica Clínica sobre los Trastornos de la Conducta Alimentaria (2009). *Guía de Práctica Clínica sobre los Trastornos de la Conducta Alimentaria.* Madrid: Plan de Calidad para el Sistema Nacional de Salud del Ministerior de Sanidad y Consumo. Agència d'Avaluació de Tecnologia i Recerca Mèdiques de Cataluña. Guías de Práctica Clínica del SNS: AATRM Núm: 2006/05-01.

En esta guía se puede encontrar toda la información relativa a las recomendaciones sobre evaluación y tratamiento de los trastornos de la conducta alimentaria. Basándose en la evidencia empírica, el grupo de trabajo de esta guía clínica presenta los instrumentos que se deben emplear para la evaluación del paciente con TCA y, por tanto, del paciente con TA. Asimismo, presentan las recomendaciones a seguir en el momento de elección del tratamiento más adecuado. Conviene señalar que la guía indica qué se debe emplear para un buen abordaje del TA pero no aporta información de cómo hacerlo.

Madrid, J. (1998). *El libro de la obesidad y su tratamiento.* Madrid: Arán Ediciones.

A pesar de que ya tiene muchos años, el valor de esta monografía radica en la forma clara, sencilla y amena con que el autor nos proporciona información muy útil para comprender las causas de la obesidad, los problemas que genera y cuáles son sus manifestaciones clínicas. Especial atención se presta a la importancia de la alimentación y la actividad física en el tratamiento de la obesidad aportando información práctica de gran utilidad para el clínico. Además, se revisan otras formas de tratamiento que se deben tomar con cautela ya que la investigación generada en los años transcurridos desde su publicación ha modificado algunos de los planteamientos que se realizan.

Saldaña, C., García, E., Sánchez-Carracedo, D. y Tomás, I. (1994) Aproximación conductual al tratamiento de la obesidad y del seguimiento crónico de dietas. En J.L. Graña (ed.): *Conductas adictivas. Teoría, evaluación y tratamiento.* Madrid: Debate.

Este trabajo complementa la información aportada en el presente capítulo a varios niveles. De una parte, en relación con los pasos o fases del programa de tratamiento que se propone, aportando información más detallada de las actividades que deberá realizar el clínico tanto en el diseño del programa como en las sesiones terapéuticas. De otra, contiene material práctico que, por razones de espacio, no hemos incluido en este capítulo, que en nuestra experiencia con pacientes obesos, nos ha mostrado ser de gran utilidad. Por ejemplo, el trabajo recomendado contiene un modelo de entrevista clínica, elaborada desde el marco teórico del análisis funcional; contiene autorregistros de alimentación y actividad física; asimismo contiene registros para utilizar después de realizar los análisis señalados en los apartados 5.1, 5.2, 5.4. y 5.5.; también contiene información y registros para realizar un balance del tratamiento. Finalmente contiene material que se proporciona a los sujetos durante la fase de seguimiento, que intenta facilitar el mantenimiento de las pérdidas de peso alcanzadas y el control de la recaída. El paso de los años no ha hecho que este material se pueda considerar obsoleto.

9. PREGUNTAS DE AUTO-COMPROBACIÓN

1) El Índice de Masa Corporal tiene la ventaja de que tiene establecido el mismo punto de corte para hombres y mujeres adultos y para niños y adolescentes.
2) La razón cintura/cadera superior a 0,85 para las mujeres y superior a 1 para los hombres refleja un patrón androide o de acumulación del tejido adiposo en la zona abdominal.
3) Altos niveles de ansiedad y estrés pueden ser el origen del síndrome de ingesta nocturna.
4) Las consecuencias de seguir una dieta son positivas a corto plazo y negativas a largo plazo.
5) El tratamiento del trastorno de atracones en sujetos obesos debe iniciarse con estrategias dirigidas a combatir los atracones y reorganizar los hábitos alimentarios del sujeto.
6) Diez sesiones de terapia de luz brillante parecen ser suficientes para disminuir la ingesta nocturna de las personas con síndrome de ingesta nocturna.
7) El arsenal de fármacos para el tratamiento de la obesidad ha aumentado de forma significativa en los últimos años.
8) Los profesionales deben guiar a los obesos para que se fijen metas de pérdida de peso razonables, entre un 15 y 20% de su peso corporal.
9) Las estrategias terapéuticas recomendadas para «promover la autoaceptación» tanto en obesos como en pacientes con TA son: la educación, la reestructuración cognitiva y la potenciación de la relación terapéutica.
10) Cualquier tipo de actividad física que se prescriba a un obeso siempre será beneficiosa para su salud física y bienestar psicológico.

Las respuestas (verdadero, o falso) a las preguntas
se encuentran en el anexo final del texto.

13

TRASTORNOS DEL SUEÑO

Mª Isabel Comeche Moreno

U.N.E.D.

1. INTRODUCCIÓN

El sueño es una de las funciones corporales básicas de nuestro organismo que, junto a la alimentación y la eliminación de los desechos corporales, garantiza nuestra supervivencia. En condiciones normales pasamos cerca de un tercio del día durmiendo, por lo que el sueño se convierte en uno de los estados más frecuente en nuestra vida Aunque a lo largo de la historia han existido interpretaciones diversas sobre las funciones del sueño (Kovalzon, 1990), lo que parece estar claro es su función homeostática, su papel regulador del organismo al permitir que éste se recupere del desgaste producido por la actividad, tanto física como psíquica, que se realiza durante la vigilia.

Las necesidades de sueño varían de una persona a otra, e incluso en la misma persona dependiendo de la edad, estado emocional y de salud, estilo de vida y demandas sociales (Raich y Calzada, 1992). En general, se considera que una media de 7 a 8 horas de sueño nocturno suele ser suficiente para que la mayor parte de los adultos se sientan frescos y puedan realizar su actividades diarias de forma satisfactoria (Wilson y Nutt, 2010). La necesidad de sueño sufre grandes variaciones a lo largo del ciclo vital; como es bien conocido, los recién nacidos pasan durmiendo las tres cuartas partes del día y, en paralelo con el desarrollo del niño, se va produciendo un descenso en el número de horas que va necesitando dormir. Este descenso, de forma mucho menos acusada, se prolonga durante la infancia, adolescencia y hasta aproximadamente los 20 años, momento a partir del que las necesidades de sueño se mantienen más o menos constantes, hasta la edad senil (Buela-Casal y Sierra, 1994). A partir de los 50 años, incluso en las personas sin problemas de insomnio, tanto la continuidad como la duración y la profundidad del sueño se ven reducidas, descendiendo el tiempo total de horas de sueño hasta una media de unas 6 horas (Morgan, 2000).

En función de los cambios que se producen en la actividad fisiológica del organismo durante las horas de sueño, se diferencian varios tipos y estadios de sueño. En primer lugar y según la amplitud de las ondas de la actividad electroencefalográfica del cerebro, se distinguen dos tipos básicos de sueño: el de ondas rápidas y el de ondas lentas. El sueño de ondas rápidas, es más conocido como sueño REM, siglas que en inglés designan el fenómeno de movimientos oculares rápidos (*Rapid Eye Movement*) que en dicha fase se observa. Se caracteriza este tipo de sueño porque la atonía muscular y la ausencia de movimientos conviven con una evidente activación electroencefalográfica (ondas rápidas) y con los movimientos oculares rápidos que le dan nombre. Es decir, la persona está claramente dormida pero su actividad cerebral se asemeja a la de una persona que está despierta y pensando, de aquí el término *paradójico* con el que también se conoce este tipo de sueño. Además, durante este periodo es cuando aparecen las ensoñaciones, alucinaciones oníricas o sueños, que es una de las características más relevantes de la fase REM.

A su vez, en el sueño de ondas lentas, también llamado sueño tranquilo o No-REM, se distinguen cuatro estadios o fases, cada una con características y manifestaciones fisiológicas propias, de las que a continuación se señalan sólo algunas de las más relevantes:

- Estadio 1, o fase de adormecimiento. Es la transición entre la vigilia y el sueño. Suele tener una duración muy corta (unos 5 minutos en personas sin problemas de sueño). Se producen movimientos oculares lentos y la actividad muscular está ligeramente disminuida.
- Estadio 2, o fase de sueño ligero. No se dan movimientos oculares y los músculos aparecen relajados, aunque pueden producirse pequeñas sacudidas. El ritmo respiratorio y la frecuencia cardiaca también disminuyen.
- Estadio 3, o primera fase de sueño profundo. Se producen ondas delta de gran amplitud, entre el 20% y el 50% del tiempo; no hay movimientos oculares y apenas actividad muscular; el ritmo respiratorio y el cardíaco se reducen.
- Estadio 4, o sueño profundo. Similar al estadio 3, pero con ondas delta en más del 50% del tiempo.

En la conciliación del sueño se va produciendo una progresión a lo largo de los cuatro estadios de sueño lento, seguidos finalmente por la aparición repentina del sueño REM. Este ciclo o alternancia entre el sueño de ondas lentas y el paradójico suele repetirse entre 4 y 5 veces durante la noche, con una duración media de cada ciclo de unos 90 minutos. La profundidad del sueño (duración de los estadios 3 y 4) es mayor en el primer tercio de la noche mientras que la duración del sueño paradójico es menor. Sin embargo, esta proporción se invierte a lo largo de la noche, de modo que en el último tercio la proporción de sueño REM es mucho mayor y las fases del sueño profundo incluso desaparecen en los últimos ciclos.

Como se verá en los próximos apartados, la mayor parte de los trastornos del sueño suponen algún tipo de alteración en los parámetros y/o estadios citados, motivo por el que el interesado en la intervención en este ámbito debe conocer dichos aspectos. Para profundizar en estos conocimientos se recomienda la consulta de diversas publicaciones en español: Buela-Casal y Navarro (1990), Raich y Calzada (1992), Wilson y Nutt (2010).

2. CARACTERÍSTICAS DE LOS PRINCIPALES TRASTORNOS PRIMARIOS DEL SUEÑO

La clasificación de la amplia variedad de trastornos relacionados con el sueño y el ciclo sueño-vigilia ha supuesto un reto continuo para los profesionales implicados en su estudio, en un intento de ofrecer definiciones estandarizadas y facilitar el diagnóstico; sin embargo, la revisión de las clasificaciones más recientes pone de manifiesto la falta de acuerdo en definiciones y criterios. Así, vemos que la tercera edición del ICSD (ICSD-3, AASM, 2014) incluye un total de 6 grandes categorías de trastornos del sueño: 1) insomnio; 2) trastornos respiratorios relacionados con sueño; 3) trastornos centrales de hipersomnolencia; 4) trastornos del ritmo circadiano sueño vigilia; 5) parasomnias; 6) trastornos del movimiento relacionados con el sueño.

Por su parte, el DSM-5 (APA, 2013) recoge un total de 10 trastornos agrupados bajo el epígrafe global de "trastornos del sueño-vigilia": 1) trastorno de insomnio; 2) trastorno de hipersomnia; 3) narcolepsia; 4) trastornos del sueño relacionados con la respiración; 5) trastornos del ritmo circadiano de sueño-vigilia; 6) parasomnias: trastornos del despertar del sueño no REM: sonambulismo y terrores nocturnos; 7) parasomnias: trastorno de pesadillas; 8) trastorno del comportamiento del sueño REM; 9) síndrome de las piernas inquietas; 10) trastorno del sueño inducido por sustancias/medicamentos.

Con fines didácticos, se recuerda a continuación la clasificación tradicional (una de las más sencillas), que es la que agrupa los trastornos del sueño en las dos grandes categorías siguientes (ASDA, 1997):

1. *Disomnias*: trastornos de la cantidad, calidad y horario del sueño. Bajo este epígrafe se incluyen los alteraciones del inicio y mantenimiento del sueño, como el insomnio, los trastornos por sueño excesivo o hipersomnia, los relacionados con la respiración y algunos trastornos del ritmo circadiano, como los producidos por cambios de huso horario, o *jet lag*, o por cambios de turno de trabajo.
2. *Parasomnias*: agrupan los acontecimientos o comportamientos problemáticos que ocurren durante el sueño. Las parasomnias pueden aparecer durante el periodo de sueño no-REM, como los terrores nocturnos y el sonambulismo, o estar asociadas al sueño REM, como las pesadillas.

En este capítulo se van a revisar las características de aquellos trastornos del sueño que con más frecuencia se abordan desde el ámbito cognitivo-conductual y que tradicionalmente se han venido recogiendo bajo la denominación de "trastornos primarios del sueño" (APA, 2000; Miró, Sánchez y Buela-Casal, 2003); es decir, trastornos que básicamente no se deben a una enfermedad médica, a otra enfermedad mental o a la ingestión de determinadas sustancias. Se trata, en definitiva, de trastornos que suelen verse influidos por factores psicológicos (sobre todo en su mantenimiento), que han sido ampliamente estudiados desde la psicología y en los que las técnicas de tratamiento cognitivo conductuales han demostrado su eficacia.

2.1. Insomnio primario

La principal característica del insomnio es la predominante insatisfacción por la cantidad o calidad del sueño, asociada a la dificultad para iniciar o mantener un sueño reparador. Con frecuencia se observa que las personas con insomnio presentan una combinación de estas dificultades, e incluso que el tipo de queja (dificultad para conciliar o para mantener), varía a lo largo del tiempo. Además, como puede verse en la Tabla 1, para el diagnóstico de insomnio según el DSM-5 (APA, 2013), es necesario que la persona manifieste que su alteración del sueño le causa un malestar clínicamente significativo o deterioro en algunos aspectos de su funcionamiento diario (social, laboral, educativo, etc.). Este problema debe producirse al menos 3 noches por semana y haber estado presente durante al menos 3 meses. Asimismo, el insomnio no se explica mejor ni se produce exclusivamente en el curso de otro trastorno del sueño-vigilia; finalmente, se requiere que no se pueda atribuir a los efectos fisiológicos de una sustancia, ni que quede explicado adecuadamente por la coexistencia de otro trastorno mental o afección médica.

A.	Predominante insatisfacción por la cantidad o la calidad del sueño, asociada a uno (o más) de los síntomas siguientes: 1. Dificultad para iniciar el sueño. 2. Dificultad para mantener el sueño, que se caracteriza por despertares frecuentes o problemas para volver a conciliar el sueño después de despertar. 3. Despertar pronto por la mañana con incapacidad para volver a dormir.
B.	La alteración del sueño causa malestar clínicamente significativo o deterioro en lo social, laboral, educativo, académico, del comportamiento u otras áreas importantes del funcionamiento.
C.	La dificultad del sueño se produce al menos tres noches a la semana.
D.	La dificultad del sueño está presente durante un mínimo de tres meses.
E.	La dificultad del sueño se produce a pesar de las condiciones favorables para dormir.
F.	El insomnio no se explica mejor por otro trastorno del sueño-vigilia y no se produce exclusivamente en el curso de otro trastorno del sueño-vigilia (p. ej., narcolepsia, un trastorno del sueño relacionado con la respiración, un trastorno del ritmo circadiano de sueño-vigilia, una parasomnia).
G.	El insomnio no se puede atribuir a los efectos fisiológicos de una sustancia (droga/medicamento).
H.	La coexistencia de trastornos mentales y afecciones médicas no explica adecuadamente la presencia predominante de insomnio.

Tabla 1. Criterios DSM-5 para el diagnóstico de Trastorno de Insomnio (APA, 2013)

En el DSM-5 (APA, 2013) no se hace referencia explícita (como sí se hacía en el DSM-IV-TR; APA, 2000) a la distinción entre insomnio primario y secundario. Sin embargo, tanto la denominación de insomnio primario, como la de "insomnio psicofisiológico" utilizada por la American Sleep Disorders Association (ASDA, 1997), siguen siendo de especial utilidad en el ámbito de la intervención psicológica, ya que permiten un mayor acercamiento al origen y, sobre todo al mantenimiento de la mayor parte de los problemas de insomnio y, por tanto, resultan muy provechosas para explicar al paciente el abordaje cognitivo-conductual del problema.

Para diferenciar los tipos de insomnio en función de su distribución temporal a lo largo de la noche, se suelen utilizar los siguientes términos: insomnio de conciliación o de inicio (retraso en el inicio del sueño), insomnio intermedio o de mantenimiento (interrupciones frecuentes durante la noche), e insomnio tardío o terminal (despertarse antes de lo deseado y no poder volver a conciliar el sueño) (APA, 2013).

El insomnio es el más prevalente de todos los trastornos del sueño, aunque las cifras aportadas por los estudios varían ampliamente debido, probablemente, a la disparidad de criterios utilizados para su valoración. El padecer algún episodio de insomnio de forma ocasional es algo normal en la vida de cualquier persona (Morin, 1998); sin embargo, la ocurrencia de episodios repetidos de insomnio es menos frecuente. En general, se considera que cerca de una tercera parte de los adultos informan de síntomas de insomnio, aunque sólo entre el 6 y el 10% cumplirían los criterios de trastorno de insomnio según el DSM-5 (APA, 2013). Lo que sí parece estar ampliamente documentado es la mayor incidencia de este tipo de problemas en las mujeres (Ford y Cooper-Patrick, 2001), así como su incremento con la edad (APA, 2013; Bloom y cols., 2009; Wilson y Nutt, 2010). Finalmente, señalar la frecuente ocurrencia de insomnio como una condición comórbida a otros problemas médicos, cifra que puede llegar a alcanzar hasta el 40-50% de las personas con insomnio y otros problemas comórbidos de salud mental (APA, 2013).

2.2. Narcolepsia

La narcolepsia se caracteriza por la aparición de episodios recurrentes e irrefrenables de sueño diurno junto a, al menos, una de las siguientes características (APA, 2013): 1) Cataplejía, o episodios súbitos y breves de pérdida bilateral del tono muscular, con conservación de la consciencia, que puede ser desencadenado por la risa o las bromas; en niños o al inicio del trastorno pueden aparecer episodios espontáneos de muecas, movimientos de boca o lengua, o hipotonía general sin un desencadenante emocional evidente; 2) Deficiencia de hipocretina en el líquido cefalorraquídeo; 3) Alteraciones evidentes en el estudio polisomnográfico, como una latencia del sueño REM inferior o igual a 15 minutos.

Además, para diagnosticar narcolepsia según el DSM-5, los ataques de sueño se deben haber producido al menos 3 veces por semana durante los últimos 3 meses (APA, 2013).

Junto a la sensación de somnolencia, prácticamente continua, los pacientes de narcolepsia experimentan a lo largo del día varios ataques de sueño (Wilson y Nutt, 2010) que pueden darse en situaciones totalmente inadecuadas e incluso peligrosas (p.ej.: conduciendo) y que les obligan a echar pequeñas siestas que, aunque de corta duración (de segundos a minutos), mejoran momentáneamente la sensación de somnolencia. Un síntoma que suele complicar el trastorno es la cataplejía, que aparece en más de la mitad de los pacientes en situaciones de activación emocional. Esta pérdida brusca del tono muscular suele afectar a los músculos de la cara y cabeza e incluso a los brazos y piernas, pudiendo provocar la caída de la persona, ya que se produce mientras ésta está despierta y consciente.

La aparición de la narcolepsia puede darse tanto de forma abrupta como progresiva; su frecuencia es mayor en adolescentes y jóvenes adultos y mucho menos probable en personas mayores, existiendo dos franjas de edad en las que su inicio es más frecuente: entre 15 y 25 años, y entre 30 y 35. Su prevalencia es muy baja con cifras que oscilan, en el caso de la narcolepsia con cataplejía, entre el 0,02 y el 0,04% de la población general; afecta igualmente a hombres y mujeres, aunque con una posible preponderancia masculina (APA, 2013).

2.3. Apnea e hipopnea obstructiva del sueño

La apnea/hipopnea obstructiva del sueño es la forma más frecuente de trastorno del sueño relacionado con la respiración. Su principal característica es la aparición de episodios repetitivos de obstrucción de las vías respiratorias durante el sueño (cierre total: apnea; cierre parcial: hipopnea), que producen breves paradas respiratorias (de 20 a 30 segundos) y que pueden alternar con resoplidos/jadeos o ronquidos intensos. Con frecuencia, al reanudarse la respiración, la persona produce balbuceos u otro tipo de sonidos así como movimientos violentos, de modo que el sueño es fragmentado e inquieto. Además de estas dificultades durante el sueño, el paciente suele quejarse de somnolencia diurna, dolores de cabeza, irritación de garganta y sequedad bucal; algunos incluso se quejan de despertares frecuentes y sueño no reparador.

Para el diagnóstico de apnea/hipopnea obstructiva del sueño según el DSM-5 (APA, 2013) se requiere que se haya evidenciado en la polisomnografía la ocurrencia de al menos cinco apneas o hipopneas por hora de sueño, junto a uno u otro de los dos tipos de síntomas descritos: 1) ronquidos y resoplidos durante el sueño; 2) somnolencia diurna. También puede diagnosticarse este trastorno en el caso de que se den 15 o más apneas o hipopneas por hora, con independencia de los síntomas acompañantes.

La prevalencia de este trastorno es bastante elevada, afectando al menos al 1-2% de los niños, entre el 2 y el 15% de los adultos de mediana edad y a más del 20% de las personas mayores (APA, 2013). Suele asociarse con la ocurrencia de accidentes de tráfico (debido a la somnolencia diurna), así como con el padecimiento de hipertensión, enfermedades cardiovasculares y alteraciones de la función cognitiva y del estado de ánimo (Miró, Sánchez y Buela-Casal, 2003). La aparición de apnea e hipopnea obstructiva es más frecuente en varones de mediana edad con obesidad, sobre todo del tronco y en personas con cuello grueso (Wilson y Nutt, 2010).

2.4. Trastornos de pesadillas

Las pesadillas son episodios de ensoñación que producen una elevada angustia en la persona y que provocan su despertar. Estos sueños suelen ser extremadamente terroríficos, de larga duración, bien estructurados y centrados en alguna situación que supone una amenaza para la integridad física de la persona o que provoca en ella algún sentimiento atemorizante (p.ej.: vergüenza o fracaso). Una vez despierta, la persona responde adecuadamente al entorno, mostrando en todo momento contacto con la realidad y prevaleciendo la sensación de angustia; además, el sueño se recuerda por lo que puede describirse detalladamente. Normalmente lo soñado no suele corresponderse con situaciones reales; sin embargo en algunos casos, como problema secundario a un trastorno de estrés post-traumático, las pesadillas sí pueden reproducir la situación traumática.

Al tratarse de un problema que aparece durante la ensoñación, su ocurrencia coincide con la fase de sueño REM, motivo por el que las pesadillas son mucho más frecuentes en la segunda mitad de la noche en la que los períodos de sueño REM son más largos (Comeche y Vallejo, 2016). Para el diagnóstico de pesadillas según el DSM-5 (APA, 2013) se requiere, además, que éstas causen un malestar clínicamente significativo o un deterioro en alguna de las áreas del funcionamiento de la persona y que su ocurrencia no esté relacionada con los efectos de una sustancia. Asimismo, se especifica que la coexistencia de trastornos mentales y médicos no explique adecuadamente la presencia predominante de sueños disfóricos. Según la frecuencia, su gravedad se cataloga como leve (menos de un episodio por semana), moderada (uno o más episodios por semana, pero no a diario) y grave (episodios cada noche).

La ocurrencia de algún episodio aislado de pesadillas en adultos es bastante elevada, estimándose que se dan en un 50% de la población; sin embargo los datos de su prevalencia como un problema frecuente son sensiblemente más bajos, oscilando según el DSM-5 (APA, 2013) entre el 6% para un episodio mensual y el 1-2% para episodios frecuentes. Cifras intermedias, entre el 4 y el 8%, son las aportadas por otros autores (Zadra y Donderi, 2000; Krakow y Zadra, 2006). Las pesadillas con frecuencia se inician en la infancia, entre los 3 y 6 años, con un pico de prevalencia y severidad en la adolescencia tardía e inicio de la juventud; aunque suelen desaparecer de forma espontánea, en algunos casos pueden llegar a persistir, representando un problema en la vida adulta (APA, 2013).

2.5. Trastornos del despertar del sueño no-REM

La categoría de "trastornos del despertar del sueño no-REM" del DSM-5 (APA, 2013) recoge aquellos episodios recurrentes de despertar incompleto que suelen suceder durante el primer tercio de la noche y que, por sus características específicas, podrían ser encuadrados bajo alguno de los dos diagnósticos siguientes: terrores nocturnos o sonambulismo.

2.5.1. Terrores nocturnos

Los terrores nocturnos son episodios de despertar brusco, normalmente precedidos de llanto o gritos de pánico, que suceden durante las fases de sueño de ondas lentas (no-REM), por lo que su ocurrencia suele restringirse al primer tercio de la noche. Suelen ser muy alarmantes ya que producen una elevada activación autonómica en la persona (sudor, taquicardia, hiperventilación, etc.), así como comportamientos propios de una situación de miedo intenso. La persona suele tener los ojos abiertos aunque realmente no está completamente despierta y no responde a los intentos de sus allegados para tranquilizarla; en el caso de que llegue a despertarse, suele mostrarse desorientada y confusa. A la mañana siguiente no suele acordarse del episodio o lo hace de forma fragmentada. Además de los aspectos señalados, para el diagnóstico de terrores nocturnos según el DSM-5 (APA, 2013) se requiere que su padecimiento provoque un malestar clínicamente significativo o un deterioro acusado en sus actividades diarias y que no se deba a los efectos fisiológicos de alguna sustancia o de una enfermedad.

Al igual que las pesadillas, los terrores nocturnos son mucho más frecuentes en la infancia, estimándose que entre un 30-40% de los niños tiene al menos un episodio; el pico de mayor ocurrencia se da entre los 2-3 años con una disminución gradual hasta el inicio de la adolescencia (Wilson y Nutt, 2010). La prevalencia de episodios recurrentes de terrores nocturnos en la población general es desconocida, estimándose en un 2,2% en adultos (APA, 2013). Aunque no se conoce el mecanismo de transmisión hereditaria, sí parece haber alguna predisposición genética ya que en muchos casos se comprueba la existencia de antecedentes familiares de terrores nocturnos o sonambulismo (Szelenberger, Niemcewicz y Dabrowska, 2005).

2.5.2. Sonambulismo

El sonambulismo es un conjunto de comportamientos motores complejos que suceden, al igual que los terrores nocturnos, durante el sueño no-REM y, por ello, suelen aparecer en el primer tercio de la noche. Las conductas que el sonámbulo realiza durante el episodio están ejecutadas de forma automática, por lo que suelen ser conductas frecuentes en su vida (p.ej.: sentarse en la cama, levantarse y deambular por la casa, vestirse, lavarse, peinarse, orinar, abrir o cerrar puertas y ventanas, etc.). Mientras realiza estas conductas y a pesar de que mantiene los ojos abiertos y la mirada fija y en blanco, es evidente que ve pues esquiva los objetos a su paso, sin embargo no responde al entorno y resulta muy difícil despertarle. Si se despierta durante el episodio, lo que sólo se consigue con mucha dificultad, suele mostrarse temporalmente desorientado y confuso, pero no recuerda nada; cuando no se le despierta sigue durmiendo tras el episodio y tampoco recuerda nada a la mañana siguiente. Para el diagnóstico según el DSM-5 (APA, 2013) es necesario que el sonambulismo no se deba a los efectos fisiológicos de una sustancia o de una enfermedad médica y que cause un malestar clínicamente significativo o un deterioro acusado en el funcionamiento normal de la persona.

La ocurrencia aislada de algún episodio de sonambulismo es relativamente frecuente, sobre todo en la infancia. En el DSM-5 (APA, 2013) se señala que entre un 10 y un 30% de los niños han experimentado al menos un episodio, aunque los criterios del trastorno sólo los cumpliría entre un 1 y un 5%. La prevalencia de episodios aislados en adultos, es decir no como trastorno, es mucho más baja (1 al 7%). El inicio de los episodios suele acontecer entre los 4 y 8 años, siendo la máxima prevalencia entre los 10 y los 14 años (Buela-Casal y Sierra, 1994) y remitiendo prácticamente en la edad adulta. El curso clínico del sonambulismo suele ser similar al de los terrores nocturnos por lo que, como señalan Wilson y Nutt (2010), es muy probable que ambos trastornos sean variantes de una misma patología subyacente, de hecho algunos autores (Szelenberger, Niemcewicz y Dabrowska, 2005) señalan que ambos trastornos son manifestaciones de un mismo continuo nosológico, en el que los terrores sería la manifestación más severa y el sonambulismo la más leve (Espinar, 1998).

3. MODELOS EXPLICATIVOS

Como se ha visto en el apartado previo, los problemas y trastornos del sueño son muy diversos, por lo que resulta imposible formular un único modelo que dé explicación de los diferentes factores que pueden influir en la ocurrencia y mantenimiento de todos estos trastornos. Por este motivo, a continuación se van a exponer tres modelos que, aunque se refieren a aspectos o trastornos concretos, resultan de especial utilidad para abordar la evaluación y el tratamiento de los trastornos del sueño desde la perspectiva cognitivo conductual.

3.1. Modelo de cronificación de los problemas de sueño

El sueño es una función corporal bastante vulnerable por lo que con frecuencia puede verse afectada, en mayor o menor medida, por las enfermedades físicas, las preocupaciones u otros problemas psicológicos. En condiciones adversas o situaciones conflictivas es frecuente que la persona experimente problemas para conciliar o mantener el sueño, que se queje de no haber tenido un descanso reparador o se despierte sobresaltada por pesadillas. Aunque lo normal es que, una vez finalizada la situación conflictiva se vuelva a los patrones normales de sueño, algunas personas continúan experimentando problemas de sueño después de que dicha situación ha finalizado o se ha resuelto, pudiendo llegar a desarrollar un trastorno del sueño.

Un modelo que representa el proceso de cronificación de los problemas de sueño, en el que los factores de aprendizaje están ampliamente representados, es el desarrollado por Spielman y Glovinski (1991) para representar la historia natural del insomnio. Se trata de un modelo de diátesis-estrés que integra los factores que predisponen a la persona a padecer problemas de sueño, con aquellos que en determinadas circunstancias (situaciones de estrés) precipitan la aparición de un episodio agudo y con las conductas desadaptadas que en muchos casos acaban perpetuando el trastorno de insomnio crónico. Una representación gráfica de este modelo puede verse en la Figura 1.

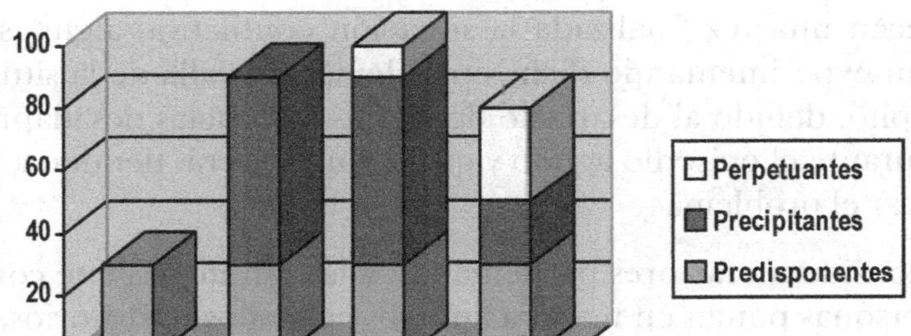

Figura 1. Modelo de tres factores de Spielman (1987)

Existen una serie de variables que pueden considerarse como factores de riesgo o predisposición a padecer problemas de sueño. Siguiendo a Morin (1998) puede destacarse algunos aspectos que parecen predisponer al padecimiento del insomnio como por ejemplo, ser mujer, ya que un hecho que los estudios epidemiológicos demuestran es que el insomnio es dos veces más frecuente en mujeres que en hombres. También la edad parece ser un factor de vulnerabilidad, ya que con los años se van produciendo cambios en los patrones de sueño que, junto al padecimiento de algunas enfermedades contribuyen a que éste sea un problema frecuente en la vejez. Tener algún familiar que presenta un patrón de sueño alterado también se considera un factor de riesgo, si bien en este caso no se sabe si el riesgo sería atribuible a una predisposición genética o al aprendizaje de hábitos inadecuados relacionados con el sueño. Finalmente, señalar la importancia de la activación neurovegetativa como factor de vulnerabilidad; aunque es un hecho que las personas que padecen insomnio suelen estar más activadas que las que duermen bien y está claro el papel de la activación como mediador del insomnio, lo que no parece estar tan claro es si la activación es sólo la causa o también la consecuencia de tener un patrón de sueño crónicamente alterado (Morin, 1998).

Entre los factores que, en interacción con los factores predisponentes, podrían contribuir a precipitar un problema de insomnio, el estrés es el más frecuentemente asociado. Así, Healy, Kales, Monroe y cols. (1981) señalaban que casi un 74% de las personas con problemas de sueño informaban haber vivido experiencias vitales estresantes en el mismo año que se iniciaron dichos problemas. Experiencias frecuentemente asociadas con el inicio de un episodio agudo de insomnio son la muerte de un ser querido, el divorcio, problemas de salud, familiares o laborales (Morin, 1998). Aunque, como ya se ha señalado, la mayoría de estos problemas de sueño desaparecen una vez finalizada la situación conflictiva, algunas personas continúan experimentando dichos problemas más allá de la situación que los precipitó, debido al desarrollo de ciertas conductas desadaptativas que se dan durante el episodio agudo y que, como se verá, tienden a perpetuar y cronificar el problema.

Se consideran factores perpetuantes a las estrategias que con frecuencia las personas ponen en marcha ante los episodios transitorios de insomnio y que, con el tiempo, acaban convirtiéndose en hábitos incorrectos que mantienen el propio problema de sueño. Entre estas conductas perpetuantes la más ampliamente considerada es el incremento del tiempo de permanencia en la cama, conducta que con frecuencia pone en marcha el paciente insomne como un intento de compensar la falta de sueño o el carácter no reparador de éste. Concretamente suele observarse una tendencia a acostarse más temprano y/o a levantarse más tarde, junto a la conciliación de pequeñas siestas diurnas. Todos estos comportamientos conducen, como señalan Perlis y cols. (2009) al emparejamiento erróneo de la oportunidad de dormir con la habilidad de dormir lo que, a la larga, conducirá a que la persona pase despierta periodos de tiempo prolongados durante la noche.

Según estos mismos autores (Perlis y cols., 2009), aunque el modelo de Spielman no lo incluya de forma explícita, la investigación y el tratamiento se ha centrado también en otros aspectos perpetuadores del insomnio, como son el incremento de conductas relacionadas con el no dormir que las personas con problemas de sueño suelen realizar en la habitación y en la cama. Las principales aportaciones en este sentido han sido las investigaciones y propuestas terapéuticas de Bootzin (Bootzin, 1972; Bootzin, Epstein y Wood, 1991), quienes señalan que cuando la persona realiza en la habitación actividades diferentes del dormir (a excepción de la actividad sexual), el dormitorio y la cama acaban asociándose con dichas actividades y dejan de ser estímulos elicitadores del sueño. Es decir, las actividades que se realizan en la cama y el dormitorio para distraerse del problema de sueño (leer, ver la televisión, oír la radio, etc.), acaban siendo factores que contribuyen a perpetuar el propio problema de sueño.

3.2. Modelo integrador del insomnio

Teniendo en cuenta la multidimensionalidad del insomnio e integrando investigaciones y modelos previos (como el de cronificación que se acaba de señalar), Morin (1998) propone un modelo basado en el esquema estímulo-organismo-respuesta-consecuencias propio del análisis funcional de la conducta, mediante el que analiza de forma microanalítica las interacciones entre las diferentes variables implicadas en la aparición y cronificación de los problemas de insomnio. Una representación de este modelo puede verse en la Figura 2.

Morin (1998) comienza por considerar el papel de la *activación* como antecedente de los problemas de insomnio, es decir parte de asumir que la activación regula el equilibrio entre sueño y vigilia y que un nivel excesivo de activación interrumpe la secuencia natural de relajación y somnolencia que conducen al sueño. La activación puede ser producida por muy diferentes estímulos y situaciones y manifestarse mediante los diferentes niveles de respuesta, especialmente a nivel fisiológico (incremento de la frecuencia cardiaca, de la tensión muscular, etc.) y cognitivo (pensamientos intrusivos), aunque el modo en que se manifiesta la activación es peculiar de cada persona. La activación suele jugar un papel determinante (causal) al inicio de los problemas de sueño; además, con el paso del tiempo como puede verse en la Figura 2, la activación juega también un importante papel en su exacerbación y mantenimiento.

Con los problemas de sueño suelen surgir una serie de *cogniciones disfuncionales* y *hábitos desadaptativos* que, de forma circular se van retroalimentando y contribuyen al mantenimiento de la activación y, por ende, de los problemas de sueño. Así, puede observarse cómo las dificultades para dormir suelen producir pensamientos reiterados de preocupación sobre el déficit de horas de sueño y sus consecuencias, así como pensamientos anticipatorios de los propios problemas de sueño. Estas cogniciones son disfuncionales por varios motivos. En primer lugar, como ya se ha señalado, porque contribuyen a mantener y/o incrementar el estado de activación que, como se sabe, es incompatible con el sueño. Por otra parte, hay que considerar que esas expectativas y pensamientos anticipatorios del insomnio suelen conducir a la persona a poner en marcha una serie de conductas compensatorias (p.ej.: acostarse más temprano, dormir siestas diurnas, tomar fármacos, etc.) que, aunque inicialmente puedan ayudarla a paliar el déficit de sueño, a medio y largo plazo acaban por interferir en la sincronización del ritmo sueño-vigilia y a perpetuar los problemas de sueño. Asimismo, es necesario tener en cuenta los procesos de condicionamiento que pueden producirse entre ciertas actividades que la persona insomne suele realizar en la cama para distraerse de sus problemas de sueño (p.ej.: leer, oír la radio, ver la TV, etc.) y que, al ser incompatibles con el propio sueño, suelen quedar asociados precisamente con el no-dormir.

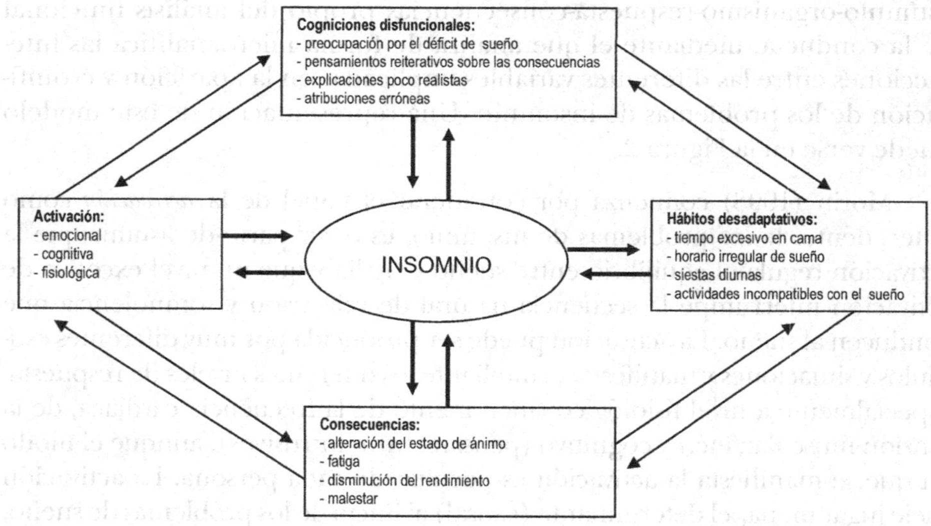

Figura 2. Modelo microanalítico del insomnio. Modificado de Morin (1998, pág. 56)

Las *consecuencias* de una noche de insomnio se manifiestan a la mañana siguiente mediante alteraciones diversas (del estado de ánimo, disminución del rendimiento, fatiga, etc.), contribuyendo a recordar a la persona sus problemas de sueño e incrementando su nivel de activación. Cuando los problemas para conciliar y mantener un sueño reparador se padecen de forma reiterada, las consecuencias diurnas se acentúan, por lo que la persona suele acabar por asumir la incontrolabilidad de su insomnio, lo que conduce a una mayor alteración de su estado de ánimo (por indefensión) y a un incremento de su activación cognitiva que, irremediablemente, contribuyen a la exacerbación, mantenimiento y perpetuación de sus problemas de insomnio.

3.3. Modelo conductual interactivo del sueño

Desde una perspectiva conductual Buela-Casal y Sierra (2001) proponen un modelo de utilidad para la evaluación y el tratamiento, en el que tanto la duración como la estructura del sueño vienen determinadas por cuatro dimensiones: tiempo, organismo, conducta y ambiente. En estas cuatro dimensiones se integran los diversos factores implicados en el sueño, tanto en su ocurrencia como un fenómeno normal en nuestras vidas, así como en la aparición de alteraciones en cualquiera de dichos parámetros que pueden dar lugar a los diferentes trastornos del sueño. En la Figura 3 se representa este modelo.

Como puede verse en dicha Figura, una de estas dimensiones es el *Tiempo*, que recoge básicamente los aspectos temporales del sueño, es decir, trata de dar respuesta a la pregunta ¿cuándo y cuánto duerme la persona?, considerando para ello el ciclo circadiano sueño-vigilia, o tiempo que dicha persona permanece dormida (y despierta) a lo largo de las 24 horas del día. Un segundo aspecto a considerar en cualquier problema de sueño son los factores intrínsecos del *Organismo*, es decir la edad de la persona, sus preferencias y necesidades de sueño así como su estado fisiológico. A través de esta dimensión se trataría de dar respuesta a la pregunta ¿cómo duerme la persona? En una tercera dimensión se situarían las *Conductas* que realiza la persona y que pueden afectar al sueño. A través de las respuestas a la pregunta ¿qué hace para dormir?, se podrían integrar en el modelo tanto las conductas facilitadoras del sueño (p.ej.: relajarse, cenar moderadamente, etc.) como las que pueden inhibirlo (p.ej.: hacer ejercicio antes de acostase, repasar en la cama los problemas del día, etc.). La última de estas dimensiones, el *Ambiente*, recoge información del ambiente físico en el que la persona duerme (¿dónde duerme?), sobre todo de aquellos aspectos que pueden contribuir a facilitar o a dificultar la conciliación y el mantenimiento de un sueño reparador: temperatura de la habitación, presencia de ruido, comodidad de la cama, etc.

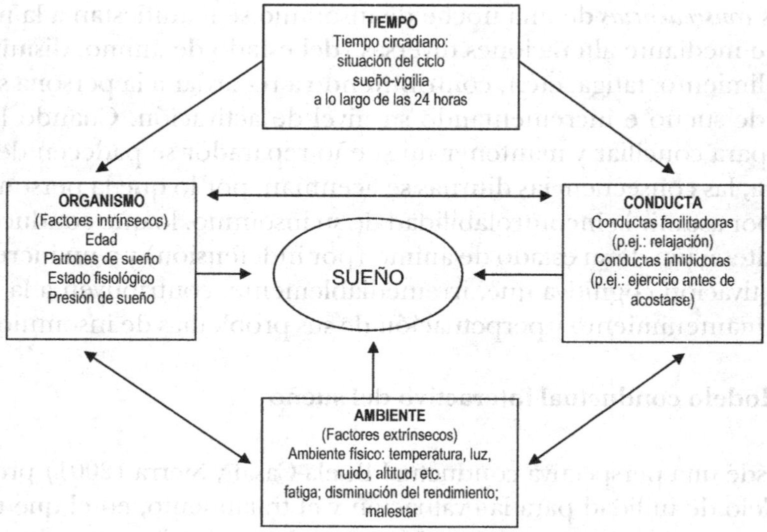

Figura 3. ***Modelo conductual interactivo de los problemas de sueño. Modificado de Buela Casal y Sierra (2001, pág. 394)***

A pesar de lo simple de su representación, este modelo integra una amplia variedad de factores que se ven implicados en los problemas y trastornos del sueño, señalando asimismo cuáles son los aspectos que deben formar parte de la evaluación y tratamiento de este tipo de problemas. Las flechas de doble dirección señalan las interacciones que suelen producirse entre las cuatro dimensiones e informan al clínico de la necesidad de tener en cuenta no sólo los diferentes aspectos implicados en los problemas de sueño, sino también las influencias y repercusiones mutuas que entre ellos se pueden dar.

4. EVALUACIÓN

En la práctica clínica, los datos necesarios para la evaluación de los problemas y trastornos del sueño suelen recogerse mediante procedimientos subjetivos, ya que la obtención de datos objetivos sobre los diferentes parámetros y estructura del sueño requiere el empleo de medios técnicos (p.ej.: polisomnografía nocturna; actigrafía) que, además de su elevado coste, pueden requerir que la persona pase la noche en un laboratorio de sueño. A continuación se van a revisar los tres procedimientos subjetivos de evaluación que normalmente se utilizan en la práctica clínica: la entrevista, los auto-registros del sueño y los cuestionarios; finalmente se describen brevemente las medidas objetivas más relevantes en la evaluación de los trastornos del sueño.

Nombre: ____________ Fecha: ___________ Entrevistador: ____________________

Por favor, describa los problemas que está teniendo con el sueño.

1. ¿Cuántas noches por semana tiene normalmente problemas de sueño?
2. ¿Cuánto tarda normalmente esas noches en dormirse?
3. Las noches en las que no tiene problemas de sueño, ¿cuánto tarda normalmente en dormirse?
4. ¿Se despierta alguna vez durante la noche y tiene dificultad en volverse a dormir? En caso afirmativo:
   a. ¿Cuántas noches le ocurre esto aproximadamente a la semana?
   b. ¿Cuántas veces se despierta por la noche por término medio?
   c. ¿Cuánto tarda normalmente en volverse a dormir?
5. ¿Cuántas veces se despierta por la mañana temprano, antes del momento previsto y es incapaz de volverse a dormir? En caso afirmativo:
   a. ¿Cuánto tiempo antes de la hora prevista se despierta?
   b. ¿Cuánto tiempo permanece despierto?
   c. ¿Ha notado algún cambio en el nivel de energía/ apetito/ deseo sexual/ estado de ánimo/ concentración?
   (Si las preguntas 4 y 5 son significativas, considérese depresión (apartados 5d a 5g), apnea (preguntas 34 a 37) o mioclonía (pregunta 38); si no lo son, pase a la pregunta 6.
   d. ¿Cómo describiría su estado de ánimo últimamente?
   e. ¿Cómo piensa y siente sobre el futuro?
   f. ¿Ha perdido interés por actividades que normalmente le resultan placenteras?
   g. ¿Son anteriores sus problemas de sueño a sus sentimientos de depresión?
   (Si resulta depresión, utilícese el Inventario de Depresión de Beck y valórese el potencial suicida)
6. Las noches en las que tiene insomnio, ¿cuánto duerme aproximadamente por noche?
7. ¿Desde cuándo tiene problemas de sueño?

Tabla 2. Formato y muestra de las preguntas de la Entrevista estructurada sobre historia del sueño de Lacks (1993, pág. 79)

4.1. La entrevista clínica

La entrevista clínica con el paciente suele ser la primera estrategia que se utiliza para acercarse al conocimiento y evaluación de sus problemas de sueño. Por lo general, el principal objetivo de la entrevista inicial es la elaboración de la historia de sueño de la persona, tarea que puede realizarse siguiendo un formato abierto, o siguiendo el guion de algunas de las entrevistas disponibles, con mayor o menor grado de estructuración. Por ejemplo, Lacks (1993) detalla en esa publicación una entrevista estructurada sobre el historial del sueño en la que, a través de 53 preguntas recoge una amplia gama de información directamente relacionada con el sueño (p.ej.: características y cuantificación de los problemas de sueño, conductas relacionadas con el dormir, ingestión de cafeína u otras sustancias, existencia de pesadillas, apneas, ronquidos, piernas inquietas, etc.), así como sobre otros aspectos de la historia de la persona que también pudieran influir en sus problemas de sueño (p.ej.: posibles preocupaciones o cambios en el estado de ánimo, problemas físicos o mentales, hospitalizaciones, etc.). Una muestra de las preguntas de esta entrevista estructurada puede verse en la Tabla 2.

Información demográfica

Nombre: Sexo/raza:
Dirección: Edad:
Estado civil: Estudios:
Profesión: Teléfono:

1. Tipo de problema de sueño-vigilia

¿Tiene problemas para conciliar el sueño? No Leves Moderados Severos
¿Tiene problemas para mantener el sueño? No Leves Moderados Severos .../...

2. Horario de sueño vigilia actual

¿A qué hora suele acostarse los días laborables? A las ________
¿A qué hora se despierta por la mañana? A las ________ .../...

3. Ayudas para dormir

¿En las 4 últimas semanas ha usado pastillas para dormir? Sí No
¿Qué pastillas?, ¿Con receta o sin receta médica?
¿Qué dosis? ¿Cuántas noches por semana?
¿Si no está tomando actualmente pastillas para dormir, ha tomado alguna vez? .../...

4. Historia del problema del sueño (inicio, curso, duración)

¿Cuánto tiempo hace que sufre de insomnio? ____ años ____meses
¿Hubo algún evento estresante relacionado con su inicio?
(por ejemplo, la muerte de un ser querido, un divorcio, la jubilación, problemas médicos o emocionales, etc.? .../...

5. El dormitorio

¿Duerme con otra persona en la misma cama? Sí No
¿Es cómodo su colchón? Sí No .../...

6. Comida, ejercicio, hábitos de abuso de sustancias

¿Cuántas veces por semana hace ejercicio?
¿Hace alguna vez ejercicio cerca de la hora de acostase? .../...

7. Análisis funcional

¿Cuál es su rutina de antes de acostarse?
¿Qué es lo que hace cuando no puede iniciar o conciliar de nuevo el sueño? .../...

8. Síntomas de otras alteraciones del sueño

¿Alguna vez usted o su pareja han notado que le pasara algo de la lista siguiente? Y si lo notó, ¿cuántas veces, en una semana normal, le parece que le ocurre?
A) Piernas inquietas: sentir un hormigueo o inquietud en las pantorrillas que le impide mantenerlas quietas.
B) Movimientos periódicos de las piernas: contracciones espasmódicas o sacudidas por la noche, despertar con calambres en las piernas .../...

Impresión diagnóstica

9. Historia médica y de uso de medicación

Último examen físico: Peso: _____ Altura: ______ .../...
Problemas médicos actuales:

10. Historia de psicopatología o de tratamientos psiquiátricos (Adaptado de la entrevista clínica estructurada SCID)

¿Está usted recibiendo actualmente tratamiento psicológico o psiquiátrico para problemas emocionales o de salud mental? Sí No
¿Usted o alguien de su familia ha recibido alguna vez tratamiento para problemas emocionales o de salud mental? ? Sí No .../...

Tabla 3. Formato y muestra de preguntas en cada uno de los 10 apartados de la Entrevista semi-estructurada para el insomnio (Insomnia Interview Schedule) de Morin (1998, págs. 187 a190)

Un ejemplo de entrevista semi-estructurada, es la que presenta Morin (1998), para guiar la recogida de datos en los pacientes de insomnio, la *Insomnia Interview Schedule*, que debe ser cumplimentada por el terapeuta a lo largo de una sesión de entre una hora y una hora y media de duración. A través de los 10 apartados que se detallan en la Tabla 3 se recoge información de la naturaleza y severidad del problema, así como de una amplia gama de aspectos que servirán para realizar el análisis funcional de los problemas de insomnio que presenta el paciente.

Para la recogida de datos siguiendo un formato de entrevista abierta, pueden servir de guía los apartados que a continuación se detallan (Comeche y Vallejo, 2016), y que cubren la mayor parte de los aspectos relacionados con los problemas y trastornos del sueño:

a) Características del trastorno o problema:
   - Descripción del problema: p.ej.: dificultades para conciliar el sueño; despertares frecuentes durante la noche; ronquidos; pesadillas; etc.
   - Frecuencia: número de veces que sucede el problema cada noche, semana o mes.
   - Duración: tiempo aproximado que tarda en dormirse o que dura el episodio.

b) Historia del problema: cuándo surgió el problema; si su inicio puede relacionarse con alguna situación específica (p.ej.: muerte de un ser querido, divorcio, problemas médicos, etc.); cómo ha sido su evolución a lo largo de los meses o años.

c) Horarios de sueño (especificar diferencias entre días laborables y festivos): hora a la que suele acostarse; hora a la que suele levantarse; si duerme durante el día (especificar dónde, cuándo y cuánto).

d) Costumbres, hábitos y rituales para dormir (especificar si se siguen cada día o de forma esporádica): actividades y rutina de antes de irse a la cama (p.ej: ir al servicio, beber un vaso de leche, cepillarse los dientes, etc.).

e) Otros hábitos que pueden afectar al sueño: si toma bebidas con cafeína; si fuma o bebe alcohol; cantidad, tipo de comida y hora a la que suele cenar; si realiza ejercicio u otras actividades excitantes durante la tarde/noche, etc.

f) Condiciones del dormitorio: si duerme solo o acompañado; si utiliza el dormitorio para ver la TV, trabajar, etc.; comodidad de la cama; ruido y temperatura del dormitorio, etc.

g) Preocupaciones y/o alteraciones emocionales: si tiene algún tipo de problema (familiar, laboral, etc.) que le preocupe y le generen inestabilidad emocional.

h) Comportamiento y actitud de los allegados ante el problema: qué hacen su pareja u otros familiares cuando se queja de no poder dormirse, se despierta por la noche, se siente somnoliento durante el día, etc.
i) Repercusiones del problema de sueño en la vida de la persona: irritabilidad, cansancio, somnolencia diurna, disminución del rendimiento, etc.
j) Otros tratamientos: si toma alguna medicación para el problema de sueño o para cualquier otro problema (especificar fármaco y dosis).

Además de la entrevista con el paciente, puede ser de utilidad realizar una entrevista con alguno de sus familiares más allegados, especialmente la pareja que suele ser la que comparte el dormitorio con el paciente y que, por tanto, puede proporcionar información sobre algunos aspectos relevantes (p.ej.: ronquidos, pausas respiratorias, actividades en la cama para dormir, etc.).

4.2. Auto-registros del sueño

Los auto-registros del sueño son uno de los instrumentos más utilizados en la evaluación de los problemas de sueño. Este tipo de registros suelen recoger información de una serie de datos objetivos (p.ej.: la hora a la que la persona se acuesta o a la que se levanta), así como de otros parámetros subjetivos que deben ser estimados por la persona (p.ej.: el tiempo aproximado que tarda en dormirse o la calidad del descanso nocturno). En la Tabla 4 se presenta un ejemplo de auto-registro semanal del sueño.

	ANTES DE ACOSTARME		POR LA MAÑANA			
DÍA DE LA SEMANA	Si duermo durante el día, tiempo aprox. que he dormido	Hora de acostarme	Tiempo aproximado que tardé en dormirme	Nº de veces que me desperté durante la noche	Hora de despertar	Grado de descanso (0-10)
LUNES						
MARTES						
MIÉRCOLES						
JUEVES						
VIERNES						
SÁBADO						
DOMINGO						

Tabla 4. Auto-registro semanal de sueño

Como puede verse en dicho ejemplo, se pide al paciente que rellene por la noche sólo los datos de sus siestas diurnas (caso de haberlas) y el dato objetivo de la hora a la que se acuesta, aunque estos datos también podrían registrarse a la mañana siguiente. Lo que es imprescindible es que los datos relativos a sus problemas de sueño (tiempo que tarda en dormirse, despertares durante la noche, etc.) siempre se rellenen a la mañana siguiente, para así no interferir negativamente con la conciliación y mantenimiento del sueño. Estos datos son, por tanto, estimaciones y no datos objetivos de los problemas que presenta la persona, pero hay que tener en cuenta que, en la mayor parte de los casos, lo que realmente interesa al clínico es la percepción que dicha persona tiene de sus problemas de sueño, incluso más, que el propio dato objetivo de tiempo real que duerme, dato que, por otra parte, sólo podríamos obtener mediante técnicas objetivas de registro, haciendo que el paciente duerma en un laboratorio del sueño, medida que posiblemente sea poco representativa de los problemas de sueño que éste tiene a diario.

En la práctica clínica los auto-registros pueden (y deben), adaptarse a las peculiaridades de cada caso, añadiendo las columnas que sean necesarias para recoger aquellos aspectos que se consideren relevantes (p.ej.: si se toma medicación, si realiza alguna actividad en la cama, etc.). Ejemplos de otros registros semanales o diarios de sueño pueden verse en muchas de las obras citadas (p.ej.: Lacks, 1993; Morin, 1998; Perlis y cols., 2009). Los datos aportados por los auto-registros del sueño de la primera o dos primeras semanas, suelen utilizarse para establecer la línea base del problema, con la que se irán comparando los datos obtenidos durante la intervención, para así valorar la progresión del tratamiento (Comeche y Vallejo, 2016).

4.3. Cuestionarios

Como complemento de la información aportada durante las entrevistas o a través de los auto-registros, en la evaluación de los trastornos del sueño el clínico puede disponer de otros procedimientos de auto-informe (cuestionarios, inventarios o escalas), elaborados para este fin. A continuación se comentan algunos de los más frecuentemente utilizados; una descripción más amplia y detallada de este tipo de instrumentos puede consultarse en Buela-Casal y Sierra (2001) y en Ruiz (2007):

Escala de somnolencia de Epworth - ESE (*Epworth Sleepiness Scale*) Esta escala fue elaborada por Johns (1991) para valorar la percepción de somnolencia durante el día. Para ello se pide a la persona que valore en una escala de

4 puntos (0-3) la probabilidad de quedarse dormido o dormitando en las ocho situaciones siguientes: (1) sentado y leyendo; (2) viendo la televisión; (3) sentado e inactivo en un lugar público (p.ej.: un teatro o una reunión); (4) como pasajero en un coche durante una hora y sin paradas; (5) descansando al mediodía, cuando las circunstancias lo permiten; (6) sentado y hablando con alguien; (7) sentado tranquilamente tras una comida sin alcohol; (8) en un coche, mientras se está parado durante unos minutos por el tráfico. El punto de corte para considerar somnolencia patológica es la puntuación 16 (Buela-Casal y Sierra, 2001). Se trata de una escala muy sencilla y fácil de utilizar, por lo que, según afirma Ruiz (2007), es la medida subjetiva de somnolencia diurna más frecuentemente empleada. Existe una versión de esta escala para población española (Buela-Casal y Sierra, 1994).

Índice de calidad del sueño de Pittsburg (Pittsburg Sleep Quality Index) (Buysse, Reynolds, Monk, Berman y Kupfer, 1989). Está formado por 19 ítems a través de los que se obtiene una única puntuación, indicativa de la calidad del sueño durante el mes previo a la evaluación. Esta puntuación se deriva de las puntuaciones de la persona en siete componentes: calidad subjetiva del sueño, latencia, duración, eficiencia, factores que puedan afectar al sueño, uso de medicación para dormir y disfunción diurna. Existe una versión para población española (Macías y Royuela, 1996), que parece mostrar unas adecuadas cualidades psicométricas (Royuela y Macías, 1997), y que asimismo parece ser adecuado para su uso con población geriátrica (Royuela, Macías y Conde, 2000).

Índice de deterioro del sueño (Sleep Impairment Index) (Morin, 1998) Es un instrumento muy sencillo en el que mediante sólo 7 ítems, se valora la percepción que el paciente tiene de sus problemas de sueño (básicamente de insomnio), aportando un índice cuantitativo del deterioro del sueño. Para ello el paciente debe valorar, en una escala de 5 puntos, aspectos como la severidad percibida de su problema de insomnio en el momento actual, su grado de satisfacción con su patrón de sueño o la interferencia y repercusiones que sus problemas de sueño puedan tener en su funcionamiento diario. Además de la versión auto-aplicada (contestada por el paciente), el autor recomienda que tanto el terapeuta como una persona allegada (p.ej.: su pareja) cumplimenten una versión paralela, que puede ser de utilidad para realizar una validación colateral de los resultados del tratamiento. El formato y traducción al español de este instrumento se aporta en la publicación de Morin (1998).

Escala de creencias y actitudes sobre el sueño (Beliefs and Attitudes about Sleep Scale) (Morin, 1998). Esta escala está formada por 30 frases que reflejan las actitudes y creencias que la persona tiene sobre el sueño y que ésta debe valorar mediante una escala analógico-visual, es decir poniendo una marca en el lugar donde sitúe su valoración personal en una línea en la que uno de los extremos señala *totalmente de acuerdo* y el otro *totalmente en desacuerdo*. El conjunto de cogniciones de este cuestionario cubre cinco factores teóricos: conceptos erróneos sobre el origen del insomnio, atribuciones erróneas o amplificación de sus consecuencias; expectativas no realistas; control y previsibilidad del sueño y creencias erróneas sobre las estrategias que inducen el sueño. Este instrumento, cuyo formato completo se aporta en la publicación citada (Morin, 1998) es, según su autor, especialmente útil durante las sesiones de terapia cognitiva ya que ayuda a identificar aquellas cogniciones relacionadas con el sueño que deben ser modificadas.

4.4. Procedimientos objetivos

En la evaluación de algunos trastornos del sueño, la mera información proporcionada por el paciente mediante los procedimientos subjetivos que se acaban de describir, puede no ser suficiente, por lo que se requiere utilizar procedimientos objetivos que nos informen de otros parámetros, como la actividad cerebral o los movimientos oculares durante el sueño. A continuación se describen brevemente las dos medidas objetivas más relevantes en la evaluación de los trastornos del sueño; una ampliación y descripción de otros procedimientos objetivos utilizados en las unidades o clínicas del sueño, pueden consultarse en las publicaciones de Buela-Casal y Sierra (2001) y de Ruiz (2007).

De todos los procedimientos objetivos, la *polisomnografía nocturna* es el *patrón de oro* para el registro del sueño (Morin, 1998), ya que proporciona información objetiva de los diferentes parámetros del sueño (latencia, número de despertares, etc.), revela la arquitectura del sueño que presenta el paciente (los diferentes estadios y ciclos del sueño) y permite detectar de forma objetiva algunas alteraciones no fácilmente detectables mediante informes subjetivos (p.ej., el síndrome de piernas inquietas o la apnea obstructiva del sueño). La polisomnografía nocturna requiere que durante al menos una noche, la persona duerma en un laboratorio del sueño, mientras se registran de forma simultánea tres medidas básicas (electroencefalografía, electromiografía y electrooculografía); además, en algunos casos (p.ej.: en la detección de los problemas de apnea) estas tres medidas básicas deben ser complementadas con la medida de las actividades electrocardiográfica y respiratoria.

La *actigrafía de muñeca* es un pequeño dispositivo del tamaño y forma de un reloj, que registra la actividad motora de la persona y, por tanto, permite conocer los parámetros de continuidad del sueño. Aunque la información aportada es menos precisa y completa que la de la polisomnografía, sin embargo se trata de una medida poco intrusiva, bastante barata y, sobre todo, muy sencilla de utilizar, por lo que puede ser especialmente útil en el caso de niños o personas con demencia (Wilson y Nutt, 2010). Al obtenerse información de la actividad de la persona a lo largo de varios días o semanas, permite detectar su patrón general de sueño-vigilia, asociando los periodos de movimiento al estado de vigilia y los de reposo al de sueño. Este sencillo patrón, sin embargo, requiere ser contrastado con la información aportada por los diarios de sueño (tanto nocturno como diurno), para así evitar errores de interpretación ya que, por ejemplo, estar sentado o tumbado y en reposo, pero despierto, se interpretaría como estar dormido.

5. TRATAMIENTO

Al revisar las características de los principales trastornos del sueño se ha podido comprobar la diversidad de trastornos englobados bajo ese epígrafe, diversidad que hace evidente la necesidad de muy variadas estrategias de intervención. En general, la primera línea de actuación en cualquiera de los trastornos del sueño es la intervención médica ya que lo normal es que el paciente comience por consultar en atención primaria este tipo de problemas. Sin embargo y debido a la implicación de los aspectos psicológicos en el origen y, sobre todo, en el mantenimiento de los trastornos primarios del sueño, el tratamiento farmacológico resulta en muchos casos insuficiente, requiriéndose una intervención cognitivo conductual que ayude a los pacientes a detectar sus cogniciones y hábitos de sueño desadaptativos y a sustituirlos por otros más adaptativos. A continuación se van a revisar las principales estrategias terapéuticas que se utilizan en el tratamiento psicológico de cada uno de los trastornos del sueño; una revisión más amplia puede consultarse en Miró, Sánchez y Buela-Casal (2003).

5.1. Insomnio

Como se acaba de señalar y muy especialmente en el caso del insomnio, el primer profesional con el que normalmente consultan los pacientes sus problemas de sueño suele ser al médico de atención primaria, por lo que el tratamiento más frecuentemente utilizado en el caso del insomnio es el *farmacológico*, sobre todo las benzodiacepinas. A pesar de lo extendido de su uso y de la ventaja que supone el alivio inmediato que este tipo de fármacos ofrece, su utilización no carece de efectos secundarios y problemas asociados, especialmente al intentar dejar de usarlos, momento en la que suele producirse el rebrote del insomnio. Además, y como se detalló al hablar de los modelos, muchos de los problemas iniciales de insomnio suelen persistir debido, precisamente, a las conductas que las personas realizan para intentar paliar sus problemas con el sueño, por lo que el tratamiento de estos aspectos se hace imprescindible.

En la investigación sobre los tratamientos psicológicos del insomnio, los primeros trabajos bien documentados se desarrollaron en la década de los 70 y 80, orientados principalmente a probar la eficacia de diferentes procedimientos terapéuticos (relajación, control de estímulos, etc.) aplicados de forma aislada. Por este motivo, en este apartado se va a comenzar por describir el uso de estos procedimientos en el tratamiento del insomnio, aludiendo al nivel de eficacia que cada uno ha demostrado tener, cuando se aplica aisladamente. Sin embargo, con el paso de los años y la acumulación de evidencia empírica, las investigaciones se han dirigido a comprobar la eficacia de programas de tratamiento multicomponente, aplicados en formato tanto individual como mediante intervenciones grupales que suelen ser más eficientes. Por este motivo, finalmente se va a aludir a los programas multicomponente que más recientemente se han desarrollado y al nivel de eficacia por ellos demostrado. Asimismo y como propuesta de tratamiento, en el próximo apartado se describe en detalle un programa multicomponente desarrollado para el tratamiento del insomnio, y que puede ser aplicado tanto a nivel individual como grupal. Finalmente señalar que muchos de los problemas de insomnio que se ven en la práctica clínica son realmente secundarios a un trastorno mental primario, como depresión o trastorno de estrés post-traumático. Las estrategias de tratamiento que a continuación se señalan para el insomnio primario son básicamente las mismas que se deberían utilizar en estos casos, siempre con las debidas precauciones al integrarlas en el tratamiento del trastorno primario. Además, como señalan Haynes y Bootzin (2010), el tratamiento del insomnio debería ser un tema prioritario en la intervención, ya que el insomnio no tratado puede suponer un factor de riesgo para las recaídas del trastorno primario y para los intentos de suicidio.

La *relajación* es uno de los procedimientos que primero se investigaron en el tratamiento de los problemas de insomnio; mediante esta estrategia se pretende mejorar el elevado nivel de activación fisiológica que se observa en muchos de estos pacientes. La modalidad más utilizada ha sido la relajación muscular progresiva que, ya desde las primeras investigaciones, demostró que su aplicación como única estrategia terapéutica aislada era superior a un tratamiento placebo (Freedman y Papsdorf, 1976; Turner y Asher, 1979), siendo considerada como uno de los *tratamientos empíricamente validados* (o bien establecido) en este ámbito (Miró y cols., 2003). En la actualidad, la relajación sigue utilizándose en el tratamiento del insomnio primario, formando parte de muchos de los programas multicomponente que se aplican bajo la etiqueta común de *Terapia Cognitivo Conductual del Insomnio* (Okajima, Komada e Inoue, 2011).

La técnica de *control de estímulos* aplicada al insomnio pretende regular el horario de sueño de la persona y restringir la realización de actividades incompatibles con la conducta de dormir en la habitación y especialmente en la cama, de modo que el conjunto de estímulos presentes en el dormitorio se asocien únicamente con la conducta de dormir. El procedimiento fue inicialmente desarrollado por Bootzin (1972) y posteriormente ha sido ampliamente investigado (p.ej.: Turner y Asher, 1979; Espie y cols., 1989), comprobándose su eficacia en comparación con grupos placebo, por lo que se le considera un procedimiento *bien establecido* para el tratamiento del insomnio (Miró y cols., 2003). Además, en las revisiones más recientes se comprueba que el control de estímulos es uno de los componentes más relevantes de los programas multicomponente que se aplican bajo el rótulo de *Terapia Cognitivo Conductual del Insomnio* (Okajima, Komada e Inoue, 2011).

El procedimiento de control de estímulos incluye una serie de recomendaciones, como las que se presentan a continuación, destinadas a reestablecer la asociación entre el sueño y ciertos estímulos relacionados con el dormir, como la cama, el dormitorio y la hora de acostarse (Bootzin, Epstein y Word, 1991):

1. Acostarse para dormir sólo cuando se tenga sueño. Aunque haya llegado la hora acostumbrada, si la persona no tiene todavía sueño y se acuesta, lo más probable es que se dedique a repasar los acontecimientos del día, a planear los del día siguiente o, en el peor de los casos, a preocuparse por la imposibilidad de quedarse dormido. Estas conductas son incompatibles con la conciliación del sueño y producen una asociación entre estar en la cama y estar despierto que, a la larga, contribuye a perpetuar el insomnio.
2. No permanecer despierto en la cama más de 15-20 minutos. Si pasado este tiempo la persona no consigue dormirse, debe levantarse y realizar alguna actividad relajante fuera del dormitorio. Sólo debe volver a acostarse cuando se sienta sueño.

3. Si nuevamente en la cama la persona no consigue dormirse, debe repetir el paso anterior tantas veces como sea necesario. Aunque esta instrucción es difícil de seguir, debe insistirse en la importancia de cumplirla fielmente para así volver a reestablecer la asociación entre la cama y dormirse rápidamente.
4. Mantener regulares los horarios de acostarse y levantarse, aunque se haya dormido poco. Debe ponerse el despertador a la misma hora tanto los días laborables como los festivos y levantarse aunque se tenga sueño. Así poco a poco se irá consiguiendo acoplar el ritmo de sueño-vigilia a las exigencias de horario de la vida habitual del paciente.
5. Evitar dormir durante el día, así se tendrá más sueño por la noche.
6. Usar la cama y el dormitorio exclusivamente para dormir; es decir, no realizar en el dormitorio y especialmente en la cama, ninguna actividad diferente que dormir (p.ej.: leer, ver la TV, oír la radio, comer o hablar por teléfono) con la única excepción de las relaciones sexuales.
7. Finalmente, una recomendación adicional que no formaba parte de las instrucciones iniciales pero suele incluirse en las propuestas más recientes (p.ej.: Morin, 1998) es la de instaurar una serie de conductas rutinarias y relajantes (p. ej.: lavarse los dientes, darse un baño, leer algo agradable, etc.) que se realicen cada noche antes de irse a la cama y que acaben asociándose con (señalando) el acto de acostarse.

La *higiene del sueño* es un procedimiento educativo a través del que se intenta mejorar dos aspectos decisivos en los problemas de insomnio: (1) los factores ambientales relacionados con el sueño (p.ej.: ruido, luz, temperatura, etc.) y (2) ciertos hábitos inadecuados que pudieran afectar negativamente al sueño (p.ej.: bebidas con cafeína, dieta, ejercicio, etc.). La higiene del sueño como técnica aislada parece tener una eficacia limitada, que se mejora cuando se combina con otras técnicas, como el control de estímulos (Engle-Friedman, Bootzin, Hazlewood y Tsao, 1992); por ello, se considera que su aplicación de forma aislada es un *tratamiento en fase experimental*, a falta de nuevas investigaciones (Miró y cols., 2003). No obstante, es de destacar que en las revisiones recientes se comprueba que es uno de los componentes que se incluyen normalmente en los programas multicomponente de tratamiento del insomnio (Okajima, Komada e Inoue, 2011).

A continuación se detallan algunas de las pautas de higiene del sueño que se consideran más relevantes para mejorar la conciliación y mantenimiento del sueño (Morin, 1998):

1. *Cafeína*: No ingerir bebidas estimulantes (café, té y derivados de cola) por la tarde-noche (entre 4 y 6 horas antes de acostarse).
2. *Nicotina:* Por su efecto estimulante se aconseja no fumar antes de acostarse; también es muy importante no aprovechar los despertares nocturnos para fumar.
3. *Alcohol:* Aunque el alcohol antes de acostarse acelera el inicio del sueño y puede hacer éste más profundo en la primera parte de la noche, sin embargo suele provocar pesadillas y despertares durante la segunda mitad de la noche, por lo que se aconseja no ingerir alcohol entre 4 y 6 horas antes de acostarse.
4. *Dieta:* Limitar el consumo de alimentos cerca de la hora de acostarse ya que una cena pesada o abundante puede interferir en el sueño. Por contra, en algunas personas es beneficiosa la ingestión de leche antes de acostarse, ya que además de contribuir a conciliar el sueño (por su contenido en triptófano, facilitador del sueño), ayuda a evitar despertares por hambre. Es importante insistir en que si la persona se despierta durante la noche, no coma nada para que no se acostumbre a despertarse por hambre.
5. *Ejercicio físico:* Mientras que el ejercicio físico practicado de forma regular y durante el día, puede ayudar a que el sueño sea más profundo, se debe desaconsejar el ejercicio intenso 3 a 4 horas antes de acostarse.
6. *Factores ambientales:* Es conveniente controlar algunos aspectos del dormitorio que pueden afectar al sueño, como el ruido; la temperatura (entre 18-22º); los ambientes excesivamente secos o húmedos; procurar una buena ventilación; que la cama sea lo suficientemente grande para el tamaño de la persona; que el colchón sea firme pero no excesivamente duro; que la almohada no sea dura ni demasiado alta, o que las mantas no sean muy pesadas.

La *restricción del sueño* es una técnica ideada por Spielman (Spielman Saskin y Thorpy, 1987; Glovinsky y Spielman, 1991) que consiste en reducir la cantidad de tiempo que la persona pasa en la cama, retrasando para ello la hora de acostarse, de forma que el tiempo total de permanencia en cama coincida con el tiempo que se estima que dicha persona está realmente dormida. Con ello se pretende contrarrestar la tendencia de los pacientes insomnes a permanecer en la cama aunque estén despiertos, en un intento por compensar su déficit de sueño. Según avanza el procedimiento (que con más detalle se explica en el programa de tratamiento del próximo apartado), se va adelantando la hora de acostarse y por tanto se va incrementando el tiempo de permanencia en la cama, hasta que se logra una sincronía entre el tiempo necesario de sueño y el que realmente se pasa acostado.

Este procedimiento suele utilizarse en combinación con otras estrategias como el control de estímulos o la higiene del sueño, siendo escasas las investigaciones realizadas con esta técnica como monoterapia (Perlis y cols., 2009). Un ejemplo es el trabajo de Friedman, Bliwise, Yesavage y Salom (1991) en el que la eficiencia del sueño demostró ser superior con la restricción del sueño que con el entrenamiento en relajación progresiva. Por todo ello, en su revisión sobre la eficacia de los tratamientos psicológicos de los trastornos del sueño, Miró y cols. (2003) clasifican a la restricción del sueño como un *tratamiento probablemente eficaz* para el tratamiento del insomnio. Sin embargo, y al igual que se veía en el caso de la higiene del sueño, es necesario resaltar que esta estrategia es uno de los componentes que se incluyen en los programas multicomponente que, como a continuación se describe, se consideran empíricamente validados para el tratamiento del insomnio (Okajima, Komada e Inoue, 2011).

Al igual que en otros ámbitos de aplicación de la terapia cognitivo conductual, en el tratamiento de los trastornos del sueño en los últimos tiempos la tendencia ha sido la de seleccionar aquellas estrategias que de forma aislada habían demostrado algún grado de eficacia y combinarlas en *programas multicomponente.* Estos programas, generalmente englobados bajo la etiqueta común de *Terapia Cognitivo Conductual del Insomnio,* suelen incluir una variedad de técnicas, como son el control de estímulos, la restricción del sueño, la relajación, la terapia cognitiva y la higiene del sueño.

Existen numerosas investigaciones que demuestran la eficacia global de este tipo de programas multicomponente. Así, en la reciente revisión meta-analítica realizada por Okajima, Komada e Inoue (2011) se incluyen un total de 14 investigaciones adecuadamente controladas y realizadas entre los años 1990 y 2009 (p.ej.: Morin y cols., 1999; Edinger y cols., 2001; Perlis y cols., 2004; Espie y cols., 2007; Edigner y cols., 2009). Aunque cada programa presenta su propia combinación de técnicas, todos utilizan al menos dos procedimientos y la mayoría integran, en mayor o menor medida, todas las estrategias señaladas. Las variaciones también afectan al formato (individual y/o grupal) y al número de sesiones, aunque en casi todos los programas el número de sesiones de tratamiento oscila entre 6 y 8. En este estudio meta-analítico se confirman las conclusiones de meta-análisis previos (Morin, Culbert y Schwartz, 1994; Murtagh y Greenwood, 1995) que apoyaban la eficacia de los programas multicomponente cognitivo conductuales, en el tratamiento del insomnio crónico y que habían conducido a su calificación como *tratamientos bien establecidos* (Miró y cols., 2003).

La eficacia y utilidad de la terapia cognitivo conductual del insomnio (TCC-I) ha sido también demostrada en pacientes con insomnio secundario a problemas médicos graves, como se confirma en el meta-análisis realizado por Johnson y cols. (2016) con pacientes de cáncer, en cuyo análisis se incluyen intervenciones tanto individuales como en formato grupal. En este sentido, cabe señalar que la eficacia de la TCC-I en formato grupal ha sido confirmada en la revisión meta-analítica de Navarro-Bravo y cols. (2015). Asimismo, se ha estudiado la aplicación de las estrategias cognitivo conductuales en formato de talleres psicoeducativos en ámbito comunitario en el Reino Unido (Bonin y cols., 2014), demostrando que puede ser una opción eficiente para mejorar los síntomas de insomnio, que podría facilitar el acceso de este tipo de pacientes a la terapia psicológica.

5.2. Narcolepsia

La somnolencia diurna propia de la narcolepsia suele tratarse con fármacos estimulantes (metilfenidato, dexamfetamina o modafinil) acompañados de antidepresivos que ayuden a mejorar la cataplexia, si fuera necesario. Además del tratamiento farmacológico, es necesario extremar las pautas de higiene del sueño, insistiendo en la regularidad de los horarios de acostarse y levantarse, en evitar realizar tareas monótonas y/o repetitivas que propicien el adormecimiento y, por contra, practicar regularmente ejercicio físico que contribuya a mejorar la somnolencia. Una estrategia que se está investigando en el tratamiento de la narcolepsia es la programación de siestas diurnas. Se trata de pequeños periodos de descanso programados, de entre 10 y 30 minutos, dos o tres veces al día. Este procedimiento ya ha demostrado su utilidad para mejorar la somnolencia el resto del día (Guilleminault, Stoohs y Cler, 1993; Rogers y Aldrich, 1993); además, la programación de siestas diurnas parece ser más eficaz cuando se combina con un horario regular de sueño nocturno (Rogers, Aldrich y Lin, 2001). Por todo ello, Miró y cols. (2003) consideran la programación de siestas regulares como un tratamiento en fase experimental, a falta de nuevas investigaciones que confirmen su eficacia.

5.3. Apnea e hipopnea obstructiva del sueño

El tratamiento de la apnea descansa básicamente en un procedimiento ideado por Sullivan, Berthon-Jones, Issa y Eves (1981) que consiste en la aplicación de una presión positiva continua de aire durante el sueño, y que se conoce por las siglas CPAP (pronunciado cepap). Se trata de una mascarilla nasal conectada a un generador que insufla un flujo continuo de aire a una determinada presión, que se ajusta a las necesidades de cada paciente para mantener abierta su faringe (Wilson y Nutt, 2010) y así prevenir la aparición de los episodios de apnea. La CPAP se considera un tratamiento con apoyo empírico para la apnea del sueño (Miró y cols., 2003). Aunque este procedimiento normalmente se aplica en ámbito médico, existe una creciente demanda para que su aplicación se integre en equipos o clínicas multidisciplinares del sueño, en los que el psicólogo se ocuparía de implantar las adecuadas medidas conductuales para fomentar la adherencia al tratamiento (Pack, 2007; Martín, Planelles y Frau, 2014), ya que se trata de un procedimiento que puede resultar desagradable y que los pacientes tienden a abandonar, si no reciben el apoyo adecuado. Algunos trabajos aportan evidencia de cómo la intervención conductual mejora la adherencia a la CPAP (Aloia, Arnedt, Stepnowsky y cols., 2005; Aloia, Smith, Arnedt y cols., 2007).

Otro foco de investigación en el tratamiento conductual de la apnea del sueño, es el dedicado a estudiar la influencia que ciertas modificaciones en el estilo de vida del paciente, pueden tener sobre la apnea del sueño. Existen algunos procedimientos en los que la intervención conductual parece suponer una contribución prometedora (p.ej.: pérdida de peso, ejercicio físico, higiene del sueño, etc.) aunque, como señalan (Shneerson y Wright, 2009) se requieren nuevos estudios adecuadamente aleatorizados y controlados que permitan concluir sobre su eficacia. Una de las modificaciones más investigados ha sido la pérdida de peso, ya que el exceso de peso es uno de los síntomas más característicos de este trastorno y está documentada la correlación positiva entre la pérdida de peso y la mejoría de la apnea (Fisher y cols., 2002); así, Peppard y cols. (2000) informan que una disminución del 10% del peso produce un descenso del 26% de los episodios de apnea. Junto a la pérdida de peso suele recomendarse el control del consumo de alcohol, tabaco y fármacos depresores del sistema nervioso central antes de acostarse. Asimismo, algunos estudios señalan la conveniencia de evitar dormir en decúbito supino, recomendándose dormir en posición lateral, postura que parece disminuir la aparición de episodios de apnea en algunos pacientes (Oksenberg, 1997). Por todo ello, dos de estos procedimientos, la *pérdida de peso* y los *cambios en la postura del cuerpo*, están considerados como *tratamientos en fase experimental* (Miró y cols., 2003).

5.4. Pesadillas

Comparado con el tratamiento del insomnio el tratamiento de las pesadillas ha recibido, como señalan Miró y Martínez (2004), poca atención en la literatura médica, psiquiátrica o psicológica. A continuación se describen, siguiendo a dichas autoras, las principales técnicas de tratamiento psicológico de las pesadillas que han sido sometidas a investigación empírica.

Del conjunto de técnicas de exposición, la *Desensibilización Sistemática* (DS) es una de las estrategias que primero se aplicó al tratamiento de las pesadillas. Inicialmente los trabajos que documentan el uso de DS en imaginación en el tratamiento de pesadillas recurrentes, son estudios de caso único en los que se informa de que un amplio número de sesiones (entre 11 y 13) fueron eficaces para eliminar las pesadillas y mejorar la ansiedad asociada (p.ej.: Geer y Silverman, 1967; Shorker y Himle, 1974). En estudios posteriores se compara la eficacia de la DS con un grupo control (Celluci y Lawrence, 1978) y, además, con el uso de entrenamiento en relajación (Miller y Dipilato, 1983). En ambos casos se comprueba la eficacia diferencial de un pequeño número de sesiones de DS (5 ó 6), para reducir significativamente la ocurrencia de pesadillas. Tanto por la acumulación de estudios de caso único como por los estudios de grupo conducidos posteriormente la DS es considerado como un *procedimiento bien establecido* para el tratamiento de las pesadillas (Miró y cols., 2003; Miró y Martínez, 2004).

Existen algunas variantes de la DS, como son la *DS de autocontrol* y la *DS mediante movimientos oculares* que en estudios de caso único han demostrado su eficacia (p.ej.: Schindler, 1980; Pellicer, 1993) por lo que, a falta de nuevos estudios experimentales, se consideran técnicas *en fase experimental* para el tratamiento de las pesadillas (Miró y cols. 2003; Miró y Martínez, 2004).

La *exposición* (propiamente dicha) también ha sido utilizada en el tratamiento de las pesadillas. Siguiendo la misma secuencia que en otros ámbitos de tratamiento, los trabajos iniciales de los años 70, se centraron en un formato de exposición masiva o inundación (Handler, 1972; Haynes y Mooney, 1975). A pesar de que los resultados demuestran la reducción de las pesadillas, debido a la escasa muestra de los estudios esta técnica sólo puede considerarse, por el momento, *en fase experimental*.

Años más tarde, ya en la década de los 90, aparecen dos estudios de aplicación de las técnicas de *autoexposición* al tratamiento de las pesadillas. Inicialmente Burges, Marks y Gill (1994) comienzan por aplicar a un caso único la autoexposición a los recuerdos de la propia pesadilla, con instrucciones administradas por correo y, tras observar la reducción de su frecuencia, aplican el procedimiento a un grupo de 170 adultos con pesadillas crónicas (Burges, Gill y Marks, 1998), utilizando para ello un manual de autoexposición enviado por correo postal, y comparando los resultados con los de un grupo de auto-relajación y un grupo control. Los resultados de estos trabajos permiten considerar a la autoexposición como una estrategia *probablemente eficaz* en el tratamiento de las pesadillas (Miró y cols. 2003; Miró y Martínez, 2004).

El procedimiento que mayores y más recientes aportaciones está teniendo al tratamiento de las pesadillas es la *técnica de repaso en imaginación*, más conocida por sus siglas, IRT (*Imagery Rehersal Therapy*), considerada como un *tratamiento bien establecido* (Miró y cols., 2003; Miró y Martínez, 2004) para la intervención de las pesadillas en adultos, tanto en el caso de las pesadillas primarias recurrentes como en el de las secundarias a trastornos de estrés post-traumático. La cantidad y variedad de evidencia empírica que avala esta consideración es muy amplia. Los primeros trabajos también fueron diseños de caso único (p.ej.: Marks, 1978; Halliday, 1982), pero posteriormente se han desarrollado numerosos estudios de grupo, bien controlados (p.ej.: Kellner, Neidhardt, Krakow y Pathak, 1992; Krakow, Kellner, Neidhardt, Pathak y Lambert, 1993; Krakow, Kellner, Pathak y Lambert, 1995; Germain y Nielsen, 2003; Thünker y Pietrowsky, 2012), que sin duda han avalado la eficacia de la IRT para reducir la frecuencia de las pesadillas y el malestar asociado. En general, los resultados señalan que en todos los casos (tanto en pacientes de estrés post-traumático como en pesadillas primarias), una proporción de aproximadamente el 70% de pacientes informan de mejoría clínicamente significativa en la frecuencia de sus pesadillas, proporción que parece incrementarse hasta el 90% en aquellos pacientes que informan de un uso frecuente de la técnica (Krakow y Zadra, 2006). Asimismo, es destacable el mantenimiento de las ganancias terapéuticas en estudios de seguimiento a un plazo de entre 18 (Krakow, Kellner, Pathak y Lambert, 1996) y 30 meses (Krakow y cols., 1993).

La IRT normalmente se realiza en sesiones grupales (de 4 a 8 personas), guiadas por un manual de tratamiento. La duración del procedimiento es relativamente breve; en los primeros trabajos (p.ej.: Krakow y cols., 1995) el número total de sesiones era de 3, las dos primeras de unas 3 horas y dedicadas a la información y aprendizaje de la técnica, y la tercera dedicada al repaso y evaluación (a las tres semanas), de sólo una hora de duración. En trabajos más recientes (Krakow y cols., 2000 y 2001) se utiliza un protocolo de 4 sesiones de 2 horas de duración, que se detalla ampliamente en la publicación de Krakow y Zadra (2006). En las dos primeras sesiones se abordan diversos aspectos psicoeducativos centrados, básicamente, en el reconocimiento del impacto que tienen las pesadillas sobre el sueño (p.ej.: miedo a irse a dormir, insomnio aprendido, etc.), en los motivos por los que las pesadillas pueden seguir persistiendo, y se hace una introducción al procedimiento de ensayo en imaginación. Las dos sesiones finales se dedican a aprender aspectos relevantes sobre la forma en que opera la imaginación, a la valoración y desarrollo de la imaginación como un vehículo de cambio y, finalmente, a realizar los tres pasos específicos de la técnica de repaso o ensayo en imaginación:

1. Seleccionar una pesadilla y escribirla.
2. Elaborar una nueva versión de esta pesadilla en la que se pueden cambiar los contenidos según el propio gusto. Esta nueva versión se presenta a los otros miembros del grupo y se comenta entre ellos.
3. Repasar mentalmente la nueva versión de cada pesadilla. Este repaso debe realizarse durante los siguientes 3 meses, dedicando a ello entre 5 y 20 minutos cada día, y trabajando de forma simultánea un máximo de tres pesadillas.

La *hipnosis* ha sido también utilizada con éxito en el tratamiento de las pesadillas, tanto en adultos como en niños. La evidencia acumulada se limita a diversos estudios de caso único en los que se comprueba la eficacia de los procedimientos hipnóticos para disminuir e incluso eliminar la ocurrencia de pesadillas (p.ej.: Ford, 1995; Howsan, 1999), por lo que, a falta de nuevas investigaciones adecuadamente controladas, por el momento puede considerarse como un *tratamiento en fase experimental* (Miró y cols., 2003; Miró y Martínez, 2004). Una descripción del procedimiento y sugestiones hipnóticas desarrollados por Ford (1995) y posteriormente utilizados por Hawkins y Polemikos (2002), puede consultarse en Comeche y Vallejo (2016).

5.5. Terrores nocturnos y sonambulismo

Estas dos parasomnias, como ya se ha comentado, tienen bastantes aspectos en común, ya que aparecen en las fases del sueño de ondas lentas (no-REM) y en la misma franja horaria (primer tercio de la noche) y, además, durante dichos episodios se da una falta de contacto del paciente con la realidad. Por este motivo, en ambos casos la primera actuación del psicólogo debe ser informar tanto a los pacientes como a sus familiares (sobre todo a los padres ya que ambos trastornos son mucho más frecuentes en la infancia), de la naturaleza del trastorno, para que comprendan que, a pesar de su apariencia amenazante, no son problemas graves y que lo normal es que vayan desapareciendo, de forma espontánea, con el paso de los años, aunque en algunos casos pueden persistir durante la vida adulta.

En todo caso, se debe comenzar por recomendar a los allegados que conviven con el paciente que, durante el episodio, intenten tranquilizarle y, en el caso del sonambulismo, reconducirle a la cama y esperar a que vuelva a dormirse. Deben tener en cuenta que el paciente no tiene contacto con la realidad y que no es conveniente tratar de despertarle ya que, aunque no resulta peligroso (como muchas personas creen) es difícil conseguirlo y no tiene ninguna utilidad. Asimismo, en el caso del sonambulismo, es conveniente adoptar medidas de seguridad que garanticen la integridad del paciente durante sus paseos nocturnos (p.ej.: no acostarse en literas, retirar del dormitorio elementos peligrosos, cerrar con llave la puerta de la calle, etc.). A pesar de ciertos mitos y creencia erróneas, que sostienen lo contrario, lo cierto es que el sonámbulo no coordina adecuadamente sus movimientos durante el episodio, y por tanto sí puede correr peligro si no se adoptan dichas precauciones (Comeche y Vallejo, 2016).

De forma paralela y puesto que los episodios de terrores y sonambulismo se desencadenan con más probabilidad si se dan alteraciones del ritmo sueño-vigilia, privación de sueño, activación emocional o consumo de sedantes (APA, 2013), debe instruirse al paciente y/o a su familia para que procuren regularizar sus horarios, asegurándose una cantidad suficiente de sueño, evitando el consumo de ansiolíticos y regulando la realización de actividades que puedan alterar emocionalmente al paciente, sobre todo durante la tarde-noche.

La investigación sobre el tratamiento psicológico de los terrores nocturnos y el sonambulismo, como señalan Miró y cols. (2003), está escasamente desarrollada, sin embargo hay dos estrategias de tratamiento que han acumulado ya suficiente evidencia como para ser considerados *tratamientos en fase experimental,* los despertares programados y el uso de procedimientos hipnóticos.

La técnica de los *despertares programados* fue inicialmente desarrollada para el tratamiento de los episodios frecuentes de despertar durante la noche, pero su uso se hizo pronto extensivo al tratamiento de los terrores nocturnos (Lask, 1988; Durand y Mindell, 1999) y del sonambulismo (Tobin, 1993; Frank, Spirito, Stark y Owens, 1997). Aunque algunos de estos trabajos eran estudios de caso único o con un número muy reducido de casos, también se realizó un trabajo con un grupo niños que padecían sonambulismo y/o terrores nocturnos asignados aleatoriamente al grupo de despertares programados o al grupo de control (Harris-Carlson, 1992) que aporta evidencia de la eficacia de dicho procedimiento y le confirma como una de las estrategias más prometedoras en el tratamiento de ambas parasomnias.

Para la aplicación de esta técnica se requiere, en primer lugar, que algún familiar o allegado observe y registre la hora de aparición de los episodios de terror o sonambulismo durante un periodo de unas dos semanas. A continuación, y basándose en los datos registrados, se le pide que despierte a la persona cada noche entre 15 y 30 minutos antes de la hora a la que habitualmente se produce el episodio. Debe procurarse que el despertar sea lo menos brusco posible, sólo tocarlo o moverlo suavemente hasta que abra los ojos y enseguida dejarle que vuelva a dormirse. Esta pauta de despertar programado se mantiene hasta que la persona consigue un periodo de 7 noches seguidas sin episodios, momento en el que se pasa a retirar gradualmente el procedimiento (al inicio se deja de despertarle sólo 1 noche, luego 2, y así sucesivamente). Puesto que la mayor frecuencia de estas dos parasomnias es en la infancia, y ya que en ambos casos los episodios siempre aparecen en el primer tercio de la noche, la hora de despertar al niño suele corresponder con el horario en que los padres todavía en se han acostado, por lo que la aceptación y cumplimiento por parte de los padres, suele ser bueno.

La *hipnosis* también ha sido utilizada con éxito en el tratamiento de éstas dos parasomnias. Existen diversos estudios tanto de caso único como de grupo que aportan evidencia de la eficacia de los procedimientos hipnóticos en el tratamiento de los terrores nocturnos (p.ej.: Kramer, 1989) y del sonambulismo (p.ej.: Reid, Ahmed y Levie, 1981). Una de las investigaciones más representativas según Miró y cols. (2003) es la desarrollada por Hurwitz, Mahowald y Schenck (1991) con un grupo de 27 pacientes adultos de los que la mayoría presentaban las dos parasomnias simultáneamente. Las inducciones hipnóticas, de unos 20 minutos de duración, se grababan para poder ser utilizadas como auto-hipnosis antes de dormir y en ellas se pedía a los pacientes que se imaginasen viendo reflejada en una pantalla una película de sí mismos durmiendo tranquilos durante toda la noche. Kohen, Mahowald y Rosen (1992) describen el entrenamiento en auto-hipnosis realizado a un grupo de niños con terrores nocturnos mediante una intervención breve de sólo dos sesiones, en el que usaban una metáfora del cerebro como un ordenador y los terrores como fallos que se solucionaban al reprogramar el ordenador. Una exposición más amplia de la aplicación de la hipnosis a estas dos parasomnias puede consultarse en Miró y Buela-Casal (2001).

6. PROGRAMA PROPUESTO PARA EL TRATAMIENTO DEL INSOMNIO

El programa que se describe en este apartado, es el que realizan Perlis, Jungquist, Smith y Posner (2009) en el Servicio de Medicina Conductual del Sueño y Clínica de Insomnio, de la Universidad de Rochester. Este programa integra, siguiendo una secuencia sistemática, cuatro estrategias cognitivo-conductuales que han demostrado empíricamente su eficacia en el tratamiento del insomnio crónico: el control de estímulos, la restricción del sueño, la higiene del sueño y la terapia cognitiva.

Suele aplicarse en un total de 8 semanas, con sesiones semanales de entre 30 y 120 minutos (dependiendo tanto de la fase como del grado de cumplimiento del paciente), aunque también puede aplicarse de forma intensiva en tan sólo 4 semanas. La presentación que los autores realizan del programa (y que es la que se va a seguir en este tema) corresponde a un enfoque individual; no obstante, se señala la posibilidad de seguir un tratamiento que combine sesiones individuales, (las 2 primeras y las 2 últimas) con sesiones de grupo en la parte central de la intervención.

Los pacientes para los que está especialmente indicado este programa son aquellos que padecen insomnio primario, aunque esta forma de tratamiento estaría también indicada en aquellos casos de insomnio secundario a alguna enfermedad aguda, si se comprueba que el insomnio está mantenido por factores conductuales o una pobre higiene del sueño y siempre como una intervención complementaria del tratamiento del trastorno primario. De forma resumida podría señalarse que este programa está indicado en los siguientes casos:

- Cuando la persona presenta problemas sustanciales de continuidad del sueño (inicio o mantenimiento): si necesita 30 minutos o más para conciliar el sueño; si pasa 30 minutos o más despierto durante la noche; si estas dificultades se producen 3 noches o más por semana.
- Si el paciente manifiesta que su funcionamiento diario está afectado por el insomnio o bien reconoce que existen aspectos de su vida o funcionamiento que mejorarían si su insomnio se resolviera de inmediato.
- Si existen factores conductuales que, a modo de estrategias compensatorias, mantienen el problema de insomnio. Por ejemplo, cuando para compensar la pérdida de sueño y afrontar el cansancio la persona se acuesta antes, o duerme más por la mañana, o echa alguna cabezada durante el día; o bien cuando, para *matar el tiempo* mientras está en la cama sin dormir, se distrae leyendo, oyendo la radio, etc.
- Cuando se compruebe que el insomnio se mantiene mediante *activación condicionada,* es decir, cuando la habitación, la cama, la hora de acostarse, etc. se han convertido en estímulos que elicitan un estado de activación.

A continuación se describen de forma resumida las 8 sesiones que componen este programa de tratamiento. Una descripción mucho más detallada puede encontrarse en la publicación original de la que se existe traducción al español (Perlis y cols., 2005/2009), y que se comenta en el apartado de libros recomendados.

Primera sesión: Evaluación de acogida

Esta primera sesión es una de las que tienen mayor duración, entre 60 y 120 minutos y se plantea unos objetivos centrados básicamente en la evaluación del trastorno, el análisis de la adecuación de la intervención en cada caso y el entrenamiento del paciente para que aprenda y esté motivado para realizar los diarios del sueño que debe cumplimentar durante la línea base (entre una y dos semanas).

La sesión comienza con la presentación que el terapeuta hace de sí mismo al paciente en la que, además, le explica que para poder determinar la adecuación del tratamiento a su problema de insomnio, lo primero será recoger datos sobre su historial médico, sus síntomas relacionados con el problema de sueño, el ambiente en el que duerme y su grado de motivación para el cambio. Para ello se le pide que cumplimente una serie de cuestionarios, elaborados por los autores para este fin, y que normalmente se rellenan durante la sesión y en presencia del terapeuta, aunque en ocasiones pueden entregarse previamente al paciente para que los traiga cumplimentados a la primera entrevista. Asimismo se le pide que rellene otros cuestionarios relacionados con su problema, como el Índice de Severidad del Insomnio (Morin y cols., 2001) y se recoge información de otros aspectos psicopatológicos que el terapeuta considere de interés, mediante cuestionarios como, por ejemplo, el Inventario de Depresión de Beck (Beck, Steer y Brown, 1996). A través de toda la información que aportan estos cuestionarios y de cualquier otra que el terapeuta considere oportuna, se comprueba si el paciente cumple los criterios de inclusión señalados y se descarta que padezca alguna enfermedad médica o psiquiátrica que pudiese ser responsable del problema de sueño o que pudiera interferir con la terapia cognitivo conductual del insomnio.

Una vez se determina que el tratamiento cognitivo conductual es adecuado para un paciente, se le presentan las diferentes alternativas de tratamiento, para que sea él quien decida libremente. Se le comenta que su insomnio no es síntoma de ningún otro problema grave, pero lamentablemente no suele resolverse sin una intervención específica. Asimismo, se le detallan las posibles alternativas de tratamiento farmacológico (benzodiacepinas, benzodiacepinas y antidepresivos), señalando sus principales ventajas, sobre todo el alivio inmediato, así como los problemas que pueden acontecer al intentar eliminar algunas de ellas (como sucede con las benzodiacepinas) y, en todo caso, la desventaja que supone que los medicamentos no curan el problema, por lo que al dejar de tomarlos suele reaparecer el insomnio. Finalmente se le explica la alternativa de tratamiento cognitivo conductual, señalando a su vez sus ventajas, sobre todo su eficacia probada a medio y largo plazo, así como sus principales inconvenientes: la necesidad de que el paciente se adhiera a un proceso de tratamiento que en total lleva unas 8 semanas, que hasta pasadas 2 a 4 semanas no se comienzan a percibir los primeros efectos positivos, siendo incluso normal observar un empeoramiento transitorio al inicio del tratamiento.

En los casos en que el paciente que acude a terapia esté utilizando ya medicación hipnótica sedante para su insomnio, se requiere suspenderla antes de iniciar el tratamiento cognitivo conductual. Esta suspensión debe realizarse siempre de forma gradual y bajo la supervisión del médico responsable de la prescripción. Cuando la persona está en tratamiento con antidepresivos que, como se sabe, producen efectos beneficiosos para el sueño pero no interfieren con el tratamiento cognitivo conductual, se deja que siga su pauta normal de medicación durante la intervención.

La parte final de esta primera entrevista se dedica a explicar al paciente la necesidad de que realice un diario de sueño, en el que cada día se registran los datos más relevantes de su problema, enseñándole a rellenarlo en la propia consulta con los datos del día anterior, de la misma manera que el paciente deberá hacer cada mañana. En este diario sólo se reflejan dos datos que son objetivos (la hora de irse a la cama y la de levantarse), los demás datos son o bien datos estimados por el paciente (tiempo que tarda en conciliar el sueño, número de despertares y tiempo que permanece despierto), o bien datos que deben ser calculadas posteriormente, como el tiempo que permanece en la cama y el tiempo total de sueño. Finalmente se le dan instrucciones para que durante el periodo de línea base *duerma como siempre,* introduciendo sólo una primera modificación en su rutina: dar la vuelta al despertador y sólo mirar la hora al acostarse y al despertarse.

Segunda sesión: Inicio del tratamiento

La duración de esta segunda sesión es también de las más amplias, entre 60 y 120 minutos, siendo sus principales objetivos la adaptación del plan de tratamiento a las características del caso, la explicación didáctica de los procedimientos que se van a comenzar a aplicar (la restricción del sueño y el control de estímulos) propiciando la motivación y adherencia del paciente al programa de tratamiento.

La sesión comienza, como todas las siguientes, con la revisión de los diarios del sueño que presenta el paciente, calculando las puntuaciones medias y plasmando los datos de los tres principales parámetros (latencia del sueño, despertares nocturnos y tiempo total de sueño) en un gráfico que se irá completando, semana a semana, a lo largo de todo el tratamiento. Como el cálculo de algunas de estas puntuaciones puede ser complejo para el paciente, debe ser inicialmente el terapeuta el que realice estos cálculos y los comente con él. Lo primero que debe comentarse es la diferencia que suelen mostrar los registros entre el tiempo que la persona permanece en la cama y el tiempo total (estimado) de sueño. Mediante estos dos datos se calcula la Eficiencia del Sueño (EfS = TTS/TC), es decir se divide el tiempo total de sueño o tiempo en minutos que la persona estima dormir, por el tiempo (también en minutos) que la persona permanece en la cama y se multiplica por 100 para calcular el porcentaje de eficiencia. A través de esta cifra se hace ver al paciente lo baja que ha sido la eficiencia de su sueño durante la línea base, y se aprovecha para comenzar a explicar la necesidad de introducir cambios en esta costumbre de permanecer en la cama aunque se esté despierto.

Aprovechando los propios datos del paciente, se pasa a presentarle el modelo conductual de su insomnio, analizando con él los factores predisponentes y precipitantes y, sobre todo, los factores conductuales que, en su caso, son los responsables del mantenimiento y perpetuación de su problema. Entre estos factores se analiza el ya citado de permanecer en la cama sin dormir, acostarse antes, levantarse más tarde, dormir durante el día para intentar recuperarse, o realizar en la cama actividades que le distraigan mientras no se duerme. Se le explica cómo estas conductas que inicialmente pretendían paliar su problema de sueño a la larga han quedado condicionadas al *no dormir* y son en realidad las responsables de que se mantenga su problema de insomnio.

En este contexto se comienzan a explicar las dos primeras técnicas que se aplican en el programa, la restricción del sueño y el control de estímulos. La primera tarea es establecer una hora fija para acostarse y para levantarse, que la persona debe seguir durante la próxima semana, incluidos los días festivos y que se fija en función del tiempo medio de sueño durante la línea base y de las posibilidades y necesidades de la persona (p.ej.: la hora a la que tiene que entrar a trabajar). Esta primera medida restrictiva suele suponer que la persona se vaya a la cama varias horas más tarde de lo que tiene por costumbre (aunque antes ya tenga sueño) y que se levante a la hora marcada (aunque todavía tenga sueño). En total el tiempo marcado para permanecer en la cama debe ser equivalente al tiempo total de sueño (sin incluir las interrupciones) que la persona ha tenido, según sus registros, durante la línea base.

Esta estrategia de restricción del sueño debe combinarse, además, con la técnica de control de estímulos, lo que supone que el tiempo de espera hasta la hora de acostarse debe pasarlo fuera de la habitación, realizando alguna actividad entretenida para la persona. Si una vez llegada la hora de acostarse no se duerme, pasada una media hora de estar en la cama sin dormir debe levantarse y salir de la habitación y sólo volver a la cama, dentro de la franja horaria asignada, cuando sienta sueño. Si nuevamente pasa otra media ahora (aproximadamente) sin dormirse, debe volver a levantarse y salir de la habitación, repitiendo esta secuencia tantas veces como sea preciso. Es muy importante aclarar las dudas del paciente, asegurarse de que ha entendido estas instrucciones así como los fundamentos de ambas técnicas y la necesidad de respetar estas normas para romper los condicionamientos que mantienen su problema de insomnio. A este respecto, es conveniente advertir a la persona que esta medida supone que, sobre todo durante la primera semana, vaya a dormir menos horas de lo habitual e incluso se encuentre somnolienta durante el día. Por este motivo, en algunos casos es aconsejable hacer coincidir el comienzo de la intervención con unas vacaciones o una baja médica. En todo caso, debe informarse de que esta fase es transitoria y necesaria para romper con los malos hábitos y para instaurar otros más adaptativos.

Tercera sesión: Valoración del sueño e higiene del sueño

La duración de esta sesión es algo menor (45 a 60 minutos). Al igual que la sesión previa, en ésta se comienza por la revisión y representación gráfica de los datos del diario del sueño, calculando las puntuaciones medias del tiempo en la cama y del tiempo total de sueño y, a través de ellas, el porcentaje de Eficiencia del Sueño. Lo esperable es que, si el paciente ha cumplido las recomendaciones de restricción del sueño y control de estímulos, el porcentaje de Eficiencia del Sueño se eleve a una cifra superior al 90% (en ancianos suele aceptarse el 85%). Cifras menores podrían indicar una falta de adherencia al tratamiento, aspecto que debe abordarse de inmediato, mediante la revisión de los diarios del sueño. Existen algunos problemas de adherencia que con frecuencia se detectan en estas primeras semanas de tratamiento y que el terapeuta debe explorar y abordar. Uno de los más frecuentes es la tendencia de algunos pacientes a buscar excusas para postergar el inicio de la restricción (p.ej.: *hoy tengo sueño, voy a apro-*

vecharlo y ya empezaré otro día), excusas que el terapeuta deberá detectar y reestructurar. En otros casos el paciente dice haber entendido el problema y querer realizar la restricción, pero se ha considerado incapaz de cumplirla durante la semana (p.ej.: *me fue imposible permanecer despierto hasta la hora indicada).* En estos casos el terapeuta puede recomendar que se eviten posturas yacentes durante las 3 horas antes de la hora fijada, o que se realice algún tipo de actividad física a última hora de la tarde.

Cuando se comprueba que la Eficiencia del Sueño es del 90% o superior, se considera que el tratamiento está teniendo el efecto adecuado, por lo que se procede a disminuir la restricción, es decir a incrementar el tiempo prescrito de permanencia en la cama en 15 minutos. En los casos en que el porcentaje de Eficiencia se sitúe entre el 85 y el 90%, no se hace ninguna modificación en las horas prescritas de acostarse y levantarse y se espera a ver la evolución durante la siguiente semana. Finalmente cuando, tras cerciorarse de una adecuada adherencia se comprueba que el porcentaje es inferior al 85%, se procede a incrementar la restricción en 15 minutos, retrasando para ello la hora de acostarse y explicando adecuadamente esta medida al paciente para que no lo perciba como un castigo.

El segundo aspecto central de esta sesión es la explicación y aplicación de las pautas de higiene del sueño. Para ello se comienza por proporcionar al paciente un cuadernillo con dichas normas, haciendo que las vaya leyendo en voz alta. Algunas de las pautas de higiene del sueño ya se han ido abordando en las sesiones previas (p.ej.: levantarse a la misma hora todos los días, girar el despertador para que no pueda verlo), sin embargo otras son completamente nuevas por lo que es importante que el paciente las comprenda e integre en su vida. Para ello, el terapeuta le va explicando los motivos científicos en los que se apoya cada pauta, al tiempo que comenta con él la forma en que se podría aplicar a su caso, haciendo que reflexione sobre las medidas que debería adoptar para poder instaurarlas en su vida y que tome nota en el propio cuadernillo de aquellas tareas que deberá realizar durante la semana para conseguirlo.

Cuarta sesión: Valoración del sueño

Se trata de una sesión de corta duración (30 a 60 minutos) que se dedica básicamente, a revisar los diarios, realizar los gráficos, evaluar el cumplimiento de las pautas de higiene del sueño y los logros conseguidos y realizar los ajustes necesarios en los horarios en función de la media semana del porcentaje de Eficiencia del Sueño, utilizando los mismos criterios que en la semana previa; es decir, se incrementa en 15 minutos el tiempo prescrito de permanencia en la cama cuando el porcentaje es igual a superior al 90% y se mantiene el mismo horario para porcentajes entre el 85 y el 90%. En el caso de que tampoco en esta semana se produjeran logros clínicos (eficiencia del sueño del 85% o superior), y una vez comprobado, a través del diario del sueño, que el paciente ha cumplido adecuadamente las prescripciones, debería optarse por retrasar en otros 15 minutos la hora de acostarse y, de forma simultánea, reevaluar el caso por si existe algún dato que no ha sido detectado o contemplado adecuadamente (p.ej.: una enfermedad médica, psiquiátrica, abuso de sustancias, hiperactivación fisiológica, etc.) y que debería haber sido motivo de exclusión o que requeriría un tratamiento específico. Así, en el caso de detectarse un exceso de activación fisiológica, se recomienda aumentar el tratamiento con entrenamiento en relajación y seguir con el resto del programa durante 1 ó 2 semanas, hasta comprobar si así se produce una mejoría en la eficiencia del sueño.

Quinta sesión: Valoración del sueño y terapia cognitiva

(De 60 a 90 minutos). En esta sesión, tras la evaluación semanal de los diarios, el cumplimiento y el ajuste de la hora de acostarse en función de los resultados, se procede a abordar las preocupaciones y creencias negativas sobre el sueño, mediante reestructuración cognitiva. Para ello, se comienza por recordar el modelo conductual del insomnio, prestando especial atención al papel de las preocupaciones sobre el sueño (p.ej.: *no voy a ser capaz de dormir en toda la noche),* y los pensamientos catastrofistas que de ellas se derivan (p.ej.: *mañana me quedaré dormido al volante y tendré un accidente)* como perpetuadores del propio problema de insomnio. Se enseña al paciente a identificar y registrar estos pensamientos negativos y se inicia, ya en la consulta, el proceso de reestructuración cognitiva. En el ejemplo anterior, se comenzaría por la evaluar la estimación que hace el paciente de la probabilidad de ocurrencia de los resultados catastróficos que anticipa. A continuación se pasa a contrastar esta estimación (sobre-estimación) con la frecuencia real de tales acontecimientos (p.ej.: el número real de veces que ha conducido sin problemas después de una noche de mal sueño), finalizando con un pensamiento alternativo que, a modo de *mantra* (p.ej.: *eso es muy improbable*) se auto-aplique el paciente para contrarrestar los pensamientos catastrofistas.

Sesiones sexta y séptima. Valoración del sueño

Se trata de sesiones de corta duración (de 30 a 60 minutos) en las que las principales tareas son, como en todas las anteriores, la revisión de los diarios y la representación gráfica de los datos, la evaluación del cumplimiento de la higiene del sueño y el ajuste de los horarios del sueño en función de los resultados. Asimismo, e integrando los nuevos aprendizajes del tratamiento, se dedica un tiempo a revisar los nuevos pensamientos negativos detectados por la persona y sus esfuerzos por reestructurarlos.

Octava sesión. Valoración del sueño y prevención de recaídas

(30 a 60 minutos). El primer objetivo de esta última sesión es valorar los logros del programa. Así, tras reflejar los datos de la última semana en el gráfico, se procede a revisar los resultados obtenidos a lo largo del tratamiento, haciendo la comparación con los datos de la línea base, en cada uno de los parámetros del diario del sueño.

Como segundo objetivo en esta sesión se aborda la prevención de las recaídas. Para ello se revisa una vez más el modelo conductual del insomnio, recordando los factores que, en cada caso, contribuyeron al inicio y mantenimiento del problema de sueño e identificando las situaciones y factores de riesgo de que vuelva a ocurrir así como las medidas que deberían adoptarse para reducir ese riesgo. Se señala que algunas de las medidas adoptadas durante la intervención podrán ir flexibilizándose con el paso del tiempo en función de cada caso (p.ej.: el horario de acostarse y levantarse). Sin embargo hay una serie de normas y recomendaciones (p.ej.: no compensar una mala noche con siestas o acostándose más temprano; no permanecer en la cama más de 15 minutos esperando a dormirse) que son medidas que deben incorporarse a los hábitos de la persona y mantenerse en el tiempo.

Finalmente se debe señalar que, aunque los logros del tratamiento se mantienen e incluso se incrementan con el paso del tiempo, sin embargo es normal padecer algún episodio transitorio de insomnio. Es importante que, en esas situaciones, la persona adopte las tres medidas siguientes para prevenir que el problema se cronifique: (1) no compensar la pérdida de sueño; (2) volver a realizar de inmediato los procedimientos de control de estímulos; (3) si el insomnio permanece después de unos días, iniciar la restricción del sueño.

7. CONCLUSIONES Y PERSPECTIVAS DE FUTURO

Como ha podido apreciarse el tratamiento cognitivo conductual ha demostrado, en poco más de cuatro décadas de historia, ser una alternativa eficaz para muchos de los problemas y trastornos del sueño. A grandes rasgos puede concluirse que su eficacia está empíricamente validada en el caso del insomnio y las pesadillas y está en vías de serlo (a falta de nuevas investigaciones) en el resto de los trastornos estudiados. Se trata, en definitiva, de un ámbito de estudio en el que ya hay mucho conseguido, aunque todavía queda mucho trabajo por realizar. Ejemplo de estos retos de futuro son: la validación empírica de los procedimientos que todavía se encuentran en fase experimental; la optimización de los procedimientos para adecuarlos a poblaciones con necesidades especiales; la necesidad de analizar y confirmar la eficacia de los tratamientos con medidas objetivas, como la polisomnografía o la actigrafía; y la adecuada difusión de la eficacia de estos tratamiento de modo que sus beneficios se hagan extensivos al mayor número posible de personas.

Éste último es uno de los aspectos que en estos momentos preocupa a la comunidad científica. Como recientemente señalan dos de los grandes investigadores en este ámbito, Haynes y Bootzin (2010) a propósito del tratamiento del insomnio, es el momento de pasar de la eficacia a la efectividad. Para ello parten de la consideración de que, a pesar de que el tratamiento cognitivo conductual del insomnio ha demostrado científicamente su eficacia, resulta descorazonador (Benca, 2005) conocer cómo este problema del sueño es, en la práctica, un problema deficientemente detectado y tratado. A este respecto, Haynes y Bootzin (2010) señalan cuatro mitos sobre el insomnio y su tratamiento, que deberían ser identificados y refutados para intentar paliar estas deficiencias.

1. *La necesidad de ser un experto en investigación sobre el sueño para tratar satisfactoriamente el insomnio.* En este sentido señalan que, aunque efectivamente muchos psicoterapeutas no han recibido un entrenamiento específico en trastornos del sueño y sería deseable una formación más específica en este ámbito, sin embargo la formación básica del psicólogo incluye conocimientos sobre los principios de aprendizaje que son los mecanismos que subyacen al tratamiento cognitivo conductual del insomnio, por lo que éstos no deben tener dificultades para adquirir y actualizar (mediante cursos o manuales de tratamiento) las competencias necesarias para tratar este problema.
2. *El insomnio secundario a un trastorno mental no debe ser tratado ya que éste mejorará cuando mejore el trastorno primario.* Esto es un error, ya que está demostrado que muchos de los problemas de insomnio no mejoran tras el tratamiento del trastorno mental primario (p.ej.: depresión), y por contra, el insomnio no tratado supone un factor de riesgo para

las recaídas depresivas e incluso un riesgo de intentos de suicidio. Por tanto, se señala la necesidad de comenzar por prestar atención a los problemas de insomnio, ya que su mejora puede ser un buen precursor del tratamiento de otros problemas de salud mental.

3. *Los problemas de insomnio son una parte inevitable de los problemas crónicos.* Según esta creencia errónea el insomnio se atribuye a factores externos, como la enfermedad crónica o el envejecimiento. Aunque es cierto que el sueño es más difícil de iniciar o mantener cuando existen problemas médicos, el insomnio en sí es (como ya se ha comentado) el resultado de ciertas conductas compensatorias que se ponen en marcha en dichas situaciones. Además, es un hecho que el tratamiento cognitivo conductual ha demostrado ser efectivo con personas mayores así como con pacientes con trastornos médicos crónicos.
4. *Los pacientes ya han tratado de hacer esas cosas y no les ha funcionado.* Es cierto que no todos de los pacientes que reciben este tratamiento experimentan una mejoría clínicamente significativa y que cerca de un tercio son resistentes al tratamiento. La experiencia con estos pacientes resistentes al tratamiento es que muchos de los que dicen haber intentado seguir las recomendaciones propias de la higiene del sueño no lo han hecho de forma sistemática. Es conocido que las simples pautas educativas tienen una eficacia limitada, por lo que los autores insisten en la necesidad de que la persona, de forma participativa, se integre en un programa terapéutico adecuada y sistemáticamente planificado y administrado.

8. REFERENCIAS BIBLIOGRÁFICAS

Aloia, M.S., Arnedt, J.T., Stepnowsky, C., Hecht, J. y Borrelli, B. (2005) Predicting treatment adherence in obstructive sleep apnea using principles of behavior change. *Journal of Clinical Sleep Medicine, 1,* 346-353.

Aloia, M.S., Smith, K., Arnedt, J.T., Millman, R.P., Stanchina, M., Carlisle, C. y cols., (2007) Bief behavioral therapies reduce early positive airway pressure discontinuation rates in sleep apnea syndrome: Preliminary findings. *Behavioral Sleep Medicine, 5,* 89-104.

American Academy of Sleep Medicine (2014) *International classification of sleep disorders,* 3rd edition (ICSD-3). Chicago: AASM.

American Psychiatric Association (2000). *Diagnostic and statistical manual of mental disorders.* (4th ed. text revised). Washington, D.C.: APA.

American Psychiatric Association (2013). *DSM-5. Diagnostic and statistical manual of mental disorders.* (5ª ed.). Washington, D.C.: APA.

American Sleep Disorders Association (1997) *The International Classification of Sleep Disorders: Diagnostic and Coding Manual-Revised.* Rochester, MN: ASDA.

Beck, A.T., Steer, R.A. y Brown, G.K. (1996) *Manual for the Beck Depression Inventory-II.* San Antonio: Psychological Co.

Bloom, H.G., Ahemd, I., Alessi, C.A., Ancoli-Israel, S. Buysse, D.J., Kryger, M.H. y cols. (2009) Evidence-Based recommendations for the assessment and management of sleep disorders in older persons. *Journal of American Geriatrics Society, 57,* 761-789.

Bonin, E.M., Beecham, J., Swift, N. y cols. (2014). Psycho-educational CBT-Insomnia workshops in the community. A cost-effectiveness analysis alongside a randomized controlled trial. *Behaviour Research and Therapy, 55,* 40-47.

Bootzin, R.R. (1972) Stimulus control treatment for insomnia. *Proceedings of the American Psychological Association, 7,* 395-396.

Bootzin, R.R., Epstein, D. y Word, J.M. (1991). Stimulus control instructions. En P.J. Hauri (Comp.) *Case studies in insomnia.* Nueva York: Plenum.

Buela-Casal, G. y Navarro, J.F. (Comp.) (1990) *Avances en la investigación del sueño y sus trastornos.* Madrid: Siglo XXI.

Buela-Casal, G. y Sierra, J.C. (1994). *Los trastornos del sueño. Evaluación, tratamiento y prevención en la infancia y adolescencia.* Madrid: Pirámide.

Buela-Casal, G. y Sierra, J.C. (2001). Evaluación y tratamiento de los trastornos del sueño. En: G. Buela-Casal y J.C. Sierra (Eds.) *Manual de evaluación y tratamientos psicológicos.* Madrid: Biblioteca Nueva.

Burges, M., Marks, I.M. y Gill, M. (1994). Postal self-exposure treatment of recurrent nightmares. *Bristish Journal of Psychiatry, 165,* 388-391.

Burges, M., Gill, M. y Marks, I.M. (1998). Postal self-exposure treatment of recurrent nightmares. *British Journal of Psychiatry, 172,* 257-262.

Buysse, D.J., Reynolds, C.F., Monk, T.H., Berman, S.R. y Kupfer, D.J. (1989) The Pittsburg Sleep Quality Index: A new instrument for psychiatric practice and research. *Psychiatry Research, 28,* 193-213.

Celluci, A.J. y Lawrence, P.S. (1978). The efficacy of systematic desensitization in reducing nightmares. *Journal of Behaviour Research and Experimental Psychiatry, 9,* 109-114.

Comeche, M.I. y Vallejo, M.A. (2016). Problemas y trastornos del sueño en la infancia. En: M.I. Comeche y M.A. Vallejo (Eds.): *Manual de Terapia de Conducta en la Infancia, 3ª Edición.* Madrid: Dykinson.

Durand, V.M. y Mindell, J.A. (1999). Behavioral intervention for childhood sleeps terrors. *Behavior Therapy, 30,* 705-715.

Edigner, J.D., Olsen, M.K., Stechuchak, K.M. y cols. (2009) Cognitive behavioral therapy for patients with primary insomnia or insomnia associated predominantly with mixed psychiatric disorders: a randomized clinical trial. *Sleep, 32,* 499-510.

Edinger, J.D., Wohlgemuth, W.K., Radtke, R.A. y cols. (2001) Cognitive behavioral therapy for treatment of chronic primary insomnia: a randomized controlled trial. *JAMA, 285,* 1856-64.

Engle-Friedman, M., Bootzin, R.R., Hazlewood, L. y Tsao, C. (1992) An evaluation of behavioral treatments for insomnia in older adult. *Clinical Psychology, 48,* 77-90.

Espie, C.A., Lindsay, W.R., Brooks, D.N., Hood, E.M. y Turvey, T. (1989) A controlled comparative investigation of psychological treatments for chronic sleep-onset insomnia. *Behaviour Research and Therapy, 27,* 79-88.

Espie, C.A., MacMahon, K.M., Kelly, H.L. y cols. (2007). Randomized clinical effectiveness trial of nurse-administered small-group cognitive behavioral therapy for persistent insomnia in general practice. *Sleep, 30,* 574-84.

Espinar, J. (1998). Trastornos del alertamiento y parasomnias de la transición vigilia-sueño. *Revista de Neurología, 26,* 469-472.

Fisher, D., Pillar, G., Malhotra, A., Peled, N. y Lavie, P. (2002). Long-term follow-up of untreated patients with sleep apnoea syndrome. *Respiratory Medicine, 96,* 337-343.

Ford, D. y Cooper-Patrick, L. (2001) Sleep disturbances and mood disorders: an epidemiologic perspective. *Depression and Anxiety, 14,* 3-6.

Ford, R. (1995) Hypnotic treatment of a sleeping problem in an 11-year-old boy. *Contemporary Hypnosis, 12,* 201-206.

Frank, N.C., Spirito, A., Stark, L. y Owens, J. (1997). The use of scheduled awakenings to eliminate childhood sleepwaking. *Journal of Pediatric Psychology, 22,* 345-353.

Freedman, T. y Papsdorf, J.D. (1976) Biofeedback and progressive relaxation treatment of sleep-onset insomnia: a controlled, all-night investigation. *Biofeedback and Self Regulation, 1,* 253-271.

Friedman, L., Bliwise, D.L., Yesavage, J.A. y Salom, S.R. (1991) A preliminary study comparing sleep restriction and relaxation treatments for insomnia in older adults. *Journal of Gerontology, 46,* 1-8.

Gaultney, J. (2010) The prevalence of sleep disorders in college students: Impact on academic performance. *Journal of American College Health, 59,* 91-97.

Geer, J.K. y Silverman, I. (1967) Treatment of recurrent nightmare by behavior modification procedures: a case study. *Journal Abnormal Psychology, 72,* 188-90.

Germain, A. y Nielsen, T. (2003). Impact of imagery rehearsal treatment on distressing dreams, psychological distress and sleep parameters in nightmare patients. *Behavioral Sleep Medicine, 1,* 140-154.

Glovinski, P. y Spielman, A.J. (1991) Sleep restriction therapy. En P.J. Hauri (Ed.): *Case studies in insomnia.* Nueva York: Plenum Press.

Guilleminault, C., Stoohs, R. y Clek, A. (1993). Daytime somnolence: therapeutic approaches. *Neurophysiology Clinique, 23,* 23-33.

Halliday, G. (1982). Direct alteration of a traumatic nightmare. *Perceptual and Motor Skills, 54,* 413-414.

Handler, L. (1972). The amelioration of nightmares in children. *Psychotherapy: Clinical Psychology and Practice, 9,* 54-56.

Harris-Carlson, S.A. (1992). Sleepwalking and night terrors in children: treatment with scheduled awakenings and circadian rhythm management. *Dissertation Abstracts International, 52,* 6073.

Hawkins, P. y Polemikos, N. (2002) Hypnotic treatment of sleeping problems in children experiencing loss. *Contemporary Hypnosis, 19,* 18-24.

Haynes, P.L. y Bootzin, R.R. (2010) Insomnia treatments: moving from efficacy to effectiveness. *Journal of Clinical Psychology: In Session, 66,* 1131-1136.

Haynes, S.N. y Mooney, D.K. (1975). Nightmares: etiological, theoretical and behavioural treatment considerations. *The Psychological Record, 25,* 225-236.

Healy, E.S., Kales, A., Monroe, L.J., Bixler, E.O., Chamberlin, K. y Soldatos, C.R. (1981) Onset of insomnia: Role of life-stress events. *Psychosomatic Medicine, 43,* 439-451.

Howsan, D.G. (1999). Hypnosis in the treatment of insomnia, nightmares and night terrors. *American Journal of Clinical and Experimental Hypnosis, 27,* 32-39.

Johns, M.W. (1991) Anew method for measure daytime sleepiness: The Epworth Sleepiness Scale. *Sleep, 14,* 540-545.

Johnson, J.A., Rash, J.A., Campbell, T.S., Gehrman, P.R. y cols. (2016). A systematic review and meta-analysis of randomized controlled trials of cognitive behavior therapy for insomnia (CBT-I) in cancer survivors. *Sleep Medicine Reviews, 27,* 20-28.

Kellner, R., Neidhardt, J., Krakow, B. y Pathak, D. (1992). Changes in chronic nightmares after one session of desensitization or rehearsal instructions. *American Journal of Psychiatry, 149,* 659-663.

Kohen, D.P., Mahowald, M.W., Rosen, R.R. (1992). Sleep terror disorder in children: The role of self-hypnosis in management. *American Journal of Clinical Hypnosis 34, 233-244.*

Kovalzon, V. (1990) Las funciones del sueño. En G. Buela-Casal y J.F. Navarro (Eds.) *Avances en la investigación del sueño y sus trastornos.* Madrid: Siglo XXI.

Krakow, B., Hollifield, M., Johnston, L., Koss, M., Schrader, R., Warmer, T.D. y cols., (2001). Imagery rehearsal therapy for chronic nightmares in sexual assault survivors with posttraumatic stress disorder: A randomized controlled trial. *Journal of the American Medical Association, 286,* 537-545.

Krakow, B., Hollifield, M., Schrader, R., Koss, M. Tandeberg, D., Lauriello, J. y cols., (2000). A controlled study of imagery rehearsal for chronic nightmares in sexual assault survivors with PTSD: A preliminary report. *Journal of Traumatic Stress, 13,* 589-609.

Krakow, B., Kellner, R., Neidhardt, J., Pathak, D. y Lambert, L. (1993). Imagery rehearsal treatment of chronic nightmares: with a thirty month follow-up. *Journal of Behavior Therapy and Experimental Psychiatry, 24,* 325-330.

Krakow, B., Kellner, R., Pathak, D. y Lambert, L. (1995). Imagery rehearsal treatment of chronic nightmares. *Behaviour Research and Therapy, 33, 83*7-843.

Krakow, B., Kellner, R., Pathak, D. y Lambert, L. (1996). Long term reduction of nightmares with imagery rehearsal treatment. *Behavioural and Cognitive Psychotherapy, 24, 135*-148.

Krakow, B. y Zadra, A. (2006). Clinical Management of Chronic Nightmares: Imagery Rehersal Therapy. *Behavioral Sleep Medicine, 4,* 45-70.

Kramer, R.L. (1989). The treatment of childhood night terrors through the use of hypnosis: a case study. *The International Journal of Clinical and Experimental Hypnosis, 37,* 283-284.

Lacks, P. (1993) *Tratamiento del comportamiento contra el insomnio persistente.* Bilbao: Desclée de Brouwer.

Lask, B. (1988). Novel and non-toxic treatment for night terrors. *British Medical Journal, 297,* 6648.

Macías, J.A. y Royuela, A. (1996) Versión española del Índice de Calidad de Sueño de Pittsburg. *Informaciones Psiquiátricas, 146,* 465-472.

Marks, I. (1978). Rehersal relief of a nightmare. *British Journal of Psychiatry, 133,* 461-465.

Martín, B., Planelles, T. y Frau, J.M. (2014). Síndrome de Apnea-Hipopnea Obstructiva del Sueño: adherencia al tratamiento con CPAP. *Revista de Psicología de la Salud (New Age), 2,* 87-113.

Miller, W.R. y Dipilato, M. (1983). Treatment of nightmares via relaxation and desensitization: a controlled evaluation. *Journal of Consulting and Clinical Psychology, 51,* 870-877.

Miró, E. y Martínez, P. (2004). Tratamientos psicológicos de las pesadillas: una revisión. *International Journal of Psychology and Psychological Therapy, 4,* 11-36.

Miró, E., Sánchez, A.I. y Buela-Casal, G. (2003) Guía de tratamientos psicológicos eficaces en los trastornos del sueño. En: M. Pérez, J.R. Fernández, C. Fernández e I. Amigo (Coords.) *Guía de tratamientos psicológicos eficaces II. Psicología de la salud.* Madrid: Pirámide.

Morgan, K. (2000) Sleep and Aging. E: K.L. Lichstein y Ch.M. Morin (Eds.) *Treatment of Late-Life Insomnia.* Londres: Sage Publications.

Morin, C. M. (1998) *Insomnio. Asistencia y tratamiento psicológico.* Barcelona: Ariel psicología.

Morin, C.M., Colecchi, C., Stone, J. y cols. (1999). Behavioral and pharmacological therapies for late-life insomnia: a randomized controlled trial. *JAMA, 281,* 1-9.

Morin, C.M., Culbert, J.P. y Schwartz, S.M. (1994) Nonpharmacological interventions for insomnia: a meta-analysis of treatment efficacy. *American Journal of Psychiatry, 151,* 1172-1180.

Murtagh, D.R. y Greenwood, K.M. (1995). Identifying effective psychological treatments for insomnia: a meta-analysis. *Journal of Consulting and Clinical Psychology, 63,* 79-89.

Navarro-Bravo, B., Párraga-Martínez, I., López-Torres, J. y cols. (2015). Group cognitive-behavioral therapy for insomnia: a meta-analysis. *Anales de Psicología, 31,* 8-18.

Okajima, I. Komada, Y. e Inoue, Y. (2011). A meta-analysis on the effectiveness of cognitive behavioral therapy for primary insomnia. *Sleep and Biological Rhytms, 9,* 24-34.

Oksenberg, A. (1997). Ronquidos y apneas obstructivas del sueño: aspectos sociales y clínicos. Tratamientos no quirúrgicos. En J. Velázquez (Comp.) *Medicina del sueño: aspectos básicos y clínicos.* México: Universidad Autónoma Metropolitana.

Pack, A.I. (2007) Toward comprehensive interdisciplinary academic sleep centers. *Sleep, 30,* 383-384.

Pellicer, X. (1993). Eye movement desensitization treatment of a child's nightmares: a case report. *Journal of Behavior Therapy & Experimental Psychiatry, 24,* 73-75.

Peppard, P.E., Young, T., Palta, M., Dempsey, J. y Skatrud, J. (2000) Longitudinal study of moderate weight change and sleep-disordered breathing. *JAMA, 284,* 3015-3021.

Perlis, M.L., Jungquist, C., Smith, M.T. y Posner, D. (2009) *Insomnio. Una guía cognitivo-conductual de tratamiento.* Bilbao: Desclée de Brouwer.

Perlis, M.L., Smith, M.T., Orff, H. y cols. (2004). The effects of modafinil and cognitive behavior therapy on sleep continuity in patients with primary insomnia. *Sleep, 27,* 715-725.

Raich, R.M. y Calzada, M.D. (1992). *El sueño y sus trastornos.* Barcelona: Martínez-Roca.

Reid, W.H., Ahmed, I. y Levie, C.A. (1981) Treatment of sleep walking: a controlled study. *American Journal of Psychotherapy, 35,* 27-37.

Rogers, A.E. y Aldrich, M. (1993). The effects of regulary scheduled naps on sleep attacks and excessive daytime sleepiness associated with nercolepsy. *Nursing Research, 42,* 111-117.

Rogers, A.E., Aldrich, M. y Lin, X. (2001). A comparison of three different sleep schedules for reducing daytime sleepiness in narcolepsy. *Sleep, 24,* 385-391.

Roth, T. (2005) Prevalence, associated risks and treatment patterns of insomnia. *Journal of Clinical Psychiatry, 66,* 10-13.

Royuela, A. y Macías, J.A. (1997) Propiedades clinimétricas de la versión castellana del cuestionario de Pittsburg. *Vigilia-Sueño, 9,* 81-94.

Royuela, A., Macías, J.A. y Conde, V.J.M. (2000) Calidad de sueño en los ancianos. *Psiquis. Revista de Psiquiatría, Psicología y Psicosomática, 21,* 32-39.

Ruiz, C. (2007) Revisión de los diversos métodos de evaluación del trastorno de insomnio. *Anales de Psicología, 23,* 109-117.

Schindler, F.E. (1980). Treatment by systematic desensitization of a recurring nightmare of a real life trauma. *Journal of Behavior Therapy and Experimental Psychiatry, 11,* 53-54.

Shneerson, J. y Wright, J.J. (2009) Lifestyle modification for obstructive sleep apnoea. *Cochrane Database of Systematic Reviews,* Art. No.: CD002875. DOI: 10.1002/14651858. CD002875.

Shorker, C. y Himle, D.P. (1974). Systematic desensitization treatment of a recurring nightmare and related insomnia. *Journal of Behaviour Research and Experimental Psychiatry, 5,* 97-98.

Spielman, A.J. y Glovinski, P. (1991) The varied nature of insomnia. En P.J. Hauri (Ed.): *Case studies in insomnia.* Nueva York: Plenum Press.

Spielman, A.J., Saskin, P. y Thorpy, M.J. (1987). Treatment of chronic insomnia by restriction of time in bed. *Sleep, 10,* 45-56.

Sullivan, C.E., Berthon-Jones, M., Issa, F.G. y Eves, L. (1981) Reversal of obstructive sleep apnea by continuous positive airway pressure applied through the nares. *Lancet, 1,* 862-865.

Szelenberger, W., Niemcewicz, D. y Dabrowska, A.J. (2005) Sleepwalking and night terrors: Psychopathological and psychophysiological correlates. *International Review of Psychiatry, 17,* 263-270.

Thünker, J. y Pietrowsky, R. (2012). Effectiveness of a manualized imagery rehearsal therapy for patients suffering from nightmare disorders with and without a comorbidity of depression or PTSD. *Behaviour Research and Therapy, 50,* 558-564.

Turner, R.M. y Asher, L.M. (1979) A controlled comparison of progressive relaxation, stimulus control and paradoxical intention therapies for insomnia. *Journal of Consulting and Clinical Psychology, 47,* 500-508.

Tobin, J.D. (1993). Treatment of somnambulism with anticipatory awakening. *Journal of Pediatric, 122,* 426-427.

Wilson, S. y Nutt, D. (2010) *Trastornos del Sueño.* Madrid: Aula Médica.

World Health Organization (1992). *The ICD-10 Classification of Mental and Behavioural Disorders: Clinical descriptions and diagnostic guidelines.* Ginebra: World Health Organization.

Zadra, A. y Donderi, D. (2000) Nightmares and bad dreams: their prevalence and relationship to well-being. *Journal of Abnormal Psychology, 109,* 273-281.

9. LECTURAS RECOMENDADAS

Miró, E., Sánchez, A.I. y Buela-Casal, G. (2003) Guía de tratamientos psicológicos eficaces en los trastornos del sueño. En: M. Pérez, J.R. Fernández, C. Fernández e I. Amigo (Coords.) *Guía de tratamientos psicológicos eficaces II. Psicología de la salud.* Madrid: Pirámide.

En este capítulo de la *Guía de tratamientos psicológicos eficaces,* se revisan los tratamientos psicológicos eficaces para los trastornos primarios del sueño. Para cada trastorno se describen las alternativas terapéuticas disponibles, revisando y comentando los diferentes trabajos en los que se investiga su eficacia, y concluyendo en función de la evidencia revisada el grado de eficacia de cada técnica de tratamiento.

Perlis, M.L., Jungquist, C., Smith, M.T. y Posner, D. (2009) *Insomnio. Una guía cognitivo-conductual de tratamiento.* Bilbao: Desclée de Brouwer.
Los autores presenta un práctico manual en el que se describe de forma detallada tanto las bases del tratamiento cognitivo conductual del insomnio como la forma específica en que deben aplicarse cada una de las técnicas terapéuticas dentro de un programa integrado. Las sesiones de tratamiento están descritas con todo detalle, incluyendo ejemplos de explicaciones elaboradas a modo de diálogo, de cómo deben abordarse ciertos temas o solventar las dudas que presentan los pacientes. Se trata en definitiva de un manual muy práctico especialmente recomendado para la formación de terapeutas noveles.

Raich, R.M. y Sánchez, D. (2005) Tratamiento psicológico de un caso de insomnio crónico. En: J.P. Espada, J. Olivares y F.X. Méndez (Coords.) *Terapia Psicológica. Casos Prácticos.* Madrid: Pirámide.
En este capítulo se describe paso a paso, la intervención terapéutica realizada en el caso de un paciente con un grave problema de insomnio. Tras resumir la historia clínica del paciente, se transcribe el texto de la entrevista clínica así como los registros utilizados en la intervención; a continuación se describen los objetivos establecidos, las técnicas de tratamiento utilizadas y los resultados obtenidos.

Wilson, S. y Nutt, D. (2010). *Trastornos del sueño.* Madrid: Aula Médica.
Se trata de un pequeño libro de bolsillo en el que se describe, de forma breve y concisa, el estado actual de la fisiología del sueño, así como los principales aspectos relacionados con los trastornos y perturbaciones del sueño: la patofisiología, datos de prevalencia, el diagnóstico y el tratamiento, aunque básicamente desde la perspectiva médica.

10. PREGUNTAS DE AUTO-COMPROBACIÓN

1) Durante los periodos de sueño REM la actividad cerebral de la persona es similar a la de los periodos de vigilia aunque esté claramente dormida.
2) Tanto las pesadillas como los terrores nocturnos son fenómenos que aparecen durante la ensoñación, por lo que su ocurrencia es mucho más frecuentes en la segunda mitad de la noche en la que los períodos de sueño REM son más largos.
3) El modelo de Spielman considera como factores perpetuantes del insomnio a las estrategias que las personas realizan para compensar la falta de sueño así como a las conductas relacionadas con el no dormir que estas personas suelen realizar en la habitación y en la cama para distraerse.
4) En el auto-registro del sueño, algunos datos relativos al propio problema de sueño, como el tiempo que tarda en dormirse o el número de despertares durante la noche, son estimaciones y no datos objetivos de los problemas que presenta la persona.

5) El tratamiento más frecuentemente utilizado en el caso del insomnio es el farmacológico, sobre todo las benzodiacepinas.
6) La relajación es uno de los procedimientos que primero se investigaron en el tratamiento de los problemas de insomnio siendo considerado como un tratamiento bien establecido, aunque suele utilizarse como parte integrante de los programas multicomponente.
7) En el procedimiento de control de estímulos suelen darse recomendaciones como no permanecer despierto en la cama más de 15-20 minutos, con el fin de reestablecer la asociación entre el sueño y ciertos estímulos relacionados con el dormir.
8) Los resultados de las investigaciones con la técnica de repaso en imaginación señalan que en los pacientes de pesadillas primarias se consigue una mejoría clínicamente significativa en aproximadamente el 70% de los casos.
9) La técnica de los despertares programados fue inicialmente desarrollada para el tratamiento de los terrores nocturnos y el sonambulismo.
10) La estrategia de restricción del sueño utilizada en el tratamiento del insomnio no implica que, en ningún momento, la persona vaya a dormir menos horas de lo habitual.

Las respuestas (verdadero, o falso) a las preguntas se encuentran en el anexo final del texto.

ANEXO

CLAVE DE CORRECCIÓN DE LAS PREGUNTAS DE AUTO-COMPROBACIÓN

Capítulos / Preguntas	1	2	3	4	5	6	7	8	9	10
1	V	V	V	F	V	F	F	F	V	F
2	F	V	V	F	F	V	V	V	F	V
3	V	V	F	V	F	V	F	V	F	F
4	V	F	F	V	F	F	V	F	V	F
5	V	F	V	F	F	V	F	F	V	F
6	F	V	F	V	V	F	V	F	V	V
7	F	F	V	F	V	F	V	V	F	V
8	V	V	F	V	F	V	V	F	F	F
9	F	V	F	F	V	F	F	F	V	F
10	F	F	F	F	V	F	F	F	F	V
11	V	V	F	V	F	F	V	V	V	V
12	F	V	V	V	V	F	F	F	V	V
13	V	F	F	V	V	V	V	V	F	F